编辑说明

《中国民族研究年鉴》是由中国社会科学院民族学与人类学研究所负责编写，反映有关民族问题研究年度性进展情况的权威出版物。其集学科发展状况、前沿动态、学术评价、资料介绍、大事记于一体，是了解掌握中国民族问题研究现状的学科年鉴。

《中国民族研究年鉴 2017—2018》在年鉴编委会的指导下，在各位撰写者、审稿专家以及年鉴编辑部编辑的共同努力下，即将付梓出版。本卷年鉴编辑出版因故延迟，在此特向广大读者表示由衷的歉意。

《中国民族研究年鉴 2017—2018》由 8 个类目组成："学科进展"反映了民族理论、民族经济、民族文化、民族社会、民族史、生态人类学、民族语言文字、民族教育、影视人类学、语音学与计算语言学，以及藏学研究、新疆研究、世界民族研究、民族古文字文献研究的学科研究概况与评价；"特约稿件"展示了民族研究领域的重大学术项目和学术成果；"学者学人"推介和追忆了民族学与人类学名家的治学之道和学术积淀；"网络开发与发展"介绍了中国民族地区互联网与网络舆情的发展情况；"科研项目与管理"呈现了民族学项目的研究现状以及发展态势；"学术活动"汇集了国内外民族学与人类学相关会议的基本情况；"新书·学术论文索引"收录了民族研究领域的著述资料；"大事记"记录了与民族事项有关的事件。

本卷年鉴的研究立足民族研究的学科现况和前沿，兼顾中国社会科学院民族学与人类学研究所和学界，较为系统和完整地综述了民族学相关学科的学科进展和研究态势，并归纳分析了学科发展热点和趋势。

年鉴编委会及刘泓和孙伯君两位审读专家对稿件进行了严格把关，保证了本卷年鉴的政治、理论导向和学术水准。此外，张育瑄、田耘、刘泓三位同志承担了本卷年鉴中有关英文事项的翻译和校对工作。在此，一并致谢！

最后，本卷年鉴在学术表达、编纂体例和编校质量上存在的不足之处，敬请批评指正。

中国社会科学年鉴

中国民族研究年鉴 2017-2018

ALMANAC OF CHINESE ETHNIC RESEARCH

中国社会科学院民族学与人类学研究所 编

中国社会科学出版社

图书在版编目（CIP）数据

中国民族研究年鉴．2017－2018／中国社会科学院民族学与人类学研究所编．—北京：中国社会科学出版社，2023.6

ISBN 978－7－5227－2049－4

Ⅰ.①中… Ⅱ.①中… Ⅲ.①民族工作—中国—2017－2018—年鉴 Ⅳ.①D633－54

中国国家版本馆 CIP 数据核字（2023）第 102965 号

出 版 人 赵剑英
责任编辑 张昊鹏
责任校对 袁树娥 燕玉宝
责任印制 张雪娇

出　　版 中国社会科学出版社
社　　址 北京鼓楼西大街甲 158 号
邮　　编 100720
网　　址 http://www.csspw.cn
发 行 部 010－84083685
门 市 部 010－84029450
经　　销 新华书店及其他书店

印刷装订 三河市东方印刷有限公司
版　　次 2023 年 6 月第 1 版
印　　次 2023 年 6 月第 1 次印刷

开　　本 787×1092 1/16
印　　张 36.5
插　　页 2
字　　数 1027 千字
定　　价 298.00 元

目　录

学科进展

特约稿件

学者学人

网络开发与发展

科研项目与管理

学术活动

大事记

新书·学术论文索引

Contents

Discipline Progress of Chinese Ethnic Studies

Special Manuscript

Interviews with Experts

Internet Construction and Development

Research Projects and Management

Academic Activities

Chronicle of Events

New Books and Indexes of Research Papers

学 科 进 展

2017—2018 年民族理论研究综述

刘 玲

2017 年

2017 年中国民族理论研究沿着马克思主义民族问题基本理论研究、民族政策与民族政治研究、民族法治研究、民族关系研究等多个分支不断深化，政治学、社会学、民族学、人类学、民族经济、国际关系、民族史、思想史等多学科的知识与理论形成了多学科、综合性的“学科群”强劲推动力，从而使中国民族理论研究眼界更加开阔，内容更加丰富，在知识架构、研究手段、研究视野、现实功用和理论阐释能力对现实的回应能力等方面得到提升。

一 本年度学科发展最新动态

随着中国改革开放的深化，学术研究的国际合作日益增加，民族史学、民族学、人类学、社会学、政治学等方面交叉研究对中国民族理论研究产生了深刻而普遍的影响。这些影响表现在基本概念扩展、研究范式丰富等方面，使得中国民族理论研究不仅从传统的马克思主义经典作家著述中获得理论和方法，也从西方现代化社会建设经验中获得启发，从而使中国的民族理论研究更加活跃、思路更加开阔，对中国特色解决民族问题的正确道路有了更全面的认识。与此同时，“食古不化”和“食洋不化”也成为研究者本身必须时时注意的问题。

2017 年中国民族理论研究的主要议题如下。

（一）民族区域自治制度和民族干部的研究

该年度民族区域自治的研究成果主要形式是学术论文。中国知网可搜索到相关论文不足 60 篇。相关问题的讨论主要涉及对民族区域自治制度的哲学分析、历史进程分析、立法分析和理念分析，如何坚持和完善民族区域自治制度，民族地区相关实践，民族区域自治的中国经验等层面。2017 年是中国首个省级民族自治区——内蒙古自治区人民政府成立 70 周年，相当多关于民族区域自治的论文也围绕着内蒙古自治区的建立、发展等展开。宋月红在研究中指出：“坚持和完善民族区域自治制度，是坚持和发展中国特色社会主义的重要组成部分，是中国特色解决民族问题正确道路的重要内容和制度保障。”① 同时，民族地区法治建设和社会治理研究也有新成果，如李保平的《法治宁夏建设理论与实践研究》（宁夏人民出版社 2017 年版），吴大华的《贵州法治发展报告 2017》（社会科学文献出版社 2017 年版），晏雄、韩全芳的《云南社会治理年度报告 2016》（社会科学文献出版社 2017 年版）等。

民族干部相关研究主要集中于民族干部的培养教育、培训、民族干部作用的理论认识、民

---

① 宋月红：《当代中国民族区域自治建设与发展》，《前线》2017 年第 8 期。

族干部政治信仰和忠诚担当、加强民族地区基层干部队伍建设、基层党组织建设、民族院校干部教育，以及内蒙古、广西、宁夏、云南等多民族省区培养和使用民族干部的实践等内容。中国知网以“民族干部”为篇名的论文不足30篇。

（二）习近平民族理论和民族工作思想研究

党的十八大以来，党和政府民族工作创新发展。中国知网收录论文近百篇，其中有乌小花等的《中国特色马克思主义民族理论新发展——习近平民族工作思想解读》①、李伟等的《习近平治国理政视野下的民族理论新思维》②、孙懿的《党的十八大以来民族工作方法论创新发展研究》③ 等。

（三）民族团结理论和民族团结进步创建研究

关于民族团结，该年度有3部相关著作出版，分别总结广西南宁经验④、研究内蒙古经验⑤和民族地区企业履行社会责任对民族团结的影响⑥。对民族团结理论与实践的研究，中国知网可查到全年发表以此为题的论文350余篇，其中以各地民族团结创建经验总结居多，同时也有一些研究成果对中国民族团结推进进行系统的理论探讨，特别是金炳镐等14位高校民族理论一线教师所撰民族团结进步理论实践的6篇系列研究论文，从理论、实践和老一代中共领导人思想方法等多个面向，呈现了中国共产党民族团结进步理论与实践的形成。⑦ 关于中国共产党民族团结理论形成的历史性研究，则有陈建樾的《互动与激荡：中国共产党民族团结思想的提出与清晰化》⑧。该文缕述了中国共产党民族团结理念提出和逐渐明晰化的历史过程，并依据相关史料呈现了云南地方党组织与中共中央在民族团结思想提出和凝练过程中的上下互动和思想激荡的历史过程。而杨倡儒⑨等则对民族团结理论构建进行了研究，提出社会组织是民族团结的存在空间；执政党是民族团结的核心要素；共同利益和目标是民族团结的基础；人民群众是民族团结的主体；物质基础是民族团结的保障。另有一些学者则从民族团结进步创建的角度，

---

① 乌小花等：《中国特色马克思主义民族理论新发展——习近平民族工作思想解读》，《民族研究》2017年第4期。

② 李伟等：《习近平治国理政视野下的民族理论新思维》，《民族研究》2017年第1期。

③ 孙懿：《党的十八大以来民族工作方法论创新发展研究》，《中央民族大学学报（哲学社会科学版）》2017年第2期。

④ 徐杰舜、孙亚楠、刘少莹：《大象：中国民族团结南宁经验研究》，民族出版社2017年版。

⑤ 周竞红：《内蒙古自治区民族团结进步的理论与实践》，社会科学文献出版社2017年版。

⑥ 刘玲：《企业发展与民族团结——民族地区企业社会责任的理论与实践》，社会科学文献出版社2017年版。

⑦ 杨文顺、韩艳伟：《马克思主义关于民族团结联合与民族发展进步的理论与实践——民族团结进步理论与实践研究系列之一》，毕跃光、苏亚曦：《列宁主义关于民族团结联合与民族发展进步的理论与实践——民族团结进步理论与实践研究系列之二》，毕跃光、李红云：《毛泽东思想关于民族团结友爱与发展的理论与实践——民族团结进步理论与实践研究系列之三》，木永跃、金浩：《邓小平关于民族团结友爱和民族发展进步的理论实践——民族团结进步理论与实践研究系列之四》，金炳镐、文兵、张娇：《中国民族团结进步实践的内涵、历程和特点——民族团结进步理论与实践研究系列之五》，余文兵、尹雄艳、肖锐：《中国民族团结进步实践的成效、经验与创新——民族团结进步理论与实践研究系列之六》，文章均刊于《黑龙江民族丛刊》2017年第1—3期。

⑧ 陈建樾：《互动与激荡：中国共产党民族团结思想的提出与清晰化》，《西南民族大学学报（人文社会科学版）》2017年第2期。

⑨ 杨倡儒：《民族团结的理论构建》，《贵州民族研究》2017年第5期。

对当代中国民族团结进行了深入的思考，如李若青的《创新民族团结进步示范区建设的理论研究与实践思路》[①]。此外，还有关于民族团结教育、各民族地区民族团结创建和习近平民族团结论述的研究成果大量刊布。

（四）民族主义和民族意识研究

民族主义和民族意识是民族理论研究的重要领域，该年度民族主义研究的著作主要有两部。一是《当代中国民族主义思潮批判研究》，该书以马克思主义理论为指导，围绕当代中国民族主义思潮的现实状况和以社会主义核心价值观引领其未来发展方向两大核心问题进行研究。该书以当代世界民族主义思潮的概况为逻辑起点，重点分析当代中国民族主义思潮的缘起与发展、类型与特征等。[②] 二是《抗战时期国共两党民族主义思想研究》[③]，作者以抗战时期国共两党民族主义思想为研究对象，系统而全面地梳理抗战时期国共两党民族主义思想的理论来源和勃兴背景，抗战时期国共两党民族主义思想在政治、经济、文化三方面的不同表现，比较分析其异同，在此基础上总结其经验、教训和现实启示，并对全球化时代构建健康、理性的民族主义提出了自己的思考。以民族主义为题刊发的学术论文量较大，在中国知网收入以民族主义为题的论文有150余篇，其中大部分为国内研究成果。其中，有基本概念的研究，如张凤阳等的《民族主义之前的“民族”：一项基于西方情境的概念史考察》[④] 从概念史出发，考察“nation”一词如何通过复杂的话语竞争进入近代欧洲政治语境，并如何受到现代性国家建构的深刻影响等问题。其他论者涉及的主题包括晚清民族主义、近代中国民族主义、经济民族主义、网络民族主义，等等。

民族认同研究是近年来较为受关注的研究领域。该年度有两部较为重要的著作：一是韦诗业所著《民族认同与国家认同的和谐关系建构研究》，该著从理论、历史、现实等维度，探究多民族国家民族认同与国家认同的关系及其建构问题，讨论民族认同与国家认同的关系及维护中国统一多民族国家的团结稳定、推进社会主义和谐社会建设等理论和实践问题。[⑤] 二是付海鸿的《三江源生态移民的文化变迁与身份认同研究——以格尔木昆仑民族文化村为例》，该著以青海省格尔木市昆仑民族文化村为个案，从饮食文化、产业发展、日常宗教生活、移民子女教育选择四个方面入手，以民族志的方法记录三江源生态移民在迁入地的生活情态，并辨析了其中所蕴含的文化变迁与身份认同问题。[⑥] 中国知网刊布的以民族认同为题的论文有数百篇，关于中国社会的民族认同的研究主题涉及认同的本质、民族认同与国家认同关系、民族文化认同、特定群体的认同、语言方式与民族认同、文艺活动与民族认同、历史上的民族认同等方面。

（五）民族关系研究

民族关系研究仍然是民族理论研究的重要领域，相关研究著作主要有朱卫的《近代甘宁青地区民族关系研究》（社会科学文献出版社2017年版）、李晟赟的《现代视域下宗教对西北民

---

① 李若青：《创造民族团结进步示范区建设的理论研究与实践思路》，《今日民族》2017年第1期。

② 王毅：《当代中国民族主义思潮批判研究》，人民出版社2017年版。

③ 宋春华：《抗战时期国共两党民族主义思想研究》，人民出版社2017年版。

④ 张凤阳等：《民族主义之前的“民族”：一项基于西方情境的概念史考察》，《中国社会科学》2017年第7期。

⑤ 韦诗业：《民族认同与国家认同的和谐关系建构研究》，中央编译局出版社2017年版。

⑥ 付海鸿：《三江源生态移民的文化变迁与身份认同研究——以格尔木昆仑民族文化村为例》，中国社会科学出版社2017年版。

族关系影响》（中央民族大学出版社 2017 年版）及贺萍的《西部大开发与新疆多元民族文化关系研究》（中国社会科学出版社 2017 年版）等。中国知网收入的以此为篇名的论文近百篇，涉及历史、区域和流动人口等方面。

（六）民族地区发展战略和民族政策评价研究

这方面的研究成果也十分丰富，如李捷的《推进新疆社会稳定与长治久安新战略》（社会科学文献出版社 2017 年版）、方勇的《“一带一路”建设中的宁夏发展战略研究》（社会科学文献出版社 2017 年版）等。中国民族政策和政策评价，不仅包括民族教育、民生改善、基本公共服务等政策落实研究，还包括一些重大政策对民族地区发展影响的评价，如关凯的《中国民族政策：历史、理论与现实的挑战》（《中国社会主义学院学报》2017 年第 2 期），王永静、程广斌的《西部大开发战略实施效果评价及后续政策研究——以新疆为例》（经济管理出版社 2017 年版），夏文斌的《丝绸之路经济带与新疆发展》（中国农业出版社 2017 年版）等。此外，中华民族、民族精神等主题研究也取得了相当多的成果，有效深化了民族理论研究。

二　中国民族理论研究 2017 年度热点

民族现象在人类社会现代政治中所扮演的角色使之成为哲学社会科学研究的重要领域，其中民族理论和政策研究是重点。随着社会生活的演变，相关研究热点日趋复杂多变。从刊布论文数量、学界关注度、对学科建设具有重要影响的议题来看，主要有以下几个热点：

（一）中华民族研究

该年度以中华民族为篇名的成果 250 余篇，涉及中华民族精神、中华民族传统文化、中华民族凝聚力、中华民族共同体意识、中华民族共有精神家园、中华民族伟大复兴、中华民族思想演变、中华民族观等多方面主题。作者主要有巴特尔、郝时远、严庆、李大龙等，作者机构分布主要集中于中央民族大学、云南大学、南开大学和中国社会科学院等。

（二）习近平民族工作思想研究

党的十八大以来，习近平总书记提出了一系列事关民族工作的新思想、新观点和新论断。这些新思想、新观点和新论断，是对马克思主义民族理论的继承和发展，是对中国特色社会主义理论的丰富和拓展，很多学者从不同视角切入，形成了丰富的研究成果，有助于人们更深层地认识马克思主义民族理论中国化成果。

（三）民族团结和民族团结进步创建研究

民族团结和民族团结进步创建研究，不仅涉及基本概念、基本理念和法制保障等方面，还涉及各地方进行的民族团结进步创建活动，以及对国家推进此项活动的关注和研究。

（四）马克思主义民族理论研究

主要包括马克思主义经典作家民族理论研究和中国化马克思主义民族理论研究两个部分。对经典作家的研究主要包括马克思主义民族平等观、阶级与民族、民族殖民地问题理论、民族自决理论、民族团结联合、国家学说等。对马克思主义民族理论中国化的研究内容和主题也非常丰富，涉及历史上中国族类现象的分析，更多的则是当代中国马克思主义民族理论在各民族地区的实践研究和总结。

除此之外，民族事务治理、民族地区精准扶贫等具体政策实施等方面的研究也都有相应的拓展。

三　代表性学者及代表作

（一）马克思主义经典著作研究

该年度研究马克思主义经典著作成果较丰富，其中较有代表性的成果有杨仁厚的《马克思〈《资本论》第一版序言〉民族思想探析》（《贵州社会科学》2017 年第 2 期）和《要重视从民族—共同体视角解读马克思恩格斯的著作》（《贵州大学学报（社会科学版）》2017 年第 1 期）、王希恩的《马克思恩格斯的民族主义观》（《中国边疆史地研究》2017 年第 3 期）等论文。

（二）中华民族和中华民族共同体研究

中华民族研究方面的著作和论文均较多，其中，有代表性的著作和论文包括：刘明福、王忠远的《中华民族复兴大战略》（北京古籍出版社 2017 年版），郝时远的《中华民族：从中央民族工作会议的论述展开》（《中国民族》2017 年第 3 期），赵刚的《民族政策与中华民族共同体意识的建构》（《学术界》2017 年第 2 期），李赞、金炳镐的《中华民族共同体的历史发展过程和政治结构解析》（《北方民族大学学报》2017 年第 5 期）等。

（三）民族团结理论和民族团结创建研究

关于民族团结的基础理论研究和民族团结创建研究成果丰富，对地方民族团结创建经验总结的代表性著作为徐杰舜等的《大象：中国民族团结南宁经验研究》（民族出版社 2017 年版）。该著总结南宁民族团结基本经验六条：一是利益为上，对各民族共同利益“予以最大限度的满足”；二是制度保障，制定了民族团结工作机制；三是教育为本，在读书中提升民族素质；四是文化认同，在歌声中促进民族团结；五是关注民生，增强各族人民的幸福感；六是经济强身，在发展中铸造民族团结的钢筋铁骨。

（四）民族政治发展研究和民族法制研究

该年度民族自治地方和民族政治发展研究成果有代表性的为周玉琴的《少数民族政治发展论》（中央民族大学出版社 2017 年版）。该书从发展政治学的角度，利用多学科的研究方法，对社会变革时期中国少数民族政治发展现状、制约因素以及两者的互动关系等相关因素进行系统的分析和研究，并在此基础上探讨当代我国少数民族政治发展的路径。此外，这一研究领域录入中国知网的论文有 60 余篇。

该年度民族法制研究有两部代表性著作：一部为王允武的《民族法学理论与热点问题研究》（法律出版社 2017 年版），该著以问题意识为导向，紧扣国家民族法治建设在理论与实践中的热点问题展开研究；另一部为施蔚然的《少数民族民事习惯的法治价值》（法律出版社 2017 年版），该著以田野调查第一手资料为基础，从法学、人类学、社会学、政治学等多学科交叉视角，深入研究少数民族民事习惯的功能与变迁及其对我国乡村治理结构法治化转型所具有的重要价值。

（五）国家认同与民族问题研究

认同问题特别是关于国家认同和民族认同等仍然受到理论界的重视，有代表性的论文有刘永刚的《“国家认同问题”与“民族问题”辨析》(《中央民族大学学报(哲学社会科学版)》2017 年第 5 期)、赵刚等的《民族政策与我国跨界民族的国家认同和民族认同——以中国朝鲜族为例》(《延边大学学报》2017 年第 3 期)、韦诗业的《民族认同与国家认同的和谐关系建构研究》(中央编译出版社 2017 年版) 等。

(六) 民族关系研究

民族关系是民族理论研究传统主题,该年度研究民族关系的论文和著作与往年一样,涉及历史和当代内容,其中有代表性的成果有朱卫的《近代甘宁青地区民族关系研究》(社会科学文献出版社 2017 年版)、史金波的《中国历史上民族关系刍议》(《中国史研究》2017 年第 1 期)、雷振杨等的《网络舆情与民族关系论析》(《烟台大学学报》2017 年第 3 期) 等。

此外,《胡岩民族研究文集》(中央民族大学出版社 2017 年版) 是作者关于民族理论和民族宗教研究的成果集,内容涉及基本概念、现实民族问题的分析等。

四　2017 年度民族学与人类学研究所学科发展的具体状况

(一) 主要研究成果

该年度在马克思主义经典作家理论研究方面,主要成果有郑信哲的《论马克思主义的民族平等观》(《学术界》2017 年第 5 期) 和周竞红的《“民族”与“阶级”:马克思主义经典作家之论当代意义》(《西南民族大学学报(人文社会科学版)》2017 年第 6 期)。

在中国共产党的民族理论和民族团结理论研究方面,有陈建樾的《互动与激荡:中国共产党民族团结思想的提出与清晰化》(《西南民族大学学报(人文社会科学版)》2017 年第 2 期)、孙懿的《党的十八大以来民族工作方法论创新发展研究》(《中央民族大学学报(哲学社会科学版)》2017 年第 2 期)、刘玲的《企业发展与民族团结》(社会科学文献出版社 2017 年版)、周竞红的《内蒙古民族团结进步的理论与实践》(社会科学文献出版社 2017 年版),以及王延中、管彦波的《云南建设民族团结进步示范区与和谐民族关系》(《中国民族》2017 年第 1 期)、周竞红的《各民族在交往交流中团结凝聚——兼论十八大以来中国共产党民族团结思想继承与发展》(《中国边疆史地研究》2017 年第 3 期)、王希恩的《民族的血缘性及其在当代中国的演化》(《广西民族研究》2017 年第 2 期)。

现代治理和民族关系研究方面,主要有马俊毅的《多民族国家民族事务治理现代化》(社会科学文献出版社 2017 年版)、周竞红的《国家政治现代化与新型民族关系建构》(《中南民族大学学报(人文社会科学版)》2017 年第 5 期)、张少春的《互嵌式社区的多层面向及其扩展》(《中南民族大学学报(人文社会科学版)》2017 年第 4 期)。

民族地区经济社会文化发展研究成果,有陈建樾的《“民族旅游”还是“异族观光”:两岸相关研究的比较》(《中央民族大学学报(哲学社会科学版)》2017 年第 1 期)、郑信哲等的《关于边疆民族地区交通设施建设问题——以吉林省长白朝鲜族自治县为例》、郑信哲主编的《中国民族地区经济社会调查报告:贡山独龙族怒族自治县卷》(中国社会科学出版社 2017 年版)、郝时远的《实施差别化激励政策加快内蒙古发展》(中国社会科学网 2017 年 3 月 29 日)、王希恩的《民族文化与普同文化及其在当代中国的转易》(《兰州学刊》2017 年第 5 期),以及王延中、宁亚芳的《加强民族工作与加快民族地区全面小康社会建设的思考》(《兰州学刊》2017 年第 4 期)。

（二）重要学术活动

该年度重要学术活动主要有会议和调研两类，学术会议主要是组织召开“海峡两岸解决民族问题的路径与经验”学术研讨会（秦皇岛）、“民族区域自治制度与民族区域自治法研讨会”（北京）、中国民族理论学会年度研讨会及换届会（鄂尔多斯）。

调研活动主要是研究室4位学者赴台湾台东和嘉县的部落中进行田野调查，完成了一系列访谈，对台湾“原住民”部落社会生活有了直观的认识，获得了第一手的田野资料。

2018 年①

2018年是马克思诞辰200周年，是中国改革开放40周年。以马克思命名和代表的科学理论，创造性地揭示了人类社会发展规律，成为无产阶级改造世界的科学理论。我国40年的改革开放，从根本意义上也是在马克思主义指引下的伟大社会变革。习近平新时代中国特色社会主义思想，是马克思主义中国化伟大实践的重要理论成果，指引着中华民族伟大复兴之路。无产阶级政党视民族问题为社会总问题的一部分，关于民族现象与民族问题的阐释与解读始终因应着党和国家的战略任务与政策举措，在秉承研究传统的同时不断开拓着新的领域。该年度中国民族理论研究的主要议题如下。

一　马克思主义经典作家民族理论及中国特色社会主义民族理论研究新发展

马克思主义是指导我们各项工作包括民族工作的最有价值和最具影响力的精神财富，该年度围绕马克思主义经典作家民族理论及中国特色社会主义民族理论研究发布了一些新成果。有学者撰文批驳了“马克思和恩格斯实际上并没有提出系统的‘民族理论’”等观点，指出：马克思和恩格斯系统阐述了关于民族和民族问题的理论和民族解放理论；深刻揭示了民族本质、民族问题根源，提出了民族平等原则、民族联合要求，为被压迫民族的民族解放运动指明方向；深刻揭示了民族自身内部结构的决定性因素，揭示了民族发展规律，揭示了民族之间关系的决定性因素和民族关系发展规律，为民族发展指明方向。这些内容构成了完整的马克思主义民族理论。马克思主义经典作家民族理论从20世纪初传入中国，经中国共产党自觉传播、接受和创新发展，持续实现着中国化历程，形成了中国化的马克思主义民族理论。改革开放以来开创的中国特色社会主义民族理论以及党的十八大以来形成的习近平新时代中国特色社会主义民族工作的重要论述，是马克思主义民族理论中国化的最新成果。② 有学者撰文对列宁关于民族问题的两种历史趋势的论断阐述观点，认为，列宁论著中涉及的民族问题主要指民族这一历史范畴在资本主义时代的发展变化和民族这一现象对无产阶级革命的影响及处置。通过对资本主义时代民族现象发展变化的观察和认识，结合俄国社会民主党推动工人运动实践和民主革命目标，列宁提出了无产阶级政党处理民族问题的基本原则，其中包括民族平等、民族团结、民族自决权、民主集中制、民族自治、民族区域自治、反对民族主义、无产阶级国际主义，等等。同时，列宁提出民族问题“两种历史趋势”论断，这一论断对多民族国家民族问题的处理和认识当代世界民族问题都有着深刻的启示和指导意义，无产阶级政党要深入理解这一论断并

---

① 本综述所列文献周期为2017年11月1日—2018年10月30日，同时根据行文需要适当进行相应的回溯与展望，特此说明。

② 格日勒图、金炳镐：《发展新时代中国化马克思主义民族理论》，《黑龙江民族丛刊》2018年第3期。

在处理具体民族问题实践中推动民族理论的丰富。[①] 有学者从历时性的角度分析了斯大林民族理论的贡献与局限，认为，任何事物都有产生、发展和消亡的过程，马克思主义民族理论对于民族的认识和考察应始终遵循历时性规律和方法论。斯大林关于民族的形成是特定历史时期的产物，将民族问题分为三个时期等论述体现了历时性的特征，但其失误也在于在民族概念、类型以及具体实践中未能完全符合与践行民族的历时性和阶段性发展规律，这是其理论偏差与实践失误的根源所在。[②]

党的十八大以来，习近平总书记关于民族工作与民族问题的重要论述，系统回答了新时代民族问题怎么看和民族工作怎么干等重大理论与实践问题，开辟了马克思主义民族理论中国化的新境界，为政府做好民族工作指明了方向。该年度学者们继续关注与阐释习近平关于民族工作的重要论述，成果颇丰。有学者认为，习近平总书记关于民族工作的系列重要讲话精神，包括民族工作的基本原则立场、基本理论观点、基本工作方法和基本社会实践等内容，是习近平新时代中国特色社会主义思想的重要组成部分。这些论述构成了完整的体系，是决胜全面建成小康社会、夺取新时代中国特色社会主义伟大胜利的征程中开创民族工作新局面的行动指南。[③] 有学者指出，在国家和社会事业急剧变革的背景下，以习近平同志为核心的党中央形成的新时代中国特色社会主义民族理论是马克思主义民族理论的新飞跃，这一理论具有鲜明的理论、道路、制度和文化特色，为马克思主义民族理论增添了新内容，增强了马克思主义民族理论的生命力，注入了民族发展的新动力，明确了民族工作的历史方位，为多民族国家解决民族问题、发展民族事业提供了中国方案。[④] 有学者分析了习近平新时代关于民族工作重要论述的逻辑、架构和主要内容。从逻辑来看，时代逻辑在于中国特色社会主义民族工作进入了新时代，需要肩负新时代的历史使命；文化逻辑在于其深得中国历史上处理民族事务、解决民族问题深厚智慧的滋养；理论逻辑在于它以新版本传承了马克思主义、中国特色社会主义民族理论的理论谱系。从理论架构和主要内容来看，习近平关于民族工作的论述构成了系统完整、结构严密的科学理论体系，它以统一多民族国家的实际为起点，以“中华民族一家亲、同心共筑中国梦”为目标，以“平等、团结、发展”为主线，吸收借鉴古今中外做好民族工作、处理民族问题的文明成果，形成了“起点—主线—目标”的理论架构，系统地回答了“怎样认识民族工作、怎样做好新时代民族工作”的时代课题，具有丰富的内涵。[⑤] 此外，马克思主义民族理论应用于具体领域的研究探索仍在继续，围绕生态、民族关系、民族治理等领域产生了诸多成果。[⑥]

中国共产党民族理论是马克思主义民族理论中国化的重要思想成果，一直以来都是民族理论研究的重要议题。2018 年适逢改革开放 40 周年，该年度学界围绕改革开放以来中国共产党民族理论的发展进行了深入的阐述。《中央社会主义学院学报》发表系列文章，对改革开放以

---

① 周竞红：《列宁民族问题“两种历史趋势”论断及当代意义》，《中国边疆史地研究》2018 年第 1 期。

② 董强：《斯大林关于民族理论的贡献和局限——基于历时性的分析》，《民族研究》2017 年第 6 期。

③ 吴月刚、肖锐、金炳镐：《试论习近平新时代民族工作思想体系》，《民族研究》2017 年第 6 期。

④ 青觉：《马克思主义民族理论的新飞跃——习近平新时代中国特色社会主义民族理论研究》，《中央民族大学学报（哲学社会科学版）》2017 年第 6 期。

⑤ 王新红：《逻辑·架构·内容：习近平新时代民族工作思想三个维度探析》，《中南民族大学学报（人文社会科学版）》2018 年第 2 期。

⑥ 代表性成果有：董学荣：《民族与环境：马克思主义民族理论中国化的生态之维与基诺经验》，《昆明学院学报》2018 年第 4 期；杨学平：《李维汉与马克思主义民族融合理论中国化》，《内蒙古民族大学学报（社会科学版）》2018 年第 2 期；平维彬：《互嵌与交融：马克思主义交往理论视野下的民族互嵌式社区建设》，《江苏大学学报》2018 年第 4 期；邹盛：《马克思主义民族治理理论的中国化实践研究》，硕士学位论文，安徽医科大学，2018 年；等等。

来中国民族理论与民族事务的发展进行专题研究。有学者总结了改革开放以来我国民族工作领域取得的巨大发展成就，并以改革开放以来民族事务实践的不同阶段，择要回顾了关于民族事务的重要事务和政策，其中，既有民族事务工作在依法治国、围绕党和国家工作重心方面的重大发展，也有民族事务工作面对特殊斗争和思想理论方面的复杂挑战。文章以坚持和完善民族区域制度为主线，重点围绕2014年中央民族工作会议和党的十九大报告精神，论述了习近平新时代中国特色社会主义思想在民族事务工作领域的理论分析和实践指导，并就筑牢中华民族共同体意识的政治和现实意义，从统筹国内外两个大局的视角对新时代广义的民族工作思想进行了讨论。① 有学者分析了民族国家的概念、分类、治理及其相关争议，认为，民族国家是现代社会最为普遍的国家形态，民族国家按其内部民族构成划分，可以分为单一民族国家和多民族国家。民族国家的不同类型，决定了处理国内民族问题的不同路径与方向。中国从历史到现实都是一个统一的多民族国家，但关于历史国情和现实国情的认知问题，是近代以来建构现代国家的主要争论焦点，也是不同政治制度和民族政策的分水岭。中国到底是单一民族国家还是多民族国家，这一争论延续至今，并成为改革开放40年间民族研究的主轴议题，对于统一多民族的国家治理、民族政策及其未来方向，具有重要的意义和价值。② 有学者认为，中国的民族理论政策与实践经过了革命时期与新中国成立初期的奠基和开拓，虽然在政治动荡与社会失序期间经历了一些曲折，一定时期和一定程度上偏离了统一多民族中国的实际，但改革开放以来，中国共产党在拨乱反正中推进民族政策落实和解决民族问题基本制度的建设，不仅从思想上突破了“民族问题的实质是阶级问题”的理论束缚，回归民族问题是社会总问题一部分的马克思主义民族理论判断，而且不断深入实践各民族共同团结奋斗、共同繁荣发展，并随着改革开放的深入相继提出“四个交织论”、“八个坚持论”和“五个并存论”，构建了中国特色社会主义民族理论和实践的基本框架，引导人们依据中国特色社会主义初级阶段的特征，深化对当代中国民族问题的认识和解决民族问题的实践。③

二　民族研究的新时代与中华民族共同体意识研究

随着中国特色社会主义进入新时代，立足于我国发展新的历史方位思考民族工作和民族研究的内涵、特征与趋势是该年度研究的热点。有学者指出，民族学应以习近平新时代中国特色社会主义思想为指导，结合中华民族历史发展进程与费孝通先生“中华民族多元一体格局”的深刻内涵，把握民族工作的新方向，理解中华民族共同体的多重面向，进而为铸牢中华民族共同体意识提供学理支撑。学者认为，中华民族共同体建设包括推动共同繁荣与共同发展、加强各民族交往交流交融、建设兼收并蓄的共同体文化以及建设多民族共有精神家园等多重面向。要在民族与社会的互动关系中，来把握和认知中华民族共同体这一多层次的体系。④ 有学者认为，“多元一体”和“一体多元”作为审视我国族体与国体结构的辩证统一视角，应当予以同等重视，在强调“中华民族多元一体格局”的理论价值时，也要重视中华民族共同体作为本体

① 郝时远：《改革开放四十年民族事务的实践与讨论》，《中央社会主义学院学报》2018年第4期。

② 陈建樾：《民族国家：认识、分类、治理及其争议——改革开放四十年来讨论的背景与前景》，《中央社会主义学院学报》2018年第1期。

③ 周竞红：《改革开放以来中国共产党民族理论的深化》，《中央社会主义学院学报》2018年第3期。

④ 麻国庆：《民族研究的新时代与铸牢中华民族共同体意识》，《中央民族大学学报（哲学社会科学版）》2017年第6期。

的“一体多元”格局的现实意义。[①] 有学者对改革开放40年来民族研究的概念、问题、政策变迁进行了分析，认为，随着改革开放以来中国的民族社会结构由“拼盘式”的板块结构被“交汇型”的社会结构所取代，民族及其概念也随之具有开放性，各民族间经济社会发展差距缩小，民族间共性增强，民族分属意识将趋弱；改革开放引发了社会纵向分层的显著化和横向社会流动性的增强，将民族因素扩展至全社会，传统的民族问题转化为公共事务，民族事务越来越具有公共事务的特点。与此相对应，随着民族问题和民族事务呈现形式的多样化，民族政策更多针对特定地区、特殊问题、特别事项，因此应尽可能减少同一地区民族间的公共服务政策差异，使民族政策更具针对性和公正性。[②]

中华民族共同体意识的提出，标志着中国共产党人对新时期社会主义民族关系的深化认识，是新时代中国特色社会主义民族理论的重大创新。在2014年中央民族工作会议上，习近平总书记提出“积极培育中华民族共同体意识”，这是“中华民族共同体”的首次官方表述。自此之后，这一话语多次出现在不同正式场合和重要文件中，党的十九大报告更是强调“铸牢中华民族共同体意识，加强各民族交往交流交融”。在这一背景下，学界积极响应，并掀起了一股中华民族共同体的研究热潮，2018年度仍有大量研究致力于中华民族共同体的理论挖掘和阐释工作。有学者阐述了铸牢中华民族共同体意识对维护国家统一、做好民族工作、决胜全面小康的重大意义，指出了推进中华民族共同体建设的思路，对做好相关工作提出了建设性建议。[③] 有学者分析了中华民族共同体形成的历史机理、社会基础、法治保障与思想基础，提出通过交往、交流、交融等方式，加强中华民族大团结；注重用法治思维处理民族事务，为中华民族共同体建设提供法治保障；重视精神力量在解决民族问题中的作用，坚持铸牢中华民族共同体的思想基础。[④] 有学者以当代中国多元一体格局为视角，提出共有精神家园建设中的多元文化治理问题。认为，多元一体格局是中华民族的基本政治格局，共有精神家园是多元一体格局的文化和精神依托，是中华民族认同和中华民族复兴的精神源泉和动力。从历史和现实角度分析共有精神家国命题的产生及其在当代中国多元一体格局中的价值和意义，分析构成当代中华民族共有精神家园的多元文化价值和现实问题，可以进一步明确多元文化治理的方向。在共有精神家国建设中的多元文化治理带有鲜明的中国特色，它既不同于西方的多元文化主义，也不同于西方民族国家建设逻辑。同时，各个民族也在参与中华民族共有精神家园的建设中，自身的民族文化和能力得到进一步提升和发展。这种治理模式是在中国特有的文化背景下，通过国家发挥积极作用和各个民族共同参与的一种新型治理模式，它在与各个民族文化的相接中，使中华民族的“共有精神”进入各个民族的文化和心理之中，成为引领民族文化多样性的精神力量。[⑤] 有学者撰文分析了从“中华民族”到“中华民族共同体”话语转变过程中的理论价值与内涵，认为“中华民族共同体”是对围绕“中华民族”概念所引发相关争议的回应，是以共同体视域对民族国家理论体系下民族概念的超越。“中华民族共同体”既是对命运一体的强调，又是对共同性纽带的强调，这一概念表述具有话语创新的价值，对于民族工作实践有重

① 熊坤新、平维彬：《中国的族体和国体：“多元一体”与“一体多元”》，《江苏大学学报（社会科学版）》2017年第6期。

② 严庆：《民族议题研究如何走进新时代：概念、问题、政策的视角——基于改革开放四十年来的变迁》，《中央社会主义学院学报》2018年第1期。

③ 王延中：《铸牢中华民族共同体意识　建设中华民族共同体》，《民族研究》2018年第1期。

④ 常安：《习近平中华民族共同体建设思想研究》，《马克思主义研究》2018年第1期。

⑤ 常士訚：《共有精神家园与多元文化治理——当代中国多元一体格局》，《学术界》2018年第8期。

要的指导意义。[①] 此外，相关研究围绕中华民族共同体意识的内涵及其建构路径，形成机理、功能与嬗变，理论渊源、思想路径与时代价值等展开。[②]

三 民族团结、民族认同与民族关系的研究持续深入

党的十九大强调，全面贯彻党的民族政策，深化民族团结进步教育，铸牢中华民族共同体意识，加强各民族交往交流交融，促进各民族像石榴籽一样紧紧抱在一起，共同团结奋斗、共同繁荣发展。这是进一步做好新时代民族工作的总方针，也是推进民族团结进步创建工作迈上新台阶的总纲领。民族团结进步是民族关系的核心问题，集中体现了中国特色解决民族问题正确道路的核心内容。民族团结与民族认同都是民族关系研究的传统和重要领域，2018 年度围绕民族团结、民族认同与民族关系的研究持续深入。

中国社会科学院民族学与人类学研究所民族理论研究室作为我国民族理论研究的重镇，在民族关系、民族团结与民族认同等领域有着深厚的学术积淀，并随着新时代的发展不断与时俱进，仅 2014 年中央民族工作会议以来，围绕民族团结进步就产生了 3 部著作、20 余篇论文。在著作方面，2018 年度张少春的《互嵌式社会与民族团结：人类学的视角》（社会科学文献出版社 2018 年版）借助人类学的视角来讨论“互嵌式社会”内部经济、社会、文化、民俗、宗教等领域共同性的生长与表达，深入基层社会总结社会发展、族际交往过程中的新鲜经验，讨论了各民族互相嵌入的状态和过程是怎样逐步加强了民族之间的共生性、联系性和共同性，从而实现了共同体的团结。进而指出“互嵌式社会”建设是手段而不是目标，其意义在于强化民族间在日常生活、社会交往、文化交流等领域的交往交流交融，最终实现更高层次的民族团结。在论文方面，陈建樾撰文对习近平总书记在 2018 年全国两会期间重要讲话精神进行了解读，文章指出，在当前民族工作面临新的国内外局势的时代背景下，加强民族团结是习近平总书记基于中国统一的多民族国家的基本国情对马克思主义民族观的创造性运用；民族团结作为一种精神、一种思想整合力量和一种追求，在我国具有光荣的传统和深刻的历史、现实意义；在新的历史起点上，要从新时代要求和新实际出发，坚定不移巩固和发展民族团结。[③] 周竞红从民族团结进步创建的角度探讨了援藏机制的不断完善对铸牢中华民族共同体意识的重要作用，她认为，援藏是新中国建立以后逐步系统化的一项推进西藏经济社会全面发展的政府行动机制，从民族团结进步创建的角度来看，援藏不仅是推动西藏发展繁荣的重要驱动力，也是诠释“民族团结是各民族人民生命线”的重要典范，援藏已成为深化各民族交往交流的主渠道之一。文章透过援藏行动分析西藏民族团结进步创建行动拥有的丰富资料及其对民族团结进步全局的深刻影响，并进一步探讨了西藏民族团结仍然需要深化的各项工作。[④] 中国共产党历代中央领导人的民族团结思想与理论解读是民族理论研究室近年来集中研究的课题，

---

① 郝亚明、赵俊琪：《“中华民族共同体”：话语转变视角下的理论价值与内涵探析》，《北方民族大学学报（哲学社会科学版）》2018 年第 3 期。

② 参见：李秀敏、刘春延《中华民族共同体意识的形成与培育》，《江苏大学学报（社会科学版）》2018 年第 2 期；严庆、平维彬《“大一统”与中华民族共同体意识的形成》，《西南民族大学学报（人文社会科学版）》2018 年第 4 期；王文光、徐媛媛《中华民族共同体意识的形成与发展的历史过程研究论纲》，《思想战线》2018 年第 2 期；青觉、赵超《中华民族共同体意识的形成机理、功能与嬗变——一个系统论的分析框架》，《民族教育研究》2018 年第 4 期；乌小花、艾易斯《“一带一路”在中华民族共同体与人类命运共同体之间：理念、价值与实现路径》，《西北民族研究》2018 年第 4 期；等等。

③ 陈建樾：《促进各民族像石榴籽一样紧紧抱在一起》，《党课参考》2018 年第 8 期。

④ 周竞红：《援藏：西藏民族团结进步创建重要载体》，《满族研究》2017 年第 4 期。

已经形成相关的民族思想研究数据库，并有相应的成果发表。① 值得称道的是，关于民族团结的两部著作《内蒙古民族团结理论与实践》（周竞红著，社会科学文献出版社 2017 年版）、《企业发展与民族团结：民族地区企业社会责任理论与实践》（刘玲著，社会科学文献出版社 2017 年版）和论文《激荡与互动：中国共产党民族团结思想的提出与清晰化》（陈建樾，《西南民族大学学报（人文社会科学版）》2017 年第 4 期）、《互嵌式社区的多层面向及其扩展》（张少春，《中央民族大学学报（哲学社会科学版）》2017 年第 4 期）分别获得国家民委组织的第四届全国民族研究优秀成果奖（著作类/论文类）三等奖，研究成果得到了学界的认可。

该年度关于民族团结进步的研究成果较为突出的有“中国特色民族团结进步事业丛书”的出版。该丛书由云南省高等学校民族团结进步理论与实践协同创新中心和中国特色民族团结进步事业智库推出，旨在全面总结中国特色民族团结进步事业的成功经验，深刻阐释解决民族问题的中国特色道路，深刻揭示各民族共同团结奋斗、共同繁荣发展的内在逻辑，深入研究推进中国特色民族团结进步事业面临的新情况、新问题。该丛书已出版《亲历与见证：民族团结誓词碑口述实录》（王德强、袁智中、陈卫东编著，社会科学文献出版社 2018 年版）、《内蒙古民族团结进步理论与实践》（周竞红著，社会科学文献出版社 2018 年版）、《企业发展与民族团结：民族地区企业社会责任的理论与实践》（刘玲著，社会科学文献出版社 2018 年版）和《互嵌式社会与民族团结：人类学的视角》（张少春著，社会科学文献出版社 2018 年版）等。该丛书的出版发行将通过对中国特色民族团结进步事业繁荣发展的呈现，为坚持和完善民族区域自治制度提供理论支撑，为建设各民族共有精神家园、铸牢中华民族共同体意识提供理论引导和实证支持，推进中国特色民族团结进步事业的巩固和加强。

民族工作实务部门以及多民族省区关于民族团结进步创建活动的实证研究进一步深入。中国社会科学院民族学与人类学研究所与国家民委监督检查司联合编著的《中国民族发展报告（2018）》（社会科学文献出版社 2018 年版）以“民族团结进步创建”为主题，聚焦 8 个民族省区和一些地方开展民族团结进步创建工作的进展与成效，梳理和分析各地开展创建工作的思路与举措，总结各地结合实际开展创建工作的经验，针对创建工作中遇到的问题提出了对策。《报告》的总报告由国家民委监督检查司完成，报告回顾了民族团结进步创建的发展历程，介绍了民族团结进步示范区与示范单位建设情况，对新时代民族团结进步工作的实践特色、不足与挑战以及推动该项工作创新发展的路径进行了宏观指导，兼具理论与实践指导意义，是民族工作者与民族理论界携手推进创建工作的一次成功合作，也是近年来创建工作的一项重要成果。陈玮、张晓军等的《民族团结进步示范州创建路径探索：以玉树藏族自治州实践为例》（社会科学文献出版社 2018 年版）在青海全省乃至全国民族团结进步先进区创建的背景下，回顾和总结玉树藏族自治州创建全国民族团结进步示范州的实践经验，探寻全国民族团结进步示范州创建的玉树经验、玉树路径，并提出今后进一步加强和完善民族团结进步工作的思路与对策建议，为丰富我国民族团结进步创建理论和推进新时代民族工作健康发展、民族地区社会有效治理的实践探索提供了一定的经验。

---

① 2018 年度的相关论文有：张少春《政治联合与民族团结：毛泽东民族团结思想研究》，《西南民族大学学报（人文社会科学版）》2018 年第 11 期；陈建樾《共和国成立初期邓小平民族团结思想述略》，《中南民族大学学报（人文社会科学版）》2018 年第 6 期；刘玲《邓小平民族团结思想的历史发展及当代启示》，《西南民族大学学报》2018 年第 6 期；周竞红《创新引领民族团结进步新时代——学习习近平关于民族工作重要论断的几点认识》，《西南民族大学学报（人文社会科学版）》2018 年第 6 期；刘玲《关于企业民族团结进步创建的理论思考》，《中南民族大学学报（人文社会科学版）》2018 年第 6 期；等等。

关于民族团结法律保障的研究仍在继续。有学者以《民族区域自治法》关于民族关系相关规定为研究视角，结合全国人大常委会开展的《民族区域自治法》执法检查的相关情况，论证了用法律调整民族关系对促进民族团结的重要性，结合《民族区域自治法》相关规定及其实施情况，针对当前我国民族关系发展的趋势和困境，提出调适民族关系、促进民族团结的建议。①

民族认同是民族成员的一种共同的归属感和心理状态，是维护民族共同体利益的最有效的集体意识。有学者撰文论述了“协调统一”政治理论的构建、我国民族认同意识的调适统一、我国民族认同与爱国主义协调统一关系的构建等问题。认为，在国家结构理念和国民整合理念的协调上还有待于进一步深入推进。在“协调统一”的主要构建方式上，要坚持中国特色解决民族问题的正确道路、坚持和完善民族区城自治制度、践行社会主义核心价值观、弘扬爱国主义精神。在我国民族认同意识的调适统一上，要承认民族之间存在差异、平等对待差异、深刻反思民族认同增强的原因，要调适各民族认同之间的关系、调适民族认同与中华民族认同之间的关系，促进民族交融，调适民族认同。在我国民族认同与爱国主义协调统一关系的构建上，提出加强国家认同和爱国主义教育和实践。② 有学者研究了道路建设与国家认同的关系，指出，国家意志下的道路修筑对当地少数民族群众而言具有解放之路、资源通道和发展之路的不同意涵，而道路基础设施作为国家现代化的象征，加入了人员、物资和文化的流动，道路的延伸和进入也会对地方原有的升级方式进行改造。从历时性与共时性的维度来看，道路是国家权力的一种地方化表象，道路的修建必然会对生活在周围社区人们的生计方式、社会关系带来一定的影响，而道路建设带来的诸多效应也影响着当地村民对国家的理解和评判。边疆民族对国家的认同是一个动态演变的“连续统”，认同的强弱与道路建设的效应密切相关，道路建设是民族国家建构与民族整合的重要支撑。该项研究是从现代公路建设入手分析我国民族国家建构和民族整合的专门性研究，视角独到，值得肯定。③ 沈晓晨所著《分裂主义与国家认同研究：以新疆分裂主义为例》（社会科学文献出版社 2018 年版）以马克思主义国家观和认同观为理论依据，结合国内外有关多民族国家建构国家认同的大量著述和案例，以新疆反分裂斗争的历史和现实为经纬线，就民族认同与国家认同、分裂主义产生和发展的基础、分裂主义对国家认同的危害等问题进行了深入探讨，提出政治认同是国家认同建设的关键、文化认同建设是重塑国家认同的基础、减少各民族文化差异和隔阂是反分裂工作取得长久成效的重要因素等基本判断，尝试为新时期我国的反分裂斗争工作提供国家认同层面的对策思考。

少数民族流动人口的城市社会认同对实现融入有重要影响。有学者对武汉、广州、杭州、宁波 4 城市穆斯林流动人口进行了调查，结果表明：城市少数民族流动人口对城市生活高度认同，十分关心所在城市的发展；对当地城市居民的认同度较高，并且对自己的孩子与城市孩子交往持赞同态度。但他们对城市社会身份的认同度比较低，距完成由农村人身份转换为城市人身份有较大的距离，也没有长期居住的意愿。城市汉族居民对少数民族流动人口接纳度仍不够，交往意愿不强，对自己的子女与穆斯林流动人口子女交往态度不够积极，造成穆斯林流动人口在本地人中的朋友不多。因此，少数民族流动人口的城市社会认同，既要有少数民族流动

① 王云武、叶松林：《民族区域自治制度视角下的民族团结法治保障研究》，《西昌学院学报》2018 年第 1 期。

② 青觉、都日晨：《我国民族认同与爱国主义协调统一政治理论建构》，《黑龙江民族丛刊》2018 年第 4 期。

③ 李志农、胡倩：《道路、生计与国家认同》，《北方民族大学学报（哲学社会科学版）》2018 年第 3 期。

人口对城市社会的认同，也要有城市社会对前者的认同，尊重和包容他们之间的差异。① 改革开放以来，区域发展不均衡引发的人口流动使东部地区少数民族人口增多、民族成分多元化，苏浙沪粤4省市已是56个民族俱全的地区。民族结构和数量的变化为族际互动提供了时空便利，但因宗教信仰、城市文化、区域文化、民族心理、容貌特征和民族语言等方面的差异，不同民族成员之间存在着一定的民族心理距离。有学者立足于族际交往中的民族心理距离及民族团结心理构建，认为在族际交往中，经济文化交流仅展现交往主体互动的表征，心理感受及其支配的社会行动才是交往互动的本质。通过对苏浙沪粤4省市19个少数民族成分的研究发现，民族隔阂、民族歧视、民族文化冲突等现象依然存在，其原因是“内卷化”的交往圈降低了族际交往互动的主动心理，跨文化交流障碍使族际互动双方产生了双向排斥心理，民族形象污名化使族际互动双方构筑了心理防御墙。这种民族心理距离现象不利于民族间的交往交流交融，延滞了流入少数民族的社会融入。探索弥合族际交往中的民族心理距离，构建跨民族身份的民族团结心理机制，有利于增强中华民族的凝聚力，实现“中华民族一家亲，同心共筑中国梦”的伟大目标。②

推动建立相互嵌入的社会结构和社区环境是做好城市民族工作，调适城市民族关系的重要抓手，有研究人员以少数民族流动人口大省浙江省的两个社区民族工作经验为例，认为结构性差异导致的民族间事实上的不平等、人口在空间范围和行业的积聚导致的民族区隔、民族宗教文化内卷引起的民族间距离，是城市民族关系不和谐的主要表现形式。文章提出，平等和发展基础上的阐释“民族互嵌”，能有效缓解和消解民族区隔和距离，促进少数民族的社会融入和民族间的交往交流交融。③

关于民族关系的研究，还围绕我国处理民族关系的历史经验与阶段特征展开，相关论文有：孟凡东、李凯的《毛泽东关于正确处理民族关系思想及其新时代价值——以〈论十大关系〉为文本分析》（《江苏大学学报（社会科学版）》2018年第4期）；李赞的《论城市民族事务治理现代化对民族关系发展的促进》（《中南民族大学学报（人文社会科学版）》2018年第2期）；孙乔婧、李佳金的《居住格局：当代民族关系建构的重要因素》（《贵州民族研究》2018年第3期）；田孟清的《从修宪看社会主义民族关系的新发展与新特征》（《中南民族大学学报（人文社会科学版）》2018年第2期）。此外，关于民族关系操作层面的研究今年有新的进展。张劲松等就民族关系监测预警发表观点，提出面向监测预警的民族关系信息资源库构建以及民族关系预警防控信息需求及其来源可供性问题，以期为促进民族关系和谐发展提供技术支持。④

边疆民族群体多样复杂的认同结构，凸显了边疆治理中国家认同建构的重要性。为有效提升和巩固边疆民族群体的国家认同，必须系统建构起适应于边疆形势和边疆治理战略的国家认同建设规划。而边疆治理中的国家认同建构要从边疆实际出发，从夯实国家认同建构的基础、确立国家认同在多样认同中的主导地位、发挥国家认同范畴内的多种认同建设的支撑作用、完善国家认同的多维路径等方面来系统谋划。⑤

---

① 李吉和、张娇蓉：《少数民族流动人口融入城市的社会认同考量》，《烟台大学学报》2018年第3期。

② 刘有安：《族际交往中的民族心理距离及民族团结心理构建》，《烟台大学学报》2018年第3期。

③ 乔国存等：《城市民族相互嵌入的社会结构和社区环境建设实证研究》，《北方民族大学学报（哲学社会科学版）》2018年第3期。

④ 张劲松等：《面向监测预警的民族关系信息资源库构建研究》，《中南民族大学学报（人文社会科学版）》2018年第3期；张劲松等：《民族关系预警防控信息需求及其来源可供性研究》，《情报杂志》2018年第6期。

⑤ 夏文贵：《论边疆治理中国家认同的系统建构》，《中南民族大学学报（人文社会科学版）》2018年第2期。

四　民族政策、民族事务治理与坚持和完善民族区域自治研究

基于我国统一多民族的基本国情确立的民族区域自治制度，是我国的基本政治制度之一，是中国特色社会主义制度体系的重要组成部分。民族区域自治是党的民族政策的源头，是党治理民族事务过程中确立的基本政策、基本政治制度与基本法律。2018 年度关于民族区域自治的研究主要围绕民族政策、民族事务治理与民族区域自治的坚持与完善展开。

民族政策的研究主要围绕政策变迁、民族政策评价、中西方话语中民族政策比较等问题展开，对具体领域民族政策的研究持续深入。有研究基于共词分析方法和政策工具的视角，对改革开放以来 251 份民族政策文件提取主题词、编码和统计分析，研究发现：改革开放以来的民族政策主要围绕经济发展、教育发展、卫生事业、文化事业、科技政策、维护民族团结、尊重风俗习惯几个方面来展开，各个阶段民族政策的聚焦点较为一致。这说明改革开放以来我国的民族政策连贯性和持续性较好，民族工作的思路较为清晰，民族政策的核心目标是实现民族团结、共同繁荣和共同发展。从政策工具角度分析，能力建设工具始终发挥着核心作用，但是权威根据的运用频率有所下降，而象征及劝诫工具的运营有所上升，这说明了进入 21 世纪之后我国民族事务治理办法更趋柔和、多样的总体特征。① 该项研究是基于民族政策大数据的统计分析，研究方法与视角均值得推介。

关于民族政策的全景式研究，代表性的作品有王延中等的《新时代中国民族地区发展调查研究》（社会科学文献出版社 2018 年版）。该著作基于国家社会科学基金特别委托项目、中国社会科学院“创新工程”重大专项课题“21 世纪初中国少数民族地区经济社会发展综合调查”2013—2016 年在全国 16 个省、自治区的 56 个县、市获取的城乡家庭及干部问卷数据，从各族群众的主观视角，集中展示了 21 世纪以来我国民族地区经济、政治、文化、社会和生态文明建设取得的显著成效，为完善我国民族政策内容，提升民族工作治理能力和治理效果提供了全景式论证支撑。

关于具体民族政策的研究主要集中在民族教育领域，学者们对新时代民族教育政策的创新和完善、少数民族骨干计划、高考加分政策等阐述观点。②

对中西方话语中民族政策的比较研究是该年度的亮点，较为突出的有两篇论文。一是崔舒怡然、严庆将西方世界里的“政治正确”以及由此而生的一系列肯定性行动与我国的民族政策进行对比，认为，美国“政治正确”原则下的肯定性行动与中国的民族政策在政策选择的目的与理念、政策的社会接受基础以及政策实施效果方面都截然不同。研究二者本质上的区别，有助于深入理解我国民族政策的合理性，使民族平等、民族团结、各民族共同繁荣的原则得到更好贯彻。③ 二是张少春撰文讨论了西方话语中的“中国民族政策”及其逻辑，认为，西方学术界、政府、媒体有关我国民族理论与政策的话语呈现出混乱的复杂性，成为学术讨论与对外传

---

① 郝亚明、赵俊琪：《改革开放以来中国民族政策的变迁——基于共词分析方法和政策工具的视角》，《中南民族大学学报（人文社会科学版）》2018 年第 3 期。

② 田联刚：《新时代民族教育的创新和完善》，《理论视野》2018 年第 1 期；和云：《少数民族高层次骨干人才计划实施中的“政策病理”及对策研究》，《云南民族大学学报（哲学社会科学版）》2018 年第 1 期；成杰、任新民：《新形势下民族教育优惠政策的当前挑战与未来转向——基于教育平等视角》，《湖北民族学院学报（哲学社会科学版）》2018 年第 1 期；蔡文伯、岑丽瑶：《少数民族高考加分政策的话语制度主义分析》，《石河子大学学报（哲学社会科学版）》2018 年第 2 期；等等。

③ 崔舒怡然、严庆：《“政治正确”的漩涡及其对民族政策评价的影响》，《民族论坛》2018 年第 1 期。

播的障碍。以西方式“人权”理论为基础，采用个体化的叙述是美国白皮书《国别人权报告》建构“中国民族政策”话语的主要方式。其关注点集中在民族政策的地方实践，将社会转型、经济发展中的一般社会问题转化为民族问题，并赋予个别民族特殊的政治意义。经由学术界、政府和媒体三方的合力，我国的民族政策实践被制作成西方的“中国民族政策”话语，对我国的话语权建构形成了挑战。①

关于民族事务治理，有学者提出“协同共治”的民族事务治理体系，他们认为，一元化的民族事务治理体系不能适应由社会急剧转型导致的民族事务风险的生成机理和扩散路径的巨大变化，应当构建多元力量共同参与的治理体系。民族事务协同共治本质上是一种公意之治、前瞻之治和权利之治，其治理体系具有主体多元性、功能互补性、权力运行多向性、利益取向公共性等特点。民族事务协同共治体系从理论建构走向实践运作仍需要超越民主与效率的张力、权力行使与责任认定的难题以及有限理性与正当妥协的困境。② 有学者总结多民族发展中国家民族事务治理的经验，提出“族际合作治理”的概念，即族际合作治理是国家和不同的民族群体为了实现共同的利益和目标，建立起旨在促进和发展不同民族群体之间、不同民族群体与国家间相互支持、相互信任和相互帮助的机制和过程。作者从运行机制、表现形式和具体类型等方面，讨论了族际合作治理对推进发展中国家的民族共生与合作的重要价值。这些概念的提出，都与民族事务治理、“共治”理论异曲同工，在某种程度上可以视为民族“共治”理论的延伸。

该年度关于民族区域自治的研究主要围绕民族区域自治的特色与优势、实践与经验、发展与完善等方面展开。有学者提出“发展型自治”的概念来概括中国民族区域自治模式，认为其在核心、着眼点和方式等方面均有别于西方的自决型自治和多元文化自治，它是一种“增量自治”，并试图走出“文化冲突”之困境。③ 有研究聚焦民族区域自治的认同整合功能，认为民族区域自治与国家、民族、政党三维认同相互作用，其运行机制是推进国家、民族、政党三维认同整合的重要路径，而上述的“三维建构”又保障和促进着民族区域自治的良性运行实施。④有学者撰文回顾了近代以来中国认识和治理民族事务的理论与政策变化，在革命与建设过程中，基于民族自决权的联邦制构想逐步让位于民族区域自治，并随着 1947 年内蒙古自治区的建立而最终确立与实施。70 多年来，全面实施民族区域自治制度取得了重大成就。随着我国经济社会的迅速发展，民族区域自治制度需要进一步健全与完善，但仍不失为解决我国民族问题的正确道路。⑤

关于民族区域自治的实践，有学者对新时代中国共产党治藏方略进行了回顾，认为党的治藏方略以“六个必须”为主要内容，总结借鉴了 60 多年西藏治理实践的经验，又为新时代西藏治理确立了根本遵循。⑥ 阿勒泰·赛肯的《中国民族区域自治的理论与实践研究：新疆维吾尔自治区的建立和发展分析》（人民出版社 2018 年版）主要探索民族区域自治理论与政策在新疆地区的成功实践。作者从历史演进和社会发展的角度考察解放初期新疆地区社会状况，勾勒

---

① 张少春：《西方话语中的“中国民族政策”及其逻辑分析》，《中南民族大学学报（人文社会科学版）》2018 年第 4 期。

② 朱碧波、李璐燕：《协同共治：中国民族事务治理体系的当代构建》，《探索》2018 年第 2 期。

③ 雷明昊：《发展型自治——中国民族区域自治的特色与优势》。《云南行政学院学报》2018 年第 4 期。

④ 彭谦、张岳嵩：《民族区域自治制度与国家、民族、政党三维认同之探析》，《黑龙江民族丛刊》2018 年第 5 期。

⑤ 郑信哲：《论我国民族区域自治制度的确立与实施》，《学术界》2018 年第 1 期。

⑥ 孙宏年：《新时代西藏治理开启新征程》，《中国边疆史地研究》2018 年第 2 期。

新疆维吾尔自治区成立历程，陈述新疆维吾尔自治区社会发展成就，归纳新疆维吾尔自治区发展历程的重要特征；同时，还进一步深思新疆地区在新阶段尚待解决的跨越式发展等问题。基于上述的梳理和整理，作者认为，民族区域自治理论在新疆地区开展的经验和启示丰富了中国特色社会主义民族理论。

民族区域自治的发展和完善在很大程度上体现在民族区域自治从基本政策、基本制度到基本法律的演进过程，而法治化是民族区域自治从理念、文本走向实践的重要保障。有学者将民族区域自治制度发展和完善概括为：以《宪法》为根本，以《民族区域自治法》为主干的法律体系基本形成；民族区域自治执行的体制机制逐步完善，中央领导与决策机制加强、自治机关能力提升、上级国家机关依法履职等协调配合，彰显了制度优势；制度运行的监督机制受到重视，党的监督、权力机关监督、专门机构监督、社会监督等相互补充，共同发力。① 2018 年 3 月通过的《中华人民共和国宪法修正案》在序言第七和第十自然段增加了“中华民族伟大复兴”的内容，这是“中华民族”首次写入宪法。针对中华民族入宪的研究成为 2018 年民族法学研究的重要议题，相关研究围绕立法、执法、法律适用等各个环节展开。② 有学者从不同方面研究了民族区域自治的法制基础，认为对于民族区域自治法各种法制基础之间的功能定位以及相互间关系的准确认知，有利于坚持和完善民族区域自治制度。③ 此外，关于民族区域自治法的研究还从民族区域自治法的执行监督机制、普及状况、法治协调机制等方面展开，产生了大量的成果。④

随着经济全球化进程的加速，民族问题成为全球性的问题，也引起各国学者的关注，译介民族问题处理的国际经验将为我国民族理论研究提供助益。朱伦等主编的《五十国民族政策研究》（中国社会科学出版社 2018 年版）介绍了 50 个国家的民族构成、民族问题、民族政策、民族理论，重点介绍民族政策，并分析了民族政策的理论依据，包括政策变化前后的不同理念或取向。王建娥的《包容与凝聚：多民族国家和谐稳固的制度机制》（中国社会科学出版社 2018 年版）是其主持的国家社科基金项目“多民族国家包容差异协调分歧的机制设计”成果。该书通过对包括中国在内的当代世界多民族国家处理国内民族关系、包容族际差异、协调利益和认同分歧的制度机制及其设计主旨和过程的分析，探索这些制度机制的社会效果及其联系，从中发掘对多民族国家处理民族问题具有普遍价值的制度、方法和途径，促进国家政治体制的改革和创新，增进多民族国家的民族团结和社会和谐。

综上，民族理论研究在秉承学术传统的情况下，积极拓展新的研究领域，对现实民族现象、民族问题与民族政策的阐述与解读仍在继续。

（刘玲，副研究员，中国社会科学院民族学与人类学研究所民族理论研究室）

---

① 雷振扬、王明龙：《改革开放 40 年民族区域自治制度的发展与完善》，《中南民族大学学报（人文社会科学版）》2018 年第 5 期。

② 相关研究有：张维达、迟云飞《解放战争时期中国共产党对民族区域自治制度的宪法化探索》，《黑龙江民族丛刊》2018 年第 4 期；阙成平《论宪法确立民族区域自治制度的历史必然性》，《贵阳学院学报》2018 年第 4 期；李晓波《论民族区域自治制度宪法执行机制之完善》，《哈尔滨工业大学学报》2018 年第 5 期；李晓波、李占荣《论坚持和完善民族区域自治制度的宪法适用机制》，《民族论坛》2018 年第 2 期；等等。

③ 屠凯：《自治条例并非民族自治地方“小宪法”》，沈寿文：《理解“行政执法导向的法律”——一种对我国〈民族区域自治法〉立法思路的思考》，郑毅：《论作为“半部中央与地方关系法”的我国〈民族区域自治法〉——兼论中央与民族自治地方关系的法制建构》，《政治与法律》2018 年第 3 期。

④ 代表性成果有：戴小明《〈民族区域自治法〉普及状况及问题研究》，《贵州省党校学报》2018 年第 2 期；丁鹏《民族区域自治法执行监督机制研究》，《云南民族大学学报（哲学社会科学版）》2018 年第 6 期；田钒平《民族区域自治法与其他法律规定的冲突问题研究》，《西昌学院学报》2018 年第 3 期；等等。

2017—2018 年民族经济研究综述

丁　赛

民族经济学科作为民族学与经济学的交叉，两者相互影响。无论是经济学中着重民族群体和民族地区的研究，还是民族学科中重点研究经济问题和经济现象，都是“你中有我、我中有你”。从学科归属上看，既有民族经济隶属于民族学科，也有民族经济归为经济学科的划分。总体而言，民族学核心期刊中的民族经济类学术论文更加聚焦于民族地区、民族群体和民族问题，因为民族学与人类学研究所民族经济研究室隶属于中国社会科学院政法学部，属于民族学科下的分支，因此民族经济学科综述也是以民族学核心期刊为主。

一　2017 年和 2018 年民族经济核心期刊发表论文主题分布

中国社会科学院创新工程科研评价使用的核心期刊中共 16 种民族学核心期刊（2015—2017）。[①] 2017 年在该目录中民族学核心期刊发表的民族经济类学术论文共 153 篇，其中精准扶贫与精准脱贫的研究论文为 39 篇，民族旅游的研究论文也是 39 篇，两者并列第一位；紧随其后的是民族地区经济发展的研究论文 30 篇；产业经济的研究论文共 20 篇；其他各类研究主题包括就业、收入分配、家庭消费、社会保障、税收等，相关研究论文为 25 篇。

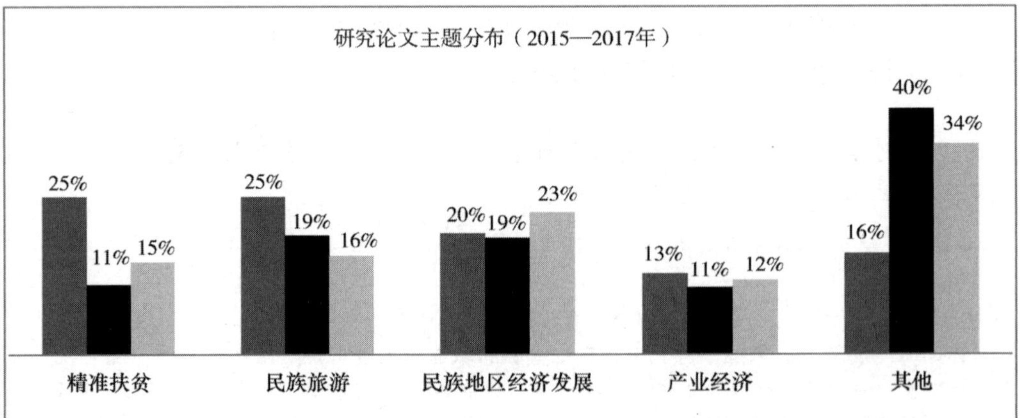

图 1　2015—2017 年民族学核心期刊中发表的民族经济论文主题分布

注：图中数据为作者根据 16 种核心期刊中 2015—2017 年发表论文计算得到。

① 《2014 年版中国人文社会科学期刊评价报告》期刊目录。

图1结果显示，2017年和2015年、2016年相比，核心期刊发表的学术论文主题更加集中，精准扶贫方面的研究论文首次位居第一，且超过了民族旅游和民族地区经济发展方面的研究论文，其他方面的研究论文在2017年占比为16%，远远低于2016年的40%和2015年的34%。

2018年在16种民族学核心期刊已经发表的180篇民族经济类论文中，民族文化旅游产业的研究论文共67篇，占比为37.2%；且在2018年明显超出民族经济论文中其他方面的论文数量位居第一。

二 2017年研究热点概述

（一）精准扶贫和精准脱贫

党的十九大报告指出，党的十八大以来“脱贫攻坚战取得决定性进展，六千多万贫困人口稳定脱贫，贫困发生率从百分之十点二下降到百分之四以下”，但脱贫攻坚任务依然艰巨，需继续深入开展脱贫攻坚。在距离全面建成小康社会不到3年的时间里，精准扶贫和精准脱贫不仅是民族地区各级政府最为关注的地区民生与发展大事，也是学界在2017年的最热点，并成为2017年核心期刊的民族经济研究论文中位居第一位的研究主题。

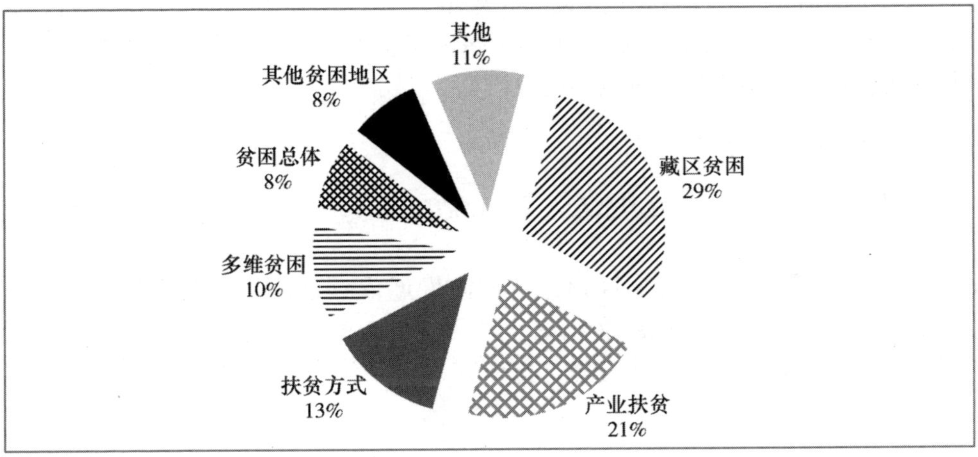

图2 2017年精准扶贫研究主题下的研究方向分布

注：图中数据根据2017年核心期刊中发表论文计算得到。

在民族学核心期刊已发表的以精准扶贫为主题的研究论文中，又可细分为研究藏区贫困、产业扶贫、扶贫方式、多维贫困、贫困总体研究和藏区之外其他贫困地区的贫困以及贫困相关的其他方面。

在2017年贫困研究的论文中藏区贫困的研究比例位居首位，其原因主要有：高寒藏区是全国最大的集中连片特困地区，涵盖了西藏、甘青川滇四省藏区两大片区，是自然条件恶劣区域、生态脆弱区域、经济欠发达区域。西藏作为全国唯一的省级贫困地区，在2016年统筹整合资金85.2亿元，突出重点、精准扶贫。开工建设易地扶贫搬迁安置点376个，易地扶贫搬迁7.7万人。实施产业扶贫项目528个。企业订单定向培训4.9万人，实现转移就业3.4万人。安排生态保护岗位50万个。[①] 这些举措不仅使西藏取得了13万人的精准脱贫，也吸引了一批

① 《西藏政府工作报告2017年》。

学者关注和研究西藏的精准扶贫和精准脱贫。

2017年藏区贫困研究中除了从经济发展和扶贫方式上进行定性分析的研究论文外，首次出现了通过大样本问卷调查的方式，对藏区贫困现状、代际传递的演变及原因进行深入分析。李波、刘丽娜、李俊杰根据511份高寒藏区调查问卷，利用分位数回归方法着重分析了扶贫政策依赖行为、扶贫政策依赖心理、自主反贫困能力与收入之间的关系，从而得到藏区反贫困的政策依赖性状况。[①] 丁赛、完玛冷智、扎洛基于青海省班玛县达卡乡781份全样本数据，从家庭收入、住房、就业三大方面揭示了达卡乡的贫困现状，并对当地发展的三个主要困境，即生态保护政策与均衡发展缺乏良好衔接、基础教育尚未普及与人力资本投入不足、经济发展所需的基础设施严重滞后进行了探讨。最后提出，由于经济发展水平的差异导致的藏区居民与其他地区居民发展机会的不均等，将在差距扩大的同时延展到经济之外的政治和社会领域，从而加剧当地社会问题的复杂性。当地小康目标，虽生产总值和经济指标难以同步实现，但应当突出民生导向，确保民生指标达到小康要求。包容性发展是推进当地各项工作的有效途径。[②]

2017年民族学核心期刊对于产业扶贫的研究主要从旅游开发、特色文化产业、民族服装业的发展等方面展开；[③] 扶贫方式的探讨集中于易地搬迁、金融扶持的完善、农村合作社的运作以及村寨模式等。[④]

多维贫困指标的讨论也是2017年度较为集中的议题，几乎全都集中在多维贫困指标学术层面的测算，[⑤] 而现实中很多地区早已采用多维贫困指标的方式对贫困家庭进行瞄准，但目前还未见到针对现实应用与理论指标对应的比较研究。

（二）民族地区与民族旅游

2017年民族旅游研究论文的发表数量与贫困研究并列第一，该研究领域研究论文发表数量2016年同样位居第一。

从研究内容上分，研究总体和不同地区的旅游发展依然是论文最关注的研究内容，共14篇，占总量的35.9%；其次是与民族文化或非物质文化遗产相关的旅游发展，为12篇，所占比例为30.8%；余下的研究内容较为分散。从研究视角上看，既有关于“一带一路”下的国际

---

① 李波、刘丽娜、李俊杰：《高寒藏区农村反贫困政策依赖性研究：基于分位数回归模型的经验分析》，《中央民族大学学报（哲学社会科学版）》2017年第5期。

② 丁赛、完玛冷智、扎洛：《甘青川藏四省交界藏区的贫困现状与发展困境——基于青海班玛县达卡乡的家庭调查》，《青海民族研究》2017年第1期。

③ 杨军：《民族地区旅游精准扶贫研究》，《云南民族大学学报（哲学社会科学版）》2017年第2期；熊正贤：《特色文化产业扶贫的特征分析与绩效问题研究——以武陵山区为例》，《云南民族大学学报（哲学社会科学版）》2017年第4期；李佳、田里、王磊：《连片特困民族地区旅游精准扶贫机制研究——以四川藏区为例》，《西南民族大学学报（人文社科版）》2017年第6期等。

④ 李宇军、张继焦：《易地扶贫搬迁必须发挥受扶主体的能动性——基于贵州黔西南州的调查及思考》，《中南民族大学（人文社会科学版）》2017年第5期；王蕾：《基于金融支持视域下的少数民族地区精准扶贫研究》，《贵州民族研究》2017年第1期；柏振忠、李亮：《武陵山片区农民合作社助力精准扶贫研究——以恩施土家族苗族自治州为例》，《中南民族大学（人文社会科学版）》2017年第5期。

⑤ 刘小珉：《多维贫困视角下的民族地区精准扶贫——基于CHES2011数据的分析》，《民族研究》2017年第1期；杨龙、吴本健：《少数民族多维贫困及扶贫优先序研究——以彝、藏、苗、土家族为例》，《黑龙江民族丛刊》2017年第4期。

比较[①]和国际视野[②]，也有民族地区旅游发展模式的讨论，[③] 以及不同民族地区或民族旅游业发展的现状、难题分析。尤其是新疆学者普拉提·莫合塔尔、伊力亚斯·加拉力丁、白克拉木·孜克利以2005年和2015年两年的统计数据，将新疆各地州的旅游竞争力作为新疆旅游经济网络的驱动因素，利用生态位理论分别对2005年和2015年的新疆旅游竞争力进行了多维度评价，最终得到了新疆各地州在资源、市场、社会、生态和汇总后的竞争力情况。[④]

虽然2017年民族旅游的论文数量较多，但多集中于不同地区与民族文化相关的旅游发展研究分析，研究议题的分布同2015年和2016年相比没有更新的突破。

（三）民族地区的经济发展

经济发展在2017年不仅打破了民族学核心期刊中民族经济研究论文发表数量最多的纪录，位居第三位，而且研究范围和之前相比也相对集中。

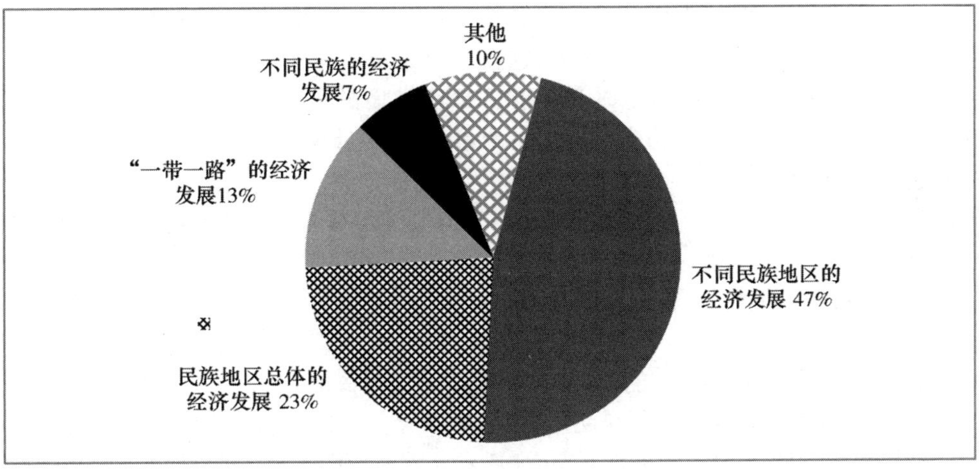

图3　2017年民族经济研究论文分类及占比情况

注：图中数据根据2017年核心期刊中发表论文计算得到。

不同民族地区的经济发展研究在2017年共有14篇核心期刊论文，占比47%，涉及了民族8省区中宁夏之外的7个省区。同2015年和2016年相比，民族地区经济发展的研究更加关注原因分析和增长状况的测度，研究视角不仅有经济发展自身的经济现象和增长状况研究，也有从区域、民族、西部大开发、"一带一路"[⑤] 等视角的分析。

---

① 王亚新、吕泽锋、史博鑫：《民族地区旅游国际化水平研究》，《中央民族大学学报（哲学社会科学版）》2017年第2期。

② 钱学礼：《"一带一路"背景下中越跨境民族文化旅游合作开发问题研究》，《贵州民族研究》2017年第3期。

③ 刘丽娜：《基于智慧旅游模式的鄂温克民族旅游发展研究》，《黑龙江民族丛刊》2017年第2期。

④ 普拉提·莫合塔尔、伊力亚斯·加拉力丁、白克拉木·孜克利：《新疆旅游经济网络特征演变及驱动分析》，《黑龙江民族丛刊》2017年第3期。

⑤ 周真刚：《从"支援边缘"到"自生中心"——"一带一路"视域下西部大开发的经济地理空间》，《广西民族研究》2017年第4期；谷继建、陈静：《"一带一路"战略体系下中国制度红利二次释放的忽略地带研究——论少数民族地区发展》，《云南民族大学学报（哲学社会科学版）》2017年第5期。

在此议题中，既有关于包容性增长水平测度及评价、[①] 增长动力机制的探究，[②] 也有对近年来经济快速发展的原因分析[③]和发展理念分析[④]。在民族地区总体发展研究中，生态环境的变化以及如何落实绿色发展也作为重要内容予以更多的关注，[⑤] 而这也正契合了党的十九大报告中指出的“实行最严格的生态环境保护制度，以形成绿色发展方式和生活方式”。民族地区经济发展中政府的作用至关重要，党的十九大报告中指出“着力构建市场机制有效、微观主体有活力、宏观调控有度的经济体制”。有学者针对政府作用与市场作用展开研究，[⑥] 以期对今后发展提供借鉴。

（四）产业经济

2017 年产业经济的研究论文共 20 篇，其中产业结构研究的论文有 4 篇，占比 20%；农业方面的论文也是 4 篇，占比为 20%；特色产业和文化产业研究的论文各 2 篇，其他类型涉及不同民族、产业业态、产业发展问题对策分析的论文共 8 篇。

民族地区虽然近年来发展很快，但农业在产业结构中占比依然高于全国平均水平，其产业结构调整不仅是民族地区各级政府关注的问题，也是学界一直研究的内容。与 2015 年和 2016 年不同的是，2017 年的产业结构转型研究主要从绿色发展的理念出发[⑦]，同时也兼顾了流域经济[⑧]、产业组织理论[⑨]和税收政策的变化对产业结构转型的具体影响[⑩]。农业发展领域的研究主要从供给侧改革[⑪]、产业链等角度展开。

纵观 2017 年，产业经济的研究相对平淡，在研究内容和研究方法上均没有重大突破。

三　2018 年研究热点分析

2018 年有关民族文化旅游产业的研究论文除了《贵州民族研究》集中刊登了 23 篇研究论文外，在其他 15 种民族学核心期刊中都有刊登，相比 2016 年和 2017 年，刊登杂志的范围、论文研究涉及面和研究方法上均有明显的扩展和突破，成为 2018 年民族经济研究的最热点。

---

① 朱金鹤、姜朋朋：《基于综合模糊评价法的新疆包容性增长水平测度及评价》，《青海民族研究》2017 年第 2 期。

② 任军：《内蒙古经济增长动力机制的重构》，《中央民族大学（哲学社会科学版）》2017 年第 4 期。

③ 朱元兰、黄飞飞：《贵州经济指标分析对民族地区经济发展的启示》，《贵州民族研究》2017 年第 7 期；张睿、杨建红：《基于地缘优势的少数民族经济发展研究——以西藏地区为例》，《贵州民族研究》2017 年第 6 期；罗旋：《驱动民族地区经济发展的要素聚集模式研究》，《贵州民族研究》2017 年第 8 期。

④ 陈文烈、姚丹凤：《“四个转变”：青海发展逻辑的脉络与展开》，《青海民族研究》2017 年第 2 期。

⑤ 朱尔茜：《新常态经济环境变化及对西藏的影响分析》，《西藏研究》2017 年第 1 期。

⑥ 苑春荟、王博实：《少数民族地区政府投资、行政垄断与经济增长——以云南省为例》，《云南民族大学学报（哲学社会科学版）》2017 年第 4 期。

⑦ 温茜茜：《绿色发展视角下我国民族特色产业转型对策探究》，《贵州民族研究》2017 年第 1 期。

⑧ 徐海锋、郑军威：《基于流域经济视角的贵州省少数民族地区产业结构升级研究》，《贵州民族研究》2017 年第 1 期。

⑨ 刘琳：《基于产业组织理论的民族地区产业结构优化研究》，《广西民族大学学报（哲学社会科学版）》2017 年第 2 期。

⑩ 胡晓东、田孟清：《“营改增”对民族地区财政收入和产业转型的影响及对策——基于湖北省恩施自治州的调查分析》，《中南民族大学学报（人文社会科学版）》2017 年第 4 期。

⑪ 申鹏、李玉：《农业供给侧改革视角下西部民族地区特色产业发展研究——以麻江蓝莓产业为例》，《贵州民族研究》2017 年第 6 期。

（一）更注重探究经济、文化与旅游的结合

民族地区以其优美的自然风光和独特的民族风情吸引着大量游客前往，发展文化旅游业已经成为很多地区发展经济、脱贫致富的不二选择。民族地区文化旅游研究论文中研究总体和不同地区的旅游发展是论文数量最多的研究领域，2016 年共 16 篇，占比为 37.2%；2017 年共 14 篇，占总量的 35.9%；2018 年为 22 篇，占比达到了 32.8%。3 年的论文发表数据显示，该类论文数量呈现下降趋势。相应地，有关文化产业、文化与旅游融合发展，特别是将旅游业同文化、文化产业与区域经济发展相结合的研究论文不断涌现。

从全国来看，2018 年将文化部和旅游局进行机构整合新建立的文化旅游部，是为了增强和彰显文化自信，统筹文化事业、文化产业发展和旅游资源开发，提高国家文化软实力和中华文化影响力，推动文化事业、文化产业和旅游业融合发展。具体到旅游业，2018 年 3 月，国务院办公厅印发了《关于促进全域旅游发展的指导意见》，其中对全域旅游的界定为：全域旅游是指在一定区域内，以旅游业为优势产业，通过对区域内经济社会资源尤其是旅游资源、相关产业、生态环境、公共服务、体制机制、政策法规、文明素质等进行全方位、系统化的优化提升，实现区域资源有机整合、产业融合发展、社会共建共享，以旅游业带动和促进经济社会协调发展的一种新的区域协调发展理念和模式。

在研究层面，与 2016 年和 2017 年相比，2018 年将民族地区文化、旅游和经济发展相结合研究的论文数量显著增加。这也和 2018 年 3 月新组建文化和旅游部及强调全域旅游发展相呼应。

李忠斌①从文化—人—经济（要素）互动关系入手，将文化置于人与经济之间的核心位置，提出了“三元互动模型”和“气球效应”，据此得到了民族文化与经济发展之间的弹力效应、回缩效应和酵池效应，从理论上回答了民族文化与一个民族的经济活动及区域经济增长之间的关系、民族文化的经济价值在市场经济下的具体体现和实现、民族文化经济价值实现的可行性机制问题。同时，还结合民族经济发展的现实，提出了如何创造性实现民族文化经济价值有效转换的策略与路径。

陆平②通过对云南普洱市普洱茶文化、绿色生态文化、北回归线文化和边地民族文化产业发展的剖析，探讨了整合民族文化资源的手段及与区域经济发展的联动，以及在民族地区如何将文化资本转换为经济资本的路径。

童广路、刘庆广③从全域旅游的视角，探讨了推进民族地区全域旅游的途径，即应从全局统筹规划，推进民族地区旅游资源与文化、经济等社会资源的有机整合与优化，加强旅游全区的基础交通设施建设，构建完善的旅游服务体系，利用“旅游+”形式实现整个区域经济社会和谐发展；在充分发掘区域旅游资源优势的基础上，也要注重对区域生态环境的保护，实现旅游目的地经济与生态的可持续发展。

孙九霞、李怡飞④通过研究云南鹤庆白族新华村在发展旅游的过程中形成的以自身为中心，带动周边村寨并辐射全国乃至东南亚地区的跨地域银器市场体系，探讨旅游发展所引发的银器

---

① 李忠斌：《论民族文化之经济价值及其实现方式》，《民族研究》2018 年第 2 期。

② 陆平：《文化资本视域下中国边境地区民族文化产业发展研究——以云南省普洱市为例》，《西南民族大学学报（人文社会科学版）》2018 年第 9 期。

③ 童广路、刘庆广：《全域旅游视野下的民族文化旅游资源开发研究》，《贵州民族研究》2018 年第 4 期。

④ 孙九霞、李怡飞：《民族村落旅游专业市场体系的结构与特征：以白族新华村为例》，《广西民族大学学报（哲学社会科学版）》2018 年第 3 期。

专业市场体系的建构过程，以及专业市场体系影响下的社会结构特征。其研究发现，新华村是生产与销售的核心市场，周边村落为中间市场，银器销售的终端如景区、城市等则是外围市场；专业市场体系的领导者是少数批发商，他们决定了产品的主要种类，并赚取了银器市场的绝大部分利润；这一专业市场体系兼具内聚性与外向性的特征。

王野、颜全帮①认为民族地区乡村旅游目前的大发展是基于追求商业利润，乡村旅游同民族文化的有机结合是民族地区体验式旅游的基本模式。在这一大背景下，旅游成为释放民族文化内涵的舞台，民族文化成为提升旅游品牌的关键。因此，在商业模式冲击下，作为民族乡村旅游的文化载体，应注重典型民族传统文化习俗在民族旅游中的特定表达。在旅游开发中传递出民族传统文化的新知与审美，体现民族乡村旅游的原生态文化的浓缩，彰显民族传统文化浓缩的价值所在。

上述代表性的研究分别从理论层面、城乡协同区域、乡村和村寨等不同视角探讨了民族地区文化、旅游、经济三者之间的关系，现有状况、三者相互转换有效机制的形成以及需要解决的问题。该类研究最大的特点是紧抓现实问题、热点问题，从理论体系出发，尝试给出合理的理论解释或证明，也就是通常的理论研究、定性研究。文化产业、旅游产业隶属于第三产业，从经济视角解读是一种经济活动，要通过成本收益的比较去追逐最大利润，这一核心并没有因为是民族地区、涉及民族文化而发生任何的改变。从2016—2018年发表的该类研究论文看，对于民族地区文化产业、旅游业的研究依旧存在抓得不够实和过于宽泛的问题，研究领域还有进一步细化并扩展的空间。这些问题在经济学中也同样存在。一些经济学学者已经意识到我国的经济增长自始至终都离不开文化因素，经济领域的理论研究和改革实践只有深入文化层面，才是与中国实际相结合，才能推动新时代下的深入改革。目前，基于经济观念视角的文化与经济研究已经成为我国经济学研究的一个新兴的重要领域。② 但主流经济学与民族经济的研究又有所不同，前者强调的是文化所体现的经济观念，例如儒家文化、偏好储蓄，倾向于规避风险以及信任感、性别定位、行为习惯等，是基于在经济行为选择和经济结果如收入、财富等差异中剥离出文化因素，分析探究文化在其中的影响。而民族经济对文化和旅游业的研究更注重凭借显著的民族文化差异所带来的直接经济成效。其不同于主流经济学研究的假设前提是，民族文化是文化产业、旅游业发展的核心因素，民族文化转换为经济要素的资本是可行且相对易行的。基于此，对民族地区文化产业和旅游业的研究往往忽略了民族文化转换为经济资本的环节，而直接跳入完成了这一转换后的情况研究。但这一环节的重要也恰是马克思在《资本论》中所说的："商品到货币是一次惊险的跳跃。如果掉下去，那么摔碎的不仅是商品，而是商品的所有者。"也就是说学界的研究应考虑到，民族文化在民族地区文化旅游产业中如果无法达到政府和民众对其经济作用发挥的预期，没有有效带来市场竞争力和经济利润，那么文化旅游产业的发展应如何走下去？民族文化在其中的定位是什么以及如何才能真正完成经济资本转换？

以旅游业为例，也就是很多学者认为的目前优质的山水资源已经开发得差不多了，文化旅游的开发才是下一阶段旅游业的重头戏。依托文化资源发展旅游产业，是一条康庄大道。③ 如果说山水资源因其趋同性，在文化旅游产业的竞争市场中已经无法成为众多地区有效的区别方

---

① 王野、颜全帮：《商业模式下民族乡村旅游的原生态文化浓缩》，《贵州民族研究》2018年第3期。

② 金星晔、伏霖、赵文哲：《基于经济观念视角的文化与经济研究》，《经济研究》2018年第2期。

③ 薛艳：《基于游牧——旅游的民族旅游资源整合路径透析》，《贵州民族研究》2018年第3期；童广路、刘庆广：《全域旅游视野下的民族文化旅游资源开发研究》，《贵州民族研究》2018年第4期；戴士权：《吉林省满族体验型旅游产品开发研究》，《黑龙江民族丛刊》2018年第1期；等等。

式，那么单从文化或民族文化而言是否能规避这一难题？民族文化在民族地区文化产业或旅游业中的经济价值体现是怎样的？民族文化在民族地区文化产业或旅游业的市场竞争力如何评价？这些从经济角度出发的问题可能是民族地区文化、旅游和经济融合研究迫切需要直面的内容。

（二）研究方法多样、交叉学科特色明显

民族地区文化旅游产业是涉及经济、社会、民族的综合体，单一学科视角不足以呈现其全貌，不同学科视角和方法使其研究成果呈现丰富的多样性，彰显其交叉学科的特色。

尚前浪与陈刚①将“欣赏式探询法”这一组织管理的方法应用于云南泸沽湖畔落水村摩梭文化生态旅游开发，提倡树立“共享发展”理念，构建和谐旅游发展环境。探讨民族地区旅游开发共享发展的实现路径，让旅游发展成果更多让当地居民共享，从而最终实现旅游的可持续发展。

麻学锋、崔盼盼②基于1993—2015年大湘西相关数据，构建了城镇化对旅游产业成长响应系数模型，根据增长倍数和平均增长率，分析响应的时序演变特征及空间响应差异。其研究发现主要有：同一阶段城镇化各要素对旅游产业成长的响应类型有差异；不同阶段，同一城镇化要素对旅游产业成长的响应类型亦不同；不同地区的响应程度在1993—2015年间不完全是固定不变的。此外，区域经济发展水平、景区景观、区域交通和政府政策是影响空间差异形成的重要原因，它们分别是旅游产业发展的经济保障、基础保障、服务保障和政策保障。

李少惠、成广星③的研究基于甘南藏族自治州的实地调研和搜集的信息数据，试图回答民族地区特色文化资源优势为何难以转化为产业优势、究竟哪些因素制约了其产业化发展这两个现实而重要的问题。作者通过主范畴、副范畴、核心范畴三个层次构建了文化产业发展影响因素及作用机理模型。其中市场、产业主体、生产要素以及产品和服务四大范畴被认为是影响民族地区文化产业发展的核心或基础要素，而其他范畴则通过作用该主轴来影响文化产业发展。其研究结论中发现：文化需求是文化产业发展的根本动力，政府在民族地区文化产业发展中扮演了极为重要的角色；国家经济布局也会对文化产业产生重要影响；此外，产业环境、产业能力、产品及服务、情感、时间等也会对民族地区文化产业起作用。

尹华光、鲁芮妍④以张家界旅游景区要素为研究对象，采用最邻近距离指数、基尼系数、连接度、通达度分析的研究方法，对全域旅游背景下张家界A级旅游景区空间结构进行分析，结果表明：张家界旅游景区空间分布集聚不均衡；旅游景区间交通网络的通达度不高，景区之间联系不够便利快捷；旅游资源开发差异化不够明显。基于此，该研究提出重新整合旅游资源、完善旅游交通网络、明确景区差异化定位等优化措施，以期实现张家界旅游业全面协调可持续发展。

龙良富⑤以访谈案例分析的方法，通过对贵州西江千户苗寨银匠哥的成长经历以及生活工作环境的分析研究，发现民族旅游发展导致了传统技艺场域的诞生。在这个特殊场域中，银匠

---

① 尚前浪、陈刚：《民族地区旅游开发中推进共享发展理念路径探索》，《西南民族大学学报（人文社会科学版）》2018年第1期。

② 麻学锋、崔盼盼：《集中连片特困区城镇化对旅游产业成长响应的实证分析——以大湘西为例》，《中央民族大学学报（哲学社会科学版）》2018年第1期。

③ 李少惠、成广星：《民族地区文化产业发展影响因素及政策分析——基于甘南藏族自治州的探讨》，《西南民族大学学报（人文社会科学版）》2018年第4期。

④ 尹华光、鲁芮妍：《全域旅游背景下张家界旅游景区的空间结构优化》，《中南民族大学学报（人文社会科学版）》2018年第5期。

⑤ 龙良富：《文化资本视角下民族青年传统技艺的积累和转化——旅游发展中个体的社会实践》，《广西民族研究》2018年第5期。

哥通过音乐舞蹈技艺的再积累和银饰锻制技艺的新累积，形成了自己的文化能力，获得了不断向外拓展空间的机会，并将其转化为一定的经济资本和社会资本，使自己在社会资源重新分配中获得了较多资源，提高了个人的社会声望，提升了自己在社会秩序中的位置。

2018 年民族地区文化旅游产业的研究成果在研究方法上，有的采用经济学计量分析方法，也有的采用基于田野调查的案例分析法，同时还有管理学、社会学、艺术学的研究视角和理论。总体而言，对民族地区文化产业的宏观描述性研究较多，经济计量分析方法更深入且多样。单就研究方法而言，没有孰高孰低、孰优孰劣之分。研究方法作为研究工具为研究主题服务，是研究问题的具体手段，旨在通过深入清晰解释是什么和为什么的问题。目前学术界以方法取胜的研究成果越来越多，虽然也存在一些研究论文对研究模型采取拿来主义（表现为没有完全弄清模型的假设前提、变量内生性的讨论与检验不太合理、为了利用现有数据而较随意添加或删减变量等），但总体上看，随着国内外经济学界研究方法的不断创新和完善，民族地区文化旅游产业的研究方法也越来越关注到细节的处理和方法有效性的选择。理性地看待研究方法的优缺点，采用最简单有效的研究方法，使之为研究问题和内容服务是使用研究方法的目的。基于数据的分析研究虽然可以在一定程度上解决代表性问题，但在研究深度和对特殊性的分析上，案例分析可能更具有优势。例如赵晓峰①从文化范畴的信任角度入手，基于翔实且深刻的案例分析发现：合作社在外部力量的参与下，被嵌入一个资源性结构中。这让领办合作社的能人受到环境软约束的影响，使其得以摆脱“人情困境”，并培育出认同合作文化与组织理念的关键群体，进而为合作制度变迁提供原动力。合作社在发展过程中构建起的“利益—关系网络”，能够让普通农民在频繁交易与重复博弈中深化自身对合作社及其工作人员的信任关系。由此，普通农民的信任特征就会不断从工具性与人际性的维度向价值性与制度性的维度演化。这能够促使普通农民在参与合作社的活动中逐渐从外围成员成长为核心成员，从而为合作社扩增成员规模创设条件，并为合作制度规范化建设提供稳定的支持力量。从该文可以看出，案例分析与理论引入的讨论使结论很具说服力，其规范性和研究深度不言而喻。

除了上述两个特点之外，2018 年民族地区文化旅游产业研究还有相当数量的研究成果是基于对扶贫、文化保护的分析研究。之前对文化旅游产业中对文化保护的探讨有“隔离”和“固化”的倾向，一提“开发”就会想到“过度利用”和“破坏”。但从 2018 年的研究成果看，研究者认为文化旅游产业发展中对民族文化遗产的保护与传承，不能仅仅关注到政府和市场的作用，更应看到少数民族群众的生活逻辑和社会的力量。让民族文化遗产不再仅仅是政府和市场的事，而是更多地回到百姓的生活逻辑之中，让民族文化融入文化旅游和户外教育，通过旅游开发，特别使民族文化遗产得以活化，或许才是新时代文化遗产的传承延绵路以及民族文化产业、旅游业发展的坚实基础。②

（丁赛，研究员，中国社会科学院民族学与人类学研究所）

---

① 赵晓峰：《信任建构、制度变迁与农民合作组织发展——一个农民合作社规范化发展的策略与实践》，《中国农村观察》2018 年第 1 期。

② 杨军昌、杨蕴希：《清水江流域民族教育文化遗产与乡村旅游融合发展研究》，《西南民族大学学报（人文社会科学版）》2018 年第 5 期；李利：《海南黎族“景中村”发展模式研究——以亚龙湾六盘村为例》，《中南民族大学学报（人文社会科学版）》2018 年第 2 期；王海燕：《少数民族特色村寨旅游开发对文化传承的影响与思考——以川西北桃坪羌寨与上磨藏寨为例》，《广西民族研究》2018 年第 2 期；黄杰、李晓东、谢霞：《少数民族传统村落活化与旅游开发的互动性研究》，《广西民族研究》2018 年第 5 期；罗良伟：《民族旅游地特色城镇化进程中的文化传承与转型》，《贵州民族研究》2018 年第 1 期；等等。

2017—2018 年民族文化研究综述

刘正爱　王昊午

2017 年

一　引言

2017 年民族文化研究稳步推进。学科理论有新的突破，学科建设基础性问题以及民族志理论和方法研究均有较好的成果。非物质文化遗产保护及相关领域研究依然是 2017 年人类学、民族学学科的研究重点。学科领域进一步拓宽，文化空间与扶贫研究、医学人类学（民族医学）等方面的研究有新的进展。

二　学科主要研究成果综述

（一）民族学人类学学科理论研究

2017 年在民族学人类学学科理论方面有较大突破。郝时远的《中国民族学学科设置叙史与学科建设的思考——兼谈人类学的学科地位》一文，以民族学学科发展史为线索，对民族学传入中国 90 年来的学科定义与学科设置展开讨论，辨析了民族学与文化人类学“相当”或“等同”的普遍认知，就民族学与人类学的关系及其在中外科学领域的各种学科分类进行比较，针对民族学研究对象的局限性和学科母体萎缩等问题，对建设中国特色民族学必须立足本土、放眼世界、坚持民族学学科母体地位的问题给予了论述。在此基础上，根据习近平在哲学社会科学工作座谈会上的讲话精神，对当代中国特色民族学的研究对象、学科理论、分支学科设置及其内涵作出了示例性解释，其中也包括对人类学学科地位的一些思考。①

谭同学的《多重宇宙论并接的交互主体性阐释——兼论“做”民族志》② 一文从交互主体性的角度，讨论了如何“做”民族志的问题。该文认为，自我与他者，在当代人文社会科学的诸多研究领域中，都是被聚焦的关系。人类学素以重视他者视角著称，并经由百余年探索与尝试，发展出了不少方法论，以克服自我中心主义。民族志作为人类学方法论常用的呈现方式，也受到广泛重视。可是，人类学本身却曾遭遇过严重的方法论危机。而且，尽管不少人类学从

---

① 郝时远：《中国民族学学科设置叙史与学科建设的思考——兼谈人类学的学科地位（上）》，《西北民族研究》2017 年第 1 期；《中国民族学学科设置叙史与学科建设的思考——兼谈人类学的学科地位（下）》，《西北民族研究》2017 年第 2 期。

② 谭同学：《多重宇宙论并接的交互主体性阐释——兼论“做”民族志》，《思想战线》2017 年第 5 期。

业者曾尝试革新方法论，以解决此类问题，但至今仍很难说已经有了公认的答案。该文结合部分民族志作品分析，对此类问题的历史与当前动态作一个简要梳理，并尝试提出作者的思考，认为民族志并非“写”而是“做”出来的，“做”得好坏，不仅与不同主体的认识角度、水平有关，更与阐释的权力实践有关。

朱剑峰、董咚的《全球市场合作民族志研究方法与试验》一文认为，合作民族志田野研究是人类学对当下市场、环境、安全危机频发的全球化时代回应的一种新兴试验，是1995年George Marcus所提出的多点民族志的延展，它受到法国哲学家Deleuze和Guattari“块茎”（rhizome）和“聚簇”（assemblage）概念的启发，颇受人类学界研究全球经济和生态学者的青睐。松茸世界研究团队历时多年在北美地区以及日本、中国、韩国等地开展的对松茸的研究成为合作民族志的典范。合作民族志在日益兴起的同时，也经受着学科机构设置、资金来源、不平等权力关系等多重制约。①

（二）非物质文化遗产研究

非物质文化遗产保护在中国已发展为具有广泛影响的社会文化运动。高丙中的《〈保护非物质文化遗产公约〉的精神构成与中国实践》一文认为，非物质文化遗产保护在中国解决的最大一个问题，是重视民间大众的文化、重视社会文化，承认原来某些以为是封建迷信的东西是国家宝贵的文化，由此让这些普通人在实践文化形式的时候不被贬低，而是被承认、被尊重。这正是对联合国系列文件所支持的《保护非物质文化遗产公约》精神的实践，是一种深具中国特色的实践。脱离“文革”的思维模式，社会由此学习从相互斗争走向相互欣赏、相互合作，非遗保护成为社会运动，把这个趋势大大地推进了一步。总而言之，加入并积极参与《保护非物质文化遗产公约》的相关活动，确实使中国社会从中受益。②

安德明的《非物质文化遗产保护的中国实践》一文认为，由于一系列与“非遗”保护相关的行为，以及国家、社区和研究者之间更加积极的合作，许多民间文化方面的内容，尤其是那些曾被打上“封建迷信”标签而严格禁止的民间信仰习俗，因被国家重新认定为“非物质文化遗产”项目而得到了更多的生存空间，其传承人与相关社区也因此获得了更高的地位。然而与此同时，诸多问题也随之涌现。其中，最主要的问题，是教科文组织理想化的理论与特定语境下的保护实践之间的矛盾。它不仅在不同国家之间以及同一国家的不同地方之间造成了争夺传统文化所有权的竞争或冲突，也削弱甚至剥夺了普通人通过自己的文化进行自我表达的权利。就此而言，“非遗”相关的社区、研究者和国家权力等，仍然还有很长的路要走。③

针对“非遗”保护中存在的各种问题，许多学者开始对“非遗”及其遗产化进行不同角度的反思。张祝平的《本体与他者：当代中国社会民间信仰“非遗化”反思》一文认为，在“文化求纯”价值理念的驱使下，非物质文化遗产保护往往成为“净化”文化遗产的过程，以至于民间信仰由非物质文化遗产的“本体”成为非物质文化遗产保护中的“他者”。坚持非物质文化遗产的本真性、整体性保护，必须正视民间信仰之于非物质文化遗产“活态性”传承的意义，也要正确认识和把握民间信仰文化的流动性、自主性特征，以科学的历史观和文化观建

① 朱剑峰、董咚：《全球市场合作民族志研究方法与试验》，《广西民族大学学报（哲学社会科学版）》2017年第4期。

② 高丙中：《〈保护非物质文化遗产公约〉的精神构成与中国实践》，《中南民族大学学报（人文社会科学版）》2017年第4期。

③ 安德明：《非物质文化遗产保护的中国实践与经验》，《民间文化论坛》2017年第4期。

构当代中国民间信仰文化生态系统。①

艾哈迈德·斯昆惕（Ahmed Skounti）则侧重“非遗”的遗产化，认为遗产化特别是非物质文化的遗产化主要会产生两个方面的后果。一方面，遗产化会带来遗产及其生产与地方性（或所处社会）之间关系的扭曲。经受着去地域化的遗产，即使与其地理空间上的源起地保持着联系，也还是能够在世界上任何一个角落进行再生产。另一方面，非物质文化遗产的生产一定会以牺牲某些成分为代价，特别是对于其持有者和施行者而言，非物质文化遗产包括他们自身都发生了改变。以上两个维度一个是外部视角，一个是内部视角。这两种维度将全球和地方这两种层级结合起来，使两种层级互相定义对方，并由此创造出了一种“本真的幻想”。这种“幻想”成为遗产化进程的事实基础。②

2015 年文化部实施了“中国非物质文化遗产传承人群研修研习培训计划”，该计划从传统工艺传承人群开始，委托 23 所试点高校，利用暑假举办了 21 期普及培训班，培训学员 1300 余人。在试点基础上，文化部、教育部遴选了 57 所高校作为 2016 年“研培计划”首批参与高校，举办 200 期普及培训班，培训学员 1 万人次。针对这一举措，孙发成的《“非遗”传承人群的“再教育”问题反思——以文化部“‘非遗’传承人群研修研习培训计划”为例》一文认为，传承人群进入高校接受学院派的“再教育”，体现的是民间和精英两种不同知识体系的碰撞和交流。“非遗”传承人群知识的更新、创作理念的变革是遗产发展所需，也是传承人群与时俱进的要求。“非遗”传承人群培训的终极目的应该是使其产生传承“非遗”的文化自觉和文化自信，从而推动“非遗”项目的发展和繁荣。但在“如何教育”以实现其新旧知识体系衔接的问题上，依然存在较大的矛盾和冲突之处。③

近年来，许多“非遗”项目的传承人老龄化现象愈趋明显，传承情况不容乐观。岫岩香卷的传承也面临同样的问题。刘正爱的《非物质文化遗产视野下的岫岩香卷及其传承》一文深刻分析了传承断代危机背后的社会文化背景，认为岫岩烧香传承谱系错综复杂，厘清该地区传承谱系有助于更好地理解香卷的传承脉络。香卷用最通俗的语言向民众阐释了儒、释、道的文化内涵，是通过娱人娱神的方式教化民众的珍贵文本，作为香卷主要载体的烧香祭祖仪式更是东北地区文化生态保护环节中的重要一环。非物质文化遗产保护，最重要的是培育和养护这些文化遗产所滋生繁衍的土壤，这需要有相对宽松的文化政策环境、多元的价值体系以及对大众日常生活的尊重，失去了文化土壤，传承人的培养将困难重重。④

合理推进非物质文化遗产产业化似乎已成为当今世界的潮流和趋势。张秉福的《我国非物质文化遗产产业化的科学发展》一文认为，“非遗”的产业化可以使越来越多的非物质文化遗产项目在深刻复杂的社会变迁中走出生存困境，焕发出新的生机和活力。但目前我国“非遗”产业化仍处于起步探索阶段，与发达国家相比还存在较大差距，产业化过程本身也存在一些亟待解决的问题。要想促进我国“非遗”产业化科学发展，应当全面实施“非遗”资源产业化适宜性评估，切实搞好产业化开发中的“非遗”保护，深入发掘“非遗”现代经济价值，借助高新技术创新“非遗”产品，打造高效完整的“非遗”产业链，构建文化产业对“非遗”的反

① 张祝平：《本体与他者：当代中国社会民间信仰“非遗化”反思》，《中国农业大学学报（社会科学版）》2017 年第 6 期。

② ［摩洛哥］艾哈迈德·斯昆惕（Ahmed Skounti）：《非物质文化遗产及其遗产化反思》，马千里译、巴莫曲布嫫校，《民族文学研究》2017 年第 4 期。

③ 孙发成：《“非遗”传承人群的“再教育”问题反思——以文化部“‘非遗’传承人群研修研习培训计划”为例》，《民族艺术研究》2017 年第 4 期。

④ 刘正爱：《非物质文化遗产视野下的岫岩香卷及其传承》，《民间文化论坛》2017 年第 6 期。

哺机制，培养高素质的“非遗”产业化人才队伍，完善“非遗”产业化的政府规制职能①。

朱应雨的《少数民族文化产业向创意产业的转型研究》一文认为，少数民族文化产业是以少数民族独特的物质文化和精神文化为依托，通过产业化的经济运营手段，将少数民族文化资源转化为产业经济资源，并最终转变为现实经济效益的经济运行模式。创意产业是文化发展领域具有旺盛生命力的新兴产业，借助文化与经济的双轨快车，创意产业获得了迅速的发展与飞速的成长，促进了少数民族文化产业向创意产业转型，有助于民族文化产业建构更好的模式发展。②

（三）文化空间与扶贫研究

艾菊红的《文化空间视阈下的传统村落可持续性保护——以湘西凤凰为例》一文，通过对湘西凤凰传统村落保护的实地调研，采用“文化空间”（culturalspace）的概念分析凤凰传统村落保护的方式与前景。认为在文化空间视阈下，对传统村落的保护强调人的主体性，是综合性、本土性和活态性的保护，使文化在这样的空间中存续、发展，从而使传统村落的保护走一条可持续性的保护发展之道。③

艾菊红的另一篇文章《人、物与时空整合视域下的文化遗产保护——以湘西凤凰文化遗产保护与传承为例》通过凤凰县文化遗产保护与传承案例研究认为，人、物与时空整合的整体性保护是文化遗产保护的原则。将民族特色地区的文化看作“文化空间”，走旅游化生存的道路，形成动态平衡与可持续的文化遗产保护方式，实现文化与经济的共赢，是对以凤凰县为代表的古城镇和传统村落进行文化遗产保护的可行路径。形成时间和空间立体交叉，人、物与环境和谐统一，可持续发展的文化遗产保护体系，是文化遗产保护的发展方向和原则。④

李忠斌、单铁成的《少数民族特色村寨建设中的文化扶贫：价值、机制与路径选择》一文认为，贫困问题一直是制约我国全面建成小康社会的主要障碍，而民族地区更是我国打赢脱贫攻坚战的主战场。近年来，我国在解决民族地区贫困问题方面成绩显著，但依然存在着“数字脱贫”“精神贫困”“脱贫人口返贫”等诸多问题，在攻坚克难时期探索更具针对性的长效扶贫模式迫在眉睫。该文从少数民族特色村寨文化资源丰富、贫困问题集中突出、致贫原因复杂的实际出发，构建特色村寨文化扶贫模式，从民族文化传承与民族文化传播角度探讨文化保护策略，提出加强民族文化教育，大力发展文化产业及文化事业，建设以村寨为平台的文化产业园等政策路径，以提高和培育特色村寨贫困人口自我发展能力与动力，实现持续性脱贫。⑤

（四）医学人类学研究

景军、齐腾飞、陈昭的《民族医学面临的挑战和机遇》一文以人类学思维讨论民族医学在现代化和城市化过程中的境遇，包括危机、机遇以及创新发展的可能性。作者们认为，医学实践既基于理性思维，又寓于文化思考之中。现代化对中国民族医学的挑战在于前者对后者思维

① 张秉福：《我国非物质文化遗产产业化的科学发展》，《甘肃社会科学》2017 年第 6 期。

② 朱应雨：《少数民族文化产业向创意产业的转型研究》，《贵州民族研究》2017 年第 2 期。

③ 艾菊红：《文化空间视阈下的传统村落可持续性保护——以湘西凤凰为例》，《民族学刊》2017 年第 3 期。

④ 艾菊红：《人、物与时空整合视域下的文化遗产保护——以湘西凤凰文化遗产保护与传承为例》，《中州学刊》2017 年第 3 期。

⑤ 李忠斌、单铁成：《少数民族特色村寨建设中的文化扶贫：价值、机制与路径选择》，《广西民族研究》2017 年第 5 期。

方式的质疑，而城市化对民族医学的挑战则在于社会空间对家庭和社区的重新建构。在进一步现代化和飞速城市化的过程中，民族医学何以持续的问题也是一个传统文化和民族文化如何持续的问题。换言之，对这一问题的讨论需要放入广义的文化传统和民族文化讨论之中。人类学研究者恰恰在这个问题上有着与其他学科学者不尽相同的看法和体验，需要纳入现代化和城市化讨论之中并予以更多关注。①

段忠玉等人的《试论运用医学人类学理论与方法研究民族医学的必要性》一文认为，医学人类学是一门发展迅速的学科，主要研究疾病、健康与文化及就医行为等，其理论与方法是研究民族医学的重要方法之一。运用医学人类学理论与方法研究民族医药，将不断完善民族医药民族志，并指导研究者全面认识、研究民族医药，更好地传承、保护和弘扬民族医药文化。②

方静文的《民族医学何去何从?》一文以医学人类学之“医学体系”概念考察连南瑶医药，将其置于连南瑶族地区的多元医学体系和社会文化中作全景考量，借助于文献的梳理和田野中所获得的瑶医个案呈现连南瑶医药的历史变迁，考察瑶医药与其他医学体系以及当地社会文化之间的互动，并思考其定位及未来命运，指出优势专科和疑难杂症是各方力量对当下连南瑶医药之定位的同构，而日常保健则是可能促进当地瑶医药存续与发展的另一方向。③

（五）其他相关研究

文化认同是人类学民族学一直以来所关心的主要议题。熊庭、何平的《论民族文化认同与国家文化认同——以英国文化认同的形成与发展为例》认为，文化认同是一个长期发展、积淀的过程，其原生内涵一般伴随特定文化民族的形成过程；民族文化认同多形成于传统社会并具有相对的稳定性与持续性。进入现代社会，民族文化认同成为国家文化认同的基础，但国家文化认同又具有超越民族认同的特性且具有较强的自觉性与建构性：一是发展民族文化认同既要守护传统又要开展文化创新；二是民族文化认同的发展是一个“去传统化”同时又“重新传统化”的过程；三是民族文化认同需要在重塑传统的基础上充分实现国家文化的当代性建构。④

三　学科重要平台和学术活动

（一）中国民族学学会2017年年会

由中国民族学会主办，青海民族大学民族学与社会学学院承办的中国民族学学会2017年年会“民族学人类学中国学派・理论与实践”学术研讨会于2017年7月14—16日在青海省西宁市青海民族大学成功举办。来自国家民委、中国社会科学院、北京大学、中央民族大学等全国50余所高校、科研院所的100余名专家学者围绕“民族学人类学中国学派・理论与实践”

---

① 景军、齐腾飞、陈昭：《民族医学面临的挑战和机遇》，《广西民族大学学报（哲学社会科学版）》2017年第3期。

② 段忠玉、陈芳、冯泽辉、梁俊萍、陈普：《试论运用医学人类学理论与方法研究民族医学的必要性》，《中国民族民间医药》2017年第6期。

③ 方静文：《民族医学何去何从?》，《广西民族研究》2017年第6期。

④ 熊庭、何平：《论民族文化认同与国家文化认同——以英国文化认同的形成与发展为例》，《新疆社会科学》2017年第1期。

这一主题，从历史、语言、艺术、经济、文化、民俗、宗教、社会、哲学等学科角度展开了广泛、深入的交流与讨论，大会共收到学术论文70余篇。

大会开幕式由中国民族学学会秘书长刘正爱研究员主持，青海民族大学校长索端智教授、中国民族学学会会长杨圣敏教授分别致辞。会议分主旨发言和主题发言两大板块，包括3组共14个场次。主旨发言由杨圣敏、周大鸣、朱晓阳、何峰、索端智等5位学者分别发布。闭幕式由中国民族学学会常务理事罗康隆教授主持，中国民族学学会秘书长刘正爱研究员作了会议总结，中国民族学学会常务理事、青海民族大学副校长马成俊教授致闭幕词。该会议作为中国民族学学会在青藏高原所组织的第一次年会，对服务“一带一路”倡议、审视青藏高原多民族多宗教经济社会发展的成效与问题、实现青海“从研究地方发展战略向融入国家战略的转变”“从人口小省向民族团结进步大省的转变”以及跨区域跨边界开展民族学研究均具有积极意义。①

（二）中国人类学学会2017年学术年会

由中国人类学学会和内蒙古师范大学、内蒙古自治区社会科学界联合会主办，内蒙古师范大学民族学人类学高等研究院、草原丝绸之路民族文化研究协同创新中心、内蒙古师范大学民族学创新团队承办的中国人类学学会2017年学术年会于2017年8月14—17日在内蒙古师范大学召开。该学术年会时值内蒙古自治区成立70周年，来自中国科学院、中国社会科学院、台湾“中央研究院”、韩国首尔国立大学、日本国立民族学博物馆、德国马普人类历史科学研究所、西北大学、广东省民族宗教研究院、香港理工大学、清华大学、中央民族大学、复旦大学、中山大学、厦门大学、南京大学、南开大学、云南大学、四川大学、西北民族大学、云南民族大学、广西民族大学、西南民族大学、上海大学、首都师范大学、凤凰网、民族出版社、西南民族大学《民族学刊》等138家国内外科研机构、高校和媒体期刊的260余位专家学者莅临会议。大会以“包容发展的人类学”为主题，收到论文160余篇，146位学者发言。

开幕式由内蒙古师范大学副校长赵东海教授主持，中国人类学学会会长、中国社会科学院学部委员郝时远研究员，内蒙古师范大学校长云国宏教授分别致辞。开幕式上，内蒙古自治区党委宣传部副部长张太平和社会科学界联合会党组书记、主席杭栓柱，分别代表内蒙古自治区和内蒙古社科界发表讲话。共有9位学者在开幕式上作了主旨发言。大会由体质人类学、考古人类学、教育人类学、语言人类学、历史人类学、文化人类学等6个板块组成。

闭幕式由邓晓华主持，郝时远作会议总结。本次会议青年学者占半数以上，这表明我国的人类学民族学研究正在逐步形成年龄层次合理、学术承继有序的人才梯队。会议充分体现了人类学多学科“包容”与“发展”的专业特点和学科创新理念，为人类学民族学学科发展提供了良好的交流平台。②

（三）第十六届人类学高级论坛

2017年8月4—6日，第十六届人类学高级论坛在青海省西宁市召开。该高级论坛由青海民族大学与人类学高级论坛联合主办，青海民族大学民族学与社会学学院承办。来自台湾“中研院”、中国社会科学院、清华大学、中央民族大学、广西民族大学等海峡两岸50余所高校、科研院所、出版机构的100余名专家学者以“道路与族群”为主题，从不同的视域进行了深度

---

① 肖明远：《民族学人类学中国学派·理论与实践——中国民族学学会2017年年会会议综述》，《青海民族研究》2017年第3期。

② 张昆：《中国人类学学会2017年年会综述》，《民族研究》2018年第2期。

研讨，大会共收到学术论文70余篇。会议开幕式由青海民族大学副校长马成俊教授主持。青海民族大学校长索端智教授，人类学高级论坛秘书长周大鸣教授，台湾“中研院”院士、人类学高级论坛顾问黄树民先生分别在开幕式上致辞。

该会议的讨论分主题发言、分论坛报告、海峡两岸圆桌论坛等3部分。大会分论坛由“走廊专题”“青年论坛——道路与族群”“朝圣专题”“一带一路专题”“其他研究”等五部分组成，与会专家学者从不同角度对道路与族群进行了专业阐述。海峡两岸圆桌论坛上，大会邀请了黄树民、周大鸣、彭兆荣、陈刚、李菲、陈乃华、石硕等7位教授为引言人。

闭幕式由人类学高级论坛秘书长周大鸣教授主持，马成俊教授为本次大会致闭幕词。在闭幕式上，人类学高级论坛秘书处与上海师范大学哲学与法政学院签订“承办第十七届人类学高级论坛协议”。人类学高级论坛学术委员会副主席彭兆荣教授宣布第十七届人类学高级论坛将于2018年10月在上海师范大学举办，主题为“人类学与都市文明”，双方举行了会旗交接仪式。会议还宣布了人类学高级论坛学术委员会作出的秘书长换届决定，同意周大鸣教授卸任人类学高级论坛秘书长，由南京大学范可教授接任人类学高级论坛秘书长。①

（四）第十届中国民族研究西南论坛

由中国社会科学院民族学与人类学研究所《民族研究》编辑部、西南民族大学、凯里学院主办，凯里学院期刊社、贵州省苗族侗族文化传承与发展协同创新中心承办，贵州河湾苗学研究院、贵州五彩黔艺博物馆协办的第十届中国民族研究西南论坛“民族交融、文化变迁、国家认同”于2017年6月18—19日在贵州省凯里市召开。论坛围绕民族交往交流交融与中华民族共同体建设，民族文化发展与国家认同，民族交融与西南地区的发展，人口流动、社会发展与生态变迁，河流、山地与区域发展，西南通道与民族走廊，民族研究的视野、理论与方法等议题展开研讨。这些议题不仅是民族研究的前沿问题、热点问题，也是当前民族研究和民族事务工作面对的重大理论问题和现实问题。②

（五）2017年全国民族典籍翻译与西南少数民族文化交流与传播高层论坛

由中国英汉语比较研究会典籍英译专业委员会主办，百色学院、文山学院和凯里学院三所高校联合承办，百色学院外语学院协办的2017年全国民族典籍翻译与西南少数民族文化交流与传播高层论坛，于2017年12月22—24日在广西百色市和云南富宁县坡芽村举行。该论坛以“‘一带一路’倡议背景下少数民族文化对外传播和西南少数民族语言文化研究”为主题，主要议题有：1. 少数民族文化对外传播的战略和策略研究；2. 民族典籍翻译的历史、现状与发展研究；3. 民族典籍翻译的策略、评价与批评研究；4. 典籍翻译学科建设与人才培养研究；5. 西南跨境民族文化研究；6. 西南原生态民族文化研究；7. 汉族与少数民族文化关系研究；8. 汉语典籍与少数民族典籍关系研究；9. 其他相关研究。

四　中国社会科学院民族学与人类学研究所相应学科发展状况

中国社会科学院民族学与人类学研究所民族文化研究室以文化人类学学科为特点，是学科交叉研究和科研创新的稳定平台。科研主攻方向是“中国少数民族非物质文化遗产的应用人类

---

① 肖明远：《道路与族群——第十六届人类学高级论坛会议综述》，《青海民族研究》2017年第3期。

② 谢景连、李斌、王健：《第十届中国民族研究西南论坛：“民族交融、文化变迁、国家认同”综述》，《民族研究》2017年第5期。

学研究”，在学科建设方面注重应用人类学理论方法的创新，在宗教人类学、民俗文化、宗教艺术、民族教育研究方面已有很好的基础。2017 年共有 8 名研究人员，研究室共发表学术论文 10 篇，在研和结项的社科基金重大、社科基金重点和中国社会科学院创新工程项目 A 类等课题共计 12 项，与国内的四川大学、云南大学、四川美术学院等院校和日本的大学和科研机构均有合作研究。

民族文化研究室研究人员 2017 年度的代表性研究成果如下：

色音研究员的《祖先崇拜与蒙古族民族认同》一文认为，祖先崇拜是人类社会较为普遍的民俗文化现象。蒙古族祖先崇拜的根基在于萨满教信仰。祖先崇拜是蒙古族的重要信仰文化之一，自古以来，随着蒙古族的社会发展而变迁、重构，在当代社会仍发挥着认同符号和强化民族凝聚力的社会文化功能。在蒙古族文化的象征系统中，成吉思汗崇拜逐渐成为核心象征，也成了标志性的民族认同符号。在蒙古族民间传说中，成吉思汗被刻画成了传奇式的神话般的英雄，永垂不朽地留在蒙古族群众民俗记忆之中，变成了民族认同的核心象征符号。推崇民族领袖和英雄的记忆，是蒙古族群众民族认同的内在需求。①

彭雪芳研究员的论文《美国苗族移民的社会适应与文化传承》认为，在全球化背景下跨国移民成为普遍现象。20 世纪 70 年代越南战争结束后东南亚苗族以难民身份迁徙到美国。苗族移民原有的生产生活方式及社会文化背景使他们难以适应美国社会。由于社会经济文化上的巨大差异，苗族移民在美国遇到了各种各样的问题。苗族移民所面临的困境与他们受教育程度较低密切相关。美国苗族移民意识到现代教育是他们适应社会生存发展的最佳选择，故而对后辈通过教育改变命运寄予厚望。同时，年轻一代对苗族历史文化的陌生感使苗族长者深刻体会到苗族文化才是本民族生存与发展的灵魂，自己有责任唤醒后辈对本民族文化的自觉意识。现代教育与苗族文化传承对苗族移民适应社会生存发展及延续民族文化基因具有重要意义。②

廖旸研究员的《藏传佛教后宏期早期绘画的一种形式构成与过渡特征》一文通过对西藏佛教后宏期早期艺术的研究发现，该时期的艺术鲜明地体现出教法传承带来的题材变化和文化创造，以及交流产生的风格衍变与技艺精纯。该文从几幅题材相对少见的绘画出发，着眼于画面形式构成展开探讨。作者认为，12—13 世纪黑水城宝楼阁帧像、13 世纪西藏菩提场经唐卡、14 世纪早期夏鲁寺三誓句庄严王五尊壁画等作品的题材在已公布的存世作品中相对少见。三者相隔一定时空，而从神祇、形式构成等角度看又存在共性，皆依据事续类文本之画像法而绘制，揭示出后宏期早期藏传佛教美术的一些特点。③

熊文彬、廖旸的《西藏拉萨哲蚌寺措钦大殿内转经道壁画的年代、题材与风格初探》一文通过 2014—2015 年的两次调查发现，措钦大殿是 1416 年哲蚌寺修建伊始的主要建筑单元之一，其内转经道在 15 世纪末 16 世纪初因殿堂改建而被废弃。现存内转经道西段和北段保存的文殊菩萨、大白伞盖佛母曼荼罗和善逝八塔/药师佛曼荼罗等壁画不仅配置独特，而且风格在保留元代特征的同时，吸收了内地汉式童子等母题和堆金沥粉等技法，是西藏艺术元明过渡时期的重要遗珍。作者认为，对于元明之交西藏佛教艺术的题材、图像配置及其含义、风格和汉藏文化交流的研究，这些题材和风格都是不可多得的材料，弥足珍贵。④

刘正爱研究员的论文《自社会人類学のフィールドワーク論—中国の経験から》从作者的

---

① 色音：《祖先崇拜与蒙古族民族认同》，《社会科学家》2017 年第 9 期。

② 彭雪芳：《美国苗族移民的社会适应与文化传承》，《世界民族》2012 年第 2 期。

③ 廖旸：《藏传佛教后宏期早期绘画的一种形式构成与过渡特征》，《故宫博物院院刊》2017 年第 6 期。

④ 熊文彬、廖旸：《西藏拉萨哲蚌寺措钦大殿内转经道壁画的年代、题材与风格初探》，《中国藏学》2017 年第 3 期。

田野调查经验出发，论述了本土人类学（home anthropology）产生的背景、现状以及发展方向。针对上世纪 80 年代以来欧美人类学界所讨论的本土人类学的优势和短板问题，刘正爱认为，本土人类学的“本土”概念具有多重内涵和外延，人类学家在本国进行调查时往往具有多重文化身份和认同，局内人和局外人的身份随着不同情境而发生变化，其优势和短板不能一概而论。此外，中国地域文化特征较为明显，地域文化的比较研究在本土人类学研究中尤为重要。①

刘正爱研究员的另一篇论文《地仙信仰与财神观的社会人类学研究——来自文献与田野的考察》，从社会人类学视角考察了中国北方地区地仙信仰的普遍性及其与财神观念的相关性。中国民间将财神分为“正财神”和“偏财神”，地仙（“四大门”）属于偏财神，其财神性质反映在搬运财富、赐富、佑富、赌神等多个层面。此外，地仙在东北地区还具有村落神和家神的功能，受到极为广泛的崇拜。刘正爱通过田野调查发现，地仙信仰常常出现在满族随龙入关以及山东人闯关东的各类迁移传说中，成为族群认同的重要依据。这些不同地区的民族志研究为区域比较研究打下了较坚实的基础。②

宋小飞助理研究员的《试论中国北方草原游牧民族民间艺术审美特性》一文，从意蕴美和形式美两个方面对北方草原游牧民族民间艺术审美特性进行了交集性探索，认为民间艺术品的形式直接和民众审美情趣相关联，与北方民族的生活习性、价值观念、审美追求也分不开，审美观念与审美追求决定了艺术形式的发展趋势。中国北方草原游牧民族民间艺术呈现的意蕴美是少数民族对美学精神追求的一种，让大众重新审视草原游牧民族民间艺术的美感，它在一定程度上是一种审美理念与民众思想结合的产物。③

2017 年民族文化室承办的主要会议有：6 月 15—19 日，组织召开 2017 年中国民族学学会高层论坛“‘一带一路’建设与区域、民族与发展”学术研讨会暨常务理事会（中国民族学学会主办，兰州承办）；7 月 13—17 日，组织召开中国民族学学会 2017 年年会“民族学人类学中国学派：理论与实践学术研讨会”（中国民族学学会主办，青海民族大学民社院承办）；8 月 18—20 日，组织召开 2017 年民族地区社会治理理论与实践创新高端论坛（中国民族学学会主办，宁夏社会主义学院承办）；9 月 16—18 日，组织召开首届鄂伦春地区民族文化产业发展论坛；11 月 10—12 日，组织召开第二届民族学人类学高层论坛；11 月 19 日，组织召开文化遗产与文化产业学术论坛。

2018 年

民族文化一直是民族学、文化人类学研究的重要组成部分。随着学科的不断发展，每年都会涌现出众多优秀的相关成果。同时，随着跨学科、多学科研究方法的兴起，民族文化研究也不再局限于传统的民族研究范畴。更多学者以不同学科的视角和研究方法对民族文化研究作出了贡献。自习近平总书记提出“加快构建中国特色哲学社会科学”的重要目标以来，包括民族文化研究在内的我国社会科学各领域都进入了更快、更高、更强的发展轨道。2018 年，民族文化研究领域产生了诸多高质量的学术成果，中国社会科学院民族学与人类学研究所民族文化研究室在学科发展层面也取得优异成绩。

---

① 刘正爱：《自社会人類学のフィールドワーク論—中国の経験から》，载西泽治彦、河合洋尚编：『フィールドワーク：中国という現場、人類学という実践』，風響社 2017 年版。

② 刘正爱：《地仙信仰与财神观的社会人类学研究——来自文献与田野的考察》，载范可、杨德睿主编：《“俗”与“圣”的文化实践》，中国社会科学出版社 2017 年版。

③ 宋小飞：《试论中国北方草原游牧民族民间艺术审美特性》，《中国边疆史地研究》2017 年第 8 期。

一 年度学科动态

（一）代表性学术专著

2018 年出版的民族学、文化人类学专著中，涉及民族文化研究领域的代表性成果众多。其中一部分以学科理论探讨为主，如赵旭东所著的《文化转型人类学》（中国人民大学出版社 2018 版），以及范可所著的《认同、文化与地方历史：人类学的理论探讨与经验研究》（社会科学文献出版社 2018 版），从较为全面、宏观的视角对文化这一对象展开论述。另一些著作围绕更为具体的民族文化展开，兼顾民族志个案与理论分析，如张晓所著的《化茧成蝶：西江苗族妇女文化记忆》（商务印书馆 2018 版）、刘婷玉所著的《凤凰于飞：家族文书与畲族历史研究》（厦门大学出版社 2018 版）、牟利成所著的《隐遁的社会：文化社会学视角下的中国斗蟋》（社会科文献出版社 2018 版）等。此外，非物质文化遗传的传承、保护与发展也是民族文化研究领域的重要组成部分，该年度代表性著作包括王建民、刘冬梅、当增扎西合著的《西藏唐卡的传承与保护》（社会科学文献出版社 2018 版），以及聂羽彤所著的《走近非遗：历史祖先与苗族女性服饰变迁》（社会科学文献出版社 2018 版）等。

（二）期刊论文及年度热点

与学术专著相比，期刊论文的创作周期较短，因此更具有时效性，与年度学科热点的结合也更加紧密。回顾 2018 年国内民族文化研究领域的期刊论文类成果，以中国知网收录情况为例，该年度以“民族文化”“少数民族文化”为关键词的学术论文共计 114 篇，其中不仅包括民族学、文化人类学领域的学术成果，也涉及文化、旅游、经济学、新闻与传播学等 20 余个不同领域及学科，体现了学术界对民族文化研究的广泛关注。在民族文化研究领域众多学术成果涉及议题中，较为突出的三个热点分别是：铸牢中华民族共同体意识与少数民族文化、“一带一路”倡议与民族文化，以及传统民族文化与新媒体的融合发展。

1. 铸牢中华民族共同体意识

2017 年 10 月，党的十九大将“铸牢中华民族共同体意识”这一表述写入《党章》。随着该目标成为我国民族事业发展的明确主线，学术界也对此展开了热烈的讨论。在 2018 年，围绕“铸牢中华民族共同体意识”这一主题，国内学界召开了多场与之相关的学术会议，并涌现出诸多与之相关的文章著述。共同体意识的形成离不开文化的认同，一些学者就中华民族共同体意识与民族文化之间的关联进行了探索。张甜甜提出，各民族文化的交流交融为中华文化注入了强大的生命力基因，使中华文化具有了包容性、整合性、创新性的特质（张甜甜，2018）。马英杰通过中国传统和“多一辩证”学理两种不同角度的分析指出，多民族国家发展少数民族文化的关键是要尊重多样，进而形成稳定的文化生态和持久的文化张力，以聚力民族团结、凝聚中华民族共同体意识；同时他还提出通过改善民生、发展文化事业和产业、创建少数民族文化发展的社会环境等三方面促进民族团结，进一步实践铸牢中华民族共同体意识（马英杰，2018）。

2. “一带一路”倡议与民族文化

2018 年是“一带一路”倡议提出的第五个年头。经过中国与沿线国家和地区的不懈努力合作，“一带一路”建设已取得丰硕成果，国内外对这项合作的前景充满期待。随着合作的不断深入，“一带一路”倡议与民族文化也成为人们关注的热点并被学界所重视，出现了一批相关的研究成果。吴秋林注意到，我国的非物质文化遗产保护工作是“一带一路”民族文化保护的重要举措，但在以国家非物质文化遗产保护为主体的民族文化的保护与文化资源的开发及规划方面，尚没有一套成熟的、整体性的、长期性的理论体系作为学术支撑。由此他提出：从全球化文化危机的语境中思考“一带一路”民族文化保护将遇到的问题，建立兼顾文化多样性发展与民族文化国际化进程的理论构架，使中国的“一带一路”民族文化保护成为文化建设的重要组成部分以及外向型发展的重要生力军（吴秋林，2018）。李美娴认为，虽然“一带一路”倡议给民族文化带来了机遇，但在文化传承、开发以及民众文化自信等方面还存在不足。应结合“一带一路”的文化需求，促进少数民族文化传承，加强民族文化开发，增强民族成员的文化自信，从而使我国的优秀民族文化以更好的姿态呈现在沿线国家和地区面前（李美娴，2018）。

3. 新媒体与传统民族文化

近年来，随着信息技术的飞速发展，各类新媒体方兴未艾，其引发的各种新生现象也受到国内外研究者的广泛关注。在民族学、文化人类学领域，一些学者对新媒体手段与传统文化，特别是少数民族传统文化的结合与应用进行了探索。

吕芳针对媒介环境与生态所影响下的少数民族文化典籍翻译现状，阐述新媒体时代民族典籍翻译的意义与时代使命，同时探讨新中国成立以来我国少数民族文化典籍翻译工作中存在的问题，并针对现状提出了提升我国少数民族文化典籍翻译工作质量的策略（吕芳，2018）。基于新媒体文化的特征，李东、孙薇提出，在民族文化和新媒体文化融合的过程中，还需要对文化融合进行引导和管理，以便形成两种文化融合的有序机制，一方面有利于新媒体文化的优势充分发挥，另一方面又能确保民族文化的新媒体融合目标实现（李东、孙薇，2018）。

二 中国社会科学院民族学与人类学研究所学科发展

（一）学术成果

2018 年，中国社会科学院民族学与人类学研究所民族文化研究室研究人员聚焦国内外民族文化研究议题，共发表学术论文 21 篇，其中权威、核心期刊 9 篇，国外学术刊物 2 篇。在这些成果中，一部分以非物质文化遗产的保护与传承为主题，如《经济社会发展与蒙古族非物质文化遗产传承——以伊金霍洛旗为例》（色音）、《人类学视域下的岫岩香卷火龙传》（刘正爱）、《民众生活中的岫岩满族皮影戏及其传承保护》（吴凤玲）、《消费社会视域下的非物质文化遗产——以手工技艺类非遗木雕重彩为例》（宋小飞）；一些论文关注民族文化中的艺术方面，如《科尔沁蒙古族萨满教造型艺术探析》（色音）、《从黑水城星曜曼荼罗看汉藏夏之间的文化勾连》（廖旸）、《宗教元素、审美构成与图像学——以满族萨满教艺术为例》（宋小飞）；还有一些研究以海外民族文化作为研究对象，如《太谷县文化生态资源调查报告》（刘正爱）、《人类学视野下的冲绳文化探究》（彭雪芳）等。这些成果涉及研究对象广泛，学术质量较高，展现了本所民族文化研究学科的发展成果，以及民族文化研究室的较高学术水平。

（二）学术活动

2018 年，中国社会科学院民族学与人类学研究所主办了多场与民族文化研究领域相关的学术会议。4 月举行的“中华民族多元一体格局的形成与发展暨纪念费孝通先生‘中华民族多元一体格局’理论发表三十周年国际学术研讨会”，围绕中华民族多元一体格局的形成和发展，从多学科多层面展开深入系统的学术研讨。民族文化研究室色音研究员参与了本次研讨会并担任分论坛点评。9 月举办的“2018 年民族所青年论坛”以“新时代民族研究的视野与方法”为主题，民族文化室李耕参加论坛并作学术报告《消费时代的社区整合：以西双版纳傣寨的家宅换代为例》。同月举办的“第二届民族地区文化产业发展论坛”聚焦“佤族传统文化与民族文化产业发展”“佤族非物质文化遗产保护与文化传承”“民族文化品牌建设”“民族地区文化产业发展典型与经验”“民族地区节日文化构建与民族文化创新发展”等议题，民族文化研究室宋小飞参加论坛并以“‘共享文化’的选择”为题作学术报告。10 月举办的“传统与变迁——第二届喜马拉雅区域研究国际研讨会”也将民族文化列为会议主题之一，并专门进行了讨论与交流。通过这些学术活动，该研究所的学科发展得以在学术交流与思想碰撞中不断促进，并为学界提供了良好的学术讨论平台，进一步提升了本所在专业领域中的影响力。

此外，中国社会科学院民族学与人类学研究所在推进民族文化理论发展的同时，也在不断探索基础研究与实践相结合的路径，尝试学科的应用型发展，进一步发挥新型智库作用。2018 年 5 月，该研究所多名研究人员组成中国社会科学院国家治理研究智库“民族地区文化产业发展”项目组，由所书记方勇带队赴云南省临沧市沧源县调研，考察当地民族文化产业发展情况，并撰写了调研报告。民族文化研究室宋小飞参与了此次调研。

参考文献：

1. 张甜甜：《论少数民族文化在中华文化形成与发展中的贡献》，《中南民族大学学报（人文社会科学版）》2018 年第 1 期。

2. 马英杰：《铸牢中华民族共同体意识：作为民族团结的少数民族文化发展》，《云南民族大学学报（哲学社会科学版）》2018 年第 5 期。

3. 吴秋林：《“一带一路”中民族文化保护的前瞻性思考》，《西南民族大学学报（人文社科版）》2018 年第 6 期。

4. 李美娴：《一带一路战略下民族文化现实问题与机遇把握》，《贵州民族研究》2018 年第 9 期。

5. 吕芳：《新媒体时代下少数民族文化典籍翻译及其影响研究》，《贵州民族研究》2018 年第 11 期。

6. 李东、孙薇：《少数民族文化与新媒体文化的“跨界域”融合研究》，《贵州民族研究》2018 年第 8 期。

（刘正爱，研究员；王昊午，助理研究员，中国社会科学院民族学与人类学研究所民族文化研究室）

2017—2018 年民族社会研究综述

张继焦　吴　玥

2017 年

一　对民族地区社会治理探讨的总体情况

改革开放 30 余年来，伴随着经济体制转轨和社会结构转型，我们国家在经济建设方面取得了巨大成就，社会事业进步明显。但同时也面临着经济和社会发展不平衡、不协调的问题，特别是社会发展滞后于经济增长、社会体制改革滞后于经济体制改革，带来了大量社会问题。互联网的快速发展更是助推了社会问题和矛盾多发突发。这些对我国传统的政府一元主导的社会管理体制提出了挑战，迫切要求我们加强和创新社会体制改革。

党的十八届三中全会的决定，把推进国家治理体系和治理能力的现代化写入全面深化改革的总目标。党的十八届五中全会提出要加强和创新社会治理，推进社会治理精细化，构建全民共建共享的社会治理格局。

在此大背景下，社会治理创新也成为我国学术界一个重要研究方向。社会治理研究既要强调基础性的理论研究，探索治理的理念、主体、机制、手段方式等，也要重视应用性研究，关注民生问题，对基层社会治理创新的实践探索进行理论概括和总结，为决策的科学化和有效性不断反馈信息、寻找规律，发挥智库的作用。

中国是一个多民族国家，民族地区的治理是国家治理体系的重要组成部分，也是我国建设和谐社会的重要方面，其不仅关系到民族自治地方的稳定、发展和繁荣，也关系到国家的长治久安、安定繁荣。但民族自治地方因其民族成分多元、文化多样、传统各异、社会发展程度不一以及周边环境复杂等原因，治理难度更大。

尤其是伴随着新型城镇化的推进，各民族人口空间流动性增加，社会人口的居住结构发生变化，既有一些“老”问题以新形式表现出来，如少数民族群众的宗教信仰问题、民族区域经济发展问题，又有一些“新”问题，如城市中少数民族流动人口的管理与服务、民族社会内部的分层化、民族意识增强与维权、互联网与民族问题舆情等，亟待加以解决。根据 2014 年 9 月中央民族工作会议精神，推进基本公共服务均等化，着力改善民生，解决好民族地区的教育、就业、住房、社会保障、医疗卫生、收入分配、生态保护、基层社区治理与社会组织培育等问题，促进全面小康社会建设，也是当前民族地区社会治理面临的主要挑战与难题。

二　对“转型社会：国家体制和地方治理”的研讨

2017 年 10 月 14—15 日，由中国社会科学院民族学与人类学研究所民族社会研究室主办的“转型社会：国家体制和地方治理”论坛在北京召开。来自国家民委、民政部、中国社会科学院、清华大学、北京师范大学、中山大学、中央民族大学、中南民族大学、云南民族大学、北京社会科学院、天津社会科学院、内蒙古社会科学院、中国农业大学、北京工商大学、北京化工大学、北京工业大学、华东师范大学、华中科技大学、厦门理工学院、贵州财经大学、湘潭大学、齐齐哈尔大学等20多家机构、高校、科研院所的50多位学者参加了会议。

开幕式由中国社会科学院民族学与人类学研究所民族社会研究室主任张继焦主持。中国社会科学院民族学与人类学研究所所长王延中研究员在致辞中指出，转型时期的中国已进入高风险社会，研究如何提升国家和地区的治理能力非常重要。党的十八大以来，我国在建立现代化治理体系、提高现代化治理能力方面作出了一系列有益探索。通过总结东部和中部地区现代化发展进程中的经验和教训，可以使西部民族地区的现代化进程少走一些弯路。清华大学民生经济研究院院长李强教授指出，国家治理体系和治理能力现代化是我国继“四个现代化”之后提出的“第五个现代化”。由于我国社会的转型与西方国家不同，所以推进国家治理体系和治理能力现代化要走中国特色的社会主义道路。云南民族大学党委副书记刘荣教授与国家民委民族问题研究中心副主任李红杰分别致辞。

研讨会由主旨发言和分主题讨论两个部分组成。在主旨发言中，李强教授总结分析了我国城市社区治理的四种模式：政府主导、市场主导、社会自治和专家参与，并重点介绍了专家参与模式及他带领学生做的基层社会治理创新——清河实验项目。刘荣教授针对转型社会背景下我国民族自治地方少数民族干部选拔和少数民族党政人才培养面临的问题、需要处理好的几大关系及对策建议提出了思考。北京师范大学尉建文教授总结了中国社会学自上世纪80年代初恢复重建以来与“后西方社会学”能够形成对话的五个重要专题，包括社会结构转型、产权安排、企业与组织、社会分层和社会资本。张继焦教授指出，民族理论应从“民族—国家”向“国家—民族”转型，在探讨少数民族和民族地区发展中，需要找回“国家”，将“国家”置于“民族”之上。他认为，在“国家—民族”自上而下的关系框架下，中央与民族地区和少数民族之间的关系，是通过“分级管理”“属地管理”“分类管理”等一系列制度化的行政管理体系和实际运作机制来实现的。

研讨会主要围绕以下议题展开讨论。

1. 社会组织与治理。中国社会科学院民族学与人类学研究所助理研究员杨春宇从“社团中国”的视角重建中国民间社团的“社会叙事”，认为中国自古至今一直拥有繁荣的结社活动，它在整体上并不“反社会”，却因缺少正当性而盛衰无常。中山大学的研究生张嘉欣探讨了在弱制度的背景下，G市政府如何通过与移民自发形成的社团组织的分类互动，创新治理当地移民，从而实现维稳的目标。贵州财经大学的研究生张春敏通过黔东Y县村级治理的案例分析发现，以新乡贤为代表的乡贤参事会可以充分发挥其社会治理功能。中国农业大学的王昊讲师利用全国数据，运用社会资本、提供服务、社会动员三种机制分析了社会组织对社区参与的影响。北京市委党校的吴军讲师以北京市丰台区南苑街道12个社区为例，分析了社区党组织在社区治理中的作用。

2. 城市和农村基层社区治理。齐齐哈尔大学董驹翔教授分析了转型社会背景下的社会治理，认为社会治理应注重向地方和基层社区延伸。亚太创新经济研究院的贾征宇研究员基于在湖南北部一个村庄开展的农民烧荒的田野工作，思考了中国农村环境治理的困境。中国社会科学院社会发展战略研究院助理研究员王磊以安徽省安庆市一个村庄的自建公墓事件为切入点，透视了乡村精英崛起的背景和逻辑。北京工业大学的陈锋副教授对农村低保政策异化的类型及其发生机制进行了阐述。民政部政策研究中心的胡思洋助理研究员分析了社保领域“闹访”的行动逻辑并提出了对策建议。华中科技大学的王德福博士后分析了社区行政化的实践内涵及街居治理共同体的形成，认为城市基层治理体制改革并非简单化的去行政化，而应以强化基层积累非正式治理资源的能力为基础，提高基层治理能力。中国工商大学的徐玲讲师分析了中产阶层社区治理参与的现状、特征及动力因素。北京市委党校的营立成讲师以某小区停车自治改革过程为例，分析了社区“权利规划”何以可能的问题。

3. 民族地区社会治理。我国作为统一的多民族国家，民族事务治理是国家治理体系中的有机组成部分。中南民族大学社会科学处副处长耿新副研究员梳理了新中国成立以来扶持人口较少民族发展政策的实践，认为我国扶持人口较少民族发展政策在政治上体现了“小民族大政策、小民族大扶持”、经济上体现了“小民族大发展、小民族大变化”的特点。中央民族大学的博士生孙荣垆、崔西涛聚焦于新疆某农场，分析了该地的精准扶贫和干群关系问题。中国农业大学的博士生桑坤以云南省某村寨的独龙族为例，分析了边疆民族地区村落治理结构的变迁，探究了边疆民族地区村落的诸权力和组织运作。北京化工大学的李宇鹏助理研究员以山东省莘县张鲁回族镇为例，分析了回族乡镇村庄权力的变迁。内蒙古社会科学院呼伦贝尔分院院长石双柱副教授提出了实现鄂温克族群善治应解决的几个问题。

4. 政府治理行为研究。厦门理工学院的刘芝凤教授分析了 TW 地方政府在文化资源开发方面的政策与管理。防灾科技学院的崔亚杰讲师分析了冲突治理中政府干预效果的影响因素。华东师范大学的研究生魏仲奇以中国开发区的蔓延问题为中心，分析了权利游戏视角在政治治理行为中的应用。

论坛闭幕式上，中国社会科学院民族学与人类学研究所民族社会研究室副主任杜倩萍副研究员主持了会议的小组总结发言，张继焦研究员就论坛进行了全面总结。张继焦指出，本次论坛非常成功，跨学科跨专业的交流非常有益，也看到新一代的年轻学者正在成长，以后应多推动专业的交叉和互动，加强学者之间的合作交流，共同推进治理的理论和实践研究。

三　代表作论著

（一）代表性专著

张继焦：《企业人类学：从社会结构视角分析经济行为》，中国社会科学出版社 2017 年版。

提要：引入“社会结构转型”理论作为其新的基础理论，企业人类学实现了研究范式的转变：不再是个案式地研究企业，而是从市场转型和社会结构转型的整体性视角，探讨了企业发展的内在动因及其社会结构性因素。国内外一大批学者经过 80 多年的持续探索，最近几年创新形成了一套比较完整的学科体系。企业人类学的兴起意味着人类学发展的局部突破，标志着人类学的第四次革命。作为一门世界性的前沿学科，企业人类学打通了中国与西方的人类学通道。中国学者不仅应该而且已经提出了既与国际接轨又有中国特色的新理论。

（二）代表性文集

王延中、王德强、张继焦主编：《多民族国家：社会治理的理论与实践》，民族出版社 2017 年版。

提要：本书系由中国社会科学院民族学与人类学研究所和云南民族大学共同主办的“中国社会科学论坛（2014 年）——民族地区社会治理理论与实践国际会议”成果之一。全书分为理论译介、个案研究和理论探索三大部分，展示了国际相关理论的重要成果，提供了国内民族地区社会治理的鲜活案例，同时对中国背景下的民族地区社会治理进行了有益的理论探讨。本书集结了国内外众多学者的研究成果，反映了相关领域的最新动态，对民族学、社会学、人类学、政治学和公共管理等多个领域的研究者具有一定参考价值。

（三）代表性论文

1. 张继焦：《中国人类学民族学的最新趋势：走出村落，以老字号为抓手，走向现代化》，《青海民族研究》2017 年第 2 期。

摘要：目前中国人类学民族学已经陷入深度的范式危机之中，急需尽快走出村落，直面中国巨大的经济社会结构转型。最近几年，为了推进人类学民族学成为一门现代学科，相关学者以老字号这个链接传统与现代的经济社会主体为抓手，以企业人类学为学科基础，推动中国人类学民族学逐步地摆脱传统理论和方法的桎梏，出现了四种最新发展趋势：一是将老字号个案置于相关行业之中进行分析；二是将老字号研究置于某条老商街甚至整个城市之中进行考量；三是将老字号置于经济社会结构转型之中来考察；四是依托人类学的第四次革命，推进学科建设的现代化。这些学科发展的最新趋势意味着，中国人类学民族学必将发生一场史无前例的巨大变革：正在迈向复杂的城市社会和现代组织，已经迈上了学科现代化建设的征程。

2. 王明哲：《布洛维的社会学马克思主义思想》，《理论视野》2017 年第 1 期。

摘要：麦克·布洛维在民族志社会学研究中，贯穿了马克思主义阶级分析方法，发现了垄断资本主义通过去意识形态化维持生产关系与剥削，总结了资产阶级意识形态对生产的宏观调节，继而提出应当在马克思主义同社会学中争取无产阶级意识形态的主动地位，重新赋予无产阶级自觉。通过梳理布洛维的制造同意理论、生产政治理论、社会学马克思主义理论，总结布洛维如何实现意识形态的阶级救赎。

3. 杨亚东：《移民与边疆社会：社会控制视阈下清朝对云贵地区夷汉矛盾的调控》，《云南师范大学学报（哲学社会科学版）》2017 年第 2 期。

摘要："社会控制"是现代社会学中的一个重要概念，中国古代虽无"社会控制"之名，却有"社会控制"之实。清朝对西南边疆地区的统治持续深入，大量汉人由于军事驻防、土地垦殖、矿业开发、贬谪流放、商旅营生等原因进入云贵地区，在改变地域人口规模与结构的同时，促进了当地社会经济的发展，有利于内地文化与边疆民族文化的交流与融合。然而，内地移民与当地夷民（土著）由于资源争夺、文化差异等原因逐渐产生矛盾，并演变为严峻的社会问题，影响西南边疆地区社会的稳定。为应对这一社会问题，清廷通过"硬控制"和"软控制"双管齐下、综合施策，取得了一定成效。梳理和总结中国古代王朝"社会控制"的思想和实践，有助于丰富和发展我国社会治理思想。

4. 白维军：《流动公共服务与边疆民族地区社会治理》，《民族研究》2017 年第 3 期。

摘要：流动公共服务是基层公共服务的实践总结与理论升华，是边疆民族地区社会治理的有益尝试和创新。边疆民族地区特殊的自然、人文、社会环境，形成了对公共服务内容、方式的特殊需求。流动公共服务作为一种创新的公共服务理念，兼顾效率、公平，具有推动服务型政府建设的价值；作为一种创新的公共服务方式，体现了对"一站式"服务和"代理型"服务的比较优势，为边疆民族地区居民提供了一种主动、正规、制度化、低廉易得、方便快捷的公共服务，实现了供给主体的多元化。"草原 110"和流动科技馆的案例，说明了流动公共服务的工作机理和社会治理效益。为使流动公共服务顺畅地运行，须为其提供科学的制度保障、有力的组织保障、坚实的资金保障和专业的人才保障。

5. 王思斌：《民族地区的社会治理与社会工作参与研究》，《广西民族大学学报（哲学社会科学版）》2017 年第 5 期。

摘要：民族地区社会治理的对象是民族地区已经存在或潜在的，各类经济的、政治的、文化的和社会性的危及人们的基本生活与社会和谐的问题。面对民族地区存在的经济发展、族群关系、困境群体救助方面的问题，可以采取发展型治理、协商型治理和服务型治理。社会工作在服务型社会治理方面可以作出特殊的贡献，同时，要注重民族地区社会治理中的“在地化”，从当事人的角度理解社会问题，并以当事人可以接受的方式解决他们的问题。社会工作要善于同当地人一起工作，努力发挥他们在解决问题中的潜能、优势，与他们协同解决面临的问题，这样才能“内在地”解决社区问题，“内在地”实现社会治理并巩固社会治理的成果。

6. 唐立军、陈义平：《民族地区社会治理中的民族文化社会功能开发——基于马克思主义社会管理理论》，《贵州民族研究》2017 年第 11 期。

摘要：文化具有多种社会功能，是民族地区社会治理的重要路径，对民族文化社会功能的合理开发有利于民族地区社会治理推进得更加顺利。马克思主义社会管理明确了民族地区社会治理的性质、本质和目的，也预见了社会治理中的公权力滥用等问题，民族文化的社会功能开发可以结合科学理论的基本观点，发挥文化的柔性特征，构建良好的社会治理环境，促进民族地区民众的社会治理参与，反映民族地区民众的公共诉求，促进他们对民族地区社会治理的监督。

7. 吕蕾莉、刘书明：《西北民族地区村庄权力结构下的乡村精英与乡村治理能力研究——对甘青宁三省民族村的考察》，《政治学研究》2017 年第 3 期。

摘要：国家治理根在基层，因此必须充分重视农村社会治理能力，而西北民族地区特殊的社会历史背景更需要具有针对性的治理模式。本研究通过对甘青宁三省区部分民族村的实地考察，发现乡村治理能力在村庄权力结构下，形成了宗教力量、宗族权威和村委会三种力量相互影响的民族村的基本政治格局，也相应地形成了乡村精英，他们作为乡村治理的代表性人物，对乡村社会的各种资源具有较强的整合能力，深刻地影响乡村的治理机制和治理能力。因此，如何保持村两委的主导作用，引导乡村精英协同参与乡村治理过程，进而提高民族地区乡村治理能力，将成为今后提高民族地区乡村治理能力的主要路径选择。

8. 王向文：《嵌入能力：一个民族地区社会政治稳定的研究框架——以西藏自治区为例》，《西藏大学学报（社会科学版）》2017 年第 2 期。

摘要：维护民族地区社会政治稳定是国家治理体系和治理能力现代化的重要内容。研究提出了嵌入能力的研究框架，阐释了嵌入能力的内涵、维度与逻辑，从认知嵌入能力、文化嵌入能力、结构嵌入能力和政治嵌入能力四个维度对西藏实践进行了梳理和总结，认为西藏社会政治稳定的治理效果在社会认同、关系建构与治理体系现代化三个层面得到了体现，基于能力建设主体分析了影响稳定的应嵌、脱嵌与反嵌问题。

9. 田夏彪：《民族地区村落治理“四重矛盾”审视及突围路径》，《广西社会科学》2017 年第 2 期。

摘要：当前民族地区一些村落建设陷入经济收入与农业生产、精神文化需求与优质文化服务供应、个体意识与制度规范、学习需求与教育供给的“四重矛盾”困境中。造成这一困境与村落社会主体缺位与无理性、社会权力失衡与缺乏监督、社会组织薄弱与社会成员公共意识不强等有重要关系，致使村落发展出现“无主体熟人社会”“无权力制衡恶人社会”“无社会组织戾气社会”等不良现象。为促进民族地区村落发展的稳定有序和繁荣文明，应采取有效的治理举措：回归教育本质，构建融入生命生活之活教育体系；提升行政效益，确立参与式联动化基层管理机制；激活人力资源，设立公开化的“普及 + 精准”式帮扶系统。

10. 明海英：《社会人类学研究展现新样貌》，《中国社会科学报》2017 年 4 月 17 日。

摘要：20 世纪初，社会人类学逐步从广义的人类学中分离出来。社会人类学过去主要以非西方的原始社会为研究对象，随着网络的普及，其研究领域逐步延伸，主要体现在三个方面：一是从单一领域向多元领域发展，从原始社会研究扩展到虚拟和现实领域，包括都市社会、虚拟网络、经济开发、工业发展、文化教育等；二是民族志研究方法逐渐丰富，出现了专题式民族志、线索民族志、微信民族志等新的田野调查方法；三是相关知识结构需要得到更新，以提高调查和研究当代社会的能力，逐渐养成提出“研究假设”的习惯，推动社会人类学理论的创新。

2018年

一 对民族地区社会治理及其学科理论的探讨

中国改革开放40年来，在党和国家推动全面建成小康社会的大背景下，西部少数民族地区社会、经济取得了长足发展。

2018年，是中国改革开放40周年，也是中国民族地区社会建设实现大发展的40年。40年激情岁月，40年光辉历程。短短40年中，中国民族地区社会建设取得的成就有目共睹。加强边疆民族地区社会治理创新和社会建设发展，是完善民族区域自治制度、扎实推进民族团结和边疆稳固的主要工作和重要支撑，是全面建成小康社会、构建社会主义和谐社会和实现社会主义现代化的基础和前提，有助于丰富和发展马克思主义民族理论和党的民族政策，有助于推进国家治理体系和治理能力现代化建设。

党的十九大报告关于民族地区协调发展战略的论述，为“国家—民族”理论的发展提供了新的理论依据，指明了新的研究方向。张继焦、尉建文通过对世界上现存的对立、融合、并存、连接等民族与国家之间关系的梳理，深入探讨“民族—国家”关系和“民族—民族”关系的实质和潜在危险。“民族—国家”关系理论本质上是一族一国的狭隘的民族国家关系，容易导致极端的民族分离主义。多元文化主义理念是当今世界民族国家关系发展的趋势所向，但是，必须警惕民族同化、民族“大熔炉”、民族“大拼盘”等思想。我国作为统一的多民族国家必须找回“国家”在民族国家关系中的主导角色，将“国家”置于“民族”之上，在历史新常态下对“国家—民族”理论进行深入思考。①

改革开放40年来，我国民族学获得长足发展，产生了一批高质量的研究成果，但同时也存在一定的西化现象，主要表现为一部分学者不加批判地移用、效仿西方民族学理论，特别是将上世纪中后期兴起的后现代主义民族学等同于“国际化学术”并奉为圭臬。

后现代主义民族学产生于民族学者对西方世界与非西方世界之间文化权力关系或文化政治问题的反思。这些学者对西方传统民族学研究的“真实性”与“客观性”提出质疑，认为民族学者无法对异文化进行所谓客观的描述。他们试图通过对西方学者（尤其是在殖民时期）关于非西方文化的民族学研究和民族志描述进行重新评论和再次分析，获得对文化表述本质的深层认识。不可否认，这一学术思潮有积极的一面，即认识到西方传统民族学带有强烈的殖民主义色彩，但也存在明显不足和缺陷，特别是其质疑一切、解构一切的特点，反映出西方民族学发展面临的困境。②

对于我国一些学者将后现代主义民族学用于分析我国社会文化特别是少数民族社会文化的做法，至少可以从以下三个方面进行反思和批判。

第一，从研究者与研究对象的关系看，后现代主义民族学虽然对西方传统民族学研究的认识论和方法论提出批评，但仍未走出将研究者和研究对象人为对立起来的困境。研究者和研究

---

① 张继焦、尉建文：《三论“国家—民族”关系：国际视野与中国经验》，《云南民族大学学报（哲学社会科学版）》2018年第5期。

② 张继焦：《民族学研究应关注重大现实问题》，《人民日报》2018年4月2日（理论版）。

对象分属不同国家，研究者始终把研究对象当作相对于西方文化的“他者”，与研究对象之间有陌生感和距离感。我国民族学的主要研究对象是境内少数民族，而实际上我国56个民族都处于同一个国家，各民族之间是你中有我、我中有你的关系，盲目套用后现代主义民族学，无疑会人为地将研究者自身与研究对象割裂开，并产生距离感。这不符合我国各民族构成中华民族共同体的实际，不利于建设各民族共有精神家园。

第二，从我国与西方国家的发展阶段看，后现代主义民族学产生时，西方社会大都走过了300多年的现代化历程，已经普遍实现现代化；到20世纪后期，西方社会似乎正在进入“后现代”社会。与之相比，我国仍处于现代化进程之中，这一进程正以不可阻挡之势迅猛推进。与此同时，我国幅员辽阔，自然禀赋分布不均、发展不平衡不充分的问题长期存在，部分东部地区已经步入工业化后期，而其他地区还处于工业化前期或中期。盲目追逐所谓的学术潮流，将后现代主义民族学理论和方法嫁接于我国，难免出现“淮南为橘，淮北为枳”的情况，其成果也必然成为“四不像”。

第三，从理论发展看，后现代主义民族学的产生和兴起，在很大程度上是由于此前的理论和范式难以完整解释和说明社会现实。这一方面是由于传统理论自身存在缺陷，另一方面是由于客观现实的改变，特别是“二战”后许多殖民地国家纷纷取得独立、获得发展，使西方传统民族学理论大大落后于实践，因而后现代主义民族学应运而生。然而，后现代主义民族学质疑一切、解构一切的特点，使其难以得出确切的、有价值的研究结论。而且，后现代主义民族学的生长土壤即所谓“后现代”社会，迄今还只是一些模糊的影子，到底是否存在仍不清楚。基础不牢导致后现代主义民族学发展后继乏力。可见，后现代主义民族学只能解构，却不能建构。如果用这种“后现代主义”分析中国，结果只能是解构现代化、去现代化。

当前，我国正处于实现中华民族伟大复兴中国梦的关键历史时期，“两个一百年”奋斗目标明确，全面建设社会主义现代化强国的时间表、路线图清晰。在这一前无古人的伟大实践中，如何推动民族地区实现跨越式发展，同全国一道全面建成小康社会；如何增强中华民族共同体意识，进一步推动民族大团结和国家长治久安；如何做好城市民族工作，让城市更好接纳少数民族群众、让少数民族群众更好融入城市等，这些重大现实问题都迫切需要我国民族学作出回答。这也将给民族学理论创新和学术繁荣提供强大动力和广阔空间。我国民族学学者应把握这一历史机遇，避免盲目追随所谓的国际学术潮流，努力构建新时代中国特色民族学，进而引领国际学术潮流。

二　对“社会转型：公共服务与治理机制”的学术研讨

2018年5月19—20日，由中国社会科学院民族学与人类学研究所民族社会研究室主办的“社会转型：公共服务与治理机制”论坛在该所圆满举行。副所长尹虎彬、云南民族大学党委副书记刘荣和北京大学社会学系人类学专业主任高丙中出席并致辞。

在主旨发言环节，三位报告人分别从社会、政治和市场的角度出发，探讨了公共服务的不同侧面。高丙中教授在主题发言“治理的再组织问题：社区公共文化的例证”中指出，中国社会的转型本质上是一个从“统治”到“治理”的转变。而既然说治理，就不能忽略合作各方的意愿和需求，他以范庄龙牌会和妙峰山庙会的案例展现了成功合作的宝贵经验。刘荣的发言主题是“地方政治和谐治理的县域实践：以西部某自治县为例”，介绍了以建设“民族团结进步示范区”为目标的云南省某县在实现善治过程中，党委、政府、政协、人大、公检法等部门通力协作的成功案例。民族社会室主任张继焦研究员的发言主题是“蜂窝式社会：观察中国经济社会转型的另一个新概念”，展现了流动务工人员的组织结构、社会关系和制度环境，用“蜂窝式社会”概括他们的组织特点。

两天的论坛共分为基层治理、公共文化服务、民族地区治理、边疆地区治理、治理机制、经济与扶贫等六个环节，从各个方面讨论了在社会转型大背景下，公共服务与人民美好生活和长治久安之间的密切关系，探讨了各种治理手段的经验与教训。来自中国社会科学院、中央民族大学、内蒙古大学等科研机构和高校的专家学者从各自的角度畅所欲言，阐发了自己的观点和意见。

中国各地的情况千差万别，论坛充分考虑到了不同类型社区中的治理机制。吉首大学历史与文化学院的吴秋林教授在题为“文化基因与社区营造”的发言中区分了七种不同类型的社区，探讨了它们在保存传统文化基因中的不同作用。更多的发言者展示了在牧区、海疆、山地和城市等多种背景下的治理经验，并在讨论环节展开了热烈的探讨。

论坛也充分考虑到借鉴国际先进经验的重要性。北京外国语大学的康敏副教授介绍了美国图书馆的运作经验，中国社科院俄罗斯东欧中亚研究所的马强副研究员展示了俄罗斯公共图书馆在培育公民参与方面的重要作用，中国社科院欧洲研究所的张金岭副研究员则介绍了法国MJC为提供公共服务作出的各种贡献。

论坛除了有高屋建瓴的理论探讨和细致的定性研究案例，也有定量的分析和研究，都来自中国社科院民族所与人类学所的三位研究人员。薛品在题为“新世纪民族地区居民的生活满意度及影响因素”的发言中运用民族地区社会大调查的数据展示了民众的生活满意度，并尝试分析了各种影响因素。刘小珉的发言“民族地区公共服务绩效评价研究：基于2015年民族地区大调查数据的分析”也对相关指标作出了测度。杨春宇的发言“民族地区社会组织：概念与数字”则将概念辨析与数据整理结合起来，指出了“社会组织”概念与民族地区实际情况之间的张力，并对民族地区的社会组织数量做了一个粗略统计。

张继焦研究员为论坛作了总结陈词，宣布会议圆满结束。

三 对民族地区“经济—社会转型”的探讨

2018年6月10—11日，《青海社会科学》编辑部举办“改革开放40年青海民族文化与社会发展论坛”，来自中共青海省委统战部、青海省民委、青海省社会科学院、青海大学、青海民族大学、青海师范大学、中共青海省委党校、青海藏族研究会等单位的40多位专家学者出席了论坛。

把政府、市场与社会三者放在经济社会结构转型的现实当中，以便将理论探讨与实践相结合，分析看得见的手（政府/国家）、看不见的手（市场）和另一只看不见的手（社会）三种不同的力量在五指山市的经济社会结构转型中各自有何功用。就目前情况而言，政府的作用是主导性的，市场、社会两种力量的作用正在逐渐显现出来。随着市场经济制度的不断完善，地方政府直接干预经济的职能将会逐步弱化，社会力量的作用也会逐渐减弱，企业作为市场主体的作用将会逐渐增强。这正是中国未来“全面深化改革”的目标和方向。①

改革开放40年来，民族地区的经济文化类型发生了巨大转变。带有反刍性质的返乡创业就业对家乡产生了显著影响。张继焦、宋丹认为，民族地区经济文化类型从“传统型”向“现代型”转变主要表现在三个方面：在经济结构转型上，返乡创业就业者从原来从事传统农业转变为从事现代农业、绿色工业以及服务业；在社会结构转型上，非农就业者增多，商业服务人

① 张继焦：《经济社会结构转型：政府、市场、社会三种力量的不同作用》，《湖南师范大学学报》2018年第1期。

员和个体工商户数量上升；在文化变迁上，在工业化、市场化和城镇化的浪潮下，民族文化产生了新功能，成为推动经济社会发展的重要资源和动力。①

社会结构及其转型是民族地区发展过程中的一个重要的议题。张继焦、刘佳丽基于在连南瑶族自治县的实地调研认为，随着改革开放的推动，特别是21世纪以来经济的快速发展，该县社会结构的各方面都有了不同程度的变化，不仅当地居民的收入结构和消费结构在经济发展的条件下有了根本性的变化，人口年龄结构、人口素质等社会结构的其他方面也在以前所未有的速度改变。在巨大的经济社会转型（即工业化、城市化和市场化进程）背景下，欠发达的民族地区也发生了前所未有的职业分化和社会阶层分化。民族地区的职业分化和社会分层依据“十大阶层理论”，以连南县居民所从事的职业类型为基础，以所占有的资源状况为标准，认为改革开放之前，职业结构和社会阶层结构的主要特点为农业劳动者阶层占绝大多数。伴随着改革开放进程的加快和经济社会发展，一般意义上的职业分化和社会分层主要表现为：农业劳动者大量转变为非农劳动者，产业工人阶层和商业服务业员工阶层逐渐占到了全县农业人口的大部分，个体工商户阶层正在逐渐增多，私营企业主阶层和专业技术人员阶层成员也在慢慢成长。在职业分化和阶层分化的过程中，各阶层之间的经济差距在拉大，各个社会阶层还将在很长一段时期内处于持续变动的状态。②

杨士宏、杨隆以甘肃省甘南州卓尼县卓逊村作为个案调查对象，通过定点追踪调查，分析了该村家庭生产结构变化与经济发展之间的内在联系，以此管窥西部半农半牧区近40年来的社会变迁及经济发展轨迹，试图为民族地区农牧区的经济发展提供参考依据。③

四　对改革开放40年来民族地区教育的探讨

关于改革开放40年来民族地区教育的问题，2018年发表了多篇论文。

改革开放40年来，党和政府根据民族教育发展的要求，结合民族地区经济社会发展需要与少数民族学生特点，陆续出台了少数民族教育政策，形成了较为完整的民族教育政策体系，对民族教育发展作用明显。张善鑫、马国莉以改革开放后召开的四次民族教育工作会议为节点、以少数民族学生政策为切入点，运用文献法对招生、管理、经费补贴、评价与就业分配五个方面的具体政策进行梳理，提出今后政策的改革趋向：在招生政策中进一步关注少数民族职业教育；在管理政策方面加强对预科班、民族班学生的个性化管理及其成效评估；经费补贴政策应尽快立法；学生评价政策应形成多元化的评价方式与指标；就业分配政策需进行“因地制宜”的就业指导等。④

民族职业教育政策是党和国家为实现一定历史时期民族职业教育发展战略目标而制定的行动计划。改革开放以来，国家颁布了一系列民族职业教育政策。祁占勇、王锦雁认为：民族职业教育政策的发展经历了以改革中等职业教育结构为主的民族职业教育政策的恢复阶段

---

① 张继焦、宋丹：《“传统型”向“现代型”的转变：返乡创业就业对民族地区经济文化类型的影响》，《北方民族大学学报》2018年第6期。

② 张继焦、刘佳丽：《经济社会转型中民族地区的职业分化和社会分层：以广东省连南瑶族自治县为例》，《广西大学学报（哲学社会科学版）》2018年第3期。

③ 杨士宏、杨隆：《改革开放四十年民族地区社会变迁研究——以甘肃省甘南藏族自治州卓逊村为个案》，《西北民族大学学报（哲学社会科学版）》2018年第5期。

④ 张善鑫、马国莉：《改革开放40年来我国少数民族学生政策变迁的回顾与展望》，《民族教育研究》2018年第5期。

(1978—1998 年)、以促进职业教育质量提升为主的民族职业教育政策的发展阶段（1998—2010 年)、以推动民族品牌产业发展为主的民族职业教育政策的提升阶段（2010 年至今）三个阶段，呈现出坚持离农与适农互促的民族职业教育质量政策、深化改革中等职业教育结构的民族职业教育体制政策、体现政府财政拨款为主渠道的民族职业教育经费政策和注重选拔高学历师资的民族职业教育教师政策等特征。随着我国进入新时代，民族职业教育政策应推进其教育质量政策向“个体人”多元化发展、体制政策向协调各级各类教育转变、经费政策向多元投资主体转变和教师政策向多元任用资格转变。①

改革开放 40 年来，民族地区中小学教师队伍建设取得了突出的成就。国建文、袁梅认为：中国特色社会主义的民族地区中小学教师队伍建设体制基本形成，其中包括了民族地区中小学教师队伍建设指导思想的深化、建设内容的不断丰富、建设方法逐步走向多元化与本土化等，提高了我国民族地区中小学教师队伍的整体质量和水平，适应了义务教育优质均衡发展对高素质的中小学教师队伍的需要。②

改革开放 40 年来，民族教育信息化的发展经历了探索起步、稳步建设、加速发展、变革重构四个阶段，是一个不断发展的信息技术与民族教育相互映射、创新融合的持续演进过程。其阶段性作用可总结为改变与推进、拉近与提升、完善与共享、创新与融合，总体呈现出推动民族教育始终坚持价值定位平等、实践路径共享、实践内容适当的特征。民族教育信息化的发展前景既要汲取技术的先进性，又要反思其局限性；既要强调民族文化的个性，又要考虑技术发展的共性；既要主动接纳信息技术所带来的变化，又要牢牢守住民族教育本真，从而构筑起面向新时代、自适应强、融合共生、特色更加鲜明的民族教育新生态。③

五 对都市人类学和城市社会治理的探讨

张继焦、宋丹通过梳理中国都市人类学的学科发展历程及理论成果，在对城市民族工作、民族地区新一轮城镇化等方面的探讨中，提出了人类学民族学的“城市学派”。之所以将都市人类学称为“城市学派”，是因为其研究范式突破了人类学民族学的传统范式，走出了传统村落，走向了城市复杂社会研究。都市人类学以四元论取代二元论，运用基于“蜂窝式社会”和“伞式社会”这一对新概念的新结构主义，从经济社会结构转型或三化（城镇化、工业化、市场化）的角度阐释了中国城市社会结构的基本特征。④

课题组通过赴广东、江苏、安徽等地企业、高校、宗教活动场所进行问卷调查及结构化访谈，调研少数民族外出务工人员与所在城市居民的交往交流交融情况。结果发现：新疆少数民族外出务工人员在职业类别、劳动保障、就业路径、居住情况、流动方式、经济收入等方面呈现新特点，客观存在文化交融需社会供给、政策法律需调整完备、风控制度需保障兜底、信息共享需渠道平台等情况。课题组建议：着力实现基本公共服务均等化、

---

① 祁占勇、王锦雁：《改革开放 40 年民族职业教育政策的演进逻辑与展望》，《青海民族研究》2018 年第 3 期。

② 国建文、袁梅：《改革开放 40 年民族地区中小学教师队伍建设的考察与评析》，《广西师范学院学报（哲学社会科学版)》2018 年第 6 期。

③ 刘军、罗雯、张芥：《改革开放 40 年民族教育信息化演进：历程、规律与启示》，《民族教育研究》2018 年第 6 期。

④ 张继焦、宋丹：《都市人类学：人类学民族学的“城市学派”》，《广西师范学院学报（哲学社会科学版)》2018 年第 3 期。

建立少数民族务工人员工作容错机制、推进跨部门大数据平台建设、规范少数民族群众社会服务管理。①

内蒙古自治区作为我国第一个少数民族自治区，建区70多年形成了民族团结和边疆稳固的局面，保持了“模范自治区”的荣誉和责任，成为祖国北部边疆政治安全和生态安全的屏障。呼和浩特市作为内蒙古自治区的首府，在改革开放和社会转型中不断提高社会治理体系和治理能力现代化水平，对自治区各盟市乃至其他民族自治地区产生了辐射、带动和示范作用。但是，伴随着经济社会的发展，呼和浩特市城市问题、社会问题和社会矛盾进一步凸显，对社会治理提出了新挑战。文章从问题意识和目标导向的要求出发，着力研究城市社会治理创新，完善中心城市带动辐射农牧区的社会治理工作机制，从而全面提升首府城市并推动提高内蒙古自治区的社会治理和社会发展水平。社会治理是国家治理体系和治理能力现代化建设中的一个重要内容，是社会治理的组成部分和基础。②

改革开放以来，农村劳动力纷纷涌向城市务工。连南县近40年的外出务工历程分为四个阶段：第一阶段（1980—1989年）主要以政府主导组织的劳务输出，自主外出打工人员分散；第二阶段（1990—1997年）连南外出就业状况发展迅速，整体呈上升趋势；第三阶段（1998—2007年）连南农村劳动力尚有余，劳务输出状况平稳；自2008年至今的第四阶段，连南外出务工减少、就近非农就业增多。这四个外出务工发展阶段也是“50后”“60后”“70后”“80后”“90后”等五个不同年龄段者参与珠江三角洲地区工业化、城市化和市场化的真实写照。③

马伟华、易艳霞认为，以国家治理现代化作为民族工作创新的指导方向，是解决城市少数民族流动人口权利保障问题的一个有效路径。城市少数民族流动人口权利保障应当遵循民主化、多元化、协同化、科学化、法治化、信息化的目标定位。城市民族工作主体需要正视少数民族流动人口基本权利保障面临的现实困境，从加强民主管理、引入多元主体共治、构建治理主体合作机制等方面增强工作主体的政治效能，将各项工作做实、做透。④

梁新芳、张星久认为，城市少数民族流动人口的管理问题，具有一定的特殊性。在现实生活中，我国城市少数民族流动人口政府管理体系面临着碎片化的困境，具体表现为条块矛盾突出、部门分割难题，高社会流动对属地化管理体系造成冲击，政府未能有效提供民族公共服务。碎片化治理困境急需整体性治理范式的出现，从整体性政府理论出发，创新管理机制，推动跨部门整合；转变属地管理观念，加强跨地域联动管理；促进政府和社会合作，提供优质高效的公共服务等，有助于提升城市少数民族流动人口管理效能。⑤

---

① 张立哲：《新疆少数民族外出务工人员在当地交往交流交融实证研究——基于广东、江苏、安徽等地的调查》，《新疆社会科学》2018年第1期。

② 吴文明：《民族地区城市社会治理创新研究——以内蒙古自治区首府呼和浩特市为例》，博士学位论文，内蒙古大学2018年。

③ 张继焦、宋丹：《民族地区外出务工的四个发展阶段——以广东连南县为例》，《广西师范学院学报（哲学社会科学版）》2018年第2期。

④ 马伟华、易艳霞：《国家治理现代化视角下的城市少数民族流动人口基本权利保障》，《贵州民族研究》2018年第12期。

⑤ 梁新芳、张星久：《城市少数民族流动人口的管理机制创新研究——基于“整体性政府”理论视角》，《湖北行政学院学报》2018年第5期。

六 代表性论文

1. 郝时远：《改革开放四十年民族事务的实践与讨论》，《中央社会主义学院学报》2018 年第 4 期。

摘要：改革开放 40 年来，我国民族事务工作领域取得了前所未有的发展成就。文章就民族事务实践的不同阶段，择要回顾了一些重要事务和重大政策。其中既有民族事务工作在依法治国、围绕党和国家的工作重心方面的重大发展，也有民族事务工作面对特殊斗争和思想理论方面的复杂挑战。

2. 徐俊六：《铸牢中华民族共同体意识与边疆民族地区社会治理关系研究》，《宁夏社会科学》2018 年第 6 期。

摘要：边疆民族地区地处祖国边陲，远离国家政治中心，与多个国家接壤或毗邻，呈现地缘政治生态多元性、民族生态多样性与文化生态交融性等特征，又与新时期以来隐蔽的反华势力、新的非传统安全及民族政策的外溢效应等因素叠加，给边疆民族地区的社会治理带来严峻挑战。铸牢中华民族共同体意识是习近平新时代民族工作思想的核心精髓，是我党民族工作的最新理论成果，也是马克思民族工作思想中国化的具体体现。铸牢中华民族共同体意识为边疆民族地区社会治理提供了新的行动指南，可以为边疆民族地区社会治理提供强大的思想动力，重铸中华民族认同与国家认同；可以团结边疆各民族齐心协力、和衷共济，共同构建边疆各民族的共有精神家园；可以有效抵御境外反华势力入侵，构筑祖国边境安全。边疆民族地区社会治理的有效推进则可以进一步铸牢中华民族共同体意识，边疆民族地区社会经济的全面振兴、族际政治整合的深度发展、中华民族文化共同体的重塑、依法治疆与依法治边的纵深推进为进一步铸牢中华民族共同体意识提供了路径选择。

3. 张继焦：《新结构主义：一种对“中国式发展”的新解释》，《中州学刊》2018 年第 1 期。

摘要：新结构主义是在学理层面进一步阐明中国式发展道路自信和理论自信的一种新尝试。与欧美学者所奉行的新制度主义有着本质的不同，基于中国式发展而提出的新结构主义理论是中国社会科学研究者基于本国国情独立探索出的本土概念和解释框架。新结构主义理论揭示了中国社会呈现的“伞式”和“蜂窝式”并存的二元结构，提出中国式发展可以采取两条腿走路的方式，即一条腿走由政府主导的“伞式”发展路子，另一条腿走由民间自发开拓的“蜂窝式”发展路子。实践证明，通过“伞式”和“蜂窝式”的二重奏方式，以经济社会结构转型为主旋律，中国的社会经济成功奏响了工业化、市场化、城市化三部曲。

4. 李宇军、张继焦：《走内源型发展路子，建设具有竞争优势的特色小镇：以贵州省为例》，《贵州社会科学》2018 年第 11 期。

摘要：建设特色小镇是中国新型城镇化道路和产业转型升级相结合的一种政策实践。在全国各地的特色小镇竞争中，贵州特色小镇建设注重本区域的自然资源和本地的历史文化/民族文化特色。贵州省民族/历史文化型、生态旅游型、资源禀赋型等三种类型特色小镇的各种关键要素相互联结和强化，相应地形成了不同的产业集群现象。产业集群内部的相关企业之间形成了互助关系，既可以上下游企业之间联动，也可以平行企业之间互动；集群内部各个企业之间既能够保持信息交流，也保持着持续和积极的竞争氛围；特色小镇形成了强劲的竞争优势。这种内源型的系统性竞争优势，不但可以使特色小镇整体产业的发展速度和质量具有可持续性，而且可以提升当地的城镇化发展水平、促进城乡一体化发展。

5. 冯云：《改革开放四十年民族地区公共图书馆事业发展的成就与经验》，《中国图书馆学报》2018 年第 6 期。

摘要：加强民族地区公共图书馆服务体系建设，是实现各族群众基本文化权益的重要途径。改革开放 40 年来，民族地区公共图书馆发展取得了辉煌的成绩：图书馆数量不断增加、办馆水平不断提高、文献资源日益丰富、服务水平不断提升、数字化进程逐步加快、馆员能力不断提升、学术交流与合作日益频繁。民族地区公共图书馆在发展过程中积累了丰富的经验：国家倾斜与扶持政策为其发展提供了有力保障、现代公共图书馆理念是其发展的重要引导、民族文化保护与传承是事业发展的主要动力、自主创新是事业发展的关键、外部援助与自力更生相结合是其发展的根本道路。但同时民族地区公共图书馆发展在以下方面仍有待加强：经费保障机制有待健全、公共图书馆服务体系建设亟待完善、服务供给与需求亟待契合、人才队伍建设亟待加强、法制建设尚待健全。

6. 张继焦、张小敏：《苗族的文化转型：一种关于民族文化变迁的新古典“结构—功能论”》，《贵州民族大学学报（哲学社会科学版）》2018 年第 1 期。

摘要：提出一种不同于西方古典“结构—功能论”的新古典“结构—功能论”，认为文化转型的理论意义在于文化产生了新的功能和结构；对“地方性知识”分析法进行了补充，提出了“新知识”的分析方法；用“伞式社会”“蜂窝社会”这对概念解释苗族文化转型的发展动力和基础。

7. 任胜洪、吴卫、胡雪芳：《改革开放 40 年民族地区教师队伍建设的政策回顾及展望》，《民族教育研究》2018 年第 6 期。

摘要：改革开放 40 年来，面对不同时期民族教育发展的形势与需求，民族地区教师队伍建设政策在调整中逐渐成熟，并体现出鲜明的时代特征，有力地促进了民族地区教师数量和质量的提升。政策在变迁过程中呈现出导向合理性、鲜明地域性、文化适宜性等特点，但也存在政策理想与实践矛盾有待协调、缺少师资优化配置的相关内容、缺乏对政策环境的具体考虑、评价机制单一等问题。可从加强本土教师的培养、民族地区教师职业认同感和吸引力的提升、民族文化适应性的增强、政策监督评价机制的建立和完善等方面入手，进一步提升民族地区教师的整体质量，以满足民族地区教育发展对于优秀师资的需求。

8. 马伟华：《社会支持网构建：少数民族流动人口城市融入的实现路径分析》，《西南民族大学学报（人文社科版）》2018 年第 2 期。

摘要：伴随着城市化进程的推进，外出务工成为部分少数民族群众通过空间转换改变自身经济状况及个体发展的有效选择。少数民族流动人口要想在新的环境中适应文化变迁和社会环境，构建良好的社会支持网是一个重要的实现路径。文章在深入阐释少数民族流动人口社会支持网的类型及面临现实问题的基础上，着重构建一套综合性对策方案。要想帮助他们构建社会支持网，需要将政府、社会、个人三者统一起来，形成巨大的合力，共同促进少数民族流动人口社会支持网的稳固发展。

9. 许宪隆、陈锦均：《新时代散杂居民族研究的新靶向》，《中南民族大学学报（人文社会科学版）》2018 年第 2 期。

摘要：中国特色社会主义进入了新时代是党和国家对当前我国发展阶段的一个重大政治判断。在新的历史方位中，民族研究要以习近平新时代中国特色社会主义思想为指导，努力建成具有中国特色、中国风格、中国气派的人类学民族学学科的重要阵地。散杂居民族研究在新时代更要有新思想、新视野、新面貌，努力做出无愧于时代的新作为。基于这一宏大历史背景，文章对当前和今后一段时间散杂居民族研究的重点和热点问题作了系统梳理，强调散杂居民族研究既要契合党和政府的重大关切，也要回应学术发展的自身需求。

参考文献：

2017 年

1. 白维军：《流动公共服务与边疆民族地区社会治理》，《民族研究》2017 年第 3 期。

2. 吕蕾莉、刘书明：《西北民族地区村庄权力结构下的乡村精英与乡村治理能力研究——对甘青宁三省民族村的考察》，《政治学研究》2017 年第 3 期。

3. 明海英：《社会人类学研究展现新样貌》，《中国社会科学报》2017 年 4 月 17 日。

4. 唐立军、陈义平：《民族地区社会治理中的民族文化社会功能开发——基于马克思主义社会管理理论》，《贵州民族研究》2017 年第 11 期。

5. 田夏彪：《民族地区村落治理“四重矛盾”审视及突围路径》，《广西社会科学》2017 年第 2 期。

6. 王明哲：《布洛维的社会学马克思主义思想》，《理论视野》2017 年第 1 期。

7. 王思斌：《民族地区的社会治理与社会工作参与研究》，《广西民族大学学报（哲学社会科学版）》2017 年第 5 期。

8. 王向文：《嵌入能力：一个民族地区社会政治稳定的研究框架——以西藏自治区为例》，《西藏大学学报（社会科学版）》2017 年第 2 期。

9. 王延中、王德强、张继焦主编：《多民族国家：社会治理的理论与实践》，民族出版社 2017 年版。

10. 杨亚东：《移民与边疆社会：社会控制视阈下清朝对云贵地区夷汉矛盾的调控》，《云南师范大学学报（哲学社会科学版）》2017 年第 2 期。

11. 张继焦：《企业人类学：从社会结构视角分析经济行为》，中国社会科学出版社 2017 年版。

12. 张继焦：《中国人类学民族学的最新趋势：走出村落，以老字号为抓手，走向现代化》，《青海民族研究》2017 年第 2 期。

2018 年

1. 冯云：《改革开放四十年民族地区公共图书馆事业发展的成就与经验》，《中国图书馆学报》2018 年第 6 期。

2. 国建文、袁梅：《改革开放 40 年民族地区中小学教师队伍建设的考察与评析》，《广西师范学院学报（哲学社会科学版）》2018 年第 6 期。

3. 郝时远：《改革开放四十年民族事务的实践与讨论》，《中央社会主义学院学报》2018 年第 4 期。

4. 李宇军、张继焦：《走内源型发展路子，建设具有竞争优势的特色小镇：以贵州省为例》，《贵州社会科学》2018 年第 11 期。

5. 梁新芳、张星久：《城市少数民族流动人口的管理机制创新研究——基于“整体性政府”理论视角》，《湖北行政学院学报》2018 年第 5 期。

6. 刘军、罗雯、张芥：《改革开放 40 年民族教育信息化演进：历程、规律与启示》，《民族教育研究》2018 年第 6 期。

7. 马伟华、易艳霞：《国家治理现代化视角下的城市少数民族流动人口基本权利保障》，《贵州民族研究》2018 年第 12 期。

8. 马伟华：《社会支持网构建：少数民族流动人口城市融入的实现路径分析》，《西南民族大学学报（人文社科版）》2018 年第 2 期。

9. 祁占勇、王锦雁：《改革开放 40 年民族职业教育政策的演进逻辑与展望》，《青海民族研究》2018 年第 3 期。

10. 任胜洪、吴卫、胡雪芳：《改革开放 40 年民族地区教师队伍建设的政策回顾及展望》，《民族教育研究》2018 年第 6 期。

11. 吴文明：《民族地区城市社会治理创新研究——以内蒙古自治区首府呼和浩特市为例》，博士学位论文，内蒙古大学，2018 年。

12. 徐俊六：《铸牢中华民族共同体意识与边疆民族地区社会治理关系研究》，《宁夏社会科学》2018 年第 6 期。

13. 许宪隆、陈锦均：《新时代散杂居民族研究的新靶向》，《中南民族大学学报（人文社会科学版）》2018 年第 2 期。

14. 杨士宏、杨隆：《改革开放四十年民族地区社会变迁研究——以甘肃省甘南藏族自治州卓逊村为个案》，《西北民族大学学报（哲学社会科学版）》2018 年第 5 期。

15. 张继焦、刘佳丽：《经济社会转型中民族地区的职业分化和社会分层：以广东省连南瑶族自治县为例》，《广西大学学报（哲学社会科学版）》2018 年第 3 期。

16. 张继焦、刘佳丽：《民族地区的社会结构及其转型：以广东省连南瑶族自治县为例》，《黔南民族师范学院学报》2018 年第 1 期。

17. 张继焦、宋丹：《“传统型”向“现代型”的转变：返乡创业就业对民族地区经济文化类型的影响》，《北方民族大学学报（哲学社会科学版）》2018 年第 6 期。

18. 张继焦、宋丹：《都市人类学：人类学民族学的“城市学派”》，《广西师范学院学报（哲学社会科学版）》2018 年第 3 期。

19. 张继焦、宋丹：《民族地区外出务工的四个发展阶段——以广东连南县为例》，《广西师范学院学报（哲学社会科学版）》2018 年第 2 期。

20. 张继焦、尉建文：《三论“国家—民族”关系：国际视野与中国经验》，《云南民族大学学报（哲学社会科学版）》2018 年第 4 期。

21. 张继焦、张小敏：《苗族的文化转型：一种关于民族文化变迁的新古典“结构—功能论”》，《贵州民族大学学报（哲学社会科学版）》2018 年第 1 期。

22. 张继焦：《经济社会结构转型：政府、市场、社会三种力量的不同作用》，《湖南师范大学学报》2018 年第 1 期。

23. 张继焦：《民族学研究应关注现实问题》，《贵州民族报》2018 年 5 月 29 日。

24. 张继焦：《新结构主义：一种对“中国式发展”的新解释》，《中州学刊》2018 年第 1 期。

25. 张立哲：《新疆少数民族外出务工人员在当地交往交流交融实证研究——基于广东、江苏、安徽等地的调查》，《新疆社会科学》2018 年第 1 期。

26. 张善鑫、马国莉：《改革开放 40 年来我国少数民族学生政策变迁的回顾与展望》，《民族教育研究》2018 年第 5 期。

（张继焦，研究员；吴玥，博士研究生，中国社会科学院民族学与人类学研究所民族社会研究室）

2017—2018 民族史研究综述

彭丰文　陈春晓

2017 年

2017 年民族史学科持续稳步发展，各研究方向得到充分研究，涌现了系列研究成果，内容丰富、全面，既包含民族史具体实证研究，也包括民族史理论研究及学科建设的构想；既包含民族断代史研究，也包含民族通史、族别史研究。研究内容广泛涉及历史上各民族交往交流交融的各方面情况，研究深度有所递进，研究重点突出、热点集中，研究方法呈现多学科、多视角综合运用、融会贯通的特点。总体来讲，2017 年民族史研究既取得了显著的成绩，也存在一定的不足。

一　学术活动

学术活动体现学科发展的最新动态、最新成就，有利于推动学科的健康发展，在学科建设中具有十分重要的意义。兹将该年度民族史领域的学术活动简要介绍如下。

中国民族史学会是民族史学科开展学术活动的重要平台，吸引了全国大部分民族史研究者的关注，为民族史学科发展作出了重要贡献。中国民族史学会一年一度的学术年会，是民族史学界的学术盛会，集中展现该年度的民族史学术前沿进展。2017 年 10 月 27—29 日，“中国民族史学会第九届会员代表大会暨第二十次学术研讨会”在贵州师范大学如期举行。本次会议由中国民族史学会和贵州师范大学联合主办，贵州师范大学历史与政治学院承办，学术研讨会的主题为“中国民族史学科体系的创新与发展”。来自全国 40 余所高校及科研机构近百名学者参加了本次会议，提交论文 85 篇。与会专家围绕会议主题，分别从民族史学理论、民族政治史、民族经济史、民族文化史、民族关系史等诸多方面展开，从多层面多视角展开研讨，反映了中国民族史研究的最新动态。本次研讨会主体鲜明、讨论热烈、研讨深入、特点突出，对加快中国民族史学科体系的创新发展具有推动意义。会议期间还召开了中国民族史学会换届大会，选举产生了学会新一届领导集体。

相关教育科研部门、学术团体也开展了系列学术活动。2017 年 8 月 25—26 日，“第五届西夏学国际学术论坛暨黑水城历史文化研讨会”在阿拉善盟召开。会议由阿拉善盟文广局和宁夏大学西夏学研究院联合主办。来自国际国内 130 多位专家学者参加了会议，对西夏历史文化研究、西夏语言文字研究、西夏文献整理研究、西夏文物考古研究、西夏学数字化建设及黑水城历史文化等问题进行了深入探讨。同期举行的会议还有“中国蒙古史学会换届大会暨回顾与展望——2017 中国蒙古史学术研讨会”，本次会议由中国蒙古史学会主办，包头市少数民族经济文化促进会承办。2017 年 10 月 13—15 日，由中国元史研究会和南开大学共同举办的“庆祝蔡美彪先生九十华诞元史学术研讨会暨元史研究会年会”在天津举行。全国多所高校、学术研究机构的近百名元史研究者参加了会议，并围绕蒙元史诸多问题展开了热烈的讨论。会议期间，中国元史研究会进行了理事会换届选举。2017 年 11 月 3—5 日，“教育部社会科学委员会历史学学部 2017 年度工作会议暨中国历史上的民族问题研讨会”在云南大学举行，本次会议由云南大学历史与档案学院承办，教育部社会科学委员会历史学学部委员及来自全国各重点高校、中国社会科学院的 60 多名专家学者参加会议。与会学者围绕中国历史上的民族问题、中外历史与民族问题展开了热烈讨论。

该年度有不少民族史学科领域的论坛活动。中国社会科学院民族学与人类学研究所民族历史研究室近年来连续举办“民族史论坛”，在民族史学界产生了一定影响。2017 年“民族史论坛”继续开展系列活动，邀请民族史专家邸永君研究员、荣新江教授等知名专家为论坛作主旨学术报告。2017 年 7 月 14 日，“民族史学前沿”首场论坛在中国社会科学院民族学与人类学研究所举行，该活动由国家社科基金重大项目“中国古代民族志文献整理与研究”课题组主办。2017 年 11 月 28 日，复旦大学中国历史地理研究所、西北史地研究创新团队联合主办了“语文学与民族史论坛”。各科研机构、高校举办了系列讲座、论坛、座谈会等活动。

二　研究重点、热点与代表性成果

2017 年民族史研究领域科研成果丰富，研究的广度和深度都有所拓展。以下简要介绍该年度代表性成果，其中包括部分 2016 年年底的成果，以弥补去年未及收入年底成果的不足。下面以历史时期为纵向基本线索，以研究重点、热点和研究主题为横向分类，对 2017 年民族史代表性研究成果进行简要介绍。

（一）民族史理论研究与民族通史研究

理论研究一直是民族史学科的薄弱环节，近年来，这个问题引起了部分专家学者的重视。2017 年，民族史理论研究方面出现了系列重要论文，对民族史学科的发展和民族史研究中的理论问题进行了理论总结，提出了独到见解。史金波的《中国历史上民族关系刍议》[①] 认为，从历史上，中华民族发展趋势是各民族的交流越来越频繁、交往越来越密切、交融越来越明显。罗贤佑的《关于推进中国民族史研究的若干构想》[②] 对民族史学科今后的发展方向、重要任务、研究方法和当前存在的问题以及解决问题的渠道等方面进行了阐述，认为中国民族史学应当成为一门交叉学科、综合学科，这既是学科发展的必然，也是时代的要求。近年来，西方学术界的内亚史研究、“新清史”研究在我国学术界引起激烈争鸣，对我国学术界产生了深远的影响。钟焓的《重释内亚史——以研究方法论的检视为中心》[③] 是目前所见的第一部从理论高度对内亚史研究方法进行系统整理与反思的学术专著，是对学术界内亚史的一次总结。沈卫荣的《看“新清史”的热闹和门道》系列论文[④]对学术界关于“新清史”的争鸣提出了自己的观点。彭丰文的《努力推动中国特色民族史研究》[⑤] 探索了新时代中国民族史学科建设方向的问题。

该年度出现了系列探索和总结民族史研究相关重大理论问题的论文。李大龙的《自然凝

① 史金波：《中国历史上民族关系刍议》，《中国史研究》2017 年第 1 期。

② 罗贤佑：《关于推进中国民族史研究的若干构想》，《西南民族大学学报（人文社科版）》2017 年第 2 期。

③ 钟焓：《重释内亚史——以研究方法论的检视为中心》，社会科学文献出版社 2017 年版。

④ 沈卫荣：《看“新清史”的热闹和门道》，《上海书评》2017 年 9 月 4—8 日。

⑤ 彭丰文：《努力推动中国特色民族史研究》，《光明日报》2016 年 11 月 5 日（理论版）。

聚：多民族中国形成轨迹的理论解读》①、《从夏人、汉人到中华民族——对中华大地上主体族群凝聚融合轨迹的考察》② 对中华民族形成的历史轨迹进行考察，认为“民族国家”理论不能准确解读多民族中国形成的历史，“中华民族”概念是中国历史上各民族不断交融凝聚的最终结果的体现。“自然凝聚”是多民族国家疆域和国民（中华民族）形成轨迹的突出特点。管彦波的《中国古代民族关系、民族战争与民族英雄研究的考察》③ 对历史上民族关系的基本内涵、民族关系的主流问题以及相关联的民族战争与民族英雄问题进行梳理，提出了自己的观点。管彦波的《中国古代舆图上的“天下观”与“华夷秩序”——以传世宋代舆图为考察重点》④ 探讨了中国古代舆图绘制所体现的天下观念与夷夏观念，认为在中国古代对世界地理空间的认知中，由“华”与“夷”构成的“天下”作为最大的空间单位，凸显了以“天朝上国”为中心的天下观念。莫炳坤、李资源的《中国少数民族与大一统思想认同》⑤ 认为，在3000多年的历史发展过程中，少数民族逐渐接受了大一统思想，为追求实现国家统一进行了积极探索，对建立和巩固统一的多民族国家作出了重要贡献。周星的《古代汉文化对周边异民族的“生/熟”分类》⑥ 认为，中国古代汉语文献中的“异民族生熟论”，其实就是中国古代汉文化的一种我族中心主义式的本土文明理论，因此它自身始终存在着难以克服的历史局限性。李方的《古代民族政权与绿洲丝绸之路》⑦ 认为，大月氏、乌孙、匈奴、柔然、鲜卑、吐谷浑、突厥、粟特、回鹘、吐蕃以及西域当地民族政权，对绿洲丝绸之路都作出了不同程度的贡献，并对当地社会发展产生了影响。崔明德的《中国古代北方少数民族迁徙方向及特点》⑧ 认为，中国古代北方少数民族的流动迁徙主要有两大方向，一是由东向西迁徙，二是由北向南迁徙。北方少数民族的流动迁徙具有跨度大、阶段性、多向性、艰难性和影响大等特点。

该年度在区域民族通史、族别通史方面取得了一定研究成果。代表性专著有：黄兆宏的《古代西北地区民族与社会问题研究》⑨ 探讨了汉唐时期对西北地区的经略、“党项”社会与西夏的建立、入迁河西诸民族社会及其影响、西北各地社会经济与文化发展、封建社会后期的教育等五个方面的问题，展现了古代西北地区诸民族与社会的面貌。朱映占的《云南民族通史》⑩ 系统论述了云南古今民族的发展历史、民族关系、政治制度、物质文化、文学艺术、社会生活、宗教等诸多问题。李印林、鞠志强主编的《河北朝鲜族史》⑪ 概括地记述了河北朝鲜族形成的历史脉络及其自身特点，反映了河北朝鲜族和兄弟民族共同开发建设河北和参加近代革命的历史贡献。代表性论文有：余振贵的《回族思想发展史研究刍议》⑫ 对回族思想文化的历史

① 李大龙：《自然凝聚：多民族中国形成轨迹的理论解读》，《西北师范大学学报（社会科学版）》2017年第3期。

② 李大龙：《从夏人、汉人到中华民族——对中华大地上主体族群凝聚融合轨迹的考察》，《中国史研究》2017年第1期。

③ 管彦波：《中国古代民族关系、民族战争与民族英雄研究的考察》，《中国史研究动态》2017年第2期。

④ 管彦波：《中国古代舆图上的“天下观”与“华夷秩序”——以传世宋代舆图为考察重点》，《青海民族研究》2017年第1期。

⑤ 莫炳坤、李资源：《中国少数民族与大一统思想认同》，《湖北社会科学》2017年第5期。

⑥ 周星：《古代汉文化对周边异民族的“生/熟”分类》，《民族研究》2017年第1期。

⑦ 李方：《古代民族政权与绿洲丝绸之路》，《中央民族大学学报（哲学社会科学版）》2017年第3期。

⑧ 崔明德：《中国古代北方少数民族迁徙方向及特点》，《中国边疆史地研究》2017年第3期。

⑨ 黄兆宏：《古代西北地区民族与社会问题研究》，中国社会科学出版社2017年版。

⑩ 朱映占：《云南民族通史》上下册，云南大学出版社2016年版。

⑪ 李印林、鞠志强主编：《河北朝鲜族史》，民族出版社2017年版。

⑫ 余振贵：《回族思想发展史研究刍议》，《回族研究》2017年第3期。

演变、社会价值进行了梳理和探讨。巴桑的《历代中央政府治藏方略解析——以西藏地方摄政制度为例》① 以西藏地方摄政制度为研究对象，解析其产生背景、“摄政”含义，认定摄政的基本程序和条件，探讨了西藏地方摄政制度在中央治藏方略中的重要意义。

由上可见，该年度在民族史理论研究方面有一定成果，对个别问题的理论探讨取得了较大进展，但总体薄弱的困局仍然存在。民族通史研究也有待加强。

（二）先秦汉魏南北朝隋唐民族史研究

先秦汉魏南北朝隋唐时期，是中国历史上各民族密切交往交流交融和中华民族共同体形成的重要时期，各民族在政治、经济、文化等领域有着千丝万缕的联系，为民族史研究提供了丰富的历史素材。该年度有关这一时期的研究成果内容丰富、视角多样，研究深度有所推进。

该年度出现了一批探讨先秦至北魏民族史的专著，在学界引起了较大关注。朱圣明的《华夷之间：秦汉时期族群的身份与认同》② 引入人类学的相关理论，考察了秦汉族群、地域间客观存在的身份差异，对秦汉社会华夏边缘族群的身份与认同进行了探讨。胡鸿的《能夏则大与渐慕华风：政治体视角下的华夏与华夏化》③ 从政治体视角出发，尝试为理解古代华夏提供一条新路径。作者认为，无论是商末西土联盟还是春秋战国的诸夏，以及与秦汉帝国政治体系绑定的华夏，都是一种由政治关系维系的人群集团。楼劲的《北魏开国史探》④ 在解读北魏前期基本史料的基础上，提出了“儒家化北支传统”的命题，对有关北魏及北朝的“汉化”“封建化”等传统研究命题进行了深入讨论，提出了颇有创新的观点。倪润安的《拓跋至北魏的墓葬文化与社会演进》⑤ 利用考古资料，探讨了拓跋起源、拓跋南迁匈奴故地、拓跋代国至北魏各时期墓葬文化的演变和发展进程等问题，并对中国历史上北方民族中原化模式的问题进行了颇有创新意义的理论探讨。梁玉多的《勿吉—靺鞨民族史论》⑥ 探讨了勿吉—靺鞨这一民族或族系从出现到消失的全部历史，重点研究了勿吉—靺鞨在肃慎族系发展以及多源一体的中华民族发展历史进程中的作用。

有关这一时期的研究论文数量众多、内容丰富，广泛涉及民族观念与国家认同、各民族的起源与形成演变历程、民族关系、民族志的历史书写与历史记忆等方面。这里仅简要介绍较有创见的代表性论文。

关于民族观念与国家认同的代表性论文如下：奂平清的《从“罕言夷”看孔子的民族观——兼谈民族研究的理论自觉》⑦ 认为，孔子对当时盛行的“华夷之辨”观念持理性、自觉而谨慎的态度，很少歧视性地谈论“夷狄”，体现出孔子顺应民族融合的社会运行大道、超越民族与文化畛域的民族观，为中华民族从多元走向一体奠定了坚实的思想基础。彭丰文的《东汉〈白狼歌〉的政治文化内涵及其历史价值》⑧ 对东汉时期西南夷和中原士人的民族观念、国家认同进行了探讨，论述了其对统一多民族国家凝聚和中华民族共同体形成的重要意义。邓舒

---

① 巴桑：《历代中央政府治藏方略解析——以西藏地方摄政制度为例》，《西藏大学学报（社会科学版）》2017 年第 2 期。

② 朱圣明：《华夷之间：秦汉时期族群的身份与认同》，厦门大学出版社 2017 年版。

③ 胡鸿：《能夏则大与渐慕华风：政治体视角下的华夏与华夏化》，北京师范大学出版社 2017 年版。

④ 楼劲：《北魏开国史探》，中国社会科学出版社 2017 年版。

⑤ 倪润安：《拓跋至北魏的墓葬文化与社会演进》，上海古籍出版社 2017 年版。

⑥ 梁玉多：《勿吉—靺鞨民族史论》，社会科学文献出版社 2017 年版。

⑦ 奂平清：《从“罕言夷”看孔子的民族观——兼谈民族研究的理论自觉》，《文史哲》2017 年第 1 期。

⑧ 彭丰文：《东汉〈白狼歌〉的政治文化内涵及其历史价值》，《西南民族大学学报（人文社科版）》2017 年第 5 期。

的《唐朝民族管理的思想理念透视》① 认为，唐朝民族管理的思想理念可以归纳为政治上拉拢、经济上扶持、文化上输出、军事上迫降等方面，相关意识观念体现出了唐王朝对民族管理的重视、开放、灵活等思维特点。范香立的《唐代边疆民族国家认同构建及历史启示》② 认为，唐朝统治者在统一国家框架内，通过宗法血缘、修德、册封、朝贡、文化传播等方式，加强对边疆民族的身份、政治、文化等认同的构建，以此强化其国家认同。

民族的起源、发展与演变是民族史研究的重要组成部分。该年度关于先秦至隋唐时期各族族源问题的研究主要涉及华夏、义渠、狄人、鲜卑、室韦及满族先世等北方民族。刘烨、王欣的《陕南的史前考古文化与族群分布》③ 对陕南地区史前考古遗址的分布特点及其文化内涵进行综合整理和分析，认为陕南是中国早期史前文明的发祥地之一，具有族群的多样性以及相互交融的特点。汪受宽的《义渠戎历史钩沉》④、田俊迁的《论“狄”的衍化》（《青海民族研究》2017 年第 3 期）两篇论文考察了先秦至汉代义渠、狄人的发展、演变与消亡。杨懿的《鲜卑起源三说与“东胡后裔”的身份建构》⑤ 认为，东汉时期关于鲜卑的族群起源问题，概括起来有服虔“山戎说”、胡广“东胡别种说”和应奉“秦朝亡徒说”等三种说法，这三种看似相互矛盾的说法，其实拥有着共同的认知基点，即“鲜卑源自东胡”。范恩实的《从历史学、考古学、民族学的多重视角看室韦起源问题》⑥ 认为，北魏太平真君四年朝贡的乌洛侯与北齐武定二年朝贡的室韦是同一部族群体的不同发展阶段，它们也是室韦兴起的先声。室韦人群共有一个“室韦”族称，同时各部又各有属于自己的社会团体名称。

该年度关于匈奴的研究成果比较突出，匈奴的政治制度、政权性质、战略地位、与周边政权的关系等问题均受到关注。厉声的《历史上匈奴统一与经营西域研究的思考》⑦ 认为，历史上匈奴统一西域是中国“内部”北方游牧区域政权统一西域的开端，开创了西域与内地统一的先河，奠定了中原统一西域的基础，彰显了边疆与中原共同推动历史上中国与中华民族实现大一统的史实。陶然的《匈奴单于继位制度再考》⑧ 认为，从总体上看，匈奴单于的继位应当是传子与传弟相结合，未成年的儿子不能继位，长子继承制和子以母贵有待进一步考证。李春梅的《匈奴政权的社会性质》⑨ 认为，匈奴政权的社会性质更符合“封建制”主要特征，而不是“奴隶制”或其他的所谓“联邦制”等。冯金忠的《汉景帝时匈奴诸王入附考》⑩ 指出，汉景帝时徐卢等七王降汉封侯是汉匈关系史上的一件大事，标志着汉王朝对降附之外族政策的变化，即“初开封赏之科”，对后世影响巨大。

关于边疆民族与中原王朝关系、少数民族政权的历史地位和历史贡献等问题，取得了一定的研究成果。段红云的《汉代的“西夷”及其与王朝国家的关系研究》⑪ 认为，汉代的“西

---

① 邓舒：《唐朝民族管理的思想理念透视》，《贵州民族研究》2017 年第 5 期。

② 范香立：《唐代边疆民族国家认同构建及历史启示》，《贵州民族研究》2017 年第 4 期。

③ 刘烨、王欣：《陕南的史前考古文化与族群分布》，《中国历史地理论丛》2017 年第 4 期。

④ 汪受宽：《义渠戎历史钩沉》，《甘肃社会科学》2017 年第 1 期。

⑤ 杨懿：《鲜卑起源三说与“东胡后裔”的身份建构》，《内蒙古社会科学（汉文版）》2017 年第 1 期。

⑥ 范恩实：《从历史学、考古学、民族学的多重视角看室韦起源问题》，《黑龙江民族丛刊》2017 年第 2 期。

⑦ 厉声：《历史上匈奴统一与经营西域研究的思考》，《伊犁师范学院学报》2017 年第 3 期。

⑧ 陶然：《匈奴单于继位制度再考》，《前沿》2017 年第 5 期。

⑨ 李春梅：《匈奴政权的社会性质》，《内蒙古社会科学（汉文版）》2017 年第 3 期。

⑩ 冯金忠：《汉景帝时匈奴诸王入附考》，《石家庄学院学报》2017 年第 1 期。

⑪ 段红云：《汉代的“西夷”及其与王朝国家的关系研究》，《广西民族大学学报（哲学社会科学版）》2017 年第 3 期。

夷”主要是氐羌系统的民族，随着汉代王朝国家建设的深入，“西夷”纳入了统一多民族国家的郡县体系，他们与王朝国家的关系过程体现为冲突与调适。曹大明、陈沛照的《从冲突到融合：隋唐五代时期武陵地区土客关系研究》① 认为，隋唐时期武陵地区土、客之间虽然存在文化上的差别，但并没有严格的族群边界，处于相互转化之中。徐冲的《赫连夏历史地位的再思考》② 认为，铁弗部与拓跋部一样，都成形于西晋的塞外农牧交错之地。他们所建立的国家，也与入塞部族所建立的五胡国家形态不同。从五胡时代到北朝的历史进程，是由北魏与赫连夏共同完成的。胡江花的《试论吐蕃政权在中国历史上的地位》③ 尝试从吐蕃政权本身发展的历程来考察其在中国统一多民族国家形成和发展中的地位，认为吐蕃政权不仅是中国统一多民族国家形成和发展过程中关键的一步，而且也是中华文明和中国文化发展过程中绚烂的组成部分。管彦波的《唐宋时期：民族志的多元书写实践与成效》④ 指出，唐宋的统一与多民族分治，国家政治地理板块上多民族的对撞与融汇，客观上为民族志的书写带来了更加多元而新鲜的素材。

（三）宋辽金元民族史研究

宋辽金元时期是中华民族多元一体格局形成的重要历史时期，各民族在政治、经济、文化等方面都获得了长足的发展，各民族交往交流交融进一步增强，为民族史研究提供了丰富的内容和广阔的研究空间。关于这一时期的研究成果，集中于民族观念与政治认同、民族起源与演变、各民族的交往交流交融及中外交往等问题。

研究这一时期民族史的代表性专著如下：陈晓伟的《图像、文献与文化史：游牧政治的映像》⑤ 采取图像证史的研究方法，从图像学的角度，探讨了宋辽金元时期北方民族游猎制度的丰富内涵，从深层次揭示出中华多民族文化继承与发展的客观真相。王耘的《金代从地域到国家的政治文化认同》⑥ 论述金代的历史文化由部族到国家的政治文化认同历程，并以金代为研究视角分析这一历程的形成原因。李秀莲的《金朝“异代”文士的民族认同之路》⑦ 认为，金朝“异代”文士的民族认同演绎了代表汉文化的“异代”文士与大金政权的主体族群——女真人的政治认同、文化认同和民族认同的历史互动过程，推动了女真北族政权由“夷狄”向“华夏”转变。由此可见，关于金代民族认同、国家认同的研究已成为该年度民族史研究热点之一。

契丹、渤海的族源与发展演变历程及西夏研究，是该年度的重要研究热点，代表性论文如下：李鹏的《“松漠”考——兼论契丹起源地》⑧ 认为，“松漠”是北魏时期对科尔沁沙地的泛称，即今通辽市中部的开鲁县、科尔沁区和科左中旗及周边地区。契丹在“松漠”中活动地域的中心，位于通辽市西辽河平原腹地的科尔沁区，这里是契丹真正的起源地。李鹏的《辽代乌州考——兼论契丹早期的族源之辩》⑨ 认为，辽代的乌山和乌丸山属一山二名，是通辽市科尔

---

① 曹大明、陈沛照：《从冲突到融合：隋唐五代时期武陵地区土客关系研究》，《湖北民族学院学报（哲学社会科学版）》2017 年第 4 期。

② 徐冲：《赫连夏历史地位的再思考》，《文汇报（“文汇学人”版）》2017 年 10 月 13 日。

③ 胡江花：《试论吐蕃政权在中国历史上的地位》，《佳木斯大学社会科学学报》2017 年第 4 期。

④ 管彦波：《唐宋时期：民族志的多元书写实践与成效》，《西北民族大学学报（哲学社会科学版）》2017 年第 3 期。

⑤ 陈晓伟：《图像、文献与文化史：游牧政治的映像》，河北大学出版社 2017 年版。

⑥ 王耘：《金代从地域到国家的政治文化认同》，中国社会科学出版社 2017 年版。

⑦ 李秀莲：《金朝“异代”文士的民族认同之路》，中华书局 2017 年版。

⑧ 李鹏：《“松漠”考——兼论契丹起源地》，《北方文物》2017 年第 1 期。

⑨ 李鹏：《辽代乌州考——兼论契丹早期的族源之辩》，《黑龙江民族丛刊》2017 年第 3 期。

沁左翼后旗境内的大吐尔基山；乌州是通辽市科尔沁左翼后旗的好来城址，辽统治者对本族族源的认识，经历了由乌桓说到鲜卑说的转变。陈鹏的《“契丹”始见中国史籍考》[①] 对“契丹”一名最早见于《魏书》的传统观点进行了质疑，认为最早应见于《十六国春秋·北燕录》。孙炜冉的《渤海民族的源流与族属》[②] 认为，渤海民族大体是由靺鞨人、汉人和高句丽人三者为主体，融合少部分契丹人、粟特人、奚人等民族，经过200余年的融合形成的一个新的民族共同体。在其国家灭亡后，该民族开始进入固化期，在很长的一段历史时期内以“渤海人”自居。最终，渤海民族于元朝初年彻底消亡，其中主体成了北方汉人。史金波的《西夏文明在中国文明史上的地位》[③]、《西夏与开封、杭州》（《浙江学刊》2017 年第 1 期）等文论述了党项羌建立的西夏政权与中原政权的关系，以及西夏政权对中华文明的历史贡献。孙伯君的《西夏文献与“丝绸之路”文化传统》[④] 论述了西夏文献对丝绸之路古代文明建构的重要价值。

宋辽金元时期各民族的交往交流交融研究得到高度重视，相关的研究非常丰富，代表性论文如下：阮怡的《华夏与夷狄：关于女真族形象的文化想象》[⑤] 认为，在南宋的使金文人旅行笔记中，往往对女真族进行充满否定性的描述，宋人自我形象与金国形象始终被设置在华夏与夷狄、文明与野蛮的两端。原因是宋人试图通过不断地否定女真人，来加强对自我文化大国身份的确认。周峰的《金诗中的金夏关系》（《西夏学》第 13 辑，甘肃文化出版社 2016 年版）以金朝诗歌材料为基础，探讨了金朝与西夏政权的关系。刘全波、王政良的《甘州回鹘朝贡中原王朝史实考略》（《西夏研究》2017 年第 2 期）认为，一个半世纪中，不论中原王朝如何更替，甘州回鹘始终保持着与中原王朝的朝贡关系。该文还对甘州回鹘的朝贡道路、朝贡物品、回赐物品、贡使人员等进行了详细考察。董春林的《生熟无界：羁縻政策视域下的族群互融——以宋代西南民族地区为例》[⑥] 认为，宋代西南地区羁縻政策的多元化，使得生、熟蛮的身份并不以其实际生存地域来确定；宋代文献中的“生界”，并非一个单纯的地理称谓，而是一个融合了政治文化的族群边界，一个融通了价值判断的文化界线。孙伯君的《西夏文献与“丝绸之路”文化传统》[⑦] 从宗教学、语文学、文学等方面论述了存世西夏文献与河西走廊遗存文献、文物以及民间信仰之间的关联，肯定了西夏文献对丝绸之路古代文明建构的重要价值以及对其加以保护的重大意义。赵丽的《金人请求辽朝封册考论》[⑧] 认为，阿骨打称帝建国之际向辽朝提出册封请求，虽有对辽斗争策略的考虑，但主要还是受“华夷体系”的影响并自觉遵循这一体系规则。值得注意的是，关于辽代中外交通的问题也引起了热切关注，引发了讨论高潮。白玉冬的《“可敦墓”考——兼论十一世纪初期契丹与中亚之交通》[⑨] 与康鹏的《马卫

---

① 陈鹏：《“契丹”始见中国史籍考》，《江海学刊》2017 年第 3 期。

② 孙炜冉：《渤海民族的源流与族属》，《云南师范大学学报》2017 年第 5 期。

③ 史金波：《西夏文明在中国文明史上的地位》，《文史知识》2017 年第 3 期。

④ 孙伯君：《西夏文献与“丝绸之路”文化传统》，《西南民族大学学报（人文社会科学版）》2017 年第 8 期。

⑤ 阮怡：《华夏与夷狄：关于女真族形象的文化想象》，《中央民族大学学报（哲学社会科学版）》2016 年第 6 期。

⑥ 董春林：《生熟无界：羁縻政策视域下的族群互融——以宋代西南民族地区为例》，《广西民族研究》2016 年第 5 期

⑦ 孙伯君：《西夏文献与“丝绸之路”文化传统》，《西南民族大学学报（哲学社会科学版）》2017 年第 8 期。

⑧ 赵丽：《金人请求辽朝封册考论》，《史学集刊》2017 年第 6 期。

⑨ 白玉冬：《“可敦墓”考——兼论十一世纪初期契丹与中亚之交通》，《历史研究》2017 年第 4 期。

集书中的契丹“都城”——兼谈辽代东西交通路线》[1] 对此进行了热烈的探讨与争鸣。周泓的《元明都城西御敕寺院与当地畏兀（畏吾）文化》[2]、《中古汉地之西域文化》（《民族学刊》2017 年第 5 期）考察了元、明及历史上各时期西域文化与中原文化的交融发展及其历史影响。

有关这一历史时期民族文字的文献整理工作取得了较大进展。史金波、苏航的《俄藏黑水城文献》第 26 册[3]顺利出版，这是围绕西夏文、契丹文等民族文字文献的整理与研究取得的系列成果之一。此外还有史金波的《泥金写西夏文〈妙法莲华经〉的流失和考察》[4]、《新见西夏文偏旁部首和草书刻本文献考释》（《民族语文》2017 年第 2 期），孙伯君的《裴休〈发菩提心文〉的西夏译本考释》[5]、《西夏国师法狮子考》（《北方民族大学学报》2017 年第 2 期），苏航的《乣音义新探》（《中国边疆史地研究》2016 年第 4 期）、《论札忽惕与契丹小字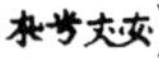》（《民族语文》2017 年第 1 期）。

（四）明清民族史研究

明清时期是中国统一多民族国家进一步发展、巩固的历史时期，对民族史研究具有举足轻重的意义。2017 年明清民族史研究中，关于蒙古族、回族、满族等民族的历史文化研究和关于土司的研究成为热点，十分引人瞩目，形成鲜明特色。在研究主题方面，关于民族认同、国家认同的成果十分突出。

明清民族史代表性专著有：乌云毕力格的《五色四藩：多语文本中的内亚民族史地研究》[6]、《青册金鬘：蒙古部族与文化史研究》（上海古籍出版社 2017 年版）。这两部专著对元明清时期蒙古各部的宗教、地理、语言、历史与文化进行了深入和全新的探讨。程泽时的《清代苗疆社会转型之理讼调适》[7] 在分析清代苗疆众多诉讼案例的基础上，指出清代苗疆理讼促进苗、汉共享儒家理论价值、苗疆土地资源、市场一体化所带来的经济利益、国家司法公共服务，促进了民族融合，实现了社会转型。滕兰花的《清代广西民间信仰、族群与区域社会研究》[8] 探讨了清代广西民间信仰与族群及区域社会的交错复杂关系，为了解南方少数民族的社会与文化提供了宝贵资料。

2017 年发表的明清民族史论文数量众多，内容广泛，其中不乏有创见、有分量的精品，展示了民族史研究不断向前发展的良好趋势。

蒙古族、满族、回族的历史与文化是该年度研究热点之一，形成了一批论文成果。齐木德道尔吉的《额尔德尼囊苏喇嘛与归化城土默特部的归附》[9] 通过解读清初内秘书院蒙古文档案，并利用其他满文档案及史籍，对额尔德尼囊苏喇嘛奉皇太极之命招降归化城土默特部等事迹进行了考证，对清廷叙封归化城土默特官员的问题及左右翼官员构成和佐领数作了进一步的厘清。吕文利的《俺答汗建立“政教二道”中心的文本分析以及熬茶布施的开端》[10] 分析了 16

① 康鹏：《马卫集书中的契丹“都城”——兼谈辽代东西交通路线》，《民族研究》2017 年第 2 期。

② 周泓：《元明都城西御敕寺院与当地畏兀（畏吾）文化》，《青海民族研究》2016 年第 4 期。

③ 史金波、苏航：《俄藏黑水城文献》第 26 册，上海古籍出版社 2017 年版。

④ 史金波：《泥金写西夏文〈妙法莲华经〉的流失和考察》，《文献》2017 年第 3 期。

⑤ 孙伯君：《裴休〈发菩提心文〉的西夏译本考释》，《宁夏社会科学》2017 年第 4 期。

⑥ 乌云毕力格：《五色四藩：多语文本中的内亚民族史地研究》，上海古籍出版社 2017 年版。

⑦ 程泽时：《清代苗疆社会转型之理讼调适》，中国法制出版社 2017 年版。

⑧ 滕兰花：《清代广西民间信仰、族群与区域社会研究》，民族出版社 2017 年版。

⑨ 齐木德道尔吉：《额尔德尼囊苏喇嘛与归化城土默特部的归附》，《民族研究》2016 年第 6 期。

⑩ 吕文利：《俺答汗建立“政教二道”中心的文本分析以及熬茶布施的开端》，《西部蒙古论坛》2017 年第 1 期。

世纪下半叶藏传佛教再次传入蒙古地区的政治背景及其对蒙古诸部的经济、风俗等方面的重大影响。杨卫的《顾实汗及其与清朝政权的关系研究》① 以顾实汗与清朝政权朝贡通使关系的发展为线索，探讨了顾实汗控制青藏高原藏区及其与清朝间的关系。汤洋的《清代满族教育的演变及影响浅究》② 认为，满族统治者在不同时期采取有效措施加强本民族的教育，在各方面取得了显著成就，也产生了深远的影响。陈鹏的《清代“新满洲”融入“满洲共同体”途径探研》③ 认为，清朝入关前后，将东北边疆地区的赫哲、库雅喇、恰喀拉、索伦（鄂温克）、达斡尔等众多部族作为“新满洲”编入八旗，并采取了“满洲一体化”政策和措施，有力地促进了“满洲共同体”的壮大和发展。展龙的《调适与聚合：明代回族文化认同与民族共同体的形成》④ 认为，明朝对少数民族禁止胡服、胡语等政策，客观上促使回族人将回儒文化融会贯通，最终形成强烈的和而不同、同而不化的民族文化认同感，促进了明代回族民族共同体的最终形成。

关于明清时期土司问题的研究成果较为突出，特别是关于土司与国家认同的关系得到较多关注，发表了系列论文。陈季君的《论土司地区的国家认同》⑤ 论述了土司地区国家认同的实质、形成基础、认同方式和特点。作者认为，土司制度有利于土司地区国家认同的形成，它使长期游离于多民族大家庭之外、身处“化外”之区的民族纳入中央政府的行政管理体系内，进入多民族大家庭之中。陈亮的《明代土官政治角色转变与国家认同深化——以临洮土官赵安为例》⑥ 认为，明朝政府在甘青地区实施的土官制度不仅确保了少数民族与汉族共同参政，也为少数民族首领提供了充裕的上升空间，强化了土官的家国同构观念，有利于其国家认同的形成。此外还有学者探讨了土司制度的特点及其演变问题。罗群的《“慕利”与“慕义”——论西南地区土司朝贡的制度建构》⑦ 以西南地区为考察对象，分析探讨了边疆民族地区土司朝贡形成与发展的制度轨迹，揭示了朝贡制度在中国古代边疆治理过程中不可忽视的政治、经济与文化作用。陈文元的《改土归流与土民身份转型——以鄂西南容美土司为例》⑧ 以鄂西南容美土司为例，探讨了改土归流对土民社会的影响以及土民身份的转型问题。

南方民族称呼的问题引起了较多关注。旷天全、黎小龙的《明代松潘的“黑人”和“白人”》⑨ 认为，明朝对羌藏民族“黑人”“白人”与“生番”“熟番”划分的依据，主要是其与明王朝的顺逆关系。贾益的《元明清云南方志中“百夷”等称谓的流变》⑩ 探讨了元明清时期

---

① 杨卫：《顾实汗及其与清朝政权的关系研究》，《西南民族大学学报（人文社会科学版）》2017 年第 9 期。

② 汤洋：《清代满族教育的演变及影响浅究》，《满族研究》2017 年第 2 期。

③ 陈鹏：《清代“新满洲”融入“满洲共同体”途径探研》，《西南民族大学学报（人文社会科学版）》2017 年第 10 期。

④ 展龙：《调适与聚合：明代回族文化认同与民族共同体的形成》，《回族研究》2017 年第 1 期。

⑤ 陈季君：《论土司地区的国家认同》，《中国史研究》2017 年第 1 期。

⑥ 陈亮：《明代土官政治角色转变与国家认同深化——以临洮土官赵安为例》，《湖北民族学院学报（哲学社会科学版）》2017 年第 4 期。

⑦ 罗群：《“慕利”与“慕义”——论西南地区土司朝贡的制度建构》，《中国边疆史地研究》2017 年第 1 期。

⑧ 陈文元：《改土归流与土民身份转型——以鄂西南容美土司为例》，《湖北民族学院学报（哲学社会科学版）》2017 年第 1 期。

⑨ 旷天全、黎小龙：《明代松潘的“黑人”和“白人”》，《民族研究》2017 年第 2 期。

⑩ 贾益：《元明清云南方志中“百夷”等称谓的流变》，《西南民族大学学报（人文社会科学版）》2017 年第 9 期。

“百夷”“白夷”“摆夷”等民族称呼从某一地区人群的总称逐渐向专门指称某一“民族”或者“种族”转变的历程。

不少论文探讨了明清时期南方各民族的交往交流交融情况。暨爱民的《以“墙”为“界”：清代湘西苗疆“边墙体系”与“民”、“苗”区隔》① 论述了清代湘西苗疆“边墙体系”的利与弊，认为这项政策在推进湘西苗疆国家化进程的同时，也对民、苗之间的交往交流造成一定阻碍。刘凤强的《元明清时期藏族史书编纂与多民族共同体认识的形成》② 认为，自元代以后藏族史书记载区域拓宽，地理大一统观念强烈，对中央政权的政治认同、文化认同内容增多，这些内容真实地反映了中华民族汉藏蒙一体的形成过程。石硕、奚玲玲的《从明代前后期云南进士地域分布变化看汉文化在云南的兴起》③ 通过对云南各府州县在明前后期进士人数的统计，勾勒了明代云南进士地域分布的变化情况，描绘了明代云南汉文化逐步兴起的图景。关于民族政策的传统论题得到关注。方泽、赵心愚的《明初西番地区统治策略研究》④ 探讨了明初对西番地区经略策略的得失，认为明初中央在西番地区的统治策略重在安抚，并以“分其势”为侧重点，这种策略既强化了西番地区与中原地区的交流和各民族的融合，但是分化政策也造成各民族内部势力的不均衡，激化了矛盾，加速了明朝的灭亡。

（五）近代民族史研究

近代民族史研究主要包括两个方面的内容，一是中华民族在近代的进一步凝聚，二是各民族在近代的发展、演变以及各民族之间的关系。2017 年近代民族史研究取得了一定进展，形成了一批专著和论文。近代民族观念的发展演变、国家认同的建构和体现、中华民族概念的形成与发展等问题，是该年度近代民族史研究的重点和热点。近代民族关系的论题也颇受注意。

该年度出版的近代民族史专著大部分以民族观念为主题。黄兴涛的《重塑中华：近代中国中华民族观念研究》⑤ 运用了历史学与语言学的跨学科研究方法，将传统的精英思想史与“新文化史”的有关方法结合起来，对近代中华民族观念的孕育、形成、发展及其内涵，作了系统深入的整体性考察和阐释。郑大华的《中国近代民族复兴思潮研究——以抗战时期知识界为中心》⑥ 以抗战时期的知识界为中心，首次对中国近代民族复兴思潮作了全面的研究。宋春华的《抗战时期国共两党民族主义思想研究》⑦ 以国共两党的民族主义思想为切入点，系统而全面地梳理抗战时期国共两党民族主义思想的理论来源、形成背景、国共两党观念差异及其经验、教训和现实启示。关于近代民族关系的论题也出现了一些专著，代表性专著有：朱卫的《近代甘宁青地区民族关系研究》⑧ 以时间为顺序，对近代甘宁青地区的民族关系进行了研究，对地方回族军阀的盛衰以及其与中央政府和地方民族集团之间错综复杂的关系等问题提出了独到见

---

① 暨爱民：《以“墙”为“界”：清代湘西苗疆“边墙体系”与“民”、“苗”区隔》，《中央民族大学学报（哲学社会科学版）》2017 年第 3 期。

② 刘凤强：《元明清时期藏族史书编纂与多民族共同体认识的形成》，《贵州民族研究》2016 年第 11 期。

③ 石硕、奚玲玲：《从明代前后期云南进士地域分布变化看汉文化在云南的兴起》，《云南民族大学学报（人文社会科学版）》2017 年第 4 期。

④ 方泽、赵心愚：《明初西番地区统治策略研究》，《西南民族大学学报》2017 年第 1 期。

⑤ 黄兴涛：《重塑中华：近代中国中华民族观念研究》，北京师范大学出版社 2017 年版。

⑥ 郑大华：《中国近代民族复兴思潮研究——以抗战时期知识界为中心》，中国社会科学出版社 2017 年版。

⑦ 宋春华：《抗战时期国共两党民族主义思想研究》，人民出版社 2017 年版。

⑧ 朱卫：《近代甘宁青地区民族关系研究》，社会科学文献出版社 2017 年版。

解。彭武麟的《中国近代国家转型与民族关系之建构：民国民族关系之建构》① 以历史学研究方法为主要手段，以专题形式对民国时期民族关系问题开展较全面深入的分析和考察。

该年度发表的近代民族史论文，在选题上聚焦近代国家认同的建构与体现、近代著名人物的民族观等方面，对意识层面的探讨非常热烈。同时也有部分论文探讨了近代各民族交往交流交融的史实。暨爱民的《百年凝聚：近代中国民族国家的认同建构》② 认为，近代百年历史中，中国的民族国家认同建构大体经历了古典王朝国家认同出现危机、民族国家认同初步形成、地域认同挑战国家认同和民族国家认同建构总体完成等四个阶段。李克建的《传统民族观对清末民初中国民族观的影响》③ 对近代革命派、立宪派的民族观念、建国方案进行了评析。杨晓纯的《清代、民国时期西藏穆斯林群体的国家认同》④ 通过历史资料与访谈资料，探讨了清代、民国时期卡契与甲卡契两个西藏穆斯林群体在国家认同对象上的差异及其截然不同的政治选择与归宿。陈新、马惠兰的《近代以来宁夏回族精英阶层的民族、国家观念及其影响》⑤ 认为，近代宁夏回族精英人物的“族”和“国”观念，主要表现在宗教界上层人士的兴教顺国思想和军政界精英民族意识之上的党国情怀。钟宇海、喜饶尼玛的《国家认同与全民抗战——以藏族民众的抗日活动为例》⑥ 认为，在僧俗代表人物的引领下，藏族民众积极投身全民抗战阵营，在共同命运的基础上，进一步深化了对中华民族和国家的认同。周少川、吕亚非的《陈垣的民族史观》⑦ 认为，陈垣在长期的民族文化史和中外交通史研究中，形成了多民族统一发展的民族史观。张淑娟的《试论近代中华民族共同体理论建构的内在紧张》⑧ 认为，在近代中华民族共同体的理论建构中，出现了古与今、中与外的理论冲突。经过民族精英的努力，这些问题逐渐消除，最终形成了“中华民族”这一凝聚民心、共赴国难的时代旗帜。李大龙的《对中华民族（国民）凝聚轨迹的理论解读——从梁启超、顾颉刚到费孝通》⑨ 认为，梁启超、顾颉刚、费孝通关于“中华民族”的阐述各自有其合理性，也有待完善之处。当前学界需要摆脱“民族国家”理论的束缚，以从传统王朝国家向近现代主权国家转变的视阈，重新构建适合阐述中华大地政权更迭和人群凝聚交融轨迹的话语体系。石硕的《民国时期对康区藏人的称谓与语境》⑩ 认为，民国时期对康区藏人的称谓呈现了多元化和相对纷杂的情形，体现了过渡时期民族的区分、识别与认同的曲折的历史过程。央珍、强俄巴·次央的《民国时期内地人眼中的藏族妇女——以近代妇女期刊的有关刊载为例》⑪ 分析了民国时期妇女期刊对藏族妇女的诸多报

---

① 彭武麟：《中国近代国家转型与民族关系之建构：民国民族关系之建构》，中央民族大学出版社 2017 年版。

② 暨爱民：《百年凝聚：近代中国民族国家的认同建构》，《西南民族大学学报（人文社会科学版）》2017 年第 3 期。

③ 李克建：《传统民族观对清末民初中国民族观的影响》，《中央民族大学学报（哲学社会科学版）》2017 年第 4 期。

④ 杨晓纯：《清代、民国时期西藏穆斯林群体的国家认同》，《回族研究》2017 年第 3 期。

⑤ 陈新、马惠兰：《近代以来宁夏回族精英阶层的民族、国家观念及其影响》，《回族研究》2017 年第 2 期。

⑥ 钟宇海、喜饶尼玛：《国家认同与全民抗战——以藏族民众的抗日活动为例》，《中国藏学》2017 年第 3 期。

⑦ 周少川、吕亚非：《陈垣的民族史观》，《河南师范大学学报》2017 年第 5 期。

⑧ 张淑娟：《试论近代中华民族共同体理论建构的内在紧张》，《广西民族研究》2017 年第 3 期。

⑨ 李大龙：《对中华民族（国民）凝聚轨迹的理论解读——从梁启超、顾颉刚到费孝通》，《思想战线》2017 年第 3 期。

⑩ 石硕：《民国时期对康区藏人的称谓与语境》，《思想战线》2016 年第 6 期。

⑪ 央珍、强俄巴·次央：《民国时期内地人眼中的藏族妇女——以近代妇女期刊的有关刊载为例》，《中央民族大学学报（哲学社会科学版）》2017 年第 3 期。

道，论述了民国时期内地人眼中的藏族妇女形象及特征，由此勾勒民国时期汉藏民间沟通的大体情况。

三 研究特点与不足

2017 年度民族史学科获得了可喜的成绩，研究内容全面深入、研究视角丰富多样、学术交流积极活跃，值得充分肯定。与往年相比，该年度民族史研究状况既体现了学术传承的特点，又有发展和创新。以下几个方面表现尤为突出。首先，传统研究领域得到传承和发展，特别是各民族交往交流交融、多民族语言文献的整理与研究等方面，研究成果推陈出新、佳作迭出、成绩斐然。其次，民族观念、国家观念与国家认同等上世纪 90 年代新兴的研究方向，经过近 30 年的发展，获得了长足的进步。在该年度研究成果中，有关这方面的论著数量大量增加，研究时段较之此前更加均衡、合理，研究深度显著推进，这是该年度民族史研究的一大亮点，表明习近平总书记在哲学社会科学座谈会上的讲话精神引起了学术界的高度重视，对习近平总书记提出的加强中华民族共同体意识的要求作出了学术上的积极回应。再次，从研究成果的作者阵容可以发现，国内民族史学科领域已经形成一支老中青相结合的科研梯队。老一辈学者继续发挥引领作用，中青年学者陆续登上学术舞台，发挥骨干作用，民族史研究传承有序、前景光明。

但是也存在一些不足：理论研究总体上仍然偏于薄弱，民族史研究理论体系的建设尚需加强，建立中国特色民族史研究的话语体系任重道远；部分研究成果存在缺乏创新或者粗制滥造的现象。这些问题应当引起学界高度重视，并在研究中逐步予以解决。

2018 年

民族史学科是我国历史学科的重要组成部分，也是民族问题研究的基础。2018 年我国民族史研究继续稳步向前，取得了丰硕的成果。特别是进入新时代以来，民族史研究积极适应党的民族政策的变化，响应民族融合与民族团结的现实要求，在基础研究和现实关怀两方面齐头并进，积极开展学术活动，并涌现出一批高水平的作品。

一 学术活动

中国民族史学会是将民族史学者联合起来的最重要学术团体。2018 年，中国民族史学会继续担负起引领学科发展的重任，主办了一系列学术会议和学术论坛。

6 月 16—17 日，“中国民族史学会 2018 年学术年会”在兰州大学召开。这次年会由中国民族史学会主办，兰州大学西北少数民族研究中心和甘肃省丝绸之路研究会承办，主题为“新时代中国民族史研究的创新与发展”。来自全国 25 个省市自治区 83 所高校及科研单位的 180 余名学者参加了会议。大会围绕“新时代中国民族史学的发展与中华民族共同体建设”“中国统一多民族国家的形成与发展”“中华民族共同体意识的历史考察”等多个议题展开深入的探讨，全面展示了过去一年民族史领域的研究成果，并为今后的研究指明前进方向。

10 月 20—21 日，在云南大学召开了由中国民族史学会、云南大学主办，云南大学历史与档案学院、国家社会科学基金重大项目“中国古代民族志文献整理与研究”项目组承办的“族际认知与历史书写——中国古代多语种民族志文献学术研讨会”。会议围绕民族志文献种类、内容结构、书写特点、书写传统及其演变、不同语种文献书写的异同与影响、版本流布、收集整理情况等方面展开研讨。国内外60余位学者参加了会议。

12月15日，由中国民族史学会主办、河北大学宋史研究中心承办的“边疆·民族·历史”青年学者论坛在河北大学召开。会议主题为“北族王朝早期历史研究”，得到了来自中国社会科学院、河北大学、中央民族大学、吉林大学、陕西师范大学、宁夏大学、长春师范大学等高校和研究机构的20余位专家学者的大力支持，对推动青年的交流与进步具有积极意义。

此外，国内的其他学术团体、科研机构也开展了形式多样、内容丰富的学术活动。该年度召开的有关边疆、民族的学术会议、学术论坛主要有：民族史研究的理论、视野与史料批判学术工作坊（北京，1月）、东亚新形势下高句丽渤海历史文化研讨会（通化，7月）、第六届中国边疆学论坛（长春，7月）、第六届“汉化·胡化·洋化：多元文化的碰撞与交融”国际学术研讨会（北京，7月）、“当代视野中的契丹辽文化”第四届契丹学国际研讨会（保定，7月）、2018元上都暨蒙古历史文化学术研讨会（内蒙古正蓝旗，7月）、中世纪都城和草原丝路与契丹辽文化国际学术研讨会（巴林左旗，8月）、“十至十三世纪西北史地”国际学术研讨会暨中国宋史研究会第十八届年会（兰州，8月）、2018中国大同·北魏文化论坛（大同，8月）、“融合之路——拓跋鲜卑迁徙与发展历程”学术研讨会（大同，8月）、“区域·族群·国家：历史人类学与中国学派”学术研讨会（黄山，8月）、“文献、制度与史实：《元典章》与元代社会”国际学术研讨会暨2018年中国元史研究会年会（北京，8月）、第十四届辽金契丹女真史学会年会（通辽，8月）、首届敕勒川草原丝绸之路文化论坛（土默特右旗，8月）、首届丝路藏学学术研讨会（兰州，9月）、“中西交通与丝路文明”论坛（广州，9月）、“中古中国文献·历史与民族”学术研讨会（上海，10月）、“丝绸之路民族古文字文献与文化”学术研讨会（敦煌，10月）、“西夏建都兴庆府980周年”学术研讨会（银川，10月）、首届“12至18世纪欧亚古典学”国际学术研讨会（北京、10月）、“辽宋金元军事史与《中华思想通史·宋辽金元军事思想》”工作坊（北京，11月）、第七届中古欧亚草原国际学术研讨会（上海，11月）、第一届“中国西北区域史研究”论坛（兰州，12月）。

近年来学术界重视青年学者的发展，为促进青年学者的交流和进步，一系列规模相对较小的青年论坛、工作坊及学术沙龙纷纷举办，并收到了良好的效果。2018年举办的小型论坛主要有：第四届西夏学博士后论坛（银川，3月）、“欧亚视域与古代中国”工作坊（北京，4月）、“族群凝聚与国家秩序”研讨会（北京，6月）、“4—10世纪北方民族与内亚边疆”学术沙龙（北京，6月）、“十六国北朝佛教与民族”青年学者研修班学员论坛（北京，6月）、第四届中国民族史研究生论坛（北京，7月）、“十至十三世纪不同政权间的信息流通及其政治功能”工作坊（北京，10月）、第一届高句丽渤海研究青年学者工作坊（长春，11月）、第一届“中国西部边疆与域外研究”青年学者跨学科论坛（西安，12月）。

二　重点、热点问题研究

2018年民族史研究成果丰硕，且呈现两个方面特点：一是响应新时代特色，对当前的重大问题回应性强；二是传统断代史中的民族研究更加广泛和深入。

2018年是改革开放40周年，40年来中国人文哲学社会科学经历了深刻的变化。总结和回顾这40年的学术发展历史，成为该年度学术研究的重点内容之一。《中国史研究动态》编辑部以改革开放40年来的中国史研究为专题，策划推出了系列学术综述。该刊物在当年第一期上发表了《改革开放40年来的先秦史研究》《改革开放40年来的秦汉魏晋南北朝史研究》《改革开放40年来的隋唐五代史研究》《改革开放40年来的辽宋夏金史研究》《改革开放40年来的元史研究》《改革开放40年来的明清史研究》专题论文。[①] 这些综述中也包含了各个历史时期民族史研究的成果，尤其是“辽宋夏金史”和“元史”两个时段的综述，对总结民族史研究格外具有意义。

2018年民族史学科积极适应党的民族政策在新时期的变化，努力建立起中国民族史的话语体系，对一些重大问题和重要思潮给予集中探究，一系列有问题感、理论性和贯通性的著述在学界产生了较大的反响。下面作简要介绍。

国家建构与民族认同是民族史探讨的重要议题。该年度有多部专著从不同角度回应、论述这一问题。姚大力所著《追寻“我们”的根源：中国历史上的民族与国家意识》一书是探讨族群和国家认同问题的重要著作。作者从中国历史上的族群认同、国家认同以及二者之间的相互关系入手，聚焦于如何认识历史上的各少数民族对中国历史与文化的积极贡献。该书还以蒙古帝国、元朝，以及它们之间的关系为研究主题，考察族群认同在回族、满族形成和鲜卑拓跋部早期历史的书写之中的作用问题。[②] 李大龙、李元晖合著的《游牧行国体制与王朝藩属互动研究》从多民族国家构建的视角，将游牧行国和王朝藩属之间的互动作为一个研究整体，从中探究多民族国家构建的历程，评述了两个不同族群在其中的贡献。[③] 温春来的《身份、国家与记忆：西南经验》则以民国时期的彝族精英为研究对象，在历史的长时间段中对他们的言行事功进行了解释，从一个侧面呈现了西南地区的非汉人群参与构建中华民族历史共有精神家园的过程。[④] 雷信来的《南诏大理国对唐宋王朝的国家认同研究》以南诏大理国对唐宋王朝国家认同的历史文化背景为切入点，进而对地方民族政权——南诏大理国对李唐赵宋皇朝的国家认同论题进行全面深刻论证。[⑤]

2018年是费孝通先生“中华民族多元一体格局”理论发表30周年。围绕着“统一的多民族国家”与“中华民族多元一体格局”，学界发表了一系列重要的学术论文。史金波的《“中华民族多元一体格局”理论的形成背景和当代价值》分析了费孝通先生“中华民族多元一体格局”理论提出的背景和意义，并以辽宋夏金时期为例探讨这一理论提出的历史依据，论述这一概念的当代价值，以及如何利用这一理论分析当下的民族问题。[⑥] 赵旭东的《国族之辩：以费孝通为核心的有关民族问题的一多之争》从费孝通与顾颉刚关于“中华民族”的辩论入题，讨论了人类学上“一”和“多”这一基本问题。[⑦] 王传的《学术与政治：“中华民族是一个”的讨论与西南边疆民族研究》以西南民族为考察中心，从学术与政治关系为着眼点，讨论了顾颉

① 晁福林：《改革开放40年来的先秦史研究》，《中国史研究动态》2018年第1期；陈长琦：《改革开放40年来的秦汉魏晋南北朝史研究》，《中国史研究动态》2018年第1期；刘后滨：《改革开放40年来的隋唐五代史研究》，《中国史研究动态》2018年第1期；包伟民：《改革开放40年来的辽宋夏金史研究》，《中国史研究动态》2018年第1期；刘晓：《改革开放40年来的元史研究》，《中国史研究动态》2018年第1期；赵世瑜：《改革开放40年来的明清史研究》，《中国史研究动态》2018年第1期。

② 姚大力：《追寻“我们”的根源：中国历史上的民族与国家意识》，生活·读书·新知三联书店2018年版。

③ 李大龙、李元晖：《游牧行国体制与王朝藩属互动研究》，内蒙古大学出版社2018年版。

④ 温春来：《身份、国家与记忆：西南经验》，北京师范大学出版社2018年版。

⑤ 雷信来：《南诏大理国对唐宋王朝的国家认同研究》，民族出版社2018年版。

⑥ 史金波：《“中华民族多元一体格局”理论的形成背景和当代价值》，《中央民族大学学报（哲学社会科学版）》2018年第5期。

⑦ 赵旭东：《国族之辩：以费孝通为核心的有关民族问题的一多之争》，《思想战线》2018年第6期。

刚与费孝通关于“中华民族是一个”的辩论。[①] 刘永刚的《“发现”中华民族：从文明帝国到主权国家》论述了历史上长期处于自在状态的中华民族在近代以来经“发现”并自觉凝聚的中华民族共同体建立了主权共和国家的过程。[②] 苏航的《论费孝通的民族与国家观念——一个“费孝通转换”的视角》以“费孝通转换”的视角，对费孝通20世纪30年代《关于民族问题的讨论》一文中的民族与国家概念和其在20世纪80年代提出的多元一体理论中的民族概念进行了贯通性的分析，解释了费孝通“民族”概念的变化过程。[③] 刘波儿的《费孝通“中华民族多元一体格局”理论的思想来源——民国时期民族学界“多元”“一体”理论设计研究》探索了费孝通“多元一体”理论的思想来源，即民国时期长期存在一种建构统一的多民族国家的思路。[④] 杨文炯的《理解现代民族国家的中国范式——费孝通先生“多元一体”理论的现代价值》探讨了费孝通多元一体理论的三个主要组成部分，即迈向人民的人类学、多元一体格局和文化自觉理论及其学科价值、中国价值和世界价值。[⑤]

2018年还出版了几次重要学术会议的论文集，这些论文代表了近年来学术研究的前沿动态。如：赵心愚、刘正寅主编的《中华民族的凝聚与发展——中国民族史学会第十九次学术年会论文选集》，围绕“国家治理与大一统思想”、“古代民族历史”、“近现代民族历史”、“藏族地区社会历史”和“南方民族历史综合考察”五个方面，收录32篇会议论文。[⑥] 万明、杜常顺编《中外关系史视野下的丝绸之路与西北民族》，是2017年在西宁召开的“中外关系史视野下的丝绸之路与西北民族”学术研讨会论文集。[⑦] 余蔚、平田茂树、温海清主编的《十至十三世纪东亚史的新可能性——首届中日青年学者辽宋西夏金元史研讨会论文集》收录了2016年9月于复旦大学召开首届中日青年学者辽宋西夏金元史研讨会的论文。这些论文的集结，是繁荣学术会议成果的最好展现。[⑧]

三 断代史中的民族史研究

（一）先秦两汉魏晋南北朝

上古时段历史研究的难点在于传世文献记载的匮乏，因而考古发现对这一时期史学研究来说，就发挥了重要的作用。2017年考古学家在蒙古杭爱山发现了汉军大破北匈奴后所立摩崖石刻，即班固所撰《燕然山铭》。此发现一度引起了学界的热烈关注，其发现者齐木德道尔吉和

① 王传：《学术与政治：“中华民族是一个”的讨论与西南边疆民族研究》，《中国边疆史地研究》2018年第2期。

② 刘永刚：《“发现”中华民族：从文明帝国到主权国家》，《广西民族研究》2018年第5期。

③ 苏航：《论费孝通的民族与国家观念——一个“费孝通转换”的视角》，《西北师大学报（社会科学版）》2018年第6期。

④ 刘波儿：《费孝通“中华民族多元一体格局”理论的思想来源——民国时期民族学界“多元”“一体”理论设计研究》，《民族研究》2018年第3期。

⑤ 杨文炯：《理解现代民族国家的中国范式——费孝通先生“多元一体”理论的现代价值》，《青海民族研究》2018年第2期。

⑥ 赵心愚、刘正寅主编：《中华民族的凝聚与发展——中国民族史学会第十九次学术年会论文选集》，民族出版社2018年版。

⑦ 万明、杜常顺主编：《中外关系史视野下的丝绸之路与西北民族》，中国社会科学出版社2018年版。

⑧ 余蔚、平田茂树、温海清主编：《十至十三世纪东亚史的新可能性——首届中日青年学者辽宋西夏金元史研讨会论文集》，中西书局2018年版。

高建国教授于2018年出版了《有关匈奴历史的珍贵遗存》；[①] 同时辛德勇也撰成《发现燕然山铭》一书于2018年出版。[②] 此外，吴松岩的《鲜卑起源、发展的考古学研究》是以早期鲜卑墓葬为研究的基础材料，对鲜卑早期的历史发展、迁徙流变以及人群构成等方面作深入探讨，涉及拓跋鲜卑的起源、迁徙问题，源自东胡的鲜卑与拓跋鲜卑之间的关系，慕容鲜卑在辽西地区的发展以及与其他邻近部落之间的联系。[③]

该年度还有许多论文利用考古资料研究民族史，如：魏斌的《从领民酋长到华夏长吏：库狄干石窟的兴造与部落记忆》、徐龙国的《山东大型胡人石雕像与欧亚文化交流》、蒙海亮的《青铜至铁器时代部分北方游牧民族的主要父系遗传类型》、龙静璠的《新疆天山南麓史前族群石构墓葬的文化属性分析》、彭栓红的《云冈石窟造像的鲜卑特色与文化多样性》、王素的《北魏尔朱氏源出粟特新证——隋修北魏尔朱彦伯墓志发覆兼说虞弘族属及鱼国今地》、段锐超的《北魏鲜卑将军宇文延史事述论——以〈宇文延墓志〉为据》等。[④]

1. 少数民族起源与国家建立。专著有以下几种：管芙蓉、吕向阳所著《鲜卑族源流》一书系统梳理了鲜卑族的历史演进，宏观展现了鲜卑民族的历史全貌。[⑤] 余太山著 *Sources on the History of the Hephthalites* 是一部全英文论著，作者辑注了关于嚈哒的9种语文的约70种史料，是目前对嚈哒史料所进行的最为全面系统的整理和研究。[⑥] 毋有江的《北魏政治地理研究》阐释了历史上拓跋鲜卑长期占主导的北族从部族政治体向中原王朝政治体的地理发展过程。[⑦]

具有代表性的研究论文有：杨军的《二世纪至十一世纪北族前国家时期的社会组织》、叶晓锋的《匈奴语言及族源新探》、李春梅的《匈奴政权的发展阶段》、刘俊等合著的《论匈奴呼衍氏地位的演进》、范恩实的《论人地关系对慕容鲜卑早期兴起历程的影响》、彭丰文的《守在四夷：北魏北部边疆经略方针及其思想源泉》和《从盛乐到平城：北魏王朝的国家建构与政治转型》、胡克森的《从〈元经〉看王通北魏正统的确立依据——兼评孝文帝的门阀制度》、王小甫的《宇文泰“关中化”政策及其对华夏文化发展的影响》、仇鹿鸣的《北魏客制小考》、张帅的《拓跋氏前期庙制中的神灵崇拜与国家礼制——兼论孝文庙制的历史定位》、王文光与张曙晖合著的《两汉时期乌桓鲜卑的历史人类学研究》、温拓的《执壶鲜卑：段部源流三题》、刘凯的《北魏九锡名物略考——物化礼乐视角下的北魏礼制渊源与

---

① 齐木德道尔吉、高建国：《有关匈奴历史的珍贵遗存》，“孟赫音乌苏格”股份有限公司2018年版。

② 辛德勇：《发现燕然山铭》，中华书局2018年版。

③ 吴松岩：《鲜卑起源、发展的考古学研究》，上海古籍出版社2018年版。

④ 魏斌：《从领民酋长到华夏长吏：库狄干石窟的兴造与部落记忆》，《历史研究》2018年第3期；徐龙国：《山东大型胡人石雕像与欧亚文化交流》，《中国国家博物馆馆刊》2018年第10期；蒙海亮：《青铜至铁器时代部分北方游牧民族的主要父系遗传类型》，《北方民族大学学报》2018年第1期；龙静璠：《新疆天山南麓史前族群石构墓葬的文化属性分析》，《中央民族大学学报（哲学社会科学版）》2018年第3期；彭栓红：《云冈石窟造像的鲜卑特色与文化多样性》，《中央民族大学学报（哲学社会科学版）》2018年第5期；王素：《北魏尔朱氏源出粟特新证——隋修北魏尔朱彦伯墓志发覆兼说虞弘族属及鱼国今地》，《故宫博物院院刊》2018年第5期；段锐超：《北魏鲜卑将军宇文延史事述论——以〈宇文延墓志〉为据》，《西北民族大学学报（哲学社会科学版）》2018年第5期。

⑤ 管芙蓉、吕向阳：《鲜卑族源流》，山西人民出版社2018年版。

⑥ Yu Taishan（余太山）：*Sources on the History of the Hephthalites*（《嚈噠史料辑注》），商务印书馆2018年版。

⑦ 毋有江：《北魏政治地理研究》，科学出版社2018年版。

变迁窥管》等。①

2. 民族观念与关系。关于“胡汉”“华夷”的考述，是其中的重点内容。高荣、贾小军、濮仲远撰著的《汉化与胡化：汉唐时期河西的民族融合》是关于汉唐时期河西地区的民族迁徙交流和发展演变的研究。② 此外，发表的专题论文主要有：郭硕的《五德历运与十六国北魏华夷观的变迁》、苏航的《“汉儿”歧视与“胡姓”赐与——论北朝的权利边界与族类边界》、鲁西奇的《观念与制度：魏晋十六国时期的“杂胡”与“杂户”》。③ 关于少数民族政权与中原王朝关系的论文主要有：小军的《西汉与匈奴间最初和亲约缔结时间考述》、孙俊等合著的《秦汉西南“汉夷”格局——以〈华阳国志〉豪族士女记载和考古室崖墓分布为中心》、孟洋洋的《东汉建宁元年夏秋段颎追击东羌叛众路线考述》、王小甫的《魏末北镇难民潮的化解》、张兢兢的《南朝巴蜀僚人的华夏化》。④

3. 民族文化与交流。较重要的作品有：林梅村、马丽亚·艾海提合撰的《嚈哒的兴起与铁马镫初传中亚》、柏俊才的《民族融合与北魏女性地位及文化修养》、史睿的《鲜卑婚俗与北朝汉族婚姻礼法的交互影响》、潘玲的《两汉时期北方系统腰带具的演变》、王子今的《郭钦“劙胡子”“剿胡子”辨——汉代丝绸之路史与西域民族关系史一个断面的考察》、李国华的《青海出土鲜卑动物形牌饰研究》。⑤

---

① 杨军：《二世纪至十一世纪北族前国家时期的社会组织》，《历史研究》2018 年第 3 期；叶晓锋：《匈奴语言及族源新探》，《中山大学学报（社会科学版）》2018 年第 5 期；李春梅：《匈奴政权的发展阶段》，《内蒙古社会科学（汉文版）》2018 年第 6 期；刘俊、王海：《论匈奴呼衍氏地位的演进》，《北方文物》2018 年第 1 期；范恩实：《论人地关系对慕容鲜卑早期兴起历程的影响》，《北方文物》2018 年第 4 期；彭丰文：《守在四夷：北魏北部边疆经略方针及其思想源泉》，《中国边疆史地研究》2018 年第 3 期；彭丰文：《从盛乐到平城：北魏王朝的国家建构与政治转型》，《西南民族大学学报（人文社会科学版）》2018 年第 7 期；胡克森：《从〈元经〉看王通北魏正统的确立依据——兼评孝文帝的门阀制度》，《史林》2018 年第 1 期；王小甫：《宇文泰“关中化”政策及其对华夏文化发展的影响》，《民族研究》2018 年第 5 期；仇鹿鸣：《北魏客制小考》，《史学月刊》2018 年第 11 期；张帅：《拓跋氏前期庙制中的神灵崇拜与国家礼制——兼论孝文庙制的历史定位》，《山西大学学报（哲学社会科学版）》2018 年第 2 期；王文光、张曙晖：《两汉时期乌桓鲜卑的历史人类学研究》，《广西民族大学学报（哲学社会科学版）》2018 年第 4 期；温拓：《执壶鲜卑：段部源流三题》，《社会科学战线》2018 年第 4 期；刘凯：《北魏九锡名物略考——物化礼乐视角下的北魏礼制渊源与变迁窥管》，《中国中古史集刊》第 5 辑。

② 高荣、贾小军、濮仲远：《汉化与胡化：汉唐时期河西的民族融合》，中国社会科学出版社 2018 年版。

③ 郭硕：《五德历运与十六国北魏华夷观的变迁》，《中央民族大学学报（哲学社会科学版）》2018 年第 5 期；苏航：《“汉儿”歧视与“胡姓”赐与——论北朝的权利边界与族类边界》，《民族研究》2018 年第 1 期；鲁西奇：《观念与制度：魏晋十六国时期的“杂胡”与“杂户”》，《思想战线》2018 年第 4 期。

④ 小军：《西汉与匈奴间最初和亲约缔结时间考述》，《中国边疆史地研究》2018 年第 1 期；孙俊、武友德：《秦汉西南“汉夷”格局——以〈华阳国志〉豪族士女记载和考古室崖墓分布为中心》，《中国边疆史地研究》2018 年第 2 期；孟洋洋：《东汉建宁元年夏秋段颎追击东羌叛众路线考述》，《中央民族大学学报（哲学社会科学版）》2018 年第 2 期；王小甫：《魏末北镇难民潮的化解》，《北京大学学报（哲学社会科学版）》2018 年第 3 期；张兢兢：《南朝巴蜀僚人的华夏化》，《中国边疆史地研究》2018 年第 2 期。

⑤ 林梅村、马丽亚·艾海提：《嚈哒的兴起与铁马镫初传中亚》，《历史研究》2018 年第 2 期；柏俊才：《民族融合与北魏女性地位及文化修养》，《中北大学学报（社会科学版）》2018 年第 1 期；史睿：《鲜卑婚俗与北朝汉族婚姻礼法的交互影响》，《文史》2018 年第 2 期；潘玲：《两汉时期北方系统腰带具的演变》，《西域研究》2018 年第 2 期；王子今：《郭钦“劙胡子”“剿胡子”辨——汉代丝绸之路史与西域民族关系史一个断面的考察》，载刘进宝主编：《丝路文明》第 3 辑，上海古籍出版社 2018 年版；李国华：《青海出土鲜卑动物形牌饰研究》，《北方文物》2018 年第 4 期。

（二）隋唐五代辽宋夏金

隋唐辽宋夏金时期是中国民族发展史上的重要历史阶段，2018 年关于这一时段民族史的研究成果丰硕。

1. 隋唐五代。出土墓志为民族研究提供了一手材料，重视和利用出土材料是近年来中古史研究的趋势。2018 年发表的代表性论文有：司晓洁的《北朝至隋入华粟特人墓志研究》、陈玮的《唐炽俟辿墓志所见入唐葛逻禄人研究》、李大龙等合著的《鸿胪井刻石铭文新解：唐与渤海、靺鞨关系史上的两次出使》、黄正建的《唐人是否视“安史之乱”为“胡”乱？——以诏敕、墓志、笔记为中心》、李荣辉的《王忠嗣墓志中紫乾河及怒皆部考》、胡耀飞的《新出〈阿史那明义墓志〉所见安史政权中的突厥王族》、阎焰的《游泥泥槃陁及其妻康纪姜的汉文及粟特文墓志——粟特商客在相州（邺）的遗存》、刘森垚的《中古尉迟氏源流及其墓志再考》。① 其他民族史方面的论文还有：薛冰清与张达志合著的《由燕入唐：安禄山形象的改易与认知》、郑炳林的《晚唐五代敦煌康氏家族与归义军瓜州刺史康秀华考》、钟书林的《唐代开元盛世的边疆格局及其西北民族关系——以敦煌遗书 P. 2555 陷蕃组诗为中心》、胡岩涛的《唐朝、吐蕃、南诏西南战事与长安战略防御——以代宗、德宗朝为中心》等。②

2. 西夏学。该年度出版了史金波所著《西夏历史文化钩沉》一书，这是史金波先生的西夏学论文集，包括作者撰写的序跋、评论、读后感、学术札记、研究概论、学术评论等。③ 学术论文主要有：王胜泽的《西夏佛教图像中的皇权意识》、王龙的《西夏文献中的回鹘——丝绸之路背景下西夏与回鹘关系补证》、潘洁的《西夏租役草考述》、韩树伟的《黑水城出土西夏文契约文书之习惯法研究》、郝振宇的《西夏民间契约参与人的群体关系特点》等。④

3. 辽代。林鹄的《南望：辽前期政治史》是该年度出版的最重要的辽史著作。作者通过重新解释辽前期政治、制度史，回应“汉化”问题和“征服王朝论”，具有强烈的史学批判价值。⑤ 辽代制度史方面，论文主要有：姜维东等的《辽代避讳问题研究》、陈俊达等的《辽代

---

① 司晓洁：《北朝至隋入华粟特人墓志研究》，《中原文物》2018 年第 1 期；陈玮：《唐炽俟辿墓志所见入唐葛逻禄人研究》，《中国边疆史地研究》2018 年第 2 期；李大龙、朱尖：《鸿胪井刻石铭文新解：唐与渤海、靺鞨关系史上的两次出使》，《民族研究》2018 年第 4 期；黄正建：《唐人是否视“安史之乱”为“胡”乱？——以诏敕、墓志、笔记为中心》，载刘进宝主编：《丝路文明》第 3 辑，上海古籍出版社 2018 年版；李荣辉：《王忠嗣墓志中紫乾河及怒皆部考》，《北方文物》2018 年第 1 期；胡耀飞：《新出〈阿史那明义墓志〉所见安史政权中的突厥王族》，载冯立君主编：《中国与域外》第 3 期，社会科学文献出版社 2018 年版；阎焰：《游泥泥槃陁及其妻康纪姜的汉文及粟特文墓志——粟特商客在相州（邺）的遗存》，载刘进宝主编：《丝路文明》第 3 辑，上海古籍出版社 2018 年版；刘森垚：《中古尉迟氏源流及其墓志再考》，载周伟洲主编：《西北民族论丛》第 17 辑，社会科学文献出版社 2018 年版。

② 薛冰清、张达志：《由燕入唐：安禄山形象的改易与认知》，《中国中古史集刊》第 5 辑，商务印书馆 2018 年版；郑炳林：《晚唐五代敦煌康氏家族与归义军瓜州刺史康秀华考》，《敦煌研究》2018 年第 3 期；钟书林：《唐代开元盛世的边疆格局及其西北民族关系——以敦煌遗书 P. 2555 陷蕃组诗为中心》，《文史哲》2018 年第 5 期；胡岩涛：《唐朝、吐蕃、南诏西南战事与长安战略防御——以代宗、德宗朝为中心》，《西藏民族大学学报（哲学社会科学版）》2018 年第 2 期。

③ 史金波：《西夏历史文化钩沉》，甘肃文化出版社 2018 年版。

④ 王胜泽：《西夏佛教图像中的皇权意识》，《敦煌学辑刊》2018 年第 1 期；王龙：《西夏文献中的回鹘——丝绸之路背景下西夏与回鹘关系补证》，《宁夏社会科学》2018 年第 1 期；潘洁：《西夏租役草考述》，《中国史研究》2018 年第 1 期；韩树伟：《黑水城出土西夏文契约文书之习惯法研究》，《青海民族研究》2018 年第 1 期；郝振宇：《西夏民间契约参与人的群体关系特点》，《北方民族大学学报》2018 年第 1 期。

⑤ 林鹄：《南望：辽前期政治史》，生活·读书·新知三联书店 2018 年版。

节镇体制研究》、杨军的《辽代州县体制的形成及演变》、杨逍的《辽代斡鲁朵及相关问题辨析》、潘静的《“八部聚议立王”和早期契丹的社会性质》。[①] 辽代墓志是辽代民族史研究的重要材料，这方面的文章有：葛华廷的《辽代契丹人墓葬壁画的“启门图”探析——以宝山1号辽墓为例》、万雄飞等合著的《辽代耶律弘礼墓志考释》、常乐的《辽金时期燕云地区社会生活研究——以出土碑志为中心》。[②] 其他一些代表性论文还有：耿涛的《迭剌部权力斗争与耶律阿保机建国》、田晓雷等合著的《辽朝对阻卜各部的治理述论》、乐日乐的《辽“本班郎君”非本部族之郎君考辨》等。[③]

4. 金代。李秀莲的《金源女真的英雄时代》是一部叙述女真族从诞生到消亡的历史过程的专著。作者利用语言学、历史学、地理学等学科理论，以“英雄时代”为线索，重新书写了这段历史。[④] 论文方面主要有：牛润珍、高珊的《金代史官考》，姚雯雯的《金朝进士群体在女真皇族教育中的儒家文化功能》等。[⑤]

5. 宋辽夏金民族关系史。这方面的代表性论文有：葛兆光的《想象天下帝国——以（传）李公麟〈万方职贡图〉为中心》、赵永春等合著的《10—13世纪民族政权对峙时期的“中国”认同》、钟焓的《北族王朝没有中国意识吗——以非汉文史料为中心的考察》、史金波的《西夏、高丽与宋辽金关系比较刍议》、黄纯艳的《朝贡体系与宋朝国家安全》、王道鹏的《论北宋西北熟户的发展与国家认同——以党项小胡部族为例》、张映晖的《西夏与周边政权的贸易往来》、孙文政的《宋金海上之盟历史经过考察》等。[⑥]

6. 文化艺术方面。该年度出版有谷莉的《宋辽夏金装饰纹样研究》和天津博物馆所编的《宋辽金元玉器研究学术研讨会论文集》。[⑦]

---

① 姜维东、郑丽娜：《辽代避讳问题研究》，《史学集刊》2018年第6期；陈俊达、杨军：《辽代节镇体制研究》，《古代文明》2018年第2期；杨军：《辽代州县体制的形成及演变》，《学习与探索》2018年第1期；杨逍：《辽代斡鲁朵及相关问题辨析》，《内蒙古社会科学（汉文版）》2018年第6期；潘静：《“八部聚议立王”和早期契丹的社会性质》，《内蒙古社会科学（汉文版）》2018年第1期。

② 葛华廷：《辽代契丹人墓葬壁画的“启门图”探析——以宝山1号辽墓为例》，《北方文物》2018年第3期；万雄飞、司伟伟：《辽代耶律弘礼墓志考释》，《考古》2018年第6期；常乐：《辽金时期燕云地区社会生活研究——以出土碑志为中心》，《郑州大学学报（哲学社会科学版）》2018年第5期。

③ 耿涛：《迭剌部权力斗争与耶律阿保机建国》，《中国边疆史地研究》2018年第4期；田晓雷、王万志：《辽朝对阻卜各部的治理述论》，《中国边疆史地研究》2018年第1期；乐日乐：《辽“本班郎君”非本部族之郎君考辨》，《北方文物》2018年第3期。

④ 李秀莲：《金源女真的英雄时代》，社会科学文献出版社2018年版。

⑤ 牛润珍、高珊：《金代史官考》，《史学史研究》2018年第2期；姚雯雯：《金朝进士群体在女真皇族教育中的儒家文化功能》，《贵州民族研究》2018年第2期。

⑥ 葛兆光：《想象天下帝国——以（传）李公麟〈万方职贡图〉为中心》，《复旦学报（社会科学版）》2018年第3期；赵永春、王观：《10—13世纪民族政权对峙时期的“中国”认同》，《陕西师范大学学报（哲学社会科学版）》2018年第1期；钟焓：《北族王朝没有中国意识吗——以非汉文史料为中心的考察》，《中国社会科学评价》2018年第2期；史金波：《西夏、高丽与宋辽金关系比较刍议》，《史学集刊》2018年第3期；黄纯艳：《朝贡体系与宋朝国家安全》，《暨南学报（哲学社会科学版）》2018年第2期；王道鹏：《论北宋西北熟户的发展与国家认同——以党项小胡部族为例》，《中国边疆史地研究》2018年第1期；张映晖：《西夏与周边政权的贸易往来》，《西夏研究》2018年第3期；孙文政：《宋金海上之盟历史经过考察》，《黑龙江社会科学》2018年第1期。

⑦ 谷莉：《宋辽夏金装饰纹样研究》，中国戏剧出版社2018年版；天津博物馆编：《宋辽金元玉器研究学术研讨会论文集》，科学出版社2018年版。

（三）蒙元时期

蒙元时期向来是民族史研究的重要时段，其研究具有多民族、多语种、国际化的特点。王东平的《研究中国历史需要世界的眼光——刘迎胜教授访谈录》一文，就是对民国以来我国元史研究的发展脉络、队伍建设、观点思潮、实践方法等各方面的回顾和总结。[①] 近年来，受“新清史”的影响，元史学界也对蒙元历史研究方法和途径有所反思。沈卫荣的《蒙元史研究与蒙元历史叙事的建构》一文，是他对“新清史”在蒙元史领域的影响作出的回应和反思。他指出，尽管蒙元时代对世界格局的重大影响毋庸置疑，但历史研究也要关注蒙元历史叙事的建构、诠释历史的意义。[②]

2018 年，几部蒙元史专著问世。魏曙光的《域外文献与蒙古史研究》是以波斯语史料《史集》为中心的研究，作者将其与汉文文献互证互补，利用审音与勘同的方法，对蒙元史和元史中的诸多问题提出新的看法。[③] 杨德忠的《大元气象：元代皇权意识下的书画活动及其政治意涵》以元代宫廷绘画及文献资料为主要材料，探讨了元朝宫廷相关书画活动与皇权意识之间的密切关联。[④] 马晓林的《马可·波罗与元代中国：文本与礼俗》一书对《马可·波罗行纪》研究的现状、路径进行了清晰的处理，并利用文献对蒙古人的宗教和习俗等问题作出精彩论证。[⑤]

1. 民族人物与家族研究。这方面研究依然是蒙元史研究的热点，该年度代表性论作有：杨绍固等的《蒙元畏兀儿廉氏家族新考》、尚衍斌等的《民族交融与文本书写——以道童事迹及〈元史·道童传〉为案例》、尚衍斌的《元及明初高丽韩氏家族事辑》、李鸣飞的《13—14 世纪中西文化差异对文献记载的影响——〈马可·波罗游记〉所载忽必烈纪年小考》、何启龙的《考证征伐女真、高丽的札剌亦儿台与也速迭儿——兼论〈蒙古秘史〉1252 年成书之说》、张晟峰的《蒙古西征前速不台生平小考》、陈希的《〈元史〉所见只儿哈郎小考》。[⑥]

2. 蒙古宫廷与习俗研究。李治安的《元朝诸帝“飞放”围猎与昔宝赤、贵赤新论》、马晓林的《元代蒙古人的祭天仪式》、崔玲玲的《元代蒙古宫廷音乐探析》等。[⑦]

3. 蒙古诸王及汗国研究。高彩云的《察合台及其后裔在中亚的统治研究》、毛海明的《元初诸王昔里吉的最终结局》、陈春晓的《伊利汗国成立前后伊朗与汉地关系史新考——记

---

① 王东平：《研究中国历史需要世界的眼光——刘迎胜教授访谈录》，《史学史研究》2018 年第 4 期。

② 沈卫荣：《蒙元史研究与蒙元历史叙事的建构》，《中国社会科学评价》2018 年第 3 期。

③ 魏曙光：《域外文献与蒙古史研究》，科学出版社 2018 年版。

④ 杨德忠：《大元气象：元代皇权意识下的书画活动及其政治意涵》，商务印书馆 2018 年版。

⑤ 马晓林：《马可·波罗与元代中国：文本语礼俗》，中西书局 2018 年版。

⑥ 杨绍固、李中耀：《蒙元畏兀儿廉氏家族新考》，《中国边疆史地研究》2018 年第 3 期；尚衍斌、封渊：《民族交融与文本书写——以道童事迹及〈元史·道童传〉为案例》，《民族研究》2018 年第 3 期；尚衍斌：《元及明初高丽韩氏家族事辑》，载刘迎胜主编：《元史及民族与边疆研究集刊》第 34 辑，上海古籍出版社 2018 年版；李鸣飞：《13—14 世纪中西文化差异对文献记载的影响——〈马可·波罗游记〉所载忽必烈纪年小考》，《清华大学学报（哲学社会科学版）》2018 年第 1 期；何启龙：《考证征伐女真、高丽的札剌亦儿台与也速迭儿——兼论〈蒙古秘史〉1252 年成书之说》，载刘迎胜主编：《元史及民族与边疆研究集刊》第 34 辑；张晟峰：《蒙古西征前速不台生平小考》，《内蒙古大学学报（哲学社会科学版）》2018 年第 4 期；陈希：《〈元史〉所见只儿哈郎小考》，载余太山、李锦绣主编：《欧亚学刊》新 7 辑，商务印书馆 2018 年版。

⑦ 李治安：《元朝诸帝“飞放”围猎与昔宝赤、贵赤新论》，《历史研究》2018 年第 6 期；马晓林：《元代蒙古人的祭天仪式》，《民族研究》2018 年第 3 期；崔玲玲：《元代蒙古宫廷音乐探析》，《中央民族大学学报（哲学社会科学版）》2018 年第 6 期。

1258—1265 年间的三次遣使事件》。[①]

4. 回回及穆斯林研究。马娟的《元代杭州的穆斯林移民》和《元代广州穆斯林移民及其相关问题》、杨晓春的《元代西方旅行家笔下的杭州穆斯林状况辨析》、沈玉萍的《蒙元时期回回"哈只"考》。[②]

5. 社会与文化史。刘海威的《谶谣中所见之"达达"、"回回"和"汉儿"——〈元典章〉"乱言平民作歹"条解读》、杨富学的《元代敦煌伊斯兰文化觅踪》、刘俊的《元代"华夷之辨"的特质、缘由及影响》、肖超宇的《民族融合与历史书写:〈元史〉蒙古列女形象"汉化"问题刍论》、乌云高娃的《元代多语文合璧书写形式及其对明清的影响》、许晓东的《契丹、蒙古与西域玉雕兼及新疆在中国玉雕传统西传过程中的特殊地位》、白玉冬的《丝路景教与汪古渊流——从呼和浩特白塔回鹘文题记 Text Q 谈起》等。[③]

(四)明清时期

近年来,明清时期民族史研究愈来愈引起人们的关注。这是由于"新清史""内亚视角"等学术概念异军突起,在清史研究领域迅速引起话题并开始抢夺传统史学的话语权。针对这股思潮,国内学者作出了回应、辩论、反思和创新,相继有专著和论文刊出。该年度关于此话题,也有一系列论文发表:汪荣祖的《"中国"概念何以成为问题——就"新清史"及相关问题与欧立德教授商榷》、方维规的《"中国"意识何以生成——勘测"新清史"的学术地层及其周边构造》、沙勇的《审慎看待"新清史"研究》、王志通的《重识〈满与汉〉——兼论与"新清史"研究的关系》。[④]

明清时期民族史的特点是,满、蒙古、藏三族发挥着重要的历史作用,且对后世有着深远的影响。因此这三个民族的历史发展,是明清民族史的重中之重。2018 年出版的该领域的专著主要有:孙静的《满族史论稿》、杨思远的《满族经济史》、袁灿兴的《清代准噶尔史话》。[⑤]

---

① 高彩云:《察合台及其后裔在中亚的统治研究》,《西北民族大学学报(哲学社会科学版)》2018 年第 1 期;毛海明:《元初诸王昔里吉的最终结局》,载刘迎胜主编:《元史及民族与边疆研究集刊》第 34 辑;陈春晓:《伊利汗国成立前后伊朗与汉地关系史新考——记 1258—1265 年间的三次遣使事件》,载刘迎胜、姚大力主编:《清华元史》第 4 辑,商务印书馆 2018 年版。

② 马娟:《元代杭州的穆斯林移民》,《民族研究》2018 年第 1 期;马娟:《元代广州穆斯林移民及其相关问题》,载刘进宝主编:《丝路文明》第 3 辑;杨晓春:《元代西方旅行家笔下的杭州穆斯林状况辨析》,载刘迎胜主编:《元史及民族与边疆研究集刊》第 34 辑;沈玉萍:《蒙元时期回回"哈只"考》,载刘迎胜主编:《元史及民族与边疆研究集刊》第 34 辑。

③ 刘海威:《谶谣中所见之"达达"、"回回"和"汉儿"——〈元典章〉"乱言平民作歹"条解读》,载刘迎胜、姚大力主编:《清华元史》第 4 辑;杨富学:《元代敦煌伊斯兰文化觅踪》,《敦煌研究》2018 年第 2 期;刘俊:《元代"华夷之辨"的特质、缘由及影响》,《社会科学战线》2018 年第 4 期;肖超宇:《民族融合与历史书写:〈元史〉蒙古列女形象"汉化"问题刍论》,《史学集刊》2018 年第 2 期;乌云高娃:《元代多语文合璧书写形式及其对明清的影响》,《中国史研究动态》2018 年第 5 期;许晓东:《契丹、蒙古与西域玉雕兼及新疆在中国玉雕传统西传过程中的特殊地位》,《紫禁城》2018 年第 9 期;白玉冬:《丝路景教与汪古渊流——从呼和浩特白塔回鹘文题记 Text Q 谈起》,《中山大学学报(社会科学版)》2018 年第 2 期。

④ 汪荣祖:《"中国"概念何以成为问题——就"新清史"及相关问题与欧立德教授商榷》,《探索与争鸣》2018 年第 6 期;方维规:《"中国"意识何以生成——勘测"新清史"的学术地层及其周边构造》,《探索与争鸣》2018 年第 6 期;沙勇:《审慎看待"新清史"研究》,《中国社会科学报》2018 年 6 月 7 日;王志通:《重识〈满与汉〉——兼论与"新清史"研究的关系》,《史学理论研究》2018 年第 1 期。

⑤ 孙静:《满族史论稿》,人民日报出版社 2018 年版;杨思远:《满族经济史》,社会科学文献出版社 2018 年版;袁灿兴:《清代准噶尔史话》,社会科学文献出版社 2018 年版。

此外，刘晓萌、王金茹主编的《满学研究论集》也是重要的学术出版物。①

论文发表方面，满、蒙古、藏三族及其关系史的研究成果丰硕。具有代表性的是：张建的《释“乌拉齐”》、达力扎布的《察哈尔林丹汗病逝之“大草滩”考》、宝音德力根的《初使清朝之西藏格鲁派使臣车臣绰尔济与戴青绰尔济事迹考辨》、巴哈提·依加汉的《从地图和纪行史料看清朝对哈萨克的早期认识》、乌云毕力格的《蒙古扎鲁特部起源考》、玉海的《清初阿鲁蒙古伊苏特部贵族祖源考述》、孔令伟的《1724—1768 年间拉达克、西藏与清廷间的欧亚情报网——以清代中国对莫卧儿帝国的认识起源为核心》、郭文忠的《土尔扈特东归中哈萨克形象再研究——以阿布赉汗为中心》、张伯国的《翎顶赏赐制度与清代布鲁特治理新探》等。②

西南民族及土司研究也是明清民族史研究的重要方面。该年度发表的相关论文极为丰富，其中较重要的有：武沐等合著的《清朝对甘青土司的治理及其影响》、彭福荣的《“关键少数”治理的历史经验：西南地区土司例证》、王惠敏的《大小金川土司婚姻问题探究——基于清代档案文献的考察》、张凯等合著的《清代改土归流后地方社会权力结构的变动——以湘西永顺地区为例》、潘崇的《锡良与清末川边新政》、刘祥学的《论边地土司与中国疆界的形成》、贾益的《清代滇西方志中“土司”、“种人”类目的内外分际》等。③

西北回族、维吾尔族研究方面，主要论文如下：刘锦增的《清末新疆回族的人口分布与地域经济差异——以新疆各地的乡土志为中心》、赵海霞的《清代新疆维汉文化交流与认知刍议》、周伟洲的《清代新疆回族及其经济生活》、马晓琴等合著的《善恶何故：“真性”“禀性”与明清回儒的人性观》、多洛肯等合著的《回汉文化交融下的明清回族诗歌创作综述》、杨晓春的《〈回回原来〉与中国文化背景下的回族族源建构》。④

其他方面的重要作品还有：吴忠良的《乾隆朝松花江流域各“民族”权利关系——以渔权问题为中心》、邱开玉的《夹缝中生存：清代畲民政治参与窥探》、吴育林等合著的《明代浔州

---

① 刘晓萌、王金茹主编：《满学研究论集》，中国社会科学出版社 2018 年版。

② 张建：《释“乌拉齐”》，《历史研究》2018 年第 6 期；达力扎布：《察哈尔林丹汗病逝之“大草滩”考》，《民族研究》2018 年第 5 期；宝音德力根：《初使清朝之西藏格鲁派使臣车臣绰尔济与戴青绰尔济事迹考辨》，《清史研究》2018 年第 4 期；巴哈提·依加汉：《从地图和纪行史料看清朝对哈萨克的早期认识》，《民族研究》2018 年第 2 期；乌云毕力格：《蒙古扎鲁特部起源考》，载刘迎胜、姚大力主编：《清华元史》第 4 辑；玉海：《清初阿鲁蒙古伊苏特部贵族祖源考述》，《清史研究》2018 年第 3 期；孔令伟：《1724—1768 年间拉达克、西藏与清廷间的欧亚情报网——以清代中国对莫卧儿帝国的认识起源为核心》，《清史研究》2018 年第 2 期；郭文忠：《土尔扈特东归中哈萨克形象再研究——以阿布赉汗为中心》，《清史研究》2018 年第 2 期；张伯国：《翎顶赏赐制度与清代布鲁特治理新探》，《贵州民族研究》2018 年第 9 期。

③ 武沐、赵洁：《清朝对甘青土司的治理及其影响》，《民族研究》2018 年第 2 期；彭福荣：《“关键少数”治理的历史经验：西南地区土司例证》，《广西民族研究》2018 年第 3 期；王惠敏：《大小金川土司婚姻问题探究——基于清代档案文献的考察》，载周伟洲主编：《西北民族论丛》第 17 辑；张凯、成臻铭：《清代改土归流后地方社会权力结构的变动——以湘西永顺地区为例》，《中央民族大学学报（哲学社会科学版）》2018 年第 1 期；潘崇：《锡良与清末川边新政》，《民族研究》2018 年第 2 期；刘祥学：《论边地土司与中国疆界的形成》，《中国边疆史地研究》2018 年第 3 期；贾益：《清代滇西方志中“土司”、“种人”类目的内外分际》，《西南民族大学学报（人文社会科学版）》2018 年第 5 期。

④ 刘锦增：《清末新疆回族的人口分布与地域经济差异——以新疆各地的乡土志为中心》，《中国边疆史地研究》2018 年第 4 期；赵海霞：《清代新疆维汉文化交流与认知刍议》，载周伟洲主编：《西北民族论丛》第 17 辑；周伟洲：《清代新疆回族及其经济生活》，载周伟洲主编：《西北民族论丛》第 16 辑；马晓琴、和侃：《善恶何故：“真性”“禀性”与明清回儒的人性观》，《北方民族大学学报》2018 年第 6 期；多洛肯、买丽娜：《回汉文化交融下的明清回族诗歌创作综述》，《西北民族研究》2018 年第 1 期；杨晓春：《〈回回原来〉与中国文化背景下的回族族源建构》，《民族研究》2018 年第 3 期。

府“瑶乱”发生原因探析——基于马克思主义所有制变迁的视域》等。[①]

（五）近代民族史

近代以来，中华民族遭遇了千年未有之大变局，在国难到来的同时，边疆危机亦频发。各族人民都与国家的命运紧密相连。这一时期既是中华民族共同体形成的重要时期，也是中国的民族史学的起步阶段。研究这一时期的民族历史，对理解今天的民族问题具有重要意义。2018年，关于近代民族历史的研究成果十分丰富。下面从几个方面予以介绍。

1. 民族地区研究。代表性论文有：曹大明的《“战时”的和谐共生：民国时期武陵地区的土客关系》、徐百永的《民国时期政教合一制下的西藏社会研究》、喜饶尼玛等的《民国时期中央与西藏地方政府政治互信——以赴藏特派员谢国梁丧葬事宜为例》、胡昊苏等的《清末至民国日本对云南政局的影响》、秦永章的《朱福南及其边疆民族问题研究浅析》。[②]

2. 少数民族与国家建构。蒋正虎的《20世纪30年代西南少数民族精英与近代国家建构》、朱丽霞的《藏传密宗与“中华国族”的构建——民国时期汉地僧人的藏密观》、冯涛等的《国族主义与近代中国国术运动》、马超的《近代回族报刊创刊号及其爱国特征初探》、刘新利等的《近代中国民族国家构建视域下的〈藏文白话报〉》、高强的《抗日战争时期炎黄文化的勃兴》、李双等的《民国时期康区藏族精英国家认同的形成与实践——以第三次康藏纠纷为例》等。[③]

3. 民族形成与民族意识。赵树冈的《边地、边民与边界的型构：从清代湖南苗疆到民国湘西苗族》、黄剑波等的《基督教与中国西南“民族”意识的形成——围绕近代西方传教士的考察》、成湘丽的《“他者”观照中民国新疆“民族”诸观念之衍变——以民国国人赴疆游记为考察视角》、王晓芳的《我者还是他者？——清中晚期关于回族的华夷之辨》等。[④]

---

① 吴忠良：《乾隆朝松花江流域各“民族”权利关系——以渔权问题为中心》，《中国边疆史地研究》2018年第1期；邱开玉：《夹缝中生存：清代畲民政治参与窥探》，《广西民族研究》2018年第1期；吴育林、黎诚：《明代浔州府“瑶乱”发生原因探析——基于马克思主义所有制变迁的视域》，《广西民族研究》2018年第3期。

② 曹大明：《“战时”的和谐共生：民国时期武陵地区的土客关系》，《中南民族大学学报（人文社会科学版）》2018年第5期；徐百永：《民国时期政教合一制下的西藏社会研究》，《中国边疆史地研究》2018年第4期；喜饶尼玛、李威颖：《民国时期中央与西藏地方政府政治互信——以赴藏特派员谢国梁丧葬事宜为例》，《西南民族大学学报（人文社会科学版）》2018年第11期；胡昊苏、车辚：《清末至民国日本对云南政局的影响》，《西南民族大学学报（人文社会科学版）》2018年第11期；秦永章：《朱福南及其边疆民族问题研究浅析》，《青海民族研究》2018年第2期。

③ 蒋正虎：《20世纪30年代西南少数民族精英与近代国家建构》，《北方民族大学学报》2018年第6期；朱丽霞：《藏传密宗与“中华国族”的构建——民国时期汉地僧人的藏密观》，《西南民族大学学报（人文社会科学版）》2018年第8期；冯涛、杨红伟：《国族主义与近代中国国术运动》，《青海民族研究》2018年第1期；马超：《近代回族报刊创刊号及其爱国特征初探》，《北方民族大学学报》2018年第4期；刘新利、蔡秀清：《近代中国民族国家构建视域下的〈藏文白话报〉》，《青海民族研究》2018年第3期；高强：《抗日战争时期炎黄文化的勃兴》，《清华大学学报（哲学社会科学版）》2018年第6期；李双、喜饶尼玛：《民国时期康区藏族精英国家认同的形成与实践——以第三次康藏纠纷为例》，《青海民族研究》2018年第4期。

④ 赵树冈：《边地、边民与边界的型构：从清代湖南苗疆到民国湘西苗族》，《民族研究》2018年第1期；黄剑波、杨漪：《基督教与中国西南“民族”意识的形成——围绕近代西方传教士的考察》，《文化纵横》2018年第2期；成湘丽：《“他者”观照中民国新疆“民族”诸观念之衍变——以民国国人赴疆游记为考察视角》，《西域研究》2018年第2期；王晓芳：《我者还是他者？——清中晚期关于回族的华夷之辨》，载周伟洲主编《西北民族论丛》第17辑。

四 研究特点与不足

2018 年民族史学科在以往研究的基础上，稳步向前发展，取得了丰硕的成果。与往年相比，该年度的研究具有以下几个特点：一是具有理论性、问题感和贯通性的民族史研究成果斐然。该年度有多部高质量的民族史专著出版，多涉及民族认同和国家建构的宏观思考，这是学界多年积累的结果。二是北方民族史研究格外繁荣，尤其是辽—契丹史领域，专著和论文的质量、数量表现突出。三是民族史学科兴起对史料批判与检讨的思潮，注重历史叙事与历史书写过程，对史料的利用从粗放式走向精耕细作。

该年度的学术发展也反映出一些缺点。主要体现在学术会议的时间过于集中和频繁，一些会议的主题相似度高，出席会议的学者重合度也高，学者提交、报告的论文主题亦多有重复。这种现象导致会议的效果打折扣，而学者疲于开会，无暇潜心研究，对学术长期的发展不利。因此，学术活动应适量、适度，要保证学者以读书、写作和教学为第一要务。这样才能使民族史学科可持续地向前发展。

（彭丰文，研究员；陈春晓，助理研究员，中国社会科学院民族学与人类学研究所民族历史研究室）

2017—2018 年藏学研究综述

卢　梅

一　深入解读中国共产党在涉藏民族宗教工作方针、政策和管理方面的理论创新，始终是藏学研究重点

长期以来，中国共产党坚持马克思主义民族观、宗教观，从我国国情和实际出发，不断总结历史经验和现实思考，形成了关于我国民族宗教工作的理论。党的十八届三中全会之后，党的执政理念从社会管理向社会治理转变。民族地区社会治理创新是国家治理现代化的重要内容。《藏区社会治理机制设计模型研究》《转型时期藏区社会治理机制创新研究》是基于对藏区特有的民族宗教多样性、社会发展多层性和经济发展滞后性等地域和民族特征的研究，从宏观和微观两个角度有针对性地分析了藏区社会治理机制创新问题。

宗教问题是长期以来影响藏区社会稳定、党的民族政策贯彻执行的重要问题。习近平总书记的系列重要讲话深刻阐释了中国特色社会主义宗教理论。在党的十九大报告中，习近平总书记强调“全面贯彻党的宗教工作基本方针，坚持我国宗教的中国化方向，积极引导宗教与社会主义社会相适应”，为做好新时代宗教工作指明了方向。全国宗教工作会议提出的“支持我国宗教的中国化方向”，就是坚持宗教中国化，坚持宗教与中国传统文化的融合，积极引导宗教与社会主义相适应，做到在现代化进程中的政治认同、社会适应和文化融合。在尊重宗教信仰自由的同时，更应该清醒地认识到，宗教不能作为全社会的精神支柱，目前中国社会中马克思主义无神论作为主流意识形态，仍然在人民群众中占据主导地位。同时，世界观的不同和宗教信仰的差异，并不妨碍政治上的认同。

我党处理宗教问题的理论，根植于中国国情和社会主义现代化建设的实际。在对宗教工作的理论创新和学术研究中，必须树立政治意识、大局意识。《论中国特色社会主义宗教理论体系的层次、内涵及特点》一文分析了党对宗教属性的系统阐释、对宗教问题的精准研判、对宗教工作的顶层设计、对历史经验的科学总结。《中国宗教工作新战略探析》分析了党的十九大和宗教工作会议对中国宗教问题的定位，详尽解读了党的宗教信仰自由政策所包含的“全面性”。《提高宗教工作法治化水平研究》从宗教管理的“法制—行政二元模式”入手，总结了目前宗教管理的上的热点、难点问题，提出宗教管理中长期存在着以行政管理为主的路径依赖，有必要在现代治理的语境中全面跟进与更新政府的治理技术和策略，形成多元治理、主体协同共治的制度机制。

近年来，藏传佛教在内地的传播速度加快，出现了新的特点，对宗教管理工作提出了新挑战。一些不法现象不仅危害了信教群众的财产安全和家庭和睦，甚至构成了危害区域性社会稳定的因素。《新常态下藏传佛教活佛转世管理的困境与出路》《自然适应还是因势利导》等文章，探讨了如何加强管理，引导藏传佛教与社会主义相适应的新路径。

二 围绕扶贫攻坚与“五大发展理念”，推动理论研究与实践的相互促进

党的十九大报告指出，确保到2020年我国现行标准下农村贫困人口实现脱贫，贫困县全部摘帽，解决区域性整体贫困。由于自然条件的严酷和历史发展的局限，西藏自治区是我国唯一的省级连片特殊贫困区。如何在西藏和广大藏区精准扶贫工作中践行“五大发展理念”，是有关西藏和广大藏区经济社会发展的重点问题。西藏和广大藏区要做到确保实现持久稳定、有质量的脱贫，特别需要关注国家和社会帮扶与贫困地区、贫困群众自力更生的关系，有效培育内生动力，尝试摆脱输血式、灌水式的发展模式，确保西藏和广大藏区贫困人口实现整体脱贫。

西藏农牧区贫困代际传递现象总体呈现出封闭程度高、脆弱性高、贫困代际传递周期短、贫困代际传递发生率高的特点。《西藏扶贫绩效评价指标体系研究》结合西藏自治区当前的扶贫情况，选取反贫困、经济因素、社会因素、生存环境4个子系统12个指标，构建了扶贫绩效评价指标体系。《精准扶贫视阈下农村的脆弱性、贫困动态及其治理》通过对西藏社区贫困动态案例分析，提出建立精准扶贫动态管理机制的建议。《西藏扶贫工作的发展历程及经验启示》以时间轴分析了西藏反贫困工作的历史脉络。《西藏农牧区贫困代际传递的总体特征和空间差异研究》从空间分布研究了家庭贫困代际传递发生的差异性。《促进西藏农牧民就业创业与精准脱贫问题探讨》从引导帮助劳动力实现就业，探讨了反贫困工作中调动农牧民主观能动性的意义。《西藏自治区金融精准扶贫对策研究》对金融精准扶贫工作进行了深入思考。《西藏贫困人口卫生服务利用及影响因素分析》通过调查西藏贫困人口的公共卫生服务利用水平，为改善贫困人群卫生服务的可及性和公平性提供了相关数据和政策建议。

总体来说，西藏和广大藏区的反贫困研究覆盖了产业、人口、金融、教育、环境、社会保障等多个领域，是涉藏研究中成果丰硕的领域。学者在不同的专业领域，以不同的研究视角和方法，为推进西藏和广大藏区精准脱贫学术研究，加强西藏和广大藏区扶贫领域的学术交流与沟通，以及脱贫攻坚工作积极建言献策，有效地将理论与实践相结合，促进了学科的发展。

三 区域性研究热点

（一）对走廊、通道的研究重新回归研究热点

2017年，在国家发改委、外交部、商务部联合发布的《推动共建丝绸之路经济带和21世纪海上丝绸之路的愿景与行动》中，西藏自治区被正式纳入“一带一路”的建设体系中。在积极推进西藏边境贸易和旅游文化合作的背景下，学术界与南亚国家学术机构的合作交流日趋活跃。6月，由中国藏学研究中心、中国驻尼泊尔大使馆、中国西藏保护与发展协会、尼泊尔阿尼哥协会联合举办的“中国西藏文化加德满都论坛”在尼泊尔召开。这个论坛为中尼两国学者提供了重要的学术交流平台。中尼两国学者、官员和友好人士共100余人参加了此次论坛。

交往交流交融是中国历史上民族关系的重要一面，而以丝绸之路和茶马古道为代表的走廊、通道，正是这种民族关系的物质载体。对这一历史空间的研究，不仅具有重要的学术价值，也对准确理解中国的民族关系、中国疆域的形成、民族文化的多样性等方面有重要的现实意义，与国家推进“一带一路”建设关系紧密。西藏是南方丝绸之路、唐蕃古道、茶马古道的重要沿线。沿着这些通道、走廊的商品流通过程，也是藏汉两族及周边各民族人员交往、思想交流的过程。这个过程与中央实现对边疆地区的有效治理相辅相成，对沿途包括藏族在内的各少数民族建立国家认同和中华民族的形成起到了积极作用。

走廊、通道沿线丰富的人文和自然资源，近年来成为旅游开发的热点。在快速的发展过程中，自然景观保护受到较多的重视，而人文资源一方面被过度利用，一方面又遭到不同程度的破坏，这种现象已经引起学界的重视。将学术研究与资源开发结合起来是目前研究中的特点，研究方法更是从历史学拓展到人类学、宗教学、管理学及环境科学等不同学科，特别是旅游与景观研究的介入，开始更加深入地发掘相关地区的文化历史资源。

2018 年 9 月，首届“丝路藏学”学术研讨会在兰州召开。与会学者提出了“丝路藏学”概念，认为无论是河西走廊，还是青海道上的藏传文化和建筑，无不承载和展示着独特的丝路文化，传承和彰显了丝路文化的特色内容，这既是丝路文化不可分割的组成部分，也是在“一带一路”倡议中的文化表达。历史上，藏传佛教文化是推动古代丝路文化交流的重要纽带，如今藏传佛教文化仍然可以为推动“一带一路”文化交流发挥重要作用，“丝路藏学”要体现藏传佛教为推动“一带一路”文化交流的纽带作用。

（二）环喜马拉雅地区研究成为涉藏研究新热点

自“一带一路”倡议提出以来，环喜马拉雅地区研究成为涉藏研究的热点，各专业研究机构联合南亚、东南亚各国专家学者，共同参与研究的热情高涨。2017 年 11 月，由中国社会科学院西藏智库主办的“共享与发展——喜马拉雅区域研究国际研讨会”在北京召开。翌年 10 月，中国社会科学院西藏智库以“传统与变迁”为主题，再次召开了环喜马拉雅地区相关问题的国际研讨会。来自国内主要涉藏科研机构和印度、尼泊尔、美国、英国、日本、挪威、中国香港、中国台湾等国家和地区的数十位专家学者，就西藏和周边地区的社会历史文化发展以及跨区域合作等问题展开了深入讨论，形成了广泛的社会影响。

2018 年中国西藏环喜马拉雅国际经济合作论坛暨首届环喜马拉雅“一带一路”合作论坛 9 月 10 日在西藏林芝召开。来自外交部、尼泊尔驻拉萨总领事馆、中国人民银行、尼泊尔国家银行、中国西藏林芝市、中国社会科学院、尼中喜马拉雅友好协会、西藏自治区社科院、尼中友好论坛、西藏民族大学、尼泊尔特里普文大学等的国内外 11 位专家学者在会上作了发言。本届论坛还举行了中国西藏自治区对外友好协会与尼泊尔—中国喜马拉雅友好协会建立友好关系备忘录签字仪式。

随着中国国家实力的增强，中国与其他国家的关系发生了一些新的变化。这些变化既有国际合作的加深，也有不同国家间利益的纷争。在西方学者看来，“一带一路”倡议有可能改变南亚传统的地缘战略特征，并使中国与南亚的政治和安全动态具有更加密切的关系。一些历史遗留问题也成为各个国家间政治博弈的筹码。例如洞朗事件就是一起损害中国领土主权、威胁中国安全利益的行为。国际政治中的现实问题，往往需要从历史的角度正本清源。张永攀的《“藏哲边界”争议与近代中印边界锡金段划定》①、尕藏本的《十七世纪的不丹与中国西藏关系史研究——以夏仲·阿旺南迦的人生史为背景》② 等文章从历史源流上厘清印度、锡金与中国西藏的关系脉络，比较清晰地呈现出不同时期环喜马拉雅地区的历史、宗教和政治关系。葛全胜等的《西藏亚东地区边界的历史演变及地缘战略分析》③ 综合运用文字史料、历史地图和 GIS 手段，分析亚东地区边界演变及地缘战略，充分证明了洞朗地区的主权归属。

---

① 张永攀：《“藏哲边界”争议与近代中印边界锡金段划定》，《边界与海洋研究》2017 年第 5 期。

② 尕藏本：《十七世纪的不丹与中国西藏关系史研究——以夏仲·阿旺南迦的人生史为背景》，硕士学位论文，西藏大学，2017 年。

③ 葛全胜、何凡能、刘浩龙：《西藏亚东地区边界的历史演变及地缘战略分析》，《中国科学院院刊》2017 年第 9 期。

中印关系对涉藏问题具有深远影响，这种影响是从多方面呈现出来的。印度以雅鲁藏布江水利开发炒作“中国水威胁论”，将跨境水资源问题演变为政治问题，进一步涉及两国间的政治互信及领土争端。闫昭宁的《中印水资源之争对两国关系的影响——以雅鲁藏布江—布拉马普特拉河为例》① 通过分析跨境河流水资源的合理分配及开发利用，阐释了两国之间的相关问题上的政治互动。温强的《美国策划联合国首份涉藏决议过程中的印度因素》②、李荟芹的《“哲堪孜松”与1956年十四世达赖访印》③ 解析了印度、美国在制造“西藏问题”过程中的外交手段及其后续影响。李安平等的《中印边界争端的历史溯源及现代启示》④ 梳理了中印边境冲突的来龙去脉，对当下解决中印边界问题具有一定的参考价值。

需要注意的是，西方学者在环喜马拉雅地区已经进行了长时期的深入研究，而国内学界对这一地区的研究还比较薄弱。由于涉藏问题研究与国际关系研究分属不同的学科领域，专家与机构之间尚未形成充分的研究合力，需要进一步整合力量。环喜马拉雅地区研究已经被列入社科基金重大项目，表明国家对该区域的学术研究日趋重视。

四　传统藏学领域不断发展

（一）涉藏档案文献整理

档案文献是研究工作的基础。2017年8月，藏文文献资源数据中心在中国藏学研究中心正式成立。该中心集中搜集了北京、西藏自治区以及青海、甘肃、四川等地的藏文古籍文献，特别是首次对布达拉宫、罗布林卡的部分古籍目录进行了整理，发现了一些是被认为早已失传的噶当派、噶举派、希解派等早期孤本文献资料。目录中所涵盖的内容涉及显、密佛教在内的宗教文献，以及历史、传记、文法、文学、医药、天文历算等诸多领域，且为《大藏经》类文献内容里所没有著录的资料。目前已收集藏文古籍文献资料40000余函（部）。

避暑山庄和外八庙是清朝统一的多民族国家巩固和发展的历史见证，许多重大决策和民族政策都形成于此。张双智、张羽新编著的《避暑山庄与外八庙珍稀史料辑校》⑤ 收集了52种珍稀史料，全书120万字，按内容分为7个部分。

从2006年开始，西藏自治区藏医院开始着手进行古籍文献的搜集、抢救、整理工作，先后搜集到珍贵藏医藏药古籍文本700多卷、天文历算古籍文本300多卷，其中130卷已出版发行，收录在《雪域藏医药历算大典》中。20卷的《西藏天文历算数据宝典》即将出版发行。

甘肃省藏文古籍文献编译中心对拉卜楞寺典藏的古文献进行了编目，目前已有2万多函古籍文献实现了数字化。按照规划，拉卜楞寺保存的6.8万余函古籍善本将在15年内全部实现数字化。

（二）涉藏历史、文化研究

在吐蕃史研究领域，深入解读历史文献始终是藏学研究者的追求。藏族历史文献是历史写

---

① 闫昭宁：《中印水资源之争对两国关系的影响——以雅鲁藏布江—布拉马普特拉河为例》，《赤峰学院学报（汉文哲学社会科学版）》2017年第11期。

② 温强：《美国策划联合国首份涉藏决议过程中的印度因素》，《美国研究》2017年第5期。

③ 李荟芹：《“哲堪孜松”与1956年十四世达赖访印》，《西北民族大学学报（哲学社会科学版）》2017年第5期。

④ 李安平、池海亮、陈明富：《中印边界争端的历史溯源及现代启示》，《军事历史》2017年第1期。

⑤ 张双智、张羽新编著：《避暑山庄与外八庙珍稀史料辑校》，学苑出版社2016年版。

作、文学创作与宗教观念传播的结合典范，是创作者主体观念、意识形态、社会经济、宗教文化等综合作用的结果。杨公卫（尼玛扎西）的《历史神话与真实：藏族古典文献的事实构建与想象表述——朗氏家族史的文献创作、社会诗学与宗教哲学观念》① 通过对朗氏家族史的文本研究解析藏族历史神话的创世权威。班玛更珠的《论萨迦班智达的家国情怀——再读〈致蕃人书〉和〈萨迦格言〉》② 展现了萨迦班智达所作出的历史性选择和担当。叶拉太的《前吐蕃时期多康藏区藏系部族》③ 探讨了藏族先民与周边民族的族源关系问题。玉珠措姆的《七世达赖喇嘛驻锡地惠远寺与康区地方土司及清廷的互动》④ 分析了七世达赖喇嘛移驻惠远寺期间清廷、康区土司、噶厦及达赖喇嘛之间复杂的互动关系，及其延续至20世纪初期的影响。《觉木隆教法史》是一部记载12至16世纪藏传佛教噶当派寺院觉木隆发展沿革的藏文文献。《〈觉木隆教法史〉初探》（米玛次仁，《中国藏学》2017年第1期）通过文本研究分析了元代觉木隆百户的册封等内容。

近代，藏族与周边各民族之间的互动关系有了更多元的发展，更深刻地融入国家事务的各领域。喜饶尼玛、李双的《抗日战争时期的康藏交通建设评述》⑤ 总结分析了康藏交通事业在"七七事变"之后取得的成效及其对抗战和大后方建设的贡献。周智生的《维护国家统一与促进边疆发展：边疆危局下格桑泽仁康区治理思想再认识》⑥ 从桑泽仁康区治理思想入手，阐述了一位藏族知识分子在边疆危机下的家国情怀。央珍、强俄巴·次央的《民国时期内地人眼中的藏族妇女——以近代妇女期刊的有关刊载为例》⑦ 从生动有趣的角度展现了民国时期汉藏民间沟通的情状。朱映占、张媚玲的《通事在近代康区治理中的作用及思考》⑧ 从一个特殊群体入手，对其类型、社会角色和功能发挥等问题进行了分析。增宝当周的《根敦群培的域外行游与异域书写——以《智游佛国漫记》为中心》⑨ 以《智游佛国漫记》为研究文本，表现了根敦群培作为西藏近代知识分子的跨文化书写和崇尚理性与批判的写作精神。

藏族社会的急剧变革和传统延续两种状态交织在藏区的各个方面。多杰昂秀的《游牧社会如何化解债务危机？——藏族"偿债宴"习惯法的现实社会背景及其机理》⑩ 调查了一种藏族游牧民发明和遵循的习惯法规则，分析了该习惯法在预防和化解社会债务及其在促进社会团

---

① 杨公卫（尼玛扎西）：《历史神话与真实：藏族古典文献的事实构建与想象表述——朗氏家族史的文献创作、社会诗学与宗教哲学观念》，《民族学刊》2017年第1期。

② 班玛更珠：《论萨迦班智达的家国情怀——再读〈致蕃人书〉和〈萨迦格言〉》，《中国藏学》2017年第4期。

③ 叶拉太：《前吐蕃时期多康藏区藏系部族》，《青海民族大学学报（社会科学版）》2017年第4期。

④ 玉珠措姆：《七世达赖喇嘛驻锡地惠远寺与康区地方土司及清廷的互动》，《中山大学学报（社会科学版）》2018年第3期。

⑤ 喜饶尼玛、李双：《抗日战争时期的康藏交通建设评述》，《贵州民族大学学报（哲学社会科学版）》2017年第6期。

⑥ 周智生：《维护国家统一与促进边疆发展：边疆危局下格桑泽仁康区治理思想再认识》，《思想战线》2018年第5期。

⑦ 央珍、强俄巴·次央：《民国时期内地人眼中的藏族妇女——以近代妇女期刊的有关刊载为例》，《中央民族大学学报（哲学社会科学版）》2017年第3期。

⑧ 朱映占、张媚玲：《通事在近代康区治理中的作用及思考》，《云南师范大学学报（哲学社会科学版）》2017年第3期。

⑨ 增宝当周：《根敦群培的域外行游与异域书写——以《智游佛国漫记》为中心》，《西藏研究》2017年第6期。

⑩ 多杰昂秀：《游牧社会如何化解债务危机？——藏族"偿债宴"习惯法的现实社会背景及其机理》，《民间法》2017年第2期。

结、修复社会关系等方面发挥的社会功能。杨红伟的《近代甘青川边藏区的部落冲突与社会控制》[①] 展现了以直接行动为主的私力救济与部落的集体责任为特色的社会控制方式。刘志扬的《青藏高原及其周边地区的民族构成与文化互动》[②] 在一个更大空间范围内讨论了青藏高原民族构成和文化互动。

必须强调，即便是藏学研究的传统领域，研究方法和题材也有多元化的趋势，成果之丰富更是很难用简单的分类和举证加以涵盖。

（三）考古和艺术

考古、艺术和传统文化是藏学研究的重要领域。在这些领域中，专家学者多年来深度耕耘，硕果累累，学术交流也十分活跃。在“首届中国西藏拉萨·阿里象雄文化国际学术研讨会”上，国内外学者齐聚拉萨，共同研究、保护、传承象雄文化。会场还展出了与象雄文化相关的珍贵实物资料。2018 年 10 月由四川大学中国藏学研究所、故宫博物院藏传佛教文物研究所主办，西藏自治区文物保护研究所、浙江大学汉藏艺术研究中心协办的“第七届西藏考古与艺术国际学术讨论会”在成都举行，来自 10 余个国家的 100 多位学者莅临，发言内容涵盖了青藏高原考古与艺术的诸多领域，时间跨度自史前至清代，对于打通考古学与艺术史两个学科领域、促进国内外学者学术交流具有重要意义。

仝涛的《西藏西部的丝绸与丝绸之路》[③] 分析介绍了阿里出土的汉晋丝绸制品上的工艺，揭示了青藏高原早在汉晋时期已经汇入丝绸之路交通网络，融入中西文化交流大潮的丰富信息。余小洪、岳燕的《论西藏考古新发现的吐蕃石狮及其造型艺术特征》[④]、霍巍《文物考古所见古代青海与丝绸之路》[⑤]、成倩等的《西藏阿里洛布措环湖遗址出土玻璃成分检测与初步研究——兼论丝绸之路西藏西部阿里段》[⑥] 等文章以考古资料为基础，分析展示藏族古代社会的人文和社会状况。杨锋等的《西藏琼结县青瓦达孜遗址的调查与试掘》[⑦]、李亚忠等的《西藏吉隆县恰芒波拉康调查简报》[⑧]、杨清凡等的《西藏芒康嘎托镇新发现吐蕃摩崖石刻调查简报》[⑨] 展示了青藏考古的最新发现，为藏学研究提供了更多的实物佐证。

五　藏学研究持续受到国家的大力支持

（一）人才培养

藏学研究始终受到党和政府的关怀和重视。在西藏民族大学建校 60 周年之际，习近平总

---

① 杨红伟：《近代甘青川边藏区的部落冲突与社会控制》，《北方民族大学学报（哲学社会科学版）》2018 年第 4 期。

② 刘志扬：《青藏高原及其周边地区的民族构成与文化互动》，《民族研究》2017 年第 2 期。

③ 仝涛：《西藏西部的丝绸与丝绸之路》，《中国国家博物馆馆刊》2017 年第 2 期。

④ 余小洪、岳燕：《论西藏考古新发现的吐蕃石狮及其造型艺术特征》，《西藏大学学报（社会科学版）》2017 年第 1 期。

⑤ 霍巍：《文物考古所见古代青海与丝绸之路》，《青海民族大学学报（社会科学版）》2017 年第 1 期。

⑥ 成倩、于春、席琳、何伟：《西藏阿里洛布措环湖遗址出土玻璃成分检测与初步研究——兼论丝绸之路西藏西部阿里段》，《藏学学刊》2017 年第 2 期。

⑦ 杨锋、李帅、夏吾卡先、强巴次仁：《西藏琼结县青瓦达孜遗址的调查与试掘》，《考古》2017 年第 3 期。

⑧ 李亚忠、胡春勃、罗布扎西、姚军：《西藏吉隆县恰芒波拉康调查简报》，《四川文物》2017 年第 4 期。

⑨ 杨清凡、卢素文、张延清：《西藏芒康嘎托镇新发现吐蕃摩崖石刻调查简报》，《藏学学刊》2017 年第 1 期。

书记代表党中央并以个人的名义向全校广大师生员工和校友致以热烈的祝贺。习近平总书记在贺信中指出：站在新的历史起点上，希望你们全面贯彻落实新时代中国特色社会主义思想和党的十九大精神，紧紧围绕培养什么样的人、怎么培养人、为谁培养人这一根本问题，培育和弘扬社会主义核心价值观，提高教育教学水平，贯彻党的民族政策和宗教政策，加强民族团结进步教育，传承中华优秀传统文化，自觉维护民族团结，全面推进学校各项工作，努力培养德智体美劳全面发展的社会主义建设者和接班人，为推动西藏经济社会发展，为实现“两个一百年”奋斗目标、实现中华民族伟大复兴的中国梦作出新的更大贡献。

在中国藏学研究中心青年藏学会倡议下，首届全国青年藏学研讨会在京召开。会议以“新时代、新思考、新使命”为主题，旨在加深中国藏学研究领域青年学者之间的学术对话与交流，为涉藏智库建设工作培养青年人才，推动中国藏学创新发展。

（二）经费支持

国家对藏学研究的支持还表现在科研经费拨付、重大项目立项等多个方面。2018 年，国家社会科学基金中与藏学相关的项目有 231 项，在社科基金 6653 项中占比为 3.47%。自社科基金设置以来，对涉藏项目的支持远远超过了资金增长的比例。除了国家社科基金的支持，还有多层各类基金项目支持涉藏研究课题，一些重大项目和跨院校、跨省区的综合性研究项目获得立项、启动。由西藏大学牵头的国家重点研发计划项目“藏文文献资源数字化技术集成与应用示范”项目，由武汉理工大学、中国知网、北京汉王、西藏科技信息研究所、西藏社会科学院、青海师范大学等 10 余家高校、研究机构以及企业共同参与实施，设立了“藏文语言结构及文字构成规律和多字体藏文文字识别技术研究”“藏文文献数字化无损采集装置研发与数据处理”“藏文化资源传承保护技术集成应用示范”等 5 个研究课题，以藏文文献版面分析和多字体藏文文字识别系统、藏文文献数字化无损采集装置系统、藏文文献协同创新平台等形式呈现研究成果，对提升藏文文献资源开发和应用领域科技创新支撑能力与水平具有重要意义。

（三）跨单位合作和协同创新

2018 年 5 月 19—20 日，第五次全国藏学工作协调会在北京召开。中央统战部、西藏及四省藏区统战部等有关部门的负责人和全国 80 多家相关科研机构、高等院校的专家学者共 120 多人参加会议。该会议促进了区域资源进一步整合，为我国藏学研究培养了人才、壮大了队伍。在国家的支持下，全国涉藏专业研究机构增加，目前已达 100 余所，一些省区还成立了群众性的学术团体。

“中国边疆地区民族调查研究联盟合作项目”是由云南大学牵头，联合吉林、内蒙、广西、西藏、新疆等地 7 所高校成立的跨区域跨学科的研究项目，旨在进一步推动我国边疆民族地区的学科建设与学术进步，共同促进民族团结进步和边疆繁荣稳定。

由云南大学倡议并主办的南亚东南亚大学联盟成立大会暨第二届南亚东南亚大学校长论坛在昆明召开，西藏大学成为南亚东南亚大学联盟创始大学之一。会议通报了预备会形成的共识，修订了南亚东南亚大学联盟章程，成立了南亚东南亚大学联盟，通过了南亚东南亚大学联盟《昆明宣言》。来自中国、巴基斯坦、尼泊尔、阿富汗、柬埔寨、老挝、缅甸、孟加拉、新加坡、马来西亚、越南、斯里兰卡、泰国、印度尼西亚、印度等 15 个国家的大学校长、代表和嘉宾以及云南省教育厅代表、云南大学代表共计 260 余人参加了会议。

由西藏自治区教育厅主办、西藏大学承办的第二届西藏高校联盟协作会议研讨了西藏高校协同合作、创新发展有关事宜，并达成了《西藏自治区高等学校协同创新合作协议》（简称《拉萨共识》）。会议主论坛上，西藏 7 所高校代表围绕“新时代新理念新发展新作为”主题，研讨了西藏高等教育面临的机遇和挑战，并达成诸多共识。在此后的发展中，西藏的各高校将面向国家和自治区重大战略需求开展协同合作，联合申报重大课题，实现高端突破。

（四）专业的出版机构以及学术刊物为藏学工作者搭建了施展才华的舞台，为学术研究提供了发表和出版成果的园地

中国藏学研究珠峰奖是经中央正式批准设立的中国藏学研究领域国家级奖项，也是中国藏学界的最高学术奖项，每4年评选一次，旨在实施精品战略，提高研究水平，进一步促进中国藏学事业发展繁荣。中国藏学研究珠峰奖评奖活动自2005年开展以来，秉承“支持藏学事业，弘扬民族文化”的宗旨，推出了一批政治导向正确、学术水平高、社会反响好、各级党委政府用得上的研究成果，有力促进了我国学术人才的成长和藏学事业的繁荣发展。第四届中国藏学研究珠峰奖共设汉文研究专著、藏文研究专著、汉文学术论文、藏文学术论文、英文研究成果和基础资料成果等6大类奖项，另设特别奖和荣誉奖。为发现、培养和凝聚青年藏学研究人才，本届珠峰奖共有58个科研成果获奖，6位藏学专家获荣誉奖，还首次设立了青年成果奖。

学术期刊是体现学科体系、学术体系、话语体系建设水平的一个重要平台，是体现国家文化软实力的重要载体。民族地区学术期刊既肩负着传播学术、传承文明的重要使命，又承担着维护祖国统一、民族团结与社会和谐稳定的重要责任。纪念改革开放40周年暨涉藏学术期刊建设与发展研讨会上，高校科技期刊研究会、中国科学引文数据库（CSCD）项目、西藏自治区新闻出版广电局以及涉藏学术期刊负责人围绕改革开放40年来涉藏学术期刊建设与发展议题进行了深入交流和讨论。国家出版基金每年均有涉藏丛书获得项目资助。2018年有22种图书（丛书）获批。另外，藏学研究的各项成果也得到各专业出版机构的大力支持。

除了传统的研究成果发表形式，新媒体成为科研成果发布的重要园地。建立在数字技术和网络技术基础之上的新媒体异军突起，与藏学相关的网站、APP、微信公众号、数字杂志、数字报纸等有已有数百个。这一现象既为扩大科研成果的社会影响力开辟了渠道，也对舆情管理提出了新课题。

与数字化技术和网络应用密切相关的安多方言藏文智能语音翻译软件正式发布。此软件是由中国民族语文翻译局研发的12种安多方言翻译软件，包括藏汉/汉藏智能翻译系统、藏汉对话通、藏汉语音转写通、搜狗浏览器藏汉互译软件、藏文语音输入法、Windows藏文语音输入法、藏汉智能语音翻译软件、藏文网络在线校对软件、藏文电子词典、藏文文本识别软件、智能庭审语音系统和藏汉照相翻译系统。西北民族大学海外民族文献研究所自2006年起整理出版流失在海外的敦煌古藏文文献，目前完成英藏9册、法藏22册，并正在推动古藏文文献的数字化建设，有望完成具备智能检索功能的数据库。这批整理出版的敦煌古藏文文献，是购买英国国家图书馆、法国国家图书馆的敦煌古藏文文献胶片后重新编目出版的。由于年代悠久、卷帙浩繁、写作不规范等原因，文献辨认难度较大。目前，该校学者正在加紧文献整理及数据库制作工作，预计未来两三年，将实现所有法藏、英藏敦煌古藏文文献的出版。

总之，广大藏学工作者和越来越多涉及藏学研究领域的专业人才，始终坚持推陈出新，拓展研究领域，通过科学研究为维护国家稳定、民族团结、社会发展的需要建言献策，其中不乏填补空白的精品力作。

（卢梅，副研究员，中国社会科学院民族学与人类学研究所藏学与西藏发展研究室）

2017—2018 年新疆研究综述

曾少聪　周　泓　郭宏珍　马　艳　孙　嫱　杜　鹃

2017 年

2017 年度新疆历史与社会发展研究领域，研究范围进一步拓宽，理论视角独特；田野调查扎实，成果质量较高，取得可喜成果。需要说明的是，该领域并非一个独立的学科，而是属于区域研究范畴，几乎涉及所有的学科门类，所以学科综述难尽其详，以下仅以西域、民族、宗教等领域的研究成果为例罗列一二。

一　西域研究

西域重要研究集中于《西域研究》。该刊 2016—2017 年社会文化史专题论文主要有：2016 年第 1 期，有肖小勇的《新疆早期丧葬中的用火现象》、裴成国的《论高昌国的骑射之风》、张玉兴的《职役抑或军职：西域文书所见唐代的"城局"》；2016 年第 2 期，有苗普生的《匈奴统治西域述论》、李元晖的《"约"与西汉的民族政策》；2016 年第 3 期，有孟宪实的《略论折冲府的"承直马"——以敦煌吐鲁番出土文书为中心》、丁俊的《于阗镇守军征税系统初探》、陈浩的《试论回鹘文契约的前后期之分》、康鹏的《〈马卫集书〉中的契丹语词"Sh. rghūr（汉人）"》；2016 年第 4 期，有陈浩的《登利可汗考》和白玉冬、杨富学的《新疆和田出土突厥卢尼文木牍初探——突厥语部族联手于阗对抗喀喇汗朝的新证据》。2017 年第 1 期，有杨波的《龟兹石窟壁画中的辟支佛形象考辨》、任平山的《伯西哈石窟、克孜尔石窟佛传壁画"佛洗病比丘"释读》、陈明的《"唱歌的驴子"故事的来源及在亚洲的传播》、赵卫宾的《回疆东四城伯克遣使投清史事考——兼谈雍正即位初年的西域经略观》；2017 年第 2 期，有张峰峰、武沐的《清代新疆东布鲁特属部考》；2017 年第 3 期，有松井太、曹金成的《蒙古时代的畏兀儿农民与佛教教团——U5330（USp 77）文书的再研究》、王立的《试析〈阙特勤碑〉中（c）（i）qan 一词的词源及翻译问题》，以及梁真惠、陈卫国的《〈玛纳斯〉英译本中"克塔依"与"别依京"误译探析》和鲁靖康的《清代哈密厅建置沿革与西北地区的权力制衡；车志慧的《水利、交通与政治——国民政府开发塔里木河航运工程述评》。

另有周泓的《近代新疆汉人主体研究建构》（《跨文化传播研究学刊》第 1 辑，中国社会科学出版社 2016 年版）。

西域族体与文化同汉地连结与交往研究，主要见于《西域研究》2017 年第 2 期，有尚衍斌的《高昌廉氏家族史事补正》、孙小敏的《贺兰山回鹘四族名号考》以及张铁山、崔焱的《回鹘文契约文书参与者称谓考释——兼与敦煌吐鲁番汉文文书比较》；2017 年第 3 期，有李宗俊的《敦煌文书 P. 3931 两《表本》所见甘州回鹘与中原王朝之关系等史事考》、张丽香的《中国人民大学博物馆藏和田新出〈妙法莲华经〉梵文残片二叶》。

其余还有《西北民族大学学报（哲学社会科学版）》2017年第5期刊载夏时华的《北宋时期陆上丝绸之路乳香贸易问题探究》。同时，见于周泓的《内地汉姓维吾尔薾氏家族源流》《元明都城畏兀儿（畏吾儿）信仰与文化》（《宗教信仰与民族文化》第8辑，社会科学文献出版社2016年版）；《元明都城西御敕寺院与当地畏兀（畏吾）文化》（《青海民族研究》2016年第4期）、《汉域历史上西域文化考略》（《青海民族研究》2017年第3期），周泓《中古汉地之西域文化》（《民族学刊》2017年第5期）；范华（patrice fava）纪录片《妙峰山庙会——400年的历程》印证了周泓所考京西西域文化因子“走车马”。亦有米华健（James A. Millward）的《嘉峪关外：1759—1864年新疆的经济、民族和清帝国》中文版自序（香港中文大学出版社2017年版）；周泓的《多元生成文化圈论说——基于西域历史地缘文化圈》（《边疆发展中国论坛》，中央民族大学出版社2016年版）和《非汉域家族宗族理念与形制》（《人类学研究》第八卷，浙江大学出版社2016年版）。

二 社会发展

张建军的《“三维资本”视阈下新疆民族乡贫困治理对策研究——以温宿县博孜墩柯尔克孜族乡为例》[①] 指出，新疆民族乡处于物质资本、人力资本和社会资本贫困三重叠加的困境之中，自我发展能力薄弱，对温宿县博孜墩柯尔克孜族乡减贫实践的研究表明，新疆民族乡的贫困治理既要加强物质资本投入，也要重视人力资本和社会资本投入，以利于增强个体发展机会和少数民族贫困人口稳定脱贫。李瑞君的《新疆农村治理现代化：培育民族团结文化的重要途径——基于鄯善县S村的研究》[②] 指出，新疆最难最长远的问题还是民族团结。民族团结的难点和重点在农村，因此急需把农村单一、质朴、熟知和自在的民族团结感提升为丰富、辩证、真知和自为的民族团结文化自觉。龚战梅的《转型期新疆喀什维吾尔族聚居地村治中传统权威境况分析》[③] 指出，任何一种社会统治形式或治理方式都需要一定的权威力量的维护，转型期的社会治理面临着更大的挑战，对转型期喀什维吾尔族农村的传统权威境况进行分析，有利于探索传统权威的发展之道，促进该地区农村的有效治理与稳定。顾光海的《论“访惠聚”对新疆社会治理体系与治理能力现代化的影响》[④] 指出，新疆启动的“访惠聚”活动，是探索优化新疆社会治理体系和提升新疆社会治理能力的重要实践探索和理论创新。文章运用任务型组织理论，分析了“访惠聚”活动在优化新疆社会治理体系和提升新疆社会治理能力方面的实践效果及理论依据，提出了进一步优化新疆社会治理体系和提升新疆社会治理能力的具体路径。

三 民族宗教

马蓓等的《新疆“去极端化”机制建设及其成效分析》[⑤] 指出，新疆开展“去极端化”工

---

① 张建军：《“三维资本”视阈下新疆民族乡贫困治理对策研究——以温宿县博孜墩柯尔克孜族乡为例》，《西南民族大学学报（人文社会科学版）》2017年第6期。

② 李瑞君：《新疆农村治理现代化：培育民族团结文化的重要途径——基于鄯善县S村的研究》，《青海民族大学学报》2017年第3期。

③ 龚战梅：《转型期新疆喀什维吾尔族聚居地村治中传统权威境况分析》，《新疆社会科学》2017年第4期。

④ 顾光海：《论“访惠聚”对新疆社会治理体系与治理能力现代化的影响》，《新疆大学学报（哲学·人文社会科学版）》2017年第1期。

⑤ 马蓓等：《新疆“去极端化”机制建设及其成效分析》，《世界宗教文化》2017年第3期。

作，在机制建设方面取得了长足进步，尤其是在法律、防控、民生、宗教管理等方面的综合施策成效显著。司律的《新疆宗教极端主义之辨析——兼论宗教极端主义与民族分裂主义的关系》[①] 指出，新疆宗教极端主义是一种神权价值与世俗民族分裂主义相结合的矛盾混合体，在这一混合体中，民族分裂主义居主导地位且是宗教极端化的主要推手。当前新疆宗教“去极端化”关键突破口在于合理利用宗教极端主义与民族分裂主义之间的矛盾，抵制民族分裂主义的重点在于增强和培育中华文化的同质性，抵制宗教极端主义的重点在于积极引导宗教与社会主义社会相适应。王维民的《应对宗教极端思想渗透的策略研究——以新疆边境地区为例》[②] 指出，新疆边境地区宗教极端思想利用网络新媒体、公益活动、利诱留学生和打工人员等方式进行渗透，防范宗教极端思想渗透要加强情报工作、发挥少数民族干部引导作用、多方合作有效打击宗教极端思想渗透和引导宗教健康和谐发展。另外，张先革等的《维吾尔族国家认同的内在要求和自身困境》[③] 指出，新疆和中央政权两千年的关系史是维吾尔族国家认同的基础，紧密的政治、经济、文化联系使维吾尔族在民族心理和行政区域观上已形成了国家认同的内在需求。抵抗外敌入侵的历史事实是新疆维吾尔族的共识。在国际伊斯兰原教旨主义泛滥的背景下，中亚极端宗教渗透衍生的宗教分离主义和民族分离主义构成了维吾尔族国家认同的自身困境。

四 民族文化

白京兰的《新疆地区法律的历史格局及演进——兼论多元法律文化与边疆治理》[④] 指出，由于地理、民族、宗教等因素的影响，历史上新疆一直呈现多元法律共存的样态。伴随不同历史时期中央政权对新疆地区管辖与治理程度的差异，多元法律及其整合也一直处于动态变化之中。由于法律本身所具有的政治属性以及新疆地域文化的宗教性、民族性，历史上尤其是清代新疆法律的多元发展，对边疆治理与国家建设产生了深刻影响。张蕾的《地方知识与精神空间的开拓——论新疆当代汉语文学的地名书写》[⑤] 指出，地名书写是新疆当代汉语文学的一个显著特征，其中蕴含了历史文化、自然地理、宗教图腾、民族语属等地方性知识。从历时性角度看，地名作为书写意象是由新疆诗歌散文的传统表现内容、艺术风格所决定的，是作家主体经验的地方性知识。从共时性角度，即从艺术审美接受方面看，读者的需求、市场的选择、文化定位等因素给地名书写提供了合适的环境，地名书写深化为浓厚地域色彩的精神空间书写。李建军的《新疆文化治理的路径研究》[⑥] 指出，文化的塑人、化人本质决定了文化其实是一种社会治理能力和治理过程，发挥文化治理的功能和作用是一种社会治理新形态，新疆的文化治理要做到接地气、透灵气、拼底气、鼓士气、重和气。

---

① 司律：《新疆宗教极端主义之辨析——兼论宗教极端主义与民族分裂主义的关系》，《云南民族大学学报（哲学社会科学版）》2017年第5期。

② 王维民：《应对宗教极端思想渗透的策略研究——以新疆边境地区为例》，《边疆经济与文化》2017年第10期。

③ 张先革等：《维吾尔族国家认同的内在要求和自身困境》，《云南民族大学学报（哲学社会科学版）》2017年第9期。

④ 白京兰：《新疆地区法律的历史格局及演进——兼论多元法律文化与边疆治理》，《贵州民族研究》2017年第1期。

⑤ 张蕾：《地方知识与精神空间的开拓——论新疆当代汉语文学的地名书写》，《石河子大学学报（哲学社会科学版）》2017年第5期。

⑥ 李建军：《新疆文化治理的路径研究》，《西南民族大学学报（人文社会科学版）》2017年第5期。

五　新疆生态文明建设

罗意的《消逝的草原：一个草原社区的历史、社会与生态》[①]，为曾少聪主编的《生态人类学丛书》中的一本。该书以富蕴县吐尔洪乡阔孜克村的哈萨克族社区为个案，探讨该社区人文生态与自然生态相互强化的机制，考察受草原生态环境急剧变迁导致的游牧社会转型的过程，揭示游牧文明与生态环境的关系。

六　新疆移民研究

曾少聪和李善龙的《民国时期新疆俄属中亚难民的安置和遣返》[②]，主要阐述了俄属中亚难民逃入新疆的背景、进入新疆的原因以及新疆地方政府应对的措施。文章指出，民国时期俄属中亚大批难民涌入新疆，直接影响到新疆的社会稳定和边疆的安全，引起新疆地方政府的高度重视；以杨增新为首的新疆地方政府，对涌入新疆的俄属中亚难民进行比较稳妥的安置和遣返，维护了当时新疆的边境安全和社会稳定。李晓霞的《新疆南疆建立各民族嵌入式社会结构和社区环境的可能与路径》[③]，针对南疆维吾尔族居民面临的居住环境改变、人口流动等现实问题，提出应积极推动各民族相互嵌入式的社会结构和社区环境建设，以促进民族团结、社会和谐。

2018 年

2018 年新疆研究主要涉及新疆社会文化、新疆宗教文化、新疆移民、涉疆反恐反分裂和西域历史文化五个方面的内容。[④]

一　新疆社会文化研究

2018 年新疆研究总体上以新疆社会文化研究为一个重要主题，其研究成果也最为丰硕。紧扣新疆民族社会的现状，以加强民族团结、巩固发展中华民族共同体的主线，具体涉及少数民族流动人口的社会融合与治理、社会文化变迁，国家认同、文化认同与民族关系，“一带一路”建设与文化传播等方面内容。

（一）少数民族流动人口的社会融合与治理

现代社会的工业化、市场化和城市化引发大规模的人口流动，成为重塑中国社会关系的重要因素，流动人口如何更好地融入和适应流入地社会是当下中国社会科学研究的重要议题。新

---

① 罗意：《消逝的草原：一个草原社区的历史、社会与生态》，中国社会科学出版社 2017 年版。

② 曾少聪、李善龙：《民国时期新疆俄属中亚难民的安置和遣返》，《云南民族大学学报（哲学社会科学版）》2017 年第 5 期。

③ 李晓霞：《新疆南疆建立各民族嵌入式社会结构和社区环境的可能与路径》，《新疆社会科学》2017 年第 1 期。

④ 《2018 新疆研究综述》由新疆历史发展研究室成员分别承担部分内容的收集整理，其中曾少聪承担“新疆移民研究”、周泓承担“西域历史文化研究”、马艳承担“新疆宗教文化研究”、孙嫱承担“新疆社会文化研究”、杜鹃承担“涉疆反恐反分裂”部分，马艳统稿。

疆少数民族流动人口的社会融入研究因其特有的历史文化背景具有更加复杂的特征，也因此成为加强民族团结、促进中华民族共同体建设的重要组成部分。

潘明明等的《新疆城镇少数民族流动人口社会融合：水平测度与障碍找寻》① 一文基于问卷分析指出新疆城镇少数民族流动人口虽在经济融合方面有所改善，但受制于身份、文化和心理融合滞后，其社会融合程度总体处于较低水平。杨睿的《社会治理视角下的新疆流动人口管理研究》② 一文指出，新疆流动人口问题表现出季节性、民族性、国际性和复杂性的特征。白关峰的《城市少数民族流动人口"嵌入式治理"——基于新疆墨玉县驻内地城市工作站的调查》③ 一文指出，设立驻内地城市工作站是府际间的治理资源的互补和共同利益的契合，被嵌入到流入地政府、流出地政府和少数民族流动人口群体中，使三者间形成了持续的制度性互动，成为社会稳定的"安全阀"、利益表达的渠道，提升了城市少数民族流动人口群体社会治理的有效性。刘东旭、孙嫱的《围市而居：南阳流动维吾尔族的社区建设》④ 一文，聚焦新疆到河南南阳从事和田玉贸易的维吾尔族群体，呈现其从早期自发分散居住于市场周边，到统一迁入政府规划修建的公租房集中居住，发展为独立管理的民族社区的过程。孙嫱的《随迁子女教育融入研究——以南阳流动维吾尔族群体为例》⑤ 一文，针对大批新疆籍流动维吾尔族随迁适龄子女教育问题，相关部门在严格执行国家教育政策的基础上，通过摸排调查、专设机构、改善教育设施和师资条件、灵活考核等措施促进其教育融入。孙嫱的《南阳维吾尔族妇女的性别角色重构》⑥ 一文则关注长期聚居石镇的流动维吾尔族妇女，从家庭、社会交往、公共事务的参与三个维度立体呈现了南阳流动维吾尔族妇女性别角色重构的过程。焦连志等的《新疆少数民族人口内地流动中的困难与社会支持对策研究》⑦ 一文指出，流动到内地的新疆少数民族流动人口面临着文化适应、生活服务需求以及就业创业等多方面的困难，限制着其城市融入与社会适应。

内地少数民族流动人口中学生群体的融入也备受学界关注。李明、龙晔生的《内地高校新疆籍少数民族大学生心理健康的因素分析》⑧ 一文，对影响内地高校新疆籍少数民族大学生心理健康的因素进行了研究分析；易桂姣、荆玉梅的《跨文化心理学视域下内地新疆籍少数民族大学生教育管理探究》⑨ 一文，从价值取向、思维方式和民族精神三个方面分析了新疆籍少数民族大学生文化心理的深层结构特征和心理适应状况；谭婷婷、郭竿礼果的《内地新疆籍少数民族大学生适应性问题分析及对策探究》⑩ 一文，分析新疆籍少数民族大学生在学业发展、人

---

① 潘明明、龚新蜀、张洪振：《新疆城镇少数民族流动人口社会融合：水平测度与障碍找寻——422 份新疆城镇少数民族流动人口调研数据》，《新疆大学学报（哲学·人文社会科学版）》2018 年第 2 期。

② 杨睿：《社会治理视角下的新疆流动人口管理研究》，《贵州警官职业学院学报》2018 年第 4 期。

③ 白关峰：《城市少数民族流动人口"嵌入式治理"——基于新疆墨玉县驻内地城市工作站的调查》，《民族论坛》2018 年第 2 期。

④ 刘东旭、孙嫱：《围市而居：南阳流动维吾尔族的社区建设》，《中央民族大学学报（哲学社会科学版)》2018 年第 6 期。

⑤ 孙嫱：《随迁子女教育融入研究——以南阳流动维吾尔族群体为例》，《中国教育学刊》2018 年第 6 期。

⑥ 孙嫱：《南阳维吾尔族妇女的性别角色重构》，《民族研究》2018 年第 2 期。

⑦ 焦连志、程朝阳、买尔但江·买买提：《新疆少数民族人口内地流动中的困难与社会支持对策研究》，《牡丹江大学学报》2018 年第 10 期。

⑧ 李明、龙晔生：《内地高校新疆籍少数民族大学生心理健康因素分析》，《民族教育研究》2018 年第 1 期。

⑨ 易桂姣、荆玉梅：《跨文化心理学视域下内地新疆籍少数民族大学生教育管理探究》，《学校党建与思想教育》2018 年第 7 期。

⑩ 谭婷婷、郭竿礼果：《内地新疆籍少数民族大学生适应性问题分析及对策探究》，《湖北经济学院学报（人文社会科学版)》2018 年第 7 期。

际交往、文化认同等方面存在的困境；王本成的《浅析内地高校新疆少数民族学生教育管理》[①]一本分析了新疆少数民族学生学习成绩不理想、小团体意识严重等现象；谭婷婷的《新媒体视阈下内地高校新疆少数民族学生思想政治教育探究》[②]一文以湖北民族学院学生工作处创办的民族团结电子月刊《我们的家》为例，探究新疆籍少数民族学生的网络思想政治教育路径；马真的《异文化环境下民族学生的心理引导——以内地西藏班、新疆班学生为例》[③]一文综合分析了西藏班、新疆班民族学生心理问题的产生，总结出学习压力大、人际沟通不畅、生活适应困难、文化支持中断是各种心理问题产生的直接原因。

（二）社会文化变迁

曾少聪、季涛的《现代化进程中的新疆社会文化变迁》[④]一文指出，近代以来，中国社会开始走上现代化道路，新疆各民族社会文化在现代化进程中发生巨变，遭遇到整体社会环境变迁所带来的影响。庞瑜、马岳勇的《改革开放40年新疆少数民族教育心态的变迁》[⑤]一文指出，改革开放以来，新疆社会经历了内源式发展、派生式发展与自主性发展三个阶段，地区教育的主要矛盾在此过程中转变为相对较低的教育质量逐渐不能满足人民群众日益增长的教育需求。张菊兰的《新疆少数民族传统礼仪文化传播方式的变迁探索》[⑥]一文，从经济交往方式的现代化变迁对传播方式的影响、文化模式决定传播方式、消费结构变迁对传播方式的影响等方面探讨新疆少数民族传统礼仪文化传播方式的变迁。孙嫱的《丝路文化视野下的“馕”与维吾尔族社会》[⑦]一文在丝路文化交流的大框架下，通过梳理馕在维吾尔族传统社会和现代民族国家框架下的文化意涵及其流变过程，指出其丰富的文化含义根植于古丝绸之路沿线各国经济文化在西域的传播与交流，直接生发于维吾尔族祖先的传统生活习俗，后又吸收伊斯兰文化元素，既有对传统的继承，又有在现代民族国家话语下新的创造。

（三）国家认同、文化认同与民族关系

原新利、贾军的《反思与建构：新疆维吾尔族民众国家认同研究——基于文化视角》[⑧]一文提出，新疆维吾尔族民众的国家认同需要借助国家政治文化传播和中华民族文化的影响来进行建构，包括提升民众汉语水平，促成中华文化传播，等等。满珂的《文化交融、地域认同与

---

① 王本成：《浅析内地高校新疆少数民族学生教育管理》，《湖北师范大学学报（哲学社会科学版）》2018年第3期。

② 谭婷婷：《新媒体视阈下内地高校新疆少数民族学生思想政治教育探究》，《教育教学论坛》2018年第22期。

③ 马真：《异文化环境下民族学生的心理引导——以内地西藏班、新疆班学生为例》，《贵州民族研究》2018年第7期。

④ 曾少聪、季涛：《现代化进程中的新疆社会文化变迁》，《云南民族大学学报（哲学社会科学版）》2018年第4期。

⑤ 庞瑜、马岳勇：《改革开放40年新疆少数民族教育心态的变迁》，《北方民族大学学报》2018年第6期。

⑥ 张菊兰：《新疆少数民族传统礼仪文化传播方式的变迁探索》，《产业与技术论坛》2018年第9期。

⑦ 孙嫱：《丝路文化视野下的“馕”与维吾尔族社会》，《中南民族大学学报（人文社会科学版）》2018年第3期。

⑧ 原新利、贾军：《反思与建构：新疆维吾尔族民众国家认同研究——基于文化视角》，《贵州民族研究》2018年第10期。

民族关系——基于西北地区H县的调查研究》[①] 一文基于H县的多次田野作业，指出当地的文化交融现象是跨族际良性交往、交流的结果和表现，并且能够进一步增加民族交往的机会，缩短民族之间的社会距离。刘洪、李明星的《新疆民族认同偏差实证研究：危害、原因与矫治》[②] 指出，新疆民族认同偏差直接危害对中华民族、中华文化和伟大祖国的认同，其产生原因主要包括历史原因、现实原因和国际原因。张文龙、王建华的《新时代新疆民族交往交流交融影响因素与时代转向》[③] 一文指出，新疆民族关系发展动态受地域、历史、民族、文化、突发事件等因素的影响。孙秀玲的《新疆红色资源在高校文化育人中的价值研究》[④] 一文指出，新疆红色资源是党领导新疆各族人民在长期革命、建设、改革实践中缔造的宝贵精神财富。郑生忠等的《中华文化引导下民族认同感策略探讨——以高校新疆籍少数民族学生为例》[⑤] 就新疆籍少数民族的民族特征来看，无论是其人文风俗还是其地理位置等因素都对国家的稳定和谐及民族的团结等有着至关重要的影响。

（四）"一带一路"建设与文化传播

米高峰、李涵的《"一带一路"少数民族纪录片文化传播研究——以〈我从新疆来〉系列为例》[⑥] 探讨了文化认同是记录少数民族文化的话语基础，纪录片是传播少数民族文化的重要媒介。赵桓的《"一带一路"背景下的新疆对外传播》[⑦] 认为，作为"丝绸之路经济带"核心区，新疆对外传播应坚持语言本土化、内容本土化、人员本土化、运营本土化策略，利用传统媒体和新媒体优势，打造融合产品；积极整合资源，加强媒体间交流合作；采用多元主体传播的公共外交模式，充分发挥政府、企业、社会组织和个人在国际传播中的作用。

二 新疆宗教文化研究

2018年新疆研究成果中相关宗教文化方面的研究十分有限，主要原因是随着新疆社会秩序的逐渐稳定，新疆宗教规范化、法治化建设的进一步加强，学界更加关注国家和地方政府对新疆宗教文化的保护、多元宗教文化的交融等方面呈现出新的发展变化。

彭无情在《中华文化视野下新疆多元宗教文化的交融一体》[⑧] 一文中指出，中华文化因置身的时空多样性和连续性而呈现出一体多元格局。新疆区域文化是中原文化与西域文化长期交融的结果，它是中华文化不可分割的重要组成部分，表现为"一元主导，多元交融，和而不

① 满珂：《文化交融、地域认同与民族关系——基于西北地区H县的调查研究》，《北方民族大学学报》2018年第6期。

② 刘洪、李明星：《新疆民族认同偏差实证研究：危害、原因与矫治》，《湖北警官学院学报》2018年第3期。

③ 张文龙、王建华：《新时代新疆民族交往交流交融影响因素与时代转向》，《兵团党校学报》2018年第6期。

④ 孙秀玲：《新疆红色资源在高校文化育人中的价值研究》，《新疆师范大学学报（哲学社会科学版）》2018年第4期。

⑤ 郑生忠、窦文阳、赵超、热依木·努尔麦麦提：《中华文化引导下民族认同感策略探讨——以高校新疆籍少数民族学生为例》，《文化创新比较研究》2018年第9期。

⑥ 米高峰、李涵：《"一带一路"少数民族纪录片文化传播研究——以〈我从新疆来〉系列为例》，《传媒》2018年第11期。

⑦ 赵桓：《"一带一路"背景下的新疆对外传播》，《新闻战线》2018年第1期。

⑧ 彭无情：《中华文化视野下新疆多元宗教文化的交融一体》，《科学与无神论》2018年第5期。

同"的文化特点。该文坚持中华民族共同体意识和中华文化视野，着眼于中华文化与新疆各民族文化的相互联系，同时对新疆萨满教等原始宗教文化、佛教文化和伊斯兰文化等宗教文化作了粗线条勾勒，以展现新疆多元宗教文化交融共存格局。彭无情的《构建新疆健康和谐的宗教关系》[①] 认为，新疆工作总目标是社会稳定和长治久安，而新疆宗教关系状况是影响总目标的一个关键因素。新疆宗教事务和宗教工作要积极促进宗教关系的健康和谐，服务于新疆工作总目标。然而，新疆历来是多种宗教信仰并存的地区，原始宗教、萨满教、扶教、佛教、道教、摩尼教、景教、基督教、天主教和东正教等宗教历史上都在新疆流行过。新疆大部分历史时期各种宗教文化和谐共存，有时甚至相互借鉴乃至有融合重构之势。而就维吾尔族来说，维吾尔族的先民曾经信仰过原始宗教、萨满教、佛教、袄教、摩尼教和景教等多种宗教，甚至即使在部分人信仰了伊斯兰教的情况下，仍有另一部分人仍然是佛教徒、景教徒，而那些宗教遗存直到今天仍然以文化的形式存在于维吾尔族文化之中。任红在《新疆日报（汉文版）》上的文章《新疆的宗教文化受到尊重和保护》[②] 指出，中国是一个多宗教国家，各种宗教交融共生、彼此借鉴，成为中华传统文化的有机组成部分。新疆历来是多种宗教并存地区，宗教文化丰富多样，在国家宗教信仰自由政策的保障下，新疆的宗教文化受到尊重和保护。国务院新闻办公室发布的《新疆的文化保护与发展》白皮书（人民出版社 2018 年版），专门介绍了新疆多种宗教文化交融共存的史实、宗教典籍文献的出版发行、宗教文化遗产的有效保护以及我国宗教坚持中国化方向的实践等内容，充分体现了中国政府保障公民宗教信仰自由权利，尊重和保护宗教文化。陈琪的《进一步推进新疆宗教事务治理法治化》[③] 一文提出，2014 年第二次中央新疆工作座谈会明确提出依法治疆、团结稳疆、长期建疆的总体战略。全面推进依法治疆就是要把新疆经济、文化、社会等各项事务都纳入法律、制度的范畴里。宗教事务是新疆各项事业中的重要内容之一，作为一种社会事务，其主体和行为必然与社会公共利益或国家利益相关，因此必须受到宪法、法律、法规和政策的规范。长期以来，新疆贯彻落实国家宗教政策以及相关法律法规，建立了宗教事务管理法治体系的基本框架，宗教事务治理法治化取得一定的成效。公民宗教信仰自由得到充分尊重和保护，涉及国家利益和社会公共利益的宗教事务管理纳入法治轨道，普法成效显著，信教群众和执法主体法治意识不断提高，信教群众正常的宗教活动得到了保护，非法宗教活动的蔓延态势与宗教极端思想的渗透得到了有效遏制。通过不断总结与摸索，新疆基本形成符合新疆区情、教情的宗教事务管理法治体系。此外，杨小艳、朱洵、马智群、马勇的《新疆维吾尔自治区少数民族双语学习者宗教信仰现状》[④] 一文提出，精神生活是人的存在本质价值归属和社会文明发展程度的特征体现，实现包括人的精神生活在内的人的自由全面发展正是构建以人为本的和谐社会的终极目标，如何全面认识理解新疆维吾尔自治区少数民族群众宗教信仰现状特点，针对其需求给予有力的帮助、支持，对于不断提升我国少数民族群众精神素养、促进精神解放与自由、全面发展的实践具有十分重要的意义。

三 新疆移民研究

2018 年有关新疆移民研究，主要有以下几方面内容。

① 彭无情：《构建新疆健康和谐的宗教关系》，《中国民族报》2018 年 4 月 3 日第 6 版。

② 任红：《新疆的宗教文化受到尊重和保护》，《新疆日报（汉文版）》2018 年 11 月 21 日第 2 版。

③ 陈琪：《进一步推进新疆宗教事务治理法治化》，《中国民族报》2018 年 8 月 14 日第 6 版。

④ 杨小艳、朱洵、马智群、马勇：《新疆维吾尔自治区少数民族双语学习者宗教信仰现状》，《校园心理》2018 年第 5 期。

（一）针对新疆不同地区库区移民安置存在问题及对策建议的研究

孙钰凯的《城镇化移民安置的若干问题思考——以新疆叶城县莫莫克水利枢纽工程移民城镇安置为例》① 一文，指出在城镇化进程中新疆叶城县莫莫克水利枢纽工程库区移民安置存在的问题及解决措施。耿言虎的《规避风险视角下的移民安置地选择意愿研究——对新疆 X 电站移民安置案例的考察》② 一文，指出电站移民安置的移民意愿选择所表现的忧虑以及在今后实践中所要规避的问题。李筱的《浅谈新疆大中型水库移民后期扶持工作的几个问题》③ 指出，新疆库区移民对群众生产生活各方面产生的积极影响，以及在移民过程中出现的问题和解决对策。陈光晔和姚娟的《新疆生态移民安置工程研究——以喀拉峻景区为例》④ 一文，对喀拉峻景区的生态移民安置存在的问题及其产生原因进行了分析。蒲春玲等的《西部“矿农复合区”非自愿移民搬迁障碍因子研究——基于新疆典型县市的调查分析》，⑤ 探讨了移民搬迁的影响因素与非自愿移民搬迁意愿的关系。

（二）针对新疆历史移民及其在当地的适应情况研究

马晓翠的《离散人群的边疆根植——伊犁地区甘肃张家川籍回族调查研究》，⑥ 对张家川籍回族移民的生活现状作了调查和分析，涉及本土化、社区发展等问题。王雪娇的《论清代贬谪入疆文士诗文中的文人心态和移民生活——以纪昀新疆游记为中心》，⑦ 以纪昀新疆游记为蓝本对历史上清代入疆移民生活作了描述。郝莉玲的《清代吐鲁番移民及其纠纷研究》⑧ 一文，研究了清朝内地入疆（吐鲁番）谋生的生活生产过程，以及采取的“隔离政策”的实施情况，由此总结出在移民与当地人关系处理上的经验和教训。陈芳娟的《新疆库尔勒市汉族移民和当地维吾尔族人的社会认同研究》，⑨ 探讨库尔勒地区的汉族移民与当地维吾尔族群众的社会认同关系。卫霞的《新疆莎车汉族移民文化适应研究》，⑩ 基于田野调查和史料探讨莎车汉族移民迁入的历史过程、社会文化适应以及与当地维吾尔族群众的文化交融和冲突。李香寒的《新疆自发性汉族移民后代地域认同感研究》，⑪ 阐述新疆自改革开放以来的汉族移民入疆的地域认同及其与其他民族群众的互动。

---

① 孙钰凯：《城镇化移民安置的若干问题思考——以新疆叶城县莫莫克水利枢纽工程移民城镇安置为例》，《黑龙江水利科技》2018 年第 9 期。

② 耿言虎：《规避风险视角下的移民安置地选择意愿研究——对新疆 X 电站移民安置案例的考察》，《常熟理工学院学报（哲学社会科学）》2018 年第 4 期。

③ 李筱：《浅谈新疆大中型水库移民后期扶持工作的几个问题》，《新疆水利》2017 年第 4 期。

④ 陈光晔、姚娟：《新疆生态移民安置工程研究——以喀拉峻景区为例》，《安徽农业科学》2018 年第 10 期。

⑤ 蒲春玲、刘志有、胡赛、闫志明、刘超、张影、陶崇鑫：《西部“矿农复合区”非自愿移民搬迁障碍因子研究——基于新疆典型县市的调查分析》，《干旱区资源与环境》2017 年第 1 期。

⑥ 马晓翠：《离散人群的边疆根植——伊犁地区甘肃张家川籍回族调查研究》，博士学位论文，陕西师范大学，2018 年。

⑦ 王雪娇：《论清代贬谪入疆文士诗文中的文人心态和移民生活——以纪昀新疆游记为中心》，《中国民族博览》2018 年第 7 期。

⑧ 郝莉玲：《清代吐鲁番移民及其纠纷研究》，硕士学位论文，陕西师范大学，2017 年。

⑨ 陈芳娟：《新疆库尔勒市汉族移民和当地维吾尔族人的社会认同研究》，硕士学位论文，南京师范大学，2017 年。

⑩ 卫霞：《新疆莎车汉族移民文化适应研究》，博士学位论文，兰州大学，2017 年。

⑪ 李香寒：《新疆自发性汉族移民后代地域认同感研究》，《科技经济导刊》2017 年第 23 期。

（三）针对清代和民国移民人口及生活问题的研究

李智宇的《民国时期新疆人口研究》一文，探讨了民国时期新疆人口流动状况、人口结构演化等问题，分析了影响人口演变的社会、政治和经济等因素。[①] 张安福和蒋静的《清代乾嘉时期新疆“屯垦陷阱”的出现与启示——以乌鲁木齐为中心》，指出清代乾嘉时期出现的“屯垦陷阱”以及由此带来的“谷贱伤农”等社会问题，分析其产生的原因和对现代社会产生的影响。[②] 此外，刘丹的《新疆移民问题研究：一个汉族属群体的移民安居史》一书，依据人物传记的方式，分析了上世纪50年代以来不同类型的新疆移民及其移民、定居的原因。[③]

四　涉疆反恐反分裂

2018年中国学术界有关涉疆暴力恐怖活动的研究主要涉及反恐路径研究、意识形态建设研究以及反恐话语研究等方面。

（一）反恐路径研究

曾庆华、陈成鑫、刘蔚在《基于AHP－SWOT方法的新疆反恐维稳战略研究》[④] 一文中通过研判内部优势劣势、外部机会威胁，设计数据层次评价模型，运用AHP-SWOT方法，分析各类因素，提出反恐维稳战略发展路径。王春燕的《便民警务站在新疆反恐维稳中的作用评析——以情景预防为视角》[⑤] 一文，从情景预防的视角评析便民警务站在新疆反恐维稳中的作用和面临的安全风险。山丹在《“反恐情报”课程教学研究——以新疆警察学院为例》[⑥] 文中认为，强化“反恐情报”课程研究，对于打造“反恐情报”课程的特色品牌、培养反恐情报人才并服务实战具有重大意义。构建“反恐情报”课程的基本框架，进而有步骤、有重点地逐步推进课程建设，为新疆乃至全国培养出符合反恐情报工作实际需求的专门人才，提高反恐情报的预警防控功能和综合实战能力。

河北师范大学刘海龙的硕士学位论文《反恐形势下新疆警察入警训练中体能训练的问题与对策》[⑦] 结合当前新疆严峻的反恐形势，发现入警训练中体能训练存在的问题并提出改进对策，使体能训练能够激发新民警积极训练的体能训练方法，减少体能训练伤病，训练出心理素质良好、身体素质过硬的新疆警察，为公安队伍输送优秀的反恐精英。

（二）意识形态建设研究

俞科的《党建工作视域下反分裂斗争中“两面人”问题的对策思考》[⑧] 认为，新时期，维

---

① 李智宇：《民国时期新疆人口研究》，硕士学位论文，新疆大学，2018年。

② 张安福、蒋静：《清代乾嘉时期新疆“屯垦陷阱”的出现与启示——以乌鲁木齐为中心》，《中国社会经济史研究》2017年第2期。

③ 刘丹：《新疆移民问题研究：一个汉族属群体的移民安居史》，上海三联书店2018年版。

④ 曾庆华、陈成鑫、刘蔚：《基于AHP－SWOT方法的新疆反恐维稳战略研究》，《中国人民公安大学学报（自然科学版）》2018年第2期。

⑤ 王春燕：《便民警务站在新疆反恐维稳中的作用评析——以情景预防为视角》，《公安教育》2018年第4期。

⑥ 山丹：《“反恐情报”课程教学研究——以新疆警察学院为例》，《法制与社会》2018年第26期。

⑦ 刘海龙：《反恐形势下新疆警察入警训练中体能训练的问题与对策》，硕士学位论文，河北师范大学，2018年。

⑧ 俞科：《党建工作视域下反分裂斗争中“两面人”问题的对策思考》，《中共伊犁州委党校学报》2018年第1期。

护新疆稳定对反分裂斗争中的党建工作提出了新思想、新思路、新要求，加快党建工作的创新发展也是治理“两面人”现象的根本要求，建设一支理想信念坚定、政治立场坚定的党员队伍是新疆反分裂斗争取得胜利的关键。新疆的党建工作更需要同反分裂斗争中的实际问题结合起来，防止出现类似“两面人”这样的萧墙之患。王丽丽的《新疆强化“五个认同”教育的方法与路径选择》① 一文指出，当前，新疆正处于暴力恐怖活动的活跃期、反分裂斗争的激烈期、干预治疗的阵痛期“三期叠加”的特殊历史时期。加强民族团结、维护社会稳定已经成为当前和今后一个时期新疆工作的重点，而强化“五个认同”思想教育，巩固“五个认同”思想基础，对于推进新疆民族团结、维护社会稳定和长治久安有着重大的理论和现实意义。

董西彩在《论进一步加强南疆意识形态领域内反分裂斗争教育》② 一文中指出，各民族干部特别是领导干部，一定要充分认识新疆反分裂斗争的长期性、尖锐性和复杂性，坚持用科学的理论、正确的舆论、现代的文化占领思想文化阵地，进一步加强南疆意识形态领域内的反分裂斗争。秦波的《新疆高校学生工作调查研究——以新疆工程学院为例》③ 一文，围绕2016年4—5月在新疆工程学院进行的调查，全面客观地呈现新疆高校大学生对宗教极端思想的看法态度及新疆高校开展去宗教极端化的有关状况，以便相关部门在此基础上正确决策。王吕玄子在《新疆恐怖主义历史成因及对策思考》④ 一文中认为，新疆恐怖分子逐步在国际恐怖主义网络中占据越来越重要的地位，并演变出自己独有的特征和活动形式。文化教育、经济发展等方式虽不及强有力的反恐打击迅速见效，但可以缓慢地从根源阻断并削弱新疆地区恐怖主义势力的滋生与发展。

（三）反恐话语研究

魏晓金的《新形势下加强高校对外宣传工作的路径探析》⑤ 认为，新疆高校处于意识形态领域反分裂反渗透的前沿阵地，做好对外宣传工作具有重要意义。新疆高校要立足校园，提高主动宣传意识，建立全方位、多层次、多视角的大外宣工作格局；与媒体协同创新，利用好新媒体，有效解决对外宣传工作中存在的问题，发挥边疆高校在社会意识形态领域的引领作用。

五　西域历史文化研究

2018年8月中国历史地理学年会暨学术研讨会召开，相关学术成果有王启明的《台北故宫藏“进呈伊犁由那林河草地至喀什噶尔图说”研究》、刘传飞的《清代新疆舆图中的〈新疆识略〉附图系统》。2018年5月“形象史学与丝路文化国际学术研讨会”召开，相关学术成果有孙江的《镜像中的历史，探讨“何处昆仑”》。2018年“敦煌与东西方文化的交融国际学术研讨会”召开，相关学术成果有陈海涛和陈琦的《图说敦煌二五四窟》，⑥ 介绍了254窟开凿的历史背景、经典壁画、空间肌理、建筑形制；周泓的《古代汉地部分西域文化考溯》⑦ 和图文版

① 王丽丽：《新疆强化“五个认同”教育的方法与路径选择》，《和田师范专科学校学报》2018年第3期。

② 董西彩：《论进一步加强南疆意识形态领域内反分裂斗争教育》，《山西青年》2018年第11期。

③ 秦波：《新疆高校学生工作调查研究——以新疆工程学院为例》，《山西青年》2018年第16期。

④ 王吕玄子：《新疆恐怖主义历史成因及对策思考》，《山西警察学院学报》2018年第1期。

⑤ 魏晓金：《新形势下加强高校对外宣传工作的路径探析》，《学园》2018年第21期。

⑥ 陈海涛、陈琦：《图说敦煌二五四窟》，生活·读书·新知三联书店2018年版。

⑦ 周泓：《古代汉地之部分西域文化考溯》，《湖北民族大学学报（哲学社会科学版）》2018年第6期。

《汉地之部分西域文化考辨》,[1] 接续其前期《汉域历史上西域文化考略》和《中古汉地之西域文化》，一并考述汉文化历史构成中西域元素内容。有关丝路研究成果亦见“民族史”微信公众号：荣新江的《贞观年间的丝路往来与敦煌翟家窟画样的来历》、王樾的《丝绸之路上的贵霜——关于“通衢之地”的几个关键词》。另有中国台湾学者刘学铫的《突厥汗国》（陕西人民出版社 2018 年版）。[2]

（曾少聪，研究员；周泓，研究员；郭宏珍，副研究员；马艳，副研究员；孙嫱，副研究员；杜鹃，助理研究员，中国社会科学院民族学与人类学研究所新疆历史与发展研究室）

① 周泓：《古代汉地之部分西域文化考辨》，《地方文化研究》2018 年第 6 期。

② 刘学铫：《突厥汗国》，陕西人民出版社 2018 年版。

2017—2018 年生态人类学研究综述

舒 瑜

2017 年

一 概述

生态人类学是伴随着人类学理论的发展流变，在环境危机、生态问题不断凸显的现实驱动下逐渐形成的一个专门化问题域，即用人类学的理论和方法来研究环境、文化与人类之间的关系。作为一门新兴的学科，它与美国文化人类学的发展密切相关。有学者将生态人类学视为文化人类学的一个分支，并将生态人类学的诞生追溯到美国人类学斯图尔德（Julian H. Steward）所提出的“文化生态学”,① 而“生态人类学”这一概念一般认为是由美国人类学家韦达（Vayda）和拉帕波特（Rappaport）在1968年首次提出的。然而，由于不同学科对这一问题域的关注，导致生态人类学、人类生态学、社会生态学、民族生态学、生态民族学等多种学科名称并存的局面。近年来，环境人类学、灾难人类学等新兴学科的出现，也与生态人类学有密切的关联。

尽管存在多学科交叉叠合的问题域，生态人类学有着清晰的理论脉络。第一个阶段是1930—1960年，代表人物是怀特和斯图尔德，以“文化进化论”和“文化生态学”为核心，又以文化生态学的影响最大；第二个阶段是1960—1970年，代表人物是哈里斯、拉帕波特和维达，以文化唯物主义和系统论为核心，统称为“新功能主义”；第三个阶段是发端于20世纪70—80年代的过程生态人类学和政治生态学，代表人物有维达、内亭和麦凯等人，转向了强调行动者或个体模式的过程研究，注重在全球化和现代化的背景下对各种主体（包括当地人、政府、企业、NGO等）的环境话语和实践进行分析。新的研究视角使生态人类学探讨的主题不再局限于“文化适应”和“当地智慧”，而是与更多主题的讨论广泛相连，如发展主义与现代性、知识权力的生产、统治与抵制技术、国家和社会的关系等。

二 2017 年生态人类学研究的主要进展

2017年国内生态人类学的发展表现为以下几个特点：（1）理论成果推陈出新，更为关注20世纪80年代以来生态人类学理论的转向和最新进展，过程生态人类学、政治生态学等理论受到集中关注；（2）生态人类学视野下的生态文明建设成果颇多，“生态文明”正在成为广受关注的学术概念；（3）生计模式与传统生态知识仍有较多成果产出；（4）生态重建与灾难研究依旧是热点问题；（5）生态保护的地方实践等方面也有值得关注的亮点。以下逐一展开讨论。

---

① 李霞：《文化人类学的一门分支学科：生态人类学》，《民族研究》2000年第5期。

（一）生态人类学理论进展

生态人类学的理论进展是与人类学自身理论的发展流变密切相关。20世纪60—80年代，人类学领域的理论不仅是从结构和系统转向个体和实践的转移，更从静止的、共时的分析向历史的、过程的分析转移；过程、行动者、决策主体性和实践的话语取代了文化模式、社会组织、功能与结构的话语在人类学学科中的地位，揭示社会文化变迁的机制，标志着过程研究时代的到来。这个转型也影响到了生态人类学的理论发展。“过程生态人类学以行动者视角与决策模式为基础，对人群与所处生态环境的动态关系、人群对环境风险的回应进行研究，为从社会文化结构、人的行为与决策、社会情境的角度探讨生态环境之变迁提供了可能。”①

与过程生态人类学几乎同时，20世纪80年代以来，文化生态学与政治经济学合流，催生了名为“政治生态学”研究范式的发展和成熟。该范式旨在对“地方世界”中环境变迁及其生态、经济、社会与政治后果进行认识性描述和批判性分析，建构了“自然—社会—政治”的分析框架，赋予了生态人类学以地方经验回应全球性环境问题、参与发展与社会变迁等更具普遍性议题讨论的能力，是当代欧美生态人类学最重要的研究范式之一。②

另有学者对美国人类学家阿图罗·埃斯科巴的政治生态学理论进行了介绍。该理论突出人类与环境情境中的话语、物质、社会、文化等多维度之间的交互关系，提倡以建构主义政治生态学替代本质主义分析方法，关注话语、权力诸要素，分析可持续发展和生物多样性等话语概念如何在现代性背景中应运而生，呈现全世界轰轰烈烈的环保运动交织出来的复杂权力关系。③20世纪80年代以后，在全球化与现代性的理论与实践中，政治生态学发展成为一股不容忽视的力量。该视角将环境问题置于更复杂、更广阔的文化与权力分析框架中，关注与环境资源有关的各方行动者之间的权力关系及其表征，其“政治”意涵指的是生态事件中不同行动者在行动策略和过程中体现出来的张力与博弈。

另外，对生态学马克思主义理论的研究多数是由马克思主义理论、政治学专业背景的学者展开的，人类学者对这个理论脉络的梳理并不多，故从略。

（二）生态人类学视野下的生态文明建设

翟慧敏在《生态人类学视阈下的“文化生态”及其在生态文明建设中的价值》④一文中指出：“人类所利用并能有效调控的生态系统是经过特定民族文化加工、利用和改造后的次生生态系统，民族文化的变迁和受损是导致大多生态和环境问题的主导原因。因此，文化生态研究以及生态文明建设和维护的重点理应聚焦于短期内因文化原因而导致的生态剧变的事实，而对文化生态的疏证则有望对当今生态文明建设在探寻行动目的、具体的建设手段和制度保障等方面发挥指导价值。”该文最后指出，生态文明建设在指导思想上要参考生态哲学和环境伦理学，重新协调人类的思想与行为方式，以史为鉴总结其经验教训；在研究对象上，加强对各民族“文化生态”的研究，探明其科学性和合理性；在措施上，结合传统经验和技术以及时代的需要，选用适宜的现代技术手段。如此，生态文明建设有望取得重大成效。

---

① 罗意：《过程生态人类学述略——以新几内亚高地马林人战争的研究为例》，《青海民族研究》2017年第1期。

② 罗意：《政治生态学：当代欧美生态人类学研究范式的转向》，《云南社会科学》2017年第1期。

③ 李秀英：《人类学家埃斯科巴的政治生态学理论新视角》，《广西民族研究》2017年第1期。

④ 翟慧敏：《生态人类学视阈下的“文化生态”及其在生态文明建设中的价值》，《中央民族大学学报（哲学社会科学版）》2017年第1期。

张群辉认为，生态文明与生态人类学两者内涵之间的关联性，决定着它们必然有相互推动和相互要求的内在张力。在生态文明建设对生态人类学学科发展提出新要求的同时，方兴未艾的生态人类学学科发展也将会对生态文明建设提出更高更新的要求。在当前生态文明建设的国家大政方针政策的引领下，生态人类学必须集中趋向于当前生态环境问题的应用研究与生态环境问题治理的决策咨询研究这两大目标，努力为国家和民族生态文明建设贡献力量。[①] 王刚则认为，当前中国的“生态文明”概念已经超越学界以及政府文件的使用范畴，成为我国社会广受关注和备受推崇的社会形态描述。生态文明不应该是对自然生态环境优异的渔耕文明的简单回归，也不是对工业文明无限攫取自然资源的简单否定，它要成为继渔耕文明、工业文明之后的第三种更高的文明形态。他指出生态文明的具体内涵有四个层面：生态文明是一种推崇自然环境与生态的社会文明，社会的文明程度并非以自然资源汲取能力为单纯衡量标准，具有这种能力但是还需要具有可供汲取的自然资源，才是一个社会高度文明的衡量标准；生态文明是一种利益共享的社会文明，能人以及富人并不能依据对财富的巨大创造而享有以及挥霍自然资源，社会对他们的回报更多是基于精神和荣誉的；生态文明是一种对自然资源价值认可的社会文明，财富的衡量并非单纯依据人类劳动以及满足人类的自我需求，价值并非体现为单纯能够满足人类的需求；生态文明是一种对人类需求考虑更为长远的社会文明，资源的价值不仅满足局部人类和当前人类，还要满足全体人类和未来人类。[②]

（三）生计模式与传统生态知识

自从斯图尔德（Julian H. Steward）开创性地提出“文化生态”（cultural ecology）这一概念来研究文化适应于其环境的创造性过程，并把生计方式视为与环境直接相关的文化核心（culture core）以来，生计方式成为生态人类学研究关注的重点内容。从 2017 年发表的文章来看，当前主要研究对象为贵州清江流域的林粮间作技术体系、广东硇洲渔业生计模式、新疆绿洲传统农作制度等不同类型的生计模式。

陶金华在《林木作为嫁妆：清水江下游苗族社会的生态资源与婚姻》一文中指出，清水江下游良好的生态环境给周边的苗族群体提供了很好的生计来源，还对当地的婚姻习俗具有多方面的影响。当人们把林木资源当作嫁妆，不仅极大地促进了婚姻的缔结，而且催生了具有当地特色的舅权制度。人们对生态资源的占有、认识和争夺等行为重构了当地人的婚姻圈。这些影响的产生不仅表明文化受到生态资源的影响，也反映了文化对环境的影响。人们对生态资源的不同利用和认识，直接或间接地催生了更为复杂的社会制度和文化，比如舅权、林业贸易，为清水江下游苗族群体提供了更有保障的生活基础。最后，作为一种独特的文化，姑娘林风俗的存续激发了当地人种植林木的积极性，催生了一批成体系的林木种植技术，保护了清水江流域的生态环境。[③]

另一篇同样关注清水江流域的传统林粮间作技术体系的文章也指出：600 年来，贵州各族林农一直以人工杉木用材林经营为其主导产业，经过不断的经验积累，逐步形成了一套完整、成熟、有效的林粮间作技术体系。贵州各族乡民所处的自然与生态系统由于地表崎岖不平，并

---

① 张群辉：《试论生态文明建设对生态人类学学科发展的新要求》，《内蒙古民族大学学报（哲学社会科学版）》2017 年第 2 期。

② 王刚：《生态文明：渊源回溯、学理阐释与现实塑造》，《福建师范大学学报（哲学社会科学版）》2017 年第 4 期。

③ 陶金华：《林木作为嫁妆：清水江下游苗族社会的生态资源与婚姻》，《云南师范大学学报（哲学社会科学版）》2017 年第 5 期。

不适合连片稻田经营；其所处的气候带温暖潮湿，也不利于杉树用材林的种植与经营。然而，他们却能成功地将其生息地建造为我国南方最大的杉树用材林基地，并将坡面开辟成连片梯田，使之形成“稻鱼鸭”共生的稻作农业基地。而且，杉树用材的育林过程也做到了林粮间作、林粮双收。之所以取得这样的成功，得力于贵州各族乡民经过经验积累，逐步健全、完善起来的技术体系。①

罗余方通过对硇洲岛的渔业生态环境的变迁史的研究，指出地方的环境与当地人的文化之间的关系并不能简单地用文化适应就可以囊括和解释。人类学传统的生态研究“自然—文化”的两分法其研究视野往往局限于某一民族或地方社区，没有把它和更大的政治、经济和话语场景联系起来。在全球化和现代化的大背景下，我们更应该借鉴环境人类学研究理论和方法，把视野扩展到地方、区域、国家和世界之间的联系，注重技术、资本、影像、信息和观念的流动对地方社区生态和文化的影响。只有这样，才能更好地解释当下社会所面临的诸多生态环境问题。②

罗意以1958年新疆综合考察报告的相关材料为基础，对绿洲传统农作制度的内涵及其合理性进行梳理和分析后指出，绿洲传统农作制度源于当地居民生产生活实践，与绿洲生态环境和绿洲社会混合生计相适应，是绿洲社会地方性知识体系的重要组成部分，也是一种重要的农业遗产。一方面，绿洲农业只是当地混合生计的重要组成部分，产量不是其唯一的目标，还必须为畜牧业的发展提供支持，必须有效满足绿洲居民在生产生活各方面的需求；另一方面，绿洲生态环境有别于内地其他地区，极度脆弱，必须有效避免对植被、土壤、水资源的过度干扰。正因如此，在其他地区相当成功的科学路径在天山南路绿洲便不见得有成效。③

管彦波在《生态人类学视野下村落的生态结构与功能探究——以西南民族村落为考察的重点》④一文中指出，人类聚群而居组建不同形式的村落，通过农耕生产活动，与自然界进行物质和能量的交换。在生态人类学的视野下，几乎所有的前工业社会村落都是一个复合的生态系统，具有各自不同的层次、结构与功能。考察西南民族地区村落的生态空间与生态构成可以发现，村落内环境生态系统、农田山地生态系统、山林生态系统是村落复合系统的主要构成主体，三者之间或高度关联或密切同构，维系着村落生态的稳定。

（四）生态重建与灾难研究

近10年来，随着自然灾害在我国频繁发生，灾害研究逐渐引起中国人类学家的重视。灾害人类学提倡定性和定量研究相结合、个案研究和跨文化比较研究相结合，重视参与观察、深度访谈、问卷调查、文献资料收集，呈现一种以人和事件为中心的民族志叙事。生态人类学研究已经表明，当地人创造出来的具有地方特色的传统生态文化知识在生物多样性的保护中有不可替代的作用，这些地方性传统生态文化知识是当地民众在长期的生产生活过程中积累起来的有效经验，在防灾、避险、解释灾害原因、助力灾后重建的过程中发挥着重要的作用。马宁通

① 皇甫睿：《贵州各族传统林粮间作技术体系的文化生态解读——以清水江林业契约文书为依据》，《中央民族大学学报（哲学社会科学版）》2017年第1期。

② 罗余方：《环境人类学视域下的海洋渔业生态环境问题研究——以粤西硇洲岛渔业生态环境变迁史为例》，《青海民族研究》2017年第3期。

③ 罗意：《重新发现绿洲传统农作制度——以新疆综合考察报告为中心》，《贵州社会科学》2017年第6期。

④ 管彦波：《生态人类学视野下村落的生态结构与功能探究——以西南民族村落为考察的重点》，《创新》2017年第5期。

过舟曲“8·7”特大泥石流灾害研究，指出舟曲特大泥石流的发生与长时间的人类活动突破了自然界的自我修复能力有重要关联。面对灾难，舟曲县应着力调整能源结构，发展旅游业，继续开展对外劳动力输出工作，进行生态移民，加强林业建设，发掘本土性生态文化知识，在灾后生态文化重建过程中逐渐实现民众文化自觉。①

在另一篇文章中，马宁通过对舟曲“8·7”特大泥石流灾后重建的研究指出，舟曲藏汉民众世代在泥石流灾害频发地区生活，总结出了一套地方性生态文化知识，发挥了提前避让自然灾害、保全生命的作用，灾后广泛流传的传说故事则从多元宗教的角度，对“8·7”特大泥石流灾害进行了全方位的口头解释，在救灾和灾后重建过程中发挥着引导人们的思想、规范人们的言行、弘扬正气的作用，为灾后重建提供了强大精神动力。②

（五）生态保护的地方实践

郭海青和贾伟在《藏区地方话语结构与生态保护实践研究——以青海藏区S村为研究个案》一文中，以地方性话语作为分析工具，运用阐释性的方法剖析了藏区地方话语体系的内在逻辑和结构，并从地方性力量和利益中讨论了地方精英在话语结构内建构话语的合法性、寻找自主性空间并行使话语权力来保护生态环境的行动逻辑。研究表明，藏区地方话语体系蕴含着地方朴素的生态系统观，在生态保护中具有广泛的行动能力，这在当前生态文明的建设中具有不可估量的价值。③

范明明和李文军对生态补偿理论进行了研究，④ 从生态补偿理论发展及构建的三个过程出发，综述了目前对生态补偿理论的讨论及争议，认为在处理“社会—生态”关系的核心问题上，尤其在一些长期依赖并利用自然资源的传统地区或者民族地区，目前学术界和政策决策者均对此问题缺乏深入的理解，这也是实践中生态补偿政策未达到理想效果的主要原因之一。现有关于生态补偿的争议一般局限在单纯的社会系统或者单纯的生态系统的讨论中，甚少将二者作为整体进行考虑。一直以来，生态系统服务一般被理解为人类从生态系统所获得的直接或者间接的收益，这一概念引起了人们对于生态保护的重视，同时人类活动也一直被视为生态系统服务受损的主要原因，因此生态政策往往过度关注人类对生态系统造成的负面影响。但实际上，纯自然的、无人类干扰的生态系统很少存在，人类活动直接影响生态系统的结构、功能和动态，关注以往长期的人类活动影响对生态系统的塑造过程对于生态系统的保护同样重要。文章最后提出用“社会生态系统服务”一词代替目前所使用的“生态系统服务”，这一概念有助于在理论上避免忽视社会系统及社会与生态系统二者之间的关系，减少不当外部政策的干预。

三 结语

综观2017年国内生态人类学的发展，在继承传统又有所创新的基础上，其基本的研究取

① 马宁：《舟曲8·7泥石流灾害的人类学研究》，《北方民族大学学报（哲学社会科学版）》2017年第3期。

② 马宁：《论舟曲的灾害类生态文化知识及其口头表述——以“8·7”特大泥石流灾害为例》，《湖北民族学院学报（哲学社会科学版）》2017年第4期。

③ 郭海青、贾伟：《藏区地方话语结构与生态保护实践研究——以青海藏区S村为研究个案》，《青海民族研究》2017年第2期。

④ 范明明、李文军：《生态补偿理论研究进展及争论——基于生态与社会关系的思考》，《中国人口·资源与环境》2017年第3期。

向主要表现在以下几个方面：一是学科基本理论体系的探讨仍在继续，尤其是前沿理论的梳理评介；二是通过田野调查，挖掘、整理传统生态知识依然是生态人类学持续关注的一个热点；三是与现实环境问题相关联的生态治理、灾害问题的研究逐渐形成专业领域。

总体而言，也存在一些不足：一是学科整合尚待加强。生态人类学的研究领域与生态学、地理学、环境科学等学科均有一定交叉重叠。在将来的生态人类学研究中，如何超越学科限阈，打破学科壁垒，在既关注民族传统社会中的生态智慧与生态知识，注重揭示具有民族元素的生态价值、呈现族群的生态文化的同时，又能充分考虑对某个区域范围内自然地理环境要素彼此关联性的分析，关注区域内人群活动与地理环境的互动关系，开展既见地又见人或者人地互见的研究，可能是将来中国生态人类学研究应该追寻的一个方向。

二是本土化的理论创新和如何更好地服务于国家和民族地区经济社会发展的需要。中国的民族地区是自然资源比较富集的地区，也是重要的生态功能区和生态环境十分脆弱的地区。在民族地区生态系统对经济社会发展承载能力不断减弱、经济发展与生态建设两难抉择的背景下，大力加强民族地区生态文明建设，不仅关系到该地区的可持续发展，而且关系到整个中国的生态安全和永续发展。事实上，生态人类学近年来在对民族地区生态文明建设的响应中，从生态文明建设与民族社会经济文化互动关系出发，对民族地区生态文明建设的制度路径、资源开发补偿机制、生态立法、经济开发中的环境保护问题、社会转型过程中的生态适应性问题、生态问题与民生问题、生态建设与民族社会稳定及国家安全问题等诸多议题进行了广泛的讨论，这些实践经验如何转化成具有中国特色的本土化理论尤其值得重视。

当下，生态人类学正处于快速的发展之中，中国生态人类学作为一门新兴的“朝阳”学科，在兼顾基础研究与现实问题的同时，秉承传统又超越传统，当在生态文明建设的伟大实践中作出应有的贡献。

2018 年

生态或环境议题在当下已经成为全球瞩目的关键议题，引发了不同学科的相关学者对人类命运共同体进行多元思考。我国明确提出了“建设生态文明是中华民族永续发展的千年大计”“绿水青山就是金山银山”等事关生态议题的指导思想，并倡导绿色发展方式和生活方式。面对这种热烈的讨论局面，生态人类学也在发挥着自身的学科专长，并通过踏实的田野调查促进生态议题不断向更深层的问题推进，在形成自身理论基础和方法体系的基础上，为我国生态文明建设发挥着实在的作用。

从整体来看，生态人类学在 2018 年仍旧延续着近几年的议题，包括：学科理论和方法的探究、传统生态知识的实地调查、生态文明建设的具体实践、生态移民研究（包括灾害研究）等。除此之外，也出现了生态人类学的跨学科的研究和文体方面的新尝试。

一　理论思考和方法探究

在生态人类学的学科理论与研究方法层面，努力建构自身的学科特色成为学科发展始终的前进方向。生态人类学的西方起源决定了该学科在中国必然要经历一个在地情景化的过程，而近几年的学科发展，也恰恰是在“兼容并蓄”的过程中形成生态人类学的自身理论与方法。

尹绍亭对生态人类学的起源、内涵和发展进行了梳理，认为生态人类学以生态系统理论为分析研究工具，以文化适应为核心概念，对传承地方性知识和智慧、发掘各民族传统适应方式都发挥了相当大的作用。然而，长期以来，生态人类学聚焦于较为封闭地域的地方性知识，在高速发展的时代背景下，面对时代和社会发展需求的巨变，学科自身的理论、方法、视野都面临着挑战。因而，生态人类学应该与时俱进、大胆创新，构建适应当代学术发展和实际需要的理论和方法。尹绍亭提出并强调生态环境史研究的重要性，认为应将历史的纬度和人类学的知识纳入生态人类学的实证研究之中。① 在艾菊红对尹绍亭的访谈中，尹绍亭围绕当下剧烈社会变迁的背景，对生态人类学研究展开设想，并对新时期生态文化村建设的路径和方向进行了思考。他认为，文化生态系统理论当前仍然具有较强的解释能力和应用价值，但也应该积极探索生态人类学今后的发展方向，在变革中寻找机遇。他总结了文化生态村建设对于中国乡村建设的意义，指出生态人类学在了解地方生态文化、尊重当地人权益和主体性等方面的重要性，并认为这是乡村开发的良性路径。传统生态人类学的研究单位多在小型封闭社会，而在全球化时代，人类与环境的复杂性、开放性、多样性不断加深，生态人类学的传统方法和理论必须作出调整。他还谈到生态人类学如何在新时期的开发建设中发挥智库作用，认为生态人类学可以在环境人类学、政治生态学、生态法学、生态文明建设等领域大有作为。此外，也应加强与环境社会学、生态环境史、民族地理、人类生态学等学科的交流与合作，开展跨学科的研究。②

何俊在其《当代中国生态人类学》③ 中回顾了中国生态人类学的研究历程，并以三个专题和九个案例呈现了当代中国生态人类学的研究前沿。这三个专题分别为：全球价值链下的生态人类学研究、生态补偿政策下的人类学研究以及地方性知识的参与式技术开发。围绕这三个专题，他分析了九个具体的个案，来思考中国生态人类学的理论、方法等问题。

在对生态人类学的理论视野和方向探究方面，政治生态学的路径也一直在进行。蔡华杰从政治生态学的视角重新审视国家公园修建过程中多种利益的交织。他认为，应该弄清国家公园建设的“初心”是为了保护荒野和自然，还是在一些利益驱动下构建出“景观”，因而不应局限于“物”，更要把“人”的要素和视角体现出来，尤其是对人所构成的政治经济语境进行思考，政治生态学为此提供了一个解读视角。政治生态学反对环境问题的“去政治化”阐释，把环境与生态变化视作政治进程的结果，并将权力、资本、利益等因素纳入生态人类学的考察，这样的方式有助于拓展生态人类学传统上局限于对小型封闭社会进行考察的视野。④

崔延虎通过自己对新疆绿洲和草原的研究，对超越小型封闭社区的模式进行了生态人类学研究。他对新疆生态人类学进行了总结和回顾，提出以新疆生态区域来作生态人类学的研究，重点研究不同生态区域的生态文化。结合两个路径：一个是以民族为单位的生态人类学的研究，另一个是以生态区域为研究单位的路径。⑤

舒瑜基于山地生态系统的立体性、多层次性、整体性和系统性，对“生命共同体”和“生态利益共同体”加以强调，从垂直和纵向的角度关注在不同海拔生活的诸民族在各自的生态位上展开多层次的交流与互动，不仅形成了经济共同体，也在多层次和立体景观生态之中形成了生态利益共同体。因而，对立体层次结构的统筹考虑有利于形成复合和开放的“多维”生态系统。⑥

---

① 尹绍亭：《关注生态人类学，重视文化适应研究》，《景观设计学》2018 年第 3 期。

② 艾菊红、尹绍亭：《生态人类学漫谈——尹绍亭教授采访记》，《三峡论坛》2018 年第 1 期。

③ 何俊：《当代中国生态人类学》，社会科学文献出版社 2018 年版。

④ 蔡华杰：《国家公园的“无人模式”：被想象和建构的景观——基于政治生态学的视角》，《南京工业大学学报（社会科学版）》2018 年第 5 期。

⑤ 崔延虎、罗意：《生态决策、生态文明建设与生态人类学——崔延虎教授访谈录》，《原生态民族文化学刊》2018 年第 1 期。

⑥ 舒瑜：《立足山地立体生态，构建生态利益共同体》，《中国社会科学报》2018 年 9 月 5 日。

此外，也有学者通过借鉴环境史的视野来思考生态人类学在历史维度方面的拓展。庹梦婷通过评议环境史的著作，对生态人类学方法加以探索。“生态扩张”理论可以解释地方社会与生态环境关系的变化，是生物多样性丧失和生态退化等全球性问题在地方的呈现。生态人类学可以从环境史中借鉴其处理历史材料的方法，接受其历史研究的启发。而同时，也可以从“反转”的角度，立足简单小规模社会，将其所处的生态环境关系作为背景，通过扎实的田野调查，对现实和历史、微观和宏观加以映照，在长时段内探究环境生态变化过程中，地方和外部世界的互动和碰撞。这一方面是从生态人类学丰富和发展“生态扩张”理论，另一方面也是探讨环境史研究对生态人类学学科发展的意义。①

付广华探讨了“系统生态学”方法，认为这个被人类学家从生态学借鉴过来的方法具有一种整体论关怀，对人和自然关系的研究有过重要作用，为生态人类学的理论形成提供了重要的基础。作者通过对《农业的内卷化》《献给祖先的猪》《人类学中的生态系统进路：从概念到实践》等英文论著的详细梳理，总结和分析了人类学的系统生态学的形成与发展、研究策略、特点、贡献与不足等，在此基础上进一步深化系统生态学方法在人类学中的完善和发展，以期对生态人类学的方法进行进一步的探索和拓展。②

二　传统生态知识研究

美国科学家康克林（Hanold Conklin）于 1954 年最早提出“民族生态学”概念，用以研究不同民族如何与其所在的自然环境互动。作为民族学和生态学的有机结合，这门学科传入我国后，与我国多民族的状况相契合，催生出一系列基于少数民族传统生态知识的研究，为我国生态人类学的发展作出了很大的贡献。这方面的研究在 2018 年依然是一个重要内容，出现了一大批研究成果。

张海超和雷廷加关注傣族稻作生产背后的知识和逻辑，以此探究人类改造自然和利用自然的独特智慧，并以此对传统农业生产知识的流失作出警惕性反思。他们基于历史梳理和田野实践发现，傣族并不对土地进行大规模开发，也不用灌溉技术来促进稻作生产，而是呈现出“顺势性”的状态，不施肥、不深耕、无田间管理、一年一季种植等。这些都不能简单地以“思想落后”和“性情懒惰”等理性思维一言以蔽之地进行概括，而恰恰是民族文化历史沉淀的结果，与区域社会中特殊的土地所有制、宗教信仰以及社会习俗等有着密切关系。傣族这套农耕传统是一套功能完善且具有自我延续能力的生产系统，符合本民族的文化逻辑和历史规律。他们也提出，应从主位角度对特定社会和文化的生计方式与生态状况进行判断和解释。③ 田慧娜从水族的梯田种稻、稻田养鱼来看水族人的用水智慧，展现了水族传统文化在适应环境过程中对环境的积极影响与改变，这是他们尊重自然、与大自然和谐相处的地方性智慧。④

王宇丰以生态人类学为视角，以云南地方性糯稻为载体，对其种植历史、品种多样性形成过程进行梳理，挖掘背后的生态功能和文化意义。他的研究表明，多样性的糯稻能灵活地契合

---

① 庹梦婷：《何谓“生态扩张”：以〈生态扩张主义：欧洲 900—1900 年的生态扩张〉为中心》，《昆明学院学报》2018 年第 5 期。

② 付广华：《人类学的系统生态学述论》，《广西民族研究》2018 年第 5 期。

③ 张海超、雷廷加：《傣族传统稻作农业生产体系的生态人类学考察》，《云南社会科学》2018 年第 2 期。

④ 田慧娜：《三都水族传统文化的社会教育价值研究》，硕士论文，贵州民族大学，2018 年。

云南自然生态的多样性和差异性，将超出环境承载能力的危险降到最低，也降低了饥荒与环境恶化，这是当地人适应自然环境的方式和智慧的表现，并提出要加强对当地农业文化遗产的关注和保护，确保活态传承，延续地方性知识的效力。[①] 袁智中、张袁毅敏对“直过民族”、跨境民族佤族的刀耕火种生计模式的变迁进行生态人类学研究。作为佤族适应山地生境的一种策略，刀耕火种在佤族的生活中存在了很长的历史。在20世纪60年代后，基于国家政策的干预，伴随着人口增长、森林面积减少，这一生计模式呈现衰落的趋势，在20世纪90年代基本终结。作者探究了这一过程中佤族与生境之间的关系变迁。[②]

杨京彪、夏建新等从民族生态学角度，以哈尼梯田水资源的制度建设和生态文化内涵为切入点，对哈尼梯田的农业生态系统进行了综合分析。作者认为哈尼水资源管理制度以涵养与分配为核心，解决了水资源时空分布不均的难题，而由迁徙文化、宗教文化、习惯法、传统知识构成的生态文化体系是保障水资源管理制度的核心与基础。[③] 这种地方性知识所蕴含的智慧对于我国水资源管理制度理论体系有重要借鉴意义，而这种跨学科和多维度的实证研究对于生态人类学在我国民族地区的运用也具有推进意义。何晓芳、姚海山的《生态文明视域下的满族传统文化解读》[④] 中，多位学者从满族的语言、民间文学、民间叙事、传统服饰、传统习俗、传统说唱、宗教信仰等方面来呈现满族的传统生态观、生态智慧与其深厚的文化意蕴。

刘宇通过纪录片《第三极》来总结藏族的生态观。藏族人在长期的实践过程中，与自然沟通、与环境融合，形成自身赖以生存的法则与生态观，体现在对待生灵、土地的方式中，并进一步分析了这种观念内在的思维特色与结构，认为这种生命平等、相互尊重、诚信合作、融合共存的生态观和思维方式有助于生态价值观的正确引导，对于现代的一系列生态问题具有现实意义。[⑤] 孙雨、聂森通过苗族服饰中百鸟衣的来源、款式、图案、色彩等方面，分析其所蕴含的苗族人民对自然生态的态度尤其是其中的生态审美特性，并以此为路径，从生态人类学的视角，分析苗族人民尊崇自然、崇拜万物的民族心态、审美情感，更进一步地探寻其背后诸如图腾崇拜、祖先崇拜和万物有灵等宗教信仰的文化内涵。[⑥]

李建钦等调查了云南藏民对土地性质的认知和利用的多样性地方知识，认为正是传统农业生物多样性管理技术被用于农牧生产的各个环节，才使得藏族人不仅可以在高原脆弱的生态环境中生存下来，还最大限度降低了各种自然和社会风险，对自然资源的高效、综合利用，保证了藏区农业生产持续发展和社会经济稳定。这不仅对促进民族地区社会经济持续发展具有深远的意义，同时也对化解当前农业发展面临的风险具有重要参考价值。[⑦]

黄龙光结合文献研究、田野调查和文化比较，在生态共同体视野下对西南少数民族水文化

---

① 王宇丰：《生态人类学视角下的云南本地糯稻》，《云南农业大学学报（社会科学版）》2018年第2期。

② 袁智中、张袁毅敏：《生态人类学视野下佤族刀耕火种生计模式变迁研究》，《黔南民族师范学院学报》2018年第6期。

③ 杨京彪、夏建新等：《基于民族生态学视角的哈尼梯田农业生态系统水资源管理》，《生态学报》2018年第9期。

④ 何晓芳、姚海山编：《生态文明视域下的满族传统文化解读》，民族出版社2018年版。

⑤ 刘宇：《藏人·生态·和谐：从〈第三极〉读取青藏高原藏族的生态观》，《民族论坛》2018年第2期。

⑥ 孙雨、聂森：《生态人类学视角下苗族“百鸟衣”的审美探究》，《艺术生活——福州大学厦门工艺美术学院学报》2018年第1期。

⑦ 李建钦、李飞飞、张永林：《云南藏区土地利用的地方性知识研究——基于民族生态学视角》，《凯里学院学报》2018年第3期。

进行多点民族志研究，勾画西南水生态共同体整体性的水文化全貌，总结其内在结构和运行规律，同时拓展人类学生态研究的新领域和新视角，重建人水和谐的可持续生态观。他对水文化的研究关注到围绕水的区域生态共同体，把共享水源的群体关系纳入研究之中。①

付广华从反思和批判的角度，对民族传统生态知识的价值进行了论述。他从民族生态学视野出发，反思了现代科学技术作为西方社会"民族科学"所具有的地方性和特殊性，认为其获得一种普遍性的源自西方国家的殖民扩张和文化霸权，对其他文化的原有智慧具有压制性。为警惕和降低这种状况可能带来的破坏性，应重视不同文化的传统生态知识，而现代科学技术和传统生态知识之间具备调和的可能性，这种"调和论"对解决现在的环境问题和生态灾难是有益处的。他也用政治生态学的视角分析了造成现代科学技术对传统生态知识压制的权利和话语体系。②

这一主题之下还包括对传统生计方式变迁的研究。马郁靖分析了不同时期国家在草原牧区推行不同的政策所导致的游牧生计方式的变迁，探讨了变迁背后的深层原因，其中"科学知识"和"发展"的话语权威在其中扮演着重要角色，它们能在短期内给牧民带来经济繁荣，却因抽离地方社会情境而陷入困境。③ 余珍、冯钰伟将四川一个村落的生计方式变化与乡村秩序变化联系起来，借助实践理论，动态地呈现了多重力量对社区变迁发生作用的过程中，村民如何重新确立自身的文化认同和身份认同，形成"文化自觉"，并动态地调适着自身的实践逻辑。④ 王博力涛、吴楚克则以蒙古族生计方式变迁为切入点，对生态环境和生计方式的互动作出分析，认为在生计方式发生变迁时，生态环境的不同步会造成二者的分化差异，如何实现二者的调适和良性关系，实现传统和现代的融合，是民族地区普遍面对的问题。⑤

地方性的传统生态知识是人类在历史上的生产生活中继承并延续下来的与当地生态系统相适应的一套知识体系，这些知识系统却不一定符合当代的价值规范，由此造成的文化冲突也应成为生态人类学致力于调和的方面。

三　生态文明建设的具体开展

通过传统生态知识来进行生态文明建设的探究，一直是我国生态人类学在具体应用领域的重要方面，这一相关主题的研究也一直在进行。

崔延虎立足其在新疆绿洲与草原的长期田野调查经验，对生态文明建设中生态决策的重要性、本土知识在绿洲与草原地区生态文明建设中的重要价值、社会转型期生态文明建设在地方世界中的推进路径等问题进行了分析。他指出，地方政府在作经济发展决策时，要关注社区的生态环境权利和本土文化，因为生态决策不仅要执行国家生态环境保护的国策，也需要社区的智慧和本土知识的参与。从生存哲学到生存实践的"生态文明系统"具有万象共生共荣的特征，具有强大的生命力，包含着"民间生态习惯法"的功能，只有以此为基础，才能把生态文

---

① 黄龙光：《西南少数民族水文化研究：现状、意义与方法》，《北方民族大学学报（哲学社会科学版）》2018 年第 5 期。

② 付广华：《民族生态学视野下的现代科学技术》，《自然辩证法通讯》2018 年第 9 期。

③ 马郁靖：《平山湖乡蒙古族生计方式变迁——以 H 村为例》，硕士学位论文，兰州大学，2018 年。

④ 余珍、冯钰伟：《生计方式的变化与变动中的乡村秩序——以柏林弯社区文化实践为例》，《广西民族研究》2018 年第 1 期。

⑤ 王博力涛、吴楚克：《生态环境和生计方式的互动影响探析——关于蒙古族生计方式变迁问题的讨论》，《内蒙古民族大学学报（社会科学版）》2018 年第 3 期。

明建设落实到具体。同时，要做到因地制宜，有赖于生态人类学的细致研究和田野调查的扎实展开。①

刘金龙、赵佳程等梳理了中国各个民族在长期生产生活实践中形成的林业传统知识的特征，并分析其在生态文明建设中的重要作用。② 林业传统知识是地方社会发展与环境保护的重要组成部分，是现代林业科技形成和发展的重要源泉，能够帮助当地居民重新挖掘自然资源的经济价值，促进当地社区发展，因而林业传统知识可以为生态友好且可持续发展的道路探索提供历史经验，是生态文明建设和美丽乡村建设的重要文化根基。

任国英对湖北神农架下谷坪土家族乡进行的生态人类学考察表明，在生态保护加强的状况下，动物数量的增多会出现动物和人争食的情况。作者以此为切入点，指出生态保护与经济发展、百姓生存在取得平衡方面的难题，认为这是我国生态环境保护政策在实施过程中出现的新情况、新问题。为了协调好人与自然环境的关系，她借鉴国外的几个案例来探究生态平衡的途径，避免从“人类中心主义”走出继而又陷入“生物中心主义”，并倡导“深生态学”的基本理念。③

王凤彩探讨了生态文明的两条路径：“消极路径”是生态治理，“积极路径”是绿色发展。为了实现绿色发展，要树立社会主义生态文明观，推动人和自然和谐发展的现代化建设新格局。④

国家层面所实行的生态文明建设主要关注两点，一是当地民众在传统生态环境中的权利，二是在生态文明之下如何促进以经济收入为指标的居民生活水平的提高。赋予当地民众以生态权利和保障实际可见的收入提高就成为生态建设的焦点，这个论题的提出是生态人类学在政治经济驱动下必然出现的讨论焦点。

四 生态移民研究

“生态移民”这一概念一般被认为可以追溯至美国植物生态学家考尔斯（Cowles），他在20世纪上半叶提出这个重要概念用以解决人口和资源环境之间的冲突等问题。20世纪80年代传入中国，有关生态移民的概念和理论被广泛应用于民族地区因生态和环境等带来的人口迁移研究。无论是移民前的评估和预测、移民过程中多方力量的交织，还是移民后诸如生计方式、生态环境、社会文化等方面的变化，都出现了一系列研究成果。我国民族地区的生态环境较为复杂多元，不同民族的历史和文化也各有其独特的逻辑和路径，因而围绕生态移民展开的研究也就具有多元的切入点和多样的视角。

2018年关于生态移民研究的成果数量依然颇丰，主要围绕以下方面展开。

1. 可持续发展问题。例如黄海燕、王永平基于贵州生态移民家庭的调研，分析生态移民搬迁前后的可持续发展能力，并提出促进就业、多渠道增加移民收入，加强对移民的教育培训和医疗卫生服务，加大信贷支持和实施差异化的精准扶持政策，重构社交网络等政策建议。⑤

---

① 崔延虎、罗意：《生态决策、生态文明建设与生态人类学——崔延虎教授访谈录》，《原生态民族文化学刊》2018年第1期。

② 刘金龙、赵佳程等：《林业传统知识在生态文明建设中的作用》，《原生态民族文化学刊》2018年第3期。

③ 任国英：《如何避免“动物与人争食”——基于湖北神农架下谷坪土家族乡的生态人类学考察》，《中华民族报》2018年8月3日第8版。

④ 王凤彩：《生态文明：生态治理与绿色发展》，《学习与探索》2018年第6期。

⑤ 黄海燕、王永平：《城镇安置生态移民可持续发展能力评价研究》，《农业现代化研究》2018年第4期。

2. 社会适应和在地化问题。生态移民之后，能否在自然和文化两方面进行重新调适以实现在地化，平顺地展开新的社会生活，是评价迁移是否成功的重要衡量标准，也是生态移民研究的一个重要侧面。李军对我国西北地区少数民族生态移民的社会变迁进行人类学田野调查，从宏观层面对生态移民后的社会适应、移民的文化自觉、传统与现代的关系处理等作了探讨。①这部分内容也包括生态移民的变迁研究，如生态环境的变化、传统文化的变化、生计方式的变化以及社区和社群关系的变化等。例如张凌山关注了生态移民的经济生活转型②，余达忠对生态迁徙和族群建构的关系进行讨论③，马瑛等关注到生态移民对生物多样性的传统知识的影响④。

3. 法治视野与权益保障。生态移民的权益是多维度的，如何在移民过程中对其政治权力、就业权力、文化权力等加以保障，有待立法和行政层面的妥善考虑。于君刚就从同一移民立法、依法推进生态移民等方面进行了法治视野的研究。⑤ 祁英也从立法的角度对三江源地区生态移民的行政补偿制度进行了研究，从补偿原则制定、补偿标准、补偿形式等方面进行了法理分析。⑥

4. 生态补偿研究。在这方面，范明明和张倩基于内蒙古锡林郭勒盟太仆寺旗 G 苏木的研究，提出草原生态补偿应针对村庄集体，即把当地整个社会生态系统看作一个整体，以促进系统和谐运行为目标，而不是扰乱这个系统的组织结构。⑦

5. 对特定民族或区域生态移民研究的综述与概括。例如张梦尧、冯雪红总结了 2006 年至 2017 年藏族生态移民研究的整体情况，从生计方式、后续产业、文化变迁、适应性、在地化、生态补偿等角度进行了全面的梳理。⑧

6. 在生态人类学中与生态移民颇为相关的灾害研究方面也有一定数量的成果。例如周星通过评述日本学者松冈正子的《青藏高原东部的羌族和藏族——2008 年汶川地震后的重建与开发》，对灾害民族学进行了简单的介绍。⑨ 张先清、张云鹤考察了灾害与集体记忆的关系，考察沙埕港的当地人围绕台风灾害如何形成集体记忆，通过多重叙事来看台风如何被视作“整体性社会”的重要事项，认为其能促使当地人重新唤起对地方生态知识的建构和实践。⑩

---

① 李军：《促进少数民族生态移民的社会适应和发展转型》，《中华民族报》2018 年 8 月 3 日第 8 版。

② 张凌山：《浅议生态移民的经济生活转型——以甘肃省古浪县惠民新村为例》，《新西部》2018 年第 29 期。

③ 余达忠：《清水江流域的森林开发与多族群社会的建构——以边缘族群三锹人的迁徙落寨和生计方式为中心的考察》，《北京林业大学学报（社会科学版）》2018 年第 1 期。

④ 马瑛、杨京彪：《生态移民对生物多样性相关传统知识的影响》，《中央民族大学学报（自然科学版）》2018 年第 4 期。

⑤ 于君刚：《法治视野中的生态移民权益及其保障途径》，《湖北函授大学学报》2018 年第 18 期。

⑥ 祁英：《三江源地区生态移民行政补偿制度之立法思考》，《商丘职业技术学院学报》2018 年第 5 期。

⑦ 范明明、张倩：《生态补偿给谁？——基于尺度问题反思草原生态保护补助奖励政策》，《学海》2018 年第 4 期。

⑧ 张梦尧、冯雪红：《2006—2017 年藏族生态移民研究状况与展望》，《宁夏师范学院学报》2018 年第 9 期。

⑨ 周星：《灾害民族学的重要成果——简评松冈正子〈青藏高原东部的羌族和藏族——2008 年汶川地震后的重建与开发〉》，《云南民族大学学报（哲学社会科学版）》2018 年第 1 期。

⑩ 张先清、张云鹤：《灾害、叙事与地方生态知识：一个东南渔港的台风记忆》，《地域文化研究》2018 年第 3 期。

五　生态人类学的跨学科探讨

作为一门交叉学科，生态人类学与民族学、人类学、植物学、动物学、环境学等都有不同层次的叠合。然而在中国，生态人类学的跨学科探究更多地却是在民族学的范畴内，例如民族植物学、民族动物学的研究成果。在尹绍亭、杨庭硕等学者不断基于理论方法体系进行推进的基础上，生态人类学的跨学科发展也不断展开着，但仍需进一步深入。例如管彦波指出，生态人类学研究应更有力地超越学科限阈，打破学科壁垒，既关注民族社会的生态智慧、生态价值、生态文化，也要将视野拓展至其所在的更大区域，并结合区域内人与环境的互动、人与人的互动，开展既见地又见人或者人地互见的研究，并视之为中国生态人类学研究应该追寻的一个方向。[①] 对于生态人类学跨学科的研究在2018年也呈现了一个较好的趋势，而且从不同的方向也有具体的实践。

对于“景观”的讨论也是生态人类学研究长期以来的一个重要主题。彭兆荣提出“乡土景观”的概念，认为其是生态、生产、生活的集合，包含自然生态景观、农业生产景观、农村生活景观三个层次。具体由宏观整体人文生态系统、中观农田景观系统及微观聚落景观系统三大层面共同构成，因而对于乡土景观的研究涉及美学、社会学、文化地理学、景观生态学、建筑学、风景园林学等学科，其中景观生态学以具体的地域范围和视觉景观单元为研究对象，也是生态人类学跨学科探索的一个成果。[②] 曾筱将生态人类学与景观规划结合起来进行应用性的研究，认为旅游景区不应依托自然风光进行单一开发，规划应依托地方文化，把景区规划开发和民族生态保护结合起来，以生态和谐并生作为提升景区品位的唯一途径。[③] 兼顾地方民俗文化，重视环境生态伦理，借助民族生态学进行景观规划，是尊重和民族生态的基本要求，也体现着生态人类学与景观学的交叉应用。田健、黄晶涛等以社会生态学视角，运用交互设计方法、以多方参与和共赢机制为保障，规划设计地域文化小镇，重构地域文化小镇的社会生态平衡，探索以人为本的新型城镇化模式。[④] 尽管整体上强调的是社会生态的平衡，但也涉及对当地自然生态系统的考虑，包括植被、山水等，强调自然环境和人文生态的综合，这就与生态人类学有密切关联，也是生态人类学在景观设计、城镇化涉及等实际应用方面的探索。李大西探讨生态美学这门新兴学科对人类社会可持续发展的意义，认为应深入、细致地研究生态美学的具体范畴和关键问题，挖掘生态美学资源，推进民族生态美学的发展。[⑤]

有学者将文化生态学和系统论的理论与方法引入考古学研究，这也是对生态人类学研究方法的有益拓展。陈淳、张萌指出，中国旧石器考古以石制品的分类为主，历史重建中难以做到“透物见人”的历史重建，因而应该尝试通过“物”来研究社会组织、文化功能、环境适应、人地关系，以探索新的考古学范式，并从生计形态、栖居形态两个方面来探讨方法论问题。两位学者还将文化生态学的理论引入旧石器考古，并引入生态位（ecological niche）和遗址域（catchment area）的概念，把静态、残缺、扭曲和无言的物质遗存转变为一种动态的历史重建，

---

① 管彦波：《2016年中国生态人类学研究前沿报告》，《创新》2017年第2期。

② 彭兆荣：《论乡土社会中之诸二元关系》，《兰州学刊》2018年第10期。

③ 曾筱：《民族生态学理论下的巴山大峡谷景观规划研究》，《文化创新比较研究》2018年第11期。

④ 田健、黄晶涛、曾穗平：《社会生态学视角下的地域文化小镇交互式设计方法研究——以西藏吞巴乡为例》，《建筑学报》2018年第1期。

⑤ 李大西：《仫佬族文化的生态智慧》，民族出版社2018年版。

透过考古物品来开拓其对应的社会的生态环境和社会背景。① 这种尝试对于生态人类学的跨学科发展、理论和方法的灵活运用具有重要意义。

桂森林、孔扬对马克思主义生态学进行了理论探究，从经典马克思主义的世界观出发，对西方"生态学马克思主义"的立论基石进行甄别剖析，以此确立起"马克思主义生态学"的基础，从而为构建以马克思主义为核心的哲学社会科学体系提供生态学因素。② 两位学者指出，社会主义生态文明建设呼唤着当地中国马克思主义生态学，理论建构必然要与西方生态学马克思主义进行对话，借鉴其有益成分，但也要坚守马克思主义基本原理。

六 新尝试、新实验

出现了生态人类学在思维方式和文体表达方面的新尝试。杜靖从家乡的山水、森林、动植物等生态因素出发，对生态人类学进行感性的体验和散文的表达，指出与生态人类学的学术论文强调严格的人类学田野调查搜集数据、客观态度、学科探讨、生态治理的建言献策不同，生态民族志散文从人类学家的个人感受和情怀出发，综合文学审美和学术认知，侧重以审美愉悦的感性来呈现人和环境的关系，并唤起人们对生态环境的关注，对于栖居的渴望和故乡情结。因而，通过回忆、民间故事、传说、动物、植物、山水、树林等来诗意地表达，把人类学的空间理论与中国古典文学的"意境"概念相关联，不再将这些仅仅视作自然的一部分，而是将其视为与人的情感和意识相联系，甚至被外部世界加以塑造的文化景观和栖息意境，并用更柔性的文体加以表达。③

七 总结与展望

总体来说，2018 年生态人类学沿着先前的传统议题在继续往前推进。对于学科理论和方法的总结、梳理、反思、设想和展望在继续进行；基于田野调查而展开的对民族传统生态知识、地方性生态智慧、生态观等内容的探究也一如既往的丰富；乡村振兴与生态文明建设也在踏实地展开；生态人类学的跨学科尝试在考古学、美学、建筑学、旅游学、景观学等学科间不断实践；生态移民、灾害研究在已经形成专业领域的基础上保持着蓬勃势头；逐渐形成专业领域的同时，对生态人类学的散文式表达的新尝试、新探索也不断出现。除此之外，"一带一路"建设与生态文明、人类命运共同体等一些新议题也吸引着生态人类学研究者的目光。

然而，生态人类学整体上仍在某些方面有待思考和完善，这也正是学科在未来走向上需要注意的地方。

首先，作为最具有跨学科潜质的学科之一，生态人类学虽然与民族学、植物学、动物学、景观设计、建筑学等学科进行了程度不一的结合，也在考古学、美学、旅游学等方面进行新探索，然而这些结合多是在应用层面的具体操作，并未给生态人类学的理论建设和方法开拓带来实质性的拓展。而在这方面，人类学自身的学科史和理论积累能够给生态人类学提供丰厚的滋养。例如人类学中影响巨大的互惠理论、交换理论若能在生态研究中得到恰当的运用，必定会

---

① 陈淳、张萌：《旧石器时代考古与栖居及生计形态分析》，《人类学学报》2018 年第 2 期。

② 桂森林、孔扬：《马克思主义生态学与生态学马克思主义的立论基石——以马克思与莱斯的"对话"为例》，《思想政治教育研究》2018 年第 5 期。

③ 杜靖：《故乡的水影——一次生态人类学散文创作实验》，《民族论坛》2018 年第 1 期；《井边一笑水乱了——生态人类学散文再实验》，《民族论坛》2018 年第 3 期。

为生态人类学的理论发展带来助力。又如，人类学的“大小传统理论”也可以用来分析和阐释地方社会与国家在生态层面上的关系，世界体系理论的宏大政治经济视角也能为地方社会的生态变化与更大外部世界进程的相互关联提供解读的视角。而诸如人类学中的结构功能论、冲突论、过程论、文化阐释主义等，若是能恰当地与生态人类学研究加以结合，也能为本学科的方法带来相当大的启发。

其次，生态人类学的理论基础之一是生态系统理论，然而在用该理论进行分析和阐述的过程中，难免会将自然和文化进行相对生硬的二分处理，这一理论本来是为了反思环境决定论的那种自然和文化的二元对立，最终却仍深陷其中，无法自拔。实际上，若是不从某种“混融”的目标来看自然和文化的关系，就无法真正理解“生态”和“系统”所暗含的那种共生与共存的意味。针对这一状况，近两年来讨论颇多的本体论转向能够带给我们反思和启发。用哲学家海德格尔所提出的天、地、神、人“四位一体”去理解世界、理解人的存在，也是分析自然和文化关系的一种视角。正如卢卡奇所说：“自然是一个社会的范畴，这就是说，在社会发展的一定阶段上什么被看作是自然，这种自然同人的关系是怎样的，而且人对自然的阐明又是以何种形式进行的，因此自然按照形式和内容、范围和对象应意味着什么，这一切始终都是受社会制约的。”[①] 王铭铭也提出“广义人文关系”，虽然是为了反思现代社科领域中的“社会”，而把“人—人”“人—物”“人—神”这三对关系纳入对社会的理解中，但也从相反的方面暗示着对自然的理解。

最后，前文尹绍亭、崔延虎等学者也提到，生态人类学往往关注封闭社会的生态知识和地方经验，往往缺乏一种更为开放和开阔的视角，因而应把研究视野拓展到生态区域这个研究单位上。这种路径对于长期以来生态人类学习惯于以民族为单位进行分立的论述也非常具有反思意义，因为“生态系统”本身所包含的复杂关联是民族这个范畴所无法容纳的。基于此，政治生态学将小地方的生态状况放置在更宏大的政治经济进程中去分析背后的权力关系，是对传统视野的有益开拓。除此之外，一种更强调文明关联和宇宙观层面沟通的视野也应纳入其中。在我国民族地区，多元文化交汇是长期存在的，不同民族和族群在共享生态区位的过程中，各自的文化模式和宇宙观如何在生态共存上相互关联，也不仅仅是政治经济逻辑所能全然囊括的。也就是说，文化上的“多元”和生态上的“一体”是在一种更为丰富的层面加以联结的，如何在生态研究的层面，对这些问题加以深入的理解，会为生态人类学的理论深度和方法灵活度带来更多的启发，也是从中国本土经验出发，用中国自身的知识体系去拓展生态人类学学科深度的一种尝试。

（舒瑜，副研究员，中国社会科学院民族学与人类学研究所资源环境与生态人类学生态研究室）

① ［匈］卢卡奇：《历史与阶级意识》，杜章智、任立、燕宏远译，商务印书馆1999年版，第325页。

2017—2018 年南方民族语言基础理论研究综述

李云兵　李　煊*

中国有 55 个少数民族使用 138 种语言，这些语言分属汉藏语系、阿尔泰语系、南亚语系、南岛语系和印欧语系。由于地域分布的不同，汉藏语系、南亚语系、南岛语系因其主要分布在中国的南方，笼统称为南方民族语言，而阿尔泰语系、印欧语系主要分布在中国的北方，又笼统称为北方民族语言。本文介绍 2017—2018 年汉藏语系语言、南亚语系语言、南岛语系等南方民族语言基础理论研究的新进展。

一　2017 年南方民族语言基础理论研究

（一）南方民族语言基础理论研究的对象与方法

南方民族语言基础理论研究的对象包括汉藏语系藏缅语、侗台语、苗瑶语、仡 - 央语的 79 种语言，南亚语系孟 - 高棉语、越 - 芒语的 12 种语言，南岛语系占语群、排湾语群、泰雅语群、邹语群、巴丹语群的 18 种语言以及五色话、倒话、五屯话、唐汪话等 4 种混合语。

南方民族语言基础理论研究的方法主要是描写语言学的方法和比较语言学的方法，以此开展民族语言的基础共时描写研究、跨语言比较研究和历史比较研究，也就是在民族语言纪录基础上的描写语言学、历史比较语言学、语言类型学、纪录语言学、濒危语言学等领域的基础研究和少数民族语言多媒体数据保存与有声数据库建设、少数民族语言资源保护的应用研究。

（二）南方民族语言基础理论研究的进展

1. 南方民族语言基础理论的宏观研究

2017 年从跨语言研究和较大构架的角度对南方民族语言进行研究的成果有 6 篇，相对还是比较少，其中，邢凯的《华澳大语系历史音变中的后垫流音和谐律：兼论“六”“陆”“路”“绿”“柳”“留”“流”“无”义项的深层对应》和王艳的博士论文《东亚语言结果式的类型学研究》涉及东亚范围的语言，前者是历史语言学的研究，后者是跨语言的类型学研究。

关于汉藏语系研究的专门成果和综合性研究成果有：戴庆厦、闻静的《论“分析性语言”研究眼光》，储泽祥、王艳的《汉藏语 OV 语序表被动的情况考察》，李玉的《汉语“青”词族研究：兼论汉藏语历史比较研究与原始汉语 * st - 型复声母的构拟》，王艳春的《杨福绵汉藏语同源词声母对应比较研究》。前两篇为共时研究，具有理论方法指导性，后两篇为历时研究，探讨汉语与藏缅语的语音关系，属狭义的汉藏语历史比较研究。

---

* 2017 年南方民族语言基础理论研究由李云兵阐述，2018 年南方民族语言基础理论研究由李煊综述。

2. 藏缅语的基础理论研究

中国境内的藏缅语分藏语支、羌语支、景颇语支和彝－缅语支。从2017年的研究成果看，跨藏缅语基础理论研究的成果很少，有5篇，涉及词汇、句法成分、句型和语法范畴，在研究范式上为功能—类型学方法，通过功能的描写和对比，探讨相关内容的类型学特征，诸如杨将领的《藏缅语族语言使动范畴研究》、刘沛江的《藏缅语形容词的类型特征》、彭茹的《藏缅语“十”以下基数词的类型学特征》、闻静的《藏缅语泛义动词、连词作状语标记的类型分析》和范丽君的《藏缅语目的复句特征分析：兼与汉语比较》、赵梦蝶的《汉语和藏缅语关系从句的语序类型对比》，这些成果是基于描写语言学的功能—类型学方法的研究，对揭示和解释藏缅语某些类型学参项的特征是有学术价值和理论价值的。

（1）藏语支语言的基础理论研究

中国境内的藏语支有藏语、错那门巴语、巴墨脱门巴语、白马语等4种语言。从收集到的有关研究成果看，2017年藏语支语言基础研究的成果仅有4篇，涉及语音学、构词法和文献语言学。语音学的论文如周瓜克、拉郎草的《藏语拉达克话的几个语音特征》，构词法的论文如益西拉姆的硕士学位论文《藏语合成词研究》和陈践的《古藏文词语ཞིང།疏释》，文献语言学的论文如王振的《清代“西番译语”记音式藏文对藏语历史语音研究的价值：以〈白马译语〉藏文注音为例》。

多年以来，藏语支语言的基础理论研究相当薄弱，主要集中于藏语的研究，且总体研究水平并不高。所幸的是，由于藏语的文献非常丰富，随着计算语言学的兴起和发展，近5年来对藏语文献进行信息处理研究的成果比较多，同时，相关高校特别是西北民族大学培养了一批从事藏语文献信息处理的硕士研究生并完成了学位论文，大大推动了藏语文献信息处理的研究。这类研究不属藏语的基础理论研究，不过作为藏语研究的新增站点，仍值得一提。

（2）羌语支语言的基础理论研究

羌语支是近30年来新确定的藏缅语的一个新语支，由羌语、嘉绒语、普米语、尔苏语、木雅语、尔龚语、贵琼语、扎巴语、纳木义语、史兴语、却域语、西夏语等濒危语言和死亡的语言构成。2017年羌语支语言的基础理论研究成果有18篇，涉及形态句法、空间范畴认知、濒危语言保护和语言点的描写研究。形态句法的论文如张四红、王轩的《越西尔苏语以动词为基式的重叠式研究》，张四红、余成林的《尔苏语的存在类和领有类动词及其类型学启示》，齐卡佳、王德和的《甘洛尔苏话动词的体貌范畴》，尹蔚彬的《“做”义轻动词的功能和语法化特点：以羌语支语言为例》，饶敏的《贵琼语的存在动词研究》，许鹏的《释西夏语词缀 wji^2》，高扬、饶敏的《木雅语的趋向前缀》；空间范畴认知研究的论文如林幼菁的《卓克基嘉戎语语法如何编码空间》、陈德宁的《永和羌语空间的语法编码》、黄成龙的《羌语的空间指示系统》和尹蔚彬的《木雅语的空间拓扑关系：以石棉木雅语为例》；濒危语言保护研究的论文如王德和、齐卡佳的《中国濒危尔苏语言抢救保护与尔苏语拼音转写方案的创建》，高扬的《少数民族语言语料的深度研究和开发：以羌语支木雅语为例》，饶敏的《濒危少数民族语言的档案编制工作探究：以濒危语言贵琼语为例》，于重重、操镭、尹蔚彬等的《吕苏语口语标注语料的自动分词方法研究》和范雨涛、刘汉文的《羌语复兴阻障因素反思及保护传承的路径再探》；语言点描写研究主要是学位论文，如郑武曦的《龙溪羌语语法》和王保锋的《萝卜寨羌语语法研究》。

在2017年羌语支语言的研究成果中，形态句法、认知语言学的空间范畴和语言传承与保护是研究热点，在研究方法论上有一些突破，空间认知范畴研究领域有了新的发展。境外羌语支语言研究仍然十分活跃，而中国大陆（内地）羌语支语言研究领域后备人才培养不足，目前仍然没得到根本性改观。

（3）景颇语支语言的基础理论研究

景颇语支有景颇语、独龙语、阿侬语及格曼僜语、达让僜语、义都洛巴语、博嘎尔珞巴语、苏龙语等。从事景颇语支语言研究的中国学者少之又少，随着前辈学者的退休更是青黄不接。2017 年的景颇语支语言研究成果仅有 3 篇论文，分别是戴庆厦的《再论汉语的特点是什么：从景颇语反观汉语》、杨将领的《独龙语孔当话的格标记系统》和王晓娜的《景颇语话题结构再分析》。阿侬语、格曼僜语、达让僜语、义都洛巴语、博嘎尔珞巴语、苏龙语等地处偏远、交通闭塞的语言无人问津，更无研究成果。

（4）彝 – 缅语支语言的基础理论研究

彝 – 缅语支，又称缅 – 彝语支，由彝语支、缅语支合并而成。彝语支有彝语、白语、哈尼语、傈僳语、纳西语、拉祜语、土家语、基诺语、怒语、柔若语、卡卓语、毕苏语、桑孔语，缅语支有载瓦语、阿昌语、浪速语、波拉语、勒期语、仙岛语。2017 年彝 – 缅语支语言的基础理论研究成果有 24 篇论文，内容涉及语音、词汇、句法和类型学等领域。语音研究的论文如王丽梅的《“塞音 + 流音”型复辅音在彝语及其亲属语言中的音变分析》，兰正群、吴西愉的《彝语松紧元音对立的生成机制研究》，杨大雪的《纳西语玛丽玛萨方言音系研究》；词汇研究的论文如田静的《白语性别标记的形式、意义和功能：简论白语和藏缅语、汉语的关系》，武晓丽、曾小鹏的《纳西语“身物互喻”构词拾零》，田洋的《沙湾土家语四音格》，李蒙的《彝语基本颜色词探究》，沈小玲的《凉山与毕节彝语动植物名词比较研究》，和佳的《日语和纳西语量词的异同比较》；句法研究的论文如田洋的《多谷土家语动词 kɨv kɨv 格式及其来源》，杨娟的《彝语连读、失音、重叠现象研究》，李春风的《拉祜语虚词多功能性初探》，王海滨的《撒尼彝语结构助词研究》，李木迪的《德宏载瓦语被动式语义浅析》，王海滨的《撒尼语名量词研究》，王艳的《拉祜语“来”与“去”的不对称性研究》，王天祥的《彝语存在句研究：以弥勒市竹园镇补其村白彝语为例》；从类型学视野进行研究的论文如赵镜的《诺苏彝语话题的指称特征》，和智利的《大具纳西语的形修名语序》，李木迪的《德宏载瓦语被动式结构类型浅析》，王一君的《片丁纳西语致使结构的类型分析》，杨艳、郭华俊的《哈尼语窝尼话“体”的分布及其类型学特征》，翁义明、王金平的《基于语言类型学的土家语语法特征研究：以〈摆手歌〉为例》。

彝 – 缅语支是藏缅语中语言比较多的一个语支，但与语言数量的丰富性和语言地位的重要性相比，2017 年彝 – 缅语研究仍然相对薄弱。总体来看，成果数量少，成果质量、语种之间不均衡现象突出，彝语、土家语、白语、纳西语、哈尼语、载瓦语等有研究传统的语言仍是当前研究的主要对象，而其他一些小语种或濒危语言没有得到应有的重视，没有人去作深入的调查和研究。

（5）藏缅语基础理论研究中存在的问题

中国境内的藏缅语族有 47 种语言，其语言数量的丰富性和语言地位的重要性，于汉藏语系语言研究不言而喻，但 2017 年藏缅语族语言的研究成果不算多，对语种的研究不平衡性突出，藏语、彝语等大语种有较多的研究成果，羌语支语言的研究有一些重要的进展，白语、哈尼语、傈僳语、纳西语、土家语等大语种的研究成果偏少，而在藏缅语族中占有重要地位的景颇语支语言只有极少的研究成果，更为严峻的是藏缅语族的大多数小语种都没有研究成果，未受到应有的关注。可以认为，人才队伍萎缩、奇缺和少数民族语言研究逐渐被边缘化，是造成这种现象的最直接原因，值得关注。

3. 侗台语的基础理论研究

侗台语，也叫壮侗语，分台语支、侗水语支、黎语支。2017 年侗台语基础理论研究的成果主要反映在语音、词汇、语法等 3 个领域。

（1）语音的基础理论研究

2017 年，侗台语语音研究的论著有 1 部专著和 8 篇论文，涉及侗台语送气音声母的发展演变、鼻音韵尾的发展演变、声调的发展演变、韵律特征、语音实验分析等内容。如韦名应的《侗台语送气音难题新探：壮语北部方言视角》以及相关论文、韦景云的《永福古座壮语鼻化韵特点及其成因》、韦名应的《邕宁等壮语阴调类再分化的原因》、杨璧菀的《标话中中古汉语借词精组字的读音》、黄静露的《贵港木祥村壮语读书音研究》、陈娥的《布依语四音格并列复合词的韵律特征》、周国炎的《龙里羊场布依语音系及其音变现象研究》、蒙凤姣的《七百弄壮语 r 类声母和布努语声母 ɣ》、覃玉彩的《广西武宣古杭壮语声调实验分析》、杨红艳的《广西壮语南部方言送气音研究》以及田洋、赵姣的《毛南语后塞鼻音声母的声学分析》。

（2）词汇的基础理论研究

2017 年，侗台语词汇研究的成果有 1 部专著和 6 篇论文，涉及侗台语相关语言的核心词、词源考证、植物名词、地名、词义和熟语等内容。专著为杨遗旗的《黎语核心词研究》；论文有张惠英的《从海南岛黎语量词“老、爸、郎”说起》，班弨、苏若阳的《“荔枝”源于侗台语考》，石林、黄勇的《侗语植物名物的分类命名与文化内涵》，邓瑶、慈安胜、郭素娟的《云南西双版纳傣语花卉隐喻探究》，罗凤伦的《基于 GIS 的广西北部湾壮语地名空间格局分析》，李代燕的《壮语反义语素合成词说略》，李锦芳、姜亚飞的《定安壮语的熟语谜语及其语言特点》。

（3）语法的基础理论研究

2017 年，侗台语语法研究的成果有 14 篇论文，涉及侗台语的词类、构词法、词汇语义语法、修饰式短语结构及其语序类型特征等内容。侗台语词类研究的论文有张惠英的《海南临高话的动态助词 vɔi³/vɔ³ 和 jɔu³》，韦述启的《水语人称代词比较研究》，陈娥的《布依语方式副词研究》，陆世初的《靖西壮语“佚话”人称代词系统探析》，石秋月的《水语与汉语量词的比较》和石修堂、邓韵的《黎平侗语口语中汉语结构助词“的”的借用研究》等 6 篇；侗台语构词法研究的论文有杨通银的《侗语形容词和动词重叠的非线性研究》，蔡吉燕的《布依语词法构件及构词模式研究》，王丽娟的《浅析德宏傣语类别式构词》《浅析德宏傣语复合式合成词》等 4 篇；侗台语词汇语义语法研究的论文有莫廷婷的《布依语方位词“上、下”“里、外”的语义特征和语法功能》和莫夏的《壮语 go、duz、boux 的性质和意义》等 2 篇；修饰式短语结构及其语序类型特征研究的论文有吕嵩崧的《靖西壮语方式副词、程度副词与谓语的语序模式及其历时动因》和杨通银、郝建微的《侗台语含“一”数量名特殊短语结构研究》等 2 篇。

（4）历时语言学的研究

2017 年，侗台语历史语言学研究的论文有 8 篇，涉及侗台语汉语借词的历史层次与侗台语、汉语语音的关系，以及台语支语言间的比较。研究侗台语汉语借词的历史层次与侗台语、汉语语音的关系的论文有杨璧菀的《标话中中古汉语借词精组字的读音》，毕谦琦、王艳红的《石洞侗语汉借词历史层次分析》，毕谦琦的《永从侗语汉借词的历史层次及几个相关问题的讨论》，蒙元耀的《骆越古语和汉语同源词研究》，蒙耀远的《汉字“鳏”与水语 qun³³ 的音义比较》，韦彩珍的《汉语六甲话和壮语若干相似现象探析》，徐雁的《文山马关话的傣语归属研究》，余茵、朱懋璟的《上林县塘红乡壮语与泰国南部泰语核心词对比研究》。

侗台语族群因无通用民族传统文字和传世文字文献，长期以来没有文献语言学的研究。近年来，一些学者开始关注传教士记录、编辑的侗台语的一些词汇、词典文献并进行相关研究，2017 年关于侗台语文献语言研究的成果有 2 篇论文，分别是辛世彪的《萨维纳神父的临高语研究：声母部分》和曾志辉的《土话传教与词典编著：近代巴黎外方传教士对贵州布依语与黑苗语的实践与研究》。

（5）基础理论研究中存在的问题

2017 年，侗台语基础理论研究的进展突出表现为一些学者重新关注侗台语的汉语借词的历史层次和对传教士记录文献的兴趣，但是，总体来看，侗台语语法的研究仍停留于某种语法现象的描写或跨语言、方言的粗放比较层面，缺少解释性的研究；构词法的研究仍为较传统的方法论，滞后无新意；语音的研究没有突破性，缺少实证研究。

在侗台语的基础理论研究中，台语支语言的研究仍是主流，特别是壮语的研究较多，侗水语支语言研究较少，黎语支语言仅有极少数人涉足，而小语种，诸如仫佬语、毛南语、拉珈语等无人问津。侗台语以往作者群都没有发表高水平的新成果，而青年学者成长缓慢，把握不住研究前沿，存在套用模式或仿写的现象，视野窄，理论方法没有创新性。

4. 苗瑶语的基础理论研究

苗瑶语分苗语支和瑶语支，苗语支有苗语、瑶语、布努语、巴哼语、唔奈语、优诺语、炯奈语、坝那语、畲语等 9 种语言，瑶语支只有瑶语（勉语）1 种语言。2017 年苗瑶语的基础理论研究涉及语音、语法、语言接触、文字文献等领域，有 24 篇论文，没有专著。

（1）语音的基础理论研究

2017 年，苗瑶语语音研究的论文有 9 篇，内容涉及语音演变、语音类型、语音实证和田野语音应用，如谭晓平的《苗瑶语塞音系统的类型学考察》，刘文、杨正辉、孔江平的《新寨苗语单字调及双字调声学实验研究》，石德富、刘文、杨正辉的《推链与养蒿苗语送气清擦音的产生》，王艳红的《古苗瑶语 * ts 组音的今读类型及其分布和形成》，龙国贻的《藻敏瑶语的三种鼻音类型》，谢关艳的《古苗语鼻冠闭塞音声类在贵州紫云沙子寨苗话的反映形式》和吴正彪的《麻山次方言苗语声调变化与史诗的记音方法实践》。

（2）语法的基础理论研究

2017 年，苗瑶语语法研究的论文有 10 篇，涉及动词体貌系统、动词连动结构、空间认知系统、词汇语义语法、领属结构、修饰结构、量词结构、构词形态等内容，研究视角和理论方法有前沿性和创新性，相关论文如李云兵的《论坝那语动词的体貌系统》、余金枝的《湘西苗语的连动结构》、唐巧娟的《黔东苗语空间系统的认知系统建构》、吴秀菊的《湘西苗语勾良话的话题结构》《湘西苗语勾良话的语义角色分析》、吴泉的《认知视角下的苗语可让渡及不可让渡领属研究》、吴正彪的《苗语动词“来”的使用语境及音义分析》、龙洁的《标记理论下的湘西苗语形态》以及罗军、王双成的《试析苗语滇东北次方言量词词型变化的特征》。

（3）语言接触的研究

语言接触是一定区域内不同语言相互影响、相互渗透的现象。2017 年，苗瑶语语言接触研究的论文有 6 篇，涉及因语言接触导致的语言转用、语音影响、词汇借贷、语法变异、地理名词更革和语言濒危，相关论文如袁碧霞的《语言接触视域下畲语归属问题思考》，瞿建慧、唐家新的《湘西乡话与湘西苗语》，吴秉承、杨再彪的《湖南凤凰山江苗语借词层次分析》，肖亚丽、向平的《黔东南方言与侗语、苗语的语法接触现象》，杨庭硕、朱晴晴的《清水江林契中所见汉字译写苗语地名的解读》和石维贵、杨再彪、石维海、龙兴武的《龙山苗语的濒危现状》。

（4）文献语言学的研究

苗瑶族群无传统民族文字，近代以来出现过仿汉字民族文字，但流行区域有限，清末民初，西方传教士进入苗瑶族群地区，传播人文宗教并创制文字用以记录当地民族语言和传播宗教。2017 年，关于苗瑶文字文献研究的论文有 3 篇，涉及古文字释读、宗教文字传播和文字符号体系与语言体系的观照，相关论文如李锦平的《求解苗族古文字之谜》、赵晓阳的《苗文创制和苗文圣经译本考述》和李莲花、罗兴贵的《苗语方音如何学习标准音点文字：以枫香方音学习大南山音点文字为例》。

（5）基础理论研究中存在的问题

2017年，苗瑶语的研究成果中，语音、词汇语义语法、语言认知的研究取得重要成果，词汇研究几乎没有进展，句法及其类型的研究较为浅显没有明显的新意，一些语言材料存在严重问题，这跟田野调查的水平和语音记录的水平有关。总体来看，苗语、瑶语仍是苗瑶语研究的重点，一些小语种没引起关注，方言土语的新调查研究阙如。这些现象与从事苗瑶语研究的队伍有直接的关系。特别需要指出的是，随着一批前辈学者的退休，瑶语的研究人才一直匮乏，除了极少学者从事瑶语的研究外，时不时出现一两个研究生加入，但毕业后就不一定再从事苗瑶语的研究了。所以，培养致力于民族语言研究的母语人才，是苗瑶语研究发展的唯一选择。预计在今后的三五年内，会有一批博士毕业的母语人加入到苗瑶语研究的行列。

5. 仡－央语的基础理论研究

仡－央语包括仡佬语、布央语、普标语、拉基语、木佬语、拉哈语、恩语、羿语，都是极度濒危的语言，羿语已死亡。关于仡－央语的归属，学界有不同的看法，有的认为是汉藏语系一个独立的语族，有的认为是侗台语的一个语支，这个问题有待进一步研究。2017年，仡－央语的研究成果仅有3篇论文，分别是齐旺的《红丰仡佬语屈折构词的语音变异类型》、李秀华的《壮语与仡佬语的判断句》和张文娟、寸红彬的《普标语语言生态研究》。

2017年，仡－央语的研究仅涉及仡佬语、普标语，拉基语、木佬语、羿人语、拉基语、布央语以及越南北部山区的拉哈语、恩语没有研究成果。这些语言的现状如何，也是我们最迫切需要了解的。

6. 南亚语的基础理论研究

中国境内的南亚语分孟－高棉语、越－芒语。孟－高棉语有佤语、布朗语、德昂语、克木语、克蔑语、布兴语、莽语、户语、布芒语等9种语言，越－芒语族有京语、俫语、布赓语等3种语言。2017年，中国南亚语基础理论研究的成果涉及佤语、德昂语、越南语的语音、词汇、语法，其他语言没有研究成果，没有专著，只有7篇论文。诸如陈绍雄、傅美君、佘玉梅、杨花、潘文林的《基于HTK的佤语特定人孤立词语音识别》《基于HTK的佤语非特定孤立词语音识别研究》，王育弘、王育珊的《汉语与南亚关系研究百年回顾与展望》，覃柳姿的《越南语俗语中的性别歧视研究》，韩蔚的《佤语布饶方言数词研究》，范孟雄的《汉越基本味觉词隐喻对比研究》。

2017年，南亚语系语言的研究成果，无论是成果数量，还是所涉及的语言数量，与往年相比尤为缺乏，没有学术研究专著，核心期刊论文仅有1篇。毋庸讳言，中国境内使用人口较少且有濒危趋势的南亚语言，其研究成果依旧匮乏，这与南亚语言研究队伍的人才培养滞后、人才断层等现状有着密切关系，短时间很难有突破，未来5到10年的时间也很难有改观，必须引起重视。

7. 南岛语的基础理论研究

中国境内的南岛语除海南岛的回辉话外，主要分布在台湾岛，目前有泰雅语、赛德克语、赛夏语、布农语、邹语、卡那卡那富语、沙阿鲁阿语、鲁凯语、排湾语、卑南语、阿眉斯语、雅美语以及凯达格兰语、噶玛兰语、道卡斯语、巴则海语、巴布拉语、猫雾拺语、洪雅语、邵语、西拉雅语、马卡道语等22种语言。2017年，南岛语的研究成果非常匮乏，目前所见仅有2篇论文，分别是李壬癸（Paul Jen-kuei Li）的《原始南岛语动植物词述略》（Some notes on animals and plants for Proto-Austronesian speakers）和Robert Blust & Victoria Chen的《反面证据的诱惑：“核心南岛语”“作格南岛语”及其后裔》（The pitfalls of negative evidence：“Nuclear Austronesian", "Ergative Austronesian", and their progeny)。

中国南岛语系语言主要分布在台湾，台湾学者有责无旁贷的研究责任，中国大陆的学者也曾对台湾南岛语作过较为深入的研究。但是，近5年来，南岛语的研究成果越来越少，这跟海峡两岸的前辈学者相继退休有密切的关系。遗憾的是高校和科研院所培养的一些研究生并没有投入南岛语研究的行列，希望将来南岛语的基础理论研究有新的发展。

（三）评论与展望

回顾2017年汉藏语、南亚语、南岛语的基础理论研究，不难发现，一直以来较为热门的大语种的研究热情不减，而且成果也相对较多，而小语种的研究大多缺失，这是值得引起民族语言学界关注的问题。就研究选题而言，南方民族语言的基础理论研究都未形成有规模性的研究，相关学者各自为战，在学科的发展上显得进展不大，没有特色，看上去只是一些零敲碎打，而且没有太多的著名专家学者撰写具有指导性意义的论文。就课题研究来看，可能形成较大影响的是几年来国家社科基金重大招标项目、中国社会科学院创新工程项目取得的成果，以及科研院所、高等院校以博士研究生团队为主体的专题研究的成果。同时，随着一些博士生导师的退休或研究方向转变或研究课题的结束，高校以博士研究生团队为主体的专题研究已呈衰退之势，新的研究课题和研究方向尚未有新的动态。

展望将来汉藏语、南亚语、南岛语基础理论研究的发展，国家社科基金重大招标项目、中国社会科学院创新工程项目及科研院所、高等院校以博士研究生团队为主体的专题研究仍将是重要的研究课题，其研究成果带来的影响力也较大。随之而来的，将会是有声语言多媒体的调查研究、民族语言类型学的研究、认知语言学的研究、实验语音学的研究，在历史比较语言学、社会语言学研究领域也可能会出现一批重要的研究成果，而学者们各自感兴趣的专题论文也将有新的收获。

但是，也可以预期，随着正在进行的国家社科基金重大招标项目、中国社会科学院创新工程项目及科研院所、高等院校以博士研究生团队为主体的专题研究等一系列课题的先后结束，相关专题的研究会随之沉寂。相对而言，有声语言多媒体的调查研究、民族语言类型学的研究、认知语言学的研究、实验语音学的研究、计算语言学的研究将会是今后民族语言学研究新的增长点。不过这需要一个过程，而且研究队伍的培养是急需解决的问题，同时也需要有关部门的大力扶持，否则，汉藏语、南亚语、南岛语的基础研究及其理论的发展不会有新的进展和突破。但是，有一点是可以肯定的，那就是多学科的综合研究，特别是基于现代科学技术的民族语言研究，是必然的发展趋势。

二　2018年南方民族语言基础理论研究

（一）南方民族语言基础理论研究的进展

1. 藏缅语的基础理论研究

从2018年的研究成果看，各个语支都有新的研究成果，各语支的研究侧重点不尽相同。

（1）藏语支语言的基础理论研究

从收集到的有关研究成果看，2018年的藏语支语言基础研究的成果较多，涉及语音、形态句法描写、语言接触、学科综述、方言调查报告等各个方面。

藏语语音研究涵盖两方面的内容，一是语音实验研究，二是语音历史比较研究。语音实验研究有：张夏夏、王蓓的《藏语拉萨话中焦点和疑问的韵律编码方式》，南措吉、才让卓玛、都格草的《藏语语音的请浊音识别》。

语音历史比较研究成果相对比较丰富，如铃木博之的《康巴藏语崩波岗方言群及其语音特征》、陈荣泽的《汉藏语中的清鼻音》、杨大雪的《藏语若尔盖话历时音变概况》。有的学者结合实验语音来作历史比较研究，如王双成、沈向荣、张梦翰的《藏语的清化鼻音》基于实验语音研究探析了藏语清化鼻音的历史来源及演变特征。还有的学者结合藏文文献来讨论藏语的历时音变现象，如施向东的《〈同文韵统〉所见清初藏语概貌》借助《同文韵统》一书，推测了清初藏语的概貌；朗杰扎西分析了《松潘译语》所记录的藏语语音的性质及其反映的清代迄今藏语的语音演变情况。也有的学者比较了不同现代藏语方言的音系，如陈海燕的《藏语康方言语音比较研究》比较分析了藏语卓尼土语（迭部、卓尼）和南部土语（嘎米、东旺）的声韵调系统，梳理了两个土语语音方面的异同。

藏语形态句法研究有汪岚的《德钦藏语的差比句》、周洋的《云南水磨房话的格标记及其来源》，以上研究主要是描写研究。此外，也有学者结合不同的语言学研究方法来探讨藏语的形态句法的特点，如瞿霭堂、劲松的《藏语多动词谓语句的认知基础和模块化》结合类型学和认知语言学的研究方法，从共时和历时两个方面探讨了藏语多动词谓语句的性质和演变。

近些年来，藏语研究中尤为引人注目的是藏语和周边语言的接触，如徐丹、贝罗贝的《中国境内甘肃青海一带的语言区域》分析了甘肃青海一带语言区域共享的句法特征及形成的历史层次；徐丹的《中国境内的混合语及语言混合的机制》通过对倒话、五屯话和唐汪话的分析，初步为识别混合语建立了一个量化的标准；王宝红的《〈御制五体清文鉴·汉藏文鉴专辑〉中的藏语汉借词》分析《御制五体清文鉴·汉藏文鉴专辑》中汉语借词的性质，揭示了当时藏语和汉语交融的程度；李永斌的《藏汉语码混用词类与结构》分析了拉萨藏语中混用汉语的情况。

黄成龙、饶敏、高扬的《2016 年境外藏缅语研究前沿》全面梳理了 2016 年境外发表的藏缅语语言研究相关文献；尹蔚彬的《藏语文研究的新起点》结合第 50 届国际汉藏语言暨语言学会议的召开，梳理了藏语文研究的现状，并展望了其未来研究的方向。

藏语调查研究也不少，如铃木博之的《理塘县及其周边藏族语言现状调查与分析》根据田野调查情况，介绍了分布在理塘县内及其周围的藏语的情况；昂色拉加的《藏语玉树话（拉布）音系概况》调查并描写了玉树境内称多县拉布乡藏语的声韵调系统，指出其音系整体具有过渡性特征。

也有关于藏语词汇的研究，如华尔巴的《藏语主要词类的构成及其发展研究》研究了藏语词类的概念、词类差异的比较、词汇的分类、实词与虚词的区别和联系等问题。不过，这类研究相对较少。

（2）羌语支语言的基础理论研究

2018 年羌语支语言的基础理论研究成果涉及形态句法描写、语音研究、语言接触、语言调查、语料库建设等不同方面，其中形态句法研究成果最为丰富。

形态句法方面的研究成果有：高韬、周俊勋的《南部羌语指示词与名词的词序问题》，张四红、孙宏开、王德和的《尔苏语形容词的词类独立性研究》，田阡子的《格西霍尔语的情貌范畴》《格西霍尔语的情景体及转换》，宋伶俐的《贵琼语的几种示证方式》，黄阳、吴福祥的《扎坝语趋向前缀的语法化》，卢春红的《麻窝羌语的一致现象研究》，LaiYunfan 的博士学位论文《A Grammar of WobziKhroskyabs》，Katia Chirkowa 的《Comparative, equative, and similative constructions in Lizu (Tibeto-Burman)》，以及蒋颖的《论普米语的类型定位》。

2018 年羌语支语言的语音研究成果有：魏久乔、黄成龙的《松潘小姓羌语语音系统》，孙伯君的《西夏语牙音与舌头音的腭化音变》，饶敏的《贵琼语的元音和谐研究》，John R. Van

Way 的博士学位论文《The phonetics and phology of NyagrongMinyag, and endangered language of western china》。

羌语支语言的语言接触问题也受到了国内外学者的关注，相关研究成果有：高韬、周俊勋的《羌汉接触的语言多样性与文化传承》，高韬的博士学位论文《语言接触视野下的南部羌语比较研究》，Satoko Shirai 的《The possibility of borrowing basic pronouns in minority languages of the western Sichuan ethnic corridor》，Chirkova，Katia，James N. Stanford & Dehe Wang 的《A long way from New York city：socially stratified contact－induced phonological convergence in GanluoErsu》。

羌语支语言的研究中有不少学者关注语料库的建设和语言的保护。语料库相关的研究成果有：何芳芳、邓超、王梦婷等的《基于羌语的语料库的建立和系统设计》，操镭、尹蔚彬、孙沁瑶等的《濒危语言口语语料库的研究与构建》，王轲、王轩、王德和等的《濒危语言尔苏话的语料库建设及应用》。语言保护相关的研究成果有：KatiaChirkova 的《Revitalization of Duoxu：A first-hand account》，LaiYunfan 的《Relativisation in WobziKhroskyabs and the integration of genitivisation》，Gerald Roche & YudruTsomu 的《Tibet's invisible languages and China's language endangerment crisis：lessons from the Gochang Language of western Sichuan》。

还有一些是羌语支语言的调查研究，如董瑶、宋佳、吴晓红的《松潘小姓乡埃溪村羌语使用情况调查》，Hiroyuki Suzuki & Sonam Wangmo 的《LhagangChoyu wordlist with the Thamkhas dialect of MinyagRabgang Khams（Lhagang，Dartsendo）》。

（3）景颇语支语言的基础理论研究

从目前收集到的材料来看，2018 年景颇语支的基础理论研究成果较少，只有两篇相关论文，一篇是戴庆厦的《景颇语传讯范畴的类别及性质》，讨论了景颇语传讯范畴的类别、形式及来源；另一篇是饶敏、向柏霖的《景颇语边音 *l 的塞音化》，通过分析景颇语与藏语的 4 个同源词，讨论 *l 的塞音化现象。

（4）彝缅语支语言的基础理论研究

从收集到的材料来看，2018 年的彝缅语支基础理论研究成果较为丰富，涉及形态句法描写、语音研究、词汇研究、语言比较、语言接触等不同方面，其中形态句法的研究成果最为丰富。

彝缅语支语言形态句法研究成果较多，包括：木艳娟、吕珊珊的《古城纳西语的 kø55 字优比句》《纳西语的差比局及 ɕiə21 字差比句的类型学归属》，杨艳、罗增勇的《哈尼语窝尼话的示证范畴》，胡素华、周廷升的《彝语方言受事格标记及基本语序类型比较》，解晓珂的《拉祜语阿莱话的示证范畴》，陈海宏、谭丽亚的《柔若语形修名语序的类型学特征》，普忠良的《纳苏彝语连动结构研究》，阿育几坡的《诺苏彝语动词后缀研究》，鲁美艳的《土家语多功能虚词 le53 的语法化路径》，闻静的《浪速语工具格助词的多功能性及语法化路径》，李蕾、陈前瑞的《白语大理方言 xɯ55 的多功能性研究》，冯林林的《凉山彝语名量词的认知研究》，魏梦平的《土家语情景类型和体实验方式探究》，殷媛的《土家语正反问句及相关问句句法研究》，答梦婕的《土家语比较句研究》。

彝缅语支语言的语音研究成果也不少，其中包括语音描写或比较研究以及实验语音研究。语音描写或比较研究包括：李子鹤的《原始纳西语的前冠音和 * －r－介音》，木艳娟、吕珊珊的《巴克〈么些研究〉中纳西语词汇转写的规则与性质》，和丽昆、刘岩的《纳西语片丁话 a 音节》，杨文静的《大理州彝语倮僟话语音研究》。实验语音研究成果有：李娜、阮崇友的《拉祜语的声调研究》，唐留芳的《福贡傈僳语的松紧元音》，何根源的《彝语松紧元音声带运动超声实验研究》。

也有彝缅语支语言词汇的一些研究，如张恨、贾水花的《土家语地名的意蕴》，杜娟的

《探寻大理市白语地名背后的历史宗教文化》，向华武、罗凌的《湖南龙山县土家语地名考释》，吴娟的《彝语词汇研究综述》，彭成刚的《明清两朝地方文献辑录的土家语词汇分析》，惠子的《彝语基本方位词探究》，李平的《龙山坡脚土家语词汇研究》。

少量研究涉及彝缅语支的语言比较，如李绍华的《从关于“娘”和彝语乜［ȵi33］看“家针”同构》、张伟权的《土家语与土家语地区汉语方言的语序与语词互渗论》、王丽梅的《彝语和布依预 ABAB 式四音格音节和谐律对比研究》。

另外，也有研究关注彝缅语支语言的接触和语言保护，如王战领的《末昂语的系属及其语言接触》、宋晓莉的《接触引发的土家语濒危研究》、尚巾斌的《湘西地区土家语濒危的生态语言学研究》。

2. 侗台语的基础理论研究

2018 年侗台语基础理论研究的成果主要反映在语法、语音、词汇、历史比较、语言对比、语言接触研究等方面。

语法方面的研究成果较为丰富，如覃凤余、王全华的《从壮语看汉语史“着”表祈使语气的来源》，毛燕芳的《壮泰语偏正结构的语序类型比较研究》，韩清霞的《壮泰语存现句比较研究》，石青的《壮语强调表达研究》，覃凤余的《壮语语法研究框架的优化与重构》，晏姝的《崇左左州壮语参考语法》，莫廷婷的《布依语存在动词研究》，王盈盈、覃东生的《广西汉、壮语方言“给予”义语素的两种特殊用法》，覃兰惠的《罗城土拐话、仫佬语、壮语的平行语法现象》，罗利曼的《荔波布依语差比句研究》，岩温罕的《西双版纳傣泐语参考语法》，周国炎、卢晓琳的《布依语致使标记及其语法化分析》，何霜的《忻城壮语情态动词 ʔdai^{231} 语法化的类型学考察》，杨菁的《布依语差比句研究》，周国炎、王封霞的《布依语致使结构的形式类型及其语义表达研究》，谢韬的《侗语指示代词二分和三分现象实证研究》，刘朝华的《布依语语气词研究》，吴艳的《黎语加茂话复合词构成初探》，覃玉彩的《基于义素分析的广西武宣壮语名词专题研究》，秦春草的《泰语和壮语分类词比较研究》，许瑞娟、王艺瑾的《泰语形容词生动形式》，刘丹青的《汉藏语言的音节显赫及其词汇语法表征》，陈丽荣的《临高语波莲话语素研究》，

词汇方面的研究成果有：蒙耀远的《水族自称 sui^{33} 音义考》，班玄的《贵州简称“黔”与侗水语支民族的自称》，齐旺的《同源异境台语北部方言核心词变异研究》，韦景云的《壮语“玉米”方言词分布及其传播》，梁朝文的《布依语多义词研究》。

语音研究以描写研究为主，相关研究成果有：陈冬梅的《标准布依语单音节词声调的声学分析》，韦运益的《兰木壮语两字连读变调与词汇双音节化关系探析》。

历史比较研究也比较丰富，研究成果有：陈保亚、余德江的《汉藏语和澳台语的核心谱系结构》，符雪喜、符志松、毛鹏生等的《两大新证羊山“黎语”与黎语、海南闽语之间的历史关系》，毕谦琦的《侗语精知庄章组中古汉语借词声母的读音》，田洋、赵姣的《毛南语送气音声母产生发展的原因》，龙润田的《侗语南部方言第二土语送气不分调成因》《侗语声调演变的合并趋势探析》，吴安其的《侗台语与汉语的历史关系》，倪博洋、鄢卓的《侗台语言汉借词层次分析法再探讨》，覃凤余、王全华的《从壮语看汉语史“着”表祈使语气的来源》，蒙元耀、梁生的《壮语 -aw 韵字研究》，辛世彪的《萨维纳神父的临高语研究：韵母部分》，章富刚的《从〈车里译语〉看景洪傣语短元音高化演变》《从 A 调分类看〈车里译语〉的基础方言》，戴红亮的《傣语转写巴利语 ɔn 韵变异分析》，李锦芳、黄海署的《云南宁蒗壮语语音特点及其变异》。

也有研究关注侗台语内部或侗台语与其他语言的接触现象，相关研究成果有：张雄、张恬、龙景科的《夹侗话的形成及发展趋势》，李欣蓓的《中介语理论视角下德宏傣族汉语的定

位与作用研究》，黄薇的《南宁市汉语方言和壮语接触研究》，黄莹洪的《西南官话对境内台语双及物结构语序发展的影响》，黄彩庆的《壮语、汉语接触背景下的田阳平话词汇探究》。

语言对比研究成果也不少，如杨奔的《勾漏粤语与壮语被动句比较研究》，周艳鲜的《壮语与泰语谚语中的“雨”意象》，覃东生、覃凤余的《广西汉、壮语方言的方式助词和取舍助词》，王丽梅的《彝语和布依语 ABAB 式四音格音节和谐律对比研究》，韦启卫的《贵州布依语土语对比研究》，胡蕾的《泰语与傣语孟定话的语音比较研究》，李健宁的《贵港壮语和贵港粤语语音系统对比研究》。

语言调查研究的相关研究成果有：熊及第的《湘西南民族杂居区语言生态与保护》、何冬梅的《泰国黑傣语概况》、黄涓的《石柜村壮语方言岛调查研究》。

3. 苗瑶语的基础理论研究

2018 年苗瑶语的基础理论研究涉及语音、语法、语言接触等领域，但整体数量相对较少，共 18 篇论文。

相对来说，语法方面的研究成果最为丰富，包括：季红丽的《滇北大花苗苗语概况》，吴正彪、兰庆军的《巴马瑶族布努语量词探析》，陈龙的《木格倒苗语数词中的羡余和谐》，孙瑾的《枫香寨俳语与矮寨苗语的处置句》，陈龙的《苗语川黔滇方言数词“十”及其变体研究》，杨潇潇的《黔东苗语副词 ghax》，梁佳雪的《黔东苗语疑问句的特点》，王薇阳的《养蒿苗语连动结构研究》，张成的《苗语黔东方言的名词虚化》，唐贤清、曾丽娟、唐巧娟的《黔东苗语离往义动词 $m^{ɤ11}$ 的语义多功能性》。

语音研究成果有：谭晓平的《苗瑶语鼻音系统的类型学考察》，吴正彪、肖莉的《罗泊河次方言苗语歌谣韵律结构特点探析》，龚露的《七百弄布努语声调研究》，古红梅的《习水县土河苗语语音研究》。

词汇研究成果有 2 篇，包括李莲花的《苗语“$qoŋ^{33}$ $m̥oŋ^{33}$”话的形容词研究》和罗军的《“撒蒙”苗语中“小”“大”的使用特点》。

关注苗瑶语的接触问题的论文有 1 篇，为王春玲的《论语言接触对苗瑶语指示词的影响》。

4. 仡－央语的基础理论研究

2018 年，仡－央语的研究成果仅有 2 篇硕士学位论文，分别是杨双霜的《红丰仡佬语亲属称谓研究》和蔡书美的《红丰仡佬语口头叙事语篇的结构与功能》。

5. 南亚语的基础理论研究

2018 年，中国南亚语基础理论研究的成果只有 5 篇论文，分别是：张安顺的《佤语阿佤方言复辅音研究》，赵云梅的《区域分布差异下德昂族方言的差异性》，韩蔚的《语言接触对佤语数词系统的影响》，陈国庆、落艳芳的《户语语音特征及其构词方式》，莫源源的《高棉语复辅音研究》。

6. 南岛语的基础理论研究

2018 年，南岛语的研究成果非常匮乏，目前所见仅有几篇为数不多的英文论文，分别是 Stacy Fang-Ching Teng 的 *Areconstruction of the Proto-Puyuma aspectual and modal system*，Yu-hsien-Kuo 的 *Control inMatu'uwal*（*Mayrinax*）*Atayal*，Chien-pang Wang 的 *More on nominal compounds and nominal Juxtapositions in Mantauran*（*Rukai*）。

（二）评论与展望

回顾 2018 年汉藏语、南亚语、南岛语的基础理论研究，不难发现，藏缅语、侗台语的研究成果较多，研究内容多样，而南岛语、南亚语的研究成果相对较少，研究视角相对单一。对藏缅语、侗台语的深入研究让我们看到了民族语言研究的价值和意义，也表明了全面深入调查研究不同少数民族语言的必要性和重要性。因此，未来的研究，一方面应继续深化藏缅语、侗台语、苗瑶语的研究，另一方面也要积极支持南亚语、南岛语等的研究。

另外，就研究内容和研究成果来看，南方民族语言研究有以下问题：描写水平参差不一，研究成果的参考和引用率不高，从而无法有效推进整个学科的有效发展；没有形成系统性的研究成果，没能充分展示其在普通语言学研究中应有的价值；作为基础理论研究，和应用研究的结合不密切。

展望汉藏语、南亚语、南岛语基础理论研究的发展，我们希望有更多青年学者关注各种少数民族语言的研究，为这个学科不断注入研究活力。此外，应借助学术会议、学术团体等平台加强学界的联系，促进形成系统性的、有影响力的研究成果，推进基础理论研究和应用研究的结合，体现少数民族语言基础理论研究的价值。

附录：2017—2018 年南方民族语言基础理论研究成果

[1] 白学军、高晓雷、高蕾、王永胜：《藏语阅读知觉广度的眼动研究》，《心理学报》2017 年第 5 期。

[2] 班弨、苏若阳：《“荔枝”源于侗台语考》，《民族语文》2017 年第 4 期。

[3] 毕谦琦、王艳红：《石洞侗语汉借词历史层次分析》，《语言科学》2017 年第 3 期。

[4] 毕谦琦：《永从侗语汉借词的历史层次及几个相关问题的讨论》，《语言研究集刊》2017 年第 1 期。

[5] 蔡吉燕：《布依语词法构件及构词模式研究》，《百色学院学报》2017 年第 1 期。

[6] 陈娥：《布依语方式副词研究》，《黔南民族师范学院学报》2017 年第 3 期。

[7] 陈娥：《布依语四音格并列复合词的韵律特征》，《云南师范大学学报（哲学社会科学版）》2017 年第 5 期。

[8] 陈践：《古藏文词语ཞེང་།疏释》，《民族翻译》2017 年第 3 期。

[9] 陈绍雄、傅美君、佘玉梅等：《基于 HTK 的佤语非特定孤立词语音识别研究》，《保山学院学报》2017 年第 3 期。

[10] 陈绍雄、傅美君、佘玉梅等：《基于 HTK 的佤语特定人孤立词语音识别》，《云南民族大学学报（自然科学版）》2017 年第 5 期。

[11] 陈小莹：《现代藏文中黏着语的规范化处理》，《电脑与信息技术》2017 年第 1 期。

[12] 储泽祥、王艳：《汉藏语 OV 语序表被动的情况考察》，《民族语文》2016 年第 6 期。

[13] 戴庆厦、闻静：《论“分析性语言”研究眼光》，《云南师范大学学报（哲学社会科学版）》2017 年第 5 期。

[14] 戴庆厦：《再论汉语的特点是什么：从景颇语反观汉语》，《民族语文》2017 年第 2 期。

[15] 邓瑶、慈安胜、郭素娟：《云南西双版纳傣语花卉隐喻探究》，《昆明学院学报》2017 年第 4 期。

[16] 范丽君：《藏缅语目的复句特征分析：兼与汉语比较》，《黔南民族师范学院学报》2017 年第 2 期。

[17] 范孟雄：《汉越基本味觉词隐喻对比研究》，硕士学位论文，华东师范大学，2017 年。

[18] 范雨涛、刘汉文：《羌语复兴阻障因素反思及保护传承的路径再探》，《四川戏剧》2017 年第 9 期。

[19] 高扬、饶敏：《木雅语的趋向前缀》，《中央民族大学学报（哲学社会科学版）》2017 年第 6 期。

[20] 高扬：《少数民族语言语料的深度研究和开发——以羌语支木雅语为例》，《工程价值》2017 年第 1 期。

[21] 古红梅、罗兴贵：《试析川黔滇次方言苗语“的”字结构特征》，《凯里学院学报》2017 年第 2 期。

[22] 韩蔚：《佤语布饶方言数词研究》，硕士学位论文，云南民族大学，2017 年。

[23] 和佳：《日语和纳西语量词的异同比较》，《红河学院学报》2017 年第 3 期。

[24] 和智利：《大具纳西语的形修名语序》，《民族语文》2017 年第 2 期。

[25] 黄静露：《贵港木祥村壮语读书音研究》，《广西民族大学学报（哲学社会科学版）》2017 年第 2 期。

[26] 瞿建慧、唐家新：《湘西乡话与湘西苗语》，《民族语文》2017 年第 2 期。

[27] 李春风：《拉祜语虚词多功能性初探》，《黔南民族师范学院学报》2017 年第 3 期。

[28] 李代燕:《壮语反义语素合成词说略》,《钦州学院学报》2017 年第 6 期。
[29] 李锦芳、姜亚飞:《定安壮语的熟语谜语及其语言特点》,《百色学院学报》2017 年第 1 期。
[30] 李锦平:《求解苗族古文字之谜》,《中国民族教育》2017 年第 1 期。
[31] 李莲花、罗兴贵:《苗语方音如何学习标准音点文字:以枫香方音学习大南山音点文字为例》,《三峡论坛》2017 年第 3 期。
[32] 李蒙:《彝语基本颜色词探究》,硕士学位论文,中央民族大学,2017 年。
[33] 李木迪:《德宏载瓦语被动式结构类型浅析》,《课外语文》2017 年第 1 期。
[34] 李木迪:《德宏载瓦语被动式语义浅析》,《普洱学院学报》2017 年第 4 期。
[35] 李壬癸:《原始南岛语动植物词述略》(Some notes on animals and plants for Proto-Austronesian speakers),《语言暨语言学》2017 年第 2 期。
[36] 李秀华:《壮语与仡佬语的判断句》,《百色学院学报》2016 年 5 期。
[37] 李玉:《汉语“青”词族研究:兼论汉藏语历史比较研究与原始汉语 * st - 型复声母的构拟》,《语言研究》2017 年第 3 期。
[38] 李云兵:《论坝那语动词的体貌系统》,《民族语文》2017 年第 3 期。
[39] 刘沛江:《藏缅语形容词的类型特征》,《语言研究》2017 年第 2 期。
[40] 刘文、杨正辉、孔江平:《新寨苗语单字调及双字调声学实验研究》,《民族语文》2017 年第 2 期。
[41] 龙从军、刘汇丹、吴健:《藏语音节标注研究》,《中文信息学报》2017 年第 4 期。
[42] 龙国贻:《藻敏瑶语的三种鼻音类型》,《民族语文》2017 年第 5 期。
[43] 陆世初:《靖西壮语“俠话”人称代词系统探析》,《百色学院学报》2017 年第 5 期。
[44] 吕嵩崧:《靖西壮语方式副词、程度副词与谓语的语序模式及其历时动因》,《民族语文》2017 年第 4 期。
[45] 罗凤伦:《基于 GIS 的广西北部湾壮语地名空间格局分析》,《大众科技》2017 年第 2 期。
[46] 罗军、王双成:《试析苗语滇东北次方言量词词型变化的特征》,《三峡论坛》2017 年第 3 期。
[47] 蒙凤姣:《七百弄壮语 r 类声母和布努语声母ɣ》,《广西民族师范学院学报》2017 年第 1 期。
[48] 蒙耀远:《汉字“鳏”与水语 qun^{33} 的音义比较》,《贺州学院学报》2017 年第 3 期。
[49] 蒙元耀:《骆越古语和汉语同源词研究》,《广西民族研究》2017 年第 4 期。
[50] 莫廷婷:《布依语方位词“上、下”“里、外”的语义特征和语法功能》,《百色学院学报》2017 年第 2 期。
[51] 莫夏:《壮语 go、duz、boux 的性质和意义》,《中国民族博览》2017 年第 1 期。
[52] 彭茹:《藏缅语“十”以下基数词的类型学特征》,《云南师范大学学报(哲学社会科学版)》2017 年第 5 期。
[53] 齐卡佳、王德和《甘洛尔苏话动词的体貌范畴》,《语言暨语言学》2017 年第 3 期。
[54] 齐旺:《红丰仡佬语屈折构词的语音变异类型》,《广西民族师范学院学报》2017 年第 1 期。
[55] 饶敏:《贵琼语的存在动词研究》,《重庆工商大学学报》2017 年第 2 期。
[56] 沈小玲:《凉山与毕节彝语动植物名词比较研究》,《知识窗(教师版)》2017 年第 5 期。
[57] 石德富、刘文、杨正辉:《推链与养蒿苗语送气清擦音的产生》,《语言科学》2017 年第 4 期。
[58] 石林、黄勇:《侗语植物名物的分类命名与文化内涵》,《百色学院学报》2017 年第 2 期。
[59] 石秋月:《水语与汉语量词的比较》,《大东方》2017 年第 4 期。
[60] 石维贵、杨再彪、石维海等:《龙山苗语的濒危现状》,《吉首大学学报》2017 年第 1 期。
[61] 石修堂、邓韵:《黎平侗语口语中汉语结构助词“的”的借用研究》,《凯里学院学报》2017 年第 4 期。
[62] 覃柳姿:《越南语俗语中的性别歧视研究》,《语言艺术与体育研究》2017 年第 5 期。
[63] 覃玉彩:《广西武宣古杭壮语声调实验分析》,《钦州学院学报》2017 年第 4 期。
[64] 谭晓平:《苗瑶语塞音系统的类型学考察》,《中央民族大学学报(哲学社会科学版)》2017 年第 1 期。
[65] 唐巧娟:《黔东苗语空间系统的认知系统建构》,《贵州民族研究》2017 年第 8 期。

[66] 田静:《白语性别标记的形式、意义和功能:简论白语和藏缅语、汉语的关系》,《民族语文》2017年第3期。

[67] 田洋:《多谷土家语动词 kɨv kɨv 格式及其来源》,《民族语文》2017年第4期。

[68] 田洋:《沙湾土家语四音格》,《怀化学院学报》2017年第1期。

[69] 田洋、赵姣:《毛南语后塞鼻音声母的声学分析》,《百色学院学报》2017年第2期。

[70] 王保锋:《萝卜寨羌语语法研究》,博士学位论文,中央民族大学,2017年。

[71] 王海滨:《撒尼彝语结构助词研究》,《曲靖师范学院学报》2017年第4期。

[72] 王德和、齐卡佳:《中国濒危尔苏语言抢救保护与尔苏语拼音转写方案的创建》,《西南民族大学学报(人文社会科学版)》2017年第4期。

[73] 王丽娟:《浅析德宏傣语复合式合成词》,《现代语文》2017年第3期。

[74] 王丽娟:《浅析德宏傣语类别式构词》,《现代语文》2017年第4期。

[75] 王丽梅:《"塞音+流音"型复辅音在彝语及其亲属语言中的音变分析》,《语言研究》2017年第1期。

[76] 王庆楠、郭武、解传栋:《基于端到端技术的藏语语音识别》,《模式识别与人工智能》2017年第4期。

[77] 王天祥:《彝语存在句研究:以弥勒市竹园镇补其村白彝语为例》,《红河学院学报》2017年第5期。

[78] 王文玲:《基于初中藏语文教材语料库浅层句法分析》,《西北民族大学学报(自然科学版)》2017年第2期。

[79] 王晓娜:《景颇语话题结构再分析》,《外文研究》2017年第3期。

[80] 王艳春:《杨福绵汉藏语同源词声母对应比较研究》,《宁夏社会科学》2017年第4期。

[81] 王艳:《东亚语言结果式的类型学研究》,博士学位论文,上海外国语大学,2017年。

[82] 王艳红:《古苗瑶语 * ts 组音的今读类型及其分布和形成》,《语言研究》2017年第3期。

[83] 王艳:《拉祜语"来"与"去"的不对称性研究》,《黔南民族师范学院学报》2017年第5期。

[84] 王一君:《片丁纳西语致使结构的类型分析》(《常熟理工学院学报(哲学社会科学)》2017年第3期。

[85] 王育弘、王育珊:《汉语与南亚关系研究百年回顾与展望》,《百色学院学报》2017年第4期。

[86] 王振的《清代"西番译语"记音式藏文对藏语历史语音研究的价值:以〈白马译语〉藏文注音为例》,《中央民族大学学报》2017年第5期。

[87] 韦彩珍:《汉语六甲话和壮语若干相似现象探析》,《民族翻译》2017年第2期。

[88] 韦景云:《永福古座壮语鼻化韵特点及其成因》,《民族语文》2017年第3期。

[89] 韦名应:《侗台语送气音难题新探:壮语北部方言视角》,民族出版社2017年版。

[90] 韦名应:《邕宁等壮语阴调类再分化的原因》,《民族语文》2017年第1期。

[91] 韦述启:《水语人称代词比较研究》,《贵州民族研究》2017年第1期。

[92] 闻静:《藏缅语泛义动词、连词做状语标记的类型分析》,《贵州民族研究》2017年第5期。

[93] 翁义明、王金平:《基于语言类型学的土家语语法特征研究:以〈摆手歌〉为例》,《宁夏大学学报》2017年第1期。

[94] 吴秉承、杨再彪:《湖南凤凰山江苗语借词层次分析》,《凯里学院学报》2017年第1期。

[95] 吴泉:《认知视角下的苗语可让渡及不可让渡领属研究》,《凯里学院学报》2017年第1期。

[96] 吴氏惠:《越、汉 ABB 式形容词重叠对比研究》,《华文教学与研究》2017年第2期。

[97] 吴秀菊:《湘西苗语勾良话的话题结构》,《广西民族师范学院学报》2017年第2期。

[98] 吴秀菊:《湘西苗语勾良话的语义角色分析》,《凯里学院学报》2017年第2期。

[99] 吴正彪:《麻山次方言苗语声调变化与史诗的记音方法实践》,《凯里学院学学报》2017年第2期。

[100] 吴正彪:《苗语动词"来"的使用语境及音义分析》,《三峡论坛》2017年第3期。

[101] 武晓丽,曾小鹏:《纳西语"身物互喻"构词拾零》,《湖南科技大学学报(社哲版)》2017年第5期。

［102］肖亚丽、向平：《黔东南方言与侗语、苗语的语法接触现象》，《贵州民族研究》2016 年第 12 期。
［103］谢关艳：《古苗语鼻冠闭塞音声类在贵州紫云沙子寨苗话的反映形式》，《凯里学院学学报》2017 年第 2 期。
［104］辛世彪：《萨维纳神父的临高语研究：声母部分》，《民族语文》2017 年第 2 期。
［105］邢凯：《华澳大语系历史音变中的后垫流音和谐律：兼论“六”“陆”“路”“绿”“柳”“留”“流”“无”义项的深层对应》，《语言研究》2017 年第 2 期。
［106］徐雁：《文山马关话的傣语归属研究》，《开封教育学院学报》2017 年第 1 期。
［107］许鹏：《释西夏语词缀 wji2》，《西夏研究》2017 年第 1 期。
［108］杨璧菀：《标话中中古汉语借词精组字的读音》，《语言科学》2017 年第 1 期。
［109］杨大雪：《纳西语玛丽玛萨方言音系研究》，《开封教育学院学报》2017 年第 7 期。
［110］杨红艳：《广西壮语南部方言送气音研究》，《才智》2017 年第 23 期。
［111］杨将领：《藏缅语族语言使动范畴研究》，博士学位论文，上海师范大学，2017 年。
［112］杨将领：《独龙语孔当话的格标记系统》，《民族语文》2017 年第 4 期。
［113］杨娟：《彝语连读、失音、重叠现象研究》，《贵州工程应用技术学院学报》2017 年第 2 期。
［114］杨庭硕、朱晴晴：《清水江林契中所见汉字译写苗语地名的解读》，《中央民族大学学报（哲学社会科学版）》2017 年第 1 期。
［115］杨通银：《侗语形容词和动词重叠的非线性研究》，《贵州民族研究》2017 年第 1 期。
［116］杨通银、郝建微：《侗台语含“一”数量名特殊短语结构研究》，《百色学院学报》2017 年第 4 期。
［117］杨艳、郭华俊：《哈尼语窝尼话“体”的分布及其类型学特征》，《大理大学学报》2017 年第 5 期。
［118］杨遗旗：《黎语核心词研究》，科学出版社 2017 年版。
［119］益西拉姆：《藏语合成词研究》，硕士学位论文，中央民族大学，2017 年。
［120］尹蔚彬：《木雅语的空间拓扑关系：以石棉木雅语为例》，《贵州工程应用技术学院学报》2017 年第 4 期。
［121］尹蔚彬：《“做”义轻动词的功能和语法化特点：以羌语支语言为例》，《民族语文》2017 年第 1 期。
［122］于重重、操镭、尹蔚彬等：《吕苏语口语标注语料的自动分词方法研究》，《计算机应用研究》2017 年第 5 期。
［123］余金枝：《湘西苗语的连动结构》，《云南师范大学学报（哲学社会科学版）》2017 年第 5 期。
［124］余茵、朱懋璟：《上林县塘红乡壮语与泰国南部泰语核心词对比研究》（一）（二），《文教资料》2017 年第 22—23 期。
［125］袁碧霞：《语言接触视域下畲语归属问题思考》，《现代语文》2017 年第 8 期。
［126］曾志辉：《土话传教与词典编著：近代巴黎外方传教士对贵州布依语与黑苗语的实践与研究》，《世界宗教文化》2017 年第 1 期。
［127］张惠英：《从海南岛黎语量词“老、爸、郎”说起》，《汉语学报》2017 年第 3 期。
［128］张惠英：《海南临高话的动态助词 $vɔi^3/vɔ^3$ 和 $jɔu^3$》，《语文研究》2017 年第 2 期。
［129］张四红、王轩：《越西尔苏语以动词为基式的重叠式研究》，《中央民族大学学报（哲学社会科学版）》2017 年第 2 期。
［130］张四红、余成林：《尔苏语的存在类和领有类动词及其类型学启示》，《民族语文》2017 年第 3 期。
［131］张文娟、寸红彬：《普标语语言生态研究》，《价值工程》2017 年第 15 期。
［132］赵镜：《诺苏彝语话题的指称特征》，《语言研究》2017 年第 1 期。
［133］赵梦蝶：《汉语和藏缅语关系从句的语序类型对比》，《北方文学》2017 年第 6 期。
［134］赵晓阳：《苗文创制和苗文圣经译本考述》，《民族翻译》2017 年第 2 期。
［135］兰正群、吴西愉：《彝语松紧元音对立的生成机制研究》，《民族语文》2017 年第 4 期。
［136］周瓜克、拉郎草：《藏语拉达克话的几个语音特征》，《西藏研究》2017 年第 3 期。
［137］周国炎：《龙里羊场布依语音系及其音变现象研究》，《贵州民族大学学报》2017 年第 2 期。
［138］卓嘎、董志诚：《藏语拉萨语 LPC 语音参数提取研究》，《现代电子技术》2017 年第 18 期。

［139］阿育几坡：《诺苏彝语动词后缀研究》，《楚雄师范学院学报》2018 年第 2 期。
［140］班玄：《贵州简称“黔”与侗水语支民族的自称》，《贵州民族研究》2018 年第 7 期。
［141］毕谦琦：《侗语精知庄章组中古汉语借词声母的读音》，《语言科学》2018 年第 5 期。
［142］蔡书美：《红丰仡佬语口头叙事语篇的结构与功能》，硕士学位论文，广西师范大学，2018 年。
［143］陈保亚、余德江：《汉藏语和澳台语的核心谱系结构》，《贵州民族大学学报（哲学社会科学版）》2018 年第 1 期。
［144］陈冬梅：《标准布依语单音节词声调的声学分析》，《贵州民族报》2018 年第 C03 版。
［145］陈国庆、落艳芳：《户语语音特征及其构词方式》，《黔南民族师范学院学报》2018 年第 5 期。
［146］陈海宏、谭丽亚：《柔若语形修名语序的类型学特征》，《常熟理工学院学报（哲学社会科学版）》2018 年第 4 期。
［147］陈海燕：《藏语康方言语音比较研究》，硕士学位论文，上海师范大学，2018 年。
［148］陈丽荣：《临高语波莲话语素研究》，硕士学位论文，广东技术师范学院，2018 年。
［149］陈龙：《苗语川黔滇方言数词“十”及其变体研究》，《贵州师范学院学报》2018 年第 1 期。
［150］陈龙：《木格倒苗语数词中的羡余和谐》，《重庆科技学院学报（哲学社会科学版）》2018 年第 1 期。
［151］陈荣泽：《汉藏语中的清鼻音》，《中央民族大学学报（哲学社会科学版）》2018 年第 4 期。
［152］答梦婕：《土家语比较句研究》，硕士学位论文，湖南大学，2018 年。
［153］戴红亮：《傣语转写巴利语 ɔn 韵变异分析》，《民族语文》2018 年第 4 期。
［154］戴庆厦：《景颇语传讯范畴的类别及性质》，《黔南民族师范学院学报》2018 年第 5 期。
［155］董瑶、宋佳、吴晓红：《松潘小姓乡埃溪村羌语使用情况调查》，《阿坝师范学院学报》2018 年第 1 期。
［156］杜娟的：《探寻大理市白语地名背后的历史宗教文化》，《文山学院学报》2018 年第 5 期。
［157］冯林林：《凉山彝语名量词的认知研究》，硕士学位论文，中央民族大学，2018 年。
［158］符雪喜、符志松、毛鹏生、张雷：《两大新证羊山“黎语”与黎语、海南闽语之间的历史关系》，《牡丹江教育学院学报》2018 年第 7 期。
［159］高韬：《语言接触视野下的南部羌语比较研究》，博士学位论文，西南交通大学，2018 年。
［160］高韬、周俊勋：《南部羌语指示词与名词的词序问题》，《语言科学》2018 年第 3 期。
［161］高韬、周俊勋：《羌汉接触的语言多样性与文化传承》，《贵州民族研究》2018 年第 1 期。
［162］龚露：《七百弄布努语声调研究》，硕士学位论文，云南师范大学，2018 年。
［163］古红梅：《习水县土河苗语语音研究》，硕士学位论文，贵州民族大学，2018 年。
［164］韩清霞：《壮泰语存现句比较研究》，硕士学位论文，广西民族大学，2018 年。
［165］韩蔚：《语言接触对佤语数词系统的影响》，《黔南民族师范学院学报》2018 年第 2 期。
［166］何冬梅：《泰国黑傣语概况》，《民族语文》2018 年第 4 期。
［167］何芳芳、邓超、王梦婷等：《基于羌语的语料库的建立和系统设计》，《工业设计研究》2018 年第 6 辑。
［168］何根源：《彝语松紧元音声带运动超声实验研究》，硕士学位论文，云南民族大学，2018 年。
［169］何霜：《忻城壮语情态动词 ʔdai231 语法化的类型学考察》，《民族语文》2018 年第 1 期。
［170］和丽昆、刘岩：《纳西语片丁话 a 音节》，《常熟理工学院学报（哲学社会科学版）》2018 年第 1 期。
［171］胡蕾：《泰语与傣语孟定话的语音比较研究》，硕士学位论文，云南民族大学，2018 年。
［172］胡素华、周廷升：《彝语方言受事格标记及基本语序类型比较》，《语言科学》2018 年第 2 期。
［173］华尔巴：《藏语主要词类的构成及其发展研究》，硕士学位论文，青海师范大学，2018 年。
［174］黄彩庆：《壮语、汉语接触背景下的田阳平话词汇探究》，《沿海企业与科技》2018 年第 3 期。
［175］黄成龙、饶敏、高扬：《2016 年境外藏缅语研究前沿》，《西藏民族大学学报（哲学社会科学版》2018 年第 5 期。
［176］黄涓：《石柜村壮语方言岛调查研究》，《百色学院学报》2018 年第 5 期。

［177］黄薇的：《南宁市汉语方言和壮语接触研究》，硕士学位论文，吉林大学，2018 年。
［178］黄阳、吴福祥：《扎坝语趋向前缀的语法化》，《民族语文》2018 年第 4 期。
［179］黄莹洪：《西南官话对境内台语双及物结构语序发展的影响》，《百色学院学报》2018 年第 2 期。
［180］惠子：《彝语基本方位词探究》，硕士学位论文，中央民族大学，2018 年。
［181］季红丽：《滇北大花苗苗语概况》，《民族语文》2018 年第 5 期。
［182］蒋颖：《论普米语的类型定位》，《民族语文》2018 年第 3 期。
［183］解晓珂：《拉祜语阿莱话的示证范畴》，《普洱学院学报》2018 年第 4 期。
［184］瞿霭堂、劲松：《藏语多动词谓语句的认知基础和模块化》，《民族语文》2018 年第 5 期。
［185］朗杰扎西：《〈松潘译语〉（川一）语音现象初探》，《中央民族大学学报（哲学社会科学版》2018 年第 5 期。
［186］李健宁：《贵港壮语和贵港粤语语音系统对比研究》，硕士学位论文，广西民族大学，2018 年。
［187］李锦芳、黄海署：《云南宁蒗壮语语音特点及其变异》，《民族语文》2018 年第 3 期。
［188］李蕾、陈前瑞：《白语大理方言 xɯ55 的多功能性研究》，《民族语文》2018 年第 4 期。
［189］李莲花：《苗语“qoŋ33 m̥oŋ33”话的形容词研究》，硕士学位论文，贵州民族大学，2018 年。
［190］李娜、阮崇友：《拉祜语的声调研究》，《佳木斯职业学院学报》2018 年第 2 期。
［191］李平：《龙山坡脚土家语词汇研究》，硕士学位论文，湖南大学，2018 年。
［192］李绍华：《从关于“娘”和彝语艺［ȵi33］看“家针”同构》，《楚雄师范学院学报》2018 年第 2 期。
［193］李欣蓓：《中介语理论视角下德宏傣族汉语的定位与作用研究》，《贵州民族研究》2018 年第 6 期。
［194］李永斌：《藏汉语码混用词类与结构》，《藏学研究》2018 年第 2 期。
［195］李子鹤：《原始纳西语的前冠音和 * -r- 介音》，《民族语文》2018 年第 1 期。
［196］梁朝文：《布依语多义词研究》，《贵州民族报》2018 年第 A03 版。
［197］梁佳雪：《黔东苗语疑问句的特点》，《凯里学院学报》2018 年第 4 期。
［198］铃木博之：《康巴藏语崩波岗方言群及其语音特征》，《语言研究》2018 年第 5 期。
［199］铃木博之：《理塘县及其周边藏族语言现状调查与分析》，《民族学刊》2018 年第 2 期。
［200］刘朝华：《布依语语气词研究》，《黔南民族师范学院学报》2018 年第 1 期。
［201］刘丹青：《汉藏语言的音节显赫及其词汇语法表征》，《民族语文》2018 年第 2 期。
［202］龙润田：《侗语南部方言第二土语送气不分调成因》，《中央民族大学学报（哲学社会科学版）》2018 年第 2 期。
［203］龙润田：《侗语声调演变的合并趋势探析》，《贵州民族研究》2018 年第 9 期。
［204］卢春红：《麻窝羌语的一致现象研究》，硕士学位论文，湖南大学，2018 年。
［205］鲁美艳：《土家语多功能虚词 le53 的语法化路径》，《湖北民族学院学报（哲学社会科学版）》2018 年第 4 期。
［206］吕珊珊、木艳娟：《纳西语的差比局及 ɕiə21 字差比句的类型学归属》，《中国语文》2018 年第 5 期。
［207］罗军：《“撒蒙”苗语中“小”“大”的使用特点》，《贵州民族研究》2018 年第 12 期。
［208］罗利曼：《荔波布依语差比句研究》，硕士学位论文，贵州民族大学，2018 年。
［209］毛燕芳：《壮泰语偏正结构的语序类型比较研究》，硕士学位论文，广西民族大学，2018 年。
［210］蒙耀远：《水族自称 sui33 音义考》，《贵州大学学报（社会科学版》2018 年第 6 期。
［211］蒙元耀、梁生：《壮语 -aw 韵字研究》，《广西民族研究》2018 年第 5 期。
［212］莫廷婷：《布依语存在动词研究》，硕士学位论文，中央民族大学，2018 年。
［213］莫源源：《高棉语复辅音研究》，博士学位论文，上海师范大学，2018 年。
［214］木艳娟、吕珊珊：《巴克〈么些研究〉中纳西语词汇转写的规则与性质》，《云南师范大学学报（哲学社会科学版）》2018 年第 4 期。
［215］木艳娟、吕珊珊：《古城纳西语的 kø55 字优比句》，《民族语文》2018 年第 4 期。
［216］南措吉、才让卓玛、都格草：《藏语语音的清浊音识别》，《西北民族大学学报（自然科学版）》

2018 年第 4 期。
[217] 倪博洋、鄢卓：《侗台语言汉借词层次分析法再探讨》，《语言研究》2018 年第 2 期。
[218] 彭成刚：《明清两朝地方文献辑录的土家语词汇分析》，《三峡论坛》2018 年第 4 期。
[219] 普忠良：《纳苏彝语连动结构研究》，《红河学院学报》2018 年第 1 期。
[220] 齐旺：《同源异境台语北部方言核心词变异研究》，《百色学院学报》2018 年第 3 期。
[221] 秦春草：《泰语和壮语分类词比较研究》，硕士学位论文，广西大学，2018 年。
[222] 饶敏：《贵琼语的元音和谐研究》，《常熟理工学院学报（哲学社会科学版）》2018 年第 4 期。
[223] 饶敏、向柏霖：《景颇语边音 * l 的塞音化》，《民族语文》2018 年第 4 期。
[224] 尚巾斌：《湘西地区土家语濒危的生态语言学研究》，博士学位论文，上海外国语大学，2018 年。
[225] 施向东：《〈同文韵统〉所见清初藏语概貌》，《民族语文》2018 年第 1 期。
[226] 石青：《壮语强调表达研究》，硕士学位论文，广西民族大学，2018 年。
[227] 宋伶俐：《贵琼语的几种示证方式》，《常熟理工学院学报（哲学社会科学版）》2018 年第 4 期。
[228] 宋晓莉：《接触引发的土家语濒危研究》，硕士学位论文，湖南大学，2018 年。
[229] 孙伯君：《西夏语牙音与舌头音的腭化音变》，《语言研究》2018 年第 1 期。
[230] 孙瑾：《枫香寨僅语与矮寨苗语的处置句》，《广西民族师范学院学报》2018 年第 1 期。
[231] 孙沁瑶、王志、于重重等：《濒危语言口语语料库的研究与构建》，《计算机工程与应用》2018 年第 2 期。
[232] 覃东生、覃凤余：《广西汉、壮语方言的方式助词和取舍助词》，《中国语文》2018 年第 5 期。
[233] 覃凤余、王全华：《从壮语看汉语史“着”表祈使语气的来源》，《古汉语研究》2018 年第 2 期。
[234] 覃凤余、王全华：《从壮语看汉语史“着”表祈使语气的来源》，《古汉语研究》2018 年第 2 期。
[235] 覃凤余：《壮语语法研究框架的优化与重构》，《百色学院学报》2018 年第 2 期。
[236] 覃兰惠：《罗城土拐话、仫佬语、壮语的平行语法现象》，硕士学位论文，广西大学，2018 年。
[237] 覃玉彩：《基于义素分析的广西武宣壮语名词专题研究》，硕士学位论文，广西民族大学，2018 年。
[238] 谭晓平：《苗瑶语鼻音系统的类型学考察》，《语言研究》2018 年第 4 期。
[239] 唐留芳：《福贡傈僳语的松紧元音》，《民族语文》2018 年第 2 期。
[240] 唐贤清、曾丽娟、唐巧娟：《黔东苗语离往义动词 mɤ11 的语义多功能性》，《语言研究》2018 年第 4 期。
[241] 田阡子：《格西霍尔语的情景体及转换》，Bulletin of Chinese Linguistics 10：1 – 23，2018.
[242] 田阡子：《格西霍尔语的情貌范畴》，《汉藏语学报》2018 年第 11 期。
[243] 田洋、赵姣：《毛南语送气音声母产生发展的原因》，《语言研究》2018 年第 1 期。
[244] 汪岚：《德钦藏语的差比句》，《语言研究》2018 年第 3 期。
[245] 王宝红：《〈御制五体清文鉴 · 汉藏文鉴专辑〉中的藏语汉借词》，《西藏民族大学学报（哲学社会科学版）》2018 年第 5 期。
[246] 王春玲：《论语言接触对苗瑶语指示词的影响》，《贵州民族研究》2018 年第 3 期。
[247] 王轲、王轩、王德和等：《濒危语言尔苏话的语料库建设及应用》，《西昌学院学报（社会科学版）》2018 年第 3 期。
[248] 王丽梅：《彝语和布依语 ABAB 式四音格音节和谐律对比研究》，《贵州工程应用技术学院学报》2018 年第 4 期。
[249] 王丽梅：《彝语和布依预 ABAB 式四音格音节和谐律对比研究》，《贵州工程应用技术学院学报》2018 年第 4 期。
[250] 王双成、沈向荣、张梦翰：《藏语的清化鼻音》，《民族语文》2018 年第 2 期。
[251] 王薇阳：《养蒿苗语连动结构研究》，硕士学位论文，中央民族大学，2018 年。
[252] 王盈盈、覃东生：《广西汉、壮语方言“给予”义语素的两种特殊用法》，《百色学院学报》2018 年第 6 期。
[253] 王战领：《末昂语的系属及其语言接触》，《红河学院学报》2018 年第 2 期。
[254] 韦景云：《壮语“玉米”方言词分布及其传播》，《中央民族大学学报（哲学社会科学版）》2018 年

第 5 期。
[255] 韦启卫:《贵州布依语土语对比研究》,《黔南民族师范学院学报》2018 年第 3 期。
[256] 韦运益:《兰木壮语两字连读变调与词汇双音节化关系探析》,《贵州工程技术学院学报》2018 年第 4 期。
[257] 魏久乔、黄成龙:《松潘小姓羌语语音系统》,《阿坝师范学院学报》2018 年第 3 期。
[258] 魏梦平:《土家语情景类型和体实验方式探究》,硕士学位论文,湖南大学,2018 年。
[259] 闻静:《浪速语工具格助词的多功能性及语法化路径》,《民族语文》2018 年第 3 期。
[260] 吴安其:《侗台语与汉语的历史关系》,《民族语文》2018 年第 1 期。
[261] 吴娟:《彝语词汇研究综述》,《贵族工程应用技术学院学报》2018 年第 4 期。
[262] 吴艳:《黎语加茂话复合词构成初探》,《白色学院学报》2018 年第 5 期。
[263] 吴正彪、兰庆军:《巴马瑶族布努语量词探析》,《语言研究》2018 年第 6 期。
[264] 吴正彪、肖莉:《罗泊河次方言苗语歌谣韵律结构特点探析》,《铜仁学院学报》2018 年第 5 期。
[265] 向华武、罗凌:《湖南龙山县土家语地名考释》,《铜仁学院学报》2018 年第 5 期。
[266] 谢韬:《侗语指示代词二分和三分现象实证研究》,硕士学位论文,湖南大学,2018 年。
[267] 辛世彪:《萨维纳神父的临高语研究:韵母部分》,《民族语文》2018 年第 5 期。
[268] 熊及第:《湘西南民族杂居区语言生态与保护》,《遵义师范学院学报》2018 年第 2 期。
[269] 徐丹、贝罗贝的:《中国境内甘肃青海一带的语言区域》,《汉语学报》2018 年第 3 期。
[270] 徐丹:《中国境内的混合语及语言混合的机制》,《语言战略研究》2018 年第 2 期。
[271] 许瑞娟、王艺瑾:《泰语形容词生动形式》,《红河学院学报》2018 年第 6 期。
[272] 岩温罕:《西双版纳傣泐语参考语法》,博士学位论文,上海师范大学,2018 年。
[273] 晏姝:《崇左左州壮语参考语法》,硕士学位论文,广西大学,2018 年。
[274] 杨奔:《勾漏粤语与壮语被动句比较研究》,《广西师范大学学报(哲学社会科学版)》2018 年第 6 期。
[275] 杨大雪:《藏语若尔盖话历时音变概况》,《中国民族博览》2018 年第 8 期。
[276] 杨菁:《布依语差比句研究》,《贵州民族大学学报(哲学社会科学版)》2018 年第 4 期。
[277] 杨双霜:《红丰仡佬语亲属称谓研究》,硕士学位论文,广西师范大学,2018 年。
[278] 杨文静:《大理州彝语佬倠话语音研究》,硕士学位论文,云南师范大学,2018 年。
[279] 杨潇潇:《黔东苗语副词 ghax》,《黔南民族师范学院学报》2018 年第 5 期。
[280] 杨艳、罗增勇:《哈尼语窝尼话的示证范畴》,《贵州民族研究》2018 年第 2 期。
[281] 殷媛:《土家语正反问句及相关问句句法研究》,硕士学位论文,湖南大学,2018 年。
[282] 尹蔚彬:《藏语文研究的新起点》,《中国藏学》2018 年第 4 期。
[283] 张安顺:《佤语阿佤方言复辅音研究》,硕士学位论文,上海师范大学,2018 年。
[284] 张成:《苗语黔东方言的名词虚化》,《贵州民族研究》2018 年第 11 期。
[285] 张根、贾水花:《土家语地名的意蕴》,《三峡论坛》2018 年第 4 期。
[286] 张四红、孙宏开、王德和:《尔苏语形容词的词类独立性研究》,《语言研究》2018 年第 1 期。
[287] 张伟权:《土家语与土家语地区汉语方言的语序与语词互渗论》,《三峡论坛》2018 年第 4 期。
[288] 张夏夏、王蓓:《藏语拉萨话中焦点和疑问的韵律编码方式》,《清华大学学报(自然科学版)》2018 年第 4 期。
[289] 张雄、张恬、龙景科:《夹侗话的形成及发展趋势》,《西北民族大学学报(哲学社会科学版)》2018 年第 5 期。
[290] 章富刚:《从 A 调分类看〈车里译语〉的基础方言》,《民族语文》2018 年第 5 期。
[291] 章富刚:《从〈车里译语〉看景洪傣语短元音高化演变》,《武陵学刊》2018 年第 6 期。
[292] 赵云梅:《区域分布差异下德昂族方言的差异性》,《红河学院学报》2018 年第 2 期。
[293] 周国炎、卢晓琳:《布依语致使标记及其语法化分析》,《贵州民族大学学报(哲学社会科学版)》2018 年第 4 期。
[294] 周国炎、王封霞:《布依语致使结构的形式类型及其语义表达研究》,《中央民族大学学报(哲学社

会科学版)》2018 年第 4 期。

[295] 周艳鲜:《壮语与泰语谚语中的“雨”意象》,《广西民族师范学院学报》2018 年第 5 期。

[296] 周洋:《云南水磨房话的格标记及其来源》,《民族语文》2018 年第 3 期。

[297] Chirkova, Katia, James N. Stanford & Dehe Wang: A long way from New York city: socially stratified contact – induced phonological convergence in GanluoErsu. *Language Variation and Change*, 30: 109 – 145, 2018.

[298] Chirkova, Katia: Revitalization of Duoxu: A first – hand account. Leanne Hinton, Leena Huss, and Gerald Roche. *The Routledge Handbook of Language Revitalization*, Routledge, 2018.

[299] Chirkowa, Katia: Comparative, equative, and similative constructions in Lizu (Tibeto – Burman). Faits de Langues, 2018.

[300] Kuo, Yu-hsien: ControlinMatu'uwal (Mayrinax) Atayal. University System of Taiwan Working Papers in Linguistics, Vol: 144 – 164, 2018.

[301] Lai, Yunfan: A Grammar of WobziKhroskyabs. The New Sorbonne University Doctoral dissertation.

[302] Lai, Yunfan: Relativisation in WobziKhroskyabs and the integration of genitivisation. *Linguistics of the Tibeto – Burman Arean.*

[303] Robert Blust and Victoria Chen. The pitfalls of negative evidence: 'Nuclear Austronesian', 'Ergative Austronesian', and their progeny (反面证据的诱惑:“核心南岛语”“作格南岛语”及其后裔),《语言暨语言学》2017 年第 2 期。

[304] Roche, Gerald & Yudru Tsomu: Tibet's invisible languages and China's language endangerment crisis: lessons from the theGochang Language of western Sichuan. *The China Quarterly*. 2018.

[305] Shirai, Satoko: The possibility of borrowing basic pronouns in minority languages of the western Sichuan ethnic corridor. Tokyo University Linguistic Papers 39: 265 – 285, 2018.

[306] Suzuki, Hiroyuki & Sonam Wangmo: LhagangChoyu wordlist with the Thamkhas dialect of MinyagRabgang Khams (Lhagang, Dartsendo). *Asian and African Languages and Linguistics* No. 12, 2018.

[307] Teng, Stacy Fang-Ching: Areconstruction of the Proto-Puyuma aspectual and modal system. *Oceanic Linguistics*, 57 (2): 303 – 334, 2018.

[308] Van Way John R.: The phonetics and phology of NyagrongMinyag, and endangered language of western china. University of Hawai'i at Manoa Doctoral dissertation.

[309] Wang, Chien-pang: More on nominal compounds and nominal Juxtapositions in Mantauran (Rukai). *Concentric: Studies in Linguistics.* 44 (1): 33 – 63, 2018.

(李云兵,研究员;李煊,助理研究员,中国社会科学院民族学与人类学研究所民族语言研究室)

2017—2018 年北方民族语言基础理论研究综述

哈斯其木格　千玉花

北方民族语言，指居住在我国北方地区的诸民族所使用的语言，除了突厥语族、蒙古语族、满－通古斯语族、朝鲜语等阿尔泰语系 20 多种语言外，还有属于印欧语系的塔吉克语。

世界上的阿尔泰语系语言有 50 个左右（因不同学者的分类不同而语言个数不同），分布在中国北部、俄罗斯南部和东部西伯利亚地区以及中亚北部各国。其中，属于突厥语族的语言最多，约有 30 个，土耳其、阿塞拜疆、哈萨克斯坦、乌兹别克斯坦、吉尔吉斯坦、土库曼斯坦等国家的官方语言均属于突厥语族，在俄罗斯中部、南部、东部的多个自治共和国以及中国新疆、甘肃等省和自治区也居住着很多使用突厥语族语言的民族。全世界使用突厥语族语言的人口约有 1.6 亿，其中我国境内约有 1200 万人，有维吾尔语、哈萨克语、柯尔克孜语、乌兹别克语、塔塔尔语、撒拉语、西部裕固语、图瓦语等 8 个语言，分属于突厥语族东语支（维吾尔、乌兹别克、西部裕固）、南语支（撒拉）、西语支（哈萨克、柯尔克孜、塔塔尔）和北语支（图瓦）。维吾尔语使用人口最多，有 1000 万人左右；哈萨克语使用人口次之，有 150 万人左右；其余民族人口较少，塔塔尔、西部裕固、图瓦等语言的使用者不足 1 万人，国内的大部分乌兹别克人已转用维吾尔语或汉语。撒拉语使用人口约 13 万人，西部裕固语使用人口约 8000 人，这两个语言是只分布在国内的突厥语族语言，国外没有使用者。

蒙古语族语言中，大多数使用者在中国境内。蒙古语使用者最多，全世界约有 900 万人，其中 600 万人在国内，300 万人在蒙古人民共和国。根据所处国家的不同，对布里亚特语和卡尔梅克语的分类不同，将俄罗斯境内的布里亚特语和卡尔梅克语视为两个独立语言，中国境内的布里亚特和卫拉特则被视为蒙古语的方言。因此，蒙古语族语言共有 8 个（蒙古语、莫戈勒语、东部裕固语、土族语、康家语、东乡语、保安语、达斡尔语）或 10 个（再加布里亚特语和卡尔梅克语）。其中莫戈勒语使用在阿富汗赫拉特省，使用人口很少，濒临灭亡。其余 6 个语言只在中国境内使用，国外没有使用者。这些语言的使用者也较少，东乡族约 60 万人，土族约 30 万人，达斡尔族约 13 万人，保安族 1 万人左右，东部裕固语使用者 5000 人左右，康家语使用者是居住在青海省尖扎县的回族人，不到 1000 人。

满－通古斯语族语言的使用者分布在我国东北三省、内蒙古和新疆等地以及俄罗斯远东地区。国内满－通古斯语族语言有满语、锡伯语、鄂温克语、鄂伦春语和赫哲语，分属于满语支、通古斯北语支和通古斯南语支。满族人口虽多，但满语使用者只剩几位老人，严重濒危。锡伯族人口约 19 万，但懂母语的人只有 2—3 万，主要分布在新疆察布查尔县。鄂温克族约 3 万人，居住在内蒙古呼伦贝尔市，鄂伦春族和赫哲族人口不到 1 万人，语言出现明显的濒危趋势。国外满－通古斯语使用者也较少，不到 5 万人。

在语言活力方面，突厥语族语言活力最强，分布最广，使用人口最多，大部分语言有自己的文字。满－通古斯语族语言的活力最弱，濒危程度最高，除了满语和锡伯语以外，国内的其他满－通古斯语言均无文字；俄罗斯境内的部分满－通古斯语言虽有文字，但俄文使用频率也较高。在蒙古语族诸语言中，除了蒙古语、俄罗斯联邦的布里亚特语和卡尔梅克语有文字外，其他语言也没有文字，也都出现一定程度的濒危。

国内朝鲜族约有180万人，国外朝鲜语使用者约有8000万人。朝鲜语是跨境语言，不管国内还是国外，朝鲜语均有文字和文学传统，使用频率较高。塔吉克族居住在新疆西南部塔什库尔干，人口约5万人。

以往的研究中，阿尔泰语有广义和狭义两种分类。广义阿尔泰语系包括突厥语族、蒙古语族和满-通古斯语族外，还包括朝鲜语和日语。狭义上的阿尔泰语系只包括前三个。朝鲜语和日语的归属问题在近30年的研究中已成为阿尔泰学界热门话题之一。

现代语言学意义上的阿尔泰语系语言研究已走过200多年的历程。从18世纪30年代斯特拉连伯格发现阿尔泰诸语言共同特点到19世纪末，是阿尔泰语系研究形成和发展阶段。在这一阶段，人们逐渐认识到阿尔泰诸语的共同性，以及区别于乌拉尔诸语的不同特征，将其分开为阿尔泰语系和乌拉尔语系，并利用历史比较语言学的理论和方法探索阿尔泰诸语言之间的关系。从19世纪末到20世纪中叶，可以认为是阿尔泰假说研究的成熟阶段，以兰司铁、鲍培、科特维奇等学者为代表的各国阿尔泰学研究者著书立说，构拟原始阿尔泰语，探索这些语言之间的关系。这一阶段，阿尔泰语系包括典型的突厥语族、蒙古语族、满-通古斯语族外，也有不少人研究朝鲜语。争论焦点是能否确立阿尔泰语系各语言之间发生学上的同源关系。对于这一假说，支持者提出了若干条论证，但也有不少学者持怀疑态度，认为证据尚不足。从20世纪中叶到21世纪初，阿尔泰语系语言的研究有了进一步的深入和发展。这一阶段的争论最突出，出现不少学者反对同源说，认为突厥、蒙古、满-通古斯三个语族之间的共同性并非继承自同一祖先，他们之间没有发生学上的同源关系，而只有长期接触而导致的借用关系。进入21世纪后，近20年的阿尔泰语系语言研究不仅扩大了范围，很多人开始关注日语、朝鲜语与突厥语族、蒙古语族、满-通古斯语族之间的关系，还有人使用新的理论和方法探索这些语言之间的关系，提出了不少新观点。

阿尔泰语系诸语言的研究不仅具有时间上的阶段性特征，因地区不同而关注焦点也不同。中国、蒙古国、土耳其、哈萨克斯坦等以阿尔泰语系语言母语人口较多的国家，研究重点聚焦在个体语言的描写研究上。在国内，东北三省、内蒙古、新疆、青海、甘肃、北京等多个省市的高等院校和科研机构设有专门的阿尔泰语系语言研究和教学单位，有本科、研究生的教育体系，有专岗研究人员，《民族语文》《满语研究》《语言与翻译》《内蒙古大学学报》《新疆大学学报》《中央民族大学学报》《西北民族大学学报》等刊物上每年发表阿尔泰语系语言方面的学术论文，出版书籍，培养学生，撰写学位论文。在国外，俄罗斯、德国、匈牙利、法国、美国等西方国家学者聚焦于比较研究以及这些语言之间的关系问题上。德国威斯巴登的Harrassowitz Verlag出版社每年出版3—4本专题研究突厥语族以及其他阿尔泰语系语言的系列（Turcologica）学术专著，并创办《突厥语族语言》（Turkic Languages）等学术刊物，刊登阿尔泰语系语言研究成果。匈牙利国家科学院也设有东方学研究机构，办有《匈牙利东方学研究》（Acta Orientalia AcademiaeScientiarum）等刊物，发表论文。俄罗斯科学院对阿尔泰诸民族及其语言的关注度也很高，设有专门研究机构和刊物。日本和韩国学者不仅关注个体语言结构的描写，也热衷于比较，以便进一步探索日语和朝鲜语的系属问题。韩国设有阿尔泰学会，首尔大学语言学系有关满-通古斯语族、蒙古语族语言的研究成果辈出，涉及到语言各方面的问题。

在学术会议方面，国际阿尔泰学年会每年举行一次。第60届阿尔泰学年会①（PIAC）2017

① Ákos Bertalan Apatóczky, 60th Meeting of the Permanent International Altaistic Conference: Book of Abstracts, August 27 - September 1, 2017, Székesfehérvár, Hungary.

年8月27日—9月1日期间在匈牙利举行。来自匈牙利、俄罗斯、土耳其、德国、法国、日本、美国、波兰、罗马尼亚、捷克、新西兰、韩国等10多个国家以及我国大陆和台湾的学者参加了会议，发表40多篇论文，围绕阿尔泰诸民族的语言文字、古文献、历史、宗教、经济和区域发展、文学、环境等问题展开讨论。该届会议多数论文主题集中在古文献和语言研究上，我国中央民族大学、内蒙古大学、上海大学、陕西医药大学等高校学者参加会议并发表了有关历史、文化、古文献和语言学方面的论文。中央民族大学丁石庆教授参加本届会议并发表论文《达斡尔语音位系统》（*The Phonemic System of Daur Language*）。论文基于国家语保工程项目所收集的材料以及实验语音学研究结果，介绍了达斡尔语布特哈方言的音系。内蒙古大学吴英喆教授发表题目为《契丹小字历史文献中出现的“失（室）韦”》（Shi Wei（失（室）韦）in Khitan Small Script in Historical Materials）的论文，对比分析新、老契丹小字文献中出现的“失（室）韦”“蒙兀”等词。

下面以语族和研究议题为标准，分类介绍2017—2018年国内22种北方民族语言研究概况。

一 “阿尔泰假说”研究、比较研究新进展

阿尔泰语系诸语言之间具有显著共性，这一点已得到学界广泛认可。但这些共性到底是发生学上的同源关系的结果还是语言接触的结果，学界一直存在强烈的争论。国内虽有文章介绍过研究概况，但鲜有学术成果深入探讨这一问题。与之相比，俄罗斯、德国、法国、韩国等国家的学者一直在围绕阿尔泰诸语系属问题进行讨论，提出过不少新的见解。其中德国马克斯普朗克人类历史科学研究所语言学家罗蓓茨（Martine Robbeets）的研究比较突出。

罗蓓茨的《广义阿尔泰诸语》（The Transeurasian Languages）是《剑桥区域语言学手册》（*The Cambridge Handbook of Areal Linguistics*）的第22章，介绍了广义阿尔泰诸语，即突厥语族、蒙古语族、满－通语族、朝鲜语、日语等语言的音系、词法、形态方面的共同特征以及历史动因①。《突厥语族里的广义阿尔泰诸语核心结构》（Transeurasian core structures in Turkic）提出广义阿尔泰诸语共有的语音、词法、形态上的20条核心结构，分析这些结构在突厥语中的表征程度，并力求解释这些结构的不同历史动机②。她的《广义阿尔泰诸语中限定性的发展》延续她以往的研究，首先讨论世界语言中非限定性动词获得限定性特征的4种主要途径后，指出广义阿尔泰诸语非限定性动词转为限定性动词方面具有共同的机制，即直接将非限定性动词分析为限定性动词，且不需要特殊的变化③。

Martine Robbeets和Remco Bouckaert的《基于贝叶斯系统语言学揭示广义阿尔泰语系的内部结构》（Bayesian phylolinguistics reveals the internalstructure of the Transeurasian family）在传统历史比较语言学研究结果的基础上，首次结合贝叶斯系统发育学方法（Bayesian phylogenetic methods），推测广义阿尔泰著语言（突厥语族、蒙古语族、满－通语族、朝鲜语、日语）在发生学上的关系，并从词源学角度利用莱比锡—雅加达词表（Leipzig-Jakarta 200 basic vocabulary

---

① Martine Robbeets：22 – The Transeurasian Languages，*In Raymond Hickey*：*The Cambridge Handbook of Areal Linguistics*，Cambridge University Press 2017，pp. 586 – 626.

② Martine Robbeets：Transeurasian core structures in Turkic，*Turkic languages*，2017，Vol. 21（1），pp. 3 – 35.

③ Martine Robbeets，The development of finiteness in the Transeurasian languages，*Linguistics* 2017，Vo. l55（3），pp. 489 – 523.

list）重建其原始形式[①]。贝叶斯系统发育学方法在语言系属问题研究中的使用较为广泛，已在世界多个语系的研究中得到了较好的证明。作者结合历史比较语言学、词源学、数理统计等有效手段，推断出跨越欧亚大陆的广义阿尔泰诸语具有发生学上的同源关系，并推测了它们的大致分化时间，以及互相之间的远近关系。

国内也有学者涉及阿尔泰诸语的比较，提出有关阿尔泰假说的论证。斯钦朝克图通过分析蒙古语 išige“山羊羔”来源及其在阿尔泰语系语言中的分布情况，梳理该词的被借用历程及其在蒙古语中的音义演变轨迹，从而论证阿尔泰语系诸语言（他的研究主要涉及突厥语族、蒙古语族、满－通语族）之间内部相互借用机制和借词的演变规律[②]。图门吉日嘎拉比较蒙古语族、突厥语族、满－通古斯语族中表达“闭、关、卡、耽误、堵、填、挡、护”等语义的 qa－词根词，分析这些词的语音对应关系。该词根上接 b、m－n、ɣ－q、r、l、ʃ 等单个辅音附加成分也可以构成更多新词。根据这些语言事实，作者认为这种较好的语音对应关系，并非互相借用的结果，而正好可以表明语言同源关系。除此之外，作者还提出语音交替构词法是原始阿尔泰语重要构词法之一[③]。他的另一篇论文对比分析阿尔泰诸语方位词，进一步论述阿尔泰诸语语音交替类推构词法[④]。尹铁超的专著《朝鲜语与通古斯语关系研究》共分 7 章，采用语言比较研究方法，从语音对应、超音段音位、构词方式、句法结构、同源词、大致分化时间、演变过程、分化原因及规律等方面对比和阐释了朝鲜语和通古斯语的同源特征[⑤]。

在比较研究方面，少数论著涉及语族语言之间的对比或比较，更多的研究则集中在语族内部各语言之间的对比研究上。这一节先介绍不同语族之间的比较研究，主要涉及元音和谐、词汇和句法。

Ko Seongyeon 的《东北亚语言的舌根和谐与元音对立》（Tongue Root Harmony and Vowel Contrast in Northeast Asian Languages）从历时和共时角度分析蒙古语族、满－通古斯语族和朝鲜语中的元音发声机制。首先，作者在层级理论（Contrastive Hierarchy）的框架内详细考察东北亚多达 35 种语言或方言元音的共时音质特征和音系结构，并对这些语言元音系统的历史发展进行描写。作者并不认同传统研究中所认为的朝鲜语和蒙古语的元音和谐为腭和谐（即舌位前后和谐）的观点，认为这些语言的元音和谐机制是基于舌根前伸或后缩机制的 RTR 和谐[⑥]。Beata Moskal 在激进 CV 音系学（Radical CV Phonology）框架下，提出突厥语族、满－通古斯语族、蒙古语族语言唇状和谐中的支配元音和被支配元音不仅共享一个特定特征，也会受到更多元素的制约，处在一种允准关系中[⑦]。郑仲桦指出阿尔泰语系三个语族小舌音和舌根音在元音和谐中的搭配关系较为独特。在比较世界其他语系语言后发现，广泛出现小舌音是阿尔泰语言除了元音和谐之外的又一个独特语音特点[⑧]。

---

① Martine Robbeets & Remco Bouckaert: Bayesian phylolinguistics reveals the internal structure of the Transeurasian family, *Journal of Language Evolution*, Vol. 3, No. 2, 2018, pp. 145－162.

② 斯钦朝克图：《蒙古语 išige 来源及其演变》，《满语研究》2018 年第 2 期。

③ 图门吉日嘎拉：《蒙古语【qa－】词根词研究》，《内蒙古大学学报（哲学社会科学蒙古文版）》2017 年第 2 期。

④ 图门吉日嘎拉：《蒙古语方位词的类推构词现象研究》，《中国蒙古学》2017 年第 6 期。

⑤ 尹铁超：《朝鲜语与通古斯语关系研究》，社会科学文献出版社 2018 年版。

⑥ Ko Seongyeon, Tongue Root Harmony and Vowel Contrast in Northeast Asian Languages（Turcologica 112）, Harrassowitz Verlag, Wiesbaden, 2018.

⑦ Beata Moskal, Labial harmony in Turkic, Tungusic and Mongolic languages: an element approach, *Phonology*, Vol. 35 (4), 2018, pp. 689－725.

⑧ 郑仲桦：《阿尔泰语小舌音的类型学分析》，《满族研究》2018 年第 1 期。

Éva Kincses-Nagy 的《察哈台书面语中蒙古语借词的转写》（Mongolic Copies in Chaghatay）根据察哈台文献，以 Clauson、Róna-Tas 等人提出的辨别借词的标准为提纲，辨别出 300 多个蒙古语借词，阐述其转写规则，并对其进行语音、音系、词法角度的分析，揭示察哈台时期的突厥语族语言和蒙古语族语言的接触情况①。

力提甫·托乎提的《最简方案——阿尔泰语言的句法结构》在生成语法最简方案框架内，讨论了阿尔泰语系语言词汇类及其子语类化特征，包括自有功能语类、黏着功能语类的概念、形式以及句法特征，最后还分析了阿尔泰语系语言的句法规则、空位、照应语及其管辖、语义结构②。

二 突厥语族语言研究新进展

突厥语族语言研究论著最多，约占全部论著的一半。这些论著所涉及的语言学领域也最广、最多样化，可分为以下九个方面介绍。

（一）方言土语研究、历史比较研究

这一年度，出现不少以突厥语族语言某一个方言土语全方位语言结构的描写为目标的著作。力提甫·托乎提的《哈萨克斯坦维吾尔族及其语言》揭示了哈萨克斯坦境内维吾尔族的语言使用现状及其语言的结构特点，并解释了形成这种现状的原因和条件。此外，还进一步描写了两国维吾尔语的差异，分析由于跨境因素而引起的语言变异。该著作从词类角度入手描写哈萨克斯坦维吾尔语结构，并附了词汇和长篇语料③。木再帕尔的《维吾尔语乌什话研究》描写维吾尔语乌什话语音、词法、句法和词汇特点，并附了长篇语料。乌什话属于维吾尔语中心方言，学界对其关注较少，但该土语在研究维吾尔语共同语和书面语方面具有举足轻重的重要作用④。吐拉买提·艾木都拉的博士学位论文运用描写语言学和历史比较语言学的方法，分析维吾尔语叶城土语，探讨了叶城土语兼有和田方言和喀什土语的混合性特征以及叶城土语跟现代维吾尔标准语之间的异同，并分析了叶城土语词汇的来源⑤。吐尔逊·尼亚孜的博士学位论文从语音、词汇、词法角度全面分析了维吾尔语哈密土语⑥。

也有一些著作以历史语言材料为对象，研究突厥语族语言的语音、词法、词汇和句法问题。张铁山根据《突厥语大词典》提供的语言材料，对比 11 世纪突厥语族诸语言，发现这些语言的共同点大于区别。区别主要体现在个别语音的变化上，尤其是语音交替，词汇和语法的差别很小⑦。阿布都鲁甫·甫拉提的《察哈台维吾尔语研究导论》对“察哈台维吾尔语”的定义进行新的阐述，并以文献资料为基础，从语音学、形态学、句法学各方面对“察哈台维吾尔语”与古代维吾尔语、现代维吾尔语进行了比较⑧。

---

① Éva Kincses-Nagy, Mongolic Copies in Chaghatay (Turcologica 115), *Harrassowitz Verlag*, Wiesbaden, 2018.

② 力提甫·托乎提：《最简方案：阿尔泰语言的句法结构》，中央民族大学出版社 2017 年版。

③ 力提甫·托乎提：《哈萨克斯坦维吾尔族及其语言》，中国社会科学出版社 2017 年版。

④ 木再帕尔：《维吾尔语乌什话研究》，中国社会科学出版社 2017 年版。

⑤ 吐拉买提·艾木都拉：《现代维吾尔语对城土语词汇研究》，博士学位论文，中央民族大学，2017 年。

⑥ 吐尔逊·尼亚孜：《维吾尔语哈密土语研究》，博士学位论文，上海师范大学，2018 年。

⑦ 张铁山：《从〈突厥语大词典〉看 11 世纪突厥语族诸语言的基本特点》，《民族语文》2018 年第 4 期。

⑧ 阿布都鲁甫·甫拉提：《察哈台维吾尔语研究导论》，民族出版社 2017 年版。

（二）语音、音系、韵律研究

突厥语族语言语音、音系、韵律研究成果较多，可分为语音、音系、韵律三部分介绍。Hans Nugteren 从罗布泊方言在维吾尔语各方言中独树一帜的语言特点出发，讨论罗布泊方言、标准维吾尔语和柯尔克孜语之间的异同，以及罗布泊方言和突厥语族其他语言之间的不同，认为罗布泊方言具有柯尔克孜语的某些特点①。司马义·阿不都热依木基于田野调查语料，描写维吾尔语罗布泊方言音变现象，和维吾尔语其他方言土语进行比较，指出共性和不同②。马伟基于青海省循化撒拉族自治县的街子镇、清水乡孟达地区、化隆回族自治县的阿什奴乡卡索地区、新疆伊犁伊宁县撒拉村等地所进行的田野调查材料，结合古代突厥语相关文献，分析了撒拉语语音的时空变化特点③。

在元音和谐律方面，Adam G. McCollum 用新数据展示哈萨克语唇状和谐梯度，比较 Kaun's 在 1995 年提出的基于特征的分析结果和最大熵和谐语法基于元音分散的分析结果，认为基于元音分散的分析更适合哈萨克语唇状和谐的研究④。

突厥语族语言重音、韵律、语调方面的研究较为突出。杜兆金等人基于维吾尔语重音模式的分析，以维吾尔语重音模式的调型特征来考察维吾尔语和汉语声调匹配的微观过程和特点，发现维吾尔族人在习得汉语过程中以母语重音模式中的“平调”“降调”“升调”三种调型匹配汉语的声调，语言类型学特点差异引起了“多对一”的复杂匹配，可称之为“多维干扰”⑤。哈妮克孜·伊拉洪等人用实验语音学方法分析维吾尔语感叹句语调，发现维吾尔语感叹句的语句调域从句首到句末呈现为明显的台阶式下降模式，但句末会略上升⑥。魏炜⑦用实验语音学方法分析哈萨克语一般陈述语气单句句调，总结为哈萨克语一般陈述语气单句调域较窄、音高曲线略有起伏、句末音节音高曲线均呈平缓下倾趋势、句重音落在句末、句重音与句中音节强度关系不大等特点⑧。王海波以研究维吾尔语语调与语气功能之间的关系为目的，设计出一套基于音高感知的维吾尔语语调标注系统，并将该系统应用于维吾尔语小型口语对话语料库，初步得到了语调与语气功能之间的常见匹配模式⑨。

在语音—语法接口方面，吐尔逊·卡得等人对维吾尔语歧义否定句进行了语音和感知实验，发现当歧义否定句的语法标志不同（一种以副词当作关键词，另一种以格短语或后置词短

---

① Hans Nugteren: The position of the Lopnor dialect, *Turkic languages*, 2017, Vol. 21 (2), pp. 178 – 198.

② 司马义·阿不都热依木:《维吾尔语罗布泊方言中音变现象的音系学分析》,《语言与翻译》2017 年第 2 期。

③ 马伟:《撒拉语语音的内部变化》,《民族语文》2017 年第 4 期。

④ Adam G. McCollum, Vowel dispersion and Kazakh labial harmony, *Phonology*, Vol. 35 (2), 2018, pp. 287 – 326.

⑤ 杜兆金、陈保亚:《母语类型的多维干扰——维吾尔语重音模式匹配汉语声调的机制》,《民族语文》2017 年第 5 期。

⑥ 哈妮克孜·伊拉洪等:《维吾尔语感叹句语调起伏度》,《清华大学学报（自然科学版）》2017 年第 12 期。

⑦ 魏炜:《现代哈萨克语一般陈述语气单句句调实验研究》,《中央民族大学学报（哲学社会科学版）》2017 年第 4 期。

⑧ 哈妮克孜·伊拉洪等:《维吾尔语感叹句语调起伏度》,《清华大学学报（自然科学版）》2017 年第 12 期。

⑨ 王海波:《维吾尔语基于音高感知的语调描写及语气功能研究》,《民族语文》2017 年第 6 期。

语当作关键词）时，强调焦点的特点也不同①。

（三）词法、形态、词类研究

张定京的《现代哈萨克语实用语法（上下）》是一本综合性基础教材，在作者提出的“实体语法”框架内，以语法意义和语法形式的研究为重点，以法位为基本单位，研究哈萨克语形态以及虚词、语序、重叠、零形式等。除此之外，在构词、构型以及词类方面的著作，有以下几部②。

在构词方面，Özlem Ayazli 基于 Malov、Tenishev、Todayeva 等学者所收集的语言材料，讨论西部裕固语从名词词根派生名词的 14 个附加成分和从动词词根派生名词的 16 个附加成分，并根据其功能，分析这些派生附加成分的特点。正如一些突厥学家所分析的那样，本文也发现西部裕固语的名词派生法与突厥语族北语支的图瓦、绍尔等语言有相似之处③。阿娜尔古丽·马哈提的博士学位论文对哈萨克语构词附加成分进行穷尽式的全面描写和分析，建立了哈萨克语构词附加成分的备选系统，论述哈萨克语构词附加成分使用情况④。Mustafa Ağca 的《突厥语族重叠构词法与语法标记》通过对突厥语族历时和共时语料中重叠构词实例的分析，试图说明突厥语族与世界其他语言一样，能够利用重叠法构词⑤。克力木江等人探讨通过三种方式构造的维吾尔语复合名词，即按照句法规则构造的复合名词（如形容词 + 名词）、超越句法规则构造的复合名词（比如非并列式名词 + 名词）和通过隐喻或转喻构造的复合名词⑥。

在构型手段、形态分析、语法范畴方面，有关哈萨克语的研究比较多。邱新霞等人分析哈萨克语｛动干 – 态 – 体 – 肯定/否定 – AdI – 谓人称｝中的“ – dI – ”附加成分，根据“eken”的用法、和田方言和罗布泊方言中使用的句子及｛动干 – 态 – 体 – 肯定/否定 – AdI – 谓人称｝中“ – dI”的演变过程等，提出当主语为第三人称时，谓语后面出现的“ – dI”只是“turur”的残留，不是谓语性人称词尾⑦。吴迪分析哈萨克语“时”范畴的转换表达现象，认为哈萨克语中存在三类看似形式相同而所表达的“时”意义不同的情况，即动词的过去时形式转换表达将来时意义、动词的现在时形式转换表达将来时意义、动词的将来时形式转换表达过去时意义⑧。阿热依·邓哈孜通过对比察布查尔哈萨克语与标准哈萨克语，提出一些标准哈萨克语中没有的语法特点，如助格词尾表现形式、存在名词用作副词的现象、一般过去时、追述时段过去时、动词祈使式第一人称（复数）词尾、动词祈使式第二人称尊称形式等⑨。阿米娜木运用语义、词汇和语法限制测试，对维吾尔语和乌兹别克语中即将将来时的表达类型、语义结构以

---

① 吐尔逊·卡得、袁生武：《维吾尔语歧义否定句的语调及韵律特征》，《语言与翻译》2017 年第 1 期。

② 张定京：《现代哈萨克语实用语法（上下）》，中央民族大学出版社 2018 年版。

③ Özlem Ayazli：Sari Uygurcada Ad Yapimi/ Nominal Derivation in Yellow Uyghur, *MCBÜ SOSYAL Bİ Lİ MLER DERGİ Sİ*, *Cilt*: 15, *Sayı*: 3, 2017, pp. 1 – 18, Kabul.

④ 阿娜尔古丽·马哈提：《哈萨克语形态构词研究》，博士学位论文，中央民族大学，2017 年。

⑤ Mustafa Ağca：Türkçede Bir SözTüretimYöntemiVeGramatikalIşaretleyiciOlarakYineleme/ Reduplication as a Word Formation Method and Grammatical Marker in Turkic, *Türkbilig*, 2017/34, pp. 89 – 104.

⑥ 克力木江·玉苏普、司马义·阿不都热依木：《维吾尔语复合名词构词法及新复合名词的构造》，《语言与翻译》2018 年第 1 期。

⑦ 邱新霞、张定京：《论哈萨克语｛动干 – 态 – 体 – 肯定/否定 – AdI – 谓人称｝中“ – dI – ”附加成分》，《语言与翻译》2017 年第 4 期。

⑧ 吴迪：《“时”范畴的“转换表达”研究——以哈萨克语为例》，《语言与翻译》2017 年第 3 期。

⑨ 阿热依·邓哈孜：《试析察布查尔哈萨克语的语法特征：以察布查尔县阿勒班部落的哈萨克语为例》，《中央民族大学学报（哲学社会科学版）》2018 年第 6 期。

及演变来源进行了对比研究，发现两种语言的即将将来范畴都能通过词汇、语法方式进行表达，其间存在普遍性和单向性，并且表达这个范畴的语法手段的语法化程度也不同①。姚家兴以语义为切入点，运用原型范畴理论，详细描写维吾尔语方式范畴，将维吾尔语方式范畴分为方法、工具、情状、致使、被动、指己、共动、替代、频率、发源性、空间等 11 个次范畴，并总结出不同方式次范畴在句法中的投射规律②。

除此之外，还有一些词类的专题研究。如贺川生分析西部裕固语中的逆序数词及其古代突厥语逆序数词之间所存在的历史继承关系，提出突厥语族语言几个特殊的十位数数词首先来自突厥民族关于畜群数量的概念，然后才独立形成数目的概念③。虎若楠以《现代维吾尔语详解词典》为主要语料来源，采用定量与定性相结合的分析方法，对现代维吾尔语摹拟词所构成的动词、副词以及其他词类进行分类并阐述其语音、结构和语义特点④。

（四）语法化、词化研究

近几年，突厥语族语言语法化研究论著比蒙古语族和满 - 通古斯语族语言多。Lars Johanson 的《突厥语族语言的语法化》（Grammaticalization in turkic）讨论突厥语族语言的语法化策略。突厥、蒙古、满 - 通 3 个语族，乃至朝鲜语和日本语，语法化策略和类型学特征既有共同之处。该文重点分析突厥语族语言不同于欧洲语言的语法化过程，这种语法化特点是阿尔泰语系典型特征，也是贯穿于突厥语族历史进程的特征。该文最终提出突厥语主要动词与副动词和助动词的组合具有与众不同的语法化特点，这一点相同于其他阿尔泰语言⑤。在国内发表的语法化研究论著中，赵明鸣、木再帕尔等人的研究比较突出。赵明鸣通过考察 18 种现代突厥语族语言的语法化动词 YAT - 参与构成的现在进行时范畴，将其归纳为 V - p YAT - ，V - A YAT - 和 V - GILI - wat - 三种主要结构类型，认为现代诸语言中的这个结构和始于公元 10 世纪左右的古代突厥文献语言语法化动词 YAT - 的结构类型相吻合，并有继承和发展⑥。木再帕尔分析维吾尔语名词在语言使用中发生语法化，演变为量词和感叹词的现象，提出通过语法化，维吾尔语功能类成分或表达更加抽象的语义，或演变为另一种功能类成分⑦。他另文分析维吾尔语指示代词 ol、疑问代词 Kim 的语法化、部分后置词和动名词的语义扩展以及部分词类的语气助词化现象，重点论述其语义扩展和语音销蚀特点，并通过参考历史文献，认为指示代词 ol 和疑问代词 kim 形成的类似于印欧语关系从句的句子结构是语言接触的结果⑧。木再帕尔的另一篇论文从维吾尔语使用频率较高的动词 bol - 的词源、bol - 在文献中的语义表现、不同功能的

---

① Aminem Memtimin, The Proximative in Modern Uyghur and Uzbek, *in Prospective and Proximative in Turkic, Iranian and Beyond*, Reichert verlag, Wiesbaden, Germany, 2017, 359 - 370.

② 姚家兴：《维吾尔语方式范畴及其在句法中的表现形式》，《喀什大学学报》2017 年第 5 期。

③ 贺川生：《西部裕固语、古代突厥语的逆序数词及其组合语义》，《中央民族大学学报（哲学社会科学版）》2018 年第 6 期。

④ 虎若楠：《基于语料库的现代维吾尔语摹拟词的构词功能及其特点分析》，《语言与翻译》2018 年第 2 期。

⑤ Lars Johanson, *Grammaticalization in turkic*, in H. Narrog & B. Heine: Grammaticalization from a Typological Perspective, Routledge, 2018, pp. 146 - 165.

⑥ 赵明鸣：《突厥语语法化动词 YAT - "躺" 的区域类型》，《民族语文》2017 年第 6 期。

⑦ 木再帕尔：《维吾尔语名词与人称、格成分的语法化》，《满语研究》2017 年第 1 期。

⑧ 木再帕尔：《维吾尔语的语义扩展和语音销蚀》，《民族语文》2018 年第 3 期。

bol - 在句中所处的位置等几个方面入手，探讨了其自古至今的使用情况和语法化路径[①]。

除此之外，还有有关词化的论文。李遐等人分析维吾尔语位移事件所表现出的较为丰富的词化模式，认为维吾尔语位移事件的词化兼有动词框架和卫星框架两种类型[②]。

（五）句法研究

2017—2018 年突厥语族语言句法研究主要涉及虚词、短语、分句、句法结构等方面。

赛丽塔那提·哈力克根据古代和近代维吾尔语文献，分析了表示"之后"义的若干后置词从古至今的演变过程，结果显示具有同一语义、功能的词语在不同时期始终保持共存且竞争的关系。而在历史进程中，这种竞争导致它们之间功能相互取代，最终得以分化，在语义和功能上趋于简化[③]。孙亚俊提出维吾尔语疑问代词"kim"除了表示询问之外，还有丰富的非疑问用法，也可以作为词根生成词语进行指代，并着重描写了"kim"任指、虚指、否定和表语气的四种非疑问用法，从中概括出各种非疑问用法常出现的句法格式和语言环境[④]。

力提甫·托乎提探讨了维吾尔语并列结构和偏正结构基础上延伸出的重复式偏正结构、连锁式结构和洋葱式结构等较复杂的短语结构类型[⑤]。力提甫·托乎提的另一篇论文根据生成句法语段（phase）理论，提出维吾尔语里存在三种语段，即语气力度—人称短语、领有—从属短语、引语。这些语段构成严密而前后一致的语域，其内部各成分对域外的任何成分都具有不可渗透性特点。语段类型的辨别对维吾尔语某些句法现象的理解和解释非常有用[⑥]。木再帕尔运用连动结构理论，探讨维吾尔语中的连动形式，论证维吾尔语的连动结构不是"纯"连动结构，而是"准"连动结构，并进一步讨论了维吾尔语准连动结构的形式类型、准连动结构的否定形式、汉语连动结构在维吾尔语的对应形式以及准连动结构的论元特征[⑦]。

Julian Rentzsch 从共时和历时两个角度探讨突厥语族表始结构的主要异同，重点分析分布较广的助动词 bašla - 的结构类型，探索这些类型发展过程中可能的因素，旨在阐明突厥语族表始结构的类型学和历时发展[⑧]。

木再帕尔提出维吾尔语无人称结构有无主句、被动句、存现句、情态句等几种类型，维吾尔语是典型的代词脱落（pro-drop）语言，删除代词主语也可以形成无人称结构。维吾尔语除了用 VN. DAT + bol - 、VN. DAT + toɣrakäl - 、 - GILI. CONV + bol - 、 - GILI. CONV + bol - 等方法之外，还使用情态词构成无人称结构[⑨]。李遐分析维吾尔语中自移动词、他移动词、共移动词三类位移动词的句法语义互动情况，指出位移动词和位移事件其他概念成分之间的合作[⑩]。

---

① 木再帕尔：《维吾尔语 bol "是、成为" 之语法化》，《北方民族大学学报（哲学社会科学版）》2018 年第 2 期。

② 李遐、热孜婉·阿瓦穆斯林：《维吾尔语位移事件词化类型分析》，《中央民族大学学报（哲学社会科学版）》2017 年第 6 期。

③ 赛丽塔那提·哈力克：《古近代维吾尔语表示"之后"义的后置词》，《民族语文》2017 年第 3 期。

④ 孙亚俊：《维吾尔语疑问代词"kim"用法浅析》，《语言与翻译》2017 年第 3 期。

⑤ 力提甫·托乎提：《论递归性原则与维吾尔语的若干短语结构类型》，《民族语文》2017 年第 2 期。

⑥ 力提甫·托乎提：《语段理论与维吾尔语的语段》，《民族语文》2018 年第 6 期。

⑦ 木再帕尔：《维吾尔语的"准连动结构"》，《双语教育研究》2017 年第 1 期。

⑧ Julian Rentzsch: Uniformity and Diversity in Turkic Inceptive Constructions, *Asian and African Studies*, Volume 26, 2017, pp. 261 - 297.

⑨ 木再帕尔：《维吾尔语的无人称结构》，《满语研究》2018 年第 1 期。

⑩ 李遐：《维吾尔语位移动词句法语义互动分析》，《语言与翻译》2018 年第 3 期。

徐春兰等人对汉语和维吾尔语二价动作动词形成的基干句模进行对比分析，讨论深层句模在表层句法层面的异同，所分析的对象包括涉受动词、结果动词、定位动词、致使动词、针对动词、互向动词等六类①。郑燕考察维吾尔文学作品中递进复句的语义关联范畴，分析了递进复句的语法标记和句法表现形式，并对分句之间的各种语义关系进行了分类和概括②。

（六）词源、词汇、语义研究

2017—2018 年突厥语族语言词源、词汇以及语义方面的研究较多，可分为以下三类。词源学的研究主要集中在维吾尔语和西部裕固语上。词汇研究方面，颜色词研究论著较多。与之相比语义研究论著较少。

力提甫·托乎提③从词源学角度研究维吾尔语 xaqan/xan （ < qağan < kagan）、qara < kara 两个词，认为这两个词都来自共同阿尔泰语动词词干 * ka - ~ * ko -，其基本意义是遮盖、控制、看管、保卫、包围、封闭等。靳焱等人以词源学理论为指导，对 tuturqan、gvrvch、shal 等指称水稻的维吾尔语词语进行了词源分析，通过对它们的来源、使用历史、语音与语义的演变、亲属语言中的分布等语言事实为依据，提出了自己的观点④。尼扎米丁·尼亚孜从词性、结构和词源等角度对现代维吾尔语莎车土语特有词进行分析，探究其结构和词源等方面的特点⑤。Özlem Ayazli 根据上世纪 50 至 80 年代收集的西部裕固语语言材料，从词源学角度讨论以 e 和 ï、i 音起头的一些词汇的词源问题，与突厥语族其他语言里的相应词汇进行比较，发现一部分是从蒙古语、汉语等语言借入的词汇，一部分是突厥语族共有词汇⑥⑦。

Saule Abdramanova 以实验方式考察哈萨克语使用者（年轻人为主）当中命名颜色词以及排序方面的特点，发现哈萨克青年对颜色的命名方式和哈萨克族学者对基本颜色词的定义方式之间存在一定的差异。以哈萨克语为母语的哈萨克族青年有 11 种颜色命名，如白、黑、黄、绿、红、蓝、棕、灰、浅蓝、粉红、紫等⑧。Bence Grezsa 从历史语言学的角度分析哈萨克语颜色词，介绍哈萨克语颜色词的符号学意义，并阐述了从颜色词派生的词汇的范畴和功能。该研究也包括颜色词构成的复合词，在复合词中，颜色词的意义和应用均有特殊情况⑨。尼扎米丁·尼亚孜的另一篇论文探讨古今维吾尔语颜色词 sarïγ ~ serïq“黄色”的语义演变，并详细分析由

---

① 徐春兰、祖丽皮耶·阿卜杜卡迪尔尔：《汉语与维吾尔语二价动作动词基干句模对比研究》，《语言与翻译》2017 年第 2 期。

② 郑燕：《维吾尔语递进复句的语义关系范畴考察》，《语言与翻译》2017 年第 1 期。

③ 力提甫·托乎提：《维吾尔语 xaqan/xan （ < qağan < kagan）、qara < kara 两词词源考》，《语言与翻译》2017 年第 1 期。

④ 靳焱、沈淑花：《维吾尔语农作物水稻词源考》，《新疆大学学报（哲学·人文社会科学版）》2017 年第 3 期。

⑤ 尼扎米丁·尼亚孜：《现代维吾尔语莎车土语中的特有词分析》，《语言与翻译》2017 年第 1 期。

⑥ Özlem Ayazli：S. Y. MalovVe E. R. Tenđşev'đn Sari UygurcaSözlüklerđÜzerđneEtđmolojđkDenemeler：e Maddesđ /Etymological Attempts on S. Y. Malov and E. R. Tenđşev's Yellow Uyghur Dictionaries：e Item，*Electronic Journal of Social Sciences*（土耳其）Volume：16 Issue：63，2017，pp. 1320 – 1338.

⑦ Özlem Ayazli：Sari UygurcaÜzerineEtimolojikDenemeler：I Veİ Maddesi/ Etymological Attempts on Yellow Uyghur：ï and i Items，*Gümüşhane University Electronic Journal of The Institute of Social Sciences*，Vol. 8（21），2017，pp. 148 – 171.

⑧ Saule Abdramanova，Basic Color Terms in the Kazakh Language，*SAGE Open*，Vol. 7（2），2017，1 – 8.

⑨ Bence Grezsa：What Do Colour Names Tell Us? the Case of Kazakh，*Acta Orientalia AcademiaeScientiarum Hung*. Vol. 71（2），2018，pp. 231 – 240.

sarïγ 派生出来的动词及以其作为词根的名词，以及 serïq 作为修饰语形成的词组的文化含义①。杜曼·叶尔江分析西部裕固语颜色词，将其分为基本颜色词（黑、白、黄、蓝、褐、红、绿、灰）和普通颜色词。其中核心颜色词是黑、白、黄、蓝、褐。普通颜色词在基本颜色词基础上形成，有复合颜色词和比喻颜色词。②

相比其他领域，语义研究论著较少。克力木江·玉苏普从形态、结构和语义等方面对汉语和维吾尔语名－名复合词进行微观对比分析。结果显示，两种语言名－名复合词在形态上差异较大，结构和语义也存在一些差别。但是，作为同一类的语言现象，两个语言名－名复合词还存在很多相同或相似之处。③ 卡依沙尔·艾合买提采用［±静态性］［±持续性］［±有界性］三组语义特征，将维吾尔语动词分成两大类，即静态动词和动态动词，然后将动态动词又根据其内部特点分为活动动词、完成动词、结果动词和瞬间动词等不同的类，并深入分析了维吾尔语五类动词的特征④。

（七）传据范畴研究

传据范畴研究是近几年语言学热门议题之一，在该年度突厥语族语言的研究中有几篇代表性论著。林青分析维吾尔语“惊异”范畴，发现维吾尔语表达“传信”的语法手段同时表达“惊异”，认为维吾尔语中“惊异”与“传信”表达方式的共用现象是功能扩展的结果之一⑤。林青的另一篇论文对照考察汉语和维吾尔语传闻表达类型，发现汉语和维吾尔语在传闻表达上存在可选性与强制性、形象与抽象、省力与羡余等差异，但又具有相似的语用策略选择机制⑥。赛丽塔那提·哈力克对比维吾尔语的－（X）ptu 与日语的－teiru，分析其传据特点，总结了异同，提出维吾尔语非第一手信息传据标记－（X）ptu 所标明的信息源既可以是推测又可以是传闻，－（X）ptu 的语法化程度高于－teiru，前者已发展成为无标记的非第一手信息标记⑦。C. Simon 分析撒拉语受到周围藏语的影响而发展出来的新的传据模式⑧。

（八）语篇研究

语篇研究是新兴领域，也是阿尔泰语系语言研究薄弱环节之一，这一年度有两篇论文。陈海艳等人以语篇衔接模式为理论指导，探讨维吾尔语语篇语法衔接方式及其功能，主要分析了照应、替代与省略等衔接模式⑨。张美涛分析现代维吾尔语语气词 mana 在人们日常交际及篇章中的语篇功能，认为该词主要有三种功能：通常被使用在表述内容开始之前，并且有时间停顿，目的是吸引听话人的注意；用于肯定或赞同对方观点；通常位于需要强调的信息之前，用

---

① 尼扎米丁·尼亚孜：《艾克拜尔·吐尼亚孜．浅析古今维吾尔语颜色词 serïq 的文化语义内涵》，《新疆大学学报（哲学·人文社会科学版）》2017 年第 2 期。

② 杜曼·叶尔江：《论西部裕固语颜色词汇的民俗文化意蕴》，《河西学院学报》2018 年第 1 期。

③ 克力木江·玉苏普：《汉语和维吾尔语中的名名复合词对比分析》，《喀什大学学报》2017 年第 5 期。

④ 卡依沙尔·艾合买提：《维吾尔语动词的语义分类及其特征》，《双语教育研究》2017 年第 1 期。

⑤ 林青：《维吾尔语的“惊异”表达方式探析》，《中央民族大学学报（哲学社会科学版）》2017 年第 5 期。

⑥ 林青：《汉语－维吾尔语传闻表达类型差异及语用策略选择的倾向》，《双语教育研究》2017 年第 2 期。

⑦ 赛丽塔那提·哈力克：《维吾尔语和日语非第一手信息标记的语法化进程及功能——以维吾尔语的－（X）ptu 与日语的－teiru 为例》，《中央民族大学学报（哲学社会科学版）》2017 年第 2 期。

⑧ C. Simon, Evidential modalities in Salar: The development of a Tibetan－like egophoric category, *Turkic Languages*, Vol. 22 (1), 2018, pp. 3－35.

⑨ 陈海艳、潘文婕：《维吾尔语语篇的语法衔接方式探微》，《双语教育研究》2017 年第 4 期。

来强调言语及篇章中出现的人物、时间、地点及事物等信息，或强调说话者对事件的主观情感色彩①。

（九）词典

B. 莫玛诺娃等人编著的《哈萨克体态语“哈－俄－汉”详解词典》收录哈萨克语手势语近200条，配有详细的解释说明，同时哈萨克语、俄语、汉语内容并行②。该书为国内外首部此类词典，开拓了语言学新领域，对比较哈萨克、俄、汉三个民族的文化习惯之民族特征具有重要价值。

三 蒙古语族语言研究新进展

2017—2018年蒙古语族语言研究主要集中在语音、词汇、词法和句法研究上，可从以下七个方面进行介绍，其中语音、音系和词汇方面的研究比较突出。

（一）方言土语研究、历史比较研究

内蒙古大学蒙古学研究中心组织出版《内蒙古蒙古语方言地图资料集》13卷本③，由森格、照日格图等学者负责完成。该系列成果经过长期的调查和收集，对内蒙古各盟市蒙古语方言土语进行详细记录和描写，突出其语音和词法的特点，并附了若干篇语言地图。每卷由序言、单词调查资料、语法调查资料、人称代词及指示代词变格形式以及资料地图构成。该资料集涵盖了内蒙古自治区境内使用蒙古语的苏木、乡、镇539个调查点的语言资料。额尔敦陶格套的博士学位论文在田野调查的基础上，对内蒙古自治区呼伦贝尔市陈巴尔虎旗鄂温克苏木鄂温克人所使用的哈木尼堪蒙古语的语音、词法、句法、词汇进行了较为系统全面的描写，文后附了两篇话语材料④。

Andrew Shimunek 的专著《古代蒙古南部和中国北部的诸语》（Languages of Ancient Southern Mongolia and North China）研究鲜卑－蒙古语（Serbi-Mongolic language family）起源问题。该专著通过分析蒙古高原古代民族诸语言，即鲜卑、契丹、吐谷浑以及其周围的同时代语，比如通古斯诸语、古藏语、古汉语等，力求提出有关鲜卑－蒙古语起源问题严谨而系统的理论。他还论述了拓跋、吐谷浑、契丹的语言概貌，系统地比较了契丹和蒙古的形态和句法范式，首次重构了共同鲜卑－蒙古语的语音、形态、词汇和语法⑤。

（二）语音、音系、韵律研究

蒙古语族语言的语音研究中多数人使用实验语音学的方法描写了蒙古语族语言的音段特征。哈斯其木格从声学特点、音系格局、音变、词内分布、辅音组合等角度描写达斡尔语布特

① 张美涛：《现代维吾尔语语气词mana的篇章功能探析》，《河北北方学院学报（社会科学版）》2017年第2期。

② B. 莫玛诺娃、C. 别依赛巴耶娃、张定京：《哈萨克体态语“哈－俄－汉”详解词典》，中央民族大学出版社2017年版。

③ 森格等：《内蒙古蒙古语方言地图资料集》（13卷本），内蒙古教育出版社2017年版。

④ 额尔敦陶格套：《哈木尼堪蒙古语研究》，博士学位论文，内蒙古大学，2017年。

⑤ Andrew Shimunek: Languages of Ancient Southern Mongolia and North China, HarrassowitsVerlag, Wiesbaden, German 2017.

哈方言辅音，根据达斡尔语语音事实和音系格局，提出将腭化辅音和唇化辅音当作独立音位的依据①。图雅使用实验等方法描写蒙古语标准音阳性 ɪ 元音的声学性质和音位功能，认为该元音在词首出现时音质上具有复合性，在舌位上依然不同于元音 ɛ，在功能上不易合并②。韩国君使用声学参数分析土族语互助方言单元音系统，描写元音音质和音变情况，归纳音系，总结了音变条件③。

音变规则和音系方面，Adele Jatteau 和 Michaela Hejna 分析蒙古语喀尔喀方言词首辅音因非词首送气辅音而导致的远距离异化现象，将其与蒙古语察哈尔土语和土族语中的同类语音现象进行比较，发现喀尔喀方言中的这种异化现象在历时音变上走在最前。异化在世界语言的历时音变中比较少见，但蒙古语里的这种音变与格拉斯曼定律所涉及的浊送气辅音的音变（送气变不送气）有着相同特征④。香琴运用生成音系学理论，分析古典蒙古语词的第一音节元音 i、ɪ、ə 的音变（逆同化元音和谐）、词末辅音 n 的脱落、非第一音节元音变化、第一音节元音 ʉ 的变化等一系列音变现象⑤。香琴的另一篇论文考察蒙古语库伦话前化元音的形成条件，总结出 9 条规律，认为不同来源的前化元音虽然语音形式相同，但音位价值不同，有些独立成音位，有些只是相应元音的变体。无论是哪一种条件下形成的前化元音，都不具有制约元音和谐过程的作用⑥。金玲基于田野调查语料，对保安语积石山方言和同仁方言的大墩、甘河滩、年都乎、保安上庄、保安下庄等地区语音概貌进行描写和对比，总结保安语语音系统特征⑦。兀·呼日勒巴特尔根据 18 世纪蒙古文文献以及拼写这些蒙古语资料的满文、朝鲜文、汉文的读音，提出 18 世纪的蒙古书面语里已形成系统的复合元音⑧。

哈斯其木格使用实验语音学的方法分析达斡尔语词重音，认为达斡尔语有音高重音，出现在词末音节，主要物理关联项为基频，音高重音无区别词义的功能，但能够起到划分词界的作用，尚无声学数据可证明达斡尔语有着力重音。达斡尔语词首音节虽然不承担音高重音或着力重音，但具有凸显发音的特点，其音色完整、到位⑨。呼和使用实验语音学的方法分析了蒙古语音步、韵律词、韵律短语和语调短语等韵律层级单元及其特点⑩。

（三）词法、形态、词类研究

构词法方面，乐·陶格敦白乙拉分析蒙古语构词词缀的能产性、组合方式以及受限条件，并分析了构词过程的认知基础⑪。

---

① 哈斯其木格：《达斡尔语布特哈方言辅音系统》，《满语研究》2018 年第 2 期。

② 图雅：《标准音/ɪ/元音音质的声学分析》，《内蒙古大学学报（哲学社会科学蒙古文版）》2018 年第 6 期。

③ 韩国君：《土族语单元音音位分析》，《中国蒙古学》2018 年第 1 期。

④ Adele Jatteau & Michaela Hejna：Gradient dissimilation in Mongolian：Implications for diachrony，*Papers in Historical Phonology*，Vol. 3，2018，pp. 28－75.

⑤ 香琴：《蒙古语逆同化元音和谐历时演变规律的音系学分析》，《中央民族大学学报（哲学社会科学版）》2018 年第 3 期。

⑥ 香琴：《蒙古语库伦话前化元音的形成条件及其音系学意义》，《民族语文》2018 年第 6 期。

⑦ 金玲：《保安语语音体系比较研究》，《西北民族大学学报（哲学社会科学版）》2017 年第 3 期。

⑧ 兀·呼日勒巴特尔：《论蒙古书面语复合元音》，《内蒙古大学学报（哲学社会科学蒙古文版）》2017 年第 4 期。

⑨ 哈斯其木格：《达斡尔语词重音实验研究》，《满语研究》2017 年第 2 期。

⑩ 呼和：《蒙古语韵律层级单元探讨》，《西北民族大学学报（哲学社会科学版）》2017 年第 4 期。

⑪ 乐·陶格敦白乙拉：《蒙古语构词成分的构词能力和组合规则》，《蒙古语文》2018 年第 2 期。

形态研究方面，阿拉腾苏布达讨论东部裕固语名词的领属范畴和数范畴。她将领属范畴分为人称领属和主语领属两大类，在共时和历时两个维度上进行分析，发现东部裕固语的名词领属范畴不仅有现代东部裕固语的特点，还有中古蒙古语族语言的特点，具有共时和历时的共同性质。在数范畴方面，她以学界有关阿尔泰语系复数形式研究结果为纲，将蒙古语族语言复数形式划分为－d、－s、－n 三种形式，对比分析蒙古语族诸语数范畴的形式、功能以及分布情况[①]。

在词类研究方面，宝音额木和将蒙古语中的量词与名词、数词比较研究，提出蒙古语中的量词与名词和数词既有关系也有区别，量词在功能上与数词相同，故此可将量词和数词统一分类为“数量词”，并根据蒙古语量词的语义、语用以及来源，分类为基本量词、派生量词、借用量词、复合量词等四大类[②]。王文格在类型学视角下分析蒙古语形容词属性，认为与其他语言中的形容词相比，蒙古语的形容词兼有饰词性和谓词性，饰词性强于谓词性[③]。宝玉柱等人从结构特征、功能分布、语义底层等方面分析蒙古语词干复合词，提出其构成条件，认为概念融合和复合词词化是蒙古语词干复合词产生的内在条件，词干复合词的出现与词的功能分布和句中位置也有一定的关系[④]。

（四）句法研究

句法研究主要集中在虚词研究上，除此之外也有人关注到了话题结构。高莲花在生成语法最简方案框架内，提出蒙古语的 ügei、biši、busu、edüi 等词属于否定功能语类，能与静词类短语合并，构成否定短语。该文并运用短语结构规则，描写和解释蒙古语否定短语的形成及其句法结构[⑤]。高莲花的另一篇论文也在最简方案框架内分析蒙古语 6 种语态所形成的 6 种轻动词短语，用树形图展示了每一种轻动词短语生成过程[⑥]。包满亮、包双双首先梳理各种版本的“现代蒙古语”学术著作和高校教科书中有关情态词和情态副词的词类分级、功能和形式的研究概况，在此基础上进一步阐述蒙古语情态词和情态副词在语义、词法、句法层面的不同特点，提出情态词是一种独立的词类[⑦]。金双龙对比分析蒙古语族语言的后置词，论述在实词和后置词结合过程中所受到的词类限制和语义限制。这种限制通过词类和语法形式表达[⑧]。金双龙在其他论文里分析了蒙古语族语言的助词和连词等功能词[⑨]。

额·宝音乌力吉在语用层面上分析了蒙古语话题结构，认为语言交际中最大的单位是语

---

① 阿拉腾苏布达：《东部裕固语静词的领属范畴》，《内蒙古大学学报（哲学社会科学蒙古文版）》2018 年第 2 期；《蒙古语族语言复数形式》，《中国蒙古学》2017 年第 2 期。

② 宝音额木和：《有关蒙古语量词的几个问题》，《内蒙古师范大学学报（哲学社会科学蒙文版）》2017 年第 1 期。

③ 王文格：《试论蒙古语形容词的类型学属性》，《前沿》2017 年第 6 期。

④ 宝玉柱、那达木德：《现代蒙古语词干复合词研究》，《内蒙古民族大学学报（社会科学版）》2018 年第 2 期。

⑤ 高莲花：《蒙古语的否定短语初探》，《民族语文》2018 年第 5 期。

⑥ 高莲花：《浅析蒙古语轻动词短语及其结构特征》，《中央民族大学学报（哲学社会科学版）》2018 年第 6 期。

⑦ 包满亮、包双双：《蒙古语情态词及情态副词相关问题分析》，《中国蒙古学》2018 年第 1 期。

⑧ 金双龙：《蒙古语族语言的后置词研究》，《内蒙古大学学报（哲学社会科学蒙古文版）》2018 年第 5 期。

⑨ 金双龙：《蒙古语族语言的助词研究》，《内蒙古大学学报（哲学社会科学蒙古文版）》2018 年第 5 期；《蒙古语族语言的连词研究》，《中国蒙古学》2018 年第 5 期。

篇，每个语篇有其话题。语篇由句子组成，每个句子也可有其话题。而一个语篇当中多个话题之间、话题和述题之间、述题和述题之间具有一定的相互关联。蒙古语话题链中，具有话题相同、述题相同、直线连续、交叉进行等四种形式①。

（五）词汇、语义研究

2017—2018 年蒙古语族语言词汇方面的研究比较多。

在古今词汇比较方面，王顶柱对比分析蒙古语科尔沁土语一些词汇与其对应的中古蒙古语文献词，分析这些词汇在语音、语法形态及词义上的特征，提出科尔沁土语这些词汇与现代蒙古语书面语和其他方言土语间存在的差异②。马如彪把《蒙古秘史》当作中古蒙古语的参考语料，从语音和词汇角度对比研究中古蒙古语和东乡语，得出中古蒙古语和东乡语在元音上有一致性，东乡语保留着现代蒙古语中已消失而存在于中古蒙古语里的部分辅音，东乡语保留着大量《蒙古秘史》词汇等结论③。

共时词汇研究方面，秀花重点分析卡尔梅克土尔扈特土语的词汇构成特点，将其划分为基础词汇、特色词汇、借词等几个部分，与其他土尔扈特土语进行比较，分析卡尔梅克土尔扈特土语基础词汇和借词的演变特点、使用情况、构词手段以及该土语词汇发展规律④。其布尔哈斯利用斯瓦迪士 200 个核心词表，对比分析东部裕固语和蒙古语中的对应词汇，将其划分为东部裕固语固有词或词源无法确定的词汇、借词、蒙古语同源词、与西部裕固语相同的词汇等四类，分析了东部裕固语和蒙古语在这些词汇上的语音以及语义对应关系⑤。哈申格日乐描写保安语中的汉语借词概况，分析汉语借词和保安语母语词汇的互补、融合和竞争存在的语言事实⑥。

语义研究方面，金书包以“yehe”“tomo”两个近义词（其意为大）为例，分析蒙古语中近义词的特点，并提出语义研究应根据语用分析其语义，而不是从语义到语用⑦。天峰发表系列论文，从认知语言学角度分析蒙古语动物名称以及颜色词的文化含义。在动物名称的认知方面，作者从畜牧经济日常饲养的动物（如牛、羊、马、狗等）以及常见的野生动物（狼、狐狸、兔子等）的名称在语言中的使用特点入手分析其含义，认为人类认知过程是根据常见事物名称逐渐认识其他事物的扩散过程。在颜色词方面，从生理—心理认知、民族文化、文化影响、修辞认知等角度论述了蒙古语颜色词所表达的文化内涵⑧。

复合词、熟语、词汇文化含义方面，德·青格乐图的《蒙古语复合词研究》面向动词语义研究的需要，利用配价理论，对《蒙古语固定短语语法信息词典》中所包括的 V + V 复合动词

---

① 额·宝音乌力吉：《论文蒙古语话题链》，《蒙古语文》2018 年第 7 期；《蒙古语话题研究相关的几个问题》，《语言语翻译（蒙古文版）》2018 年第 3 期，第 6—13 页；《蒙古语话题和主语的关系》，《中国蒙古学》2018 年第 6 期。

② 王顶柱：《科尔沁土语中的中古蒙古语词语考释》，《民族语文》2018 年第 1 期。

③ 马如彪：《中古蒙古语与现代东乡语同源词汇研究——以〈蒙古秘史〉语言为视角》，《兰州大学学报（社会科学版）》2017 年第 4 期。

④ 秀花：《俄罗斯联邦卡尔梅克自治共和国土尔扈特土语词汇特点》，《蒙古语文》2017 年第 12 期。

⑤ 其布尔哈斯：《斯瓦迪士二百核心词在东部裕固语和蒙古语中的对应情况》，《内蒙古社会科学（蒙古文版）》2018 年第 2 期。

⑥ 哈斯格日乐：《保安语的汉语借词和固有词的关系关系》，《中国蒙古学》2018 年第 1 期。

⑦ 金书包：《关于蒙古语近义词的区别特征》，《语言语翻译（蒙古文版）》2017 年第 3 期。

⑧ 天峰：《动物名称的语义转移之认知研究》，《蒙古语文》2017 年第 2 期、第 3 期；《蒙古语颜色词的文化含义认知研究》，《蒙古语文》2017 年第 8 期、第 9 期。

和N+V复合动词进行全面分析。作者首先介绍配价理论，以及蒙古语V+V复合动词和N+V复合动词的特点。其次对蒙古语V+V、N+V复合动词的价量和价质作了详细分析，以配价理论对其进行分类。最后基于语料库分析了各类复合动词的价质、语义选择和句法选择①。呼日乐巴特尔的博士学位论文分析13世纪到16世纪之间的蒙古语文献语言，搜集其中出现的蒙古语熟语，对其语义系统、变异体以及近义或多义熟语进行了较为全面的研究②。布音其其格的博士学位论文在搜集整理与骆驼相关的蒙古语词汇、谚语、谜语、颂词、故事、民歌等丰富材料的基础上，运用语义场理论与方法，对相关词汇分门别类，建立数据库，对所收词汇的词源、方言特点及结构特征等进行分析，阐释蒙古族游牧生活中的语言文化特点及不同地区蒙古族文化差异。还设计构建蒙古语骆驼相关词汇语义网应用系统，介绍其功能和使用方法③。包小子的博士学位论文收集整理蒙古语里的1600多种野生动物名称，从文化语言学和认知语言学角度进行语义分类和结构分析，探索其中的文化内涵④。

（六）语言接触研究

2017—2018年，有几部论著从语言接触角度分析研究东乡语、保安语等蒙古语族语言因汉语的影响而出现的各种语言现象。敏春芳的《语言接触与语言演变——东乡语与东乡汉语研究》分为上下两编。上编以唐汪话语音为代表，对东乡语不同时期、不同层次的汉语借词进行溯本求源，发现大量的借词不仅会改变一种语言的词汇系统和语义系统，而且可以使借入语的语音语法发生变化。弱势语可以从强势语中借入大量的词汇，但弱势语的“母语干扰”根深蒂固。如OV语序、复数“们”的复杂形式、成系统的格标记、句末特殊动词“是”“有”复杂用法、并列副动词“着”等，通过匹配带到了东乡汉语中，在特定的地域或特殊的人群中使用。下编分析了东乡语对东乡汉语以及西北方言的影响，同时将西北接触方言和元白话中的特殊语法现象进行对比分析，探讨西北方言语法现象的来龙去脉⑤。包萨仁的《东乡语汉语接触研究》讨论了两个问题。一是语言接触与东乡语历史演变的关系，着重分析语言接触在东乡语历史演变过程中起到的作用，解释东乡语语音、词汇、语法中存在的由语言接触促发的语言现象，以及语言接触与东乡语内在的演变规律之间的相辅相成的关系。另一个部分分析了东乡语共时系统中存在的变异现象，解释其产生原因以及未来发展态势。在词法和形态研究方面，也有一些人关注到到了因为语言接触而导致的结构变化⑥。Julie Lefort利用东乡语的不同语料，探讨东乡语量词。尽管量词在所有蒙古语族语言中都存在，但使用却很少，而且是由与汉语的语言接触引起的⑦。哈申格日乐从语言接触角度分析保安语受汉语影响而发生的语法结构变化，重点讨论了格范畴、词干和句子结构上出现的一些现象。保安语因为受汉语影响，出现并用保安语语法词缀和汉语虚词等两种语法表达方式，或弃用保安语的原有形式，转用汉语表达形式⑧。

---

① 德·青格乐图：《蒙古语复合词研究》，内蒙古教育出版社2018年版。

② 呼日乐巴特尔：《中期蒙古语熟语研究》，博士学位论文，内蒙古大学，2017年。

③ 布音其其格：《蒙古语骆驼相关词汇语义网研究》，博士学位论文，内蒙古大学，2017年。

④ 包小子：《蒙古语野生动物名称研究》，博士学位论文，内蒙古大学，2017年。

⑤ 敏春芳：《语言接触与语言演变——东乡语与东乡汉语研究》，中国社会科学出版社2018年版。

⑥ 包萨仁：《东乡语汉语接触研究》，中国国际广播出版社2017年版。

⑦ Julie Lefort：Contact-induced change in the Dongxiang language，*East Asian Languages and Linguistics*，Brill，Holland，Vol. 46，2017，pp. 174－193.

⑧ 哈申格日乐：《关于受汉语影响引起的保安语语法变化》，《内蒙古大学学报（哲学社会科学蒙古文版）》2018年第2期；《保安语句型受汉语影响后发生的一些变化》，《内蒙古社会科学（蒙古文版）》2018年第1期。

（七）词典

杨优臣、何继春出版了《达斡尔语词典》。该词典在《达斡尔语词典》（试用本）的基础上修订而成，以达斡尔语标音方案注音，以汉语释义。修订内容除拾遗补缺和矫正错误以外，添加国际音标注音、音节划分、例句、体词的格、动词的时态等内容①。安玉冰等人编纂的《东部裕固语汉语词典》是一部东部裕固语和汉语对照词典，以甘肃省肃南裕固族自治县康乐镇、皇城镇东部、大河乡的东部地区东部裕固语材料为依据编写，采用拉丁字母和国际音标相结合的方式，以字母排序法综合编排而成②。除此之外，辽宁民族出版社还出版了《蒙汉汉蒙词典》。③

四　满－通古斯语族语言研究新进展

2017—2018 年满－通古斯语族语言的研究主要集中在语音学和构词、构型研究上，可以从以下六个方面进行总结。

（一）语音、音系研究

乌日格喜乐图的《鄂温克语语音声学研究》使用实验语音学的方法，采用大型语音声学参数库，以鄂温克语索伦方言为分析材料，描写了鄂温克语音段和超音段特征④。乌日格喜乐图专文讨论鄂温克语词末短元音，提出鄂温克语词末位置可出现 7 个元音，其中 ɐ、i、u 等 3 个短元音最为活跃，随着音节个数的增加，词末位置出现的短元音个数和类型也减少。词末位置短元音有一定的央化趋势，词内的音强峰一般不会出现在词末短元音上⑤。丛珊等人对鄂伦春语元音系统进行声学分析，认为鄂伦春语元音的 7 个声学高度可概括为两个音系高度，发现高元音受邻近元音、辅音的影响较小，但是后高元音的央化以及浊辅音的环境都会在一定程度上影响高元音的分合⑥。

音系和音变方面，Andrew Jonathan Joseph 的博士学位论文对比分析了 10 个与满语有关的语言和方言（包括女真语、锡伯语、书面满语以及满语其他方言土语）的音系，从历史比较角度梳理他们的语音对应关系，试图阐明满－通古斯语支满语支的历史发展和内部结构，推测共同满语的关键音段特征⑦。王国庆比较中俄境内的 9 种满－通古斯语族语言同源词，发现该语族语言的元音演变呈现出长元音向短元音变化、元音逐渐高化前化、多音节复元音向单音节单元音变化等特点⑧。B. Elan Dreshera 和 Andrew Nevins 重新审查白纳鄂伦春语非高圆唇元音在词内的和谐现象，一般认为鄂伦春语这类元音的分布可预测。该论文提出有必要区分词干内的和谐和词干与附加成分之间的和谐，词干内元音和谐由语素结构决定，而词干与附加成分之间的

---

① 杨优臣、何继春：《达斡尔语词典》，民族出版 2017 年版。

② 安玉冰等人编纂：《东部裕固语汉语词典》，甘肃民族出版社 2017 年版。

③ 嘎拉桑、金秀梅：《蒙汉汉蒙词典》，辽宁民族出版社 2018 年版。

④ 乌日格喜乐图：《鄂温克语语音声学研究》，社会科学文献出版社 2018 年版。

⑤ 乌日格喜乐图：《鄂温克语辉方言词末短元音实验研究》，《满语研究》2017 年第 2 期。

⑥ 丛珊、谢郴伟：《鄂伦春语的元音格局及其高元音的声学分析》，《中央民族大学学报（哲学社会科学版）》2017 年第 6 期。

⑦ Andrew Jonathan Joseph, The Historical Phonology of Manchu Dialects，博士学位论文，康奈尔大学，2018 年。

⑧ 王国庆：《满通古斯语族诸语言同源词元音的音变律》，《黑龙江社会科学》2017 年第 1 期。

和谐具有规则性，由音系规则决定。在鄂伦春语白纳方言、逊克方言以及满语中，词干内和谐方式相同，但词干和附加成分之间的和谐互相不同[①]。

（二）词法、形态、词类研究

在构词方面，长山等人分析满语元音交替构词法，提出元音交替构词具有显著的语音对称、语义相关的特点，根据发音部位和发音方法，可将元音交替构词分为不同类型，元音交替派生的词语在阿尔泰语系其他语言中也比较常见[②]。朝克将满—通古斯语族语言十位基数词分为三种类型：“十”到“四十”属于原生性结构类型，即非词缀型或非派生性结构；“六十”到“九十”属于非原生性结构类型；“五十”的结构类型比较复杂，既有原生性，又有派生性的双重结构特征[③]。晓春将满语动词划分为基本动词和派生动词两类，根据派生动词词根的词类和附加成分，举例描写了满语动词派生方法和类别[④]。José Andrés Alonso De La Fuente 分析了满语 giranggi“骨”、senggi“血”等名词里“－nggi”的形式和功能[⑤]。

构型和形态变化方面，朝克所著《鄂温克语名词形态论》和《鄂温克语动词形态论》，从形态论的角度研究鄂温克语名词的数、格、领属、级和句法功能以及形动词、副动词、助动词等动词类词的态、体、式、时、人称、形动、副动、助动等形态变化现象[⑥⑦]。朝克还分析满－通古斯语族语言 5 种“态”形态变化、16 种“体”形态变化语法现象使用原理，试图揭示满－通古斯语族语言动词“态”与“体”形态变化的结构特征、语用关系和语法功能[⑧]。桂芳根据第一手语料分析锡伯语复数附加成分，提出锡伯语复数附加成分有－s、－tə、－təs 三个形式，只用在指人的名词之后，且不同年龄段人群所用的附加成分也不同，－tə、－təs 形式基本只出现在老人的话语中[⑨]。高娃基于前人研究结果，利用第一手田野调查语料描写鄂伦春语以－d 起头的和以－l 起头的静词位格附加成分，这个附加成分表达动作行为的地点和方向，以－l 起头的附加成分用在以元音结尾的词干上，以－d 起头的附加成分接在以辅音结尾的词干上，也可重叠使用这两个附加成分[⑩]。丛珊基于田野调查语料，将鄂伦春语托河路话的格范畴归纳为 10 种，并对格标记的句法功能和语义角色进行分析[⑪]。DoJeongup 的博士学位论文分析了书面满语格范畴附加成分－be 的性质和功能。指出满语格附加成分－be 的典型语法意义是宾格词缀，功能是宾语标志。除此之外，－be 还有非典型用法，利用书面满语材料重点分析

---

① B. Elan Dreshera& Andrew Nevins, Conditions on Iterative Rounding Harmony in Oroqen, *Transactions of the Philological Society*（语义学学会汇刊）, UK, Volume 115（3）, 2017, pp. 365－394.

② 长山、季永海：《满语元音交替构词法》，《民族语文》2017 年第 4 期。

③ 朝克：《论满－通古斯语族语言十位基数词构成原理》，《满语研究》2018 年第 1 期。

④ 晓春：《满语动词构词词缀研究》，《语言与翻译（蒙文版）》2018 年第 2 期。

⑤ José Andrés Alonso De La Fuente, on Internal Reconstruction, Morphological Restructuration and Nominal Classes in Manchu, *Acta Orientalia AcademiaeScientiarum Hungary*（匈牙利东方科学院学报）, Volume 70（3）, 2017, pp. 347 - 370.

⑥ 朝克：《鄂温克语名词形态论》，中国社会科学出版社 2017 年版。

⑦ 朝克：《鄂温克语名词形态论》，中国社会科学出版社 2017 年版。

⑧ 朝克：《论满—通古斯语族语言动词态与体形态变化语法现象》，《满语研究》2017 年第 2 期。

⑨ 桂芳：《论锡伯语复数词缀》，《内蒙古大学学报（哲学社会科学蒙古文版）》2017 年第 2 期。

⑩ 高娃：《论鄂伦春语静词位格附加成分》，《内蒙古大学学报（哲学社会科学蒙古文版）》2017 年第 2 期。

⑪ 丛珊：《托河路鄂伦春语的格范畴》，《南开语言学刊》2018 年第 2 期。

了 - be 的非典型用法①。魏巧燕分析满语动词 bi -，提出该动词除了具有实义动词功能以外，还具有虚义动词功能，充当助动词。bi - 作助动词时，其词汇语义虚化，表达时、体等语法语义。此外，bi - 的一些形态变化已经固定，可以表示句子之间的逻辑关系②。贾越利用清代书面满语语料，分析满语名物化，提出满语的名物化词类有动词、形容词、数词，动词名物化途径主要有附加成分名物化和复合名物化两种，清代书面满语屈折语素名物化在将名物化成分转换成名词功能的同时，还保持了动词的功能，并增添了"概括""提示"等语法信息③。

满 - 通古斯语族语言语法化方面的研究较少。张殿典等人利用满文文献，分析了满语动词 sembi "称为、说"，提出该词当作实词时在句末或分句句末起引号作用；作为虚词，表示虚拟、强调、因果、让步等语法意义。sembi 的实词意义与其虚词功能有密切联系，从动词到标句词是 sembi 语法化的重要线索和路径之一④。秦平从锡伯语书面语和口语两方面分析动词 sindambi 的语法化过程，得出两个结论：在书面语中，当 sindambi 前面的宾语为"人、官职、心意、心"等名词时，sindambi 的动词语义就会弱化；在口语中，当其呈现"V - maq^{h}səntа -"这种形态时，"səntа -"就语法化为完成体的标记⑤。

（三）句法研究

短语和句子结构方面，丛珊通过对比鄂伦春语 4 种方言致使结构标记，发现鄂伦春语致使结构标记的语法化过程与 Nedjalkov 考察通古斯语所提出的语法化路径有所不同，鄂伦春语致使结构标记的语法化路径更为复杂⑥。贾越提出满语并列标记策略以零策略为主，词汇策略为连词标记和后置词标记，标记模式既有单标标记也有双标标记和四种标记位置。满语并列结构表达合取并列、析取并列和转折并列三种语义类型⑦。

功能语法研究方面，Wang Pin 在系统功能语法框架内，以《满洲实录》中的一个民间故事为材料，以动词群为主要分析对象，研究满语的功能语法。在满语分句中，动词群出现在句末，参与表达事件、时态、语气、情态、性等语法意义，并完成分句和动词群的逻辑结合。其中，一些功能由助动词完成，而一些功能则动词加附加成分完成⑧。José Andrés Alonso de la Fuente 等人基于 17 世纪满语文献语料，详细描写古典满语中的协同位移事件（associated motion, AM），认为满语中的 AM 系统不同于 Japhug 所描述的 AM 系统⑨。

示证范畴方面，丛珊从类型学的视角对鄂伦春语的示证范畴进行考察，归纳鄂伦春语表达信息来源的途径主要有拟测信息和报道信息两种，提出鄂伦春语的示证标记不具有强制性，省

① DoJeongup, A study on the function ofthe Manchu case marker be（满语格标志 - be 的功能研究），博士学位论文，首尔国立大学，2018 年。

② 魏巧燕：《论满语助动词 bi -》，《满语研究》2017 年第 2 期。

③ 贾越：《清代书面满语名物化方式初探》，《黑龙江民族丛刊》2017 年第 2 期。

④ 张殿典、赵杰：《满语标句词 sembi 及其语法化》，《北方民族大学学报（哲学社会科学版）》2018 年第 3 期。

⑤ 秦平：《锡伯语动词 sindambi "放" 的语法化过程探析》，《黑龙江社会科学》2017 年第 1 期。

⑥ 丛珊：《鄂伦春语致使结构标记的语法化过程》，《满语研究》2018 年第 1 期。

⑦ 贾越：《论类型学框架下的满语并列结构》，《满语研究》2018 年第 2 期。

⑧ Wang Pin, Verbal groups in Manchu: a systemic functional account. *Word* Vol. 64（3），2018, pp. 157 - 176.

⑨ José Andrés Alonso de la Fuente and Guillaume Jacques, Associated motion in Manchu in typological perspective, *Language and Linguistics*, Vol. 19（4），2018.

略示证标记并不会带来句法上的混淆①。

（四）词汇、语义研究

满－通古斯语词汇和语义方面的研究较少，时妍的《满语词汇的多义性研究》全面介绍了满语词汇语义研究概况，对满语词汇的多义性进行了全方位的分析与解读，主要内容包括满语词汇多义性研究的历史与现状、满语词汇多义性的共时研究和历时研究、满语词汇多义性的认知语义研究和应用研究等内容②。栾郑从经济、宗教、满汉文化接触等角度分析了满语生育词文化内涵③。吴双利用各时期满文文献，梳理满语动词 sindambi 在各时期的语义和语用，指出 sindambi 以基本义“放开”和“放置”为中心，语义不断引申、扩展和细化，产生了许多引申义，一些引申义继而又发展出各自的引申义，致使词义逐步由具体走向抽象④。

（五）词典

孙亚强编著出版了《简明赫哲语词典》，分为上部、中部、下部。上部是基于内部出版物《简明赫哲语汉语对照读本》形成的“简明赫哲语汉语对照”，中部是以世界非遗“伊玛堪”为内容整理编写的“赫哲语汉语日常生活用语对照”，下部是“赫哲语汉语常用会话对照”，后面还附有 20 篇赫哲语练习课文⑤。除此之外，本年度还出版了《满汉大辞典》修订本⑥、《赫哲语语法功能词典》⑦。

（六）其他

除此之外，朝克组织编写，由社会科学文献出版社出版了鄂温克语系列专著，如《讷河鄂温克语基本词汇》（朝克，2017 年版）、《阿荣鄂温克语》（朝克，2017 年版）、《鄂温克族三大方言词汇比较》（朝克，2017 年版）、《杜拉尔鄂温克语研究》（娜佳，2017 年版）等。在韩国《人文论丛》（인문논총）、《语言学》（언어학）等刊物上也发表了研究满语的论文。例如도정업（Do Jeong Up）的“만주어복합문의 대격주어현상연구（A Study on the Accusative Subject of Complex Sentence in Manchu）”（2017，Vol. 74（3））、박상철（Park Sangchul）的“만주어문법서에서 기술한 －ra 와 －ha 의 의미（The Meaning of Manchu －ra and －ha：Are They Tense or Aspect）”（2017，Vol. 74（3））、김혜（Jin Hui）的“만주어표기에 반영된 만주어와 한어의 구개음화（Palatalization in Manchu and Chinese in Manchu Literatures）”（2018，Vol. 80）等。

五 塔吉克语研究新进展

我国塔吉克族约有 5 万人（2010 年的统计），聚居于新疆维吾尔自治区塔什库尔干塔吉克自治县。塔吉克语属于印欧语系伊朗语族西支。国内塔吉克族使用色勒库尔语（或称萨里库尔语，Sarikul）和瓦罕语（Wakhi）两种语言，互相不能通话。上世纪 80 至 90 年代，高尔锵研

① 丛珊：《鄂伦春语示证范畴的类型学考察》，《中央民族大学学报（哲学社会科学版）》2018 年第 5 期。
② 时妍：《满语词汇的多义性研究》，黑龙江人民出版社 2017 年版。
③ 栾郑：《满语生育词文化语义初探》，《满语研究》2017 年第 2 期。
④ 吴双：《满语动词 sindambi 初探》，《满语研究》2017 年第 1 期。
⑤ 孙亚强：《简明赫哲语词典》，黑龙江人民出版社 2017 年版。
⑥ 安双城：《满汉大辞典》修订本，辽宁民族出版社 2018 年版。
⑦ 董兴业、董晓佳：《赫哲语语法功能词典》，黑龙江人民出版社 2018 年版。

究塔吉克语，在《民族语文》《语言与翻译》等学术刊物上发表了近十篇论文，其内容主要涉及塔吉克语的句法和词法。近几年，杨海龙、曾俊敏、李兵等学者关注塔吉克语，发表了系列论文，例如杨海龙的《中国塔吉克语亲属称谓初探》① 和《中国维吾尔语、塔吉克语亲属称谓对比研究》②、曾俊敏的《色勒库尔及瓦罕塔吉克语与于阗语的亲缘距离》③)、李兵的《瓦罕塔吉克语概况》④、《瓦罕塔吉克语双音节词重音实验语音学报告》⑤、《瓦罕塔吉克语的代词性附着语素》⑥、《瓦罕塔吉克语的使动范畴》⑦ 等。

胡伟、李兵描写瓦罕塔吉克语的代词性附着语素，说明其语音特点、语法意义、性质、分布特点和语法功能，讨论其宿主的音系和句法特点。该语素与动词的时范畴有关，这类附着语素表达数和人称范畴，从历史来源角度看，这类附着语素可能来自早期语言的人称代词。文章初步认为其属于主语型第二位置附着语素⑧。

侯典峰、李兵描写瓦罕塔吉克语使动范畴的构成形式、形态—句法特点和语义特点，讨论了两类手段在形态－句法方面和使动意义方面的差异，并与伊朗语支部分语言的使动范畴及其标记形式进行了初步比较⑨。作者发现瓦罕塔吉克语使动范畴有两类标记手段：形态性致使和分析性致使。形态性致使有两种语音形式的附加成分，－ɨv 用在现在－将来时里，－ɔv 用在完成体的和过去时里。分析性致使的使动结构标记是使用致使义动词 rɨmtajn “派，让”，在复合动词里，核心动词 xak “做” 也能起到使动范畴标记的作用。瓦罕塔吉克语的使动后缀在语音形式上与西伊朗语差异较大，与东伊朗语较为接近。分析性致使与邻近的高加尔方言相似，主要差异在于中介致使者带的格不同。

六　朝鲜语研究新进展

朝鲜语是系属未确定的语言。学界主张朝鲜语属于阿尔泰语系的观点占优势，但并不是最后的定论。朝鲜语和阿尔泰诸语言比较，有很多共同特征，但它们之间未能确立精确的语音对应规律。中国的朝鲜语主要分布在黑龙江省、吉林省、辽宁省。从已收集到的有关研究成果看，2017—2018 年朝鲜语的研究成果涉及语音学、句法学、词汇学、语言演变与历史比较语言学、实验语音学与计算语言学、对比语言学、社会语言学等领域。

（一）语音的研究

2017—2018 年朝鲜语语音的研究主要涉及元音位移、网络语言的语音特点、音变特点等方面，具有代表性的成果为《朝鲜语单元音 o 偏移现象》《韩国语网络语言的语音考察——以辅音为中心》《韩国语逆行流音化现象和 “n + l” 齿槽鼻音化现象的关联性研究》等。

南香伊的《朝鲜语单元音 o 偏移现象》（《学园》2017 年第 31 期）认为朝鲜语是跨境语言，但在发音等方面还存在诸多问题。该文从朝鲜语单元音 o 特点及偏移现象分析出发，对如

---

① 杨海龙：《中国塔吉克语亲属称谓初探》，《和田师范专科学校学报》2014 年第 6 期。
② 杨海龙：《中国维吾尔语、塔吉克语亲属称谓对比研究》，《语言与翻译》2015 年第 3 期。
③ 曾俊敏：《色勒库尔及瓦罕塔吉克语与于阗语的亲缘距离》，《华西语文学刊》2016 年第 2 期。
④ 李兵：《瓦罕塔吉克语概况》，《民族语文》2016 年第 6 期。
⑤ 李兵：《瓦罕塔吉克语双音节词重音实验语音学报告》，《南开语言学刊》2016 年第 2 期。
⑥ 李兵：《瓦罕塔吉克语的代词性附着语素》，《民族语文》2017 年第 6 期。
⑦ 李兵：《瓦罕塔吉克语的使动范畴》，《民族语文》2018 年第 5 期。
⑧ 胡伟、李兵：《瓦罕塔吉克语的代词性附着语素》，《民族语文》2017 年第 6 期。
⑨ 侯典峰、李兵：《瓦罕塔吉克语的使动范畴》，《民族语文》2018 年第 5 期。

何规范朝鲜语单元音 o 的发音进行了初步探析。

文莲姬的《韩国语网络语言的语音考察——以辅音为中心》① 认为，随着社会的发展和网络的普及，作为网络交流工具的网络语言慢慢发展成为一种特殊语言，它虽与一般社会交际使用的日常语言不同，但它来源于日常生活语言，兼有网络语言独有的特点。

高珊的《韩国语逆行流音化现象和“n + l”齿槽鼻音化现象的关联性研究》② 指出，韩国语的众多音变现象中，像流音化现象这样多种多样又有趣的音变现象非常少见。流音化现象的多样性给韩国语学习者带来了巨大的困难，很多达到中高级水平的韩国语学习者遇到“n + l”连续出现的单词时也不能正确地发音。为了解决这一困境，文章通过多种例子及先行研究，分析逆行流音化现象和“n + l”齿槽鼻音现象的关联性，使韩国语学习者遇到“n + l”连锁音变时，正确理解属于哪种音变现象并能够正确地发音。

（二）句法的研究

句法研究涉及句法结构、形态句法、语法化等，具代表性的成果为《韩国语“ittsana（yo）”的话语标记功能考察》《韩国语语气隐喻探析》《韩国语语气隐喻探析》《朝鲜语使役结构及格标记的类型特征研究》《韩国语强调副词的构词特征》等。

刘英明的《韩国语“ittsana（yo）”的话语标记功能考察》③ 认为，韩国语存在动词“itta”在与否定结构“ - tsantha”长期的搭配使用中，经历主观化的过程渐渐失去真值意义，固化为话语标记“ittsana（yo）”，为话语的理解提供信息标记。该文通过对“itta”形成机制、功能类型的考察，揭示了韩国语存在动词“itta”语法化的一个独特方向。

陈艳平、金万卷、王元浩的《韩国语语气隐喻探析》④ 一文基于系统功能语法理论，从隐喻标记、句式的非一致性、语调、语境的依赖性等四个方面对韩国语语篇中的语气隐喻的形式、功能、意义进行了考察。研究结果表明：韩国语语篇中存在很多句式非一致现象，通过句式的转换来表现语气隐喻；语调在韩国语中是体现语气隐喻的重要手段之一；韩国语中有大量的语气隐喻标记；韩国语语气隐喻的表达对语境有着强烈的依赖性，其中情景语境和文化语境对理解语气隐喻的内涵至关重要。

邹爱芳的《韩国语复数标志“ - teul”的研究》⑤ 认为，韩国语的复数标志“teul”一直备受争议，长期以来研究者从不同角度对此进行了激烈的探讨，但是到目前为止还有很多问题没有达成共识。其原因主要在于：在韩国语中表达复数意义时并非都需要复数标志，而作为复数标志的“teul”自身所具有的意义、功能、语法范畴以及特性等方面，都表现出了复杂性和多样性。

崔惠玲的《朝鲜语使役结构及格标记的类型特征研究》⑥ 认为，朝鲜语的使役可以分为直接使役和间接使役，这种区分既有助于界定使役以及使役范畴，也可以解释与使役动词和使役结构相关的语义语法问题。朝鲜语使役结构用格标记表示受使者的行为性或操控性，这点符合语言类型学的共性。工具格标记在使役结构较少使用、具有特定的使役结构的格标记使用顺

---

① 文莲姬：《韩国语网络语言的语音考察——以辅音为中心》，《韩国语教学与研究》2017 年第 1 期。

② 高珊：《韩国语逆行流音化现象和“n + l”齿槽鼻音化现象的关联性研究》，《韩国语教学与研究》2017 年第 2 期。

③ 刘英明：《韩国语“ittsana（yo）”的话语标记功能考察》，《东北亚外语研究》2017 年第 2 期。

④ 陈艳平、金万卷、王元浩：《韩国语语气隐喻探析》，《东北亚外语研究》2017 年第 3 期。

⑤ 邹爱芳：《韩国语复数标志“ - teul”的研究》，《韩国语教学与研究》2017 年第 4 期。

⑥ 崔惠玲：《朝鲜语使役结构及格标记的类型特征研究》，《民族语文》2018 年第 5 期。

序、依附于宾格的受使者在句中可以重复出现等现象是朝鲜语使役结构有别于其他语言的类型特征。

崔博文的《韩国语强调副词的构词特征》[①] 指出韩国语中有很多具有强调功能的副词，且这些副词多为固有词。对于学习韩国语的汉族学生来说，选择适当的强调副词来恰如其分地表示强调之义尚有一定难度。论文以《标准国语大辞典》[②] 为研究语料，采用定性分析和定量分析相结合的方法，整理筛选了其中的强调副词，并将其划分为单纯词、派生词、合成词三类，对韩国语强调副词的构词特征进行了比较深入的研究。

（三）词汇语义的研究

词汇语义研究涉及词汇的构词法、词汇的语义、词汇的认知语言学特点等，具代表性的成果为《朝鲜语并列复合词词素顺序的类型学特征》《试论朝鲜语“Xhada”的认知语言学特点》等。

金海月的《朝鲜语并列复合词词素顺序的类型学特征》[③] 认为，朝鲜语并列复合词的词素顺序主要受语音条件的制约，由词素音节的长短、元音舌位高低、辅音发音方法及部位决定。通常是音节短的在前，长的在后；元音舌位高的在前，舌位低的在后；辅音阻碍性弱的在前，强的在后。在辅音制约规则和元音制约规则二者中，以辅音规则为主，元音规则为辅。并列复合词词素顺序的语音制约规律与其他语言存在一定的共性，也各自具有自身的个性。朝鲜语中的汉源并列复合词词素顺序规则，与汉语词或日语汉源词相同。

尹兰的《试论朝鲜语“Xhada”的认知语言学特点》[④] 试图用认知语言学的语言观探讨关于朝鲜语“Xhada”的问题。朝鲜语“Xhada”与各种词语结合形成谓词形式，但把它看成动词后缀的话与本动词朝鲜语“Xhada”在意义方面没有显著差异。因此，关注适用于各种短语的朝鲜语“Xhada”的意义是有必要的。

（四）语言演变与历史比较语言学的研究

因朝鲜语的系属问题，朝鲜语历史语言学的研究格外重要，但其研究离不开汉语音韵学及亲属语言的相关知识，多年来研究成果理论水平很难提高。2017—2018 年朝鲜语语言演变与历史比较语言学的研究涉及朝鲜语元音和谐律、历史演变、系属问题等，具有代表性的成果为《朝鲜语元音和谐律松化与朝鲜语语系归属》《老乞大类谚解本中数量词句类型及其变化研究》《中世纪晚期至近代早期朝鲜语的历史演变及特点研究》《朝鲜语与通古斯语关系研究》等。

赵华、赵杰的《朝鲜语元音和谐律松化与朝鲜语语系归属》[⑤] 认为，阿尔泰语系语言中已发现相当数量的共同成分，其中与朝鲜语语言结构最接近的是满语。文章在研究语言系统论、构拟共同祖语的过程中厘清满语对朝鲜语的影响，有益于朝鲜语本体研究及系统论研究。阿尔泰语系诸语言普遍存在元音和谐规律，尽管现代满语和现代朝鲜语中元音和谐律的松化现象都很严重，但中世朝鲜语中的确存在规律整齐的元音和谐法则。

---

① 崔博文：《韩国语强调副词的构词特征》，《韩国语教学与研究》2018 年第 4 期。

② ［韩国］国立国语院：《标准国语大辞典》，斗山东亚出版社 1999 年版。

③ 金海月：《朝鲜语并列复合词词素顺序的类型学特征》，《民族语文》2017 年第 2 期。

④ 尹兰：《试论朝鲜语“Xhada”的认知语言学特点》，《韩国语教学与研究》2018 年第 1 期。

⑤ 赵华、赵杰：《朝鲜语元音和谐律松化与朝鲜语语系归属》，《北方民族大学学报（哲学社会科学版）》2018 年第 5 期。

杨彦的《老乞大类谚解本中数量词句类型及其变化研究》① 考察了《翻译老乞大》、《老乞大谚解》和《重刊老乞大谚解》中数量词句的类型及变化。同现代朝鲜语一样，《翻译老乞大》中数量词句出现了四种类型，但是《老乞大谚解》中名词前置的类型明显减少，甚至《重刊老乞大谚解》仅出现两种数词前置的类型。文章认为越是后来的谚解本受汉语的影响就越深，具体表现为量词增加、数量词和名词间的成分逐渐消失。

崔松虎的《中世纪晚期至近代早期朝鲜语的历史演变及特点研究》②，以近代朝鲜语为参照物，从横向和纵向两个维度考察了朝鲜语从中世纪到近代的发展脉络，并试图总结其演变规律及特点。该书在描写和解释上，有诸多发现和新见解。(1) 发现中世纪晚期至近代早期朝鲜语的标记规则中，增加了形态—音位主义标音的成分。(2) 音位的辨义功能减退，是导致中世纪晚期至近代早期朝鲜语的音位体系变化的主要原因。动态的语音序列中，原有的音位结构在前后音节极度紊乱的状态下，受到同化及类推影响，渐渐失去原有的区别特征，发生了音位移动和音值演化，继而导致整个音位体系的重组。(3) 同一种语法形式的不同类型标记得到简化，语素变体的总体数量持续减少，助词和词尾的语法功能也得到优化，语句表达变得更加合理、准确，短语结构关系趋于牢固，语段不同层次的划分逐渐清晰，歧义句减少。(4) 词汇新陈代谢加速，方言词汇之间的相互渗透与交融日益频繁。(5) 固有词的词义范围缩小，一些词的古义随着时间的推移被研究得更加细致。

尹铁超的《朝鲜语与通古斯语关系研究》③ 根据历史语言学、历史比较语言学、社会语言学理论，采用语言比较研究方法，从语音对应、超音段音位、构词方式、句法结构、同源词、大致分化时间、演变过程、分化原因及规律等方面对比和阐释了朝鲜语和通古斯语的同源特征。同时也探讨了朝鲜语与通古斯语言演变与各自文明进程（政治、文字、统一、战争、交流、文化特性形成等）发展阶段之间的关系问题。

（五）对比语言学的研究

对比语言学的研究成果为《试论梵语“chattra”、汉语“刹”、朝鲜语“tjer”以及日语“teraてら”之关系》《汉语经历体标记“过$_2$”与朝鲜语对应表现的对比分析》《满文与阿尔泰语系、朝鲜语以及日语中的视觉动词语法化问题初探》《汉语朝鲜语形状量词“张”的认知范畴对比研究》等。

辛岛静志、裘云青的《试论梵语“chattra”、汉语“刹”、朝鲜语“tjer”以及日语“teraてら”之关系》（《佛学研究》2017 年第 1 期）指出在佛教传入中国之前的文献中从未出现过“刹”。像“塔”（专门为了音译犍陀罗语 thuba 或 thuva［梵语 stūpa］而造出的汉字）、“魔”(Māra)、“鬘”(mālā) 等一样，“刹”是专门为了音译印度古代语 ksat、kset 而造出的汉字。所以东汉的佛教徒把“武士阶层”义的 ksatriy (a) 译为“刹利”，把“田地”义的 ksetr (a) 译为“刹”，三国时代以后把“瞬间”义的 ksana 译为“刹那”。

刘英明的《汉语经历体标记“过$_2$”与朝鲜语对应表现的对比分析》④ 指出，汉语经历体标记“过 2”在朝鲜语中的对应表现有三种，分别为“－(eun jeok/il i itta/eopta”、“－apota－ass”和“－ass－eoss”。文章认为，通过朝、汉语经历体标记的对比，可以揭示出两种语言经历体的共性与差异，进而探讨汉、朝语经历体标记的形成机制。

---

① 杨彦：《老乞大类谚解本中数量词句类型及其变化研究》，《中国朝鲜语文》2018 年第 2 期。

② 崔松虎：《中世纪晚期至近代早期朝鲜语的历史演变及特点研究》，民族出版社 2018 年版。

③ 尹铁超：《朝鲜语与通古斯语关系研究》，社会科学文献出版社 2018 年版。

④ 刘英明：《汉语经历体标记“过$_2$”与朝鲜语对应表现的对比分析》，《东疆学刊》2017 年第 1 期。

山崎雅人的《满文与阿尔泰语系、朝鲜语以及日语中的视觉动词语法化问题初探》[①] 一文根据认知语言学中的“漂白（bleaching）”、“保持化（persistence）”以及“主观化（subjectification）”等概念，考察了满语、朝鲜语、日语中的视觉动词的阶段差异和地理分布。

张美兰的《汉语朝鲜语形状量词“张”的认知范畴对比研究》（《韩国语教学与研究》2018 年第 3 期）认为，汉语和朝鲜语量词“张”都可用于薄而扁平的平面事物，但因不同的语言、地缘环境的影响，“张”的范筹程度存在差异。论文通过分析汉语朝鲜语量词“张”在不同语言环境中的认知语义的异同点，了解不同语言的认知共性和差异性。

（六）实验语音学与计算语言学的研究

2017—2018 年朝鲜语实验语音学与计算语言学的研究成果在整个朝鲜语研究成果中占据很大比例，代表性研究成果为《朝鲜语元音 i，a，u 的实验语音学分析》《基于基频的朝鲜语方言辨识方法的研究》《齐普夫定律对朝鲜语适用性的测定》《基于句子级的朝鲜语口语语音库的研究与建立》《基于分写增强字符向量和 LSTM - CRF 的朝鲜语自动分写方法》《朝鲜语特殊短语结构的语言特征分析及自动提取》《朝鲜语舌叶齿龈擦音的 EPG 和声学分析》《朝鲜语的软硬辅音：从语音数据到音法范畴》《基于情感增强词向量的朝鲜语情感分析方法》《一种新的朝鲜语词性标注方法》等。

方香玉、尹铁超的《朝鲜语元音 i，a，u 的实验语音学分析》[②] 一文采用实验语音学方法，以韩国人、朝鲜族、汉族的朝鲜语普通话作为考察对象，对朝鲜语三个单元音 i、a、u 录音词条，进行检测得出该音值。

刘双君、金小峰、崔荣一的《基于基频的朝鲜语方言辨识方法的研究》[③] 一文，提出了一种基于基音频率特征的中国朝鲜语、韩国韩国语和朝鲜朝鲜语方言的自动辨识方法。首先，选择具有良好区分度的基频移位差分系数作为三个方言的特征参数；其次，设计和采用了分层支持向量机分类器，并进一步引入投票法确定最佳的分类结果。实验结果表明，提取的特征参数具有良好的区分性和较强的稳定性，该文提出的方言辨识方法比传统的移位差分倒谱系数特征方法识别率高，可以有效解决中国朝鲜语与朝鲜朝鲜语、韩国韩国语的方言辨识问题。

崔荣一、赵雪的《齐普夫定律对朝鲜语适用性的测定》（《中文信息学报》2017 年第 5 期）一文目的在于验证齐普夫定律对朝鲜语的适用性。文章首先统计了朝鲜语大规模语料中的文字及字母两种语言单位的频率分布，然后利用最小二乘法对文字频率分布曲线进行了拟合，最后计算了文字字频齐普夫定律的参数估计值。实验结果表明，朝鲜语的文字和字母的频率与频级关系都近似符合齐普夫定律，验证了齐普夫定律对朝鲜语的适用性，这对朝鲜语的信息处理和研究具有重要的现实意义。

王晓丹、金小峰、胡玉龙的《基于句子级的朝鲜语口语语音库的研究与建立》[④] 认为，各个少数民族语言语音库的建立为语言研究奠定了坚实的基础。但延边地区朝鲜语口语的语音库

---

① 山崎雅人：《满文与阿尔泰语系、朝鲜语以及日语中的视觉动词语法化问题初探》，《满学论丛》2017 年第 7 辑。

② 方香玉、尹铁超：《朝鲜语元音 i，a，u 的实验语音学分析》，《齐齐哈尔大学学报（哲学社会科学版）》2017 年第 2 期。

③ 刘双君、金小峰、崔荣一：《基于基频的朝鲜语方言辨识方法的研究》，《中文信息学报》2017 年第 2 期。

④ 王晓丹、金小峰、胡玉龙：《基于句子级的朝鲜语口语语音库的研究与建立》，《科技通报》2017 年第 4 期。

建设目前还处于空白状态。为使语音库的内容更具有普遍意义与应用意义，论文利用PHP强大的分词库统计出大量朝鲜语文章中各音节或词语的出现频率，依据统计结果组建朝鲜语常用短句，使短句中各音节或词语出现的概率尽量接近上述统计结果。以组建的常用句为内容，召集朝鲜族男、女各5名进行录音，切分后的7200个短句用数据库管理，建立了基于句子级的延边地区口语常见句的语音库。最后采用MATLAB软件与SQL server的接口测试，验证数据库管理语音材料的有效性。

金国哲、崔荣一的《基于分写增强字符向量和LSTM－CRF的朝鲜语自动分写方法》[①] 认为，朝鲜语自动分写问题类似于中文分词问题，属于朝鲜语自然语言处理中的基本问题。首先，针对传统的朝鲜语自动分写方法中依赖人工特征的问题，提出一种朝鲜语分写增强字符向量训练模型KWSE，用于获取包含语义及分写倾向性信息的字符向量。其次，将朝鲜语分写增强字符向量与LSTM-CRF模型结合，完成朝鲜语自动分写任务。实验结果表明，该方法的单词级分写F1值为92.86%，优于其他方法。

毕玉德、扈毅、安帅飞的《朝鲜语特殊短语结构的语言特征分析及自动提取》[②] 认为，朝鲜语中存在大量特殊短语结构，因此在朝汉翻译中，准确翻译这些特殊短语显得尤为重要，也有利于提高机器翻译的精度与效率。文章基于韩国"世宗计划"标注语料库，通过对特殊短语结构进行语言特征分析，构建规则库，以迭代方式提取特殊短语结构及其分布，并以中心词为"－ttareuda"的特殊短语为例，进行自动提取实验，取得满意的效果。

李英浩、张京花的《朝鲜语舌叶齿龈擦音的EPG和声学分析》[③] 认为，朝鲜语的松、紧舌叶齿龈擦音对立在世界语言的语音中很少见。作者使用动态电子腭位（EPG）生理语音和声学方法分析中国延边朝鲜语的松、紧擦音的发音生理机制和声学特征，发现：（1）松、紧擦音齿龈的动作控制机制存在差异。紧擦音的声门上发音器官的动作相对紧张；松擦音的发音器官动作相对松弛，舌形动作易受到元音舌位的影响。（2）紧擦音的谱重心明显高于松擦音的情况，频谱明显右偏；松擦音的谱重心较低，频谱右偏程度低于紧擦音。（3）紧擦音的声学时长显著长于松擦音的情况，且两类擦音的时长与后续元音的舌位高低有关，高元音条件下擦音的时长显著高于非高元音的情况；松擦音的摩擦段时长与送气段时长存在补偿关系。分析结果表明，朝鲜语紧擦音的声门上发音器官的动作紧张度要明显高于松擦音。

段海凤、朱晓农的《朝鲜语的软硬辅音：从语音数据到音法范畴》[④] 指出，要解决语言语音学问题的关键是在语言学中把语音数据加以音法化、范畴化、概念化。文章在音节发声态理论框架中，对朝鲜语的硬辅音和软辅音的音法属性和类型学地位进行探讨。结论是：朝鲜语软硬辅音实际上不是辅音问题，而是音节发声态问题。硬辅音音节是张声，变体为不送态；软辅音音节以弱送态为主，变体为弱弛、弛声和振声。

金国哲的《基于情感增强词向量的朝鲜语情感分析方法》[⑤] 认为，现有的句子级情感分析方法把重点放在针对句子的语义及情感倾向建模上，忽略了词向量的情感倾向性信息。针对这一问题，作者提出一种情感分析方法SE－LSTM，并将该方法应用于朝鲜语情感分析任务中。

---

① 金国哲、崔荣一：《基于分写增强字符向量和LSTM－CRF的朝鲜语自动分写方法》，《中文信息学报》2017年第6期。

② 毕玉德、扈毅、安帅飞：《朝鲜语特殊短语结构的语言特征分析及自动提取》，《广西科学院学报》2018年第1期。

③ 李英浩、张京花：《朝鲜语舌叶齿龈擦音的EPG和声学分析》，《中国语音学报》2018年第1期。

④ 段海凤、朱晓农：《朝鲜语的软硬辅音：从语音数据到音法范畴》，《民族语文》2018年第3期。

⑤ 金国哲：《基于情感增强词向量的朝鲜语情感分析方法》，《计算机工程与设计》2018年第9期。

以句子片段的情感评分作为目标，训练多层神经网络，得到情感增强词向量，将之作为 LSTM 网络的输入，预测句子的情感分类。实验结果表明，与传统的 LSTM 或 CNN 模型相比，融合了情感增强词向量的 LSTM 模型将 F1 值分别提高了 2.55 个百分点和 1.94 个百分点。

金国哲、崔荣一的《一种新的朝鲜语词性标注方法》① 指出，朝鲜语词性标注是朝鲜语信息处理的基础，其结果直接影响后续朝鲜语自然语言处理的效果。首先，为了解决朝鲜语词性标注中遇到的形态素实际写法与原形不一致的问题，该文提出了一种在 seq2seq 模型的基础上融合朝鲜语字母信息的朝鲜语形态素原形恢复方法；其次，在恢复形态素原形的基础上，利用 LSTM - CRF 模型完成朝鲜语分写及词性标注。实验结果表明，该文提出的方法词性标注 F1 值为 94.75%，优于其他方法。

（七）社会语言学研究

2017—2018 年朝鲜语社会语言学研究涉及朝鲜语规范、朝鲜语使用、语言接触等领域，代表性成果为《中国朝鲜语规范化工作的回顾与修订原则思考》《中国朝鲜语语言接触与规范化工作之管窥》《朝鲜族小学学生朝鲜语使用态度与使用行为现状》《从语言视角看汉语对朝鲜语的影响》《汉民族文化对朝鲜语语汇及其文字创制的影响》《不同语境下朝鲜语言语交流检测模式研究》《齐齐哈尔地区朝鲜语濒危状况调查》等。

金永寿的《中国朝鲜语规范化工作的回顾与修订原则思考》② 指出，中国的朝鲜语与韩国的韩国语和朝鲜的朝鲜语属于同根语言，同质性占主流。但由于在不同的国境中使用和发展，又有一些异质性因素。基于朝鲜语的这种特征，中国的朝鲜语语文工作者已进行了 70 多年的规范化工作，为中国朝鲜语的健康发展奠定了基础。但是，中韩建交和信息化时代的到来，给中国朝鲜语带来了一系列规范化方面的新问题。文章认为语言规范化既有坚持语言规范原理的要求，又有符合国情等方面的要求。中国朝鲜语的规范修订工作，必须依据中国朝鲜语的性质、现状、国情及国际交流的需求，在确立适合中国朝鲜语健康发展的方向上，制定修订原则与细则。

太平武的《中国朝鲜语语言接触与规范化工作之管窥》③ 介绍了中国朝鲜语的社会背景和特征以及中国朝鲜语规范化过程及其存在的问题，提出今后的任务与对策。

王瑶瑶、金哲华、王佳慧、白玛旺姆的《朝鲜族小学学生朝鲜语使用态度与使用行为现状》④ 一文，主要调查了朝鲜族学校小学生朝鲜语使用态度、使用行为的现状，以期发现朝鲜族小学生母语使用的特点。

穆禹含的《从语言视角看汉语对朝鲜语的影响》⑤ 指出，汉语在日本语和朝鲜语的形成过程中发挥着积极作用，表现最为明显的是朝鲜语汉字词的产生。朝鲜民族在汉民族文化的熏陶下，在很长一段时期都是用汉字来记录自己民族发生的事件，因此，汉字词一直都是朝鲜语的重要组成部分，发挥着重要作用。文章通过对早期中朝语言交流的阐述和对朝鲜语从汉语借用的语言成分与来源的分析等，解释了朝鲜语汉字化现象。

---

① 金国哲、崔荣一：《一种新的朝鲜语词性标注方法》，《中文信息学报》2018 年第 10 期。

② 金永寿：《中国朝鲜语规范化工作的回顾与修订原则思考》，《延边大学学报（社会科学版）》2017 年第 1 期。

③ 太平武：《中国朝鲜语语言接触与规范化工作之管窥》，《中国朝鲜语文》2017 年第 1—2 期。

④ 王瑶瑶、金哲华、王佳慧、白玛旺姆：《朝鲜族小学学生朝鲜语使用态度与使用行为现状》，《才智》2017 年第 7 期。

⑤ 穆禹含：《从语言视角看汉语对朝鲜语的影响》，《中国民族博览》2017 年第 7 期。

文慧的《汉民族文化对朝鲜语语汇及其文字创制的影响》① 指出，汉民族的先进文化对朝鲜民族的影响是深远的。首先，朝鲜民族根据汉民族的阴阳学说原理创制了朝鲜语的阴阳性文字字母体系，使诸多固有语汇拥有了阴阳性特点；其次，根据汉语的反切注音方法，创制了朝鲜语的表音文字；再次，根据汉字方块字的特点，创制了朝鲜语表音方块字，使朝鲜语文字拥有了民族性、科学性和先进性特点；最后，朝鲜民族在历史的长河中长期借用汉字来记录本民族的语言，所以诸多汉语词语成为朝鲜语语汇的重要组成部分。

金贵花的《不同语境下朝鲜语言语交流检测模式研究》② 根据理论考察和实证研究确定测定言语交流模式的尺度，并依托 SPSSforWindowsversion18.0 对收集的真实问卷进行了实证分析，开发了测定此尺度的 42 个问项。首先，用欧美的测定值来测定朝鲜族和韩国人的言语交流类型，以便判断其测定值的恰当与否。问卷调查结果显示，欧美的测定尺度不能普遍妥当的适用于朝鲜族和韩国人，从而总结出开发测定尺度时需要反映文化要素的必要性。其次，在此基础上设定假说开发了正确测定两个群体言语交流模式的尺度并验证其可行性。再次，从语言学的角度验证言语交流模式的尺度。最后，利用验证完的新尺度来比较朝鲜族和韩国人的言语交流模式。

方香玉、尹铁超的《齐齐哈尔地区朝鲜语濒危状况调查》③ 指出，自 1997 年以来，大量朝鲜族逐渐向国内外经济发达地区移动，常住人口数量逐年减少，多个朝鲜族学校先后关闭，致使齐齐哈尔地区朝鲜语处于濒危状态。为准确描述该地区朝鲜语濒危状况，作者从齐齐哈尔朝鲜族人口变化、民族语言使用和教育、民族语言态度等方面进行了实证性调查，并依照《联合国教科文组织濒危语言保护规划的文件》的濒危评估指标进行评估，清晰显示了齐齐哈尔地区朝鲜语濒危程度。

（八）其他研究

2017—2018 年朝鲜语研究还涉及新理论探索、方言学、前沿综述等，具代表性的研究成果为《一门新的语言学分科国俗语义学研究》《中国朝鲜语研究中演变方言的地位》《中国朝鲜语文体学研究概况》等。

姜银国的《一门新的语言学分科国俗语义学研究》④ 介绍了有别于文化语言学、语义学、语用学等现代语言学理论和方法的国俗语义学的基本概念，阐释了国俗语义学的生成、双语国俗语义差异模式、国俗语义学的研究方法、国俗语义学研究与语言教育的相互关系。

廉光虎的《中国朝鲜语研究中演变方言的地位》⑤ 详细分析了延边方言的语音、语法、词汇特点，提出应该把延边朝鲜语口语当作一个方言分支来研究的观点，主张把延边方言当作朝鲜族文化遗产来加以保护和发展。

全永根的《中国朝鲜语文体学研究概况》⑥ 通过将刊登在《中国朝鲜语文》上的 51 篇文体学研究论文分成文体学史研究、诗歌文体研究、小说文体研究、口语问题研究、网络聊天语言研究、广告语言研究、修辞法研究、标点符号在修辞学中的应用研究、其他文体研究等 9 个

---

① 文慧：《汉民族文化对朝鲜语语汇及其文字创制的影响》，《辽东学院学报（社会科学版）》2018 年第 2 期。

② 金贵花：《不同语境下朝鲜语言语交流检测模式研究》，延边大学出版社 2017 年版。

③ 方香玉、尹铁超：《齐齐哈尔地区朝鲜语濒危状况调查》，《黑龙江民族丛刊》2018 年第 3 期。

④ 姜银国：《一门新的语言学分科国俗语义学研究》，《中国朝鲜语文》2017 年第 1 期。

⑤ 廉光虎：《中国朝鲜语研究中演变方言的地位》，《中国朝鲜语文》2017 年第 2 期。

⑥ 全永根：《中国朝鲜语文体学研究概况》，《中国朝鲜语文》2018 年第 1 期。

主题，对其研究成果进行了考证与分析。

（九）小结

2017—2018 年的朝鲜语研究显示出以下几个显著特点。

一是对朝鲜语共时描写分析是研究的主流，相关的研究成果较多。其中，句法研究尤为突出，这表明随着新的句法理论的不断涌现，句法研究呈现出蓬勃发展的趋势。

二是历史比较研究的深化也是值得关注的特点，对于朝鲜语的历史探讨更紧密地结合亲属语言的资料展开，弥补了朝鲜语文献资料的不足，也为语言历史的溯源提供了途径。

三是实验语音学与计算语言学研究成果在整个朝鲜语研究中占很大比例，基于传统的朝鲜语语音、语法、词汇研究的实验语音学与计算语言学研究为朝鲜语文标准化和信息化建设起到了促进作用。

综上所述，2017—2018 年朝鲜语研究成果主要集中在朝鲜语句法研究和实验语音学、计算语言学成果方面，其他研究成果较少，成果质量有待提高。新理论与朝鲜语研究实际相结合的研究成果不多。

（哈斯其木格，副研究员；千玉花，助理研究员，中国社会科学院民族学与人类学研究所民族语言研究室）

2017—2018 年民族语言应用研究综述

王　锋　龙从军　尹蔚彬　张　军　黄晓蕾　燕海雄　韦　韧*

2017 年

2017 年度，在“科学保护各民族语言文字”指导意见的基础上，党和国家对优秀传统文化保护和中华民族共有精神家园构建等提出了新要求，民族语言应用研究进一步丰富了内涵，拓展了领域，取得了新的进展。以下按不同研究方向概述。

一　科学保护各民族语言文字理论研究

思想认识是实践工作的基础。“科学保护各民族语言文字”是新时期党和国家关于语言文字工作总的指导方针。对这一方针的研究阐释，是民族语言应用学科的重要内容。

戴庆厦对“语言保护”政策实施 5 年的实践进行了回顾，认为实行“语言保护”政策是促进现代化建设的有力保障，符合多民族的共同利益，是解决多民族国家语言问题的重要举措，具有世界性意义。“语言保护”必须处理好强势语言和弱势语言、语言互补和语言竞争、母语使用和通用语兼用、不同语言的共性和个性等关系，必须针对不同语言对症下药，而不能简单化，搞“一刀切”。①

丁文楼指出，我国是个多民族、多语言、多文字的国家，各民族语言文字都是珍贵的资源，“科学保护各民族语言文字”是新时期我国的语言国策。双语教育是“科学保护各民族语言文字”的根本途径。满语教学的“本溪模式”值得学习和推广。其核心是政府、学校、社会共同配合，形成工作系统性。②

二　语言使用国情研究

2017 年民族语言国情的研究成果主要集中在三个方面：第一，语言使用现状调查；第二，语言态度现状调查；第三，语言使用问题研究。这些成果进一步促进了语言国情研究的深化。

语言使用现状调查方面，李圃的调查表明，图瓦人母语基本稳固，但功能受限，基本只在

---

* 本篇综述由中国社会科学院民族学与人类学研究所民族语言应用研究室龙从军、尹蔚彬、张军、黄晓蕾、燕海雄、韦韧等联合撰写，王锋最后统稿。

① 戴庆厦：《“科学保护各民族语言文字”的理论与实践——“语言保护”实施后的五年回顾》，《贵州民族研究》2017 年第 2 期。

② 丁文楼：《双语教育：“科学保护各民族语言文字”的根本途径——以“本溪模式”满语教学为例》，《满族研究》2017 年第 2 期。

家庭内部和特定场合使用，双语和多语人口比例大，青少年汉语水平提高迅速，图瓦语水平虽有所下降，但暂未发生语言转用。① 宋安琪对海南昌江黎族自治县的调查表明，90%的黎族青少年是双语身份，普通话已经成为新生代黎族人群的主要语言。约45%的青少年掌握黎语，但是使用场合有限。② 卿雪华等认为岳宋佤族“全民稳固使用佤语”的因素主要是民族高度聚居，地理环境相对封闭；族内婚姻及高度的母语认同感使佤语的代际传承总体上保持稳定。③

语言态度现状调查涉及不同的人群、职业语域等因素。王娟通过调查指出，维吾尔族大学生喜爱并忠诚于母语，对国家通用语的认同感相对较弱。影响其语言态度的因素有性别、政治面貌、父母亲的语言态度、对汉语的称谓等。④ 王远新通过对傣族村寨的调查发现，傣语是傣族主要交际语，但绝大多数人口使用傣、汉双语。傣族村民对普通话和汉文的社会评价高于傣语文，多数人希望小学加授傣语文课，更好地发展少数民族语文媒体。⑤

语言使用问题研究主要涉及到城市化、网络通信等因素。姜莉认为，随着城市化的快速发展，少数民族语言的使用功能也发生了显著改变。目前少数民族母语开始呈现出显著的代际性差别，城市少数民族母语使用功能不断弱化。⑥ 王利众、朱丽平、赵小兵认为，当今的通信及网络正在改变着人们的生活，也影响着少数民族青少年语言文字的使用环境。少数民族青少年是少数民族语言文字的传承者，他们使用本民族语言文字的情况关系到该民族语言文字的生存和发展。⑦

三　语言政策和语言规划研究

本年度作为对国家语言文字事业“十三五”规划的学术回应，语言政策、语言规划通论研究侧重于国外语言政策规划理论的翻译和介绍，以及对国内以往研究成果的思考和利用，以积累和沉淀近年来本土语言政策、语言规划研究的内容和成果。

（一）中国语言政策和语言规划研究

本年度语言生活绿皮书《中国语言生活状况报告（2017）》分特稿篇、专题篇、工作篇、领域篇等部分，该书已经连续11次向社会发布年度语言生活状况报告，已逐渐成为语言政策和规划领域研究的年度代表性成果。⑧ 魏晖指出，基于舆情的语言规划是建立在把握语言舆情规律基础上的语言规划，需要树立以人民为中心的观念，以解决问题为目标，以系统、开放观为准则，提高语言规划的有效性和语言政策的传播效果。⑨ 何山华的《放弃母语的权利：语言

---

① 李圃：《我国图瓦人语言使用现状研究——白哈巴村个案调查》，《中央民族大学学报（哲学社会科学版）》2017年第2期。

② 宋安琪：《海南黎族青少年群体语言使用情况研究——以昌江黎族自治县为例》，《海南广播电视大学学报》2017年第2期。

③ 卿雪华、王俊清：《西盟岳宋佤族语言使用现状及成因探析》，《普洱学院学报》2017年第1期。

④ 王娟：《新疆维吾尔族大学生的语言态度》，《陕西师范大学学报（哲学社会科学版）》2017年第4期。

⑤ 王远新：《“一寨两国”的语言生活——云南省瑞丽市云井村村民语言使用和语言态度调查》，《陕西师范大学学报（哲学社会科学版）》2017年第4期。

⑥ 姜莉：《城市化背景下少数民族语言使用功能的变化》，《贵州民族研究》2017年第7期。

⑦ 王利众、朱丽平、赵小兵：《通信及网络对少数民族青少年民族语言文字使用影响研究——以新疆为例》，《吉林广播电视大学学报》2017年第9期。

⑧ 《中国语言生活状况报告》课题组编：《中国语言生活状况报告（2017）》，商务印书馆2017年版。

⑨ 魏晖：《语言舆情与语言规划》，《语言文字应用》2017年第1期，第32—40页。

政策与规划维度的思考》从语言政策的视角对当前学界关于母语退出权的探讨进行了评析。①

（二）境外语言政策、语言规划研究

本年度语言政策、语言规划地区研究在延续上年度研究的基础上稳定发展，在大洋洲、美洲等传统研究地区之外，强调了欧洲、东亚等地区语言政策、语言规划的梳理和分析。

《语言政策与规划研究》2017 年第 1 期集中刊发了多篇文章。戴曼纯的《欧盟多语制与机构语言政策》在分析欧盟多语制政治背景的基础上，探讨了欧盟主要机构实施多语政策的具体差异及原因。施建军、洪洁的《日本的语言文字问题及其相关语言政策》对日语的历史遗留问题进行了梳理，对日语未来可能面对的语言问题进行了预判，并对日本为解决语言问题所采取的一些语言政策的得失进行了分析。董希骁的《语言政策研究对中东欧语种教育的启示——以摩尔多瓦共和国为例》结合文献资料和实地调研结果，从显性和隐性两个层面分析了摩尔多瓦语言政策的特殊性和复杂性，进而为我国的中东欧非通用语种教育规划提出三点建议。

（三）"一带一路"与语言政策和语言规划研究

本年度语言政策、语言规划"一带一路"研究持续升温，社会影响力进一步扩大。

阎莉提出在"一带一路"中推动汉语国际化与海外华裔汉语传承，推动少数民族语言开发利用，从而进一步加强我国的语言规划。② 卢俊霖、祝晓宏认为"语言互通"是实现"一带一路""五通"建设的基础工程。"五通"建设可分为三个层级，分别对应三个层级的语言生活，语言规划应针对不同层级而确立不同侧重的战略定位与发展方向。③ 陈颖对中国—东盟博览会参展企业的语言消费现状和语言需求的总体态势进行问卷调查，分析中国—东盟自贸区内东盟语言以及汉语两大潜在语言需求状况，在此基础上展望自贸区的语言产业市场发展前景并提出了建议。④

四　计算语言学及语言文字信息化研究

2017 年度计算语言学及语言文字信息化研究的主要成果集中在藏族语言文字信息化方面，研究在不同方向上都取得了不同程度的进展。

（一）藏语字处理研究

字处理研究是计算语言学最基本的研究内容之一。藏语的相关研究与汉语相比相对较晚，导致藏语文信息化发展相对滞后。但在这一方面，本年度的研究还是有深化和发展。主要成果如下。

国家社科基金中华学术外译项目《藏文字符研究（英文版）》由英国帕斯国际有限公司（Paths International Ltd.，UK）正式出版。该英文版参考了中文版《藏文字符研究》（社科文献

---

① 何山华：《放弃母语的权利：语言政策与规划维度的思考》，《语言战略研究》2017 年第 1 期，第 83—91 页。

② 阎莉：《在一带一路建设中加强我国语言规划》，《人民日报》2017 年 10 月 26 日第 10 版。

③ 卢俊霖、祝晓宏：《"一带一路"建设背景下"语言互通"的层级、定位与规划》，《语言文字应用》2017 年第 1 期，第 67—73 页。

④ 陈颖：《"一带一路"背景下中国—东盟自贸区的潜在语言市场研究——基于中国—东盟博览会调查数据的实证分析》，《语言文字应用》2017 年第 3 期，第 41—50 页。

出版社2010年出版发行），但不是中文版的对照翻译，而是对书中多年研究成果的进一步梳理、凝练与汇总。《藏文字符研究（英文版）》把中国学术成果介绍给世界更多的读者，对传播、保存与发展藏族文化有着十分重要的意义。

官却多杰、关白依据藏文字性组织法规定的音节组合规则和组合结构，提出先确定藏文音节中作为核心构件的基字，再依据基字判断出其他构件的算法，结合此算法对藏文中出现的其他特殊音节进行了特殊的构件识别处理。通过测试验证算法的可行性，测试结果表明，该算法能够正确识别符合组合规则和结构的藏文音节，对特殊音节也有较好的识别能力①。

完么扎西、尼玛扎西将信息论的方法引入藏文信息处理技术研究领域，利用统计的方法研究了以字符为单位和以音节字为单位的藏文信息熵，并从信息论的角度证明了藏文具有拼音文字和音节字特征的双重属性②。

完么扎西、尼玛扎西提出在研究和分析藏文拼写文法的基础上，对计算机藏文快速输入法键盘键位布局进行形式化描述，推导计算机藏文键盘键位布局规则及方法。这些研究夯实了藏文的信息化基础③。

刘汇丹等针对从互联网获取的一份包含19万藏文网页的文本语料，按照预定的规则对其中的藏文音节拼写错误情况进行了统计与分析。文中还详细计算了各种不同表现形式的错误音节所占比重，并分析了导致拼写错误的四个主要原因：一是输入了多余的元音符号，二是音节点或句尾空格缺失，三是同一字丁/字符存在多种表达形式，四是错误地使用了相似字符。

在信息化条件下，各民族语言文字标准规范体系的研究还比较薄弱，如字符编码问题，标准规范问题等。教育部语信司也认识到这个问题，已委托北京语言大学对现有民族语言文字标准体系框架进行研究。

（二）民族语言词法分析

2017年度民族语言词法分析呈现新特点，即基于同一平台对蒙藏维三种语言词法分析进行评测。由中央民族大学、西藏大学和清华大学组织，由中国中文信息学会民族语言文字信息处理专业委员会主导开展第一届少数民族语言分词技术评测活动。评测使用正确率（Precision）、召回率（Recall）和F值来评价各个参与评测机构的分词结果，最终以F值排名。参加本次评测的单位有28家，其中藏文11家，蒙文7家，维吾尔文5家，多语种参赛5家。本次评测对后续各民族语言词法分词技术的提升有积极的促进作用。

本年度针对藏语词法分析有两个方面的新现象。一是把词向量技术应用到藏语词性标注中。郑亚楠、珠杰提出一种基于词向量模型的词性标注方法和相应算法，首先利用词向量的语义近似计算功能，扩展标注词典；其次结合语义近似计算和标注词典完成词性标注。该方法能够快速有效地扩大标注词典规模，并能取得较好的标注结果④。二是把音节标注的方法应用到词法分析中。针对藏语分词和词性标注工作中总会遇到未登录词这一特点，龙从军、刘汇丹等提出以音节为单位进行标注，然后在分词和词性标注中利用音节标注信息。实验结果表明，这种方法可以提高分词和词性标注准确率⑤。

---

① 官却多杰、关白：《计算机识别藏文音节构件的方法研究》，《现代电子技术》2017年第10期。

② 完么扎西、尼玛扎西：《现代藏文信息熵及其属性》，《西藏大学学报（自然科学版）》2017年第1期。

③ 完么扎西、尼玛扎西：《藏文的信息熵与输入法键盘设计》，《北京大学学报（自然科学版）》2017年第3期。

④ 郑亚楠、珠杰：《基于词向量的藏文词性标注方法研究》，《中文信息学报》2017年第1期。

⑤ 龙从军、刘汇丹等：《藏语音节标注研究》，《中文信息学报》2017年第4期。

（三）民族语言句法分析

如何根据藏语、汉语的特点，并结合藏语信息处理研究现状，实现藏汉多角度的社会网络关系关联，同步发现关注话题并进行数据比较，具有重要意义。孙媛、赵倩在藏汉可比语料的基础上，利用词向量对文本词语进行语义扩展，进而构建 LDA 话题模型，并利用 Gibbs sampling 进行模型参数的估计，抽取出藏语和汉语话题。在 LDA 话题模型生成的文档—话题分布的基础上，提出一种基于余弦相似度、欧氏距离、Hellinger 距离和 KL 距离 4 种相似度算法的投票方法，以实现藏汉话题的对齐。①

五　民汉双语教育研究

双语教育在我国民族教育事业中占有十分重要的地位，是推动民族地区教育发展，促进各民族交往、交流、交融，构建中华民族精神家园的重要途径。2017 年，双语教育研究的成果较为丰硕，带有宏观性质的理论研究取得积极进展，另外也有一些基于具体地区、民族和案例的专题性研究，但相对较为零散。

关于双语教育的性质、特点、形式和评价，学术界还有很多讨论。本年度的双语教育研究，体现了认识的深化和多样化。

苏德、刘玉杰指出，人类学视域下，双语教育具有培育人类共同文化、尊重人类差异、传承与保护各民族优秀文化的价值意义。无论是对双语教育问题的归因、双语教育目标的选择还是双语教育政策执行方面都存在不同程度的偏差，需坚持社会需求与群众意愿相结合的原则，完善双语教育政策制定和执行的监控机制，同时要培育科学的双语教育观，加强“语言平等”和“语言资源”意识。②

叶会元等认为，双语教育是中国政府制定的面向少数民族学生，旨在同时促进普通话教学和少数民族语言教学的战略，具有双重目标。少数民族学生通过双语教育保护其文化遗产，更好地学习掌握普通话，以便更平等地与汉族学生竞争。从政策以及语言选择的社会影响这两个角度出发，文章认为双语教育面临诸多挑战，包括政府推广普通话作为国家通用语言，政府和社会对英语教育的强调和重视，以及少数民族语言的社会边缘化等。③

不少研究成果日益关注双语教育的技术手段，特别是信息化条件下的发展。耿才华、拉格指出了当前少数民族双语教育面临新的机遇和挑战。现代教育技术对双语教育发展产生着积极的影响，也是解决双语教育问题的有效途径。网络教育以资源利用最大化、学习方式灵活、教学形式个性化，以及高效率、低费用的特点，为提高双语教育成效提供了良好的平台。利用现代教育技术的优势促进双语教育发展必须注重双语教育网络资源的建设，加大双语教育信息化理论体系的构建。④

① 孙媛、赵倩：《藏汉跨语言话题模型构建及对齐方法研究》，《中文信息学报》2017 年第 1 期。

② 苏德、刘玉杰：《中央民族大学学报（哲学社会科学版）》2017 年第 3 期。

③ 叶会元、W. James Jacob1、熊卫雁、陈巴特尔：《中国少数民族双语教育的挑战与阻碍》，《民族高等教育研究》2017 年第 1 期。

④ 耿才华、拉格：《现代教育技术背景下少数民族双语教育发展的思考》，《民族教育研究》2017 年第 4 期。

六 语言生态研究

（一）理论探索

随着学术界对语言生态研究的进一步深入，学术界对其定义、概念、理论体系、方法论等问题进行了讨论。肖自辉、范俊军等在《生态语言学的发展、创新及问题：2006—2016》一文中认为，近十几年（2006—2016年）来的国内外生态语言学学科发展有几个突出特点：研究队伍壮大、学术交流频繁、新著新论主题广泛；学科内涵进一步丰富和明确，研究主题得到了深化，研究领域也不断拓新，学科交叉属性得到彰显。但学科研究和发展也存在研究范围过于宽泛、方法个性可能被淡化、应用技术和服务社会研究有待拓展等问题。[①] 黄国文、陈旸在《作为新兴学科的生态语言学》一文中认为，在过去的30年里，生态语言学或语言生态学作为语言学的一个新兴分支发展迅猛，但它作为一个独立学科的定位，目前还没有普遍接受的说法。该文从学科设立的角度讨论这个新兴学科，对其兴起、目标、理论基础、任务、研究范围等进行勾画，同时对国外学者的有关观点进行回顾和分析，希望语言学界来关注这一新兴学科。[②] 李雯雯在《全球化背景下的语言规划研究——〈语言政策与规划·语言政策与全球化〉述评》一文中，对Thomas Ricento所编四卷本《语言政策与规划：语言学中的关键概念》的第四卷《语言政策与全球化》进行了简要评论，在对该卷选文内容进行介绍的基础上，分析了其对中国语言政策与规划研究的启示。[③]

（二）实践研究

1. 民族语言生态研究

王德和、齐卡佳从濒危语言记录和典藏的角度出发，讨论了尔苏语拼音方案的构建要点。[④] 王丽、施璐结合语言生态理论和独龙族独特的生活方式与发展特点，对独龙族的语言生态情况进行了调查研究，试图对独龙语的濒危情况作出科学评估，对抢救独龙语提出科学对策。[⑤] 张文娟、寸红彬的《普标语语言生态研究》以实地调查资料为依据，使用语言代际传承、语言使用者的绝对人数、语言使用人口占总人口的比例、语言使用域的走向、对新语域和媒体的反应、语言教育材料与读写材料、政府与机构的语言态度和政策、族群成员对母语的态度、语言记录材料的数量与质量等指标来分析普标语的语言生态，并分析了其外部和内部生态环境成因。[⑥]

2. 和谐语言生活创建研究

黄靖莉认为，城镇化带来少数民族人口的变动和迁移，一方面为了适应城市生活，他们需要学习普通话和当地语言，另一方面人口迁移带来了语言使用人群结构变化和语言代际断层现

---

① 肖自辉、范俊军：《生态语言学的发展、创新及问题：2006—2016》，《南华大学学报（社会科学版）》2017年第3期。

② 黄国文、陈旸：《作为新兴学科的生态语言学》，《中国外语》2017年第5期。

③ 李雯雯：《全球化背景下的语言规划研究——〈语言政策与规划·语言政策与全球化〉述评》，《语言战略研究》2017年第5期。

④ 王德和、齐卡佳：《中国濒危尔苏语言抢救保护与尔苏语拼音转写方案的创建》，《西南民族大学学报（人文社会科学版）》2017年第4期。

⑤ 王丽、施璐：《行走在祖国的边陲——独龙族语言生态研究分析》，《保山学院学报》2017年第4期。

⑥ 张文娟、寸红彬：《普标语语言生态研究》，《价值工程》2017年第11期。

象。维护少数民族语言生态平衡，要采取有效措施保护多样性的少数民族语言及地方方言，注重动态使用过程中的传承和保护。① 罗兴贵在《贵州少数民族地区双语和谐生态的构建》一文中指出，贵州少数民族地区长期存在双语和三语使用的情况，这是贵州少数民族地区安定团结、和谐发展的基石。要加强对双语现象的认识，促进少数民族地区双语和谐生态的全面发展。②

七　濒危语言研究

2017 年 5 月，教育部办公厅、国家民委办公厅联合下发《关于部署中国语言资源保护工程 2017 年度少数民族语言调查的通知》，共设立包括 13 个濒危语言在内的少数民族语言调查点 80 个。此前启动的多个少数民族濒危语言调查项目也开始组织出版濒危语言志。

在学术研究方面，本年度发布的研究成果有数十项，主要集中于濒危语言个案调查研究和保护方式探索方面。孙宏开通过对中缅边境地区怒江傈僳族自治州怒族使用的阿侬语 20 多年来的跟踪调查，认为该语言已经从濒危走向严重濒危，如果没有有效的语言保护措施，在未来 10 至 20 年有可能完全失去交际功能而消亡。③ 濒危满语文的保护问题为学术界持续关注。有人认为，当前在各类学校的满语教学无法有效保护与传承满语文，建议应该从历史发展的角度，理性认识满语现状。在进行全面调查研究的同时，制定行之有效的保护传承政策是当今满语文保护传承工作的首要任务。④ 尔苏语是川西南 20 世纪 80 年代新发现的一个小语种，目前已高度濒危。有研究从濒危语言记录和典藏的角度出发，讨论了尔苏语拼音方案的构建问题，提出了一套拼音转写系统，包括标准音点的选择及拼音方案。⑤ 毛南语也被列为濒危语言，但广西环江毛南族自治县下南乡毛南语使用较为稳定。有研究者通过族群聚居、语言态度、民族意识、经济模式以及民族政策等情况的调查，从生态语言学的角度探析该乡稳定使用毛南语的成因。⑥

关于濒危语言保护的理论方法探索，袁丹、詹芳琼通过对国外若干濒危语言保护项目的考察，分析了它们的目标导向、手段科学等特点，指出其中存在规范不足等问题，认为中国语言资源保护工程应加快建设“语保工程”的语言资源网站，推进中国境内少数民族语言和方言的语言活力评估，挖掘公众智慧，群策群力工作，注重规范，严控质量。⑦ 范俊军对中国濒危语言记录和数据库建设的技术问题进行了探索，并为中国濒危语言自然话语转写提出了一套规则，具体包括：规则的定义和范围、引用和参考的规范性文件、口语现象、转写规则、转写符号集。该规则适用于中国濒危语言自然话语的采集、记录和建档，也可作为中国语言口语语料库建设的参考准则。⑧

---

① 黄靖莉：《城镇化进程中促进民族语言生态平衡对策探究》，《贵州民族研究》2017 年第 3 期。

② 罗兴贵：《贵州少数民族地区双语和谐生态的构建》，《广西民族师范学院学报》2017 年第 2 期。

③ 孙宏开：《阿侬语的二十年变迁：由濒危走向严重濒危》，《语言战略研究》2017 年第 4 期。

④ 郭孟秀：《现代语境下满语保护与传承的反思》，《满语研究》2017 年第 1 期。

⑤ 王德和、齐卡佳：《中国濒危尔苏语言抢救保护与尔苏语拼音转写方案的创建》，《西南民族大学学报（人文社会科学版）》2017 年第 4 期。

⑥ 张景霓、李胜兰：《下南乡毛南族稳定使用毛南语的成因探析》，《黔南民族师范学院学报》2017 年第 2 期。

⑦ 袁丹、詹芳琼：《国外八大濒危语言保护项目成效、特点与启示》，《语言战略研究》2017 年第 4 期。

⑧ 范俊军：《中国濒危语言自然话语转写规则（试行）》，《暨南学报（哲学社会科学版）》2016 年第 10 期。

2018 年

2018 年度，在党的十九大精神指导下，民族语言应用研究积极服务于各民族交往交流交融，铸牢中华民族共同体意识，取得了新的进展。以下按不同研究方向作概述。

一 语言政策、语言规划研究

2018 年度，中国语言政策、语言规划在通论研究、民族研究、国别研究和“一带一路”研究等方面均保持旺盛研究态势，其中通论研究在学科建设、国家战略方面取得突出成果，国别研究则在理论阐述和地域拓展方面有不俗表现。

（一）语言政策、语言规划通论研究

1. 学科规划

作为一项语言学、社会学以及政治学等的多学科交叉研究，语言规划研究乃至语言规划学的建立必然要求多层面、多角度的核心观点和方法论，2018 年度中国语言政策、语言规划通论研究在术语界定、研究方法和文献梳理等方面均有突出成果。李宇明的《李宇明语言传播与规划论文集》对当前中国语言规划研究中一些基本术语提供了解释和梳理。首先是定义了语言生活的内涵与外延，阐述了中国“语言生活派”的主张以及应如何研究语言生活；其次是讨论了当今人类的三大语言话题：语言问题、语言资源和语言权利，将语言资源的理念纳入语言规划中。①

2. 国家安全中的语言战略

2018 年度，语言安全成为语言政策、语言规划研究的热点。2017 年 12 月 29—30 日，“国家安全中的语言战略”高峰论坛在上海举行。该论坛的主要论题有：语言与国家安全的关系、国家安全视角下的汉语文化传播与外语规划、国家安全视角下的国别和历史研究、国家安全视角下的边疆语言规划、中国语言规划学的实践与可持续发展。这一领域也有较多论文发表。

3. “语言生活皮书”系列

2018 年度，《中国语言生活状况报告（2018）》（绿皮书）出版，这是国家语委连续第 12 年向国内外介绍我国社会语言文字应用状况、反映社会语言生活热点难点问题经典皮书；《世界语言生活状况报告（2018）》（黄皮书）则是国家语委连续两年介绍世界各国语言生活最新发展状况的中坚皮书，在政府和学界都受到较高关注；《中国语言文字事业发展报告（2018）》（白皮书）是国家语委第一次发布的系统介绍国家语言文字事业年度发展状况与语言文字方针政策的权威性报告，该皮书进一步扩大了国家语委“语言生活皮书”系列的学术和社会影响。

（二）语言政策、语言规划民族研究

1. 语言教育研究

中国的改革开放政策和国际交流活动以及当代全球化语境，决定了中国少数民族语言教育从以往国家倡导的“民汉兼通”转向“民汉外兼通”。刘炜基于文献和实证研究，从教育研究中的多语关涉视角和教育实践中的多语模式建构两个角度，考察了中国少数民族语文专业（中

---

① 李宇明：《李宇明语言传播与规划论文集》，北京语言大学出版社 2018 年版。

国少数民族语言文学专业本科和中国少数民族语言文化专业专科）中的多语共时教育发展状况。①

近年来，与国内国际整体发展形势相一致，国家通用语言文字教育在语言政策、语言规划民族研究中呈现上升趋势，研究方法和角度也开始向纵深发展，既有与国家当前重大问题相结合的热点研究，也有建立本学科基础的文献研究。

“十三五”期间，国家开展精准扶贫的攻坚工作，扶贫须要扶智，扶智先要通语，要让国家通用语言文字的普及为少数民族地区的脱贫致富带来“语言红利”。石琳从语言国情与语言规划出发，提出深化推普工作的语言策略，为在民族区域推广普通话、普及文化教育、提高民众素质、实现经济与文化脱贫提供积极的意见和建议。②

2. 语言权利和语言立法

民族语言权利、语言立法研究历来是语言政策、语言规划民族研究中的基本问题之一，2018 年度，学界从法理探究、教育平等、马克思主义经典理论等角度对民族语言权利、语言立法进行了诸多探讨。

敖俊梅、祁进玉在梳理与总结中国政府促进语言教育平等立法经验的基础上，力图将法规文本置于历史发展脉络中，揭示语言教育规定发展变化中蕴含的丰富内涵和内在逻辑，并基于语言教育法规存在的问题，探讨如何认识语言教育平等和进一步完善语言教育法规。③ 鲍震培、盛书琪的《马克思主义民族平等语言观对中国当代语言政策规划的影响》④ 指出，马克思主义民族平等语言观是在马克思、恩格斯等早期马克思主义者的语言理论及列宁、斯大林等人有关民族平等的观念上形成的，其中国化实践为我国民族间语言文字工作提供了强有力的方法论指导。⑤

3. 跨境语言与“一带一路”研究

“一带一路”沿线是全球语言多样性最为丰富、文化差异性最为突出的地区。做好“一带一路”语言战略规划，平衡沿线国家和地区多元语言利益诉求，实现沿线国家和地区语言互联互通，是“一带一路”建设必须直面的挑战，也是推动“一带一路”稳健前行的重要保障。梁昊光、张耀军的《“一带一路”语言战略规划与政策实践》⑥ 认为，要着重稳妥处理语言与文化、语言与安全、语言与话语权、语言与大数据等几组重要关系，强化顶层设计，加强国际合作，坚持目标导向，维护语言安全，积极发挥大数据作用，着力传播中华语言文化，最终实现以语言相通促进“一带一路”互联互通的战略目标。

科学规划“一带一路”沿线国家和地区的跨境语言资源，有助于实现沿线国家和地区跨境民族的民心相通，促进“一带一路”建设的稳步推进。刘希瑞的《“一带一路”倡议下的跨境

---

① 刘炜：《中国民族高等教育领域“民汉外”多语共时教育研究——以中国少数民族语文专业语言教育为考察中心》，《前沿》2018 年第 3 期。

② 石琳：《精准扶贫视角下少数民族地区国家通用语言文字普及深化的策略》，《社会科学家》2018 年第 4 期。

③ 敖俊梅、祁进玉：《中国促进语言教育平等法规的研究——基于民族教育条例的文本分析》，《民族教育研究》2018 年第 5 期。

④ 鲍震培、盛书琪：《马克思主义民族平等语言观对中国当代语言政策规划的影响》，《齐齐哈尔大学学报（哲学社会科学版）》2018 年第 2 期。

⑤ 鲍震培、盛书琪：《马克思主义民族平等语言观对中国当代语言政策规划的影响》，《齐齐哈尔大学学报（哲学社会科学版）》2018 年第 2 期。

⑥ 梁昊光、张耀军：《“一带一路”语言战略规划与政策实践》，《学术前沿》2018 年第 5 期。

语言规划研究》[1]依据语言规划研究相关理论，结合“一带一路”沿线国家和地区跨境语言的基本状况，提出了沿线国家和地区跨境语言规划的三种类型：本体规划、功能规划和传播规划。[2]

新时代“一带一路”视野下的跨境语言问题不仅是一个单纯的语言问题，也涉及政治、社会、文化等各个方面。2017 年 11 月 24—26 日，首届“一带一路”视野下的中国与中亚国家跨境语言国际研讨会在上海召开。会议围绕中亚国家的语言政策、语言规划、语言使用状况以及与中国语言文化的接触情况，汇聚各国语言学者的观察和研究成果，共同探讨未来中国与中亚国家跨境语言的发展趋势及其在“一带一路”建设中发挥作用的路径和方式。

二　民族语言文字规范化、标准化和信息化研究

2018 年度民族语言文字规范化、标准化和信息化研究工作逐步推进，继续开拓创新，研究成果具有深远的社会影响。该年度发布了近 1500 条党的十八大后出现的藏语新词术语，印发《信息化条件下语言文字规范标准体系建设规划》，公布 5 项有关民族语文的信息技术领域国家标准，研究热点侧重于民族语文翻译规范探讨、深度神经网络在民族语语音识别研究中的应用。

（一）研究制定《信息化条件下语言文字规范标准体系建设规划》

2018 年 7 月 6 日，国家语言文字工作委员会印发《信息化条件下语言文字规范标准体系建设规划》。该《规划》是我国第一个有关语言文字规范标准体系建设的国家级规划。《规划》一是明确提出鼓励民族语文翻译规范的制定，研究制定少数民族语言文字基础性规范标准；二是明确要求加大少数民族语言文字信息处理标准的应用广度和深度。

（二）2018 年国家标准委新发布的信息技术领域国家标准

2018 年 6 月 7 日，国家质检总局、国家标准委批准发布关于民族语文的 5 项国家标准，2019 年 1 月 1 日开始实施。具体项目如下：

1. GB/T36331－2018 信息技术回鹘式蒙古文名义字符、变形显现字符和控制字符使用规则。
2. GB/T36335－2018 信息技术藏文字符排序规范。
3. GB/T36337－2018 信息处理用藏语词类标记集。
4. GB/T36338－2018 信息处理用藏文文献文本信息标记规范。
5. GB/T36472－2018 信息处理用藏语短语分类与标记规范。

（三）民族语文翻译研究

1. 藏汉翻译

随着信息技术的发展，藏文在互联网上广泛使用，各级政府主办的报刊、杂志也逐渐有了网络版，大量的汉文材料被翻译成藏文。翻译者在音译汉文人名用字时，未能遵从统一的音译规范，导致同一人名存在多种音译形式。2018 年 4 月 28 日，全国藏语术语标准化工作委员会

---

① 刘希瑞：《“一带一路”倡议下的跨境语言规划研究》，《西北民族大学学报（哲学社会科学版）》2018 年第 5 期。

② 刘希瑞：《“一带一路”倡议下的跨境语言规划研究》，《西北民族大学学报（哲学社会科学版）》2018 年第 5 期。

发布了"习近平新时代中国特色社会主义思想"等近1500条党的十八大后出现的藏语新词术语。龙从军等统计了5家藏文网站2015年的所有材料，共计藏文音节字约1.01亿个。整理分析后发现人名用字音译形式比较混乱。该文详细分析了音译混乱的原因，提出在汉—藏人名用字音译时，需要制定一一对应的音译原则，同时注重原则实践的可行性和一致性。[①]

2. 蒙古语翻译

刘红霞针对矿产领域蒙古语新词术语的翻译技巧问题作了简单的比较与说明。从中蒙开发活动及相关政策法规文件中，选取矿产资源专有名词进行中文、英文、西里尔蒙古文翻译比较，发现由于现代蒙古语的多元化发展促成了同一术语的不同翻译法，回纥式蒙古文的翻译主要依据标准蒙古语的书面语，而西里尔蒙古文的翻译法受到标准书面语、喀尔喀方言等多种因素的影响。[②]

（四）民族语文数据库、信息系统研究

范道尔吉、高光来、武慧娟[③]公开了一个蒙古文大词汇量脱机手写数据库MHW，其中训练集由5000个单词构成，每个词采集了20个样本，共包含10万个样本，测试集Ⅰ包含5000样本，测试集Ⅱ包含14085样本。在三种常用手写识别模型上评估了字库的性能，其中基于循环神经网络的模型表现出最佳性能，在字典受限条件下测试集Ⅰ的词错误率达2.20%，测试集Ⅱ达5.55%。

温子潇、包飞龙、高光来等[④]针对传统蒙古文与西里尔蒙古文设计开发了一个功能完备的信息检索系统。系统中加入了西里尔蒙古文到传统蒙古文转换和更新统计等模块，检索功能使用了向量空间模型，可以实现对蒙古文文档的检索。

三　民汉双语教育研究

双语教育在我国民族教育事业中占有十分重要的地位，是推动民族地区教育发展，促进各民族交往交流交融，建设中华民族共有精神家园的重要途径。2018年度的双语教育研究也在多个方面取得进展。

（一）双语教育宏观研究

伴随改革开放40周年，少数民族双语教育走过了漫长的发展历程，国家政策扶持力度逐年加大，民族地区的教育发展水平稳步提升，少数民族高层次骨干人才大幅增加，这些都为双语教育的进一步推广和实施创造了良好的条件。2018年，少数民族双语教育的相关成果主要包括以改革开放40年为背景的综述型研究。如毛力提·满苏尔的《40年：民族教育变化翻天覆地》[⑤]、肖李和国建文的《改革开放40年来民族教育理论研究重大成果回顾》[⑥]、陈立鹏和任玉

---

① 龙从军、豆格才让、刘汇丹：《汉—藏人名用字音译规则研究》，《中文信息学报》2018年第3期。

② 刘红霞：《中蒙协作式资源开发与政策法规中的新词术语翻译比较》，《内蒙古财经大学学报》2018年第4期。

③ 范道尔吉、高光来、武慧娟：《MHW蒙古文脱机手写数据库及其应用》，《中文信息学报》2018年第7期。

④ 温子潇、包飞龙、高光来等：《蒙古文信息检索系统的设计与实现》，《中文信息学报》2018年第1期。

⑤ 毛力提·满苏尔：《40年：民族教育变化翻天覆地》，《中国民族教育》2018年第11期。

⑥ 肖李、国建文：《改革开放40年来民族教育理论研究重大成果回顾》，《中国民族教育》2018年第11期。

丹的《改革开放40年我国民族教育政策成效显著》[①] 等，回顾了改革开放以来民汉双语教育的发展历程和取得的成效。

（二）双语教育中观研究

少数民族双语教育理论研究不仅有对国内民族学、人类学领域相关理论的继承，还有对国外教育理论的借鉴。如多元文化理论基于费孝通提出的“中华民族多元一体格局”思想以及滕星提出的“多元文化整合教育理论”观点。香雅娟认为新疆实施的不同双语教学模式，正是各地区因地制宜的表现，各地语言教学的侧重点不同，也就显现了不同的教学多元文化特点。[②] 江凤娟、海路、苏德以广西壮族自治区的壮汉双语教育为个案，运用多层次分析方法和布尔迪厄关于惯习和信念的概念，探究了抽象的双语教育政策文本是如何转化为政策执行的具体行动的过程。文章首先整理了双语教育政策文本在不同层面被解读的状态和表现方式，继而以脉络化的方式呈现双语教育政策最终在学校情境中的状态，并分析学校及教师个体的行为选择，在此基础上梳理抽象的文本和执行者的解释、决策、行动之间究竟产生了何种偏差。[③]

运用国外相关理论解析少数民族双语教育的研究成果，如柯林·贝克模式在少数民族双语教育中的应用。张诗雅、马少云基于美国加州大学语言学教授克拉姆契的文化互动教学观，结合我国民汉双语教育实际，提出金字塔式双语课堂课案规划等。[④]

（三）双语教育微观研究

少数民族双语教学中，为确保教学过程的顺利开展，需要选择适合当地实际的教学模式和教材教辅资料，培养具有专业知识能力的合格双语师资，提高学生双语学习能力等。随着现代信息技术的迅速发展，网络信息教学平台的建设也必不可少。

已有研究普遍认为，教学模式的选择和教材教辅的制定均要因时因地制宜，不能单纯照搬其他地区的经验，更不能不顾教学实际搞“一刀切”。在蒙古语文、藏语文、维吾尔语文、哈萨克语文等使用的地区，双语教育模式多样，根据实际需要学校可选择不同的教学模式，这也是教学模式研究的主流意见。马永峰认为可借鉴云南省双语教学的经验，开展“过渡双语教育”，即教学语言从本民族语向汉语的过渡，以培养学生汉语能力为最终目标。[⑤]

高校的民汉双语教育主要以培养专业型民汉双语人才为目的。王秀艳、代征远从教学设计、学科内容、教学组织、双语表达、教学评价等方面，探讨构建高校专业课蒙汉双语授课教师教学能力的有效途径。[⑥] 马戎则从毕业生就业的现实问题出发，提出在新疆和藏区采用多种教

① 陈立鹏、任玉丹：《改革开放40年我国民族教育政策成效显著》，《中国民族教育》2018年第12期。

② 香雅娟：《多元文化背景下对新疆双语教学模式现状及发展的思考》，《民族高等教育研究》2017年第6期。

③ 江凤娟、海路、苏德：《从政策文本到学校行动：双语教育政策执行偏差研究——以广西壮族自治区为个案》，《民族教育研究》2018年第5期。

④ 张诗雅、马少云：《双语师资队伍建设的成效及对策研究——基于青海省民族地区双语师资队伍的调查分析》，《宁夏大学学报（人文社会科学版）》2018年第6期。

⑤ 马永峰：《东乡族聚居区双语教学模式选择及对策》，《中国民族教育》2018年第11期。

⑥ 王秀艳、代征远：《高校专业课蒙汉双语授课教师教学能力构建研究——以西方经济学课程为例》，《民族高等教育研究》2018年第6期。

育体制，增强西部地区与内地中小学的互动，以改变少数民族“分族聚居”的居住和工作格局。①

四 科学保护各民族语言文字和濒危语言研究

语言是文化多样性的载体和表征，濒危语言保护对于保护和促进语言文化多样性具有重要意义。近年来，濒危语言研究和保护显现出政府—社会—学者三方联动的特点，中国语言资源保护工程无疑是这方面的典范。2018 年共设立包括 12 个濒危语言在内的 80 个少数民族语言调查点。由商务印书馆有限公司组织申报的“中国濒危语言志（EP 同步版）”获得 2018 年度国家出版基金资助。中国政府开展语言资源保护工作的努力和进展，引起国际社会特别是联合国有关机构的重视。2018 年 9 月 19—20 日，中国政府和联合国教科文组织在湖南长沙共同举办首届世界语言资源保护大会，联合国教科文组织及各国政府、相关学术机构代表和与会专家学者讨论并通过了《岳麓宣言（草案）》。该宣言是联合国教科文组织首个以“保护语言多样性”为主题的宣言，是重要的永久性文件，也是联合国“2019 国际本土语言年”的重要基础性文件。

该年度以“濒危语言”为主题的研究成果，主要体现在以下方面。

（一）濒危语言保护理论研究

李荣启认为语言既是各类非物质文化遗产的载体，其自身也是一种非物质文化遗产，且语言多样性是文化多样性的根基。目前我国学术界尚缺乏从非物质文化遗产保护的实际出发，探索对濒危语言的抢救与保护。她提出了一些具有针对性和可操作性的抢救、保护、传承语言文化遗产的措施与方法。②

道布对于濒危语言研究和保护有自己的独到思考。他认为记录、研究濒危语言自有其学术价值，这主要是学术界的责任，但同时要尊重濒危语言的使用者自愿放弃其母语的权利。在现代化过程中，濒危语言走向消亡是符合社会发展规律的，是不可逆转的。③

冯红梅和张晓传从语言转用的角度探讨了濒危语言保护问题。他们认为，影响语言转用的因素错综复杂，包括语言使用群体的结构、文化基础和渗透、国家语言规划、地区经济发展水平等因素，指出积极应对语言转用的必要性和紧迫性，并提出了减少我国少数民族语言转用、保护濒危语言的主要策略。④

（二）濒危语言保护实践路径与方法手段研究

朝克论述了在新时代如何更好地抢救保护少数民族濒危语言文化。他认为，当今快速发展的经济社会，以及电视、电脑、手机等现代科技产品的不断普及，使没有文字的人口较少民族口耳传承的语言和优秀传统文化不断受到影响和冲击，进而走向濒危或严重濒危。要充分而理性地认识少数民族濒危语言文化，采取科学的态度和行之有效的措施，不失时机地对其进行抢救与保护。⑤

---

① 马戎：《关于藏区和新疆加强双语教育和提高整体教学质量的思考》，《中央社会主义学院学报》2018 年第 1 期。

② 李荣启：《语言文化遗产的性质、现状与保护》，《中国文化研究》2018 年第 2 期。

③ 道布：《“抢救（或保护）濒危语言”之我见》，《语言战略研究》2018 年第 4 期。

④ 冯红梅、张晓传：《我国少数民族语言转用及对策研究》，《贵州民族研究》2018 年第 2 期。

⑤ 朝克：《论新时代濒危民族语言和优秀传统文化的抢救保护》，《中国社会科学院研究生院学报》2018 年第 3 期。

范俊军在梳理总结中国濒危语言保护的历程基础上，思考了今后少数民族濒危语言保护问题。他认为中国濒危语言研究保护经历了三个发展阶段：第一阶段为1992年至2003年，是濒危语言研究的启蒙和探索期；第二阶段为2004年至2014年，是繁荣和转向期；第三阶段为2015年至今，以政府为主导实施语言资源保护工程。后语保时代应充分认识我国语言濒危的现实，切实转向保存和保护的实践，以知识—交际模式记录和保存语料资源；以语言传承和传播为保护目标，开展有效的语言服务。①

2018年，中国社会科学院民族学与人类学研究所民族语言应用学科通过3年努力，完成了创新工程项目“新时期中国少数民族语言适应与语言发展战略”的研究，构建了民族语言应用研究的理论和学术框架，提出了新时期开展民族语言文字工作的新思路。中国社会科学院院重大国情调研项目“新中国成立以来新创民族文字的使用和发展”顺利结项。

（王锋，研究员；龙从军，研究员；尹蔚彬，研究员；张军，副研究员；黄晓蕾，副研究员；燕海雄，副研究员；韦韧，助理研究员；中国社会科学院民族学与人类学研究所民族语言应用研究室）

① 范俊军：《中国的濒危语言保存和保护》，《暨南学报（哲学社会科学版）》2018年第10期。

2017—2018年世界民族研究综述

刘　泓　田　耘　于　潇

2017年

近年来，世界形势出现了冷战结束以来所未有的变化，英国脱欧、特朗普上台等“黑天鹅”“灰犀牛”事件频发，“战略意外”成为新常态。这些事件要么对世界民族问题的走向有直接或间接影响，要么事件本身包含鲜明的民族因素。2017年度，世界范围内民族民粹主义、种族主义、民族分离主义风起云涌，民族主义与恐怖主义合流共振，民族因素深深嵌入民主化、信息化与全球化等进程，并引发诸多事件。

世界民族问题的当今发展态势，延续了自“冷战”结束后，多民族国家内部民族问题“增多趋强”的走向日渐凸显的态势。在一些国家，民族问题经常成为引发社会动乱和政治危机的重要因素；而在六七十个国家里，还存在民族分离主义组织；包括当今国际社会严厉打击的恐怖主义，也大多与民族分离主义有关；在一些国家的民主化浪潮下，民族问题常成为反对派举事的缘由；西方一些国家以防止人道主义灾难为名对他国内政的干涉，也常借民族问题做文章，甚至故意挑起民族冲突。民族问题的重要性、复杂性、长期性、普遍性和国际性特点，愈来愈为人们所认识和重视。

习近平总书记在党的十九大报告中高屋建瓴地指出，“世界正处于大发展大变革大调整时期”。从积极角度说，“和平与发展仍然是时代主题。世界多极化、经济全球化、社会信息化、文化多样化深入发展，全球治理体系和国际秩序变革加速推进，各国相互联系和依存日益加深，国际力量对比更趋平衡，和平发展大势不可逆转”。从消极面讲，“世界面临的不稳定性不确定性突出，世界经济增长动能不足，贫富分化日益严重，地区热点问题此起彼伏，恐怖主义、网络安全、重大传染性疾病、气候变化等非传统安全威胁持续蔓延，人类面临许多共同挑战”。

一　关于国外民族主义基本理论问题研究①

（一）对“民族”（nation）概念进行重新的认识和界定

从民族主义古典理论家到当代学者，几乎无例外地对“民族”进行了各种同质性界定，如共同的语言、文化、族类起源等。这种同质性界定，源于把对“人民”（people）的同质性认识机械地移植到对“民族”的认识上。

学者们试图证明，这些“同质性”只是一种主观设定，绝大多数“民族”内部实际上存在

① 张三南、杨须爱编：《同心斋撷实：民族理论若干问题探究》，时事出版社2016年版。

着各种异质性因素，这些客观存在的异质性因素与主观的同质性界定之间的矛盾，是导致当代一些多民族（族类）国家存在民族分离主义的深层原因，也是一些国家坚持实行民族同化和排外政策的思想根源。为此，我们需要根据“民族”形成与存在的实际，从一定角度和在一定意义上否定人们对“民族”作出的传统的同质性规定，并对“民族”内部的异质因素及其存在形式（国外有不同界定，如 tribes、Nationalities、ethnic groups 等）进行合理解释，作出新的认识和界定。①

（二）揭示民族与国家结合的复杂性，指出民族主义古典理论家的“一族一国”设想的非现实性和非实证性

民族主义古典理论家设想的“民族－国家”，很少受到人们质疑。列宁等马克思主义经典作家虽然提出了“多民族国家”的概念并从社会历史角度证明“多民族国家”存在的合理性，但却是以“少数民族”人口占总人口多少（5%）为界，来确定一个国家是“民族－国家”还是“多民族国家”。

学者们力图证明，即使民族主义古典理论家所言的“民族”可以是同质的，但它所主张的“一族一国”方案从一开始也是一种非实证和难以实践的理想，包括在它的诞生地西欧，现代国家边界也不是与民族地域完全一致的，更不是一切民族或人民都可以建立独立国家的。所谓的“民族－国家”实际上普遍是以某个大民族为凝聚核心形成的多民族（族类）国家。异质性“少数民族”的比例不管有多低，它都是一种不可忽略的现实存在。②

（三）解决“民族－国家”和“多民族国家”的理论对立问题

民族主义古典理论家把“民族”界定为具有各种同质性的人们共同体，由此，现代国家也被界定为“民族－国家”。这在国际社会已成为约定俗成的概念。与此同时，人们也提出了“多民族国家”的概念。特别是在民族学和人类学界，目前人们在更多地谈论现代国家内部的多文化和多族类存在。由此，给人们造成了“民族－国家”与“多民族国家”似乎是对立的假象。对于怎样解释这个问题，学者们进行了一些理论探讨。③

（四）论述“民族”与“民族－国家”的构建性与自然性的统一

国外对民族和民族－国家现象的认识，形成了现代构建学派。这实际上是对民族主义古典理论有关民族形成观点的否定，因为后者认为“民族是自然形成的，而国家则是人工的”，应当将二者统一起来。现代构建学派证明，“民族”不是自然形成的，而是主观构建的；由此，“民族－国家”也是现代构建的产物。原生主义者也不否定这一点，只是强调这种构建的基础在于先期存在的族类同一性及其集体认同。

---

① 周少青：《加拿大多民族国家构建中的国家认同问题》，《民族研究》2017 年第 2 期；张龙：《论国外对民族身份的不同界定及意义》，《五邑大学学报（社会科学版）》2017 年第 3 期。

② 周平：《多民族国家的国家认同问题分析》，《政治学研究》2013 年第 1 期；陈玉瑶：《布列塔尼人文化认同特性的产生、发展与现状》，《世界民族》2017 年第 3 期；冯雪红：《美国“多元文化主义”的困境及理论重构》，《中南民族大学学报（人文社会科学版）》2017 年第 2 期；李元元：《双面国家：“国家知识”的人类学阐释——基于与西方国家中心主义范式的比较研究》，《世界民族》2017 年第 4 期。

③ 李成明：《浅析多民族国家中的国家认同问题》，《黑河学刊》2017 年第 6 期；暨爱民：《国家认同建构：基于民族视角的考察》，社会科学文献出版社 2016 年版；韦诗业：《民族认同与国家认同的和谐关系建构研究》，中央编译出版社 2017 年版。

国内学者对这两种观点都有所介绍。①

（五）民族主义的异化问题

民族主义古典理论虽然对民族和民族-国家现象的认识存在一些误区，并提出了一些绝对化观点，但它的政治理想或本义则是以民族平等、相互尊重和世界秩序等价值为基础的。

但是，后来的一些民族主义实践过分强调民族利益和利己原则，导致各种民族主义异化形式产生，如民族同化主义、殖民主义、民族分离主义、种族主义、沙文主义、霸权主义、泛民族主义、民族复土主义，等等。有学者认为，这些异化了的民族主义，既有民族主义基本理论本身存在的思想缺陷问题，也有对民族主义基本理论的误用和滥用问题。②

关于世界民族问题基础理论研究，对于民族问题理论，国内外学术界历来有自由主义传统与马克思主义立场之分。但是，二者之间在哪些问题上存在观点区别，在哪些问题上又存在一些共识；当代自由主义者在民族问题上有哪些理论发展，内部有何争论；马克思主义经典作家所谈的民族问题是指何种民族问题，其观点能否运用于国内民族问题；当代自由主义者如何看待马克思主义民族问题理论，我们应该如何看待自由主义民族问题理论，如此等等，有待深入研究。

二 关于国别民族志、民族问题与民族政策研究③

相关研究的学术意义，在于它可为基础理论研究提供充分的实证案例，为我国民族问题研究界提高民族理论水平打开广阔的国际视野。例如，对民族主义和现代民族-国家的理论研究，只有通过对一些具有典型意义的民族-国家的形成与建立过程的考察，才能得出科学的结论和全面的观点；再如，对多民族国家民族政治理论的研究，也要通过对不同国家的民族政策进行分析，才能从中总结出正确的东西。相关研究的现实意义，在于它可以为我国在民族问题上开展有效的国际对话提供更丰富的世情知识，可为我国解决民族问题、改进民族政策提供国外经验参考和教训借鉴。

具体内容如下。

一是研究有关国家民族志，展示其民族构成及其形成过程。比如，有学者认为民族国家起源于欧洲，受到美国建立的刺激而大范围出现。1789 年法国大革命之后，欧洲大范围从帝国体制向民族国家转变。转变的原因还是帝国体制过时了，1492 年全球化进程开启后，资本要建立世界性的生产体系，所以在资本生产和市场需要的多元推动下，欧洲进入民族国家时代。政治上资产阶级要求建立政权。因此无论政治民族还是现代民主制度，都是现代民族国家的产物。民族国家是人类发展过程中一种非常重要的国家形态，也是一种强大而昂贵的组

---

① 青觉、谭刚：《民族主义：意大利复兴运动及民族国家建构的精神动力》，《世界民族》2017 年第 1 期；李娜：《多元文化语境下少数民族权利解析——兼论多民族国家构建》，《贵州民族研究》2017 年第 4 期；孙晋斐、买玉华：《秩序的改变：论西方民族主义的兴起与传播》，《新疆社会科学》2017 年第 2 期。

② 王政勋、程杰：《关于极端主义的概念分析》，《北京科技大学学报（社会科学版）》2017 年第 5 期；柴亚林：《统合与分裂：近现代日本对民族主义的双向运用》，《世界民族》2017 年第 1 期；陈建山：《中国应对民族分离问题的理论和话语体系》，《民族论坛》2017 年第 4 期；刁大明、牛可、成晓河、庞中英、赵明昊、寿慧生、安刚：《不只“白人至上主义”，还有“经济民族主义”》，《世界知识》2017 年第 18 期；纳日碧力戈、卢芳芳：《从纠结到批判：人类学对种族主义的超越》，《世界民族》2017 年第 1 期。

③ 刘泓：《民族政治学：英国的族裔问题及其治理研究》，中国社会科学出版社 2017 年版；周少青：《民族政治学：加拿大的族裔问题及其治理研究》，中国社会科学出版社 2017 年版。

织形式。①

二是研究有关国家民族问题的由来和主要表现，分析其现实状况和发展趋势。包括研究民族主义产生的时代背景、基本理论与在世界各地的实践情况，研究民族分离主义者怎样误用民族主义、现代国家反对分裂的理由和道理等。②

有学者指出，当今全球化时代，在民族分离主义的影响下，民族国家内部公投层出不穷，民族国家内部民族主义与民粹主义相结合，民族国家对外关系中的民族主义因素凸显。在现有民族国家体制下，民族问题都是在现有法律框架之下表现出来的，对社会的伤害力有限。只有当民族国家出现动荡时，民族分离主义才会趁势出现，进而影响国家的内部安全。尽管民族分裂主义在当前时代具有新的特点和表现形式，但并不能成为真正动摇民族国家基础的制度危机。在当前时期，民族问题的具体化、内容化解读应该向民族问题事务化、一般化转变，这也为民族问题的研究提供了更大的研究区间和宽松的学术环境。③

有学者认为，民族国家在历史上的强大与当前的困境皆源于其体制建立的基础，即公民忠诚和民族认同，公民忠诚加强了民族与民族之间的隔阂和对立，使民族国家以战争机器的模式推动社会生产和科技进步，然而公民忠诚和民族认同一旦被削弱，又使民族国家内部的民族分离主义有所抬头，借以公投等方式肢解现有的民族国家。④

有学者认为，无论是从马克思主义、自由主义还是民族主义意识形态出发，民主化进程是当代世界发展潮流与趋势之一，世界各地的民族问题如何嵌入这一潮流与趋势，是民族问题与民主问题研究领域都不能回避的议题。⑤

三是研究有关国家的民族政策，从各民族是否平等、民族关系是否和谐、制度机制是否健全等角度评价其利弊得失。对当代多民族国家各种族际政治制度和机制进行比较研究，提出适应时代发展、适应具体国情的族际政治理论和实践方式，包括研究国际社会有关少数民族权利保护的各种价值理念，以马克思主义立场对其作出价值判断，研究国际移民问题，对国际社会

---

① 翁泽仁：《现代俄罗斯人口较少民族的发展状况探析》，《世界民族》2016 年第 6 期；陈红梅：《犹太民族与城市空间》，《世界民族》2017 年第 3 期；马钰荟：《澳大利亚：战争中的澳大利亚土著人》，《陕西档案》2017 年第 4 期；朱明：《西欧民族国家的兴起》，山东科学技术出版社 2017 年版。

② 尹婧：《土耳其切尔克斯人问题探析》，《世界民族》2017 年第 2 期；何明、陈春艳：《后殖民时期民族问题的形成——以缅甸罗兴伽人问题为中心的讨论》，《世界民族》2017 年第 3 期；谢宇航：《巴基斯坦财政制度变迁及其对俾路支民族分离主义运动影响研究》，《太平洋学报》2017 年第 10 期；张青仁：《墨西哥恰帕斯州印第安问题及其治理失效的原因》，《世界民族》2017 年第 2 期；郭培清、王俊杰：《格陵兰独立问题的地缘政治影响》，《现代国际关系》2017 年第 8 期；左希迎：《南海秩序的新常态及其未来走向》，《现代国际关系》2017 年第 6 期；王晴锋：《阿迪瓦斯、国家暴力与纳萨尔运动》，《世界民族》2017 年第 1 期；马腾嶽：《当代夏威夷民族主义及其政治运动探析》，《世界民族》2017 年第 4 期。

③ 袁东振：《拉美民众主义的基本特性及思想文化根源》，《拉丁美洲研究》2017 年第 4 期；周少青：《加拿大维护国家主权安全的策略分析》，《学术界》2017 年第 10 期；刘辉：《苏丹南北分立的美国因素》，《世界民族》2017 年第 4 期；周丽娅：《伊斯兰中间主义理念及其对融洽族群关系的意义》，《世界民族》2017 年第 2 期；许利平：《民族主义：我们周围的认同与分歧》，社会科学文献出版社 2017 年版。

④ 王涛、王璐晞：《卡萨芒斯分离主义运动的发展、影响及启示》，《世界民族》2017 年第 2 期；姚惠娜：《论巴勒斯坦建国困境形成的因素》，《郑州大学学报（哲学社会科学版）》2017 年第 4 期；柯艺伟：《民族主义视角下苏格兰公投事件分析》，《三峡大学学报（人文社会科学版）》2017 年第 S1 期；刘泓：《西班牙加泰罗尼亚地区独立公投的民族学解读》，《中国民族报》2017 年 10 月 27 日第 8 版。

⑤ 邹磊磊、付玉：《北极原住民的权益诉求——气候变化下北极原住民的应对与抗争》，《世界民族》2017 年第 4 期；李琼：《阿富汗哈扎拉民族主义探析》，《世界民族》2017 年第 1 期；陈玉瑶：《法国民主之路：从理想到现实》，《法国研究》2017 年第 2 期。

有关移民的各种理论观点进行分析等。①

有学者将视野聚焦在党的十九大关于民族工作的相关部分，通过对党的十九大报告中对于民族工作精神的文字表述分析，对未来5年的民族工作重心和热点进行理论与实践的诠释。认为，全面正确贯彻落实党的民族政策，坚持和完善民族区域自治制度，已经成为我国政治生活中的常态和题中之义。伴随着我国经济社会差距缩小，依法治理民族事务保障少数民族合法权益各项政策的全面铺开，从物质、经济层面引发民族问题的可能性降低，民族问题将更多地在法律框架内得到解决。对于少数民族地区尤其是新疆地区，要通过全方位、多层面的互嵌结构深化推进民族团结，铸牢中华民族共同体意识。在世界民族研究领域，党的十九大精神同样具有指导意义，在实现世界民族研究议题、概念、范式比较的同时，进一步体现中国经验、风格和气派。要实现由外而内或者由内而外的单向度研究方式向内外比较的双向研究方式的转变。落实这种转变需要在三个层面展开工作：首先，要在对现有民族理论继承的基础上建构新时代中国特色社会主义的民族新理论，尤其是建构新时代中国民族理论自有的哲学体系。其次，要注重西方民族治理模式与中国民本思想的结合，应该把中外民族治理框架放在同等境遇和体量之上作出横向比较。再次，要进一步深化我国民族治理模式的方法论凝练与对外宣传，在全球化进程进一步深化的当今世界，移民难民问题、少数人权利保护、民粹主义、民族分离主义等问题凸显，以马列主义、民本思想为基础的中国民族治理模式应该成为世界民族问题治理的重要组成部分。②

对于跨界民族的国家认同分析也应从两个层面入手：一方面，根据国家的现代治理模式，自上而下地考察各项政策措施特别是民族政策和相关措施是否有利于营造良好的内引式客观社会环境；另一方面，从实地调查入手，自下而上地审视国家政策措施落地给基层广大各族百姓带来的实际感受。需要关注跨界民族的国家认同具有流变性、跨界民族的国家认同受客观环境影响、跨界民族的“民族认同”是“国家认同”和“中华文化认同”的基础和支撑，以及跨

---

① 陈永亮：《法理权利抑或行政施惠：基于日本阿伊努政策的反思》，《世界民族》2017年第4期；李涵伟：《俄罗斯土著民族权利保护策略及启示》，《中南民族大学学报（人文社会科学版）》2016年第1期；孙东方、王兴军：《从同化到多元：英国移民双语教育政策的变迁与启示》，《中南民族大学学报（人文社会科学版）》2016年第6期；唐慧云：《联邦体制视阈下美国移民立法权之争研究》，《世界民族》2017年第1期；庄晨燕、李阳：《融入抑或隔离：坦桑尼亚华商与当地社会日常互动研究》，《世界民族》2017年第2期；彭雪芳：《美国苗族移民的社会适应与文化传承》，《世界民族》2017年第2期；王悠然：《美国移民对“土著”产生深刻影响》，《中国社会科学报》2017年8月16日第3版；刘丽、曾少聪：《美国北卡罗来纳州华人社团及其社会功能》，《世界民族》2017年第3期；王建波：《加拿大多元文化政策存续的原因探析》，《中南民族大学学报（人文社会科学版）》2017年第5期；雷海花：《国际移民的冲击及其问题的解决——殖民地时期的宾夕法尼亚“德裔人问题”》，《世界民族》2017年第3期；赵昌、张秋生：《论多元文化政策下澳大利亚民族认同建构的困境——兼论华人的文化融入问题》，《世界民族》2017年第4期；林胜、梁在、朱宇：《非洲中国新移民跨国经营及其形成机制——以阿尔及利亚的福清移民为个案》，《世界民族》2017年第4期；胡修雷：《从“印尼村”现象看华侨农场归难侨的文化再适》，《世界民族》2017年第2期；黄文叙：《欧洲难民问题的严重性及出路》，《现代国际关系》2017年第2期；周少青：《加拿大土著少数民族自治（权）刍议》，《贵州民族研究》2017年第1期。

② 周竞红：《国家政治现代化与新型民族关系建构》，《中南民族大学学报（人文社会科学版）》2017年第5期；张会龙：《马克思主义民族理论及其中国化研究》，中国社会科学出版社2017年版；吴开松、何昕珂：《城市流动少数民族事务全域化治理创新机制研究》，《中南民族大学学报（人文社会科学版）》2017年第4期；马俊毅：《多民族国家民族事务治理现代化》，社会科学文献出版社2017年版；张帆：《多民族地区社会治理法治化建设研究》，法律出版社2016年版。

界民族的宗教信仰具有独特性等。①

三　世界民族研究资料建设

研究资料的搜集积累，对任何学科的发展都是一项基础工作，这项工作在本学科尤为迫切。由于本学科建立于20世纪80年代，历史不长，资料建设很不够，在全国范围内尚无一处专业图书馆或资料中心。所以，逐步建立一个世界民族研究资料中心，对于本学科的发展，对于巩固和提高本研究室在全国世界民族问题研究界的中心地位是十分重要的。其中，组织翻译一批民族政治学最新著作，就是一项非常重要的工作。

由土耳其学者乌穆特·奥兹基瑞穆里著、于红翻译的《当代关于民族主义的争论：批判性参与》一书对当代关于民族主义的理论和范式进行了批判性解读和评析，概述了当代有关民族主义的各种观点，概括了当代民族主义的理论和范式，在对现有的对民族主义主张提出质疑的基础上，探讨了替代民族主义的可能选项。由法国学者热拉尔·诺瓦里埃尔著、陈玉瑶翻译的《国家民族与移民——迈向权力史》一书中，讨论了民族－国家研究的学科定位和方法论原则，也展示了由这些方法论指导的实证研究范例，该著作中对如何理解和研究现代民族－国家现象提出了一种细致翔实的解释。②

由克里斯多夫·皮尔逊著、刘国兵翻译的《论现代国家》（第三版）对现代民族国家的起源和发展进行了清晰全面的介绍，为解释21世纪的民族国家形态及其政治地位的关系提供了一种思路。由陶东风翻译、耶尔·塔米尔著的《自由主义的民族主义》一书展示了从自由主义角度对民族主义学术路径的探索。学者通过重构民族主义哲学思想，融合自由主义和民族主义两种意识形态，为解决当今世界由民族主义情绪导致的矛盾冲突提供了新的理论思路。由斯蒂芬·格罗斯比著、陈蕾蕾翻译的《民族主义》一书对人类历史上出现过的族际冲突追根溯源，从社会学、宗教学、哲学和人类学等多角度透视了民族和民族主义。由约瑟·伯尔拿著、刘君木翻译的《民族论》一书从种族、语言、宗教、国土、传说、文学和共同生活的意志等方面探讨了民族问题。该著作研究了民族历史的起源，深入分析了全世界各主要民族中“民族”与国家、爱国主义、国际主义及战争的关系。在褚建芳翻译的《努尔人：对一个尼罗特人群生活方式和政治制度的描述》一书中，作者E. E. 埃文思－普里查德通过对一非洲部落政治制度的田野研究，探讨了在国家与政府缺失的情况下社会的可能组织方式。在吴强翻译的《从投票到暴力：民主化和民族主义冲突》一书中，作者杰克·斯奈德提出了乐观的民主思潮与民族主义复苏之间的对抗理论。该著作通过对18世纪至19世纪之间的英国、“二战”前的德国、大革命时期的法国及“一战”前的塞尔维亚等历史案例的比较研究，追溯了民族主义狂热和族群暴力频发的源头。作者认为，仓促地向民主社会过渡可能会引起一系列民族主义灾难。由小森阳一、高桥哲哉著、陈高峰翻译的《超越民族与历史》一书讨论了民族－国家研究的学科定位和方法论原则，并展示了这些方法论指导下的实证研

---

① 高志英、和金保：《多重边缘中的中缅跨界傈僳族上刀山仪式及其功能演变》，《世界民族》2016年第6期；麻国庆：《山海之间：从华南到东南亚社会》，《世界民族》2016年第6期；廖林燕：《民族国家视域下我国跨界民族的国家认同研究》，《西南边疆民族研究》2017年第2期。

② 参见［土］乌穆特·奥兹基瑞穆里《当代关于民族主义的争论：批判性参与》，于红译，中国社会科学出版社2017年版；［法］热拉尔·诺瓦里埃尔《国家民族与移民——迈向权力史》，陈玉瑶译，中国社会科学出版社2017年版。

究范例。①

四 世界民族研究的意义

开展世界民族研究的目的在于“洋为中用”。中国世界民族学会会长、中国社会科学院学部委员郝时远研究员“立足中国，放眼世界”的观点② 得到学界的广泛认可。

一是为我国处理民族问题提供国外经验教训参考。民族问题各有国情，也有时代共性；外国民族政策既有成功经验，也有失败教训。本项工程的完成可提供全面情况，对于我们认识当代世界民族问题及其政策趋向，坚持、发展和完善以民族区域自治为核心的民族政策多有助益。例如，国外也有实行民族地方自治的，在理念上和操作上与我国有共同的地方，也有不同之处，经过比较研究，可为我们提供参考。再如，多元文化主义目前是国外处理民族问题的基本理念，但各国的具体实践则有不同，我们也需要研究和了解，从中汲取有益的东西。

二是为民族问题与民族政策的国际对话提供比较依据。国际上对我国民族问题和民族政策常有不同看法乃至指责，这需要我们与之对话，开展“外宣”。我国也是《消除一切种族歧视国际公约》的签字国，提交履约报告实际上也是一种外宣工作。我国的对话和外宣基调，现主要是纵向论述，以新中国成立后的民族工作成就来说明问题。这当然是有说服力的。但我们的对话欠缺横向比较。如果我们对外国民族政策的优劣有所了解，知己知彼，对话将更加主动、更加有效。本研究的国外民族主义实践研究可在“知彼”方面提供基本情况，增强我们开展国际对话的底气与效果。

三是有助于澄清国内少数学者对国外一些民族政策类型的失实推介，避免其对学界和官方产生误导。我国现处于社会转型期，民族问题也呈现出一些新形势、新表现，民族政策有发展和改进的必要。目前，学界对此建言献策者不少，有的学者还援引国际经验教训作为参考。但一个值得注意的问题是，这些学者对国外民族问题和民族政策并无深入研究，他们对国际经验教训的介绍与评价往往是失实的和想象的，这很容易误导国人、误导民族工作部门甚至误导高级领导干部。

四是有助于团结各族人民共同维护国家统一、反对民族分裂主义的斗争。“尊重差异，包容多样”，承认少数民族的各种集体权益包括政治权利，是世界大势。但世界各国对民族差异的尊重、对文化多样的包容、对民族权益的承认，都是在维护国家主权统一与保障公民权利平等的原则下进行的，任何违背这两个原则的诉求在任何国家都是不被允许的。本项工程将会充分证明这一点，其研究成果的普及有助于增强各族人民团结起来共同维护国家统一、反对分裂的自觉性，有助于各族人民认识诸如达赖集团提出的“大藏区高度自治”等极端主张的非理性和非现实性。

五是可望产生重大的学术价值和国际影响。民族问题各国都很重视，是人文社会科学许多

---

① ［英］克里斯多夫·皮尔逊：《论现代国家》，刘国兵译，中国社会科学出版社 2017 年版；［以］耶尔·塔米尔：《自由主义的民族主义》，陶东风译，上海社会科学院出版社 2017 年版；［加］叶礼庭：《血缘与归属》，成起宏译，中央编译出版社 2017 年版；［美］斯蒂芬·格罗斯比：《民族主义》，陈蕾蕾译，译林出版社 2017 年版；［英］约瑟·伯尔拿：《民族论》，刘君木译，上海社会科学院出版社 2017 年版；［英］E. E. 埃文思-普里查德：《努尔人：对一个尼罗特人群生活方式和政治制度的描述》，褚建芳译，商务印书馆 2017 年版；［美］杰克·斯奈德：《从投票到暴力：民主化和民族主义冲突》，吴强译，中央编译出版社 2017 年版；［日］小森阳一、高桥哲哉：《超越民族与历史》，陈高峰译，南京大学出版社 2017 年版。

② 国宗网，http://www.jxmzj.gov.cn/dcyj/gdjc/201711/t20171118_599478.htm.

学科都要涉及的领域，但人们对民族现象的认识远没有完成。在18世纪和19世纪，西方对人类社会民族问题的认知形成了以“主权”为核心概念的民族主义论说，并由此促进了现代民族-国家格局的形成和国际秩序的建立，也使国际政治研究得以围绕“主权”而展开。但在对主权国家内部民族问题的认知上，人们现在还没有完成理论建构的任务，没有形成一个为人们所普遍接受的核心概念。“自治”不是这样的概念，“多元文化主义”也不是，因为人们对这两个概念的内涵阐释不一，实践问题更复杂，异议甚多，使人们难以象接受“主权”概念那样普遍接受这两个概念。正因如此，国际学术界对多民族国家内部民族问题治理的理论探讨，现在十分活跃。

2018年

2018年，国际形势依然呈现复杂化趋势，大国竞争在各个方面重新展开，全球化与逆全球化力量之间形成僵持局面，地缘政治复苏并成为大国博弈的重要议题。在此种环境影响下，2018年的世界民族问题呈现出多样性、广泛性、区域性等特点，在特定的政治语境下形成新的相关热点。

该年度我国世界民族研究获得了较大进展。学者们围绕民族理论、民族志与民族问题等研究方向对世界民族学科建设作出了诸多贡献。在民族理论研究方面，民族国家构建理论、民族主义理论与人类命运共同体理论成为2018年学界关注的核心，在现代民族国家建构的过程中，国家认同与民族认同之间的关系问题亟待解决。在民族志研究领域，学者们针对各地区热点事件展开了探讨，世界民族关系依旧存在巨大的不确定性并面临着严峻考验。在民族问题与民族政策研究方面，民族分离主义、种族主义、难民问题、恐怖主义与极端主义、民粹主义与移民群体作为2018年世界民族学界关注的焦点，受到了学者们的广泛关注。

一 世界民族理论研究

民族理论作为世界民族研究的基础性工作起着重要作用。2018年，世界民族理论研究主要在民族国家构建、民族主义与人类命运共同体构建等方面展开。岳天明对现代人类学的主要思想来源进行了总结，并分析了历代学者的研究成果对人类学研究的学理影响。[①]

（一）民族国家构建理论

2018年，世界民族研究对于民族国家构建理论的探索有着符合其时代特征的宽度与广度。学者们从基本概念、民族精神、国家认同与民族国家建设等方面对民族国家的构建理论进行了扩充。

在对民族国家进行审视的过程中，对基本概念的理解影响着我们对具体问题的认知。如陈玉瑶在结合当时欧洲民族问题的基础上，对马克思与恩格斯对“族体”（Nationality）一词的解读进行了辨析。[②] 李萍则对中国与美国的民族精神进行了比较研究，总结了中美民族精神的主要内容、基本特点与发展条件，并提出了进一步弘扬与培育中华民族精神的思想路径。[③]

学者们也从西方视角与中国视角两个不同方向对现代民族国家的构建理论进行了探讨。严

---

① 岳天明：《现代人类学的主要思想资源及其学理影响》，《世界民族》2018年第6期。

② 陈玉瑶：《19世纪欧洲民族问题中的“族体”与马克思恩格斯的解读》，《世界民族》2018年第6期。

③ 李萍：《中美民族精神比较研究》，硕士学位论文，南昌大学，2018年。

庆、平维彬对弗朗西斯·福山的“构建主义”进行了探讨，对现代民族国家语境下的民族建设、国家建设和多民族国家建设等议题进行了讨论。[①] 多民族国家建设在我国的民族关系建设中也是极为重要的一环。杨文炯对费孝通先生“多元一体”理论的现代价值进行了审视，人类在全球化的今天，从多元走向多元一体正在逐渐成为人类命运共同体的显著文化特征。[②]

在现代民族国家构建的过程中，国家认同与民族认同之间的关系在近年民族分离主义势力抬头的大背景下吸引了学者们的注意。刘泓主持并完成马克思主义民族学教材《民族国家建构》部分的编写工作，对马克思主义视野下的民族国家构建作了充分论述。在民族认同的问题上，殷曼楟对民族认同话语体系的构建进行了回溯，认为精英主义叙事导致了民族文化与认同与民族传统的割裂。[③] 李青勇[④]、黄柯劼[⑤]、刘畅[⑥]、王鹏辉[⑦]、张子佳[⑧]、彭庆军[⑨]、严天钦[⑩]、冯燚[⑪]、吴嘉丽[⑫]等学者分别探讨了苏格兰、德国、土耳其、乌克兰、阿尔及利亚、哈萨克斯坦、土耳其、伊拉克与加拿大魁北克人有关国家认同、民族认同与分离主义之间的关系。国家认同作为现代民族国家的构建目标，是世界各国普遍需要解决的问题。

（二）民族主义研究

一直以来，民族主义与民族国家的建立都是难以分割的话题。张小军探讨了民族研究在中国学界的转向。[⑬] 进入21世纪之后，民族主义在构建现代民族国家的同时，也带来了一些具备时代特征的问题。在对诸如民粹主义或极端主义进行分析的过程中，学者们针对原有的民族主义理论进行了推广与澄清，并结合区域研究对民族主义在世界各地的存在状态进行了审视。

刘涛辨析了马克思·韦伯在民族主义上的观点，认为韦伯对民族双重内涵的设定导致其民族理论内部出现了根本性的分化。文化民族主义与政治民族主义同时存在，这意味着韦伯的民族主义观点并非纯粹的政治扩张主义。[⑭] 严庆与平维彬则在对现有民族理论的现代性进行扩展的基础上，对“后民族时代”中民族国家的发展方向进行了展望。[⑮]

世界主义作为西方政治哲学思想中与民族主义对立并存的政治思想，在如今民族主义显露

---

① 严庆、平维彬：《西方多民族国家建设的类型化研究——基于弗朗西斯·福山的“建构主义”视角》，《广西民族研究》2018年第3期。

② 杨文炯：《理解现代民族国家的中国范式——费孝通先生“多元一体”理论的现代价值》，《青海民族研究》2018年第2期。

③ 殷曼楟：《民族认同的“精英主义”叙事及其问题》，《中外文论》2018年第2期。

④ 李青勇：《国家认同与苏格兰分离问题》，硕士学位论文，武汉大学，2018年。

⑤ 黄柯劼：《德国少数民族：两种认同的互动平衡》，《世界民族》2018年第1期。

⑥ 刘畅：《土耳其国家认同的建构》，硕士学位论文，华中师范大学，2018年。

⑦ 王鹏辉：《乌克兰独立后的国家认同研究》，硕士学位论文，上海师范大学，2018年。

⑧ 张子佳：《阿尔及利亚独立战争前后“黑脚”身份认同的撕裂与弥合》，硕士学位论文，外交学院，2018年。

⑨ 彭庆军：《哈萨克斯坦民族共同体的建构与重构》，《比较政治学》2018年第1期。

⑩ 严天钦：《“土耳其化政策”与土耳其的民族认同危机》，《世界民族》2018年第2期。

⑪ 冯燚：《国家建构视域下的伊拉克国家认同困境》，《世界民族》2018年第3期。

⑫ 吴嘉丽：《近六十年来魁北克人的国家认同与族群认同研究》，硕士学位论文，华中师范大学，2018年。

⑬ 张小军：《世界的人类学与中国的民族学》，《世界民族》2018年第5期。

⑭ 刘涛：《马克斯·韦伯的民族观辨析——兼论韦伯的民族主义问题》，《西北民族大学学报（哲学社会科学版）》2018年第2期。

⑮ 严庆、平维彬：《超越极端民族主义》，《中央民族大学学报（哲学社会科学版）》2018年第3期。

危机的时代引起了学者们的探讨。王云芳认为，如今的世界主义与民族主义在对立的同时又相互交织，民族化的世界主义应当在尊重差异与平衡责任的基础上为当今世界开辟一条求同存异、共商共享的道路。[①] 张腾欢对爱因斯坦的犹太观进行了世界主义意义上的解读，认为在维护民族权益的基础上着眼地区与世界的和平发展是当今世界需要共同谋求的发展方向。[②] 安鹏从中国视角出发，对“天下—华夷”与“世界—民族”两大话语体系进行了思考。

除理论分析外，学者们还以地区为单位，对民族主义在世界各地的发展模式进行了探讨。靳利华、杨晗旭与徐海波、王卓与王恩铭等学者分别对拉美地区[③]、中国香港地区[④]与美国[⑤]等地的民族主义的发展状况进行了解读。

（三）人类命运共同体理论

随着全球化进程的进一步推进，人类社会愈发呈现出风险共担、利益共享的特点。全球化过程中发生的局部冲突、民族分离主义、种族主义与恐怖主义等现象引起了各国广泛关注。中国共产党从实践出发，提出了构建人类命运共同体的人类文明发展方向。

刘泓与张育瑄对人类命运共同体构建意义进行了民族政治学解读，认为人类命运共同体是经济全球化发展的新时代应运而生的新理念，是对既定国际秩序的扬弃。人类命运共同体必将引领民族国家的未来走向，也将成为世界各族人民为之共同努力实现的未来。[⑥⑦] 曹泳鑫将中国经验扩展到世界视角，结合中国道路与地域民族共同体对人类命运共同体的构建进行了论述，认为主权国家对国际关系的影响重塑着全球治理的世界秩序，打造人类命运共同体也需要各国的共同努力。[⑧⑨]

二　民族志研究

民族志研究一直以来是世界民族研究的重要组成部分，2018 年，学者们对各国的民族事件与民族问题进行了研究探讨。民族问题依旧对地区和平稳定发展产生着影响，进行民族志研究将有助于对民族事务的处理与矛盾的化解。

（一）亚洲

中东局势一直以来是世界民族领域关注的焦点，中东地区的民族政策与民族形势在区域乃至世界和平的维护中也发挥着重要作用。肖文超对以色列的库尔德政策及其面临的挑战进行了分析，认为从长期看，以色列作为外部势力对库尔德事务的介入虽然在一定程度上满足了自身

① 王云芳：《民族化世界主义：理论、现实与未来》，《国际政治研究》2018 年第 6 期。

② 张腾欢：《在民族感情和世界主义之间——论爱因斯坦的犹太观》，《世界民族》2018 年第 2 期。

③ 靳利华：《21 世纪拉美国家民族主义：时代特性与发展趋势》，《大庆师范学院学报》2018 年第 3 期。

④ 杨晗旭、徐海波：《对“香港公民民族主义”理论的审视与批判》，《当代港澳研究》2018 年第 3 期。

⑤ 王卓、王恩铭：《既做美国人又做黑人——杜波依斯民族主义和融合主义思想探析》，《世界民族》2018 年第 3 期。

⑥ 刘泓、张育瑄：《人类命运共同体构建意义的民族政治学解读》，《黑龙江民族丛刊》2018 年第 6 期。

⑦ Liu H, Zhang Y. “Building a community of shared future for humankind—an ethnological perspective” [J]. *International Journal of Anthropology and Ethnology*, 2018.

⑧ 曹泳鑫：《从地域民族命运共同体到人类命运共同体——兼论共同体变革的历史条件和实践基础》，《世界民族》2018 年第 2 期。

⑨ 曹泳鑫：《世界历史、中国道路和人类命运共同体》，《社会科学文摘》2018 年第 3 期。

利益，但依旧面临着巨大挑战与不确定性。① 张瑞则对以色列境内贝都因部落的现代化进展表达了关切，认为贝都因部落目前所面临的问题是游牧部落现代化时所要解决的现实问题，需要辅以关切。② 赵萱采用地缘政治与生命政治交互的视角，揭示了不同时空层次上的巴以冲突面貌及其背后的实践逻辑。③ 畅红对阿富汗普什图人的社会秩序进行了研究，认为其瓦里传统蕴含着构建新价值体系与民族认同的重要源泉。④ 李如东审视了中亚地区东干人精英的社会组织化过程，探讨了苏联解体后东干人阶级滑落与社会资源重组之间的关系。⑤

南亚与东南亚国家始终在殖民战争的阴影下进行着民族建构的尝试，民族问题与难民、移民问题紧密相连。杜敏与李泉对不丹尼泊尔民族问题的根源进行了研究，认为不丹政府发起的“复兴传统文化运动”剥夺了不丹尼泊尔族人的公民身份，从而威胁了不丹的民族统一与政治安全。⑥ 罗圣荣与安东程对越南民族性格形成的历史文化因素进行了探讨，认为越南民族性格所具有的特征，既是不同历史时期留下的烙印，也是其民族文化与外来文化融合、碰撞的结果，其中中越宗藩关系对越南民族性格的形成产生了不可忽视的塑造作用。⑦ 韦凡州对越南民间传说进行了研读，对当代越南部分学者认为雄王时代就形成民族意识的观点提出商榷意见，为越南民族形成于公元10世纪以后的观点提供佐证。⑧ 阳举伟与何平分析了泰国政治整合马来穆斯林族群的政策，指出马来穆斯林族群“反国家整合”的局面依然存在，国家与地方之间的协商与包容是解决这一问题的关键。⑨

东北亚地区作为经济较为发达的地区，其民族问题的呈现形式也与亚洲其他地方存在着差异。彭雪芳探究了人类学视野下的冲绳文化，意识到殖民同化教育增强了冲绳人对本土文化与自我身份的认同。⑩

（二）欧洲

近年来，欧洲国家难民问题始终未能得到彻底解决，多元文化主义政策之下的民族分离主义运动也不断呈现出新的发展方向。

欧洲国家的多样性治理引起了学者们的思考。庄晨燕从《欧洲区域或少数民族语言宪章》入手，对西方选举政治进行了反思⑪；张金岭对法兰西民族“公民民族”的理念进行了分析，发现法国所面临的民族问题表现在少数族裔问题与移民问题两个层面，“共和主义”原则已经

---

① 肖文超：《以色列对库尔德人的政策及其面临的挑战》，《世界民族》2018年第1期。

② 张瑞：《走出游牧：以色列境内贝都因部落的现代化之路》，《世界民族》2018年第6期。

③ 赵萱：《隔离墙、土地与房屋：地缘政治与生命政治的交互——一项东耶路撒冷巴勒斯坦人的民族志研究》，《开放时代》2018年第5期。

④ 畅红：《浅析阿富汗普什图瓦里的内涵与功能》，《世界民族》2018年第1期。

⑤ 李如东：《身份变换与权威再造：苏联解体后中亚东干人精英的社会组织化过程》，《世界民族》2018年第4期。

⑥ 杜敏、李泉：《不丹尼泊尔族民族问题的根源论析》，《世界民族》2018年第5期。

⑦ 罗圣荣、安东程：《越南民族性格形成的历史文化因素》，《世界民族》2018年第3期。

⑧ 韦凡州：《从〈越甸幽灵集录〉和〈岭南摭怪列传〉中的高骈形象看越南民族意识的觉醒》，《世界民族》2018年第1期。

⑨ 阳举伟、何平：《论泰国政治整合马来穆斯林族群的政策——以“后銮披汶时代”为中心的考察》，《世界民族》2018年第4期。

⑩ 彭雪芳：《人类学视野下的冲绳文化探究》，《世界民族》2018年第6期。

⑪ 庄晨燕：《〈欧洲区域或少数民族语言宪章〉与法国多样性治理：对西方选举政治的反思》，《世界民族》2018年第5期。

难以适应日益多元的法国社会。① 焦援从德裔英籍作曲家亨德尔的清唱剧作品中分析了英国民族宗教意识对英国民族性的影响。②

犹太人与犹太教研究一直以来是洞悉欧洲社会秩序与文明解放的窗口。朱君杙探讨了洛林王朝早期宽待犹太人的政策，并分析了宽松政策的背景与结果。③ 马戎对19世纪以来犹太人的民族演变进行了梳理，对这一历史进程中族群演变的共性与特性进行了总结。贾延宾论析了文化犹太复国主义与犹太教之间的关系，认为犹太复国主义在宗教与世俗之间追求的平衡策略，对犹太复国主义运动的发展和以色列建国后的政教关系产生了深远的影响。④

（三）北美洲

同属于北美洲的美国与加拿大在民族问题的处理上既有区别又存在相似之处。土著人问题、种族主义与多元文化主义等议题一直以来是人们关注的焦点。

学者们一直以来对美国土著人的生存状况抱有广泛关切。王坚梳理了美国印第安人事务管理的历史脉络，认为无政府状态难以解决民族共存问题。⑤ 郑勇则关注了美国原住民医疗卫生体制，认为其中自治制度的体现为当地医疗卫生体系的变革起到了正向作用。⑥ 朱靖江对爱德华·柯蒂斯针对北美原住民的影像民族志的开创进行了审视，肯定了其在影像民族志学科建设中的积极作用。⑦

在同样的多元社会中，同属于北美的美国与加拿大两国采取了截然不同的政策。美国“马赛克”式的多元文化主义政策之中蕴藏着一系列问题。马莉对美国部分白人女性皈依伊斯兰教的现象进行了评析，指出这种变化反映了部分白人女性对美国一些所谓主流价值观的不满，如忽视女性自然特性的男女绝对平等观等。⑧ 曹升生分析了乌克兰裔美国人社团与乌克兰局势之间的关系，发现美国通过向乌克兰裔美国人社团提供支持从而达到了影响乌克兰局势的目的。⑨ 李家驹探讨了美国富豪政治与公共生活之间的关系，描绘了美国公共生活的多层次框架。⑩ 沈卫荣批判了后殖民主义文化视野中美国本土藏学研究的不足之处，认为美国的藏学研究依旧没能完全摆脱东方主义帝国主义与殖民主义的影响。⑪

相比之下，加拿大奉行的多元文化主义政策在一定程度上取得了成功。周少青梳理了加拿

---

① 张金岭：《法国语境下的民族理念及其价值导向》，《西南民族大学学报（人文社科版）》2018年第12期。

② 焦援：《“新教徒的以色列”——亨德尔清唱剧中的英国民族宗教意识》，《云南民族大学学报（哲学社会科学版）》2018年第1期。

③ 朱君杙：《论加洛林王朝早期宽待犹太人的政策》，《世界民族》2018年第1期。

④ 贾延宾：《文化犹太复国主义与犹太教关系论析》，《世界民族》2018年第2期。

⑤ 王坚：《无政府状态的终结——美国印第安人事务管理局的创立、移转及其归属权争议》，《世界民族》2018年第5期。

⑥ 郑勇：《部落自治视角下的美国原住民医疗卫生体制》，《世界民族》2018年第3期。

⑦ 朱靖江：《影像民族志的曙光：爱德华·柯蒂斯与〈北美印第安人〉研究》，《世界民族》2018年第6期。

⑧ 马莉：《美国部分白人女性皈依伊斯兰教评析》，《世界民族》2018年第5期。

⑨ 曹升生：《乌克兰裔美国人社团与乌克兰局势》，《世界民族》2018年第3期。

⑩ 李家驹：《邦联像移除案、符号政治与公共生活：美国新奥尔良公共生活的人类学观察》，《青海民族大学学报（社会科学版）》2018年第3期。

⑪ 沈卫荣：《后殖民主义文化研究视野中的美国本土藏学批判》，《北方民族大学学报（哲学社会科学版）》2018年第6期。

大联邦的民族结构，指出加拿大官方将加拿大人划分为英裔、法裔、土著与少数民族四类，这种多元化的民族结构在一定程度上损害了加拿大人这一群体的构建。① 王建波分析了加拿大哈珀政府坚持多元文化主义的原因，认为加拿大两大党在长期竞争和交替执政中形成了对多元文化选举政治的依赖，客观上促使多元文化政策获得了广泛的社会支持。②

（四）非洲

人口调控、文化丧失与政治动荡等方面的问题，阻碍了非洲国家的经济发展。学者们在对非洲国家进行民族志研究的基础之上集思广益，以谋求非洲国家政治经济困境的出路。

陈小迁对阿拉伯国家人口治理的成果在经济领域中的表现进行了梳理，认为其中的性矛盾对当地经济发展造成了巨大影响，提升人口素质才是加速当地现代化转型的途径。③ 马正义剖析了南非传统领袖制度与南非民族制度之间的关联，认为传统的酋长制为南非国家治理提供了借鉴意义。④ 马千里则侧重于文化层面，厘清了非洲裔巴西人非物质文化遗产的保护路径。⑤ 孔繁倩与郭丹彤对古埃及社会中的舍尔登人进行了研究，对舍尔登人融入埃及社会的过程进行了介绍。⑥ 李鹏涛与盛志斌从肯尼亚索马里人在非洲地区定居的历程入手，探究了肯尼亚地方分权改革过程中索马里人民族认同的过程。⑦ 沈晓雷与孙晓萌对津巴布韦土地安置政策进行了调查，认为白人商业农场对当地种族和解政策造成了重创。⑧

（五）南美洲

尹仑以秘鲁安第斯山脉普诺地区土著民族为例，对气候变化背景下的民族文化权利运动进行了探讨。其中原住民的传统文化知识被用于对抗全球气候变化带来的影响，在客观上也为民族文化博得了一席之地。⑨

（六）大洋洲

丁玫对新西兰社会中族群关系的协商进行了思考，认为《怀唐伊条约》以及二元文化主义政策促进了新西兰正度与毛利人之间良好关系的发展。⑩

三　民族问题与民族政策研究

在全球化背景下，2018 年世界民族问题的多样性不断深化，展现出较往年而言更为鲜明的复杂性与持续性：欧洲国家民族分离主义的隐患依旧存在；在民粹主义回潮背景下，西方国家

---

① 周少青：《浅析加拿大联邦的民族（族群）结构》，《贵州民族研究》2017 年第 10 期。

② 王建波：《加拿大哈珀政府坚持多元文化主义的原因》，《世界民族》2018 年第 5 期。

③ 陈小迁：《中东阿拉伯国家人口治理失范的政治经济表现》，《世界民族》2018 年第 4 期。

④ 马正义：《酋长的回归：传统领袖的复兴与南非民主的巩固》，《世界民族》2018 年第 4 期。

⑤ 马千里：《“非遗”清单编制与非洲裔巴西人文化权利维护：历史、现实与启示》，《世界民族》2018 年第 1 期。

⑥ 孔繁倩、郭丹彤：《古代埃及社会中的舍尔登人》，《世界民族》2018 年第 6 期。

⑦ 李鹏涛、盛志斌：《肯尼亚索马里人的由来与现状》，《世界民族》2018 年第 5 期。

⑧ 沈晓雷、孙晓萌：《津巴布韦土地重新安置与种族和解研究》，《世界民族》2018 年第 2 期。

⑨ 尹仑：《气候变化背景下的民族文化权利运动——以秘鲁安第斯山普诺地区土著民族为例》，《世界民族》2018 年第 2 期。

⑩ 丁玫：《族群关系的协商——新西兰的社会契约与二元文化主义》，《世界民族》2018 年第 4 期。

种族主义发展形势不容乐观；中东局势的不确定性，移民与移民问题短期内难以得到解决；恐怖主义与极端主义在大国力量的介入之下呈现出拉锯的局面；各国在民族政策制度建设上的创新为未来各国民族问题的解决提供了新思路。

（一）民族分离主义研究

现代国际社会，无论是发展中国家还是发达国家，都面临着分离主义运动的困扰。进入21世纪以来，欧洲大陆的民族分离主义表现得最为活跃。2007年始甚嚣尘上的魁北克分离主义、2014年震惊世界的西班牙加泰罗尼亚公投、苏格兰独立公投与2017年意大利分离主义运动等。在欧洲之外，巴基斯坦俾路支部落分离主义、摩洛分离主义与泰国南部分离主义等民族分离主义事件都引起了学者们的重视。牛站奎对近年来发生在发达国家的民族分离主义事件进行了分析、总结与展望，指出了在民族分离主义事件中发达国家与发展中国家的异同点。[①] 刘泓主持的社科基金重点项目“民族分离主义与欧洲民族国家”，对欧洲国家的民族分离主义现状进行了深入探讨。

刘泓、杨昊源、王军、邓颖洁、汪遒、周少青对西班牙加泰罗尼亚问题进行了深入讨论。从社会运动视角[②]与公共事务视角以及加泰罗尼亚分离主义的起因与深层原因入手[③]，剖析了西班牙主要的社会矛盾[④]并探讨了西班牙在这一过程中的得失[⑤][⑥]，在此基础上反思了欧洲国家对分离主义运动的处理方式[⑦]。陈乙燊以英国的视角探讨了英国人眼中的加拿大魁北克分离主义运动，认为英国处理魁北克分离主义的态度反映了英国对自身分离主义态势的担忧。[⑧] 孙超以俄罗斯联邦民族为例，对国家建设与分离主义情绪之间的关系进行了思考。[⑨]

张元、马治龙与任晓宇探究了巴基斯坦路壁纸民族分离主义的态势。在介绍分离主义运动发展历程[⑩]与分析其中势力冲突[⑪]的基础上探究了俾路支部落分离主义倾向激化的深层次原因。[⑫] 林灿婵对泰国南部分离主义运动进行了深入研究，探讨了分离主义对发展中国家社会政治经济上的影响。[⑬] 赵一戎研究了菲律宾摩洛族群的行程并探讨了摩洛分离主义势力的形成根源，对其中的文化与宗教因素进行了深入思考。[⑭]

---

① 牛站奎：《浅析发达国家的分离主义》，《国际研究参考》2018年第11期。

② 王军、王阳：《社会运动视野下的加泰罗尼亚独立公投》，《中央民族大学学报（哲学社会科学版）》2018年第6期。

③ 刘泓：《西班牙加泰罗尼亚地区独立公投的民族学解读》，《中国民族报》2017年10月27日第8版。

④ 杨昊源：《西班牙加泰罗尼亚问题剖析》，《环球市场信息导报》2017年第48期。

⑤ 邓颖洁：《2017年加泰罗尼亚“独立公投”解析》，《世界民族》2018年第5期。

⑥ 汪遒：《独立公投折射西班牙国内矛盾》，《中国国防报》2017年9月15日第23版。

⑦ 周少青：《西欧民族分离主义运动的批判与反思——以加泰罗尼亚和苏格兰独立运动为例》，《世界民族》2018年第1期。

⑧ 陈乙燊：《“镜中我”：英国眼中的加拿大魁北克分离主义运动（1960—1970）》，《楚雄师范学院学报》2018年第5期。

⑨ 孙超、钮维敢：《俄罗斯联邦民族－国家建设与分离主义的消弭》，《俄罗斯研究》2018年第3期。

⑩ 任晓宇：《浅析伊朗俾路支分离主义运动》，《赤峰学院学报（汉文哲学社会科学版）》2018年第7期。

⑪ 马治龙、赵利生：《巴基斯坦俾路支民族分离主义势力及其解析》，《2018—2019年南亚形势研讨会论文及摘要》，四川大学南亚研究所，2018年。

⑫ 张元：《巴基斯坦俾路支部落分离主义探析》，《世界民族》2018年第5期。

⑬ 林灿婵：《泰国南部分离主义运动研究》，博士学位论文，云南大学，2018年。

⑭ 赵一戎：《摩洛族群的形成与摩洛分离主义问题研究》，硕士学位论文，云南大学，2018年。

（二）种族主义研究

作为西方社会中长期存在的问题，种族歧视一直以来在西方社会科学领域占据着重要地位，并在近年以来突出表现为民粹主义与极右翼势力的兴起。陈·巴特尔与苏明对近十年来的西方种族歧视研究进行了分析，总结了其知识结构。[①] 发现西方种族歧视研究形成了以实证心理学为知识基础，以心理学、民族学、社会学等多学科融合的知识结构，这也符合西方研究中宏观分析建立在微观实证主义上的分析逻辑。

王业昭分析了欧洲人种同源理论与人种多元理论于 19 世纪后期在美国的发展，通过解析种族主义者对优劣种族的划分、论证，着力说明了两种理论的发展对美国种族主义思想的“科学化”的促进作用。[②] 孙麟从非洲裔美国女性视角出发，对非洲裔美国人母亲身份变迁的进程进行了介绍，肯定了这一群体长期以来反抗压迫的斗争。[③] 方圆与程凯琳等人从个体文化身份入手，对多种族民族个体积极心理调适的预测效果进行了考量。该研究发现，建立希望的行为更有益于目标群体的心理健康。[④] 古学斌对西方种族社会工作的多元实践进行了论述，从概念的澄清开始强调了种族社会工作中多元视角的重要性。

（三）难民问题研究

2018 年，难民问题已经成为国际社会关注的焦点，难民问题在挑战西方国家人道主义理念的同时，切实影响着全球化进程。随着叙利亚危机的持续深入以及利比亚等国政局的动荡，欧洲正经历着“二战”以来最严重的移民危机，逆全球化形势日益加剧。

陈燕对近年来国内外难民问题研究进行了总结[⑤]，杜志远[⑥]、王晓丽与蔡鹏鸣[⑦]、李梦宇[⑧]为国际面临的难民危机提供了应对之策。刘泓对当前全球对难民危机的应对方式作出了评论，认为以“逆全球化”应对难民危机并非明智之选。[⑨] 袁超与张敏[⑩]、窦妍[⑪]、严骁骁[⑫]分别从伦理、难民组织与全球治理等方面对难民危机进行了积极反思。在剖析难民危机本质的同时，学

---

① 陈·巴特尔、苏明：《近十年西方种族歧视研究的知识结构和知识基础——基于 2007—2017wos 数据的文献计量分析》，《世界民族》2018 年第 6 期。

② 王业昭：《人种同源还是人种多元？——论美国种族主义思想的“科学化”进程》，《世界民族》2018 年第 6 期。

③ 孙麟：《美国黑人母亲的身份变迁——基于黑人女性主义视角》，《世界民族》2018 年第 3 期。

④ 方圆、程凯琳：MingqiLi，OliviaD. Chang，AbigaelG. Lucas，JerinLee，K. MalulaniCastro，Savannah-Pham，YenaS. Purmasir，GraceY. Cho，JamesonK. Hirsch，ElizabethL. Jeglic，EdwardC. Chang.《多种族民族个体的积极心理调适：种族歧视、社会支持和希望的预测作用》，《第二十一届全国心理学学术会议摘要集》，中国心理学会，2018 年。

⑤ 陈燕：《近年来国内外难民问题研究述略》，《现代交际》2018 年第 15 期。

⑥ 杜志远：《国际难民问题的应对与启示》，《法制与社会》2018 年第 35 期。

⑦ 王晓丽、蔡鹏鸣：《全球视角下的难民危机及国际社会的应对之策》，《和平与发展》2018 年第 5 期。

⑧ 李梦宇：《叙利亚难民的保护及国际难民法分析》，《法制博览》2018 年第 33 期。

⑨ 刘泓：《以“逆全球化”应对难民危机不是明智之选》，《人民论坛》2018 年第 28 期。

⑩ 袁超、张敏：《难民问题的伦理反思》，《伦理学研究》2018 年第 6 期。

⑪ 窦妍：《论难民组织在难民保护中的局限性——以联合国难民署为例》，硕士学位论文，河南大学，2018 年。

⑫ 严骁骁：《国际难民机制与全球难民治理的前景——叙利亚难民保护实践的启示》，《外交评论（外交学院学报）》2018 年第 3 期。

者们也从制度层面进行了解读。武文扬[①]、霍西翔[②]、胡颖[③]、林原[④]、郭柳君[⑤]、牛怡芳[⑥]、田汉[⑦]、庄晨燕[⑧]与董聪聪[⑨]分别从国际法、难民法、难民身份等方面探讨了难民问题的困境。

难民危机之下的欧洲发生了多起恐怖袭击事件，学者们针对欧洲紧迫的难民危机局势展开了探讨。郑春荣[⑩]、王亚宁[⑪]、郭雨白[⑫]、王紫桐[⑬]与忻华[⑭]对欧洲难民危机的成因与应对措施进行了介绍。鲍永玲[⑮]与凌国强[⑯]分别从多元文化主义政策与欧洲一体化的角度对难民危机进行了审视。阿吉尔·阿利耶夫（Agil Aliyev）[⑰]、蒋澈与严双伍[⑱]和王晓梦团队[⑲]则从欧盟政策与外交的角度对难民问题进行了考量。黄美娟、吕晶[⑳]与陈威霖[㉑]对新闻报道中的“欧洲难民危机”进行了分析并指出了其中的问题所在，认为难民危机紧密关联的恐怖袭击事件的内在联系值得分析与借鉴。宋全成[㉒]、彭枭[㉓]与李益斌[㉔]对欧洲近年来恐怖主义事件的发展历程进行了总结，思考了欧洲社会在这一过程中起到的作用。

---

① 武文扬：《应对难民和移民的大规模流动——〈关于难民和移民的纽约宣言〉及其执行困境》，《国外理论动态》2018 年第 7 期。

② 霍西翔：《论欧洲难民危机下的国际法问题研究》，硕士学位论文，上海社会科学院，2018 年。

③ 胡颖：《国际法视角下欧洲难民保护的困境与对策》，《产业与科技论坛》2018 年第 8 期。

④ 林原：《国际难民法律完善之设想——以欧洲难民危机为视角》，《法制与社会》2018 年第 32 期。

⑤ 郭柳君：《国际法视野下的环境难民问题研究》，硕士学位论文，黑龙江大学，2018 年。

⑥ 牛怡芳：《国际难民法下的不推回原则研究》，硕士学位论文，北京外国语大学，2018 年。

⑦ 田汉：《难民身份甄别制度研究》，硕士学位论文，重庆大学，2018 年。

⑧ 庄晨燕：《〈欧洲区域或少数民族语言宪章〉与法国多样性治理：对西方选举政治的反思》，《世界民族》2018 年第 5 期。

⑨ 董聪聪：《气候难民迁徙权的国际法律保护研究》，硕士学位论文，烟台大学，2018 年。

⑩ 郑春荣：《欧盟难民问题难解的原因与影响》，《当代世界》2018 年第 9 期。

⑪ 王亚宁：《欧盟应对难民危机的边防措施研究》，《武警学院学报》2018 年第 7 期。

⑫ 郭雨白：《欧洲难民危机成因及欧洲政策应对》，硕士学位论文，外交学院，2018 年。

⑬ 王紫桐：《欧洲难民危机研究》，硕士学位论文，吉林大学，2018 年。

⑭ 忻华：《欧盟应对难民危机的决策机理分析》，《德国研究》2018 年第 3 期。

⑮ 鲍永玲：《难民危机和欧洲多元文化主义的黄昏》，《世界民族》2018 年第 3 期。

⑯ 凌国强：《欧盟之殇——从难民接纳问题看欧洲一体化的困境》，《山西青年》2018 年第 23 期。

⑰ 阿吉尔·阿利耶夫：《难民儿童迁移欧洲的问题以及欧盟针对难民儿童的外交策略》，硕士学位论文，华中师范大学，2018 年。

⑱ 蒋澈、严双伍：《法国与无援未成年难民问题——基于人道主义的视角》，《法国研究》2018 年第 4 期。

⑲ 王晓梦、刘晨、程杨、王锦、陈雅薇、周尧：《避难国政策影响下的欧洲难民危机时空格局及迁移优化》，《地理学报》2018 年第 10 期。

⑳ 黄美娟、吕晶：《〈纽约时报〉中“欧洲难民危机”新闻报道的批评性话语分析》，《现代交际》2018 年第 17 期。

㉑ 黄美娟、陈威霖：《多模态视角下对〈纽约时报〉中“欧洲难民危机”新闻画报的分析》，《北方文学》2018 年第 29 期。

㉒ 宋全成：《难民危机助推欧洲恐怖主义——欧洲恐怖主义的新进展、特征及其与难民危机的内在关联》，《当代世界社会主义问题》2018 年第 4 期。

㉓ 彭枭：《难民与移民问题背景下欧洲伊斯兰恐怖袭击的特征研究——基于 2015 年至 2017 年间 80 个案例的内容分析》，《德国研究》2018 年第 4 期。

㉔ 李益斌：《基于国家分类的欧盟难民与恐怖袭击关系研究》，《国际论坛》2018 年第 5 期。

德国的难民政策将这个国家推向了危机的风口浪尖。伍慧萍①、陶圆圆、夏庆波②与杨丽梅团队③深入分析了德国难民政策，认为政治谱系右倾是导致德国难民政策现状的根本原因。李思逸分析了德国难民法的历史基础与现实困难④，周变霞则对英德两国的难民政策进行了比较，认为国家形象在这一过程中发挥了重要作用。⑤ 王艳玲⑥、魏卜堃⑦、许娅婕⑧则对德国政治新闻在难民问题上的话语体系进行了研究，探讨了隐喻对难民危机报道的塑造性。难民危机对欧洲其他国家产生的影响也引起了学者们的思考，石晓旭⑨、赵耀虹⑩、维拉格·凯蒂（Virag Katies）⑪、杨蕾璇⑫分别对意大利、英国、匈牙利与土耳其等国的难民危机进行了梳理。

除欧洲之外，叙利亚难民危机也波及到了世界其他地区。杰拉德·穆塔巴齐·阿曼尼（Gerard Mutabazi Amani）⑬、赵青与颜廷⑭、何英杰⑮、喻珍⑯、潘凤仪⑰、徐倩⑱、王秋力⑲分别对加拿大、澳大利亚、约旦与黎巴嫩受难民危机波及的情况进行了调查。对各国而言，难民危机既是机遇，又是挑战，将难民援助与国家发展相结合是大多数国家的应对之策。

除叙利亚难民危机外，缅甸罗兴伽难民问题也引起了我国学者的关注。和红梅⑳、王萤、陆云㉑、吴尚㉒、林敏㉓、陈燕㉔对这一涉及我国切实利益的问题展开了探讨，认为2015年年初发生的缅甸果敢的冲突与难民的涌入导致中缅边境地区的贸易往来受损，治安压力增大，生态

---

① 伍慧萍：《德国难民和移民政策的调整趋势与影响》，《当代世界》2018年第9期。

② 陶圆圆、夏庆波：《默克尔政府难民政策的演变及其挑战》，《哈尔滨学院学报》2018年第2期。

③ 杨丽梅、朱梓延、李涛、代浩廷：《德国难民治理中的协商参与研究——以莱比锡市为例》，《四川行政学院学报》2018年第5期。

④ 李思逸：《德国难民法的历史基础与现实困境》，硕士学位论文，华东政法大学，2018年。

⑤ 周变霞：《难民危机下的巧实力：英德两国难民政策的比较》，硕士学位论文，华东政法大学，2018年。

⑥ 王艳玲：《认知视角下德国政治新闻报道中的隐喻分析——以难民问题为例》，《焦作师范高等专科学校学报》2018年第3期。

⑦ 魏卜堃：《德国新闻报道中"难民"形象——一项基于语料库的批评话语分析》，《文化创新比较研究》2018年第21期。

⑧ 许娅婕：《德国难民危机报道中概念隐喻的使用》，硕士学位论文，北京外国语大学，2018年。

⑨ 石晓旭：《意大利难民问题的思考》，《广东蚕业》2018年第8期。

⑩ 赵耀虹：《难民问题对英国脱欧公投的激化分析》，《中北大学学报（社会科学版）》2018年第4期。

⑪ ［匈牙利］维拉格·凯蒂：《浅析匈牙利难民问题及其对欧匈关系的影响》，硕士学位论文，上海外国语大学，2018年。

⑫ 杨蕾璇：《土耳其境内的叙利亚难民问题研究》，硕士学位论文，云南大学，2018年。

⑬ ［乌干达］杰拉德·穆塔巴齐·阿曼尼：《难民融合的社会经济影响：对加拿大和乌干达的比较研究》，硕士学位论文，上海外国语大学，2019年。

⑭ 赵青、颜廷：《澳大利亚陆克文—吉拉德政府难民政策改革述评》，《国际论坛》2018年第4期。

⑮ 何英杰：《约旦的叙利亚难民问题》，《北大中东研究》2018年第1期。

⑯ 喻珍：《黎巴嫩的叙利亚难民问题治理》，《阿拉伯世界研究》2018年第6期。

⑰ 潘凤仪：《黎巴嫩的叙利亚难民政策研究（2011—2017年）》，硕士学位论文，湘潭大学，2018年。

⑱ 徐倩：《叙利亚难民问题研究》，《东西南北》2018年第12期。

⑲ 王秋力：《叙利亚难民问题研究》，硕士学位论文，云南大学，2018年。

⑳ 和红梅：《民族国家构建视野下的缅甸罗兴伽难民问题》，《世界民族》2018年第3期。

㉑ 王莹、陆云：《总体国家安全观视角下的中缅边境难民潮隐患与应对思考》，《大理大学学报》2018年第11期。

㉒ 吴尚：《罗兴亚难民问题：起因、治理及影响的研究》，硕士学位论文，上海师范大学，2018年。

㉓ 林敏：《"一带一路"倡议下的罗兴亚难民危机解决路径探析》，《法制与社会》2018年第24期。

㉔ 陈燕：《近年来国内缅甸难民问题研究综述》，《现代交际》2018年第13期。

环境受到威胁，但也为边境地区带来了新的劳动力和经济收入。正确处理发生在我国边境地区的难民流入问题是“一带一路”建设的必然要求。

（四）恐怖主义与极端主义

2018 年，不断恶化的恐怖主义与极端主义形势凸显出全球恐怖主义治理的不足之处。在接连发生的恐怖主义事件背后，各国政府都开始思考恐怖主义的遏制模式。王丹娜基于全球恐怖主义指数对全球恐怖主义态势进行了分析。周少青从国家发展与国家安全的视角出发思考了“民族问题”在国家安全视野中的重要地位[①]及“去极端化”工程的系统性[②]。[③] 王杏芝从去极端化的视角出发，探讨了全球恐怖主义治理的途径。[④] 李莹莹则在结合各国反恐合作现状的基础上，对国际反恐合作进行了反思。[⑤] 郭永良[⑥]与徐遐舒[⑦]则思考了中国在国际反恐体系中的作用，并对未来中国在全球反恐合作中的参与前景进行了展望。

恐怖主义事件在各国的频繁发生引起了学者们的广泛关注。王涛与赵跃晨[⑧]探讨了泛索马里主义与恐怖主义之间的关系。李舟顺[⑨]则对“东突”恐怖主义的威胁分析了应对之策。李忠[⑩]从统计学角度分析了中国在巴基斯坦海外利益受到的恐怖主义威胁。阿兰·鲍尔与马明月[⑪]、李华伟[⑫]、王莹[⑬]等人对“伊斯兰国”的威胁与后续发展进行了深入思考。

王禹嘉[⑭]与王家乐[⑮]分别探讨了美国反恐情报策略与“9·11”事件对美国移民政策的影响。宋全成[⑯]与李益斌[⑰]在对欧洲恐怖主义新态势进行分析的基础上，对其进展与难民危机之间的内在关系进行了思考。罗荔丹[⑱]对德国反恐国际合作进行了深刻审视，刘菡妮[⑲]对 BBC 与 CNN 涉及恐怖主义的新闻报道进行了框架性研究。

---

① 周少青：《国家发展与国家安全视野中的“民族问题”》，《学术界》2018 年第 10 期。

② 周少青：《“去极端化”系列之十八“去极端化”应是一项系统工程》，《中国宗教》2018 年第 9 期。

③ 王丹娜：《全球恐怖主义态势分析——基于〈全球恐怖主义指数 2017〉》，《新疆警察学院学报》2018 年第 2 期。

④ 王杏芝：《全球恐怖主义治理：恐怖分子“去极端化”改造的视角》，硕士学位论文，外交学院，2018 年。

⑤ 李莹莹：《国际反恐怖主义犯罪合作研究》，硕士学位论文，河北经贸大学，2018 年。

⑥ 郭永良：《全球恐怖主义浪潮与中国国际反恐话语构建》，《公安学研究》2018 年第 2 期。

⑦ 徐遐舒：《国际恐怖主义新态势下中国—东盟加强反恐合作析论》，硕士学位论文，武汉大学，2018 年。

⑧ 王涛、赵跃晨：《泛索马里主义的历史渊源与流变——兼论泛索马里主义与恐怖主义的关系》，《世界民族》2018 年第 4 期。

⑨ 李舟顺：《“东突”恐怖主义威胁及其对策研究》，《管理观察》2018 年第 36 期。

⑩ 李忠：《中方在巴海外利益恐怖主义威胁统计分析》，《警学研究》2018 年第 6 期。

⑪ 阿兰·鲍尔、马明月：《“伊斯兰国”死期已到了吗?》，《宗教与美国社会》2018 年第 1 期。

⑫ 李华伟：《社交媒体在“伊斯兰国”恐怖活动中的作用及监管困境》，《宗教社会学》2017 年第 1 期。

⑬ 王莹：《后卡扎菲时代利比亚恐怖主义问题研究》，硕士学位论文，东北师范大学，2018 年。

⑭ 王禹嘉：《美国反网络恐怖主义的情报策略研究》，硕士学位论文，中国人民公安大学，2018 年。

⑮ 王家乐：《9·11 事件后国家安全因素对美国移民政策的影响研究（2001—2009）》，硕士学位论文，东北师范大学，2018 年。

⑯ 宋全成：《难民危机助推欧洲恐怖主义——欧洲恐怖主义的新进展、特征及其与难民危机的内在关联》，《当代世界社会主义问题》2018 年第 4 期。

⑰ 李益斌：《欧洲恐怖主义的新态势及原因分析——基于聚类分析法》，《情报杂志》2018 年第 3 期。

⑱ 罗荔丹：《德国反恐国际合作研究》，硕士学位论文，中国人民公安大学，2018 年。

⑲ 刘菡妮：《对 BBC 和 CNN 涉恐新闻报道的框架研究》，硕士学位论文，兰州大学，2018 年。

东南亚恐怖主义新态势也值得中国的深入研究和积极应对①。王译鹤、房芸同、张漶源、张议尹与马立潇分别对印度②、菲律宾③、印尼④、泰国⑤与马来西亚⑥近年来的恐怖主义形势进行了介绍。

（五）民粹主义

近年来，新一轮民粹主义浪潮在西方国家兴起。房宁与涂锋⑦对当前西方民粹主义的兴起、影响与实质进行了分析。林红⑧探究了当前欧美民粹主义的根源及挑战。张继亮⑨对民粹主义与自由民主之间的纠葛展开了研究，认为民粹主义将会威胁到自由民主中的自由面向。世界各地兴起的民粹主义态势也为我国外交带来了挑战⑩，民粹主义之下我国意识形态安全问题引起了学者的注意⑪。

美国特朗普政府的上台引发了学者们对美国民粹主义的深入思考。肖兆森⑫对当代美国民粹主义的现象进行了全面分析。帕特里克·皮尔⑬与张英魁等人对美国早期政治思想中的民粹主义国家理论进行了研究。沈雅梅⑭追踪了美国民粹主义新动向并探讨了其所造成的影响。张景全⑮则从微观视角分析了特朗普政府的内政与外交。

在难民危机的背景下，民粹主义在欧洲也取得了一定市场。吕普生与刘嘉敏⑯对21世纪欧洲民粹主义的动向与政治影响进行了总结，张越⑰对民粹主义背景下欧洲移民治理的前景进行了展望。刘晓锋⑱与梁言⑲对英国政治中的民粹主义成因、程度与影响进行了探究，认为难民危机导致民粹主义的呼声愈演愈烈。程春华⑳、邹雅雯㉑与徐瑾㉒对俄国的民粹主义思潮展开了研

---

① 卢光盛、周洪旭：《东南亚恐怖主义新态势及其影响与中国的应对》，《国际安全研究》2018年第5期。

② 王译鹤：《印度西北部恐怖主义研究》，硕士学位论文，云南师范大学，2018年。

③ 房芸同：《后9·11时代菲律宾恐怖主义研究》，硕士学位论文，广西民族大学，2018年。

④ 张漶源：《2010年后的印尼恐怖主义形势研究》，硕士学位论文，广西民族大学，2018年。

⑤ 张议尹：《泰国政府政策与泰南恐怖主义的演变》，硕士学位论文，广西民族大学，2018年。

⑥ 马立潇：《马来世界恐怖组织网络研究》，硕士学位论文，广西民族大学，2018年。

⑦ 房宁、涂锋：《当前西方民粹主义辨析：兴起、影响与实质》，《探索》2018年第6期。

⑧ 林红：《当前欧美民粹主义的根源及挑战》，《中国社会科学报》2018年3月7日第7版。

⑨ 张继亮：《论民粹主义与自由民主之间的纠葛：敌人抑或朋友?》，《国外理论动态》2018年第11期。

⑩ 刘博文、方长平：《周边国家民族主义新态势与中国外交的挑战》，《国际观察》2018年第6期。

⑪ 袁婷婷：《民粹主义批判视域中我国意识形态安全问题研究》，硕士学位论文，上海交通大学，2018年。

⑫ 肖兆森：《当代美国民粹主义研究》，硕士学位论文，中共江苏省委党校，2018年。

⑬ ［美］帕特里克·皮尔、张英魁、陈奕涛、李文惠：《美国早期政治思想中的民粹主义国家理论》，《国外理论动态》2018年第11期。

⑭ 沈雅梅：《美国民粹主义新动向及其影响》，《和平与发展》2018年第6期。

⑮ 张景全：《民粹主义思潮下的特朗普政府内政与外交》，《学术前沿》2018年第22期。

⑯ 吕普生、刘嘉敏：《21世纪欧洲民粹主义：新动向与政治影响》，《国外理论动态》2018年第11期。

⑰ 张越：《民粹主义背景下欧洲移民治理的未来——以德国为案例》，硕士学位论文，山东大学，2018年。

⑱ 刘晓锋：《英国政治中的民粹主义产生原因及其影响分析》，硕士学位论文，南昌大学，2018年。

⑲ 梁言：《英国政党政治中的民粹主义倾向研究》，硕士学位论文，外交学院，2018年。

⑳ 程春华：《俄罗斯右翼民粹主义思潮与运动——以纳瓦尔内的反体制势力为例》，《国外社会科学》2018年第6期。

㉑ 邹雅雯：《俄国民粹主义者在美国的公社实践（1860—70年代）》，硕士学位论文，苏州科技大学，2018年；张越：《民粹主义背景下欧洲移民治理的未来》，硕士学位论文，山东大学，2018年。

㉒ 徐瑾：《列宁对俄国民粹主义认识的变化及其当代启示研究》，博士学位论文，华中师范大学，2018年。

究，从历史、实际与案例分析的角度进行了分析。姜维生、陆向华与余晓矾与刘昱分别对法国[①]、瑞典[②]、澳大利亚[③]等国的民粹主义发展形势进行了研究，探讨了各国民粹思潮崛起的原因及各国政府面临的困境。

付忠鹏[④]对发生在东方社会主义历史进程中的民粹主义问题展开了探讨，王译鹤[⑤]着眼印度，对印度西北部的恐怖主义进行了深入分析。汤腾腾[⑥]、袁东振[⑦]分别对委内瑞拉与拉美等国的民粹主义进行了研究并分析了其发展趋势。

四　移民群体

随着全球化程度的加深，移民早已成为现代社会的重要组成部分，各国普遍需要妥善处理其移民政策以确保移民群体可以顺利实现社会整合。我国学者对移民现象展开研究的时候大多采取了中国视角，即从我国具体实际的角度出发审视世界民族领域的移民问题。教育移民、海外华人与移民的社会融入成为当今学界在移民研究领域的关注重点。

曹姜笛[⑧]分析了移民殖民背景下新西兰高等教育的发展前景与趋势。李朝阳[⑨]梳理了美国1880—1920年间的教育移民趋势。欧阳倩倩[⑩]、粟明鲜[⑪]、陈丽竹[⑫]与赵丽萍[⑬]分别对法国、澳大利亚、丹麦等国的教育移民现象进行了评述。

海外华人作为研究移民现象的重要窗口，一直以来受到研究者的关注。杜谆与曾少聪关注了东南亚华侨华人宗教信仰的发展变化历程。[⑭] 赵姮[⑮]、曹云华[⑯]、石琳[⑰]与尹杭[⑱]等学者对海外华人移民的生存状况与发展前景展开了讨论。

移民的社会融入不但关系着移民在目标国家的生存状态，还关系到国家统一与社会稳定。

---

① 姜维生：《法国右翼民粹主义崛起现象探究》，硕士学位论文，河北师范大学，2018年。

② 陆向华、余晓矾：《右翼民粹主义民主党与瑞典政党政治的困境》，《国外社会科学》2018年第6期。

③ 刘昱：《民粹主义策略的成功：一国党在2016年澳大利亚大选中的选举成就分析》，硕士学位论文，北京外国语大学，2018年。

④ 付忠鹏：《东方社会主义历史进程中的民粹主义问题研究》，硕士学位论文，重庆交通大学，2018年。

⑤ 王译鹤：《印度西北部恐怖主义研究》，硕士学位论文，云南师范大学，2018年。

⑥ 汤腾腾：《现代委内瑞拉石油民粹主义研究》，硕士学位论文，南京大学，2018年。

⑦ 袁东振：《拉美民众主义的悖论：根源与后果》，《国际经济评论》2018年第6期。

⑧ 曹姜笛：《移民殖民背景下新西兰高等教育发展及其动力研究》，硕士学位论文，厦门大学，2018年。

⑨ 李朝阳：《教育与移民"美国化"（1880—1920年）》，《全球教育展望》2018年第11期。

⑩ 欧阳倩倩：《法国拟上调非欧盟国际学生学费后谈移民世界融合史的背后是文化的融合》，《留学》2018年第23期。

⑪ 粟明鲜：《澳大利亚昆士兰州苗苗中文学校历程探析》，《八桂侨刊》2018年第4期。

⑫ 陈丽竹：《丹麦移民子女教育政策研究》，硕士学位论文，西北师范大学，2018年。

⑬ 赵丽萍：《国际体育移民的背景与动机问题研究》，《当代体育科技》2018年第31期。

⑭ 杜谆、曾少聪：《东南亚华侨华人宗教信仰研究40年——基于改革开放以来中国学者的分析》，《华侨华人历史研究》2018年第4期。

⑮ 赵姮：《侨乡社会网络在海外移民创业的作用研究——以在非洲创业的福清移民为例》，硕士学位论文，福州大学，2018年。

⑯ 曹云华：《再论海外客属华人的特性：以毛里求斯为例》，《八桂侨刊》2018年第4期。

⑰ 石琳：《试析中国移民在西非马里的生存与发展》，《八桂侨刊》2018年第4期。

⑱ 尹杭：《海外华人的网络民族主义——新西兰中国新移民的民族情怀与认同》，《华夏文化论坛》2018年第2期。

朱雪娜关注了移民社区意识的建构[①]。张金岭[②]对法国语境下的民族理念进行了深入分析。刘茜关注法国流动儿童的社会融入[③]。陈雪则对全球女性移民群体的有关研究进行了回顾与思考[④]。

五 中国世界民族学主要学术活动

2018年，我国世界民族学界举行和参与了多起学术交流活动。在活动中学者们踊跃发言、交换意见，为世界民族研究积极贡献自己的力量。

（一）中法非三方合作研讨会暨中国欧洲学会法国研究分会2018年会

2018年5月12日，由中国欧洲学会法国研究分会、浙江工商大学北非研究中心联合主办的中法非三方合作研讨会暨中国欧洲学会法国研究分会2018年会在浙江工商大学召开。70多位专家学者受邀参与会议讨论，对中国、法国与非洲国家之间的合作前景进行了展望。

（二）中国民族理论学会2018年学术年会

2018年7月14日，由中国民族理论学会主办，中国社会科学院民族学与人类学研究所民族理论研究室、中央民族大学科研处协办，青海民族大学民族学与社会学学院承办的中国民族理论学会2018年学术年会在青海民族大学召开。此次会议共有来自全国17个省市自治区的近百位学者参加，提交会议论文40余篇。各位专家学者围绕马克思主义民族理论中国化研究、改革开放40年来中国民族理论与政策发展研究、新时代与构建中华民族共同体研究、中国特色社会主义思想解决民族问题实践研究等4个主题展开了深入的交流与讨论。[⑤]

（三）中国社会科学院民族学与人类学研究所成立60周年暨中国特色民族道路学术研讨会

2018年9月26日，庆祝中国社会科学院民族学与人类学研究所建所60周年大会暨中国特色民族道路与新时代民族研究学术研讨会在中国社会科学院学术报告厅隆重举行。大会期间，来自全国各地的嘉宾和专家学者，在会议的主旨发言和自由发言中，热烈祝贺民族所建所60周年，畅谈交流60年来中国民族工作和民族研究的成就和经验，以及未来的工作目标与发展前景。

（四）纪念费孝通诞辰百年学术研讨会

2018年10月11日，中国现代化新征程暨纪念费孝通诞辰110周年学术研讨会在江苏省苏州市吴江区举行。来自民盟中央、中国社会科学院、北京大学等单位的近百位专家学者出席了研讨会。研讨会上，与会代表深切缅怀费孝通对中国经济社会发展作出的杰出贡献，追忆他真诚坦荡的大家风范、志在富民的崇高境界、天下大同的家国情怀，并深入研讨乡村振兴、长三

---

① 朱雪娜：《来华外国移民的社区意识培育——以G社区境外人士服务OW项目为例》，硕士学位论文，厦门大学，2018年。

② 张金岭：《法国语境下的民族理念及其价值导向》，《西南民族大学学报（人文社科版）》2018年第12期。

③ 刘茜：《法国流动儿童社会融入研究》，硕士学位论文，广西师范大学，2018年。

④ 陈雪：《人类命运共同体视域下全球女性移民研究回顾与思考》，《云南师范大学学报（哲学社会科学版）》2018年第3期。

⑤ 肖明远：《新时代民族政策理论与实践——中国民族理论学会2018年学术年会综述》，《青海民族研究》2018年第3期。

角一体化发展等时代主题。

（五）2018 年边疆发展中国论坛

10 月 13—14 日，2018 年边疆发展中国论坛在北京举办。本次论坛由中央民族大学、国家民委国际交流司联合举办，主题为“人类命运共同体：共生、共建、共享”，来自 24 个国家的 160 多名官员和专家学者参加。

与会各方达成如下共识：构建人类命运共同体的倡议有着深厚的历史文化渊源，是历史发展的逻辑必然；构建人类命运共同体的前途光明、愿景美好，但同时需要各方携手共进，攻坚克难。“一带一路”倡议的实施是中华民族共同体走向人类命运共同体的价值目标和发展方向；加快推进“一带一路”建设需要各方加强合作，一方面进一步落实好中国政府与有关国家政府签订的各项协议，另一方面需要进一步加强人文交流，夯实构建人类命运共同体的社会基础。

（六）2018 年中国世界民族学会年会暨“全球化背景下多民族国家治理与人类命运共同体构建”学术研讨会

2018 年 11 月 16—18 日，由中国世界民族学会、中国社会科学院民族学与人类学研究所、内蒙古师范大学、《世界民族》杂志社联合举办的“全球化背景下多民族国家治理与人类命运共同体构建”学术研讨会在内蒙古呼和浩特市举行。来自国家民委、国内高等院校、科研机构和杂志社的 70 多名代表参加了会议，提交论文 40 多篇。①

会议对全球化背景下多民族国家治理问题与人类命运共同体构建问题进行了深入探讨。学者们从国家治理、移民与满民群体、“一带一路”建设与人类命运共同体构建等方面展开了深入讨论。

总体上看，世界民族问题研究在国内学术界已普遍开展起来，并取得了相当大的成绩和影响。其中，一些研究人员，特别是中青年学人在学术上多有创新性成果和观点。目前，学科科研人员团结合作，研究方向明确，事业心和创新意识比较强。大家有信心以更多的创新成果引领民族问题创新研究的发展潮流。

（刘泓，研究员，中国社会科学院民族学与人类学研究所世界民族研究室；于潇、田耘，博士研究生，中国社会科学院大学）

① 黄凌翅：《全球化背景下多民族国家治理与人类命运共同体构建——2018 年中国世界民族学会年会暨学术研讨会综述》，《世界民族》2018 年第 6 期。

2017—2018 年影视人类学研究综述*

张小敏　庞　涛

2017 年

一　2017 年国内外学科发展最新动态

（一）国内影视人类学发展最新动态

1. 2016—2017 年，国内影视人类学学科发展迅速。

具体表现为研究机构众多、学科交流活动频繁，学科影响力日益扩大。学科带头人多为“少壮派”的 60 后 70 后，他们大都创作过重要的人类学影片和理论文章，并且通过主持课题、开办微信公众号①、出版论文集②、出版影片、开办讲座、组织研讨会③、对外交流等方式，传播影视人类学学科理论，扩大影视人类学学科影响力；国内人类学影片成果丰富。代表机构主要有中国社会科学院民族学与人类学研究所（主要学者：影视人类学研究室庞涛、张小敏、邓卫荣、雷亮中、张辉和卢芳芳，资源与生态人类学研究室艾菊红，民族文化研究室色音等）、中国社会科学院社会学研究所（主要学者：社会人类学研究室罗红光、吴乔、鲍江）、中央民族大学（主要学者：影视人类学中心朱靖江）、北京大学（主要学者：蔡华、朱晓阳）、清华大学（主要学者：雷建军、梁君健、张小军）、浙江大学（主要学者：庄孔韶、阮云星）、兰州大学（主要学者：王海飞）、云南大学（主要学者：张海、陈学礼、徐菡等）、新疆师范大学（主要学者：迪木拉提、刘湘晨）、中国人民大学（主要学者：富晓星）、中国传媒大学（主要学者：陈刚、王宁彤）、中山大学（主要学者：邓启耀、熊迅）、河南大学（主要学者：吴效群）、华东师范大学（主要学者：范长风）、华中师范大学（主要学者：孙正国）等。中国艺

---

* 感谢朱靖江、梁君健、阮云星、陈学礼、王海飞、马秋晨、范瑞婷等友情支持，发来中央民族大学、清华大学、浙江大学、云南大学、兰州大学、文化部民族民间文艺发展中心“中国节日志”项目、国家图书馆“中国记忆”项目 2016—2017 年影视人类学学科相关的发展现状、成果、活动等资料。

① 朱靖江创办了“视觉人类学观察”微信公众号、“视觉人类学研究”微信群（300 多人）；王海飞创办了“视觉人类学硬盘”微信公众号；邓卫荣创办了“中国影视人类学分会”博客；等等。

② 朱靖江：《视觉人类学论坛》（第二辑），九州出版社 2016 年版，《视觉人类学论坛》（第三辑），九州出版社 2017 年版。

③ 庞涛团队：已连续举办“中国民族学学会影视人类学分会年会”10 届；朱靖江是以下会议召集人：2014—2017 年，第一、二、三届“视觉人类学与当代中国文化论坛”召集人；2016—2017 年，北京国际电影节第一、二届“视觉人类学：影音文献与公共传播论坛”；2016 年，首届内蒙古青年电影周“影像边疆”论坛召集人；浙江大学：浙江大学人类学研究所 2016 年起开办系列人类学讲座、2017 年与中国传媒大学电视摄影研究所协办“中国人类学民族学研究会宗教人类学专业委员会 2017 年会”、“宗教生活与人类学视角”学术研讨会暨电影节”；王海飞：2017 年 3 月发起“兰州大学人类学影像映坛”，已举办 6 期；等等。

术研究院、复旦大学、北京师范大学、贵州师范大学、内蒙古师范大学、云南艺术学院等学术机构以及文化部民族民间文艺发展中心和国家图书馆等政府文化机构也在积极开展影视人类学学术活动。

主要的学术影展和研讨会如下①。

2016 年 12 月 9—14 日，由广西民族博物馆主办、多家机构协办的广西民族志影展，收到 20 余个省区市及东南亚、北欧、北美的原创影片近 200 部。主展映单元入围作品 13 部，乡村影像单元入围作品 21 部，新锐单元入围作品 14 部，特邀单元作品 7 部。其中乡村影像单元共评出 2 个优秀影片奖《撵瘟神》《金刚队长》，2 个文化遗产贡献奖《光明的心弦》《壮族八音》；新锐单元共评出 2 个优秀影片奖《姑婆》《风华彩绘五十年　府城画师潘义明》，1 个评委会特别奖《回家》，2 部评委会特别提名影片《老口船家人》《富川瑶族砍牛节》；主展映单元共评出 2 个优秀影片奖《魂归何处》《翠松拉姆》，1 个评委会特别奖《故乡》。

2016 年 12 月 3 日，由中央民族大学民族学与社会学学院影视人类学中心主办第二届“田野灵光，影像深描”中国研究生影视人类学论坛。论坛期间一共放映了 14 部来自各大高校的参展影片，按照影片呈现的主要内容划分为“生计・变迁”“信仰・祭仪”“女性生活”“众生之苦”“人间世”5 个主题。评选出 4 部获奖作品：清华大学杨宇菲的《姑婆》、四川美术学院宁佳伟的《惊蛰》、云南艺术学院张爽的《耶苦扎节》、浙江师范大学郭栋梁的《失控的生命》。

2017 年 3 月王海飞教授发起兰州大学人类学影像映坛，计划每月邀请一位影视人类学相关学者，携带本人创作的人类学影像作品到兰州大学放映、交流并完成系列讲座，同时成立兰州大学“兰之影”志愿者团队服务该映坛。截至 2017 年 11 月，兰州大学人类学影像映坛已成功举办 6 期，邀请了影视人类学界资深学者庄孔韶教授、兰州大学西北少数民族研究中心创始人杨建新先生、清华大学雷建军教授、中国社科院民族学与人类学研究所影视人类学室庞涛主任、中山大学邓启耀教授、云南省社科院郭净研究员、中国社科院社会学所研究员鲍江教授做了讲座，并放映《我在故宫修文物》、喜马拉雅山地民族影像志系列影片、纪录片《普吉和他的情人们》、乡村影像系列作品、《新年好》等影片，放映后学术交流与讨论热烈。参与活动的有近千人次，既有校内各专业师生，也有社会各界人士，有效拓展了影视人类学学科在校内及社会上的影响力。

2017 年 7 月 26—27 日，由文化部民族民间文艺发展中心主办的“中国节日影像志”项目交流会在北京会议中心召开。中国社会科学院民族学与人类学研究所影视人类学室庞涛主任对项目体例进行解读，结合自己的研究拍摄经验和多次参与编制、修订体例的经历，以关键词解读的方式对体例中的宗旨、原则和结构三大部分进行了详细的解读；新疆师范大学刘湘晨教授以“镜头的多重叙述功能”为题作了发言；参加本次会议的各子课题项目责任人依次介绍了所承担项目基本情况和团队构成，并就相关问题进行了讨论和解答。

2017 年 10 月 20—21 日，中国民族学学会影视人类学分会（秘书处设在中国社会科学院民族学与人类学研究所影视人类学研究室）主办了“流动的空间：第二届跨界民族与周边国家关系论坛暨 2017 中国民族学学会影视人类学分会年会”。在两天的会期中，学会共举办了三场专题会议，第一场主题为“国家档案下的文化志：影视方法与空间拓展”，内容包括跨学科模式下的文化记录和“中国节日影像志”、“中国史诗百部工程”子课题项目实施经验分享与思考及国家项目背景下的非物质文化遗产的整体性记录两大议题；第二场以“跨界、跨媒体、跨学

① 影展和研讨会资料来自卢芳芳整理的相关文字材料。

科：媒介实践与都市影像”为主题；第三场以“跨境和海外影像民族志：实践与方法”为主题。会议期间，年会还开辟了4个人类学影片放映会场，放映专题会议研讨的11部民族志影片，并展映了31部“学会奖”入围影片。本届年会最后评选出“学会奖”入围学术影片36部。10部人类学影片、3篇论文、1部专著和1部译著获得中国民族学会影视人类学分会2017年度“学会奖”优秀奖。影片类“学会奖”优秀影片奖作品为：《神圣的治疗者》《喜马拉雅天梯》《卯节》《七圣庙》《毛坦厂的日与夜》《魂归何处》《妙峰山》《祖鲁》《北湾纪事》《姑婆》。详情见第四部分。

2017年10月28—29日，中国人类学民族学研究会宗教人类学专业委员会2017年年会期间，在江苏常州武进召开了国际影视人类学先驱让·鲁什先生百年诞辰纪念会/电影节。业内认为，这是“让·鲁什遗产与中国影视人类学结合的新探索”。

2017年11月12日，“中国民族博物馆民族志纪录片永久收藏奖”评选揭晓，斗拉加的入围作品《冬虫夏草》获得金收藏奖；林超民获得“中国民族志纪录片终身成就奖”。欧阳斌的入围作品《六搬村》，余海波、余天琦的入围作品《中国梵高》获得银收藏奖；郭净和此里卓玛的入围作品《卡瓦格博》、杨洋的入围作品《司公》、陈学礼的入围作品《照片里的她》获得铜收藏奖。中国民族博物馆还为42部入围作品颁发了永久收藏证书和永久收藏奖奖杯。为尊重文化部民族民间文艺发展中心《中国节日志》知识产权，中国民族博物馆为9部入围“节日志”作品单设了“民族影视与影视人类学专业委员会奖”，并将该奖项授予鬼叔中、朱靖江的作品《七圣庙》。

2. 举国家之力资助多个大型、成规模的影音文献项目，以文化部“中国节日影像志”“中国史诗影像志”、中国文联“唐卡文化档案”、国家图书馆“中国记忆”项目等为代表的节日和非遗影像志形式的国家档案已具规模效应，其资助金额的总量和产出影片的总量，在国际上都是绝无仅有的。

（1）“中国节日志”

“中国节日志”为全国哲学社会科学规划领导小组批准的国家社科基金特别委托项目（09ZH013），由文化部民族民间文艺发展中心（以下简称“中心”）规划执行。内容包括《中国节日志》（文本）项目、“中国节日影像志”项目、“中国节日文化数据库”项目三部分。截至2017年11月，“中国节日影像志”已立项130项（新增立项30项），单项子课题的资助经费为10—12万元，总资助规模已上千万元。目前已召开结项评审会47项。

“中国节日影像志”已立项目涵盖了包括汉族、蒙古族、藏族、苗族、壮族、独龙族、怒族等36个民族的传统节日，涉及北京、上海、天津、河南、云南、新疆、广东、黑龙江、海南等29个省、直辖市、自治区。影片内容从农耕文明到游牧文明，拍摄区域从高山到河谷，从冰封雪地到热带雨林。“中国节日影像志”项目动员了全国的影视人类学研究、制作力量参与，包括全国文化、教育系统的各科研院所及高校近百个、800余人次参与了影像志不同阶段的工作，其中具有副高级以上职称的及硕士生、博士生导师160余人。尤其是上面提到的影视人类学的主要科研机构和学科带头人，几乎都参与了节日志项目，从设计标准、评审到主持课题等，成为节日志项目的中坚力量和智库。

“中国节日影像志”项目成果是国际国内人类学影片评审的获奖大户，获得学术界的高度认可，已形成较大学术影响和社会反响。其中《姊妹节》《鼓藏节》《柯尔克孜族古尔邦节》先后参与了国际人类学与民族学联合会第十六届、十七届世界大会专题展映，《祖鲁》入围2017年英国皇家人类学会电影节档案库，《卯节》（项目负责人：张小军）、《七圣庙》（项目负责人：朱靖江）、《妙峰山》（项目负责人：范华 FAVA）、《祖鲁》（项目负责人：刘湘晨）、《北湾祭事》（项目负责人：王海飞）、《魂归何处》（项目负责人：王宁彤）、《梅县中元节》

（VR）（项目负责人：雷建军）等16部节日志影片入围2017年第二届中国民族学会影视人类学分会“学会奖”。多部影片入围2017年第二届中国民族志纪录片学术展，《妙峰山》还荣获中国人类学民族学研究会宗教人类学专业委员会2017年年会期间召开的国际影视人类学先驱让·鲁什先生百年诞辰纪念会/电影节“优秀学术展映奖”。“节日志”影片已成为中国当代人类学影片国家档案的重要类型。

（2）“中国记忆”项目

“中国记忆”项目是国家图书馆以中国现当代重大事件、重要人物、传统文化遗产为专题，以传统文献体系为依托，系统性、抢救性地进行口述史料、影像资料等新类型文献建设并最终形成特色专题资源体系的文献建设和服务项目，是国家总书库的重要组成部分，是图书馆资源采集、整理、服务、社会教育与文化传播职能的新拓展。“中国记忆”项目的成果通过借阅和网站发布为广大读者提供服务，并以“中国记忆”丛书、展览、讲座、纪录片等形式进行展示与传播，全方位服务于社会。

自2012年开始，“中国记忆”项目已开展“东北抗日联军”“大漆髹饰”“蚕丝织绣”“我们的文字”“我们的英雄”“当代重要学者”“中国图书馆界重要人物”等20多个专题的文献资源建设，共采集或收集超过1400小时的口述史料（视音频）、影像资料和大量照片、非正式出版物等相关文献。目前已完成48部非遗影片，主要为“大漆髹饰”“蚕丝织绣”“我们的文字”3个专题的资源库建设的内容。2017年，国家图书馆推荐的多部非遗影片入围了2017年第二届中国民族学会影视人类学分会“学会奖”，“中国记忆”系列影片开始成为中国当代人类学影片国家档案的重要类型。

3. 影视人类学论文和著作包括理论探讨、历史梳理和个案研究三个方面①。

学科理论研究逐渐深入，影像民族志作品与文本形式的研究相结合的研究成为趋势，如庞涛②、朱靖江③、梁君健、雷建军④、吴乔⑤、雷亮中⑥等学者的论文。

4. 虚拟现实技术手段VR被运用于“节日志”影片中。

清华大学雷建军主持的文化部影像节日志项目，运用了虚拟现实技术（VR）拍摄《广东省梅县畲江镇中元节（VR实验影像）》，是影视人类学学者和电影制作者运用高科技手段进行创作的突破性尝试。

5. 2017年的人类学影片总体上看，更关注传统选题。

包括传统节日（节日志）、传统非遗技艺（中国记忆）、传统村寨（都柳江流域传统村寨的文化重构），内容涉及传统的复兴、重建和遗存。

---

① 详见李修建、王永健《2016年度视觉人类学学科发展研究报告》，《民族艺术研究》2017年第2期。

② 庞涛：《影视人类学视野下的非遗实践》，论文集《国家级非物质文化遗产代表性传承人抢救性记录十讲》之一。国家图书馆出版社2017年版。

③ 朱靖江：《二郎神崇拜与祆教“七圣刀”遗存——对福建宁化夏坊村“七圣祖师”源流的再思考》，《西南民族大学学报》2017年第10期；《影音文献与公众传播：基于视觉人类学的探索与反思》，《民族艺术》2017年第4期；《视觉人类学视野中的影音文献》，《西南民族大学学报》2016年第12期。

④ 梁君健、雷建军：《文化传统与当代民族教育：〈喜马拉雅天梯〉的影视人类学发现》，《民族教育研究》2016年第1期；梁君健：《二阶视觉工作法与文化表意实践——〈茶道〉的影视人类学价值与启示》，《民族艺术研究》2016年第6期。

⑤ 吴乔：《花腰傣三部曲与影视人类学的时间厚度》，《民间文化论坛》2016年第4期。

⑥ 雷亮中：《影像民族志：人类学知识生产过程与实践》，《西南民族大学学报（人文社科版）》2016年第11期。

6. 我国影视人类学领域学者对外交流合作有了新的进展。

中国学者和导演受邀参加2017年第十五届英国皇家人类学会电影节“中国民族志电影制作趋势”（Trends in Ethnographic Filmmaking in China）的工作坊，是中国影视人类学者近年参加的规模较大的国际学术交流活动，体现出中国影视人类学近年来的快速发展已受到国际的关注。南加州大学视觉人类学中心制片人郑隽尧（Joe J. Zheng）、新疆师范大学刘湘晨教授、清华大学新闻传播学院梁君健博士、中山大学传播与设计学院熊迅副教授、中国社科院社会人类学研究中心主任吴乔副研究员，以及云南大学民族学与社会学学院的徐菡、张海两位老师参加了工作坊。

2017年11月28日—12月3日，应瑞典隆德大学（Lund University）东亚与东南亚研究中心主任史雯教授（Prof. Marina Svensson）邀请，中央民族大学影视人类学研究中心主任朱靖江副教授与福建客家纪录片导演鬼叔中先生前往隆德大学，举行学术讲座与民族志电影放映交流活动。

2017年8月，云南大学民族学与社会学学院赵春盛书记、实验室主任张海、实验室工作人员陈学礼赴加拿大渥太华，参加Asinabka电影和媒体艺术节。

2015年10月，浙江大学当代人类学多语种多媒体资料库——“民博文库”正式揭幕投入使用；该人类学资料库由浙江大学人类学研究所和浙江大学图书馆共建，是当前我国高校首个全球联网规范化管理的当代人类学特色资料库。该学科资料库的基础资料由世界著名人类学研究机构——日本国立民族学博物馆（民博）寄赠，其中包括17部本世纪由民博开机拍摄的人类学影视片。2016—2017年度“民博文库”继续征集人类学影视片，目前收藏有庄孔韶主编《国际人类学民族学联合会（IUAES）第十六届大会电影节获奖影片集锦（14部）》（红旗音像电子出版社2012，庄孔韶捐赠）、中国社会科学院社会学研究所《探索　对话人类学（7部）》（北京社科智库电子音像出版社2015，罗红光捐赠）等当代国内外影视人类学影片资料，为校内外影视人类学教研提供参考。

7. 多所高校设立影视人类学研究机构，开设影视人类学本科、研究生课程和通识课程，为影视人类学学科培养后继人才，同时也通过视频网络课程和培训的方式为社会培养相关人才。

（1）云南大学西南边疆少数民族研究中心影视人类学实验室

2003年依托云南大学211工程民族学重点学科建设而成。如今实验室有工作人员5名，实验室主任为张海，成员有李炜、陈学礼、毕芳、寸炫。实验室以民族志电影教学、民族志电影拍摄、影视人类学研究为主要任务，同时服务于云南大学民族学学科建设。实验室为云南大学民族学专业本科生开设《影像技术基础》和《影视人类学》课程，培养学生在田野调查过程中有效使用影像记录设备，以及民族志电影的实地拍摄和后期剪辑技能。同时为硕士研究生开设《纪录片创作与实践》课程，专门讲授纪录片的创作。截至2017年，已经有近200人修习了以上课程，完成了106部学生作品。实验室的工作成员在教学之余，还拍摄自己的影片。

在服务社会、培训本土影视人类学人才方面，云南大学西南边疆少数民族研究中心影视人类学实验室也做了很多工作：2017年5月，为云南省曲靖市非物质文化遗产保护中心开展了为期5天的非物质文化遗产影像纪录培训班，75名来自曲靖市各县文化馆、各乡镇文化站的工作人员参加了培训班；2017年7—8月，实验室与云南省文化厅合作，开展2017年云南省非物质文化遗产项目及传承人影像记录骨干培训班，来自云南省各地州市文化馆的工作人员80多人参加了培训班。培训班时间30天，20天理论学习，10天在村子内完成实地拍摄和后期剪辑；2017年7月和9月，实验室工作人员陈学礼分别两次赴广西，为广西壮族自治区非物质文化遗产保护中心做培训，培养能够独立完成实地拍摄和后期剪辑的工作人员30余名，两次培训时间21天。

（2）中央民族大学影视人类学中心

主持国家级精品视频公开课《影像中的人类学》、北京市级高校教改项目“影视人类学教学与影视媒体创作实践”、校级慕课项目“影像中人类学”、校级素质教育通识课“世界电影与民族文化”以及校级科研项目“影像民族志工作坊”等，具有以下几个特点：本科、研究生教学体系相对健全，开设课程涵盖理论、实践、观摩与社会实习共5门课程，学生综合素质较高。

（3）兰州大学西北少数民族研究中心影视人类学研究所

兰州大学面向民族学专业本科生开设影视人类学课程，为专业必修课，共54课时，约80名学生。面向全校本科生开设影视人类学理论与实践公共选修课，共54课时，每年选课人数120人。面向民族学专业研究生开设影视人类学思考与对话课程，共54课时，学生约40人。兰州大学影视人类学学科带头人王海飞教授，建有影视人类学实验室（兰州大学西北少数民族研究中心影视人类学研究所）。目前实验室已形成一支教师+学生的摄制团队，可独立完成影片制作的核心成员3人，参与过人类学影片拍摄的成员5人。实验室同时与社会影像制作机构保持较好的合作机制，合作完成记录影像多部。面向民族学专业本科生开设影视人类学课程，为专业必修课，共54课时，约80余名学生。面向全校本科生开设影视人类学理论与实践公共选修课，共54课时，每年选课人数120人。面向民族学专业研究生开设影视人类学思考与对话课程，共54课时，学生约40人。

（4）浙江大学人类学研究所

自2010年6月复所以来，在所长庄孔韶教授的带领下，将影视人类学作为研究所教研的一个重要方向，坚持开展影视人类学教研活动，逐渐形成以庄孔韶教授、阮云星教授等师生组成的教研、学术交流工作机制，并与浙江大学图书馆联合设立浙江大学当代人类学多媒体资料库——“民博文库”，有关教研、创作及资料库建设得到学界及同仁的关注与评价。

浙江大学人类学研究所教师承担浙江大学本科生通识核心课程文化人类学、人类学概论（均半年期课程；每个课程班定员100人、内分三个小班，大班教师授课、小班教师、助教组织研讨）的教学工作。两门课程均采用多媒体教学方法，通过开设课程内的《影视人类学》专讲、设置观摩研讨课教学环节，采用教科书《人类学概论》（庄孔韶主编）中的人类学影视片、活用浙江大学《民博文库》所藏人类学影视片等制度性的教学安排，开展影视人类学教学工作，得到学生好评。自2011年课程开始以来，选课本科生累计超过4500人次，2016、2017年全校本科生年度参课人数均达300人以上。

浙江大学重视出影视人类学教材建设：2016年1月《人类学通论》第三版出版（庄孔韶主编，中国人民大学出版社；内附影视作品6部）；2016年9月《人类学概论》第二版第三次印刷（庄孔韶主编，中国人民大学出版社；内附影视教材7部）。

（5）清华大学清影工作室

清华大学影视人类学学科带头人为雷建军、梁君健、张小军。清华大学影视人类学课程设置情况：本科设置了文化人类学、影视制作课程和清影暑期工作坊；研究生课程有：历史人类学、人类学理论专题、人类学经典名著导读、中国人类学历程、纪录片创作。特点：将人类学的理论观照、问题意识和田野工作的方法结合到纪录片的拍摄当中，理论与实践相结合，深入田间地头，用专业的视听语言表达文化思考。定位：培养具有人类学素养的纪录片创作人才。制作影片队伍：清影工作室师生、人类学系硕博研究生。

（6）开设了影视人类学研究机构和课程的其他院校

设置了影视人类学研究机构、专业从事影视人类学的研究与摄制工作的高校还有：云南社会科学院影视人类学研究摄制中心、云南大学东亚影视人类学研究所、广西贺州学院下设影视人类学研究所等；中南民族大学影视人类学实验室、新疆师范大学影视人类学实验室、内蒙古大学影视人类学实验室等，主要为课程学习者提供影视制作设备和技术指导；另有其他院校开设了影视人类学课程，如北京大学、中国人民大学、中山大学等；云南艺术学院开设了硕士研究生的影视人类学专业。此外，中国传媒大学也在筹备成立影视/视觉人类学研究中心。

（二）国外影视人类学发展最新动态

美国影视人类学学会（Society of Visual Anthropology）是世界上最大的人类学学会——拥有上万会员的美国人类学学会（American Anthropological Association）的下属学会。

美国人类学学会的宗旨一方面是推动人类学四个分支学科（文化人类学、生物/物理人类学、考古学和语言人类学）的发展、促进知识的生产，另一方面是提高美国人类学家传播人类学知识、应用人类学知识解决人类问题上的专业兴趣，即提倡研究的现实关怀。

在美国人类学学会年度大会上，美国影视人类学学会举办电影节（SVA Film & Media Festival），2017 年 SVA 电影节于 11 月 29—12 月 2 日举办，期间展映 38 部入围电影。设立以下奖项：最佳故事片、最佳短片、最佳学生电影、最佳超短片、最佳本科生电影、荣誉奖、让·鲁什奖、参与式媒体奖、特别推荐奖（Best Feature Film，Best Short Film，Best Student Film，Best Ultra-Short Film，Best Undergraduate Student Film，Honorable Mention，Jean Rouch Award，Participatory Media Award，Special Recognition）。美国影视人类学学会出版刊物《影视人类学评论》，每年春季、秋季各出一期，栏目有论文、电影评论、书评等。其中视觉研究的论文居多。

与美国人类学学会（AAA）有合作关系的另一个国际人类学组织，国际人类学与民族学联合会（IUAES），每 5 年召开一次大会，旗下有影视人类学专业委员会（Commission on Visual Anthropology，简称 CVA），中国社会科学院社会学所鲍江博士是 CVA 的成员。影视人类学专业委员会现有刊物《影视人类学》杂志。近两年集中的研究主题有：用影视人类学的视角关注医学人类学、都市人类学与中东研究等。其他研究包括艺术人类学、视觉研究及电影研究。

2017 年第十五届英国皇家人类学会电影节在英国布里斯托举行。熊迅导演、郑隽尧制片的关于贵州地戏的纪录片《周官今年无寨戏》入围了电影节的主竞赛单元。

二　重要理论观点与方法

新时期影像民族志/人类学影片的方法论不断创新。庞涛提出了影像民族志建构“解释性结构”“日常生活化的语言性分析阐释策略与观察方法”“非虚构剧情化的意义建构方法”等一系列新时期影像民族志/人类学影片的方法论主张，并在人类学整体论视野下进行了两个系列的（喜马拉雅山地民族影像志系列、都柳江流域民族村寨文化重建系列影像志）的区域与流域影像民族志实践。其他方法论的研究有王海飞①、朱靖江②、陈学礼③、雷亮中④等。

---

① 王海飞：《人类学影像的视角、语言与呈现——兼论影视人类学教学中的几个核心议题》，《民族教育研究》2016 年第 1 期。

② 朱靖江：《民族志影像的理论方法与中国实践》，《民间文化论坛》2016 年第 4 期。

③ 陈学礼：《民族志电影实践手册》，广西师范大学出版社 2017 年版；《被隐藏的相遇——民族志电影制作者和被拍摄者关系反思》，社会科学文献出版社 2017 年版。

④ 雷亮中：《影像民族志：人类学知识生产过程与实践》，《西南民族大学学报（人文社科版）》2016 年第 11 期。

王迟对直接电影的反思[①]，对“纪实”与“真实”的讨论有着重要的定音作用，对人类学影片关注结构、关注结构性真实，从理论到实践都有启发。

三 热点问题

（一）人类学民族学研究对社会贡献的问题

学术研究对社会和国家的价值，是否关注现实、关注重大社会问题，对社会有用，与该学科的发展乃至于命运紧密相关。

从国内来看，民族学界也一直有忧患意识。杨圣敏在不同会议场合提到1949年6月10日在北平的几乎所有著名民族学社会学家参加的座谈会。会议主题是反思学科过去几十年的成败得失以及在新形势下（新中国即将成立）如何生存发展的问题。杨圣敏以此号召学界注重研究对社会的贡献问题。

从国外来看，2017年全美人类学学会年会上，两位牛津大学的教授（Karin Eli and Tess Bird）召集了一个圆桌会议，议题是“人类学需要再度发出声音：从民族志实践到为公众写作”（Recovering Anthropology's Voice：From Ethnographic Practice to Writing for the Public）。从美国人类学家在美国大选问题上的研究切入，反思人类学研究对社会生活的影响力不够，多停留在学术界。

作为人类学分支学科的影视人类学，同样需要在学术研究上为社会作出贡献，以此促进学科的发展这一热点问题上作出自己的回应。

（二）影像民族志/人类学影片的边界问题

影像民族志/人类学影片是否应该有清晰的学术边界？这是事关影视人类学学科建设的重要问题。要不要标准？要什么样的标准？中国民族学学会影视人类学分会对此问题高度关注，并通过分会召开的年会表明态度，进行深入交流。一方面，通过影视人类学分会奖的设置和评审，搭建影视人类学学科建设平台。以影视人类学学科建设为最高原则，“分会奖”鼓励受过人类学、民族学学科专业训练的学者，拿起摄像机借助影像等手段进行超文本化研究，也鼓励专业从事文化影像的纪录片作者，通过民族学人类学的研究视角和问题意识，进行文化纪录片的创作，借此进一步探讨各民族在全球化、现代化进程中的社会变迁、文化创造的地方性表达；探索影像方法在其中的独特作用；进行媒介实践与都市影像的跨学科研究和交流，而不仅局限于指导媒体作出有人类学风格的媒体影片。另一方面，在学会奖评奖前，学术委员会专门召开会议，讨论了人类学影片的界定和评价标准。大家认为，虽然制定过于细致的标准会限制人类学影片的制作空间和发展空间，但是仍然有必要讨论人类学影片的边界问题，这样才有利于影视人类学学科的发展。

朱靖江[②]、陈学礼[③]、王海龙[④]等学者从不同角度提出对该问题的看法。

---

① 王迟：《论“怀斯曼神话”》，《电影艺术》2017年第4期；王迟：《西方的直接电影与中国的纪实主义——〈直接电影：反思与批判〉序言》，《记录与方法》第2辑，中国国际广播出版社。

② 朱靖江：《边界与融合：论影视人类学与艺术人类学的学科关系》，《民族艺术》2016年第2期。

③ 陈学礼，《民族志电影的内涵和外延》，《江汉学术》2017年第5期。

④ 王海龙：《为视觉人类学一辩——略论视觉人类学的滥觞、渊源与嬗变》，《中国矿业大学学报（社会科学版）》2017年第1期。

（三）人类学影片的传播问题

中国社会科学院民族学与人类学研究所、清华大学、中央民族大学、云南大学、兰州大学、浙江大学等都非常强调影视传播和人类学两个学术团体之间的交流与合作，在实践中，人类学影片的传播和新的传播渠道受到了广泛的重视，包括进入院线放映、举办/参与影展、论坛、出版刊物、创办公众号等方式。

（四）影视人类学与人类学其他分支学科的交叉研究问题

IUAES 影视人类学专业委员会主办的杂志《影视人类学》，近两年集中的研究主题有：用影视人类学的视角关注医学人类学、都市人类学。而 IUAES 影视人类学专业委员会和美国影视人类学学会的期刊都有相当数量的艺术人类学、视觉研究论文，反映了人类学分支学科的交叉研究趋势。

四 本年度中国社会科学院民族学与人类学研究所学科发展的具体状况，包括主要研究成果和重要学术活动

（一）研究队伍

中国社会科学院民族学与人类学研究所在影视人类学学科领域，是一个有历史、有传承、有上百部人类学影片积累的科研机构，中国的影视人类学学科就是中国社会科学院民族学与人类学研究所在 20 世纪 90 年代率先创立的，中国民族学学会影视人类学分会秘书处设在中国社会科学院民族学与人类学研究所。影视人类学研究室目前有 6 人：庞涛、张小敏、邓卫荣、雷亮中、张辉、卢芳芳。有副研究员 3 名。

学科带头人庞涛在影视人类学实践、方法论和理论建构方面受到广泛认可，被文化部民族民间文艺发展中心聘为中国社会基金特别委托项目“中国节日影像志”副总编和总编审，负责项目的设计和评审。

（二）课题研究及进展

中国社会科学院民族学与人类学研究所有持续的项目经费来源，使区域性、多点的影像民族志实践得以实施，如中国社科院创新课题“喜马拉雅山地民族影像志”（课题主持人庞涛）、“都柳江流域传统村寨文化重构影像志”（课题主持人庞涛）等项目。

2016—2017 年“都柳江流域传统村寨文化重构影像志”项目拍摄进展顺利。为期 3 年的区域性研究项目“都柳江流域传统村寨文化重构影像志”于 2016 年启动，在都柳江流域完成了贵州黎平尚重、贵州黎平肇兴、贵州从江县下江镇巨洞乡、广西三江县林溪乡高友村等地的选点，并开始在肇兴、巨洞、高友三个村寨进行民族志田野调查及拍摄。2017 年，该项目继续在村寨的调研和民族志影像拍摄，在课题实施中实验性地采用了庞涛提出的新影像民族志的方法，力图从日常生活中的深度观察和描写中展现民族文化逻辑和传统社会机制的运转。

中国社科院创新工程“21 世纪初中国少数民族地区经济社会发展综合调查”子项目“新中国口述民族工作多媒体数据库”项目（课题主持人庞涛、王宝顺）于 2017 年启动。该项目已按照影视人类学研究室制定的流程和规范进行，目前项目组已经完成在广西、甘肃和贵州口述史的影像采集工作，采访人数超过 70 位。中国社会科学院民族学与人类学研究所庞涛副研究员带领研究室成员为项目申报、编制预算、制定各种研究和技术规范文本做了大量工作。并

组织研讨会，协调在当地的工作以及解决大量财务问题等。

庞涛 2016—2017 年参与组织实施中国社会科学院民族学与人类学研究所与内蒙古师范大学民族学人类学高等研究院的合作项目“内蒙古东北部地区三少民族社会文化变迁影像志”。

张小敏、张辉完成台湾少数民族调研拍摄。在台湾台东卑南族、阿里山特富野部落邹族进行了拍摄，期间访问了中研院民族学研究所所长、影视人类学领域前辈胡台丽，加强了两岸的交流。

张辉参加文化部全国文化信息工程广西传统手工艺助力扶贫课题，担任系列影片编导。

（三）研究成果

中国社会科学院民族学与人类学研究所有固定的研究和影片制作队伍，每年都有影片成果或在编影片。

继 2015 年中国社会科学院民族学与人类学研究所推出“中国少数民族经济社会文化发展与变迁影像志”仪式生活系列和经济生活系列共 5 部影片后，2017 年中国社会科学院民族学与人类学研究所新出版了 5 部人类学影片①：《秋牧——新巴尔虎蒙古族游牧生活纪实》（庞涛，62 分钟）、《远去的格姆女神山》（雷亮中、庞涛，57 分钟）、《自己的道路》（邓卫荣、庞涛，50 分钟）、《喀什牲口巴扎的萨拉及中英文版》（张小敏、张江华，50 分钟）、《药匠》（张辉、杨宏林，50 分钟）。

中国社会科学院民族学与人类学研究所影视人类学作品《神圣的治疗者》，作者雷亮中、庞涛，获得 2017 年中国民族学学会影视人类学分会“学会奖”优秀奖。

影视人类学研究室关于影视人类学学科理论、方法论和个案的论文见本文相关部分。

（四）组织活动

中国社会科学院民族学与人类学研究所组织筹备“2017 中国民族学学会影视人类学分会年会”，10 月 19—21 日在复旦大学成功举办“流动的空间：第二届跨界民族与周边国家关系论坛暨 2017 中国民族学学会影视人类学分会年会”，并成功组织了“第二届中国影视人类学学会奖”的学术评奖活动。30 多个科研机构、大学和媒体的 80 多位专家学者和影片作者参加了会议并进行了热烈的交流和发言。

“2017 中国民族学学会影视人类学分会年会”分会场在 10 月 20—21 日两天的会期中，共举办了三场专题会议，展映学会专题影片 11 部，展映并展评“学会奖”入围影片 31 部。

会议期间还召集了影视人类学分会常务理事会和学术委员会、评委会会议。方勇会长召集了中国民族学学会影视人类学分会常务理事会会议，讨论并通过了分会增补理事、常务理事、副秘书长的名单，通报了云南大学提出申请承办 2018 年中国民族学学会影视人类学分会年会的消息。作为理事会的另一项重要议程，常务理事们就人类学影片界定与评判标准进行了激烈的讨论；另外，在常务理事会议上，针对人类学影片缺乏交流平台、收藏保存措施落后等问题，李德君教授专门提交了“关于尽快建立中国人类学片库的建议”的倡议书。罗红光教授召集了学术委员会和评委会会议，讨论学会奖奖项、评审方法。

这次会议内容丰富、成果丰硕，是一次成功的、有影响力的大会，也是影视人类学界总结现有成果、探讨未来方向的盛会。

① 北京社科智库电子音像出版社，2017 年 10 月。

2018 年

一 本年度国内外学科发展最新动态

（一）国内影视人类学发展最新动态

2018 年，我国影视人类学学科在学术活动上继续延续近些年在学界和社会上出现的影视人类学热潮。虽然国内主要的学术团体和学术平台举办的学术活动都是双年周期的，并且基本上都在 2017 年举行了各式的学术活动，但 2018 年，以影视人类学、视觉人类学、影像民族志和人类学电影等为内容的活动依然频繁，呈现出学术交流更加深入并有重要的进展、社会影响日益扩大的趋势。

主要的学术研讨会和学术影展如下。

2018 年 12 月 15—16 日，由云南大学主办、云南大学民族学与社会学学院及云南大学西南边疆少数民族研究中心承办的“影像纪录、族群记忆与文化传承——国际影视人类学论坛 2018”在昆明举行。该论坛邀请到来自英国皇家人类学学会暨影视人类学学会、澳大利亚国立大学跨文化研究中心、英国曼彻斯特大学影视人类学中心等多家国外知名影视人类学研究机构的专家，以及中国大陆从事、组织实施影视人类学、民族志影片研究与实践的学者，围绕“影像纪录、族群记忆与文化传承”等诸多问题开展讨论。本次会议汇集了目前国内外主要的影视人类学专家，进行了高质量的学术交流，在学科发展和转向等方面的讨论很深入并形成了热点。

2018 年 6 月 7—9 日，由文化和旅游部非物质文化遗产司指导、文化部民族民间文艺发展中心和国家图书馆联合主办，中国民族学学会影视人类学分会和中国人类学民族学研究会民族影视与影视人类学专业委员会等学术机构协办的“文化和自然遗产日非遗影像展”在山西省平遥县举行。本次影像展以“记忆、生活、传播”为主题，由优秀影片集中展示展映、学术论坛、高校学术展映三部分组成。除了影片集中展映，“作为国家记忆的非遗影音文献论坛”也同期举行，逾百位专家、学者和影视制作人、出版发行方进行了 15 场学术研讨。

2018 年 11 月 3—4 日，由北京电影学院主办，北京电影学院数字媒体学院、北京电影学院中国民族文化影像传承研究中心承办的纪念改革开放 40 周年系列活动“数字媒体时代的中国文化与影视人类学高端论坛”顺利举办。论坛邀请了北京电影学院、中国社会科学院、清华大学、中央民族大学、中山大学、云南大学等国内的影视人类学、民族学、社会学、数字媒体等领域的数十名专家学者，进行了包括作品展映和专题报告两个部分的学术交流内容，从影视人类学纪录片创作、文化遗产的数字化保护、新媒体传播、影像志等多方面进行了学术性的探讨和研究成果的分享。

2018 年 11 月 20 日，“2018 广西民族志影展”在广西民族博物馆开幕。“广西民族志影展”是中国大陆首个专业民族志电影学术影展，是一个面向全国、辐射东南亚的民族志电影双年展。影展关注中国及东南亚国家的社会历史文化变迁及民族文化多样性，致力于推动纪录影像的多元取向。本届影展收到全国及东南亚民族志影片近 200 部，内容涉及手工艺、信仰、饮食、戏曲、婚俗、节庆、仪式、生计等题材。经过评委评选和相关单位审核，主展映单元入围作品 15 部，乡村影像单元入围作品 20 部，新锐单元入围作品 17 部，广西非遗单元入围作品 17 部，特邀单元作品 13 部。

2018 年，各院校也在各自搭建的专业化的学术平台上继续开展有特色的学术活动。兰州大学西北少数民族研究中心王海飞教授发起的“兰州大学人类学影像映坛”已成功举办十期，2018 年，兰州大学人类学影像映坛邀请影视人类学界学者张小军、刘湘晨、郝跃进、朱靖江、鬼叔中等学者作了讲座，并放映《卯节》《七圣庙》《祖鲁》《搬迁：最后的洞穴部落》等人类学民族志影片。放映后的学术交流与讨论热烈。参与活动的有近千人次，既有校内各专业师生，也有社会各界人士，有效拓展了影视人类学学科在校内及社会上的影响力。

2018 年 7 月，由华中师范大学文学院、广西民族大学学报编辑部、广西民族师范学院联合举办的 2018 年中美民俗影像记录田野工作坊、《广西民族大学学报（哲学社会科学版）》博士生论坛、广西民族师范学院首届边疆民族文化暑期田野调查活动在广西民族大学展开活动。“中美民俗影像记录田野工作坊”（Video – Recording Folklore Workshop）是中国华中师范大学文学院和美国崴涞大学亚洲研究中心合作共建的影像民俗学人才培养平台。第一期（2014，中国）、第二期（2015，美国）、第三期（2016，日本）、第四期（2017，中国）先后邀请全国 80 多所大学的 150 余名研究生和导师参与工作坊，实地对中国端午节、美国圣诞节、日本夏祭和中国壮族师公戏、上海文化多样性、贵阳茶文化等进行影像记录，培养了学员们开展民俗影像记录的田野素养与国际视野。

目前，在我国开展影视人类学研究和教学的学术机构有数十家，近年积极开展和参与影视人类学活动的主要有：中国社会科学院民族学与人类学研究所影视人类学研究室、中国社会科学院社会学研究所社会文化研究室、中央民族大学民族学社会学学院影视人类学中心、云南大学民族学与社会学学院影视人类学实验室、兰州大学西北少数民族研究中心影视人类学研究所、清华大学清影工作室、中国人民大学社会与人口学院、北京电影学院、北京师范大学社会学院、华中师范大学文学院、河南大学文学院、贵州师范大学国际旅游文化学院、复旦大学民族研究中心和浙江大学人类学研究所等。设置了影视人类学研究机构、专业从事影视人类学的研究与摄制工作的高校和机构还有：云南社会科学院影视人类学研究摄制中心、云南大学东亚影视人类学研究所、广西贺州学院下设影视人类学研究所等；中南民族大学影视人类学实验室、新疆师范大学影视人类学实验室、内蒙古师范大学民族学与社会学学院等，主要为课程学习者提供影视制作设备和技术指导；还有其他院校开设了影视人类学课程，如北京大学、中国人民大学、中山大学、北京师范大学和北京电影学院等；云南艺术学院还较早开设了硕士研究生的影视人类学专业。此外，中国传媒大学也在筹备成立影视/视觉人类学研究中心。

政府的有关文化机构也是我国影视人类学发展的重要推手和实践参与者，主导和资助了多个大规模的影音文献项目。2018 年，文化部和旅游部中国民族民间文艺发展中心的“中国节日影像志”和“中国史诗影像志”项目，中国文联的“唐卡文化档案”、国家图书馆“中国记忆”项目等为代表的规模化的国家档案式的影音成果继续大量制作完成。政府主导的、以文化扶贫为目的的非遗影像记录项目在广西等地展开了大规模的实践。另外，来自非政府非学术机构的民间力量也是重要的参与和行动者，像基于文化自觉自知理念推动的“村民自影像”活动、“民族生态博物馆”的自影像等活动。不同社会背景的文化工作者也是近些年涌现的深刻呈现各种社区和人群社会文化模式的纪录影片的主要作者。在我国，影视人类学在整体上呈现学术机构、政府部门和民间社会既共同参与建设又在不同的层次和边界内认真发展的学科，是一门学术与社会生活紧密相连的特色学科。

（二）国外影视人类学发展最新动态

美国影视人类学学会 SVA（Society of Visual Anthropology）是世界最大的人类学学会美国人类学学会 AAA（American Anthropological Association）的下属学会。2018 年 11 月 12—14 日，美国人类学学会第 117 届年会在圣何塞州立大学召开，在圣何塞州立大学哈默剧场举行了电影节

(SVA Film & Media Festival)。此次电影节的宗旨是为人类学界提供电影，以吸引学者、研究人员、教育工作者和学生。这些评选出来的人类学电影作品有助于加深对文化多样性、人类经验和周围的日常生活世界的理解。

2018年，在SVA人类学电影节上，由人类学家和电影学者组成的电影节评审团，根据人类学的相关性和对该领域的价值，选择参展影片。评选出多个奖项，包括最佳故事片：《心潮澎湃》；最佳互动纪录片：《这条河是红色的》；Jean Rouch奖：《记录影响》；最佳短片：《阳光之地》；最佳学生影片：《十字路口》；最佳学生电影荣誉奖：《相隔》等。

在本届美国人类学学会AAA年会上，美国影视人类学学会（SVA）召开了第三十四届年度视觉研究研讨会。在开幕式上，视觉研究论坛主席Thomas D. Blakely（宾夕法尼亚州立大学）、Andrea Heckman（新新墨西哥大学）和Jerome W. Crowder（德克萨斯大学医学分院）分别致词。Mark Westmoreland（荷兰莱顿大学）作了题为“空中和地下的民族志：从加纳提取的景观再现”的发言；罗伯特·莱梅森（加州大学洛杉矶分校）作了题为“泰姬：互动：多模式探索巴厘斗鸡”的发言。两天的会议共有20余位学者宣读论文，会议还发布了论文摘要。①

美国影视人类学学会（SVA）还办有学术刊物Visual Anthropology Review(《影视人类学评论》)，每年春、秋两季出版，2018年出版第34卷共2期。作为影视人类学学会的期刊，影视人类学评论促进了广泛的视觉文化研究讨论。在其广泛的范围内，对人们的文化生活和经验进行视觉方面的研究。该期刊还强调影像民族志生产和人类学实践的创新形式，探索了感官研究的潜力。②

另一个最重要的人类学民族学国际学术组织是国际人类学与民族学联合会（IUAES）。该联合会每5年召开一次大会，下设影视人类学专业委员会（Commission on Visual Anthropology，简称CVA)，中国社会科学院社会学研究所鲍江研究员是CVA的成员，2018年鲍江研究员被推选为新一届影视人类学专业委员会CVA主席，这将有利于我国影视人类学在国际上的影响。

影视人类学专业委员会现有刊物Visual Anthropology，这是一本影视人类学学术期刊，刊登有关影视人类学和影像民族志主题的原创文章、评论、电影评论和书评。该期刊侧重于通过视觉手段研究人类行为。该领域的专家还从文化—历史框架中检查视觉符号形式，并提供艺术和文物的跨文化研究。Visual Anthropology杂志还促进研究、使用和制作用于研究和教学目的人类学和民族志电影、视频和照片。2018年Visual Anthropology杂志出版第31卷，其中第一、二期专题为：“多样的现代性：东南亚/散居的视觉文化”。第三期专题为：“电影及其受众”。第四、五期专题为：“相机作为文化批判”。③

作为影视人类学一大特色，每年国际上都举办有多个人类学电影节。除了上述两个国际学术联合会举办的电影节外，著名的人类学或民族志电影节有：法国巴黎让·鲁什国际民族志电影节、英国皇家人类学电影节、美国玛格丽特·米德民族志电影节、中国台湾民族志电影节、德国哥廷根人类学电影节、塞尔维亚贝尔格莱德民族志电影节、意大利撒丁岛民族志电影节和北欧人类学电影节，澳大利亚、印度、希腊、巴西、夏威夷和加拿大等也不定期举办人类学电影节。

2018年11月3—10日，由法国人类博物馆主办的第37届法国“Jean Rouch国际民族志电影节”在法国巴黎举办。影展共收到740部电影，并选出了26部优秀作品参展。影展组委会组织了三个不同的评审团：国际评委会，Inalco评委会和Intense Fleury-Merogis评委会，评委会

① 美国影视人类学学会（SVA）网站：http：//societyforvisualanthropology. org/.

② 美国影视人类学学会（SVA）网站：http：//societyforvisualanthropology. org/.

③ 国际人类学与民族学联合会影视人类学专业委员会网站：http：//www. cva－iuaes. com/.

分别颁发了 8 个奖项来奖励其中一些优秀作品。这些奖项分别为：让·鲁什—纳努克大奖：《向公众开放》（意大利）；人类学与可持续发展奖：《塔林是亲爱的》（比利时）；非物质文化遗产奖：《信件》（韩国）和《通讯》（挪威）；Mario Ruspoli 奖：《无论是夏娃还是亚当：一个双性人的故事》（瑞士）；关注世界奖：《我看到红人》（法国，保加利亚）；第一部电影奖：《沉默是一个堕落的身体》（阿根廷）；评委会特别奖：《走出阴影》（法国）；弗勒里博士奖：《无论是夏娃还是亚当：一个双性人的故事》；国家图书馆收藏奖：《信件》（韩国）、《通讯》（挪威）、《无论是夏娃还是亚当：一个双性人的故事》等。①

2018 年，美国自然历史博物馆主办的“玛格丽特·米德电影节”有数百名电影制作人和学者和数以千计的电影观众参与。电影节汇集了 40 多部国际非虚构类电影和媒体，在 4 天的时间内进行了激动人心的放映，期间还有众多的对话和派对。米德电影节旨在通过民族志纪录片，将观众与世界各地的文化和社区联系起来，增加人们对人类和文化的复杂性和多样性的理解，通过视觉媒体形成同理心，达成相互理解。该电影节在保持传统的基础上稳步发展，展现了新的剧情叙事手段、技术手段，并越来越强调影片与社区的联系。②

2018 年 10 月 9—13 日在贝尔格莱德民族志博物馆举行了第二十七届“国际民族志电影节（International Festival of Ethnological Film）”。本届电影节汇集了来自 80 个国家大约 1250 部民族志电影。影展最后评选出以下奖项：“DragoslavAntonijević大奖”和“最佳国家电影奖”“最佳国际电影奖”“最佳学生电影奖”“最佳 ID3min 电影奖”。国际评审团颁发了以下奖项：“非物质文化遗产贡献奖”“最佳民族志记录奖”“最佳业余电影奖”“电影摄影奖”“编辑奖”“声音奖”“新闻奖和观众奖”。③

贝尔格莱德国际民族志电影节成立于 1992 年，最初主要征集和放映巴尔干地区和斯拉夫人的民俗影片。该电影节由贝尔格莱德民族志博物馆举办，一年一届。目前该电影节已经发展成为一个主题丰富的民族志电影节盛会。多年来，电影节涵盖世界各地文化和社会人类学的各种主题，吸引并展示了探索人类共同体传统和现代生活方式的人类学影像作品。“贝尔格莱德国际民族志电影节”的使命是促进民族志纪录片的研究和创作方法的发展，针对现代社会常常忽视文化遗产价值的情况，博物馆最近建立了非物质文化遗产中心，进一步推动非物质文化遗产的相关的活动，以民族志影片教育公众了解各种当地文化传统，解决现代社会问题。

二　重要理论观点与方法、热点问题、代表性学者及代表作

该年度的学科热点是关于影视人类学转向的讨论，其中包括影视人类学本体论和影像民族志方法论的转向问题。同时也有通过梳理学科史确立我国影视人类学主体和特质的研究。关于我国影视人类学现实社会应用方面的研究呈现出广泛、多样化而又富于行动力的特点。

（一）关于影视人类学本体论及转向的讨论

鲍江提出影视人类学独立于文本人类学的观点，从学科的知识本体论角度提出两种人类学，一为文字为本体的文字人类学，一为电影为本体的影视人类学，用以分析西方“Visual Anthropology”中文化时冠名为“视觉人类学”造成“文本本体”替代“电影本体”的问题。认为“影视人类学”是电影本体论的人文社会科学的一个具体学科。“视觉人类学”是文字本

① 法国民族志电影节网站：http：//www.comitedufilmethnographique.com/.

② 参见美国自然历史博物馆网站：https：//www.amnh.org/.

③ 影展网站：http：//etnofilm.org/index.php/en/.

体论的人文社会科学的一个具体学科，它是文字本体论人类学的分支学科感觉人类学的分支学科。[①]

富晓星认为，关注摄影技术在田野调查与研究中的特殊作用和意义，同时更应洞见作为技术本体的摄影机在彰显影像知识生产过程中的独立性。富晓星在论文《作为行动者的摄影机：影视人类学的后现代转向》中提出“作为行动者的摄影机”概念，“通过对摄影机在影视人类学中的本体作用和地位进行系统论述。从摄影机本体梳理影视人类学发展史，对于以往有关影像内容、影片类型等的主流论述有一定的反思意义，对于影视人类学知识论的发展，以及影视人类学多元化的未来走向亦有重要助益”[②]。

庞涛提出，影视人类学需要探索新的知识模式，探索以具体人的生活经验为研究对象的本土化路径，即哲学学理的“生活世界”观念下的日常化与生活化的研究面向。他在论文《影像民族志本土化研究的两种路径》中提出，面向“日常生活世界”的影像民族志是在现象学哲学观念下，通过影像方法对“经验”“理论”和“叙事”三重悬置来还原或进入社会生活的意义结构。影视人类学界应意识到通过发现“日常生活”回到“生活世界”去所带来的重大学术意义和学科的历史机遇。[③]

（二）影视人类学理论及方法研究

2018 年 12 月 15—16 日，在云南大学召开的“影像纪录、族群记忆与文化传承——国际影视人类学论坛 2018”上，鲍江论述了“生活世界（Life World）”的影视人类学观念；[④] 庞涛提出观念化的“日常生活世界”（World of Everyday life）成为影像民族志看待我们自己文化的一个特定角度，从作者能动—“权宜性悬置”开始，进行方法论反思，成为影视人类学知识和方法生产的源泉；[⑤] 陈学礼讨论了把民族志电影当作知识探索、知识建构的过程，把民族志电影作为对制作者教育的过程，讨论了民族志电影在传播和放映过程中的死亡和复活[⑥]；王海飞讨论了仪式影像中建构意义和价值认同过程中的影像实践和思考；[⑦] 熊迅在题为《基于整体民族志的影像方法》的发言中，以中国西南的田野研究为个案，强调对视觉研究的阐释学取向，讨论基于整体民族志的视觉研究方法；[⑧] 张小敏在题为《少数民族发展主题的民族志实践——贵州黔东南州民族文化转型研究》的发言中提出，发展主题的影像民族志是新兴的影像民族志实践，是继区域化的整体民族志之后，对传统民族志影片的继承和发展。[⑨]

《中国社会科学报》2018 年刊发了影视人类学系列文章，集中对我国影视人类学的理论和方法进行讨论。分别是：朱靖江的《构建中国特色影音文献创作与理论体系》，鲍江的《民族志电影：在学术与艺术之间》，吴乔的《人类学电影学术评价体系的框架建构》，陈学礼的《乡

---

① 鲍江：《本体论分权：影视人类学与文字人类学》，《中央民族大学学报（哲学社会科学版）》2018 年第 6 期。

② 富晓星：《动者的摄影机：影视人类学的后现代转向》，《民族研究》2018 年第 5 期。

③ 庞涛：《影像民族志本土化研究的两种路径》，《广西民族大学学报（哲学社会科学版）》2018 年第 6 期。

④ “影像纪录、族群记忆与文化传承——国际影视人类学论坛”会议手册，云南大学，2018 年 12 月。

⑤ 庞涛：《发现日常生活》，载“影像纪录、族群记忆与文化传承——国际影视人类学论坛”会议论文，云南大学，2018 年 12 月。

⑥ “影像纪录、族群记忆与文化传承——国际影视人类学论坛”会议手册，云南大学，2018 年 12 月。

⑦ “影像纪录、族群记忆与文化传承——国际影视人类学论坛”会议手册，云南大学，2018 年 12 月。

⑧ “影像纪录、族群记忆与文化传承——国际影视人类学论坛”会议手册，云南大学，2018 年 12 月。

⑨ “影像纪录、族群记忆与文化传承——国际影视人类学论坛”会议手册，云南大学，2018 年 12 月。。

村影像中的主位视角》，雷建军、梁君健的《融合的力量：人类学方法与纪录片教学实践》等。在其他学术刊物上，陈学礼的《理解民族志电影真实性的三个维度》提出民族志电影真实共构的概念；[①] 朱靖江在《景观、方法与主体文化表达：人类学与虚构电影的多元关系》中论述了影视人类学所呈现的三种面向：作为类型电影景观渊源的人类学想象、作为实验性人类学研究方法的民族志虚构电影、作为族群主体文化表达方式的原住民电影，它们构成了人类学与虚构电影的多元关系，在当代学科融合的趋势中日益显示出重要的学术价值[②]；郑少雄的《表征再造现实：四部藏地影片的人类学分析》，以社会人类学的视角，比较分析了代表藏文化内部不同地理文化单元的 4 部影片。指出尽管外界"想象西藏"的倾向左右了藏地影片的呈现内容和叙事方式，且呈现不同的特征，但是藏文化内部仍然存在着多样化与一体性的辩证统一，从而使藏地电影成为一个独特而迷人的门类。[③]

（三）影视人类学学科史的研究

学科史研究是建构学科体系脉络的重要方法。2018 年，朱靖江发表了多篇从学科史角度研究影视人类学的文章：《影像民族志的曙光：爱德华·柯蒂斯与北美印第安人研究》[④]《旧日无常——方苏雅的晚清云南电影与市井生活》[⑤]《追寻中国民族志电影史的学术脉络》[⑥]《故乡回望苍茫中国少数民族题材纪录片 40 年回顾》[⑦]

（四）人类学的视觉研究

人类学的视觉研究是影视人类学两大研究体系之一，主要对他者化的视觉现象进行人类学方法的符号与象征研究。2018 年，《广西民族大学学报（哲学社会科学版）》在第 5 期的主打栏目刊发"摄影人类学"系列文章：克里斯多夫·皮尼、杨云鬯的《摄影人类学反科学的图像：摄影与人类学的史前史》、杨云鬯的《摄影人类学：图像、媒介、身体、社会》、熊迅的《摄影人类学的困境与前景》，周如南、陈敏仪的《日常生活批判视野下的视觉表意实践——"云养猫"网络文化分析》，张静红的《合作、游戏、观看与反视——关于露天流动电影放映的观察式拍摄及反思》、杨云鬯的《摄影人类学：历史叙事与未来想象——人类学学者访谈录》等。广西民族大学学报（哲学社会科学版）》近两年对像"摄影人类学""影像民俗学"等影视人类学交叉与分支学科给予了大力支持，促进了相关学科的发展。

三　中国社会科学院民族学与人类学研究所影视学科发展的具体状况

（一）研究队伍

中国社会科学院民族学与人类学研究所在影视人类学学科领域，是一个有历史、有传承、有上百部人类学影片积累的科研机构，中国民族学学会影视人类学分会秘书处设在我所。影视人类学研究室目前有 7 人：庞涛、张小敏、邓卫荣、包胜利、雷亮中、张辉、卢芳芳，其中正

---

① 陈学礼：《理解民族志电影真实性的三个维度》，《江汉学术》2018 年第 4 期。
② 朱靖江：《景观、方法与主体文化表达：人类学与虚构电影的多元关系》，《电影艺术》2018 年第 3 期。
③ 郑少雄：《表征再造现实：四部藏地影片的人类学分析》，《电影艺术》2018 年第 3 期。
④ 朱靖江：《影像民族志的曙光：爱德华·柯蒂斯与北美印第安人》，《世界民族》2018 年第 6 期。
⑤ 朱靖江：《旧日无常——方苏雅的晚清云南电影与市井生活》，《读书》2018 年第 7 期。
⑥ 朱靖江：《追寻中国民族志电影史的学术脉络》，《中国社会科学报》2018 年 10 月 17 日。
⑦ 朱靖江：《故乡回望苍茫中国少数民族题材纪录片 40 年回顾》，《中国民族》2018 年第 5 期。

副研究员4名。

（二）课题研究及进展

民族学与人类学研究所有持续的项目经费来源，推动了区域性、整体性的影像志实践，如创新课题“喜马拉雅影像志”（课题主持人庞涛）、“都柳江流域传统村寨文化重构影像志”（课题主持人庞涛）等项目。

2018年“都柳江流域传统村寨文化重构影像志”项目进展顺利。为期三年的区域性研究项目“都柳江流域传统村寨文化重构影像志”于2016年启动，在都柳江流域完成了对贵州黎平尚重、贵州黎平肇兴、贵州从江县下江镇巨洞乡、广西三江县林溪乡高友村等地的选点，并开始在肇兴、巨洞、高友三个村寨进行民族志田野调查及拍摄。2018年，该项目继续在村寨调研并进行民族志影像拍摄，在课题实施中实验性地采用了新影像民族志的方法，力图从日常生活中的深度观察和描写中展现民族文化逻辑和传统社会机制的运转，同时也进一步尝试区域与流域影像民族志方法，研究在西南区域内的民族传统村寨保护与发展的问题。

中国社会科学院创新工程“21世纪初中国少数民族地区经济社会发展综合调查”子项目“新中国口述民族工作多媒体数据库”项目（课题主持人庞涛、王宝顺）于2017年启动。该项目照我室制定的流程和规范进行，目前项目组已经完成在广西、甘肃和贵州口述史的影像采集工作，采访人数超过200位。庞涛研究员带领研究室成员为项目申报、编制预算、制定各种研究和技术规范文本做了大量工作，并组织研讨会，协调在当地的工作以及解决大量财务问题等。张小敏、雷亮中、张辉、包胜利和卢芳芳等分别展开了“中国少数民族语言调查”“中国少数民族科学纪录电影”等专题的口述史采访。

张辉参加文化部全国文化信息工程广西传统手工艺助力扶贫课题，担任系列影片编导。

（三）研究成果

民族学与人类学研究所有固定的研究和影片制作队伍，每年都有影片成果或在编影片。2018年，研究所推出了5部人类学影片或影像志：社会生活系列之《地东的夏天——藏东南喜马拉雅山区生态环境与民族文化关系研究影像志》（庞涛，74分钟）、经济生活系列之《翻越知拉山：僜人发展叙事》（雷亮中、庞涛，62分钟）、《太阳照在蒲家垭》（张辉，50分钟）、《美美与共——民族所成立六十年影志》（张小敏、庞涛等，35分钟）、《中国社会科学院民族学与人类学所志2015》（邓卫荣等，43分钟）。发表的论文有，《影像民族志本土化研究的两种路径》[①]、《流变与交融的边疆社会文化的影像呈现——以民族志影片〈游走的呗玛〉为例》[②]、《静心慢运动感日常——制轿个案的指号分析》[③] 和《苗族的文化转型：一种关于民族文化变迁的新古典“结构—功能论”》[④] 等。

① 庞涛：《影像民族志本土化研究的两种路径》，《广西民族大学学报（哲学社会科学版）》2018年第6期。

② 雷亮中：《流变与交融的边疆社会文化的影像呈现——以民族志影片〈游走的呗玛〉为例》，《宗教信仰与民族文化》（第十三辑），社会科学文献出版社2018年版。

③ 卢芳芳：《静心慢运动感日常——制轿个案的指号分析》，《内蒙古艺术学院学报》2018年第3期。

④ 张继焦、张小敏：《苗族的文化转型：一种关于民族文化变迁的新古典“结构—功能论”》，《贵州民大学报》2018年第1期。

（四）学术活动

影视人类学研究室的庞涛等在本年度参加了较多学术活动，并作了多个主题发言。2018年6月，参加了在山西平遥举办的“文化和自然遗产日非遗影像展”及“中国非遗日学术论坛”，作了题为《从影像人类学整体论角度谈非遗影像实践中长时段田野工作方法》的学术发言；8月，在广西民族师范大学举办的“第五期中美民俗影像记录田野工作坊”作了题为《民族志纪录片的观念与方法》的讲座；9月，在文化部民族民间文化发展中心作了《从文化的整体论角度谈影像民族志的田野工作方法》的讲座；10月，在北京电影学院“数字媒体时代的中国文化与影视人类学高端论坛”上作了题为《面向“人观”与“文化批评”的人类学电影》的发言；11月，在中央民大学宗教人类学论坛作了题为《青海同仁地区民间宗教的影像化表达》的讲座。12月，在云南大学“影像纪录、族群记忆与文化传承——国际影视人类学论坛2018”上主持了“影像民族志反思与转向”专题，并作了题为《发现“日常生活”——影像民族志本土化的路径》的发言。

（张小敏，副研究员；庞涛，研究员，中国社会科学院民族学与人类学研究所影视人类学研究室）

2017—2018年民族语言实验研究综述

呼　和

据不完全统计，2017—2018年度用实验语音学的理论和方法研究民族语言语音的论著包括十几篇学位论文，共计50多篇。该年度民族语言实验语音学研究最突出的特点是在民族语言语音学理论和人工智能技术上有所突破，提出了新的理论和方法。下面从“语音描写研究的标准化、规范化和系统化”“语音学与音系学”“实验语音学应用研究”“民族语言超音段和协同发音研究”“言语声学工程研究”等五个研究方向简单综述。

一　民族语言语音描写研究逐渐向标准化、规范化和系统化方向发展

由呼和主编、社会科学文献出版社出版的我国第一部基于现代科学技术的民族语言语音基础研究大型丛书《中国少数民族语言方言实验研究丛书》正在相继出版。目前已出版《蒙古语语音声学研究》[①] 和《鄂温克语语音声学研究》（社会文献出版社2018年版）等两卷。该丛书基于“中国少数民族语言方言语音声学参数统一平台”[②]，针对民族语言语音研究历史和现状，从解决所面临的实际问题出发，采用声学语言学的理论和方法，对我国少数民族语言方言的元音、辅音等音段特征和词重音等超音段特征进行较全面、系统的定量和定性分析。《中国少数民族语言方言实验研究丛书》的问世，将有力推动我国民族语言语音声学实验研究标准化、规范化和系统化进程，对我国少数民族语言方言实验研究、类型学研究、描写研究和比较研究具有较高的参考价值，将促进民族语言学学科体系建设，推动我国民族语言学科发展，填补基于现代科技的民族语言实验研究大型丛书阙如。

除此之外，《基于“东乡语语音声学参数数据库”》[③] 一文，在前人研究的基础上，采用定量和定性分析相结合的方法，对甘肃省临夏回族自治州东乡县和新疆阿勒泰地区东乡语元音、辅音和词重音问题进行了较全面系统的研究；《基于语音声学参数数据库的保安语辅音研究》[④] 一文，在前人研究的基础上，利用“中国少数民族语言语音声学参数统一平台”建设的原理与

---

① 呼和：《蒙古语语音声学研究》，《中国少数民族语言方言实验研究丛书》，社会科学文献出版社2018年版；乌日格喜乐图、呼和：《鄂温克语语音声学研究》，《中国少数民族语言方言实验研究丛书》，社会科学文献出版社2018年版。《维吾尔语语音声学研究》已纳入社会科学文献出版社2020年的出版计划。该丛书的第4—8卷，即达斡尔语语音声学研究、土族语语音声学研究、东乡语语音声学研究、东部裕固语语音声学研究、蒙古语科尔沁土语语音声学研究等也得到了中国社会科学院创新工程出版基金的资助，将于2021年陆续出版。

② 呼和承担的国家社科基金重大招标项目“中国少数民族语言语音声学参数统一平台建设研究”（12&ZD225）的最终成果，将于2021年2月结项。

③ 呼司乐土：《基于语音声学参数数据库的东乡语研究》，博士学位论文，西北民族大学，2018年。

④ 金铃：《基于语音声学参数数据库的保安语辅音研究》，博士学位论文，西北民族大学，2018年。

方法，使用现今国内外通用的PRAAT分析软件建立了“保安语语音声学参数数据库”。结合现代语言学和实验语音学的理论与方法，利用该数据库的声学参数对保安语辅音音段进行了系统的定量和定性分析。通过保安语辅音声学特征系统的描写，进一步拓展保安语辅音研究的语言学空间；《朝鲜语的软硬辅音：从语音数据到音法范畴》[①] 一文提出，要解决语言语音学问题的关键不是语音学问题，而是音法学问题，是如何在语言学中把语音数据加以音法化、范畴化、概念化的问题。文章在音节发声态理论框架中，对朝鲜语的硬辅音和软辅音的音法属性和类型学地位进行探讨。结论是：朝鲜语软硬辅音实际上不是辅音问题，而是音节发声态问题。硬辅音音节是张声，变体为不送态；软辅音音节以弱送态为主，变体为弱弛、弛声和振声；还有《基于PAS的蒙古语标准音辅音研究》[②] 一文，用气流气压计（PAS，Phonatory Aerodynamic System）对蒙古语标准音“VC，CV”结构中的辅音进行了实验研究，得出如下结果：（1）“VC，CV”（包括V：）音节结构中元音的嘴唇圆展影响辅音气压值，元音的口腔开合程度和舌头部位的前后影响辅音；（2）“V：C，CV”：音节结构中的辅音气流气压值小于“VC，CV”结构中的辅音气流气压值；（3）“VC，V：C”结构中的辅音气流气压值大于“CV，CV”：结构中的辅音气流气压值；（4）男发音人的气流大于女发音人的气流，女发音人的气压大于男发音人的气压。

二　民族语言实验语音学与实验音系学研究有了新的突破

从实验语音学的目的和意义，相关研究可以分为两类。一类为探索语音学理论作为目标的语言学的语音学，另一类为开发语音相关产品为目标的言语工程的语音学。这两个分支虽然都基于科学实验的理论和方法，但因目标不同而其研究过程、手段、结果等也有所差异。其中，语言学的语音学与传统语音学之间的关系相对密切。因为两者的目标相同。在以往的研究中，大家对语音学与音系学结合方面的关注度和了解度不够。2017年度，相继出现了此类成果。呼和在《蒙古语词首音节短元音体系》[③] 一文中，主要阐述了蒙古语词首音节短元音在词中的出现频率和规律，并根据元音声学空间动态格局图，探索了蒙古语元音词首音节短元音在声学空间中的分布特点。同时，还探讨了蒙古语元音演变与内因和外因之间的关系问题。仅从声学语音学的视角看，蒙古语标准话元音的演变主要与其自身的发音机制（内因）、语境（外因）和特征以及规则的绝对性和相对性有关。圆、展唇元音的声学格局，确定了它们的演变方向和方式。“阴阳对立”是蒙古语元音的一种属性（属性层面），而“元音和谐律”是这种属性在具体语言中的表现形式（规则层面）。

三　民族语言实验语音学应用研究领域有了新的发展

随着技术手段的不断改进，人工合成语音的自然度达到了较高的水平。目前的瓶颈是合成语言的情感问题。怎样在合成语言中融入情感问题是语音合成技术发展的重要方向之一。杜楠楠等人提出，利用离散余弦变换分别参数化音节和韵律短语基频，采用高斯混合模型对音节和韵律短语的三种情感（高兴、生气、悲伤）基频分别训练建模，实现了情感语音基频转换。主客观实验结果显示，转换方法可有效进行维吾尔语情感韵律转换，在三种情感条件下，音节和

---

① 段海凤、朱晓农：《朝鲜语的软硬辅音：从语音数据到音法范畴》，《民族语文》2018年第3期。

② 曹日古格：《基于PAS的蒙古语标准音辅音研究》，硕士学位论文，内蒙古大学，2018年。

③ 呼和：《蒙古语词首音节短元音体系》，《语言与翻译（蒙文版）》2017年第4期。

韵律短语的结果均达到75%以上，韵律短语的转换效果要稍优于音节。[①] 另外，在国内民族语言可视语音合成中，三维人脸动画合成尚属空白。不同民族之间的文化、生理体质和言语风格等方面的差异性造就了各民族独特的人脸表情。三维人脸动画合成对民族地区影视娱乐、远程教育、电子商务、安全监测等都具有重要意义。如何让一个虚拟的人物脸部表情以及嘴部动画跟真人保持一致，是计算机三维人脸动画研究的重点和难点。秦添等人在 MPEG4 人脸动画框架基础上，通过对录制的短视频片段上分离图像帧并标注其特征点，并利用特征点的计算来驱动人脸动画合成系统，提出一种维吾尔语可视语音合成的唇部动画系统。实验结果显示，该方法能得到丰富的模型细节，还原真实人物的运动，使模型的运动与真人几乎保持一致。但在特征点的提取上，如何用计算机替代手动标点获取运动特征，将是下一步需要研究的问题。[②]

应用领域的另一个拓展是在民族语言语音识别研究中开始引进深度神经网络技术。神经网络可以指向两种，一个是生物神经网络，一个是人工神经网络。生物神经网络一般指生物的大脑神经元、细胞、触点等组成的网络，用于产生生物的意识，帮助生物进行思考和行动。人工神经网络（Artificial Neural Networks，简写为 ANNs）也简称为神经网络（NNs）或称作连接模型（Connection Model），是一种模仿动物神经网络行为特征进行分布式并行信息处理的算法数学模型。这种网络依靠系统的复杂程度，通过调整内部大量节点之间相互连接的关系，从而达到处理信息的目的。[③] 而深度神经网络（DNN）是微软公司提出的一种新兴语音识别技术，其工作基本原理是模仿人脑思考方式。该技术在处理人类语音的过程方面与人脑相似。英语和汉语语音识别研究已经广泛使用了这一技术，民族语言语音识别研究则刚刚开始利用这一技术。例如，袁胜龙等人的“基于深层神经网络的藏语识别”和其米克·巴特西等人的“基于深度神经网络的维吾尔语语音识别”等。

通过近 30 年的发展，我国民族语言实验语言学学科从一般的描写研究逐步走上了理论探索的新阶段，该学科的理论和方法逐渐被更多的同行们了解和采纳。近年来，越来越多的从事民族语言实验研究人员，开始探索基于语音实验的音系规律或语音演变规律。

在研究方法和手段方面，声学分析依然是民族语言实验语言学的主要手段和方法。相信不久的将来，会有更多的人采用核磁共振成像技术、动态腭位仪、喉头仪、鼻流计、气流仪、脑波仪、高速摄像等仪器设备研究民族语言。

在我所研究的语言方面，绝大多数研究聚焦在蒙古语、维吾尔语、藏语等使用人口较多的语言上。我们希望，民族语言实验研究不断向小少民族语言或使用人口较少的方言倾斜，以拓展研究领域，实现科学保护濒危语言的目标。

我们相信，在日益发展的人工智能交互平台中，实验语言学研究逐渐发挥其交叉学科优势，不断接受现代科学技术的最新理论和方法，成为能够包容多个学科的优势学科。

四 民族语言超音段和协同发音研究逐渐得到关注

基于实验语言学理论和方法的民族语言超音段声学描写研究进一步升温，如蒙古语词重音及其分类问题、重读与非重读音节短元音之间的协同发音研究、面向语音合成的蒙古语句子停顿研究（杜兰，内蒙古大学硕士学位论文，2018 年）、蒙古语自然口语双音节韵律词重音研究

① 杜楠楠、赵晖：《维吾尔语情感语音韵律转换研究》，《计算机工程与应用》2016 年第 19 期。

② 秦添、赵晖：《维吾尔语可视语音合成的唇部动画系统》，《计算机工程》2016 年第 12 期。

③ 百度百科：https://baike.baidu.com/item/神经网络/174248? fr = aladdin，查询时间：2017 年 9 月 22 日。

（丽玲，内蒙古大学硕士学位论文，2018 年）等。其中，《蒙古语词重音及其分类问题》① 一文，在以往研究的基础上对蒙古语词重音进行了首次归类。该文认为，蒙古语词重音与英语、俄语等重音语言不同，也与日语等音调音高语言有所差别。在蒙古语中，元音音系学长短，既能区别词义，也能辨别词重音。而元音物理学长短，只承担辨别词重音任务。前者既可以视为音系层面上的长短元音对立，也可以视为韵律音系学层面的轻重对立。该文主张把蒙古语（乃至阿尔泰语系语言）归类为音调音长语言，并与声调语言、重音语言和音调音高语言相提并论；《重读与非重读音节短元音之间的协同发音研究》② 一文，通过分析和比较蒙古语标准话重读音节短元音目标位置共振峰的前、后过渡段频率参数，探讨因词重音引起的元音之间的协同发音问题，验证“逆同化力度比顺同化大”的音变（协同发音）规则，进一步证明词重音在蒙古语语音演变中的作用和意义，为诠释蒙古语词重音问题提供了科学依据。《面向语音合成的蒙古语句子停顿研究》③ 一文，基于 1000 句的标准音朗读语料将句内停顿分为三个等级。参照其他语言的语音研究方法以及前人蒙古语研究成果，从声学语音学、词法和依存句法三个方面考察了各级停顿的特征，并且基于词法和依存关系特征进行了停顿预测试验。实验结果表明，训练集语料的第三级停顿的自动预测率的值最高，正确率为 88%，召回率为 76%，F 值为 82%。

五　民族语言言语声学工程研究逐渐与国际接轨

民族语言言语声学工程主要包括面向人机交互智能平台的语音合成、语音识别、神经网络和医学应用、语言习得等。与英、汉等强势语言相比，民族语言言语声学工程研究相对滞后。但近几年特别是 2018 年度随着新理论和新方法的出现，该项研究得到了同行们的关注，研究水平有了较大提高。例如，周雁、西绕多吉的《面向藏语声纹识别的语料库建设》（《计算机工程与科学》2018 年第 11 期），梁宁娜、邓彦松的《基于 DTW 的藏语语音识别系统设计》（《电子技术与软件工程》2018 年第 10 期），王勇和、飞龙、高光来的《基于 TDNN-FSMN 的蒙古语语音识别技术研究》（《中文信息学报》2018 年第 9 期），马志强、李图雅、杨双涛、张力的《基于深度神经网络的蒙古语声学模型建模研究》（《智能系统学报》2018 年第 3 期），王俊超、黄浩、徐海华、胡英的《基于迁移学习的低资源度维吾尔语语音识别》（《计算机工程》2018 年第 10 期），努尔麦麦提·尤鲁瓦斯、刘俊华、吾守尔·斯拉木、热依曼·吐尔逊、达吾勒·阿布都哈依尔的《跨语言声学模型在维吾尔语语音识别中的应用》（《清华大学学报（自然科学版）》2018 年第 4 期），侯云红的《现代维吾尔语情感对话语音数据库的设计研究》（《语言与翻译》2018 年第 4 期）。其中，《基于 DTW 的藏语语音识别系统设计》④ 一文阐述了用语音识别技术和藏语的声学特征相结合，用 DTW 算法实现对藏语语音的识别实现过程，《跨语言声学模型在维吾尔语语音识别中的应用》⑤ 一文，研究了基于长短期记忆网络的跨语言声学模型建模方法，利用汉语庞大的训练数据训练深度神经网络声学模型，然后将网络的输出层权重去掉，用随机化的方式产生与维吾尔语输出层对应的权重值，然后采用反向传播的方式，利用维

---

① 呼和、梅花：《蒙古语词重音及其分类问题》，《满语研究》2018 年第 1 期。

② 梅花、呼和：《重读与非重读音节短元音之间的协同发音研究》，《民族语文》2018 年第 4 期。

③ 杜兰：《面向语音合成的蒙古语句子停顿研究》，硕士学位论文，内蒙古大学，2018 年。

④ 梁宁娜、邓彦松：《基于 DTW 的藏语语音识别系统设计》，《电子技术与软件工程》2018 年第 10 期。

⑤ 努尔麦麦提·尤鲁瓦斯、刘俊华、吾守尔·斯拉木、热依曼·吐尔逊、达吾勒·阿布都哈依尔：《跨语言声学模型在维吾尔语语音识别中的应用》，《清华大学学报（自然科学版）》2018 年第 4 期。

吾尔语语音数据更新所有权重来训练维吾尔语声学模型。实验结果表明，该文提出的方法使维吾尔语转写和听写识别系统的识别错误率比基线系统平均分别相对减少了20%和30%，说明该方法利用了汉语大数据来训练神经网络的隐层，让维吾尔语声学模型能在一个较好的初始权重网络上进行训练，增强了网络的鲁棒性；《基于 TDNN-FSMN 的蒙古语语音识别技术研究》① 首先将时延神经网络融合前馈型序列记忆网络应用于蒙古语语音识别任务中，通过对长序列语音帧建模来充分挖掘上下文相关信息；此外研究了前馈型序列记忆网络“记忆”模块中历史信息和未来信息长度对模型的影响；最后分析了融合的网络结构中隐藏层个数及隐藏层节点数对声学模型性能的影响。实验结果表明，时延神经网络融合前馈型序列记忆网络相比深度神经网络、时延神经网络和前馈型序列记忆网络具有更好的性能，单词错误率与基线深度神经网络模型相比降低22.2%；《朝鲜语和蒙古语语音对比分析方法研究》② 一文，提出的朝鲜语和蒙古语语音对比分析方法不仅为不同语种的语音对比研究提供了一种新的思路，而且对当前存在争议的朝鲜语是否归属阿尔泰语系问题的研究具有一定的借鉴价值。该文从声学语音学角度比较了两种语音中单元音的相似性，进一步采用模式识别的方法统计并分析了两种语音中相似单元音的分布概率，进而对两种语音的相似性进行了对比研究。首先，该文提出了通过 t－检验的方法确定相似元音对的方法。该方法的实现过程中将单元音作为研究对象，通过线性预测编码（Linear Predictive Coding，LPC）方法提取单元音的共振峰 F1 值和 F2 值，然后通过共振峰参数的 t－检验结果确定朝鲜语和蒙古语声学特征相似的 5 对单元音。其次，提出了基于静音检测的连续语音段分割方法。该方法通过双门限的有声段检测手段，统计朝鲜语和蒙古语语料中不同类别静音段时长规律，确定最佳的分割阈值，得到了一系列相对独立的连续语音段。最后，该文提出了连续语音段中基于相似单元音概率统计分布的语音对比分析方法。该方法通过训练相似元音的隐马尔可夫模型（Hidden Markov Model，HMM）检测并统计相似单元音在连续语音段的段首、段中和段尾等位置出现的概率以及在整个语音中出现的概率结果作为依据进行对比分析两种语言的相似性。该文提出的共振峰参数 t－检验方法能够证实朝鲜语和蒙古语的 5 对单元音具有声学特征相似性。另外，连续语音段中 5 对相似单元音的概率分布对比结果表明，仅仅从朝鲜语和蒙古语的 5 对相似单元音的对比结果无法得出朝鲜语和蒙古语语音具有相似性的结论，只能说明朝鲜语和蒙古语语音差异比较明显。

参考文献：

1. 呼和：《蒙古语词首音节短元音体系》，《语言与翻译（蒙古文版）》2017 年第 4 期。
2. 杜楠楠、赵晖：《维吾尔语情感语音韵律转换研究》，《计算机工程与应用》2016 年第 19 期。
3. 秦添、赵晖：《维吾尔语可视语音合成的唇部动画系统》，《计算机工程》2016 年第 12 期。
4. 呼和：《关于民族语言声学实验研究的一点感悟》，《实验语言学》第五卷第二号，2016 年 12 月。
5. 呼和：《关于语音声学语音学研究的几点意见》，《语言与翻译（蒙古文版）》2017 年第 1 期。
6. 呼和：《蒙古语和维吾尔语双音节词韵律模式比较》，《满语研究》2017 年第 1 期。
7. 呼和：《蒙古语韵律层级单元探讨》，《西北民族大学学报（哲学社会科学版）》2017 年第 4 期。
8. 呼和：《蒙古语词重音问题》（蒙古文），《蒙古语与持续发展》（第十一届国际蒙古学大会论文集），国际蒙古学学会，2017 年。
9. 呼和：《“语音声学参数统一平台”对语言研究中的作用和意义》，第 50 届国际汉藏语暨语言学会议，2017 年 11 月 25—28 日，北京。

① 王勇和、飞龙、高光来：《基于 TDNN-FSMN 的蒙古语语音识别技术研究》，《中文信息学报》2018 年第 9 期。

② 王桂荣：《朝鲜语和蒙古语语音对比分析方法研究》，硕士学位论文，延边大学，2018 年。

10. 呼和：《蒙古语语音声学研究》，社会科学文献出版社2018年版。

11. 王桂荣、金小峰：《语音段中朝蒙单元音概率分布的对比分析》，《延边大学学报（自然科学版）》2018年第3期。

12. 卢琼华、杨新璐、魏玉清：《维吾尔语喀什土语元音声学实验研究》，《牡丹江教育学院学报》2018年第11期。

13. 佘依文、魏玉清、杨新璐：《维吾尔语喀什土语和伊犁土语元音声学特征对比分析》，《现代语文》2018年第4期。

14. 优丽吐孜·热甫开提、古力努尔·艾尔肯、艾斯卡尔·艾木都拉：《维吾尔语元音u的实验分析研究》，《信息通信》2018年第1期。

15. 王双成、沈向荣、张梦翰：《藏语的清化鼻音》，《民族语文》2018年第2期。

16. 黄彩玉、郭碧莹：《满语元音ū实验语音学考察》，《满语研究》2018年第1期。

17. 侯云红：《现代维吾尔语情感对话语音数据库的设计研究》，《语言与翻译》2018年第4期。

18. 韩明明：《蒙古族青海台吉乃尔话辅音声学研究》，硕士学位论文，西北民族大学，2018年。

19. 朝鲁门：《新疆巴音郭楞州和硕特话元音声学研究》，硕士学位论文，西北民族大学，2018年。

20. 澈力格尔：《新疆巴音郭楞州和硕特话辅音声学研究》，硕士学位论文，西北民族大学，2018年。

21. 王勇和：《基于深度学习的蒙古语语音识别声学模型研究》，硕士学位论文，内蒙古大学，2018年。

22. 徐健：《维吾尔语语音语料库管理平台的研究与实现》，硕士学位论文，新疆大学，2018年。

23. 王庆楠：《基于序列记忆神经网络的藏语声学建模方法研究》，硕士学位论文，中国科学技术大学，2018年。

24. 霏鲁热·普拉提：《维吾尔语伊犁土语实验语音学研究——以海努克话为例》，硕士学位论文，新疆大学，2018年。

（呼和，研究员，中国社会科学院民族学与人类学研究所民族语言实验研究室）

2017—2018 年民族古文字文献研究综述

木仕华

2017—2018 年，中国民族古文字文献研究在以往的基础上，各文种和文献均有进展。其中满文文献伴随着“新清史”的热闹而成为新的热点和亮点，得到了重点关注；西夏文文献研究成果的数量呈急速上升趋势，成果迭出，但主要集中在佛教文献的译注对勘上，同时对社会文书的关注和研读成为新的增长点，尤其是医书文献的研究比较突出；南方各民族文字文献的研究略呈低迷态势，成果较少，学术水准有待提升。以下谨按语言系属分类，分别对 2017—2018 年中国境内各民族古文字文献研究作简要综述。

一 阿尔泰语系古文字文献研究

（一）满 - 通古斯语族古文字文献研究

1. 满 - 通古斯语族满文文献研究

张虹的《辽宁省档案馆馆藏满文档案及其公布》①。辽宁省档案馆馆藏数量可观、内容丰富的满文档案，且以其独特性、原始性和完整性见长，是研究满族文化、清代东北地方史不可替代的珍贵史料。卢秀丽的《辽宁省图书馆入藏满文古籍图书概况与入选珍贵古籍名录书目》② 从满文古籍图书定义、辽宁省图书馆入藏满文古籍图书的成书时间、合璧文种、在全国所处地位、四部分类、装订形式、版本类型、入选《国家珍贵古籍名录》和《辽宁珍贵古籍名录》情况等方面介绍了辽宁省图书馆入藏满文古籍书目。河内良弘、赵阿平的《〈满洲语辞典〉的编纂出版及学术价值》③。河内良弘历经 20 余年，在北京故宫博物院内查阅满语文献，撰成《满洲语辞典》，收满语词条达 4 万条，为日本国内满语辞典的最高纪录。该辞典对于满学、清史及相关研究具有重要参考价值。孙文杰的《从满文寄信档看“高朴盗玉案”对清代新疆吏治的影响》④ 结合满文档案讨论清代新疆发生的“高朴盗玉案”，清代新疆吏治方面的诸多腐败问题，以及清代新疆吏治管理的基本模式和清廷在天山南路的综合管理范式的影响。

---

① 张虹：《辽宁省档案馆馆藏满文档案及其公布》，《兰台世界》2017 年第 2 期。

② 卢秀丽：《辽宁省图书馆入藏满文古籍图书概况与入选珍贵古籍名录书目》，《兰台世界》2017 年第 2 期。

③ 河内良弘、赵阿平：《〈满洲语辞典〉的编纂出版及学术价值》，《辽宁师范大学学报（社会科学版）》2017 年第 1 期。

④ 孙文杰：《从满文寄信档看“高朴盗玉案”对清代新疆吏治的影响》，《北方民族大学学报（哲学社会科学版版）》2017 年第 1 期。

赵杰的《富裕县三家子满语与泰来县依布气满语及其音变的时间序列》①。富裕县三家子满语村与泰来县依布气满语村是全国知名的两个现代满语口语村。文章从两个满语点的20个常用词汇的语音变化异同入手，与清代满文音进行比较分析，发现两者同异及异变的规律，印证了历史比较语言学“空间差异反映时间的发展”的原则。张庆威、张文馨的《金代女真语文与现代满语文的比较》② 将金代、明代遗存的女真文字资料与现代的满语文进行语言对比，从语音系统、符号系统、词汇系统和语法系统四个方面论述二者之间的传承关系，证明了满语确实源于古女真语，是古女真语的再生与延续。彩虹的《〈清内阁蒙古堂档〉中与西藏有关档案目录编译（四）》③ 从《清内阁蒙古堂档》第15、16册中节选了西藏历史相关的文书目录，内容主要涉及康熙三十六年至四十年间，清中央政府发往西藏地方、达赖喇嘛、班禅、第巴等的谕告、文书，以及第巴将达赖喇嘛圆寂之事匿而不宣、往召班禅等事件、打箭炉地方纠纷、厄鲁特策妄阿喇布坦、青海台吉上呈清中央政府及地方官员的奏文等相关的档案文书目录共132条。彩虹的《〈清内阁蒙古堂档〉中与西藏有关档案目录编译（五）》④ 从《清内阁蒙古堂档》第17册至第21册中节选了西藏历史相关的文书目录，内容主要涉及康熙四十年至六十年同，清中央政府发往西藏地方、达赖喇嘛、班禅、第巴、拉藏汗等的谕告、文书，以及厄鲁特策妄阿喇布坦、青海台吉上呈清中央政府及地方官员的奏文。涉及档案文书目录共147条。李俊义、李彦朴、玉海的《阿鲁科尔沁旗档案馆藏两件清光绪朝圣旨文书考释》⑤ 对内蒙古赤峰市阿鲁科尔沁旗档案馆调查现存的四件清朝（其中道光朝两件、光绪朝两件）圣旨文书，作了调查和简要考证。张杰、范立君的《乾隆御碑诗〈帝都篇〉与〈皇都篇〉满文文本之考》⑥ 对位于北京永定门外的燕墩碑文——乾隆御制《帝都篇》与《皇都篇》满文文本进行研究，认为其满文并非对汉文的简单对译，透过对满文文本的解读，修正了以往对其汉文文本的误读，同时管窥了乾隆朝初期满语文的发展情况。何荣伟、张虹、冯璐、田媛媛的《清代盛京内务府满文档案选译（五）》⑦ 提出，盛京内务府文书档案保管在辽宁省档案馆，之前从未对外公布。该文对这些档案选译了部分内容。

吴智嘉的《辽宁省馆藏满文文书档案的特点及价值》⑧ 介绍了辽宁省馆藏满文档案的价值与特点。袁理的《论清代先农坛建筑群匾额中的满文》⑨ 介绍，清军入关之后北京坛庙建筑的匾额增加了满蒙文，先农坛各建筑物的匾额也被翻译成满蒙文制作和悬挂，其研究表明至乾隆年间由于对满文进行规范，使部分建筑物匾额的满文又发生了变化。

王秋菊的《清乾隆内府藏文泥金写本〈甘珠尔〉经》指出，⑩ 清乾隆三十五年内府藏文泥金写本《甘珠尔》是清内府继藏文《甘珠尔》《丹珠尔》经，蒙文《甘珠尔》《丹珠尔》经，

---

① 赵杰：《富裕县三家子满语与泰来县依布气满语及其音变的时间序列》，《黑龙江社会科学》2017年第2期。

② 张庆威、张文馨：《金代女真语文与现代满语文的比较》，《河北民族师范学院学报》2017年第1期。

③ 彩虹：《〈清内阁蒙古堂档〉中与西藏有关档案目录编译（四）》，《中国藏学》2017年第1期。

④ 彩虹：《〈清内阁蒙古堂档〉中与西藏有关档案目录编译（五）》，《中国藏学》2017年第2期。

⑤ 李俊义、李彦朴、玉海：《阿鲁科尔沁旗档案馆藏两件清光绪朝圣旨文书考释》，《草原文物》2017年第1期。

⑥ 张杰、范立君：《乾隆御碑诗〈帝都篇〉与〈皇都篇〉满文文本之考》，《满族研究》2017年第1期。

⑦ 何荣伟、张虹、冯璐、田媛媛：《清代盛京内务府满文档案选译（五）》，《满族研究》2017年第1期。

⑧ 吴智嘉：《辽宁省馆藏满文文书档案的特点及价值》，《满族研究》2017年第1期。

⑨ 袁理：《论清代先农坛建筑群匾额中的满文》，《吉林师范大学学报（人文社会科学版）》2017年第3期。

⑩ 王秋菊：《清乾隆内府藏文泥金写本〈甘珠尔〉经》，《文物天地》2017年第4期。

汉文《龙藏经》《满文大藏经》（以上六种为刻本大藏经）及康熙内府八年藏文泥金写本大藏经完成后的又一项写本大藏经工程。现藏故宫的乾隆三十五年泥金写本《甘珠尔》存九十六函，30717页，台北故宫保存十二函。两地所藏为一部完整的大藏经。王为民的《满文文献与尖团音问题》① 指出，满族入关之前的《旧满洲档》及入关之后的顺治乃至康熙初年的满汉对音文献反映出见精组细音字相混的现象，这是满族人所操非标准汉语口语的语言实际，是满族人在学习汉语时受母语干扰的结果。清初北京外城汉族人所操标准汉语是尖团有别的，18世纪末19世纪初，北京外城汉族人的口语才完全出现尖团相混的现象。在清代尖团有别为汉语官话正音的标准一直持续到民国时期"读音统一会"制定的官话标准。哈斯巴根、阿音娜的《有关清代七世察罕达尔汉呼图克图的两份满文档案》结合满文档案讨论了清廷有关察罕达尔汉绰尔济即后来的察罕达尔汉呼图克图的历史。②

徐莉、李阳的《美国哈佛大学燕京图书馆藏清代档案资料及其价值》③ 介绍了中国第一历史档案馆2016年9月赴哈佛燕京图书馆考察了解的明清档案情况。于越的《〈御制清文鉴〉用例论略》④ 一文指出，《御制清文鉴》所收12000多词条中，仅1714个词条附有用例，对满语词汇的释义起到了重要的补充作用。在后出的"清文鉴"系列辞书中，用例被全部删除，表明能够熟练使用汉语文的京城旗人，不需再用译入满语文的经典文献用例就可以直接阅读汉文文本。吴刚的《达斡尔族满语书面文学述论》⑤ 一文指出，达斡尔族满语书面文学是指达斡尔人用满文满语创作的作品，不同于用满文拼写达斡尔语进行创作的文学作品。达斡尔族满语书面文学促进了达斡尔族母语书面文学和达斡尔族汉语书面文学的发展。晓春的《从〈大清全书〉看满语中的汉语借词》⑥ 一文指出，《大清全书》编写于满语规范之前，展示了当时满语的状态，其中官名、衙署名、植物名、器具名、纺织品名等汉语借词，一些已成为满语的基础词汇，另有一些在乾隆年间被翻译成满语。吴双的《满语动词 sindambi 初探》⑦ 一文认为，满语 sindambi 是较有代表性的多义词，使用率高，词义丰富，搭配灵活。sindambi 以基本义"放开"和"放置"为中心，语义不断引申，一些引申义继而又发展出各自的引申义，致使词义逐步由具体走向抽象。曹萌、张剑钊的《当代满语文濒危与保护抢救情况》⑧ 指出，应主要从两个方面保护和抢救濒危的满语文。一是政府部门的努力；二是一些有识之士和专家学者面对当今满族语言文字濒危现状，发出呼吁和提出建议并力所能及地实施。主要措施为：加大满语专业人才培养力度；组织专业人才抢救和挖掘现存满语，调查掌握大量语言材料以及独特的文化习俗；在满族聚居地举办满语班，使满族少年得以接受民族语言的早期启蒙；加紧制作保存现存满语口语的录音、录像资料等。朱添的《爱尔兰切斯特贝蒂图书馆收藏的满文玉册》⑨ 介绍，位于爱尔兰首都都柏林的切斯特贝蒂图书馆收藏有两部满文玉册文献，一部为《顺治五年世祖章皇帝追封六世祖文》，另一部为《高宗纯皇帝上尊谥册文》，均未见藏于国内，但通过对已公布的满文玉版内容转写和翻译，可从《清实录》等文献中辑得完整的汉文内容。叶胜、高田友

---

① 王为民：《满文文献与尖团音问题》，《中国语文》2017年第3期。

② 哈斯巴根、阿音娜：《有关清代七世察罕达尔汉呼图克图的两份满文档案》，《历史档案》2017年第2期。

③ 徐莉、李阳：《美国哈佛大学燕京图书馆藏清代档案资料及其价值》，《历史档案》2017年第5期。

④ 于越：《〈御制清文鉴〉用例论略》，《满语研究》2017年第1期。

⑤ 吴刚：《达斡尔族满语书面文学述论》，《满语研究》2017年第1期。

⑥ 晓春：《从〈大清全书〉看满语中的汉语借词》，《满语研究》2017年第1期。

⑦ 吴双：《满语动词 sindambi 初探》，《满语研究》2017年第1期。

⑧ 曹萌、张剑钊：《当代满语文濒危与保护抢救情况》，《满族研究》2017年第2期。

⑨ 朱添：《爱尔兰切斯特贝蒂图书馆收藏的满文玉册》，《满族研究》2017年第2期。

纪的《〈折奏成语〉作者阿昌阿出身小考》① 介绍，汉满合璧《折奏成语》是清代少有的专门收录各类奏折用语的辞书，由奉恩将军阿昌阿编著，曾收入《清语摘钞》。其所收汉文词条均为形制统一的四字成语，相应满文词条的语言结构和形式也高度统一，反映了这一时期满文高度成熟的状态。该书汉满互补，体量虽小却字字珠玑，对后世研究者研究清代满汉公文成语与翻译整理满文史料大有裨益。王为民的《从满汉文献对比看北京话前后中元音合并的年代》② 介绍，以往认为，北京话前后中元音音位/e/与/o/的合并是在 19 世纪末《官话萃珍》时代完成的，但清代的汉文文献与满文文献表现出不同的演变轨迹，清末传教士富善编的《官话萃珍》才显示出合并的现象。之所以如此，是因为满文对音自康熙末年以来陈陈相因，不足以表现出语音演变的实际。北京话前后中元音很可能首先在内城完成，然后扩散到外城。这是由内外城人口结构的差异造成的，内城居住的是满族人，外城居住的是汉族人。晓春、春花的《科举视角下〈四书〉满文本翻译始末》③ 介绍，清廷入关后根据科举考试之需翻译了《四书》《五经》；此外为皇帝经筵，编写或刊行满、汉文《四书讲章》《大学衍义》《日讲四书解义》等，充分展示了清代满族知识阶层受儒家文化熏陶的过程。王晓为、李政的《语势理论视角下满语的保护与传承》④ 从满语语势视角对满语的整个发展史进行分析，探寻满语兴衰的多种原因及其发展规律，为满语的保护与传承提供建议，以期促进满语传承发展。李刚的《清宫满汉文“朱批记载”档案研究》⑤ 介绍，现存“朱批记载”档案最早形成于雍正朝，至咸丰时期为止，总计 4000 多件，满文略多，是清代皇帝接见官员时在奏折、引见折、履历单、履历片上官员名字处秘密注记的评语，仅供皇帝考察官员使用。该批档案是清代文书档案、清代典章制度研究有待关注的一种新史料。胡宝亮的《宫廷密档史料瑰宝——评〈乾隆朝满文寄信档译编〉》⑥ 介绍，满文寄信档系寄信上谕档的简称，是清代军机处专门抄载寄信上谕的重要档簿，具有最高法律效力和行政约束力。这些上谕档簿为清史研究提供了系统而真实的清帝上谕。马子木、乌云毕力格的《“同文之治”：清朝多语文政治文化的构拟与实践》⑦ 介绍，清朝维持疆域、多元族群的有效治理，经由清高宗对经义的发挥与新解，以多语文为表征的多元族群与文化共存于同一统治框架之中，共奉大清声教，使同文之治得以跨越语言与族群的界域而具有超轶前代的治理效力，也为清代统治正统性的论说提供了思想资源。

谷宁馨、王帆、李敏的《嵌入式手写满文单词录入系统设计与实现》⑧ 为建立手写满文单词数据库，设计手写录入采集系统。文章设计了简单方便的操作界面，编写了手写满文单词录入的程序，实现手写满文单词后截图并分类存储进 SD 卡中的对应文件夹中，可依此系统建立手写满文单词数据库。张发贤的《1717 年准噶尔部袭扰西藏探析——以清宫满文奏报为中

---

① 叶胜、高田友纪：《〈折奏成语〉作者阿昌阿出身小考》，《满族研究》2017 年第 2 期。

② 王为民：《从满汉文献对比看北京话前后中元音合并的年代》，《吉林大学社会科学学报》2017 年第 4 期。

③ 晓春、春花：《科举视角下〈四书〉满文本翻译始末》，《故宫博物院院刊》2017 年第 3 期。

④ 王晓为、李政：《语势理论视角下满语的保护与传承》，《黑龙江民族丛刊》2017 年第 3 期。

⑤ 李刚：《清宫满汉文“朱批记载”档案研究》，《满语研究》2017 年第 1 期。

⑥ 胡宝亮：《宫廷密档史料瑰宝——评〈乾隆朝满文寄信档译编〉》，《中国经济与社会史评论》2016 年卷。

⑦ 马子木、乌云毕力格：《“同文之治”：清朝多语文政治文化的构拟与实践》，《民族研究》2017 年第 4 期。

⑧ 谷宁馨、王帆、李敏：《嵌入式手写满文单词录入系统设计与实现》，《智能计算机与应用》2017 年第 4 期。

心》[①] 认为，1717 年，准噶尔部借西藏蒙藏联盟矛盾加剧之机，以“姻亲关系”掩盖袭藏意图，联合藏内势力终结了统治西藏 75 年的和硕特汗王统治，开始了准噶尔 3 年在藏的无序治理，为清朝中央政府从间接管理到直接管理西藏地方提供了客观条件。全文以康熙朝满文奏报为中心，结合藏汉文和外文史料，重现了准噶尔袭藏的始末及其所控制下的西藏情形，及清廷随着事态的变化，不断调整应对之策的过程。王敌非的《俄藏清代满文档案研究》[②]。俄藏清代满文文献中有部分满文档案，包括清代官衙之间往来的咨文、呈文和照会等，还包括清代中央机关与俄罗斯各机关往来的公文。俄藏满文档案多为中国所未藏，对其的整理与研究不仅可以拓展满文文献的研究领域，而且对熟悉俄罗斯的满学研究具有重要意义。陈頔的《浅析黑龙江省档案馆馆藏〈黑龙江将军衙门〉满文档案的文化价值》[③] 介绍，《黑龙江将军衙门》全宗档案是黑龙江地区现存最早的档案，其丰富的内容不仅反映了黑龙江地区的政治、经济、军事、民族及社会生活的方方面面，再现了清代黑龙江的真实面貌，而且蕴含了不可估量的文化价值，对清史、满族史、黑龙江地区地方史等方面的研究有着重要的意义。赵彦昌、苏亚云的《21 世纪以来满文档案整理与研究述评》[④] 介绍，进入 21 世纪以来，学术界对满文档案的整理与研究已取得较为丰硕的成果。满文档案的整理有系统的汇编，还有零散的公布，满文档案的研究多围绕民族和军政问题等探讨。锡莉的《从清代公文书看蒙古语文与满语文的接触——以外蒙古地区公文书为例》[⑤] 通过对蒙满文两种公文书的比较研究，详细分析了蒙古文公文书中出现的爵位职官名称、满文书写方式、满文批示等实例，可知清代外蒙古地区蒙文公文书，在一些固定名词的借用、个别书写方式以及签字批示等方面，均受到来自满文公文书的影响。杨国彭的《清内府刻满汉合璧本〈御制劝善要言〉考辨》[⑥] 介绍，成书于顺治十二年的《御制劝善要言》，是清代内府诸多刻书中的一种，流传下来的内府刻本有汉文本、满文本和满汉合璧本。光绪帝误认为此书只有满文本而进行了重新翻译刊布，形成了满汉合璧本，近代以来将此合璧本误认作是顺治年刊成的。针对这种情况，研究人员对该书的版本刊布情况进行了辨别清理。张闶的《北京大学杭爱满汉文合璧碑研究》[⑦] 介绍，清朝四川巡抚杭爱满汉文合璧碑是北京地区重要的满汉文碑刻，原碑均保存于北京大学校园。该文在对三块碑文进行满汉文转写、录文、注释的基础上，结合清代官修文献，对杭爱的生平事迹进行了研究。赵晓阳的《满语圣经译本考述》[⑧] 介绍，满族信仰基督教的人口并不多，但历史上曾经出现过东正教和天主教翻译的满文圣经译本。该文考述了满语圣经翻译的历史沿革状况。汪颖子的《简述欧洲满学研究——兼论清史研究在欧洲现状》[⑨] 介绍，满学研究始于 17、18 世纪，天主教耶稣会的传教士为主要研究人员。在满学早期发展阶段（17—19 世纪），以法国、意大利、德国、俄国的研究成果最为突出；20 世纪，满学研究以德国学者的研究成果最为突出。20 世纪 60 年代，俄国学

① 张发贤：《1717 年准噶尔部袭扰西藏探析——以清宫满文奏报为中心》，《西藏研究》2017 年第 5 期。

② 王敌非：《俄藏清代满文档案研究》，《黑龙江民族丛刊》2017 年第 5 期。

③ 陈頔：《浅析黑龙江省档案馆馆藏〈黑龙江将军衙门〉满文档案的文化价值》，《黑龙江档案》2017 年第 5 期。

④ 赵彦昌、苏亚云：《21 世纪以来满文档案整理与研究述评》，《满族研究》2017 年第 3 期。

⑤ 锡莉：《从清代公文书看蒙古语文与满语文的接触——以外蒙古地区公文书为例》，《满族研究》2017 年第 3 期。

⑥ 杨国彭：《清内府刻满汉合璧本〈御制劝善要言〉考辨》，《满族研究》2017 年第 3 期。

⑦ 张闶：《北京大学杭爱满汉文合璧碑研究》，《满族研究》2017 年第 3 期。

⑧ 赵晓阳：《满语圣经译本考述》，《满族研究》2017 年第 3 期。

⑨ 汪颖子：《简述欧洲满学研究——兼论清史研究在欧洲现状》，《吉林师范大学学报（人文社会科学版）》2017 年第 6 期。

者的萨满研究让满学重新为西方学界所注意，而80年代一大批满语文献资料的开放，使满学包括清史研究再次成为大家关注的焦点。21世纪后的欧洲满学研究以及清史研究相较于北美、日本等地，呈发展放缓、研究方向分散的特点，随着德国、法国、英国、荷兰等国高校重新开设满语课程以及单设清史课程，相信未来会涌现更多的学术成果。王敌非的《俄藏清代满文珍稀文献研究》[①] 介绍，俄罗斯科学院东方文献研究所、圣彼得堡大学东方系图书馆和俄罗斯国家公共图书馆藏有部分满文珍稀文献，它们多属子部的释家类、基督教类和医家类。俄藏满文珍稀文献中孤本较少，未藏于中国而藏于其他国家的稀缺版本和因文种不同而产生的其他版本较多。杨奕望的《康熙朝满文人体解剖著作〈钦定格体全录〉探赜》[②] 对《钦定格体全录》的内容、版本进行梳理和介绍，康熙帝促成了《钦定格体全录》的完成，康熙朝满文人体解剖图作的编撰，在王吉民与伍连德的《中国医学史》（History of Chinese Medicine）、马伯英的《中外医学文化交流史》与《中国医学文化史》、董少新的《形神之间》、白寿彝主编的《中国通史》等著作中皆有叙述，有过专题研究。巴·巴图巴雅尔的《卫拉特档案公布的进展及其学术意义》[③] 介绍，20世纪70年代末，卫拉特历史档案开始整理、翻译、出版。至今中国出版13部，外国出版10部，共23部，37册，均为1694年至1991年间的档案，共1.1万多件。档案的发现和公布促进了卫拉特历史文化研究。李勤璞的《仓央嘉措康熙三十九年三月满文题本》[④] 介绍，康熙三十九年（1700）3月第六世达赖喇嘛仓央嘉措满文题本，是关于康熙皇帝邀请五世班禅额尔德尼去北京朝见和传法的事情，康熙皇帝认为这对教化有非常必要，班禅则因自己尚未出痘，拒绝前往，于是造成误会。这是仓央嘉措作为达赖喇嘛在西藏地区短暂政治生涯的一件记录，显示他在朝廷和西北地区政治上的作用。祁美琴的《从清代满蒙文档案看“非汉”群体的中国观》[⑤] 利用清代遗留下来的满蒙文档案文献中的有关汉（尼堪）、中国（清朝）、皇帝（汗）等概念的记载、表述，考察包括清朝的统治民族满族和蒙、藏以及中亚、俄国等地区和国家等“非汉”群体，并探讨此类“表述”背后所体现出的满蒙藏各族以及俄罗斯、中亚等国家和地区对清朝国家属性的认知。王敌非的《欧洲满文医家类珍稀文献发微》[⑥] 介绍，欧洲国家均藏有部分满文子部医家类文献，这批文献与国内所藏文献互相重复亦互相补充。欧洲满文医家类珍稀文献中的孤本较少，藏于其他国家的稀缺版本、因文种不同而产生的其他版本和传教士注释、辑录的文献较多。这批文献的整理与研究对了解中西医相互影响、渗透和中西文化交流具有重要的参考价值。郑仲桦的《满-韩语辅音音系与语音特征比较研究》[⑦] 探讨了满语和韩语在辅音音系上的差异。满语作为阿尔泰语系最东端仍保留小舌音的语言，在音系层面仍紧靠着阿尔泰语言的共有特征；韩语的紧音是个重要的创新现象，与满语和其他阿尔泰语言有所不同；唇齿擦音作为满语最为创新的语音特征，与韩语和其他阿尔泰语言有所不同。满语和韩语共同具有一个区域性的语音特征，即送气擦音。陈柱的《从满文档案看洪扎与清朝宗藩关系的建立》[⑧] 介绍，根据满文档案，清朝平定准噶尔和大小和卓叛乱后，原臣属于准噶尔的洪扎王国向清朝请求称臣纳贡，洪扎了解到清廷对进贡的具体要求。乾隆二十六年六月，洪扎

① 王敌非：《俄藏清代满文珍稀文献研究》，《北方文物》2017年第4期。
② 杨奕望：《康熙朝满文人体解剖著作〈钦定格体全录〉探赜》，《历史档案》2017年第4期。
③ 巴·巴图巴雅尔：《卫拉特档案公布的进展及其学术意义》，《西北民族研究》2017年第4期。
④ 李勤璞：《仓央嘉措康熙三十九年三月满文题本》，《中国藏学》2017年第4期。
⑤ 祁美琴：《从清代满蒙文档案看“非汉”群体的中国观》，《清史研究》2017年第4期。
⑥ 王敌非：《欧洲满文医家类珍稀文献发微》，《满族研究》2017年第4期。
⑦ 郑仲桦：《满-韩语辅音音系与语音特征比较研究》，《满族研究》2017年第4期。
⑧ 陈柱：《从满文档案看洪扎与清朝宗藩关系的建立》，《史地研究》2017年第4期。

王再次派遣米尔匝至叶尔羌呈献奏书和贡金，叶尔羌办事都统新柱予以接受和呈奏，给予赏赐。至此，洪扎成为清朝属部，与清朝宗藩关系正式建立。柴冰的《清乾隆三十六年颁发各庙宇西番字、蒙古字〈楞严经〉考》① 介绍，历史上有《佛说首楞严三昧经》，亦称作《小首楞严经》；又称《大佛顶如来密因修证了义诸菩萨万行首楞严经》，亦称作《大首楞严经》，该文要探究的《楞严经》即指《大佛顶如来密因修证了义诸菩萨万行首楞严经》，为此经简称之一。李文益的《清入关前 booi niyalma 与 booi aha 的身份及其演变》② 介绍，努尔哈赤起兵之初，booi（包衣）、aha（阿哈）是地位有别的群体，其中，booi 是 booi niyalma（包衣人）的简称，aha 是 booi aha（包衣阿哈）的简称，他们在民族构成、家庭地位和主要职责等方面都有所不同。但随着满洲封建化的加深，两类群体的地位日益趋同，最终形成了一个新的 booi aha 群体。

吴雪娟、罗盛吉的《部族名称“乌拉齐”考释〉》③ 介绍，乾隆初年满文档案记载了“乌拉齐”与“库雅拉”“新满洲”“索伦”“达斡尔”等部族备选京城虎枪营的史实，说明“乌拉齐”确属部族，满蒙汉三合《清世宗实录》《清高宗实录》中的两则有关“乌拉齐”史料亦可资为证。蒙古语词 ulaγaci“站丁”的口语形式 ulɑ：tʃ 借入满语后，转作 ulaci“乌拉齐”。该词与满语 giyamun i haha“站丁”是同义词，但与满语部族专名 ulaci“站丁”为同音词，其间无语义关系。苗嘉芮的《〈御制清文鉴〉拼写汉语借词尖团音的特点》④ 介绍，《御制清文鉴》以满文 g、k、h 拼写汉语借词的团音 k、kh、x，以满文 j、c、s 拼写汉语借词的尖音 ts、tsh、s。比较《圆音正考》和《清汉对音字式》等清代满汉文字合璧辞书，从其尖团音的解释情况来看，《御制清文鉴》分别拼写汉语尖音与团音的方法具有较高的科学性。徐莉的《军机处满文上谕档及其价值》⑤ 认为，军机处满文上谕按编年体汇抄而成，以明发上谕为主，间或抄录寄信上谕，其开本分大小两种，内容一致，且为手抄。军机处满文上谕档忠实记录了雍正朝至清末军政大事，为当时文档查阅利用、编史修志等政务提供了重要资料，发挥出重要价值。秀云的《满译〈金瓶梅〉“序言”再议》⑥ 认为，《金瓶梅》满文译本刊行于康熙四十七年（1708 年），卷前存一则未署名的满文序言。该则序言并非《金瓶梅》原著汉文序言的满文译文，而是原创满文序言，其不仅表达了撰序者对《金瓶梅》原著的基本评价，而且传达了原著作者为“卢楠”等重要信息。荒木典子的《关于满文〈金瓶梅〉成立的问题——以满文与汉文人名的对应关系为线索》⑦ 指出，《满文金瓶梅》有可能是由数人共同翻译的。对于包括亲属名称的通称，有两种满文译法：音译与意译。如此，同一个人物会对应两种（有时三种）满文译法。该文即以这些译法的分布为线索，来探索译者交替的界线。赵昕、龙国富的《试论〈音韵逢源〉汉语音节满文标记法》⑧ 研究清代汉语韵图《音韵逢源》中汉语音节的满文标记方法，对《音韵逢源》中汉语音节的满文标记方法进行了系统归纳，对异常的标记现象从满文拼写规则、语音发展等角度进行了解释，对声韵母标记的特点进行总结阐发，并对满汉对音研

---

① 柴冰：《清乾隆三十六年颁发各庙宇西番字、蒙古字〈楞严经〉考》，《中华历史与传统文化研究论丛》2017 年卷。

② 李文益：《清入关前 booi niyalma 与 booi aha 的身份及其演变》，《满语研究》2017 年第 2 期。

③ 吴雪娟、罗盛吉：《部族名称“乌拉齐”考释〉》，《满语研究》2017 年第 2 期。

④ 苗嘉芮：《〈御制清文鉴〉拼写汉语借词尖团音的特点》，《满语研究》2017 年第 2 期。

⑤ 徐莉：《军机处满文上谕档及其价值》，《满语研究》2017 年第 2 期。

⑥ 秀云：《满译〈金瓶梅〉“序言”再议》，《满语研究》2017 年第 2 期。

⑦ 荒木典子：《关于满文〈金瓶梅〉成立的问题——以满文与汉文人名的对应关系为线索》，《中文学术前沿》2018 年第 2 期。

⑧ 赵昕、龙国富：《试论〈音韵逢源〉汉语音节满文标记法》，《满族研究》2018 年第 2 期。

究方法中需要进一步完善的问题提出了新的观点。李易航的《满文字库造字构件研究》[①] 指出，满文字库的设计和应用至关重要，研究发现只需找到34个满文字形构件就可以将全部满文字形拼凑出来。这一方法的发掘对满文字库的建立，以及满文档案、古籍数字化进程的发展具有一定的基石作用和开创性意义。春花的《论清代满文〈时宪书〉内容版本及颁发》[②] 分析馆藏历年《时宪书》满文本，又根据《大清会典》《奏案》《黑图档》《奏销档》等史料及清代各种笔记资料，归纳、总结了清廷编造颁发满文《时宪书》始末。毕佳晶等的《面向满文字符识别的训练数据增广方法研究》[③] 提出一种使用数据增广方法扩展训练样本集的技术框架。实验表明，该方法生成的数据在一定程度上弥补了训练样本不足的问题，是解决训练样本匮乏问题的有效技术手段。付玉等的《满文单词罗马转写智能算法设计》[④] 在研究了满文单词的组成以及满文与罗马字母相互转换规则的基础上，提出了一种简单有效的满文字母编码规则，设计了一种新的罗马转写智能算法，提高罗马转写的准确率。王敌非的《欧洲满文基督教文献考》[⑤] 介绍，欧洲国家藏有部分满文基督教文献，这批文献来自于欧洲多国传教士历时两个多世纪于中国的创作、翻译和收藏。这批文献因多未藏于中国而较为珍稀，这批文献的整理与研究对了解基督教在中国传播具有重要的参考价值。庄声的《满文档案所见清朝入关前的农业》[⑥] 一文介绍，16世纪末，建州女真努尔哈赤兴起以后，兼并周边女真各部，势力范围逐渐扩大到辽沈地区。南迁以后的女真除了耕种农作物以外，还经营经济作物。其传统的农业生产方式受到当地汉文化的巨大影响。朝克的《关于清代满语文书籍编辑出版及研究》[⑦] 介绍，17世纪末以后，在满语文学习人数减少、满语文使用范围开始萎缩的情况下，满语文教材和辞书类工具书的编辑印刷及研究工作也从未停止过，同样发挥了应有的积极作用和影响力。该文分析讨论了清代满语文书籍的编辑出版及研究工作。吴智嘉的《清代满文教学体制的变迁及满文教科本的发展》[⑧] 认为，满语满文的发展，离不开清代国家政治层面的推崇。八旗官学的变迁史，是一部满文教学体制的变迁史，是满族语言文字教育发展历程的集中表现。清代满文教学体制的创建及清代满文教科本的发展，对当今满族语言文字的发展具有重要的借鉴意义。

许淑杰、刘国超的《从〈满俄大辞典〉试析扎哈罗夫对满文词汇的理解》[⑨]。《满俄大辞典》主要参照《御制清文鉴》《御制五体清文鉴》《大清全书》等满语辞书，来源丰富，作者集众家之长，合而为一。该辞典不仅表达了扎哈罗夫对满语词汇的理解，还呈现了以扎哈罗夫为代表的俄国汉学家对中国清朝的认识。孙文杰的《从满文寄信档看伊犁将军阿桂对新疆的管

---

① 李易航:《满文字库造字构件研究》,《黑河学刊》2018年第1期。

② 春花:《论清代满文〈时宪书〉内容版本及颁发》,《吉林师范大学学报（人文社会科学版)》2018年第1期。

③ 毕佳晶、李敏、郑蕊蕊、许爽、贺建军、黄荻:《面向满文字符识别的训练数据增广方法研究》,《大连民族大学学报》2018年第1期。

④ 付玉、李敏、王帆、郑蕊蕊、许爽:《满文单词罗马转写智能算法设计》,《大连民族大学学报》2018年第1期。

⑤ 王敌非:《欧洲满文基督教文献考》,《黑龙江民族丛刊》2018年第1期。

⑥ 庄声:《满文档案所见清朝入关前的农业》,《民族研究》2018年第2期。

⑦ 朝克:《关于清代满语文书籍编辑出版及研究》,《满族研究》2018年第1期。

⑧ 吴智嘉:《清代满文教学体制的变迁及满文教科本的发展》,《满族研究》2018年第1期。

⑨ 许淑杰、刘国超:《从〈满俄大辞典〉试析扎哈罗夫对满文词汇的理解》,《吉林师范大学学报（人文社会科学版)》2018年第2期。

理与认识》① 认为，清廷重臣阿桂一生曾四至新疆，在清军收复天山南北以及随后展开的治理与经营等活动中均有较大的贡献。但传统的清代文献对此却仅有片段记载，且多有牴牾，令人无所适从。而乾隆朝满文寄信档等清代新疆稀见史料，则保存了较多的相关历史细节，可以支持从一个新的角度来探讨阿桂任职新疆时期的历史贡献。张殿典、赵杰的《满语标句词 sembi 及其语法化》② 指出，标句词是当代语法学诸学派普遍重视的概念。满语 sembi 做内容宾语标句词时，通常出现在补足语的后面，这与类型学提出的“小句 + 标句词”与宾动（OV）语序和谐相一致。文章在探讨 sembi 语法化过程及原因的基础上，从类型学角度说明 sembi 从属语标注的特性，阐释由言说动词语法化为标句词是人类语言中常见的现象。石岩刚的《清朝前期藏文文书翻译实践、译员及译员培养》③ 认为，后金至清康熙朝藏文文书的翻译，经历了从最初主要依靠蒙古前来的西藏僧人，到顺治朝开始培养自己的翻译人才，再到康熙朝驻京喇嘛和清朝培养的译员协作翻译这一转变过程，有效地解决了藏文文书的翻译工作问题。文章对康熙朝之前时段的研究，主要利用碑刻、理藩院题本，以及相关汉藏文史料来进行。康熙朝部分主要利用内阁蒙古堂档案中相关内容进行总结。郭文忠的《从满文档案和美术史资料看清朝与哈萨克诸部关系史——以〈哈萨克贡马图〉源流为中心》④ 指出，《哈萨克贡马图》是清朝与哈萨克诸部关系史上最重要的宫廷纪实画作，表现了哈萨克右部（大玉兹）乾隆二十三年正式归附并遣使朝觐贡马。该文通过满文档案与美术史资料的结合，讨论郎世宁画《哈萨克贡马图》源流与乾隆帝如何看待哈萨克右部归附事件，对哈萨克右部归附、遣使、贡马过程作综合考察，进而探讨这一画作反映出的政治与文化双重意涵。黑龙的《阿拉善和硕特蒙古附清蒙古文档案选译》⑤ 指出，阿拉善和硕特蒙古投附清朝是满蒙关系史上的一则重大事件，其过程异常曲折艰难。《清内阁蒙古堂档》中保存有数十件阿拉善蒙古投附清朝的满文和蒙古文档案，详细记载了阿拉善和硕特蒙古附清细节，具有重要的史料价值和文献研究价值。该文转写并汉译其中 6 份蒙古文档案，以供研究者参考。王卓的《从“三家子屯调查报告”中的“说部”资料看金启孮先生的历史贡献》⑥ 认为，金启孮先生 20 世纪 60 年代对三家子满族屯开展的田野调查及其 80 年代出版的《满族历史与生活——三家子屯调查报告》中有关满族民间“说部”情况的记载，极其珍贵。金启孮先生的田野调查具有两大特征：第一，在对现象进行认识和判断的时候，将之置于古今坐标中；第二，将家族与个人的经历或经验融入研究，具有独特而重要的学术史价值。哈斯巴特尔、田鹂的《满文字母改进述要》⑦ 认为，满文字母从蒙古文字母脱胎，经过实践、修改和规范，最终形成能够准确标记满语的字母系统。满文的改进体现在字母改进和书写规则两个方面。字母改进包括改变字母书写方式或调换字母形式，给字母添加识别符号，或改变字母书写方式再加识别符号等。而满文字母书写规则，则成功地规范了文字拼

---

① 孙文杰：《从满文寄信档看伊犁将军阿桂对新疆的管理与认识》，《云南民族大学学报（哲学社会科学版）》2018 年第 2 期。

② 张殿典、赵杰《满语标句词 sembi 及其语法化》，《北方民族大学学报（哲学社会科学版）》2018 年第 3 期。

③ 石岩刚：《清朝前期藏文文书翻译实践、译员及译员培养》，《中国藏学》2018 年第 2 期。

④ 郭文忠：《从满文档案和美术史资料看清朝与哈萨克诸部关系史——以〈哈萨克贡马图〉源流为中心》，《美术研究》2018 年第 3 期。

⑤ 黑龙：《阿拉善和硕特蒙古附清蒙古文档案选译》，《满族研究》2018 年第 2 期。

⑥ 王卓：《从“三家子屯调查报告”中的“说部”资料看金启孮先生的历史贡献》，《满族研究》2018 年第 2 期。

⑦ 哈斯巴特尔、田鹂：《满文字母改进述要》，《中央民族大学学报（哲学社会科学版）》2018 年第 4 期。

写问题。乌兰巴根的《蒙古阿礼嘎礼字、新满文及近代蒙古文》[①] 指出，蒙古文为满文提供了造字元素和造字经验，满文也为蒙古文提供了发展要素。1587 年，阿尤什为了翻译佛经，以蒙古文为基础，参考梵藏文字母及其符号，创编了一套梵藏词语转写音标阿礼嘎礼字。阿礼嘎礼音标造字手法灵活，辅助符号繁多。1632 年，达海参照阿礼嘎礼造字经验，不仅创造若干新的满文字母，还创造了一批汉语译字和一套拼写汉语借词方法。其中一些新字和符号来自阿礼嘎礼，尤其是 h 字的圆圈涉及梵藏文字。新满文的造字经验及辅助符号为托忒文和布里亚特新字所借鉴，同时其转写汉语的字母、音节字和拼音方法为蒙古文所因袭。因此，蒙满两种文字不仅具有源流关系，而且还有互相交流的一面，成为粟特系最为发达的两种文字。晓春的《〈一学三贯清文鉴〉与〈满蒙汉一学三贯〉比较研究》[②] 认为，《一学三贯清文鉴》是乾隆年间编撰的满汉合璧分类辞书，《满蒙汉一学三贯》在《一学三贯清文鉴》的基础上增加回鹘式蒙古文、托忒式蒙古文而成，两者并非同一辞书的不同版本，在类目编排、内容特点等方面均有较大差别。庄声的《清朝人关前文书体裁的演变》[③] 指出，16 世纪末，女真文字被摒弃多年之后，女真人依回鹘式蒙古文字又一次创制了新的文字——满文，由此开始用满文记录自己的历史。但是，在国际关系交往中依然使用汉文或蒙古文文书，女真文化呈现出前所未有的复杂性和多元化。皇太极即位以后，积极推行多元文化政策，强调文化上的平等以及对异文化的尊重。在国际上坚持推崇多元文化政策，对外文书也逐渐趋向于使用文言文，文辞趋向典雅华丽，由此促进了入关前辽东社会中多元文化的平等发展。巴・巴图巴雅尔《卫拉特历史档案整理出版述评》[④] 一文介绍，我国卫拉特蒙古历史档案的整理、翻译和出版工作始于 20 世纪 70 年代末。多年来，出版相关档案汇编、资料集，共计 16 部 34 册，收录或刊布档案 11 873 件，上起 1694 年，下迄 1950 年。涉及语文多样，这些档案的公布，对卫拉特蒙古史、中国史、边疆民族史的研究，具有重要史料价值和学术意义。

李雄飞、顾千岳的《满文古籍编目概述（上）》[⑤] 强调，满文古籍编目方能著录规范，准确揭示满文古籍“形式”上的重要特征和构成元素，为满文古籍“内容”的专题研究提供确凿的信息，充分发挥满文文献学在满学中的价值与作用。李雄飞、顾千岳的《满文古籍编目概述（中）》[⑥] 指出，著者项满文古籍文献著录项目中，唯一需要同时著录满汉两种文字的项目只有“题名”项。由此形成满文古籍在形式上的鲜明特点：单一满文者只占很少一部分，满汉合璧、满汉文者居多。这一特点也决定了著者项中的第一著者往往是汉籍的著者，满文译者则为第二甚至第三著者。王敌非的《欧洲馆藏满文释家类珍稀文献考述》[⑦] 指出，欧洲国家收藏有大量满文释家类文献，其中多数不为学界所知。满文释家类珍稀文献虽多为因文种不同而产生的其他版本，但其中亦不乏稀缺版本和孤本。这批文献的整理与研究对了解中西宗教文化相互影响、渗透和交流具有重要的参考价值。杨珍的《满文档案翻译的历史内涵》[⑧] 指出，满文档案翻译是一项历史内涵丰富的专项工作，需要格外重视历史因素，并准确将其转换到汉文译文中。在满汉翻译时，应尽量保留原文中的历史因素，以满足历史研究的需要。郭崴的《〈射的〉

① 乌兰巴根：《蒙古阿礼嘎礼字、新满文及近代蒙古文》，《满语研究》2018 年第 1 期。
② 晓春：《〈一学三贯清文鉴〉与〈满蒙汉一学三贯〉比较研究》，《满语研究》2018 年第 1 期。
③ 庄声：《清朝人关前文书体裁的演变》，《元史及民族与边疆研究集刊》2018 年第 1 期。
④ 巴・巴图巴雅尔：《卫拉特历史档案整理出版述评》，《元史及民族与边疆研究集刊》2018 年第 1 期。
⑤ 李雄飞、顾千岳：《〈满文古籍编目概述（上）》，《满语研究》2018 年第 1 期。
⑥ 李雄飞、顾千岳：《〈满文古籍编目概述（中）》，《满语研究》2018 年第 2 期。
⑦ 王敌非：《欧洲馆藏满文释家类珍稀文献考述》，《满语研究》2018 年第 1 期。
⑧ 杨珍：《满文档案翻译的历史内涵》，《满语研究》2018 年第 1 期。

及其“四书五经”满文译文研究》[①] 认为，《射的》是一部介绍满族传统射箭弓法及所需具备精、气、神等的理论性著作，其中翻译、引用了大量汉文古籍以说明射箭蕴含的哲理。通过对这些汉文古籍译文及引文的研读可发现，在满族传统弓箭文化基础上融合了中原传统文化内涵，使其得以丰富和升华，成为清朝文化融合大潮中的缩影。

永莉娜的《图伯特任职塔尔巴哈台领队大臣时期满文档案译释》[②] 一文介绍，图伯特（1755—1823 年）于嘉庆四年（1799 年）出任锡伯营总管，嘉庆十五年晋升塔尔巴哈台领队大臣，是清中期新疆驻防的锡伯族名臣。该文从《清代新疆满文档案汇编》中选取图伯特任职领队大臣时期四件档案加以翻译和注释，进而就其旗籍隶属，赴任、卸任领队大臣时间，任职期间主要公务，休致后再次候补锡伯营总管等具体问题加以说明。赵郁楠的《清代内阁满文黄册的整理与利用》[③] 指出，清代内阁满文黄册是作为题本附件而进呈御览的官文书档册，其在内阁档案中具有十分重要的史料价值。李勤璞的《明代乌思藏别称“五藏”考——兼论满文 wargi dzang 的由来》[④] 认为，明末瞿九思的《万历武功录》中俺答传万历五年条有“五藏刺麻”一语，检查当时史事，五藏刺麻是乌思藏格鲁派僧人锁南坚措（第三世达赖喇嘛），五藏不是名号，乃是藏语地名（dbusgtsang）的记音，而明清《西番译语》字读音近乎汉字“五”。至于清代西藏地区的满语名称 wargidzang（意为西藏）是汉语地名“西藏”的翻译，并非藏语乌思藏、五藏的翻译。王敌非的《满文小学类文献在欧洲的传播——以《同文杂字》为例》[⑤] 指出，欧洲各国收藏大量与满语文音韵、训诂和文字相关的小学类文献，这批文献或来自传教士与汉学家多年的购置，或为其在研读满汉语文时所撰的著述，是欧洲国家了解中国社会历史、文化和语言文字的重要媒介。较为珍稀满语文绘画辞书的《同文杂字》版本众多、语言独特，可为满语文、蒙古语文和汉语文的比较研究和满文小学类文献在欧洲的流传提供重要的参考资料。贾越的《日本东洋文库藏满文语言学史料概述》[⑥] 指出，位于日本东京都文京区的东洋文库藏有一批满语文史料，多年来学界围绕其中的满文档案展开诸多研究，而对其中的语言学史料较少涉及。通过整理研究可知，东洋文库藏满文语言学史料虽多为国内所藏，但多为残卷，且部分史料在版本上与国内藏品有所不同。齐木德道尔吉的《17 世纪上半叶蒙古史研究中满蒙汉文档案的应用——以内蒙古大学清初蒙古史研究为例》[⑦] 一文，对内蒙古大学蒙古学研究团队利用满蒙汉文档案开展 17 世纪上半叶蒙古历史研究的情况作了较为系统的介绍，详细地归纳总结了 20 世纪 90 年代以来所开展的史料研究、满蒙关系研究的过程及成果，尤其在如何结合清代官私文献有效利用多语种原始档案资料，开展清初蒙古历史研究的方法方面交流了经验。杨艳庆的《清代新疆国语教育的历史反思与现实审视——以清代新疆满文档案为依据》[⑧]

① 郭崴：《〈射的〉及其“四书五经”满文译文研究》，《满语研究》2018 年第 1 期。

② 永莉娜：《图伯特任职塔尔巴哈台领队大臣时期满文档案译释》，《吉林师范大学学报（人文社会科学版）》2018 年第 4 期。

③ 赵郁楠：《清代内阁满文黄册的整理与利用》，《历史档案》2018 年第 3 期。

④ 李勤璞：《明代乌思藏别称“五藏”考——兼论满文 wargi dzang 的由来》，《中国藏学》2018 年第 3 期。

⑤ 王敌非：《满文小学类文献在欧洲的传播——以《同文杂字》为例》，《黑龙江民族丛刊》2018 年第 4 期。

⑥ 贾越：《日本东洋文库藏满文语言学史料概述》，《黑龙江民族丛刊》2018 年第 4 期。

⑦ 齐木德道尔吉：《17 世纪上半叶蒙古史研究中满蒙汉文档案的应用——以内蒙古大学清初蒙古史研究为例》，《西北民族论丛》2018 年第 1 期。

⑧ 杨艳庆：《清代新疆国语教育的历史反思与现实审视——以清代新疆满文档案为依据》，《山西档案》2018 年第 4 期。

介绍，清朝统一新疆后，在政府的大力推行下，当时的国语教育曾有方兴未艾之势。但在繁荣的表象下，也隐藏着教学内容与教学手段不科学、国语教育与本民族传统教育之间矛盾重重等方面的深层危机。对此，清政府虽在教育方式、教学内容等方面进行了改革，并积极反思，但收效甚微。文章在《清代新疆满文档案汇编》等新见史料的基础上，梳理清政府在新疆推行国语教育时面临的困难，旨在为当今的新疆国语教育提供有效的历史借鉴。金鑫的《〈达呼尔、索伦源流考〉满文本勘误——以〈中国达斡尔族古籍汇要〉抄本为中心》[①] 介绍，《达呼尔、索伦源流考》是道光年间达斡尔人花灵阿以满文撰写的一部史书。百余年间，因只在民间传抄流布，其文本渐渐积累下诸多讹误，一定程度上影响了对原稿内容的准确理解。经过对最早刊布于世、为学界所熟知的《中国达斡尔族古籍汇要》抄本的认真研读，在该抄本誊录、校释者孟志东先生既有发现的基础上，该文复检出拼写失当、字形讹舛、语词脱衍等各类错误 72 项，借此还原《达呼尔、索伦源流考》满文本面貌。德格吉日呼的《拉林副都统满文档案译释》[②] 指出，拉林副都统始设于乾隆七年（1742 年），裁撤于乾隆三十四年（1769 年），与乾隆年间京旗移垦基本同步，与阿勒楚喀地方建置沿革密切相关。《内阁满文题本》《军机处满文录副奏折》内含乾隆九年（1744 年）、二十四年（1759 年）、三十四年（1769 年）拉林副都统设置裁撤的满文档案，直接还原了拉林副都统确立、发展及裁撤史实，堪为拉林地方史研究最新史料。徐莉的《光绪朝〈钦定大清会典〉满文稿本及其价值》[③] 指出，光绪朝《钦定大清会典》满文稿本数量可观，能够为研究光绪朝《钦定大清会典》满文本的纂修提供直接依据，补充文献记载的不足，也能够为研究清代末期满语文提供翔实的书面语语料。吴忠良、赵洪祥、高大鹏的《清代伯都讷满汉文档案概述》[④] 介绍，吉林省扶余市档案馆藏有清代伯都讷副都统衙门及伯都讷旗务承办处满汉文档案近 4000 件，档案起止年代为同治六年（1867 年）至宣统三年（1911 年），其多数是汉文档案，也有部分满文或满汉合璧档案。这些档案是研究清末伯都讷乃至吉林地区历史的第一手史料，具有重要的史料价值。刘小萌的《乾隆朝顺懿密太妃丧葬仪注考》[⑤] 指出，顺懿密太妃王氏出身江南，汉人，康熙五十七年（1718 年）册封为密嫔，雍正二年（1724 年）晋封为皇考密妃，乾隆元年（1736 年）尊为皇祖顺懿密太妃。密太妃身历三朝。乾隆九年（1744 年）4 月 19 日《总管内务府奏报宁寿宫顺懿密太妃丧葬仪注》之满文档案，详述密太妃丧礼制度的内容与特点，由此可知，妃嫔葬仪作为满洲皇室葬仪的一部分，具有等级制度、多元文化融通等特点，并带有满洲领主制残余。吴雪娟的《论觉尔察氏叶成格及其诰命》[⑥] 指出，顺治四年（1647 年），京城镶红旗满洲觉尔察氏叶成格承袭骑都尉，缘自其父巴智宜喇赤从征积有军功而追赠的世职。至顺治八年（1651 年），叶成格凭“巴智宜喇赤之裔”身份获诰命，授为通议大夫。同时，覃恩封赠其祖父阿哈（阿海）、祖母赵佳氏。顺治十四年（1657 年），叶成格祖父母再获诰封。溯自福陵觉尔察氏始祖索尔火，阿哈、巴智宜喇赤、叶成格一脉世系清晰，其满汉合璧诰命的留存，可资觉尔察氏研究。吴元丰的《汇宗寺满蒙汉三体碑刻文本比较》[⑦] 认为，汇宗寺御制碑以满蒙汉藏四体文字镌刻，其内容反映“多伦

① 金鑫：《〈达呼尔、索伦源流考〉满文本勘误——以〈中国达斡尔族古籍汇要〉抄本为中心》，《满语研究》2018 年第 2 期。

② 德格吉日呼：《拉林副都统满文档案译释》，《满语研究》2018 年第 2 期。

③ 徐莉：《光绪朝〈钦定大清会典〉满文稿本及其价值》，《满语研究》2018 年第 2 期。

④ 吴忠良、赵洪祥、高大鹏：《清代伯都讷满汉文档案概述》，《满语研究》2018 年第 2 期。

⑤ 刘小萌：《乾隆朝顺懿密太妃丧葬仪注考》，《满语研究》2018 年第 2 期。

⑥ 吴雪娟：《论觉尔察氏叶成格及其诰命》，《满语研究》2018 年第 2 期。

⑦ 吴元丰：《汇宗寺满蒙汉三体碑刻文本比较》，《满语研究》2018 年第 2 期。

会盟”的背景、经过、意义，以及汇宗寺修建的起因、目的、过程、管理等情况，具有重要的学术研究价值。新近发现，该碑刻的满文和蒙古文底本，各文本之间存在一定的差异，而且在比较重要的时间和内容上出现分歧。该碑刻满文和蒙古文底本的发现，对汇宗寺的保护和修缮具有重要的现实意义。锄田智彦的《〈满文三国志〉中所见的汉语北方音》[①] 通过分析《满文三国志》中出现的汉语词汇满文拼法，阐明满人所接触的汉语北方音的音系。文章通过分析声母和韵母所得的结果，指出其基础方言和胶东方言的关系。竹越孝的《从〈百条〉到〈清文指要〉——以话条排列与内容的对照为中心》[②] 指出，《百条》诸版本是一个系列性的会话教材，最初仅有满文，后来发展为满汉、蒙汉或满蒙汉等的合璧形式。该文以其最初阶段，即满文版《百条》与满汉合璧版《清文指要》之间的关系为研究对象，通过对比此二书的话条编排顺序与话条内容，从而探讨《清文指要》对《百条》进行了怎样的修改或调整这一问题，以及《清文指要》的编者对《百条》所做的几种修改。纳森巴雅尔的《伊犁格登山纪功碑相关史实考辨——以清代满文档案资料为线索》[③] 介绍，格登山纪功碑位于昭苏县城西南中哈边界的格登山，其碑文由乾隆皇帝亲自撰写，记载了清军平定准噶尔首领达瓦齐叛乱的功绩。该碑规格高，地位重，是国家级文物保护单位，用满、汉、托忒、藏四种文字，从国家层面描述了那场发生在格登山的战役经过和战绩；赞扬了参战的各族勇士，阐述了平定准噶尔的合理性；宣示了大清帝国辽阔、统一的疆域。格登山纪功碑这座历史丰碑成为新疆重新回到祖国怀抱的象征，其意义是不可估量的。李满喜的《从满文档案看 19 世纪六七十年代塔尔巴哈台察哈尔蒙古》[④] 指出，清朝塔尔巴哈台有十苏木（佐领）蒙古总管旗，其中一苏木蒙古为察哈尔蒙古。该文基于清代满汉文档案，结合地方志、游记和俄文翻译资料等史籍文献，试图从塔尔巴哈台察哈尔蒙古的来源、清朝对察哈尔蒙古的管理、19 世纪六七十年代的察哈尔蒙古的社会变迁等方面进行探究，以期助力西北地方史和蒙古民族史的研究。宛文红、张炳华、郑巧红的《满文词典书目数据库建设实践与数字化发展建议》[⑤] 以 CALIS 联合目录公共检索系统和中国科学院情报文献中心联合目录为主要检索工具，以春花著《清代满蒙文词典研究》一书为主要参考依据，对流传至今的满文词典在国内的馆藏情况进行了搜集、整理，基于清华同方 TPI 专业数据库制作管理系统，开创性地建设了国内第一个满文词典书目数据库。周健强的《中国古典小说满、蒙、朝译本研究述略》[⑥] 指出，中国古典小说的满、蒙、朝译本各有 50 种以上，基本涵盖了重要的作品，不少小说还有多个译本。在黄润华、马丁·吉姆、李福清、闵宽东等学者的努力下，几个语种所译汉文小说的目录整理工作已基本完成。文章认为，面对丰富的小说译本，如果以个案为基础，展开翻译理论、处理策略、创作影响、文化接受等学术课题，则会有助于重新思考中国古典小说的作者、版本、传播等问题。

2. 女真文文献研究

金适的《女真文——脱胎于契丹字和汉字而自成一格》[⑦] 指出，女真文是在契丹字和汉字

---

① 锄田智彦：《〈满文三国志〉中所见的汉语北方音》，《语言学论丛》2018 年第 2 期。

② 竹越孝：《从〈百条〉到〈清文指要〉——以话条排列与内容的对照为中心》，《语言学论丛》2018 年第 2 期。

③ 纳森巴雅尔：《伊犁格登山纪功碑相关史实考辨——以清代满文档案资料为线索》，《满族研究》2018 年第 4 期。

④ 李满喜：《从满文档案看 19 世纪六七十年代塔尔巴哈台察哈尔蒙古》，《西部蒙古论坛》2018 年第 4 期。

⑤ 宛文红、张炳华、郑巧红：《满文词典书目数据库建设实践与数字化发展建议》，《大连民族大学学报》2018 年第 6 期。

⑥ 周健强：《中国古典小说满、蒙、朝译本研究述略》，《民族文学研究》2018 年第 5 期。

⑦ 金适：《女真文——脱胎于契丹字和汉字而自成一格》，《辽金历史与考古》2017 年第 2 期。

的基础上创制的。该文就女真文字的发展脉络、书法布局、书写特点作一简介，并就女真文金石资料和墨迹资料探讨了女真文字的书法价值。孙伯君的《神木县花石崖女真文题刻考释》[①]对神木县花石崖女真文题刻进行了翻译，认为从现存形制和女真文所述内容看，当与右侧汉文题记同时刻写于金正大五年（1228 年），但两方题刻并非互译关系，女真文题刻更像是颁给弥川县丞的一道圣旨。该题刻是国内在西安以北古代金、夏边境首次发现的女真文文物。

凯和的《金启孮先生学术著作概论》[②] 从金启孮先生学术著作概要中梳理了先生多领域研究的治学特色与学术贡献，展现了先生独树一帜的治学之道。赵杰的《马连洼、西苑与北大静园——回眸金启孮先生指引我满语研究的京郊路》[③] 回忆、历述了金启孮先生在女真文字和满族文化研究方面的学术贡献。丛彦博、黄为放的《黄炎世胄溯源流，语不惊人誓不休——记满学家金启孮》[④] 介绍，金启孮作为爱新觉罗氏后裔、乾隆第五子荣纯亲王永琪七世孙，家族文风昌盛、家学相承。金启孮秉承家学，自幼研习、精通女真、蒙古语，在历史学、民族学、古文字学诸领域取得了卓越的成就。

（二）蒙古语族契丹文、八思巴文、回鹘式蒙古文文献研究

1. 契丹文文献研究

关于契丹语的归属，新近的研究认为与蒙古语族诸语言更为接近，为了反映这一观点，本文把契丹文字文献的研究纳入蒙古语族来叙述。具体的专题有：花兴的《辽代契丹族文学研究述评》[⑤]，该文认为辽代契丹族文学研究起步于民国，20 世纪 80 年代后取得了突破性进展。辽代契丹族文学研究的对象也不再局限于传统的诗文，民歌、契丹语文学都有所涉及，佛教与辽代文学的关系也进一步确定。关于契丹文书籍的专题研究以往较少见，孙伟祥的《〈辽史〉中契丹文书籍问题考释》[⑥] 认为，辽朝存世 200 余年，在文化教育方面，当时相对较为先进的中原文化借助各种方式在北疆民族区域得到传播与弘扬，具体表现之一即为有辽一朝众多著述的问世，全文对《辽史》中出现过运用契丹文写就的书籍略作考释。内蒙古东部新近持续发现的契丹文字摩崖石刻或墨书，引发了中外学界的关注。吴英喆的《阿尔山市白狼镇石堂契丹大字题记》[⑦] 介绍，2014 年 8 月阿尔山市白狼镇发现疑似契丹文题记，作者进行了实地考察，公布了该题记地理位置，首次公开抄本及照片，并对其形成年代及历史背景提出个人的看法。学术史专题有张雪霞的《吴英喆先生“契丹小字”研究综述》[⑧]。吴英喆从事“契丹小字”的研究已有 20 余年，该文主要从“契丹小字”的墓志、单体字、语法范畴三个方面对吴英喆先生的“契丹小字”研究进行归纳综述。

契丹语语音专题有傅林的《辽代汉语与河北方言语音层次的形成》[⑨]。该文认为，辽代是今京津冀地区汉语方言音系特征形成的枢纽期，从契丹文献对汉语方言字音的记录可还原辽代汉

---

① 孙伯君：《神木县花石崖女真文题刻考释》，《中央民族大学学报（哲学社会科学版）》2018 年第 6 期。

② 凯和：《金启孮先生学术著作概论》，《满族研究》2018 年第 2 期。

③ 赵杰：《马连洼、西苑与北大静园——回眸金启孮先生指引我满语研究的京郊路》，《满族研究》2018 年第 2 期。

④ 丛彦博、黄为放：《黄炎世胄溯源流，语不惊人誓不休——记满学家金启孮》，《明日风尚》2018 年第 2 期。

⑤ 花兴：《辽代契丹族文学研究述评》，《内蒙古民族大学学报（社会科学版）》2018 年第 5 期。

⑥ 孙伟祥：《〈辽史〉中契丹文书籍问题考释》，《辽金历史与考古》2017 年第 1 期。

⑦ 吴英喆：《阿尔山市白狼镇石堂契丹大字题记》，《辽金历史与考古》2017 年第 1 期。

⑧ 张雪霞：《吴英喆先生“契丹小字”研究综述》，《北方文学》2017 年第 29 期。

⑨ 傅林：《辽代汉语与河北方言语音层次的形成》，《河北大学学报（哲学社会科学版）》2017 年第 4 期。

语的特征，其中，效摄唇音字、庄组三等介音、宕通摄入声字韵母等音系特征仍以语音底层的形式存在于现代的河北方言中。

通过契丹文献和语言的复原，结合多文字文献的记载考证历史地理及史实一直是契丹研究的关注点。相关论文有康鹏的《马卫集书中的契丹“都城”——兼谈辽代东西交通路线》①。该文介绍，12世纪初，中亚谋夫（Marv）人马卫集曾记载了一条著名的东西交通路线，其东段自沙州（今甘肃敦煌）东行两个月抵达可敦墓，再行一个月至 ūtkin，复行一个月抵契丹都城 ūjam。学界一般认为 ūtkin 即郁督军系辽上京。考诸契丹语汇 ūjam 很可能源自契丹语化的“御帐”一词，指辽帝之行宫。正是由于辽的政治中心在捺钵（斡鲁朵）之中，造成人们误认为辽帝的“御帐”就是都城。

2. 八思巴文文献研究

这一两年八思巴文的专题研究成果比较少。也有书法家从书法创作的角度谈八思巴字的书法问题，但与文献没有关涉，故本文未整理这些专题。涉及文字文献本体的研究有：宋洪民的《也谈景德镇珠山出土瓷器上的八思巴字》②，该文介绍，1987年，景德镇珠山出土了一件八思巴字款青花盘和两个碗，经蔡美彪先生予以鉴定，结论是瓷器是元代的，上面的八思巴字是至正年制。该文作者进一步分析了八思巴字“至正年制”年款的拼写形式，并与黑水城文献中元代文件的一些八思巴字手写体对比，发现其风格相近，这又为瓷碗断为元代添一旁证。从而也就可以进一步断定，出现八思巴字年款的瓷碗应为元代的物品。宋洪民的《从〈重修伏羲圣祖庙记〉的八思巴字标音证元代晓、匣二母尚未腭化》③认为，现在《重修伏羲圣祖庙记》反映了操阿尔泰语的人对汉语中晓、匣二母的清、浊对立的感觉模糊，难以区别，如回鹘式蒙古文中汉语借词晓、匣二声母是不作区分的，即二母不分清浊，只分洪细；而细音“羲”字拼作小舌音也表明，当时“羲”的声母（即细音前的晓母）尚未腭化，还是 h，所以操阿尔泰语的人才会将其与小舌音混淆。

3. 回鹘式蒙古文文献研究

蒙古文文献的研究成果这几年相对较少，涉及文献的论文如下。嘎日迪、斯钦巴图、都仁的《元代〈全宁张氏先德碑铭〉蒙古文考释》④。该文介绍，《全宁张氏先德碑铭》是近期发现的大型汉文、蒙古文对照石碑，具有较高的语文学、历史学和翻译学研究价值。文章从碑文蒙古文的角度对碑文的概况、碑额八思巴字、碑文回鹘蒙古文进行了介绍和解读，同时通过对碑铭的人物、事件以及与有关碑铭的比较来探讨张丑间的先辈出身、碑文的蒙古文译者等。哈斯巴特尔的《蒙古文与回鹘文〈金光明经〉关系初探——以“舍身饲虎”故事为中心》⑤一文介绍，蒙古文29品《金光明经》最初译于14世纪。根据现存部分抄本跋语记载，翻译该经时，译者在一定程度上利用了回鹘文《金光明经》。通过对蒙古文29品《金光明经》和回鹘文《金光明经》之“舍身饲虎”故事的内容结构和梵语借词对比研究，可以发现，蒙古文“舍身饲虎”故事与回鹘文“舍身饲虎”故事不存在直接渊源关系。推测翻译蒙古文29品《金光明经》时并没有直接利用回鹘文《金光明经》。董晓荣的《阿尔寨石窟第32窟二十一度母图像回

① 康鹏：《马卫集书中的契丹“都城”——兼谈辽代东西交通路线》，《民族研究》2017年第2期。

② 宋洪民：《也谈景德镇珠山出土瓷器上的八思巴字》，《民俗典籍文字研究》2017年第2期。

③ 宋洪民：《从〈重修伏羲圣祖庙记〉的八思巴字标音证元代晓、匣二母尚未腭化》，《中国文字研究》2018年第1期。

④ 嘎日迪、斯钦巴图、都仁：《元代〈全宁张氏先德碑铭〉蒙古文考释》，《北方文物》2017年第2期。

⑤ 哈斯巴特尔：《蒙古文与回鹘文〈金光明经〉关系初探——以“舍身饲虎”故事为中心》，《中央民族大学学报（哲学社会科学版）》2018年第3期。

鹘蒙文榜题研究》[①] 一文对阿尔寨石窟第32窟壁画二十一度母图像和回鹘蒙古文榜题二十一救度母礼赞文的版本、书写特征和语法特点等进行分析，试图说明阿尔寨石窟第32窟壁画二十一度母礼赞文的书写年代及二十一度母图像的绘制年代有可能是15—16世纪，应属北元时期。青格力的《新发现阿尔山摩崖回鹘蒙古文题记释读》[②] 认为，内蒙古阿尔山市地区新发现摩崖回鹘蒙古文题记，其中出现“tngriγajar-un biˇcig”（天地之文）的文字内容，从回鹘式蒙古文书写特征、内容可判断该题记写于13—14世纪；从题记所处位置以及年代信息等看，也有与蒙古帝国前期相联系的可能性。秀敏满都拉的《论蒙古文历史档案文献价值》[③] 指出，蒙古文历史档案是蒙古民族文献的组成部分，是蒙古民族文化遗产之一，也是中国档案文献宝库中的重要组成部分。该文对蒙古文历史档案文献进行分析研究，总结了蒙古文历史档案文献的特点并阐明了其特性和主要价值。秦福莹、那音太、布仁吉日嘎拉的《基于历史文献的蒙古民族生态意识述略》[④] 从各语种文献记录，特别是蒙古族历史法律经典书籍和西方游记入手，阐述和分析蒙古族生态意识文献档案。该文期盼以史为鉴，在构建生态文明和推进草原地区可持续发展中发挥其作用。匈奴语一般认为与涉及古代蒙古语有关联，有关论文有叶晓锋的《匈奴语言及族源新探》[⑤]。匈奴语的系属一直存在争议，作者认为匈奴语与达罗毗荼语以及闪含语构成系统性对应，从而确定它们之间的亲属关系，还根据同源的亲属名词之间的相似程度，推断闪含语民族向东迁徙过程中在中亚分化，一支往南，进入巴基斯坦和印度，成为达罗毗荼人；另一支继续往东迁徙，进入中国北部，成为匈奴。

有关学者成就的论述专题有孙国军、陈俊达的《清格尔泰先生与蒙古语、契丹语研究》。[⑥] 该文认为，清格尔泰先生在蒙古语、契丹语等研究领域作出了重要贡献，对于蒙古语语音、语法、方言，以及文字改革、标准音、语言规范、语言发展道路、新词术语的创制等问题都有深入研究。

目前，蒙古文献专家和学界的主要精力集中在蒙古文文献的数字化信息化和翻译等专题。数字化工程促进了蒙古文古籍文献保护工作取得突出成就，其成果有整理扫描蒙古文《清实录》8200多卷、4000万字文稿，并以数字化格式存储。其中，2013年摘录整理出版《清朝蒙古实录》6卷本、约812万字；重新启动了《蒙古学文献大系》整理编纂工作，利用3至5年时间数字化整理编纂出版蒙古文经典古籍文献120种；原文扫描出版蒙古文《甘珠尔》《丹珠尔》（400卷）、《准格尔旗札萨克衙门档案》（42卷）、《清内秘书院蒙古文档案汇编》（33册）、《“蒙古秘史”研究丛刊》（1—9卷）、《蒙古语言文字文献荟萃》（1—6卷）等一大批珍贵文献和文书档案。

涉及信息化的具体论文有白淑霞、鲍玉来、敖权的《一种基于马尔科夫随机场的蒙古文古籍图像恢复方法》[⑦]。该文针对蒙古文古籍图像检索领域中对同一查询关键词，不同的二值化算

---

① 董晓荣：《阿尔寨石窟第32窟二十一度母图像回鹘蒙文榜题研究》，《青海民族研究》2017年第1期。

② 青格力：《新发现阿尔山摩崖回鹘蒙古文题记释读》，《中央民族大学学报（哲学社会科学版）》2017年第5期。

③ 秀敏满都拉：《论蒙古文历史档案文献价值》，《内蒙古农业大学学报（社会科学版）》2017年第5期。

④ 秦福莹、那音太、布仁吉日嘎拉：《基于历史文献的蒙古民族生态意识述略》，《兰台世界》2017年第5期。

⑤ 叶晓锋：《匈奴语言及族源新探》，《中山大学学报（社会科学版）》2018年第5期。

⑥ 孙国军、陈俊达：《清格尔泰先生与蒙古语、契丹语研究》，《内蒙古民族大学学报（社会科学版）》2017年第5期。

⑦ 白淑霞、鲍玉来、敖权：《一种基于马尔科夫随机场的蒙古文古籍图像恢复方法》，《计算机应用与软件》2017年第4期。

法对整体检索性能影响的问题，提出一种基于马尔科夫随机场的蒙古文古籍图像二值化方法，从而提高了蒙古文古籍图像的检索性能。该方法利用马尔科夫随机场模型在灰度图像和二值图像之间建模，通过训练码本估计隐藏层的先验概率，分析灰度图像的直方图估计可观察层的概率密度；利用这两种先验知识实现图像二值化；实验数据集为100页蒙古文《甘珠尔经》，为了验证本文所提方法的性能，实验采用R-Precision作为评价指标。实验结果表明，基于马尔科夫随机场的二值化方法不仅可以有效修复受损图像，还可以进一步提高其检索性能。白淑霞、鲍玉来的《LDA单词图像表示的蒙古文古籍图像关键词检索方法》① 一文，为了解决传统视觉词袋方法（Bag-of-Visual-Words）中忽略视觉单词间的空间关系和语义信息等问题，提出了一种与视觉语言模型相结合的基于LDA主题模型，并采用查询似然模型实现检索。实验数据表明，该文所提出的基于LDA的表示方法可以高效、准确地解决蒙古文古籍的关键词检索问题。同时，该方法的性能比Bo VW方法有显著提高。

另外，翻译译古籍是蒙古文献古籍整理的重要内容，意义不可低估。翻译的古籍文献主要涉及国外学者的蒙古族古籍研究成果、有关蒙古学的多文种古籍的蒙汉文翻译、蒙古文古籍的其他文种翻译，以及将斯拉夫蒙古文的成果转写为回鹘式蒙古文等，代表性成果有《马可·波罗游记》《长春真人西游记》《西方征服者史》《多桑蒙古史》等。这些译著为蒙古族古籍文献研究提供了丰富资料，对蒙古学的发展起到了积极的推动作用。

（三）突厥语族古文字文献研究

1. 回鹘文文献研究

涉及回鹘文文字及文献研究的专题论文有张铁山的《云南大理发现回鹘文墓碑考释》②。云南大理发现回鹘文墓碑在国内尚属首次。该文将对该残碑所存回鹘文进行释读，并结合历史文献记载，对该碑的历史进行梳理，提出其断代应为1260年9月21日。陈习刚的《几件吐鲁番回鹘文买卖文书及相关文书的探讨》③ 在《奥斯迷失·托合利里卖葡萄园契》等三件吐鲁番回鹘文土地买卖文书校勘的基础上，推断文书的时代为蒙古国太宗（1229—1241年）之后的蒙古国时期。文书反映出回鹘时期古代吐鲁番地区人们从经营田地到兼营或完全经营丝绸贸易理念的深刻变化，也反映出当时丝路贸易的繁荣，是古代吐鲁番地区作为丝路贸易中一个重要丝路重镇的佐证。文章还从文书人物关联的角度，复原了奥斯迷失·托合利里家族的简要谱系。杨富学、张田芳的《敦煌本回鹘文〈说心性经〉为禅学原著说》④ 认为，敦煌本回鹘文《说心性经》的属性一直无法确定。回鹘文《说心性经》大量引录敦煌禅宗写本《观心论》《修心要论》《般若波罗蜜多心经疏》以及禅宗经典《圆觉经》、禅宗灯史《宗镜录》中的文字，有的直接引用，有的为改编，说明《说心性经》不是某一种佛学著作的翻译与改编，而是以禅宗典籍为主，根据自己的理解而进行的创作，均为四行诗形式，既是现知唯一回鹘文佛学原著，又可视作一部优美的禅学诗歌集。米热古丽·黑力力的《西部裕固语中保留的回鹘碑铭文献古词语》⑤ 通过对回鹘碑铭文献和西部裕固语词汇的历时比较研究，觅得回鹘碑铭文献中有153条

---

① 白淑霞、鲍玉来：《LDA单词图像表示的蒙古文古籍图像关键词检索方法》，《现代情报》2017年第7期。

② 张铁山：《云南大理发现回鹘文墓碑考释》，《民族语文》2017年第3期。

③ 陈习刚：《几件吐鲁番回鹘文买卖文书及相关文书的探讨》，《吐鲁番学研究》2018年第1期。

④ 杨富学、张田芳：《敦煌本回鹘文〈说心性经〉为禅学原著说》，《西南民族大学学报（人文社科版）》2018年第1期。

⑤ 米热古丽·黑力力：《西部裕固语中保留的回鹘碑铭文献古词语》，《河西学院学报》2018年第4期。

基本词语在西部裕固语中仍然保留，其中12条词语与其他突厥语语言相比在语音和语义方面保留了更古老更原始的形式。王海宇的《大元肃州路乜可达鲁花赤世袭之碑刍议》① 介绍，大元肃州路乜可达鲁花赤世袭之碑现存于酒泉市肃州区博物馆，碑文内容为西夏至元代130余年间元代党项人在河西的活动及元代民族关系、民族文字等提供了重要的实物资料。文章主要从碑文的概况、内容、史料价值等方面进行论述。贝利著，王丹、唐钰琳译的《古回鹘文之药物名称》介绍，随着佛教教义和信徒由印度向北方传播，印度医学经由中亚而抵中国。在中亚地区，回鹘人将印度医学文献翻译成了回鹘的语言。文章对其中的回鹘文药名作了分析。闫进芳的《汉文——回鹘文校勘研究——以〈大慈恩寺三藏法师传〉第八卷为例》② 介绍，回鹘文《大慈恩寺三藏法师传》（简称《玄奘传》）系译自汉文。该文选取回鹘文《玄奘传》第八卷残卷中11处与汉文本进行对勘，找出二者的差异，进而指出回鹘文与汉文的对译研究的特征。杜曼·叶尔江的《回鹘文献语言中保留在西部裕固语里的古代宗教词汇》③ 认为，在裕固族的民间传说、史诗、姓氏、图腾崇拜、天文等方面，保留了某些回鹘文献语言中的古代宗教和文化的遗存。吐送江·依明、白玉冬的《蒙古国出土回鹘文〈乌兰浩木碑〉考释》④ 指出，1955年蒙古国考古学家在乌兰浩木地方发现了一个回鹘文碑铭，该碑铭被公认为840年鄂尔浑回鹘西迁以前的遗物，是用回鹘文写的第一个文献。文章认为，回鹘文《乌兰浩木碑》在研究突厥文的遗弃及回鹘文的使用等方面的第一手资料，对回鹘文《乌兰浩木碑》作了语文学的分析研究。阿卜拉江·玉苏普的《简论回鹘文佛教和摩尼教文献中部分术语的翻译》⑤ 从回鹘文文献中出现的有关佛教和摩尼教的部分术语出发，研究回鹘文文献中的术语翻译问题，分析这些术语的翻译特点和价值。陈明的《回鹘文文献〈金光明经〉错误举隅》⑥ 指出，僧古萨里所译回鹘文《金光明经》是目前回鹘文佛经中篇幅最大、保存较完整的重要文献之一。因其篇幅巨大，所以在译者翻译或是今人转写的过程中错误在所难免。文章以拉德洛夫、马洛夫的录本为底本，参照汉文对现有的相关研究成果进行对照、校正。李树辉的《T. Ⅱ. D. 205b 回鹘文写本撰写时间及相关史事研究》⑦ 指出，柏林吐鲁番藏品 T. Ⅱ. D. 205b 回鹘文写本撰写于回鹘入主西州的第二年（791年）。该文书是其人为缓解摩尼教徒与佛教徒之间的矛盾，笼络民心而颁发的官方文件。文书的内容对于研究8世纪末吐鲁番地区的寺院、寺院的经济特权、赋税类别以及回鹘统治政策都具有重要的价值。张铁山、彭金章的《敦煌莫高窟B465窟题记调研报告》⑧ 指出，敦煌莫高窟北区B465窟存有不少汉文、藏文、西夏文、回鹘文、蒙古文题记。它们对于洞窟的断代和发展演变、壁画内容的确定，仍具有无法替代的重要意义。该文集录了B465窟内的题记，并对其中几条重要的展开论述，提出自己的看法。张铁山、彭金章的《敦煌莫高窟北区B77窟出土木骨上的回鹘文题记研究》⑨ 指出，敦煌莫高窟北区B77窟出土一木

---

① 王海宇：《大元肃州路乜可达鲁花赤世袭之碑刍议》，《文物鉴定与鉴赏》2018年第14期。

② 闫进芳：《汉文——回鹘文校勘研究——以〈大慈恩寺三藏法师传〉第八卷为例》，《文化产业》2018年第12期。

③ 杜曼·叶尔江：《回鹘文献语言中保留在西部裕固语里的古代宗教词汇》，《河西学院学报》2018年第6期。

④ 吐送江·依明、白玉冬：《蒙古国出土回鹘文〈乌兰浩木碑〉考释》，《敦煌学辑刊》2018年第4期。

⑤ 阿卜拉江·玉苏普：《简论回鹘文佛教和摩尼教文献中部分术语的翻译》，《民族翻译》2018年第3期。

⑥ 陈明：《回鹘文文献〈金光明经〉错误举隅》，《河西学院学报》2018年第4期。

⑦ 李树辉：《T. Ⅱ. D. 205b 回鹘文写本撰写时间及相关史事研究》，《青海民族研究》2017年第1期。

⑧ 张铁山、彭金章：《敦煌莫高窟B465窟题记调研报告》，《敦煌研究》2017年第1期。

⑨ 张铁山、彭金章：《敦煌莫高窟北区B77窟出土木骨上的回鹘文题记研究》，《敦煌学辑刊》2017年第2期。

骨，其上记有回鹘文题记。该文在释读木骨上的回鹘文题记基础上分析和总结了梵语和回鹘语的对音关系。张铁山、彭金章、皮特·茨默的《敦煌莫高窟北区 B464 窟回鹘文题记研究报告》① 指出，敦煌莫高窟北区 B464 窟出土有大量汉文、西夏文、回鹘文、藏文、蒙文、梵文文献及回鹘文木活字等，更为重要的是，该窟中室、后室甬道和后室中写满了回鹘文经文题记，如此众多的回鹘文题记，在已发现的敦煌石窟中尚属首例。文章通过对回鹘文题记的释读，修正了以往学界对窟内善财童子五十三参等壁画内容的解读，可推知 B464 窟现存壁画应出自回鹘人之手，该窟时间下限可定为元代。皮特·茨默、王平先的《解读敦煌文献 B464：67 之回鹘文诗歌》② 指出，敦煌莫高窟北区第 464 窟出土的回鹘文献残片 B464：67 的文字是以四行一组的押头韵形式写就的回鹘文诗歌，重点介绍、翻译并注解了该诗歌原文。在此基础上，文章解读了莫高窟北区第 464 窟墙壁上回鹘文题记的第三行诗节。姚淑艳的《回鹘文〈玄奘传〉研究综述》③ 指出，回鹘文《玄奘传》译自汉文，汉文本名著《玄奘传》共 10 卷，详细记录了公元 7 世纪我国伟大的旅行家、翻译家和佛教大师玄奘的生平事迹。相关回鹘文《玄奘传》研究材料有必要做进一步梳理分析，该文从两个角度分类进行综述：一是对回鹘文《玄奘传》的分卷研究情况，二是对回鹘文《玄奘传》综合研究情况。张铁山、崔焱的《回鹘文契约文书参与者称谓考释——兼与敦煌吐鲁番汉文文书比较》④ 指出，契约文书的参与者是契约缔结中的双方和第三方当事人，回鹘文各类契约文书中对参与者有不同称谓。该文以回鹘文契约文书为文本，比较敦煌吐鲁番汉文文书，探讨各方参与者的称谓及其特点。杨富学、张田芳的《回鹘文〈针灸图〉及其与敦煌针灸文献之关联》⑤ 介绍，宋回鹘文针灸图见于德藏吐鲁番本回鹘文写本残卷 Mainz 725。残卷留存 10 个腧穴，其中 7 个可在敦煌所出汉文《灸经图》中找到对应部位。回鹘文残卷开头部分还出现了针灸中年月日“人神所忌”的内容，尽管所涉内容不多，且无详细解释，但借由敦煌针灸文献及宋代《太平圣惠方》和西夏文《明堂灸经》等，可知其来源应为中医针灸学。松井太、王平先的《榆林窟第 16 窟叙利亚字回鹘文景教徒题记》⑥ 介绍了榆林窟第 16 窟墙壁上的一份题记。该题记是敦煌地区的第一份景教徒突厥文献，是由来自瓜州的回鹘景教徒朝圣者于元代书写的。题记清楚地表明，在元代，敦煌周边存在回鹘景教徒，也证明了回鹘景教徒与佛教徒有共同的文化传统。阿不都热西提·亚库甫的《中国国家图书馆藏回鹘文星占书残片研究》⑦ 指出，中国国家图书馆藏吐鲁番、敦煌文献中的回鹘文星占书残片讲述流星诸相，是目前为止首次发现并得以确认的回鹘文流星占残片，属于早期回鹘语文献，在研究回鹘语言、宗教及西域宗教文化交流史研究方面具有一定价值。其主要内容与《开元占经》收录的《荆州占》和《皇帝占》比较接近，但不尽相同。该文对该残片进行了比较详细的语文学研究。白玉冬的《丝路景教与汪古渊流——从呼和浩特白塔回鹘文题记 Text Q 谈起》⑧ 认为，呼和浩特白塔回鹘文题记反映了蒙元时期曾有突厥语族景教徒在丰州地区活动，

① 张铁山、彭金章、［德］皮特·茨默：《敦煌莫高窟北区 B464 窟回鹘文题记研究报告》，《敦煌研究》2018 年第 3 期。

② ［德］皮特·茨默、王平先：《解读敦煌文献 B464：67 之回鹘文诗歌》，《敦煌研究》2017 年第 1 期。

③ 姚淑艳：《回鹘文〈玄奘传〉研究综述》，《语文学刊》2017 年第 1 期。

④ 张铁山、崔焱：《回鹘文契约文书参与者称谓考释——兼与敦煌吐鲁番汉文文书比较》，《西域研究》2017 年第 2 期。

⑤ 杨富学、张田芳：《回鹘文〈针灸图〉及其与敦煌针灸文献之关联》，《中医药文化》2018 年第 2 期。

⑥ 松井太、王平先：《榆林窟第 16 窟叙利亚字回鹘文景教徒题记》，《敦煌研究》2018 年第 2 期。

⑦ 阿不都热西提·亚库甫：《中国国家图书馆藏回鹘文星占书残片研究》，《民族语文》2018 年第 2 期。

⑧ 白玉冬：《丝路景教与汪古渊流——从呼和浩特白塔回鹘文题记 Text Q 谈起》，《中山大学学报（社会科学版）》2018 年第 2 期。

题记出自当地的景教徒汪古人之手的可能性最大。汪古人属于回鹘文字文化圈，汪古部五大代表性集团渊流均与西域有关。10—11 世纪，包括景教徒在内的西州回鹘辖下粟特系回鹘商人，足迹遍及河西、陇西、漠北、契丹、宋朝内地等。景教在汪古部中的流传，与西州回鹘辖下景教徒商人的活动和景教教团势力的向东发展有着密切关系。吐送江·依明的《〈福乐智慧〉回鹘文维也纳抄本的文字特点浅析》① 指出，《福乐智慧》作为维吾尔族叙述长诗，其内容涉诸多学科，在研究 11 世纪维吾尔族及突厥诸民族的历史文化等方面给学界提供了丰富的资料。该文主要讨论用回鹘文抄写《福乐智慧》维也纳抄本在书写方式上的特点及与其他回鹘文献的不同之处。

2. 察合台文文献研究

察合台欧文文献的研究论文有何星亮的《清代勘分中俄科塔边界大臣的第一件察合台文文书研究》②。该文主要围绕作者发现的清代钦命勘分中俄科塔边界大臣于光绪九年（1883 年）七月初六日给哈萨克部落头目所写的文书作了较全面、深入的研究，首先对文书进行拉丁字母转写和中文翻译，其次结合自己的调查资料和有关史料，对文书中提到的人名、地名、中俄边界谈判地点和中俄分界线进行考证。该文对研究中俄边界谈判和清政府的民族政策具有较高的学术价值。高彩云的《北京地区察合台文纳瓦依古籍文献整理研究》③ 介绍了察合台文学的奠基人纳瓦依及其主要作品，重点介绍作者整理北京地区察合台文古籍过程中发现的纳瓦依作品，及其收藏和保存情况。高彩云、木巴来克·司康旦尔的《察合台文古籍编目信息翻译问题研究》④ 在整理北京地区察合台文古籍中发现的古籍汉译问题基础上，介绍新疆地区维吾尔、哈萨克、柯尔克孜、塔塔尔和乌兹别克等 5 个民族语言文字的前身——察合台文及其特点，察合台文汉译的重要性，编目信息当中书名、著者、版本信息汉译存在的问题，提出了相应的汉译原则，借此为更多的研究者提供参考，加深民族之间的了解和交流。刘佳、高彩云的《新疆地区察合台文古籍保护与整理研究》⑤ 一文，基于实地调研、数据整理和数据分析对新疆地区察合台文古籍文献整体馆藏、整理保护情况以及数字化现状作出系统的梳理，分析了新疆地区各机构在察合台文古籍保护整理以及数字化过程中遇到的诸多问题，并针对现存的问题提出相应的对策建议，为研究整理察合台文文献提供一些借鉴和依据。陈世明的《察合台文契约文书所反映的维汉和谐关系》⑥ 一文，结合维吾尔族察合台文契约文书论述了汉语音译词进入维吾尔语的方式、特点及汉语音译词语音结构的演变结果，也论述了维汉两个民族在日常交往中的友好关系。

二　印欧语系古文字文献研究

（一）吐火罗文文献研究

印欧语系古文字文献研究涉及吐火罗文文献、佉卢文文献、粟特文文献、于阗文文献等。

---

① 吐送江·依明：《〈福乐智慧〉回鹘文维也纳抄本的文字特点浅析》，《敦煌学辑刊》2018 年第 1 期。

② 何星亮：《清代勘分中俄科塔边界大臣的第一件察合台文文书研究》，《宗教信仰与民族文化》2018 年第 2 期。

③ 高彩云：《北京地区察合台文纳瓦依古籍文献整理研究》，《图书馆理论与实践》2018 年第 1 期。

④ 高彩云、木巴来克·司康旦尔：《察合台文古籍编目信息翻译问题研究》，《民族翻译》2017 年第 3 期。

⑤ 刘佳、高彩云：《新疆地区察合台文古籍保护与整理研究》，《河北科技图苑》2017 年第 5 期。

⑥ 陈世明：《察合台文契约文书所反映的维汉和谐关系》，《新疆大学学报（哲学·人文社会科学版）》2017 年第 4 期。

有关吐火罗文文献专题的论文有汤德伟、高人雄的《现存汉唐西域佛剧的文本考述》[1]。该文指出，现存汉唐时期西域的佛教戏剧主要有梵文《舍利弗传》、吐火罗文本《弥勒会见记》、回鹘文本《弥勒会见记》和晚唐敦煌本《释迦因缘剧本》。文章对现存汉唐西域佛教戏剧的文本进行详细的考述，对它们的问世、作者、成书时期、校刊、整理研究等情况进行了梳理。皮诺著、苏玉敏译的《别列佐夫斯基和彼得罗夫斯基收集品中乙种吐火罗语经济和行政文书》[2] 介绍，大部分吐火罗语文献无论是文学的还是宗教的，都是与佛教有关的内容，只有一部摩尼教经典除外，但这部也与佛教的思维模式和措辞相符，有着非宗教或世俗的特质包括寺院的账簿、商业往来信札、行政报告、寺院所收供养的清单、商队过所文书，等等。郑玲的《民族翻译文献的典范之作——〈弥勒会见记〉》[3] 介绍，《弥勒会见记》是一部融宗教色彩和文学创作于一体的翻译作品，它不仅开创了维吾尔族戏剧文学创作的历史先河，更是中国文学史上现存最早的戏剧文学作品。荻原裕敏、庆昭蓉的《浅论库木吐喇窟群区第 79 窟汉—婆罗谜—回鹘三文合璧榜题》[4] 讨论发现于 1982 年的新疆库木吐喇窟群区第 79 窟。发现之初，调查者即注意于此窟主室前壁窟门右端与坛基正面之汉—回鹘—龟兹文榜题。其时，梁志祥与丁明夷、庄强华、马世长等学者都曾发表汉文释读。此文对第 79 窟汉—婆罗谜—回鹘三文合璧榜题释文作了新的解读。

（二）**佉**卢文文献研究

涉及佉卢文文献专题的论文有韩树伟、马托弟的《丝路沿线出土佉卢文书相关研究综述》[5]，该文认为，丝绸之路沿线出土的佉卢文书是研究古代佉卢文使用国家及其周边地区历史的重要史料，对国内外专家和学者对有关佉卢文的出土资料及传世文献的整理与研究成果进行系统的梳理。刘文锁的《新疆发现契约文书与中古西域的契约实践》[6] 根据新疆发现的汉文及佉卢文、粟特文、于阗文、吐蕃文、回鹘文等契约文书，讨论了所涉契约行为的种类与立契范围、“胡语”契约文书的一般格式与特征、汉文契约文书的格式与“市券”，以及有关的契约法则等问题。唐代的汉文契约在格式和契约程式等上影响到了于阗文和吐蕃文等契约，反映了中古西域各族的契约实践。

孙丽萍的《新疆出土佉卢文简牍制度探析》[7] 对新疆地区出土佉卢文简牍形制进行划分，认为以斯坦因形制划分法为最佳。总体来看，新疆出土的佉卢文简牍形制深受汉晋简牍制度影响，并在中原简牍制度的基础上进一步改进和创新，形成了独具特色的简牍制度，也丰富了中国简牍文化的内容。雷箐华的《古代于阗佉卢文〈法句经〉年代考释之综述》[8] 通过对《法句经》残叶的解析与年代研究两方面入手写作，文章主要结合相关文章与著作，对古代于阗佉卢文《法句经》年代考释问题进行综述，并阐述个人观点。丁君涛的《从佉卢文契约看鄯善国葡

---

① 汤德伟、高人雄：《现存汉唐西域佛剧的文本考述》，《四川职业技术学院学报》2018 年第 5 期。

② 皮诺著、苏玉敏译：《别列佐夫斯基和彼得罗夫斯基收集品中乙种吐火罗语经济和行政文书》，《西域研究》2018 年第 1 期。

③ 郑玲：《民族翻译文献的典范之作——〈弥勒会见记〉》，《唐山师范学院学报》2017 年第 3 期。

④ 荻原裕敏、庆昭蓉：《浅论库木吐喇窟群区第 79 窟汉—婆罗谜—回鹘三文合璧榜题》，《敦煌吐鲁番研究》2017 年第 1 期。

⑤ 韩树伟、马托弟：《丝路沿线出土佉卢文书相关研究综述》，《中国边疆民族研究》2018 年卷。

⑥ 刘文锁：《新疆发现契约文书与中古西域的契约实践》，《西部蒙古论坛》2018 年第 3 期。

⑦ 孙丽萍：《新疆出土佉卢文简牍制度探析》，《喀什大学学报》2018 年第 2 期。

⑧ 雷箐华：《古代于阗佉卢文〈法句经〉年代考释之综述》，《才智》2018 年第 2 期。

萄园买卖》① 以新疆尼雅出土的佉卢文葡萄园买卖契约为基础，考察鄯善国时期葡萄园的买卖、经营等活动，对鄯善国的葡萄酒的酿造、销售等进行了探索。杨富学、刘源的《佉卢文简牍所见鄯善国丝织品贸易》② 介绍，20 世纪初以来，新疆出土了大批佉卢文简牍，其中不少内容涉及 3—4 世纪鄯善国内丝织品流通及贸易等情况。简牍显示，丝织品在鄯善国内走俏，并深入鄯善国社会生活的各个方面。伴随着中西丝绸之路商贸的不断发展，鄯善国内与国际市场的丝织品种类不断丰富，鄯善国及其周边贸易亦趋向多元。李博的《新疆出土佉卢文书不同译文本及其存在的问题》③ 介绍，新疆出土的佉卢文书目前主要有拉丁文本、英译文本和汉译文本三种文本。文章比较不同译文本发现，这些译文本各有其长处，但也存在着一些问题。乜小红、陈国灿的《对丝绸之路上佉卢文买卖契约的探讨》④ 指出，丝绸之路南道上出土有数十件佉卢文土地、人口买卖契约，在公元 3—4 世纪 100 多年的发展中，出现了许多吸收汉文契式因素的新变化，丝路上鄯善国官民与汉族官民频繁的经济贸易交往，使中原契约文化及其契式与内容很自然地被鄯善人所吸收，并融入佉卢文契约中，呈现出经济上的相互依存，带来文化上认同的发展特点。

（三）粟特文文献研究

杨富学、赵天英的《粟特文在丝绸之路沿线的传播与影响》⑤ 认为，作为粟特文化载体的粟特文传入漠北后，直接促成了回鹘文的创制，而回鹘文又促成了蒙古文的形成，并间接促成了满文和锡伯文的创立，契丹文的创制也受到回鹘语文的影响，不绝如缕，至今犹存。张小贵、庞晓林的《穆格山粟特文婚约译注》⑥ 介绍，1934 年苏联考古学家在今撒马尔罕以东约 120 公里的穆格山，发现了一份粟特文婚约及所附保证书，它是迄今为止发现的篇幅最长的粟特文法律文书。该文在前人研究的基础上，对各家释读转写相异之处以脚注标出，并试对文书进行汉文翻译注释讨论。郑炳林、马振颖的《新见〈唐米钦道墓志〉考释——敦煌相关金石整理研究之一》⑦ 认为，新见的《唐米钦道墓志》近年出土于洛阳，葬于开元二十五年，是目前见到的年代较早的粟特米姓的墓志之一。墓志提及米钦道参与平定嶲州内乱一事，恰好可与史籍记载相印证。

三　汉藏语系古文字文献研究

（一）藏缅语族古文字文献研究

1. 古藏文文献研究

刘英华、金雷、范习加的《法藏敦煌本 P. 3288 3555A V°藏文星占文书研究（其一）——

---

① 丁君涛：《从佉卢文契约看鄯善国葡萄园买卖》，《北方工业大学学报》2017 年第 6 期。

② 杨富学、刘源：《佉卢文简牍所见鄯善国丝织品贸易》，《石河子大学学报（哲学社会科学版）》2017 年第 3 期。

③ 李博：《新疆出土佉卢文书不同译文本及其存在的问题》，《兰台世界》2017 年第 12 期。

④ 乜小红、陈国灿：《对丝绸之路上佉卢文买卖契约的探讨》，《西域研究》2017 年第 2 期。

⑤ 杨富学、赵天英：《粟特文在丝绸之路沿线的传播与影响》，《河西学院学报》2017 年第 1 期。

⑥ 张小贵、庞晓林：《穆格山粟特文婚约译注》，《唐宋历史评论》2017 年第 00 期。

⑦ 郑炳林、马振颖：《新见〈唐米钦道墓志〉考释——敦煌相关金石整理研究之一》，《敦煌学辑刊》2018 年第 2 期。

吐蕃藏文堪舆图研究》① 介绍，法藏敦煌文书 P. 3288 3555A V°之藏文部分中包含有堪舆内容。这部分简要介绍了阴阳宅观察，有两幅较为完整的五姓宅地形图即二十四路图，以及多幅含有少量文字或空白的方框图。这是迄今所知敦煌文书中唯一关于堪舆的藏文文书。这两幅图页面磨损严重，许多文字无法辨识。从已辨识出的词语看，其中有汉语天干、八卦名音译，而且图的形式和内容与敦煌本汉文宅经图相似，说明该藏文堪舆内容源自汉地堪舆文书。陈践的《吐蕃文献解读及古藏文厘定疏释》② 系解读古藏文文献过程中对吐蕃时期三大文献皆存在的古藏文书写特点所作的归纳总结，吐蕃时期因译经需要，对藏文进行了三次厘定。对于第三次厘定时间，作者同意《丁香帐》观点，在也协畏 11 世纪时期，而非热巴巾 9 世纪时期。王金娥的《敦煌吐蕃文书〈礼仪问答写卷〉的定名与研究述要》③ 介绍，敦煌藏经洞所出吐蕃文书《礼仪问答写卷》颇受研究界重视，自其发现以来，有十几位学者从不同角度对其进行了研究，可见该文献的重要性。考察该文书的学术研究历程，有助于深度了解《礼仪问答写卷》中所反映的藏民族伦理思想、当时的社会风貌及阶级关系，有助于进一步探究汉藏文化接触及影响。论文介绍了《礼仪问答写卷》的定名以及王尧、陈践对该文书的译解，肯定了王尧、陈践对该文书开创性的研究贡献；进而综述了学界关于该文书的年代问题，还探讨了其内容方面的研究成果，认为主要有伦理思想、仁学思想以及综合研究三个方面，并对这些成果作了比较细致的分析。仇任前的《甘川交界地带的民间苯教扎拉战神文献研究》④ 介绍，近年来在甘肃宕昌、舟曲、迭部和四川的九寨沟、平武等藏族地区，陆续发现许多手抄本的民间苯教文献，文章以《甘肃宕昌藏族家藏古藏文苯教文献》和《甘肃青海四川民间古藏文苯教文献》两套丛书为中心，在着重对甘川地区流传的扎拉战神文献进行初步分类、概述的基础上，总结归纳了民间苯教文献的结构与特点。陆离的《从四川石渠洛须照阿拉姆石刻藏文题记看唐代吐蕃与党项的关系》⑤ 认为，隋唐时期居住于青藏高原东北地区与吐蕃方位较接近的婢（弥）药（me nyag）部族最先归附吐蕃，与赞普松赞干布联姻，故一直受到优待，在赤松德赞时期（755—797 年）仍然保持着弥药王（me nyag khri rgyal）的称号，统领所部，定居在今四川甘孜石渠一带。赤松德赞时期，弥药王也皈依佛教，吐蕃在该地区修建寺院，实行寺院属民制度和三户养僧制度。活动在婢药以北的党项各部族被吐蕃征服后并未划归婢药首领弥药王管辖，而是被分而制之。陈践的《吐蕃古藏文读译窥见》⑥ 从五个方面提出一些阅读和翻译古藏文文献的参考意见，一是注意古藏文相同发音部位舌根音不送气清音与送气清音、浊音可以交替；二是敦煌汉译藏的文献是解读"旧词"的最佳辞典；三是了解一些安多藏语对解读古文献有裨益；四是注重原文的历史背景和译文的逻辑关系；五是勤向有生产经验的藏族同胞讨教。陆离的《从敦煌藏文文书 P. T. 1189〈肃州府主司徒致河西节度天大王书状〉看晚唐五代肃州地区的部族及其与周边关系》⑦ 介绍，P. T. 1189《肃州府主司徒致河西节度天大王书状》是 931—935 年之间，肃

---

① 刘英华、金雷、范习加：《法藏敦煌本 P. 3288 3555A V°藏文星占文书研究（其一）——吐蕃藏文堪舆图研究》，《西藏研究》2018 年第 1 期。

② 陈践：《吐蕃文献解读及古藏文厘定疏释》，《民族翻译》2017 年第 4 期。

③ 王金娥：《敦煌吐蕃文书〈礼仪问答写卷〉的定名与研究述要》，《宁夏大学学报（人文社会科学版）》2018 年第 5 期。

④ 仇任前：《甘川交界地带的民间苯教扎拉战神文献研究》，《阿坝师范学院学报》2018 年第 2 期。

⑤ 陆离：《从四川石渠洛须照阿拉姆石刻藏文题记看唐代吐蕃与党项的关系》，《西藏民族大学学报（哲学社会科学版）》2018 年第 4 期。

⑥ 陈践：《吐蕃古藏文读译窥见》，《西藏民族大学学报（哲学社会科学版）》2018 年第 6 期。

⑦ 陆离：《从敦煌藏文文书 P. T. 1189〈肃州府主司徒致河西节度天大王书状〉看晚唐五代肃州地区的部族及其与周边关系》，《藏学学刊》2018 年第 2 期。

州地方长官司徒向归义军节度使曹议金报告归义军辖境内人员在肃州地区偷盗被擒后将遣使送回，以及肃州地区达怛、仲云、甘州回鹘右翼部族（由千户部落组成）活动情况的一封书状。此时肃州地方势力（由龙家、吐蕃化的汉人、羌等组成）还臣属于瓜沙归义军政权，在肃州活动的仲云（南山）与达怛、回鹘部族也盟誓与归义军互不侵犯。文章认为，925 年曹议金亲征甘州获胜后当时河西地区局势对归义军政权较为有利，但是甘州回鹘右翼部众在肃州地区仍然有重要影响。杨铭的《一件敦煌吐蕃文〈寺院施入疏〉考释》① 通过汉译和考释了现藏于英国国家图书馆的两件吐蕃文书（编号 IOL Tib J 575、IOL Tib J 1357），初步判定这两件写本可以缀合成一件《寺院施入疏》，反映的是吐蕃统治敦煌时期，阿骨萨部落百姓需要向寺院缴纳供养或者是部落入籍户向官府举办的斋会交纳贡物的名单。徐秀玲的《吐蕃统治敦煌西域时期雇佣契约研究》② 介绍，吐蕃统治时期的雇佣契约已经广泛出现在农业、手工业、建筑业、家务劳动以及运输、贡赋、劳役等领域，契约内容完备、条款齐全，双方的责权利清晰明确，已经发展到比较完善的程度。此时，农业领域的雇价一般按每亩或十亩为单位支付，刈麦必须在收获季节的一个月内完成。雇人代役与其他领域的雇价，雇主各按不同的佣作内容支付相应的工价。雇价的支付，汉文契约中一般是麦，古藏文契约中是青稞、小米、麦、酒、绢等。从雇佣双方的利益看，受雇者可通过雇价偿还债务或改善生活条件，而雇主可借此有更充裕的时间从事宗教艺术文化等活动。对统治者来讲，雇人代役有效地解决了人员不足问题，有利于吐蕃王朝的统治。李秋梅的《透视与反思：敦煌文献所见吐蕃买卖契约研究——兼论唐蕃之间的文化交流》③ 认为，吐蕃占领敦煌时期的契约文书的程式和要件完整，反映出吐蕃王朝具有较为完备的契约法律制度。其中的土地、牲畜和奴婢的买卖契约深受唐制的影响，因而在形式、内容和订立程序上都与唐代买卖契约具有很高的相似性。吐蕃的畜牧业经济相对发达，围绕牲畜形成了买卖、租赁等多种形式的契约法律关系，具有明显的地域和民族特色。吐蕃买卖契约反映了唐蕃在文化上较为频繁的交流与互动。阿贵的《〈弟吴宗教源流〉（吐蕃史）译注（二）》④ 介绍，《弟吴宗教源流》是一部约成书于 12 世纪的重要宗教史籍，藏文原名为《弟吴贤者所著印、藏教法源流详本》，该译文为《弟吴宗教源流》第五节“吐蕃佛教史”的第三部分的第二“诸封王”、第三“聂赤赞普历史传说”和第四部分的 1—4 小题的内容，主要讲述诸封王之“旺增”时代的历史传说、十二小邦、四十小邦、聂赤赞普的历史传说、天赤七王、父之庶民所著《桑玛缺尾册》、上部二丁王、六列王、七德王、七赞王、无正法三王或中丁二王等的历史。译文以西藏人民出版社 2010 年 12 月第 2 版的藏文版为蓝本，为藏文版第 208—239 页的内容。侯文昌的《敦煌吐蕃文租佃契约探析》⑤ 指出，敦煌出土吐蕃文租佃契约仅有两件，将其之程式从契首内容、标的物、租期、租佃原因、租田人担保五个方面与同期敦煌汉文租佃契约作逐一比较分析，发现二者有同有异。同的方面反映了吐蕃文契约对汉文契约程式内容或模式之借鉴，异的方面显现了其原始性。德吉卓玛的《敦煌吐蕃佛寺隆福寺及藏经洞之探究》⑥ 认为，尘封千年的敦煌藏经洞在 1900 年一经发现即为世人所注目，其不同文种、不同内容的数以万计的写卷、文书展示了古人的智慧，成为一个新的学科“敦煌学”的重要组成部分，引起

① 杨铭：《一件敦煌吐蕃文〈寺院施入疏〉考释》，《西北民族论丛》2018 年第 2 期。

② 徐秀玲：《吐蕃统治敦煌西域时期雇佣契约研究》，《敦煌研究》2018 年第 6 期。

③ 李秋梅：《透视与反思：敦煌文献所见吐蕃买卖契约研究——兼论唐蕃之间的文化交流》，《青海社会科学》2018 年第 6 期。

④ 阿贵：《弟吴宗教源流》（吐蕃史）译注（二），《西藏研究》2018 年第 4 期。

⑤ 侯文昌：《敦煌吐蕃文租佃契约探析》，《传媒论坛》2018 年第 15 期。

⑥ 德吉卓玛：《敦煌吐蕃佛寺隆福寺及藏经洞之探究》，《西藏研究》2018 年第 4 期。

了海内外学者的高度重视。其中吐蕃藏文文书可谓弥足珍贵，不仅补充和丰富了吐蕃历史史料，还印证了藏族传世史籍的真实性。然而，莫高窟藏经洞与吐蕃政权上层及吐蕃佛教的关系至今依然鲜为人知，通过对敦煌吐蕃佛寺隆福寺的“达摩库”（藏经库）进行深入探究，可以理清莫高窟藏经洞的真实历史和“身份”，为今后更加深入而广泛地进行敦煌学研究提供一定的参考。索南的《敦煌藏文文献 P. T. 149 号〈普贤行愿王经〉序言解读》[①] 认为，P. T. 149 号《普贤行愿王经》序言阐述了该经典在印度产生、传承及吐蕃时期译成藏文并由僧人韦·贝强诵念和修持的整个过程。序中描述韦·贝强由于修持《普贤行愿王经》做了一场奇特的梦，他不解其意，于是向赞普赤松德赞禀告并求解梦。赞普也不得而知，只好向寂护大师请教。寂护解梦，赞普如是复述于韦·贝强。韦·贝强得知梦境的预示后，请求赞普让他到僻静之地修持，赞普应允。韦·贝强更殷勤修持《普贤行愿王经》，最终如同阿阇黎恩兰·嘉却姜和卓涅·益西强曲的梦兆一样，舍弃实体血肉之躯，随着彩虹等成就先兆而逝去。该文献对研究早期的吐蕃佛教人物传记具有重要的参考价值，是一份能够补充吐蕃佛教史史料的重要资料。朱丽双、黄维忠的《〈古藏文编年史〉研究综述》[②] 先叙述有关 P. t. 1286 + P. t. 1287《古藏文编年史》的一般研究情况，接着讨论 P. t. 1287 的分节及其主要内容，然后分别就文书的编纂年代、体裁特点和文献来源等方面进行介绍。该文指出，自上世纪 40 年代《敦煌本吐蕃历史文书》问世以来，人们习惯于将《古藏文编年史》视作《吐蕃大事纪年》的姊妹篇，以之为建构吐蕃史最基本的素材之一。但从已有研究可以看出，《古藏文编年史》更似“说书”的底本，而非历史事件的真实描述。久迈的《“吐蕃僧诤”汉藏史料比较研究——藏史〈巴协〉与〈顿悟大乘正理决叙〉之比较》[③] 以宗教适应社会发展的理论为前提，在以摩诃衍禅宗一方失败为其结果的历史观点之上，比较藏史《巴协》和敦煌汉文文献《顿悟大乘正理决叙》二者关于这次论争事件的具体描述，通过比较二者的异同之处，重新梳理“吐蕃僧诤”历史过程。王金娥的《敦煌吐蕃文书〈礼仪问答写卷〉的定名与研究述要》[④] 介绍了《礼仪问答写卷》的定名以及王尧、陈践对该文书的译解，肯定了他们对该文书开创性的研究贡献；进而综述了学界关于该文书的年代问题，还探讨了其内容方面的研究成果，认为主要有伦理思想、仁学思想以及综合研究三个方面，并对这些成果作了比较细致的分析。米玛次仁的《一部鲜为人知的藏文历史文献：卫巴洛色〈教法史〉》[⑤]。卫巴洛色所造《教法史》是一部成书于 14 世纪中叶的藏文史籍，内容涉及吐蕃王统和吐蕃佛教史等。《教法史》作者十分重视搜集相关史料，内容大多言之有据，其中也不乏目前已亡佚的珍贵史料。该文对卫巴洛色之《教法史》被学界谬解为《韦协》而长期淹没的原因进行了分析，并通过梳理书中以“三段式”划分早期吐蕃佛教史的做法，认为书中采用多种叙事方法以丰富史书内容，是一部研究吐蕃史及早期吐蕃佛教史的重要史料。夏吾卡先的《西藏米林丹娘朗嘎吐蕃碑考古调查》[⑥] 介绍了新发现的位于西藏林芝市米林县丹娘乡夏拉村东古藏文碑朗嘎碑的考古调查情况。勘措吉的《从哲蚌寺藏〈蝌蚪经〉谈敦

---

① 索南：《敦煌藏文文献 P. T. 149 号〈普贤行愿王经〉序言解读》，《中国藏学》2018 年第 3 期。

② 朱丽双、黄维忠：《〈古藏文编年史〉研究综述》，《敦煌学辑刊》2018 年第 3 期。

③ 久迈：《吐蕃僧诤”汉藏史料比较研究——藏史〈巴协〉与〈顿悟大乘正理决叙〉之比较》，《青海民族大学学报（社会科学版）》2018 年第 4 期。

④ 王金娥：《敦煌吐蕃文书〈礼仪问答写卷〉的定名与研究述要》，《宁夏大学学报（人文社会科学版）》2018 年第 5 期。

⑤ 米玛次仁：《一部鲜为人知的藏文历史文献：卫巴洛色〈教法史〉》，《西藏大学学报（社会科学版）》2018 年第 3 期。

⑥ 夏吾卡先：《西藏米林丹娘朗嘎吐蕃碑考古调查》，《文物》2018 年第 10 期。

煌藏文写经誊抄年代》[①] 根据哲蚌寺藏《蜊蚌经》封皮上的题记，提出敦煌藏文《十万颂般若经》的誊写年代至少是从赤德松赞时期开始的，而不是现在所说的自赤祖德赞开始。侯文昌的《敦煌吐蕃文租佃契约探析》[②] 从契首内容、标的物、租期、租佃原因、租田人担保五个方面与同期敦煌汉文租佃契约作逐一比较分析，发现二者有同有异。同的方面反映了吐蕃文契约对汉文契约程式内容或模式之借鉴，异的方面显现了其的原始性。陈践的《敦煌古藏文 zhugs-long-dmar-po 疏译》[③] 认为，《敦煌本吐蕃历史文书》大事记年中，多次出现 zhugs-long-dmar-po 和 kham-dmar-po，我们译作"御林军名字红册"和"红册木牍"。有学者认为，zhugs-long-dmar-po 应译作"烽火台"，该文用吐蕃文献阐明，若译作"烽火台"，则地理逻辑有误、时间有误、语音语义有误。该文详细讨论该词语的翻译依据，以期明辨对错。韩树伟的《吐蕃契约文书之习惯法研究——以敦煌出土文书为中心》[④] 认为，吐蕃契约文书含有买卖、借贷、租赁、雇佣等习惯法内容，是交易双方按照习惯法的原则，根据自己的需求达成的一种协议。这些契约文书反映了吐蕃时期民间经济交往、社会活动的情况，它既有自身的特点，又与中原契约有着千丝万缕的联系，为研究吐蕃职官制度、历史文化、军事、宗教、法律社会、经济提供了珍贵的资料。文章从法律社会史的角度出发，在前人研究的基础上，利用吐蕃契约文书，对吐蕃时期的习惯法作了探析，对进一步了解认识吐蕃时期的社会面貌具有重要学术意义。阿旺嘉措的《从敦煌藏文写卷看苯教徒的宗教功能》[⑤] 认为，敦煌藏文苯教文献表明，苯教徒的宗教功能主要是打卦解惑、主持垛术及治疗、招福、主持殡葬仪轨等。辛饶米吾的名字在敦煌文献中记载了 12 次，他是作为一个重要祭司出现的。显然，苯教徒在古代藏族社会扮演着宗教仪轨主持者的角色。陆离的《英藏敦煌藏文 IOL Tib J 897 号吐谷浑纳粮文书研究》[⑥] 指出，英藏敦煌藏文文书 IOL Tib J 897 号吐谷浑人纳粮文书记载了负责管理吐蕃统治下的青海吐谷浑地区粮食赋税征收的官员仓论指令吐谷浑台地农夫去沙州交付粮食之事，吐谷浑台地农夫应该居住在敦煌西南的西同地区，文书中出现的应该是指吐蕃统治下的吐谷浑王宫或吐蕃东道节度使衙署。陈践的《若干典型古藏文语词疏译拾遗》[⑦] 系解读过去发表的吐蕃文献中之古词语内涵的系列文章之一。文章指出，这些典型词语，《藏汉大辞典》中虽已收入，但不是文献中之含义，而是与其可以交替的异体字，并用文献例句进行比较说明。李帅的《吐蕃印章初探》[⑧] 指出，吐蕃使用印章在汉、藏文献及金石材料中早有零星记载，但真正引起学界注意是因为敦煌古藏文卷子上发现的印记。文章从文物考古的角度对目前已明确的吐蕃印章和印痕进行分析，并结合已有研究成果和文献材料就吐蕃印章进行初步研究。曾丽容的《敦煌古藏文 P. T. 1286 号文书释读之勘正》[⑨] 认为，史前时期青藏高原上"群雄林立"，各地遍布大大小小的"王"及其所代表的"小邦"，据敦煌 P. T. 1286 号文书所载，这些"邦"不能等同于后世藏文典籍中的"十二小邦"。敦煌文书是对古代高原各地群雄争霸政治格局的真实再现，结合诸多敦煌藏文文书的内容和后世藏、汉文典籍的记载，可以清晰看到雅隆部落从弱小到强大，在统一高原诸小邦

---

① 勘措吉：《从哲蚌寺藏〈蜊蚌经〉谈敦煌藏文写经誊抄年代》，《敦煌研究》2018 年第 4 期。

② 侯文昌：《敦煌吐蕃文租佃契约探析》，《传媒论坛》2018 年第 15 期。

③ 陈践：《敦煌古藏文 zhugs-long-dmar-po 疏译》，《民族翻译》2018 年第 2 期。

④ 韩树伟：《吐蕃契约文书之习惯法研究——以敦煌出土文书为中心》，《西藏大学学报（社会科学版）》2018 年第 2 期。

⑤ 阿旺嘉措：《从敦煌藏文写卷看苯教徒的宗教功能》，《中国藏学》2018 年第 2 期。

⑥ 陆离：《英藏敦煌藏文 IOL Tib J 897 号吐谷浑纳粮文书研究》，《西藏研究》2018 年第 2 期。

⑦ 陈践：《若干典型古藏文语词疏译拾遗》，《民族翻译》2018 年第 1 期。

⑧ 李帅：《吐蕃印章初探》，《文物》2018 年第 2 期。

⑨ 曾丽容：《敦煌古藏文 P. T. 1286 号文书释读之勘正》，《西藏研究》2018 年第 1 期。

之后建立了盛极一时的吐蕃政权，书写了青藏高原历史上浓墨重彩的一章。谢后芳的《试论藏族诗歌古尔与鲁》对藏族民歌和不同时期藏文文献中出现的“古尔”和“鲁”进行了比较研究，认为作为语词，古尔和鲁最初的基本含义相同，都是“歌”的意思，只是修辞色彩不同。古尔是鲁的敬语，《米拉日巴道歌》问世以后，古尔才增加了“道歌”的含义。作为文学样式，古尔和鲁都指吟唱的诗歌，是藏族最早的诗歌形式。文章分赞普传记中的古尔与鲁、卜辞诗歌与鲁、伏藏中的古尔与鲁、《西藏王统记》中的鲁、米拉日巴与道歌、古尔玛的兴起、鲁的发展、《格萨尔》与鲁、藏戏与鲁等 9 个部分对古尔和鲁在历史上的演变和发展进行了阐述。陈践的《若干典型古藏文语词疏译之四》[①] 系解读吐蕃文献中之古词语内涵的系列文章之一。这些典型语词在《藏汉大辞典》中虽已收入，但不是文献中之含义，而是与其可以交替的异体字，文章引用吐蕃文献中之例句加以论证、说明，供同行比较参考。吐送江·依明的《P. T. 1292 古藏文音写回鹘语佛教教义简答手册研究》[②] 在介绍古藏文回鹘语文献整体情况的基础上，对 P. T. 1292 古藏文音写回鹘语佛教教义简答手册进行语文学研究，包括回鹘语转写、注释、汉语翻译，并在部分词条的转写和翻译方面对前人存在的错误予以纠正和补充。杨玉文、冯炎、王倩的《古藏文经书文本背景分割研究》[③] 介绍，藏文古经书是藏族文化宝库中的明珠。但对藏文古经书的保护情况却不容乐观，古藏文经书所采用的藏纸容易腐蚀、变黄。为更好地揭示退化古书所记载的内容，文章提出一种背景估计与提高对比度结合的图像分割方法。该方法先利用 Sauvola 算法对图像进行背景估计，然后用所估计的背景对古经书进行对比度补偿，最后通过二值化算法对图像进行文本背景的分割。王培培的《〈英国图书馆藏斯坦因所获新疆出土古藏文写本〉读后》[④] 指出，《英国图书馆藏斯坦因所获新疆出土古藏文写本》一书公布了斯坦因在新疆地区获得的 702 件古藏文写本文献，绝大多数为首次发表，这是武内绍人梳理英藏古藏文文献的成果之一，虽然对非佛教文献给予了出色的考察和鉴定，但在佛教文献的内容审订方面仍有缺憾。该文对混杂在古藏文写本中的几件汉文佛教文献残片进行了释读，以期为文献学研究提供基础资料。

2. 西夏文文献研究

崔玉谦、刘丽君的《〈日本藏西夏文文献〉收录汉文刻本〈太平惠民合剂局方〉残片考》[⑤]。《日本藏西夏文文献》中收录有一则汉文刻本医方残片，经考证为《太平惠民合剂局方》附《指南总论》卷上《论合和法》卷首部分，结合版本分析汉文《太平惠民合剂局方》刻本残片应是元代刻本，故南宋与西夏之间并无《太平惠民合剂局方》传播的发生。许鹏的《西夏语人称呼应类动词的双音化》[⑥] 认为，前辈学者研究指出西夏语动词存在人称呼应现象，主语为第一、二人称，动词用衍生式，主语为第三人称，动词用基本式，两类动词严格对应。人称呼应类动词用法的变化，可以丰富西夏语词法和句法的研究。杨志高的《有关佛教名相在西夏文经典中的几例标点——以〈慈悲道场忏法〉和〈经律异相〉为例》[⑦] 以汉夏文《慈悲道场忏法》《经律异相》为例，初步梳理了中原地区相关名相的翻译和梵文出处，对涉及的四例佛教名相

① 陈践：《若干典型古藏文语词疏译之四》，《中国藏学》2018 年第 1 期。

② 吐送江·依明：《P. T. 1292 古藏文音写回鹘语佛教教义简答手册研究》，《中国藏学》2018 年第 3 期。

③ 杨玉文、冯炎、王倩：《古藏文经书文本背景分割研究》，《电脑知识》2018 年第 17 期。

④ 王培培：《〈英国图书馆藏斯坦因所获新疆出土古藏文写本〉读后》，《西夏研究》2018 年第 1 期。

⑤ 崔玉谦、刘丽君：《〈日本藏西夏文文献〉收录汉文刻本〈太平惠民合剂局方〉残片考》，《西夏学》2018 年第 1 期。

⑥ 许鹏：《西夏语人称呼应类动词的双音化》，《西夏学》2018 年第 1 期。

⑦ 杨志高：《有关佛教名相在西夏文经典中的几例标点——以〈慈悲道场忏法〉和〈经律异相〉为例》，《西夏学》2018 年第 1 期。

在西夏文经典中的标点作了尝试性探讨，以期为西夏研究积累并提供基础资料。梁松涛的《西夏文〈乌鸣占〉考释》[①] 对俄藏黑水城出土的西夏文《乌鸣占》进行了录文、释读，并与西夏文《十二缘生祥瑞经》、敦煌出土的《乌鸣占吉凶书》进行比较，认为此西夏文《乌鸣占》既不是从敦煌《乌鸣占吉凶书》文献体系传播而来，也不是从印度《十二缘生祥瑞经》占卜体系传播而来。西夏境内所流行的《乌鸣占》带有更多中原文化痕迹，其所依据底本可能与《事林广记》所收《鸦经之图》有比较密切的关系。孔祥辉的《两则未刊俄藏〈天盛律令〉残片考释》[②] 介绍，俄藏黑水城西夏文文献不断刊布，使补充和完善现存各版本的西夏文《天盛律令》成为可能。通过对俄藏黑水城文献的整理，作者发现两页西夏文《天盛律令》残片，其内容不见于现存各版本。经过译释，确定其中一页可补《天盛律令》卷十《官军敕门·边等官获末品条》相关内容，另一页可补卷十四《误打争斗门·杀节亲私和》前后内容。马振颖、赵松山的《西夏文写本、刻本文献中的小图案研究》[③] 指出，现存的西夏文刻本文献中往往可以见到内容丰富的小图案，如小沙弥、花卉、动物、花瓶与佛教相关的物品等，这些图案与它们的载体刻本文献一起，反映了西夏时期高超的雕刻艺术。西夏文写本文献中，同样发现有抄手在抄经时绘于经文中的小图案，形式多样，数量不少。文章通过对以上这些西夏文写本、刻本文献中的小图案进行研究，可以大致了解当时雕版刊刻及抄写经书的背景。分析这些小图案的主要来源，探讨它们在写本、刻本中出现的原因及作用，可以为了解西夏时期的艺术水平提供重要的线索。

梁松涛的《四十年来西夏文学研究的回顾与展望》[④] 指出，40 年来，西夏文学研究经历了起步、发展与相对成熟三个阶段。《俄藏黑水城文献》《英藏黑水城文献》《中国藏西夏文献》等系列文献的相继出版，对西夏文学研究具有里程碑意义，使其由对传世汉文文献的研究逐渐转移到对西夏文文学作品的研究。由于出土文献的特殊性，研究还主要以文献解读为主，对文学作品以外的历史文化研究关注不够，因此需要克服碎片化倾向，在关注微观的同时开展宏观论述。西夏文学与西夏历史等跨学科研究的不断加强，西夏文学与音韵、文字、宗教、文化等学科的交融将是其未来的发展趋势。

于光建的《俄藏 Инв. No. 954〈光定未年典驴贷粮契〉新译释——兼论西夏典当经济研究的几个问题》[⑤] 指出，典当是出让抵押物的一种借贷经济活动。这种典押借贷，债务人只是将抵押物的使用权在债务期限内出让给债权人。西夏《天盛改旧新定律令》中专列《当铺门》详细规定了西夏的典当制度。通过出土典当契约证实，西夏民间典当经济活动基本遵循《天盛改旧新定律令》的法律规定，同时西夏的典当借贷利率基本在50%以下，没有超过法典“本利相等”的最高限定。抵押典当借贷的利率要比无抵押的信用担保借贷利率低。

高奕睿、董永强的《高奕睿及其敦煌汉文写本研究——剑桥大学汉学家高奕睿教授访谈录》[⑥] 系对高奕睿教授进行的学术专访。高奕睿（Imre Galambos），1967 年生于匈牙利，1994 年本科毕业于匈牙利罗兰大学（Loránd University），2002 年获得美国加州大学伯克利分校（University of California，Berkeley）博士学位，现任教于剑桥大学东亚系（Asian and Middle Eastern

---

① 梁松涛：《西夏文〈乌鸣占〉考释》，《西夏学》2018 年第 1 期。

② 孔祥辉：《两则未刊俄藏〈天盛律令〉残片考释》，《西夏学》2018 年第 1 期。

③ 马振颖、赵松山：《西夏文写本、刻本文献中的小图案研究》，《西夏学》2018 年第 1 期。

④ 梁松涛：《四十年来西夏文学研究的回顾与展望》，《西夏研究》2018 年第 4 期。

⑤ 于光建：《俄藏 Инв. No. 954〈光定未年典驴贷粮契〉新译释——兼论西夏典当经济研究的几个问题》，《西夏研究》2018 年第 4 期。

⑥ 高奕睿、董永强：《高奕睿及其敦煌汉文写本研究——剑桥大学汉学家高奕睿教授访谈录》，《国际汉学》2018 年第 5 期。

Studies at the University of Cambridge)。他的主要研究方向为敦煌汉文和西夏文写本的文字研究和古文书学。目前出版有《翻译中国传统与教授西夏文化》(Translating Chinese Tradition and Teaching Tangut Culture)、《汉文写本研究：从战国时代至二十世纪》(Studies in Chinese Manuscripts：From the Warring States Period to the 20th Century)、《写本与行者：一位十世纪西行汉僧的汉藏文书》(Manuscripts and Travellers：The Sino – Tibetan Documents of a Tenth – Century Buddhist Pilgrim)、《早期汉字正字法。新出写本的证据》(Orthography of Early Chinese Writing：Evidence from Newly Excavated Manuscripts) 等著作，发表论文 40 余篇。

汤晓龙的《西夏文〈明堂灸经〉补考》① 介绍，英国国家图书馆收藏的黑水城出土残片中有两件可以确认为《明堂灸经》的西夏文译本。通过与俄罗斯收藏的同书译本对校可知，中原的《明堂灸经》传入西夏后至少产生了两个不尽相同的译本，这说明该书的翻译是未经政府组织的民间行为。孙颖新的《中国历史上最早的通假字书：〈择要常传同训杂字〉》② 介绍，《择要常传同训杂字》是近年出现的一部西夏字书，其主体部分是由同音字或近音字构成的 800 多个字条，这些字多见于西夏佛经的初译本和校译本，呈现出明确的通假关系。该书大约成于 12 世纪中叶至 13 世纪初，是中国历史上最早的一部专为初学者阅读佛经而编写的通假字书，而非如此前的研究所说，是一部解释西夏字形和书体的著作。赵彦龙、扶静的《西夏牲畜买卖契约的性质与程式——西夏契约性质与程式研究之四》③ 介绍，西夏牲畜买卖契约是西夏契约的有机组成部分，现已收录于近年出版的《俄藏黑水城文献》《中国藏西夏文献》等大型文献。文章发现有 15 个编号、22 件牲畜的买卖契约保存了西夏时期牲畜买卖的最为原始的信息，真实而全面地反映了西夏时期基层社会农民因生活迫不得已出售牲畜的现状，是研究西夏时期牲畜买卖和商业、农牧业经济的第一手原始资料。结合程式等从微观上进行探讨，以使人们对西夏牲畜买卖契约的实质及写作技巧等有全面的了解。梁松涛的《黑水城出土西夏文三则治疮医方考述》④ 首次对黑水城出土的三则西夏文治疡医方进行破译、考校，认为这三方用药均为外用药物治疗，其性质应属于西夏民间偏验方，所治疗疾病具有明显的地域特色，其撰者应为西夏民间医家，在少数民族医学史及中医文献史中具有重要地位。孟一飞、杨小花、张晓彪的《基于 MeanShift 算法的西夏文字笔形识别》⑤ 针对西夏字符的智能识别还是一个尚未被深入研究的新领域，提出基于西夏文四角编码规则，通过识别文字的四角构件确定文字的编码，实现对字符的识别。在识别文字构件的环节，文章提出采用 Mean Shift 核估计直方图统计方法，提取特征值，实现智能识别。聂鸿音的《西夏试经补议》⑥ 介绍，西夏法典的有关条款表明，西夏借鉴了中原的试经度僧制度并进行了适当的简化。这种简化与科举制度的简化相适应，都是西夏建国之初党项民族独立心态的反映。西夏政府虽然为不同民族的出家申请人规定了不尽相同的试经内容，但并没有本质的区别。政府允许申请人在应试时自主选择使用党项语和汉语，这可以视为适应本地多民族的具体情况所作出的创新。孙伯君的《西夏文写本〈整驾西行烧香歌〉释补》⑦ 介绍，俄藏黑水城出土文献 инв. №5198 为卷子装写本，残卷首，内容上可与俄藏

---

① 汤晓龙：《西夏文〈明堂灸经〉补考》，《宁夏社会科学》2018 年第 5 期。

② 孙颖新：《中国历史上最早的通假字书：〈择要常传同训杂字〉》，《宁夏社会科学》2018 年第 5 期。

③ 赵彦龙、扶静：《西夏牲畜买卖契约的性质与程式——西夏契约性质与程式研究之四》，《西夏研究》2018 年第 3 期。

④ 梁松涛：《黑水城出土西夏文三则治疮医方考述》，《陕西中医药大学学报》2018 年第 5 期。

⑤ 孟一飞、杨小花、张晓彪：《基于 MeanShift 算法的西夏文字笔形识别》，《广西大学学报（自然科学版）》2017 年第 3 期。

⑥ 聂鸿音：《西夏试经补议》，《北方民族大学学报（哲学社会科学版）》2018 年第 2 期。

⑦ 孙伯君：《西夏文写本〈整驾西行烧香歌〉释补》，《西夏研究》2018 年第 3 期。

《宫廷诗集》甲种本 инв. №121V 所收第七首诗《整驾西行烧香歌》勘同，笔体上与《宫廷诗集》乙种本 инв. №876 一致，可判定 инв876 与 инв5198 为同一卷子断裂而成。由于 инв121V 抄写于纸背，字迹很难辨认，故文字上可据 инв5198 加以勘订；而5198 所残卷首可据 инв121V 加以补足。该文在前人研究的基础上重新整理和译释了全文。高奕睿、麻晓芳的《〈克劳森框架字典〉序言》① 介绍，这本字典是迄今我们见到的第八本西夏文字典，主体内容为 892 页克劳森手稿的彩色影印版。这部字典的序言由高奕睿先生撰写，他结合伦敦大学亚非学院图书馆以及英国国家图书馆所藏的档案资料，介绍了西夏文献资料在英国保存和研究的简史。吴雪梅的《宁夏佑啓堂藏三件西夏文残片考释》② 介绍，宁夏佑啓堂收藏有一批西夏文献，其中不乏国内或国外都未曾有的珍贵文献，也有一些是国内外收藏的同类文献的不同版本。其中编号 No. 11 文献，正面是西夏文《贤智集》首篇《劝亲修善辩》残叶，背面是手抄摘录的西夏文《新集锦合辞》，No. 24 为《金光明最胜王经》舍身品第二十六残叶。这三件文献为研究西夏历史文化提供或补充了新的资料。王巍的《近三十年黑水城出土符占秘术文书研究回顾与展望》③ 指出，近 30 年来，学界对于黑水城符占秘术文书的研究取得了丰硕成果。文章从文书的范围界定、数量统计、性质甄别、录文介绍、考释缀合、年代断定和基于文书的社会文化史研究七个方面入手，回顾和评述目前相关研究成果的贡献和不足，展望与阐述未来研究的思路与方法。吴雪梅、于光建的《新见宁夏佑啟堂藏西夏文〈金刚经〉残片考释》④ 介绍，宁夏佑啟堂收藏有一批西夏文献，有些是国外收藏的同类文献的不同版本，有些是国内或国外都未曾有的珍贵文献。其中三件印本佛经是西夏文《金刚般若波罗蜜多经》残片。这三件西夏文《金刚经》其翻译底本是鸠摩罗什译本，与其他所藏本比较，是新发现的三种西夏文《金刚经》的版本，具有重要的文献学和版本学价值。梁松涛的《黑水城出土 4 则西夏文治热病医方考述》⑤ 首次对黑水城出土的 4 则西夏文治热病医方进行破译、考校，并将这 4 则医方命名为“治热病上火方”“治热病出血不止方”“治热病愈后呕吐不止方”“治热病腹内水蛊方”，认为这组医方应属于西夏民间偏验方性质，应为西夏民间医家所撰，其所依据的医学理论应来自中原医学理论体系。梁松涛的《黑水城出土西夏文治妇人乳病医方 2 则考述》⑥ 首次对黑水城出土的 2 则西夏文治疗妇人乳病医方进行破译、考校，并将这 2 则医方命名为“治妇人内吹乳方”“治妇人乳房黑疖方”。这 2 则医方用药简单，只有 1 味药组成，具有典型的西北民间地域特色，应为西夏党项民族自己的民间医方。王惠民的《西夏文草书〈瓜州审案记录〉叙录》⑦ 介绍，西夏文草书《瓜州审案记录》为天赐礼盛国庆元年至二年（1069—1070 年）瓜州监军使审案记录。该文对这组文献的收藏与研究现状作了梳理，方便学者使用。梁松涛的《黑水城出土西夏文古佚方“顺气化痰丸”考释》⑧ 认为，黑水城出土西夏文古佚方“顺气化痰丸”为治冷痰、呕吐、不能下食之方，3 味药均有助阳散寒、调和脾胃、宽中顺气之功效，合乎本药方主治冷痰、呕吐、不能下食之证。黑水城出土西夏文古佚方组方合乎中医传统辨证医理，所载药物、剂量、炮制方法及行文等均与一般汉文医药传统相同，故本西夏文药方所依据的底本可能

① 高奕睿、麻晓芳：《〈克劳森框架字典〉序言》，《西夏研究》2018 年第 3 期。
② 吴雪梅：《宁夏佑啓堂藏三件西夏文残片考释》，《西夏研究》2018 年第 3 期。
③ 王巍：《近三十年黑水城出土符占秘术文书研究回顾与展望》，《西夏研究》2018 年第 3 期。
④ 吴雪梅、于光建：《新见宁夏佑啟堂藏西夏文〈金刚经〉残片考释》，《宁夏社会科学》2018 年第 4 期。
⑤ 梁松涛：《黑水城出土 4 则西夏文治热病医方考述》，《河北中医》2018 年第 6 期。
⑥ 梁松涛：《黑水城出土西夏文治妇人乳病医方 2 则考述》，《江西中医药大学学报》2018 年第 4 期。
⑦ 王惠民：《西夏文草书〈瓜州审案记录〉叙录》，《敦煌学辑刊》2018 年第 2 期。
⑧ 梁松涛：《黑水城出土西夏文古佚方“顺气化痰丸”考释》，《河南中医》2018 年第 6 期。

为某种已佚的汉文医籍。段玉泉的《出土西夏文藏经函号木牍及校勘记录》① 介绍，英藏黑水城文献中存有一组西夏文木牍，学界此前未能对这组木牍的性质作出判定。今综合这组材料并结合英藏 Or. 12380/3561 纸质文献，可以判定这组木质材料为西夏文藏经函号木牍，同时也可以判定 Or. 12380/3561 纸质文献为西夏文藏经的校勘记录。这组函号木牍及藏经校勘记录的发现，为西夏文佛经乃至《西夏文大藏经》的管理收藏情况研究提供了十分珍贵的实物资料，两种不同材料之间的相互佐证，也为出土西夏文材料解读提供了一个新的视角。魏淑霞的《西夏文〈密迹金刚力士会第三之六〉考释》② 介绍，《密迹金刚力士会第三之六》为西夏文《大宝积经》第三会之第六品，西晋三藏竺法护译，文献前半部分残缺。该文对其进行全文译释，译释过程中对部分西夏文字、词、句及西夏文本与汉文本内容不一致的地方进行了校注说明。

魏安著、麻晓芳译的《新见西夏字书初探》③ 讨论的是 2014 年于北京拍卖的一本鲜为人知的西夏文刻本字书。作者对文献内容进行了初步分析。该字书除前言外由两部分组成，序文部分按照西夏文字构件的次序列举了西夏文草书字例；字书主体部分由一系列能够成词的西夏文字构成，大部分字例后以小字列出同音字。字书结尾标题表明该字书由一些已经亡佚的不同西夏文专著编辑缩减而成。蔡莉的《西夏佛典疑伪经研究综述》④ 认为，西夏文献中大部分为佛教经典，其中有些是佛教在中国本土传播过程中产生的疑伪经，对西夏佛教史、社会文化史乃至中国佛教疑伪经研究具有重要意义。目前西夏疑伪经研究呈现出“重文字，轻内涵”的特点，没有充分挖掘其历史文化价值，应重视对思想内涵的分析和整体性考察。梁松涛的《黑水城出土两则西夏文治妇科病方考述》⑤ 通过黑水城出土的两则西夏治妇科病方，探讨了西夏民族的医学理论与中原医药文化的交流及相互影响。文章认为，西夏医学理论多借鉴中原医学理论，其医学水平远远低于中原医学水平，反映了中原医学文化对周边民族医学有深刻的影响。和智的《〈天盛改旧新定律令〉补考五则》⑥ 介绍，根据《俄藏黑水城文献》所载图版，从克恰诺夫俄译本到史金波、聂鸿音、白滨译注的《天盛律令》，均未译卷二《戴铁枷门》、卷五《季校门》、卷一三《执符铁箭显贵言等失门》和卷一七《物离库门》中的 6 条款文。《俄藏黑水城文献》《天盛改旧新定律令》卷五衍十面图版，卷一一衍一面图版，卷二〇衍四面图版，均为整理时的误置，应删去。赵天英的《俄藏黑水城文献 No. 5870 西夏文草书借贷契研究》⑦ 将西夏文草书转録成楷书，译为汉文，并进行初步研究。各契约形制规范，清楚地记录了出贷人、贷粮种类与数量、利率、借贷期限、违约赔付及借贷人和证人等信息，展现出西夏粮食借贷的原始面貌。契约内容不仅与法律条文互相呼应，还处处体现着规避风险的措施。多样的利率不仅有助于对西夏粮食借贷利率的了解，也有助于理解西夏文对利率的表述方式。梁松涛的《黑水城出土二则西夏文治脾胃医方考述》⑧ 通过对出土的黑水城西夏文调理脾胃的宽中散、八味丸二则医方进行西夏文录文、整理、翻译、考校，并结合中原中医典籍，认为此二则医方的底本应来源于中原已亡佚医籍，中原医学对周边少数民族医学的发展产生了深远的影响。潘洁的《西夏租役草考述》⑨ 认为，租役草是在两税法大背景下实行的赋役制度，其以土地为征收

① 段玉泉：《出土西夏文藏经函号木牍及校勘记录》，《宁夏社会科学》2018 年第 3 期。
② 魏淑霞：《西夏文〈密迹金刚力士会第三之六〉考释》，《西夏研究》2018 年第 2 期。
③ 魏安、麻晓芳：《新见西夏字书初探》，《西夏研究》2018 年第 2 期。
④ 蔡莉：《西夏佛典疑伪经研究综述》，《西夏研究》2018 年第 2 期。
⑤ 梁松涛：《黑水城出土两则西夏文治妇科病方考述》，《山西中医学院学报》2018 年第 2 期。
⑥ 和智：《〈天盛改旧新定律令〉补考五则》，《中华文史论丛》2018 年第 1 期。
⑦ 赵天英：《俄藏黑水城文献 No. 5870 西夏文草书借贷契研究》，《中华文史论丛》2018 年第 1 期。
⑧ 梁松涛：《黑水城出土二则西夏文治脾胃医方考述》，《甘肃中医药大学学报》2018 年第 1 期。
⑨ 潘洁：《西夏租役草考述》，《中国史研究》2018 年第 1 期。

依据，履亩计算，是西夏农户所要承担的基本赋役。梁松涛的《黑水城出土二则西夏文治杂病医方考》① 通过破译黑水城出土的二则西夏文治杂病医方，探讨西夏民族医学的发展概况及与中原医药文化的交流与融合。文章认为，西夏医学的医理多遵从中原医学理论，同时又具有自己独特的西北民族特色，中原医学文化对周边民族医学有着深刻的影响。李晓春、彭向前的《西夏文草书〈礼记〉异文一则》② 认为，西夏文草书《孝经传》传文所引《礼记》中的一段文字，与传统中文典籍中的《礼记》所载不同。有可能是吕惠卿当年为《孝经》作注时别有所本，也可能是他本人揆诸情理而作了改编。即便是后者，也反映出新宋学派的大胆“疑经”精神，并为《礼记》中的这段文字提供了一种新的注释。梁松涛的《黑水城出土西夏文三则治恶疮医方考述》③ 首次对黑水城出土的三则西夏文治恶疮医方进行破译、考校，并将这三则医方命名为“不知名治疮方”“治黑疮方”“治一切恶疮方”，所用药物均为外用方药，这三则医方应为西夏民间所流行的经验医方，具有西夏本土民族特色。聂鸿音的《诸葛亮〈将苑〉考补》④ 介绍，宋人托名诸葛亮所著的《将苑》凡50章，存世本最早不过明代。英国国家图书馆收藏的一个西夏文译本残卷在一定程度上反映了该书初编时的面貌。这个译本缺少“东夷”“南蛮”“西戎”三章，为当初的翻译底本残佚，其余部分表明早期的《将苑》只有42章，今本多出的8章为后人增补。西夏译者的翻译手法在已知的文献中最为灵活，译文并不像佛经译本那样严守原文语句，但整体意思的表达简明无误。韩树伟的《黑水城出土西夏文契约文书之习惯法研究》⑤ 认为，黑水城遗址出土的西夏文书中，存有大量的契约文书。从文书形制、内容以及特点看，买卖契、借贷契、租赁契、雇佣契等西夏契约既承袭了中原汉式契约的传统格式，又呈现出西夏王国自身的习俗和政治经济生活现实的特点，具有重要的史料价值。罗将的《黑水城出土西夏文卖地契中的违约条款探析——兼与敦煌契约比较》⑥ 介绍，黑水城出土西夏卖地契在形制、内容方面多吸收唐宋契约，体现出契约文化的继受性，但违约后依律令承罪，高昂的罚金是其不同于敦煌契约之处，违约条款内容更加丰富，体现了该民族独特的法律文化。梁松涛的《黑水城出土二则西夏文妇人产后医方考述》⑦ 首次对黑水城出土的二则西夏文医方进行破译、考校，并将此二则医方拟名为“治妇人产后恶露不净方”“治妇人产后渴不止方”，这两则医方用药简单，只有一味药物，此方民间偏方色彩浓厚，应为西夏党项族治疗妇人产后疾病的民间医方。李晓春的《西夏文书籍装帧艺术特点初探》⑧ 通过对西夏文书籍装帧的特点进行研究和探索，发现西夏书籍无论是装订形式还是版面装饰，都将他们朴素的民族文化、审美特点与汉族艺术风格相融合，并从汉族艺术风格中吸取精华，从而创造出西夏时期独特的人文形态。梁松涛的《黑水城出土西夏文古佚医方“半夏茯苓汤”考述》⑨ 对黑水城出土的一则西夏文药方进行翻译、释读与考校，这则医方不存方名，组方药物有白茯苓、陈皮、半夏、木香，据其所治疗疾病的症状气喘痰积，将其拟名为“半夏茯苓汤”。从其组方特点、治

---

① 梁松涛:《黑水城出土二则西夏文治杂病医方考》,《浙江中医药大学学报》2018年第2期。

② 李晓春、彭向前:《西夏文草书〈礼记〉异文一则》,《西夏研究》2018年第1期。

③ 梁松涛:《黑水城出土西夏文三则治恶疮医方考述》,《长春中医药大学学报》2018年第1期。

④ 聂鸿音:《诸葛亮〈将苑〉考补》,《文献》2018年第1期。

⑤ 韩树伟:《黑水城出土西夏文契约文书之习惯法研究》,《青海民族研究》2018年第1期。

⑥ 罗将:《黑水城出土西夏文卖地契中的违约条款探析——兼与敦煌契约比较》,《青海民族研究》2018年第1期。

⑦ 梁松涛:《黑水城出土二则西夏文妇人产后医方考述》,《湖南中医药大学学报》2018年第1期。

⑧ 李晓春:《西夏文书籍装帧艺术特点初探》,《创意与设计》2017年第6期。

⑨ 梁松涛:《黑水城出土西夏文古佚医方“半夏茯苓汤”考述》,《南京中医药大学学报(社会科学版)》2017年第4期。

疗症状可以推断其来自中原医学，其所据底本可能为某种已佚的中文医方。孟一飞等的《基于西夏古籍文字样本数据库设计与实现》[①] 介绍，随着计算机技术的发展和在文字处理方面的应用，西夏文数字化逐渐开展，西夏文的图像分割和识别对开展文物研究以及文献翻译具有非常重要的价值，但制约西夏文识别的关键在于西夏文数据库的建立。文章针对西夏文字的特点，设计了针对字符提取和样本数据库建立的具体流程，并讨论了数据库检索的组织和方法。依据连通域标识算法和边缘检测的原理进行字符提取，再将所提取的字符信息储存在我们指定的文本中。最终将所提取到的西夏文字与汉字进行匹配，保存后即完成一个包括西夏文字、汉字以及它们多对应的序号等信息的样本数据库的创建，数据库的建立对西夏文字的识别提供了测试标准。景永时、王荣飞的《未刊布的西夏文刻本〈碎金〉考论》[②] 介绍，西夏文《碎金》是诸多西夏文字书中的一种，20 世纪以来在西夏黑水城遗址及其他遗迹中发现多个文本，受到学者们的关注和研究。但学者们所关注和研究的都是收藏于俄、英以及中国有关单位的手抄本，而出土于黑水城遗址、收藏在俄罗斯科学院东方文献研究所的该文献刻本似乎被人们遗忘，一直没有人对其进行介绍、解读和研究。该文就俄藏黑水城遗址出土的刻本西夏文《碎金》的残存情况、版本特点及价值等进行考论，以期对西夏文《碎金》有更全面的了解和认识。杨冰华的《莫高窟第 61 窟甬道北壁西夏重修供养人像蠡探》[③] 介绍，莫高窟第 61 窟是曹氏归义军节度使曹元忠的功德窟。西夏重修甬道时在南北两壁绘制大幅炽盛光佛出巡与回归图，北壁中间女性供养人像有改绘痕迹。有关其身份，学界有僧守朗说、西夏国师说、速来蛮西宁王说等三种观点。该供养人像配备持伞盖侍从，参考西夏史籍及黑水城出土佛经发愿文，其身份很有可能是西夏晚期的皇（太）后。另外，西夏仁宗及皇后罗氏笃信佛教，多次举行大规模法会活动，亲赴河西礼佛烧香。因而，该供养人可能是罗太后。赵生泉的《甘肃天祝出土西夏文“首领”铜印献疑》[④] 介绍，〈正〉《甘肃省博物馆文物精品图集》著录一方“西夏文「首领」铜印”，相关说明文字称：印高 3. 1cm，印宽 5. 3cm，印面近方形，圆角。印文为西夏文九叠篆两个字，阳文，汉译为“首领”二字。印背左右两边各刻一行西夏文行书，右边一行 5 个字，汉译为“应天龙兔年”，是颁印的时间。左边一行 7 个字，汉译为“首领居地乙乙居”，是司印者的官职、姓名。印钮上端有一个西夏字，汉译为“上”字。这方首领印，对研究西夏历史有重要意义。彭向前的《关于西夏圣容寺研究的几个问题》[⑤] 指出，西夏文献中出现的圣容寺只有一座，即今甘肃永昌圣容寺，其前身为号称河西第一名寺的感通寺。圣容寺的西夏文写法有两种，除西夏陵残碑中的写法外，又在《感通塔碑》西夏文碑铭中发现另一种新的写法。圣容寺得名始于西夏，而非以往所说的吐蕃时期。寺名中的“圣容”应具有双重含义，既指石佛瑞相，又指西夏帝后神御。段玉泉的《新见英藏西夏文〈杂字〉考释》[⑥] 介绍，英藏黑水城文献 Or. 12380/1843 共 37 个残叶，刊布于“国际敦煌项目（IDP）”数据库，为《英藏黑水城文献》未刊布之材料，是目前所见西夏文《杂字》的一个全新刻本。其与之前刊布的 Or. 12380/2236、1006、1007、1008、1009、1010、1011 等残叶出土编号皆为 K. K. Ⅲ. 019，文献形制一致，内容亦能衔接，应为同一件刻本断裂下来的残片。新见英藏《杂字》可以补俄藏《杂字》大量残

① 孟一飞、杨文慧、谢堂健、戴雪瑞：《基于西夏古籍文字样本数据库设计与实现》，《电脑与信息技术》2017 年第 6 期。

② 景永时、王荣飞：《未刊布的西夏文刻本〈碎金〉考论》，《敦煌学辑刊》2017 年第 4 期。

③ 杨冰华：《莫高窟第 61 窟甬道北壁西夏重修供养人像蠡探》，《敦煌学辑刊》2017 年第 4 期。

④ 赵生泉：《甘肃天祝出土西夏文“首领”铜印献疑》，《中国书法》2017 年第 23 期。

⑤ 彭向前：《关于西夏圣容寺研究的几个问题》，《西夏学》2017 年第 1 期。

⑥ 段玉泉：《新见英藏西夏文〈杂字〉考释》，《西夏学》2017 年第 1 期。

缺，同时也出现不少异文资料，对于配补及校勘西夏文《杂字》具有较高文献学价值。杨志高的《西夏文〈经律异相〉中的佛、俗时间概念》① 以西夏文《经律异相》为材料来源，梳理了其中有关佛、俗两方面几组夏译汉文时间概念，简单探讨了它们产生的原因，列举了其在不同语境下的义项、词语搭配，以求抛砖引玉，并为西夏语研究提供基础语料。和智的《西夏文〈圣立义海〉翻译中的若干语法问题》② 认为，克恰诺夫、李范文、罗矛昆的《圣立义海研究》首次对《圣立义海》作了整理、翻译与研究，纠正了原件整理时的页码编排错误，译文基本准确，为学术界提供了一个可用的文本。但译文中仍然存在了一些值得商榷的问题。该文拣选若干语法问题作校勘和补充。赵生泉的《西夏文"草书"书写特征举隅》③ 介绍，西夏文创制成功后，因为实用因素的推动，特别是为了提高书写效率，用时 30 余年即产生了草体。凡是在日用场合出现的西夏文楷体字，都可能会被"草"化。与楷体、篆体相比，西夏文草体的形态变化虽然很大，但笔画、部件之间的结构关系大体未变，变的主要是点画形态；只有当笔势、笔顺都有调整时，才会导致笔画间组合关系发生变化。张九玲的《西夏本〈大随求陀罗尼经〉初探》④ 介绍，西夏本《大随求陀罗尼经》是西夏的藏传"五部经"之一，该文对该经的初译本和校译本进行了对勘，同时对经书中译自藏文的佛教术语进行了考释，旨在总结西夏仁宗皇帝的校经原则和规律，为西夏语言研究提供新材料。史金波的《西夏时期的灵州》⑤ 对西夏时期的灵州历史，特别是重要事件进行了梳理。文章分析了灵州在西夏突出的政治、军事地位，指出其具有西夏陪都、辅郡的性质。西夏的多位皇帝都到过灵州。着重以黑水城出土的西夏文文献西夏法典《天盛律令》等考证灵州的官府建制，对设在灵州的经略司、大都督府、监军司、刺史等做了详细论证，并与汉文文献所载西平府做了对照研究。为了解西夏时期灵州的历史和社会面貌提供了重要资料，填补了这一段历史的诸多空白。王颖的《西夏契约文书研究的现状、问题与展望》⑥ 指出，西夏契约文书研究是西夏学的重要组成部分，随着国内外藏西夏契约文书的陆续刊布，西夏契约文书在整理研究、考释研究、要素研究、类型研究、制度研究等方面取得了不少成果。但不容忽视的是，当前西夏契约文书研究在整理、考释、研究方法和视域等方面尚存在一些问题。文章认为，推进西夏契约文书的考释工作和整理汇编，研究方法上静态与动态相结合、个案和总体相结合、注重比较研究，研究视域上多元与交叉相结合应是西夏契约文书研究继续发展的可行出路。罗海山的《"嵬名法宝达卖地文书"年代考》⑦ 介绍，传统观点认为，"嵬名法宝达卖地文书"是西夏文书，但从嵬名法宝达身份、夏元亲邻法律、文书中土地四至、立约时间、文书名称"帐目"、量器"市斗"以及立约人的籍贯身份等因素综合考虑，将其定为蒙元时期更为合理。孙伯君的《藏传佛教"大手印"法在西夏的流传》⑧ 通过黑水城出土西夏文献的记载，梳理了藏传"大手印"法在西夏的传行情况。指出西夏所传"大手印"法多为 12 世纪藏传佛教著名经师所传授，这些文献不仅反映了藏传佛教在西夏的传行情况，还是西藏本土各个宗派所传早期教法的一个缩影，从而可以弥补藏文佛教史料记载的缺失。汤君的《西夏文学研究的回顾与展望》⑨ 介绍，相对于异常丰富的中国古代文学的研究，

---

① 杨志高：《西夏文〈经律异相〉中的佛、俗时间概念》，《西夏学》2017 年第 1 期。

② 和智：《西夏文〈圣立义海〉翻译中的若干语法问题》，《西夏学》2017 年第 1 期。

③ 赵生泉：《赵生泉西夏文"草书"书写特征举隅》，《西夏学》2017 年第 1 期。

④ 张九玲：《西夏本〈大随求陀罗尼经〉初探》，《西夏学》2017 年第 1 期。

⑤ 史金波：《西夏时期的灵州》，《西夏学》2017 年第 1 期。

⑥ 王颖：《西夏契约文书研究的现状、问题与展望》，《西夏学》2017 年第 1 期。

⑦ 罗海山：《"嵬名法宝达卖地文书"年代考》，《西夏学》2017 年第 1 期。

⑧ 孙伯君：《藏传佛教"大手印"法在西夏的流传》，《西夏学》2017 年第 1 期。

⑨ 汤君：《西夏文学研究的回顾与展望》，《西夏学》2017 年第 1 期。

西夏文学的本来面目及相关研究成果目前尚不被绝大多数古代文学研究者所了解和认知。该文尝试呼吁建立稳定、专门、具备西夏文解读和外语著述解读的古典文学研究基础成熟的研究队伍；同时加强对西夏文学史料的收集、整理和公布。张竹梅的《试论西夏文韵图〈五音切韵〉的开合口排列问题——以成对韵字为例》[①] 通过汉语译音字来考查《五音切韵》105 韵图中成对韵字的开合口现状，发现在可资比较的 66 个韵图中，符合“单开双合”排列的仅 13 图，视同“单开双合”排列的 8 图，不完全相符合的则有 45 图，而且不能形成对称的独栏韵字的开合口情形亦大致如此。《五音切韵》韵图中韵字“单开双合”排列的说法不能得到支持。胡进杉的《西夏文行书述要》[②] 认为，行书是楷书与草书中间的字体，留存的西夏文文献行书主要用于抄本，包括宗教典籍和世俗文献，资料非常丰富；行书是楷书和草书的中介，为了书写的迅速，借用省笔、连笔，以及用同一种符号分别代表楷书的不同字素写法，并进一步省略而形成草书，因此行书除了可窥见楷书到草书演变的轨迹，于西夏文草书文献的解读，亦多所助益。文章通过西夏文行书文献解读释例，分析认为西夏文行书写法并未统一，由楷书简化而成的行书再予以简化就形成草书，变化不若汉文行书的丰富多彩。孙昌盛的《西夏藏传文献中所见印度大成就者毗卢巴事迹译注》[③] 指出，西夏文藏传续典《吉祥遍至口合本续之广义文》记载了印度大成就者毗卢巴饮酒指日、降伏外道空行母等证道传奇事迹。毗卢巴的事迹被译成西夏文并在西夏流传，表明他在西夏广受推崇，在一定程度上反映了毗卢巴所传道果法在西夏的流行。段玉泉的《西夏文〈圣胜相顶尊母成就法〉考释》[④] 指出，英藏 Or. 12380/3898 号西夏文献旧题“圣顶尊胜相佛母供顺”，今据藏文本及西夏语法解读成果改译为“圣胜相顶尊母成就法”。西夏文本残缺较多，论文利用残存文字资料并参照德格版同题藏文文献大致拼配译出《圣胜相顶尊母成就法》的汉译本。王培培的《西夏谚语中的佛教因素》[⑤] 指出，佛教作为西夏的国教已经渗透在社会生活的各个方面，西夏谚语作为反映本民族生活实践经验的总结，也涉及佛教的内容。其作者梁德养在编排谚语的时候是考虑了佛教内容的，不论是内容还是教义，西夏谚语都与佛教有着不可忽视的关系。孙飞鹏的《英藏黑水城西夏文〈华严经普贤行愿品〉残件整理与校勘》[⑥] 对《英藏黑水城》中《华严经普贤行愿品》残片进行释读、缀合及版本研究，纠正了几处错定他名的该经残片；新考证的一些残片可以对目前所见最完整的甘肃藏本内容进行补足，大致勾勒出一部完整的西夏文《华严经普贤行愿品》；比较了不同西夏本之间及汉文本与西夏文本间内容的差异；发现了现存汉文本《华严经普贤行愿品》中“普贤长颂”内容的缺失，参照西夏文本可以对汉文本进行补足；刻经人酩布慧明所刻印之《华严经普贤行愿品》为相关佛经的雕刻人判别及断代提供了新材料。杨富学的《莫高窟第 61 窟甬道为元代西夏遗民营建说》[⑦] 介绍，敦煌莫高窟第 61 窟甬道近期被推定为西夏国时期之物，作者认为西夏时代敦煌地位不彰，元代后期敦煌成为蒙古西宁王所在地，经济发达，文化昌明；文殊洞外的皇庆寺由西宁王速来蛮修建，此人驻守敦煌 20 余年，却被误读为访客；助缘僧多用汉文西夏文合璧题名，被误认为西夏国时代特有现象，其实元代西夏文更流行，汉夏合璧题名更

① 张竹梅：《试论西夏文韵图〈五音切韵〉的开合口排列问题——以成对韵字为例》，《西夏学》2017 年第 1 期。

② 胡进杉：《西夏文行书述要》，《西夏学》2017 年第 1 期。

③ 孙昌盛：《西夏藏传文献中所见印度大成就者毗卢巴事迹译注》，《西夏学》2017 年第 1 期。

④ 段玉泉：《西夏文〈圣胜相顶尊母成就法〉考释》，《西夏学》2017 年第 2 期。

⑤ 王培培：《西夏谚语中的佛教因素》，《西夏学》2017 年第 2 期。

⑥ 孙飞鹏：《英藏黑水城西夏文〈华严经普贤行愿品〉残件整理与校勘》，《西夏学》2017 年第 2 期。

⑦ 杨富学：《莫高窟第 61 窟甬道为元代西夏遗民营建说》，《西夏学》2017 年第 2 期。

是元代多见、西夏国时代少见；甬道南北壁的助缘僧题名，汉姓与西夏姓各居其半，与元代情况近似，而与西夏国时代迥然有别；甬道北壁的供养人被误解为僧人守朗或西夏国师，甚至被误视作出家为尼的西夏罗太后，其实应为元代后期施资重修莫高窟61窟甬道和皇庆寺的施主西宁王速来蛮，其瘗窟很可能就在该窟甬道之北壁。莫高窟第61窟是元代敦煌西夏人在蒙古豳王家族支持下重修的，可称作元代西夏遗民窟。梁松涛的《黑水城出土西夏文“车前子丸”考述》[①] 介绍，黑水城出土的1则西夏文草书抄本医方“万病共治车前子丸”，刊布于《俄藏黑水城文献》第10册，编号为 ИНВ. NO. 4384。该方由肉苁蓉、牛膝、车前子、白茯苓、官桂、附子、菟丝子、炮姜组成，主要功用为补肾阳、益肾精，与中原汉医方有密切渊源，所依据底本可能为某种已佚的汉文医籍。祁萌的《我与西夏语——林英津老师访谈录》[②] 以访谈形式介绍了著名西夏学专家林英津女士，涉及求学、治学两方面内容，全面反映了其在西夏学研究方面的发展历程。同时，以个人心得体会的形式寄语广大西夏学研究者。麻晓芳的《俄藏西夏文〈佛说瞻婆比丘经〉残卷考》[③] 对俄罗斯科学院东方文献研究所收藏的 инв. №42 西夏写本《佛说瞻婆比丘经》残卷进行译释，并对文中涉及的佛教术语及西夏文虚字进行了初步探讨，旨在为研究西夏佛教史以及西夏语提供一份基础性语料。王龙的《俄藏西夏文〈瑜伽师地论〉卷八十八考释》[④] 对俄罗斯科学院东方文献研究所藏的西夏文《瑜伽师地论》卷八十八进行了释读，并就其文献的版本和相关注释术语作了探讨。赵天英、于孟卉的《甘肃省博物馆藏西夏应天丁卯年首领印正误》[⑤] 介绍，甘肃省博物馆藏有一方西夏首领印，2006年《甘肃省博物馆文物精品图集》将其收录其中，却误将印面图版配为同为该馆所藏的北元宣光二年中书右司都事厅印的印面，误导了许多学者。2015年《西夏文物·甘肃编》刊布了正确的印面图版，提供了更详尽的文字描述，正确释读了印背人名“居地隐藏犬”和年款“应天丁卯年”，遗憾的是却将馆藏地点“甘肃省博物馆”误作“张掖地区博物馆（今张掖市甘州区博物馆）”。作为《西夏文物·甘肃编》文字主要编纂人，作者有责任厘清以往的错误，消除误解。张玉海的《莫高窟榆林窟西夏文题记所见人名姓氏浅析》[⑥] 介绍，敦煌莫高窟、安西榆林窟中有38窟共存西夏文题记92处，235行，1300余字，是研究西夏语言文字、佛教及西夏姓氏与民间习俗的珍贵资料。题记中双姓氏结构的现象可以窥见当时不同民族间与同一民族内部不同部族间以婚姻为纽带而形成的民族融合及其对原来民族影响的影子。而鲜卑从族名转为番姓的史实从另一个侧面揭示了中古民族间形成、融合与相互转化的一般规律。崔红芬的《西夏文〈过去庄严劫千佛名经〉发愿文之西北方音及相关问题》[⑦] 通过对国图藏元刊西夏文《过去庄严劫千佛名经》发愿文重读和考证，指出发愿文中一些用词具有明显的西北方音特色，并以此为基础对学界有争议的两个西夏文年号重新考证，认为其分别是治平年、熙宁年。梁松涛的《黑水城出土西夏文3则治妇科病方考释》[⑧] 指出，黑水城出土的西夏文医方文献（编号 ИНВ. No. 6476）第二部分为“妇科病救治方”，存医方15首，皆不存方名，其中3首可拟为“治女阴出血方”“治妇人体内生血瘕方”“治妇人血病不止方”。方中用药1—5味，多使用西北本土药材，组方

① 梁松涛：《黑水城出土西夏文“车前子丸”考述》，《中华医史杂志》2017年第6期。

② 祁萌：《我与西夏语——林英津老师访谈录》，《西夏研究》2017年第4期。

③ 麻晓芳：《俄藏西夏文〈佛说瞻婆比丘经〉残卷考》，《西夏研究》2017年第4期。

④ 王龙：《俄藏西夏文〈瑜伽师地论〉卷八十八考释》，《西夏研究》2017年第4期。

⑤ 赵天英、于孟卉：《甘肃省博物馆藏西夏应天丁卯年首领印正误》，《西夏研究》2017年第4期。

⑥ 张玉海：《莫高窟榆林窟西夏文题记所见人名姓氏浅析》，《宁夏社会科学》2017年第6期。

⑦ 崔红芬：《西夏文〈过去庄严劫千佛名经〉发愿文之西北方音及相关问题》，《宁夏社会科学》2017年第6期。

⑧ 梁松涛：《黑水城出土西夏文3则治妇科病方考释》，《中华医史杂志》2017年第5期。

也有西北地域特色，其作者应为西夏本土民间医家。

史金波的《西夏文社会文书对中国史学的贡献》[①] 指出，近代出土的大批西夏文社会文书的发现和刊布，为历史文献缺乏的西夏学增添了新的资料，催生了西夏社会文书学的诞生。这批社会文书填补了11—13世纪中国社会文书的空白，不少文书为中国政治史、军事史、经济史提供了很多新的、原始性资料。这些文书不仅对西夏社会研究具有重要意义，为补充中国历史上西夏社会的缺环作出了明显的贡献，而且因同时代宋、辽、金王朝与西夏有着密切的关系，它还具有整个时代的典型意义，特别是其中的一些文书，作为中国古代史上独特或稀见的珍品，也为中国史学提供了新的资料，做出了新贡献。彭向前的《西夏文草书〈孝经传序〉译释》[②] 在前人研究的基础上，以专文的形式对西夏文《孝经传序》重新作出译释，译释工作包括楷书转写、校勘、对译、汉译、注释等，使这篇序言的主要内容首次向学界展现出来。从中我们可以了解吕惠卿编写《孝经传》的缘起、编写过程及其政治目的等，为研究北宋新经学派及破解西夏文草书提供一份不可多得的新资料。孙颖新的《英国国家图书馆藏〈孝经〉西夏译本考》[③] 指出，黑水城出土的夏译《孝经》写本今藏英、俄两国，分别译自唐玄宗李隆基注《孝经》和北宋吕惠卿著《孝经传》。文章通过对英藏本进行释读，比对俄藏本，发现两个译本行文差别巨大，应是出自不同译者之手。根据两者翻译方法的不同，可以推断英藏本的译出时间要早于俄藏本。王龙的《藏传〈圣大乘胜意菩萨经〉的夏汉藏对勘研究》[④] 通过对勘比较，指出《圣大乘胜意菩萨经》的西夏文本并非直接译自藏文本，而是根据汉文本转译的，并且西夏文残缺卷首题款与汉文本基本一致，由此可以了解到西夏时期某些番、汉两译佛经可能是先翻译成汉文，然后再根据汉文翻译成西夏文。基于这一认识，可据西夏文本和《佛说圣大乘三归依经》卷尾发愿文，补全《圣大乘胜意菩萨经》汉文本之残佚部分。

王龙的《西夏文献中的回鹘——丝绸之路背景下西夏与回鹘关系补证》[⑤] 综合考察了存世西夏文献中明确提及回鹘的资料并加以翻译，展现出西夏与回鹘的密切关系以及双方奉使往来的方方面面，为西夏与回鹘关系提供了一些佐证。一方面，自8世纪后期至11世纪前期，回鹘与中原各政权保持着政治、经济和文化上的密切联系；另一方面，回鹘又先后与吐蕃、西夏在丝路上展开了激烈的争斗。史金波的《俄藏No. 6990a西夏书仪考》[⑥] 对保存比较完整的Инв. No. 6990a号书仪文书作出翻译，进行初步诠释。文章指出，书仪中使用了多种占星术、星命学的词语，可知西夏接受中原星占术浸染，流行星命占卜。书仪最后部分的七言八句赞诗，从“颔联”与“颈联”对仗、双句押韵、平仄格律方面确定为比较典型的传统七言律诗。这是所见西夏文文献中第一次发现律诗，显示出西夏诗歌文学的一个重要侧面，可以看到中原传统文学对西夏的影响至深。高山杉的《有关〈华严法界观通玄记〉的几个新发现》[⑦] 指出，夷门广智大师本嵩集《华严法界观通玄记》，是宋代华严宗的重要著述，有宋版、明版和明抄本传世，影响遍及整个东亚世界，甚至被翻译成西夏文。西夏文译本的写本残册出土于黑水城，仅存卷下。除西夏文译本外，贺兰山山嘴沟石窟出土的编号K2：158的西夏文写本残页，

① 史金波：《西夏文社会文书对中国史学的贡献》，《民族研究》2017年第5期。

② 彭向前《西夏文草书〈孝经传序〉译释》，《宁夏社会科学》2017年第5期。

③ 孙颖新《英国国家图书馆藏〈孝经〉西夏译本考》，《宁夏社会科学》2017年第5期。

④ 王龙：《藏传〈圣大乘胜意菩萨经〉的夏汉藏对勘研究》，《北方民族大学学报（哲学社会科学版）》2017年第5期。

⑤ 王龙：《西夏文献中的回鹘——丝绸之路背景下西夏与回鹘关系补证》，《宁夏社会科学》2018年第1期。

⑥ 史金波：《俄藏No. 6990a西夏书仪考》，《中华文史论丛》2018年第1期。

⑦ 高山杉：《有关〈华严法界观通玄记〉的几个新发现》，《中山大学学报（社会科学版）》2018年第2期。

经释读证明是一部迄今未知的有关《通玄记》的注疏，这更是西夏学的全新发现。麻晓芳的《西夏文〈药师琉璃光七佛本愿功德经〉的草书译本》① 介绍，据俄藏黑水城出土的 инв. №909 草书写本卷末补充题款，可知该写本为西夏永平皇帝时期的译本，内容为《药师琉璃光七佛本愿功德经》下卷，译自唐义净所译同名汉文佛经，通过与仁宗时期楷书写本佛经残卷 инв. №7827 进行对勘，发现两者并非通常认为的初译本与校译本的关系。孙伯君的《西夏文相马、养马法〈育骏方〉考释》② 指出，俄藏黑水城文献 инв. №2554 共收录5 种西夏文文本，概有卜卦书4 种，相马、养马方1 种，其中第五种《育骏方》也包括“马色旋凶占法”。文章首次公布了西夏文《育骏方》的录文，并参考《事林广记》《元亨疗马集》等记载给出译文。认为，西夏文《育骏方》可为研究中原相马、医马经在河西地区的流传，以及西夏境内所流行的各种卜法与中原的关系提供参考。聂鸿音的《西夏试经补议》③ 指出，西夏借鉴了中原的试经度僧制度并进行了适当的简化，这种简化与科举制度的简化相适应。孟一飞等的《基于文字构件的西夏文字体库创建研究》④ 认为，如何基于 Unicode 建立一个西夏文 True Type 字体库并且与其他语言共同录入或输出，成为社会各界和出版工作者需要解决的现实问题。文章在西夏文 Unicode 编码方案的基础上，结合西夏古籍文字的字形特征，为了保证字形的准确性，充分还原西夏文字的形态，通过基于文字构件的字模设计和 True Type 字体技术创建了西夏古籍文献字体库，成功地实现了西夏、汉字、英文的同屏显示处理。王培培的《西夏文〈佛说入胎藏会第十四之二〉考释》⑤ 对俄藏西夏文《佛说入胎藏会第十四之二》进行了全文汉译和考释，意为西夏佛教史和西夏语研究提供一份基础资料。其中的一些词语不见于目前的西夏文字典，为西夏文字词的解释提供了一份重要资料。马万梅的《〈英藏黑水城文献〉漏刊的两件西夏文献考释》⑥ 指出，英藏黑水城文献中编号 Or. 12380/3899、3900 的两件西夏文文献被《英藏黑水城文献》漏刊。据 IDP 数据库所提供图版考释，这两件文献皆属于西夏文《佛说佛母出生三法藏般若波罗蜜多经》残卷，为其卷二之内容。两件文献出土编号均属于 K. K. II. 0278，文献形制及残损程度相似，为同一卷轴装写本断裂而成的不同部分，内容上接近于相连。两个残件的考释可以弥补英藏西夏文献以往研究的缺漏。陈连龙的《从跨文化传播的视角看西夏佛经的传播方式》⑦ 认为，通过对佛经故事通俗化的解读和西夏民众对译经、抄经行为的需求，说明西夏佛经的传译已不再是单向传输，而是形成了两种语境文化的双向互动。赵彦龙、姚玉婷的《西夏买卖人口契约的性质与程式》⑧ 针对西夏学专家考释公布的3 件完整的西夏买卖人口契约档案，结合档案学理论对西夏买卖人口契约的性质、程式等从微观上作了比较全面透彻的探讨，从而挖掘出西夏买卖人口契约档案的性质和程式规范。孙伯君的《西夏文献与“丝绸之路”文化传统》⑨ 从宗教学、语文学、文学等方面论及存世西夏文献与河西走廊遗存文献、文物以及

① 麻晓芳:《西夏文〈药师琉璃光七佛本愿功德经〉的草书译本》,《宁夏社会科学》2018 年第2 期。

② 孙伯君:《西夏文相马、养马法〈育骏方〉考释》《北方民族大学学报（哲学社会科学版)》2018 年第2 期。

③ 聂鸿音:《西夏试经补议》,《北方民族大学学报（哲学社会科学版)》2018 年第2 期。

④ 孟一飞、杨文慧、谢堂健、刘丽萍:《基于文字构件的西夏文字体库创建研究》,《电脑知识与技术》2017 年第26 期。

⑤ 王培培:《西夏文〈佛说入胎藏会第十四之二〉考释》,《西夏研究》2017 年第3 期。

⑥ 马万梅:《〈英藏黑水城文献〉漏刊的两件西夏文献考释》,《西夏研究》2017 年第3 期。

⑦ 陈连龙:《从跨文化传播的视角看西夏佛经的传播方式》,《西夏研究》2017 年第3 期。

⑧ 赵彦龙、姚玉婷:《西夏买卖人口契约的性质与程式》,《宁夏师范学院学报》2017 年第4 期。

⑨ 孙伯君:《西夏文献与“丝绸之路”文化传统》,《西南民族大学学报（人文社会科学版)》2017 年第8 期。

民间信仰之间的关联，从而彰显西夏文献对丝绸之路古代文明建构的重要价值以及对其加以保护的重大意义。赵彦龙的《西夏历法档案整理研究》[①] 指出，西夏历法档案就是西夏国人在观测日、月、星辰等活动中保留下来的既有西夏文历法档案，也有汉文历法档案，还有夏汉合璧的历法档案的不同文字的珍贵而原始的史料，能够真实再现西夏历法工作的原貌，故其有重要的文物和档案价值。这些档案主要出土于西夏故地黑水城、武威等地，现分散收录于《中国藏西夏文献》《俄藏黑水城文献》《英藏黑水城文献》等大型文献之中。经过详细爬梳统计，西夏历法档案大约有26件。文章对西夏历法档案所反映出来的内容进行具体分析和研究，从而挖掘出西夏历法档案的实质以及西夏历法的水平。李小璐、柳长青的《我国少数民族文信息化概述》[②] 指出，随着信息技术的快速发展，少数民族文字的信息化进程也随之加快。近年来，经过学者们的共同努力，我国少数民族文信息化状况有了较大的进步。该文主要通过对目前少数民族文字计算机处理平台的研究来对我国少数民族文信息化技术进行概述。孙伯君的《裴休〈发菩提心文〉的西夏译本考释》[③] 确认黑水城出土的西夏文 Инв. №. 6172 号文献译自裴休所撰《发菩提心文》，并根据汉文本翻译了残存的内容。这是裴休所撰作品在西夏文文献中第一次得到确认，对研究《发菩提心文》文本的流传以及唐代兴盛的华严禅在西夏的传行具有参考价值。杨志高、杨露怡的《汉文和复原的西夏文〈慈悲道场忏法〉》[④] 指出，汉夏文本《慈悲道场忏法》是加强中土和党项族文化联系的重要纽带，也是巩固政权的辅助手段。复原的西夏文《慈悲道场忏法》为汉文本的形成非元代说提供了足够佐证，也对目前西夏佛教文献的整理研究方法有所启示。陈朝辉的《〈天盛律令〉农业门整理研究》[⑤] 以俄藏所录图版为底本，从西夏文录文、汉文对译、字词注释、版本校勘入手，在译释的基础上展开专题研究。该书不但改进了研究方法，拓宽了研究思路，而且在西夏乡里组织、横纵区划、赋役制度、仓粮存储等方面有所补充，对西夏农业发展及其相关问题研究具有一定价值。彭向前的《"夏译汉籍"的文献学价值》[⑥] 指出，"夏译汉籍"特指用西夏文翻译的汉文世俗典籍。它们除了在西夏文译释研究方面有着不可替代的重要价值外，还具有很高的文献学价值：从中可以窥得未经宋人编辑的汉文古本原貌，为我们探索唐宋时期今本的形成过程提供新的线索和启发；可以作为校勘之资，用以订正汉文今本的讹脱。高奕睿、汤君的《夏译中原兵书的异同》[⑦] 考察夏译中原兵书里的异文。中原古书中的同一段话在不同西夏译本中的译文不同，即使是诸葛亮的名字也是每次出现都有不同译法，这表明西夏并没有标准的兵书译本，诸葛亮在那里也是不为人知。现存的西夏兵书译本是互不相干的，并没有表现出像中原《武经七书》那样的内部关联。王龙的《西夏文〈十轮经〉考论》[⑧] 首次从中国藏西夏文献《地藏菩萨本愿经》中辑录出《十轮经》的残页，并对其进行了录文，同时借助汉文本，对西夏文本作了解读和注释，最后对《具足水火吉祥光明大记明咒总持章句》作了夏、藏、梵、汉对音研究，仔细考察其中西夏语与汉语的对应关系，可以为学界更全面、更准确地把握西夏语音和词语的用法提供帮助。文章还系统梳理了存世《十轮经》的西夏译本，可以帮助我们了解地藏菩萨信仰在西夏的传承情况。张永富

---

① 赵彦龙：《西夏历法档案整理研究》，《中国档案研究》2017年第1期。

② 李小璐、柳长青：《我国少数民族文信息化概述》，《电脑知识与技术》2017年第2期。

③ 孙伯君：《裴休〈发菩提心文〉的西夏译本考释》，《宁夏社会科学》2017年第4期。

④ 杨志高、杨露怡：《汉文和复原的西夏文〈慈悲道场忏法〉》，《宁夏社会科学》2017年第4期。

⑤ 陈朝辉：《〈天盛律令〉农业门整理研究》，《西夏研究》2017年第2期。

⑥ 彭向前：《"夏译汉籍"的文献学价值》，《西夏研究》2017年第2期。

⑦ 高奕睿、汤君：《夏译中原兵书的异同》，《西夏研究》2017年第2期。

⑧ 王龙：《西夏文〈十轮经〉考论》，《西夏研究》2017年第2期。

的《西夏文〈大宝积经〉卷三十六勘误》[1] 指出西夏文《大宝积经》卷三十六在翻译过程中出现的讹误并分析其成因，主要有认错汉字、脱文、衍文、形近致讹、音近致讹、译经人笔误致讹等6种情况。高仁、王培培的《西夏文〈杂字·汉姓〉译考》[2] 对其原始文本展开了再次译释，提供了更为准确的译文。西夏文《杂字·汉姓》四字一韵，体例类同于《百家姓》，但其排序并非按照姓氏尊贵的程度，而系因其普遍程度而来；此外，一些汉姓的西夏文译法与其他文献也有一定的差异，体现出西夏语用语的复杂性。孙广文的《悠悠百世功　矻矻当年苦——记李范文先生的西夏学研究历程》[3] 记述李范文先生自20世纪60年代从事西夏学调查研究以来，取得了诸多重要学术成就，成为海内外学界公认的西夏学专家。

3. 彝文文献研究

普忠良、张耀天的《滇北禄武彝区基督教传播与柏格里彝文的创制使用与影响》[4] 指出，基督教得以在滇北禄武彝区传播，柏格里彝文的创制和使用有其客观的历史原因。虽然在一些方面有其积极的一面，但对彝族传统文化传承而言，它无疑促使彝族传统文化和原始宗教信仰发生非本体化的变异，很多优秀的彝族传统文化逐步流失，处于无人传承甚至濒危的境地。李仲良、陈斌佳的《云贵彝文古籍收藏与数字化保护现状研究》[5] 指出，云南、贵州两省彝文古籍保护和数字化建设中存在多方面问题。保护彝文古籍可采取如下对策：加大彝文古籍人才队伍建设和彝学教育，加大彝文古籍收藏的资金投入，建立古籍数据库，实现古籍资源共享，政府建立健全古籍保护方面的制度和规范。阿呷婷泸的《彝族文献历史价值、保护现状与制度设计》[6] 指出，彝族古籍文献记录了彝族这个古老民族数千年历史文化的变迁和民族智慧，有着极高的历史与文化价值，受地域环境、经济条件、文化传统和人口结构的限制，当前彝族古籍文献无论是“抢救性保护”还是“预防性保护”都存在许多突出问题，加大彝族古籍文献的保护、挖掘和利用，对丰富中华传统文化内涵、呵护彝族精神家园、推动彝族文化的创新性发展具有重要意义。刘薇的《〈阿诗玛〉汉译本修辞格比较》[7] 指出，彝族撒尼人的民间叙事诗《阿诗玛》以汉语为载体，先后出版过多个不同版本，其中，黄铁本、昂自明本、马学良本和黄建明本等4个版本较有代表性。这些汉译本都保留了原作中比喻、反复、对照、排比、夸张等修辞手法，使诗歌呈现出浓郁的民族特色和质朴的艺术风格。黄铁本中修辞的运用多于其他三个版本，侧重于文学性；其余三个版本基于毕摩的彝文手抄本，更注重对原作风韵的保留。罗曲《彝族毕摩文献中的“付拖图”和“鲁素图”解读》[8] 彝族毕摩文献中，“五生十成”和“十生五成”的内容除贯穿于有关天地万物构成及社会生活的描述外，还有专门的“五生十成”和“十生五成”篇章，并附有“付拖图”和“鲁素图”，有学者称为“五生十成图”和“十生五成图”，蕴含了数理文化和彝族先民对世界构成的认识，在某些择吉及预测语境下有孝道的意味。而且，“付拖图”和“鲁素图”与河图、洛书有同质的文化内涵，为研究源远流长的中

① 张永富：《西夏文〈大宝积经〉卷三十六勘误》，《西夏研究》2017年第2期。

② 高仁、王培培：《西夏文〈杂字·汉姓〉译考》，《西夏研究》2017年第2期。

③ 孙广文：《悠悠百世功　矻矻当年苦——记李范文先生的西夏学研究历程》，《西夏研究》2017年第2期。

④ 普忠良、张耀天：《滇北禄武彝区基督教传播与柏格里彝文的创制使用与影响》，《红河学院学报》2018年第5期。

⑤ 李仲良、陈斌佳：《云贵彝文古籍收藏与数字化保护现状研究》，《广西师范大学学报（哲学社会科学版）》2018年第5期。

⑥ 阿呷婷泸：《彝族文献历史价值、保护现状与制度设计》，《高校图书馆工作》2018年第5期。

⑦ 刘薇：《〈阿诗玛〉汉译本修辞格比较》，《昆明学院学报》2018年第4期。

⑧ 罗曲：《彝族毕摩文献中的“付拖图”和“鲁素图”解读》，《宗教学研究》2018年第2期。

华易学文化增添了新材料。聂鹏的《〈永宁属水潦猓猡译语〉校释》① 在田野调查的基础上，根据今四川叙永水潦彝语及相关资料对该书进行校释，并就其编纂流程及译者身份问题作了初步探讨。徐晓的《清代彝族赋税制度研究的珍贵资料——评〈国家图书馆藏清代彝文田赋账簿研究〉》② 指出，《国家图书馆藏清代彝文田赋账簿研究》由朱崇先、杨怀珍编著，由民族出版社于2013年出版发行。书中辑录了三种重要的彝文田赋账簿材料，分别为国家图书馆藏、清华大学图书馆藏和禄劝县民族宗教事务局古籍办公室藏清代彝文田赋账簿。文章以国图收藏田赋账簿为重点研究对象，对三种材料进行了严谨、详细的整理和翻译工作，为清代乾隆年间至清末云南省武定县、云南省禄劝彝区的赋税制度研究提供了重要的史料。吉差小明、朱崇先的《彝文典籍语词—“哎哺”音义考释》③ 指出，在卷帙浩繁的彝文典籍之中，“哎哺”（益博）一词出现频率极高，其中乌蒙山区流传的彝文古籍中尤为突出。依据古彝文及其典籍文献的整理研究看，发现“哎哺”一词意义非凡，其含义古奥，文章对彝文典籍中所记载的“哎哺”（益博）一词的各种词义阐释进行归纳，并深入考察其文化内涵。沙马拉毅、钱玉趾的《四川犍为出土巴蜀土坑印字是古彝文字符考》④ 提出，1997年四川犍为出土战国时代的古蜀铜印3枚有多个字符。该文认为，犍为印字符是古蜀国开明王朝时期的彝文字符，并用彝文字符考释了铜印字符，译成了汉文。出土巴蜀土坑印字与古彝文的考释印证，将对彝族与古蜀族的历史文化研究产生重大影响。吉娃阿英的《探究深度学习在脱机彝文字符识别中的应用》⑤ 认为，传统彝文字识别一般是人工设计规则、特征提取和特征字典构建，然后使用模板匹配或者分类的方法来识别彝文字，这些方法存在对数据预处理要求高、特征选择和提取困难及耗时耗力等问题。实验结果表明，使用深度学习的方法能够弥补传统方法中的一些不足，在彝文字识别中能够取得较为理想的效果。普学旺、龙珊的《清代彝文抄本〈董永记〉整理与研究》⑥ 对彝文《董永记》不同抄本的流传情况、文本来源、变异特点及传播路径等进行了梳理与探索，认为彝文《董永记》是董永传说资料的又一次重要发现，对推进董永传说研究具有重要意义。此外，该抄本是西南边疆少数民族文化与汉文化互融互动的真实写照，对当下中华文化认同及非物质文化遗产保护的研究有重要价值。普梅笑的《彝族学者普璋开与海外彝文古籍文献的抢救性翻译》⑦ 介绍，彝族学者普璋开自2001年开始以个人身份同澳大利亚学者大卫·布莱德利合作，翻译海外彝语南部方言区古籍以来，据不完全统计，从2001年到2014年，大卫陆续寄来从法国、英国和中国台湾等地采集的2000余张彝族南部方言区彝文古籍文献影印件。普璋开根据这些影印件复抄经书100余卷，四行体翻译40余卷100多篇经文，为海外彝语南部方言区古籍文献的抢救性翻译作出了贡献。文章认为，要抢救和保护海外彝文古籍文献，应加强与海外合作，在以数字化保存古籍文献的同时，加强翻译和出版，以便更好地传承彝族文化经典和中华文化的历史根脉。

---

① 聂鹏：《〈永宁属水潦猓猡译语〉校释》，《民族语文》2018年第3期。

② 徐晓：《清代彝族赋税制度研究的珍贵资料——评〈国家图书馆藏清代彝文田赋账簿研究〉》，《广东财经大学学报》2018年第3期。

③ 吉差小明、朱崇先：《彝文典籍语词—“哎哺”音义考释》，《贵州民族研究》2018年第4期。

④ 沙马拉毅、钱玉趾：《四川犍为出土巴蜀土坑印字是古彝文字符考》，《西南民族大学学报（人文社科版）》2018年第4期。

⑤ 吉娃阿英：《探究深度学习在脱机彝文字符识别中的应用》，《现代计算机（专业版）》2018年第10期。

⑥ 普学旺、龙珊：《清代彝文抄本〈董永记〉整理与研究》，《民族文学研究》2018年第2期。

⑦ 普梅笑：《彝族学者普璋开与海外彝文古籍文献的抢救性翻译》，《贵州工程应用技术学院学报》2018年第1期。

姚倩倩的《彝族碑文略论》① 提出，彝族碑文数量多，内容丰富。目前整理出来的一些彝族碑文有很多关于彝族地区历史、文化、宗教等的内容，具有重要的文化和历史价值。王明贵的《论〈水西大渡河建石桥记〉与标准正体彝书》② 考察了彝文发展演变的历程，对照滇川黔彝文文献，认为可以确立《水西大渡河建石桥记》这一碑刻的彝文作为文字学上彝文标准正体字、书法学上规范的彝文正体字书法的地位。龙倮贵的《滇南彝文古籍〈谱牒〉的内容及其史料价值与作用》③ 介绍，滇南彝文古籍《谱牒》既是对一个家族历史和现状的记录，又记录了族始祖的渊源、迁徙的经过、兴盛的始末、部分祖宗的事迹等，其内容包括追溯荒古始祖信仰文化，洪水创世神话，祭祖分支、迁徙及开基史事，家族祖先信仰文化，家法家规，家族的坐落方位和田产地产等，具有村社史、宗族史、家世史、山村名胜和民风民俗等史料研究价值，以及宗族或家族血缘认同、宣传宗法思想和族规家训、惩恶扬善的社会历史文化功能。蔡富莲的《彝文文献中的彝族传统医药理论探讨——以“风邪染疾”理论为例》④ 介绍，“风邪染疾”之说是彝医重要的基础理论。彝医认为，风是引起一切疾病的根本，邪是致病的主要因素，疾病与自然环境、季节气候及生产生活方式等密切相关。苏毅苗的《“呗耄腔调”经文唱词特征与词曲逻辑关系研究》⑤ 在2004—2016年间作者数次赴中越彝/倮倮人居住区实地调查的基础上，从词节、句式、衬词几个方面对“呗耄腔调”经文唱词的特点进行梳理，之后以词拍与腔调节奏、字调与腔调音高的结合规律为两个支点，探究“呗耄腔调”的词曲逻辑关系。吴勰印、金成的《贵州彝文信息技术研究概述》⑥ 介绍，从上世纪80年代开始，彝文信息化建设工作就启动了，经过30多年不断发展，取得一系列标志性成果，先后完成文字编码字符集、字型、键盘等国家标准研制工作，并获得国际ISO/IEC10646标准认证，实现与全世界多文种的统一编码、同平台显示。杨雯、张璐的《贵州彝文文献〈土鲁窦吉〉中“哎哺”浅析》⑦ 主要对《土鲁窦吉》一书中频繁出现的“哎哺”二字进行简单的探究。在文本中，“哎哺”是天地的起源，是最早的人类氏族，也是古彝族的一个时代，还代表卦象中的“乾坤”。孙德朝、赵明的《巴蜀图语与民俗活动的身体认知探析——以古彝文字为例》⑧ 认为，身体活动与古彝文字的形成具有契合性，即身体活动导引古彝文字的衍生与形成；古彝文字进一步规训彝族人的身体活动行为，促成彝族人对民俗活动技能的习得并延续教育传承功能。吉木次初的《试论彝族古典文献〈玛牧特依〉的教育思想在传统教育中的体现》⑨ 指出，《玛牧特依》作为一部教育经典著作，在卷帙浩繁的彝文文献中占据重要地位。其产生年代久远，内容贴近生产生活，具备丰富的伦理道德价值观，在彝族社会历史发展过程中起着非常重要的作用。该文简要论述了这部彝族教育经典具备的教育思想在传统教育中的体现。王明贵的《论彝族传统经籍的文学

---

① 姚倩倩:《彝族碑文略论》,《文物鉴定与鉴赏》2018年第3期。

② 王明贵:《论〈水西大渡河建石桥记〉与标准正体彝书》,《贵州工程应用技术学院学报》2017年第5期。

③ 龙倮贵:《滇南彝文古籍〈谱牒〉的内容及其史料价值与作用》,《贵州工程应用技术学院学报》2017年第5期。

④ 蔡富莲:《彝文文献中的彝族传统医药理论探讨——以“风邪染疾”理论为例》,《北方民族大学学报》(哲学社会科学版)201年第5期。

⑤ 苏毅苗:《“呗耄腔调”经文唱词特征与词曲逻辑关系研究》,《中央音乐学院学报》2017年第3期。

⑥ 吴勰印、金成:《贵州彝文信息技术研究概述》,《中国信息化》2017年第8期。

⑦ 杨雯、张璐:《贵州彝文文献〈土鲁窦吉〉中“哎哺”浅析》,《青年文学家》2017年第17期。

⑧ 孙德朝、赵明:《巴蜀图语与民俗活动的身体认知探析——以古彝文字为例》,《体育与科学》2017年第3期。

⑨ 吉木次初:《试论彝族古典文献〈玛牧特依〉的教育思想在传统教育中的体现》,《戏剧之家》2017年第8期。

特征》① 介绍，从传统的视角看，彝族传统经籍诗歌多而散文少，五言诗体多而杂言诗体少，有认识、教育、审美等功能；从文学人类学的角度看，还有治病、禳灾、慰灵与安人的功能与作用。钱玉趾的《印度古文字与彝族古文字的关系初探》② 认为，中国的彝文是音节文字，与印度的婆罗米文字有较多共同特点，可能存在源流关系。王明贵的《〈西南彝志〉关于马的科技与文明记述研究》③ 认为，《西南彝志》详细记录了许多名马的品种、名称和部分名马的主要特征，区分了马在彝族社会中的主要功用。与汉文史志材料相比较，这些名马的特征是吻合的。书中所记录的彝族先民注意清理好马的谱系、精选马种要注意血统纯正、配马亲要选择名马的父本特别是繁殖力强的母本、通过杂交产马、避免近亲繁殖、精心饲养等，符合现代畜牧学的科学技术原理，体现了古代很高的养马科技水平，对研究西南地区古代畜牧史和科技史有重要的参考价值。徐士奎、罗艳秋的《彝医药古籍文献的流布特征研究》④ 认为，各种题材的彝文医药典籍分布流传具有一定的地域性特点；在彝医药的专书出现之前，大量医药知识被杂揉在各种综合性文献中。这些非医学类综合性文献记载了有关天文、历法、星宿等与人体健康具直接关系的知识，表达了彝民族特有的生命健康理念，是彝医药理论体系构建的基石，要从其赖以生存和发展的社会历史背景下探索和阐释其医药理论。

4. 纳西东巴文文献研究

高新凯《纳西东巴“yi”字辨析》⑤ 提出，字符“yi”一直被认作源自东巴字，实际其应是依据藏文字母创造的哥巴字，通过不同地域东巴经书用字的比较可以证明。邓章应、杨四梅的《东巴文加威灵仪式证书译释》⑥ 翻译释读了两份加威灵仪式证书，并对其内容、特殊文字现象和特殊字符作了研究，既可以补充对东巴文应用性文献类型的认识，也可补充对东巴文文字现象的认识。邓章应的《中空型字符对东巴文字序的影响及演变》⑦ 介绍，东巴经中空型字符有三种变化情况：一是中空型字符变得不中空；二是中空型字符与其音补符号合成为一个注音式形声字，成为中空填置型合体字符；三是增加音补符号，原中空型字符作用虚化。前两种情况使字序与词序完全对应，后一种情况使字序与词序勉强对应。喻遂生的《纳西东巴文同义换读研究》⑧ 介绍，东巴文的同义换读丰富多彩、灵活多变，论文按照换读语言单位的大小，将东巴文同义换读分为字词同义换读和语句同义换读两类，予以举例说明，指出同义换读的性质不是词义引申，也不是同音假借，而是一种临时的语用现象。刘丽伟的《现代东巴画中东巴文的解读与重构》⑨ 指出，纳西族的传统东巴画主要是应用于东巴教的仪式过程中，现代东巴画从宗教中完全摆脱出来，纳西族的画家们借助自己民族的文化，以现代人的思维和视觉重新解读和重构画面。贾碧莹、李湘媛的《纳西东巴文的字体特征及设计价值》⑩ 旨在通过对东巴文形成的历史渊源、观物取象的造字方法以及艺术特征等方面的分析来说明东巴文再设计的价

---

① 王明贵:《论彝族传统经籍的文学特征》,《红河学院学报》2017 年第 2 期。

② 钱玉趾:《印度古文字与彝族古文字的关系初探》,《文史杂志》2017 年第 2 期。

③ 王明贵:《〈西南彝志〉关于马的科技与文明记述研究》,《云南民族大学学报（哲学社会科学版)》2017 年第 1 期。

④ 徐士奎、罗艳秋:《彝医药古籍文献的流布特征研究》,《云南中医中药杂志》2017 年第 2 期。

⑤ 高新凯:《纳西东巴“yi”字辨析》,《湖州师范学院学报》2018 年第 11 期。

⑥ 邓章应、杨四梅:《东巴文加威灵仪式证书译释》,《民族语文》2018 年第 5 期。

⑦ 邓章应:《中空型字符对东巴文字序的影响及演变》,《中央民族大学学报（哲学社会科学版)》2018 年第 5 期。

⑧ 喻遂生:《纳西东巴文同义换读研究》,《云南师范大学学报（哲学社会科学版)》2018 年第 4 期。

⑨ 刘丽伟:《现代东巴画中东巴文的解读与重构》,《艺海》2018 年第 5 期。

⑩ 贾碧莹、李湘媛:《纳西东巴文的字体特征及设计价值》,《设计》2018 年第 7 期。

值，并通过相关的设计案例来证明其在现代设计中的价值。和继全的《纳西东巴文藏语音读苯教文献〈吉祥经〉译释》[①] 认为，东巴文藏语音读苯教《吉祥经》是用东巴文记录藏语苯教文献的特殊语料，对研究东巴教与苯教的历史关系具有较高的资料价值。文章首次还原并翻译了东巴文藏语音读苯教文献《吉祥经》。武晓丽、曾小鹏的《纳西语“身物互喻”构词拾零》[②] 通过5组纳西语的身体词，结合东巴文的古文字字形，讨论了“身物互喻”在事物命名中的运用。文章认为转喻和隐喻是人类自然语言普遍遵循的构词手段，在不同民族文化的背景之下，又形成了独特的词义表现。和继全、赵秀云的《纳西东巴文献的内部圈层论》[③] 指出，纳西东巴文献内部圈层可分解为民间口诵文献的象形文转写、早期本教经文的东巴文翻译、本教藏语音读东巴文献、藏传佛教藏语音读东巴文献、其他民族文献译本等。张正霞的《东巴经法器字异读现象及语境异读字研究》[④] 从东巴经书入手收集纳西东巴教法器在原典中的字形及读音，从形音义的角度入手分析法器字的异读现象。东巴文作为目前仍在使用的一种早期文字系统，在文字史上还未发展成熟。文章从法器类词语用字在材料整理与收集中提炼出语境异读字概念，解读了东巴经释读中不对应现象。王娟的《从东巴文字典所收字条音义看单字与非单字的划分标准》[⑤] 通过对《纳西象形文字谱》和《麽些象形文字字典》所收的单字和非单字现象进行辨析，提出区分东巴文体系中的“字”与“字组”时应该依据东巴文所对应的语言单位是否为词或语素为标准。就合体结构而言，所写对象为复合词者属单字；所写对象为词组者则属字组。罗欢、许敏的《近年来纳西族东巴文研究的文献计量分析》[⑥] 采用文献计量方法统计了中国期刊全文数据库（CNKI）中收录的截至2016年底的308篇关于纳西族东巴文的研究，内容涉及文献的论文类型、写作年份、文献主题、研究机构、作者情况。文章在梳理东巴文字研究的现状和主要方向的基础上，分析存在的问题及原因，总结近年来研究出现的新趋势，为后续研究提供便利。莫俊的《论纳西东巴文的义补》[⑦] 介绍，义补是东巴经中普遍运用的一种记录手段，其作用是提示、补充和强调语义。义补对于研究东巴文的性质及演变有重要价值。吴国新等的《基于分形与小波相结合的东巴经典古籍图像压缩方法研究》[⑧] 针对东巴经典古籍的历史特征以及图像化象形文的书写形式进行数字化图像信息处理时存在着压缩保存的问题，对获取的东巴经典古籍进行了图像压缩研究。实验结果表明，该方法针对象形文字图像信息的压缩，具有压缩质量好、压缩比高且压缩时间较短的效果。张春凤的《汉语东巴经〈五方五帝经〉的发现及其价值》[⑨] 认为，《纳西东巴古籍译注全集》第15卷《延寿仪式·送龙》前半本

---

① 和继全：《纳西东巴文藏语音读苯教文献〈吉祥经〉译释》，《西藏大学学报（社会科学版）》2018年第1期。

② 武晓丽、曾小鹏：《纳西语“身物互喻”构词拾零》，《湖南科技大学学报（社会科学版）》2017年第5期。

③ 和继全、赵秀云：《纳西东巴文献的内部圈层论》，《民族学刊》2017年第5期。

④ 张正霞：《东巴经法器字异读现象及语境异读字研究》，《贵州工程应用技术学院学报》2017年第1期。

⑤ 王娟：《从东巴文字典所收字条音义看单字与非单字的划分标准》，《中央民族大学学报（哲学社会科学版）》2017年第1期。

⑥ 罗欢、许敏：《近年来纳西族东巴文研究的文献计量分析》，《云南农业大学学报（社会科学版）》2017年第1期。

⑦ 莫俊：《论纳西东巴文的义补》，《中央民族大学学报（哲学社会科学版）》2018年第1期。

⑧ 吴国新、丁春艳、徐小力、李志华：《基于分形与小波相结合的东巴经典古籍图像压缩方法研究》，《北京信息科技大学学报（自然科学版）》2017年第1期。

⑨ 张春凤：《汉语东巴经〈五方五帝经〉的发现及其价值》，《西北民族大学学报（哲学社会科学版）》2018年第6期。

经书正是李霖灿所说的《五方五帝经》。经书的内容与汉族道教文献《太上洞玄灵宝五符序·灵宝五帝官将号》比较接近。经书记录的语言是纳西汉语，与普通的汉语相比，纳西汉语在语音、语法上发生了变异，深受纳西语的影响。该经书的语言文字关系密切，行款布局规整，为了更加精确记录汉语还创造了一些特殊字。这本经书在文献、语言文字和宗教研究上都存在重要价值。白庚胜的《〈国际馆藏东巴经典编目举要〉的编纂背景及其价值意义》① 指出，2012年度国家社会科学基金重大项目“世界记忆遗产——东巴经典传承体系数字化国际共享平台建设研究”对进一步抢救、保护、传承、利用东巴经典及其纳西族文化具有极其重要的政治、经济、社会、文化价值，尤其具有人文与科技相结合、创造性转化与创新性发展优秀传统文化的探索性、学术性意义。《国际馆藏东巴经典举要》作为该课题重要的基础性研究成果之一，对其编纂背景的回顾和价值意义的阐释，对进一步推进纳西学研究具有深远的意义。王娟、许姗姗、张积家的《故事材料的图画特征对儿童故事复述的影响——基于东巴经和图画的比较研究》② 采用比较叙事分析法考察东巴经和图画的特征对儿童故事复述的影响，结果表明，采用东巴经叙事时，儿童对叙事结构的把握、与标准篇的一致性及叙事的逻辑思维均表现出显著优势；采用图画叙事时，儿童的叙事创造性表现出显著优势。儿童在东巴经条件下的表现与东巴经的外形特征、区别性特征和新异性有关，也与加工深度有关。研究结果为东巴经成为儿童叙事的辅助材料提供了实证依据。吕敏的《东巴经植物字写词法研究》③ 认为，从《纳西东巴古籍译注全集》来看，植物字在东巴经典中出现频率较高且字形变化丰富。文章运用写词法的理论对其进行整理研究，概括出植物字的形象写词法、象声写词法、形声写词法。各写词法之下细分造字法，形象写词法包含象物字、象意字、象事字；象声写词法包含全象声字、半象声字；形声写词法包含加形符字、加声符字、加形符与声符字、形符替换部分声符字。进而总结出东巴经植物字写词法的特点。杨玉婷、康厚良的《基于网格分解的东巴象形文字分类算法研究》④ 从东巴文字的构字要素入手，通过分析东巴文字的组成要素、结构特征及造字习惯，给出适用于东巴象形文字的预处理及基于网格分解的分类识别算法。该算法思路简单、复杂度低、易于实现，能够快速实现不同类型东巴文字的检索和识别，具有较好的缩放和平移不变性，从而为东巴文字的造字研究提供强有力的技术支持，也为研究其他象形文字的检索和识别技术提供重要参考。杨玉婷、康厚良的《东巴象形文字基础分类算法研究》⑤ 从东巴文字的构字结构要素出发，给出了适用于东巴象形文字自动分类的预处理和分类算法。该算法能实现单素字和复素字的分离，还能实现对单素字中轮廓型和结构型单素字的完全分离。文章通过实验对算法的准确性进行了验证。胡莹的《论东巴古籍文献保护主体及其整合》⑥ 通过分析东巴古籍文献保护主体的组成，对比各保护主体的保护优势，在论证实践缺憾基础上，探索三种保护主体整合模式，以助于推进东巴古籍文献保护事业的理论研究与实践工作。陈燕溪、徐莉娅、杨林芬的《民族记忆传承视阈下的纳西东巴医药古籍文献发掘利用研究》⑦ 通过对古老的纳西东巴医药文化、纳西东巴医药古籍文献概况进行梳理，阐释发掘利用的现实性，分析发掘利用

---

① 白庚胜：《〈国际馆藏东巴经典编目举要〉的编纂背景及其价值意义》，《民族学刊》2018年第3期。

② 王娟、许姗姗、张积家：《故事材料的图画特征对儿童故事复述的影响——基于东巴经和图画的比较研究》，《大理大学学报》2018年第3期。

③ 吕敏：《东巴经植物字写词法研究》，《龙岩学院学报》2018年第1期。

④ 杨玉婷、康厚良：《基于网格分解的东巴象形文字分类算法研究》，《软件导刊》2019年第11期。

⑤ 杨玉婷、康厚良：《东巴象形文字基础分类算法研究》，《软件导刊》2019年第9期。

⑥ 胡莹：《论东巴古籍文献保护主体及其整合》，《广西师范大学学报（哲学社会科学版）》2018年第5期。

⑦ 陈燕溪、徐莉娅、杨林芬：《民族记忆传承视阈下的纳西东巴医药古籍文献发掘利用研究》，《民间医药》2018年第14期。

工作中存在的民族文化认同感逐渐淡化、损毁流失严重等问题，提出发掘利用的优化策略，可进一步促进发掘利用工作。曾小鹏的《四川泸沽湖达祖纳西族人情账簿译释》[①] 指出，这是一册解放初期的四川纳西族人情账簿的译释。在村里东巴的帮助下，作者首先用字释、记音、汉译的方式翻译了这本 20 页的账簿，然后对其中疑难字进行了详细考释，制成异体字表来比较达祖与丽江、俄亚等其他地区东巴文的异同。最后，从货币、农产品、家庭、文化习俗等方面分析该账簿反映出来的历史信息。耿巧曼等的《一种改进空间向量模型的东巴文本表示方法》[②] 指出，东巴文本的模型表示是实现东巴文本自动分类的基础。通过分析常用文本表示模型，选择空间向量模型用于东巴文本的表示；通过引入词性因子改进传统的 TF-IDF 权重计算函数。实验表明，改进后的 TF-IDF 权重计算函数有助于增强空间向量模型对东巴文本的表示能力，在一定程度上改善了文本分类效果。夏欣雨、朱春梅、吴国新的《融合小波变换和模糊集的东巴古籍图像增强算法》[③] 针对东巴古籍图像对比度低、图像模糊等特点，提出一种融合改进的小波分析理论和模糊集理论的图像增强算法。实验结果表明，该算法结合了模糊集增强和小波阈值滤波的优点，在增强图像细节的同时不仅抑制了噪声，且图像的对比度显著提高。杨亦花的《木里县依吉乡甲波村东巴文人情账簿译释研究》[④] 刊布了四川省木里县依吉乡甲波村清代后期的一份东巴文人情账簿，并进行了译释研究。刘杨翎的《达巴法棍符号的定性及其对早期文字研究的价值》[⑤] 从分析达巴法棍符号的形式和功能特点入手，探讨达巴法棍符号和达巴文的关系，以此来判断达巴法棍符号所具有的早期文字的性质，论述此类符号在文字发展史中的地位及其对早期文字研究的重要启发意义。王元鹿、刘悦《东巴文考订十二则》[⑥] 指出，东巴文字书是学习和研究东巴文的重要工具。现有东巴文字书中的训释存在一些问题，主要表现在释义有误、释义不周全、结构分析有误、文化背景缺失等。该文借对字书中东巴文的考订阐释这些现象。张春凤的《哈佛燕京学社藏东巴经跋语中带有“嘎”的经书考》[⑦] 以哈佛燕京学社藏东巴经为研究对象，通过经书的跋语、编号、封面纹饰特征以及字形特征等证据分析了该套经书地名中带有“噶”及相关经书的关系，最后得出 C4、C12、C72 为同一人所写，C37、C38、C82 为同一人所写，6 本经书之间的风格相对较为接近；C23、C42 为同一人所写，所在地域为今天丽江古城区中济村附近。武晓丽、曾小鹏的《纳西东巴文“图画性”问题初探——兼论东巴文文字的性质》[⑧] 从单字、造句两个层面归纳整理了纳西东巴文的图画性特点，认为合文、语段文字等问题实质上与文字的图画式布局关系密切。还指出，东巴文的性质问题，应该充分关注应用性文献的文字材料。仇任前、洲塔的《苯教〈章格经〉与东巴教〈多格飒〉文献之比较研究》[⑨] 认为，纳西族东巴教和藏族苯教之间的关系特别紧密。民间苯教的《章格

① 曾小鹏：《四川泸沽湖达祖纳西族人情账簿译释》，《民俗典籍文字研究》2018 年第 1 期。

② 耿巧曼、徐小力、吴国新、夏欣雨：《一种改进空间向量模型的东巴文本表示方法》，《北京信息科技大学学报（自然科学版）》2018 年第 3 期。

③ 夏欣雨、朱春梅、吴国新：《融合小波变换和模糊集的东巴古籍图像增强算法》，《北京信息科技大学学报（自然科学版）》2018 年第 3 期。

④ 杨亦花：《木里县依吉乡甲波村东巴文人情账簿译释研究》，《中国文字研究》2018 年第 1 期。

⑤ 刘杨翎：《达巴法棍符号的定性及其对早期文字研究的价值》，《中国文字研究》2018 年第 1 期。

⑥ 王元鹿、刘悦：《东巴文考订十二则》，《中国文字研究》2017 年第 2 期。

⑦ 张春凤：《哈佛燕京学社藏东巴经跋语中带有“嘎”的经书考》，《中国文字研究》2017 年第 2 期。

⑧ 武晓丽、曾小鹏：《纳西东巴文“图画性”问题初探——兼论东巴文文字的性质》，《民俗典籍文字研究》2017 年第 2 期。

⑨ 仇任前、洲塔：《苯教〈章格经〉与东巴教〈多格飒〉文献之比较研究》，《西藏大学学报（社会科学版）》2017 年第 3 期。

经》和东巴《多格飒》文献为两种宗教的同源异流关系提供了佐证，东巴文献中的“多格神”，其原型来自苯教神灵体系中的“章格”。胡莹的《东巴古籍保护主体的业务生态构建思考》① 以动态化的保护工作人员作为目标，将东巴古籍保护主体视为对象，对其保护业务展开研究。该文从选择研究对象的原因入手，对现阶段东巴古籍保护主体业务开展状况作出系统分析，由此，通过对应比较与案例说明的方法，在指出保护主体业务生态主旨与基本内容的前提下，分析得出保护主体业务生态实施能带来的理论与实际价值。熊学荣的《伊藤清司与纳西族东巴文献研究》② 介绍，伊藤清司是日本学界对中国纳西族东巴文献研究的先驱，中国改革开放前广泛收集和组织译介东巴文献，对东巴神话进行创新解读，并与日本文献比较探究中日文化源流。改革开放后，他深入纳西族地区田野调查，深稽博考“照叶树林文化”上的东巴文献，探寻其背后的民族特征和信仰。李晓兰的《关于哥巴文字符［nu］的字源考辨》③ 介绍，已有研究认为，哥巴文字符（［nu］）借自汉字“小”。通过对哥巴文现有字典与已翻译公布的经书中的相关资料进行整理分析并结合纳西族东巴使用汉字型哥巴文字符的特点得知：小（［nu］）的本义是“你”，（［nu］，“你”）是（［nu］，“你”）的省体，后者借汉字“伱”，哥巴文字符（［nu］，“你”）借入汉字的过程是：伱→→；（［nu］）表示“小”义时属于同音假借现象；（［nu］）表示“嘴”“角”“心”等义时属于音近假借现象。李晓兰的《关于哥巴文字符与汉字之间关系的重新审视》④ 认为，不同东巴在使用汉字型哥巴文字符时共性与个性并存；汉字型哥巴文字符的使用在地域上的分布并不均衡，但在文献种类上不存在明显的使用差异；汉字型哥巴文字符体系的发生、发展和传承是一个历史过程，不同的汉字借入哥巴文的时间有先后之分；汉字在借入哥巴文系统后，在早期使用时，其字形、字义与源字基本相同，但随着使用频率的提高，假借现象逐渐孳乳；随着文字系统的发展，哥巴文所借汉字的字体形态之间存在一定差异，有篆体、繁体、俗体的区别。

（二）壮侗语族古文字文献研究

1. 水书文献研究

蒙耀远的《水字发展问题初议》⑤ 认为，根据文献显示，近 200 年来水字自身不断发展变化，进入 21 世纪后，水字使用进入新常态，水族地区的匾牌、宣传标语、会标、对联、蜡染、雕刻、刺绣等大量使用水字，使水字有了新发展。主张应该用发展的眼光来看待新生水字，加以科学引导，使其符合文字产生、存在、发展的客观规律，从而促进水字的健康发展。目前从水书文献搜集载录的水字有 1767 个，在全部释读破译基础上，如果水字还不能满足需要，可以依据水字的造字原理创造新的水字。蒙耀远的《水书与水族民间口头文学关系》⑥ 指出，水书保留有水族口头文学作品，口头文学流传着水书和水书创始人陆铎公的作品。水族的民间口头文学因为有了水书文献作为载体，在口头文学的传承上多了一条渠道而更加丰富多彩，水书文化因口头文学得以更好地传承与普及，两者间起到互补作用。水书与水族民间口头文学两者间的关系相辅相成，相得益彰，是南方少数民族口头传统中较为特殊的文化现象之一。刘杨

① 胡莹：《东巴古籍保护主体的业务生态构建思考》，《档案学研究》2017 年第 4 期。

② 熊学荣：《伊藤清司与纳西族东巴文献研究》，《青年文学家》2017 年第 24 号。

③ 李晓兰：《关于哥巴文字符［nu］的字源考辨》，《中国文字研究》2018 年第 1 期。

④ 李晓兰：《关于哥巴文字符与汉字之间关系的重新审视》，《西北民族大学学报（哲学社会科学版）》2018 年第 6 期。

⑤ 蒙耀远：《水字发展问题初议》，《三峡论坛》2017 年第 1 期。

⑥ 蒙耀远：《水书与水族民间口头文学关系》，《广西民族师范学院学报》2017 年第 2 期。

翎、刘本才的《水字“反书”成因及文字学意义》① 指出，以往对水字中“反书”现象成因的研究不足，需要结合水书系统、水字系统的特点进行分析。水书在内容上是一个图画、文字、卦象、符号多种因素有机结合的一个严整系统，功能以历算和占卜为主，流传方式以传抄为主，具有保守性和隐秘性；水字是一种具有包容性和发展性的早期文字，水书中非文字因素对水字系统影响较大，加之受避复、书写风格等书写追求的影响，水书中的反书现象较之其他民族文字更为突出。水字体系中反书成因的探讨，对早期文字特征的认识和重新认识系统观在文字研究中的作用有重要意义。

刘凌、邢学艳的《民族古文献语料库建设与应用——以水族水书文献为例》② 指出，当前，民族古文献抢救性整理成果丰富，但严格意义上的数字化存储、开发非常有限。该文以水族水书文献为例，说明当前在建的水书文献语料库的学术思路及价值。相比已有水书文献数字化成果，该语料库的创新价值在于：实现复合型内容标注，具备文字、词汇、文化等多方面学术价值；实现多功能开发，兼具语料库、电子类书、电子字典等功能，注重工具书方面的产出，如编纂集成性工具书《水书文献类纂》等；实现可持续研发模式与网络共享。文章认为，民族古文献语料库建设应注意吸收当前汉古文字、出土古文献语料库建设研究的思路和丰富经验。王炳江、潘进头的《水书名物考论》③ 主要探讨的是存在于水书文献中的名物，通过对水书文献中名物词的考察，分析水书名物词的分类，进而探讨其命名理据、结构特征等。梁光华、欧阳大霖的《论水书假借水字》④ 从水书假借水字的产生原因、假借对象、假借途径及其分类特点等内容，首次进行造字理论的分析研究，总结假借水字的产生及其应用规律。杨菁的《大数据背景下贵州少数民族语言文字信息化建设研究》⑤ 指出，贵州少数民族语言文字信息化建设在大数据背景下，应组建专业团队，加快少数民族文字信息化平台搭建；制定严格的规范标准，借用已有信息、资源和技术，深度挖掘、合理构建少数民族语言文字资源库；结合少数民族文化宣传，建设少数民族语言文字网站；结合少数民族语言文字特色，加速少数民族语言文字软件开发。俞俊峰、郑玉的《〈贵州省大数据发展应用促进条例〉推进三都水书保护与利用的路径研究》⑥ 介绍，大数据立法背景下三都水书保护是当前中国非物质文化遗产工作的一个重要组成部分，结合贵州省出台的我国第一部大数据地方性法规《贵州省大数据发展应用促进条例》第九条、第十条、第十六条等条款，以大数据手段为视角探究水书的保护途径，对研究理论与实践都具有十分重要的价值。

2. 傣文文献研究

屈永仙的《傣族创世史诗〈巴塔麻嘎捧尚罗〉：文本形态与演述传统》⑦ 介绍，傣族创世史诗《巴塔麻嘎捧尚罗》，既融入了创世神话内核，也吸纳了口传叙事与佛经文学的诸多要素。文章通过文本比较，表明这一史诗传统的形成和发展是本土神话故事和外来佛经故事结合的产

---

① 刘杨翎、刘本才：《水字“反书”成因及文字学意义》，《重庆社会科学》2018 年第 5 期。

② 刘凌、邢学艳：《民族古文献语料库建设与应用——以水族水书文献为例》，《中国文字研究》2017 年第 1 期。

③ 王炳江、潘进头：《水书名物考论》，《贵州大学学报（社会科学版）》2018 年第 6 期。

④ 梁光华、欧阳大霖：《论水书假借水字》，《贵州大学学报（社会科学版）》2018 年第 6 期。

⑤ 杨菁：《大数据背景下贵州少数民族语言文字信息化建设研究》，《贵州工程应用技术学院学报》2018 年第 4 期。

⑥ 俞俊峰、郑玉：《〈贵州省大数据发展应用促进条例〉推进三都水书保护与利用的路径研究》，《法制博览》2018 年第 21 期。

⑦ 屈永仙：《傣族创世史诗〈巴塔麻嘎捧尚罗〉：文本形态与演述传统》，《西北民族研究》2017 年第 1 期。

物，也是傣族地区本土宗教与小乘佛教和谐并处的结果。傣族村寨佛寺有大量的创世经本供僧人阅读，或者民间歌本由章哈自己保管和使用。史诗的主要传承人有歌手章哈和僧人康朗，他们各司其职、相互协作，共同参与了史诗的创编、演述和传承。华林、吴雨遥、李婧楠的《民族文化传承视角下的云南傣文档案文献遗产发掘利用》① 阐释发掘利用的现实性，分析发掘利用工作中存在的开发失衡和文献翻译整理困难等问题，提出发掘利用的创新性思考。认为采用宗教性、经济性和数字化开发等方式，可促进发掘利用工作的创新发展。华林、成灵慧、王柳的《民族记忆传承视域下的云南傣文宗教档案文献遗产抢救研究》② 论述了傣文宗教档案文献遗产保护的紧迫性，分析其保护优势与存在问题，提出傣文宗教档案文献遗产保护建议。文章认为，依托云南省“十二五”少数民族档案资源建设规划，采用原件收集、载体修复与发掘利用等方式抢救傣文宗教档案文献遗产，对构建傣族社会记忆、传承傣族文化遗产有重大现实意义。殷建民的《傣文信息技术研究进展》③ 介绍了20世纪90年代以来傣文（含德宏傣文和西双版纳傣文）信息处理技术的发展，涉及傣文编码字符集、傣文字型、傣文键盘布局等基础标准的制定和傣文电子出版系统、傣文网站、傣文移动客户端、傣文识别系统、傣文分词系统、傣文语料库、傣文电子词典、傣文机器翻译等应用系统的开发。华林、宋梦青、王柳的《云南省档案局（馆）少数民族档案资源建设“云南模式”案例研究》④ 以云南省档案局（馆）少数民族档案资源建设为案例，梳理建设特色，分析理论建树与实践价值，提炼有益启示，认为，以发展少数民族档案事业为保障，以创新工作方式开展少数民族档案资源建设工作的“云南模式”，切合少数民族档案工作发展规律，具有参考借鉴价值。周红黎的《傣医古籍整理与保护研究》⑤ 指出，傣医药是我国传统医药的重要组成部分，为云南省第二批非物质文化遗产。傣医古籍包括贝叶经和纸板经，采用老傣文记载，而能够识别老傣文的学者甚少。因而，开展傣医古籍整理和保护研究非常必要，一方面可以较好地传承和保护优秀民族文化遗产，另一方面也可促进傣医学理论的进一步完善和发展，为傣医药的科研工作奠定基础。钟卿等的《傣文贝叶经的图像增强与二值化方法研究》⑥ 为了解决贝叶经图像背景不均匀及字符与背景颜色对比度较低给其二值化带来的困难，提出一种图像增强与Sauvola算法相结合的方法：首先使用同态滤波处理贝叶经图像背景不均匀的现象，然后使用灰度线性变换对其进行对比度增强，最后再使用Sauvola算法对贝叶经图像进行二值化。实验结果表明，同态滤波、灰度线性变换与Sauvola算法相结合的方法有效解决了贝叶经图像背景不均匀和低对比度的问题，得到了清晰的二值化结果，适合于贝叶经图像的图像增强与二值化。章富刚的《〈百夷馆译语〉（杂字）译者身份探析》⑦ 从译语傣文书写问题、注音汉字选用两方面进行分析，结合百夷馆相关史料，认为其译者是来自云南通晓傣汉双语文的汉族知识分子。《百夷馆译语》是反映明代初期云南

---

① 华林、吴雨遥、李婧楠：《民族文化传承视角下的云南傣文档案文献遗产发掘利用》，《山西档案》2018年第2期。

② 华林、成灵慧、王柳：《民族记忆传承视域下的云南傣文宗教档案文献遗产抢救研究》，《北京档案》2018年第4期。

③ 殷建民：《傣文信息技术研究进展》，《广西科学院学报》2018年第1期。

④ 华林、宋梦青、王柳：《云南省档案局（馆）少数民族档案资源建设“云南模式”案例研究》，《档案学研究》2018年第1期。

⑤ 周红黎：《傣医古籍整理与保护研究》，《中国民族民间医药》2018年第3期。

⑥ 钟卿、余鹏飞、李海燕、陈瑞新：《傣文贝叶经的图像增强与二值化方法研究》，《云南大学学报（自然科学版）》2017年第5期。

⑦ 章富刚：《〈百夷馆译语〉（杂字）译者身份探析》，《民族翻译》2017年第2期。

官话音系的材料。章富刚的《从〈车里译语〉看景洪傣语短元音高化演变》① 指出，西双版纳景洪傣语存在一类特殊的短元音高化现象。清代《车里译语》的材料表明：e〉i 在清代《车里译语》成文时之前已经发生，车里傣文用 i、i 字母书写来源于 e 的词；a〉ε 在《车里译语》中已露出端倪，文字上虽全用 a 字母书写，但注音汉字反映了少数 a 开始读为 ε；由于注音汉字的局限性，尚不能判断带鼻音韵尾的 o〉u 在《车里译语》成文时是否已经发生，但其中傣文 o 字母写法尚未改变。

3. 古壮字研究

方懿林、周祖亮的《略论壮族历史文献中的医药词汇概貌与价值》② 指出，壮族医药在壮语中称为"依托"，"依"即"医药"，"托"即"本地、土著"，"依托"的汉语意义是"土医、土药"。文章认为，壮医药学界对于用壮民族自己语言文字记录的医药文献资料有明确意识与强烈需求。张青松的《十年来古壮字研究简评》③ 指出，十年来，古壮字研究成果辉煌。从数量上看，期刊论文与博硕士论文大约有 70 篇。从内容上看，大多数是从文字学角度进行研究的，如古壮字的来源、古壮字发生的时代、古壮字的使用状况、古壮字形体研究，等等。此外，还有好几篇论文是从词汇学、音韵学、语法学或汉字文化学的角度进行研究的。不足之处体现在两个方面：首先是理论意识的淡薄；其次是研究视野欠开阔，研究材料不足。何明智的《喃字字书与金龙古壮字字书比较》④ 认为，喃字字书原本的功用是供蒙童就读私塾时认读最基本的汉字和喃字，其编纂的目的是制定用字标准，讲究编纂的规则。而对于金龙壮族人而言，正因为字书被赋予了"工具书"的功能，实用为王，故在编纂字书时，随意性大，不讲究格式，几乎无任何规则可言。郑伟的《方块壮字的汉字借音声旁与中古韵图的内外转》⑤ 通过对借音声旁的壮语对音的考察，厘清了不同时代和地域的音韵层次，指出唐宋韵图中所划分的内、外转各摄中分别对应于壮语的长、短元音，同时也跟元音的舌位高低相关。所谓"例外对应"，都能在汉语音韵史、音变类型学等层面得到合理的解释。郑伟的《古壮字的汉字借音声旁与中古后期的韵母演变》⑥ 从内外转之分、韵母演变两个方面，具体分析了借音壮字中汉字借音声旁的韵母特点，说明了它们和晚期中古音的代表即唐宋韵图所见的韵母演变之间的关系，包括内外转的区分和果假、宕江、止蟹、臻真、尤虞等韵摄的读音演变。潘红交、韦景云的《壮族师公唱本古壮字的初步整理》⑦ 借鉴蓝利国古壮字造字分类法按借用字、自造字、改造字对唱本古壮字进行了归纳整理，采用国际音标对其注音，同时也对其中借用字按声韵调进行了新老借词划分。潘红交、韦景云的《借音壮字阴声韵母和中古汉语韵母关系研究》⑧ 以《古壮字文献选注》（天津古籍出版社 1992 年版）中梁庭望教授收集翻译整理的壮族哲理诗《传扬歌》古壮字文献材料为文本，以《传扬歌》古壮字阴声韵为研究对象，依据中古十六韵摄进行了整体统计分析，发现壮字借音韵母与《广韵》对应整齐，应属古汉语语言的遗留。曾晓渝的《〈广西庆远土司译语〉壮汉对音研究》⑨ 基于《广西庆远土司译语》中 162 条壮汉对音材料，对古壮字、词义、汉字注音三者关系的分析，探讨了清代庆远府府治地（今宜州）的

---

① 章富刚：《从〈车里译语〉看景洪傣语短元音高化演变》，《武陵学刊》2018 年第 6 期。
② 方懿林、周祖亮：《略论壮族历史文献中的医药词汇概貌与价值》，《广西中医药》2018 年第 6 期。
③ 张青松：《十年来古壮字研究简评》，《兴义民族师范学院学报》2018 年第 5 期。
④ 何明智：《喃字字书与金龙古壮字字书比较》，《广西民族师范学院学报》2018 年第 2 期。
⑤ 郑伟：《方块壮字的汉字借音声旁与中古韵图的内外转》，《古汉语研究》2018 年第 2 期。
⑥ 郑伟：《古壮字的汉字借音声旁与中古后期的韵母演变》，《中国文字研究》2017 年第 2 期。
⑦ 潘红交、韦景云：《壮族师公唱本古壮字的初步整理》，《文山学院学报》2017 年第 4 期。
⑧ 潘红交、韦景云：《借音壮字阴声韵母和中古汉语韵母关系研究》，《钦州学院学报》2017 年第 8 期。
⑨ 曾晓渝：《〈广西庆远土司译语〉壮汉对音研究》，《民族语文》2017 年第 3 期。

壮语、汉语方言音系。作者认为，260 年来宜州壮语、汉语方言官话、平话变化不大。

2017—2018 年度，与各民族古文字文献有关联的综合论述性的论文有以下 4 篇。陆锡兴的《利用道教文字创造的民族文字》① 指出，中原的原始宗教道教发展出一套特殊的文字，云篆、反书、倒书等，其特殊形体以及宗教背景给中国的文化带来了巨大影响。这些文字依托神秘力量深入周边民族，由于民俗信仰相互贯通，实现从仪式到内容的自然衔接。周边少数民族在接受道教因素的同时，不同程度地利用道教文字，创制本民族文字。党项人首次仿照真文创制西夏文，彝族、水族则从文字方向着手，充分利用反左书、倒书，成片制作本族所需的文字。少数民族的文字来源是多方面的，主要依靠俗字满足需要，但是道教文字是一个重要来源，在某些文字中甚至是主要来源。刘文锁的《新疆古代语言文字资料的发现与整理》② 对迄今为止在新疆地区考古发现的古代语言文字资料进行了整理，归纳了各种语文资料的出土和刊布情况，以及各相关语言学学者的主要研究进展，包括了汉藏语系、阿尔泰语系和印欧语系一些种类语言在内，主要是碑刻、简牍、纸帛文书、砖石墓志、铭文和题记等形式。它们反映出古代新疆地区（西域）的各族居民曾经使用过的不同语言和文字情况，是新疆作为古代丝绸之路和多民族共同家园的物证。沈峥的《云南少数民族文字碑刻文献存藏现状及保护研究》③ 对云南少数民族文字碑刻进行了调查，分析其利用和保护的现状，发现有关部门虽已采取措施着手保护，但仍不足以扭转当前不容乐观的形势，仍需通过扩大宣传、资金资助、人才培养、数字化保护等措施加强对碑刻的保护。史金波的《当代少数民族文字历史文献整理与研究刍议》④ 指出，新中国成立以来，少数民族文字历史文献的整理受到重视。中国民族古文字研究会成立后，开始系统认识、全面介绍少数民族文字及其文献。全国少数民族古籍整理规划领导小组的成立全面推动了少数民族历史古籍的整理、出版。2007 年开展全国古籍保护工作，少数民族文字历史古籍的保护、整理、研究呈现出蓬勃发展的局面。该文梳理了当代彝文、藏文、回鹘文、西夏文、傣文、察合台文、蒙古文、满文等历史文献的整理与研究。

（木仕华，研究员，中国社会科学院民族学与人类学研究所）

① 陆锡兴：《利用道教文字创造的民族文字》，《民俗典籍文字研究》2017 年第 2 期。

② 刘文锁：《新疆古代语言文字资料的发现与整理》，《西部蒙古论坛》2018 年第 1 期。

③ 沈峥：《云南少数民族文字碑刻文献存藏现状及保护研究》，《图书馆理论与实践》2018 年第 11 期。

④ 史金波：《当代少数民族文字历史文献整理与研究刍议》，《青海民族研究》2018 年第 3 期。

特约稿件

“中国古代民族志文献整理与研究”进展及成果

刘正寅

国家社科基金重大项目“中国古代民族志文献整理与研究”（项目批准号：12&ZD136）于2012年10月立项，撰稿人刘正寅为该项目首席专家。

一　项目简介

中国是一个具有悠久历史的统一的多民族国家，中国的历史是由包括汉族和55个少数民族构成的中华民族共同谱写的。经过长期的民族融合与文化交流，中华各族逐渐发展成为一个完整的不可分割的统一整体。从某种意义上讲，一部中国史就是在广阔的时空范围内汉族与少数民族互动的历史。中华民族在形成与发展的进程中，产生了大量内容丰富、形式多样的民族志文献，它们是我们探讨中华民族多元一体格局进程的宝贵资料。为了深入探讨中华民族的形成与发展、揭示中华民族多元一体格局的形成历程，需要进一步加强中国民族史学的基础建设，特别是对有关民族志资料的整理、解读、研究。

民族志文献是民族史研究的基础，以往中国民族史研究中，虽然也对民族志文献资料有所利用，但存在着以下问题：（1）民族志资料比较零散，缺乏必要的整理、研究，影响了民族史学发展的基础；（2）民族史学具有跨学科的性质，是历史学与民族学的交叉，而以往民族史研究者多来自历史学界，对民族志文献资料的利用与研究也多从历史学的角度展开，缺少民族学的视野，有很明显的学科局限性；（3）中国是一个历史悠久的多民族国家，许多民族有自己的语言文字，留下大量非汉语文献，它们是中国民族志文献的重要组成部分。但受语言条件的限制，以往有关中国民族志文献资料的利用与研究多偏重于汉文文献资料，对少数民族语言文献的关注和利用非常较少，影响了中国民族史学的发展。

该项目拟从民族史学的角度，综合利用历史学、民族学的理论和方法，对历史上的民族志文献资料进行系统、全面、综合的研究。通过对多种不同语言文献书写（利用文本及其相关资料）的勘比研究，不仅可以解读出民族活动的客观真实，还能揭示出书写行为的文化因素以及由此造成的族际认知的差异，从而探讨民族志文献书写的演变轨迹、发展趋势及其对后世的影响，以总结历史经验，做到古为今用。

民族志文献研究不仅是民族史研究创新的基础，而且也影响甚至决定着民族史学发展的前沿，与当前民族史学的热点、难点问题密切相关。民族志文献不仅是对历史上民族发展进程的记录，而且还反映了民族志描述者的观念、思想及描写的动机，以及所处的时空背景、文化异同等。通过对这些民族志文献资料的研究，可以在对相关理论进行宏观概括总结的基础上，从具体的史实研究出发，构建出民族理论的中国传统话语体系；同时，还可以揭示民族发展的规律、民族关系的实质、族际互动与认同凝聚等问题，对中国民族史学科的发展与创新均具有重大的基础理论意义。

对民族志文献的深入研究及对民族史学前沿问题的创新具有重要的现实意义。利用民族史志文献，特别是对形成于少数民族地区的非汉语的少数民族文献的记载，通过与多种不同书写传统（利用文本及其相关资料）的勘比研究，揭示出历史上各民族发展及族际间互动的客观真实，以及反映在史志文献书写中的认同意识，将有力地支持中华民族整体观念，强化中华民族凝聚力，揭露海内外敌对势力和民族分裂分子的历史谎言，从而提高人们的认识水平，有利于维护祖国统一，促进民族团结。

二　研究对象和主要内容、总体研究框架、子课题构成

（一）研究对象和主要内容

该项目是对中国古代民族志文献的搜集、整理和研究，研究对象既包括专门记述中国古代诸民族的文献资料（如“二十四史”中有关少数民族的传记），也包括那些含有民族描述内容的其他古籍文献（如先秦文献《礼记·王制》中有关“五方之民”的描述）。这些文献既包括数量巨大、内容丰富、形式多样的汉文文献，也包括大量的古代少数民族语言文献，如蒙古语文献、藏语文献、维吾尔语文献（包括古突厥文、回鹘文、察合台文文献）等，以及波斯语、阿拉伯语文献。波斯语、阿拉伯语虽然不是中国的少数民族语言，但是历史上被我国一些少数民族用作书写语言，产生了大量有关我国民族史志的文献。而域外阿拉伯、波斯文文献中也保存了数量可观的有关我国古代民族的描述，具有非常宝贵的史料价值，也属于本课题的研究内容。

（二）总体研究框架

对中国古代多语种民族志文献进行全面、系统的整理和研究，推出有关中国古代民族志文献的研究题解，为国内外学术界提供一个全面、科学、可靠的资料基础。在此基础上进行多语种民族志文献的比较研究，并选择一批关键的、重要的文献进行专题研究，以期揭示出历史上各民族发展与互动的客观真实，以及反映在文献中的认同意识。

（三）子课题构成

该项目下设三个子课题：按照文献书写语言文字将文献分为三类，每类列为一个子课题，即“汉语文民族志文献整理与研究”“少数民族语文民族志文献整理与研究”“域外相关民族志文献整理与研究”。这三个子课题的研究对象基本上涵盖了中国古代民族志主要文献。三个子课题既相对独立，又相互联系，密不可分。三个子课题都是中国古代民族志文献整理和研究的组成部分，其研究对象都是有关中国古代民族的记述。中华民族是一个统一整体，各民族相互依存，密不可分。从某种意义上说，中国古代民族志文献也是一个整体，具有密切的内在联系性，不同语言书写的民族志文献之间密切相关，需要对比、勘同，进行多语种的比较研究。

三　项目研究方法、研究思路、预期最终成果

（一）研究方法

该项目研究以马克思主义理论为指导，运用历史学、民族学、文献学等学科的理论与研究方法，并注意借鉴目录学、历史比较语言学、宗教学等相关学科的理论和方法，以新思维、新

方法，进行多学科、多视角的探索，做到研究内容创新和方法创新的有机统一。

（二）研究思路

该项目研究从以下四个层面展开。

1. 最广泛地搜集和占有民族志文献资料，通过对多语种民族志文献资料的挖掘、爬梳，广泛地占有资料。在此基础上，对文献资料进行整理、研究，去伪存真，分门别类。

2. 对重要民族志文献进行专题研究，进行必要的校订、注释；对非汉文民族志文献进行校勘、翻译、注释。在这个过程中，注意不同语境下各种史料的审音、对勘，从而为民族史的深入研究奠定坚实的史料基础。同时，对史料追源辨流，理清文献的历史继承与发展，从而揭示出内在发展的脉络与规律。

3. 集中力量对中国传统民族志发展演变过程中的主要阶段、主要内容和主要问题，包括民族志描述者的观念、思想及描写的动机以及所处的时空背景，进行专题的深入探讨，从而探讨归纳民族志文献书写的演变轨迹、发展趋势及其对后世的影响。

4. 从基础文献入手，加强中华民族发展与认同研究。通过对多语种民族志文献的勘比研究，揭示出历史上各民族相互依存、共同发展的客观事实，以及反映在民族志文献书写中的中华民族认同意识，加强了中华民族整体观念，揭露海内外敌对势力和民族分裂分子的历史谎言，维护祖国统一，促进民族团结。

（三）预期最终成果

学术专著四部。

1.《汉语文民族志文献题解》

2.《边疆民族语文民族志文献题解》

3.《域外相关民族志文献题解》

4.《多语种民族志文献比较研究》

四　研究计划总体执行情况及各子课题进展情况

该项目 2012 年 10 月立项后，首先按照有关规定完成了项目启动工作。项目组在充分准备的基础上，于 2013 年 1 月中旬召开了项目开题论证会，对项目的整体设计思路及其内容、特点、任务、目标、计划、子课题的设置与研究重点等进行了充分论证，广泛听取了与会专家的意见，进一步明确了目标和工作重点，完善了研究计划。

按照项目设计书和研究计划，本项目前两年的工作重点是资料的调查、搜集，包括民族志文献资料和相关研究资料的搜集。围绕资料的搜集，对一些基础性的重要民族志文献进行专题研究。另外，其他两个层面的研究也逐渐展开。本项目 2014—2016 年的工作重点是：（1）在 2012—2014 年工作的基础上，进一步调查、搜集相关资料，包括民族志文献资料和相关研究资料，特别是国外所藏相关文献资料的搜集（前两年侧重于国内文献资料的搜集），尽量广泛地搜集和占有民族志文献资料；（2）加强文献资料的整理研究，对文献资料进行整理、研究，去伪存真，分门别类，对一些重要的基础性民族志文献继续进行专题研究；（3）集中力量对中国传统民族志发展演变过程中的主要阶段、主要内容和主要问题，包括民族志描述者的观念、思想及描写的动机以及所处的时空背景，进行专题的深入探讨；（4）在上述研究的基础上，进一步加强中华民族整体认同与国家认同的研究，通过对多语种民族志文献的勘比研究，揭示出历史上中国各民族相互依存、共同发展的客观事实，以及反映在民族志文献中的中华民族整体认同和国家认同意识，维护祖国统一，促进民族团结。

该项目下设三个子课题："汉语文民族志文献整理与研究""少数民族语文民族志文献整理与研究""域外相关民族志文献整理与研究"。这三个子课题的研究对象基本上涵盖了中国古代民族志文献。

（一）汉语文民族志文献整理与研究

按照项目计划，该子课题立项以来，进行民族志资料的搜集和整理，积累了大量宝贵的民族志资料。同时对一些重要的资料进行了专题研究，出版了《长春真人西游校注》等民族志文献研究专著。项目组把民族志文献的研究，置于中华民族的宏观历史发展背景中，从纵向上考察各个不同历史阶段民族志的发展特点，进而把民族志研究与中华民族形成发展研究结合起来，出版了《先秦两汉时期民族观念与国家认同研究》（彭丰文，中国社会科学出版社2016年版）、《清代回疆法律制度研究》（王东平，黑龙江教育出版社2014年版）等专著，发表了一系列学术论文等阶段性成果。

（二）少数民族语文民族志文献整理与研究

根据文献自身的情况及课题组成员的专业方向，我们将研究的重点放在蒙古语、藏语、西夏语、满语文献方面，兼及突厥语、梵语等语言文献。该子课题由著名蒙古语文献学家乌兰主持，课题组成员来自不同的民族，对多种民族语言文献均有专业的解读能力和丰富的经验，并能同时运用多种文献语言进行对比、综合研究。2014年以来，课题组重点对中古以降的蒙、藏、西夏、突厥等多语言民族志文献进行整理研究，阶段性成果丰富，出版有民族志文献研究专著《西夏文〈亥年新法·第三〉译释与研究》[周锋，（台湾）花木兰文化出版社2016年版]，发表了一系列学术论文。

（三）域外相关民族志文献整理与研究

在域外民族志文献中，保存着非常丰富的中国古代民族志资料，是该课题研究的主要内容之一。该子课题负责人由首席专家兼任，课题组成员为来自北京大学、中央民族大学、新疆大学、新疆民委古籍办的相关专家。2014年以来，该子课题组主要是对国外所藏穆斯林语文民族志文献资料进行调查、搜集，重点是对波斯文、察合台文文献的搜集，并在此基础上进行了整理研究。2014年以来，课题组继续对波斯文《史集·部族志》等重要波斯语民族志文献进行整理与研究，搜集了多种波斯文、察合台文版本，组织开办"波斯语民族志文献研读班"，采取集体研讨的方式，对相关著作进行整理研究，发表了相关研究论文。2014年以来，课题组开展有关察合台语民族志文献的研究，对瑞典和德国等国家收藏的察合台文民族志文献进行了初步考察，对相关的文献进行了整理研究。目前正在整理瑞典隆德大学所藏三卷本察合台文著作《萨依甫传》，撰写的专题研究论文已投稿相关的学术期刊。另外，对新疆大学收藏的察合台文民族志文献撰写详细的目录。

五　调查研究及学术交流情况

（一）调查研究与资料收集

该项目是对民族志文献的整理与研究，民族志文献资料的搜集是本项目工作的基础，而已有相关研究文献则是本项目研究的必备参考。因此文献资料的调查与搜集对本项目来说具有特别重要的意义。2014 年以来，项目组继续加强对民族志文献资料的搜集和整理。同时，调研工作重点是对边疆地区民族志文献的搜集，以及国外所收藏民族志文献的调查研究。主要调查如下。

1. 2014—2016 年对德国、法国、奥地利等西方国家收藏的我国有关民族志文献资料进行调研，特别是对其收藏的波斯语、察合台语文献进行调查、搜集。

2. 2014—2016 年对伊朗、以色列等西亚国家收藏相关资料，特别是波斯语、阿拉伯语民族志文献资料进行调查、搜集。

3. 2016 年 6 月，对日本大学图书馆及相关机构有关文献收藏情况进行调查。

4. 2016 年 6—8 月，对美国大学图书馆及相关机构收藏的我国有关民族志文献资料进行调研。

5. 为进一步搜集边疆民族志文献资料，2015 年 6—7 月，该项目组组成学术考察组，对新疆民族志文献的保存与收藏进行调研，考察了新疆维吾尔自治区伊犁哈萨克自治州、博尔塔拉蒙古自治州、塔城地区、阿勒泰地区的民族志文献收藏与当地民族口述资料、碑刻资料等。涉及的县市有伊宁市、霍城县、伊宁县、新源县、特克斯县、昭苏县、察布查尔锡伯族自治县、博乐市、阿拉山口、裕民县、塔城市、额敏县、托里县、和布克赛尔蒙古自治县、布尔津县、阿勒泰市。

6. 2015 年 8 月，项目组考察元中都、鸡鸣驿、宣化辽墓等地的历史文化遗迹，搜集相关碑刻资料与口述史料。

7. 2015 年 10 月，项目组考察贵州清水江流域文书收藏及相关民族志文献资料的情况。

8. 2015 年 11 月，项目组考察河北省涞水县金山寺、辽塔、怡贤亲王墓，搜集相关碑刻资料与口述史料。

9. 2016 年 5 月，项目组对内蒙古地区民族志文献资料情况进行调研。

10. 2016 年 6—7 月，项目组考察广东、云南、四川一带民族志文献资料分布情况。

（二）举办学术会议

1. 2013 年初结合本项目的开题论证会，项目组召开“多语种民族志文献的整理与研究”工作会议，讨论了具体研究计划、重点研究内容、研究理论与方法及注意事项等问题。

2. 2013 年 11 月本项目召开“多语种民族志文献与中国民族史研究”学术研讨会，就相关理论问题与重点热点课题进行深入广泛的探讨。

3. 2014 年 7 月在新疆乌鲁木齐举办“多语种民族志文献与西北民族史研究”学术研讨会，项目首席专家刘正寅主持，新疆社会科学院副院长田卫疆、《新疆通史》编委会副主任苗普生以及来自新疆社会科学院、新疆大学、新疆师范大学、新疆民委（宗教局）古籍办等的专家及本项目组成员出席了会议。

4. 2014 年 11 月与中国民族史学会、中国社会科学院民族学与人类学研究所民族历史研究室在北京共同承办了“中国民族史研究回顾与展望暨杜荣坤先生学术思想研讨会”。会议两项议题之一即为“民族志文献与民族史研究”。来自中国社会科学院、新疆社会科学院、新疆自治区民委、北京大学、中国人民大学、北京师范大学、中央民族大学、南京大学、复旦大学、南开大学、新疆大学等科研院所和高等院校的近百名学者参加了会议。

5. 2015 年 7 月在北京举办了“中国古代民族志文献整理与研究学术座谈会”，首席专家刘正寅主持，尹虎彬副所长、项目组成员及所内外专家近 20 人参加了会议。会议讨论了中国古代民族志整理与研究中遇到的问题、解决的方法和途径、民族志研究对民族史研究的重要意义等重要问题。

6. 2015年11月在北京举办了“波斯语民族志文献与蒙元民族史研究”小型学术研讨会，该项目组成员与北京大学、北京师范大学的同行专家，从波斯语民族史志文献研究的视角，对蒙元时代北方诸民族的兴替、互动及发展进行了深入的探讨。

（三）参加学术会议

1. 2014年7月，在烟台参加“中国民族史学会第十七次学术研讨会”，主持会议并作大会发言。

2. 2014年7月，在银川参加“第三届西夏文研修班暨西夏文献研讨会”，提交论文并发言。

3. 2014年10月，在银川参加“黑水城文献与西夏学”博士后学术论坛，提交论文并发言。

4. 2014年11月，在北京参加“中国历史上的区域与社会”国际学术研讨会，提交论文并发言。

5. 2014年12月，在北京参加中国人类学民族学研究会丝绸之路文化产业专业委员会成立大会暨“丝绸之路与民族文化发展”学术研讨会。

6. 2015年5月，参加由中国元史学会和四川泸州市政府联合举办的“宋元四川战争中的神臂城”高峰学术研讨会，提交论文并作会议发言。

7. 2015年6月，参加由东北大学秦皇岛分校举办的学术会议“中华历史与传统文化学术论坛”，提交论文并发言。

8. 2015年7月，参加《历史研究》与东北师范大学联合在长春举办的“清代多民族统一国家的历史建构”学术研讨会。

9. 2015年7月，参加杭州市政协举办的“回族凤凰寺碑刻资料整理工作学术研讨会”。

10. 2015年8月，参加云南大学与《学术月刊》在昆明联合举办的“多维视野下的中国边疆与族群”学术研讨会。

11. 2015年10月，参加由凯里学院、中山大学社会学与人类学学院、香港中文大学—中山大学历史人类学研究中心、贵州省民宗委、锦屏县人民政府联合主办的“民间文献学的理论与实践：清水江文书（锦屏文书）与地方社会国际学术研讨会暨贵州省第二届‘汲古龄谭’学术研讨会”。

12. 2015年10月30日—11月1日，参加中国民族史学会第十八次学术会议。会议主题为“交融与认同：中华民族共同体的历史演进”，项目组成员提交论文并作会议发言。

13. 2015年11月，参加中国社会科学院中国边疆研究所与陕西师范大学西部边疆研究院在西安联合举办的“第三届中国边疆学论坛”。

14. 2016年6月，参加《中国史研究》与暨南大学联合主办的“历史文献与古代社会研究的现状与展望”学术研讨会，作题为“民族志文献与中国民族史研究”大会发言。

15. 2016年7月，参加中国古文字学会在昆明召开的学术年会，发表有关金元时期民族志文献中的民族文字研究。

16. 2016年7月，参加四川大学与《学术月刊》主办的“中国边疆研究与历史书写”学术研讨会，发表了关于穆斯林民族志文献与西北边疆研究的报告，并作会议学术总结。

（四）开展对外学术交流

1. 2014—2016年，项目首席专家刘正寅利用赴德参加学术会议的机会，对德、法、奥地利等国进行学术交流，重点搜集穆斯林语文民族志文献资料。

2. 2015 年 1 月，与来访的哈萨克斯坦学者达尔汉·科德尔艾里、巴哈提·依加汉教授一行座谈，两国同行对清代历史文献的搜集、整理及利用的情况进行了交流。

3. 2015 年 3 月，奥地利科学院伊朗学研究所所长施瓦茨（Florian Schwarz）教授、芭芭提（Chiara Barbati）博士来访，与本项目组进行学术交流，并就波斯语民族志文献合作研究进行讨论。

4. 2015 年 5 月，邀请来南京进行学术访问的哈萨克斯坦学者穆敏诺夫（A. Muminov）教授交流，并举办了主题为“伊斯兰原教旨主义者在中亚和新疆的活动及其思想对当地文化极端思潮的影响：手抄本、出版物及田野工作”的学术讲座，并就相关问题及民族史研究情况进行了沟通。

5. 2015 年 9 月，邀请来华进行学术访问的德国波恩大学廉亚明（Ralph Kauz）教授与本项目组进行学术交流。

6. 2016 年 7 月，与来华出席学术研讨会的哈萨克斯坦学者穆敏诺夫和巴哈提教授进行学术交流，并就中哈民族志文献情况展开讨论。

（五）为加强多语种民族志文献整理和研究，继续举办“波斯语文献研读班”和“突厥语文献研读班”，对有关中国民族史的重要的波斯语、突厥语文献进行集体研读、讨论、译注，成绩显著。这两项活动引起了国内外学术同行的关注，吸引了许多专家及研究生参加。

六　主要阶段性研究成果

（一）专著

1. 《长春真人西游记校注》，尚衍斌、黄太勇校注，中央民族大学出版社 2016 年版，38 万字。《长春真人西游记》是元代道教全真派道士李志常撰写的一本游记，主要记述了其师邱处机和弟子应成吉思汗之邀远赴中亚途中的见闻，也顺道记述了一些邱处机的生平，是研究 13 世纪中亚历史、蒙古历史和中国道教历史的重要典籍。该书分上下两卷。上卷开篇记载邱处机率弟子于 1220 年自山东出发，经今北京、宣化、达赉诺尔、呼伦贝尔、乌兰巴托、杭爱山、科布多、阿尔泰山、准噶尔盆地、轮台、天山、撒马尔罕、铁门关等地，于 1222 年抵达今阿富汗境内的兴都库什山脉觐见成吉思汗。下卷记述邱处机三次向成吉思汗讲道，及东返的经历。后邱处机辞归燕京，主持天长观。该书记述所经山川道里及民族风俗等，是元代有关漠北、西域民族志记述的最重要的文献之一。该书长期被埋没，清乾隆六十年（1795 年），方由钱大昕从《道藏》中抄出，得以大行于世。项目组成员尚衍斌等对该书进行了系统的整理研究，以校注形式将研究成果呈献读者，是有关漠北、西域民族志文献整理研究的重要成果。

2. 《西夏文〈亥年新法·第三〉译释与研究》，周峰著，（台湾）花木兰文化出版社 2016 年版。西夏文《亥年新法》是西夏晚期的一部重要法典。全书共分为 5 章，第一章是对《亥年新法》第三的译释。第二章是《亥年新法》第三与《天盛律令》第三的比较研究，从中可以看出西夏法律制度的发展变化情况。第三章、第四章是西夏盗窃法与《唐律疏议》盗窃法以及宋朝盗窃法的比较研究，从而了解西夏法典的“源”，了解其吸收、借鉴了唐宋的哪些法律成分。第五章是西夏盗窃法与辽金盗窃法比较研究，分析西夏与其同时的少数民族王朝法律的异同，理清了西夏、辽、金三个少数民族王朝吸收、借鉴中原王朝法律的不同特点。

3. 《清代回疆法律制度研究（1759—1884）》，王东平著，黑龙江教育出版社 2014 年版，40 万字。回疆法律制度是清朝民族法制中最有特色的部分，也是历史上中央政府对穆斯林地区立法的突出成果，《清代回疆法律制度研究（1759—1884）》引用大量珍贵的历史文献进行了深入的探讨，具有极高的学术价值。作者充分利用了汉文史料、察合台语文献资料、域外探险家的游记等各种原始材料，结合清代档案资料，包括存于中国第一历史档案馆的军机处录副奏折民族类档案中的司法案件审理的材料，以及新疆官员向上级相关部门呈递的案情报告、判决意见、法医的鉴定材料、罪犯的供状等，展现了回疆地区从报案、司法调查、审案、拘押到执行完整的司法活动程序，许多细节为清代其他资料所缺。作者在本研究中涉猎的重要民族语文史料有：新疆拜城人毛拉木沙·本·毛拉·艾萨（Mulla Musa b. Mulla Ay sa）于19世纪后半期和20世纪初写成的《安宁史》（Tarikh －iAmniye）和《伊米德史》（Tarikh －iHaymidi）。

4. 《先秦两汉时期民族观念与国家认同研究》，彭丰文著，中国社会科学出版社2016年版，45.1万字。该书对中国古代“国家”和“国家认同”概念进行了辨析界定，在此基础上，紧紧围绕“中国古代统一多民族国家的形成发展”中心议题，考察了先秦两汉时期民族观念与国家认同的形成发展历程及其历史意义。作者认为，先秦时期中国传统文明已经表现出追求“大一统”政治的文化特质，西汉时期，“大一统”特色的中国古典民族观念与国家认同正式形成，东汉及此后各个历史时期不断得到发展和巩固；两汉时期国家认同包含了鲜明的“大一统”政治意识和政治继承意识，开启了中国古代重视政治传承与思想教化的传统，为保持中华文明的连续性、为中国古代统一多民族国家基本格局的形成和发展，提供了重要的精神源泉。从国家认同建构的角度来看，秦、汉王朝的兴亡也为后世提供了宝贵的历史经验和教训。该书对考察中国历史上统一多民族国家形成发展的社会心理基础、揭示中华民族生生不息的精神动力源泉具有一定的价值。

5. 《21世纪辽金史论著目录（2001—2010年）》（上下），周峰著，（台湾）花木兰文化出版社2016年版。该书汇集了2001—2010年的辽金史论著目录7000余条，分类编排，为读者了解10年间的辽金史的研究情况提供了一部必备的工具书。

（二）论文

1. 刘正寅：《〈史集·部族志·乞儿吉思部〉研究》，《中国边疆史地研究》2013年第1期。

2. 刘正寅：《〈史集·部族志〉巴儿忽惕诸部研究》，《元史及民族与边疆研究集刊》第26辑2013年。文章介绍，波斯文史著《史集》（Jāmi' al-Tavārīkh）之《部族志》记述了蒙元时期蒙古高原上各民族各部落的情况，是研究中古时期北方民族形成、分化、发展重要的、基本的史料之一。其中《乞儿吉思部》《巴儿忽惕、豁里、脱额列思诸部》两篇记录了这一时期乞儿吉思及其周边诸族、贝加尔湖地区诸部族的情况，具有极高的史料价值。上述《〈史集·部族志·乞儿吉思部〉研究》和《〈史集·部族志〉巴儿忽惕诸部研究》两文在前人研究的基础上，根据该著苏联波斯文集校本，将《部族志》的《乞儿吉思部》和《巴儿忽惕、豁里、脱额列思诸部》首次由波斯文直接译为汉文，纠正了以往翻译中的一些错误，为蒙元史和北方民族史的研究提供了坚实可靠的文献基础。同时文章还勘比蒙、汉文资料，对两传中涉及的民族、地理、人物、事件等有关问题作了研究。

3. 苏航：《波斯文〈史集〉部族志唐古特部分阅读札记二则》，《西夏学》第9辑，上海古籍出版社2014年版。该文包括两部分内容：一是对波斯文《史集》中西夏皇帝的称号失都儿忽进行了考察，指出其可能是来自梵语经由回鹘语而引入西夏语的与佛教有关的名号；二是对唐、辽、宋、西夏、元时期的“河西”一词的含义进行了梳理，解决了不同时期河西、唐古特、byangngos等词汇之间的关系，并对西夏国号“白高”进行了新的阐释，指出其可能意指兴庆府及周边地区。

4. 刘正寅：《民族志文献与西域民族研究》，《西域研究》2015年第4期。该文阐述了民族志文献的定义、概念，论述了中国古代民族志文献的兴起与发展，讨论了中国古代民族志文献的主要形式及其多语种性。论文以西域民族研究为例，论述了民族志文献对民族研究的意义及其处理的技术问题。

5. 刘正寅：《清朝前期民族观的嬗变》，《史学集刊》2014 年第 4 期。该文利用民族志文献等清代资料，讨论了清朝前期民族观的发展变化，论述了从努尔哈赤经皇太极而至顺治帝的剃发令及其所反映的清朝统治者的民族观。论文通过对清朝诸帝的边疆民族政策的讨论，揭示出清朝统治者对不同民族所采取的不同政策。论文讨论了康雍乾三朝“大一统”观念和正统观念的不同，认为这种变化反映了清朝前期民族观念的变化。

6. 管彦波：《明代的舆图世界：天下体系与华夷秩序的承转渐变》，《民族研究》2014 年第 6 期。该文介绍，明代的地图绘制，虽然坚持以“中国”为中心的绘图取向，一直在不断强化“大一统”的政治地理空间，但承继蒙元帝国东西扩张的世界经验，有了郑和下西洋和西方传教士所带来的新鲜域外地理知识的持续发酵，似乎具备了更为开阔的地理视野和“世界性意识”。同时，在传统的“天下观”向“世界观”逐渐转变的过程中，前朝太多未曾考虑的海外诸国，逐渐被纳入“华夷”序列中，使明朝的“华夷秩序”具备了更加丰富和多元的内容。该文被“人大报刊复印资料”《明清史》2015 年第 3 期全文转载。

7. 陈晓伟：《“瓯脱”制度新探——论匈奴社会游牧组织与草原分地制》，《史学月刊》2016 年第 5 期。该文介绍，“瓯脱”是匈奴游牧社会一项特有的名物制度，但关于其语义，目前仍悬而未决。我们注意到，耶律铸《双溪醉隐集》释“瓯脱”之义为“帐幕”，此与草原游猎制度有着密切关系。更为重要的是，北族政权统辖的社会基层游牧组织所遵循的游牧分封秩序乃是一个很少谈及的话题，该文拟在解决“瓯脱”问题的基础上，进一步阐释“分地而居”制度的另一种政治内涵。

8. 陈晓伟：《〈庙学典礼〉四库底本与四库馆臣改译问题》，《民族研究》2016 年第 3 期。文章介绍，今本《庙学典礼》是乾隆年间编修《四库全书》时从《永乐大典》中辑录出来的，书中民族语词汇大都经四库馆臣彻底改译，但大多背离原义。北京大学图书馆现藏一部清翰林院钞本《庙学典礼》，系四库底本，其卷首《庙学典礼应翻译者》列有 32 条改译条目与正文相互对应，据此便可以逐一复原民族语的原本面目。这部四库底本不仅为我们考察大典本《庙学典礼》的编纂过程提供了一份十分珍贵的原始档案，而且是研究四库馆臣改译问题的绝佳案例。

9. 陈晓伟：《释“答兰不剌”——兼谈所谓“德兴府行宫”》，《历史研究》2015 年第 1 期。文章介绍，因两都巡幸制是蒙元政治史上的一大关节，纳钵（本义为“行宫”）问题与历朝皇帝的政治活动密切相关，故历来深受学界关注。传世蒙元文献中所见纳钵名称，有某些蒙古语的纳钵名，其地理位置殊难考索。该文讨论的“答兰不剌”就是这样一个相当棘手的问题。根据蒙古语和汉语文献，该文将公文书中的蒙古语地名“答兰不剌”与 Dalanbulaq 勘同，准确地释义为“七十泉”，是蒙元时期两都巡幸途中一处重要的纳钵。蔡美彪先生推测八思巴蒙古文碑文中的 Dalanbulaq，当在大都约五日行程的龙虎台一带。该文对此提出商榷意见，从皇帝巡幸路线中去寻找相关线索，指出“答兰不剌”（Dalanbulaq）应该就是缙山香水园纳钵的蒙古语名称。该文发现的与元朝两都巡幸制度相关的另一个疑点，是从未为前人所注意的“德兴府行宫”问题。《元史 · 选举志》江南学田诏颁布地“德兴府”，应为元朝柳林春猎之所“德仁府”；进一步从文化语言学的角度加以解释，华北方言中作为地名使用的“务”字读音特殊，为 fu 音，于是人们就用“府”字去撰写。元代文献中的“德仁府”，其实记录的就是“德仁务”的方言读音，后者才是它的本名。

10. 彭丰文：《西汉时期的“大一统”政治与多民族交融认同》，载《民族研究》2016 年第2期。该文认为，西汉时期，“大一统”政治思想深入发展并广泛传播，以西汉王朝为中心，同时汇聚周边各民族的“大一统”政治初步形成，这为各民族的交往交流创造了良好的历史条件，推动了民族间的互动交融与相互认同，为中国古代统一多民族国家的发展壮大和中华民族的凝聚奠定了重要基础。

11. 陈晓伟：《再论“大蒙古国”国号的创建年代问题》，《中华文史论丛》2016年第1期。“大蒙古国”国号的创建年代，历来颇受争议。该文指出，至正初年成书的《至正金陵新志》“大朝建号”及《佛祖历代通载》“大蒙古国号始建”之史源与元大德《太祖实录》有关，具有很高的可信度，即知辛未岁建号“大蒙古国”。与此密切相关的历史背景是，辛未年为蒙古伐金之开端，对蒙元政权具有重要的战略意义和深远的政治影响。

12. 陈晓伟：《海青擒天鹅：北族行国政治的图像学研究》，《美术研究》2015年第3期。该文介绍，“海青擒天鹅”是北族政治生活中的重要景观，故而关注这一问题的学者不在少数。与以往学者单纯凭借“历史文献”或“图像资料”的研究路径有所区别，该文拟将《元世祖出猎图》及相关图像作为分析样本，采取“图像证史”，也就是从历史文物图像中挖掘出以蒙元一朝为典型案例的北族游猎活动，进而阐释行国政治的另一种意涵。

13. 陈晓伟：《辽金元的夏捺钵——“阿延川”、“上京”及“爪忽都”辨》，《中国边疆史地研究》2015年第2期。该文介绍，辽金元三朝皇帝每年皆例行驻夏活动，习称“夏捺钵”，并在国家政治生活中占有举足轻重的地位，其中以炭山避暑最为重要。作者从四库本宋元文献中所见“阿延川”“上京”两名入手，通过追溯文献源流，指出“阿延川”本作“爱阳川”，“上京”实乃“上陉”之误，两地皆位于炭山（金莲川草原）范围；此外，清人认为“爪忽都”亦指金莲川，该文针对这一观点提出了不同的意见。

14. 邱轶皓：《伊利汗国的成立：异密—部族—集团》，《元史与边疆民族史研究》（第14期），上海古籍出版社2014年版。该文主要利用了波斯文蒙古世系《五族谱》所载蒙古异密的信息，结合同时代的其他波斯语史籍，讨论了伊利汗国的政治结构。

15. 邱轶皓：《大德二年（1298）伊利汗国遣使元朝考——法合鲁丁·阿合马·惕必的出使及其背景》，中国台北《中央研究院历史语言研究所集刊》2016年第87本第1分。该文结合波斯语、阿拉伯语和汉语文献，对1298年伊利汗国遣使元朝的主要使节生平、出使过程及其影响作了全面讨论，并充分吸收已有的西文、日文和汉语研究成果，是对该历史事件最为全面的研究。

16. 陈庆英、陈立华：《元代西藏的藏传佛教觉囊派》，《西藏民族大学学报（哲学社会科学版）》2015年第4期。该文介绍，元代是藏传佛教各教派发展演变的一个重要阶段。觉囊派在元代得到较大的发展，从兴建寺院佛塔到完善教理、构建完整的教派结构，觉囊派取得长足进步，并涌现出一批著名的高僧和学者。该文力图梳理元代觉囊派发展的路径和特点，说明这一阶段觉囊派的基本情况。

17. 陈庆英：《关于松赞干布河源迎亲》，《中国藏学》2014年第4期。该文通过对唐代藏汉文相关史料的深入分析，对松赞干布河源迎亲的史实作了新的探讨。

18. 陈庆英：《西藏古代印章文化》，《西藏研究》2014年第3期。该文认为，西藏古代使用印章的历史非常悠久，社会上各个阶层的人士在政治经济文化和宗教活动中以及订立契约文书时大量使用各种印章，现今存世的各种印章的数量也十分庞大。一些重要的印章与西藏历史的一些重大事件密切相关，成为重要的历史见证。西藏印章上镌刻多种文字，印章的材质、镌刻的艺术、保管和使用等都具有鲜明的特色。西藏古代印章形成了一种印章文化，成为西藏传统文化的一个重要组成部分。

19. 苏航：《回鹘卜古可汗传说新论》，《民族研究》2015年第6期。该文结合多种文字材料，对著名的回鹘卜古可汗传说进行了分析，探讨了树生传说与丘生传说、树瘿生人与树洞生人等不同版本的成因；通过将《晋书》记载的羯语诗中的王号与其他北方民族王号进行比较，推测卜古可汗传说的形成可能早于公元4世纪；从语音和文献的角度对“仆固”与 boγuγ 勘同的结论进行了重新审查。在以上讨论的基础上，本文还探讨了卜古可汗传说从仆固部传说变为回鹘始祖传说的可能性。

七 项目变更与延期

该项目自2012年10月立项后，按照全国哲学社会科学规划办公室立项通知书要求，在全国哲学社会科学规划办公室及项目所在单位中国社会科学院民族学与人类学研究所领导下，根据项目申报计划积极展开工作，于2013年1月召开了开题论证会，进一步明确了工作目标和工作重点，完善了研究计划。该项目以马克思主义为指导，坚持民族平等和实事求是的原则，对中国古代多语种民族志文献进行整理和研究。自立项以来，已出版《先秦两汉时期民族观念与国家认同研究》《图像、文献与文化史：游牧政治的映像》《西夏文〈亥年新法・第三〉译释与研究》等多部学术著作，在《历史研究》《民族研究》《中国史研究》《中国边疆史地研究》等高水平学术期刊上发表了《民族志文献与西域研究》《唐宋时期：民族志的多元书写实践与成效》《海缘世界：两宋时期的域外民族志研究》《〈史集・部族志〉巴尔忽惕诸部研究》《捺钵与行国政治中心论——辽初“四楼”问题真相发覆》《回鹘卡古可汗传说新论》《蒙古文历史文献中涉及“国”及其相关概念的一些表述方法》《〈元朝秘史〉文献学研究史》《隆德大学所藏察合台文手抄本〈伊米德史续编〉研究》《民族志文献所见明代贵州地区的民族交融与认同》等百余篇相关学术论文。此外，该项目自立项以来还多次举办了“中国古代多语种民族志文献学术研讨会”，并在中央民族大学、南京大学、浙江大学、中山大学、兰州大学、云南大学、陕西师范大学、暨南大学等高校多次以该项目名义举行中国古代民族志文献整理与研究方面的学术讲座，还以该项目名义开通了“中国古代民族志文献研究”微信公众号。这些都推进了该项目的研究，扩大了该项目研究在学术研究的影响。

在研究过程中，发现该项目涵盖内容、工作量、工作难度都要比计划的大得多：（1）中国古代民族志文献分布在世界各地图书馆及我国边疆民族地区，搜集困难，获取难度远较预想的大。（2）文献内容涉及语种多样，既有汉语、少数民族语言和外语文献，又包括大量的古代民族语言文献，研究困难极大。（3）文献数量巨大，而且极为零散，分布在浩如烟海的古籍各类书、丛书之中，且古籍版本流布、内容歧异，也需要对勘研究。

“二十四史”是中国古代民族志文献的重要载体，其“四夷传”是我国古代民族志文献的重要内容，该项目设计时考虑到“二十四史”已由中华书局点校出版，就没有将其纳入研究计划。但是在项目实施过程中，我们发现“二十四史”虽有标点本，但是对其中的民族志文献仍缺乏必要的整理研究。而且“二十四史”是中国优秀传统文化精华的代表之一，如果该项目不对其中的古代民族志文献进行研究，项目成果就不能客观、完整地反映中国古代文化。因此，我们在项目实施过程中决定增加对“二十四史”中古代民族志文献的整理和研究工作，这样就使研究内容大大增加。项目实施过程中，子课题负责人管彦波研究员自2014年起身患重病，于2018年初去世，这一不幸也影响了项目工作实施的进度。基于以上诸种因素，为了保证项目的研究深度、精度和成果质量，该项目曾于2017年第一次提出延期申请并得到批准，计划延期至2019年12月31日完成。

2017年以来，我们根据实际情况调整了研究计划，加快了研究进度。该项目实施过程中认真贯彻落实习近平总书记及党和国家有关加快构建中国特色哲学社会科学学科体系、学术体系和话语体系精神，认真贯彻落实党的十九大以来铸牢中华民族共同体意识的要求。在项目研究中，项目组认识到该项目原研究计划中存在的不足，认为应该加强以下两个方面的研究。

（一）加强中国古代民族志文献跨学科研究创新。古代民族志文献具有跨学科的性质，如果仅从历史学的视角进行古代文献研究，不能对其中大量的民族志内容进行科学的整理研究，也不能发掘出古代民族志文献有别于普通历史文献的独特价值。因此需要加强从民族学与人类学的视角进行探讨，使该项目研究在取得学术成果的同时，也取得理论创新，为加快构建中国特色哲学社会科学学科体系、学术体系和话语体系作出更大贡献。

（二）加强中华民族共同体研究，为铸牢中华民族共同体意识作出学术贡献。通过对中国古代多语种民族志文献全面深入研究，揭示出历史上民族交往交流交融的客观事实及民族志文献书写中的民族认同，充分发掘反映在古代多语种民族志文献中的中华民族内在的联系性、整体性和中华民族共同体意识，从多学科、多维度、多视角探讨中华民族共同体形成和发展的内在动力与规律，全面揭示中华民族共同体的发展、现状与趋势，实现该项目的学术突破与理论创新，为铸牢中华民族共同体意识，为加快构建中国特色哲学社会科学学科体系、学术体系和话语体系作出学术贡献。

为实现上述目标，提高该项目的成果质量，体现学术成果的时代意义，经国家社科基金规划办公室同意，项目再次延期，拟于2021年12月31日完成。

（刘正寅，研究员，云南大学历史与档案学院）

“健全民族地区文化产业政策研究”进展及成果

丁　赛

中国社会科学院创新工程A类课题“健全民族地区文化产业政策研究”于2018年1月在民族学与人类学研究所立项，方勇书记为课题主持人。课题研究由民族经济研究室4位专家集体承担，经过一年时间的推进，课题组形成了系列研究成果，达到了预期申报目标。

一　课题研究意义

习近平总书记在党的十九大报告中指出，健全现代文化产业体系和市场体系，创新生产经营机制，完善文化经济政策，培育新型文化业态。在我国全面建成小康社会的关键期，同时中国特色社会主义进入新时代，社会主要矛盾发生转化、经济转向高质量发展阶段，《国家“十三五”时期文化发展改革规划纲要》要求加快发展文化产业，促进产业结构优化升级，提高规模化集约化专业化水平，促进文化产品和要素在全国范围内合理流动，促进文化资源与文化产业有机融合，扩大和引导文化消费，提高文化产业发展质量和效益。《“十三五”国家战略性新兴产业发展规划》预期未来5至10年，数字技术与文化创意、设计服务深度融合，数字创意产业逐渐成为促进优质产品和服务有效供给的智力密集型产业，创意经济作为一种新的发展模式正在兴起。

在当今世界许多国家及地区，文化产业已经逐步成为经济活动的核心内容之一。数字化、互联网和移动技术使受众获取信息的渠道宽度和广度倍增，也使得文化产业的经营主体从大型公司甚至全球商业巨头独领风骚，逐渐过渡到中小型公司数量增加迅速；与之相伴的还有大、中、小型文化公司之间的关系越来越错综复杂；文化产品在不同国家的流通也越来越频繁。在国家和社会层面，文化政策和文化规制经历了重大转变，文化产业在城市政策和社会政策领域越来越重要，成为复兴当地经济和增强竞争优势的有效途径。同时，受众的文化品位和文化习惯日益复杂；各类文化产品不断丰富，文化产品横跨更广的门类以及更宽泛的文化活动种类；消费品位与时尚的变化也不断加速。

在我国全面建成小康社会的关键期和“两个一百年”奋斗目标的历史交汇期，民族地区总体上参与国际国内分工能力弱、科技支撑和引领发展能力不强的现状短期内不易改变。在既要守好生态底线，又要走出发展新路的要求下，文化产业显然最符合做强县城、做特小镇、做美乡村的要求，因而已经或将要成为民族地区县域经济的支柱产业。

“健全民族地区文化产业政策研究”课题以经济学的实用性研究为主，研究对象聚焦民族地区县域，通过对文化产业发展的现状评估、发展趋势研判、发展对策探讨三大方面展开。

课题组之所以聚焦民族地区县域，是考虑到在文化产业发展中政府的核心作用不容忽视，只有发挥最基层县域行政组织的活力，转变行政管理方式，使政府对经济的管理方式，从原来的简单执行现有法规条例，转变为让文化旅游产业市场在各种资源的分配中发挥决定性作用，实现文化旅游业对全面深化改革的引领作用。①

二 课题研究进展

根据课题申报计划，课题研究有序推进，通过选择文化产业调查问卷设计、调查地点选择、形成数据库、构建文化产业指标体系等工作。

（一）设计县域文化产业调查问卷并按期完成

1. 完成课题调查问卷的试调查，问卷定稿

2018 年 1 月，课题组设计完成调查问卷初稿；2 月，课题组成员在内蒙古锡林郭勒盟苏尼特左旗、云南香格里拉德钦县完成第一次问卷试调查；3 月，问卷内容修改后，课题组成员前往湖南湘西土家族苗族自治州凤凰县进行第二次试调查；2018 年 3 月至 4 月，调查问卷定稿。

2. 调查地点选择

2018 年 3 月至 4 月，课题组成员构建抽样框。抽样框的内容包括民族八省区各县、民族自治州各县和各民族自治县的 GDP、人均 GDP、三次产业占比、城镇化率、城乡居民人均收入、民族人口比例、主要民族人口和所占比例等经济指标。2018 年 4 月至 5 月，确定抽样地点。

3. 完成问卷调查并形成数据库

本次文化产业问卷调查共涉及东、中、西部 16 个省区 74 个县域，具体分布如下：

表 文化产业问卷调查地带分布

序号	省、自治区	地点
1	浙江	景宁畲族自治县
2	广东	连南瑶族自治县、连山壮族瑶族自治县、乳源瑶族自治县
5	海南	五指山市
6	黑龙江	大庆市杜尔伯特蒙古族自治县、饶河县
8	辽宁	新宾县
9	湖南	湘西土家族自治州凤凰县、江华瑶族自治县
11	湖北	长阳土家族自治县
12	内蒙古	鄂伦春自治旗、莫力达瓦达斡尔族自治旗、鄂温克自治旗、赤峰阿鲁科尔沁旗、赤峰巴林右旗、赤峰克什克腾旗、赤峰翁牛特旗、阿拉善额济纳旗、鄂尔多斯杭锦旗、赤峰喀喇沁旗
22	青海	海西州天峻县、互助县，黄南州尖扎县、同仁县，海西州德令哈县、乌兰县、都兰县、格尔木县
30	宁夏	贺兰县、灵武县、同心县、盐池县、彭阳县
35	甘肃	临夏州积石山县、肃南裕固族自治县
37	西藏	芒康县、那曲县、拉萨当雄县、那曲班戈县、林芝察隅县、林芝墨脱县、昌都八宿县、昌都边坝县、昌都洛隆县

① 戴学锋：《助力全面深化改革——新时代旅游业的核心战略》，《旅游学刊》2018 年第 10 期。

续表

序号	省、自治区	地点
46	云南	沧源佤族自治县、宁蒗彝族自治县、玉龙纳西族自治县、巍山县、普洱市墨江哈尼族自治县
51	四川	凉山州盐源县，阿坝州茂县、汶川县、理县、松潘县、
68	广西	白色12个县（德堡县、靖西、乐业、凌云、隆林、那坡、平果、田东、田林、田阳、西林、右江区）
74	贵州	三都水族自治县安顺5个县（普定、关岭、西秀区、平坝区、紫云、镇宁）

（二）确定民族地区县域文化产业指标体系的指导原则

民族地区县域文化产业发展指标体系的构建主要基于以下指导原则。

1. 全面性原则。文化产业是经济三大产业中第三产业的重要内容，文化产业的现状与发展是经济总体状况的一部分，因而要在指标体系中体现县域经济发展情况。文化产业的发展依赖文化资源，因此这部分也是指标体系的重要内容。此外还包括了交通状况、文化产业现状和县级政府扶持文化产业状况。

2. 可操作原则。选取的民族地区县域文化产业发展指标既要有文化产业的代表性，还要兼顾指标测算所需统计数据的可获得性，最终使指标数据可采集、指标计算可量化、指标结果可对比。

3. 开放性原则。县域文化产业发展指标体系应是动态调整和开放性并存的，根据民族地区县域发展的新情况、新特征及发展阶段的变化，及时对指标体系进行补充、完善和修订。

4. 导向性原则。民族地区县域文化产业发展指标体系应对民族地区县域文化产业具体发展起到导向和引领作用，激励各县加快文化产业发展步伐。

（三）着手测算民族地区县域文化产业指标体系

在已完成的74个县域文化产业调查问卷的基础上，遵循上述指导原则，课题组还测算了2017—2018年民族地区文化产业指标。与此同时，课题组展开较为深入的田野调查，以案例分析的方式对民族地区县域文化旅游产业进行解读、分析和研究。

（四）课题组成员开展田野调查

课题组成员根据课题计划，在文化产业问卷调查的基础上，选取东部的五指山市、东北大庆市杜尔伯特蒙古族自治县、湖南湘西土家族自治州凤凰县、西部内蒙古鄂温克自治旗、青海天峻县、西藏林芝察隅县、云南沧源佤族自治县等民族地区县域进行实地的田野调查。

课题组成员搜集的第一手资料不仅形成了案例分析报告，更与文化产业调查问卷的数据分析形成补充。

三　课题会议与研究成果

（一）承办第二届民族地区文化产业发展论坛

2018年10月在云南临沧沧源佤族自治县，中国社会科学院民族学与人类学研究所与沧源县委、中国人类学民族学研究会丝绸之路文化产业专业委员会、临沧滇西科技师范学院共同举办“第二届民族地区文化产业发展论坛”。该课题组作为中国社会科学院民族学与人类学研究所的会务承办单位，积极参与各项会务工作。“第二届民族地区文化产业发展论坛”的参会专家学者30余人，分别来自北京、广东、云南、西藏、内蒙古、河北、宁夏、湖北、上海、贵州、广西等11个省、市、自治区，论坛同时还邀请了民族地区县域领导、文化企业的企业家。开幕式上，中共沧源佤族自治县县委常委、副县长、勐来乡党委书记尹红青，中国社会科学院民族学与人类学研究所副所长、中国社会科学院研究生院民族学系主任尹虎彬，国家文化与旅游部民族民间文艺发展中心主任李松，国家发展与改革委员会国际合作中心执行总监郭宁林，国家民族事务委员会民研中心科研处处长张世保，滇西科技师范学院副校长董大校分别致辞。围绕新时代民族地区文化产业发展的走向，中国社会科学院财经战略研究院旅游与休闲研究室主任戴雪锋、清华大学继续教育学院教授林华、中共沧源佤族自治县县委书记杨志厅、故宫博物院副院长任万平、北京桑杰文化发展集团董事长单占柱、中国宗教学会副秘书长安虎生分别从理论层面、政府政策执行层面和企业运营层面进行了主题演讲与交流。论坛中两个平行论坛则分别围绕“佤族传统文化与民族文化产业发展”“佤族非物质文化遗产保护与文化传承”“民族文化品牌建设”“民族地区文化产业发展典型与经验”“‘一带一路’建设进程中的跨境民族文化研究”“民族地区节庆文化构建与民族文化创新发展”6个主题分组进行。在闭幕式上，国家文化与旅游部民族民间文艺发展中心主任李松、中央民族大学文学与传播学院院长钟进文、西藏自治区当雄县纳念管理局办公室主任葛孛、鄂尔多斯学研究会常务副会长杨勇、内蒙古鄂伦春民族研究会秘书长关红英分别进行了主题演讲。中国社会科学院民族学与人类学研究所民族文化研究室色音主任对整个论坛进行了总结发言。论坛的成功举行，为沧源佤族自治县的文化产业发展和全域旅游的建设提供了经验借鉴，同时也为该县以文化产业发展促进脱贫攻坚提供了智力支持。

（二）相关研究成果

1. 研究论文

刘晓春、关小云：《鄂伦春非遗项目及传承研究》，《黑龙江民族丛刊》2018年第4期。

刘小珉：《一个苗族深度贫困村的贫困成因及扶贫对策——基于非经济因素的视角》，《黔南民族师范学院学报》2018年第2期。

Sai Ding, Xiao-yuan Dong, Margaret Maurer-Fazio：《Childcare, Household Composition, Muslim Ethnicity, and Off-Farm Work in Rural China》, Feminist Economics, Vol. 24, No. 2, 2018.

2. 专著

刘晓春：《大调查：鄂伦春自治旗卷》，中国社会科学出版社2018年版。

刘小珉：《大调查：凤凰县卷》，中国社会科学出版社2018年版。

（丁赛，研究员，中国社会科学院民族学与人类学研究所）

我国民族语言文字信息处理现状及问题

龙从军

一 引言

民族语言文字信息处理是我国语言文字信息处理的重要组成部分。我国是一个统一的多民族国家，除了国家通用语言文字之外，少数民族语种和文种丰富，在55个少数民族中，有53个民族有自己的语言（回、满两个民族通用汉语言），其中一些民族使用多种语言。新中国成立前，21个民族有自己的文字。上世纪50年代，国家帮助10个少数民族创制了文字，帮助一些民族改革或改进了现有文字系统。

在我国，党和国家历来重视民族语文工作。新中国成立以来，颁布了一系列国家、地方级的法律、法规，明确规定民族语言文字的法律地位。在不同历史时期，政府主导开展了一系列民族语言研究重大课题，加快了民族语言文字研究的进程。自上个世纪80年代开始，随着计算机和网络技术的发展，民族语言文字，尤其是传统非拉丁字母类型的民族文字面临着在计算机等设备上输入、显示、打印及在互联网上传输等新的问题。1991年国家民族事务委员会发布了《关于进一步做好少数民族语言文字工作的报告》，明确指出“要加强民族语文的基础理论、应用理论和民族文字信息处理的科学研究，积极推广和普及研究成果”。民族语言文字信息处理从此驶入了快车道。

民族语言文字信息处理研究的内容也如中文信息处理一样，包括以民族文字字符编码、字形字库、输入法、字符识别等为主要内容的“字处理”；以分词、词性标注等为主要内容的“词处理”和以句法、语义等为主要内容的“句处理”；包括以语音为研究对象的语音识别、合成研究；以双语或多语自动翻译为对象的机器翻译以及以一种或多种民族语言为对象的应用产品开发研究；等等。

二 民族语言字处理研究

1. 民族语言字符编码和规范标准研究

我国民族文字有20多种，一些文字的历史非常悠久，至今仍在广泛使用。蒙古族使用蒙古文和托忒文，藏族使用藏文，维吾尔族、哈萨克族、柯尔克孜族分别使用维吾尔文、哈萨克文和柯尔克孜文，壮族、傈僳族、拉祜族、布依族、苗族、侗族、佤族、哈尼族、纳西族、土族、羌族使用新创制的拉丁字母文字。其中苗族使用的文字又分为黔东苗文、湘西苗文、川黔滇苗文、滇东北苗文；傣族使用传统的西双版纳傣文和德宏傣文，一些地区也使用改进后的新傣文；景颇族使用改进后的拉丁字母文字，部分人使用载瓦拉丁字母文字；彝族使用传统彝文，四川凉山彝族使用修订后的规范彝文。这些文字大体上可以分成两种类型：一种是以拉丁字母为基础的拼音文字，如一些新创的少数民族语言文字；另一种是非拉丁字母的文字。其中非拉丁字母文字又可以分成两类：一是如维吾尔文一样的以阿拉伯字母为基础的文字系统；一是如汉文一样的表意文字系统。以非拉丁字母文字为基础的民族文字有藏文、传统蒙古文、彝文、傣文、朝鲜文、维吾尔文、哈萨克文、柯尔克孜文等。

一部分非拉丁字母的民族文字在国际、国内广泛使用，为了满足信息化的要求，需要制定国际或者国家字符编码统一标准。自20世纪80年代开始，民族语言文字字符编码研究率先开展。其中，蒙古文编码字符集最早发布国家标准（GB8045－1987《信息处理交换用蒙古文七位和八位编码图形字符集》）。此后，又陆续研制和发布了朝鲜文、维吾尔文、藏文、彝文、傣文等数种民族语言文字的编码字符集，同时还制定了系列配套的点阵字型标准和键盘布局标准。

20世纪90年代以来，民族语言文字编码迈向国际化。其中，蒙古文、托忒蒙古文、锡伯文、满文、藏文、维吾尔文、哈萨克文、柯尔克孜文、朝鲜文、彝文和德宏傣文编码字符集被收入ISO/IEC10646区。西双版纳新傣文编码字符集被收入ISO/IEC10646：2003/Amendment2：2006区。其他一些民族文字也开始研究并逐步形成了编码字符集国际标准草案，如老傈僳文、滇东北简体苗文、西夏文和古突厥文。还有一些民族文字编码字符集国际标准正紧锣密鼓地研制，如纳西东巴文和古彝文。

率先完成字符编码国际或国家标准的民族文字，也先后完成一系列配套的规范标准，其中一些是国家标准，一些是地方或行业标准。

制定有关维吾尔语言文字的标准共有26项，其中，国家标准16项，地方标准10项。国家标准文件中涉及语言文字编码的4项，涉及语言文字字型的8项，涉及信息技术处理的4项。地方标准中涉及译写、转写的2项，涉及语言文字编码的1项，涉及语言文字字体类型的1项，涉及信息技术处理的6项。

制定蒙古语言文字的标准文件共有25项，其中，国家标准20项，地方标准4项，行业标准1项。国家标准文件中涉及名词术语领域的1项，涉及语言文字编码的5项，涉及文字字型的9项，涉及信息技术处理的5项。地方标准中涉及名词术语领域的3项，涉及辞书编纂的1项。行业标准中涉及语文译写、转写的1项。

制定藏语语言文字的标准文件共有17项，其中，国家标准14项，行业标准3项。国家标准文件中涉及语言文字编码的1项，涉及语言文字字型的13项，涉及信息处理技术的3项。行业标准中涉及语文译写、转写的3项。

制定哈萨克语言文字的标准文件共有23项。其中，国家标准14项，地方标准8项，行业标准1项。国家标准中涉及语言文字编码的3项，涉及语言文字字型的7项，涉及信息技术处理的4项。地方标准中涉及语言文字编码的1项，涉及语言文字字体类型的1项，涉及信息技术处理的6项。行业标准中涉及译写、转写的1项。

制定柯尔克孜语言文字的标准文件共有23项。其中，国家标准14项，地方标准8项，行业标准1项。国家标准中涉及语言文字编码的3项，涉及语言文字字型的7项，涉及信息技术处理的4项。地方标准中涉及语言文字编码的1项，涉及语言文字字体类型的1项，涉及信息技术处理的6项。行业标准中涉及译写、转写的1项。

制定满语言文字的标准文件共有9项，全部是国家标准，全是涉及语言文字字型的。

制定傣语言文字的标准文件共有7项，其中，国家标准5项，行业标准2项。国家标准中涉及语言文字字型的2项，涉及信息技术处理的3项。行业标准中涉及译写、转写的2项。

制定锡伯语言文字的标准文件共有6项，全部是国家标准，全是涉及语言文字字型的。

制定彝语言文字的标准文件共有4项，其中，国家标准3项，行业标准1项。国家标准中涉及语言文字编码的1项，涉及语言文字字型的2项。行业标准中涉及译写、转写的1项。

制定黎语言文字的标准文件有1项，涉及译写、转写的规则标准。

从全局来看，颁布的民族语言文字规范标准涉及名词术语规范标准（国家标准1项、地方标准3项）、民族语言译写、转写规范标准（行业标准10项、地方标准2项）、民族语言辞书编撰规范标准（地方标准1项）、民族语言文字编码规范标准（国家标准15项、地方标准1项）、民族语言文字字型规范标准（国家标准43项、地方标准1项）、民族语言信息处理技术规范标准（国家标准21项、地方标准6项、绿皮书2项）。

2011年启动"中华字库"工程，其中包括对民族古文字和现行文字字符的收集、整理和编码研究等内容。这项工程的实施，加速了民族文字的字符编码研究，弥补了一些民族文字现有字符编码的不足，为尚未完成字符编码国际标准的民族文字申请国际标准奠定了良好的基础。

由此可见，民族语言文字规范标准研究已经取得了较好的成绩，一部分民族文字能实现计算机的输入、显示、打印和互联网传输，并制定了相应的信息处理所用的规范标准。但是整体上看，民族语言文字的规范化、标准化层次较低、信息化水平不高。首先，制定的规范标准文件数量还不多。其次，语言信息处理领域的规范化、标准化在民族语言之间或者同一语言内部不同领域还不平衡。涉及的民族语言文字字符编码的国家标准16项、字型标准44项，信息处理技术规范标准29项也主要是键盘布局方面的规范标准；面向信息处理的语音、词汇、语法、句子、篇章的规范标准非常少。从规范标准涉及的语言文字来看，主要集中在蒙古、藏、维吾尔、朝鲜、哈萨克、柯尔克孜、彝、傣等民族的语言文字，其他民族语言文字的规范标准少。最后，已经颁布的民族语言文字规范标准缺陷多、更新慢，今后有必要进一步完善，加快更新各民族语言文字规范标准研究。

2. 民族语言文字输入法研究

语言文字信息处理最基础的工作是字符"输入"。输入方式包括键盘输入、光电扫描与字符识别输入和语音输入。

键盘输入是最常见的输入方式之一。文字输入要制定键盘布局标准和字符与键盘的映射关系的规则。我国民族文字输入法的键盘布局规范都是根据英文键盘布局标准来制定，非拉丁体系的民族文字的字符与键盘映射存在一定的问题。有些文字需要借助拉丁转写来完成键位映射。另外，不同类型的民族文字的字符数量也存在差别，有些字符数量多，主键盘不够用，需要借助辅助键盘实现全字符输入。如藏文输入法，根据国家键盘布局标准，一个主键盘、四个辅助键盘，需要借助一些控制键辅助完成字符输入。有些字符输入极为不便，降低了输入速度。另外，键盘输入速度与语言信息处理的水平相互制约。输入效率低，影响信息处理水平的提高；信息处理的水平低、基础资源少、词法研究不到位，反过来又影响输入法的提高。基于字符的输入效率低，基于词、短语和句子的输入效率高。当前我国大部分民族语言的键盘输入都停留在字符输入层面，未实现以词、词组或句子为单位的联想输入法。

通过光电扫描方式可以快速实现电子化。但扫描只是将文档图像输入计算机，只是输入的初级阶段。通过扫描仪输入计算机中的文档和图像，在计算机看来只是一张照片，还不能进行自由编辑、全文检索、查询浏览。把图像转化为计算机可编辑、可检索、可查询的文字编码，让计算机"识字"，就成了最关键的问题。

把光电扫描获得的电子文档中的字符识别出来的过程称为文字识别。文字识别是对文档图像中的文字进行分割、识别，将文档从图像转换为可以编辑的电子文本。具体识别过程包括文档图像预处理、版面分析、字符切分、字符识别、文本行识别等。在识别后的电子文本上才能对内容进行语义分析。文字识别的方式按照文档的媒体形式分为两大类：脱机（offline）文字识别和联机（online）文字识别。脱机文字识别是指对已经存在于纸张或物体表面（如建筑物标牌、交通标志）的文字进行提取和识别，处理对象是扫描或拍照得到的文档图像。联机文字识别是对书写过程中采集到的笔画轨迹（如触屏书写、手写板书写、数码笔书写）进行文字提取和识别。脱机文字识别根据文字的书体又分为印刷体文字识别和手写体文字识别，而有些文档（如各种手填票据、手写批注文件）中手写体和印刷体是并存的，因此需要系统、准确地将手写体和印刷体文字分开，或同时对手写体和印刷体文字进行识别。

民族文字具有类型各异，长短高宽不同，构字法、构词法不同，书写方向不一致（从左向右，或从右向左，或从上向下），字符之间相互叠加粘连，相似字符多等特点。这些特点与英文字母和汉字都不一样，识别起来困难比较多，加之研究人员少、技术和数据资源有限、识别产品市场小，因此直到今天，各民族语言文字字符识别准确率还不高，应用产品少。

民族语言语音输入研究目前处于起步阶段，还没有太多的实用产品，开展语音输入研究并取得阶段成果的民族语言有蒙古语、维吾尔语和藏语。制约语音输入的主要因素是基础研究薄弱，可供语音输入使用的资源有限。在民族语言中没有大规模的语音数据库，尤其是口语语音数据库、自然场景对话语音数据库等基础资源。一些民族语言方言语音差距较大，每个方言大规模的语音资源库极为缺乏，最终导致语音输入研究举步维艰。

三　民族语言词法分析研究

词法分析研究是语言信息处理进入“词”处理研究阶段的标志。所谓词法分析就是以“词”为单位开展的语言信息处理工作，一般包括自动分词、自动词缀词干切分，词性标注，特殊词的识别、提取、标注等，分词和词性标注研究是其中最基础的研究工作。

1. 民族语言分词研究

“字”处理是语言信息处理的前提，“词”处理是语言信息处理的基础。词法分析是将输入的句子从字序列转化为词序列，也即在词的边界上打标签的过程。自动分词研究主要面临如下一些问题，如什么是词？词的定义标准是什么？这些问题在语言学界和计算语言学界争论多年，至今还没有一个统一的标准。由于民族语言类型多样、构词形式丰富，在互联网时代，外来语、新词等不断出现，对词的定义和认识更加困难。每种语言词的数量是开放、动态的，不可能用一部静态词典来包含所有的词。

在分词技术方面也面临诸多问题，其中未登录词的识别和分词歧义就是最大的问题。分词歧义是指在一个句子中，一个字符串可以有不同的切分方式。例如“乒乓球拍卖完了”，可以切分为“乒乓/球拍/卖/完/了”，也可以切分为“乒乓球/拍卖/完/了”。即使给定一个分词标准和一部覆盖面很广的词典，分词歧义问题也非常难解决。在具体的上下文中，往往需要语义知识的帮助才能确定词的边界。分词歧义进一步和未登录词问题交织在一起，会使分词问题变得更加复杂。

民族语言的语言类型不同，自动分词的具体内容和方法也存在差异。我国民族语言大体可以划分成两大类：一类是词形变化不丰富的孤立型民族语言，如藏语、彝语等，这些语言与汉语有共同之处，词语之间没有显性的标记，需要进行词的边界识别。另一类是具有丰富词形变化的黏着型民族语言，如蒙古语、维吾尔语等。所谓分词指对词语的词干、词缀的切分和提取。

孤立型民族语言分词研究大体经历两个阶段：基于词表匹配的规则分词阶段和基于统计的分词阶段。统计分词根据所采用的方法不同，又可以分成基于序列标注的统计分词和基于神经网络深度学习的统计分词。

黏着型民族语言词干、词缀切分大体上也经历两个阶段：基于规则的词干、词缀切分和基于统计的词干、词缀切分。基于规则的方法主要是通过构造词干和词尾的规则表，利用一个词根词典和一级词尾（集表）词库、二级词尾（集表）词库和三级词尾（集表）词库实现的。词根词典里存放功能词和非功能的词根。[①] 例如维吾尔语非功能词中词尾非常丰富，词性变化较多，但有规律可循；词干和词尾，词尾与词尾之间的组合有规则，因此构造一个词干与词尾、词尾与词尾之间的变化规则，完成词法分析。但是黏着型语言存在语音和谐问题，词干后接词尾时，有些元音、辅音会出现弱化或者丢失、增加等情况，为了得到正确的词干与词缀，还需对发生变化的字母进行还原。[②] 当然，规则也可能出现遗漏、冲突、歧义等情况。对于发生复杂音变现象的词（特别是动词的形态），利用规则也难以恢复原始形式。基于统计的词干词缀切分的方法是把词干和词缀作为序列标注中独立的标注单元，通过大规模数据训练方式获得词干和词缀的统计概率。

不管是孤立型还是黏着型民族语言，要利用统计模型分词，都需要一定规模的训练语料。在训练语料方面，维吾尔语、藏语和蒙古语、朝鲜语等语言的资源相对丰富，统计模型效果初步达到实用水平。新疆大学、新疆师范大学、中国科学院新疆理化研究所等单位都建立了为数众多的维吾尔语文本资源，例如，新疆大学的“维吾尔语百万词词法分析语料库”、新疆师范大学的“词法分析语料库”等。在分词技术上，各种语言采用的方法大体相似，一般都采用最大熵模型、条件随机场模型、规则和统计结合方法模型等。

2. 民族语言词的标注研究

词性标注（Part of Speech tagging 或 POS tagging）是指为句子中的每个词确定一个合适的词性的过程。它是自然语言处理中的一项基础任务，在语音识别、信息检索及自然语言处理等很多领域都发挥着重要作用。除了给词标注词性之外，还有一些以词为单位的其他标注，例如人名、地名、组织结构名等专有名词的识别，属于为特定的词标注一定的标签的过程，称之为命名实体识别，也可以称之为特定词类的词性标注。

词性标注一般是在分词的基础上开展，受分词结果的影响。从语言信息处理的角度来看，词性标注材料的使用场合要比分词材料的使用场合少，因此民族语言词性标注研究的进展比较缓慢。从现有成果来看，词性标注的研究成果主要集中在蒙古、藏、维吾尔等民族语言上。

词性标注的过程包括研制标注集、制作标注标准和标注语料。通常需要人工标注一定数量的训练材料。然后进行模型训练。词性标注集的规模往往会影响标注模型的效果，模型根据统计概率选择最佳标注结果，因此标注集小，标注准确率高；反之，标注集大，标注准确率就低。

分词和词性标注可以分步进行，即先分词然后开展词性标注；也可以一体化处理，即分词和词性标注同步进行。一般来讲，分词和词性标注同步进行的标注效果要好一些，分词和标注过程相互制约，结果使分词和词性标注的准确率都有所提高。

藏语词性标注研究进展较大，有实用的词性标注工具，例如西北民族大学的“央金分词标注”工具，中国社会科学院民族学与人类学研究所的“一体化分词标注”工具，都公开发布，供多个科研院所使用。[③]

词性标注方法一般也分为三类，早期主要是采用规则的方法，后来统计方法居上，当前的趋势是统计与规则的结合。规则方法主要依靠基于词典的匹配，一词多性问题比较难解决。在统计方法中，有隐马尔科模型、N 元模型、最大熵模型和条件随机场模型；联合方法也可以分

---

① 玉素甫·艾白都拉等：《维语词法分析器研究成功》，《中文信息》1997 年第 4 期。

② 麦热哈巴·艾力：《基于实例的维汉机器翻译若干关键问题研究》，博士学位论文，新疆大学，2014 年。

③ http：//tibetan. vurls. cn/.

为两种，一种是规则和统计的结合，一种是统计模型的套叠使用。

四 民族语言句法分析处理

自动句法分析是计算机根据语言知识自动识别出一个句子的语法单位以及这些语法单位之间相互关系的一种过程，分析的结果以树图的形式来表示语言知识的结构，它是语言形式化的一种重要手段。句法分析在语言信息处理领域具有十分重要的作用，正确的句法分析结果可以帮助提高机器理解自然语言的效率。

自动句法分析的结果产物之一是句法树库，简称树库。树库是语料库语言学和自然语言处理技术发展到相对成熟阶段的产物，属于深加工语料库。树库的典型特点是标注了十分丰富的词语形态信息、词类信息、句法结构信息、句法功能信息以及语义角色信息等。标注词类信息的语料库跟原始语料一样仍然保持一维序列结构，而标注了句法结构、句法功能信息的语料库则描述了词语、词组之间的组合关系，成为二维的树状结构。

句法分析方法一般可以分为基于规则的方法和基于统计的方法。从主要语言（如英语、汉语）句法分析的经验来看，句法分析以采用基于数据驱动的统计方法为主。统计句法分析的前提是必须有一定数量的句法树库资源，即作为训练语料的句法树。训练数据的制作离不开手工操作，早期的句法树以全手工标注为主，或者在一定条件下，机器辅助人工构建一定数量的范例。句法树库以语言信息处理应用为目标，不可能完全按照语法系统的要求来标注，要考虑句法树库的应用实际，它是理论与实践的结合。可以说句法树库是语言学理论和语言信息处理相结合的折中产物，因此在建设树库时需要考虑两个学科的需求平衡。

句法树库具有很高的应用价值，一个标注精细、合理的句法树库可以供语言学家更好地研究语言的词汇、短语、句法方面的各种问题。更重要的是，句法树库包括了词的边界标记、词性标注、短语结构标注和短语结构层次标记等信息，它为语言信息处理领域的研究者提供了各种语言计算所需要的数据，对推动语言信息处理的发展有很高的价值。

句法分析一般有两种常见的分析理论：基于短语结构语法的句法分析和基于依存语法的句法分析。

短语结构语法是在结构主义的直接成分分析法基础上发展而来。乔姆斯基在直接成分分析法的基础上，根据直接成分的性质，给它们标注上相应的类型，如 S、NP、VP、AP 等，并构建了一套推导规则，如 S→NP VP，然后再把 NP、VP 分解为更小的成分，这种推导规则揭示了语法具有用有限的规则生成无限句子的能力，还可以表明各种短语类型的句法层次关系。采用短语结构规则表示的句子结构清晰、一目了然，短语结构由于规则有限、层次分明，便于计算机分析，因此在自然语言处理研究领域被广泛使用。

依存语法研究句子各构成成分之间的支配和从属关系。依存可以是词语之间的依存、短语与短语之间的依存、句法成分之间的依存。基于依存语法建立起的依存树在当前自然语言处理研究中发挥了积极的作用。因此依存句法树库的构建也成为各种句法树研究的热点。

句法分析是自然语言处理中的难题。自然语言充满歧义，要让机器能够自动分析、理解一个句子并不容易，如果对一个句子的局部进行分析，也许可以降低分析难度。遵循这个思路，学者们提出了局部句法分析的思想，即组块分析，它是局部句法分析的核心内容。

藏语依存句法研究成果相对比较丰富。祁坤钰运用依存句法的分析方法进行藏语语义角色标注研究。华却才让等人采用了判别式的依存句法分析，他们采用了 33 个依存句法分析标签，选用了最大生成树模型，利用四类分类特征模板来分析藏语依存句法。[①] 扎西加、多拉阐述了藏语依存树库建设的理论与方法，对藏语句子的筛选、藏语依存结构的形式化模型、藏语依存的骨架结构以及藏语依存树的多维关系等方面进行了研究和分析。[②]

德·萨日娜从蒙古语句子切分角度构建句子边界切分的知识库，为汉蒙句子级对齐研究奠定了一定的基础。[③] 高莲花在生成句法框架内讨论蒙古动词及其句法结构，但这个研究基本上是语言学本体研究，不涉及自动句法分析的内容。[④] 张建梅利用语料库探讨蒙古语简单陈述句的句型，是利用语料库开展蒙古语句法研究的典型代表。[⑤] 斯·劳格劳开展了面向自然语言句法分析的研究，借用依存句法的理论，对蒙古语开展依存句法的自动分析研究。[⑥] 苏向东等基于最大生成树模型进行了蒙古文依存句法分析。[⑦]

玉素甫·艾白都拉等从计算机处理语言的角度首先分析了维吾尔语句法描述和分析的方法；[⑧] 力提甫·托乎提从语言本体的角度深入讨论维吾尔语在生成语法框架内的句法分析问题；[⑨] 阿布都热依木·热合曼从构建句法树库的角度讨论了维吾尔语句法树库标注体系。[⑩] 阿布都克力木·阿不力孜等采用自顶向下的算法，开展维吾尔语的自动句法分析。[⑪] 朱敬国等对维吾尔语句子采用 GLR 算法进行句法分析。[⑫]

五 民族语言语音识别与合成

语音合成，也称为文语转换，它是将任意的输入文本转换成自然流畅的语音输出。语音合成涉及人工智能、心理学、声学、语言学、数字信号处理、计算机科学等多个学科，是信息处理领域的一项前沿技术。随着计算机技术的不断发展，语音合成技术从早期的共振峰合成，逐步发展为波形拼接合成和统计参数语音合成，再发展到混合语音合成；合成语音的质量、自然度已经得到明显提高，基本能满足一些特定场合的应用需求。目前，语音合成技术在银行、医院等的信息播报系统、汽车导航系统、自动应答呼叫中心等都有广泛应用，取得了巨大的经济效益。另外，随着智能手机等与我们生活密切相关的媒介大量涌现，语音合成的应用也逐渐向

---

① 华却才让、赵海兴：《基于判别式的藏语依存句法分析》，《计算机工程》2013 年第 4 期。

② 扎西加、多拉：《藏语依存树库构建的理论与方法探析》，《西藏大学学报（自然科学版）》2015 年第 2 期。

③ 德·萨日娜：《蒙古语句子切分知识库的建立与应用》，《内蒙古社会科学（汉文版）》2006 年第 6 期。

④ 高莲花：《生成句法框架内的蒙古语动词及其句法结构研究》，博士学位论文，中央民族大学，2007 年。

⑤ 张建梅：《基于语料库的现代蒙古语简单陈述句句型分析研究》，博士学位论文，内蒙古大学，2010 年。

⑥ 斯·劳格劳：《现代蒙古语依存句法自动分析研究》，博士学位论文，内蒙古大学，2011 年。

⑦ 苏向东、高光来、闫学亮等：《蒙古文依存句法分析》，《计算机科学》2014 年第 8 期。

⑧ 玉素甫·艾白都拉等：《维吾尔语句法描述和分析方法》，《中文信息》1996 年第 4 期。

⑨ 力提甫·托乎提：《生成语法框架内的维吾尔语句法》，《民族语文》2005 年第 6 期。

⑩ 阿布都热依木·热合曼：《维吾尔语句法树库标注体系》，中国中文信息学会、新疆大学、内蒙古大学：《少数民族青年自然语言处理技术研究与进展——第三届全国少数民族青年自然语言信息处理、第二届全国多语言知识库建设联合学术研讨会论文集》，2010 年 6 月。

⑪ 阿布都克力木·阿不力孜等：《基于自顶向下算法的维吾尔语句法分析初探》，《电脑知识与技术》2010 年第 5 期。

⑫ 朱敬国、吐尔根·依布拉音等：《基于 GLR 算法的维吾尔语句法分析研究》，《现代计算机（专业版）》2011 年第 8 期。

娱乐、语音教学、康复治疗等领域深入。可以说，语音合成正在影响着人们生活的方方面面。

人类时时刻刻都在追求从繁杂的劳动中解放自己，当计算机出现后，字符文本、声音、图像的输入方式不断革新。以文本来说，字符文本的输入以前单独依靠键盘输入，但人们并不满足，研制了光电扫描器和文本识别器。文本的输入除了敲击键盘以外，通过光电扫描和识别技术，解决了印刷体文本录入的问题，极大地提高了文本电子化的速度。人们并不满足于现状，继续研究更加便捷的方法。人类在日常生活中使用最多的是言语交流，如果计算机等电子产品能够“听懂”人类的声音，那么，当我们需要计算机工作时，只要发号施令即可，岂不美哉。计算机执行人的命令时，并不能听懂“人话”，它首先需要把“人话”转换成可执行的代码、字符或者文本形式的命令，然后根据这些命令执行任务。这就是“语音到文本的转换”研究，当语音识别达到应用水平时，会给人们带来极大的便利。

国内开展藏语语音基础研究、合成与识别研究的单位主要有中国社会科学院民族学与人类学研究所、中国社会科学院语言研究所、北京大学中文系、西北民族大学中国民族语言信息技术研究所、青海师范大学和西藏大学等。但是这些单位以基础研究为主，开展一些藏语声学参数库研制，没有直接涉及藏语语音识别研究。2009 年，在中国社会科学院民族学与人类学研究所、西藏自治区藏语文工作委员会办公室（编译局）、新疆大学和西南民族大学的联合努力下，建立了第一个“藏、维、彝语音参数数据库”。

近几年，一些大型企业也介入藏语音识别研究中，如讯飞科技有限责任公司积极参与蒙古、藏、维吾尔等民族语音识别研究，先后在西藏大学、青海师范大学、中国民族语文翻译局等建立民族语言语音识别研究室，极大地推动了藏语言语音识别技术的发展。

2010 年，讯飞藏语语音处理系统的研发正式启动，由经验丰富的祖漪清老师带领多语种语音处理研究团队开展技术攻关。“我们曾用两年不到的时间完成 5 个西方语言处理系统的研制，但用了 3 年多才完成藏语系统的研制”。原因在于藏语拉萨话研究资料极度匮乏，导致语言模型和声学模型构建都很困难。想让计算机能够处理人类语言，首先要基于该语言的语音、语言规则建立准确的语言模型和声学模型。这就要求大量的研究资料和充足的语料作支撑。由于藏区各地的方言不同、缺乏连续语音研究资料等因素，虽然已经研制了一些声学参数库，但仍无法有效支撑藏语语音识别系统的研究。特别是藏语拉萨话的声调的声学表现和语音功能都十分特殊，造成藏语合成语音建模困难，需要依据连续语音数据进行补充，以满足任意文本的语音合成。

2012 年，天津大学计算机学院党建武教授主持了国家“973”项目“互联网环境中文言语信息处理与深度计算的基础理论和方法”，把藏语语音识别作为其中重要的一项研究任务。

藏语语音识别实用化水平还比较低，每个人的言语存在地域和个体差异，要想有效实现自然环境状态下的语音识别，并不是一件容易的事。

20 世纪 90 年代初期，新疆大学开始研制联想式维吾尔语语音识别系统。同时期，新疆师范大学开展了基于音节的非特定人语音识别工作。

新疆大学与中国社会科学院民族研究所合作构建了“民族语言语音声学参数数据库”分库“维吾尔语语音声学数据库”，基于该语音语料库，研发出了基于多级语音基元及韵律参数的维吾尔语合成系统。

2010 年，新疆大学与科大讯飞科技股份有限公司成立联合实验室，实现了维吾尔语的首个语音合成商用产品。为了实现维吾尔语电话语音应答、语音监测等语音处理技术，新疆大学开展了电话录音数据的标注工作，构建了 300 多个维吾尔语电话语音语料库。

新疆大学还开发了基于大词汇量的维吾尔语连续语音识别系统，使用了 2465 个维吾尔文句子，在办公室环境下录制语音数据。以音素为单元训练声学模型，使识别系统达到比较好的效果。维吾尔语语音识别研究比较充分，研究团队、人员也比较多。

蒙古语语音识别技术的研究起步比较晚，本世纪初在国家项目的支持下，以内蒙古大学为代表的内蒙古地区的高等院校开始研究蒙古语语音识别技术，取得了一定的成果。

2016 年，内蒙古大学飞龙博士完成了首款实用性蒙古语语音识别系统，既可以在手机终端使用，也可以在电脑上使用。据报道，该语言识别和合成系统可以实现大词汇量连续语音识别功能，识别正确率达 90% 以上。

当前语音识别技术突飞猛进，深度学习方法在语音识别研究中的广泛使用，使语音识别的效果逐渐接近人的分辨能力。在 2015 年召开的中文信息学会年会上，出席会议的微软代表表示，未来 5 年语音识别的效果可能比人类的还好。

六　民族语言机器翻译

机器翻译（MachineTranslation，MT）又称机器自动翻译，是指用计算机来实现不同语言之间的翻译，被翻译的语言通常称为源语言，翻译的结果语言称为目标语言，机器翻译就是实现从源语言到目标语言转换的过程。机器翻译是语言信息处理领域具有挑战性的前沿研究课题之一。不同语言之间的翻译需要多学科知识，包括计算机科学、语言学、数学与逻辑学等，也是知识和技术相结合的一项应用工程。在不同国家或民族的语言文字信息交流中，机器翻译成为解决“语言屏障”问题的关键技术之一，对促进文化交流具有重要意义。

机器翻译所采用的方法在不同的时期表现不同。机器翻译研究初期主要采用基于规则的转换翻译方法、基于中间语言的翻译方法等。20 世纪 80 年代末期以来，语料库技术和统计机器学习方法在机器翻译研究中广泛应用，机器翻译进入了一个新纪元。一批基于语料库的机器翻译方法相继问世，主要有基于记忆的翻译方法、基于实例的翻译方法、基于统计的翻译方法以及基于深度学习的神经网络机器翻译方法等。

我国民族语言机器翻译研究主要集中在蒙古、藏、维吾尔、朝鲜、哈萨克、柯尔克孜等语言，其中蒙古、藏、维吾尔三种语言机器翻译研究的成果比较多。

我国民族语言需要机器翻译。一份 2008—2009 年的西藏翻译队伍调查报告显示，西藏目前有 100 多个藏语文翻译单位，近 1000 人专门从事各类翻译和藏文工作，每年汉藏翻译工作量 5000 多万汉字。然而，只有 9. 5% 的译者表示在翻译过程中经常使用网络、计算机辅助翻译软件及语料库软件和网络，28. 4% 的译者偶尔使用，从未使用的译者占 45. 9%，其余 16. 2% 表示不太了解。这些都直接反映出汉藏翻译工作者对翻译理论和应用性研究的前沿动态缺乏了解，相关研究相对滞后。因此，面对如此巨大的翻译需求，传统的纯人工的翻译方式已经无法满足汉藏翻译的需要。蒙古语、维吾尔语等民族语言的情况也类似，在“一带一路”各国、各地区、各民族经济合作的大背景下，民族语言的机器翻译研究更加必要。

国内最早开展藏汉机器翻译研究的机构是青海师范大学藏文智能信息处理省级实验室，该研究室于 1994 年筹建，1998 年完成了国家“863”计划项目“汉藏科技机器辅助翻译系统”和“实用化汉藏机器翻译系统”，2001 年被正式命名为“省级重点实验室”。

中国科学院计算技术研究所和中国科学院合肥物质科学研究院智能机械研究所一直关注民族语言机器翻译研究。在 2011 年第七届全国机器翻译研讨会上，包括蒙古、藏、维吾尔、哈萨克、柯尔克孜等民族语言机器翻译系统参与评测。中国科学院自动化研究所参与了藏汉新闻语料机器翻译评测，其评测结果的 BLUE 值为 0. 5843，翻译效果非常不错，但仅局限于新闻语料。

2012 年，中国科学院实施了西部行动计划，资助汉藏辅助机器翻译系统研发与应用，由中国科学院软件研究所吴健研究员牵头，组织相关人员开发。经过不懈努力，开发了一款汉—藏辅助翻译系统。

2012 年，由北京理工大学牵头与中国社会科学院民族学与人类学研究所、新疆师范大学合作申请了国家自然科学基金重点项目“基于多策略的民汉机器翻译研究”。该项目主张多策略的机器翻译技术，把语言规则和统计技术相结合，研究藏—汉非新闻语料文本机器翻译。

2015 年，全国机器翻译系统评测会议在合肥召开，参加藏汉机器翻译的团队有 3 个，西藏大学、厦门大学和中国信息技术研究所。与前几年相比，测试领域和翻译效果没有明显提升。

现存主流的藏汉机器翻译系统有 5 个，分别是中国民族语言翻译局（中心）的智能翻译、西藏大学的阳光藏汉机器翻译、中国科学院软件研究所和中国社会科学院民族学与人类学研究所藏汉机器翻译系统、沈阳雅译网络技术有限公司的小牛翻译和厦门大学的藏汉机器翻译系统。

20 世纪 80 年代末，内蒙古大学的敖其尔教授在美国留学期间从事有关英文到蒙文机器翻译的相关研究。90 年代，在国家“863”课题的支持下，内蒙古大学蒙古学学院、中科院自动化研究所和北京大学语言研究所先后承担了“面向政府文献的汉语蒙语机器辅助翻译系统”和“汉蒙机器翻译系统”等课题；在国家自然科学基金的支持下，内蒙古大学计算机学院承担完成了英蒙机器翻译系统研究。

为了服务民族地区的农业发展需要，2006 年，内蒙古大学蒙古学学院与中国科学院合肥智能机械研究所开始合作，在开发的“多民族语言农业知识处理平台”中嵌入了基于统计的汉蒙机器翻译模块。在基于统计机器翻译的农业领域基础数据建设中，正在构建包括 3 万词条的汉蒙双语农业词典、10 万句的汉蒙双语对齐语料库和 20 万词条的汉蒙通用词典。

内蒙古大学计算机学院蒙古文信息处理技术重点实验室的研究者们在基于神经网络的汉蒙机器翻译方面作了很多工作，并取得了不错的效果。

由中国中文信息学会主办的全国机器翻译研讨会（CWMT），每两年组织一次机器翻译评测，截至目前共组织过 7 次机器翻译评测，这些活动对于推动我国机器翻译技术的研究和开发具有积极而深远的影响。该机器翻译评测含英汉新闻领域、汉英新闻领域、英汉科技领域、维汉新闻领域、藏汉政府领域、蒙汉口语领域等 6 个评测项目。参评的单位主要有中国科学院计算技术研究所、中国科学院自动化研究所、北京航空航天大学、北京交通大学、内蒙古大学、厦门大学、澳门大学、东北大学、北京搜狗公司等国内众多知名高校和企业。组织评测的单位提供训练和开发语料。参评单位采用几种机器翻译模型的融合技术，通过改善单系统遴选方案来增强翻译效果。其中用到的翻译模型有：基于规则的翻译、基于短语的统计机器翻译模型、基于层次短语的统计机器翻译模型、基于深度学习的翻译模型等。机器翻译项目的自动评测采用多种自动评测标注，主要评测指标为 BLUE-SBP，其他自动评测指标包括：BLUE-NIST、TER、METEOR、NIST、GTM、mWER、mPER、ICT 及 WoodPecker。近几年，内蒙古大学计算机学院侯宏旭教授团队积极参与蒙古文—汉文机器翻译测评。

维吾尔语在机器翻译方面的研究起步于上世纪中期，新疆大学着手“民汉语机器翻译系统基础研究”。2009 年，新疆大学与新疆信息产业有限公司合作开展了“汉—维、柯辅助翻译软件”的研发；2010 年，中国科学院计算技术研究所与新疆大学合作研制了基于统计的维汉机器翻译系统；2011 年，中国科学院新疆理化技术研究所开发了汉维/维汉统计机器翻译原型系统。

在 2011 年全国机器翻译评测中，机器翻译评测新增了 5 种民族语言，维吾尔语是其中之一，新疆大学、中国科学院新疆理化技术研究所、中国科学院合肥物质科学研究院智能机械研究所、中国科学院计算技术研究所等6家单位参加了维汉新闻领域机器翻译评测。在2013年的评测中，新疆师范大学也参加了维汉机器翻译评测。在2015年的评测中，中国科学院合肥物质科学研究院智能机械研究所、新疆大学和中国科学院新疆理化研究所参加了维汉机器翻译评测。维汉机器翻译结果的BLEU值较高，原因是维汉新闻的测试语料和训练语料主要来自中国政府发布的官方新闻，领域比较集中，固定表达多且使用频率高，测试语料与训练语料相似度高，因此获得的译文质量比较高，甚至比汉英新闻翻译的效果还要好。在线维汉机器翻译系统只有两个，分别是中国民族语文翻译局的多语机器翻译系统和中国科学院计算技术研究所的橙译中科多语种翻译系统。

七 民族语言语料库建设

民族语言信息处理离不开数据资源，数据资源是以统计为主的信息处理工作得以开展的前提。构建民族语单语或多语语料库具有重要的意义。民族语言语料库建设的内容涉及语料的选取、收集、加工和分析，其中语料库加工包括语料库的分词、词缀词干切分、词性标注等词法层面的加工，语料库分析包括句法分析、语义标注等句法层面的加工，以及篇章标注和篇章分析等内容。

民族语言语料库建设的研究起步于上世纪90年代。受基础理论研究薄弱和电子文档数量少的限制，民族语言语料的规模、质量难以保障。一些研究者构建了小规模的语料库，其中大部分属于生语料库，少部分进行了标注。

2010年，一些民族语言字符编码问题得到有效解决，网络文本语料大量出现，民族语言语料库规模迅速扩充，百万级的语料库逐渐出现。藏语语料库有西藏大学建立的超大型藏文基础语料库、[①] 中国社会科学院民族学与人类学研究所藏语分词标注语料库、西北民族大学的大型藏文语料库和青海师范大学基于句子对齐的双语语料库。维吾尔语料库有新疆师范大学的维吾尔文语料库，[②] 新疆大学的维吾尔语词法标注语料库和句法标注的语料库，维汉、哈汉和柯汉双语语料库。[③] 蒙古语语料库有内蒙古大学蒙古文电子文本语料库、中世纪蒙古文语料库、现代蒙古语语料库、[④] 蒙古语文教材语料库、[⑤] 蒙古语传媒语言文本语料库、[⑥] 蒙古语口语语料库等。[⑦] 朝鲜语方面，建成了上亿级原始文本语料库和部分词性标注语料库，2000万字的朝（韩）汉对译语料库，820万字的朝鲜语（韩国语）病句语料库，100小时的标准口语音频数据、100小时的标准语双频数据的收集和140万字的正字法转写库，140万字的语言转写语料

① 高定国等：《“大型藏文基础语料库”数据分析》，《西北民族大学学报（自然科学版）》2013年第4期。

② 玉素甫·艾白都拉：《维语句法分析器中的词义排歧问题的研究》，《计算机应用与软件》2002年第4期。

③ 吐尔根·依布拉音、袁保社：《新疆少数民族语言文字信息处理研究与应用》，《中文信息学报》2011年第6期。

④ 华沙宝：《蒙古语语料库建设现状分析和完善策略》，哈尔滨工业大学计算机科学与技术学院、清华大学智能技术与系统国家重点实验室：《语言计算与基于内容的文本处理——全国第七届计算语言学联合学术会议论文集》，2003年8月，哈尔滨。

⑤ 赵斯琴等：《蒙古语语料库的研究与建设》，《内蒙古大学学报（自然科学版）》2003年第5期。

⑥ 包敏娜：《蒙古语传媒语言文本语料库的构建》，《内蒙古师范大学学报（哲学社会科学版）》2016年第4期。

⑦ 韩海霞：《〈蒙古语口语语料〉语音标注的问题及解决方法》，博士学位论文，内蒙古大学，2012年。

库、90万语节的实际发音训练语料库。[①] 其他民族语言也相应建立了一些小规模语料库。

八 民族语言文字信息处理面临的问题

1. 面向信息处理的民族语言文字基础研究滞后，难以满足当前信息化的要求。我国民族语言文字研究历史悠久，但是满足自然语言处理的基础资源为数不多，其原因在于，传统语言学研究与计算语言学研究存在一定的差异，传统语言研究成果难以应用于自然语言处理。总体上，计算机处理语言，需要大规模的结构化知识。民族语言学家关注对个别语言现象的描写和解释以及对普遍语言现象的类型学研究，但长期以来一直缺乏对语言知识的全面、系统、大规模的描写和整理，以语言文字信息化为目的的基础资源极其匮乏。

2. 民族语言语音识别研究成果显著，尤其是维吾尔语标准语的语音识别基本上达到了实用水平；藏语语音识别技术还需要进一步提高。目前，语音技术已经相对成熟，但我国民族语言语音识别的主要困难在于缺乏基础资源，加上相关民族语言都有不少方言，对方言土语的识别还需要做大量的工作。

3. 有文字的民族语言的词法分析技术已经基本成熟。藏语的分词、词性标注以及命名实体的识别都有了成熟的应用软件；维吾尔语词干、词缀的分析、提取等研究成果丰富。总体上，两种民族语言的词法分析虽然还有一定的缺陷，但已可以应用于语言工程研究，能够基本上满足语言信息处理的需要。但是无文字的民族语言、较少民族的语言，尤其是濒危语言等几乎没有这方面的研究。

4. 民族语言句法语义分析成果少，缺乏初具规模的句法语义知识库。要想建成民族语言句法语义知识库，需要综合条件完备。没有语言学知识的母语人固然无法开展相关工作，不了解计算机语言处理工作原理的语言学家也难以独立完成相关研究，计算机专家更不可能去完成一种自己都不懂的民族语言的句法语义知识库。

5. 当前民族语言机器翻译效果比较落后，但在某些方面机器翻译可以辅助人工翻译，大幅提高人工翻译的质量和效率。机器翻译研究成果已经在某领域发挥作用，对大规模的网络文本进行初次过滤，节省了大量人力和财力。当然问题还很多，民族语言机器翻译的关键点仍然是语言资源问题，与大语种相比，民族语言的资源有限，难以使统计方法发挥最大作用，因此还需要关注规则翻译模型的研究。

九 结语

民族语言文字信息处理紧跟时代的步伐，取得了非常多的成就，但是民族语言文字信息处理还需要做更多的工作。具体来讲，包括如下几个方面。

1. 民族语言文字研究要兼顾基础研究和应用研究，加大对民族语言语音基础资源建设的支持力度，进一步提高民族语言语音识别能力，尤其是方言土语语音资源的采集和标注。在语音资源采集方面，注重自然人物对话语音、固定电话和移动电话通话语音、网络语音等材料的收集，并选取定量的语音数据进行转写和标注。语言学家可以研究语言本身，语音识别研究者可以在其基础上建立各种语音识别模型，大幅提高民族语言语音识别能力。

2. 加强部门合作和资源共享，统一标准，分工协作，而不是相互隔绝、各起炉灶，不仅浪费了大量的资源，还搞出了数量众多但又难以推广应用的半成品。

---

① 刘连芳等：《壮、蒙古、维、哈、柯、朝语信息处理研究进展》，《广西科学院学报》2018年第1期。

3. 进一步加强主要民族语言的机器翻译研究。蒙古、藏、维吾尔等语言机器翻译研究具有一定的应用价值，值得继续研究，尤其是可供机器翻译的语言资源建设。不能只重视系统搭建而忽视翻译效果；在加强网络文本机器翻译的同时，也要注重口语机器翻译研究。

（龙从军，研究员，中国社会科学院民族学与人类学研究所民族语言应用研究室）

学 者 学 人

若许闲乘月　无时夜叩门
——再访毛宗武先生

龙国贻

龙国贻（以下简称龙）：毛先生好！您老身体康健，是我们苗瑶语后学的福气。我受中央民族大学李锦芳教授和《百色学院学报》的委托，向您请教苗瑶语研究的一些问题，也请您谈谈研究经历和治学经验，这些对我们青年学者而言都是非常宝贵的精神财富。听说您最近在思考一些重要问题？

毛宗武（以下简称毛）：很高兴见到你，恰好有些话想当面说。今天想说说一个从未提过但一直疑惑的问题，那就是广西金秀大瑶山的语言系属问题。我在第一本书里曾经提到大瑶山，但是大瑶山的语言与其他地方的瑶语之间没有对应关系，所以当时没有写大瑶山的语言，只是提到了大瑶山。人们一看叫大瑶山，就认为他们的语言一定是瑶语。在我看来，瑶族的语言很复杂，虽然我从未跟人提起过，但我认为大瑶山的语言不是瑶语，而是侗语。所以，不管是《瑶族语言简志》，还是后来写的《瑶族勉语方言研究》等，我都没有讲到大瑶山的语言，也没有收录大瑶山的语言材料。刘保元同志本人就是大瑶山的瑶族，他也从事瑶语研究，我的瑶语研究的书中不收入大瑶山这个点，他也没有提出过反对意见。大瑶山的问题非常复杂，大瑶山与瑶族之间是什么关系？为什么叫大瑶山？大瑶山的语言到底是什么语言？这些问题非常值得关注。你们可以去调查大瑶山的语言，或者把前人调查的材料找来对比，看看大瑶山的语言材料到底是跟瑶语有对应关系，还是跟壮语有对应关系，或是跟侗语有对应关系。虽然我一直隐隐感觉大瑶山的语言是侗语，一直很想把这个问题搞清楚，但限于时间和精力，没有深入研究，只能靠你们来继续推进了。

龙：您提出的问题非常重要，能否详细说说？

毛：为什么叫大瑶山？原来在那个地方住的都是瑶族，所以叫大瑶山，但是后来要把瑶族撵出去，发生了武装争斗，以瑶族离开、侗族进驻定居告终。现在大瑶山里面几乎没有什么瑶族了，即使有也只是少数人，而且现在这些大瑶山的瑶族也不是过去在大瑶山的那支瑶族。但这个地名没有改变，仍然被人们称作大瑶山，这些侗族人后来就被划作瑶族了。其中原委，究竟何在？回答这个问题，不仅需要做语言的共时描写和研究，还要研究语言的历史；不仅需要从语言本身出发来研究，还要结合瑶族的历史来展开研究。通过查询古书和相关典籍，爬梳有关的历史沿革，与语言研究之间形成佐证和支撑。你们可以从瑶族历史的书入手，找一些有意义的材料，凡是发现与大瑶山有关的就整理出来，看看瑶族什么时候在那里、什么时候走了，侗族什么时候进入的，等等。刚刚讲的是我个人的看法，但还没有根据。具体情况怎样，要从历史中寻找依据，凭借历史加以判断，不能轻易下结论。可以先看看瑶族的历史中有没有这方面的信息，再查查地方志，把网撒大一些，也许能捞到什么有用的东西。如果能解决这个问题，必定是一个创见。在我国学术界，过去关于大瑶山的语言系属，没有人提出疑问，如果你们能够结合历史加以解决，那不仅是提出了一个新问题，更是解决了一个大问题。遗憾的是，我年事已高，无法亲力亲为，今天提出来，希望你们能够解决。

龙：民族语言的研究，不仅要从语言自身寻找答案，还需要结合民族历史等相关领域的成果，综合来考量，对吗？

毛：是的。要解答这个问题并不简单，因为涉及瑶语的流变和沿革，涉及到大瑶山的历史传承，必然需要将语言研究和历史研究挂起钩来。瑶族的语言非常复杂。过去参加20世纪50年代大调查，我所在的调查组是瑶语组，我们发现并且证明瑶语（勉语）和瑶族的语言是两个概念，瑶族所说的语言，不见得都是瑶语，瑶族的语言跟苗族关系也很密切。比如跟我一起研究瑶语的蒙朝吉，他的民族成分是瑶族，但他承认自己其实是苗族，说的是苗语支语言。还有后来的李云兵也是苗族，现在也在关注瑶族的历史。当年调查的大瑶山的语言材料，虽然不是我亲自调查的，但当时所有瑶语组的调查材料统一都交到我这里，我退休后全部移交给了李云兵，你们可以找他要当时的调查材料看看。民族语言研究，材料非常重要，我利用当年的调查以及后来自己调查所得的材料，写了几本书，你们都看了吗？

龙：当然。您的书，我们都仔细研读了。

毛：做民族语言研究，离开材料就是无米之炊。当年调查的材料非常珍贵，你们应该找来仔细研究。我运用当时的调查材料，虽然写了几本书，但里面还有很多内容有待深入，有些还没有来得及做细致的比较，你们应该把当时调查的材料利用起来，继续好好研究。

龙：最近我承担中国社会科学院民族学与人类学研究所一项工作，需要还原上个世纪50年代民族语言大调查的情况，形成有关研究报告，并配套拍摄一部纪录片。请问您在当年的大调查中跑了哪些点，收集了哪些材料，大调查中印象最深的事件有哪些，产生了哪些深刻的人生经历和学术感悟？这些问题我们都很感兴趣，很想跟您分享那些珍贵的回忆。

毛：这个事情过去60多年了，很多细节不记得了，只能给你们说个大概。我是1956年参加中国科学院少数民族语言调查工作队，到下面足足搞了3年调查，广西、广东、湖南、云南、贵州等省都跑到了。当时调查的点比较多，重要的都形成了材料，都写到书里面了。所以想要知道当年搞调查的具体情况，可以把我的书拿出来看一看，重要的调查点、重要的材料、重要的想法，都在其中了。上个世纪50年代调查是分工作队的，我们在第二工作队，专门负责调查苗瑶语，队长是马学良，副队长是王辅世，队部设在贵阳。工作队下面又设了瑶语分队，分队队长是严学窘，副队长是罗季光。分队下面又分三个组，我所在的瑶语组是第三组，我是组长，由我来分派任务。只要听老百姓说有瑶族的地方，我们就安排人跑去调查，那段生活有点像“激情燃烧的岁月”，非常饱满，非常充实。当时的调查点分为两种：一般调查和重点调查。很多一般调查点，调查了就形成一个报告搁在那里，没有拿来研究。拿来研究的，都是重点调查的点，后来出了专著。

龙：作为一般调查的点，大概是个什么调查规模，记录多少词汇，有多少语法例句？

毛：那些情况，我都不记得了，有些问题你可以问我的老师邓方桂。他当时是第二组的组长，舒化龙、肖淑琴等都是他的组员。

龙：好的。蒙朝吉先生曾经撰文《五十年代的瑶语大普查》，文中详细记录了一些情况。邓老师是您的老师？他可比您年轻多了。

毛：那个时候，他教我瑶语啊！他是最早的中央访问团的成员，去瑶族地区访问时被吸收上来学习，语言大调查正式开展之后也参与调查。在上个世纪50年代语言调查工作开始之初，他就教我瑶语，教他自己说的话，我在他家乡住了半年，调查那个地方的语言。我最早接触瑶语，就是学他那里的话。虽然他年纪轻、我年纪大，但他是教我瑶语的老师。以前我腿脚灵便的时候，还经常去拜访他。

刚刚我说了，他跟我不是一个组。他参加的是瑶语教学组，主要任务是教瑶语，当然后来也参与了调查。我们在瑶语调查组，主要任务是调查语言、收集材料，后来研究瑶语。当时的材料我都看了一遍，但也没时间去核对。凡是我用来研究的材料，后来都再次下去补充调查，校验无误后才敢使用。我们搞语言是要靠材料说话的，没有材料寸步难行，根本不敢下结论。我的《瑶族勉语方言研究》你们看了吗？

龙：必须的！这是我们进入瑶语研究的必读书。我最早去湖南宜章莽山乡调查瑶语藻敏方言，当时只有一个发音人会说，当地人也说不清楚他到底说的是什么话，我就是拿您这本书中的调查材料反复跟发音人核对，确认他说的是藻敏方言。后来又辗转到广东连南调查，我把您这本书中的记录和巢宗祺先生的记录结合起来参考。之后，我才真正开始进入瑶语研究。

毛：上个世纪50年代的大调查，我有3年时间（1956—1958年）都在做田野调查，中途没有回过家，也没有回过北京，去了很多地方，主要是调查瑶语，也普查了苗语和畲语。最早是在罗季光指导下撰写《苗瑶语简志》，当时要求集体署名，所以我们最后署的是第二工作队苗瑶语组，但实际主要撰稿人是罗季光，我辅助他做一些研究工作。后来我在这个基础上继续深入，写了《瑶族语言简志》。很长一段时间我都是一个人在战斗，只有一个助手叫蒙朝吉，郑宗泽是后来才加入我们的。当时调查组的组长是罗季光，他是从北京大学毕业的，研究民族语的时间比较长，资历比较深，当时是整个语言组的组长。他到瑶语调查组了解情况后，觉得瑶语组有我和蒙朝吉两个人就够了，郑宗泽更适合其他的工作，就把他安排到了图书馆。郑宗泽在图书馆工作了两年，直到罗先生去世之后，才回到研究岗位，继续研究瑶语。

龙：是的，2011年郑老师还出版了《江华勉语方言研究》，被孙宏开先生主编的《中国少数民族语言方言研究丛书》收录。我曾去他魏公村的寓所拜访，他家中极其简陋的陈设以及他对后学的提携爱护，令我印象深刻。

毛：《瑶族语言简志》这本书，郑宗泽虽然做了前期调查，但因为所里安排的工作变动，所以他没有参加后来的研究。《瑶族语言简志》出版时，我还是署了郑宗泽的名字，这本书就是我、蒙朝吉和郑宗泽三个人合著。

你说准备追溯上个世纪50年代大调查的历史，我觉得这个工作很有意义。过去我们都只是研究语言，利用那个年代调查所得的材料继续深入研究语言本身，没有人去记录那段历史，其实我也曾经想过从语言学史的角度来记录当年的事情，但时间精力有限，做不了那么多事情。当时我们的瑶语组是接受罗季光的领导，但他自己没有具体做瑶语的深入研究。

龙：通过追溯历史，就能把您的学术经历和研究著作结合起来了。在所有研究中，您最满意的是什么？

毛：整体而言，我所做的就是把瑶族的语言和瑶语（勉语）的大致情况都梳理了一遍。瑶族的语言分为哪几种，各自的语言系属又是什么，都分布在哪儿？瑶语（勉语）到底是哪些民族说的语言，有哪些方言，分布情况如何？这些事情很复杂。举个例子，有的苗族说的是瑶语，这个之前没有人注意到，也没有人提过。我不但提出来有些苗族说的语言是瑶语，而且用科学的方法证实了这一点，这就是我的贡献。

龙：《苗瑶语古音构拟》是苗瑶语研究中最经典的著作，您如何评价？

毛：这个没法儿评价。我对王辅世的构拟有一些初步的认识，后来我们俩就合写了《苗瑶语古音构拟》，我们尽了我们的力量。当时我跟他有些想法，就一起来写书，他偏重苗，我偏重瑶，瑶语的材料都是我自己亲自核对过的，我们两个人的研究合起来，就形成了《苗瑶语古音构拟》。这本书撰写的周期并不长，当时我已经到了退休年龄，但我和罗季光一样没有正式退休，那时候就加班加点干活，写成《苗瑶语古音构拟》后，我就正式退休了。这是退下来之前的最后一本书。

龙：这是您最满意的一本著作吗？

毛：这还谈不上。我们只是把自己的观点和看法写出来，目前还没有看到其他人提出什么意见，也没有人来跟我提意见。我主要是搞瑶语研究，客观来说，书中记录的语言材料是可靠的。至于语言和语言之间的关系，我的研究提到的其实不多。我主要就是研究瑶语本身，也研究一些瑶语和其他语言的关系，在这以外的，苦于没有调查材料，也就几乎没有涉及。我们所调查的就只是语言，并没有研究历史。甚至主要就是共时描写和研究，语言的历时研究做得很少。语言调查只能研究语言，但如果语言研究脱离了历史，就很难继续深入下去。毕竟脱离历史的语言研究，难免会有一些问题。

龙：如果语言研究脱离了历史，会出现什么问题？请您具体谈谈。

毛：我的感觉是，当瑶语研究进入到一定阶段，就需要将语言和历史结合起来加以研究。我们当年只是调查语言，没有谁把语言和历史结合起来研究，这有当时的历史原因。上个世纪50年代的全国少数民族语言大调查的主要意图是帮助少数民族创造文字，怎么会去搞语言历史研究，如果当时研究历史可能还会遭到批判呢。当时主要就是为了创造文字才下去调查的，还有苏联专家来给我们上课。

龙：当年参加调查的还有哪些人？

毛：人员都分散了，不少人都不知道下落了。记得中南民族学院有一批人，跟我们配合起来搞调查。后来他们都走了，不知到哪里去了。以前我还跟一个中南民族学院参加过语言调查的同志一起做过研究。他叫蒋龙，他和他爱人都是瑶族，都在瑶族组，我们一起做调查，调查结束后他们结了婚。后来蒋龙当了一个县的县委书记，他爱人也在政府机关工作。我第二次下去核对材料的时候，在县里碰到了他们。现在蒋龙可能去世了，我也没有跟其他人联系过。当年我们所参加调查的除了我、蒙朝吉、郑宗泽，还有卢怡常。中央民族学院的盘承乾也参加了大调查，也是调查瑶语，不过我们没有在一起调查过。当时跟盘承乾在一起工作的，还有一个人，他们说同一种方言，那个人的瑶话比盘承乾说得还要好，调查一结束就回原籍了，我已经记不起他的名字了。当时参加苗瑶语调查的人数也不是很多，最后还在坚持调查的大概也就是十来个人，那些中南民族学院的学生都回去了，那批学生人数不少。

龙：您能跟我们说说当年调查的流程和细节吗？

毛：20世纪50年代大调查的整个工作紧张有序，我们选择一些有代表性的值得研究的乡、村进行系统调查，核对之后形成材料。盘承乾和邓方桂他们大概有7个瑶族同胞的积极性特别高，就去广西民委请教，提出要创造文字，广西民委给了他们一些调查费，作为资助和支持。尽管我当时是组长，但对于创造文字这件事，不管大家多么积极，我始终没有发言、没有表态、没有参与。为什么呢？因为瑶族太分散了，创造文字可能起不了多大作用。但我也没有干涉或者反对他们，任由他们去做，我就做我的调查和研究。结果瑶文创造出来不到半年就撂在那了，因为学不了、不管用，后来也没人学了。他们创造的文字，当时我还没有来得及看，新创的瑶文就已经失败了，无法推广使用。对于瑶族语言和文字，政府也没有明确指示，到底是要还是不要、保留还是不保留，并没有说法。在创造瑶文方面，盘承乾是牵头人，所以这方面的事情，他最清楚，但是几年前他去世了。那次大调查，他是瑶语最主要的方言（勉方言）的发音人。想要还原那次轰轰烈烈的大调查，其实应该在我们这些人还没有退休的时候就去做，那个时候还可以把当时参加的人集中起来，退休之后人就散了。现在过去了这么多年，要去了解大调查的情况的确非常非常难，因为参与者要么走了，要么病了，要么不好找了，剩下活着的还能找到的人已经不多了，即使找到了可能很多事情也都忘记了。需要下很大的功夫，才能还原一些当年的情形。不过，这个工作很有意义，很值得做。尤其是当时调查的材料，工作结束后都要求统一上交，很多人还是按照规定统一上交了的，这些你们应该可以看到。另外，最好趁着还有一些同志健在，把有关情况记录下来并整理出来，算是我们亲历者对历史的一份责任。当时调查的材料，尽可能收集起来。我一再强调：巧妇难为无米之炊，没有材料怎么做研究？我的意见，最好可以汇集起来出版，让所有治学的人都用上。

龙：好的，我们一定尽心尽力去做！毛先生，您一生调查了多少土语点，统计过吗？

毛：实在是太多了，没有统计过，多得我都数不清了，现在也不记得了。当时就是听说哪里有瑶族，就到哪里去调查，把材料记录下来，然后再核对。语言差别比较大的，就做了重点调查。比如《苗瑶语古音构拟》里的瑶族点都是我重点调查过的点，王辅世也认可我的调查材料。又比如说，你做博士论文的时候，我叫你到连南去，当年我就重点调查过藻敏方言，知道它和其他方言不一样，差别比较大，我就让你去重点研究它。

龙：是的，当时就是因为跟您通了那个电话，我的博士论文题目就定为《藻敏瑶语语音研究》，那几年就扎根在连南。2016 年我把自己的研究成果出版了，就是之前送您的那本书，今年入围了第八届胡绳奖。

我们都知道，瑶语各方言间都有一些差别，那么，在您看来，哪个方言是属于源头的一方？换言之，苗瑶先民最早在洞庭湖一带生活繁衍，后来逐渐向各处迁徙，他们迁徙的路径，您心里有过相对确定的答案吗？

毛：没有，这些从表面上看不出来。瑶语方言这么分散，我是很想搞清楚这些问题，但是没有看到过历史方面的材料。那时候主要就是为了创造文字，主要就是共时描写，忽视了语言的历史研究。我们刚才谈到这个问题，要想深入研究语言，就要把共时和历时结合起来，语言学和历史学的研究应该互为佐证。由于种种原因，我们对瑶语的历史研究得很不充分。这是很重要的问题，很希望你们能深入推进。为什么瑶族这么分散，为什么大瑶山没有瑶族，这些都是我很想解决的问题，期待你们来帮我解决。

龙：好的，这正是我们下一步努力的方向。目前我已经把搜集到的苗瑶语材料做了语素的切分，接下来准备在您的指导下做瑶语历史研究。

毛：好的，我很高兴。

龙：今天最后一个问题：您毕生奉献给瑶语研究事业，取得了丰硕成果，其中您自己印象最深的是哪一篇文章，或者哪一本著作？

毛：我印象最深的是我和蒙朝吉合作的有关畲语问题的文章。

龙：《博罗畲语概述》，发表在《民族语文》1982 年第 2 期。

毛：对，就是这篇。当年蒙朝吉跟着我，做了很多地方的苗瑶语调查。所有人中，蒙朝吉跟我合作调查的最多，江浙一带的畲语，就是他跟着我去调查，结果我们发现了问题：原来《辞海》《辞源》里都说畲族没有语言，我们去调查了之后，到广东调查发现他们有语言，后来写了这个文章。假设当时没有搞清楚这个问题，现在还说畲族没有语言呢，字典里都是这么说的。所以，我认为这是我们的一个创见。

龙：非常感谢您接受访谈，衷心祝愿您健康长寿。

（龙国贻，副研究员，中国社会科学院民族学与人类学研究所民族语言研究室）

张佳生访谈录

邸永君

邸永君（以下简称邸）：我受《中国民族研究年鉴》编辑部委托，特为您撰写访谈录。首先，非常感谢您能接受我的采访。您是国内外知名的满学资深专家，尤其是在满族史、满族文学研究领域硕果累累，多有创建。您的学识、修养、阅历、成果、情趣、雅艺，着实令我钦佩。我认为，学者之成功，是多种因素综合作用的结果，尤其是早年的成长环境，诸如地域、家庭、学校、良师，等等，都会影响一个人对人生目标的选择。今天可否就从您的家世和幼年经历谈起？

张佳生（以下简称张）：您对我的褒誉实不敢当，这绝非自谦之语。在我的心中，中国的学术大师灿若星辰，我等小子穷毕生之力亦难望其项背，我不过是尽自己的力量做了一些努力而已，至于效果如何，很少顾及。我非常欣赏“只问耕耘，不问收获”这句话，应该做的事，努力做就是，事情未做而先想到名利，无论做什么都成不了气候。古往今来，莫不如此。

谈及家世，我走上学术之路，确与家庭出身有密切关系。我祖籍山东省长清县，原属泰安府，现已划归济南市，成为长清区，那里有齐长城和灵岩寺等著名古迹。我的出生地是重庆市九龙坡区。我曾刻有一枚印章，印文是“九龙坡人”，也用过笔名“鲁渝生”。

先父张震泽公，字溥东，又字一泓，号海北馆主，1911 年生，1935 年毕业于国立青岛大学（也就是后来的山东大学）中文系。毕业不久，“七七事变”爆发，日寇很快打到黄河边。济南距黄河不远，于是学校组织教师和学生内迁，一路上千辛万苦，到达四川。当时我父亲在山大读书时之业师丁山先生对我父一直很看重，于是命其做教研助手，专攻经史及音韵训诂诸学，历时 4 年。丁山先生是我国非常著名的文史学家、文字学家，于 1952 年去世。父亲的学问根底，即奠基于斯时。

据我母亲讲，当时父母亲年纪尚轻，丁山先生的夫人对我们家非常好。我记得丁夫人陶梦云女士在 1960 年专程来沈阳看望我们，在我们家住了半年左右才回去。后经丁山先生推荐，我父亲来到陕西在西北大学中文系任教。当时杨向奎先生在历史系任教，两人因此相识相交。杨向奎先生长我父一岁，是我国著名历史学家。后我父亲应著名学者商承祚之邀，任重庆女子师范学院教授，我即在这个时期在重庆出生。1985 年，我们辽宁省民族研究所在北京举办“《满族通史》第一卷审稿会”，会上向奎先生向我说起与我父的交游与友谊，滔滔不绝，感慨万端。我与杨先生合影，以为纪念。

重庆解放较晚，至 1952 年全国院校调整，东北急需文化教育人才，我们举家来到辽宁，到东北时，我年方 4 岁。我们先到大连旅大师专，1954 年来到沈阳。我父先后参与旅大师专、沈阳师范学院、辽宁大学的建校工作。作为辽宁省唯一的文学教授，他先后组织编写完成了多种教材，培养出一大批合格的大学师资力量，使辽宁的文学教育逐渐走上正轨。

在本人的童年记忆中，我父从来都在书房里忙碌。时间对他而言，相当宝贵，只有同事及学生来访时，才走出书房会客。每当老先生来探讨学问时，我父则兴致盎然，妙语连珠。我常常会坐在一边，听他们高谈阔论。虽然那时我年龄很小，也听不懂，但他们的谈话方式与儒雅之风，都深深吸引着我。即使今天时间过去了五六十年，当时的感受仍然会清晰地浮上心头。在不知不觉中，要成为这样的人成了我朦胧却又是唯一的目标。从我个人一生的经历来看，也是自然而然地沿着这条道路走过来的，虽然清贫，但是内心却满足而自信。

在耳濡目染中，我知道了什么是学问和怎样做学问。

大学毕业后，我进入辽宁省民族研究所，父亲告诉我要再苦读数年，3 年内不要发表文章。我问这是为什么，早一些发表文章不是好事吗？父亲说："做好学问非一日之功，没有学问根底，下笔就错，发表出来白纸黑字，说错了自不必论，说得浅薄也将受人耻笑，老来自己也会后悔。"这也正是老一辈学者学问渊博而著述不多的原因。但他们出版的著作多为传世之作，百年之后仍会使人受益。我的第一篇论文就是在大学毕业 3 年后才发表的，在学术上不能为了名利自欺欺人，也就成了我在学术道路上的信条。

父亲研究的学术领域，在先秦两汉魏晋之间，时间跨度很大，涉及学科很多，父亲却能答疑解惑，如数家珍。一位学者一生精通一个学术领域，如文字学、训诂学、音韵学、经学、史学、文学等领域，已属不易，父亲却能驾轻就熟、触类旁通，是如何做到的呢？那就是惜时如金。在学校家属院里，我们家的灯总是熄得最晚，这在当时是谁都知道的。我也因此养成了习惯，子夜才睡已经成了 30 年来的习惯。因上山下乡，我 30 岁才上大学，虽然努力，然终觉愧对前贤，最多只能算是"登堂"而未"入室"之人罢了。但是古人说学无止境，朝闻道夕死可矣。我已是年届古稀之人，精神还算过得去，追求学问一事已经成为一种习惯，不然还能干什么呢？世界那么大，看也看不完，不看也罢，还是珍惜时间为好。

母亲对我一生的影响也深刻入骨。母亲姓翟名素芬，字静萱，1917 年生，河北南皮县人，早年毕业于女子师范，也是一位知识女性。她除了在生活上对我们无微不至地照顾之外，在思想和精神上更是要求严格。在这方面母亲比父亲做得要多，因此对我的影响尤其深刻。《苏武牧羊》和《满江红》这两首抗战时期的歌曲，以苏武"留胡节不辱"和岳飞"笑谈渴饮匈奴血"的精神，鼓舞人民的抗战激情。母亲经历过抗战的苦难，会唱很多抗战歌曲，从小就教给我们唱，我现在只记得这两首了。母亲的言传身教，使我从小就知道了人应该有责任感，应该有所担当，从而影响了我的世界观、人生观及价值观。

母亲对我们的教育，从来不是长篇说教。她并不约束我们的行为，但后来我才感觉到，她总是在时时观察、留意着你。我们自己能够解决的问题，她从来不过问，只有觉得我们遇到了自己无法解决的问题和我们有所放任的时候，她才告诉我们应该如何去做。我的命运，在很大程度上是由母亲决定的。她支持我考大学，支持我像父亲一样不做行政工作而进入学术研究单位。每当我有些懈怠的时刻，她总是提醒我不要浪费时间。因此，和父母住在一起的那段时光，我经常与父亲一起熬到深夜，母亲从来都陪伴着我们。她会经常问我，那篇文章写得怎么样了？我也就自然不敢放松了。有时，我会将自认为得意的文章念给她听，她或会赞许，或会批评，无论如何，对我都是一种激励。

母亲的人品、性格很好。由于我们家在当时的生活条件稍微好一些，周济帮助了许多困难家庭，加之她办事公正热心，因此在辽宁大学家属院里，最受尊敬。母亲的贤惠、善良与知识女性的气质、风度，潜移默化地影响着我们的一生。善良真挚、乐于助人、热爱事业、忠于职守，进而要有责任感和使命感，成为我一生中自然而然的信条。母亲于 2003 年去世，临终前她说："我这一辈子培养出了 5 个教授，应该满足了。"这是指父亲和我们姐弟四人，她以此为荣，母亲就是这样的一个人。即使她去世十多年了，但她的音容仍然无时无刻不出现在我的脑海里。偶尔遇见过去的老邻居、老朋友，他们也总是会向我述说对母亲的怀念和尊敬。

邸：您有这样的经历，对您进入满族研究领域是否有一定影响？

张：应该说有很大影响。人的一生走什么样的道路大多有其必然性，但是偶然性的因素也很重要，所谓偶然就是机遇。现在回想起来，我走进满学领域从事学术研究工作，也是必然因素和偶然因素共同作用的结果。

我 1978 年考取辽宁大学时，选择的专业是中文，这确实与性情爱好和家庭环境有关。在大学毕业时，当时还是包分配的。"文化大革命"结束不久，当时最需要人的是机关和文化事业单位，我被分配到辽宁省委宣传部文艺处，这对当时中文专业出身的人而言，大约是最好的单位了，但是我并不很热衷于进机关。正在此时，辽宁省向国务院提出建立满族自治县的报告，因为按照民族区域自治法和相关法律政策规定，符合建立民族自治地方而没有建立的民族，只剩下了满族。

当时辽宁省民族事务委员会阿英嘎副主任提出了建立满族自治县的意见，满族著名人士关山复、启功、溥杰、朱川、柳文等，都做了很多工作，这一意见也得到了省委省政府的大力支持。他随之主持开展了一系列活动，比如开展了对满族风俗、文化、人口和现状的调查，广泛开展满族家谱的搜集工作，创编满族舞剧《珍珠湖》，建立辽宁省民族研究所等，后来又经过艰苦努力，主持创办了大连民族学院，首批满族自治县也在 1985 年建立。在满族事业繁荣发展的过程中，阿英嘎先生贡献良多，功不可没。他虽然是蒙古族，但被满族群众称为满族的荣誉成员，我们确实应该记住他的精神和他的努力。

在此期间，辽宁省还开始了《满族文学史》的编写。这是一项国家课题，辽宁省极为重视，成立了以省委宣传部长文非为主任、阿英嘎为副主任的编写领导委员会。1979 年、1980 年和 1982 年，举办了三次有全国著名文史专家教授参加的学术会议，这在当时是非常了不起的事情，影响巨大而深远。

通过目睹并参与上述活动，我了解到清代八旗作家几近千人，其中八旗满洲作家占 2/3，大约有六七百人之多。他们在诗词文赋、小说戏曲及子弟书的创作方面，皆驾轻就熟。清代各时期，均有以文学影响文坛的人物，而所有已出版的《中国文学史》，对这样一个庞大的作家群，几乎是视而不见，提到的仅有纳兰性德、顾太清等数人而已。这种情况的出现，也许有历史的时代的和思想观念的种种原因，但时至当今，仍置如此丰富的文学遗产于不顾，这对于撰写《中国文学史》和《清代文学史》来说，无论如何都是一种缺憾。

我在上大学的时候，对这种情况并不清楚。因为我父亲是编委会的成员，他对开展满族文学研究非常支持，也使我渐渐对满族文学的情况有所了解。同时我在学术会议上结识了关山复、启功、溥杰、杨向奎、翁独健、姜亮夫、王锺翰、关德栋、姜书阁、周汝昌、金启孮、匡扶、张寿崇、布尼阿林，以及蔡美彪、王戎笙、周远廉等诸位先生，聆听教诲，受益匪浅，不知不觉产生了研究满族文学的念头。此时，辽宁省民族研究所刚刚成立，以研究满族为主攻方向，阿英嘎与关山复两位前辈，均非常希望我能参与该项工作，于是我便没有去辽宁省委宣传部，而是进入辽宁省民族研究所。一个单位刚刚建立，其困难情况可想而知。不过我一向认为，人生真的不能碌碌无为，总要做一些有意义的事情，做不了大事，做好小事也不枉此生。如此广袤的满族文学领域，犹如一块处女地从未有人开拓；其中蕴含的民族文化和民族精神，从未有人系统研究；其宝贵价值，从未被人真正认识。如果能将这项工作做好，也算是满足了自己的心愿。

我进入这个单位，几乎所有的人都不理解，只有父母和我的妻子支持我。同学好友屡屡相劝，认为工作既苦也无前途，我当时的回答是"我不下地狱，谁下地狱"。纳兰性德有一首《金缕曲·赠梁汾》起首便言："德也狂生耳，偶然间，缁尘京国，乌衣门第，有酒惟浇赵州土，谁会成生此意！"正说出了我当时的心境。在后来的几年中，省委宣传部领导曾经三次希望我能去宣传部工作，我均婉言谢拒。直至 1991 年，我开始动心时，辽宁省民族事务委员会又坚决不放人，因而未能去成。搞一辈子满族研究，也许就是我的宿命吧。关山复老先生对我一直非常关心。有一次，我和妻子去北京拜访关老时，关山复先生对我说：“佳生，你大概是为满族而生的吧，我们满族人要感谢你啊。”我们出来之后，妻子感慨地说：“有关老的这一句话，你的辛苦也算值得了。”

今天想来，我妻王柏青对我的工作给了非常大的支持。她出身于知识分子家庭，父亲是医学教授。她知书达理，贤惠善良，家里的大小事情全是她操心，孩子由她来照看，父母有病时，也是由她来照顾。由于我的文稿多引用古文，习惯手写文稿，有时书稿很乱，每次都是她帮我整理，整理好了还要帮我打印，她用电脑比我熟练多了，还要帮我查找核对一些资料。尽管她自己的工作也很忙，但还是尽力为我分担压力，直到现在仍是如此，这就使我能更多地做一些工作和研究。我能专心于研究，很大程度上得益于她毫无怨言的协助，这既是为了我，更是为了工作，这一点我心里很清楚。

邸：“满族文学”应属全新概念。面临这样一个新的课题，您是怎样开展研究的?

张：“满族文学”这个概念，是1979年国家设立少数民族文学史项目时提出的，过去一般都归入清代文学之中。

在解析“满族文学”这个概念时，遇到了一个无法回避的重要问题，那就是什么是满族文学？旗人中的汉军作家作品和蒙古旗人作家作品，算不算满族文学？如果不算是满族文学，在清代八旗制度下的八旗是一个政治、经济都相对独立的社会集团，在思想文化上也有相通之处。如果算是满族文学，而实际情况是其内部尚有诸多不同之处。尤其是汉军，由于入旗年代早晚不同，入旗原因不同，再加上乾隆朝时又有大量汉军被出旗为民，所以情况比较复杂，具体到某位作家的算与不算，有时难以定夺。此外，八旗蒙古的政治、经济和文化生活与八旗满洲更为接近，而与外藩蒙古相对较远，也是难处理的一个问题。现在通行的认识是八旗入关前入旗的汉军可以算，而八旗蒙古则被划入“蒙古族文学”。

我在研究了八旗制度及八旗满洲、汉军、蒙古不同类型的作家作品之后，认为这样的划分过于简单化，其涵义的外延及内涵都不精确。我的观点是“满族文学”仅限于“满洲”，尚可包括内务府及王府包衣佐领等，这样就可以较明确和严格地定义和研究满族文学矣。至于八旗汉军和八旗蒙古尚可分别列一门，单独研究。同时又因为八旗具有相当鲜明的共性，可以将八旗作家作品整合统一研究，是为“八旗文学”。这些观点是我在研究了较长时期后提出的，我认为更科学与合理，我的研究也是在这种认识下进行的。为此我还特别撰写了几篇有关“八旗文学”的文章，并且曾想撰写一部《八旗文学史》。

对满族文学，我研究了不同文体和作家群体，经过了从微观到宏观的研究过程。首先研究的是诗词，继而拓展到小说、散文、子弟书等方面。在诗歌方面，我特别加强了宗室文学、布衣文学和闺秀文学的研究，在这方面我搜集了大量资料，最早发表了《清代满族诗歌概论》，涉及的作家作品至今也是最丰富的。词作方面，以往从未有人对满族词坛进行过系统研究，我的《清代满族词坛述论》所论述的满族词人，至今也是最完备的。此外，我还特别注重对满族文学民族性的研究，写了《满族小说的民族特点》《满族散文的民族特点》，等等。

与此同时，我还特别注重对满族文学发展的历史原因、文化原因、民族背景的研究，并将其与满族文学文本研究、文学思潮、发展趋势及整体风格联系起来，从而使这种研究更加立体化。对20世纪的满族文学研究，我曾撰写过《满族文学研究百年》。为了推动和开展八旗文学研究，我还曾发表过《八旗文学的形成基础》和《八旗文学分期论》，从宏观角度对八旗文学进行了论述。

要想研究满族文学，就应该深入研究八旗制度。在女真时期，各个部落相互征战，各自称王争长，处于混乱状态。八旗制度建立之后，女真各部重新整合，这种制度可以说是催生并重塑了满族。在八旗制度之下，旗人身份的约束，使八旗满洲具有了以往不曾有过的共同思想、观念和追求，并形成了共同的民族性格与心理意识。在这方面，我写了《八旗制度下的牛录建制对满洲之民族整合》《八旗制度对满洲社会之整合》《八旗制度对满洲之文化整合》几篇文章。正是在八旗制度的作用下，女真完成了向满洲的转化。也正是这种转化，促使满族的政治制度、社会秩序、思想文化等方面发生了种种变化。这些变化，深刻影响着满族的所有方面，包括他们的文学风格和文学发展趋势。

为使研究更加深入，我还加强了对满族心理意识的研究。在此基础上，发表了《八旗意识论》。因为这种意识对满族文学乃至文化，都产生过重要影响，了解了这一点就会发现，满族包括旗人的一切思想行为，都与这种心理意识有关。因此，研究满族文学如果仅仅停留或局限于文学的范畴，是远远不够的。

我的研究领域扩展到满族文化和八旗制度方面之后，也多有心得。在研究中我发现，大家都知道清代建立了前所未有的多民族大一统国家，解决了历史上长期未能解决的农耕民族与游牧民族战争矛盾问题。于是很多人从清代满族制定的政策措施方面找原因，说是因为制定了这些合理的政策措施才解决了矛盾与问题。那么就要问，为什么只有清代满族能够制定这样的政策和措施？以前的汉族王朝和其他少数民族政权包括元朝，为什么制定不出这样的政策措施？因此应该还有更深层次的原因。

我在系统研究了中国历史和民族关系史以及满族史之后认识到，在历史范畴的“天下”中，大一统观念影响极深。在这种背景下，满族同样具有大一统思想。基于这种观念，满族认识到，处理好农耕民族汉族和游牧民族蒙古族相互关系的问题，是关键所在。在汉族和蒙古族都无法统一天下的时候，满族发挥了特有的能力和作用，实现了建立多民族统一的国家的目标。在这个过程中，除了其他种种原因之外，文化因素应该是解决这一问题主要的深层次原因，不深入了解满族是无法解答这个问题的。我发表过一篇文章《满族入关与天下一统——论清代农耕民族与游牧民族战争矛盾的终结原因》，对这个问题提出了新的看法。

从中国历史发展的实际情况看，农耕民族文化与游牧民族文化长期存在，难以调和，更难统一，并因此衍生出了种种矛盾和问题，这是农耕民族与游牧民族长期处于对立状态的深层次原因。而满族文化具有农耕、游牧、渔猎多种文化元素，对蒙古游牧文化和汉族农耕文化都具有亲和力，在满族掌握政权有了解决矛盾问题的能力之后，便显示出了自身的优势。

在解决蒙古族问题时，满族的游牧文化元素起到了作用。满族与蒙古族居处相近，都有骑射文化和迁徙习惯，生活生产习俗接近。他们对蒙古族各个方面都有深入了解，因此他们主动与蒙古族联姻，分封爵位，在设立盟旗制度的同时，保存蒙古的原有社会结构、文化传统和生产生活方式，使蒙古地区实现稳定。

满族的农耕文化也源远流长，对汉文化很早就开始接触吸收，金代的儒家文化和汉传佛教就很发达。满族入关之后，虽然存在尖锐的民族矛盾，但是满族仍然在汉族地区实行了明代的政治制度，实行因俗而治政策，对汉族文化尤其是儒家文化积极吸收推行。他们读“四书五经”，举办八旗教育，参加科举，出现了大批学者、书法家、文学家。在这个过程中，中央政权逐渐稳固，控制局势的能力也逐渐增强，农耕民族与游牧民族都无力再挑起战争，多民族国家的相对稳定局面也随之出现。

因此，我感到研究满族文学还需要有更广博的学识，还可以做更多方面的研究。除了出版满族文学方面的论著《清代满族诗词十论》《清代满族文学论》《清代满族宗室文学》之外，我还出版了有关八旗制度和满族文化的《八旗十论》，主编了《满族文化史》，这两本书都已经再版过。学识眼界的扩展是在 30 多年学术生涯中完成的，当然学无止境，学者永远都是在攀登顶峰的路上。

邸：很多人都认为清代满族作家采用的写作体裁，都沿用了汉族的诗词文赋小说戏剧等传统文学形式，然而，其与汉族文学的区别在哪里？是否还能称得上是满族文学？

张：这个问题是满族文学研究中最为重要的理论和认识问题，如果这个问题没有解决或没有答案，那满族文学的研究便如空中楼阁，不仅会在研究中找不出“这一个”的民族性，而且会在研究的实际中否定满族文学的存在。

对这样一个极为重要的问题，我进行了长时间的思考。要想解决这个问题，仅仅靠文学理论是远远不够的，还要学习和研究历史学和民族学。为此我阅读了大量的清史史料和民族学史料，其中有大量典籍竟被我翻看至掉页。因读书角度不同。每次翻看都会有新的心得。反复阅读，自然诸事在胸，前后贯穿便会有新的认识和观点产生。

比如，满族在崛起之后，总体方针是“参汉酌金”，重视辽金元三史，入关后“清承明制”，对中原制度文化有深刻了解，在文化和文学方面，吸收汉文化也就成为自然而然之事。

除了经史之外，如果会读书，子部和集部的著作也很重要。比如，过去学界对《儿女英雄传》这部小说评价不高，认为它与现实主义小说《红楼梦》不同，是反现实主义的。但如果从另一个角度去读，就会有不一样的感受。《儿女英雄传》创作于晚清之际，当时满族和整个八旗开始衰落，满族作家文康为了振奋满族与八旗精神，怀着极为复杂的心境追述了八旗往日的辉煌。这部小说中的主人公安公子安骥和十三妹何玉凤，都是旗人，小说通篇描写的是旗人家庭和社会生活，这在清代长篇白话小说中，绝无仅有。仅从这一点来看，它就具有了民族的不可取代性。从创作动机看，作者和小说本身都表现出了鲜明的民族思想和民族感情，自然也就与汉人小说有了显著的区别。

此外，这部小说的创作方法并没有完全模仿汉人小说，相反，它对汉人小说的创作方法和思路有所突破、有所创造。过去除了社会小说之外，大致可分为才子佳人小说与侠义小说两类，两者泾渭分明、各不相干，而《儿女英雄传》第一次将情与侠联系起来，成为“情侠小说”的开山之作。民国以降，出现了大量“武侠小说”，实际上这些小说并非像《三侠五义》那样，真正讲武与侠，而是掺杂了大量儿女情长的废话，称为“情侠小说”勉强可以，不知道为什么人人都称其为“武侠小说”。尽管如此，这种笔法滥觞于《儿女英雄传》应当确定无疑。从这个角度来读《儿女英雄传》，不仅会真切触摸到晚清满族心理和精神的脉搏，也会体会到满族小说与汉人小说的民族性差别和他们在文学上的独特贡献。

另一个具有典型性的例子，是清代宗室盛昱编选《八旗文经》。盛昱是晚清时人，此时八旗制度几近解体，旗人社会之衰败已无可挽回。在此民族没落之际，盛昱为劝告旗人自强，特选辑以往八旗名士之文，编成《八旗文经》。其主要目的在书后《叙录》中：“（八旗）彼夫丰沛故人，五陵子弟，夷为皂隶，荡为沙虫，皆由风移俗易而无学以持之也。《典论论文》曰：文章，经国之大业，讵虚语哉！名之曰：《八旗文经》。”也就是说，盛昱编选八旗优秀人物之文章刊行，意在引导激励晚清之际已丧图强精神的满族和八旗。这部书中所选文章的内容以及选编者的意图，都显示出了强烈而鲜明的满族意识。

总体而言，鲜明的民族意识在清代历朝满族八旗文学中都有所表现，只不过因时代的不同表现的方式和内容有所区别罢了。在整个清代的满族文学中，满族的民族意识从来没有削弱过，这便是满族文学与汉族文学相区别的根本之处。我也为此写过《清代满族诗歌的特点》，从 10 个大的方面对这个问题做了研究解析。

邸：久闻令尊乃我国著名学者，能否谈谈他的治学情况？

张：先父治学极重视学问根底，他主要研究先秦两汉乃至魏晋文学，经史小学典籍几乎无所不读。研究先秦两汉需要有广博深厚的学术知识和学识，除经史之外，甲骨金石、小学说文、训诂声韵、校勘版本之学也需要深入研究，因为研究先秦两汉不精通这些学问是无法深入的。听我母亲说，父亲年轻时研习学问真的达到了废寝忘食、不知晨昏的程度，年轻时就得了严重的胃病，1976 年做了胃切除手术。父亲的学问也得到了文化界和学术界的尊敬。1985 年，在我父亲的“张震泽教授执教五十周年庆祝会”上，到会祝贺者有各界人士，其中有“道德文章两峻峰，四海谁不仰高风”的题词，我国著名书法家、学者、沈阳文史馆馆长沈延毅先生的题词是“经史大师”。

父亲初到东北时正处于教育事业刚刚开始建设，许多大学都处于草创之际。这个时期的重点是如何使大学教育工作尽早进入正轨，除了建立教学制度和规章之外，各种教材的编写成为重中之重。在我父亲的主持下，《中国古典文学教学提纲》《周代文学作品选讲》《两汉魏晋南北朝作品选讲》《校勘学讲义》《版本学讲义》《训诂学概要》《史记散篇校注》《古汉语》等教材先后被编出，使教学很快走上了正轨。这些教材不仅成为沈阳师范学院和辽宁大学中文系的教材，而且为各中学的语文课和语文老师提供了可以借鉴的教材，同时也因此培养出了一批颇有能力和学有所长的中文教师。至上个世纪五六十年代，辽宁大学中文系的社会影响已相当广泛，并成为辽宁大学最好的院系。时至今日，每当我遇到辽宁大学中文系毕业的学生，他们都以曾聆听过我父亲的讲课为荣。

父亲热爱教育事业的精神，对我一生的影响也巨大而深远。

父亲大学毕业之后，即从事教育工作。他一直以教书育人作为自己的天职，并以自己的思想和行为影响着周围的师生。

父亲心之所向，首在根植于传统。在他的一生中，对屈原、杜甫、陆游最为神往，此三位先贤皆以爱国而兼有文采见长。他曾任中国屈原学会副会长和中国唐代文学学会副会长，曾以毛笔小楷选录杜甫、陆游律绝以自励。1984 年，曾写下过一首《或有否定屈原及其作品者感赋》诗，小注中言：“疑屈原及其作品者，廖季平《楚辞新解》发其端，胡适、卫聚贤等附和之，何天行《楚辞新考》总其成，今日本又有人为文倡言之。屈原《渔父》云：众人皆醉我独醒。读其书，为之慨然。”诗云：

> 生遭众女嫉蛾眉，含垢深山欲诉谁。
> 命尽《怀沙》千古恨，志标《橘颂》万民思。
> 露才扬己翻蒙谤，举国无人竟莫知。
> 不及贾生书吊赋，廖胡何故苦相疑。

诗中展示了对屈原爱国主义精神的肯定与坚守，同时对欲掘中华爱国主义精神根基的行为深恶痛绝。时至今日，这种怪论依然大行其道，不仅怀疑屈原者有之，怀疑诸葛亮者有之，怀疑岳飞者有之，为曹操、西门庆、潘金莲翻案者亦有之。如此发展，中国之优秀思想文化传统将会被不断质疑，以至不复存在。以学术研究为遮羞布，总掩盖不了其诽谤之心。

父亲一直以坚守教师职责为念。

他曾加入中国民主同盟会，1956 年被吸收为中国共产党党员，历任辽宁省政协第一至五届委员，他积极参与教育事业的建设发展，提出了许多好的建议。比如 1976 年，中央决定扩大高校招生名额，但是苦于缺少学生宿舍，无法招收更多的学生，于是征求建议。我父亲是省教育厅和文化厅顾问、省招生委员会委员。我清楚地记得，有一天父亲去省里开会，回来说到此事，他提出了学生可以“走读”的建议，新中国成立前各大院校也并不是都为学生安排宿舍，就近者可以不住宿而“走读”，或自己租赁住处。当时在我的印象里哪有大学不住校的，但父亲说现在师资队伍很强，可以招收更多的学生，如果要再扩大招生，“走读”是唯一的办法。不想父亲的这个建议真的被采纳了，1977 年和 1978 年都扩大了招生，我们中文系就扩招了两个班。父亲的这类建议还有很多，但他从来没有向人提起过。因为父亲开会回来吃晚饭时提到的这件事情，所以我知道这个过程。

父亲生前曾7次被评为辽宁省和沈阳市的“先进教师”，这在当时是绝无仅有的。父亲对所有的荣誉都不看重，唯一珍惜的就是“先进教师”称号，为此他特别写过几首诗，其中就有《佩戴先进教师光荣花》等。

父亲一生投身教育，他最关心的是学生。这种关心不仅仅限于大学生，对中小学生也是如此。他经常被邀请到大学和中小学讲课，也经常收到社会上的来信，其中甚至有中学生和农民、工人的来信，对他们提的问题都是认真回信解答，给他们以鼓励。他还特别写了《赠青少年二首》。

作为教师，父亲对青少年学生给予了深切的期望。他对自己也是这样要求的。1985年，父亲从教50周年，辽宁大学举办了庆祝会，父亲有诗曰：

笔阵书城五十年，险夷历尽始瞻天。
曾将驽驾追先觉，终愧蜗行后众贤。
投老愚公精神在，飞来精卫意志坚。
叹衰不是先生事，建厦犹期添一砖。

父亲自新中国成立以后一直到“文化大革命”，经历多次运动。由于学校初建，作为中文系主任，他的主要精力几乎全部投入到了院系和学科建设、教师培养以及教材的编写方面。尽管工作很忙，他仍然坚持上课，并在1979年国家号召各大院校举办函授和夜大的时候，开办了函授班和夜大班，还组织全系老师重新编写适应此类教学的教材，惠及学生何止万人。

后来，父亲辞去辽宁大学中文系主任和校学术委员会副主任之职，为的是要完成他的写作计划。到1992年4月去世，不到10年时间，接连出版了5本著作，发表了数十篇文章，这些都是厚积薄发之作。其中《张衡集校注》《扬雄集校注》已再版多次，《孙膑兵法校理》已重印9次，这些著述皆为父亲的呕心沥血之作。可以说，父亲没有浪费生命中的每一分钟。1992年初，病重之际，父亲还念念不忘教学建设和教师队伍的培养提高。他在病床上口述了《赠中文系全体同志》，希望老师们珍惜时间。父亲的道德文章留下了宝贵的精神财富，使我们姐弟四人一生享用不尽。学术研究在于人的精神人品，非关他事也。

父亲学术生涯，最早乃从先秦入手，先后撰写了《先秦人物大系》《上古职官志》《两周列国职官志》《秦职官志》《补汉书职官志》《东汉学者文人通谱》等著作，梳理了先秦至两汉的职官制度及情况，这需要在遍读先秦两汉史料的基础上才能完成。同时这种梳理并不是简单地将史料排列组合，而是在研究了先秦两汉政治制度、经济制度、社会制度及其不同时期的变迁原因、经过、后果的基础上总结出来的。由于先秦两汉史料中多有同人异名、同字异写等情况，这就需要进行繁杂而科学的考证，没有文字、训诂、声韵等方面的学识是绝对难以完成的。如《先秦人物大系》一书，洋洋数十万言，收录先秦人物2000余位。这些人物都是从先秦古籍中搜寻出来的，仅仅是这项工作难度之大就可想而知。

此外，有一些先秦人物出自甲骨卜辞，这也是一项难度极大的工作。我父亲有甲骨和金文知识，因此他对先秦的研究往往从甲骨论起，这种能力不仅在当时，即便在今天，也少有人能做到。比如他还计划写一本《中国古神话》，其中主要的观点和论述是中国古神话的源头在甲骨文中，可以说这种研究视角与能力有探源之功。目前出版的几种《中国神话史》都没有将甲骨文作为古神话的源头，其主要原因是对甲骨文没有研究。《先秦人物大系》的另一个难点是如何排列说明这些人物，以及如何准确表现由于制度和人物经历变化的实际情况，没有多种学识和对先秦史的深入研究是无论如何也做不到的。

其实，编著先秦至两汉的《秦汉职官志》以及《东汉学者文人通谱》也都有相当的难度，这类著作并不是发表议论的说明文字，每句话甚至每一个用词皆须有出处，遇到古书记载矛盾或含混不清者，还需要引经据典予以考证。这种做学问的传统在老一辈学者中还保留着，他们坚决地认为这样研究才是真学问，决不会以取巧的方式而自毁名誉。在今天一些人的眼中，这是“迂腐”，已经过时。

我父亲早年注重深研经史，年轻时，即专注于文字学尤其是《说文解字》的研究。《说文解字》一书，在我国学术史上占有重要地位，研究先秦两汉经史著作、音韵训诂，乃至于中国哲学、文学、艺术、典章制度，等等，不懂《说文解字》终隔一层。故《说文解字》一经面世，便深受重视，注解《说文解字》者皆历代大儒，《说文解字》作者东汉许慎（字叔重）也被誉为“五经无双许叔重”。

父亲年轻时有感于历代研究《说文解字》者虽多，却没有《许慎年谱》问世。《后汉书·儒林传》中“许慎传”仅寥寥85字，而其他研究许慎年表者，也存在乖误之处。于是便致力于《许慎年谱》研究，不久便成书。然时局动荡，未便出版，至1985年方应出版社之邀，重新整理出版。

此书除重新厘定考证许慎经历外，其思路以学术为主，除在《年谱》中考证罗列同时代如贾逵、班固、尹敏、包咸、鲁丕、淳于恭、傅毅、张衡、王充、班超、马融、贾鲂、周防、郑玄等数十位经学家之简况之外，又作《东汉经学传授表》列“五经”师承线索及“五经”著名学者650余人，大致排布了东汉时期经学的基本情况，不读百家之作是很难完成的。

此外，该书并非专列许慎及东汉经学家之经历、著作、贡献，同时也对前人尚有争议而无定论的问题，作专文考证。如“安帝永初五年辛亥（公元111年）许慎四十五岁”条，后附约5000字考证许慎所作《五经异义》的具体写作时间。对这个问题，前人多有争议而无定论，我父亲于文中列举数十种古籍，提出三条理由，将此书写作时间定于“永初四五年间”，至今亦无不同意见，诸如此类都是很难完成的。学术大家顾廷龙先生见到此书后曾赞赏，他们也是因此书而成为朋友的。

上世纪80年代初，上海古籍出版社邀请我父亲作《张衡集校注》。张衡是东汉时著名的科学家和文学家，著有4篇天文学著作和文学著作。《张衡集》向无全本，更无权威校注本。为先秦两汉典籍作注是件很难的工作，除了要掌握多种学识之外，典籍中的春秋笔法和比兴、寄托、讽谏与典故之运用，比比皆是，见少识寡，极易流于疏浅，故很多人通常躲避这种辛苦费力之研究。父亲于古代典籍中广收博采，“删补并合，完残俱收，凡得四十一篇，为今存张衡之全部著作”，并认为张衡除在天文学方面的贡献之外，文学贡献也“具有划时代意义”。张衡之大赋以《二京赋》为代表，为“长篇之极轨”，并由此将大赋推向了高峰。张衡的《温泉赋》等小赋以抒情为特长，“成为汉赋发展的一个转折”，“影响到了唐宋新赋的产生”。张衡在诗歌发展上也有重大贡献，他的《四愁诗》“是我国七言诗的导源，对后来七言诗的形成起着重大作用”。

两汉文学作品，以赋为代表，而大赋是极难写作之文体，对文字与音韵、训诂的知识要求很高。其特点是场面宏伟，多用奇字古文和双声叠韵，排比铺陈，辞藻富赡，能写大赋者日渐稀少，魏晋之后便日渐衰落。张衡的《二京赋》，是与司马相如的《子虚赋》《上林赋》、扬雄的《羽猎赋》《河东赋》，尤其是与班固《两都赋》争胜的作品，故构思布局、遣辞用意都极为讲究，《后汉书·张衡传》中说此赋“精思博会，十年乃成”，可以想见其精雕细琢的艰难程度。

父亲为之作注，皆引经据典，常常一注而用数部乃至十多部典籍证之，有些章句看似明白如话，却不能望文生义。如《二京赋》中有句云：“天子乃以三辑之礼礼之。”父亲注云：“三辑之礼，说不一”，并举李周翰注、李善注、郑玄注三说解之。又如赋中有“鹅鹳鱼丽，箕张翼舒”句，注云“鹅鹳鱼丽”皆阵名，并列举《左传·昭公二十一年》《埤雅·释鸟》《诗经·小雅》及《左传·桓公五年》中的记载解之。而“箕、翼”也并非今人理解的簸箕和鸟翼，而是天文中的箕宿四星和翼宿二十二星“箕张翼舒，亦阵势之变化”。注中所解，皆言之有据，无一注出于臆想。此书父亲仅用数月即成，交稿后，上海古籍出版社又力邀作《扬雄集校注》。

后来听父亲讲，作《扬雄集校注》要比作《张衡集校注》难了很多。其中原因一是扬雄作品散佚较多，古人亦未搜罗完全；二是有些作品真伪俱存，需要考证；三是因扬雄曾附王莽，被史家认为大节有亏，故对扬雄评价不高。

对于辑录校注《扬雄集》，父亲是费了心血的，书成之后放置修改了3年。对这部书他十分自信，曾在“前言”中说，此书在前人辑录扬雄作品的基础上，“删其不当，补其缺遗，凡得五十七篇，可说是扬子云集最完备的了。即据以详加注释校勘，也敢说是自有《扬雄集》以来注释校勘最为详审的了”。正是父亲在整理《扬雄集》过程中，对扬雄人品作品本身进行了深入研究，并结合历史时代、文化背景、文学思潮情况，以经史、疏证、方志、杂识为依据，采用考证辨疑方法，解疑释难，翔实作注，才对这部《扬雄集校注》颇为自信。

对扬雄著作的评价，是一个重要问题，不解决这个问题，作《扬雄集校注》也就没有更大的意义了，父亲对这些问题作了详细阐述。

父亲认为，对扬雄的主流评价在北宋之前是很高的，与扬雄同时代之著名学者桓谭，有《新论》一书，其中记载了与张子侯的一段谈话：“张子侯曰：扬子云，西道孔子也，乃贫如此。吾应曰：子云亦东道孔子也。昔仲尼岂独是鲁孔子？亦齐楚圣人也。”扬雄卒后，桓谭为其治表，学生侯芭负土作坟，可知扬雄卒后时人对他的评价并未改变。扬雄被诋毁，事在北宋程朱理学兴起之时，朱熹在《通鉴纲目》一书中大书“莽大夫扬雄死”，是罪扬雄之依附王莽，从此为后世轻视。

父亲从历史唯物主义史观角度，对扬雄一生之人品学问作了论断，认为扬雄历仕汉成帝、哀帝两朝，任下品小官黄门郎20多年，与他同时起步的人很多做了大官，甚至有位列三公者，扬雄自甘淡泊，与这些人不同。扬雄61岁时王莽篡位，他仍任黄门郎，曾被王莽追逼，跳楼几死。后不得已应命作《元后诔》，又作《剧秦美新赋》。后人以此罪扬雄依附王莽，事虽如此，然并非是扬雄本意，他也并不是一个世道中的奸臣。以当时时代看，儒者无求，有求者唯在学问，所谓扬雄附莽，在当时也是无可奈何之举，还达不到天下口诛笔伐的程度。

除此之外，父亲对扬雄的文学作品给予了重新全面的评论。认为扬雄的文学成就，主要表现在五个方面：其一是扬雄的大赋开创了以往大赋所没有的“蕴藉风格”，也就是刘勰“理赡而辞坚”之意，这些大赋辞蕴讽谏，意旨深婉。其二是四篇大赋一改过去宾主问答的形式，以设问引起议论，这是司马相如赋所没有的。其三是扬雄学识丰博，多识常人不知之奇字，故被评为“文辞艰深”。汉时大赋追求的境界是“闳侈钜衍，竟于使人不能加”，在当时这是一种时尚。出于这种原因，作赋是一件非常辛苦的事情，要反复斟酌，不可能下笔千言。左思《三都赋》构思十年才写成，于此可见一斑。汉成帝是诏令扬雄作赋，桓谭《新论》记载：“（扬雄）为之猝暴，思精苦。赋成，遂困倦小卧，梦其五脏出在地，以手而纳之，及觉，病喘悸，大少气，病一岁。”如果认为赋是人人皆可作的一种文体，那就错了。其四是扬雄对小赋有所发展。扬雄的大赋尚古奥典雅，小赋则浅近自然，并突破了以往骚体赋的程式。其五是扬雄创造了“连珠”文体，东汉以后仿效者甚众，一直到清代连绵不绝。这种分析都重新评价了扬雄。

他在该书的《前言》中说：“在校注此书过程中颇多感受，成诗一首，以为结语。诗曰：

铅椠辛勤愧子云，便搜群书辑遗文。
《四赋》堪与相如敌，《二言》前更无古人。
自有精思出众者，《剧美》之间见初心。
世俗多诬常耳食，仿古附莽非确论。”

在同类著作中，父亲还有一部《孙膑兵法校理》。这部书的影响也很大，后来美国夏威夷大学学者埃姆斯教授专程来拜访并请求同意译成英文出版。

1972 年，山东临沂银雀山出土了失传两千年的汉简《孙膑兵法》，此前学界只闻其名而从未见到实物。1975 年，银雀山汉简整理小组出版了《孙膑兵法影印注释本》。父亲读后认为“剩义讹说，尚多可补正”，于是积数年之功重新整理，采用古籍百数十种，作注 550 多条，征引之广泛，注释之详赡，前所未有。这部书因为是他用力很深的著作，因此这部书的文稿全用蝇头小楷写成，手稿至今存在我家里，有时拿出来翻看，常常令我感慨唏嘘。书成稿后寄给了中华书局，列入“新编诸子集成”第一辑中。这部《集成》收古今名家之作凡 40 种，“兵家”类仅收两种，其一是曹操等的《十一家注孙子兵法》，其二便是我父亲的这部书，可以说是传世的著作了。

父亲在研究过程中，除对简文内容关注之外，对汉简的字形演变也十分留意。他认为秦简是由篆到隶变化的开端，而汉简在继秦之后又有变化发展，从书体变化和书法角度都应研究。他曾经别录竹简孙子字谱和孙膑字谱各一卷，准备将来参读牍书和帛书进行研究。由于父亲深谙文字学，又工各体书法，所以他很想完成这项工作。在此期间他将竹简与帛书之长结合，创造了一种书体，名之曰“简帛体”，晚年在写书作画之际他常书写这种书体。

《孙膑兵法校理》这部书涉及的学识非常广泛，举凡先秦之历史、制度、典章、法律、风尚，乃至诸子百家尤其是兵家之作，都需详审。又由于汉简承秦而来，异体字、通假字和衍文很多，且多有断简、残简、阙字，前后难以成文，又有以此喻彼、以彼喻此者的情况，常常会因一字之差而使全文不可解，所以还需要精通甲骨籀篆楷隶各种文体及其流变。

汉简《孙膑兵法》写成年代一直未能确定，父亲认为简中避讳的帝名仅汉高祖刘邦，二世惠帝以下帝名皆不避讳，故定“简之写成必在高帝在位十余年中，以与湖北云梦睡虎地始皇时秦简相较，相去才二十余年耳”，从而使此简写成年代得到确认，这对深入研究简文及当时情况有着极为重要的作用。

《孙膑兵法》第一篇是《禽庞涓》，以此篇为例说明校理注释古书之难。这篇文章有残简、残字及阙文，全简应为 406 字，实存 334 字。简文难解之处颇多，其中“禽庞涓”的“禽”字和简文中的“南攻平陵”中的“平陵”所在地点犹难解读。人们因此认为简文记载有误，孙膑、庞涓有桂陵之战和后来的马陵之战。此篇记桂陵之战，此时如庞涓被擒如何后来又有马陵之战？父亲引《史记》《左传》《淮南子兵略》《韩非子·存韩》《战国策·秦策》《西域》及各家注本，说明“禽”借为“擒”，禽有二义，其一是擒拿及捉获，其二是制服。简文中用的是第二义，即制服、打败之义，如此一来疑窦顿解。

此外，关于“平陵”的地点，今人认为古平陵在今山东邹县，但果真如此的话，那么便与简文中记载的平陵“南有宋，北有魏，当涂有币丘”的地理位置相矛盾了。先父认为“平陵”在今河南睢县，并特别写了一篇《平陵考》附于文后，从而使简文中涉及的时间、地点、人物及事件过程清晰而明确，桂陵之战和马陵之战中的疑点也都迎刃而解。

通观《孙膑兵法校理》一书，全书每一注释都极审慎翔实，不仅多引证古书，而且重视近年出土的古籍。如《禽庞涓》第 16 注，注“口都横卷”四字，第一字仅存半个“皮”字。此注写了 800 多字，可以作为一篇考证文章看。父亲据简文残字释缺字“皮”为“彼”，训

“横”为“黄”，训“都”为“邑”，引征古籍12种，并引征近年出土的“马王堆帛书”，以证“横卷”即魏国的黄邑和卷邑。“横卷”之意既明，对简文中的“横卷之兵”参了战斗，以及对整个战局的解释也就自然厘清了。

此简文是汉初录于春秋战国时期之简，简文不清又颇多借字，故难读，也难训释清楚。如《官一》篇第36注有“厝入内寇以棺士”句，以字面之字无法解通，书中注云：“今按：棺，疑材之误，本书为汉初人写录，汉有材官，因相涉而误也。《荀子·王制》：材技之士，《注》：武艺过人者，犹汉之材棺也。厝，疑借为斮，《尔雅释器》：犀谓之斮，《释文》：斮本作厝。《说文》：斮，斩也。《文选　东京赋》注：斮，击也。寇，《书·舜典》伪《孔传》曰：群行攻劫曰寇。《郑玄》曰：强取曰寇。此句似谓如敌国境，攻略敌域，使用武艺过人的材士。《卞韬虎韬军略》：绝街遮道，则有材士强弩。”书中的注释都是用这种方法来写作的，一词一字必有出处。对前人古书之注虽信而好古，却并不盲从，凡有未妥之处，则博引他书以证其非，从而使结论词义明晰、文理通顺。

此外，父亲的《诗经新论》《诗经赋比兴本意新探》《燕王职戈考》等论著，也都提出了他人所没有的新见。

父亲一生笔耕不辍，除了出版学术著作多部之外，还编写出大型教材8种，发表论文50多篇。1991年末，父亲已重病在身，仍不停笔，在身心衰弱之时，发出了“如天再假我十年，还可再作十年学问”的慨叹。1992年4月，父亲溘然长逝。整理遗物时，发现尚有《中国古神话》等数部书稿及千种卡片没来得及整理完成，如今想起来，真可用“悲乎哀哉”四字形容我的感受。

父亲有一部《海北馆诗集》，生前未及出版。我请父亲在青岛大学时的同学臧克家先生题写了诗集书名，春风文艺出版社在《后记》中说：

> “张震泽，字溥东，又字一泓，号海北馆主，辽宁大学中文系教授。是著名的教育家、学者、书画家、诗人。他博学多识，素擅五经，精通六艺，对于经史、金石、训诂、声韵、说文、考古……多有研究与建树，被辽宁文学界誉为泰斗，道德文章名重于时。”

父亲去世后，国内各界近千人前来送行，百余副挽联中，有一副挽联云：

教坛泰斗论商周汉魏文育东北庠序道德文章胸襟情怀九州永垂典范
学界巨擘涉齐鲁巴秦才润辽东艺苑金石兵法书画篆刻四海共誉名家

为了怀念父亲，我们写了追怀父亲的文章和诗歌。诗歌是这样写的：

雨黯风悲星斗沉，音容从此梦中寻。
节操尽付诗书画，心笔全交党国民。
谁赞先生称北斗，自豪学子有洋人。
门前桃对断肠月，一树清辉一树魂。

享年九九信归真，八著薪传启后昆。
壮有铁肩撑绛帐，老来妙笔理经纶。
春催桃李情施雨，笔走龙蛇腕起云。
齐鲁巴秦辽沈地，长留行色壮晨昏。

如椽大笔势凌云，辽沈文坛谁与伦？
论史随风散珠玉，谈经倾海振石金。
诗成李杜歌新世，画具曹吴扫旧尘。
树帜简帛开墨法，更存风节晚香芬。

道德文章四海钦，虚名不取见初心。
操翰断解卓多论，说武诠疑阐“二孙”。
矢志惜时唯淡泊，爱才扶后藐金银。
有碑众口真学者，一卷扬雄泣获麟。

文坛长忆是丹心，撤瑟杀青尽瘁身。
爱国忧民情切切，滋桃润李意殷殷。
寻师问字愁无处，卖履分香泣有闻。
沈水凄凄渤海远，广陵散尽月滴痕。

落叶凋花骤雨侵，云低海北正愁人。
苍松有意含新翠，荒草无情枉旧茵。
鸿著数来孙膑苦，教鞭掷去邓林深。
孰言无觅魂归处，海角天涯吊鹤心。

欲往中天一羽寻，又闻北海大鲲奔。
高山仰止思夫子，汨水底徊觅楚人。
有愿回天终少术，无师上路始多榛。
宜当携手登峰去，再弄狂涛共跃鳞。

百日期归守夜心，风流儒雅梦来频。
“山东老汉”自嘲谑，“海北先生”众唤亲。
寸草最思春满野，尺书难忘夜耕人。
幸传五彩生花笔，好写山川锦绣文。

诗成八首泪难禁，又放悲歌再唤魂。
忍睹书房灰半案，安怜卧室卉独芬。
文坛雨后期栽柳，艺海潮来待跃鲲。
只恨天公空落雨，年华不借领潮人。

邸：据我所知，我们国家的满族研究是从上个世纪80年代初才逐渐兴起繁荣的。您在这个领域工作了30多年，能否谈一下这个过程？

张：实事求是地说，改革开放之前，我国的满族研究，还没有处于“自觉”状态，学术方面也未成系统，对一些具体问题的研究，多掺杂在清史研究之中，其重点也多在史学方面。从文学、文化等方面进行系统研究的成果较少。这种情况的出现，与晚清、辛亥革命以来的政治环境有关。在此期间一直将满族与清王朝绑在一起，“满清”的称呼便是这种情况的具体反映。而后来又认为满族已经“汉化”，全然失去民族特点。直到上个世纪80年代初期，这种认识仍然盛行，比如《瞭望》杂志上曾有一篇文章就提到“满族只剩下了一件旗袍”。在当时，对满族的这种认识具有相当的普遍性。为此，我写了一篇《如何正确看待满族之浅见》发表在《民族研究》杂志上。

现在回想起来，我国的满族研究是从辽宁省兴起的。辽宁省是满族的故乡，当时辽宁省积极筹建满族自治县，发布文件恢复满族民族成分，开展满族社会和家谱调查，发展满族文化事业，创办《满族研究》杂志，出版满族图书，在全国范围内产生了广泛影响。政府干部、学者、文化工作者乃至群众都参与进来，与满族有关的学术研究、文学创作、影视作品、歌舞戏剧逐渐繁荣，与之有关的文化产业也逐渐兴起，形成了一股“满族热”的形势，至今也没有降温。目前我国的满族研究已经全面展开，形成了一支科研能力很强的学术队伍，并在各个方面都取得了显著成绩。

我进入满族研究领域以来，有两个想法，一是参与满族研究并尽一点微薄之力；二是想努力将中国的满族研究事业发展起来，形成中国满族研究的体系。这就需要做多方面的工作，除了有序地开展学术研究之外，还要开展其他一些学术工作和活动。比如创办满族研究学术刊物、召开全国性的学术会议、进行满族社会调查、制定研究课题、加强科研队伍建设，甚至包括经费的筹措，等等。

为此，1985 年在辽宁省建立全国首批满族自治县之际，创刊了《满族研究》第一期杂志。“满族研究”四字刊名，为启功先生题写，当时是我到启功先生家里请他题写的。当时我还请中国社会科学院民族文学研究所的关纪新先生帮忙联系满族著名人士，关纪新先生是满族，与满族各界都有联系，为此溥杰先生题了词，胡絜青先生也为之作画，并刊登了关山复、翁独健、王锺翰、清格尔泰、李燕光、乌丙安等学术大家的文章。在这些著名学者、著名人士的热心帮助和广大满族研究学者大力支持下，《满族研究》杂志一发行便受到了国内外各方面的重视。在举办“创刊五周年纪念座谈会”时，我们请到了辽宁省主管民族工作的左琨副省长、省人大柳文副主任以及文化厅、出版局的领导。在举办“创刊十周年纪念座谈会”时，我们请到了朱川副省长、陈淑芝副省长、省人大柳文副主任、省人大李军副主任等领导。在举办“创刊二十周年纪念座谈会”时，我们请到了辽宁省委常委宣传部王充闾部长、省人大柳文副主任，以及辽宁省政府、省人大、省政协的部门领导。辽宁省民族研究所是一个小而又小的单位，《满族研究》杂志是一种小而又小的杂志，却得到了各级领导的如此重视，回想起来至今令我感动，他们对事业的负责精神和高尚的政治品德对我们是一种极大的鼓舞。王充闾部长曾对我说：“咱们辽宁是满族的故乡，你们一定要把《满族研究》搞下去，这是一项很有意义的工作，无论遇到什么困难都要坚持下来。”王充闾先生是辽宁省委宣传部总长，也是我国著名的散文家、诗人，辽宁省作家协会主席，非常重视文化事业的发展，与我父亲有很深的文字之交，他对我们的工作，给予了很多具体的指导和支持。

《满族研究》的创刊，为满族研究在学术上的发展和培养满族研究队伍的壮大，创造了条件。创刊 30 年来，几乎国内所有的满族研究学者都受邀在这份杂志上登过文章，对推动我国满族研究的发展起到了作用。要想了解中国满族研究的基本情况和发展历程，以及中国满族研究的水平，这份杂志是必用的资料。

在这个过程中，为了扩大满族研究的影响和推进满族研究的发展，我们于 1989 年举办了“中国首届满族历史文化学术研讨会”。当时邀请了国内学者 120 人与会，包括历史、档案、语言、文学、艺术、宗教、音乐、建筑、民俗、家谱等各个研究领域的学者，这是中国满族研究领域老中青学者的第一次大聚会。会议的举办为各学科学者的交流创造了条件，同时打破了国外学者认为的“只有用满文研究满洲”才算“满洲学”的观点，由此奠定了中国满族研究的内容对象和研究体系。今天中国的满族研究大致没有脱离这个框架，这次会议的影响至今还存在。满族在历史上和今天创造的所有文明都属于满族研究的对象与内容，这是从实际情况出发的，也因此成为中国满族研究的特色。这次会议还确定了将“颁金节”作为满族的民族节日，得到了全国满族群众的认同。后来我们又主持举办了“首届中国满学高峰论坛”等一系列学术会议，都产生了良好的效果。

我觉得，若要促进中国满族研究的繁荣发展，还应该组织撰写一批重要的过去不曾有的学术著作。在这方面我有意识地策划了一些课题，是不是基金项目并不重要，重要的是能不能写出有价值的学术著作。其中《中国满族通论》始于1990年，用了6年时间完成。由于当时的研究水平，尚未达到今天的程度，故初稿完成后，经数年的反复修改，在2005年才出版，算是对20世纪我国满族研究的阶段性总结，这也是满族研究领域至今唯一的综合性著作，还获得辽宁省政府奖一等奖。而《满族文化史》也是前所未有的专门史著作，后来被两所大学确定为该专业方向博士生和硕士生的必读书，在2015年被评为国家民委学术成果一等奖。

中国的满族研究经历了30多年的发展，现在急需完成一系列大型的著作。我曾设想集全国高水平学者完成《满族研究丛书》，囊括满族与八旗两方面的主要内容，以总结展示我国满族研究的水平。

在这个过程中，大连民族大学的领导非常有胸怀和眼光，他们决定编写《中国满族通史》，计划全书为6卷，共200多万字的规模，这个决定令人敬佩。为了尽快落实这一计划，大连民族大学决定邀请我来担纲。我深知这部书将是满族研究领域最为重要的著作，有总结我国以往满族研究学术成果的意义。学术的使命感让我觉得应该接受这份盛情邀请，然而又觉得完成这部如此重要的著作有些才力不逮。犹豫之际，大连民族大学党委黎树斌书记，以及赵铸、王晓华等学校领导，副书记和人文社科李洲良处长相约与我谈话，大致是说完成这部著作是我们这一代人的历史责任，请我万勿推辞。我被他们的这种精神所感动，只能勉力为之。好在我已力邀几位著名的满学学者共襄此事，他们均言应将此事作为应承担的学术责任来承担，其言其行不仅令我感动，也增加了完成这项工作的信心。

邸：在您的学术生涯中，您有哪些心得？有哪些教训？

张：我进入学术研究领域已经30多年了，回想起来确实有一些心得和教训。我的心得和教训都是在坚持做学问和如何做学问上。我进入学术研究这一行时，年龄已经相对较大，如何才能做到不碌碌无为地度过一生，对我来说是一个重要问题。

回想我以前的学术经历，有五个方面的心得最为重要。

其一，做学问要有事业心和责任感，这绝不是唱高调，没有这种认识就只能为讨生活而做学问，不会有大出息。我入行的时候，中国的满族研究尚未形成系统，而日本、德国、俄国的学者已经有了不少成果，并且多次来中国搜集各种资料，大有咄咄逼人之势。而我国学界，却尚未对满族的历史文化进行过深入全面的搜集整理和研究，更不要说这方面的高水平著作了。

当然，我们研究满族，不是为了与外国学界争胜，主要是因为满族的历史文化是中国历史文化的重要组成部分，是宝贵的历史文化遗产，是应该受到尊重和重视的。作为中国学者，有责任研究好自己国家和民族的历史文化，有责任宣传展示我们自己的研究观点和成果，有责任使中国成为世界满族研究的中心。有了这种事业心和责任感，才能有所作为，做其他方面的学问也应如此。今天我们的满族研究成果已经实现了全面发展，中国已经成为世界满族研究的中心，这是很多学者多年努力的结果，也是很了不起的事情。

其二，要明确和确定研究方向和目标。无论做什么学问，都要首先确定自己的研究方向和目标。比如，满族研究是一项综合性的学术研究，包括历史学、文学、民俗学、语言学、军事学乃至档案、谱牒、建筑等诸多方面内容，凭一人之力难以完成，选择最急迫和自己最擅长的方面作为目标和方向最为重要。在研究过程中，研究视角要由小及大，由微观到宏观，由感性到理性，最后由散篇论文形成著作，如此进行学术研究才能渐渐进入佳境。

其三，进行学术研究尤其是民族方面的研究，要选取最科学合适的方法，准备好相关学科知识储备。我研究满族文学和文化，并不完全从纯文学、纯文化的角度开展。要想深入研究，还要了解这个民族的历史、社会、制度、意识和精神。因此，在研究过程中，我的视野逐渐扩展，特别注意了从民族学的角度审视满族的历史、社会、文化和文学，并将其与中国的大历史、大环境相联系，眼界扩大才能在宏观把握和微观研究中得心应手。

经验告诉我，研究中国的民族、发展中国的民族学，单凭外国的理论进行指导是靠不住的。中国的民族与民族关系，有几千年历史记载的连绵不断的发展过程，与欧美的模式绝不相同，研究中国的民族不重视中国民族史和民族关系史，说到底会始终隔着一层。比如用国外“族群”的理念套解中国的民族，多少会有天方夜谭的感觉。我研究满族，便不会受此影响。我只重视民族自身发展的特点与规律，而西方的理论并不是建立在中国民族发展基础之上的。只有西方理论来适应它，而不是它的发展情况要适应西方理论，且西方理论很多，许多理论多为一家之言，只可以参考借鉴。

其四，学术研究要有独立的学术精神。在这方面，学术前辈曾进行过特别强调，但要做到独立自主，必以学识为前提。清代在新考中进士人中选数十名入馆为庶吉士，尚需要再学习3年，当时的进士已是饱读经史之人，他们尚且如此，何况今人。一生都努力学习是与能够做到坚持学术独立精神相伴而生的，自古以来这种例子实在是太多了。

不过从具体方面讲，要坚持学术独立精神，首先要形成较为系统和核心的理念和观点，其次要发他人所未发，绝不人云亦云，即在自家学术思想基础上，以独特的视角、方法来研究独特的或他人未解决的课题。最后是你的著述一定要做到全面深刻、明晰准确，不给人以诟病的余地。做到这一点，也难也不难，难在需要对宏观及微观全面掌握，不难在于只要学识到了便可信手拈来。

其五，在学术研究中要自信而谨慎。自古以来大学问家都颇自信，是丰富的学识使他们自信，还是自信成就了他们的学问，则很难说。当然无学问即自信那是自大。对我而言，我的一生都是在自信与谨慎中过来的。做一个合格的学者是我的目标，每天都在为目标努力是我对自己的要求，至于能不能达到目标并不重要，别人怎样看你也不重要，获不获奖更不重要，只要你有自信并且努力去做就行了，你的论著只要不是今天写了明天便无用，多少年以后仍会被学界认同就好了。我总觉得不谨慎就会出错，不自信就不会努力，不努力就只能混混日子。

此外，在学术生涯中还应该有三五学术挚友，相互促进、相互启发也很重要。

以上我的说法可能太理性化了，不过这确实是我最重要的感受。

我在学术生涯中的教训，也的确不少，有时想起来，会非常不安。比如，在我以前出的书中有一处年代搞错了，虽然我是照录史书，但当时读书不广，学问不深，理解上出现了问题。每当想到这个问题，便会想起父亲对我的告诫，自从发现这个问题以后，我在著述中总是小心又小心，有些文章要放上一年半载再送出去。如果不是约稿的文章，我不会考虑杂志和出版社的“等级”，只要发表就好，所以谨慎和不自信也是需要的。

我有一个遗憾，是还有一些学术计划和想法没有实现。比如原想要完成的一些著作，现在看来难以完成了，平心而论，多少有些遗憾。我还有一个遗憾，就是我这一生都在科研单位工作，没有像在学校那样给学生上课。虽然也在一些学校做过讲座，但只能论一时一事，无法将自己的学术心得感受较为系统地传授给学生，现在我已年进老年之列，也只能这样了。

邸：搞文史的人多半钟情于传统文化，琴棋书画、诗词歌赋，在具有传统文化精神的学者身上或多或少都有表现，您喜爱书画，是否也与此有关？

张：您说得很对，自古以来文人讲求“性情”二字，而现在，很多人已经不知性情为何物矣。从古至今，传统文人多半都有这些方面的爱好和才能。比如苏轼的诗词歌赋和书法，郑板桥的诗词及书法、兰竹，都极有名。诗词歌赋可以明志抒情，是表达心境的重要方式，书画的作用也是如此。这并不仅是几种简单的艺能，它是与个人的品性追求相联系的。

不过在这几个方面，大多数学者精通琴棋的人不多。因为他们要做的事情很多，精通琴棋需要大量的时间，而要成为古琴和围棋的顶尖高手，非穷极一生之精力不能达到，他们没有那么多的时间可以支配和消费。因此致力于诗书画的人比较多，如果诗书画都擅长会被称为是“三绝之才”，能够具备这三方面的才能就相当不容易了。

我喜爱中国古典文学，对诗书画一直心向往之。而诗书画的才能不是天生的，也不可能无师自通，要说我喜欢诗书画，也是受到了父亲的影响。

在我的印象里，父亲除了上课和研究学问之外，唯一的消遣就是写字画画。他的书法甲骨文、金文和真草隶篆均擅长，他写写画画的时候，我们总是在旁边看着的。我父亲虽然将诗书画作为业余消遣来做，但都达到了一定的水平，他是中华诗词学会顾问、中国书法家协会会员、中国作家协会会员、辽宁省文学学会会长、辽宁诗词学会顾问、辽海诗社社长。他的诗书画曾数度公展，被誉为书画界“辽东三老”之一。父亲的好友、著名书法家沈延毅先生在展会题词中写道：“三绝刚露面，五经早蕴胸。老夫观画展，吾道震辽东。”

我很小就开始练字，后来父亲给我们双钩了孙过庭的《书谱》，一练就是几年。在这个过程中，我掌握了各种宣纸的不同性能和吃水吃墨的特点，了解了羊毫、狼毫、兼毫以及长短锋的各种特点、用法，写什么样的字就要用什么样的纸和什么样的笔，都是有讲究的。至于墨色和颜料的调配方法及用途也要掌握，真正做到得心应手需要十年的时间。受父亲的影响，我们姐弟四人也都喜爱书画。大姐张佳音就职于辽宁大学法学院，擅长画梅和花鸟；二姐张佳讯就职于辽宁美术出版社，工画牡丹；弟弟张迪就职于大连民族大学，诗书画印四者兼长，都达到了一定的艺术境界，他曾在国内举办了七次诗书画展览，并出版了诗集《张迪律诗三百首》。

我以画兰竹为主，在我心里此兰竹非彼兰竹，是君子的一种表征，画兰竹就是画君子，展示君子之风。在文人画中，兰竹是最难画的，画界曾有“半生竹子一世兰”和“画竹十年，画兰百年”的说法。就是说要想画好竹至少要十年的功夫，而兰则穷极一生也未必能画好。其中的道理是画兰竹必须有很好的书法功底，这还不是最重要的，还必须有对君子品格的理解、向往与追求。画竹无神，画兰似草，是不行的，兰竹似柔而刚的君子风骨，如果画不出来，不如不画，而画出兰竹的君子风格品貌，是兰竹的灵魂所在。

我的画可归入文人画一类。文人画讲究性情，讲究比兴寄托，不是为画而画，追求的是清高刚正的意境，表现的是文人风骨，要题写自作的诗文以表达画意，还应该使用自刻的印章，即在一幅画中诗书画印融为一体，这样才算完全。如果仅擅长画画，那么就会缺少书卷气和儒者风度，文人画与品行、学问紧密相连，这是画好文人画的最重要前提。我无心成为书画家，只不过是对先贤们心向往之罢了。当然这也是陶冶和抒发性情的一种很好的方式，闲来无事或朋友相求时我都会画上一些。

邸：您进行学术研究已经多年，能否与青年学子分享一下您的研究心得和对他们的希望？

张：现在的学习方法和研究方法与过去有了很大不同，我的经验也许并不适合当前的情况，只能提供一些参考罢了。

过去有句话叫作“修行在个人”，成功与否全在个人是否将学术作为事业来做，而不是仅作为谋生的手段。当然学习先贤们的治学精神和方法很重要，搞文史研究的人，可以读一读梁启超的《历史研究法》，读进去会有收获的。

读书对研究者非常重要，但是要明确读书的目的、读书的范围、读书的方法，以及采用史料的方法技巧。

读书的目的在于提高学识，学即本专业本学科的知识，识即认知和思辨的能力，读书的内容以研究的主攻方向书籍占七、相关内容书籍占三为好。学问在很多方面是相通的，过去讲文史不分家，其实搞民族学和民族理论，如果研究的是中国民族，那么中国史、中国民族史和民族关系史是必须掌握的知识，因为很多现象和问题都与历史和民族有关，不将现实与历史结合研究，会达不到应有的深度。这种情况现在已经存在，在这方面青年学者应该特别注意。

读书的方法有精读与泛读之别，要善于辨别真伪。有些书是需要反复阅读的，如果能够在读书过程中将相同内容的史料合并同类项，分别记录，比如欲研究人物或事件，可以将人物、事件等的发展条件、时间、过程、原因、结果的史料分类记录，那么就可以在参考其他书籍史料的基础上比较容易地写成一篇论文。在这个过程中，要特别注重历史资料和原文文本的阅读研究，对记载矛盾的史料要慎重对待，对今人出版的研究论著，只可以作参考和从正反两方面读之，尽信书不如无书。

写作学术论著，选题非常重要，从选题上，即可以看出学术水平和能力的高低。写作论著在新角度、新观点、新资料、新写法等要求方面，都应予以注意，要有新意。曾经有研究生问我学术论文怎样写，这个问题既好回答也难回答。因为论文的写法有固定的程式，比如要选定有价值的题目，要有明确的观点、翔实的资料、清晰的层次、严密的逻辑、简练的语言、准确的标点，等等，即使明白了这些，但还可能不知道如何下笔。我的经验是，在掌握了这些要求之后，还要明白不同内容的论文写法是不相同的。从大的方面讲，论述人物与论述事件的论文写法就不一样，阐述性论文与考证性论文写法也不一样，宏观研究与微观研究的写法还不一样，等等。就是同一类论文，比如“概论”“述论”“通论”“散论”“刍论”等，写法也有区别，甚至可以说一篇论文一种写法，而且在笔法上也可以有多种变化。

那么怎么办呢？注意以下几点很重要。其一是要选择最有价值的课题和题目。其二是多修改多请教，多写多改自然会驾轻就熟，别无良法。其三是以阐述清楚为最高原则，写作表达要以此为准则。围绕中心论点，用最清晰的层次和简洁的语言来表达大致是不会错的。总之不仅要自己明白，别人也能看明白。其四是一定要用书面语，语句宜短，现在不少文章参用了口语，有些四不像了。上个世纪 80 年代以前老一辈学者的文章可以多看，有些是可以作为范文来学习模仿的。

此外，从形式方面看，上乘的论著应该清通严谨、厚重沉着而又富有文采为上，这也是“文章”二字的含义，如果读来能够朗朗上口就最好了，有时文笔的好坏会决定一篇文章的价值和影响力。总之，学术研究和论著的写作是一项综合能力，学识深厚、认真踏实才是根本。

说到希望，在目前环境和价值观的条件下，年轻人的想法是多元化的，我倒是有很多需要向他们学习的地方。不过我最想向他们说的是，不管你做什么工作，即使是目前不很理想的工作，也要认真地做好每一件事，这关乎人品的培养，因为做好任何一种工作人品都是最重要的。如果入了教学和学术研究这一行，就应该确立更高的目标，把自己造就成一位名副其实的学者。

邸：听君一席话，胜读万卷书。在此，对您能接受采访再表感谢。

附录：

张佳生先生学术简介

张佳生，字厚公，又字汉台，号承风堂主人。1948 年 6 月生，籍贯山东长清县，生于重庆市。1982 年 7 月毕业于辽宁大学中文系，同年入辽宁省民族研究所工作，现任辽宁省人民政府参事、大连民族大学特聘教授。1993 年享受国务院政府特殊津贴，二级研究员。

1984 年起任辽宁省民族研究所副所长，后任辽宁省民族研究所所长，现为名誉所长。1985

年创办《满族研究》杂志，任副主编、主编，现为名誉主编。曾任中国民族学学会常务理事、中国民族理论学会常务理事、中国少数民族文学学会副会长、中国回族学会常务理事、辽宁省社科联委员会委员、辽宁省满族建筑研究会副会长，国家社科基金项目同行专家通讯评委、辽宁省专家库民族学专家、辽宁省文化遗产保护专家委员会委员、辽宁省社科优秀成果专家评审委员会委员，等等。

从事民族学和满族研究30多年，其研究内容和成果在国内外具有影响，是东北地区民族学和满族研究的开拓者。主持完成国家社科基金项目《满族与长白山》《社会主义市场经济与民族关系》，并完成多项省部级研究课题。主编出版了《中国满族通论》《满族文化史》《满族文化资源与开发》《满族历史与文化简编》《满族与长白山》等综合性著作，出版了《八旗十论》《清代满族诗词十论》《清代满族宗室文学》《清代满族文学论》等个人专著；先后在学术期刊发表《如何正确看待满族之浅见》《满族文化总论》《满族文化研究百年》《满族文学研究百年》《论满汉民族关系》《满族文学的民族特征》《清代满族诗歌概论》《清代满族词坛述论》等学术论文90多篇。其成果除了对满族历史、八旗制度、满族文化和文学进行了系统深入研究之外，还提出并论证了"八旗意识""八旗文学"等新的学术概念和学术观点，发表了《八旗意识论》《八旗制度对满洲的文化整合》《八旗制度对满族的社会整合》《八旗文学的历史分期》《八旗文学及其形成原因》《八旗中汉人满化现象及原因》等一系列论文，开拓了满族研究领域，提出了一些新的学术观点。

创办并主持《满族研究》杂志工作20多年，以推进满族研究繁荣为宗旨。在坚持学术质量的过程中，杂志集中刊登了我国满族研究的重要成果，成为满族研究的主要学术园地，记录了中国满族研究的发展历程。国内几乎所有著名满学家都受邀在《满族研究》上发表过论文。同时注重青年学者的培养，目前许多作者已经成为各单位的学术骨干。杂志长期以来一直是中文类民族学类核心期刊，受到国内外学界的广泛关注，对促进我国满族研究事业的持续发展发挥了作用。在推进学术发展方面，1989年主持举办了"中国首届满族历史文化研讨会"，而后又举办了"首届中国满学高峰论坛"等重要的学术会议，在满学界产生了影响。

（邸永君，研究员，中国社会科学院民族学与人类学研究所）

何星亮先生访谈录

木仕华

木仕华（以下简称木）：何老师，首先感谢您接受《民族研究年鉴》采访。您能获得令人钦佩的学术成就，成为民族学、人类学、民族史学、语言学、新疆问题研究诸多领域的著名学者，诸多学术成就的取得是诸多因素综合作用的结果。而一个人青少年时期的成长环境和经历，应是不可忽略的因素。下面请您谈谈您的家世、故乡以及对您影响和帮助最大的几位师长。然后再请谈谈在漫长的学术生涯中，都有哪些时代契机和个人因素使得您乐于从事民族学与少数民族历史与文化研究？

何星亮（以下简称何）：我 1956 年出生在广东梅州兴宁贫穷的客家山村。母亲先后生下 8 个子女，前三个均为女孩。为传宗接代，母亲求神问卜，说要领养一个男孩才会生儿子。后来邻村一位母亲生了双胞胎，没有奶吃，便把较小的送给我母亲。由于偶然的因素，一年后连续生下 4 个儿子，本人在男孩中排行第三。

我在童年和青少年时期历尽艰难曲折，饱受人间风霜。3 岁时父亲病逝，10 岁时母亲病逝。童年时期在生产队放过牛、养过猪，学过木匠和裁缝。初中毕业后在生产队务农，曾参加过大队和公社的水库建设和农田基本建设等。

“文化大革命”期间，为了挣一些买油盐等日常生活必须的钱，我常和哥哥到邻近的梅县山区挑木炭、柿子、木板到兴宁县城卖。通常是晚上 10 点出发，前往梅县山区，买好货即前往兴宁县城。当时贩卖货物是不允许的，被称为“投机倒把”，一旦被发现，货物没收，还要接受批判。因此，为躲过岗哨（当时各大队都有民兵放哨），一般不敢走大路，都是走山里的羊肠小道，有手电也不敢打，因为打手电担心被大队的民兵发现。每贩卖一次货物，挑着比自己的体重重很多的东西，来回走 80 多公里，而且大部分是山路，每次只挣 1 元多钱。当时我们自称是“铁脚”（不会累）、“夜眼”（不敢打手电）、“神仙肚”（不怕饿）。

“文化大革命”期间，家乡与全国一样，革命第一、生产第二，粮食产量极低，农民种粮却没有粮食吃。为解决吃饭问题，我曾到梅县南口瓦窑厂做瓦，挖土、炼坯土、做瓦坯、打砖坯、烧窑等；为驻兴宁县的空军第 12 军打碎石一年多，把大块石头用小锤打成 2—4 厘米的碎石，用于防空洞建设；曾到江西万安县修建万安水库，扎钢筋、倒水泥等；曾参加本省的兴老铁路建设，主要从事穿山挖石、打炮眼和放炮炸石等工作。由于年小心细，装炸药、点火放炮、处理哑炮等都由我负责。当时每天都要打几十个炮眼，每次装炸药、装雷管都必须特别小心。几乎每次放炮炸石后总有一两个哑炮，处理哑炮时必须十分小心，先一点一点地把炮眼上方压紧的土拨开，然后轻轻拔出没有响的雷管，然后再放上新的雷管，重新点火引爆。

1975 年，我们家乡与全国各地一样，农村掀起割“资本主义尾巴”运动，外出打工被认为是“资本主义尾巴”，因而必须禁止，彻底割掉。1975 年秋，在新疆 182 兵团（福海县）工作的堂兄，让我到新疆兵团工作，并参加修建福海水库，住的是地窝子（比新石器时代的房屋还原始的地穴式住宅），冬天的土冻得像石头，需要用炸药炸。由于福海县太冷，冬天最低温度达零下50摄氏度。我记得1976年12月26日毛泽东诞辰日，福海气温为零下46摄氏度。1977年初，表姐介绍我到气候较好的新疆乌苏县红星农场工作，在农场种麦子、玉米、西瓜和蔬菜。1977年秋，农场又安排我到天山深处修建红山水库，住的也是地窝子，放炮炸石，十分危险，因炸石事故死了几个人。

1978年是我一生中最大的转折点。恢复高考后，人人跃跃欲试。我虽仅上过初中，但从小就喜欢文史。家乡虽穷，但先辈留下的古典小说却不少。许多书被视为"四旧"，我白天不敢看，常在晚上借助月光偷偷阅读，因此有一定的文史知识基础。于是，我不甘落后，白天在农场干活，晚上挑灯夜战，自学各门高中课本。1978年7月，我在新疆乌苏县参加全国统一考试。首批录取名单在县城各处张贴红榜，惊动乌苏全县。全县第一批录取的只有3个人，两名汉族，一名维吾尔族。很奇怪，发红榜前一夜，我突然梦见了邓小平。录取通知书下达前几天，我到离住地10多公里的广东老乡家帮助他们做木壳烟（用烟茎制作的新疆土烟），没有回农场住地。农场负责文教的干部四处找我，城里的表姐也到农场来接，但均未找到。发榜第二天，我才听到喜讯，当时如同范进中举，兴奋异常。表姐和表姐夫帮我到教育局申请到北京的路费补贴，买了前往北京的火车票和被子等日用品。

1978年10月，我首次由新疆来到北京，成为中央民族学院少数民族语言文学系哈萨克语专业本科生。我们班有汉族、哈萨克族、维吾尔族和达斡尔族四个民族的学生，我与哈萨克、维吾尔和达斡尔族同学同住一个宿舍，度过四年美好的时光。

在中央民族学院学习期间，我发愤攻读，博览群书，四年没有回过一次家，没有出过北京城，寒暑假都是在大学图书馆度过的。除学好各门功课之外，我在本科期间就在全国重要学术期刊《民族研究》《民族语文》《中央民族大学学报》上发表三篇学术论文。

1982年夏，我本科毕业，获中央民族学院文学学士学位。原中央民族学院民族研究所所长林耀华、副所长陈永龄、黄淑娉等教授了解到我在本科期间便在全国重要期刊发表了三篇论文，希望我毕业后到该所西北组从事西北民族历史和文化研究，该室马寿千主任（回族）也找我谈话，表示十分欢迎，并通过正常程序上报了院人事处。但按照当时的规定，大学毕业生不能自己找工作，必须由组织统一安排，一般是哪里来回哪里去。根据全国统一分配原则，我被分配到地处中苏边境地区、离乌鲁木齐650公里的塔城地区行署办公室当翻译。

1982年7月上旬，我拿着毕业分配证坐了4天的火车回到乌鲁木齐。由于我的哈萨克语口语不太好，担心不能胜任翻译工作，自思较适合做研究工作，到乌鲁木齐后，即到新疆社会科学院民族研究所，找到当时的副所长郭平梁先生说明来意。郭先生是20世纪50年代北京大学历史系毕业生，是著名的新疆历史研究专家，学术造诣很深，为人忠厚。他见我已在全国重要学术刊物上发表了三篇论文，十分高兴，当即表示十分需要我这样既懂语言又懂历史的大学生，并马上打电话给院政治处（即内地的人事处）处长赵青说明情况，请她要求自治区人事局把我改派到民族研究所来。当时该民族研究所在中国科学院新疆分院院内，离新疆社会科学院总部有两公里左右。他让我马上去找政治处处长赵青，并给我写了个条子。我于是快步走到总部，找到赵青。赵处长是位女同志，河南人，45岁左右，为人朴实厚道，看了我的派遣证和其他材料，并作了记录。她说，你先回招待所，我们会与自治区人事局联系，有消息我再通知你。过了几天，我又来到新疆社会科学院找赵处长询问结果。她很遗憾地说，为了你能调到我院，院领导还专门开了会，一致同意你到我院工作。我们与自治区人事局联系了多次，并给人事局发了函，还亲自到人事局要人。但现在要求改派的人很多，人事局不同意改派。后来，我通过中央民族学院的哈萨克族老师木哈买提江，找到了时任新疆自治区人民政府副主席的贾那布尔，说明详细情况。在贾副主席的直接干预下，顺利完成改派到新疆社会科学院的手续，并由院领导安排到民族研究所工作。如果当时没有改派到新疆社会科学院，而是到塔城地区行署办公室当翻译，我的人生经历又是另一番景象。我到新疆社会科学院后，贾那布尔副主席还托他的秘书带口信，希望我好好研究哈萨克族历史。

1984 年，我参加了全国研究生统一考试，考入中国社会科学院研究生院民族系民族学专业。在中国社会科学院民族研究所副所长、中国民族学会会长秋浦和詹承绪、满都尔图三位先生的指导下，转向民族学、人类学的学习和研究工作。1987 年 5 月，通过硕士论文答辩，获得硕士学位。同年 7 月，留所从事学术研究，并在职学习博士课程，1990 年 10 月通过博士论文答辩，获博士学位。此后一直在中国社会科学院民族研究所从事少数民族文化与宗教研究。

大学本科期间的学术研究、新疆社会科学院时期的学术研究、研究生时期的学术研究和中国社会科学院民族研究所（后改为民族学与人类学研究所）时期的学术研究情况如下。

第一阶段，1980—1982 年：大学本科期间的学术研究

自 1978 年考入中央民族学院后，我自思上学来之不易，继承古人悬梁刺股的精神，勤学苦练，争分夺秒，广泛阅读文史哲等学科的许多著作。四年没有回过一次家，没有出过北京城（实习调查除外），寒暑假都是在大学图书馆度过的。除学好各门功课之外，还练习写小说和写学术研究论文。

我从事学术研究具有偶然性。著名小说家张承志可以说是引导我写作和从事学术研究的启蒙老师。张承志于 1979 年春考取中国社会科学院研究生院民族系民族史专业研究生，师从翁独健先生，研究蒙元史。为了学习哈萨克语，他到我们班旁听哈萨克语课。他喜欢交往，中午常到我们宿舍聊天，有时带着录音机录我们宿舍哈萨克族同学弹奏的冬布拉曲。当时他的小说获全国第一届优秀小说二等奖，并受到华国锋等领导人的接见。受他的影响，我仿鲁迅的《阿Q 正传》写了一篇《“洋镜”小记》的短篇小说（约有 4 万字），以有神经病、外号“洋镜”的堂兄的许多荒诞行为为原形，以讽刺上世纪 60 年代后期至 70 年代初我们家乡荒唐可笑的现象。张承志看过两次，提了一些意见，修改后投《人民文学》，但石沉大海。后又投《花城》，亦杳无音讯。有一天，张承志又到我们宿舍，他说我有写小说的天分，鼓励我继续写，但不要写伤痕文学。因当时伤痕文学的作品太多，上面有意见。但我心想自己可能与小说无缘，就此作罢。

我的第一篇学术论文是《匈奴语试释》。研究匈奴语是十分偶然的，有一天，张承志到我们宿舍，当时他带来一本内蒙古大学林干教授编的《匈奴史论文选集》，我拿来翻了翻，发现内有一篇日本著名学者白鸟库吉写的《匈奴民族考》。该文主要考证匈奴语言，我发现其中有些语汇与哈萨克语很相近，很感兴趣，于是开始了对匈奴语言的研究。研究匈奴语难度较大，因匈奴语言是用汉字译音记载而被保留在史籍中，如要研究，必须具备三项条件：一是掌握汉语音韵学，二是熟悉北方民族语言，三是了解北方民族史。我国学术界当时只有翻译外国学者的论文，没人真正研究过。我从小喜欢文史，历史学有一定基础。我是客家人，客家话保留较多的古音，学习汉语音韵学不成问题。于是，我通过大量阅读有关北方民族史和语言学著作，并结合新疆现代和古代民族语言，写成长达 4 万字的《匈奴语言考》一文，就白鸟库吉研究过的匈奴语汇逐一重新研究，提出不同的看法，根据语言和历史资料，论证匈奴语言与突厥语关系更为密切。论文写成后，送当时的系主任、著名语言学家马学良教授审阅。马先生阅后，十分高兴。由于论文涉及许多历史问题，他又请蒙古史专家贾敬颜教授审阅。贾先生提了一些意见，建议改名为《匈奴语试释》并压缩篇幅，因杂志只允许发表一万多字的论文。后来，该文在《中央民族学院学报》1982 年第 1 期以首篇刊载。我想，全国重点院校的学报以首篇刊载大学本科生所写的第一篇论文，可能是少有的。

《匈奴语试释》发表后，我收到140元稿费（每千字10元），这笔钱对于完全靠学校助学金（每月22元，其中伙食费18元、学杂费4元）维持生活的大学生来说，是一笔不小的收入（当时普通职工月工资只有20多元），我因此大受鼓舞。于是，紧接着我又研究稽胡语言。稽胡是匈奴后裔，魏晋南北朝时散居于山西、河北部分地区，其语言与匈奴语一样，一些语汇通过汉字译音保留在有关史籍中。我采用研究匈奴语言同样的方法，很快于1982年初写出了第二篇论文《稽胡语若干词试释》，投《民族语文》杂志。当时的负责人照纳斯图先生（蒙古族语言学家，后任中国社会科学院民族研究所所长）看后，让研究生宋正纯到我们宿舍（中央民族学院宿舍楼八号楼）找我，让我到他的办公室，提了些修改意见。该文后刊于《民族语文》1982年第3期。

我在大学本科期间所做的第三篇论文是关于民族学、人类学方面的，题目是《从哈、柯、汉亲属称谓看最古老的亲属制》。该文写作始于1980年，它原是语言学家戴庆厦教授讲授的《语言学概论》课程的作业。当时《民族研究》发表过几篇严汝娴与陈启新、夏之乾等人关于亲属称谓制度是单系起源还是双系起源问题的争鸣性文章，我于是对亲属称谓发生兴趣。根据他们论文中提供的线索，借来美国著名民族学家摩尔根的《古代社会》、恩格斯的《家庭、私有制和国家的起源》和马克思的《摩尔根〈古代社会〉一书摘要》等书，认真阅读。在这个过程中，我对摩尔根论述的亲属制颇感兴趣。摩尔根认为，最古老的亲属制度是按辈份划分的五等亲属制，即祖父母辈到孙儿女辈，他以马来亚式亲属制度为例说明其观点。恩格斯在《家庭、私有制和国家的起源》一书中也采纳了摩尔根的观点。我通过系统的调查，发现哈萨克族的基本亲属称谓只有父母、兄弟姐妹和儿女三个基本等级。为了有更多的事例来支撑自己的观点，我又调查了不少在民族学院工作和学习的柯尔克孜族，较为详细地了解了柯尔克孜族的亲属称谓，发现他们的亲属称谓与哈萨克族基本相同。在我们客家人中，也存在不少称父母为哥哥、姐姐的现象。另据古代文献记载，古代汉族的亲属称谓也与哈萨克族和柯尔克孜族一样，同样只有三等基本称谓。在掌握大量的调查和历史文献资料的基础上，我写成《从哈、柯、汉亲属称谓看最古老的亲属制》一文（约1.6万字），发表于《民族研究》1982年第5期，提出最古老的亲属制度是按老、中、幼划分的三等亲属制。文章首先分析氏族社会早期实行群婚制度，无法区分辈份。另外，根据考古资料，原始时代的人们寿命不长，大多死于四五十岁以下，群内亲属不可能分为五个等级。生理特征的显著区别和社会分工使远古时代的人们自然划分为三种人：老年人、成年人和小孩。因此，当群内人们无法区分辈份时，这自然形成的三个等级便会反映到语言中，人们用一种称谓称呼老年人，用一种称谓称呼成年人，用一种称谓称呼幼年人，因而就形成了按老、中、幼划分的三等亲属制，并以哈萨克、柯尔克孜和古代汉族的亲属称谓详加论证。该文既有理论分析，又有三个民族的扎实的资料作为证据，得到有关专家的好评。文章发表前，曾送中国人类学、民族学界元老杨堃教授和黄淑娉、夏之乾、严汝娴等专家审阅过，得到他们的高度评价。后来杨堃、黄淑娉等人也先后发表文章，以其他民族的资料论述这一问题，支持了这一观点。林耀华教授主编的《民族学通论》在论述亲属制时引用了这一观点。杨堃教授在其所著《原始社会发展史》一书中也说明最古老的亲属制按老、壮、幼划分。

第二阶段，1982—1984年：新疆社会科学院民族研究所期间的学术研究

1982年夏，我本科毕业获中央民族学院文学学士学位，并到新疆社会科学院民族研究所工作，至1984年考上研究生后离开新疆，工作了整整两年。其间，主要做了两项研究工作：一是参与《哈萨克族简史》的编写，二是调查新疆哈萨克族和阿尔泰乌梁海人。

我到新疆社会科学院报到后不久，当时的新疆社会科学院院长谷苞（民族学家，原中国民族学会副会长、顾问，王震将军进疆时随军任民族问题顾问）教授便给我分配了工作，并在院务会议上通过，让我参加国家重点科研项目之一《哈萨克族简史》的编写工作，帮助哈萨克族语言学家、全国政协委员尼合迈德·蒙加尼从事收集资料、翻译和编写等工作。从1983年开始，我收集有关国内外的历史文献资料。1984年上半年，我和新疆社会科学院中亚研究所的纳比坚（哈萨克族）住在乌鲁木齐宾馆，集中精力编写和翻译《哈萨克族简史》，完成24万字，后经修改、压缩成20万字，1987年由新疆人民出版社出版。

1983年上半年，我到新疆阿勒泰地区作了近6个月的调查。一方面是调查哈萨克族的社会历史与文化，另一方面是调查当时被认为与俄罗斯的图瓦人同一族类的阿尔泰乌梁海人。出发前，新疆社会科学院民族研究所副所长郭平梁先生让我着重调查图瓦人，了解他们是否愿意成为单一民族。图瓦人主要居住在中苏、中蒙边境地区的哈巴河县的白哈巴、布尔津县的喀纳斯和禾木等地原始森林之中，没有公路，汽车不通，大多数路程都是靠骑马。调查期间，我与图瓦人同吃同住，走访400多户图瓦人家庭，逐户填写家庭情况调查表，几乎走遍所有图瓦人家庭。在由喀纳斯到禾木的路途中，协助我调查的阿勒泰地区一中教师汤新民（现任阿勒泰地区师范学校党委书记）在一段险恶的山路上，因坐骑失足，翻身落马，手骨摔断一根。由禾木下山至布尔津县城时，乘坐的是禾木乡政府派的手扶拖拉机，因司机（图瓦人）喝酒过多，又险些车翻人亡。此次调查虽然十分艰难，但也是本人历次调查中收获最为丰厚的一次，不仅收集了大量的第一手资料，还发现了不少清代珍贵文物和文书，发现阿尔泰乌梁海人三颗图瓦人（乌梁海）银质大印（每颗9斤多）；发现清代勘分中俄边界大臣和卡伦侍卫关于中俄科塔边界划分及其有关事宜的察哈台文、满文和汉文五件重要文书，这些资料受到阿勒泰地委领导和新疆博物馆的高度重视。后来我根据这些发现的文书和文物写成了专著和论文。调查结束后，撰写了《关于阿勒泰地区民族学调查报告》，发表在《新疆社会科学研究》1984年第11期上，受到当时的院领导和自治区领导的高度重视。

在新疆社会科学院的两年期间，除了完成上述两项科研工作外，我还撰写了三篇文章：一是《从若干民族亲属制度看亲属制度的起源》（《新疆社会科学研究》1983年第24期），二是《阿尔泰乌梁海银印》（《阿勒泰报》1983年11月10日），三是《阿尔泰乌梁海之印》（《新疆社会科学研究》1984年第22期）。

参加全国研究生统一考试也是我在新疆工作期间的一件大事。1983年，我曾准备报考研究生，但新疆社会科学院不让报考，希望我安心在新疆工作，说院领导对我们很重视。1984年，国家教育委员会发出通知，允许工作两年以上的大学生报考研究生，各单位不得阻拦。这为我报考研究生扫清了障碍，于是我报考了中国社会科学院民族系民族学专业。考试难度较大，一是由于跨学科考试，要花费较多的时间自学有关课程；二是大学本科时的专业是哈萨克语，第二外语是俄语，而哈萨克语当时不算外语，只能用第二外语俄语参加考试。不过，考试结果还算不错，各门课程的成绩均过了研究生院要求的分数线。按照当时的惯例，政审很严格，正式录取前，必须派人到考生单位了解有关情况，中国社会科学院民族研究所派当时的民族史研究室副主任任一飞到新疆社会科学院了解我的情况。新疆社会科学院同时参加研究生考试的还有中亚研究所的王小甫，他和我一样，1982年从北京大学历史系毕业后分到新疆社会科学院。他报考北京大学历史系的研究生，也如愿以偿，研究生毕业后留在北大历史系任教。因1984年是甲子年，我们自称是“甲子登科”。

第三阶段，1984—1987 年：中国社会科学院研究生期间的学术研究

1984—1987 年，我在中国社会科学院民族研究所副所长、中国民族学会会长秋浦和詹承绪、满都尔图三位先生的指导下，转向民族学、人类学的学习和研究工作。当时给我们讲人类学理论和方法的是李毅夫、汤正方两位先生，讲宗教的是秋浦、满都尔图和夏之乾等，讲少数民族社会形态的是詹承绪、王承权等人。三年期间，我也是一边学习，一边研究。

我在三年研究生期间主要从事三方面的工作：一是整理和研究在新疆工作期间的调查资料，发表了 5 篇有关的调查报告和论文：（1）《金山脚下的乌梁海人》，4 万字，发表于《新疆历史研究》1985 年第 1 期；（2）《清代阿尔泰汉．哈．满五件文书译注》，2 万字，发表于《中央民族学院学报》1985 年第 3 期；（3）《解放前阿尔泰哈萨克社会历史调查报告》，发表于《新疆历史研究》1986 年第 4 期；（4）《阿尔泰乌梁海人的宗教信仰初探》，1.6 万字，发表于《民族研究》1986 年第 1 期；（5）《阿尔泰乌梁海之印及其有关问题》，1.2 万字，发表于《中央民族学院学报》1986 年第 4 期。二是撰写硕士论文《图腾与氏族》。三是应民族出版社的约请，把新疆社会科学院原副院长贾柯甫用哈萨克文写的《哈萨克族》一书译成汉文，于 1989 年出版。

第四阶段，1987 年到现在：中国社会科学院民族学与人类学研究所期间的学术研究

由于硕士研究生的专业是原始社会史，导师希望我从事原始宗教的研究，我选择图腾崇拜作为我的主要研究方向。1987 年 5 月，我通过《图腾与氏族》的硕士论文答辩，获得硕士学位。同年 7 月，留所从事学术研究，并在职学习博士课程，1990 年撰写了博士论文《图腾文化研究》，于 10 月通过博士论文答辩。

在中国社会科学院民族学与人类学研究所工作的 28 年里，我主要从事如下几方面的研究：（1）中国早期宗教信仰的研究；（2）新疆历史、文化和语言文字研究；（3）中国民族文化史研究；（4）文化人类学（民族学）基础理论研究。

木：如果说图腾研究系列著作和《边界与民族》是您早期学术的一座高峰，得到学界的诸多好评，那么在我们眼中，由商务印书馆出版的您的《新疆民族传统社会与文化》则更像是您近期新疆研究的全新拓展和创新之作，2007 年该书获得中国社会科学院第六届优秀科研成果专著类二等奖。您参与撰写的《维吾尔、柯尔克孜、哈萨克、乌孜别克、塔吉克、塔塔尔、俄罗斯、裕固、撒拉族文化志》作为由萧克将军主编的《中华文化通志》中的民族文化志的重要内容之一（600 页，46.4 万字，上海人民出版社 1998 年），对研究新疆民族与文化及历史至关重要，备受国内外学界的瞩目。请您谈谈这两本著作的诞生过程以及其中的新观点、新视野、新问题、新材料、新数据、新方法、新理论都有哪些？

《图腾与中国文化》《中国自然神崇拜》《中国少数民族图腾文化》《中国自然神与自然神崇拜》《图腾文化与人类文化的起源》是您这几十年中持续研究撰写的一系列重要著作，同时您还翻译出版了苏联学者 Д. Е. 海通的《图腾崇拜》（译著），这些著作至今都是国内外神话学界、图腾研究、民族学与人类学学界研究相关文化时的必读之书和经典作品。其中《图腾与中国文化》《中国自然崇拜》两书 2009 年入选新闻出版总署的“经典中国国际出版工程”，并被译成外文在国外出版；《中华民族的形成与中国的民族政策》《突厥史话》两书作为中央对外宣传办公室（国务院新闻办）的对外宣传项目被译成外文出版。多年过去了，您如今认为这些著

作的主要成就在哪里？是否还有缺憾？您对当下的图腾文化的研究有何新见解？

何：从1987年起，我花了较多时间从事图腾崇拜、自然崇拜、龙崇拜的研究，主要根据新石器时代的考古发掘资料、历史文献资料和民族学调查资料进行综合比较研究，共出版有关专著8部，发表论文40多篇。

1987年，我修改硕士论文《图腾与氏族》，并改名为《图腾文化与人类诸文化的起源》，全书27万字，由中国文联出版公司1991年出版。该书较全面地分析了国内外学者关于“图腾”的概念、定义和性质，分析了图腾崇拜在世界各地的分布情况，较详细地介绍了西方学术界、俄罗斯学术界和中国学术界关于图腾崇拜的研究情况。该书认为，图腾文化丛包含图腾观念、图腾名称、图腾仪式、图腾禁忌、图腾神话等12种元素，图腾类型分为群落、氏族、胞族、部落、民族、性别、婚姻级、家庭（家族）和个人图腾9种，图腾物的种类有动物、植物、无生物和自然现象等。全书探讨了图腾崇拜与宗教、巫术、生殖崇拜、祖先崇拜、自然崇拜和神灵起源的关系，分析了图腾崇拜与社会组织、习惯法、婚姻法、外婚制、节日、文字、姓氏、人名、族名和地名起源的关系，并探讨了图腾标志、图腾传承、图腾禁忌、图腾化身信仰的演变等。

1988年，我撰写了《图腾的起源》一文，发表于《中国社会科学》1989年第5期，后又被《新华文摘》1989年第11期作为封面文章转载。其英文版于《中国社会科学》1990年第2期发表，英文名为“The Origin of Totemism”, *Chinese Social Science*, 1990. 2. pp. 232 – 246。该文较全面地评析了国内外学者提出的名目论、经济论、灵魂说、妊娠说、转嫁论、象征论、“恋母情结”说等多种理论，然后提出自己的看法。文章认为，图腾发生的社会基础是渔猎经济，思维基础是早期的二元对立转换思维结构，心理基础是原始集体主义。图腾发生的根源基于人的本能——求安全心理，求安全的方式是“认亲”，即认某种动物为亲属，以获得图腾的保护及其超人的力量。选择图腾的原因主要基于三方面的感情：一是因威胁而恐惧，二是因受恩而感激，三是因迷惑而好奇。

1989年，应香港中华书局约请，我撰写图文并茂的通俗读物《龙族的图腾》，香港中华书局于1991年出版，台湾中华书局于1993年出版。

1990年，应中国社会科学出版社周用宜老师的约请，我把博士论文《图腾文化研究》修改成《中国图腾文化》一书，由中国社会科学出版社1992年初版，1996年重印。该书是第一部综合比较研究中国各民族图腾崇拜的专著，其根据历史文献、民族学和考古学资料，较全面地分析了石器时代、古代民族和近现代民族的图腾文化，探讨了中国图腾文化的特点，分门别类地综合比较各地、各民族的图腾观念、图腾名称、图腾标志、图腾禁忌、图腾外婚、图腾仪式、图腾生育信仰、图腾化身信仰、图腾神话和图腾艺术等的形成、发展和演变形式，认为图腾文化是中国古老的文化体系之一，古代和近现代许多文化现象都源于图腾文化，图腾意识是远古居民的共同意识，图腾制度是中国各民族早期的社会组织制度，图腾崇拜是各民族早期的宗教形式。

1991年，我应上海三联书店约请，撰写《中国自然神与自然崇拜》（上海三联书店1992年初版，1995年重印）。该书主要运用民族学和历史学相结合的方法，探讨天、地、日、月、星、雷、雨、风、云、虹、水、火、山、石等自然神的产生、形成和变迁，分门别类地分析中国各民族的自然神观念、形象、名称、祭祀场所、祭祀仪式、禁忌和神话等的类型和结构及其历史变迁，分析自然崇拜对古代哲学、古代政治、军事、社会经济、日常生活、生死观念、文学艺术、居住方式和节日等的影响。

1992年，我应上海文艺出版社约请，翻译俄文专著《图腾崇拜》（238页，17.5万字），1993年出版。2004年，该书由广西师范大学出版社再版。此外，还翻译了苏联著名学者托卡列夫的《宗教的早期形式及其发展》一书，后因多种原因未出版。

1998 年，应社会科学文献出版社邀请，我撰写了《苍龙腾空》（社会科学文献出版社 1998 年出版，陕西人民出版社 2008 年重印）。该书根据考古资料、历史文献资料和民族学调查资料，综合比较古今各地、各民族的龙崇拜现象，分析了龙的种类，探讨了龙的起源，把中国的龙崇拜分为三大类：宗教龙、政治龙和艺术龙，分门别类地探讨了宗教龙、政治龙和艺术龙三类性质不同的崇拜现象，分析了龙崇拜对中国文化和中国人的影响，探讨了中国龙与印度龙的关系。

2006 年，我应五洲传播出版社邀请，撰写了《中国少数民族图腾崇拜》，中英文出版，英文书名为：*Totemism in Chinese Minority Ethnic Groups*。

2008 年，应江苏人民出版社邀请，我撰写了《图腾与中国文化》和《中国自然崇拜》（修订再版）两书。2009 年，两书均入选新闻出版总署的“经典中国国际出版工程”，韩文译本于 2011 年在首尔黄莺出版社出版。

1999 年 9 月—2000 年 3 月，我应日本国学院大学邀请，到日本东京进行中日文化比较研究，主要研究史前中国和日本的拔牙风俗。拔牙风俗曾盛行于新石器时代，并残留于近代许多原始民族中。经过半年的努力，我撰写了《齿与文化——中日史前拔牙风俗比较研究》（国学院大学国际交流中心打印本）一书，主要根据中国和日本出土的新石器时代拔牙人骨资料和历史文献及民族学资料，进行综合比较研究。该书对探讨中日史前文化和中日文化的源流关系具有一定意义。

自 1992 年以来，我投入较大精力从事新疆历史、文化和语言文字的研究，出版相关著作 5 部，发表论文 40 多篇。

1992—1995 年，中华炎黄文化研究会组织编撰《中华文化通志》，共分十典，每典 10 卷，共 100 卷。主编约请我撰写《民族文化典》中之一卷，即《维吾尔、柯尔克孜、哈萨克、乌孜别克、塔吉克、塔塔尔、俄罗斯、裕固、撒拉族文化志》（《中华文化通志》之一），1995 年完成书稿，全书 46.4 万字，1998 年由上海人民出版社出版。该书主要从文化学的角度，对志中各个民族的人口与分布、文化构成、职业构成、性别构成、语言文字、族称与族源、历史沿革、制度文化、伦理文化、信仰文化、礼俗文化、物质文化、艺术文化、科技文化、节日文化和竞技文化等分别予以介绍和分析。

1992—1995 年，我参与中国社会科学院和国家民族委员会合作的重大课题“中国少数民族现状与发展调查研究”，并任子课题“哈萨克族”调查组副组长（当时的所长杜荣坤任组长），先后两次赴新疆阿勒泰富蕴县调研，前后共 3 个多月，完成《中国少数民族现状与发展调查研究丛书——富蕴县卷》，由民族出版社 2001 年出版，我撰写 26 万字中的 18 万字。

1995 年 12 月—1996 年 12 月，应日本东洋文库之请，任客座研究员。东洋文库关于中国的史料十分丰富，有许多国内难以找到的史料以及大量中国台湾和香港的学术著作，于是我充分利用东洋文库的丰富资料，系统研究了清代勘分边界大臣的察合台、满、汉文五件文书。经过一年的努力，在原有研究的基础上，完成了 27 万字的《清代勘分中俄西北边界大臣的察合台、满、汉五件文书研究》，1998 年该书由中国社会科学出版社出版，并改名为《边界与民族——清代勘分中俄西北边界大臣的察合台、满、汉五件文书研究》。该书所研究的文书对于探析清末中俄边界划分与清政府的民族政策颇有价值，对了解《中俄科塔界约》谈判前后事宜亦有较高的史料价值。尤其是勘分中俄边界大臣和卡伦侍卫所写的察合台文文书，价值更大。这种文字与现在的哈萨克文有较大差异，上世纪 80 年代基本无人能读懂。我经过多年研究，并参考国内有关学者关于察合台维吾尔文的研究成果，掌握察合台文与现代哈萨克文的变化规律，逐个字母进行辨认，转写成拉丁字母。该书对察合台文、满文进行拉丁字母转写、汉译、注释等，对汉文文书进行标点、注释。对文书中提到的有关人名、地名、河名、印文和事件作了详细的考证，对中俄科塔边界谈判的历史问题作了较深入的研究，对中俄分界与边境民族的关系及清代对边境民族的政策也作了较全面的分析。

2000—2002 年，撰写了《新疆民族传统社会与文化》（40 万字），商务印书馆于 2003 年出版。该书主要根据我多年调查收集的第一手资料，并结合历史文献资料，重点研究新疆维吾尔、哈萨克、柯尔克孜、塔吉克、裕固、阿尔泰乌梁海蒙古（图瓦）等族历史上的社会组织及其文化，较深入地研究了这些民族的族称与族源、古代氏族部落组织的结构和变迁、氏族部落印记和口号；分析了历史上的政治制度和法律制度；阐述了家庭类型、婚姻制度、亲属制度和人生礼仪等；探讨了古代巫术、自然崇拜、动植物崇拜、萨满教等早期宗教信仰，并根据新疆古代和近代各民族的资料，对学术界争议较大的关于早期国家的形成、男不娶女不嫁等原始婚姻习俗的来源等问题进行分析，并提出了自己的观点。

2007—2008 年，主持中央对外宣传办公室、国务院新闻办交办项目，与郭宏珍合作撰写了《突厥史话》一书，五洲传播出版社 2008 年中英文出版，英文名：*A History of Turks*。该书认为，“突厥”只是一个部族概念，“突厥汗国”是在中国境内建立的地方性政权。中国汉文史籍中所说的“国”，是指“部落”、“部族”或“地方性政权”，它与现代的“国家”是完全不同的概念。突厥汗国消亡之后，古代突厥人融入许多民族之中，一部分融入当时的突厥语诸部族中，另一部分融入当时的蒙古人中，还有一部融入当时的汉人中。现代突厥语诸族与古代突厥人并不是祖先与后裔的关系，现代维吾尔、哈萨克、柯尔克孜等族，各有其族源。现代有些民族的先民出现在史籍中的时间比古代突厥人早得多，如维吾尔、柯尔克孜等民族的先民在公元前便见诸史籍。

2007 年，申请了国家社会科学基金一般项目“新疆若干文物、文书调查与研究”，并获得批准，撰写书稿 40 多万字（待出版），至 2012 年结项。

木：您所著的《中华文明・中国少数民族文明》（上下册，98 万字，福建教育出版社 2010 年版），作为中国社会科学院前常务副院长、著名哲学家汝信先生主编的《世界文明通论》之一种，获新闻出版总署 2011 年第三届“三个一百”原创出版工程奖；该书出版问世后，成为国内外学界关注的新成果，请您对这本大著的内涵和意义作一简要评述。

何：自 2006 年以来，我花了较多时间从事中国民族文化史的综合研究。2006—2010 年，参与中国社会科学院汝信副院长主持的国家社会科学基金重大项目“世界文明通论”课题，负责撰写《中华文明・中国少数民族文明》一书，全书分上下册，98 万字，福建教育出版社 2010 年出版。该书运用历史学与人类学相结合的方法，综合比较研究历史上中国少数民族语言文字、社会制度、社会组织、政治制度、婚姻制度、宗教信仰的发展和演化，分析了各民族保护自然与自然和谐共处的生态文明等。该书认为，定义“文明”应该“以人为本”，而不能“以物为本”，没有文字的少数民族也有自己的文明史；“文明”不是生物有机体，文明本身不会冲突，中华文明内部的各种文明之间的差异性不是冲突的前提，而是互补的基础；历史上的中华民族文明既具有多样性的特征，也具有同一性的特征，多样性是各民族认同的基础，同一性是中华民族认同的基础；中华民族的历史是一个不断互动和融合的发展史；中国古代的“大一统”理念不仅是汉民族的共同理念，也是历史上少数民族的共同理念；中华民族的历史发展进程是由多元到一体、由自在到自觉、由松散到紧密、由可分到不可分的过程。我在书中还探讨人类文明发展史上有争议的一些观点，并提出了自己的见解。该书作为《世界文明通论》丛书之一，获新闻出版总署 2011 年第三届“三个一百”原创出版工程奖。

2007—2011 年，撰写国家清史纂修工程《清史图录・民族卷》，搜集清代外国人拍的老照片、清代绘画、清代实物照片等 4000 多幅，从中选出 1000 幅，并撰写文字说明约 10 万字，已于 2011 年结项。全书共分十篇：族系篇、经济篇、社会篇、生活篇、礼俗篇、信仰篇、科技篇、工艺篇、艺术篇和文字篇。每篇由各民族相同内容的图片组成，每篇平均约100幅图左右，反映了清代各少数民族的经济、社会、文化和宗教等各方面的情况。每篇前有概述约1000字，每幅图片下有数百字的文字说明。族系篇主要介绍清代主要民族及其支系的基本情况和形貌特点；经济篇主要反映清代各民族狩猎采集、畜牧、农耕和贸易四方面的情况；社会篇反映各民族的等级制、婚姻家庭、妇女和儿童三方面的内容；生活篇反映居住、服饰、饮食和交通四方面的内容；礼俗篇反映生活习俗、人生礼俗和节日习俗等方面的内容；信仰篇反映民间信仰、佛教、基督教和伊斯兰教等方面的情况；科技篇反映医学和天文历法方面的内容；工艺篇反映纺织、刺绣与编织、建筑与雕塑三方面的内容；文字篇分文字和文献两部分，文字部分主要介绍满文、藏文、蒙文、察合台文、彝文、东巴文、傣文贝叶经、哥巴文、尔苏沙巴文等，文献部分主要介绍满文、藏文、蒙古文、傣文等的重要文献和译著。

2010—2011年，主持中央对外宣传办公室、国务院新闻办交办项目《中华民族的形成与中国的民族政策》，与阃正言合著，我撰写中华民族的形成部分。该书由五州传播出版社2011年用中英文两种文字出版，英文书名：*China Ethnic Policy and Common Prosperity and Development of All Ethnic Groups*。

2014年初，承担中国社会科学院“长城学者”资助项目《中国少数民族文明史》。该书是在二卷本、98万字的《中华文明：中国少数民族文明》基础上撰写，全面、系统地研究了中国少数民族的物质文明、制度文明、精神文明和生态文明，分四卷，约200万字。

木：最近得悉您的新作《文化人类学：调查与研究方法》由中国社会科学出版社出版，我在中国社会科学院研究生院读博士时，也曾选修过您主讲的文化人类学课程。记忆中这门课是全研究生院最受各系科学生们欢迎的一门公共选修课，至今我还保留着您在讲课时发的讲义稿，作为学生谨向您衷心祝贺！这部文化人类学调查与研究方法的综合论著，通过对文化人类学田野调查进行全面分析和总结，对文化人类学研究方法进行系统分类和提炼，对国内外文化人类学以及人文社会科学研究的历史发展、最新动态及其特点进行深入揭示，为研究者如何做田野调查，如何做学术研究，如何创立自己的新理论、新范式、新方法、新概念和新观点提供了重要的学理依据。作为一部文字洗练、表述通达、观点鲜明、逻辑严谨的文化人类学理论方法专著，不仅适用于文化人类学专业的研究生和教师，也定会成为民俗学、历史学、社会学等领域专家学者共同关注的学术名著。您是如何将自己多年的治学理念、治学经验融会贯通在这部论著之中的？

何：从1998年起，我在中国社会科学院研究生院招收研究生，并开始在中国社会科学院研究生院开设选修课文化人类学。后来该课作为常设选修课，至今已连续开设18年，每年选修生有200人左右。国内虽有几本文化人类学或民族学的教科书，但我觉得均不理想。为编写较好的教材，系统地收集国内外和港台学术界有关资料，我综合了人类学、社会学、历史哲学、文化哲学、心理学等学科有关研究成果，利用大量的中国传统文化资料，从事文化人类学基础理论研究，至今撰写和主编了相关著作9部，发表有关论文30多篇。

2001年，我申报院重大课题“中国人类学与民族学基础理论研究”，并获得批准。主持和组织撰写了8本有关著作，其中我撰写了3部：《文化学原理》、《文化人类学理论》和《文化人类学调查和研究方法》。该课题于2012年结项，之后获得中国社会科学院2014年出版基金资助，将由中国社会科学出版社出版。

此外，还撰写或主编有关基础理论和学科建设的著作，如《中国民族学50年》（合著，人民出版社2004年版）、《中国人类学民族学百年重要著作提要》（主编，知识产权出版社2008年版）、《文化多样性与当代世界》（周大鸣、何星亮主编，民族出版社2008年版）、《民族文化与全球化》（方铁、何星亮主编，民族出版社2006年版）、《文化多样性背景下的民族和谐》

（何星亮、郭宏珍主编，知识产权出版社 2012 年版）、《文化多样性背景下的宗教和谐》（何星亮、郭宏珍主编，知识产权出版社 2012 年版）。

我在基础研究和应用研究中，逐渐形成自己的治学和议政建言的主要理论观点。

（一）整合论

我在《加强国家与地方和民族的整合》（1995 年）、《加强社会文化整合，建设高层次的有序社会》（2004 年）、《关于创新宗教理论的建议》（2012 年）、《外来宗教应继承和弘扬中国文化传统》（2014 年）、《中华民族文化的多元化与一体化》（2005 年）、《论中华民族文化多样性和同一性》（2010 年）、《中华民族文化的多样性、同一性与互补性》（2010 年）、《关于各民族共建现代中华民族文化新模式的考察及建议》（2012 年）、《民族复兴与文化整合》（2016 年）等文章及《文化学原理》一书中，提出整合论的基本观点。该理论的要点有如下几方面。

1. 实现中华民族伟大复兴的中国梦，需要了解历史上中华民族为什么能够崛起于世界，为什么世界古文明中只有中华文明能够世代延续，为什么只有中国能够保持 2000 多年大一统格局而不分裂。在诸多原因中，一个重要原因是秦汉以来的社会和文化大整合。今天，在推进中华民族伟大复兴的过程中，也应高度重视社会和文化的整合问题。

2. “整合”是指一个社会文化体系整体化、系统化、有机化、统一化的过程，也就是把体系中松散的各种要素、各个部分、各个环节和各个群体，通过接触、冲突、交流、融汇或改革、创新、协调等方式，使之成为一个相互协调、联系紧密的有机整体的过程。它是在异质性因素的基础上增加同质性因素、在多样性的基础上增加共同性的过程，形成在差异基础上的统一体。形式上，整合包括统一的整合、凝聚的整合、选择的整合、改造的整合和协调的整合五类；内涵上，整合可分为社会（制度）的整合、文化的整合、民族的整合和宗教的整合四类。通过整合，可以增强社会文化体系的凝聚力、向心力、吸引力、影响力和辐射力。

3. 秦汉以来中国社会、文化、民族和宗教的不断整合，尤其是在文字、度量衡、法律、制度、价值观和伦理道德等方面的不断整合，是使中华民族能够崛起于世界、中华文明延续 5000 年而不衰、中国历经 2000 多年而保持统一的主要原因。

4. 在当代世界，凡是社会、文化、民族和宗教整合程度较高的国家，其制度化、规范化程度也很高，具有全社会成员共同认可的价值观、行为规范和准则，具有很强的凝聚力、向心力，具有很强的抗干扰能力和自我调整能力，无论是发生内部的还是外部的冲突，都不会引起社会动乱，更不可能使整个系统崩溃。但在整合程度较低的国家，各地区、各部分联系不紧密，制度化、规范化程度低，抗干扰能力和自我调整能力较差，即使发生不剧烈的冲突，都可能引起政局动荡、社会崩溃。

5. 复兴中华民族，实现中国梦，必须加快社会、文化、民族和宗教的整合。社会整合即建立良好的、统一的制度和规范来约束人们的行为、维护社会秩序，使社会成为公正的和谐社会。文化整合是指一国之内不同地区的文化相互吸收、融化和调和，逐渐成为一种有机的文化体系的过程。民族整合是中华民族形成和发展的基本特征，民族整合不是融合，更不是同化，而是在尊重差异性的基础上增强统一性，在保护异质性的基础上增加同质性，使中华民族形成有机的、不可分的整体。中国古代的民族整合是以国家为本的，而不是以民族为本的，各民族不断互动和整合是中华民族形成的根本原因。宗教整合是中国历史上宗教发展的基本特点，整合的基本形式是中原主流文化和宗教（道教和儒家）融合外来的宗教，它一方面使外来的佛教、伊斯兰教和基督教本土化，吸收了儒家和道教的某些元素，成为具有中国特色的佛教、伊斯兰教和基督教；另一方面，道教和儒家也吸收佛教、伊斯兰教和基督教的精华，融入自己的文化之中，使本土宗教与外来宗教有机关联。

（二）观念论

我在《中国图腾文化》（1992 年）、《中国自然神与自然崇拜》（1992 年）和《图腾与中国文化》（2008 年）等书的引论中，以及在《建设以价值为导向的公正社会》（2012 年）、《继承和弘扬中华文明的价值观》（2011 年）、《大力培育和践行社会主义核心价值观》（2014 年）、《关于民族问题的理论思考及建议》（2013 年）、《中国梦的思想基础》（2014 年）、《精神文明建设与中华民族的复兴》（2014 年）等文章及《文化学原理》一书中，提出观念论的基本主张，其要点如下。

1. 观念变迁是社会和文化变迁的基础。从社会和文化空间而言，可分为表层、中层和深层。表层属于物质或技术系统，中层属于社会系统或制度系统，深层属于观念系统或心理系统。深层次即观念层次的变迁是社会和文化形成、发展和变迁的基础。观念层次的变化，必然会引起整个社会和文化体系的变化。在所有关于文化和宗教的研究中，我都把这种理论贯穿进去，形成自己的研究模式。

2. 构建共同的价值观、伦理道德和理想信念等是维护社会稳定和国家统一的基础。中国历史上的统治者利用“三纲五常”“四维八德”等儒家思想和各种宗教观念统一人们的思想。

3. 观念层面的现代化是中华民族复兴的关键。由于观念层面的变化是社会和文化体系变迁的关键，而中华民族复兴的决定因素在于观念层面的现代化。我认为“文化大革命”是以斗争为导向的社会，改革开放以来是以利益为导向的社会，我主张今后应以价值为导向深化改革，建议在传统价值观的基础上构建社会主义核心价值观，并以社会主义核心价值观为导向，以规范文化改革、社会改革、政治改革和经济改革的行为。

4. 转变观念是民族地区长治久安和经济发展的关键因素。跨越式发展不等于长治久安，生活富裕不等于天下太平。消除民族分裂意识和宗教极端意识是反恐反分裂的基础，斩断分裂意识和宗教极端意识的传播渠道是阻止新疆恐怖主义进一步发展的关键；消除落后的与现代社会不相适应的生产、消费等观念，增强现代竞争意识、商品意识、勤奋精神和成就动机，是民族地区经济发展的关键。

（三）平衡论

在《文化学原理》（待出版）一书和《中国传统文化的象征体系》（2003 年）、《从传统节日看古代中国人的和谐理念——以端午礼俗和传说为例》（2008 年）、《春节礼俗与古代中国人的思维结构》（2013 年）、《“9·11”事件后的美国全球战略与中美关系》（2001 年）、《布什任期内的战略目标与中美关系》（2002 年）等文章中，我认为平衡的理念不仅存在于经典（精英）文化中，而且普遍存在于民间文化中，主张研究和继承古代中国的平衡学说，运用到基础研究和应用研究中。平衡论的基本要点如下。

1. 《易经》中的阴阳二元结构学说是我国最早、最基本的平衡理念。阴阳学说认为宇宙间任何事物都具有既对立又统一的阴阳两个基本元素，它来源于“男”和“女”两个基元。阴阳平衡是宇宙万物的本源和本质，也是宇宙万物运行的法则，世间万物无不处在动态的平衡与不平衡之中。二元对立平衡理念分静态平衡和动态平衡两种。

2. 中国古代除了阴阳二元结构平衡理念外，还存在三元结构、五元结构等平衡理念。三元结构平衡理念基于古代的“三才”，即天、地、人，也就是天上、地下和人间的均衡和谐，同时也象征天神、地神和祖先神的均衡和谐。古代的三元结构理念也较普遍，如祭品通常是三牲，敬香通常点三支，祭拜通常拜三次或三叩九拜，古代礼仪有三揖、三让、三辞等习俗，礼乐多以歌或奏三次为原则，敬酒通常敬三杯，有“事不过三”的说法……诸如此类，举不胜举。五元结构即金、木、水、火、土“五行”的均衡和谐。五行学说认为金、木、水、火、土五种元素在相生相克的运动之中维持着协调平衡，只有五种元素实现平衡，才能使自然界维持生态平衡，使人体维持生理平衡，使社会保持动态平衡。

3. 平衡理念不仅表现在古代经典和政治文化中，而且表现在民间的日常生活、居住习俗、人生礼仪、节日习俗、祭祀仪式、民间艺术和民间禁忌等方面。古代帝王冬至祭祀在天坛并以火祭祀的习俗，是加强阳性的力量达到阴阳平衡；夏至期间（包括端午节）在地坛祭祀并以水祭（赛龙舟是祭水的一种形式）是加强阴性的力量达到阴阳平衡。研究传统文化，必须熟悉阴阳学说，才有可能深入认识和理解；必须运用阴阳平衡理念研究民间文化，才有可能真正理解其象征意义。

4. 平衡国内各种关系是古代政治家的重要策略。采取措施平衡上下、左右、前后、内外的关系，促使权力平衡、利益平衡和各派政治力量之间的平衡，促使各地区之间、各民族之间、各种宗教之间、各种教派之间的平衡，是社会稳定和国家统一的保障。

5. 平衡国际关系是当代国际政治的基本原则。近几十年来，美国等国喜欢制造二元对立平衡结构来控制世界各地区的局势，从中渔利。例如，制造以色列与巴勒斯坦的对立、印度和巴基斯坦的对立、南北朝鲜的对立、日本与中国和韩国的对立、南海诸国与中国的对立、俄罗斯与独联体国家的对立、中国大陆和台湾的对立，等等。美国等国想方设法使双方保持力量的平衡，一旦发现某一地区某一方的力量过大，便采取措施扶持另一方的力量，使之重新回到平衡点，以确保自己在该地区的地位和利益。

6. 当前的经济建设、政治建设、社会建设、文化建设和生态建设存在的许多问题，与供求关系、结构关系、利益关系、地区关系等不平衡密切相关。平衡是健康的，不平衡是病态的。加快现代化建设，复兴中华民族，实现中国梦，必须注重各种关系的平衡，即经济建设、政治建设、文化建设、社会建设、生态建设的平衡发展，精神文明与物质文明的平衡发展，法治与德治的平衡发展，治吏与教民的平衡发展，引进与输出的平衡发展、保守与进取的平衡发展、继承和创新的平衡发展、保护多样性与增强同一性的平衡发展。

木：何老师，您在长期的学术生涯中始终能专心民族学研究，在人生途程中克服诸多困难挑战，却能够始终保持健康的身体、谦逊平和、淡定从容的心态，经受住了人生途中的各种考验和历练，矢志于学术并取得成功，家庭幸福。学术研究本质上说是在经受体能和智能的较量，您是如何确立信念，克服困难，义无反顾地坚守学术前沿的？请您结合个人的成功经验，继续就年轻学者既从事基础研究，也从事应用对策研究问题，谈谈您的思考和对所里年轻人的建议，这对年轻人的发展而言至为重要。

何：我们广东客家乡村虽然是穷山僻壤，但家族历史上出了不少文人武将。据族谱记载，明清两朝有两位进士和敕封修职郎、国子监太学生等，老屋原有进士匾，房前原有两条约 2 米多高的进士石碑。祖父辈有辛亥革命元老多人（如同盟会会计、孙中山秘书和总统府顾问何天炯，同盟会司法部判事、首任广东支部长何天瀚等），父辈有黄埔军校、陆军大学毕业的约 10 余人（先父为黄埔军校第十一期和陆军大学第十九期参谋班学员，20 世纪三四十年代在张发奎部任职）。传统家教十分严格，有许多激励后人、继承先祖优良品质的传统，有崇文尚德、奋发进取的族训家教。家庭传统是成年男子外出从政、从军或从商，家中只留下妇女儿童和老年人。由于家族先辈有从政、从军的传统，族人对政治和国家大事都较为关心。“文化大革命”期间，外出之路被堵死，男子被困在农村。尽管如此，年轻人常聚在一起议论国事天下事。生产队订有《人民日报》《南方日报》等，我们几乎每天看报，经常通过报纸上各种信息，讨论和预测国内外形势的发展变化。家乡的这些传统对我后来的议政建言有一定的影响。1978 年上大学后，我充分利用课余时间，阅读了许多古代策论，如贾谊的《治安策》和《过秦论》，晁错的《削藩策》和《论贵粟疏》等。古人的策论对我后来的议政建言也有一定的影响。

北宋大儒张载的“为天地立心，为生民立命，为往圣继绝学，为万世开太平”的名言对我影响较大。我把后两句改为“继往圣绝学，开万世太平”，将之作为自己的治学理念和参政议政的目标，请书法家写对联张挂于书房中。“继往圣绝学”是在学术研究上继承和弘扬优秀、独特的中华学术传统；“开万世太平”是积极参政议政，为我国今后的万世开太平事业而建言献策。我认为，影响我国未来统一和长治久安的主要是民族宗教问题和恐怖主义、极端主义和分裂主义问题，只要妥善解决了这些问题，彻底消除分裂隐患，建立我国现代治理体系，我国就能够实现万世太平的目标。

附录1：

何星亮先生研究自述

一 应用研究

我的应用对策研究主要是在原苏联解体和东欧剧变之后，尤其是2003年任全国政协委员以来，花了较多时间从事应用对策研究。20多年来，撰写了100多篇信息和研究报告，通过中国社会科学院、全国政协、中央统战部、国务院参事室等单位的内部刊物报送。其中，获中央领导批示的有60多篇，此外，还撰写了90多篇全国政协提案和大会书面发言。

我的应用对策研究与基础研究一样，研究领域较广，涉及内容较多。既有民族和宗教问题的研究，也有文化建设和社会建设问题的研究，还有中美关系和两岸三地的研究等。应用对策研究主要集中在民族和宗教问题、反恐反极端反分裂问题、文化保护问题和新疆稳定和发展等领域。20多年来，撰写信息和研究报告100多篇，获中央领导批示的有60多篇，撰写政协提案和大会发言有90多篇。

（一）民族、宗教问题和反恐反极端反分裂的应用对策研究

我从事民族和宗教问题的应用对策研究的动机始于1982年，当时我在新疆社会科学院民族研究所工作。1982年9月，新疆有关部门决定，停止使用了18年的拉丁字母新文字。决议公布后，全疆震惊，许多人纷纷抗议这一决议。该决议对后来的新疆问题影响很大。通过这一次事件，使我认识到决策科学化的重要意义。

1984年我的一份调查报告受到当时的新疆社会科学院和自治区领导的高度重视，极大地激发了我对应用对策研究的意识。我的《关于阿勒泰地区民族学调查报告》（《新疆社会科学研究》1984年第11期）主要是根据我于1983年6月初—11月下旬在新疆北部阿勒泰地区调查资料所写的，其中一个主要问题是关于新疆图瓦人（现属蒙古族）的族属和其他存在的问题，并提出解决问题的若干建议。当时的新疆社会科学院院长谷苞看后十分重视，亲自将该报告送当时的自治区党委第一书记王恩茂，王恩茂批转新疆民族事务委员会予以解决。1985年，新疆民族事务委员会根据我的建议，联合新疆社会科学院和新疆大学，组成考察团前往阿勒泰地区考察，妥善解决了图瓦人中存在的问题。当时我还是刚参加工作一年的实习研究员，新疆社会科学院和自治区领导如此重视我的建议，使我深受鼓舞，初步体会到议政建言的意义。

1991年原苏联解体和东欧剧变之后，世界民族主义浪潮直接冲击我国。国内外曾有人预言：民族主义浪潮也将会“席卷”中国；有的还预言中国将分成若干块。于是，我开始思考我国边疆地区的长治久安和国家统一问题。

1992年6月，我撰写了《关于边疆民族地区长治久安的若干建议》，原文约一万多字，分六部分。该文较早提出开发西部、在中央设立开发西部委员会、在边疆地区设立经济特区、在

新疆和西藏多修铁路、恢复藏传佛教格西学位制度、不公开批判分裂主义分子所制造的种种舆论、加强中华民族认同和国家认同、在新疆和西藏推广双语教学、在民族院校开设《中国文化》课、借鉴历史经验等建议。报告完成后，当时不知道中国社会科学院有直送中央的内部刊物《中国社会科学院要报》，于是我把研究报告送给当时院党组书记兼副院长郁文（原任中宣部常务副部长，上世纪50年代曾任《新疆日报》社党委书记和宣传部副部长，对新疆问题十分熟悉），请他转交中央领导。不久，郁文书记的秘书张卫峰打来电话，说郁文书记看了我给他的信和报告，充分肯定报告内容，希望我多研究民族问题，并作出批示，在院内部刊物《要报》上刊载，因文章较长而摘要刊载，《中国社会科学院要报》1992年9月12日增刊第29期（总1216期）刊载该文，并标上“绝密10年”字样。原稿全文另专送中央办公厅。

1994—1996年间，中国社会科学院刘吉副院长先后找我谈过两次，并写了四封信鼓励我深入研究民族宗教问题。2003年，全国政协副主席陈奎元院长到中国社会科学院后，又大力支持和鼓励我积极参政议政，深入研究民族和宗教问题及其他现实问题。他在我2005年写的一份材料中批示：“积极参政议政，精神可嘉。更为可喜的是言之有物，观点鲜明。”

本人关于民族和宗教的议政建言工作得到不少中央领导的肯定，有不少建议被采纳，有的成为有关部门的决策。有的中央领导在批示中说“何星亮同志的意见很好”；有的说“何星亮同志的意见很重要”；有的说“何星亮研究员关注新疆跨越式发展和长治久安，建议颇有见地”；有的说“何星亮研究员的许多研究都较为客观，符合新疆实际”。2014年3月6日上午，俞正声主席和杜青林、张庆黎等副主席到昆泰酒店参加全国政协三个界别、200多位政协委员的联组讨论。俞主席在讲话时，专门点名、充分肯定和表扬我的议政建言工作，并说中央曾成立研究小组，专门研究我2013年8月写的长篇建议。全国政协有关专委会和界别也充分肯定我的参政议政工作。2013年10月间，全国政协开展“如何当好政协委员”的宣传报道活动。各专门委员会和各界别推选本专委会、本界别有代表性的政协委员作为报道的对象，我被两个届别推选为报道的对象。凡被推选的政协委员，均派记者专门采访，有关事迹在《人民政协报》头版“如何当好政协委员”栏目中报道。有关我本人的采访报道刊载在《人民政协报》2013年12月21日头版头条，题目为《一位政协委员的责任、关怀和担当——记全国政协委员何星亮》。

由于应用对策研究成果较多，议政建言工作成绩突出，受到有关部门的高度重视。经常应邀参加中央办公厅、国家民委、公安部、文化部、中央统战部、中央文明办等部门的有关座谈会或咨询会议，并多次应邀参加中央领导主持的小型专家座谈会，征求有关民族和宗教方面的意见。

自1992—2015年，先后通过中国社会科学院、全国政协、中央办公厅和国务院参事室的内部刊物上报送新疆、西藏和民族宗教的信息、研究报告约有100多篇，其中，关于民族和宗教问题的约有70篇，除了前述1992年写的《关于边疆民族地区长治久安的若干建议》一文外，较为重要的还有《关于达赖所谓西藏“一国两制”、“大自治区”问题的意见与对策》（1993年）、《关于控制原教旨主义派发展的建议》（1993年）、《加强国家与民族和文化的整合》（1995年，该文建议香港回归后推广普通话，加强国家认同等）、《中国当前宗教复兴的社会现实与宗教改革的必要性及途径》（1995年）、《关于评审国家级非物质文化遗产名录的若干意见》（2006年）、《关于大力支持新疆双语教学的若干建议》（2007年）、《关于大力支持新疆民汉合校建设的建议》（2007年）、《关于于内地各省市进一步培训新疆汉语教师的建议》（2007年）、《关于办好内地高等院校清真食堂的若干意见》（2007年）、《关于抢救和保护新疆坎儿井的建议》（2008年）、《关于大力支持新疆大喇叭进村工程的建议》（2008年）、《从全局的角度考虑边疆民族地区的经济发展》（2009年，该文建议全国各省市加大对新疆的支持，在部分地区建立经济特区等）、《民族团结宣传教育工作应有新思路》（2009年）、《当前民族问题的理论思考及建议》（2013年）、《关于编印对外宣传新疆的通俗读本的建议》（2013年）、《关于基督教、天主教与伊斯兰教应继承和弘扬中国化传统的建议》（2014年）、《关于提高宗教工作法治化水平的几点意见》（2015年）。

关于反恐反极端反分裂的研究报告有20多篇。自2005年受聘国家反恐怖领导小组软科学专家以来，一旦新疆发生较大的恐怖袭击，一般都收集有关资料进行分析，并提出建议，不少建议获得中央领导的批示。

2014年3月16日，中央统战部领导邀请我等四位专家座谈民族和宗教问题。4月2日，国务院研究室邀请我到中南海，就李克强总理在第二次中央新疆工作座谈会上讲话稿征求意见。6月27日，中央书记处书记、全国政协副主席杜青林邀请我在全国政协主席楼会议室单独座谈民族问题两个小时。9月16日，我作为四个专家之一，参加全国政协主席俞正声主持的小型专家座谈会，征求关于第四次中央民族工作会议的意见。

（二）关于文化建设和社会建设的应用对策研究

2000年，应文化部的约请，协助文化部非物质文化遗产保护工作，帮助撰写调研提纲和设计有关评选国家级非物质文化遗产申报书等。此后，我开始注重文化建设和社会建设的应用对策研究。一方面是通过报刊发表应用对策研究的文章，另一方面是通过内部刊物和全国政协报送有关建议。其中，关于文化保护的建议获得中央领导批示的较多。14年来，先后撰写了关于文化建设和社会建设的信息、研究报告、提案等共50多篇，主要有：《关于大城市解禁烟花爆竹的建议》（2003年，该文较早提出北京等大城市解禁烟花爆竹的建议）、《关于清明节、端午节、中秋节定为法定节日的建议》（2004年，该文较早提出端午节、中秋节等传统节日放假的建议）、《关于实行就职仪式制度的建议》（2005年，该文较早提出干部任职应举行就职仪式，就职者应手按《宪法》宣誓，以示依法行政等建议）、《关于尽快制定〈中华人民共和国非物质文化保护法〉的建议》（2005年）、《关于研发环保、安全的烟花爆竹的建议》（2006年）、《关于在文化部设立非物质文化保护专门机构的建议》（2006年，该建议较早提出在文化部设立非物质文化遗产司）、《关于保护和发展少数民族非物质文化遗产的若干意见》（2010年）、《推动春节成为国际性节日的方式与途径》（2010年）、《深化改革，建设以价值为导向的公正社会》、《关于构建社会主义核心价值观的几点意见》（2012年）、《关于社会科学研究中国化的思考》（2012年）、《城镇化建设应注意的若干问题》（2013年）、《决策应防止负功能和不良的潜功能》（2013年）、《关于充分利用公共场所宣传社会主义核心价值观的建议案》（2014年）、《关于把圆明园遗址列入我国申报世界遗产预备清单的建议》（2015年）等。

（三）关于台湾和澳门问题的应用对策研究

1998年5月，应台湾“中央研究院”和政治大学的邀请，我前往台北参加学术研讨会并访问一个月，此后又多次赴台参与学术交流。在台期间，广泛走访了一些知名教授和亲友，对台湾问题有较为深入的了解，因而撰写了不少关于台湾问题的建议，通过中国社会科学院和全国政协的有关刊物报送。1998年6月撰写了《关于两岸关系的若干问题与意见》。1999年李登辉提出“两国论”后，应邀参加我院的研讨会，撰写了《关于李登辉“两国论”的分析与对策》。2002年撰写《当前台湾问题及今后几年的发展趋势》（《中国社会科学院要报·领导参阅》2002年8月第24期）。在台湾2004年选举前夕，撰写了《台湾地区“选战”分析及选后的局势走向》。此外，2002年8月撰写了《当前台湾问题及今后几年的发展趋势》，2004年3月下旬撰写了《台湾“大选”争议及今后一段时间局势分析》，2004年5月撰写了《从陈水扁的就职演说看台湾今后四年的政局走向》，2004年12月撰写了《关于制定“反分裂国家法”的几点意见》，2005年4月撰写了《关于两岸政党对话和交流的几点意见》，分别由全国政协信息局和中央统战部报送。

1999 年，应澳门市政厅的邀请，我作为龙文化展览的顾问前往澳门，其间，了解到澳门存在的一些问题。1999 年 11 月，我根据所了解的情况撰写了《关于保持澳门繁荣与稳定的几点意见》，就澳门回归后保持稳定和发展问题提了不少具体建议，受到有关部门的重视。

（四）关于中美关系的应用对策研究

2001 年 4 月 1 日，中美南海撞机事件发生后，中央统战部请中国社会科学院党外人士就撞机事件写一篇对策性的建议，我院统战处打电话来让我也写一篇。我从未研究过中美关系问题，但对中美关系较关注，后来通过网络搜集一些资料，并运用人类学和社会学的方法进行分析，提出了几点建议。当时主管统战的李慎明副院长认为我的建议写得较好，因此把我的建议作为首篇报送中央统战部。此后，我对中美关系也发生兴趣，先后应邀写了不少研究报告，通过我院《要报》和中央统战部的有关刊物报送。主要有：（1）《关于处理美侦察机撞毁我军机事件的几点意见》（2001 年 4 月）；（2）《美国的“人权”战术与费正清的“冲击——回应”理论模式》（2001 年 5 月）；（3）《小布什当选总统后的中美关系及其走向》（2001 年 8 月）；（4）《“9・11”事件后的美国全球战略与中美关系》（2001 年 9 月）；（5）《布什任期内的战略目标与中美关系》（2002 年 1 月）；（6）《美国的两种欲望与世界秩序的重建》（2002 年 4 月）；（7）《关于美国“倒萨”的战术分析及若干意见》（2003 年 1 月）；（8）《关于当前伊拉克问题及世界局势走向》（2003 年 2 月）；（9）《关于美国“攻伊倒萨”及做好宣传报道工作的几点意见》（2003 年 3 月）。

二　治学特点和方法

本人以“会通中西，圆融古今”作为自己的治学理念。中西学术各有所长，也各有所短。固步自封，只要传统方法，而否定西方的方法，是不理智的；企图以西方的方法代替或排斥传统方法，也同样是错误的。正确的态度应该是各取其长，互为补充，并行发展。当代中国学术一方面要继承优秀的学术传统，抛弃不科学的成分；另一方面要充分吸收西方学术中有价值的理论和方法，使之与传统学术融为一体，才有可能使中国学术走在世界的前列。

本人学术研究的特点和方法主要在如下方面：

（一）先专后通。关于治学方法，学术界有各种不同的看法，有人强调“先专后通”，有人强调“先通后专”。前者可称为“从树木到森林”，后者可称为“从森林到树木”。先专后通，即先进入某一个领域，进行深入、细致的研究，做出成果后再扩大知识面，再研究其他领域或其他学科。其好处是能够较早地出成果，缺点是最初的研究成果可能会不太完美，如果有专家把关，也不会有什么大问题。先通后专，即先掌握系统、全面的学科知识和理论与方法，然后再进入某一个专业领域进行研究，其不足是在短时间内出不了成果，优点是做出来的成果可能较完美。这两种方法各有千秋，各有长短。

本人走的是“从树木到森林”“先专后通”的道路，在研究中学习，在研究中扩大知识面。随着研究领域的增多，知识面也不断扩大，专业和学科界线也越来越模糊。如果不是有目的地学习，往往学过的也记不住，过一段时间又忘了。边研究，边学习，既出了成果，又学习了新的知识，而且记得很牢。先进入一个领域，把该领域的主要问题研究清楚，写出一二本专著，其他小问题或价值不大的问题可以暂时搁下，然后再进行另一个领域的研究和学习。做学问有共同的规律和方法，一门学问精通之后，再钻研其他学问，自然容易得多，正所谓“一通百通”。我在 1980—1984 年主要研究古代匈奴语言、稽胡语言、哈萨克族历史；1985—1987 年主要研究新疆阿勒泰乌梁海人（图瓦人）；1987—1992 年主要研究中国各民族的图腾崇拜、自然崇拜和龙崇拜，1992—1998 年主要研究新疆民族宗教问题、新疆察哈台文文献和新疆主要民族的文化志；1998—2006 年主要研究新疆民族的传统社会和文化、文化人类学理论与方法，以及文化保护问题、台湾问题和中美关系问题的应用对策研究；2006 年至今主要研究中国少数民族文明史、清代民族文化，以及反恐反极端问题和民族宗教问题的应用对策研究。这样，随着研究领域的增多，知识面也不断扩大，专业和学科界线也越来越模糊。

科学处理好“专”与“通”或“专”与“博”的关系，是做好学问的重要一环。由于知识结构和思维方式的差异，有些人适合先专后通，有些人则适合先通后专。只有“专”的研究才会有深度，才会有所创新。但专和博是相辅相成的，人类社会和文化各领域之间是相互关联的，知识越广博，对某一领域的理解和认识也会越深。既要先专后博，也要博中求专，广中求精。

古代中国的大学问家没有学科之分，许多大学者既是思想家、政治家、文学家，同时也是历史学家、天文学家和自然科学家。18、19 世纪世界各国的人文社会科学各学科间的界线也相当模糊，多数大学者既是哲学家、思想家，同时也是社会学家或人类学家，有的甚至同时还是自然科学家。至 20 世纪，社会科学各学科不断分化，而且越分越细。到 20 世纪末，各门科学的边界又逐渐模糊，学科间的交叉越来越普遍，相互渗透、相互影响也越来越大。掌握多学科的知识，是 21 世纪的要求。知识越丰富，学问越渊博，才能走在 21 世纪的学术前列。

（二）基础研究与应用研究相结合

中国古代思想家十分注重经世致用，对政治表现出浓厚兴趣和极大关注。他们的理论和学说明显带有应用色彩，孔孟的“德治论”、韩非的“法治论”、老子的“无为而治论”、墨子的“兼爱论”等，无一不是根据时代要求开出的“济世良方”。朱熹主张治学应“穷理以致其知，反躬以践其实”，其大意也就是基础研究与应用研究相结合，深入研究各种事物和现象的本质及发展变迁的原理或规律，并把自己的研究成果拿到实践中去检验。明末清初杰出的思想家和经学家顾炎武曾借古讽今，抨击明末士人“清谈误国”，主张士人应以“经世致用”作为主要目标。当代我国的人文社会科学研究不能只做纯学术的研究，一个真正有成就的学者，既要在理论和思想上有所建树，更要在民族复兴、国家富强、人民幸福等方面有所作为。做学问必须有益于国家，应与治国、救世和为民造福相结合。当前一项重要任务是归纳和总结历史上治国理政的理论和方法，并加以创新和发展，解决当前我国社会中存在的各种问题。正如汉初的贾谊在《过秦论》中所说：“是以君子为国，观之上古，验之当世，参以人事，察盛衰之理，审权势之宜，去就有序，变化有时，故旷日长久而社稷安矣。”

本人在 30 多年的学术生涯中，基础研究主要集中在中国民族文化与宗教、新疆历史与文化和文化人类学（民族学）基础理论研究等方面，应用对策研究主要集中在民族宗教、文化保护、新疆问题和反恐反极端反分裂等领域。

（三）历时性研究与共时性研究相结合

即时间和空间相结合。西方人类学不同学派研究方法不同，有的从时间的角度探讨，如进化学派、传播学派和历史特殊论派学者；有的从空间的角度分析，如功能学派、结构学派和象征学派。本人不照搬西方的研究方法，而是综合各学派研究方法的长处，形成自己独特的研究模式。研究某一种文化现象，不仅从空间的角度进行分析，探讨文化的结构、功能和象征等，而且还从时间角度进行探讨，分析各种文化现象的产生、发展、融合和变迁的过程。例如，本人在研究图腾崇拜时，一方面从空间的角度分析图腾的社会功能和结构，另一方面从时间的角度探讨图腾崇拜的变迁。本人在《中国图腾文化》《中国自然崇拜》《图腾与中国文化》《苍龙腾空》《中华文明·中国少数民族文明》等书中均运用这种方法进行研究，并形成与他人不同的研究模式。

（四）科学分析和人文学分析相结合

科学范式即探索人类自身及其社会发展变迁的规律、原理或法则的范式。人文学范式即理解、解释的研究范式，是探索意义和象征的范式。在西方人类学界，两者分得很清楚。本人认为，把科学研究范式与人文学研究范式完全对立起来并不是理想的办法，社会现象与自然现象一样，也具有规律性。最好的办法是两者相结合，互为补充，互相借鉴。本人在自己的大多数著作中，既探讨其规律或法则，也分析其象征意义等。

（五）以小见大与以大见小相结合

西方人类学界一般都采用以小见大的分析方法，也就是归纳法，即根据某一民族或某一地区的资料来探讨人类社会文化的发展规律或结构功能等。我在前20年的学术研究中，也主要采用以小见大的方法，如1982年发表的《从哈、柯、汉亲属称谓看最古老的亲属制》一文，主要根据哈萨克、柯尔克孜和汉族的亲属称谓，一方面批驳摩尔根提出的最古老亲属制度是五等亲属制的观点，另一方面提出人类社会最古老的亲属制是按老、中、幼划分的三等亲属制的观点。匈奴语言和稽胡语言的研究也一样，主要根据部分词汇论证其语言族属。

以大见小则是个人在研究中摸索出来的方法之一。当代人类学一般把民间文化称之为“小传统”，也就是我们常说的“大众文化”；把高雅文化或经典文化称之为“大传统”，也就是我们所说“精英文化”，如儒家文化和道家文化均属大传统。许多学者还认为，人类学家主要是研究小传统的，大传统主要由历史学家研究。国内研究小传统的学者一般运用西方人提出的理论或概念进行解释。而本人在研究中发现，如果不熟悉某一民族的核心理念和信仰，就无法科学解释民间的各种习俗。例如，本人在研究民间节日如端午节和春节时发现，运用西方的理论或概念无法解释许多节日习俗的来源和象征意义。于是开始思考古代的阴阳五行理念和宗教信仰与节日习俗的关系，发现两者之间密切相关，大多数民间习俗都是在“阴阳五行”、“五常”、“四维八德”、“大一统”、“中和”（中正和谐、均衡和谐）等核心理念和宗教信仰的影响下形成的。因而得出结论：精英文化（大传统）与民间文化（小传统）是不可分的，两者相互影响、相互渗透。精英文化来源于民间文化，反过来又影响民间文化。研究乡村文化，如果不了解精英文化中的各种理念、价值观和伦理道德，很难深入研究乡村文化或民俗文化。研究任何一个民族的民间文化，必须首先熟悉该民族的核心理念和信仰。我发表的《从传统节日看古代中国人的和谐理念——以端午礼俗为例》和《春节礼俗与古代中国人的思维结构》两文，主要运用阴阳五行学说及传统的均衡和谐理念分析端午节和春节的各种习俗。

三　治学体会

治学能否有所成就，关键在于治学态度和治学方法。从治学态度来看：一是事业心要强，事业心的强弱，是治学能否成功的关键。二是能吃苦耐劳，俗话说：赖蛤蟆吃不了天鹅肉，三天打鱼，两天晒网的人不会有成就。三是淡泊宁静，甘坐冷板凳。诸葛亮曾说：“非淡泊无以明志，非宁静无以致远。”四是持之以恒，学海无涯，书囊无底，治学无速成之术，必须始终如一，坚持不懈，锲而不舍，水滴石穿。五是扬长避短，应根据个人的才能、性格、兴趣，避其所短，发挥所长，选择适合自己的研究领域。六是求真务实，坚持真理，独立思考，学者应有独立的人格，不趋炎附势，不谄媚逢迎，不为权势所屈，不为利禄所移。

至于治学方法，第一是善于读书。朱熹曾说：“读书有三到：谓心到，眼到，口到。”读书的方法有多种，有闲读、略读、精读、摘读、校读等，重要著作应该精读，一般著作可以略读。第二是善于积累。荀子说："不积跬步，无以至千里；不积小流，无以成江海。"苏轼也说："博观而约取，厚积而薄发。"只有在深厚积累的基础上才会有所发现、有所成就。第三是善于综合。当今治学应善于综合百家之长，由今及古，由中及西。第四是善于怀疑。怀疑是科学发现的先导，是创造性思维的开端，古今中外各种学说、假说或理论的产生，无不起于怀疑。第五是善于创新。治学贵在创新，古往今来，凡有成就的学者，均以创建新理论、建立新体系、发现新方法、建构新范式等作为治学最重要的目标。

附录2：

何星亮先生学术简介

何星亮，1956年8月生，男，汉族，广东梅州兴宁人，博士，1975年到新疆工作，1978年考入中央民族大学少数民族语言文学系，1982年获文学学士学位。1982—1984年在新疆社会科学院民族研究所工作。1984年考入中国社会科学院研究生院民族系民族学专业，1987年获法学硕士学位，1990年获法学博士学位。1987年起任中国社会科学院民族学与人类学研究所助理研究员、副研究员、研究员；1998年起任中国社会科学院研究生院教授、博士生导师。2003年起任第十、十一、十二届全国政协委员、民族和宗教委员会委员，2014年起任中国宗教界和平委员会委员，2000年起入选国家图书馆专家咨询委员会，2005年起任国家反恐怖协调小组软科学专家，2006年起任国家非物质文化遗产保护工作专家委员会委员，2013年起入选国家民族事务委员会决策咨询委员会。2002—2010年任中国民族学会副会长兼秘书长，2010—2015年任中国民族学会常务副会长，2013年被聘为国家社会科学基金学科规划评审组专家，2015年起任中国社会科学院民族学与人类学研究所学术委员会主任。受聘中山大学、四川大学、中南民族大学、湖北民族大学等多所大学兼职教授，哈萨克斯坦共和国法拉比国立大学外籍博士生导师；曾任日本东洋文库、国学院大学、国立亚非语言文化研究所客座研究员；1993年被评为国务院政府特殊津贴专家，2013年获中国社会科学院第二届科研岗位先进个人荣誉称号，2014年被评为中国社会科学院长城学者。

研究以基础研究与应用对策研究并重见长，共出版学术著作31部（包括合著和主编），较重要的有《中华文明：中国少数民族文明》《新疆民族传统社会与文化》《边界与民族——清代勘分中俄西北边界大臣的察合台、满、汉五件文书研究》《维吾尔、柯尔克孜、哈萨克、乌孜别克、塔吉克、塔塔尔、俄罗斯、裕固、撒拉族文化志》以及《图腾与中国文化》（中文和韩文出版）、《中国自然崇拜》（中文和韩文出版）、《中华民族的形成与中国的民族政策》（与闽正言合著，中英文出版）、《突厥史话》（与郭宏珍合著，中英文出版）、《文化人类学调查和研究方法》等。在《中国社会科学》《民族研究》等刊物上发表学术论文和调查报告200多篇；在《人民日报》《光明日报》《人民政协报》等报刊发表文章130多篇。应用对策研究主要集中在民族宗教、文化保护和新疆问题等领域。20多年来，撰写信息和研究报告100多篇，获中央领导批示的有60多篇，撰写政协提案和大会发言稿90多篇。至2015年止，获省部级以上优秀科研成果奖12项、优秀对策研究奖36项。

何星亮2013年加入中国国民党革命委员会。现任中国社会科学院学部委员、博士生导师，国务院参事，全国政协委员，中国宗教界和平委员会委员，国家反恐怖协调工作小组软科学专家，国家民族事务委员会决策咨询委员会委员，国家非物质文化遗产保护工作专家委员会委员，国家图书馆专家咨询委员，中国民族学会常务副会长。

（木仕华，研究员，中国社会科学院民族学与人类学研究所）

我是如何走上生态民族学研究之路的
——杨庭硕教授采访记（上）

舒　瑜

杨庭硕教授是国内最早从事生态民族学研究的学者之一，在少数民族传统生态知识研究领域作出了突出贡献。已经有相关学者对杨庭硕教授的主要学术经历和学术思想进行过采访和介绍。①2018 年 5 月 16 日，中国社会科学院民族学与人类学研究所资源、环境与生态人类学研究室与吉首大学应用民族学高等研究院共同发起“生态文化研究学术工作坊”交流活动，利用本次工作坊的机会，我们对杨庭硕教授进行了长达 6 个多小时的访谈。因篇幅限制，本文所呈现的只是部分访谈内容。②

舒瑜（以下简称舒）：杨老师，您好！非常感谢您能接受我们的访谈，您是我们特别敬仰的老一辈学者。此前，我已看过您的研究成果，感到由衷的折服，今天能向您讨教感到非常荣幸。从您的学术经历看，您跟着江应樑先生所受的学术训练主要是在民族史方面，但后来逐渐转向生态民族学。作出这样转向的机缘是什么？据我们所知，您很早就开始进行生态民族学的研究，《民族文化与生境》一书 1992 年就已出版。该书的写作据说是当年和江先生探讨族源问题派生的结果。为此，我们想了解的第一个问题就是，您怎么从传统的民族史研究转向了生态民族学？这一转向背后有什么特别的考虑，或者说有什么样的机缘？

杨庭硕（以下简称杨）：你说的不错，确实和族源的探讨有直接的关联性。大家都知道，民族学学科的传统做法，是对具体民族一个一个地加以研究。当然肯定是跨文化的研究，这一点必须加以强调。在跨文化背景下，难免会带着自己的观点或者立场去了解另一个民族及其文化，这种现象在民族学界早就习以为常。而且对传统民族学教育而言，几乎成了一种普遍性的规范。但如下三个方面的情况，对我的学习经历而言，不得不作出不同的考量。

其一，我个人的治学经历。对此，大家可能早有了解。我是先天性的近视，早年想学化学，响应国家的号召“向科学进军”，但眼睛不行，不仅化学学不成，学生物也不行，也曾试过学习气象学，同样无果而终。最后在万不得已的情况下，才学了中国语言文学专业。这个过程很曲折，从某种意义上来说是一种失败，也是个人的悲剧。但从另一方面看，在这个过程中所积累的不同学科的知识和训练，对促成我转向生态民族学研究起了很大的铺垫作用，使我的思维方式不会像传统的历史、民族学、文学的科班生那样，要遵从特定学科的规范而很难换一个视角去思考所面对的学术问题。我反而容易做到这一点。这对我而言，应当是一个非常重要的机缘。

其二，和我的家庭出身及生活圈有很大的关系。因为我的家庭本身就与苗族文化存在着密切的关系，可以称得上是第一批脱离苗族社区、进城谋生的苗族移民。我父母双方都与苗族有血缘关系，而且来自不同的苗族支系。在家庭内外，苗族文化的潜在影响，对我而言也是治学方向选择的另一机缘。

舒：从山上迁到城里谋生，原因是什么？

杨：清代咸同年间，社会局势动乱，进城谋生，是一种被迫作出的选择。我母亲与金筑安抚司世家有血缘关系。我外祖父是因为参加辛亥革命到了贵阳，而且在辛亥革命中还扮演过重要的角色。他曾在贵州当时的军政府中当过文书，然后到詹天佑手下当财务总管，后来又给孙中山当过信使。同时他又是受天主教资助才得以进城谋生。这些特殊的经历使我外祖父视野较广，他在与我们的闲谈中，为我提供了不少在幼年时备感新鲜的新思想和新知识。民族学需要一种跨文化的思维。他在无意中传授给我们的知识和思想，对我后来选择民族学，起到了很大的引导作用。

其三，我有幸被江先生录取为他指导的第一批硕士研究生，时间是1980年以前。当时民族学还没有恢复，因此我是以历史学研究生的名义进入云南大学的，但这是我意料不到的幸运。江先生给我们上的第一堂课，就是讲民族学，因为他当时正在准备1980年到贵阳参加中国民族学的成立大会。听完课后，我才知道我是以历史学的名义当上研究生，事实上要学的是民族学。这对我而言，自然感到与江先生十分投缘。由于我的经历与我的同学有所不同，江先生所传授的内容，我接受起来感到很轻松，不像其他同学那样吃力。

舒：您和江先生为何对族源问题研究那么感兴趣？

杨：这是当时的学术背景影响使然。我国政府组织大规模民族识别的工作时，民族学研究队伍力量还很薄弱，参与这项工作的学人大多是历史学或语言学专业的专家。他们习惯从汉文典籍中寻找证据继而去展开民族识别工作，所形成的结论很自然地都要围绕汉文典籍的记载下结论，以致于几个民族的族源会很自然地出现雷同。江先生认为这样做不妥。一个民族的族源，只能就其民族文化基本定型才能下结论，仅凭借一两项文化事项的汉文记载，去认定不同民族的族源，其结论的可靠性必然缺乏足够的说服力。

记得有一次，江先生问我，苗族为什么会有那么多支系？其间到底有没有差异？这个问题对我来说并不难回答。因为仅仅是在贵阳市范围内，就有4个不同的苗族亚支系在这里繁衍生息。我就我所知道的情况回答了江先生的提问，并补充说，不同支系之间的苗族，确实存在着非常明显的文化差异。但为何还能凝结为一个民族？我当时也无从找到正确的答案。江先生当时仅是提醒我们，要从苗族文化内部整体性的共性特征下结论，才能得出可靠的结论。

我们家族的原住地，是在明代水东土司的领地范围内。水东的苗语非常奇怪，只有3个声调，而其他地方的苗语则有6至8个声调。原因在于，水东地区的土司出身于汉族，其属下也有大量的汉族民众。声调上的这种差异，也许是受到汉语干扰的产物。江先生听了非常感兴趣。他说研究苗族族源，需要全面掌握这些情况才行。随后，我给他介绍了贵阳范围内的苗族情况。如当地地方志所称的“青苗”，在计时制度上，就与其他苗族不同，他们不是用苗族的传统历法，而是采用汉族的农历计时。只不过，将月份和节气的名称都翻译成了苗语。据此，我估计这里的“青苗”是受到汉族文化的影响。江先生也表示认可，这给了我很大的鼓舞。至于其他地方苗族的传统计时制度，则是用十二生肖轮回计算年份、月份、日子和时辰。我当时还不知道，苗族的这种传统计时制度，是一种真正意义上的物候历。不过，江先生明确指出，探讨族源需要看主流、看传统，个别地方存在的差异，大多是受外来文化传入的影响使然，按理不应当成为族源探讨的依据。而这一点，其后成了我选定田野调查点的依据。

我的田野调查点距离贵阳市很近，是该市下属的高坡苗族乡。当地的苗族在汉文资料中被称为“白苗”，通用的苗语被王辅世称为“惠水次方言”。这里苗族的计时制度是真正意义上的苗族传统历法。在很多苗族地区，都通用这种传统历法，以此为依据去探讨苗族的族源，才具有起码的可靠性。也正因为如此，我的硕士论文才有勇气从正面探讨苗族的支系问题，江先生的启发在其中发挥了关键性的作用。以苗族的传统历法为线索，去归纳苗族文化的内在统一性，果然收到了理想的成果。因为，单就汉文资料的记载而言，这种传统历法不仅在高坡传承到了今天，在其他的苗族地区也有相当一部分传承下来，据此去探讨苗族的族源，我的心中就有底气了。

后来，江先生又问我是否了解苗族到底分布在哪些地区，它和布依族在分布上到底有什么差异。我当时比较清楚“高山苗，水仲家，城里住客家”，就把这种顺口溜告诉了江先生。他说这些民族的分布肯定与所处环境有关系。在研究民族族源时，环境得考虑进去，因为苗族分布这么广，环境差异这么大，我们还把他们说成是同一民族，这是什么原因得出的结论？它有哪些文化事实和其他民族有明显的区别？当时我回答不上来。他就叫我查当时研究苗族的论文，对比一下到底有哪些东西是苗族都认同的，而且是具有同质性的文化内容。基于当时的这番谈话，我的第一个田野调查点就这样定下来了。进了高坡深入调查后，我确实发现了很多共性的东西。

舒：注意到民族文化与所处环境的关系，在老一辈民族学家中，应当是早已有之的事情。比如凌纯生、芮逸夫，在20世纪40年代就有了相关的研究，在20世纪50年代的民族识别工作中，也有不少学者注意到了这样的文化事实。但从您刚才的介绍中，我们似乎看到您在这一研究思路上走得更远，走得更彻底。您能不能讲一些更加具体的过程？特别是您是怎么去思考的？

杨：具体例证很多，但影响最大的，还是我在高坡调查时所感受到的苗族与布依族之间围绕环境而爆发的文化冲突。前面已经提过“高山苗，水仲家”这个在贵州世人皆知的谚语，字面上看似乎很平淡，但若深究，其背后极其复杂，民族之间既有隔阂、偏见，也有互惠、互补。黔中地区的布依族都谣传高坡的苗族会放蛊，证据就是他们排的大便是黑色的；苗族又说布依族心术不正，老奸巨猾，经常欺负苗族。他们提供的证据与“批公狗场”的跳花场直接关联。相关情况不仅是口头传闻，甚至在政府的文件中都有反映。但事实的背后其实涉及生态背景的差异问题。这些问题直到20世纪80年代，还很少有人注意到，更少有人展开过深入的探讨。

苗族从事的耕作方式具有很强的间歇性，今年耕作的地可能明年就不用了，三四年以后再重新启用。苗族过跳花节时所用的跳花场，也不是固定在同一个地方，而是在多个不同的地方轮番进行。其中争议最大的就是“批公狗场”，具体位置在今天惠水县的半坡乡，该地有布依族的村寨，距离高坡苗族乡的辖地非常近，实际距离不到2公里。当年我在该地调查时，苗族乡民带我去观看了一通摩崖石刻，刻成的时间是明万历二十五年（公元1597年）。碑文的内容是说，当时的贵阳府裁定这片跳花场永远归高坡苗族使用，其他任何人都不得侵占。因为这片跳花场的所在地，苗语地名就叫“批公”，苗族举行跳花活动时按例都是在“狗场天”举行，因而被称为“批公狗场”。单从这个名称就可以看出，这里肯定不是苗族的定居地，更不是苗族的固定村落所在地。在一年中，仅是某几天才在这里举行跳花活动。其他的时间，苗族民众几乎不会来到这里。从其他民族的观念看来，似乎不可思议，但在苗族看来，却再正常不过。其文化逻辑在于，他们实行游耕文化，对土地资源的占有从来就不固定，对跳花场的利用当然也不会例外。但问题在于，实行固定农耕的汉族居民却不会像苗族那样去理解，会很自然地认为，苗族在耕作时节不加以利用，非常可惜，于是便会鼓励其他民族成员将那里占用为耕地，这样的决定对官府而言有税收来源，对布依族而言可以有更多的耕地，两方面都各有所得。但苗族的跳花节是在冬春季节举行，当时没有农事活动，似乎也没有妨害到苗族。

我把这个调查情况给江先生作了汇报，他觉得这个问题非常值得探讨。既然历史上官府已经作了判决，布依族怎么敢说这是他们的耕地呢？不同民族间这种认识上的差异，最终导致了这块跳花场的所有权在历史上竟然争论了400多年。直到20世纪80年代，还依然久议不决。黔南州民委和贵阳市民委先后调解了8次，历时14年。根据碑刻、民间记忆、苗族的认知和他们列举的证据，这片跳花场确实是苗族几百年来的跳花场。但是布依族的证据却说服了民委机关。他们说布依族既然在这里种了地、修了房子、盖了牛圈，当然得判给布依族。两方的证据摆到桌面上的时候，黔南州民委指责贵阳市民委的证据是支持封建迷信，我们的土地要按照土地改革的方案来办，要分给布依族。黔南州政府认为，这样的事情总得有个了结，苗族有争议，给他们一些补偿，让他们另外划一块跳花地就行了。但是苗族一直不服气，打架斗殴延续了很久。

政府方面的类似调解，事实上都没有最终解决问题。原因在于，其间涉及苗族和布依族之间对所处环境的文化认知问题。如果不从民族文化差异的视角入手，类似问题就不可能获得彻底解决。因而，从此类看似很小的事项入手，就不难理解不同民族对环境的认识和利用确实存在着很大的差异。深入探讨文化与环境的关系，肯定是民族学中一个亟待深入探讨的研究空间。对我而言，从这样的事项入手去重温“高山苗，水仲家”的内涵就大有深意了。这也促使我下定决心编写《民族文化与生境》一书。

舒：关于这本书的具体内容，您是否可以介绍一下。

杨：还是以苗族和布依族为例，布依族和苗族对生态环境的利用存在着极大的差异。布依族作为一个濒水民族，他们的知识与技术总是聚焦于对湿地生态系统的利用。而苗族则相反，他们的本土知识与技术则集中于对山地森林或草地生态系统的利用。在国家权力未深入这些地区以前，两个民族生息地之间具有相互隔离的分界线，通常都是坡面上的茂密混交林，其间仅留下勉强可以识别的民间小路，以确保相互之间的沟通和交流。但国家权力深入后，为确立税收的依据，于是要明辨土地的占有实情。布依族则凭借这样的政治背景，实行大规模的林地开荒，最终导致原有的文化分界线变得模糊不清，从此就种下了文化冲突的隐患。“批公狗场”的土地权属争议就由此而来。对此，当地苗族有如下一段记忆。

高坡苗族中被称为“蒙茸”的宗族，早年有四个兄弟，其后繁衍成四个房族。老大房族的后代很勇猛，因而被派到山口去建立村寨。据说山口的位置就在“批公狗场”的下方，目的是挡住山下的布依族从这里进入苗族地区。这个故事从字面上看非常平淡，几乎看不出与“批公狗场”的争论有关系，但加以细究后却不难发现，这显然是在原有的自然边界被破坏后，随着冲突的加剧，才可能演化出来的新故事。传播这个故事的目的，显然是要强化“高山苗，水仲家”所反映的文化与环境的对应关系，以此化解新发生的矛盾和冲突。以这样的故事为切入点依然可以看到，不同民族对所处环境的认知和长期的占有利用，存在着明显的差异。因而这样一个小故事，是否反映了历史的真实，其实无关紧要。关键的问题在于，它揭示了不同民族对环境的占有和利用存在着不容忽视的差异。这正是类似故事能够引导我们关注文化与环境的对应关系的基本依据。

每个民族要创造一套完备的、能对所处环境高效利用的文化，必然要经历一个漫长的世代积累的过程。有时甚至还要付出沉重的鲜血与生命的代价，来之不易，守成更难。因而，文化与所处的自然与生态环境，通过长期的制衡互动磨合，最终都会形成稳定的“文化生态”共同体。这一点斯图尔德的《文化变迁论》已经说得非常明白了，在此无需赘言。但具体到生态民族学研究，问题就不那么简单了。这是因为，文化是一个整体，对“文化生态”共同体的文化表达，必然会千差万别花样翻新。在实际的研究活动中，如何凭借这些看似互不相关的文化事实，从中归纳出相关民族的“文化生态内核”，则是一个极其繁难的研究使命。经历了 20 多年的探讨后，回顾我走过的道路，我感到很欣慰，但又深感今后的研究任重道远。

舒：我还是不太明白族源的探讨与文化生态的总体把握，其间到底存在着什么样的内在关联性？为何深化对族源问题的研究时，会很自然地转向对文化生态的讨论。您是否能针对这个问题谈一下您当下的想法？

杨：刚才我已经强调过，探讨族源必须以特定民族文化的整体定型为起点。因而，离开了对民族文化生态的研究，族源的认定就无法落到实处。相反的，如果对一个民族的族源不能作出正确的认识，对该民族建构的“文化生态”共同体，也就无法做到精准的把握，两者之间其实是互为表里而存在，因而需要对二者进行辩证统一的思考。

舒：我有一个疑问，当时民族史的研究好像是有一种特别强的学术追求，就是每个民族必须找到它明确的可以认定的源头，找准这样的源头其实很难。有些民族可能在方志文献中会有所记载，但是这些古代的民族与后来衍生出来的众多民族，很难说存在着真实的文化关联性。当下人所探讨的族源，往往是后来不断建构出来的。您反对“建构论”吗？

杨：反对。历史确实有建构的成分，但也要注意，随着时代的推移和国内外政治形势的变迁，每个人的建构都不会雷同，但任何民族的族源都应当是确凿可靠的。过去为什么探讨族源没办法讲清楚，因为它是根据汉文典籍记载的名称来追溯，没有一个严格的研究方法配套，更重要的是没有与环境和生态配套。比如布依族就很典型，因为《新唐书》和《旧唐书》有专门记载，说“五姓番”种植的是“秧稻”，而不是说种“水稻”。同时又记载说“榖不熟，则杀象射生为业，以充食”。这两句话太关键了。古百越民族是临水而居的民族，但文献却没有提及他们种植水稻，更没有提及他们种秧稻。而作为古百越民族一支的“五姓番”则种了“秧稻”。因而，《新唐书》和《旧唐书》的上述记载，事实上已经充分表明，文献中所称的“五姓番”，与古百越民族已经分化，拉开了很大的差距。所以将“五姓番”确立为布依族的族源，才称得上是有理有据。需要申明之处在于，此处讲的种“秧稻”，仅仅是中国各民族在不同时代驯化野生稻的手段之一，不能代表不同时代其他地区特别是考古发现的野生稻驯化技术问题。

然而，在汉文典籍中，特意说明“五姓番”是种“秧稻”，作出这样区别的原因何在？值得深究。从文字表述去追溯得不到解答，但是从生态的角度就可能得出接近事实的理解。因为野生稻通常都不结实，但靠人力“折腾”一下就可以让它结实。著名的日本学者安田喜宪就做了相关实验，他把西贡生长的野生稻运到泰国曼谷，把它种在花盆里面做实验，结果在花盆中反而结实了。生物都有求生的本能，它在有利环境下生长，更多的是通过营养方式去繁殖；而在不利环境下生长，为了确保物种的延续，反而会大量结实。这成了我们以后研究生态民族学的一个重要案例。安田喜宪也承认这一点，如果没有人去“折腾”刺激野生稻，自然生长的野生稻就不会结实。所以种植水稻直到今天还要普遍实行插秧，其实质就是通过人去给它施加强烈的刺激，使它大量结实，以满足人类的需要。这不仅解决了民族学问题，也解决了许多生物学上悬而未决的问题。很多分类学家只注意生物成年后的生长样态，而与人类的关系则不加以考虑。事实上，当前我们看到的各种习见生物，它们成年后的生长样态本身就与野生状态很不相同，这就表明这种生长样态的差异是人类干预出来的，而不是自然长出来的。不同民族的文化在其间都发挥了积极作用，将这样呈现的生长状态，还习惯性地误判为生物的自然生长状态，当然会导致研究中的一系列误判。

再如，大理地区种核桃，要用刀去砍树干，并且要多次移栽，结出来的核桃不仅多且籽粒饱满，其壳也非常薄，含油量高。但请注意，这不是核桃靠其生物本能结出来的果实。谁都知道野生核桃壳厚籽小。因而在对待这样的生长样态时，忘记了民族文化发挥的作用，是科学研究不能容忍的失误。其实，文化对物种生长的干预，并不是在当代才出现的，而是在历史上就早已有之的文化生态事项。对核桃、石榴等从中亚传入我国的物种而言，南北朝时代的《齐民要术》一书，早就有了类似的记载。该书明确指出，种植核桃、石榴，不仅要移栽和修剪，移栽时树穴中还要垫石头和动物的枯骨。其科学性和合理性在于，核桃这样的外来植物其原产地在波斯高原，是种在山麓的土石堆积层中，土壤的透水性和透气性能良好。但到了中国的黄河冲积平原，或者是西南的喀斯特山区，其土壤的透水性和透气性能都较差，加上降雨量丰富，必然要干扰根系发育。因而，中国各民族其实是在经验和教训的积累中，形成了整套的本土知识和技术，才确保了这些外来物种能够引种成功，且发挥巨大的经济效应。试问，这样的核桃和石榴还能称得上是纯自然的生长样态吗？

中国各民族对这些作物的驯化过程，应当是一系列伟大的科学发明，这是生态民族学研究的重要对象。除了核桃、石榴外，云南和贵州各民族传统的衣着原料，如木棉、葛藤、芭蕉树、构树皮等，而今都不再种植和加工利用了。应当看到，这是一种失误。在倡导生态文明建设的今天，这些传统的生态衣着原料，理当列入可持续经济发展的生态产业去加以复兴，才符合生态文明建设的需要。总之，对文献记载的探讨和利用，不能简单地停留在字面含义上就事论事，也不应当无原则地随意选中某一个后人的注释就下结论，把后世的建构当真理，这恰好是族源探讨中需要认真对待的关键问题。后人对前人的记载要作出符合当时所处社会的理解，这当然是一种不折不扣的建构。把这样的建构作为讨论族源的依据肯定行不通。但如果换一个视角，从文化生态入手，因为文化生态具有很强的稳定性，以标志性的文化生态事实为依据，如上文所言的“秧稻”种植为依据，那么形成的结论将布依族的族源认定为文献所载的“五姓番”，距离历史的真相差距就不会太大。类似的案例我们还要做很多，希望我们的这种研究思路能够逐步得到学界的接纳和推广。

舒：我简单总结一下。在您看来，追溯一个民族的族源似乎并不是那么重要，重要的反而是民族文化与所处环境的关系。民族文化之间之所以会出现如此大的差异，一个民族内部之所以会分化出众多的支系来，关键是因为他们所处的环境不同。民族文化要与它所处的环境相适应，就必然要对不同环境要素加以适应。文化与这些环境要素相互作用、相互适应的过程，就会很自然地模塑出文化的差异来。族源尽管对民族文化的演化也可以发挥很大的作用，但通过相似文化的比较，立足于文化的整体观，弄清楚其间的演化轨迹，似乎比较容易一些。但要查明一个民族的文化如何系统地适应于其所处的环境，探讨起来就显得复杂多了。因为要涉及人与自然的关系，涉及跨学科的理论与方法的整合利用。因而，您更看重文化与环境的关系，或者说您的这种想法，也许就是斯图尔德所称的“文化生态”。我的这种理解是不是您的本意？能否就这一点展开进一步的说明。

杨：你的理解大致不错。我们从事生态民族学研究，确实高度重视文化与环境的互动制衡关系，因为这是民族文化能否稳态延续、环境能否支撑文化可持续运行的关键所在，也是当代我们在生态文明建设中重建人与自然和谐关系的关键所在。族源的总源头并不是那么重要，但是我们理解族源最好是理解到定居后，文化与环境适应了，由此传下来的完整的文化体系对现在有多大的影响，对界定这个民族和其他民族的区别有多大意义，这样去研究族源问题才有意义。如果像当年的经典进化论追溯文化的总源头那样，事情就糟糕了，那就变成所有民族都具有同样的文化源头，这样的研究结果就没有太大的意义。因为它无法指导我们今天如何去与环境打交道，如何去建设美好家园。其实，那样的研究结论早在民族学形成的初期就已经解决了。其基本内容是说，人类与动物的最大区别就是要建立社会，靠文化去协调人与人之间的关系，使之形成一个整体，以便更好地征服自然求得发展，靠集体的力量去认知、利用和改造世界。不错，这确实是人类本性所在，也是列维斯特劳斯所说，民族学研究的目的，就是要揭示“人性”的本质。现在的问题在于，如何在上述理解的基础上加以创新发展，对文化与环境的关系做到具体化和精准认识，这才能服务于当前的需要。从这个意义上而言，单注意文化的本质就显得不够了。我们需要的是具体澄清特定民族与所处环境的错综复杂关系，总结其得失利弊，弘扬其精华，扬弃其糟粕，这才是当下亟待探讨的重大问题。

具体到苗族，他们肯定有共同的源头，但所见的事实则是其内部支系极为纷繁。如果族源能够决定一个民族未来文化的全部内容，那么支系如此纷繁就无法得出科学的结论。但如果换一个视角，从当下苗族各支系所处的不同环境着眼，那么不同支系在生计方式上会呈现不同的差异，也就不难形成科学的结论了。例如，黔东南支系的苗族已经掌握了水稻种植技术，也学会了林粮间作，甚至还拥有丰富的林业契约文书。在这些问题上，其与其他地区的苗族差异很大，从族源上着手根本无法得到合理的解答。但如果从他们生息的环境是亚热带常绿阔叶林和亚热带湿地生态系统去看待，他们有这样的生计方式和文化特点，也就可以得到合理的说明。同样的道理，生活在川滇黔边境毗邻地带的滇东北亚支系苗族，他们靠种植荞子、燕麦和马铃薯为生，也掌握了放牧马、牛、羊、猪的各种技能，这同样是他们生息在乌蒙山区的特定环境使然。他们生活在高海拔山区，所处的生态系统是阔叶和针叶混交林，还有连片的疏树草地生态系统，这样的环境下根本种不出水稻，却是放牧的好场所，也是燕麦的原产地。呈现这样的文化差异，光看文化本身找不到答案，但只要看所处环境的特点，答案就在其中了。从这个意义上说，在相似的生态系统中，来源不同的民族文化可以出现某些相似的文化事项，这应当是文化适应环境的产物，也是对今天的生态建设最有价值的启示。对待这样的问题，追踪其族源其实意义不大，认真考察他们所处的环境和生态系统反倒必不可少。黔东南地区的苗族和侗族就十分接近，湘西的苗族与当地的土家族也十分接近，但他们的族源肯定不同。

换一个视角，从苗族各支系与所处的社会环境着眼，又可以获得一番新的结论。具体而言，苗族各支系的语言肯定是其文化构成中很重要的要素，但苗族各支系的语言恰好不能直接通话。这个问题也是族源探讨无法找到答案的老问题，但如果将不同苗族与和他们一道杂居的民族联系起来，问题就会迎刃而解。苗族西部支系的方言中存在众多的鼻冠音声母，为什么会有这样的语音特点？此前王辅世先生只是呈现了这一事实。我与王先生多次对话都请教过这一现象的来源问题，王先生只是说现在研究只能到这一步，你问的问题需要在下一步去加以研究。我就冒昧的回答，彝语中也普遍存在鼻冠音声母，苗族与彝族杂居相互影响，能不能作为这一问题的答案？王先生肯定我说得有道理，但是光这样理解还不够，需要更多的证据和更加深入的分析。我又指出，水东地区的苗族只有三个音调，而当地的汉族也同样只有三个音调，这恐怕不能理解为巧合吧。王先生希望我能把这个问题作深入探讨。其后，经过多年的资料搜集，我又不断注意到，古代的土家语也曾经有较多的鼻冠音声母，而与他们杂居的湘西苗族，也保留了一定的鼻冠音声母。然而，黔东南地区与布依族、侗族杂居的苗族，其方言中的鼻冠音声母全部消失了。这显然与布依语、侗语都没有鼻冠音声母有其内在的关联性。

我认为文化与环境的关系，不能局限于自然环境，还得兼顾与其他民族相处所达成的社会环境。对国家而言，还要考虑行政权力的直接和间接影响。只有把这些整合起来，探讨文化与环境的关系才能得到较为全面的认识。不过，对生态问题日趋严重的当下而言，关注文化与生态系统的关系显然更具紧迫性。但不管从任何角度看，对类似问题的深入探讨，族源探讨能够发挥的作用显得并不那么重要，文化与环境的关系理应占据当代研究的重要方面。

舒：但是环境最终还是会涉及一些新问题，例如，同一个民族所处的环境发生变化，从一个濒水而居的河谷地区，因为各种原因迁徙到山区生活。在迁徙过程中，是不是整个文化都会发生变化？其结果就会变得更难与族源问题发生联系了。

杨：是的。在这样的情况下，民族文化肯定会发生变化，但恐怕不是整体的变化，而是局部性的变迁。也就是说，与新环境有冲突的文化要素肯定非变不可，但更多的其他文化要素是变还是不变，可供选择的空间就大多了。据我所知，古代的百越民族，确实称得上是一个典型的濒水民族，但后来的发展则不同了。古百越民族中的一支后来迁到了哀牢山区，就是今天民族学界所称的“花腰傣”。这里的环境不是濒水环境，而是亚热带常绿阔叶林生态系统，在高海拔区段还是常绿与落叶混交林生态系统。于是，花腰傣和生活在西双版纳的傣族，其文化在今天看来，已经发生了非常明显的变迁。花腰傣的妇女在上衣和筒裙之间，要穿戴刺绣精美的围裙，人们也是根据这一点把他们称为“花腰傣”。这样的服饰习俗变化，绝对不是一件小事，而是适应新环境的产物。因为在山区生活，晚上气温偏凉，白天又过于湿热，佩戴这样的花围裙，对林中的晚间生活非常重要。在山区不需要天天洗澡，穿上这样的花围裙，副作用并不大。值得一提的是，穿筒裙和短上衣，这样的文化要素却没有太大的变化。需要进一步指出的还在于，花腰傣穿的筒裙厚重多了，形制虽然没有大变，但是厚重的筒裙更利于夜间保暖和晚间生活。从这个意义上说，环境变了，到底哪些文化要素要变哪些不变，则是相关民族靠经验和教训积累获得的成果，其内容非常复杂，但这恰好是生态民族学需要深入探讨的具体问题。

两个族源完全不同的民族，尽管在历史上他们没有直接接触过，但在他们的民族文化要素中，也会出现相同或者相似的内容，这也是值得研究的具体问题。生活在贵州黔中地区的贵阳亚支系苗族，历史文献中将他们称为“青苗”。这部分苗族的衣着和行装特点，在贵州方志中有明确记载，说他们出门有三件宝——“斗笠、蓑衣、竹杖”，还要随身佩带“环首刀”和“弩机”。斗笠和蓑衣用来防范山蚂蝗的攻击，竹杖用于打草惊蛇、防范毒蛇的攻击，环首刀用于砍山开路，弩机用来射杀小型猎物。此外，还要全身穿黑衣。整个行头都是适应常绿落叶混交林生态系统的产物。有趣的是，远在哀牢山区的花腰傣也要佩戴斗笠，远行时也要带竹杖，还需要佩戴蓑衣。这两个民族在历史上从未有交集，但他们的文化却明显地呈现出某种意义上的相似性。这显然是族源研究无法解决的大问题，却是生态民族学需要认真探讨的具体问题。答案很简单，因为他们生存的生态环境高度相似，出现相同或相似的文化事项，就是适应环境的产物，不足为奇。

但这样的结论，对今天来说却大有深意。今天在两地实施生态文明建设时，对这样的文化事项显然需要肯定和宣传，因为他们是文化适应环境所获得的认知精华。这样的精华对今天而言，还有其利用价值和创新空间。我们不去研究生态建设中的很多具体问题，就很难找到化解的方案和对策。在这个问题上多一点辩证思维是一件好事。

注释：

①参见杨庭硕、孙庆忠《生态人类学与本土生态知识研究——杨庭硕教授访谈录》，《中国农业大学学报（社会科学版）》2016 年第 1 期；杨庭硕、王婧《苗族传统生态知识的演变——杨庭硕教授访谈录》，《鄱阳湖学刊》2016 年第 1 期；杨庭硕、耿中耀《杨庭硕教授谈当代生态建设的转型与创新问题》，《原生态民族学刊》2017 年第 3 期。

②此次访谈由吉首大学历史与文化学院硕士研究生杨秋萍同学整理录音，在此感谢。

（舒瑜，副研究员，中国社会科学院民族学与人类学研究所资源环境与生态人类学研究室）

当代生态民族学研究存在的问题与未来走向
——杨庭硕教授采访记(下)

舒　瑜

杨庭硕教授基于他多年来在生态民族学领域积累的厚重扎实的研究经验，就生态民族学研究的瓶颈、理论进展，以及学科建设展望等方面发表了看法。这些见解对于推动生态民族学学科建设将会产生有益的启示。

杨庭硕（以下简称杨）：下一步如何走，其实挑战很多。问题在于，既然生态具有相对性，人类建构的生境也具有相对性，文化本身也有相对性，那我们如何正确地评价它们的适应水平呢？我们到底要吸收什么、扬弃什么？怎么取其精华，去其糟粕？历史传承下来的很多传统，确实有很多精华，但是我们要继承、发掘、提升和创新什么？这是一个大问题。个案提供的都是文化事实，但如何作出正确的评价，其结果又能直接为现代社会服务，这才是生态民族学最具挑战性的大问题。要回答这些问题，研究的瓶颈就不可避免地要冒出来。人都有自己的文化归属，从自己的文化去反观其他民族的文化，这是民族学研究的惯例。

生态系统中任何生物的生命运行过程，其实都是一个辩证统一的历程。它的存在对所处生态系统而言，“破坏”与“建设”往往难以区分。这样一来，要作出符合科学性和合理性的评价，而且还要立足于为现代社会服务，其艰巨性也就可想而知了。所以我认为，这是下一步研究工作中必然要碰到的瓶颈问题，这个问题对每个人都不例外。

舒：您作出这样的强调，我能够理解。但是具体到研究工作，该怎么办呢？这反倒是年轻学者最想关注的问题。

杨：事情确实如此。民族学界不少人倡导对“欧洲中心主义”的批判，这样的主张我们可以认同，因为这是一个历史事实，但光这样做还远远不够。具体到中国而言，我国的汉民族文化进入固定农耕类型的时间很早，无形中固定农耕文化的核心价值，很自然地就成了不少民族学研究者默认的核心价值，而且还要将其放大用于认识非固定农耕的民族文化，如狩猎、采集、游牧、游耕类型文化等。这样做就突破不了研究瓶颈了，即使形成了结论也靠不住。

舒：您说得很对，时下不少研究苗族的学者就存在着类似的情况，他们不仅认定当代的苗族，与远古时期的“三苗”存在着文化谱系上的关系，甚至存在着血缘关系。还进一步认定，既然在很古以前就被称为“苗”，那肯定就是最早的农耕民族了。对这样的学理逻辑推导，您如何评价？

杨：这样的推理肯定不靠谱。能否建议相关学者从文字学、训诂学、音韵学的研究视角，去查一查甲骨文时代的“苗”字是什么意思？在远古时代，确实有“苗”字，但其含义不是农耕，而是一种打猎的手段，即用安放在草地中的绳套去捕捉猎物。这恰好证明苗族不是最早的农耕民族，反倒是和汉族一样在远古时代都经历过狩猎采集时代。至于苗族和“三苗”是否存在血缘关系，那得从体质人类学的角度去考察，民族学乃至历史文献记载都无法回答这个问题。

舒：您这样的分析确实让我们大开眼界。但如果再深入一步，我还想问一个更具挑战性的问题，那就是用固定农耕时代的汉文化，去分析属于游耕类型文化的苗族文化，会在无意中犯错误。如果从农耕时代的汉族文化去反观更早的汉族文化，如狩猎时代、游耕时代的汉文化，情况会不会好一些？我之所以对这个问题感兴趣，其实也是有感而发，因为在很多历史论著中，我们也注意到类似的论证方法。

杨：你的理解我完全认同，这样去分析古代汉文化同样会犯错误。比如，研究甲骨文的字义，当下都习惯于借助《说文解字》作为桥梁去解读，却没有注意到《说文解字》也是汉族进入固定农耕文化后才写成的专著，不能代表远古汉族狩猎或游耕时代的文化。例如，为什么同一种动物，在中国汉文典籍中，就有“猪”和“豕”两个字去代表。其原因在于，“豕”是指野猪，“猪”则是指被人捕获并驯化家养的动物。“雁”字是指野生的“鹅”，“鹅”则是进入农耕文化后被驯化了的“雁”。所以甲骨文中的“雁”字，是用捕获这种鸟的工具加上“隹”构成会意字，去指代这种会飞的大鸟；而“鹅”则是一个形声字，它是用“雁”被驯化后的叫声接近于“我”字的读音，用“我”再加上一个“鸟”字，去指代这种被驯化后的家禽。由此看来，不仅民族学不能混淆不同类型的文化，历史研究也得注意这一关键问题，否则两个学科都会陷入当代研究的瓶颈而难以自拔。

舒：不突破这样的研究瓶颈，对今天的生态建设会产生什么样的不利后果？对生态民族学研究又会造成什么样的不利后果？

杨：这是显而易见的事情。对民族学而言，错用农耕类型文化的标准去解读和评价非农耕文化的适应成效，肯定会铸成大错。时下，我们的研究团队正在关注葛类作物和桄榔木的研究，也在关注优质楠木的文化生态研究，目的就是要回答目前围绕这些问题普遍存在的偏颇。当下，不少研究者都习惯性地认为，楠木和桄榔木在中国是需要保护的濒危植物，葛藤则是令人讨厌的田间杂草。但我们的工作却相反，因为我们注意到，在我国南方众多的少数民族中，直到20世纪时，还将它们作为重要的粮食作物和经济作物加以管护和利用。但管护与利用的整套本土知识和技术，则不是按固定农耕类型文化办事，而是按照游耕类型文化办事。将相关的本土知识技术经过调查汇总后，最终都证明，相关少数民族确实是按照游耕类型文化的核心价值办事。此前已有的很多研究事实上偏离了历史事实。如果全国范围内都将葛藤作为杂草去对待，那么当下的喀斯特石漠化治理、干热河谷灾变治理，就会失去相关文化生态共同体的支持，而很难收到预期的成效。同样的道理，将桄榔木和楠木都认为是已经濒危的物种，要靠划定保护区去实施物种的拯救，而没有注意到这两大类植物恰好可以在当代的生态建设、可持续经济发展中发挥重大的作用，同样是一个失误。事实上，对这些作物只要正确地把握好维护与利用的辩证统一关系，在当代还可以发挥不可替代的生态建设价值。从实践利用的角度看，我国的国土资源规划和管理利用，其实离不开生态民族学的研究成果。我国是一个多民族国家，各民族对特定的生态系统都有独到的认识和经验积累，而他们的民族文化所适应的生态系统又具有其特异性，离开了相关的文化生态研究，对那些异质性很强的生态系统而言，即使好心搞建设，也可能办坏事。因此，生态民族学的相关结论坚持认为，对异质性很强的自然生态系统而言，要从事生态建设，一是要正确掌握相关民族的特殊历史过程，二是要正确把握生态系统的特殊性，三是要了解相关民族文化的特殊性。如果这三个方面不能作出系统的把握，生态建设就无从做起。在中国大地上，生态类型千差万别，如此多样化的生态系统，用同一种方法是建设不好的。

舒：您的这三点提示，我个人认为很重要，提得也很及时。不注意这三个方面的兼容，未来的生态民族学研究瓶颈还是突破不了。我注意到您这几年在做比较生态类型数据库，其目的是不是就要坚持这三方面的兼容？您的考虑是不是基于个案的积累已经达到了一定的程度，可以启动下一步的整合研究工作了？

杨：是有这个考虑。现在是没有人能够读懂文化事实，我们的工作是把文献典籍与民国时期的田野调查报告，还有我们今天看见的民族材料实现对接。对接的办法就是，把所有能够代表一个文化事项的文字做一个文化单元。一个一个的信息单元收集起来，标定是发生在哪个年代，是什么空间的生态系统，所发掘的文化是什么。一共6个单元，时间、空间、文化类型、生态类型等全部在里面。我们讲的这些要素都在表上清晰标注出来，以后在电脑上可以检索。所记载的史料出处也要记录下来，包括史料具有的学理价值和应用价值。这样的数据库做完以后，不仅便于研究人员从不同的角度去展开系统的对比研究，还可以据此形成一批研究成果。这个数据库对外公开后，不同领域的研究者，也可以与我们共同研究，不仅可以形成成批的可以相互比较的研究成果，还有助于将难以理解的生态民族学研究成果及时推进到实践范围，对当代的生态文明建设发挥直接作用。从我多年的研究经历着眼，其实我更重视普及工作，我和罗康隆合作编写的《美丽生存》一书，就是出于这样的目的。但做得还不够，还需要更多的生态民族学工作者做普及工作。

舒：可以想见您和您的团队所做的这个数据库将会对学界产生重大贡献。我还有个不清楚的地方，既然文化生态环境历史过程都具有相对性，在跨文化、跨时代的生态民族学研究中，如何建立一个客观的评价标准呢？这个问题不解决，热心于生态民族学的同仁们，仍然会感到困惑。不管您是否考虑成熟了，您至少要给我们一个提示才好。

杨：我确实没有考虑成熟，要给一个提示也是勉强为之。我们必须记住，地球表面的无机环境，尽管也会发生变化，但其速度和弧度十分缓慢，且不会太大；不同地区的生态系统也会变化，只是其变化的速度虽然比无机环境快，但相对人的生命周期而言，依然较慢。不过，人类对生态系统的干预其后果却很明显，变化也很快，如民族文化的变化速度就快得多，弧度也很大。如果我们把无机背景作为客观的比较标准，去探讨文化对环境的适应，那么标准就具有一定的普适性，评议的结果也相对可靠。如果把生态系统作为评价标准的参照，也可以发挥较好的作用。但在其中应当剔除人类干扰所引发的后果。总之，以自然与生态系统作为文化适应水平高低的参照去制定评价标准，就目前看来，应当是一种较为可靠的研究思路和方法。但我们不敢自以为是，而是愿意就这一问题向学界同仁求正，愿意与大家共同做好这项基础工作。

舒：您对理论方面的探索也有很多自己的想法。比如您提出过“文化制衡理论”，该理论出于什么样的理论关怀？

杨：关于生态民族学的理论建设，其实需要从整体层面上来澄清一下。因为它和传统民族学有差别。传统的民族学主要是研究人与人的关系，是从一个群体的共性特征去展开研究。民族学从一开始就不是以个人为研究对象，这与社会学有很大的区别。生态民族学要研究的不是一个体系，而是两个并存且性质完全不同的体系（即人类社会与所处的生态环境），目的是要澄清它们之间表现出来的关联性和互动关系，这就与传统的民族学拉开了很大的差距。又因为人必然是通过文化去加工自然、改造自然，而自然本身又是一个整体，在这个过程中就涉及一个非常复杂的问题。其复杂性在于，作为文化这个整体去看你的理性和生态系统自身的理性，这两者是不兼容的。能够得出的结论都不是逻辑推导的过程，而是在一个“试错”和“试对”基础上，积累起来的经验和教训的结果。所以我们讲本土知识、技术、技能等，都是探讨其经验磨合的结果，很难用理性来解释。至于要把它上升到理论高度，则有待生态民族学下一步的研究来解决。

人与生态系统，或者和其他民族发生关系时，两个系统之间为何会出现问题？制衡理论就可以在其间发挥关键作用。此前研究最大的一个障碍，就是民族学研究总有一个传统，都是根据共时态的资料来形成结论。因为西方民族学建构的时候，他们对异民族的历史、生态、文化几乎一无所知，就把资料收集、筛选、归纳整理，得出对民族文化的认识。马林诺夫斯基的调查做得很精彩，但问题是他排开了生态系统和文化的交互影响。此外，欧洲的殖民活动对他的研究又会造成什么影响？在他的研究中往往也被搁置起来。所以在生态民族学的研究中，必须用制衡理论来分析它们之间到底发生了什么事情，特别是要找准导致文化或所处生态演化的社会主因是什么？这个主因又以什么样的机制推动了生态的变迁？这样联系起来，才能全面解决对两个并存体系之间互动关系的可靠分析，这就是我们所理解的制衡理论的大致内容。

舒：近年来，很多学者关注生态伦理的问题，您如何看待生态伦理这一提法？

杨：制衡理论问题也涉及生态伦理问题。伦理是文化的构成部分，但每个民族的文化是相对的，故而伦理观也是相对的。在我们今天的工作中，最值得一提的是，中国现代生态建设中有一个误区，认为“砍树就是犯罪”。实际上有很多植物是需要人去干预以后才能更快地成长和恢复。比如，我国的小兴安岭森林区，经过多年的采伐后，森林生态系统已经消失了，在自然状况下虽然可以长出新一轮的次生林，但是搞生态建设时，对这样的次生林，恐怕不能放任自流，让其自己去生长。这样做，真正恢复成森林生态系统的速度会非常慢，所需要的时间也会很长。但如果借鉴了侗族的“林粮间作”育林知识和技术，实施有节制的“间伐”和“择伐”，对长得过密的幼树，砍大留小，砍好留次，且在留下的树木之间都要拉开很大的距离，预留它们未来的成长空间，就不会像有些林学家估计的那样，要半个世纪乃至一个世纪，才能恢复成真正意义上的森林生态系统，而是只需要 10 年或者 15 年，从可以达到生态恢复的预期目标。从这个意义上说，砍树不是破坏，反而是生态建设的必备内容。当然具体的操作很复杂，需要做到及时、精准、规划、明晰，才能达到预期的目标。其实，生物学家早就告诉了我们，生物的生长要经过“种间竞争”和“种类竞争”，才能确保物种的繁衍和延续。在文化的理性范围内，我们不可能拿人的生命去换发展、换成长，这是文化的伦理所不允许的。但对生态系统的建设而言，我们就得用生态系统的伦理去解决问题。人要替代其他伴生生物甚至是自然因素去帮助选中的幼树顺利地度过“种间竞争”和“种类竞争”造成的重重障碍，使其得以快速成长。从这个意义上说，靠人力牺牲一部分幼树的生命，并不是不道德的行为，反而是一种值得称道的伦理观。因为，人不去动它，就得等待机会，让其他伴生生物去夺取部分幼树的生命，活下来的幼树才能长成参天大树。就这个意义上来说，人去动它和靠其他生物去动它并无实质的区别。对生态建设而言，这才配得上是一种理性的伦理观。因而，文化的逻辑和生态的逻辑完全不一样。在这种情况下，文化是相对的，伦理观也必然是相对的。

我主张伦理应当随着文化走，不同民族有不同的生态伦理观，人类所面对的生态系统尽管千差万别，但它们都能够与人类社会并存且得到稳态的延续。所以，要让各民族的生态伦理观并行延续下去，相互牵制，共同服务于生态安全的总体建设要求。其实不同的生态系统，在人类的管护下都得到超长期的稳态延续，才是真正意义上的全人类生态安全，这也必须是我们生态建设的总目标。要想实现这样的生态安全，不同民族的文化就要发挥各不相同作用，应当坚持自己的生态伦理，这才符合制衡理论的逻辑要求。苗族打猎要给野兽送葬，别人说他们愚不可及，其实这种做法保护了相关的物种和相关的生态环境。容忍不同的生态观和伦理观，反而对生态环境的维护更有利，因为毕竟我们对生态系统的运行所知很少，很多我们不知道的因素还在其中发挥重大作用。在人类的总体伦理观中，留有这样的余地，对维护生态的稳态运行来说，反而具有不可替代的价值。在我国要搞好社会主义建设，社会稳定要压倒一切，这样的认识很对。对生态系统也是这样，人类的职责，是要通过智力和劳力的投入，去确保其稳态延续，这才是人类的福分，在生态建设中也应当“稳定”压倒一切。

生态民族学理论建设难就难在，它要同时应对和解决两个不同体系之间的互动制衡问题，从结果来看是一个看得到的协同进化产物。人的活动不妨碍它，它的活动也不让人感到不快。

这就是习主席倡导的“共建人和自然的新型和谐关系”。这个构建的过程是一个制衡过程，因为反馈和作用是无序的、多样并存的，最后起作用的是双方势均力敌博弈后得到的结果。因而，文化的理性和生态的理性都不能排除，必须兼顾二者的辩证统一关系。

值得一提的是，制衡理论只适用于有生命的对象，对无生命的现象则是无意义的。在制衡理论分析中，有6个方面要兼顾起来共同发挥作用，即时间、空间、民族文化、独特的历史过程、当下还能发挥作用的民族文化以及当下的生态系统实情。因而，利用制衡理论展开分析讨论时，这6个方面要同时兼顾，才能成功找到导致生态系统不稳定乃至发生生态退变的社会文化原因。

舒：接下来的问题是想请您谈谈国内生态民族学如何与国外学界展开对话？

杨：我一贯主张不必对我们的理论或者国外的理论过分苛求，系统掌握其逻辑过程。理由在于，他们也符合我们所说的制衡理论，他们可以自我形成、自我发展。其具体过程，在异民族看来并不一定符合逻辑，苛求逻辑的完整其实毫无意义。时下，我国学界正致力于批判哈定的“公地的悲剧理论”，质疑或者批判“适度干预理论”，这样的批判对于帮助我国民众了解国外理论当然有好处，然而我们还需要追求深层次的对话和交流，但不必苛求逻辑过程的合理，而是要看各自的实效，这应当是双方都可以坚持的共同原则。我们提出的制衡理论，外国人也应当作如是观。其间的道理并不复杂，因为不论是“公地的悲剧理论”，还是“适度干预理论”，都是立足于具体的实验基地所获资料得出的结论。结论本身的逻辑无可挑剔，但他们得出结论的实验地或观察点到底是什么生态系统？是什么样的文化在发挥支配作用？此前有过什么样的特殊历史过程？目前纳入实验基地的生态系统或者民族文化，到底延续了多长时间？涉及多大的空间范围？这一切在他们的论文中都没有明确的交代，更没有深入的研究。其结果是，他们顺利地得出了他们研究的结论，相关的学说也随之而确立起来。但如果我们只关注实验过程和结果，其他的6个要素一概不问，如果认同了推介的观点，把这样的理论照搬到中国，新的问题就出来了。我们要去付诸实践的地方，上述6个要素是否相同，我们一概不知，却要生搬硬套他们的理论，其结果必然会好心办坏事。正是基于这样的考虑，我们与国外同仁进行交流与对话时就必须接地气，先将他们的理论在我们的实验地加以验证，成和败都无所谓，但要追问其成或败的原因何在，再去与他们对话，这样的学术交流才有实际意义。如果我们仅停留在纸面上讨论逻辑是否严密、实验是否精准、数据是否可靠？那我们的研究肯定会陷入雾里云里，结论根本无法一致，反而白白地浪费了时间和精力。我将这样的对话和交流原则简称为“终端验证法”，这正是我的一贯主张，先看结果再回顾逻辑过程的依据由来。对此，我也乐意与学界同仁交流，接受学界同仁的批判指正。

舒：最后一个问题，您写过《相际经营原理——跨民族经济活动的理论与实践》一书，学界都认为这是一本经济民族学论著。但我在书中发现了鲜明的生态民族学研究的痕迹，该书对您转向生态民族学研究是不是发挥了很大的作用？比如，您在书中讨论过刀耕火种的起源，并认为这样一种生计方式是多民族共同创造的生计方式，而不是某些少数民族落后愚昧的结果。您能不能谈一谈您当时写该书的一些考虑，或者说怎么从经济民族学转向到生态民族学的关联性？

杨：你说对了，这本书是一个国家课题的研究报告。这个课题是讨论“非经济因素”对社区发展的影响，里面也谈到了民族文化和生态的关系问题。但是当时的研究背景和要求是要解决经济问题，因而表现形式侧重于经济问题。我们在书中有“背景论”“政策论”等，其实那就是具体的个案，主要讨论在一个文化和生态都有差异的背景下，国家执行的同一政策得到的经济后果却往往各不相同。该书用了很多经济学的原理，其中还包括很多诺贝尔奖获得者的“发展经济学”权威理论。一些搞经济民族学的学者，也觉得这本书在这一点上很有特色，能够把经济学已经成熟的理论，包容进一个民族学研究的框架内，加以整合研究。我们做经济民族学研究，有一个值得深思的重大问题，即经济学是研究短时段的效果，与民族学研究长时段的社会事实存在着很大的差距。文化是可以长期延续的，它当然得研究很长时段的社会文化事项。早期的民族学不追踪历史是因为没有条件，西方民族学有一个传统，是只看共时态的资料下结论。但中国则不同，中国有浩瀚的历史记载，所以我说中国民族学的第一大特点，就是它有历史观。同样的道理，通过民族学这种长时段学科去探讨经济问题的时候，单看短时段的经济收益是远远不够的。经济学要落实到个人，但是民族学是负责一个群体怎么运行、怎么谋生存的问题，二者的对象不相兼容。所以在这本书当中，我必须把握的就是对文化与生态这两个具有稳定延续能力的体系加以整合分析。我这样做是受到了斯图尔德的启发，有了这样的理论基础，我才有可能把经济活动作为一个整体去对待，进而去比较政策、发展的背景、空间差异、生产过程的差异、所涉及的文化传统等，从中把我所认定的“非经济因素”分门别类地筛选出来，分成不同章节去展开讨论。其中的个案都意在证明，由于各种“非经济因素”的客观存在，才会导致不管是历史上，还是在当下，如果忽略了“非经济因素”的存在，就可能好心办坏事。这本书和后来我们做生态民族学研究在思路上是一脉相承的。甚至其后编写的《人类的根基》和《美丽生存》在研究思路上也存在着承袭关系。

值得指出的是，我这一辈子从事的都是民族学研究，公开出版的书尽管名称各不相同，但那只是研究对象的差异，研究的思路与方法却始终如一。只不过此前所做的工作，理论性强了一点。时下，更需要做的是普及工作，且希望民委机关、环保部门，多支持我们办一些培训班。我认为对青年人和基层干部，都需要做生态民族学的普及工作。因为这是时代的要求，也是国际学术发展的要求。不做好普及工作，生态文明建设就不能落到实处，与国外的学术交流就会在逻辑理论中转圈子。这才是我当下最感紧迫的事情，最值得努力的事情。

舒：那跟杨老师的访谈就到这里。特别感谢杨老师，我们真的是收获特别大。但愿以后还有更多面对面请教的机会。

注：此次访谈由吉首大学历史与文化学院硕士研究生杨秋萍同学整理录音，在此感谢。

（舒瑜，副研究员，中国社会科学院民族学与人类学研究所资源环境与生态人类学研究室）

新中国民族学与人类学研究的发展进程与未来展望

——人类学家阮西湖教授学术思考

田　耘

一　民族学与人类学研究的学科建设

阮西湖先生作为新中国成立后我国民族学研究领域的先导者与领军人，对我国民族学与人类学研究领域的学科建设起到了重要作用。在学科建设过程中，阮西湖研究员殚精竭虑，作出了杰出贡献。

在改革开放的大背景下，阮西湖研究员于1979年在昆明发起并创建了中国世界民族学会，标志着世界民族研究正式成为我国民族学研究中的一门独立学科。随着西部地区的开发和城市人口的增长，我国民族地区的城市化进程逐步推进，我国都市人类学研究的学科建设迫在眉睫。1990年，阮西湖研究员提出了建立中国都市人类学会的设想。该学会于1992年成立，并在建立专门学会的基础上不断取得重大研究突破。①

阮西湖研究员的科研成果通过对世界民族学与都市人类学领域的开拓，有力地促进了我国民族理论科学研究的发展，引起了国内民族理论界的普遍重视。

（一）世界民族研究学科体系的建设

我国世界民族研究开始于上世纪70年代末期，阮西湖研究员则是当时我国在该研究领域的中坚力量。自1958年调任中国科学院民族研究所工作起，阮西湖先后担任《民族译丛杂志》副主编、世界民族室主任、中国世界民族学会常务副会长及名誉会长、第14届国际人类学与民族学联合会执行委员与中国加拿大研究会会长等职务，对我国世界民族的学科研究体系建构作出了杰出贡献。

1979年，阮西湖研究员在昆明发起与创建了中国世界民族学会，并先后担任该会秘书长、常务副会长、名誉会长。中国世界民族研究学会是中国研究世界民族的全国性学术团体，始终致力于研究多民族国家的民族问题、民族政策、民族关系，以及种族歧视和种族隔离问题；通过研究世界各大洲、各地区和各国民族形成的特点和规律，探讨民族发展趋势；通过研究和介绍各大洲、各地区和各国的民族现状，为学科建设打下坚实基础。中国首届世界民族研究学术

---

① 许恒声：《殚精竭虑苦心孤诣——记著名人类学家阮西湖教授》，《中国都市人类学会第三次会员代表大会、庆祝阮西湖教授从事学术研究50年暨都市人类学研讨会论文集》，中国都市人类学通讯编辑部，2002年，第127—128页。

讨论会于1980年6月14—20日在北京召开，会议决定出版《世界各国民族概况丛书》《世界各国民族问题丛书》《世界民族研究》等文集。

阮西湖研究员曾在采访中说："我国是一个多民族国家，有56个民族。凡是多民族国家都有民族关系问题。要使我国各民族共同繁荣发展，必须了解国外民族理论、民族问题（关系）和民族政策。世界上有3000—5000个民族，必须有专门队伍来进行这项研究工作，而且需要建设一个学科专门来研究这个问题。于是我就提出世界民族研究必须有一个专门学科，并利用1979年在昆明召开民族研究学科会议的机会，提出创建世界民族学科的设想，得到了牙含章所长、国家民委马寅司长的支持。"①

2000年，在国际人类学与民族学联合会北京中期会议开幕式上，阮西湖研究员对我国世界民族研究的历程进行了总结，肯定了中国人类学、民族学界学者们的努力，并对21世纪我国世界民族学研究的发展方向进行了展望。② 阮西湖研究员说，"世界民族学"成立以来，为国家作出大量贡献，从理论上有许多创新：如民族形成模式、构成民族的要素、"民族"是人类学涵义与不是政治学涵义，等等。③

在世界民族学科建设经验的基础上，阮西湖研究员提出了学科发展的三要件：学术机构、明确的定义和明确的任务。并建议以此为基础开展我国的都市人类学学科建设。④

阮西湖教授是我国都市人类学领域的倡导者与先行者。作为一个新兴的专业方向，都市人类学在我国起步较晚、基础薄弱。但在众多学者的努力下，其发展迅速，大有后来居上之势。

1990年，阮西湖教授主持了国际都市人类学会第一次国际会议，并于同年提出了建立中国都市人类学会的设想，得到有关部门的认可和支持，也得到了社会各界的广泛响应和支持。在各方努力下，中国都市人类学学会于1992年6月成立，阮西湖研究员当选为副会长。1993年，由阮西湖教授带队，中国都市人类学会首次派团出席了在墨西哥举行的国际人类学与民族学联合会第十三届世界大会。在这次大会上，我国取得了两项殊荣：一是我国人类学大师费孝通先生被联合会推选为"终身会员"；二是阮西湖研究员当选为国际人类学与民族学联合会执行委员，成为我国获此殊荣的第一位学者。⑤ 自我国都市人类学学会成立以来，阮西湖研究员为了学科建设倾注了全部心血，对都市人类学的学科建设和发展提出了不少具有独创性和前瞻性的建议。

都市人类学是20世纪五六十年代形成的人类学研究的新领域和新分支。我国学者在20世纪80年代方涉足这一领域，阮西湖教授在其中是积极的倡导者与先行者。⑥ 都市民族学研究的重点是民族文化、民族语言、民族历史、民族节日、民族关系以及和民族有关的其他问题，如民族社区、民族人口和社会问题等。其具体研究课题包括跨文化研究、社区理论研究、民族社

---

① 邸永君：《阮西湖先生访谈录》，《民族学名家十人谈》，民族出版社2009年版，第94—127页。

② 阮西湖：《2000年：国际人类学的中国年——在国际人类学与民族学联合会2000年北京中期会议开幕式上发言》，《广西民族学院学报（哲学社会科学版）》2001年第3期。

③ 邸永君：《阮西湖先生访谈录》，《民族学名家十人谈》，民族出版社2009年版，第94—127页。

④ 阮西湖；《关于"世界民族学"和都市人类学今后研究的几点建议》，《中国都市人类学会第三次会员代表大会、庆祝阮西湖教授从事学术研究50年暨都市人类学研讨会论文集》，中国都市人类学会、中国世界民族学会，2002年，第3页。

⑤ 许恒声：《殚精竭虑苦心孤诣——记著名人类学家阮西湖教授》，《中国都市人类学会第三次会员代表大会、庆祝阮西湖教授从事学术研究50年暨都市人类学研讨会论文集》，中国都市人类学会、中国世界民族学会，2002年，第2页。

⑥ 周用宜：《五十年学术生涯的写照——阮西湖著〈人类学研究探索〉评介》，《世界民族》2003年第1期。

区的专题报告、民族语言使用与多元文化城市研究等。[①]

随着西部地区的开发和城市人口的增长，我国民族地区的城市化逐步推进，这就要求我们从人类学的角度对相关问题进行研究。阮西湖研究员强调，一个学科的发展，要有学术机构、明确的定义和任务。我国的都市人类学研究，肩负着解决国内切实问题与参与国际学术讨论的双重任务，这就需要我们从我国具体的都市人类学领域入手进行基础研究，再逐渐参与到国际交流之中去。[②] 对于我国的都市人类学研究，应当加强基础研究与专题研究，并组织各种小型研讨会与地方研究机构展开合作。

阮西湖研究员多次强调开展都市人类学研究的重要性，对该学科的理论建设进行了多方面思考。在中国都市人类学会的领导与组织下，人类学专家特别是青年学者已就多元文化、城市社区、民族关系、汉民族及少数民族、城市人口等内容开展了广泛的调查与研究，并且取得了丰硕成果。

二　民族学与人类学基础研究：族体研究、术语研究与理论研究

阮西湖研究员投身民族研究五十余载，见证了我国的民族学研究从无到有、从有到优的历史进程。为了打好世界民族研究的基础，阮西湖研究员始终强调基础研究的重要性，并在族体研究、术语研究与理论研究等方面都作出了杰出贡献。

（一）族体研究

阮西湖研究员的族体研究涉及多个国家，随着研究工作的不断深入，他的研究范围从苏联、东欧开始，扩展至非洲民族问题，再到北美国家和澳大利亚等。这使阮西湖研究员对世界民族问题有着整体把握。其中，他曾七次往返加拿大，对生活在加拿大的少数族裔特别是土著印第安人进行了细致入微的研究，对当地社会环境与民族政策进行了总结与思考。

在针对加拿大多元文化社会的研究过程中，阮西湖研究员对加拿大印第安人及其早期的社会组织进行了分析，根据实地调查按照经济发展水平把当地印第安人分成三种类型：生活在加拿大全境的原始游动部落的村落社（蒙塔格奈人、萨尔西人、克里人、多塔里布人与黑脚印第安人）、生活在湖区的半定居印第安人农业部落联盟（易洛魁人、休伦人、托巴科人和纽特拉尔人）和生活在太平洋沿岸的印第安人等级社会（林基特人、海达人、钦西安人等）。[③] 此外，他还对加拿大的因纽特人进行了研究，[④] 撰写了一部有关加拿大原住民的民族志，为此后对加拿大民族政策的研究打下了坚实的基础。

在对加拿大多民族背景进行深入了解的背景下，阮西湖研究员对加拿大多元文化主义政策的制定和发展进行了深入探讨。从多元文化主义产生的过程、政策的制定及其发展和意义等方面进行了探究，研究细致入微，从多元文化主义机构的组织情况到历年的财政扶持力度变化等方面，以数据的形式加以佐证，为后来我国对多元文化主义政策的研究提供了借鉴。[⑤] 在此基

---

① 阮西湖：《关于“世界民族学”和都市人类学今后研究的几点建议》，《中国都市人类学会第三次会员代表大会、庆祝阮西湖教授从事学术研究50年暨都市人类学研讨会论文集》，中国都市人类学会、中国世界民族学会，2002年，第3页。

② 阮西湖：《都市人类学学科的建立与中国都市人类学的发展》，《民族研究》1996年第3期。

③ 阮西湖：《加拿大印第安人的早期社会组织》，《内蒙古社会科学》1984年第2期。

④ 阮西湖：《加拿大因纽特人》，《云南社会科学》1985年第2期。

⑤ 阮西湖：《加拿大多元文化主义政策的制定和发展》，《社会科学战线》1989年第1期。

础上，他还结合澳大利亚土著民族的具体情况①与澳大利亚多元文化主义政策②的情况进行了比较研究③，并据此指出了多元文化主义制度在那个时代的优越性。

阮西湖研究员还对多伦多大都市地区的少数民族聚居现象进行了研究，并对多伦多少数民族聚居区对于民族特征的保留情况进行了分析。在调查走访的过程中，阮西湖研究员吸纳了多伦多地区保留少数民族媒体的思路，为之后推进国内多元文化电视节目的努力埋下了伏笔。

（二）术语研究

在我国世界民族研究展开的初期，我国学者通过学习外国文献，使我国的世界民族研究获得了长足发展。但在这个过程中，由于语言之间存在的差异，在专业术语翻译的过程中或多或少地存在概念界定模糊的问题。阮西湖研究员针对这类问题对存在争议的术语进行了辨析，为我国后续的民族研究打下了坚实的理论基础。

1. Ethnic Group 的翻译问题

一直以来，阮西湖研究员认为我们应当谨慎使用“族群”一词。他建议，不论是在学术讨论中，还是我国的政府文献中，都应当使用“民族”这一术语。对于国际上广泛使用的“Ethnic Group”一词，他认为，不能将“Group”译为“群”，因为这个单词同时还有“族”的含义。

在国外人类学的文献中，“Ethnic Group”一词指代的就是“民族”。马克思主义民族理论对“人们共同体”的演进作了精辟概括，即氏族→部落→部落联盟→民族。联合国教科文组织对当代社会人类群体的划分主要是“种族”和“民族”（Race and Ethnic Group），在该组织的有关国际会议文件中，从未出现过“族群”这个词。因此，阮西湖研究员认为“族群”这一术语既不符合马克思主义关于“人们共同体”的演进的各个阶段的表述，也不符合联合国教科文组织的专家们对当代社会人类群体的划分，同时还有悖于世界各国人类学者所表述的“人们共同体”的原意。

“族群”这一术语来自我国台湾省的研究机构，如台湾的“族群”研究所。“族群”显然是指那些尚未发展为民族的人们共同体，此词若广泛使用，会引起学术上的混乱。对此，阮教授建议：同一个民族的居民分布在不同地区而产生文化差异时，人类学家可将他们表述为“不同的文化群体”“亚文化集团”“地域文化集团”等。若按方言差异，可表述为“××方言集团”“××方言区居民”等。④

2. Nation-State 的翻译问题

在对 20 世纪末期世界各国发生的民族分离主义进行观察之后，阮西湖研究员对民族国家理论进行了深刻反思。“民族国家”的理论基础源自西方民族主义古典理论：民族与国家应当边界一致，而这一理论已经无法解释当今世界大多数国家都属于多民族国家的现象。“民族国家”（Nation-State）一词最早出现于 17 世纪中叶的西方。此词除去政治学的含义，从字面上理解是一个民族建立的国家，因为民族（Nation）用的是单数。实际上，在“民族国家”里除了建立国家的主体民族外，还居住着其他人数较少的民族。

越来越多的人类学者已经认识到这一点，并开始用“多民族国家”来描述拥有不同民族的

① 阮西湖：《澳大利亚人和澳洲诸民族初探》，《广西民族学院学报（哲学社会科学版）》1997 年第 4 期。

② 阮西湖：《澳大利亚民族形成刍议》，《内蒙古社会科学（文史哲版）》1987 年第 4 期。

③ 阮西湖：《澳大利亚的多元文化主义政策》，《云南社会科学》1991 年第 5 期。

④ 阮西湖：《再谈民族一词以及相关术语的翻译问题》，《庆贺黄淑娉教授从教 50 周年暨人类学理论与方法学术研讨会论文集》，中山大学人类学系、中山大学中国族群研究中心、中国都市人类学会，2002 年。

国家。阮西湖研究员对于民族与国家之间的关系问题的思考走在了世界前列。

阮西湖研究员还表示，居民具有两种属性，即国家属性和民族属性。国家属性是第一位的，因此要突出国家意识，同时承认居民的民族属性。一个国家对所属公民（居民）不仅要进行爱国主义教育，还要重视民族属性，尊重民族意识。我国人类学界长期以来一直反对民族歧视和民族同化政策，反对以民族中心主义为基础的“民族国家”理论。

（三）理论研究

在我国的民族学研究建设的初期，存在理论基础薄弱、研究对象成分复杂和内容多样的特点。阮西湖研究员为打好我国民族学研究的基础，解决我国现实中面临或可能面临的部分问题，对民族学理论进行了深入研究。在吸取世界各国经验教训的前提下，提出了一系列先进理论，解答了诸多具有现实意义的问题，为我国后续的民族学研究打下了扎实的基础。

1. 民族形成多元理论

民族的形成过程是错综复杂的。阮西湖研究员从世界各国民族的基本状况出发，总结了各国关于民族形成的理论，认为民族形成的模式是多种多样的，不管是以哪种模式形成的人们共同体，均属民族。他在《民族形成的多元模式》一文中指出，“不能用一个单一的模式来套世界上所有民族形成的规律”。①

在对各国少数民族地区进行走访后，阮西湖研究员将民族的形成模式划分为六个种类：有部落发展阶段的民族模式；从部落发展为民族的模式（如中国的炎帝部落、黄帝部落发展为华夏民族）；未经过氏族阶段的民族形成模式（如因纽特人、萨尔西人、比弗尔人等的形成）；由异种族同居后代形成新民族的模式（如加拿大梅第斯人等混血民族的形成），这一模式在白人殖民时期较多；宗教因素起决定作用的民族形成模式（如南非的开普马来人等伊斯兰民族的形成）；政治因素起决定作用而形成民族的模式（如由荷兰人、日耳曼人和法兰西人组成的阿非利坎人）。

2. 民族构成四要素理论

在构成民族的要素方面，阮西湖研究员在起初的构成民族的四个要素（共同的地域、共同的经济生活、共同的语言和共同的心理状态）的基础上，根据15世纪地理大发现以后出现的因移民潮而形成新民族的情况，提出共同的民族意识、共同的文化、共同的语言和共同的历史渊源是构成民族的四个要素，并且这四个要素应该作为一个整体来识别民族，而不是逐条衡量、缺一不可。②

（1）共同的民族意识：世界上有些民族分散在不同国家里，但他们有共同的民族意识，还是一个民族。因而，共同的民族意识是构成民族的要素之一。

（2）共同的文化：包括风俗习惯、宗教信仰、文学艺术、音乐舞蹈等。

（3）共同的语言：没有共同语言，人们在民族内部就无法交际，此外，语言还是保留民族文化的重要手段。

（4）共同的历史渊源：民族是人们在历史上形成的共同体，因而共同的历史渊源可以作为识别民族成分的重要依据。③

这种提法不仅符合各国民族形成的实际，而且有利于移居他国的人们共同体在异国形成民族、享受民族平等权利。此观点在国际人类学会上得到各国学者的高度评价。

---

① 阮西湖：《民族形成的多元模式》，《云南社会科学》1986年第1期。

② 阮西湖：《浅谈民族概念和构成民族的要素》，《青海社会科学》1987年第2期。

③ 阮西湖：《关于民族形成的几个理论问题》，《民族研究》1986年第5期。

（四）对民族类型与社会制度关系问题的解答

在民族性质与社会制度的关系问题上，阮西湖研究员认为：民族研究属于人文科学，政治制度研究属于社会科学。不能以社会制度来区分民族类型。由于所属范畴不同，所以不同的民族性质可以生存于不同政治制度的社会。民族的形成需要经历长期过程，因而民族是一个稳定的共同体，民族可以生活在奴隶社会、封建社会、资本主义社会和社会主义社会。在到达共产主义社会之前，绝大多数民族处于生存发展阶段。

阮西湖研究员的看法是：社会制度的改变不会改变民族性质。例如，朝鲜和韩国两国人民同属于朝鲜族，并没有因为政治制度的变化而导致同一性的丧失。而苏联学者则把作为民族学概念的民族和社会制度这样的政治学概念混淆了。①

阮西湖研究员的论断对苏联学者的观点进行了总结与反思，通过对跨境民族进行研究与比较，对民族类型与社会制度之间的关系问题作出了回答。

1. 民族同化政策注定失败的判断

通过对西方国家的民族政策进行研究，并在田野调查的基础上，对西方各国针对少数民族的同化政策进行了探究。阮西湖研究员于 1982 年对北美印第安人进行考察，之后结合澳大利亚在土著人民治理过程中的经验，提出了小民族不会因实行同化政策而消失的判断。他认为，多元文化政策是多民族国家不可抗拒的社会发展趋势，是民族研究中的新动向新课题，也是 20 世纪 70 年代民族研究中的新理论。②

尽管多元文化主义政策随着时代的发展也在不断变化。但阮西湖研究员在 20 世纪 80 年代对相关问题的探讨依旧是极具前瞻性的，对我国学界的后续研究起到了奠基作用。20 年来，阮西湖研究员的观点已得到证实：加拿大所采取的多元文化主义政策安抚了原住民的不满并维护了国家统一，而采取熔炉政策的美国则面临着分裂的危机。

2. 民族平等与民族团结

通过对南斯拉夫相关民族问题进行思考，阮西湖研究员强调："民族团结和兄弟情义是南斯拉夫联合体的巩固基础，必须特别认真地调整多民族联合体中的关系……臭名昭著的民族主义或沙文主义的任何表现，以及一元化的或对社会主义有害的其他现象，不只是在社会有组织的进步力量中，而且在其最广泛的各阶层中均会引起最强烈的反对。"③

在此基础上，阮西湖研究员对中国和北美地区国家的民族进行了研究，并得出结论：一国之内各民族间的帮助是相互的，并非仅是大民族帮助小民族，小民族也为国家的发展作出了贡献。他的结论，是对各少数民族在国家建设过程中辛苦耕耘的承认，为我国发展平等、团结、互助、和谐的民族关系提供了坚实的理论基础，为新时代"守望相助"的民族思想奠定了牢固的思想基石。

三　新时期民族学与人类学研究展望：阮西湖研究员的期许

阮西湖教授投身民族研究五十余载，见证了我国的民族学研究从无到有、从有到优的历史进程。随着 20 世纪经济的发展和社会的演化，人类学研究也发生了很大的变化。在国际人类

---

① 阮西湖：《关于民族形成的几个理论问题》，《民族研究》1986 年第 5 期。

② 阮西湖：《多元文化主义——西方国家处理民族关系的新政策》，《民族研究》1985 年第 6 期。

③ ［南］A·拉赫：《民族问题的解决和新南斯拉夫的联邦制》，王攸琪、阮西湖译，《民族译丛》1979 年第 3 期。

学民族学联合会第14届大会上，阮西湖研究员对21世纪的世界人类学研究进行了展望，其中包括21世纪的民族与民族关系、都市民族文化的相互影响和小民族语言文化教育、土著居民自治、人类学与环境问题研究、旅游人类学等议题。

（一）新兴学科建设

阮西湖研究员作为世界民族研究的领军人、我国都市人类学领域的倡导者与先行者，对新兴学科的建设有着丰富的经验。建设新兴学科，要求我们充分考虑未来形势可能发生的变化，而世界民族方面的学科建设更是要求我们具备国际视野。只有明确了学科建设的方向，新型学科才能茁壮成长。

1. 世界民族学

在阮西湖研究员和诸多学者的不断努力下，世界民族学作为一门学科逐渐形成。作为学科创始人之一，对世界民族学之后的研究重点与发展方向有着系统全面的思考。

阮西湖研究员将世界民族学的形成和发展历程总结为三个阶段：首先是资料的积累与出版；其次是了解民族问题产生的原因与各国政府相应的对策；再次是在了解其他国家民族问题治理方法的基础上，研究相关民族理论，为解决民族问题提供理论基础。在总结当前研究成果的基础上，阮西湖研究员还对未来世界民族学研究方向进行了展望，指出接下来的学科发展需要进一步加强族体研究，并对于民族关系进行深入探讨。

多年以来，世界民族学学者在族体研究方面不懈努力。阮西湖研究员认为，在进一步深入完善以上基础研究的同时，如今的世界民族研究还应当注意一些重点课题。在世界3000多个民族中，有一些群体十分特殊，对这些群体的深入调查有利于我们将族体研究与比较研究的成果上升到理论高度。这些群体主要包括华人、印度人、黑人、原住民群体等。①

在进行族体研究的同时，阮西湖研究员还意识到了民族关系研究的重要性。20世纪末的世界变革与21世纪初瞬息万变的国际形势将暴露出更多我们未曾重视的民族问题。通过对国际上热点民族问题进行分析，收集实战经验、充实理论基础，将为我国处理自身民族事务助一臂之力。

2. 都市人类学研究

在进行都市人类学研究的过程中，阮西湖研究员从未停下反思与升华的脚步。对当前该领域的研究，他指出了一些亟待解决的问题，并从城市化与全球化的视角出发，指明了该学科未来的研究方向。

首先，人类学家的关注点更多集中在穷人与城市移民之上，而对中产阶级、富人和政策制定者等群体缺乏系统的研究；其次，缺乏“世界体系”的观念，在探讨城乡和国际移民之间的文化影响时，缺乏历史视角，应从资本重组框架中进行历史分析；再次，对工作场所的人际关系缺乏考量；最后，缺少生命周期的观点，在进行民族志的记录时缺少对青年教育和老年人生活状况的评估。②

阮西湖研究员认为，城市化是社会的大变迁，都市人类学也应该主动出击，把握好时代机遇，发挥好学科特长；在民族志调查的过程中，要尽可能涉及城市中的不同阶层，深入性别与

① 阮西湖：《关于“世界民族学”和都市人类学今后研究的几点建议》，《中国都市人类学会第三次会员代表大会、庆祝阮西湖教授从事学术研究50年暨都市人类学研讨会论文集》，中国都市人类学会、中国世界民族学会，2002年。

② 阮西湖、张继焦：《国外都市人类学的理论、方法及发展趋势》，《中国都市人类学会第一次全国学术讨论会论文集》，中国都市人类学会，1993年。

女性等问题，研究多元文化城市的形成与发展；在边疆城市的研究中，要重视经济发展的角度，通过城市民族关系研究，探讨民族发展规律；在都市人类学研究的过程中，要坚持政治经济观点，促进民族文化、宗教信仰的发展。①

同时，阮西湖研究员建议中国社会科学院民族所与中央民族大学都设立都市人类学研究中心，招收“都市人类学”研究生。他认为，我国的都市人类学研究的未来发展应当从学术交流、专题研究与学术机构建设三方面入手，在中国都市人类学会与中国世界民族学会的共同努力下，在国家民族事务委员会的领导下，作出更大贡献。②

（二）民族与民族关系研究

阮西湖研究员始终强调，族体研究与民族关系研究作为世界民族研究与城市民族学研究中基础的组成部分，是建立国际学术交流的前提。尽管在我国学者的努力下，相关领域已经取得了长足进步，但这并不意味着研究已经完成，我国世界民族领域的族体研究与民族关系研究依旧需要继续进行。只有对这些基础内容进行深入探讨，我国相关领域的学术研究的对外交流才能更加顺利地开展。

1. 族体研究

阮西湖研究员认为，族体研究对整个民族学领域都十分重要，对世界民族研究尤其重要。在世界全球化程度不断加深的今天，在移民潮影响下，不同民族之间的交往越来越多地出现在世界各地。因此，如今的族体研究应当采取一种动态的视角，在探究各个民族历史与特点的基础上，对人们情感上的状态有所考量。

阮西湖研究员指出，在世界3000多个民族中，有一些群体十分特殊，对这些群体的深入调查有利于我们将族体研究与比较研究的成果上升到理论高度。这些群体主要包括华人、印度人、黑人、原住民群体等。他指出，对华人的研究应立足于对华人文化的保护。华人文化在世界各地都有所发展，保护华人文化将对我国国际间交往起到助推作用；印度人研究应当被纳入到世界民族学研究者的视野，早期印度人随英国殖民扩张步伐而移居到世界各地，在印度境外的一些地区，既有经济实力也有政治势力，对印度人的研究将有助于我们对全球化的理解；黑人研究中的黑人指的是从非洲被迫迁移到世界其他地区的非洲裔居民，这一群体浓缩了人类全球化进程的历史，具有极高的人类学意义；原住民研究的对象，包括北美洲与大洋洲的土著居民与世界其他地区存在的原住民群体，对原住民的历史与境遇进行研究有着突出的现实意义。③

2. 民族关系研究

在民族关系研究的方面，阮西湖研究员的关注点主要集中在两个方面：世界各多民族国家和地区的民族关系与城市中的民族关系。

阮西湖研究员时刻关注着国际上的各方动向。从20世纪80年代末到90年代中，紧张的民族关系导致苏联解体、东欧剧变引发的前南斯拉夫和捷克斯洛伐克的解体，到加拿大的分离活

---

① 阮西湖、张继焦：《国外都市人类学的理论、方法及发展趋势》，《中国都市人类学会第一次全国学术讨论会论文集》，中国都市人类学会，1993年。

② 阮西湖：《关于“世界民族学”和都市人类学今后研究的几点建议》，《中国都市人类学会第三次会员代表大会、庆祝阮西湖教授从事学术研究50年暨都市人类学研讨会论文集》，中国都市人类学会、中国世界民族学会，2002年。

③ 阮西湖：《关于“世界民族学”和都市人类学今后研究的几点建议》，《中国都市人类学会第三次会员代表大会、庆祝阮西湖教授从事学术研究50年暨都市人类学研讨会论文集》，中国都市人类学会、中国世界民族学会，2002年。

动与欧洲国家种族主义的回潮，民族关系深刻影响着世界形势，因此应当引发我们的思考。阮西湖研究员对20世纪末多民族国家面临的一系列问题进行了总结，并将多民族国家稳定或崩溃的原因总结为三点。

首先是历史原因。若境内民族在立国之时就在一起生活，对国家建设作出过贡献，民族就有凝聚力。但如果多民族国家形成是由于国家吞并或武力征服导致的，那么这样的民族生活在一起就会缺乏凝聚力，进而出现隔阂与矛盾，苏联就是很好的例证。

其次是政治原因。阮西湖研究员通过南非的情况分析了政治原因对多民族国家的影响。白人政权当政时期南非推行了种族隔离政策，由此引发了社会动荡，而新南非推行了民族和解政策，使局势向好的方向发展。他认为，多民族国家的民族政策应当以促进该国各民族发展为出发点，若阻碍民族发展，则会造成社会动荡，激发分离主义情绪。

最后是外部因素。南斯拉夫境内的阿尔巴尼亚族人的分离活动就有外部因素参与。但阮西湖研究员指出，在民族关系中，外部因素是次要的，难以起到决定性作用；如果多民族国家内部的人民有足够强的凝聚力，外部势力将难以兴风作浪。

在充分分析当今世界民族关系的基础上，阮西湖研究员作出了21世纪世界民族关系将趋于缓和的判断。其原因在于，多年以来，各国都在积极调整民族政策，意图促进民族间和谐共存。①

对于城市中的民族关系，阮西湖研究员强调在关注到民族差异的同时要注意到阶级在民族关系中的作用。在进行相关民族志调查的过程中，要尽可能涉及城市中的不同阶层。由于西方的都市人类学发展相对较早，因此近年来已经逐步开始了对各个阶层的研究并对城市中的民族关系有了一定的探讨。阮西湖研究员提示，我们可以通过学习其他国家正在进行的对城市中民族关系的研究，参照我国实际情况，对涉及城市中不同圈层的民族关系进行思考。②

（三）学术交流

在国际人类学与民族学联合会2000年北京中期会议开幕式上，阮西湖研究员对中国人类学、民族学的发展进行了总结：中国的人类学、民族学发展，始终离不开国内外学术交流。他认为，学术交流的过程是一个相互学习的过程，在探讨中相互学习，增加思维深度，对于学者的成长大有裨益。

阮西湖研究员总结：从20世纪初蔡元培先生引进民族学术语，到1992年中国都市人类学会加入国际人类学与民族学联合会，都是在学术交流中取得的重要进展，学术交流在我国世界民族学发展过程中起着举足轻重的作用。他强调，举办与参与国际会议，说明中国学者不光有着相当的学术水平，还掌握了学术讨论的能力，是对中国人类学界学术水平和组织能力的肯定。③ 他倡导我国学者多参加会议、多举办会议，在探讨中相互学习，增加思维深度。对城市人类学而言，学术交流更是来自不同地区的学者之间相互沟通的机会，对于了解我国各个城市的异同大有裨益。

在积极参与国际学术交流之外，阮西湖研究员还强调国内学术交流的重要性，特别是在都市人类学领域。随着西部地区的开发和城市人口的增长，我国民族地区的城市化进程逐步推

---

① 阮西湖：《世纪之交世界民族关系评析》，《和平与发展》1998年第4期。

② 阮西湖、张继焦：《国外都市人类学的理论、方法及发展趋势》，《中国都市人类学会第一次全国学术讨论会论文集》，中国都市人类学会，1993年。

③ 阮西湖：《2000年：国际人类学的中国年——在国际人类学与民族学联合会2000年北京中期会议开幕式上发言》，《广西民族学院学报（哲学社会科学版）》2001年第3期。

进，这就要求我们从人类学的角度对相关问题进行研究。我国的都市人类学研究，肩负着解决国内切实问题与参与国际学术讨论的双重任务，这就需要我们从我国具体的都市人类学领域入手进行基础研究，再逐渐参与国际交流，在加强基础研究与专题研究的基础上，组织各种小型研讨会与地方研究机构合作。

四 总结

阮西湖研究员作为中国世界民族学会和中国都市人类学会的主要创始人之一，多年来在人类学与民族学学术领域辛勤耕耘，取得了巨大成就。他投身民族研究五十余载，见证了我国的民族学研究从无到有、从有到优的历史进程。阮西湖研究员作为新中国成立后我国民族学研究领域的先导者与领军人，在学科建设、科研理论与学术交流等方面都作出了杰出贡献。

在学科建设方面，不论是我国世界民族研究领域，还是都市人类学研究领域，阮西湖研究员都是学科建设过程中杰出的开拓者。世界民族研究领域在改革开放的大背景下逐步展开，于1979年正式成为我国民族学研究中的一门独立学科，阮西湖研究员作为当时我国该研究领域的中坚力量，对我国世界民族研究体系的建构作出了杰出贡献。都市人类学于20世纪80年代在我国兴起，他多次强调开展都市人类学研究的重要性，对该学科的理论建设展开了多方面的努力。

在科研理论方面，为了打好民族研究的基础，阮西湖研究员始终强调基础研究的重要性，在族体研究、术语研究与理论研究等方面都进行了深入研究，促进了我国民族理论科学研究的发展。他的族体研究涉及多个国家，随着研究工作的不断深入，研究范围从苏联、东欧开始，扩展至非洲民族问题，再到北美国家和澳大利亚等。为解决我国民族学研究切实存在的定义不清、词意不明的问题，阮西湖研究员针对包括 Ethnic Group、Nation－State 等存在争议的术语进行了辨析，为我国后续的民族研究打下了坚实的理论基础。在理论研究方面，为解决我国现实中面临或可能面临的部分问题，阮西湖研究员对民族学理论进行了深入研究。在吸取世界各国经验教训的前提下，提出了一系列在国内、国际上都十分先进的理论。

在学术交流方面，阮西湖研究员始终致力于推动我国民族学界的国内外交流。1993年，中国都市人类学会首次派团出席了在墨西哥举行的国际人类学与民族学联合会第13届世界大会，为我国人类学研究与国际接轨、走向世界开拓了道路。他强调，举办与参与国际会议，说明中国学者不光有着相当的学术水平，还掌握了学术讨论的能力，是对中国人类学界学术水平和组织能力的肯定。

在庆祝阮西湖研究员从事学术研究50年大会上，与他共事数十年的李毅夫研究员用“殚精竭虑，苦心孤诣”这几个字来概括他的治学态度。阮西湖研究员与时俱进、实事求是的研究精神，立足中国、放眼世界的思想，更是我国民族学与人类学学界的璀璨明珠。

（田耘，博士研究生，中国社会科学院大学）

网络开发与发展

2017年中国民族地区信息化发展与网络舆情研究

马　爽

一　引言

党的十九大报告多次提及互联网，信息化发展在经济社会发展中的重要地位愈加凸显。据中国互联网络信息中心（CNNIC）2018年1月第41次《中国互联网络发展状况统计报告》显示，截至2017年12月底，中国网民已有7.72亿人，互联网普及率为55.8%。信息社会也称为信息化社会，是信息技术在经济、社会、政治、生活等领域应用到一定程度的一种社会状态，也是信息技术应用不断深化和积累所引起的从量变到质变的一种必然结果。本文引用国家信息中心提出的信息社会发展水平测评指标体系及《2017全球、中国信息社会发展报告》的统计数据，[①] 对2017年民族八省区[②]的信息化发展水平和趋势进行分析和阐述，并对2017年民族地区网络舆情的研究发展进行述评。

二　民族八省区信息化发展

根据信息社会发展水平测评指标体系，民族八省区信息化发展水平可以用"信息社会指数"（Information Society Index，简称ISI）来度量。ISI的取值范围在0与1之间，ISI的值越高表明信息社会发展水平越高。以信息社会指数（ISI）为阶段划分的标准，可以将信息社会的发展过程划分为两大阶段，即信息社会的准备阶段（0 < ISI < 0.6）和信息社会的发展阶段（0.6≤ISI < 1）。如表1所示。

表1　信息社会发展阶段划分

发展过程	准备阶段		发展阶段		
	起步期	转型期	初级阶段	中级阶段	高级阶段
信息社会指数（ISI）	0.3以下	0.3—0.6	0.6—0.8	0.8—0.9	0.9以上
基本特征	信息技术初步应用	信息技术扩散加速，实效显现	信息技术的影响逐步深化	经济社会各领域都发生深刻变化	基本实现包容的社会

---

① 本文数据包括中国大陆31个省份（含省、自治区、直辖市），未包括香港特别行政区、澳门特别行政区和台湾省。

② 民族八省区指少数民族人口相对集中的内蒙古、广西、西藏、宁夏、新疆五个自治区和贵州、云南、青海三个省。

续表

发展过程	准备阶段		发展阶段		
	起步期	转型期	初级阶段	中级阶段	高级阶段
面临问题	基础设施跟不上需求	发展不平衡	互联互通与实用性问题	包容性问题	技术突破与创新应用
主要任务	加快基础设施建设，教育培训（提高认识）	加快调整与改革，逐步消除发展不利因素。加强教育培训，信息素质	改进体制机制	关注弱势群体，实施普遍服务	鼓励创新

体系分别从信息经济、网络社会、在线政府、数字生活四个维度选取了9项二级指标、14项三级指标对民族八省区互联网发展水平进行评价。信息社会指数（ISI）的计算公式为：信息社会指数（ISI）＝信息经济指数×30%＋网络社会指数×30%＋在线政府指数×10%＋数字生活指数×30%。

（一）民族八省区信息化发展总体水平与趋势

信息社会是一个以人为本、具有包容性和面向全面发展的社会。在该信息社会中，人人可以创造、获取、使用和分享信息和知识，使个人、社会和各国人民均能充分发挥各自的潜力，促进实现可持续发展并提高生活质量。本文根据2009—2017年中国信息社会指数，以及其中信息经济指数、网络社会指数、在线政府指数、数字生活指数四个指标的统计数据，将2017年民族八省区信息化发展总体水平与发展趋势情况进行统计分析如下。

1. 民族八省区信息化发展总体水平

2017年，民族八省区信息社会指数均超过0.3，处于信息社会转型期，其中，内蒙古信息社会指数为0.4962，超过全国平均信息社会指数0.4749，在国内排名第10，其余七省区信息社会指数均低于全国平均水平。总体来看，2017年民族八省区平均信息社会指数0.4079，同比增长5.69%；全国平均信息社会指数0.4749，同比增长4.61%。可见，2017年民族八省区平均信息社会指数低于全国平均信息社会指数，但增长率超过全国平均水平。从与2016年全国信息社会指数排名对比来看，广西、贵州前进2位，青海下降4位，宁夏、新疆下降2位，云南下降1位，内蒙古、西藏排名没有变化。如表2所示。

表2　　2017年民族八省区信息社会指数情况

地区	信息经济	网络社会	在线政府	数字生活	ISI	ISI排序	变化情况
内蒙古	0.3668	0.527	0.742	0.513	0.4962	10	0
广西	0.3195	0.3776	0.772	0.4481	0.4207	23	2
青海	0.3272	0.3774	0.5481	0.4849	0.4117	24	－4
宁夏	0.3447	0.3936	0.3342	0.5142	0.4092	25	－2
新疆	0.3622	0.3555	0.4278	0.4869	0.4042	26	－2
贵州	0.3191	0.3542	0.762	0.404	0.3994	27	2
云南	0.3173	0.3605	0.702	0.3959	0.3923	29	－1
西藏	0.2916	0.3236	0.3375	0.3719	0.3299	31	0

续表

地区	信息经济	网络社会	在线政府	数字生活	ISI	ISI 排序	变化情况
民族八省区	0. 3311	0. 3837	0. 5782	0. 4524	0. 4079	—	
全国	0. 4112	0. 425	0. 6071	0. 5443	0. 4749	—	

2017 年，广西、青海、宁夏、新疆、贵州、云南六省区信息社会指数比较接近，内蒙古信息社会指数明显高于民族八省区平均水平，西藏信息社会指数明显低于民族八省区平均水平。如图 1 所示。

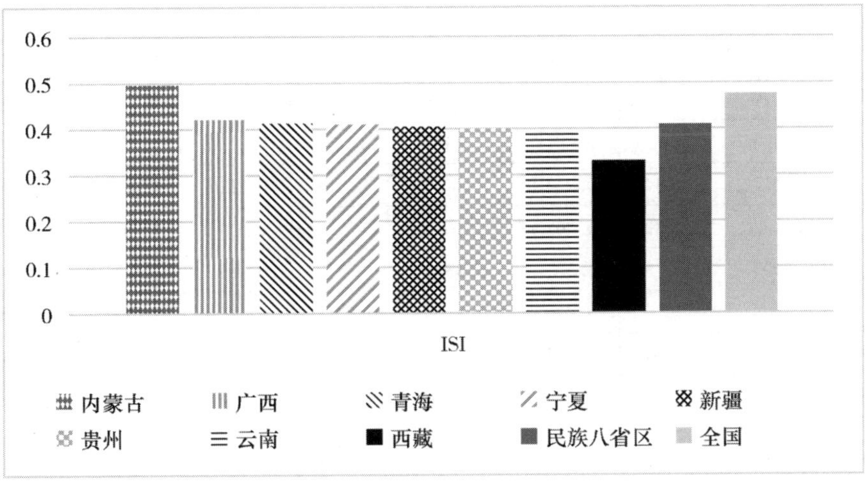

图 1　2017 年民族八省区信息社会指数

从信息社会发展的四个重要领域来看，2017 年民族八省区平均信息经济指数、网络社会指数、在线政府指数及数字生活指数均略低于全国平均水平。如图 2 所示。

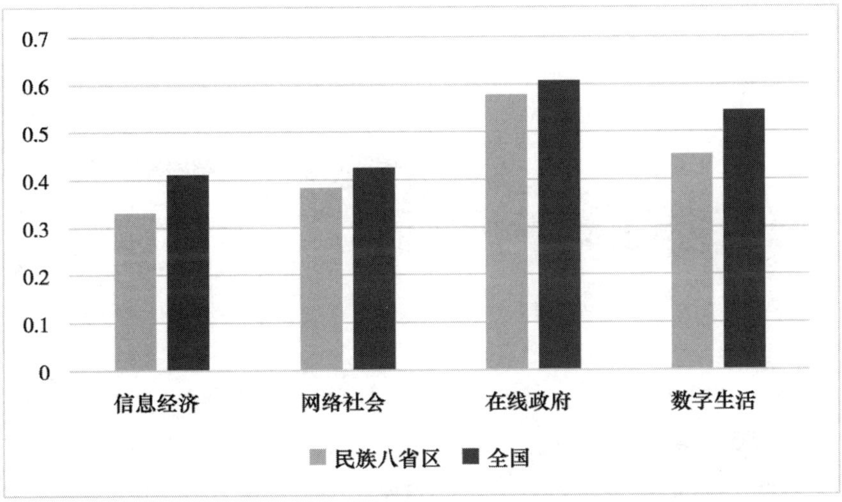

图 2　2017 年民族八省区与全国信息社会指数比较

2. 民族八省区信息化发展总体趋势

2009—2017 年，民族八省区信息社会指数整体稳步提高，2009 年，全国信息社会指数年均水平比民族八省区年均水平高 29.9%，2017 年，全国信息社会指数年均水平比民族八省区年均水平高 16.43%，差距持续减少。2009—2017 年，民族八省区信息社会指数平均增速 7.41%，超过 2009—2017 年全国信息社会指数平均增速 5.96%。如表 3 所示。

表 3　2009—2017 年民族八省区信息社会指数（以 2017 年指数排序）

地区	2009	2010	2011	2012	2013	2014	2015	2016	2017
内蒙古	0.2648	0.2842	0.3164	0.3386	0.3834	0.4235	0.4452	0.4592	0.4962
广西	0.2324	0.2534	0.2755	0.2736	0.3158	0.3551	0.3740	0.3872	0.4208
青海	0.2300	0.2511	0.2723	0.3014	0.3363	0.3699	0.3855	0.4028	0.4117
宁夏	0.2429	0.2579	0.2856	0.3012	0.3343	0.3624	0.3845	0.3987	0.4092
新疆	0.2453	0.2673	0.2848	0.3007	0.3370	0.3674	0.3841	0.3913	0.4042
贵州	0.2017	0.2084	0.2358	0.2536	0.2858	0.3203	0.3394	0.3628	0.3994
云南	0.2293	0.2382	0.2623	0.2615	0.2950	0.3343	0.3631	0.3710	0.3923
西藏	0.2005	0.2189	0.2330	0.2573	0.2739	0.2947	0.3126	0.3149	0.3299
民族八省区	0.2308	0.2474	0.2707	0.2860	0.3202	0.3535	0.3736	0.3860	0.4079
全国	0.2998	0.3004	0.3243	0.3564	0.3904	0.4165	0.4353	0.4540	0.4749
民族八省区增速	—	7.18%	9.41%	5.65%	11.96%	10.39%	5.68%	3.33%	5.69%
全国增速	—	0.19%	7.96%	9.90%	9.55%	6.69%	4.50%	4.29%	4.61%

2009—2017 年，民族八省区信息社会指数趋势如图 3 所示，其中只有 2014 年和 2017 年的内蒙古信息社会指数超过同期全国平均信息社会指数，其余全部低于全国平均信息社会指数。内蒙古信息社会指数增速最高，2009—2017 年平均增速为 8.21%；西藏信息社会指数增速最低，2009—2017 年平均增速为 6.46%，均超过同期全国信息社会指数平均增速 5.96%。

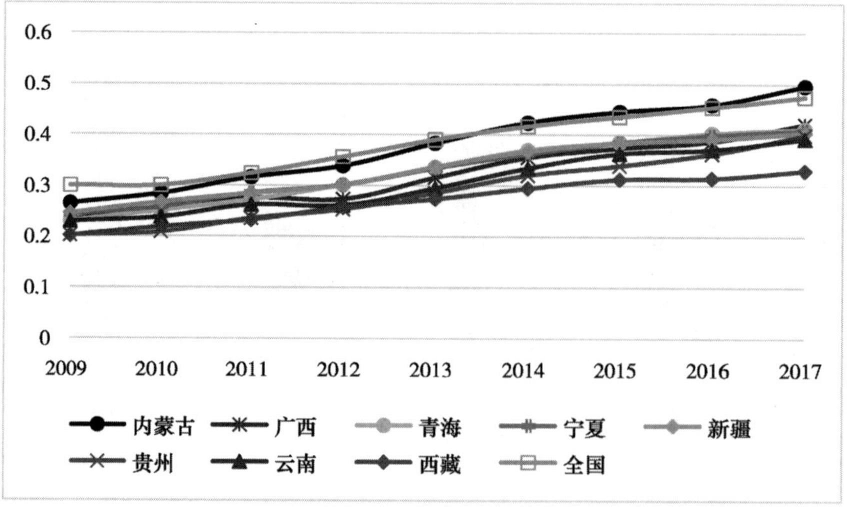

图 3　2009—2017 年民族八省区信息社会指数趋势

2009—2017 年，民族八省区信息社会指数增速除 2012 年和 2016 年外，其余年份均超过全国同期增速水平。2009—2017 年信息社会发展水平趋势如图 4 所示。

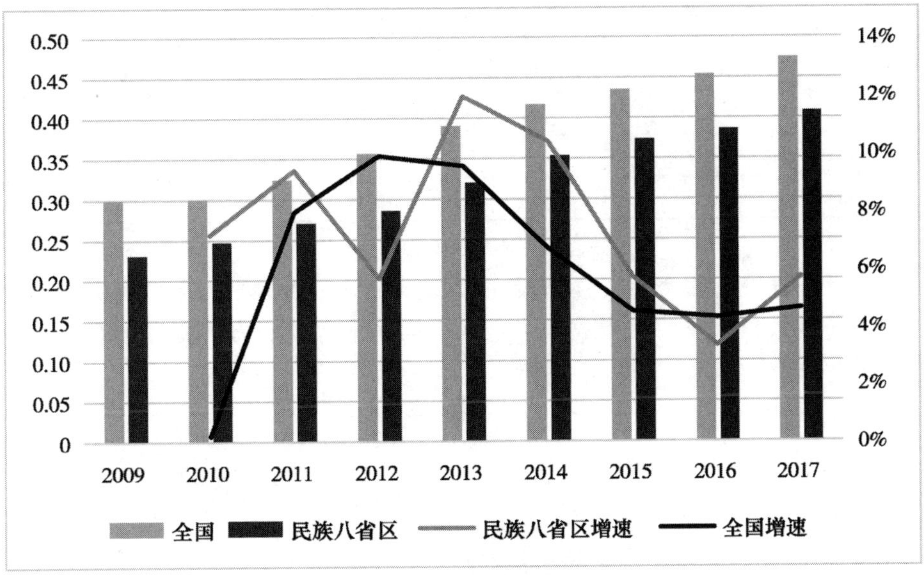

图 4　2009—2017 年信息社会发展水平趋势

（二）民族八省区信息经济发展水平与趋势

信息经济是信息社会最基本的经济形态，也是决定信息社会发展水平高低的重要因素。信息经济是指以信息与知识的生产、分配、拥有和使用为主要特征的经济形态。与传统的农业经济和工业经济相比，信息经济有如下几方面特征：经济水平发达、人力资源知识化、产业结构软化以及发展方式可持续。本文根据 2009—2017 年中国信息经济指数，以及其中经济发展指数、人力资源指数、产业结构指数、发展方式指数四个指标的统计数据，将 2017 年民族八省区信息经济发展总体水平与发展趋势情况进行统计分析如下。

1. 民族八省区信息经济发展水平

2017 年，民族八省区信息经济指数均低于全国平均水平，从排名来看，广西前进 1 位、青海下降 6 位、贵州下降 3 位，其余五个省区排名没有变化。2017 年民族八省区平均信息经济指数为 0. 3311，同比增长 3. 88%；2017 年全国信息经济指数为 0. 4112，同比增长 6. 14%。可见，2017 年民族八省区平均信息经济指数和增长率均低于同期全国平均水平。如表 4 所示。

表 4　2017 年民族八省区信息经济指数情况

地区	信息经济指数			经济发展指数	人力资源指数	产业结构指数	发展方式指数
	指数	排序	变化情况				
内蒙古	0. 3668	13	0	0. 4429	0. 5862	0. 3168	0. 1212
新疆	0. 3622	14	0	0. 2494	0. 7706	0. 3362	0. 0928
宁夏	0. 3447	24	0	0. 2728	0. 6482	0. 3344	0. 1234
青海	0. 3272	26	-6	0. 2569	0. 6416	0. 3286	0. 0814
广西	0. 3195	28	1	0. 2192	0. 6172	0. 2919	0. 1495

续表

地区	信息经济指数			经济发展指数	人力资源指数	产业结构指数	发展方式指数
	指数	排序	变化情况				
贵州	0. 3191	29	-3	0. 1859	0. 6637	0. 3224	0. 1044
云南	0. 3173	30	0	0. 1794	0. 6276	0. 3287	0. 1333
西藏	0. 2916	31	0	0. 1993	0. 4853	0. 3969	0. 0847
民族八省区	0. 3311	—	—	0. 2507	0. 6301	0. 3320	0. 1113
全国	0. 4112	—	—	0. 3114	0. 5968	0. 424	0. 3128

从衡量信息经济发展的四个重要领域看，2017 年民族八省区平均人力资源指数超过全国平均水平，经济发展指数与产业结构指数低于全国平均水平，发展方式指数与全国平均水平存在明显差距。如图 5 所示。

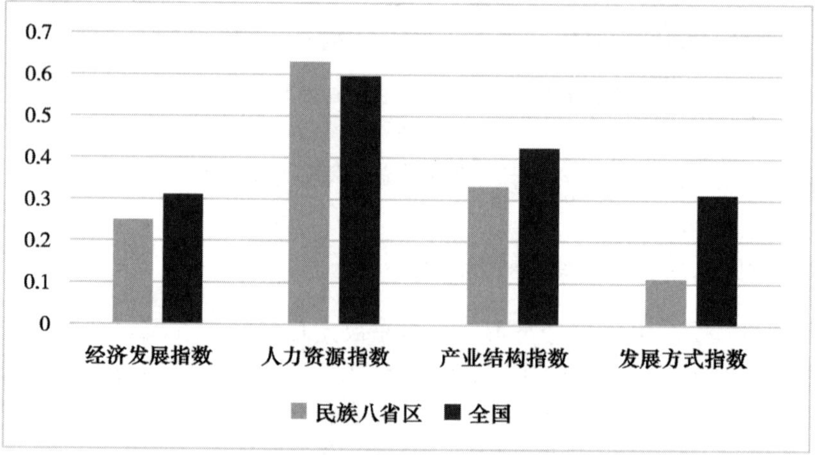

图 5　2017 年民族八省区与全国信息经济指数比较

2. 民族八省区信息经济发展趋势

2009—2017 年，民族八省区平均信息经济指数逐年稳步提高，但年均增长率 3. 85% 低于同期全国年均增长率 4. 87% 。2009 年全国年均水平比民族八省区年均水平高 14. 81% ，2017 年全国年均水平比民族八省区年均水平高 24. 19% ，差距持续扩大。如表 5 所示。

表 5　2009—2017 年民族八省区信息经济指数（以 2017 年指数排序）

排序	地区	2009	2010	2011	2012	2013	2014	2015	2016	2017
13	内蒙古	0. 2506	0. 26	0. 2839	0. 3076	0. 3257	0. 3372	0. 3398	0. 3499	0. 3668
14	新疆	0. 2599	0. 2731	0. 2935	0. 3024	0. 3186	0. 3302	0. 3356	0. 3451	0. 3622
24	宁夏	0. 2649	0. 2627	0. 2837	0. 3003	0. 305	0. 3113	0. 3195	0. 3255	0. 3447
26	青海	0. 2366	0. 2455	0. 278	0. 2967	0. 3103	0. 3143	0. 3085	0. 3316	0. 3272
28	广西	0. 2383	0. 2445	0. 2574	0. 272	0. 2851	0. 2959	0. 3008	0. 3079	0. 3195
29	贵州	0. 2416	0. 2571	0. 2777	0. 2909	0. 3032	0. 3045	0. 3164	0. 3205	0. 3191
30	云南	0. 2268	0. 2362	0. 25	0. 2752	0. 2846	0. 3031	0. 3027	0. 2995	0. 3173

续表

排序	地区	2009	2010	2011	2012	2013	2014	2015	2016	2017
31	西藏	0. 242	0. 248	0. 2468	0. 285	0. 2739	0. 2716	0. 2612	0. 2696	0. 2916
—	民族八省区	0. 2451	0. 2534	0. 2714	0. 2913	0. 3008	0. 3085	0. 3106	0. 3187	0. 3311
—	全国	0. 2814	0. 2911	0. 3119	0. 3322	0. 347	0. 3684	0. 3803	0. 3874	0. 4112
—	民族八省区增速	—	3. 39%	7. 10%	7. 33%	3. 27%	2. 56%	0. 66%	2. 62%	3. 88%
—	全国增速	—	3. 45%	7. 15%	6. 51%	4. 46%	6. 17%	3. 23%	1. 87%	6. 14%

如图 6 所示，2009—2017 年民族八省区信息经济指数均低于全国平均水平。内蒙古信息经济指数增速最高，2009—2017 年平均增速为 4. 91%；西藏信息经济指数增速最低，2009—2017 年平均增速为 2. 54%；除内蒙古外，其余七省区信息经济指数增速均低于全国平均增速 4. 87%。

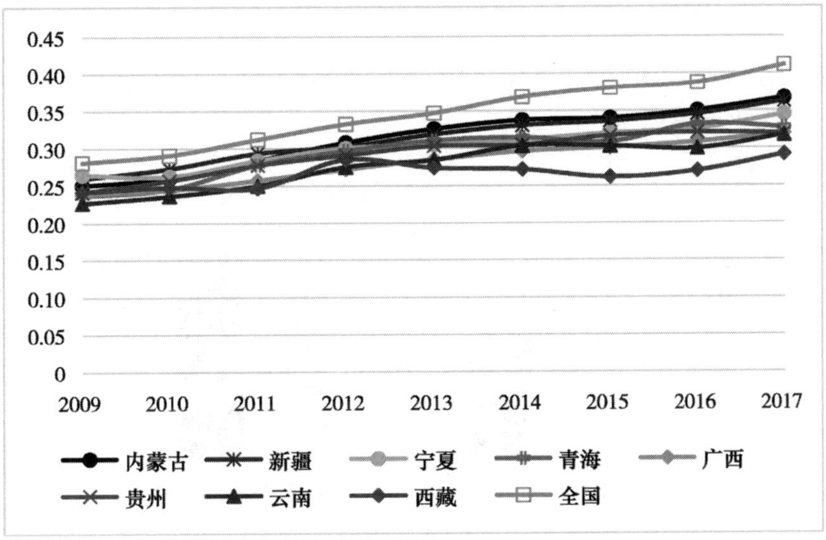

图 6 2009—2017 年民族八省区信息经济指数趋势

（三）民族八省区网络社会发展水平与趋势

网络化是信息社会最典型的社会特征。网络社会主要表现在两个方面，即信息服务的可获得性、社会发展的全面性。本文根据 2009—2017 年中国网络社会指数，以及其中支付能力指数、社会发展方式指数两个指标的统计数据，将 2017 年民族八省区网络社会发展总体水平与发展趋势情况进行统计分析如下。

1. 民族八省区网络社会发展水平

2017 年民族八省区只有内蒙古网络社会指数为 0. 527，超过全国平均水平 0. 425，从排名来看，广西、云南前进 2 位、新疆下降 2 位，其余省区排名没有太大波动。2017 年民族八省区平均网络社会指数为 0. 3837，同比增长 4. 08%；2017 年全国网络社会指数为 0. 425，同比增长 4. 04%。可见，2017 年民族八省区平均网络社会指数低于同期全国平均水平，增长率基本一致，如表 6 所示。

表 6　　2017 年民族八省区网络社会指数情况

地区	网络社会指数			支付能力指数	社会发展指数
	指数得分	排序	变化情况		
内蒙古	0.527	7	-1	0.458	0.596
宁夏	0.3936	18	-1	0.2821	0.505
广西	0.3776	20	2	0.2267	0.5286
青海	0.3774	21	-1	0.2657	0.4892
云南	0.3605	26	2	0.1855	0.5355
新疆	0.3555	28	-2	0.2579	0.4531
贵州	0.3542	29	0	0.1922	0.5162
西藏	0.3236	30	1	0.2061	0.441
民族八省区	0.3837	—	—	0.2593	0.5081
全国	0.425	—	—	0.322	0.5279

从衡量网络社会发展的因素看，2017 年民族八省区平均支付能力指数与社会发展指数均略低于全国同期水平。如图 7 所示。

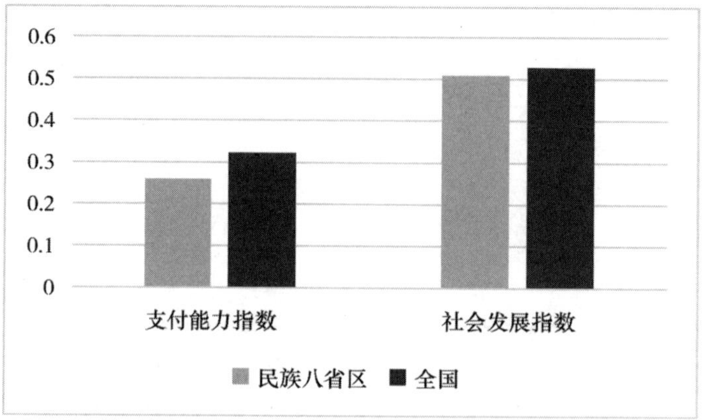

图 7　2017 年民族八省区与全国网络社会指数比较

2. 民族八省区网络社会发展趋势

2009—2017 年，民族八省区平均网络社会指数年均增长率 3.20%，高于全国年均增长率 2.83%。2009 年全国年均水平比民族八省区年均水平高 14.54%，2017 年全国年均水平比民族八省区年均水平高 10.76%，差距逐渐减少。如表 7 所示。

表 7　　2009—2017 年民族八省区网络社会指数（以 2017 年指数排序）

排序	地区	2009	2010	2011	2012	2013	2014	2015	2016	2017
7	内蒙古	0.3727	0.3301	0.3568	0.3956	0.4311	0.4655	0.4989	0.509	0.527
18	宁夏	0.3285	0.2823	0.2959	0.321	0.3449	0.3695	0.3811	0.384	0.3936
20	广西	0.3038	0.2964	0.2962	0.306	0.3226	0.3434	0.3578	0.3617	0.3776
21	青海	0.3062	0.2562	0.2606	0.2905	0.3154	0.3365	0.3508	0.3642	0.3774

续表

排序	地区	2009	2010	2011	2012	2013	2014	2015	2016	2017
26	云南	0.273	0.2417	0.2517	0.2659	0.2918	0.3036	0.3424	0.3383	0.3605
28	新疆	0.3131	0.2622	0.2716	0.3024	0.3192	0.334	0.3448	0.3566	0.3555
29	贵州	0.2582	0.2227	0.2334	0.2545	0.2661	0.2906	0.3019	0.3251	0.3542
30	西藏	0.2651	0.2481	0.2595	0.274	0.2921	0.298	0.3367	0.3103	0.3236
—	民族八省区	0.3026	0.2675	0.2782	0.3012	0.3229	0.3426	0.3643	0.3687	0.3837
—	全国	0.3466	0.2962	0.3109	0.3353	0.3617	0.381	0.3852	0.4085	0.425
—	民族八省区增速	—	-11.60%	4.02%	8.28%	7.19%	6.11%	6.32%	1.19%	4.08%
—	全国增速	—	-14.54%	4.96%	7.85%	7.87%	5.34%	1.10%	6.05%	4.04%

如图8所示，2009—2017年，除内蒙古网络社会指数始终高于全国平均水平外，其余七省区均低于全国平均水平。其间，民族八省区除2010年以外均逐年稳步提高。内蒙古网络社会指数增速最高，2009—2017年平均增速为4.65%；新疆网络社会指数增速最低，2009—2017年平均增速为1.9%；内蒙古、青海、云南、贵州的网络社会指数平均增速超过全国年均增长率2.83%。

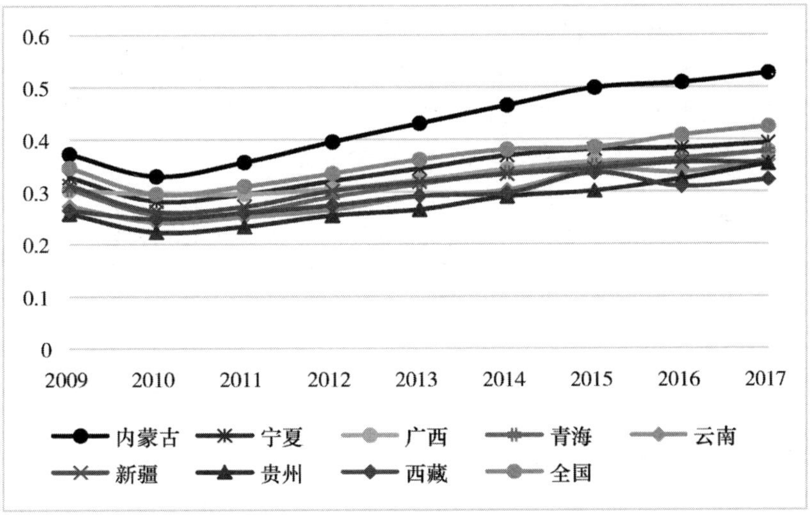

图8 2009—2017年民族八省区网络社会指数趋势

（四）民族八省区在线政府发展水平与趋势

信息社会的发展对政府治理提出了新的要求，同时也为实现治理体系的现代化创造了条件。在线政府是充分利用现代信息技术实现社会管理和公共服务的新型政府治理模式。在现代技术的支撑下，在线政府具有科学决策、公开透明、高效治理、互动参与等方面的特征。本文根据2009—2017年中国在线政府指数，将2017年民族八省区在线政府发展总体水平与发展趋势情况进行统计分析如下。

1. 民族八省区在线政府发展水平

2017年广西、贵州、内蒙古、云南在线政府指数超过全国同期平均水平。2017年民族八省区平均在线政府指数为 0.5364，同比增长 24.61%；2017 年全国平均在线政府指数为 0.6071，同比增长 10.48%。可见，2017 年民族八省区平均在线政府指数低于同期全国平均水平，增长率高于同期全国平均增长率。如表 8 所示。

表 8　　2017 年民族八省区在线政府指数情况

地区	排序	在线政府指数
广西	13	0.772
贵州	14	0.762
内蒙古	15	0.742
云南	20	0.702
青海	26	0.5481
新疆	29	0.4278
西藏	30	0.3375
宁夏	31	0.3342
民族八省区	—	0.5364
全国	—	0.6071

2. 民族八省区在线政府发展趋势

2009—2017 年，民族八省区平均在线政府指数年均增长率 14.67%，高于全国年均增长率 2.52%。2009 年全国年均水平比民族八省区年均水平高 104.78%，2017 年全国年均水平比民族八省区年均水平高 5%，差距大幅减少。如表 9 所示。

表 9　　2009—2017 年民族八省区在线政府指数（以 2017 年指数排序）

排序	地区	2009	2010	2011	2012	2013	2014	2015	2016	2017
13	广西	0.2628	0.3675	0.4252	0.2162	0.3688	0.5485	0.5485	0.5825	0.772
14	贵州	0.2389	0.3289	0.3213	0.2557	0.3434	0.483	0.483	0.5217	0.762
15	内蒙古	0.238	0.4034	0.3852	0.2032	0.2965	0.4406	0.4406	0.4787	0.742
20	云南	0.4625	0.507	0.5477	0.313	0.4269	0.6121	0.6121	0.638	0.702
26	青海	0.2167	0.3765	0.3685	0.3179	0.3961	0.4961	0.4961	0.4961	0.5481
29	新疆	0.2082	0.3491	0.4087	0.2366	0.3185	0.3872	0.3872	0.3872	0.4278
30	西藏	0.1543	0.2955	0.2984	0.1992	0.232	0.3055	0.3055	0.3055	0.3375
31	宁夏	0.1785	0.3219	0.3308	0.2141	0.2863	0.3025	0.3025	0.3025	0.3342
—	全国	0.5017	0.4859	0.4700	0.503	0.5359	0.5405	0.545	0.5495	0.6071
—	民族八省区	0.2450	0.3687	0.3857	0.2445	0.3336	0.4469	0.4469	0.4640	0.5782
—	民族八省区增速	—	50.51%	4.61%	-36.62%	36.43%	33.99%	0.00%	3.82%	24.61%
—	全国增速	—	-3.15%	-3.27%	7.02%	6.54%	0.86%	0.83%	0.83%	10.48%

如图 9 所示，从 2009 年民族八省区在线政府指数全部低于全国水平，到 2017 年有四个省区超过全国同期水平，其间，除 2012 年外民族八省区在线政府指数均增长较快，涨幅远超全国水平。内蒙古在线政府指数增速最高，2009—2017 年平均增速为 21.99%，云南在线政府指

数增速最低，2009—2017 年平均增速为 8.6%，均超过同期全国在线政府指数平均增速 2.52%。

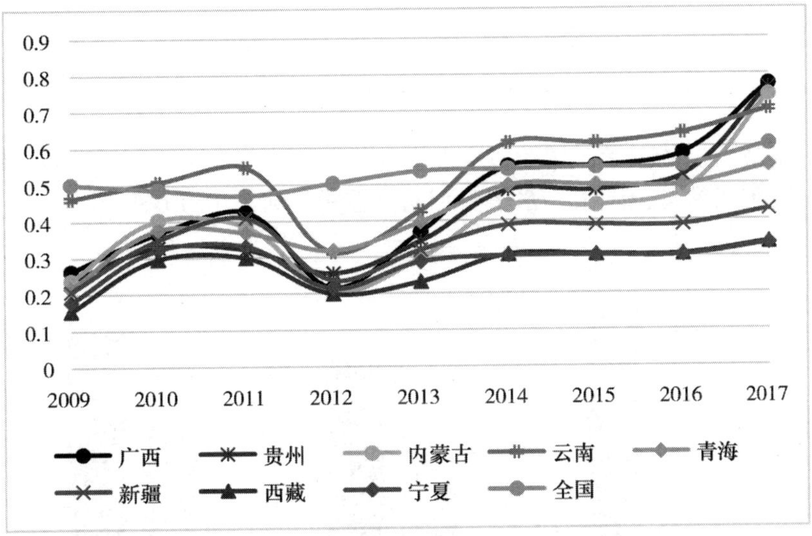

图 9　2009—2017 年民族八省区在线政府指数趋势

（五）民族八省区数字生活发展水平与趋势

信息技术广泛应用于人们日常生活的方方面面，人们的生活方式和生活理念发生了深刻变化，体现在生活工具数字化、生活方式数字化以及生活内容数字化。本文根据 2009—2017 年中国数字生活指数，以及其中移动电话指数、电脑指数、互联网指数三个指标的统计数据，将 2017 年民族八省区数字生活发展总体水平与发展趋势情况进行统计分析如下。

1. 民族八省区数字生活发展水平

2017 年民族八省区数字生活指数均低于同期全国平均水平，从排名来看，宁夏下降 3 位，内蒙古、青海下降 2 位，其余省区排名没有太大波动。2017 年民族八省区平均数字生活指数为 0.4524，同比增长 1.75%；2017 年全国数字生活指数为 0.5443，同比增长 1.91%。可见，2017 年民族八省区平均数字生活指数及增长率均低于同期全国平均水平。如表 10 所示。

表 10　2017 年民族八省区数字生活指数情况

地区	数字生活指数			移动电话指数	电脑指数	互联网指数
	指数	排序	变化情况			
宁夏	0.5142	15	-3	0.5958	0.3991	0.5478
内蒙古	0.513	16	-2	0.5917	0.3885	0.5589
新疆	0.4869	20	1	0.5372	0.3135	0.61
青海	0.4849	21	-2	0.5492	0.3	0.6056
广西	0.4481	23	0	0.4685	0.4002	0.4756
贵州	0.404	29	-1	0.5209	0.2645	0.4267
云南	0.3959	30	-1	0.493	0.2791	0.4156
西藏	0.3719	31	0	0.5183	0.1018	0.4956

续表

地区	数字生活指数			移动电话指数	电脑指数	互联网指数
	指数	排序	变化情况			
民族八省区	0. 4524	—	—	0. 5343	0. 3058	0. 5170
全国	0. 5443	—	—	0. 5781	0. 496	0. 5589

从衡量数字生活发展的因素看，2017 年民族八省区平均移动电话指数及互联网指数略低于全国同期水平，电脑指数与全国平均水平存在明显差距。如图 10 所示。

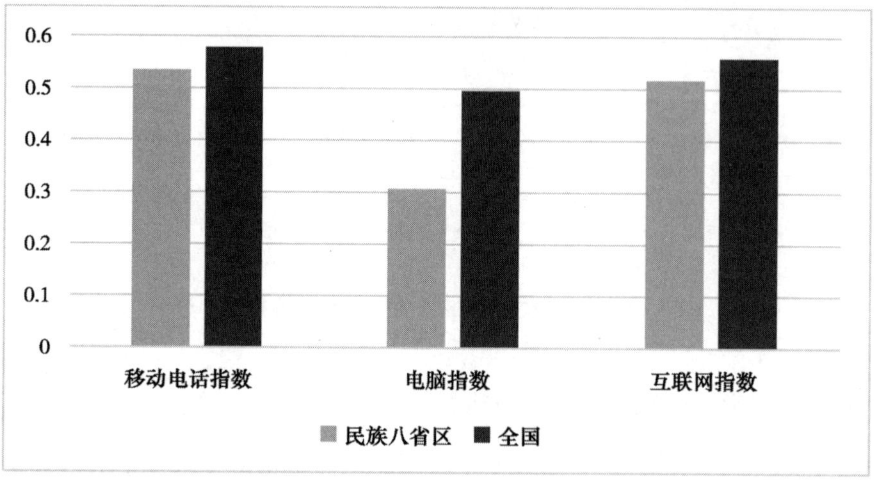

图 10　2017 年民族八省区与全国数字生活指数比较

2. 民族八省区数字生活发展趋势

2009—2017 年，民族八省区平均数字生活指数年均增长率 16. 13%，高于全国年均增长率 13. 25%。2009 年全国年均水平比民族八省区年均水平高 45. 58%，2017 年全国年均水平比民族八省区年均水平高 20. 31%，差距逐渐减少。如表 11 所示。

表 11　2009—2017 年全国民族八省区数字生活指数（以 2017 年指数排序）

排序	地区	2009	2010	2011	2012	2013	2014	2015	2016	2017
15	宁夏	0. 1566	0. 2072	0. 262	0. 3113	0. 369	0. 4265	0. 4803	0. 5185	0. 5142
16	内蒙古	0. 1799	0. 2228	0. 2855	0. 3578	0. 4224	0. 4622	0. 4983	0. 5123	0. 513
20	新疆	0. 1753	0. 2392	0. 2479	0. 3185	0. 3793	0. 4315	0. 4709	0. 4735	0. 4869
21	青海	0. 1516	0. 2098	0. 2463	0. 3116	0. 3632	0. 4169	0. 4604	0. 4814	0. 4849
23	广西	0. 1449	0. 1813	0. 2229	0. 2619	0. 3221	0. 3616	0. 4052	0. 4268	0. 4481
29	贵州	0. 0928	0. 1052	0. 1678	0. 2148	0. 269	0. 3116	0. 3519	0. 3899	0. 404
30	云南	0. 1104	0. 1472	0. 19	0. 2261	0. 2646	0. 3036	0. 3613	0. 3863	0. 3959
31	西藏	0. 1097	0. 1349	0. 1708	0. 2321	0. 2696	0. 3109	0. 3424	0. 3679	0. 3719
—	全国	0. 2041	0. 252	0. 3015	0. 3528	0. 4141	0. 4589	0. 5038	0. 5341	0. 5443
—	民族八省区	0. 1402	0. 1810	0. 2242	0. 2793	0. 3324	0. 3781	0. 4213	0. 4446	0. 4524

续表

排序	地区	2009	2010	2011	2012	2013	2014	2015	2016	2017
—	民族八省区增速	—	29.11%	23.87%	24.59%	19.03%	13.75%	11.44%	5.52%	1.75%
—	全国增速	—	23.47%	19.64%	17.01%	17.38%	10.82%	9.78%	6.01%	1.91%

如图 11 所示，2009—2017 年，民族八省区除内蒙古数字生活指数于 2012—2014 年略高于全国水平外，其余均低于全国同期水平。各省区数字生活指数均逐年稳步提高。贵州数字生活指数增速最高，2009—2017 年平均增速为 21.16%，内蒙古数字生活指数增速最低，2009—2017 年平均增速为 14.44%，均超过同期全国数字生活指数平均增速 13.25%。

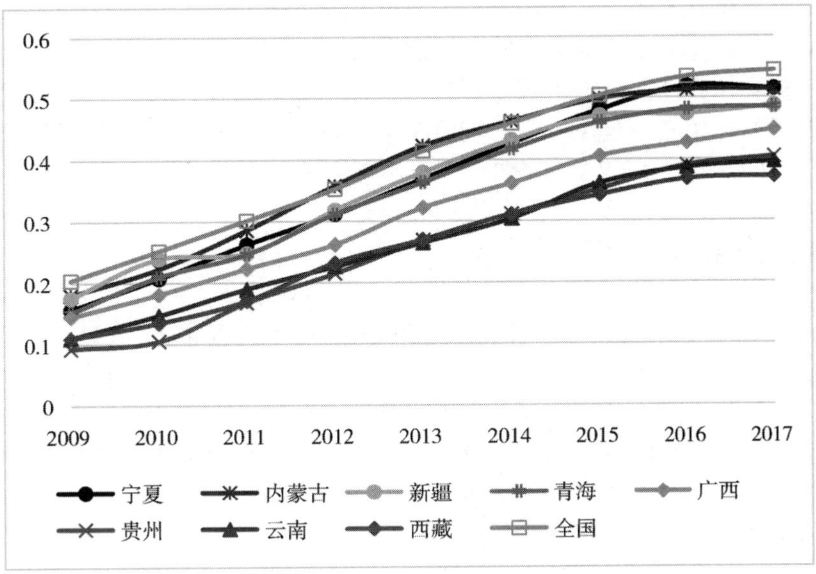

图 11 2009—2017 年民族八省区数字生活指数趋势

（六）民族八省区信息社会发展小结

2017 年，民族八省区总体上仍处于从工业社会向信息社会过渡的转型期，除内蒙古外，其余七省区信息社会指数均低于全国平均水平。从发展趋势看，民族八省区信息社会指数整体快速增长，2009—2017 年平均增速达 7.41%，且全部民族八省区的信息社会指数年均增速均超过同期全国年均增速，与全国信息社会指数平均水平差距逐渐减少。

从信息社会发展的四个重要领域来看，2017 年民族八省区平均信息经济指数、网络社会指数、在线政府指数及数字生活指数均略低于全国平均水平。从发展趋势看，信息经济指数方面：2009—2017 年民族八省区信息经济指数均低于全国平均水平，除内蒙古外，其余七省区 2009—2017 年信息经济指数平均增速均低于全国同期增速，与全国同期水平差距持续扩大。网络社会指数方面：2009—2017 年除内蒙古网络社会指数始终高于全国平均水平外，其余七省区均低于全国平均水平；其间，民族八省区除 2010 年以外网络社会指数均逐年稳步提高，与全国同期水平差距逐渐减少。在线政府指数方面：从 2009 年民族八省区在线政府指数全部低于全国水平，到 2017 年有四个省区超过全国同期水平；其间，民族八省区除 2012 年以外在线政府指数均较快增长，增速远超过同期全国在线政府指数平均增速，与全国同期水平差距大幅减少。数字生活指数方面：2009—2017年民族八省区除内蒙古数字生活指数于2012—2014年略高于全国水平外，其余均低于全国同期水平，各省区数字生活指数均逐年稳步提高，增速均超过同期全国数字生活指数平均增速，与全国同期水平差距逐渐减少。

与全国平均水平相比，民族八省区在人力资源方面具有一定优势，存在明显差距的指标是信息经济指数中的发展方式指数以及数字生活指数中的电脑指数。发展方式指数主要衡量的是地区在研发、创新和能效方面的发展情况，信息社会应该注重创新能力的建设、绿色经济的发展。信息经济是推动经济可持续发展的主要动力，只有从资源高消耗、高污染的工业经济向以创新核心技术应用为主的信息经济转型，才能解决工业化发展所面临的资源短缺和资源可持续利用问题，才能解决工业社会发展中的环境污染问题。电脑指数是根据每百人平均电脑拥有量计算得出，反映的是公众使用电脑的情况。网络和数字产品成为人们的生活必需品，传统生活用品的技术与信息含量越来越高，成为每个人日常生活必不可少的信息终端。随着技术的不断创新与广泛扩散，其应用成本将显著下降，数字化生活工具将高度普及，数字化生活工具带来的舒适和便捷将被看作自然而然的事情。可见，民族八省区继续发挥人力资源优势，坚持信息经济可持续发展以及加快实现全民计算机网络覆盖是推进信息社会建设和相对全国平均水平滞后①的关键因素和重要任务。

三 民族地区网络舆情研究

西方国家舆情研究可以追溯到19世纪兴起的民意调查，近年来，国内外各类政府组织都将网络舆情作为民意的重要形式予以关注，互联网技术飞速发展，新兴的媒体传播方式也深入我国各族人民生产生活，民族地区因其社会人文现状的特殊性，引发的舆情传播讨论事件越来越频繁，民族地区网络舆情研究显得尤为重要。2017年，民族地区网络舆情研究主要集中在民族地区网络舆情对策与应用、公共突发及热点事件网络舆情管理、高校网络舆情管理以及网络舆情监控技术与系统构建等方面。

（一）民族地区网络舆情对策与应用

1. 综合管理

从当代民族舆情问题的现状以及主要特点出发，通过分析影响民族问题舆情发展状况的主要因素，以及根据国家相关民族政策，提出提高民族问题舆情疏导管理的有效策略。民族地区网络舆情对策与应用研究是目前民族地区网络舆情相关研究中的重点。

雷振扬等认为网络作为“虚拟空间的公共领域”，既是舆论的聚集地，又是民意的采集地。网络的交互性和开放性使跨地域、民族、语言的人们通过网络吸收知识、交换观点。互联网的记忆性、自媒体的蝴蝶效应，网络舆论的群体极化以及政府的舆论引导与民族关系有着千丝万缕的联系，民族关系现状又对网络舆论有重要的导向作用。建立良好的网络环境将是推动建设社会主义和谐民族关系的重要措施，需要政府、媒体人、网民等多方共同努力。具体措施包括：第一，政府要做好网络舆情引导。政府对舆情除做到及时、有效、有理、有据的引导和纠正外，还应在社交平台推广一批专业知识丰富、语言温和有力的账号，汇聚多方权威领袖的力量，在多元声音中引导人们理性思考、和谐相处，重塑网络舆情的基本形态，引导网络舆情的

① “相对全国平均水平滞后”是由前文数据分析得出的结论，“从信息社会发展的四个重要领域来看，2017年民族八省区平均信息经济指数、网络社会指数、在线政府指数及数字生活指数均略低于全国平均水平”。

理性走向。第二，建立民族问题网络舆情监测机制。建立以民族问题监测为中心的网络舆情收集、研判、警报、处理机制，可以全方位地应对涉民族网络舆情事件。将网络舆情监测技术运用到有关民族话题的监测中，能使政府迅速掌握不良信息的来源，并进行辟谣，引导网络舆情走向。第三，自媒体素质的提升。权威用户在转发和评论时不应带有个人感情，在信息还未得到证实之前不应误导民众心理，而应该尽量传播真实理性的声音，为构筑和谐民族关系和健康有序的网络环境贡献媒体人应有的力量。第四，网民素质的提高。对青少年、中青年群体进行民族团结教育，是认清我国民族发展现状、民族关系现状，避免民族话题的网络情绪和非理性言论传播的重要途径。

侯喆提出几点提高民族问题舆情疏导管理水平的策略：第一，关注民族地区民生，维护民族利益；第二，舆情处理坚持公开透明原则，增强政府的公信力；第三，分类管控，实行具体问题具体分析的有效监管策略；第四，加强网络建设，利用新媒介正确引导民族舆论；第五，尊重少数民族的文化特点，各民族团结互助发展。

谈依箴等通过构建边疆民族地区网络舆情风险评估指标体系，运用模糊综合分析法，对影响边疆民族地区网络舆情的因素进行评价，得出边疆民族地区网络舆情风险的大小程度。对影响边疆民族地区网络舆情风险的因素进行分析，以对该地社会管控起到辅助作用。对评估结果进行分析后，对舆情风险的应对策略提出一些看法：第一，政府部门加强应对网络舆情的能力和水平，做好“顶层设计”：提升对网上宗教民族问题的重视程度，挖掘边疆民族地区网上社情民意，解决突出矛盾和重点问题，加强基层政府部门日常舆情监测与管理，增强政府部门网络舆情处突能力，打好舆论战；第二，完善治理网络舆情的社会联动机制，“牵一发而动全身”：发挥网络监管人员的社会效能，发挥网上意见领袖的“引流”作用；第三，提高边疆地区民众对网络空间的认知水平和网络责任感：增强民众对网上信息的辨别力，做到不传谣、不信谣，提高边境居民的主人翁意识，把网络舆情危机扼杀在摇篮里。

马平等针对网络影响民族关系的问题，提出以下对策：第一，网络宣传与新闻报道，坚持“三个依然”：依然坚持党的领导，而不是由党内的个别人、少数人、网络大V、网络流氓来引导舆论走向；依然坚持以马克思主义民族理论、宗教观为主导；依然坚持党的各项民族政策持续稳定，防止左右摇摆，标新立异。第二，建立四个舆情机制。首先应当建立网络舆情监测机制。其次是建立网络舆情分析研究机制。网络舆情管理部门与高校、科研机构结合，组建舆情分析研究机构，分析研究网络舆情，及时提供给相关部门，提出对策。再次是建立网络舆情警报机制。预警机构对网络出现的一些突发事件密切关注，发现有蛊惑煽动、挑起民族矛盾、引发冲突、导致恶性后果的苗头，及时发出警报，及早采取相应措施。最后还要建立网络舆情处理机制。在事前预防机制不能有效控制网络事件的情况下，建立事后处理机制，对影响民族关系造成恶劣后果的，要采取行政、法律手段，对当事人严加惩处。

任师凯围绕边疆民族地区失序网络政治动员问题，提出政府治理的原则与措施，具体如下：建立健全边疆民族地区网络监管体系，优化网络环境；促进边疆民族地区法治建设，做好制度协调工作；积极推进边疆民族地区政务公开建设，加强信息供给；充分发挥传统媒体的调节作用，强化居间疏导能力；加强边疆民族地区网民的政治文化素养，加快政治文化培育；培育边疆民族地区意见领袖，以精英带动网络舆情健康发展；对网络传播载体进行监管，强化媒介监管工作；对网络信息服务提供商加强管理，做好监督工作。

诸芳认为运用新兴媒体来推进统战工作，既是当前形势的需要，也是形势发展的需要，具体措施为：第一，民族地区统战部门要加快新兴媒体的软件和硬件建设。首先，加快民族地区统一战线新兴媒体平台建设；其次，加强民族地区统战工作的新兴媒体人才队伍建设，包括新兴媒体的统战应用人才队伍建设，加强新兴媒体从业人员和网络意见领袖的统战工作，增强网络引导能力。第二，充分发挥新兴媒体的技术优势，进一步和谐民族宗教关系。第三，运用新兴媒体进行统战舆情监测与研判。第四，发挥新兴媒体与传统媒体信息传播的协同优势，提升民族地区统战宣传与舆论引导效果。第五，创新民族地区统战教育培训与引导的方式。第六，利用新兴媒体推动民族地区网络协商建设。

2. 区域管理

因地理位置的特殊性等原因，不同民族地区的网络舆情有其自身的独特特点，通过分析不同民族地区的网络舆情特点，提出相应的对策，是当前研究的热点问题。目前主要集中在贵州、西藏、内蒙古等省区的网络舆情对策研究。

邓良柳认为，在新媒体环境下提升黔东南州风险传播能力的对策如下：第一，提升政府部门的监管力度。（1）完善相关政策法规建设；（2）建立完善政府信息公开制度；（3）建立有效的风险管理机制；（4）完善风险评估机制。第二，提升受众参与新媒体风险传播能力水平。（1）提高公众风险认知能力；（2）加强受众运用新媒体的道德规范；（3）加强风险信息的正面宣传；（4）加强受众新媒体媒介素养教育；（5）引导公众理性表达观点。第三，加强新媒体与传统媒体融合互通，共同引导风险传播。（1）让新旧媒体合作共享信息源；（2）在风险信息的传播中形成沟通机制。第四，做好新媒体规划和舆情监控工作。（1）推动新媒体建设发展；（2）做好涉黔东南州新媒体舆情监控工作；（3）加强新媒体空间的治理；（4）提升媒体行业自身专业素养。

陈航行等提出，西藏主流媒体发挥着网络舆论主力军的作用，2017 年上半年对境内外各种敌对势力的反宣渗透进行有效抵御，取得了一定的成绩。但是，十四世达赖集团和西方反华势力的反宣渗透依然猖獗，信息“倒灌”现象严重。下阶段涉藏网络舆情引导的应对建议、策略包括：了解新媒体传播特征，加强网络移动端和镜像技术监控，形成快速联动处置机制；尊重新闻传播规律，宗教问题报道逐步“脱敏”，重视新闻传播“两面说”的免疫效果；注意事实信息和意见信息的分离，保持客观冷静的理性；采取切实措施解决“隐藏在热点事件背后的现实问题”；建立涉藏网络舆情协同治理中心，实行网络舆情引导和社会治理的人机结合机制。

都翔蕤等提出，当前网络环境下内蒙古舆情引导策略为如下几点：首先，当舆情发生时能够及时作出真诚的回应。官方及时、真诚地回应并适宜地释放信息是舆情应对关注的重点。尊重信息传播规律，及时、完整地披露信息；注意事件相关调查进展及舆情走向，注意引导和正面回应。回应内容要有理有据，避免回应不当引起无谓的质疑，进一步损害政府的公信力。其次，健全监管机制。相关部门一旦发现问题，应及时组织调研部门，做好应对预案，对一些可预见的舆情要有前瞻性的应对指导。最后，加强新媒体发声。随着网络新媒体的日益崛起，网络维权、爆料、反腐日益成为部分民众的诉求习惯，同时官方一些线下的工作也被分流到线上新媒体平台。官方如果无法及时发现信息、处理信息，在新媒体中没有自己的发声平台，就容易造成信息流通不畅，导致官方不能全面了解民众的需求，不利于官方的形象建设和公信力的维护，继而造成一些负面舆情事件的发生。

朱海波等通过梳理内蒙古地区的网络舆情的特点，提出以下相应对策：第一，合理利用新媒体优势。政府官方对于网络舆情的处理及时与否，对是否掌握网络舆情发展的主导权有较大的影响。对网络舆情的合理处理和重视，是能够在较大程度当影响民意的。第二，建立健全舆情预警机制。只有在不断地探索和管理的过程中建立健全网络舆情的预警机制，积极发挥“意见领袖”的作用，才能掌握舆论的主导权。新媒体的发展日新月异，传播者的角色正悄然发生着变化。信息传播方式的变革给内蒙古地区的网络舆情监管带来了巨大的挑战，正确的、合理的监管网络舆情是十分必要的。

李燕以网络舆情相关理论为基础，以内蒙古公安机关为研究对象，立足于少数民族地区特殊性这一现实情况进行了深入的分析，为内蒙古公安机关应对网络舆情提出如下对策建议。第一，构建舆情监测、预警、处置、考核完整管理体系。（1）不断完善舆情监测预警水平，（2）健全完善舆情联动应对处置机制，（3）建立健全舆情应对考核机制，（4）建立健全公众投诉举报工作机制。第二，加大舆情处置后勤保障。（1）建立专业的网络舆情处置队伍，（2）提升技术装备应用水平。第三，以机制改革破解现实难题。第四，提升公安机关自身能力素质。（1）转变思想，准确认识网络舆情，（2）加强培训指导，提升应对网络舆情的技巧和水平，（3）强化精通蒙汉双语人才队伍建设。第五，灵活运用媒体特点，提升网络舆情应对能力。（1）运用传统媒体优势，掌握主动权和话语权，（2）掌握新媒体技术，占领舆情引导阵地。第六，充分发挥网络“意见领袖”和民间社会力量的积极作用。（1）充分发挥网络“意见领袖”的积极作用，（2）充分发挥民间社会力量的积极作用。

都翔蕤等通过介绍内蒙古地区舆情概况，分析其舆情事件特点、传播特点和应对能力，结合困境，提出相应的对策：第一，以理性的思维逻辑培养各民族意见领袖。将线上线下各民族意见领袖聚集在一起，对其进行理性思维培训，提高他们新媒体运用等各方面的素养，这将使他们在舆情事件中更好地正确地引导各自的民族群体，妥善处理舆情事件。同时在媒体报道中，要站在各方角度报道新闻事实，以此进行理性引导，使各方的心态呈现积极面貌，逐步缩小民族心理距离。第二，紧跟时代节奏，善于利用新媒体。时效性是舆情生命力的重要构成部分，在舆论场上，谁先抓住了时效性，谁就先掌控住了舆情的生命力，并且能够提前而主动地引导舆论。第三，加强多向监督，着力培养民族双语记者。各类媒体相互监督，但也随时遭受质疑，这就需要主流媒体和相关媒体监管部门在面向众多新媒体引导舆论的过程中加强对各信息源、舆论场的多向多边监督，把握舆论引导的主旋律，避免走偏走错。民族双语记者素质参差不齐，只有在人才引进上严格把关，在引进后进行有力的语言写作和技术操作等职业培训，才能培养出一批高素质的专业人才。

（二）民族地区公共突发及热点事件网络舆情管理

随着新媒体时代的到来，特别是近年来互联网媒体、自媒体、社交平台等网络载体快速发展，社会矛盾在虚拟世界集聚，导致公共突发事件及群体性事件高发。目前的研究主要在民族地区公共突发及热点事件的网络舆论引导、监控和预警等方面展开。

郑珊通过分析昆明“3·01”暴恐事件中网络舆情多元化、倾向性、及时性等三个特点，及形成这三个特点的原因，提出要在公共突发事件中良好地处理政府、媒体、公众三者的关系，一方面需要充分转变观念、利用先进的技术手段，通过官方平台快速、准确地传递事件的真情实况；另一方面，政府也要充分借助媒体的力量拉近与公众之间的关系，将媒体转换为政府和人民之间的“耳目喉舌”，通过权威媒体形成深度报道、新闻评论、热门话题等良好的舆论氛围，使不明真相的群众能够保持理智，通过正规渠道了解真相、剖析真相，从而与政府一起面对真相、解决冲突。在应对公共突发事件中网络舆情应急处置方面，政府需要进一步加强网络舆情监测及预警机制的建设、完善网络舆情应急处置的制度、寻求信息发布与信息管制之间的平衡关系、畅通公众参与和网络舆情的交流途径，以及规范网络舆情的引导策略和舆论标尺。

雷雅琦等以假新闻“四川大凉山孩子 10 年没吃肉”为例，分析认为，随着对该事件的讨论的深入，其讨论焦点也会发生转移。总的来说，讨论围绕三个主题展开：造谣、贫穷、民族。这三个主题之间存在一定的关系，造谣与否关系到凉山贫穷与否，贫穷与否关系到最终的话题是否会牵扯到民族问题。政府官方发布新的消息影响了网友对该事件的讨论焦点。整个事件中，政府通过门户网站和微信平台发布新的消息，确实对舆论起到了引导作用，使该事件绕开了“民族问题”并最终回归到“造谣问题”，从而逐渐平息。在诸多这样的网络事件中，我们最需要听到的是凉山人自己的声音，需要了解他们的感受和需要，当媒体成为我们认识凉山的唯一通道时，我们便无法识别事件真伪。因此，让凉山人在网络平台上发出自己的声音，让政府、媒体、民众等主体都参与到事件当中，才有助于让人们了解真实的凉山，也有助于杜绝像“孩子10年没吃肉”这样的谣言产生和传播。

王景悦认为，新型舆论引导机制的建立应从以下方面着手。首先在舆论收集分析上，对贵州民族地区社会安全突发事件的监控和预警，建立舆论监控软件系统，以贵州省各民族自治区为基本单位，进行全网监测，建立信息分级系统和敏感信息预警；其次在舆论传达策划上，对收集的数据进行安全级别划分、负面与非负面划分以及类别划分，包含但不限于重大刑事案件、恐怖袭击事件、涉外突发事件、经济安全事件、群体性事件、民族宗教事件等，舆情监控机制的建立不要各自为政，而是基于贵州省新闻传播事业例如贵州报业的“新闻中央厨房”，在整合共享资源的同时避免重复建设浪费社会资源；再次在政府议程设置上，数据收集以后对各地区管理部门下发预警通知，第一时间抵达现场控制事件的恶化，最好能当场消弭事件所产生的不利影响。对此应加强各级管理部门的舆论引导知识和媒介素养培训工作，让各部门能利用新闻发言人制度，第一时间公开、公正、民主地对事件进行定性，消除谣言产生的土壤，建立政府与民族交流沟通的平台，加强民间团体和声望人士的纽带作用，让问题自己走进来而不是在外面传播；最后约束规范本地社交媒体平台，建立健全媒体管理制度，加强立法，使管理者有法可依，最好在媒体信息传播反馈上加强政府与新媒体间联系，妥善利用好其特点引导信息的传播。新的舆论引导机制不再是单独由主流媒体发声，高声唱好，而是加强互动，重视公众所关心的热点议题，积极引导媒体议题与政策议题走向一致。议程影响人们看什么，主体在于舆论引导者和媒体，而舆论引导是政府通过宣传手段，不仅影响人们看什么还影响人们的认知如何去看。弘扬主旋律，化解矛盾，维护稳定，主体是政府。建立档案管理机制，对以往发生和正在发生的事件进行归档，研究其产生特点，对频发事件做到知其所以然，然后对涉事公众进行及时的安抚并获取反馈信息，从而了解事件发生的根源，有针对性地进行改进。

王江屏认为，在涉及民族因素突发事件的舆论引导中，应主动出击，第一时间公布事实真相，争取对事件定性的主导权，抢先设置议程，主动配合媒体采访，争取国内外舆论的支持。并且，与其花大力气去“堵塞”舆论通道，不如广开言路，倾听群众的意见和建议，因势利导地加以疏通和引导。应进一步完善涉及民族因素突发事件的舆论引导机制，有效提升引导力。具体措施如下：建立舆情监测机制，提升舆情动态的预警力；建立“第一时间”导控机制，抢占舆论引导主动权；建立重点网站扶持机制，提升舆论渠道的控制力；构建信息发布联动机制，提升正向舆论的到达率；建立新兴媒体与传统媒体议程设置呼应机制；建立意见领袖培养机制，提升舆论引导的亲和力；完善媒介素养提升机制，提升舆论受众的研判力；建立新媒体法律监管机制，提高依法治网的执行力；构建舆情处置不力问责机制，提升网络问政的监督力；建立网络新技术研发机制，集聚舆论引导后发力。

王喆以群体性事件网络舆情为主线，结合临夏穆斯林聚居区特殊的政治文化背景，在社会冲突理论、公共危机管理理论和预警理论的基础上，通过调研总结分析临夏穆斯林聚居区群体性事件的网络舆情预警存在的问题，并针对该聚居区群体性事件网络舆情预警提出了如下相关建议：第一，加强临夏穆斯林聚居区群体性事件网络舆情预警的观念和意识。（1）通过教育提高舆情管理人员对新媒体的认识；（2）加强对临夏穆斯林聚居区群体性事件网络舆情预警的重要性教育。第二，建立和完善舆情预警基础保障机制。（1）完善群体性事件舆情预警的法律保障；（2）健全群体性事件网络舆情预警完备的组织保障体系；（3）加强舆情预警技术保障。第三，建立和完善群体性事件舆情预警机制。（1）完善临夏穆斯林聚居区群体性事件网络舆情的监测机制；（2）完善穆斯林群体性事件网络舆情预警的汇集机制；（3）完善临夏穆斯林聚居区群体性事件网络舆情预警的分析机制；（4）完善临夏穆斯林聚居区群体性事件网络舆情的警报机制；（5）完善临夏穆斯林群体性事件网络舆情的预控机制。第四，加强临夏穆斯林聚居区网络舆情的生态治理。（1）加强宗教文化和政治文化建设；（2）通过“议程设置”来掌控舆情主旋律。

（三）民族地区高校网络舆情管理

高校舆情是社会舆情的重要组成部分，高校舆情的发展态势影响着社会舆情的整体走向。民族地区高校因少数民族学生所占比例高等特点，导致其舆情的生成发展与全国其他高校相比呈现出不同的规律与特征。通过分析民族地区高校不同于其他地区高校的网络舆情特征，从不同方面研究民族地区高校网络舆情管理策略。

汪发余等提出，民族院校学生是民族地区发展的坚实支撑，应通过对网络舆情的概念和对民族学生进行思想政治教育的积极意义进行梳理，从民族院校应急管理中网络舆情引导的意义、影响成因、管理中遵循的原则和基本对策着手进行分析。完善民族院校网络舆论的应急管理机制应注重以下几点。第一，民族院校应建立妥善应对突发新闻危机的反应快速的监控预警机制，改进突发事件新闻发布机制；在舆情监控与引导工作上做好准备，实时关注网络消息，紧密了解网络最新动态，使校园媒体能够发挥其独特作用；媒体管理，建立应急管理舆情危机监控预警机制并强化学校与媒体之间的沟通协作。第二，建立解决突发新闻事件的领导机构，其组员需包括学校各职能部门的领导及工作人员，主管领导和信息联络员应设置在高校各二级单位，机构内主管领导及相关人员需学习和掌握妥善应对突发新闻事件的处理流程和注意事项，学习内容包括网络舆情突发事件的法律法规和出台政策，并积极搜集近期各大民族院校妥善应对突发事件新闻的典型案例。

李春华认为在建构西藏高校网络舆情管控、德育、维稳工作立体化机制方面，应有如下措施：第一，舆情收集机制。采取系统与人工紧密结合的搜集模式进行舆情监测最为科学有效。第二，舆情分析、研判、引导、化解机制。此项工作可分为以下四个方面：首先，对搜集到的舆情信息及时整理、分析、研判、反馈，提高舆情决策的针对性和准确性；其次，培养网络舆情意见领袖，把握舆情评论，引导主动权；再次，建设教育工作者和大学生互动交流的网络平台；最后，做好舆情信息工作，建构网上网下联动机制。第三，舆情评估机制。舆情事件处理完毕后，工作人员要回顾总结事件的处理过程，对事件的危急程度进行评判、对所采取的措施进行总结，以及提出下一段走向的建议。第四，建立高校舆情数据库。高校舆情数据库的建立与完善可为师生提供丰富的舆情信息，也可为学校教育、管理、涉藏舆情等工作质量的提升提供数据支持。第五，构建西藏高校图书馆网络舆情管控体系联盟。首先，健全领导机制，协调各图书馆间的分工协作；其次，规划网络环境下的“一体化”战略，实现各馆的舆情工作信息系统与基础设施互联互通；再次，建立合理的经济激励机制，以确保图书馆舆情工作的长久进行；最后，组建舆情工作“专家智囊团”，在各党政机关、维稳、网信部门、高等院校、宣传部门、资深新闻人、社会科学研究机构中聘请学者、专家，深入探讨研究高校舆情工作，确保此项工作的科学性和长期性。

都翔蕤等认为，民族地区高校提升舆论引导能力的对策有：第一，内容建设。（1）优化议程设置。议程设置是大众传播的重要社会功能和效果之一，根据该理论，舆论引导者可以优化舆论引导的内容和形式；（2）发挥民族地区高校意见领袖的作用，增强文化渗透。高校是人才的聚集地，也是先进思想与文化的传播地。在舆论传播过程中，高校占据着信息优势，在“两级传播”中充当着意见领袖的角色。在这一过程中，高校在舆论的处理与传播方面有着举足轻重的作用和不可替代的地位。（3）关注少数者的意见。舆论是每一个人的舆论，平等关注，积极引导，才是长久之道。第二，渠道优化。1. 平台集约化，建设新媒体矩阵。校方着力打造几个主要的新媒体舆论平台，更能集中大量地吸引受众，扩大影响力，也能进行更有力的舆论引导。建设新媒体矩阵，就是在集约化建设新媒体舆论平台的基础上，打造一系列功能及内容互补的新媒体平台。2. 打造优质舆论引导队伍。一支能力超强、立场坚定的舆论引导队伍，是少数民族地区高校舆论引导取得成功的关键。首先，要提高这支队伍的整体素质。其次，提升学生直接负责人对高校舆情的关注程度，切实增强其处理突发事件的能力。最后，做好学生团体的积极引导工作。3. 建立完善的舆情引导机制。要建立专门的监测机构，成立舆情综合分析部门，做好舆情的反馈和整改工作。

李毅提出，新疆高校网络意识形态领域反分裂反渗透斗争应对措施如下：第一，严格落实网络意识形态工作责任制。按照属地管理、分级负责和谁主管谁负责的原则，严格落实网络意识形态领域工作责任制。第二，加强互联网舆情动态监管。1. 规范和加强各级官方微博、微信的建设与管理，制定校园网络、微博、微信发布信息管理办法，对发布信息严格履行审核程序，对高校各单位开设的微博、政务微信、微信公众号、移动客户端进行实名备案登记；2. 建立一支政治坚定、忠诚可靠、反应迅捷、有效管用的强大网军，加强对学生网络舆情动态和涉及各高校网络舆情的监测，及时全面准确地掌握网络舆情动态；3. 建立与自治区党委网络安全和信息化委员会办公室的联系沟通机制，完善网络舆情信息搜集、分析、研判、报送工作；4. 做好重大专项、重大突发事件的舆情监测、预警、报告和处置，做好应急响应的组织实施。第三，加强网络媒体舆论引导。新疆各高校应该建立健全运用新媒体的战略研判、信息沟通、应急处置、舆论引导等制度，加快建设一支有力的网络舆情信息员和评论员队伍。第四，加强大学生的网络安全观教育。1. 加强对学生的网络安全教育，普及网络安全知识；2. 在学生中开展《中华人民共和国反恐怖主义法》《网络安全法》等法律法规和自治区防止宗教向教育领域渗透“两个不得”“五个严禁”等要求的学习教育；3. 组织开展“校园网络安全宣传周”活动。

（四）民族地区网络舆情监控技术与系统构建

大数据时代，每天所产生的数据信息量巨大。这些数据信息具备种类多、价值量大、价值密度低等问题，给民族地区网络舆情分析工作带来了很大的难度。当前研究主要集中在文本情感分析、舆情分析与预测系统构建等方面。

李苗苗提出了藏文文本情感分析的三层框架：将词向量的方法用于藏文情感词典的扩充中，并对传统的基于相似度扩充词典的方法进行了改进，提高了准确率，获得了一部比较好的藏文情感词典；从藏文的文法特点出发，归纳和总结了适用于藏文的句子情感分析规则集；结合情感词典，设计和实现了藏文句子倾向性分析系统，不仅实现了基于情感词典的藏文篇章情感分析方法，而且还比较了几种情感计算的统计模型后，验证了基于情感特征组合的SVM方法的优越性。

杨志针对藏文微博文本进行了初步研究，探讨了对其进行情感分析的方法。与中文微博文本的情感分析相关工作相比，藏文微博存在藏汉多语种混排的情况，采用抽取单语特征进行情感计算，并在此基础上建立藏汉情感词典，基于多种特征选取方式和特征权值的计算方法。研究并改进了目前情感分析的方法，并采取一系列实验对改进方法的效果进行了评估。结果表明，通过这些改进措施，使之更适合藏文情感分析方法，能够有效地对藏文微博进行分析和处理。

张佳圆等设计的基于大数据的民族网络舆情分析与预测系统分为三个主要模块：第一，数据采集模块。1. 数据采集模块，Nutch 爬虫工具是网络舆情收集的主要软件，可与网络协议共同使用，对数据来源进行指定爬取。另外，还可利用 Nutch 爬虫工具进行主动搜索，在搜索引擎上获取资源信息。2. 参数设置模块，Nutch 爬虫工具的主要参数设置内容包括两个方面，即爬取目标和存储位置。其中，在对爬取目标进行设定时，需要对爬取过程、爬取效果等进行设置，并根据实际需要来设计爬取名单。3. 数据解析模块，利用解析工具，对各个数据内容进行分解，去除重复性内容，保留具有价值的信息，可为后续工作提供依据。第二，数据分析模块。数据分析模块是网络舆情分析与预测的关键模块，通过 Map 编程可轻松实现数据处理。同时，由于其功能比较强大，可同时对多个数据进行处理，有效提高数据分析模块的工作效率，从而满足大数据时代网络舆情的处理需求。具体包括舆论判定、舆论跟踪、舆论评估以及舆论报告。第三，网络舆情预测模块。其主要工作流程为，先利用 Nutch 爬虫工具爬取数据信息，再对数据进行处理，将重复的内容以及干扰内容进行清除。将舆论分析结果形成计算域，获取热点话题，再将其划分成离散的数据序列，通过马尔科夫链与灰色理论进行预测，以获得准确的预测结果，便于相关人员进行舆情监督和管理，从而保证社会的稳定。

陈建英等认为，网络民族舆情监测工作需要面对数据量庞大、现场数据复杂等问题。针对这些问题，提出了基于灰色关联计算的网络民族舆情监测模型，给出了该模型的框架结构与功能模块，详述了其处理流程与相关算法，通过仿真试验验证和分析了模型的效能。该模型针对监测系统的工作特点，采用分布式结构避免系统瓶颈，基于灰色关联计算方法，实现监测规则库与现场数据的深度匹配，并进行热点事件的细节刻画，最终实现网络民族舆情热点事件的预测和发现。仿真试验结果证明，该模型具有较高的舆情监测覆盖度、较低的误监率和较高的服务器/终端处理性价比。

安见才让等提出，在藏文信息舆情分析系统设计与开发过程中，需建立若干知识库，使用垂直搜索、知识发现、藏文网页识别、主题网页识别、自动分词、特征提取、藏文情感网页自动分类等技术，实现对海量互联网藏文信息进行监测、互联网舆情的自动分析和发现。该系统实现的首要任务是要采集围绕主题的海量数据，并经过处理形成规范性的藏文数据再进行挖掘，输出有用的决策信息。系统包括如下模块：1. 互联网藏文数据采集模块。信息采集模块利用“基于主题的互联网爬虫”技术，按照设置的采集规则，到互联网上进行数据采集。该模块有页面采集、页面相关度评价和 URLs 评价排序三个子模块。数据采集后按照主题归于相应的数据库中，以便下一步的数据处理。2. 藏文数据处理模块。需要把采集数据转为有用的信息，在采集到相关数据后，先期对已经采集完成的数据进行格式化、数据清洗、信息处理加工等，最终形成规范的、适于统计的数据。然后再利用数据挖掘技术对数据进行挖掘，形成相应的统计信息，便于查询输出。3. 原始数据预处理。在数据挖掘分析前对数据进行预处理，形成最终有效的待分析数据。经过预处理的数据还只是数据，并没有形成与主题相关的有用信息，所以系统内置了多种数据挖掘技术。4. 藏文数据存储模块。采用 Sql Server 2016 作为数据存储的数据库系统。5. 藏文数据的情感倾向性分析处理模块。为解决藏文文本情感倾向性自动分类的难题，系统内置自动分类组件，采用基于 Fisher 判别的特征提取方法对训练库进行学习，获取每个分类的特征，然后采用基于最大熵分类器方法，对未知分类情况的数据进行情感性倾向性分类。系统通过关联分析、趋势分析，从藏文数据中抽取关联规则。同时，利用趋势分析技术，分析互联网舆论等随时间的发展趋势情况，以便实现对舆论环境的监测和不良倾向的预警。6. 友好的数据显示界面。在数据输出时系统利用 Sql Server2016 的 Olap 技术结合系统提供的查询页面框架，可以实现用户从多个角度对各类数据的查询。针对输出内容，系统内置了生成部分图文并茂的统计报表组件。

（马爽，馆员，中国社会科学院民族学与人类学研究所文献信息中心）

2018 年中国民族地区互联网发展研究

周学文

一　引言

随着移动互联信息技术发展的日新月异，互联网（Internet）已经全面融入经济、社会、生产和生活各个领域，正在成为 21 世纪引领工业革命和影响人类历史发展进程的重要因素。当前全球互联网呈现以下九个新的发展趋势：一是互联网成为全球产业转型升级的重要助推器，推动产业组织模式、服务模式和商业模式全面创新。移动服务、线上线下融合、跨境电商、智慧物流等服务、按需定制、人人参与、协作分享等新商业模式将全面变革产业运行模式，重塑产业发展方式。二是互联网将成为世界创新发展的重要新引擎。人口、资源、市场等驱动国家发展的传统红利要素，正在全面让位互联网创新发展的红利，创新、智能、变革的社会正因为互联网创新而加速到来。三是互联网将成为造福人类的重要新渠道。科技改变未来，让生活更美好。便捷化的“互联网 +”出行信息服务、“一站式”旅游在途体验、数字化网络空间学习环境，开启人类智慧生活新时代，将极大地促进国家、区域、城乡、人群等的协调、开放和共享发展，促进世界发展成果更好地惠及全人类。四是互联网将成为各国治国理政的新平台。“指尖治国”将成为新常态，构建起网络化、在线化、数据化和智能化全天候政府，精准服务、在线监管、网络民意调查等能力全面提升，不仅创新了宏观调控、社会管理、公共服务和市场监管模式，更提升了国家治理能力和治理体系现代化水平。五是互联网将成为国际交流合作的新舞台。网络让世界变成了地球村，不同国家、区域、民族、种族和宗教的文化交流及业务合作更加紧密。以人为本、服务发展的外交时代将全面开启，世界交流合作正在因为互联网而变得紧密与和谐。六是互联网将成为国家对抗的新战场。互联网成为继领土、领海、领空、太空之后的第五战略空间，各国在网络空间的无硝烟对抗冷战将长期持续存在。维护网络空间和平安全、减少网络空间摩擦、寻求网络空间利益共同点、建立网络空间新型大国关系、构建网络空间命运共同体，将成为未来世界谋求新发展的共同呼声。七是互联网将成为国际竞争的新利器。互联网互联互通，网络没有国界，全球化的互联网服务将成为一国参与国际竞争的重要利器。国家之间政治、经济、社会、军事等各类竞争越来越离不开互联网。八是互联网将开启信用社会发展新序幕。人的信用、企业的信用等信用信息将变得可实时化采集和综合化分析利用，基于信用的经济社会活动将更加全面普及，互联网将开启全球信用社会发展新序幕。九是网络安全将成为人类面临的共同挑战。网络安全问题延伸到了经济社会各个领域，加强网络空间治理、打击网络犯罪和网络恐怖主义、携手共同应对全球网络安全问题，将成为未来世界共同发展的重要议题。

互联网与信息化不仅是一项技术，更是一次伟大的技术浪潮，正在深刻地改变着世界。中国政府对互联网和信息化非常重视，已经把它提高到战略的高度，习近平同志多次在不同场合发表关于互联网的重要论断，如“人类正在经历信息革命”“网络已走入我国千家万户”“全球互联网治理体系变革进入关键时期”“努力把我国建设成为网络强国”“要有自己的技术、信息服务、基础设施和人才队伍”“把握好网上舆论引导的时度效”“推动信息化和工业化深入融合”“为老百姓提供用得上、用得起、用得好的信息服务”“深化国际合作，建立多边、民主、透明的国际互联网治理体系”，等等。

我国民族地区人口约占全国总人口的14%，面积占全国国土面积的64%，地域广阔，自然条件复杂多样，大多分布在我国边疆地带，与境外多个国家接壤。由于地理、气候、历史、文化等多种原因，我国民族地区在经济发展、文化教育、思想观念水平上相对落后，受到国际上不稳定因素的影响较大，是社会突发事件的多发地和集中地。因此，民族地区的互联网发展及其应用研究对国家安全、经济发展和民族团结都具有特殊的意义。

本文主要引用2018年中国互联网络信息中心（CNNIC）的《中国互联网络发展状况统计报告》和国家统计局的《中国统计年鉴》统计数据，分析阐述了2018年我国民族八省区①互联网发展水平与趋势，并对影响民族地区互联网水平的经济支撑因素进行分析。

随着世界上互联网技术及其承载的应用的飞速发展，互联网发展水平已成为衡量一个国家和地区现代化水平的重要标志。我国的互联网发展水平很快，一些指标在规模上和水平上已居世界领先地位，根据中国互联网络信息中心2018年7月发布的第42次报告[1]和2019年2月发布的第43次报告，[2]2017—2018年间，中国互联网发展的各项主要指标持续提升。

（一）中国互联网基础数据

截至2018年12月，我国国际出口带宽8946570Mbps，同比增长22.2%。

截至2018年12月，中国网民（包括电脑上网、电视上网和手机上网）规模达8.29亿，较2017年年底增加5653万，互联网普及率为59.6%，较2017年年底增加3.8个百分点，继续保持了逐年增加的趋势。

截至2018年12月，中国手机网民规模达8.17亿，较2017年年底增加6433万，相比电脑上网的网民，手机网民人数占据绝对优势。

截至2018年12月，中国网民中农村网民占比为26.7%，规模达2.22亿，较2017年年底增加了1291万人，农村地区互联网普及率为38.4%，较2017年提升3%。

截至2018年12月，中国网民手机上网使用率为98.6%；电视上网使用率为31.1%。通过台式电脑、笔记本电脑接入互联网的比例分别为48%、35.9%。由于手机的移动、易用、廉价等特性，手机上网将会是上网的主流方式。

截至2018年12月，IPv6地址总数为41079块/32，较2017年年底增加了75.3%。随着越来越多的应用转向IPv6，IPv6地址的增加填补了IPv4地址的下降，随着IPv6地址的增加，IPv4地址空间的瓶颈问题逐渐得到解决。

截至2018年12月，“.CN”域名总数为2124.3万个，较2017年年底增加了1.9%，占我国域名总数比例为56%。

截至2018年12月，我国即时通用户为7.92亿，占网民比例为95.6%，手机即时通用户为7.80亿，占手机网民比例为95.5%，

截至2018年12月，我国网络视频用户为6.12亿，较2017年年底增加了0.33亿，占网民比例为73.9%，其中手机网络短视频用户为5.90亿，占手机网民比例为72.2%。

截至2018年12月，我国网络新闻用户为6.75亿，较2017年年底增加了4.3%，占网民比

① 民族八省区指少数民族人口相对集中的内蒙古、广西、西藏、宁夏、新疆五个自治区和贵州、云南、青海三个省，文中全国或我国仅指中国大陆，不包括香港特别行政区、澳门特别行政区、台湾省。

例为81.4%，手机网络新闻用户为6.53亿，占手机网民比例为79.9%，

基于互联网的购物/服务/支付方面，网络购物用户和网络支付用户数量同比显著增加，以手机网民为主，购物/支付的金额显著增加，线上服务如电子商务、预约预定、线上外卖、线上教育等非接触式服务日益增长。

截至2018年12月，我国网络购物用户为6.10亿，较2017年年底增加了1亿，占网民比例为73.6%，手机网络购物用户为5.92亿，占手机网民比例为72.5%。

截至2018年12月，我国网络支付用户为6.00亿，占网民比例为72.5%，手机网络支付用户为5.83亿，占手机网民比例为71.4%。

截至2018年12月，在线政务服务用户规模为3.94亿，占整体网民比例为47.5%。

（二）中国互联网发展的新趋势

2018年中国互联网领域除了延续之前的发展势头外，还出现了一些新的技术、应用和发展趋势。

1. 基础资源继续优化。相比IPv4地址空间快要耗尽的制约，IPv6的地址相对目前的应用几乎是无限的，这就避免了地址瓶颈的制约。IPv6地址大规模部署，推动IPv6的全面应用，以“.CN”结尾的域名占到了域名总数的56%。

2. 互联网普及率继续提高，城乡互联网普及率差距继续缩小。网民、特别是手机网民的继续增加和普及率的继续提高是互联网发展的基础，这主要归因于智能手机的迅猛发展，智能手机的移动、智能、易用、廉价特性极大地推动了移动互联网的发展。

3. 基于互联网的应用迅猛发展，成为新经济发展的重要动力。截至2018年12月，我国在线政务服务规模达3.94亿，占全体网民的47.5%，网络购物用户、实物商品网上销售额同比大幅增加。网络娱乐的内容、品种和质量不断提升，用户规模不断增大，网络音乐、网络视频、网络游戏、网络新闻、网络社交、在线教育、跟踪定位等应用的用户不断增加，正在深刻地改变着经济和社会的运作方式以及人们的生活方式。

2018年，互联网核心创新能力不断增强，产业融合不断推进。我国在区块链、5G、量子信息、人工智能、云计算、大数据、虚拟现实（VR）、超级计算机等核心领域的技术自主创新能力不断增强，在5G领域，我国的标准技术取得突破，产业迅速发展，已经达到世界领先水平；在云计算领域，企业积极推动战略布局，云计算关键技术日益成熟，已被国内市场认可和接受。

二 民族八省区互联网发展水平

衡量一个地区的互联网发展水平有多种视角，评价指标和体系各异，这些体系应该随着现实情况的变化而调整，以便适应飞速发展变化的互联网时代。比如，前些年业界公认的评价体系包括互联网基础设施、互联网普及、互联网资源、互联网信息建设和互联网支撑环境5个一级指标。随着时代发展，它们其中的一些次级指标的重要性已经下降，如互联网接入端口数等资源类指标被域名、网页数量等应用类的指标取代；有些次级指标，本文未获得详细数据，如分地区网民普及率；还有以前使用的指标，如教育水平指标“6岁以上人口中初中以上教育水平的人口占比”，改为使用更为合理的“15岁以上的文盲占人口比例”指标。经综合考量，本文从互联网水平（互联网资源、互联网信息量）、互联网支撑环境（人均GDP、GDP增长率、城镇化率、常住人口）、用户端信息水平（个人和企业的信息化设备、网站、电子商务使用情况）三个方面选取了相应指标，对民族八省区互联网发展水平进行比较和评价。

（一）互联网资源

表 1　　民族地区 IPv4 占全国比例

省区	IPv4 占比（%）	人口（万）	人口占比（%）
广西	1.38	4926	3.53
云南	0.98	4830	3.46
内蒙古	0.77	2534	1.82
新疆	0.6	2487	1.78
宁夏	0.28	688	0.49
贵州	0.44	3600	2.58
青海	0.18	603	0.43
西藏	0.13	344	0.25
合计	4.76	20012	14.34

注：2018 年年末全国总人口为 139 538 万人。

IP 地址为互联网上最重要的资源，IP 地址相当于设备的身份证，电脑若要连入互联网，就必须给其分配 IP 地址。目前国际上大多采用 IPv4 标准，它采用 4 段数字表示，每段数字最大为 255。除了部分保留的地址外，理论上 IPv4 可用地址约 36 亿个。随着全球连入互联网设备的增加，IPv4 地址面临耗尽的窘境。对此，IPv6 地址应运而生。对目前连入互联网的设备总量而言，IPv6 的地址空间几乎是无限的，但尚在应用的初级阶段，目前的主流方式还是 IPv4。表 1 显示，截至 2018 年年末，民族八省区总人口在全国占比为 14.34%，但 IPv4 的全国占比只有 4.76%，仅为前者的约 1/3。说明民族地区的互联网资源远低于全国的平均水平，与人口比例严重不匹配。IPv4 占比与人口占比的比值表明人均的 IPv4 资源，在八省区中，IPv4 占比与人口占比的比值较高的有宁夏和西藏，均超过 0.5；较低的有贵州和云南，均低于 0.3。IPv4 全国占比最高的是北京、广东、浙江三地，北京达 25%。

表 2　　民族地区域名占全国比例

省区	域名占比（%）	其中：“.CN”域名	其中：“中国”域名	人口占比（%）
广西	1.4	1.3	0.2	3.53
云南	1.2	1.5	0.3	3.46
内蒙古	0.3	0.3	0.1	1.82
新疆	0.2	0.2	0.1	1.78
宁夏	0.2	0.2	0.1	0.49
贵州	1.0	1.1	0.1	2.58
青海	0.1	0.1	0	0.43
西藏	0.0	0.0	0	0.25
合计	4.4	4.7	0.9	14.34

域名（Domain Name），是互联网上某一台计算机或计算机组的名称，用于在数据传输时标

识计算机的电子方位，域名与 IP 地址是多对一的关系，截至 2018 年年底全国域名总量为 3792 万个。表 2 显示，民族八省区总人口在全国占比为 14.34%，但域名的全国占比只有 4.4%，与人口占比有很大差距，新疆、内蒙古的这一数值最低，低于全国平均水平的 29%。全国范围内域名占比最高的是福建、广东、北京三地，其中北京接近 10%，福建、广东都超过 10%。相比于 IP 地址，域名占比更能反映出当地互联网的实际应用状况。

（二）互联网信息量

表 3　　民族地区网页总数

省区	网页总数（百万）	静态与动态网页比例	网页总数占比（%）	人口占比（%）
广西	1637	3.67	0.58	3.53
云南	1657	1.32	0.59	3.46
内蒙古	154	1.04	0.05	1.82
新疆	121	6.14	0.04	1.78
宁夏	10	2.27	0.00	0.49
贵州	157	2.08	0.06	2.58
青海	16	3.07	0.01	0.43
西藏	4	12.74	0.00	0.25
合计	3756		1.33	14.34

截至 2018 年年底，全国网页总数为 2816 亿个，全国人均网页数为 201 个，全国平均的静态网页与动态网页比例为 2.33。静态网页是早期的网页开发技术，缺点是维护比较困难，网页缺乏交互功能和实时更新的功能，现在被越来越多的动态网页技术取代。表 3 显示，民族八省区网页总占比仅为全国的 1.33%，远远低于其人口占比的 14.34%，说明相比起比较落后的互联网资源占比（IPv4 占比的 4.76%，域名占比的 4.4%），民族地区在互联网内容建设方面与全国平均水平相比滞后更多。各地区的人均网页数，云南、广西的最高，分别为 34 和 33，约为全国平均水平的 1/6；西藏、宁夏最低，仅在 1 左右，与全国平均水平的差距更大，仅为其几十分之一。就静态网页与动态网页比例而言，全国平均为 2.33，民族地区中西藏、新疆的静态网页比例较大，分别为 12.74 和 6.14，大大超过全国平均水平，而民族地区其他省区与全国平均水平相差不大。

表 4　　民族地区网页页面总字节

省区	总页面大小（亿字节）	页面平均大小（KB）	网页字节占比（%）	人口占比（%）
广西	790	48	0.41	3.53
云南	822	47	0.43	3.46
内蒙古	48	31	0.03	1.82
新疆	56	46	0.03	1.78
宁夏	3.6	35	0.00	0.49
贵州	85	54	0.04	2.58
青海	5.8	36	0.00	0.43

续表

省区	总页面大小（亿字节）	页面平均大小（KB）	网页字节占比（%）	人口占比（%）
西藏	1.5	32	0.00	0.25
合计	1812		0.95	14.34
全国	190615	68		100

网页的总字节数表示网页的总内容量，是衡量网页内容量/互联网活跃度的最精确的参数，民族八省区合计的总字节数在全国的占比只有 0.95 个百分点，远远低于其人口占比的 14.34%，说明民族地区在互联网内容建设方面与全国平均水平的差距是巨大的。民族八省区中，互联网内容量领先的广西、云南的网页字节占比也只有 0.4 个百分点左右，大约是其人口占比的 1/10；而除了广西、云南的其他民族地区的网页内容量与全国平均水平的差距更大，说明在互联网建设中，民族地区普遍存在重硬件/资源投入、轻内容建设的倾向，因此，内容建设应该成为民族地区互联网建设的重中之重。

（三）用户端信息化水平

表 5　　民族地区用户端计算机设备、网站和电子商务

地区/指标	百人计算机（台）	百家企业网站数（个）	有电子商务的企业比例（%）	电子商务销售（万元/人）	电子商务采购（万元/人）
广西	24	24	8.9	0.24	0.17
云南	30	43	10.4	0.3	0.18
内蒙古	31	44	6.1	0.77	0.5
新疆	28	31	5.1	0.34	0.23
宁夏	31	50	8.5	0.39	0.32
贵州	26	44	9.7	0.45	0.17
青海	36	51	9	0.28	0.28
西藏	34	59	11.2	0.35	0.14

我们将个人和企业的计算机设备、网站和电子商务使用情况统称为用户端信息化水平，它也是影响互联网使用水平和活跃度的重要因素。如表 5 显示，人均计算机数和企业网站数，青海和西藏最多，广西最少；电子商务企业数量比例，新疆和内蒙古较少；电子商务流量（采购和销售），内蒙古最多，而广西最少。表 5 显示，决定电子商务使用量的主要因素与采用电子商务的企业数量无关，而与企业内在的业务类型、业务需求和互联网意识等有关。因为，为了增强企业的电子商务能力，应该侧重于培育企业的互联网素质，以便搭上信息化快车，拓展更广阔的市场。

三　民族地区互联网与经济支撑因素分析

作为近年来新崛起的一种信息化技术，互联网生态正在深刻改变着全球社会、政治、经济、文化的方方面面。一般认为，互联网经济对整体经济的发展有着巨大的推动作用，这方面的实证研究很多，随着互联网已渗透到社会的各个方面，其与经济的作用是相互影响和互为因果的，经济和社会因素也对互联网发展起着相互促进或制约作用。本文结合中国国家统计局公布的《中国统计年鉴2018》中的经济、社会、文化等发展指标，对民族八省区与互联网水平的相关关系利用统计软件SPSS进行分析，找到与互联网水平关系密切的因素，并分析其相关的强度，然后对民族八省区的互联网和经济指标的不同发展水平进行聚类分组，找出其中表现薄弱的指标，并分析原因和提出建议。表6为2018年民族地区部分国民经济统计指标。

表6　　2018年民族八省区统计指标[3]

指标	广西	云南	内蒙古	新疆	宁夏	贵州	青海	西藏
人均GDP（元）	41489	37136	68302	49475	54094	41244	47689	43398
常住人口（万）	4926	4830	2534	2487	688	3600	603	344
城镇化率（%）	50. 22	47. 81	62. 71	50. 91	58. 88	47. 52	54. 47	31. 14
文盲比例（15岁以上，单位:%）	3. 18	8. 14	4. 58	3. 68	9. 24	9. 93	10. 24	35. 23
居民人均可支配收入（元）	21485	20084	28376	21500	22400	18430	20757	17286
居民人均消费支出（元）	14935	14520	19665	16189	16715	13798	16557	11520

我们对表6的国民经济统计指标（支撑指标）分别与互联网水平（表2—表4）和用户端信息水平（表5）进行两两关联分析，前者的指标如表7所示，相关检验结果如表8所示，后者的指标如表9所示，相关检验结果如表10所示。

表7　　互联网水平与支撑指标

省份	IPv4占比（%）	域名占比（%）	网页总数（个）	人均GDP（元）	文盲比例（%）	城镇化率（%）	人均收入（元）	人均支出（元）	常住人口（万）
广西	1. 38	1. 4	1637	41489	3. 18	50. 22	21485	14935	4926
云南	0. 98	1. 2	1657	37136	8. 14	47. 81	20084	14520	4830
内蒙古	0. 77	0. 3	154	68302	4. 58	62. 71	28376	19665	2534
新疆	0. 6	0. 2	121	49475	3. 68	50. 91	21500	16189	2487
宁夏	0. 28	0. 2	10	54094	9. 24	58. 88	22400	16715	688
贵州	0. 44	1. 0	157	41244	9. 93	47. 52	18430	13798	3600
青海	0. 18	0. 1	16	47689	10. 24	54. 47	20757	16557	603
西藏	0. 13	0. 0	4	43398	35. 23	31. 14	17286	11520	344

表8　　互联网水平与支撑指标相关检验

指标	相关性/显著性	IPv4占比	域名占比	网页总数	人均GDP	文盲比例	城镇化率	人均收入	人均支出	常住人口
IPv4占比	相关性	1	.807*	.868**	−0. 146	−0. 593	0. 212	0. 309	0. 166	.891**
	显著性	—	0. 016	0. 005	0. 731	0. 121	0. 615	0. 457	0. 695	0. 003
域名占比	相关性	.807*	1	.862**	−0. 54	−0. 426	−0. 016	−0. 131	−0. 201	.935**
	显著性	0. 016	—	0. 006	0. 167	0. 293	0. 97	0. 757	0. 633	0. 001
网页总数	相关性	.868**	.862**	1	−0. 514	−0. 335	−0. 067	−0. 06	−0. 165	.839**
	显著性	0. 005	0. 006	—	0. 193	0. 418	0. 875	0. 887	0. 695	0. 009

续表

指标	相关性/显著性	IPv4 占比	域名占比	网页总数	人均 GDP	文盲比例	城镇化率	人均收入	人均支出	常住人口
人均 GDP	相关性	-0.146	-0.54	-0.514	1	-0.244	0.673	.875**	.826*	-0.379
	显著性	0.731	0.167	0.193	—	0.561	0.068	0.004	0.012	0.355
文盲比例	相关性	-0.593	-0.426	-0.335	-0.244	1	-.808*	-0.582	-0.7	-0.553
	显著性	0.121	0.293	0.418	0.561	—	0.015	0.13	0.053	0.155
城镇化率	相关性	0.212	-0.016	-0.067	0.673	-.808*	1	.831*	.945**	0.075
	显著性	0.615	0.97	0.875	0.068	0.015	—	0.011	0	0.86
人均收入	相关性	0.309	-0.131	-0.06	.875**	-0.582	.831*	1	.935**	0.055
	显著性	0.457	0.757	0.887	0.004	0.13	0.011	—	0.001	0.897
人均支出	相关性	0.166	-0.201	-0.165	.826*	-0.7	.945**	.935**	1	-0.033
	显著性	0.695	0.633	0.695	0.012	0.053	0	0.001	—	0.939
常住人口	相关性	.891**	.935**	.839**	-0.379	-0.553	0.075	0.055	-0.033	1
	显著性	0.003	0.001	0.009	0.355	0.155	0.86	0.897	0.939	—

表 9　　用户端信息水平与支撑指标

省份	百人计算机（台）	百家企业网站（个）	电子商务的企业比例（%）	电子商务销售（万元/人）	电子商务采购（万元/人）	人均 GDP（元）	文盲比例（%）	城镇化率（%）	人均收入（元）	人均支出（元）
广西	24	24	8.9	0.24	0.17	41489	3.18	50.22	21485	14935
云南	30	43	10.4	0.3	0.18	37136	8.14	47.81	20084	14520
内蒙古	31	44	6.1	0.77	0.5	68302	4.58	62.71	28376	19665
新疆	28	31	5.1	0.34	0.23	49475	3.68	50.91	21500	16189
宁夏	31	50	8.5	0.39	0.32	54094	9.24	58.88	22400	16715
贵州	26	44	9.7	0.45	0.17	41244	9.93	47.52	18430	13798
青海	36	51	9	0.28	0.28	47689	10.24	54.47	20757	16557
西藏	34	59	11.2	0.35	0.14	43398	35.23	31.14	17286	11520

表 10　　用户端信息水平与支撑指标相关检验

指标	相关性/显著性	百人计算机	百家企业网站	电子商务比例	电子商务销售	电子商务采购	人均 GDP	文盲比例	城镇化率	人均收入	人均支出
百人计算机	相关性	1	.818*	0.192	0.069	0.273	0.253	0.521	-0.077	-0.013	0.069
	显著性	—	0.013	0.649	0.871	0.512	0.545	0.186	0.856	0.976	0.87
百家企业网站	相关性	.818*	1	0.488	0.181	0.097	0.112	.737*	-0.283	-0.24	-0.222
	显著性	0.013	—	0.22	0.667	0.819	0.792	0.037	0.497	0.567	0.597
电子商务比例	相关性	0.192	0.488	1	-0.44	-0.625	-0.684	0.638	-0.655	-.715*	-.766*
	显著性	0.649	0.22	—	0.275	0.097	0.061	0.089	0.078	0.046	0.027
电子商务销售	相关性	0.069	0.181	-0.44	1	.798*	.818*	-0.131	0.458	.723*	0.592
	显著性	0.871	0.667	0.275	—	0.017	0.013	0.756	0.253	0.043	0.122

续表

指标	相关性/显著性	百人计算机	百家企业网站	电子商务比例	电子商务销售	电子商务采购	人均 GDP	文盲比例	城镇化率	人均收入	人均支出
电子商务采购	相关性	0.273	0.097	-0.625	.798*	1	.953**	-0.39	.806*	.929**	.918**
	显著性	0.512	0.819	0.097	0.017	—	0	0.339	0.016	0.001	0.001
人均GDP	相关性	0.253	0.112	-0.684	.818*	.953**	1	-0.244	0.673	.875**	.826*
	显著性	0.545	0.792	0.061	0.013	0	—	0.561	0.068	0.004	0.012
文盲比例	相关性	0.521	.737*	0.638	-0.131	-0.39	-0.244	1	-.808*	-0.582	-0.7
	显著性	0.186	0.037	0.089	0.756	0.339	0.561	—	0.015	0.13	0.053
城镇化率	相关性	-0.077	-0.28	-0.655	0.458	.806*	0.673	-.808*	1	.831*	.945**
	显著性	0.856	0.497	0.078	0.253	0.016	0.068	0.015	—	0.011	0
人均收入	相关性	-0.013	-0.24	-.715*	.723*	.929**	.875**	-0.582	.831*	1	.935**
	显著性	0.976	0.567	0.046	0.043	0.001	0.004	0.13	0.011	—	0.001
人均支出	相关性	0.069	-0.22	-.766*	0.592	.918**	.826*	-0.7	.945**	.935**	1
	显著性	0.87	0.597	0.027	0.122	0.001	0.012	0.053	0	0.001	—

表8和表10分别为应用SPSS进行两两关联分析（Pearson相关性）的关联结果，相关性介于-1和1之间，负数表示负相关，相关性的绝对值越大意味着相关性越高（同一指标与本身的相关性为1），相关性的绝对值大于0.8为强相关（标注**），介于0.7和0.8之间为中等相关（标注*），小于0.6为不相关。显著性表示相应指标是否相关，若小于0.05，表示相应指标相关，否则不相关。

表8揭示了如下相关关系。

1. 三个互联网指标（IPv4占比、域名占比、网页总数）之间每两个指标都呈现很强的正相关性，相关系数都大于0.8。可见，若IPv4占比高，则域名占比就高，意味着网页总数也多，反之则少，但是对不同地区这种相关性的相关程度是不同的。网页总数与IPv4占比的比值很好反映了互联网内容相对于资源占用的产出效率，就这一指标，民族地区中广西、云南领先，而西藏最低。

2. 经济支撑指标间的相关性：人均GDP与人均收入、人均支出均表现为强的正相关，相关系数达0.8以上，城镇化率与人均收入、人均支出呈现较强的正相关，说明城镇化对增加居民收入、减少脱贫方面是一个重要手段；城镇化与文盲比例为强的负相关，说明提高城镇化水平有效降低了文盲率。人均收入与人均支出之间呈现强相关，相关系数达0.9以上，人均GDP与城镇化率呈现弱相关。

表8显示，常住人口数与人均GDP、人均收入、人均支出均不相关。常住人口数与人均GDP呈现微弱的负相关性，说明常住人口数的增加将在短期内拉低当地的人均GDP，这可能与城镇化的过程有关。增加的常住人口大多是流动劳动力、移民搬迁或未成年人，在初期他们创造的平均GDP低于当地的平均GDP，所以拉低了当地的人均GDP。

3. 三个互联网指标与经济支撑指标的相关性：只有常住人口数与三个信息化指标之间相关性达到了0.8以上，呈现强相关，而与人均GDP、人均收入、人均支出、城镇化率、文盲率均无关，与人均GDP呈现弱的负相关。这说明无论是互联网资源，还是互联网信息量，都与常住人口数量有关，而与经济指标或城镇化水平无直接关联。

表10显示，百人计算机数与百家企业网站数之间呈现强相关关系，电子商务采购与电子

商务销售之间呈现强相关关系，说明个人计算机的普及和企业网站的建设是个同向促进发展的关系，电子商务采购与电子商务销售也呈现同向促进发展的关系，但采用电子商务的企业的比例与企业网站数量、电子商务采购量、电子商务销售量之间均无相关关系，说明一个地区电子商务业务量的发展更多的是由企业本身，包括企业性质、企业市场、企业战略、企业文化等内在因素决定，外在因素并不能起到关键作用。

采用电子商务的企业的比例与人均收入和人均支出均呈现负相关关系；电子商务采购量与人均收入和人均支出均呈现强相关关系，电子商务销售量与人均收入正相关，但与人均支出的相关性较弱。这些相关关系说明，电子商务发展的关键是提升电子商务的采购量/销售量，因其与人均收入/支出正相关，单纯提高电子商务的企业的数量对提升人均收入/支出水平于事无补。

民族八省区由于各方面的显著差异，各个指标存在很大的差异。根据上文分析，互联网指标与常住人口密切相关，因此我们将三个互联网指标与常住人口的比值作为参数，能够更合理地反映互联网水平。如表 11 所示。

表 11　　人均互联网指标

省区	IPv4 占比/常住人口	域名占比/常住人口	网页总数/常住人口
广西	2.80	2.84	3323.18
云南	2.03	2.48	3430.64
内蒙古	3.04	1.18	607.73
新疆	2.41	0.80	486.53
宁夏	4.07	2.91	145.35
贵州	1.22	2.78	436.11
青海	2.99	1.66	265.34
西藏	3.78	0.00	116.28

我们利用 SPSS 对表 11 的三个指标进行聚类分析。假如分两类，以互联网程度从高到低排列，结果为：广西、云南为第一类，其余为第二类。第一类地区的相对常住人口的网页数较高。根据前文所述，网页数作为互联网的内容更能够衡量互联网的实际应用水平，对该指标值，广西、云南是除了内蒙古、贵州、新疆的其他地区的 10 倍以上；对于相对常住人口的域名指标，广西、云南、宁夏、贵州明显高于其他地区。综合以上，广西、云南的互联网水平最高，其他地区与之有明显差距，特别是互联网内容建设方面亟待加强。另外，数据显示，网页数呈现随着人口增加而增大的趋势，但增长模式呈现指数增长的趋势，人口少于 4000 万时，网页数增长趋势较缓，而人口超过 4000 万以后，网页数急剧增长。

假如聚类分析分三类，以互联网程度从高到低排列，结果为：广西、云南为第一类，属于互联网发达地区；贵州、内蒙古、新疆为第二类，为互联网中等发达地区；西藏、宁夏、青海为第三类，为互联网欠发达地区，第三类地区的特点是人均互联网资源并不少（人均 IPv4），但人均网页数量远少于其他地区，其中西藏仅为宁夏的 2/3 左右。

如果我们对互联网支撑指标（人均 GDP、城镇化率、文盲率、人均收入、人均支出）进行聚类分析（指定分三类），结果如下。

以经济发展程度从高到低排列，结果为：第一类有内蒙古，其人均 GDP 最高，城镇化率最高，人均收入和人均支出最高；第二类有宁夏、青海、新疆，其人均 GDP 中等，城镇化率中等，人均收入和人均支出中等；第三类有贵州、西藏、云南、广西，其人均GDP较低，城镇化率最低，人均收入和人均支出最低。就文盲率而言，西藏最高，达到了35%，其他较高的有宁夏、贵州、青海、云南，约为10%，广西、内蒙古、新疆的文盲率最低，仅在3%—4%。可见这一基于经济指标的分类结果与基于互联网指标的分类结果完全不同，说明本文论述的互联网资源与互联网内容只与常住人口密切相关。

四 结论

本文从互联网水平、互联网支撑环境（人均GDP、城镇化率、常住人口，人均收入、人均支出）、用户端信息水平三个方面选取了相应指标，对民族八省区互联网发展水平进行比较。主要结论如下：民族地区的互联网资源远低于全国的平均水平；民族八省区总人口在全国占比为14.34%；在民族八省区中，IPv4占比/人口占比较高的有宁夏和西藏，较低的有贵州和云南，民族八省区域名的全国占比只有4.4%，与人口占比有很大差距，新疆、内蒙古的这一数值最低。

民族八省区网页总占比仅为全国的1.33%，远远低于其人口占比的14.34%，说明相比起比较落后的互联网资源占比，民族地区在互联网内容建设方面与全国平均水平相比滞后更多，就各地区的人均网页数来看，云南、广西的最高，分别为34个和33个，约为全国平均水平的1/6，而西藏、宁夏最低，仅为1个左右，与全国平均水平的差距更大，仅为其几十分之一。

民族八省区以互联网水平从高到低排列，结果为：广西、云南为第一类，属于互联网发达地区；贵州、内蒙古、新疆为第二类，为互联网中等发达地区；西藏、宁夏、青海为第三类，为互联网欠发达地区，第三类地区的特点是人均互联网资源并不少（人均IPv4），但人均网页数量远少于其他地区，其中西藏仅为宁夏的2/3左右。

以经济发展程度从高到低排列，第一类有内蒙古，其人均GDP最高，城镇化率最高，人均收入和人均支出最高；第二类有宁夏、青海、新疆，其人均GDP中等，城镇化率中等，人均收入和人均支出中等；第三类有贵州、西藏、云南、广西，其人均GDP较低，城镇化率最低，人均收入和人均支出最低。就文盲率而言，西藏最高，达到了35%，其他较高的有宁夏、贵州、青海、云南，约为10%，广西、内蒙古、新疆的文盲率最低，仅在3%—4%。

三个互联网指标（IPv4占比、域名占比、网页总数）之间每两个指标都呈现很强的正相关性，常住人口数与三个互联网指标之间呈现强相关性，电子商务发展的关键是提升电子商务的采购量/销售量，因其与人均收入/支出呈现强正相关性。

个人计算机拥有量与企业网站总数之间呈现强相关关系，但二者与电子商务使用量（电子商务采购与电子商务销售）不相关，电子商务采购量与人均收入和人均支出均呈现强相关关系，但电子商务销售量与人均收入正相关，但与人均支出的相关性较弱。

参考文献：

1. 中国互联网络信息中心（CNNIC）2018年7月发布的第42次报告。
2. 中国互联网络信息中心（CNNIC）2019年2月发布的第43次报告。
3. 中国统计信息网统计公报，http：//www. tjcn. org/tjgb/.

（周学文，副研究员，中国社会科学院民族学与人类学研究所民族语言应用研究室）

科研项目与管理

2017年民族学研究科研项目课题立项调研报告

王小霞

一 序言

哲学社会科学是人们认识世界、改造世界的重要工具，其发展水平反映了一个民族的思维能力、精神品格、文明素质，体现了一个国家的综合国力和国际竞争力。因此，要以马克思主义思想为指导，进一步发展、完善对哲学社会科学具有支撑作用的学科，如哲学、历史学、经济学、政治学、法学、社会学、民族学、新闻学、人口学、宗教学、心理学等，打造具有中国特色和普遍意义的学科体系；同时，要注重发展优势重点学科、新兴学科、交叉学科，以及具有重要文化价值和传承意义的“绝学”、冷门学科，使这些学科研究成为我国哲学社会科学的重要突破点。总之，要通过努力，使基础学科健全扎实、重点学科优势突出、新兴学科和交叉学科创新发展、冷门学科代有传承、基础研究和应用研究相辅相成、学术研究和成果应用相互促进。

民族学研究已经成为社会研究最重要的部分，对民族学研究的科研项目课题的关注度也极大提高，民族学研究方面立项课题的现状体现出中国民族学领域最前沿的研究内容和研究方向；从一定程度上来说，对于某个区域或者某个研究团体而言，所承担的民族学项目数量也是衡量其科研能力和研究水平的重要指标之一。根据民族学课题项目的立项数据情况，可以分析出民族学研究领域的相关问题，① 总结出民族学的立项现状及发展规律，并对未来课题规划提出合理建议。

基于上述考虑，我们对2017年民族学研究科研项目课题立项情况进行调研，通过对2017年民族学科研项目的立项项目类别、研究机构地区分类、研究机构分布特征等情况进行统计分析，呈现民族学项目的研究现状以及发展态势，勾勒出2017年民族学研究课题项目立项的现状与趋势，以期为科研管理部门准确把握民族学领域的研究态势，适时调整科研资助的重点与方向，更好地给申报者提供重要参考，更好地为民族学课题项目发展提供参考。② 同时也是给民族学研究领域内的评委们（尤其是新评委）提供参考借鉴，希望他们在统计数据中看到以往评审结果的趋势，宏观地调控整个学科研究的格局，从而促进学科研究的发展。也期望这样的数据在一定程度上引起政策制定者的关注，在不影响方针政策的同时，从一定程度上弥补研究格局的不足。③

---

① 金金：《近五年来国家社科基金教育学立项课题研究》，《陇东学院学报》2018年第3期。

② 冯妮：《建设海洋强国背景下我国涉海研究的现状与趋势——基于“十二五”期间国家社科基金立项项目的计量考察》，《技术与创新管理》2017年第6期。

③ 丁帆、赵普光：《近年来中国现当代文学研究立项课题的分析报告——以2014—2016年国家社科基金和教育人文社科项目为例》，《当代作家评论》2017年第3期。

二 数据来源及研究分析方法

（一）数据来源

报告研究数据来自中国知网科研项目数据库中 2017 年统计到的民族学学科全部立项项目的相关信息资料数据。

我们调查到的 2017 年与民族学相关的课题项目信息数据有 1046 条，地域分布、课题级别不同，经调查分析，涉及的重点课题项目信息包括国家社科基金项目、国家民委科研项目、教育部人文社会科学研究一般项目、教育部高等教育司 2017 年国家级大学生创新创业训练计划项目、全国民族工作优秀调研报告、国家出版基金项目、文化产业发展专项资金项目、国家级大学生创新创业训练计划立项项目、国家艺术基金资助项目、全国教育科学"十二五"规划 2014 年度立项课题、全国教育科学"十三五"规划课题、中国文艺原创精品出版工程项目等 36 类项目。我们对立项项目进行定位，按省分类、立项类型、立项单位、主题分析等诸项形式特征因素进行分析，以求对国家级立项项目进行统计分析，成此报告。

（二）统计分析方法

在研究方法上，报告针对 2017 年立项项目数据，从统计学角度出发，根据项目的标题等外部特征，结合一定的统计方法，首先将收集到的项目数据信息输入 Excel 表中进行统计整理，然后借助图标对立项的基本信息进行计量分析，进而在宏观上勾勒出当前民族学研究项目立项的研究机构、研究进展和发展趋势等，以期寻找出民族学研究领域的立项研究特征、热点和新的发展方向。①

1. 统计原则

我们以 2017 年中国知网项目数据库公布的各类项目为统计范围，以"民族"为关键词检索，再以 55 个少数民族名称检索符合条件的所有项目，下载各项目数据信息：项目名称、项目来源/项目类型、承担单位/负责人、项目级别、管理单位，在这些数据基础信息的基础上，删除非民族学研究类项目后，根据项目名称与管理单位归纳整理出项目数据的一级学科分类、二级学科分类、项目级别、管理单位所在地区等属性，在此数据库基础上撰写分析成报告。

2. 统计方法

采用四种统计方法，分别进行横向、纵向和立体的统计分析，统计方法说明如下。

（1）纵向统计法，按照项目的立项管理单位级别，将项目的级别分为国家级、省部级和区县级及其他三级别项目，分别统计其中重大、重点、一般规划、青年、后期、西部、外译等的数量和所占比重。

（2）横向统计法，按照项目的立项管理单位区分项目研究的学科方向与所在的地区，分别统计不同学科和不同地区的项目数量和所占比重。

（3）统计分析法，依据统计学理论，此次调查采用了网上搜索和官方统计数据引用的调查方法。以国家行政地区划分的省份、直辖市和民族学二级学科分类以及项目/课题级别分类为标准，以我国省份为地区分界线进行地区区分分析、学科分类和项目/课题级别统计分析。

汇总并统计分析调查数据，应用统计工具和相关软件绘制统计分析图表，展现我国 2017 年民族学项目立项情况和民族学学科目前的发展现状及其未来发展的趋势预测。

① 时影、邱琳：《中国大陆廉政研究的发展现状与趋势分析》，《廉政文化研究》2018 年第 3 期。

（三）理论概念

1. 学科分类标准

我国学科目录分为学科门类、一级学科（本科教育中称为“专业类”，下同）和二级学科（本科专业目录中为“专业”，下同）。按照国家教育部2011年颁布的《学位授予和人才培养学科目录》，分为哲学、经济学、法学、教育学、文学、历史学、理学、工学、农学、医学、军事学、管理学和艺术学13大门类，每大门类下设若干一级学科，如理学门类下设数学、物理、化学等12个一级学科。一级学科下再设若干二级学科，如数学下设基础数学、计算数学等5个二级学科。博士、硕士学位就授至二级学科，一般意义上的博硕士点数指的就是可以授予博士和硕士学位的二级学科的数目。①

根据教育部公布的一级学科目录、二级学科分类，此报告涉及的民族学属于法学学科门类下的一级学科，民族学一级学科下设5个二级学科，我们调研到的2017年立项的民族学学科项目1046条数据，根据民族学下设的二级学科分类进行准确分级定位和数据分析。二级学科具体分类代码和名称：

0304 民族学

030401 民族学

030402 马克思主义民族理论与政策

030403 中国少数民族经济

030404 中国少数民族史

030405 中国少数民族艺术

2. 项目级别

经多方调研和《2015—2016年民族学研究课题项目立项情况调研报告》中提到的关于项目级别的论述，目前对于课题项目的级别定位没有统一的国际/国内标准。我们根据不同资料汇总定位此报告采用的项目级别是多个资料汇总而成。一般来说，国家级科研项目是指：一是由国家科技部、教育部、国家发展和改革委员会、国家国防科学技术工业委员会等下达的列入国家规划计划体系的各类科研项目；二是国家自然科学基金委员会主管的国家自然科学基金项目、全国哲学社会科学办公室主管的国家社科基金项目、科技部科技政策与体制改革司管理的国家软科学项目、全国教育科学规划课题中的国家课题和全国艺术科学规划课题中的国家课题等。一般国家项目/课题的资金来源是国家的中央财政拨款。②

省部级科研项目是指：一是国家相关部委下达的科研项目，国务院直属企业设立的科研项目和科研基金，省科技厅下达的各类科技计划项目；二是全国教育科学规划课题中的教育部及其他部委课题，全国艺术科学规划课题中的文化部课题，全国高校古籍整理工作委员会项目，省社科规划项目。

市厅级及以下科研项目是指：一是省教育科学规划项目、省教育厅项目，以及其他（省）厅（科技厅除外）立项的科研项目；二是市科技计划项目、市社科规划项目等以下级别项目。

---

① 民族学二级学科，https://baike.baidu.com/item/，2017年9月；王小霞：《2015—2016年民族学研究课题项目立项情况调研报告》。

② 科研项目级别划分与来源，https://wenku.baidu.com/view，2017年8月。

三 2017 年民族学研究科研项目立项情况

以中国知网项目立项数据库为主要参考，检索时间为 2017 年，关键词以“民族”和 55 个少数民族名称分别检索汇总，共收集到 1865 条项目数据。经逐条分析、删除非民族学研究的课题后，最终定位 2017 年全国民族学学科立项项目共计 1046 条。对这些项目分类汇总，分别以课题/项目级别分类统计、课题/项目类型、地区分布统计、承担课题的研究机构分布统计和课题/项目所属学科分类统计与分析，得到如下汇总报告。

（一）课题/项目级别类型统计情况

根据我们收集到的项目统计情况，根据项目级别分类标准，统计得知。

国家级项目主要包括国家哲学社会科学基金项目（简称国家社科基金项目）、国家自然科学基金项目、国家出版基金项目、国家艺术基金、国家级大学生创新创业训练计划项目、国家火炬计划项目、国家级继续医学教育项目、创新型人才国际合作培养项目、能源领域行业标准制（修）订计划项目、青年艺术创作人才资助项目、科技基础性工作专项年度项目等。

国家社会科学基金项目是我国最高级别的人文社科类研究项目，是我国目前唯一的国家级哲学社会科学的研究项目，代表着我国哲学社会科学研究的方向和水平。努力争取承担更多国家社科基金项目，力争多出一流成果和优秀人才，对于加强各个研究单位的社科队伍建设和学科建设，更好地繁荣发展哲学社会科学事业，具有极为重要的作用。因此，国家社科基金项目的申报与立项工作，多年来受到广大社会科学研究工作者的关注。国家社科基金项目研究成果代表着我国哲学社会科学研究的方向和水平。

国家社会科学基金项目充分反映我国哲学社会科学发展水准的同时，也成为衡量某一单位或地区的科研水平的最可靠标尺。在国家社科基金项目的评审过程中，研究主题或是“论域”的选取对申报者来说无疑也是一个事关成败的决定性因素。

我国社科基金资助项目的类型分为重大项目、重点项目、一般项目、青年项目、西部项目、后期资助项目、中华学术外译项目和成果文库 8 大类。从我们的统计列表可以看出国家级项目中社科基金占绝大部分，是主导民族学发展的重要课题项目类型。

从课题/项目类型统计表可以看出，占比最高的是社科基金项目，社科基金项目 2017 年工立项 9 类 423 项，其中 2017 年度国家社科基金年度项目（一般项目）169 项，占比 16.16%；2017 年度国家社会科学基金西部项目 103 项，占比 9.85%；2017 年国家社科基金青年项目 56 项，占比 5.35%；2017 年度国家社会科学基金重大项目 28 项，占比 2.68%；2017 年国家社科基金年度项目（重点项目）20 项，占比 1.91%；2017 年度国家社科基金艺术学项目 17 项，占比 1.63%；2017 年国家社科基金后期资助项目 14 项，占比 1.34%；2017 年国家社科基金教育学项目 12 项，占比 1.15%；2017 年国家社科基金中华学术外译项目 4 项，占比 0.38%。

表 1 2017 年民族所项目级别类型统计情况表

序号	项目类型	数量	所占比例
1	2017 年度国家社科基金年度项目（一般项目）	169	16.16%
2	2017 年度国家社会科学基金西部项目	103	9.85%
3	2017 年国家社科基金青年项目	56	5.35%
4	2017 年度国家社会科学基金重大项目	28	2.68%

续表

序号	项目类型	数量	所占比例
5	2017 年国家社科基金年度项目（重点项目）	20	1.91%
6	2017 年度国家社科基金艺术学项目	17	1.63%
7	2017 年国家社科基金后期资助项目	14	1.34%
8	2017 年国家社科基金教育学项目	12	1.15%
9	2017 年国家社科基金中华学术外译项目	4	0.38%
	合计	423	40.44%

省部级的“教育部高等教育司 2017 年国家级大学生创新创业训练计划项目”数量 291 条，远远大于其他类型项目数量，足以说明国家对于教育的重视度，给予大学生的项目立项支持力度极大。占比紧跟其后的就是“国家民委办公厅国家民委民族研究项目 2017 年度课题”132 项，占比 12.62%；“2017 年度教育部人文社会科学研究一般项目”90 项，占比 8.60%。

表 2　　2017 年民族学研究课题/项目类型统计表

序号	项目类型	数量	所占比例
1	教育部高等教育司 2017 年国家级大学生创新创业训练计划项目	291	27.82%
2	2017 年国家社科基金年度项目（一般项目）	169	16.16%
3	国家民委办公厅国家民委民族研究项目 2017 年度课题	132	12.62%
4	2017 年度国家社会科学基金西部项目	103	9.85%
5	2017 年度教育部人文社会科学研究一般项目	90	8.60%
6	2017 年国家社科基金青年项目	56	5.35%
7	国家艺术基金 2017 年度资助项目	37	3.54%
8	2017 年度国家社会科学基金重大项目	28	2.68%
9	2017 年度国家出版基金项目	25	2.39%
10	2017 年国家社科基金年度项目（重点项目）	20	1.91%
11	2017 年度国家社科基金艺术学项目	17	1.63%
12	2017 年国家社科基金后期资助项目	14	1.34%
13	2017 年国家社科基金教育学项目	12	1.15%
14	国家民委办公厅 2017 年度国家民委民族研究后期资助项目	8	0.76%
15	2017 年度教育部人文社会科学重点研究基地重大项目	5	0.48%
16	2017 年度文化产业发展专项资金项目（“互联网 + 中华文明”部分）	4	0.38%
17	2017 年国家社科基金中华学术外译项目	4	0.38%
18	全国教育科学“十三五”规划 2017 年度课题	4	0.38%
19	2017 年度国家语委科研项目	3	0.29%
20	文化部公共文化司 2017—2018 年度国家公共文化服务体系制度设计研究课题	3	0.29%
21	中国文艺原创精品出版工程（二期）项目	3	0.29%
22	2017 年度国家法治与法学理论研究项目	2	0.19%
23	2017 年度国家新闻出版广电总局广播影视部级社科研究项目	2	0.19%

续表

序号	项目类型	数量	所占比例
24	2017 年度教育部哲学社会科学研究重大课题攻关项目	2	0.19%
25	2016 年度国产动画发展专项资金项目	1	0.10%
26	2017 年“原动力”中国原创动漫出版扶持计划项目	1	0.10%
27	2017 年度高校示范马克思主义学院和优秀教学科研团队建设项目	1	0.10%
28	2017 年度国家自然科学基金委员会与国际农业研究磋商组织合作研究项目	1	0.10%
29	2017 年度教育部人文社会科学研究专项任务项目（中国特色社会主义理论体系研究）	1	0.10%
30	2017 年度教育部哲学社会科学研究后期资助项目	1	0.10%
31	2017 年教育部“创新团队发展计划”项目	1	0.10%
32	国家发展改革委地区经济司 2017 年度研究课题	1	0.10%
33	全国老龄办 2017 年度老龄政策理论研究课题	1	0.10%
34	人力资源社会保障部办公厅 2017 年专家服务基层重点项目	1	0.10%
35	文化部办公厅 2017 年度国家文化创新工程项目	1	0.10%
36	中国科协科普部 2017 年“智爱妈妈行动”试点项目	1	0.10%
	合计	1046	

（二）课题/项目地区分布统计概况

我们对 2017 年全国民族学立项的 1046 项进行地区分布统计，根据我国行政地域省份与直辖市来分类统计。对于国家级、民政部、教育部等省部级单位，我们以办公地点来定位所属的地区，按所在省市分布进行统计分析。

民族学研究的地域分布，从某个侧面反映了不同省份在民族学研究方面投入的力量及其在民族学研究领域的实力。以省、自治区和直辖市为单位对民族学学科立项课题数量分布作统计，从表 3 可以看出，2017 年立项分布在全国 32 个省、市、自治区，既显示了广泛性又表现出不均衡性和集中性。立项数量排名前六位的省（区、市）有北京市 143 项、四川省 101 项、云南省 92 项、甘肃省 81 项、广西壮族自治区贵州 79 项、新疆维吾尔自治区 71 项，处于绝对的领先位置。

表 3　　2017 年民族学研究课题/项目地区分布统计表

序号	项目所属省份名称	计数	百分比
1	北京市	143	13.67%
2	四川省	101	9.66%
3	云南省	92	8.80%
4	甘肃省	81	7.74%
5	广西壮族自治区	79	7.55%
6	新疆维吾尔自治区	71	6.79%
7	陕西省	51	4.88%

续表

序号	项目所属省份名称	计数	百分比
8	贵州省	47	4.49%
9	湖北省	44	4.21%
10	内蒙古自治区	42	4.02%
11	辽宁省	38	3.63%
12	青海省	33	3.15%
13	宁夏回族自治区	26	2.49%
14	上海市	23	2.20%
15	重庆市	23	2.20%
16	湖南省	20	1.91%
17	吉林省	20	1.91%
18	江苏省	18	1.72%
19	浙江省	14	1.34%
20	广东省	11	1.05%
21	山东省	11	1.05%
22	黑龙江省	9	0.86%
23	安徽省	8	0.76%
24	天津市	8	0.76%
25	福建省	7	0.67%
26	河南省	7	0.67%
27	海南省	4	0.38%
28	河北省	4	0.38%
29	山西省	4	0.38%
30	江西省	3	0.29%
31	个人	2	0.19%
32	西藏自治区	2	0.19%
	合计	1046	

（三）承担课题/项目的研究机构分布特征

经过统计得知，全国共有369个研究机构承担了2017年1046个民族学相关课题/项目。从单位统计来看，研究机构的分布极其分散，民族类高校是民族学研究的主力军。这在一定程度上反映了高等学校科学研究整体素质和水平较高，尤其是排名前三的中央民族大学、西南民族大学和西北民族大学等民族院校在民族学研究领域的优势明显，显示了我国民族学研究项目的影响力重在民族类高校。①

从表4可以看出，项目的承担单位与2015—2016年一样仍然主要集中在各个民族院校。项目

① 曹晓勇：《天津市社会科学竞争力统计分析——基于近五年国家社科基金项目立项课题的视角》，《天津市工会干部管理学院学报》2017年第3期。

数量在50项以上的民族大学有3个，为中央民族大学、西南民族大学和西北民族大学，这3所大学共占项目数量197个，占总课题数量的18.83%。承担5项以上的单位，共有37个研究机构。从获批5项以上机构的立项数量来看，37个研究机构共获批572项，占总项目数1046的54.68%。可以看出：民族院校在民族学研究中发挥着不可动摇的主力军作用。这与国家加大高校哲学人才培养、哲学国家重点学科建设和科研项目经费投入的力度有关，也与各级政府积极落实哲学社会科学繁荣计划有关。同时，大部分高校利用各种经费加大哲学研究项目投入力度，积极响应习近平总书记2016年5月17日在哲学社会科学工作座谈会上的讲话精神，进一步论证了加快完善对哲学社会科学具有支撑作用的学科，如哲学、历史学、经济学、政治学、法学、社会学、民族学、新闻学、人口学、宗教学、心理学等，打造具有中国特色和普遍意义的学科体系。

表4　2017年民族学研究承担课题/项目5项以上的研究机构分布统计表

序号	机构名称	项目数量
1	中央民族大学	81
2	西南民族大学	65
3	西北民族大学	51
4	西藏民族大学	32
5	中南民族大学	25
6	大连民族大学	22
7	云南大学	21
8	青海民族大学	20
9	云南民族大学	19
10	北方民族大学	17
11	广西民族大学	17
12	贵州民族大学	15
13	石河子大学	15
14	新疆师范大学	11
15	中国社会科学院	11
16	塔里木大学	10
17	西北师范大学	10
18	西南大学	10
19	广西师范大学	9
20	广西师范学院	9
21	内蒙古大学	8
22	四川大学	8
23	云南师范大学	8
24	贵州师范大学	7
25	云南艺术学院	7
26	吉首大学	6

续表

序号	机构名称	项目数量
27	兰州大学	6
28	内蒙古民族大学	6
29	宁夏大学	6
30	广西民族师范学院	5
31	湖北民族学院	5
32	黔南民族师范学院	5
33	青海大学	5
34	西北政法大学	5
35	新疆财经大学	5
36	新疆大学	5
37	中国人民大学	5

（四）2017年民族学研究项目二级学科项目分类介绍

我们沿用2015—2016年的概念，民族学一级学科分为0304民族学，下设030401民族学、030402马克思主义民族理论与政策、030403中国少数民族经济、030404中国少数民族史、030405中国少数民族艺术5个二级学科。鉴于无法看到项目申请书和不少项目在学科分类上往往会跨2—3个学科，或者属新兴边缘交叉性学科研究，我们只根据课题指南，在对照学科基础知识、咨询相关学科专家后，根据项目名称对课题进行简单学科分类。有些项目有跨类交叉，跨学科的项目在统计时尽量归入主题偏向性更强的一类，我们不重复统计，为便于统计，只纳入一个学科统计。分类标准没有强求一致，会导致课题/项目的学科归纳有可能不完全准确，这与实际情况可能会有一些不符。①

从民族学二级学科项目数量统计表中可以看出，民族学研究的项目数据偏高，占全部课题的49.62%，构成了当前民族学研究的主流，凸显了国内学者对民族学问题研究的重视；中国少数民族艺术类的课题数量与2015—2016年相比，处于上升趋势，马克思主义民族理论与政策类课题与中国少数民族经济类课题处于稳定态势，中国少数民族史类课题明显比2015—2016年减少，处于下降趋势。这也从侧面反映了目前对于历史类研究的课题重视度减弱，研究人员逐年偏向于显示类课题研究，对于基础类研究和出成果较慢的历史类研究问题的热衷度降低。这也说明随着社会发展的快节奏，研究人员逐渐热衷于能快出成果的现实问题研究的课题/项目。这一现象也需要引起上层规划管理人员重视，在合适的时机调整规划方向。

表5　　2017年民族学二级学科项目数量统计表

序号	二级学科分类	项目数量	百分比
1	民族学	519	49.62%

① 黄华伟：《1993～2009国家社科基金哲学立项课题数据分析》，《中南大学学报（社会科学版）》2011年第2期。

续表

序号	二级学科分类	项目数量	百分比
2	马克思主义民族理论与政策	160	15.30%
3	中国少数民族经济	139	13.29%
4	中国少数民族史	43	4.11%
5	中国少数民族艺术	185	17.69%
	合计	1046	100%

由于篇幅所限，我们只分析列举国家级项目（见表5）。民族学二级学科共立项519项，其中国家级项目249项，占比47.98%；马克思主义民族理论与政策160项，其中国家级项目90项，占比56.25%；中国少数民族经济139项，其中国家级项目53项，占比38.13%；中国少数民族史43项，其中国家级项目37项，占比86.05%；中国少数民族艺术185项，其中国家级项目73项，占比39.46%。

四 问题思考与建议

从统计结果结合2017年民族学研究类立项课题/项目的特点，我们认为，我国民族学类课题项目研究立项应该重点关注以下几个方面。

1. 课题/项目立项成功率有“马太效应”，建议公平竞争，进一步加大匿名申请、匿名审核的力度。“马太效应”是社会学家和经济学家们常用的术语，反映的社会现象是两极分化，富的更富，穷的更穷。“马太效应”名字来自圣经《新约·马太福音》一则寓言：“凡有的，还要加倍给他叫他多余；没有的，连他所有的也要夺过来。”表面看起来，“马太效应”与“平衡之道”相悖，与“二八定则”类似，实则它只不过是“平衡之道”的一极。①

课题/项目立项成功率有“马太效应”，即指立项成功率偏高的研究机构强者愈强、弱者愈弱的现象，尤其是全国性的课题项目申报，申报人员数量多，形成海量数据，无形中管理工作量会加大。再加上目前社会发展节奏快，立项工作时效性又强，立项申报工作管理者难免在有些细节上把控不严，形成了审批模式多年固化，使一些人情面子项目的立项钻了空子，最终影响了项目立项的客观公正。

从统计结果可以看出，经济发展水平较高地区的立项成功率明显偏高，经济发展水平落后的地区立项成功率明显较低。建议立项组织管理者批准课题时，忽视地区经济发展水平条件，注重申请者的科研能力，应匿名申请，将注意力集中于课题申请书，不论其在此之前对教育领域是否有研究或贡献，都应平等对待，给所有人以平等竞争的机会。②

2. 关于立项的学科比例等问题。从民族学二级学科项目数量统计表中可以看出，民族学研究的项目数居高，占全部课题的49.62%，构成了当前民族学研究的主流，凸显了国内学者对民族学问题研究的重视；中国少数民族艺术类的课题数量与2015—2016年相比，处于上升趋势，马克思主义民族理论与政策类课题和中国少数民族经济类课题处于稳定态势，中国少数民

① https://baike.baidu.com/item/%E9%A9%AC%E5%A4%AA%E6%95%88%E5%BA%94/70100?fr=aladdin.

② 唐春、秦川：《“十五”到“十二五”期间全国教育科学规划职业教育立项课题统计分析》，《长春教育学院学报》2017年第3期。

族史类课题明显比2015—2016年减少，处于下降趋势。这从侧面反映了目前对于历史类研究的课题重视度减弱，研究人员逐年偏向于显示类课题研究，对于基础类研究和出成果较慢的历史类研究问题的热衷度降低。说明了随着社会发展的节奏加快，研究人员逐渐热衷于能快出成果的现实问题研究的课题/项目。这一现象也需要引起上层规划管理人员的重视，在合适的时机调整规划方向。

在各学科立项的课题数量上应该避免重复立项的现象存在，避免太过偏向应用型的研究，避免跟风应景的问题。应用类题目的研究，作为现实问题，一次性的研究应该足矣，盲目地迎合与抢夺必然会造成跨界研究领域，而偏离主体研究，从而降低民族学相关问题研究的质量。同时防止跨界研究的非学术化，防止趋利性质的研究。此外，避免选题时段切面小、孤立地看待某一个方面问题的现象。梳理不清民族学发展来龙去脉的问题，从表面看似乎问题不大，其实已经缺少了史家治史常有的学识与气度。①

3. 加强立项研究，提升民族学学科地位。民族学研究在推进我国民族发展进程中扮演着十分重要的角色，为实现我国民族发展作出了不可估量的贡献。特别是习近平总书记2016年5月17日在哲学社会科学工作座谈会上的讲话精神，给我国民族学学科发展提供了前所未有的历史机遇，同时也对民族学课题项目研究提出了更高的目标与要求。对于课题研究人员来说，一方面，在思想上要高度重视民族学类立项课题的研究，认识课题研究对民族学学科发展、专业建设和人才培养等方面带来的积极作用和重要影响；另一方面，在行动上要积极主动地申报全国民族学学科类课题，不断增加立项课题的数量和质量，努力提升立项课题的级别。民族学学科的地位，不仅要通过立项课题的数量和级别来体现，更要通过课题研究的学术成就、贡献、影响和学界的认同来体现。②

4. 鼓励跨学科研究。一是学科自身性质决定了跨学科研究方法的采用。二是其他学科研究人员的介入。近年来，一些具有计算机等相关学科背景的研究者加入社会科学研究的队伍中，一些高校也将以大数据为背景、民族学研究为基础培养民族学复合型实务人才作为目标。这些变化不仅促成了民族学跨学科研究的形成，而且提升了民族学研究层次和水平。三是以民族学研究问题为导向的研究需要跨学科的合作。民族学问题的形成与解决通常是十分复杂的过程，需要跨学科领域专家的积极合作，运用多种方法从多维视角加以阐述，提供对策。

民族学问题研究的内涵和外延难以明晰厘清，此报告也只是执笔者根据一定的标准进行研判，无法像自然科学那样精确唯一，因而，此报告研究的意义也许并不在于得出一个被一致认可的结论，而在于廓清民族学问题研究项目课题的基本发展态势，以期对我国民族学研究发展有所裨益。③

5. 促进课题项目的研究成果转化。社会科学研究与自然科学研究一样，最终目的是让研究成果从实验室、研究所走出来，转化成实际的成果服务于社会。在自然科学研究领域，为了促进科研成果转化，中国科学院网站设有成果转化的专有栏目，详尽地刊登了产业化信息、知识产权信息等。如2016年11月10日，中共中央办公厅、国务院办公厅印发《关于实行以增加知识价值为导向分配政策的若干意见》，意见指出，实行以增加知识价值为导向的分配政策，激发广大科研人员的积极性、主动性、创造性，鼓励多出成果、快出成果、出好成果。与自然科

---

① 丁帆、赵普光：《近年来中国现当代文学研究立项课题的分析报告——以2014—2016年国家社科基金和教育人文社科项目为例》，《当代作家评论》2017年第3期。

② 杨方琦：《全国教育科学规划教育技术类立项课题的统计与分析》，《现代教育技术》2013年第7期。

③ 姚颉靖、彭辉：《从国家社科基金立项项目看知识产权问题研究发展状况——基于1996—2011年国家社科基金知识产权问题研究立项的统计分析》，《现代法学》2011年第6期。

学的差别在于，人文社会科学领域并没有强制性的转化要求。但是民族学学科课题项目的成果需要紧密联系社会生活。这些成果如果能迅速有效地实现转化，成为政府施政的借鉴，必然会大大提升我国社会科学的应用前景。因此，全国哲学社会科学规划办公室等机构，应设立专门的成果转化机构，加大扶持成果转化和对接的力度，提高我国民族学课题项目成果的转化率。①

6. 政策建议。民族学研究作为解决我国民族问题的重要途径，国家每年资助大量立项课题，这些项目从宏观上反映了民族学研究的方向和热点。对民族学立项的梳理和分析能够帮助了解民族学研究现状，为国家政策提供合理建议，也有助于民族学学科未来的发展和完善。通过对 2017 年全国民族学立项统计分析，提出如下建议。

（1）确保国家资金的扶持力度，提升民族学研究质量。提高资金投入，鼓励更多具有创新性、前瞻性课题项目的立项。民族学研究虽然在规模上已经有了迅速的发展，但质量上还需要再完善，离不开国家持续的扶持和重视。

（2）发挥国家级课题的引领示范作用，培养民族学学科带头人。在民族学课题项目中，国家级项目主要是国家社会科学基金项目，国家社会科学基金不仅承担着促进科学研究发展的职责，同时还肩负着选拔和培养高素质学科人才的重任。通过设立国家课题项目，鼓励学者积极进行深层研究和科研创新，发现民族学领域的拔尖人才和团队，帮助其迅速成长。同时学科带头人又能带动一个团队甚至一个区域的科研发展，进而提高整个民族学界的科研水平。②

（3）打破现有课题申报格局，促进科研机构的横向合作。科研立项水平在各机构存在差异，高校的民族学研究课题立项数量占绝大数量比例，科研机构占很小比例，而在高校中，师范院校又占了主导地位。基于这种现状，跨机构合作应该成为未来科研立项的发展趋势。尽可能发挥各个科研单位自身的优势，实现强者对弱者的帮扶，让各个机构间加强合作，发挥各自所长，协同创新，打破国家民族学学科立项分布不均的现状，让课题经费发挥最大的效应。③

五 小结

本报告利用统计方法对所收集的 2017 年我国民族学学科立项的项目数据，从立项课题项目类型分析、地区分布、承担单位分布等方面进行统计分析研究。以国家级项目为核心，数量以省部级项目为主，立项单位以教育部直属的综合性大学为主，它们立项排名基本稳定。突出特点是以民族学二级学科问题研究为主线。

报告统计分析的对象为 2017 年全国民族学网上报道记录的正式立项项目，反映了我国民族学研究项目总貌，具有一定的参考价值。虽然在数据统计的过程中存在一定的统计误差与归类误差，但上述数据在总体上已经揭示了我国民族学 2017 年研究的整体面貌，便于我们分析民族学研究发展的主要特征与发展趋势。④

综上所述，2017 年民族学网上报道记录正式立项项目中，国家社会科学基金项目占比重最大，能代表当前中国民族学研究的基本面貌和热点。国家社会科学基金民族学立项项目的研究情况能代表民族学科的研究特点。因此，通过对 2017 年国家社会科学基金民族学立项项目的

① 陈明：《国家舆情战略研究热点解析——基于国家社科舆论、舆情立项项目分析（2007—2016）》，《编辑之友》2017 年第 8 期。

② 金金：《近五年来国家社科基金教育学立项课题研究》，《陇东学院学报》2018 年第 3 期。

③ 金金：《近五年来国家社科基金教育学立项课题研究》，《陇东学院学报》2018 年第 3 期。

④ 孟凡华：《我国职业教育科学研究的现状与热点分析——以 2011—2016 年全国教育科学规划立项课题为对象》，《职教论坛》2017 年第 4 期。

分析，有助于我们了解和把握当前民族学研究趋势，有利于我们后续开展研究选题和课题申报。

通过对2017年民族学学科立项课题项目从单位、地域和类别几个维度进行统计分析，从统计学立项项目的地区分布来看，地域差距明显，全国的统计学立项分布不均衡。在经济发达、高校数量较多的地区、立项数多，各级党政机关是排在高校之后的统计学科立项大户，其他机构研究力量薄弱。而经济落后、地处偏远的地区立项数少，甚至没有立项。这需要今后国家在立项审批过程中对个别地区予以政策倾斜与鼓励，进一步平衡各地区的科研资源。① 在未来民族学研究课题立项中，国家应保持对教育科研立项倾斜的趋势，鼓励各科研机构进行横向合作，着重培养青年学科带头人，以实现民族学学科的持续发展。②

本报告重在大量数据基础之上通过统计分析，力图全面展现民族学学科课题/项目的立项发展现状，剖析该学科未来发展需求的趋势。由于我们在知识结构与信息交流上的局限性，本文所收录的统计数据只是不完全调查的结果，疏漏之处，还请各位同仁批评指正。

（王小霞，研究馆员，中国社会科学院民族学与人类学研究所科研处）

① 任媛、赵晓萍：《国家社科基金统计学科立项项目统计与分析》，《中国统计》2017年第5期。

② 金金：《近五年来国家社科基金教育学立项课题研究》，《陇东学院学报》2018年第3期。

2018 年民族学研究社科基金项目立项情况调研报告

王小霞

一 序言

国家社会科学基金项目是我国最高级别的人文社科类研究项目，是我国目前唯一的国家级哲学社会科学的研究项目，代表着我国哲学社会科学研究的方向和水平。努力争取承担更多国家社科基金项目，力争多出一流成果和优秀人才，对加强各个研究单位的社科队伍建设和学科建设、更好地繁荣发展哲学社会科学事业，具有极为重要的作用。因此，国家社科基金项目的申报与立项工作，多年来受到广大社会科学研究工作者的关注。国家社科基金项目研究成果代表着我国哲学社会科学研究的方向和水平。

国家社会科学基金项目在充分反映我国哲学社会科学发展水准的同时，也成为衡量某一单位或地区的科研水平的最可靠标尺。在国家社科基金项目的评审过程中，研究主题或是“论域”的选取对申报者来说无疑是一个事关成败的决定性因素。民族学研究在我国哲学社会科学研究中占有很重要的位置，在国家社会科学基金项目立项中的占比无疑影响着民族学研究发展。

民族学研究已经成为社会研究最重要的部分，民族学研究的科研项目课题的关注度也得到大幅提高，民族学研究立项课题的现状体现出中国民族学领域最前沿的研究内容和研究方向。

故此，我们对 2018 年民族学研究科研项目课题立项情况进行调研，归纳整理分析 2018 年民族学科研项目的立项项目类别、研究机构地区分类、研究机构分布特征等情况，呈现民族学项目的研究现状、发展态势和 2018 年民族学研究课题项目立项的现状与趋势，使科研管理部门准确把握民族学领域研究态势，适时调整科研资助的重点与方向，给申报者提供重要参考，为民族学课题项目发展提供参考。①

二 数据来源

本报告以国家社科基金项目官方数据库公布的 2018 年对民族学学科分类下相关的项目数据为基础数据（跨学科的民族学立项项目不在此调研范围内），运用统计分析方法，对年度课题立项数量、类别、地域分布、项目主持人和研究机构等进行分布特征分析，以揭示研究的总体态势。

国家社科基金项目类型包括重大项目、重点项目、一般项目、青年项目、西部项目、成果文库等 8 个类型。本研究拟收集的具体项目数据包括：项目名称、项目类别、项目负责人、申

---

① 冯妮：《建设海洋强国背景下我国涉海研究的现状与趋势——基于“十二五”期间国家社科基金立项项目的计量考察》，《技术与创新管理》2017 年第 6 期。

报机构、项目数量和预期成果等。本报告通过对以上数据进行统计分析，归纳民族学国家社科基金立项情况、立项特点和研究热点，思考民族学研究现状，预测民族学未来研究趋势。①

三 2018 年民族学研究社科基金项目立项情况

以国家社科基金项目数据库为数据源，检索立项时间为 2018 年。首先，关键词先以“民族”为检索词检索。其次，以 55 个少数民族名称为检索词检索。再次，以中国的 5 个少数民族自治区为检索词检索。最后，以“族群族际”为检索词进行检索。

我们以上述检索方法进行检索，共收集到 577 条项目数据，经逐条分析、删除非民族学研究的课题后，由于以不同检索词有可能检索到同一项目，造成重复数据，在加工整理检索到的数据前，必须对重复数据进行删除，之后进行分析形成汇总报告。我们使用 Excel 工具，保证行列都没有空行空列的情况下，以项目名称进行排序，由项目名称及项目其他属性字段项目批准号、学科分类、项目负责人、专业职务、工作单位等属性字段来判断是否是真正的重复数据，需要特别注意不要误删项目名称相同的不同项目的立项数据。删除重复数据 96 条，最终定位 2018 年民族学社科基金立项共计 481 条项目数据信息。对这些项目分类汇总，分别以课题/项目级别分类统计、课题/项目类型、地区分布统计、承担课题的研究机构分布统计和课题/项目所属学科分类统计与分析，得到如下调研报告。

（一）2018 年民族学社科基金项目级别类型统计分析情况

我国社科基金资助项目的类型分为重大项目、重点项目、一般项目、青年项目、西部项目、后期资助项目、中华学术外译项目和成果文库 8 大类。根据我们收集到的项目数据统计情况，我们以重大项目、重点项目、一般项目、青年项目、西部项目 5 大类项目立项数据为基础展开分析研究得此报告。

表 1　2018 年社科基金项目级别类型统计表

序号	项目类型	数量	所占比例
1	2018 年国家社科基金年度项目（一般项目）	238	49.48%
2	2018 年国家社会科学基金西部项目	127	26.40%
3	2018 年国家社科基金青年项目	71	14.76%
4	2018 年国家社科基金年度项目（重点项目）	30	6.24%
5	2018 年度国家社会科学基金重大招标项目	15	3.12%
	合计	481	100%

2018 年社科基金项目立项 5 类 481 项（见表 1），其中 2018 年度国家社科基金年度项目（一般项目）238 项，占比 49.48%；2018 年度国家社会科学基金西部项目 127 项，占比 26.40%；2018 年国家社科基金青年项目 71 项，占比 14.76%；2018 年国家社科基金年度项目（重点项目）30 项，占比 6.24%；2018 年度国家社会科学基金重大招标项目 15 项，占比 3.12%%。

---

① 廖嘉琦：《我国情报学近五年研究热点及发展趋势分析——基于 2014—2018 年国家社科基金立项》，《情报科学》2020 年第 3 期。

由此可以看出，国家社科基金年度一般项目占绝对优势，数量最多，这与一般项目的申请条件有关，也与人员年龄范围最大、研究领域能归于一般项目的范围最广有关；西部项目紧随其后，仅次于一般项目立项数量，2018 年立项 127 项，这进一步说明国家政策对西部研究项目立项的倾斜幅度依然较大；作为有 35 岁以下年龄申报条件限制的青年项目，2018 年立项 71 项，立项幅度保持稳定一般，重点项目 2018 年立项 30 项，也与往年持平；而作为所有项目中立项要求难度最大、立项规模最大、最能引领学科领域方向的重大招标项目立项 15 项，数量最少。具体的重大招标项目题目及申报机构如下：

1. 边疆多民族地区红色文化资源调查、保护与传承研究，广西民族大学。
2. 中国当代少数民族文学制度研究，湖南大学。
3. 近代以来中华民族复兴思潮研究（多卷本），湖南师范大学。
4. 西南各民族及“一带一路”邻国语言文字中汉字音的数字化整理与研究，华东师范大学。
5. 北朝至隋唐民族碑志整理与研究——以胡语和境外汉语碑志为对象，兰州大学。
6. 国内外蒙古文学理论遗产资料整理及研究，内蒙古大学。
7. 俄藏蒙古文文献目录译介与研究，西北民族大学。
8. 民族地区深度贫困大调查与贫困陷阱跨越策略研究，西南大学。
9. 中国民族思想史研究，云南大学。
10. 台湾的中华民族认同与记忆研究，云南大学。
11. 中国民族语言形态句法类型学研究，中国社会科学院民族学与人类学研究所。
12. 民族地区深度贫困大调查与贫困陷阱跨越策略研究，中南民族大学。
13. 东北人口较少民族口头文学抢救性整理与研究，中央民族大学。
14. 中国阿尔泰语系诸民族民间文学比较研究，中央民族大学。
15. 河西走廊民族语言的跨学科研究，中央民族大学。

（二）2018 年民族学社科基金项目地区分布统计概况

通过调研汇总，2018 年哲学办在全国范围内共立项民族学学科各类项目 481 项。我们根据哲学办项目数据库中“所在省区市”字段校对修正后，进行地区分布统计，根据我国行政地域省份与直辖市来分类统计。

项目的地域分布从某个侧面反映了不同地区在民族学研究方面投入的力量及其在民族学研究领域的实力。以省、自治区和直辖市为单位对民族学学科立项课题数量分布作统计。其中，以个人名义申请的项目 6 项、中国社会科学院（社科院）立项 5 项、军队 4 项，机关（中国民族图书馆）1 项，这四个机构没有归入各省区市内统计。

从表 2 可以看出，2018 年立项分布在全国 36 个省、市、自治区和高校及个人，既显示了广泛性又表现出不均衡性和集中性。立项数量排名前 5 位的省份有内蒙古 61 项，占比 12.68%；云南 60 项，占比 12.47%；广西 33 项，占比 6.86%；新疆 33 项，占比 6.86%；四川 29 项，占比 6.03%。

统计中省份指中华人民共和国的行政区划，中华人民共和国目前共有 34 个省级行政区域，包括 23 个省，5 个自治区，4 个直辖市，2 个特别行政区。包括：北京市，天津市，上海市，重庆市，河北省，山西省，辽宁省，吉林省，黑龙江省，江苏省，浙江省，安徽省，福建省，江西省，山东省，河南省，湖北省，湖南省，广东省，海南省，四川省，贵州省，云南省，陕西省，甘肃省，青海省，台湾省，内蒙古自治区，广西壮族自治区，西藏自治区，宁夏回族自治区，新疆维吾尔自治区，香港特别行政区，澳门特别行政区。

表2　　2018年社科基金民族学类项目立项地区分布统计表

序号	所在省区市	项目数量	占比
1	内蒙古	61	12.68%
2	云南	60	12.47%
3	广西	33	6.86%
4	新疆	33	6.86%
5	四川	29	6.03%
6	贵州	28	5.82%
7	青海	24	4.99%
8	甘肃	21	4.37%
9	高校	21	4.37%
10	湖北	18	3.74%
11	重庆	17	3.53%
12	宁夏	15	3.12%
13	西藏	14	2.91%
14	湖南	13	2.70%
15	陕西	10	2.08%
16	福建	7	1.46%
17	吉林	7	1.46%
18	江苏	7	1.46%
19	山东	7	1.46%
20	个人	6	1.25%
21	新疆生产建设兵团	6	1.25%
22	浙江	6	1.25%
23	广东	5	1.04%
24	黑龙江	5	1.04%
25	社科院	5	1.04%
26	军队	4	0.83%
27	上海	4	0.83%
28	安徽	2	0.42%
29	海南	2	0.42%
30	河北	2	0.42%
31	河南	2	0.42%
32	辽宁	2	0.42%
33	天津	2	0.42%
34	机关	1	0.21%
35	江西	1	0.21%
36	山西	1	0.21%
	合计	481	100%

（三）2018 年民族学社科基金项目研究机构分布特征

统计 2018 年民族学学科社科基金立项的 481 项立项情况（见表 3），共有 179 个研究机构及个人承担立项了相关课题/项目，研究机构比较分散，民族类高校是民族学研究的主力军。这在一定程度上反映了高等学校科学研究整体素质和水平较高，尤其是中央民族大学、云南民族大学、内蒙古民族大学和中南民族大学，立项数量都在 10 项以上，民族院校在民族学研究领域的优势明显，显示了我国民族学研究项目的影响力重在民族类高校。①

从排名看，立项 5 项以上的研究机构有：中央民族大学、内蒙古大学、云南大学、云南民族大学、云南师范大学、内蒙古民族大学、内蒙古师范大学、新疆师范大学、中南民族大学、贵州师范大学、青海大学、青海民族大学、西南民族大学、贵州民族大学、四川大学、赤峰学院、兰州大学、青海师范大学、西藏大学、北方民族大学、大理大学、广西民族大学、桂林理工大学、吉首大学、宁夏大学、西南大学、新疆财经大学、新疆大学、伊犁师范学院、中国社会科学院等。

可以看出：民族院校在民族学研究中发挥着不可动摇的主力军作用。这与国家加大高校哲学人才培养、哲学国家重点学科建设和科研项目经费投入的力度有关，也与各级政府积极落实哲学社会科学繁荣计划有关。同时大部分高校利用各种经费加大哲学研究项目投入力度，积极学习贯彻习近平总书记 2016 年 5 月 17 日在哲学社会科学工作座谈会上的讲话精神，进一步论证了加快完善对哲学社会科学具有支撑作用的学科，如哲学、历史学、经济学、政治学、法学、社会学、民族学、新闻学、人口学、宗教学、心理学等，打造具有中国特色和普遍意义的学科体系。

表 3　　2018 年各研究机构立项的社科基金民族学类项目分布统计表

序号	研究机构	项目数量	序号	研究机构	项目数量
1	中央民族大学	20	91	广东财经大学	1
2	内蒙古大学	17	92	广东工业大学	1
3	云南大学	12	93	广西财经学院	1
4	云南民族大学	12	94	广西经济管理干部学院	1
5	云南师范大学	12	95	广西科技大学	1
6	内蒙古民族大学	11	96	广西社会科学院	1
7	内蒙古师范大学	11	97	广西艺术学院	1
8	新疆师范大学	11	98	广西壮族自治区图书馆	1
9	中南民族大学	11	99	广州大学	1
10	贵州师范大学	10	100	贵阳学院	1
11	青海大学	10	101	贵州省社会科学院	1
12	青海民族大学	8	102	桂林电子科技大学	1
13	西南民族大学	8	103	杭州电子科技大学	1
14	贵州民族大学	7	104	杭州师范大学	1
15	四川大学	7	105	河北大学	1

① 曹晓勇：《天津市社会科学竞争力统计分析——基于近五年国家社科基金项目立项课题的视角》，《天津市工会干部管理学院学报》2017 年第 3 期。

续表

序号	研究机构	项目数量	序号	研究机构	项目数量
16	赤峰学院	6	106	河北民族师范学院	1
17	个人	6	107	河池学院	1
18	兰州大学	6	108	黑河学院	1
19	青海师范大学	6	109	黑龙江大学	1
20	西藏大学	6	110	衡阳师范学院	1
21	北方民族大学	5	111	红河学院	1
22	大理大学	5	112	湖北大学	1
23	广西民族大学	5	113	湖北民族学院	1
24	桂林理工大学	5	114	华东理工大学	1
25	吉首大学	5	115	华东师范大学	1
26	宁夏大学	5	116	华南农业大学	1
27	西南大学	5	117	华中科技大学	1
28	新疆财经大学	5	118	怀化学院	1
29	新疆大学	5	119	吉林师范大学	1
30	伊犁师范学院	5	120	济南大学	1
31	中国社会科学院	5	121	佳木斯大学	1
32	广西大学	4	122	江苏师范大学	1
33	广西师范大学	4	123	喀什大学	1
34	昆明理工大学	4	124	兰州理工大学	1
35	内蒙古社会科学院	4	125	丽水学院	1
36	陕西师范大学	4	126	辽东学院	1
37	石河子大学	4	127	鲁东大学	1
38	四川师范大学	4	128	绵阳师范学院	1
39	西藏自治区社会科学院	4	129	牡丹江师范学院	1
40	延边大学	4	130	南京财经大学	1
41	云南省社会科学院	4	131	南开大学	1
42	滇西科技师范学院	3	132	内蒙古科技大学	1
43	甘肃民族师范学院	3	133	内蒙古科技大学包头师范学院	1
44	贵州师范学院	3	134	宁波大学	1
45	湖南大学	3	135	宁德师范学院	1
46	内蒙古财经大学	3	136	宁夏医科大学	1
47	三峡大学	3	137	莆田学院	1
48	山东大学	3	138	山东理工大学	1
49	西北民族大学	3	139	山西师范大学	1
50	西北师范大学	3	140	陕西理工大学	1
51	西藏民族大学	3	141	四川省民族研究所	1
52	新疆维吾尔自治区社会科学院	3	142	四川省委党校	1
53	玉溪师范学院	3	143	四川外国语大学	1

续表

序号	研究机构	项目数量	序号	研究机构	项目数量
54	重庆三峡学院	3	144	苏州大学	1
55	安徽师范大学	2	145	塔里木大学	1
56	东北师范大学	2	146	天津师范大学	1
57	甘肃政法学院	2	147	铜仁学院	1
58	贵州财经大学	2	148	梧州学院	1
59	贵州大学	2	149	西北工业大学	1
60	桂林旅游学院	2	150	西藏农牧学院	1
61	海南师范大学	2	151	西昌学院	1
62	呼和浩特民族学院	2	152	西南财经大学	1
63	湖南师范大学	2	153	西南林业大学	1
64	兰州城市学院	2	154	西南政法大学	1
65	陆军边海防学院	2	155	新疆农业大学	1
66	南京大学	2	156	新疆农业科学院	1
67	内蒙古农业大学	2	157	新疆医科大学	1
68	内蒙古艺术学院	2	158	烟台大学	1
69	宁夏社会科学院	2	159	盐城工学院	1
70	钦州学院	2	160	玉林师范学院	1
71	厦门大学	2	161	云南财经大学	1
72	上海财经大学	2	162	云南农业大学	1
73	西北大学	2	163	长沙理工大学	1
74	西北政法大学	2	164	浙江工商大学	1
75	西南交通大学	2	165	浙江师范大学	1
76	信阳师范学院	2	166	中共恩施土家族苗族自治州委党校	1
77	战略支援部队信息工程大学洛阳外国语学院	2	167	中共广西壮族自治区委党校	1
78	长江师范学院	2	168	中共贵州省委党校	1
79	中共宁夏回族自治区委党校	2	169	中共黑龙江省委党校	1
80	渤海大学	1	170	中共内蒙古自治区委员会党校	1
81	常州大学	1	171	中共新疆生产建设兵团委员会党校	1
82	成都理工大学	1	172	中国民族图书馆	1
83	成都师范学院	1	173	中国政法大学	1
84	成都信息工程大学	1	174	中山大学	1
85	楚雄师范学院	1	175	重庆工商大学	1
86	福建社会科学院	1	176	重庆交通大学	1
87	福建中医药大学	1	177	重庆理工大学	1
88	福州大学	1	178	重庆师范大学	1
89	甘肃省武威市博物馆	1	179	重庆文理学院	1
90	赣南师范大学	1			

（四）2018 年社科基金民族学类项目负责人专业职称分布情况

经统计（见表 4），2018 年社科基金民族学类项目负责人专业职称分布情况，明显表现出正高专业技术职称人员获批项目类型中重点项目和重大招标项目数量与占比高，副高级专业技术职称人员获批项目类型中一般与西部项目数量与占比较高，中级专业技术职称人员获得的青年项目数量与占比最高。从获批青年项目的数据可以看出，拥有副高级专业技术职称的研究人员中不超过 35 岁的很少，能承担重大招标的研究人员为 0，说明重大招标项目的论证要求很高，需要一定的学术研究基础沉淀后，才能承担重大招标项目的重要任务。

表 4　　2018 年社科基金民族学类项目负责人专业职称分布统计表

序号	专业职称	项目总数量	项目类别	项目分类数量
1	正高级	143	一般项目	77
2			西部项目	39
3			重点项目	27
4			重大招标项目	15
5			青年项目	0
6	副高级	200	一般项目	124
7			西部项目	60
8			青年项目	13
9			重点项目	3
10			重大招标项目	0
11	中级	122	青年项目	58
12			一般项目	36
13			西部项目	28
14			重点项目	0
15			重大招标项目	0
16	初级	1	一般项目	1
17	合计	481	合计	481

（五）2018 年民族学社科基金项目学科分类统计

根据国家社会科学基金项目申报数据代码表，2018 年社科基金立项学科分类 23 个学科，学科名称及代码分别为：1. 党史·党建，DJ；2. 法学，FX；3. 管理学，GL；4. 国际问题研究，GJ；5. 考古学，KG；6. 理论经济，JL；7. 马列·科社，KS；8. 民族学，MZ；9. 人口学，RK；10. 社会学，SH；11. 世界历史，SS；12. 体育学，TY；13. 统计学，TJ；14. 图书馆·情报与文献学，TQ；15. 外国文学，WW；16. 新闻学与传播学，XW；17. 应用经济，JY；18. 语言学，YY；19. 哲学，ZX；20. 政治学，ZZ；21. 中国历史，ZS；22. 中国文学，ZW；23. 宗教学，ZJ。

2018 年民族学社科基金项目涉及学科 23 个（见表 5），也就是每个学科都涉及民族学问题研究的立项。

表 5　　2018 年社科基金项目学科分类统计表

序号	学科分类	项目数量
1	民族学	234
2	语言学	43
3	中国文学	34
4	社会学	20
5	体育学	20
6	马列·科社	19
7	中国历史	19
8	宗教学	17
9	政治学	15
10	图书馆、情报与文献学	11
11	新闻学与传播学	10
12	人口学	6
13	管理学	5
14	应用经济	5
15	哲学	5
16	外国文学	4
17	党史·党建	3
18	法学	3
19	世界历史	3
20	理论经济	2
21	国际问题研究	1
22	考古学	1
23	统计学	1
24	总计数	481

（六）2018 年民族学社科基金项目二级学科分类统计

根据社科基金立项学科分类代码表的分类原则，0304 民族学二级学科分为 030401 民族学、030402 马克思主义民族理论与政策、030403 中国少数民族经济、030404 中国少数民族史、030405 中国少数民族艺术 5 个二级学科。鉴于无法看到项目申请书和不少项目在学科分类上往往会跨 2—3 个学科，或者属新兴边缘交叉性学科研究，我们只根据课题指南，在对照学科基础知识、咨询相关学科专家后，根据项目名称对课题进行简单学科分类。有些项目有跨类交叉，对于跨学科的项目，在统计时尽量归入主题偏向性更强的一类，我们不重复统计，为便于统计，只纳入一个学科统计。分类标准没有强求一致会导致课题/项目的学科归纳有可能不完全准确，与实际情况可能会造成一定的偏颇误差，但是误差应该控制在 5% 范围之内，不会对我们的分析造成总体趋势上的影响。①

① 黄华伟：《1993—2009 国家社科基金哲学立项课题数据分析》，《中南大学学报（社会科学版）》2011 年第 2 期。

从表6看，民族学研究的项目数据偏高，占全部课题的50.73%，构成了当前民族学研究的主流，凸显了国内学者对民族学问题研究的高度重视与肯定，与2017年的占比49.62%相比，处于很小的上升趋势；马克思主义民族理论与政策类课题与2017年的占比15.302%相比，处于明显的上升趋势；中国少数民族经济和中国少数民族艺术课题比2017年减少，处于下降趋势；中国少数民族史类课题与2017年的占比4.11%相比，处于明显的下降趋势，侧面反映了目前对历史类研究的课题重视度减弱，研究人员逐年偏向现实类课题研究，对基础类研究、出成果较慢的历史类研究问题的热衷度降低。

也说明了随着社会发展的快节奏，研究人员逐渐热衷于能快出成果的现实问题研究的课题/项目。这一现象也需要引起上层规划管理人员重视，在合适的时机调整规划方向。

表6　　民族学二级学科项目数量统计表

序号	二级学科分类	项目数量	百分比	2017百分比
1	民族学	244	50.73%	49.62%
2	马克思主义民族理论与政策	124	25.78%	15.30%
3	中国少数民族经济	64	13.31%	4.11%
4	中国少数民族史	43	8.94%	13.29%
5	中国少数民族艺术	6	1.25%	17.69%
	合计	481	100%	100%

1. 民族学二级学科社科基金项目立项的项目情况

表7　　民族学二级学科项目数量统计表

序号	项目类型	数量	所占比例
1	国家社科基金年度项目（一般项目）	123	50.41%
2	国家社会科学基金西部项目	67	27.46%
3	国家社科基金青年项目	33	13.52%
4	国家社科基金年度项目（重点项目）	12	4.92%
5	国家社会科学基金重大招标项目	9	3.69%
	合计	244	100%

在民族学二级学科立项项目中（见表7），2018年国家社科基金一般项目占比最高，依然占据各类项目的主要位置，立项123项，占比50.41%；其次是西部项目67项，占比27.46%；紧接着是青年项目33项，占比13.52%；最后是立项申报人要求最高、立项难度最高的重点项目12项，占比4.92%；重大招标项目9项，占比3.69%。

国家社科基金项目重大项目需要经过选题招标，再进行全国范围内的统筹筛选安排定位选题，所以重大项目的立项选题方向代表着学科的主要方向。2018年，民族学二级学科国家社科基金重大招标项目9项：东北人口较少民族口头文学抢救性整理与研究（汪立珍），边疆多民族地区红色文化资源调查、保护与传承研究（卞成林），中国当代少数民族文学制度研究（罗宗宇），中国阿尔泰语系诸民族民间文学比较研究（毕桪），西南各民族及“一带一路”邻国语言文字中汉字音的数字化整理与研究（郑伟），中国民族语言形态句法类型学研究（黄成龙），河西走廊民族语言的跨学科研究（苗东霞），国内外蒙古文学理论遗产资料整理及研究（额尔敦哈达），俄藏蒙古文文献目录译介与研究（敖特根）。

重点项目12项：近代日本亚细亚主义与东亚民族志研究（孙春日）、偏远地区少数民族基础教育均衡发展的实证研究（王世忠）、云南少数民族的传统知识与文化防灾研究（李永祥）、“一带一路”视野下的国外藏文文献研究（更藏）、毒品社会性成瘾的民族志研究（兰林友）、中哈跨境哈萨克语比较研究（武金峰）、语言生态学视角下的西藏语言资源的保护与发展研究（格桑益西）、东南亚跨境拉祜语比较研究（刘劲荣）、清末民初以民族报刊出版为中心的中国东北边疆文化建设研究（曲晓范）、彝族古籍善本史诗文献翻译与研究（朱崇先）、《蒙古字韵》的语音系统及其与金元韵书韵图的关系研究（宋洪民）、语言生态学视角下的西藏语言资源的保护与发展研究（格桑益西）。

2. 马克思主义民族理论与政策二级学科国家级立项的项目情况

表8　　马克思主义民族理论与政策二级学科项目数量统计表

序号	项目类型	数量	所占比例
1	国家社科基金年度项目（一般项目）	58	46.77%
2	国家社会科学基金西部项目	33	26.61%
3	国家社科基金青年项目	18	14.52%
4	国家社科基金年度项目（重点项目）	12	9.68%
5	国家社会科学基金重大招标项目	3	2.42%
	合计	124	100%

2018年国家社科基金在马克思主义民族理论与政策二级学科立项项目中（见表8），从数量上看，一般项目仍然占比最高，依然占据各类项目的主要位置，项目立项数量58项，占比46.77%；其次是西部项目立项33项，占比26.61%；紧接着是青年项目立项18项，占比14.52%；最后是立项难度最高的重点项目12项，占比9.68%；重大招标项目3项，占比2.42%。

最具有权重分量的重大招标项目3项为：民族地区深度贫困大调查与贫困陷阱跨越策略研究（王志章）、民族地区深度贫困大调查与贫困陷阱跨越策略研究（李俊杰）、台湾的中华民族认同与记忆研究（马腾嶽）。

重点项目12项：价值论视阈下中华民族共同体意识研究（陈智）、“历史交汇期”有效缩小民族地区多维发展差距的理论与对策研究（郑长德）、改革开放四十年中国民族理论发展研究（金炳镐）、中国共产党民族政策的初心与使命研究（哈正利）、中华民族共同体意识的形成与发展研究（王文光）、集中连片特困民族地区乡村振兴战略研究（陈灿平）、多民族发展中国家政治整合经验教训及其对我启示研究（常士訚）、民族团结进步示范区建设中的族际和谐共生意识培育研究（陈华森）、传统“和合”思想与中华民族共同体基本内涵的学理逻辑及其培育机制研究（王成）、中国现代文学中民族意识与国家观念的冲突融合研究（李怡）、内蒙古双语教育70年实践与经验研究（白红梅）、近四十年美国西藏政策研究（励轩）。

3. 中国少数民族史二级学科国家级立项的项目情况

表 9 中国少数民族史二级学科项目数量统计表

序号	项目类型	数量	所占比例
1	国家社科基金年度项目（一般项目）	27	42. 19%
2	国家社科基金青年项目	17	26. 56%
3	国家社会科学基金西部项目	11	17. 19%
4	国家社科基金年度项目（重点项目）	6	9. 38%
5	国家社会科学基金重大招标项目	3	4. 69%
	合计	64	100%

2018 年国家社科基金在中国少数民族史二级学科立项项目中（见表 9），首先是一般项目立项数量 27 项，占比 42. 19%；其次是青年项目立项 17 项，占比 26. 56%；再次是西部项目立项 11 项，占比 17. 19%；最后是立项难度最高的重点项目 6 项，占比 9. 38%；重大招标项目 3 项，占比 4. 69%。

重大招标项目 3 项：中国民族思想史研究（王文光）、北朝至隋唐民族碑志整理与研究——以胡语和境外汉语碑志为对象（白玉冬）、近代以来中华民族复兴思潮研究（多卷本）（郑大华）。

重点项目 6 项：南北朝时期民族关系思想研究（崔明德）、黔桂界邻地区少数民族石体资料搜集、整理与研究（徐晓光）、中国蒙古族民俗研究百年史文献研究与数据库建设（敖其）、汉藏文学交流史学研究（仁青多杰）、卫拉特蒙古史学文献汉译注释及研究（19—20 世纪）（乌兰）、中国蒙古族民俗研究百年史文献研究与数据库建设（敖其）。

4. 中国少数民族经济二级学科国家级立项的项目情况

表 10 中国少数民族经济二级学科项目数量统计表

序号	项目类型	数量	所占比例
1	国家社科基金年度项目（一般项目）	27	62. 79%
2	国家社会科学基金西部项目	13	30. 23%
3	国家社科基金青年项目	3	6. 98%
4	国家社科基金年度项目（重点项目）	0	0. 00%
5	国家社会科学基金重大招标项目	0	0. 00%
	合计	43	100%

国家社科基金 2018 年在中国少数民族经济二级学科立项项目中（见表 10），只有一般项目、西部项目和青年项目立项，重大招标和重点项目没有立项。其中，首先是一般项目，立项数量 27 项，占比 62. 79%；其次是西部项目立项 13 项，占比 30. 23%；最后是青年项目立项 3 项，占比 6. 98%。

3 项青年项目为：武陵山区少数民族特色村寨益贫式乡村振兴路径研究（陈胜）、汶川地震灾后十年岷江上游羌村分布格局变迁与振兴研究（王海燕）、民族地区上市公司培育机制与发展策略研究（孙俊芳）。

13 项西部项目为："三权分置"下生产要素流动对西南少数民族地区农户收入影响研究（王稳妮）、兴边富民行动与中朝边境民族乡村振兴战略研究（金香兰）、"历史交汇期"内陆民族地区构建开放型经济新体制问题研究（王瑛）、西南民族地区旅游乡村内生产发展机制研究（姚旻）、基于共享理念的闽东畲族聚集区旅游全域化与稳定脱贫协同研究（吕群超）、新时代民族地区农旅融合的精准脱贫效应评价研究（杨梅）、社会责任视角下西南民族地区乡村振兴战略金融支持研究（詹小颖）、减贫与生态目标耦合下新疆南疆三地州产业扶贫研究（张灵俐）、四川藏区教育扶贫政策有效性研究（唐安奎）、农民组织化视角下四川省凉山州脱贫攻坚研究（李慧）、精准扶贫视角下青海藏区农牧民非农就业问题研究（赵海荣）、信息贫困视角下青海藏区脱贫攻坚对策研究（陈农）、青海藏区扶贫攻坚与后扶贫发展研究（苏薇）。

5. 中国少数民族艺术二级学科国家级立项的项目情况

表 11　　中国少数民族艺术二级学科项目数量统计表

序号	项目类型	数量	所占比例
1	国家社科基金年度项目（一般项目）	3	50%
2	国家社会科学基金西部项目	3	50%
3	国家社科基金青年项目	0	0%
4	国家社科基金年度项目（重点项目）	0	0%
5	国家社会科学基金重大招标项目	0	0%
	合计	6	100%

国家社科基金 2018 年在中国少数民族艺术二级学科立项项目中（见表 11），立项只有一般项目 3 项和西部项目 3 项，青年项目、重大招标和重点项目没有立项。其中，一般项目立项数量 3 项，占比 50%；西部项目立项 3 项，占比 50%。

3 项一般项目为：黔桂边区少数民族濒危传统工艺保护策略研究（覃会优）、当代蒙古族"新民族音乐"组合对优秀传统文化创造性转化研究（侯燕）、西南民族地区乡村戏剧调查与研究（张羽华）。

3 项青年项目为：多民族歌场花儿会文化空间研究（许四辈）、广西少数民族戏剧生态研究（杨智）、河湟流域少数民族特需产品及手工艺传承调查研究（袁志翔）。

四　问题思考与建议

从 2018 年民族学研究类课题/项目立项数据分析得出，我国民族学类课题项目研究立项应该重点关注以下几个方面。

1. 民族学学科地位

2017—2018 年民族学研究的项目数都居高，占全部课题的 49.62%—50.73%，构成了近两年民族学研究的主流，凸显了国内学者对民族学问题研究的重视。

2. 鼓励跨学科研究

2018 年社科基金立项学科共 23 个，其中的民族学学科立项数量为 234 项，民族学二级学科（民族学、马克思主义民族理论与政策、中国少数民族史、中国少数民族经济、中国少数民族艺术）数据中，民族学二级学科立项数量为 244 项，可以看出之间仅有 10 项的差距。也就是说，立项项目中跨学科研究的数量并不是很多，即申报立项的负责人对属于多学科（跨学科）研究的问题关注度不高。

3. 鼓励青年学者立项

从2018年民族学社科基金项目级别类型统计分析情况看，青年项目71项，占比14.76%，相对来说比例偏低。

按照社科基金课题申请人条件：遵守中华人民共和国宪法和法律；具有独立开展研究和组织开展研究的能力，能够承担实质性研究工作；具有副高级以上（含）专业技术职称（职务），或者具有博士学位。不具有副高级以上（含）专业技术职称（职务）或者博士学位的，可以申请青年项目，不再需要专家书面推荐。青年项目申请人的年龄不得超过35周岁。

我们分析青年项目获批占比偏低的原因：青年人员想要申请项目，要么尽早拿到副高以上职称，要么不超过35岁的申报条件。一般来说，社科基金项目的负责人一般都需要是专业的研究单位博士或博士后，而要拿到博士学位，就是顺利也需要学习到30岁左右，再要求拿到副高职称，这样符合申报青年项目的人员就不会太多，在审批过程中又有一定的比例限制，所以也就造成青年项目申报获批的比例偏低。

综合以上原因分析，为鼓励青年学者尽早加入社科基金项目的研究工作，使社科基金的研究队伍年轻化。我们呼吁，哲学办能否在一定程度上考虑放宽青年项目的申报条件，或在审批层面给予一定的导向，提高青年项目的获批率。

（王小霞，研究馆员，中国社会科学院民族学与人类学研究所科研处）

学术活动

2017—2018 年国内召开的部分学术会议

2017 年

【大理市苍洱地区文化遗产保护与社会发展学术研讨会】

主办单位：大理市人民政府、四川师范大学巴蜀文化研究中心南方丝绸之路研究所、云南省文物考古研究所、联合国教科文组织亚太地区世界遗产培训与研究中心

时　　间：2017 年 4 月 2 日

地　　点：云南省大理市

参会人员：近 30 名学者

问题讨论及评述：会议围绕“南方丝绸之路西线历史文化”“大理苍洱地区考古发现与研究”“大理非物质文化遗产保护”等议题展开研讨。（摘自《中国史研究动态》2017 年第 5 期）

【2017 丝绸之路今昔与展望学术研讨会】

主办单位：“中国边政协会”

时　　间：2017 年 4 月 22—23 日

地　　点：台湾省台北市

参会人员：20 余名学者

问题讨论及评述：与会的海峡两岸专家学者围绕丝绸之路的历史、民族、宗教、文化及“一带一路”倡议的实施等问题，进行了较为深入的研讨。（摘自《中国边疆史地研究》2017 年第 3 期）

【古籍公文纸本文献与宋元明史研究新境界学术研讨会】

主办单位：山东师范大学历史与社会发展学院

时　　间：2017 年 6 月 9—10 日

地　　点：山东省济南市

参会人员：20 余名学者

问题讨论及评述：与会专家学者主要围绕“《魏书》纸背文献研究”“公文纸背文书与元明基层制度运行”等议题展开讨论。（摘自《中国史研究动态》2018 年第 2 期）

【民族政策与多民族国家建设学术会议】

主办单位：中央民族大学中国民族理论与民族政策研究院

时　　间：2017 年 6 月 10—11 日

地　　点：北京市

参会人员：近 60 名学者

问题讨论及评述：会议以主题发言、评议讨论的形式，分别就“多民族国家建设与治理”“民族认同与国家认同”“国外民族宗教个案议题”“宏观视角的民族理论与中国民族事务治理”“城市与城镇化进程中的民族工作”等综合议题进行了研讨。（摘自《黑龙江民族丛刊》2017 年第 4 期）

【第五届中国边疆研究青年学者论坛】

主办单位：中国社会科学院中国边疆研究所、陕西师范大学中国西部边疆研究院

时　　间：2017 年 6 月 16—18 日

地　　点：陕西省西安市

参会人员：70 余名学者

问题讨论及评述：与会的青年学者们以“传承与创新：中国边疆研究的新视野与新思考”为主题，分别就“中国边疆理论研究的新思考”“历代边疆治理研究”“西部边疆史地研究”“西部边疆民族与文化研究”等问题进行了热烈研讨。（摘自《西域研究》2017 年第 3 期）

【第十届中国民族研究西南论坛："民族交融·文化变迁·国家认同"】

主办单位：中国社会科学院民族学与人类学研究所《民族研究》编辑部、西南民族大学、凯里学院

时　　间：2017 年 6 月 18—19 日

地　　点：贵州省凯里市

参会人员：近 160 余名学者

收到论文：120 篇

问题讨论及评述：开幕式后由 8 位学者作了主旨发言。论坛设立了 5 个分会场，主要围绕"民族研究理论与方法""民族交融与发展""西南通道与区域社会""民族认同与共同体构建""民族历史与政策议题"等议题展开了分组讨论。（摘自《民族研究》2017 年第 5 期）

【在交流与互动中促进研究生培养：第十二届全国民族理论研究生学术研讨会暨全国民族理论研究生教学经验交流会】

主办单位：中国人类学民族学研究会民族关系专业委员会、国家民委重点基地中国特色民族理论研究基地、云南民族大学

时　　间：2017 年 7 月 3—5 日

地　　点：云南省昆明市

参会人员：130 余名学者

问题讨论及评述：此次交流会旨在提高民族理论研究生的培养质量与学术水平，与会的专家学者围绕"党的十八大以来中国特色民族理论的新发展"这一主题进行了广泛的学术讨论。（摘自《黑龙江民族丛刊》2017 年第 5 期）

【民族地区反贫困与社会治理研究论坛】

主办单位：中国社会学会

时　　间：2017 年 7 月 15 日

地　　点：上海市

参会人员：近 60 名学者

收到论文：56 篇

问题讨论及评述：这是中国社会学会 2017 年学术年会：迈向共建共享的全面小康社会设置的 59 个论坛之一。递交的论文集中讨论的主题包括"构建共享发展理念与民族地区实践""民族地区社会体制改革与反贫困""社会工作专业化发展与民族地区贫困治理""民族地区社会治理资源利用与开发围绕民族地区基层治理问题""民族地区社会政策与社会保障""民族地区特殊群体福利建设"。（摘自《民族研究》2017 年第 6 期）

【第二届"一带一路"文献与历史学会研讨会】

主办单位：中国社会科学院历史研究所清史研究室、中国第一历史档案馆、《中国史研究动态》编辑部、榆林学院

时　　间：2017 年 7 月 15—16 日

地　　点：陕西省榆林市

参会人员：40 余名学者

问题讨论及评述：会议围绕"第一历史档案馆'一带一路'档案编研出版工程""近年来榆林境内的考古发掘及地方文献整理""明清以来榆林境内长城沿线地区经济开发与民族文化交流"等主题进行研讨。（摘自《中国史研究动态》2017 年第 6 期）

【中国民族理论学会 2017 年学术年会】

主办单位：中国民族理论学会

时　　间：2017 年 7 月 15—16 日

地　　点：内蒙古自治区鄂尔多斯市

参会人员：100 余名学者

收到论文：60 余篇

问题讨论及评述：此次年会的主题为"中国特色解决民族问题正确道路的坚持和完善"。与会的专家学者围绕"内蒙古民族区域自治 70 年的经验和启示""民族区域自治制度的理论与实践""新形势下我国民族工作的创新和发展""民族团结与民族关系"等分论题作了发言。（摘自《民族研究》2017 年第 4 期）

【构筑各民族共有精神家园暨加强期刊民族理论与政治学科建设研讨会】

主办单位：《北方民族大学学报》编辑部、"构筑各民族共有精神家园的理论与实

践”课题组

时　　间：2017年7月28—30日

地　　点：宁夏回族自治区银川市

参会人员：90余名学者

问题讨论及评述：会议围绕“中国民族理论”“多民族国家建设与共同体团结”“中华民族认同与各民族共同精神家园构建”“民族团结的理论、实践”“各民族共同精神家园建构、民族事务治理进程中的各民族共有精神家园建设”等议题展开学术交流。（摘自《民族研究》2017年第5期）

【2017中国宗教学会年会暨“草原丝路与宗教交流”学术会议】

主办单位：中国宗教学会、内蒙古自治区宗教事务局、内蒙古师范大学、内蒙古国际文化交流中心、中国社科院世界宗教研究所

时　　间：2017年8月5—6日

地　　点：内蒙古自治区呼和浩特市

参会人员：100余名学者

问题讨论及评述：此次会议以蒙汉两种语言，分多个议题进行研讨和交流，共计9个场次。其主题可归纳为“丝绸之路与宗教传播”“丝绸之路与文明对话”“‘一带一路’与人类共同命运中的宗教”“草原丝路与蒙古宗教文化”。（摘自《世界宗教研究》2017年第5期）

【历史上的新疆与西藏关系学术讨论会】

主办单位：新疆社会科学院杂志社《西域研究》编辑部

时　　间：2017年8月12—13日

地　　点：新疆维吾尔自治区乌鲁木齐市

参会人员：40余名学者

收到论文：近40篇

问题讨论及评述：讨论会提交的论文内容包括“以宏观的视角考察历史上的新疆与西藏关系”“从考古学、出土文书等研究领域认识历史上新疆与西藏的关系”“吐蕃对唐代西域政局的影响”“清统一西域后，新疆与西藏的关系”“以佛教文化、壁画艺术为纽带认识新疆与西藏的关系”“新疆与西藏的和平解放”。（摘自《西域研究》2017年第4期）

【形象史学与丝路文化学术论坛】

主办单位：中国社会科学院历史研究所文化史研究室、《中国史研究动态》编辑部、河西学院

时　　间：2017年8月12—13日

地　　点：甘肃省张掖市

参会人员：40余名学者

问题讨论及评述：与会的专家学者围绕“形象史学”与“丝路文化”两大主题，充分运用丰富的“形象”资料，就中西文化交流、河西史地及其他传世器物进行了热烈讨论。（摘自《中国史研究动态》2018年第2期）

【民族地区精准扶贫与精准脱贫学术研讨会】

主办单位：中国社会科学院民族学与人类学研究所、中南民族大学

时　　间：2017年9月23日

地　　点：湖北省武汉市

参会人员：110余名学者

问题讨论及评述：研讨会设置两个分会场进行了分组讨论。会议围绕“脱贫模式创新与民生改善”“贫困致因分析与扶贫方略”主题进行了广泛而深入的讨论。（摘自《民族研究》2017年第6期）

【青年人类学家沙龙之学术关怀与学术共同体圆桌讨论会】

主办单位：华东师范大学

时　　间：2017年9月23—24日

地　　点：上海市

参会人员：20余名学者

问题讨论及评述：会议整体分为“学术共同体”“学术研究与公众参与”“学术发表与教学”“理论积累与推进”“人类学与中国”5个议题。（摘自《民族学刊》2018年第1期、“搜狐网”2017年9月27日）

【纪念凉州会谈770周年学术研讨会】

主办单位：中国西藏文化保护与发展协会、中国藏学研究中心

时　　间：2017年10月28日

地　　点：甘肃省武威市

参会人员：30余名学者

问题讨论及评述：此次研讨会旨在纪念1247年阔端与萨班凉州会谈这一重大历史事件，研讨凉州会谈的深刻内涵及其在中国历史和中华民族发展史上的伟大意义。与会专家学者围绕“凉州会谈的历史及意义”“元朝中央政府治理西藏”“蒙藏关系史研究”“武威地区相关历史、事件和人物研究”等主题展开了热烈研讨。（摘自《中国藏学》2017年第4期）

【中国民族史第九届会员代表大会暨第二十次学术研讨会】

主办单位：中国民族史学会、贵州师范大学

时　　间：2017年10月28—29日

地　　点：贵州省贵阳市

参会人员：100余名学者

收到论文：85篇

问题讨论及评述：9位学者作了学术主旨报告。在分组讨论阶段，与会学者分别从“民族史学理论”“民族史料挖掘与考证”“民族经济史”“民族文化史”“民族政治史”等5方面进行了研讨。（摘自《民族研究》2017年第6期）

【教育部社会科学委员会历史学部1017年度工作会议暨中国历史上的民族问题研讨会】

主办单位：教育部社会科学委员会历史学部

时　　间：2017年11月4—5日

地　　点：云南省昆明市

参会人员：60余名学者

问题讨论及评述：在分组讨论阶段，与会专家学者围绕“中国历史上的民族关系”“民族意识与文化认同”“民族史研究的理论与方法”“区域民族史研究”“朝贡体系研究”“中国近代民族史研究”“世界史上的民族问题”等议题进行了研讨。（摘自《民族研究》2018年第2期）

【全国首届藏文古籍文献整理与研究高层论坛】

主办单位：中国藏学研究中心

时　　间：2017年11月7—8日

地　　点：青海省西宁市

参会人员：60余名学者

问题讨论及评述：与会专家学者就“藏文古籍文献的整理与研究”“弘扬和发展少数民族优秀传统文化”“提高藏文古籍文献整理工作人才队伍的理论素养和学术造诣”等方面进行了交流研讨。（摘自《中国藏学》2018年第2期）

【第二届“中国宗教学高峰论坛”】

主办单位：中国社会科学院世界宗教研究所、中国宗教学会、四川大学道教与宗教文化研究所

时　　间：2017年11月9—11日

地　　点：四川省成都市

参会人员：80余位专家学者

收到论文及专家发言提纲：33篇

问题讨论及评述：该论坛以“宗教研究与中华优秀文化的传承和发展”为主题，参会专家学者围绕“新时代中国特色社会主义宗教学理论研究”“少数民族宗教文献”“民间信仰与文化传承研究”等7个议题进行阐发。（摘自《世界宗教研究》2017年第6期）

【汉唐丝绸之路的开拓：西域都护府研讨会】

主办单位：新疆维吾尔自治区文物局、北京大学中国考古学研究中心

时　　间：2017年12月8—10日

地　　点：新疆维吾尔自治区轮台县

参会人员：近30名学者

问题讨论及评述：围绕会议主题，研讨会共举行了20余场专题报告。与会专家学者分别围绕“西域都护府考古的重要意义”

“汉唐时代与中央政府治理新疆相关的其他重要城址”“新疆汉以前的文化面貌”等议题作了精彩阐述。（摘自《西域研究》2018 年第 2 期）

【中国民族语言学会民族语文应用专业委员会首届学术研讨会】

主办单位：中国民族语言学会民族语文应用专业委员会

时　　间：2017 年 12 月 9—10 日

地　　点：北京市

参会人员：80 余名学者

收到论文：70 篇

问题讨论及评述：来自国内 30 多所高校和科研院所的专家学者，从不同角度系统、深入地阐述了民族语文应用相关领域的理论和方法问题。在气氛热烈的分组讨论会上，相关发言和提交的论文涵盖了民族语文应用的各个研究方向，起到了开阔视野、分享经验、启发思路的学术效果。（摘自《民族语文》2018 年第 1 期）

2018 年

【秦汉国家、族群与社会发展研究学术论坛】

主办单位：重庆师范大学

时　　间：2019 年 4 月 21—22 日

地　　点：重庆市

参会人数：70 余名学者

问题讨论及评述：与会的专家学者就“秦汉时期的国家构建”“族群认同”“社会整合及出土文献考释”等方面问题进行了深入的交流和研讨。（摘自《中国史研究动态》2019 年第 1 期）

【“海丝”视野下的妈祖信仰研究新探：第二届贤良港妈祖文化论坛综述】

主办单位：中国社会科学院世界宗教研究所、中国宗教学会、福建师范大学社会历史学院、福建省艺术研究院、莆田学院文化与传播学院、福建莆田北岸经济开发区管委会

时　　间：2018 年 5 月 7—10 日

地　　点：福建省莆田市

参会人数：50 余名学者

问题讨论及评述：该论坛以“海峡两岸妈祖信仰与海上丝绸之路”为主题，与会专家学者围绕“贤良港在妈祖信仰史上的地位”“妈祖信仰与海上丝绸之路”“妈祖信仰的传播及其影响”等议题展开了讨论。（摘自《世界宗教研究》2019 年第 1 期）

【中国古代的边疆开发与文化建设高层论坛】

主办单位：中国史研究杂志社、云南师范大学

时　　间：2018 年 5 月 12 日

地　　点：云南省昆明市

参会人数：40 余名学者

问题讨论及评述：会议主题是“边疆开发与文化建设”。研讨会上，与会专家学者围绕中国古代边疆的治理与开发、文化建设与教育发展等主题进行了热烈讨论。（摘自《中国史研究动态》2019 年第 1 期）

【首届全国青年藏学研讨会】

主办单位：中国藏学研究中心

时　　间：2018 年 9 月 19—21 日

地　　点：北京市

参会人数：70 余名学者

问题讨论及评述：此次会议以“新时代、新思考、新使命”为主题，分成“藏学基础研究”“现实问题研究”“语言文化研究”“藏医药研究”4 个小组进行研讨。（摘自《中国藏学》2019 年第 1 期）

【“中国西北科学考查团进疆九十周年”高峰论坛】

主办单位：新疆师范大学

时　　间：2018 年 9 月 29 日

地　　点：新疆维吾尔族自治区乌鲁木齐市

参会人数：50 余名学者

问题讨论及评述：与会学者围绕“西北科学考查团前辈的学术贡献和爱国主义精神”

"继承西北科学考查团精神，开拓丝绸之路研究新局面""'黄文弼中心暨西北科学考查团纪念馆'的建设"3个议题展开研讨。（摘自《西域研究》2019年第2期）

【藏区精准脱贫案例研究学术研讨会】

主办单位：中国藏学研究中心

时　　间：2018年10月19—21日

地　　点：四川省甘孜州泸定县

参会人数：40余名学者

收到论文：22篇

问题讨论及评述：与会专家学者围绕"藏区精准扶贫的理论探讨""藏区旅游扶贫案例研究""藏区能人、企业带动脱贫案例研究""精准脱贫之藏区经验研究""藏区脱贫创新实践案例研究"5个方面作了发言交流。（摘自《中国藏学》2019年第1期）

【族际认知与历史书写：中国古代多语种民族志文献学术研讨会】

主办单位：中国民族史学会、云南大学

时　　间：2018年10月20—21日

地　　点：云南省昆明市

参会人数：90余名学者

问题讨论及评述：会议分主题报告阶段与分组讨论阶段。在分组研讨阶段，与会专家学者围绕"族际认知与历史书写研究""民族志文献调查整理和文本分析研究""民族志文献与边疆民族社会"展开了广泛而深入的研讨。（摘自《民族研究》2019年第1期）

【第五届锦屏文书学术研讨会】

时　　间：2018年11月2—4日

地　　点：贵州省黔东南苗族侗族自治州锦屏县

参会人数：70余名学者

收到论文：13篇

问题讨论及评述：会议围绕着生态建设、实现乡村振兴进行了深入探讨，论文内容可分为"锦屏文书的现代意义，助推生态建设与脱贫攻坚""汲取山地农业智慧，实现乡村振兴""山场经营管理等其他问题""苗疆开辟和清水江贸易与经济发展问题"等主题。（摘自《原生态民族文化学刊》2019年第5期、"中国文化书院网"2018年11月4日）

【中国人类学学会2018年学术年会】

主办单位：中国人类学学会

时　　间：2018年11月26—28日

地　　点：广西壮族自治区南宁市

参会人员：80余名学者

问题讨论及评述：此次学术年会的主题为"改革开放四十年中国人类学的发展与展望"，旨在回顾改革开放40年发展历程，展望未来，共商中国人类学事业的合作与发展，并就体质、语言、文化等人类学分支学科进行专题报告和研讨。（摘自《民族研究》2019年第4期）

【第六届全国藏学期刊协调会】

主办单位：中国藏学研究中心、西藏大学

时　　间：2018年12月7—8日

地　　点：北京市

参会人员：58名学者

问题讨论及评述：在主旨发言环节，共有9位专家学者进行了发言。会议期间，还举行了藏文期刊和汉文期刊的圆桌会议。（摘自《中国藏学》2019年第1期）

（供稿人：林浩）

2017—2018 年我国学者参加的部分国际学术会议

2017 年

【中国西藏文化·加德满都论坛】

主办单位：中国藏学研究中心、中国驻尼泊尔大使馆、中国西藏文化保护与发展协会、尼泊尔阿尼哥协会

时　　间：2017 年 6 月 6—7 日

地　　点：尼泊尔加德满都市

参会人员：100 余名学者

问题讨论及评述：两国学者围绕佛教、社会民生、艺术、医学、科研成果等主题进行了深入对话和交流。（摘自《中国藏学》2017 年第 3 期）

【第二届全国民族生态学大会】

主办单位：中国生态学学会民族生态专业委员会、中央民族大学、凯里学院

时　　间：2017 年 7 月 8—10 日

地　　点：中国贵州省凯里市

参会人员：248 名学者

问题讨论及评述：大会主题是“民族生态学与生态文明”，共设置了民族生态学、生态民族学理论、方法与实践、地方生态文明建设与可持续发展、生物资源保护与可持续利用技术 6 个专题分会场。（摘自《原生态民族文化学刊》2017 年第 3 期）

【中国人类学学会 2017 年学术年会】

主办单位：中国人类学学会、内蒙古师范大学、内蒙古社会科学界联合会

时　　间：2017 年 8 月 14—17 日

地　　点：中国内蒙古自治区呼和浩特市

参会人员：260 余名学者

收到论文：160 余篇

问题讨论及评述：大会以“包容发展的人类学”为主题，9 位学者作了主旨发言。大会共设 5 个分会场，其各自议题为：体制、考古人类学包括族群的体质与差异等 4 个议题，教育人类学包括多维视野下的教育与文化等 4 个议题，语言人类学包括语言人类学通论综述等 4 个议题，历史人类学包括历史人类学的理论与实践等 4 个议题，文化人类学包括发展的共享与多样性等多个主题。（摘自《民族研究》2018 年第 2 期）

【中国魏晋南北朝史学会第十二届年会暨国际学术研讨会】

主办单位：中国魏晋南北朝史学会

时　　间：2017 年 8 月 16—18 日

地　　点：中国河北省邯郸市

参会人员：140 余名学者

问题讨论及评述：与会的专家学者主要围绕“政治史与制度史”“社会生活与宗教信仰”“简牍与社会经济”“墓葬、遗址与城市地理”等方面展开了热烈研讨。（摘自《中国史研究动态》2018 年第 3 期）

【第九届中日学者中国古代史论坛】

主办单位：中国社会科学院历史研究所、日本东方学会

时　　间：2017 年 8 月 24—28 日

地　　点：中国河南省郑州市

参会人员：60 余名学者

问题讨论及评述：与会的中日两国专家学者围绕“东亚政治秩序与信息沟通”“东亚文化交流”“传统中国的对外关系”等议题展开了观点碰撞和深入交流。（摘自《中国

史研究动态》2018 年第 2 期)

【丝绸之路与新疆出土文献国际学术研讨会】

主办单位：旅顺博物馆、北京大学中国古代史研究中心、日本龙谷大学

时　　间：2017 年 11 月 6—7 日

地　　点：中国辽宁省旅顺市

参会人员：50 余名学者

问题讨论及评述：在研讨会上，与会的中日韩专家学者们围绕主题，分别就“旅顺博物馆藏新疆出土文献研究新进展”“中古时期‘丝绸之路’沿线的制度与信仰”“语言文字研究及图像学与艺术品”“新疆出土文献的发掘史与研究史”等展开了热烈研讨。(摘自《西域研究》2018 年第 1 期)

【中国社会科学论坛暨第 50 届国际汉藏语言暨语言学会议】

主办单位：中国社会科学院学部主席团

时　　间：2017 年 11 月 26—28 日

地　　点：中国北京市

参会人员：近 200 名学者

收到论文：128 篇

问题讨论及评述：中国社科院副院长、党组成员李培林给会议发来书面贺辞。中国社科院民族学与人类学研究所所长王延中代表会议主办方和承办方发表讲话。9 位国际知名学者作了主旨发言。专题讨论分为历史语言学、文献语言学、语音学、韵律与音变、形态学、语法学、类型学及语法化、词汇学等组别，充分展示了汉藏语言研究理论和方法的多样性。(摘自《民族语文》2018 年第 1 期)

【第三届中日藏学研讨会】

主办单位：龙谷大学世界佛教文化研究中心、中国藏学研究中心

时　　间：2017 年 12 月 2 日

地　　点：日本京都市

参会人员：50 余名学者

收到论文：11 篇

问题讨论及评述：会议围绕“西藏的宗教文化与梵文写本研究”主题进行研讨。(摘自《中国藏学》2018 年第 2 期)

【北京大学与丝绸之路：中国西北科学考查团九十周年高峰论坛】

主办单位：北京大学中国古代史研究中心、北京大学历史系、北京大学人文学部、新疆师范大学黄文弼中心

时　　间：2017 年 12 月 23—24 日

地　　点：中国北京市

参会人员：60 余名学者

收到论文：24 篇

问题讨论及评述：与会的中外专家学者在开幕式后，分别就“西北科学考查团与近代学术史研究”“丝绸之路史地研究”“丝绸之路考古研究”“丝绸之路语言研究”等议题分成 6 个小组进行了热烈研讨。(摘自《西域研究》2018 年第 1 期)

2018 年

【第三届中日青年学者辽宋夏金元史研讨会】

主办单位：复旦大学历史系、日本宋代史研究会

时　　间：2018 年 9 月 22—23 日

地　　点：中国上海市

参会人数：24 名学者

问题讨论及评述：会议主题为“秩序、运动、场域与景观：历史的空间维度”。与会专家学者围绕“信息流动与士人网络”“礼仪空间”“地域空间与历史书写”“景观与人的互动”“政治空间与制度运作”“周边关系”展开热烈讨论，议题包括丝路在西夏与周边文化互动中的作用，察合台、伊利两汗国的边界纠纷。(摘自《中国史研究动态》2019 年第 1 期)

【第 51 届国际汉藏语言暨语言学会议】

主办单位：日本京都大学

时　　间：2018 年 9 月 25—28 日

地　　点：日本京都市

参会人数：70 余名学者

收到论文：70 余篇

问题讨论及评述：此次会议设有 20 场专题会。与会学者就汉藏语系藏缅语族周边语言的重点、热点问题进行了分组发言和交流。会议期间播放了藏缅语的专题片《贝尔诺：缅甸的语言、知识、诀窍》。（摘自《民族语文》2019 年第 3 期）

【凉州文化与丝绸之路国际学术研讨会】

主办单位：中国社会科学院历史研究所、中共武威市委、武威市人民政府

时　　间：2018 年 10 月 10—12 日

地　　点：中国甘肃省武威市

参会人数：70 余名学者

收到论文：近 50 篇

问题讨论及评述：论文内容涵盖了“秦汉魏晋南北朝隋唐时期的凉州历史文化”“秦汉魏晋南北朝隋唐时期的‘丝绸之路’”“秦汉魏晋南北朝时期的西北历史文化研究”“凉州文化的保护、开发、利用与武威文化建设、经济发展研究”等方面。（摘自《中国史研究动态》2019 年第 1 期、搜狐网 2018 年 10 月 12 日）

【北京大学“丝绸之路”文明高峰论坛】

主办单位：北京大学中国古代史研究中心、冯其庸学术馆

时　　间：2018 年 10 月 13—15 日

地　　点：中国江苏省无锡市

参会人数：30 余名学者

问题讨论及评述：与会的专家学者围绕“‘丝绸之路’语言与宗教研究”“‘丝绸之路’历史与典籍研究”“‘丝绸之路’考古与文化交流研究”“‘丝绸之路’探险史研究”等角度展开了热烈研讨。（摘自《西域研究》2019 年第 1 期）

【第八届中国土司制度与土司文化国际学术研讨会】

主办单位：中国社会科学院历史研究所、中华炎黄文化研究会土司文化专业委员会、遵义师范学院

时　　间：2018 年 10 月 13—15 日

地　　点：中国贵州省遵义市

参会人数：100 余名学者

收到论文：91 篇

问题讨论及评述：与会的专家学者围绕“土司制度与国家治理的研究”“土司文化与国家认同的研究”“土司个案的研究”“土司遗产的研究”展开热烈研讨。（摘自《中国史研究动态》2019 年第 2 期）

【第四届国际妈祖文化学术研讨会】

主办单位：中国社科院历史研究所、中国海洋发展研究会、莆田学院

时　　间：2018 年 11 月 16—19 日

地　　点：中国福建省莆田市

参会人数：120 余名学者

收到论文：91 篇

问题讨论及评述：与会的专家学者围绕“妈祖文化与海上丝绸之路”这一主题，分别就“妈祖与海洋”“海丝文化研究”“海外妈祖文化传播研究”“中国区域妈祖文化研究”“妈祖文化与文学艺术研究”“妈祖信仰与创意产业研究”“妈祖文化与哲学宗教关系”“妈祖文献史料发掘与研究”等议题展开研讨。（摘自《中国史研究动态》2019 年第 1 期）

（供稿人：林浩）

大 事 记

2017—2018 年民族工作大事记

2017 年

1 月

近日，由中央民族大学世界民族学人类学研究中心主办的第五届青年人类学论坛在北京市举行。与会的国内外青年人类学学者围绕论坛主题“中国和世界的交融与碰撞”，紧扣中国与世界关系形势发展的新格局，结合“一带一路”倡议的实施和深化展开了热烈研讨。议题涉及人类学的理论与研究方法、世界宗教与现代社会、族群与民族国家等诸多方面，研究区域涉及亚、非、欧、北美、拉美、大洋洲的 23 个国家和地区。(《中国社会科学报》1 月 4 日)

由从事环境保护与生物多样性研究、生态移民与气候变化等多方面的专家学者和相应的企事业单位负责人以及各界人士自愿结成的学术共同体举办的“2016 年首届生态民族学论坛”在北京市召开。研讨会从不同学术领域、不同视域视角，对“生态民族学”主题进行学术讨论，为我国生态与民族学的有机结合提供了原则与方案，为解决生态问题提供了理论与实践相结合的建议与措施。(《中国社会科学报》1 月 6 日)

近日，考古学者在西藏自治区昌都市芒康县境内确认了 8 处吐蕃时期的石刻，它们是西藏地域范围内较为密集和成体系的吐蕃佛教考古与艺术遗存，是见证西藏古代交通路线辉煌的重要遗址，也是藏族与周边民族自古以来进行物质、文化交流及宗教传播的历史见证，是西藏考古工作的重大发现。(《中国民族报》1 月 13 日)

18 日，由中国社会科学院民族学与人类学研究所、社会科学文献出版社共同主办的《社会保障绿皮书：中国社会保障发展报告（2017)》发布会在北京市举行。绿皮书指出，在社会保障制度建设进程方面，民族地区并不落后于东中部地区，部分民族地区县甚至是国家推行具体社会保障项目的试点地区，但由于国家并没有建立单独针对民族地区的相关制度，民族地区的社会保障制度在发挥反贫困作用时还面临着：地方财政能力弱制约民族地区社保待遇水平、民族地区反贫困参与主体单一、制度瞄准率有待提高等六大特殊问题。(《中国民族报》1 月 20 日)

19 日，内蒙古社会科学院召开科研成果发布会，向社会发布近期取得的科研成果，其中包括 1000 万字的国家社科基金重大项目《〈元史〉汇注》完成。该项目是自新中国成立以来，国内第一次对《元史》研究成果进行全面梳理、汇集考订的重大研究项目，为《元史》研究填补了空白，为下一步重新修订《元史》奠定了重要基础。(《光明日报》1 月 21 日)

近日，国务院正式印发《“十三五”促进民族地区和人口较少民族发展规划》（以下简称

《规划》)。作为民族工作领域首个国家重点《规划》专项,《规划》对“十三五”时期国家支持少数民族和民族地区发展、加强民族工作作出了全面部署,提出了“十三五”时期少数民族和民族地区发展的主要目标,明确了7个方面23项定量目标,紧扣全面建成小康社会目标提出了9方面重点任务。(《青海日报》1月26日)

2月

近日,《格萨尔文化(果洛)生态保护实验区总体规划》获得文化部正式批复同意,将在青海省果洛藏族自治州全面开始建设,这也标志着世界最长史诗《格萨尔》将获得系统性保护。(《光明日报》2月3日)

新疆文物考古研究所在对新疆喀什地区塔什库尔干塔吉克自治县石头城遗址进行考古发掘中有重大发现:竭盘陀国公共墓地被发现,学术界争议多年的石头城是否存在南门的问题得到证实:南门不仅存在,而且是个突门。同时还发现了精致四直腿箱式木棺,这反映了中原文化在帕米尔高原地区的传播,体现了一种独特的文化传承。箱式木棺由东向西的传播路线也为学术界探索楼兰古国消失之谜提供了新线索。(《光明日报》2月8日)

近日,由云南民族大学妇女/性别研究与培训基地、云南民族大学少数民族妇女与性别研究中心主办的“少数民族知识女性口述史研训班”在昆明市云南民族大学开班。该班聚焦口述史研究的重要性及开展口述史研究的原则和方法、少数民族女性口述史研究的重要意义及方法等议题,旨在推动少数民族女性口述史研究。(《中国民族报》2月10日)

15日,为深入贯彻落实中央民族工作会议精神以及党和国家关于鼓励各民族互相学习语言文字的方针政策,国家民委、教育部拟命名内蒙古自治区锡林郭勒盟苏尼特左旗巴彦乌拉苏木等7个全国首批双语和谐乡村(社区)。(《中国民族报》2月17日)

为“活态”保护和传承格萨尔文化,改变格萨尔史诗传承艺人“人亡艺绝”“艺随人亡”的局面,青海省决定启动格萨尔文化传承人数据库建设,利用文字、图片、音频、视频等现代传播手段建立资源数据库,以推动对格萨尔文化的抢救保护。(《光明日报》2月22日)

3月

近日,《朝鲜语规范集》(2016年修订本)由中国朝鲜语规范委员会审议通过并编印正式出版。该修订本着重对朝鲜语标点法、隔写法、正音法和正字法等内容进行了修订、补充和完善,力图解决当前朝鲜语言文字发展的实际问题,提高民族语文管理能力和水平。(《中国民族报》3月3日)

由青海藏医药研究院、西藏自治区藏医院标准化办公室组织实施,西藏及四省藏区藏医药研究者首次联手制定了5000余条藏医药基本名词术语标准。这些名词术语涉及藏医药人物、古籍、症状等多方面,按照信、达、雅的翻译原则,对藏医药基本名词术语及注释进行了简练、准确、明晰的汉译。(《中国民族报》3月3日)

近日,第十次民族宗教与国家安全学术研讨会在西安市举行。与会代表围绕“民族宗教问题与边疆社会治理”这一主题,采取专题报告、主题发言、座谈交流等形式,从理论和实践的

结合上进行深入研讨。(《中国民族报》3 月 10 日)

17 日，中国少数民族地区精准扶贫论坛暨《中国少数民族地区扶贫进展报告（2016)》发布会在北京市举行。作为全国第一部系统梳理民族地区扶贫进展情况的报告，报告显示，截至 2015 年，民族八省区共有 1813 万农村贫困人口，占全国农村贫困人口的 32.5%。论坛上，与会的专家学者对民族地区致贫原因及特殊性等问题进行了深入分析和热烈研讨。(《中国民族报》3 月 21 日)

西藏自治区重大文化工程“《格萨尔》藏译汉”项目首批 5 部译本通过终审并正式出版发行。这个项目是西藏第一次大规模系统地对《格萨尔》进行翻译，它采用的是《〈格萨尔〉艺人桑珠说唱本》。首批问世的 5 部译本分别是《天界篇》《丹玛青稞宗》《百热山羊宗》《木岭之战》《其日珊瑚宗》，总字数超过 100 万字。(《光明日报》3 月 25 日)

国内外学者专家对上海收藏家顾清所藏的历代文献进行了鉴赏与评估，发现并确认其收藏的 70 多函册贝叶经，数量之多在全球都属罕见，而且这批资料在贝叶经研究领域还从未刊布介绍，其历史文化价值无法估量。这批佛典经文成书年代大致在公元 11 世纪至 20 世纪中期，不仅保留了藏传佛教后弘期千余年来各个时期各种文字的书写方式，更可贵的是这批文献中不乏孤本珍本，如《大藏经》中原译的十六函《大般若经》和 14 世纪泥经《般若经》等。(《光明日报》3 月 25 日)

4 月

近日，阿拉善盟阿左旗文物管理局在阿左旗巴彦浩特镇布古图嘎查境内，新发现一处 2000 年前的岩画群，被定名为巴彦浩特岩画。该岩画群总面积约 12 平方公里，多采用磨刻手法制作而成，内容有同心圆、符号、骑者等图案。据不完全统计，此次发现的岩画数量有 300 幅，对于研究古代曾在贺兰山西麓生产生活过的游牧民族的生活习惯和社会风貌有着重要意义。(《内蒙古日报》4 月 3 日)

1 日，《新疆维吾尔自治区去极端化条例》正式实施，这是新疆维吾尔自治区首部“去极端化”方面的地方性法规。该条例旨在遏制和消除极端化，防范极端化侵害，实现社会稳定和长治久安。(《中国民族报》4 月 4 日)

国家民委印发《“十三五”少数民族语言文字工作规划》，提出到 2020 年，各民族使用和发展自己的语言文字的自由得到进一步保障，少数民族语言文字规范标准基本满足社会需求，信息化水平进一步提高。规划提出，“十三五”期间少数民族语言文字工作的主要任务包括大力推进少数民族语言文字工作法治化建设等七项。(《中国民族报》4 月 7 日)

甘肃省天祝县藏语言文字工作办公室编著的《华锐地名文化探源》由青海民族出版社出版发行。该书首次以藏汉双语对照的形式，较为系统地记载了华锐地区流传至今的藏语地名及相关文化信息，梳理了大量的古藏语地名、遗址遗迹和关于神山圣水的传说。(《中国民族报》4 月7 日)

由新疆大学承担的国家社科基金重大课题《新疆维吾尔民族察合台文契约文书整理与研究》取得了重大发现。这些契约文书中普遍存在借用汉语词语和协议双方邀请汉族乡邻做公证人的现象，由此反映出新疆各民族间最真实的民族友好关系，新疆与中央之间的社会政治关系。研究成果不仅以足够的文书量和全新的内容填补了我国维吾尔族察合台文契约文书研究的空白，还充分反映了新疆各民族在我国统一的多民族国家发展和巩固过程中的作用，对于加强各民族之间的互相了解具有重大意义。(《光明日报》4月13日)

5月

近日，中国社会科学院考古研究所安阳工作队在河南省安阳市首次发现具有古代游牧民族特质的墓群，这批初步判断是东汉晚期到魏晋时期的18座墓葬，集中出现在殷墟遗址保护区是非常难得的，这对于研究我国古代中原文化和北方草原文化的交流和融合具有重要的意义。(《光明日报》5月4日)

4日，备受社会各界高度关注的青海省少数民族古籍整理出版工作的重大成果——撒拉族手抄本《古兰经》影印版正式出版发行。长期以来，这部《古兰经》由循化撒拉族自治县尕最（宗教大法官）保存，目前藏于该县《古兰经》珍藏馆内，不轻易示人，被珍视为撒拉族800年发展历史的沧桑见证。这部《古兰经》共30卷867页，分上下两函，抄写年代约为11世纪之后，学界普遍认为这是世界现存最古老的三本手抄本《古兰经》之一。(《青海日报》5月5日)

10日，由中国社会科学院民族学与人类学研究所、广西壮族自治区社会科学院主办，广西壮族自治区民族宗教事务委员会协办的“口述中国民族工作多媒体数据库”项目座谈会暨启动仪式在广西壮族自治区南宁市举行。该项目最大的创新之处在于，在对口述史料的收集方法上，采用具有集成性、实时性和交互性特点的多媒体计算机技术来处理声文图信息，旨在建立首个完善的中国民族工作历史的多媒体数据库。(《中国民族报》5月12日)

12—13日，由中国民族研究团体联合会、国家民委民族问题研究中心、内蒙古师范大学主办的“民族区域自治制度的理论与实践暨庆祝内蒙古自治区成立70周年学术研讨会”在呼和浩特市举行。与会的专家学者围绕我国民族区域自治制度的建立和完善、内蒙古的发展及模式、民族工作的先进经验、民族团结进步创建的经验、城市民族关系等议题进行了较为深入的分析和理论研讨。(《中国民族报》5月19日)

近日，《宁夏通志》最后一卷《卷首》正式出版印刷，标志着25卷本的《宁夏通志》全部编纂出版完成，结束了宁夏没有通志的历史，填补了国内关于宁夏通志的空白，具有承前启后的历史性意义。该通志约2000多万字，涵盖军事、人物、商贸旅游、教育等方面，是宁夏历史上第一部综合性大型志书。(《内蒙古日报》5月21日)

22日，经过近10年编校，由上海古籍出版社出版的《新疆图志》整理本在乌鲁木齐市首发。《新疆图志》是目前所见新疆方志中分类最丰富、体例最完备的一种，被誉为清代新疆的“百科全书”。该整理本第一次将《新疆图志》原书里分离的图、志合刊，并对图志中与新疆及其周边直接相关的人名、地名编制了详细索引，对新疆史的研究具有重要的参考价值。(《文汇报》5月23日)

6月

1日，国务院新闻办发表《新疆人权事业的发展进步》白皮书。其包括前言、政治权利、公民权利、经济权利、社会权利、文化权利、环境权利、宗教信仰自由权利和妇女、儿童、老年人、残疾人权利9部分。白皮书说，实现充分的人权是人类长期追求的理想，也是包括新疆各族人民在内的全中国人民长期为之奋斗的目标。(《中国民族报》6月2日)

5日，中组部委托国家民委举办的民族工作“十三五”专项规划专题研究班在北京市开班。研究班邀请有关专家重点解读讲授国家“十三五”规划纲要、“十三五”促进民族地区和人口较少民族发展规划、加快少数民族和民族地区经济社会发展、“十三五”时期的脱贫攻坚工作、乡村旅游与民族地区发展等内容。(《中国民族报》6月9日)

11日，由北京高校中国特色社会主义理论研究协同创新中心（中央民族大学）、中央民族大学马克思主义学院主办的“首届中国南方民族与社会发展论坛”在北京市召开。与会的专家学者围绕“民族走廊与区域交融”“‘一带一路’与南方民族、社会”两个主题进行了交流。(《中国民族报》6月16日)

近日，由青海省海南藏族自治州藏文信息技术研究中心承担的藏文信息化平台建设项目——“云藏”搜索引擎系统平台建设项目正式通过验收，这标志着全球首个藏文搜索引擎基本建成。该搜索引擎始建于2013年4月，2016年8月上线运行，查全率和查准率达到95%以上，形成了集搜索引擎、藏文百科、自动问答为一体的大型藏文门户系统工程。(《光明日报》6月13日)

近日，“2017丝绸之路·天山道”综合科考队考古人员在新疆维吾尔自治区那热德发现一处太阳祭坛遗址，距今至少有3000年的历史。据悉，那热德太阳祭坛有着鲜明的东方传统，祭太阳实际就是祭天，这就与天山的名称呼应起来。祭坛的出现除反映了当时人类对天地认识的一种观念外，更深层地反映了东亚文明核心变化和西域地区广泛的交流。(《中国社会科学报》6月21日)

7月

近日，由内蒙古社会科学院和呼伦贝尔学院共同主办的达斡尔族、鄂温克族、鄂伦春族传统文化的当代价值学术研讨会在内蒙古自治区呼伦贝尔市召开。与会的近百名专家学者从传统文化的当代价值、传统文化的保护与传承和构建优秀传统文化传承发展体系等三方面，深入探讨了传统文化当代价值的理论与实践。(《中国民族报》7月14日)

近日，由中国西部边疆安全与发展协同创新中心、四川大学喜马拉雅文化及宗教研究中心主办的“2017年喜马拉雅区域研究国际会议”在成都市召开。与会的海内外专家学者回顾了近年来喜马拉雅区域研究的进展，交流了喜马拉雅数据库建设相关经验，希望拓宽喜马拉雅研究项目合作范围，共同促进喜马拉雅研究的翻译与出版。(《中国民族报》7月21日)

近日，“民族地区融入‘一带一路’”研讨会暨2017年中国区域经济年会少数民族地区经济专业委员会年会在新疆维吾尔自治区石河子市举行。与会的专家学者围绕民族地区经济发展、“一带一路”研究、新疆及新疆生产建设兵团经济发展等专题展开研讨。(《中国社会科学报》7月24日)

第四次全国少数民族古籍工作会议在北京市召开，国家民委副主任李昌平出席会议并讲话。来自9个省区直辖市的参会代表交流了做好少数民族古籍工作的经验。李昌平要求，在全面建成小康社会决胜阶段，要把握机遇、创新思路、大胆实践，推动少数民族古籍事业迈上新台阶。(《中国民族报》7月28日)

8月

1—2日，为突破民族类博物馆的发展困境，构建整个行业的理论支撑，作为民族类博物馆行业"领头羊"的中国民族博物馆在北京市举办了一场全国范围的博物馆人类学专题研讨会，来自学术界与博物馆界的40余名研究者与从业者，围绕着"人类学视野下的博物馆收藏、展示与诠释"展开了热烈研讨。(《中国民族报》8月11日)

3日，《中国民族百科全书》出版工作座谈会在北京市举行。该书是我国出版的第一部全面按中国图书分类学科阐述的大型民族百科全书。共分15卷，约2500万字，有45000多条目，内容涵盖我国56个民族的历史沿革、社会政治、军事、社会经济、教育、文娱体育、宗教信仰、风俗习惯等方面。(《中国民族报》8月11日)

8日，内蒙古自治区成立70周年庆祝大会在呼和浩特市隆重举行。中共中央、全国人大常委会、国务院、全国政协、中央军委发来贺电。中共中央政治局常委、全国政协主席、中央代表团团长俞正声出席庆祝大会并讲话。(《中国民族报》8月9日)

当地时间8月9日，在比利时举行的首届世界人文大会民俗学分论坛上，国际民俗学会联合会（International Federation of Folklore Societies，IFFS）正式宣布成立。国际民俗学会联合会由中国民俗学会、美国民俗学会和日本民俗学会联合发起。(《中国社会科学报》8月14日)

14日，内蒙古大学蒙古学研究中心对外宣布，经过中国内蒙古大学蒙古学研究中心与蒙古国成吉思汗大学的合作实地踏勘与认真辨识，解读了东汉永元元年（公元89年）国舅窦宪率大军大破北匈奴后所立摩崖石刻，初步确认在蒙古国杭爱山一支脉上的这一石刻即著名的东汉历史学家班固所撰《燕然山铭》。本次考古对于研究历史上北匈奴如何消失的问题，有了确切的地理路径信息。(《光明日报》8月16日)

21日，藏文文献资源数据中心在北京市中国藏学研究中心正式成立。该中心已经收集到北京地区的国家图书馆、故宫博物院、民族文化宫等单位和西藏自治区、青海省、甘肃省、四川省所藏的藏文古籍文献资料，共计40000余函（部）。这标志着我国藏文文献收集、整理、应用和研究工作进入全新阶段。(《中国民族报》8月25日)

9月

12—13日，新疆若干历史问题研究座谈会在北京市召开。中共中央政治局常委、全国政协主席俞正声出席会议并作重要讲话。会议深入学习贯彻习近平总书记系列重要讲话精神和党中央治国理政新理念新思想新战略，认真贯彻落实第二次中央新疆工作座谈会精神和中央关于新疆工作决策部署，进一步统一思想、深化认识、凝聚共识，扎实推进依法治疆、团结稳疆、长期建疆的各项工作。(《新疆日报》9月14日)

近日，新疆维吾尔自治区民委（宗教局）承编的《新疆通志》第84卷——《新疆通志·

宗教志》，由新疆人民出版社正式公开出版发行。该书是新疆维吾尔自治区的一项重大文化建设工程，也是自治区宗教工作领域精神文明建设的一大硕果。全书约 90 万字，由概述、大事记、原始宗教篇等组成，是新疆有史以来第一部专门记述宗教历史、现状与宗教工作的百科全书式的读物，也是一部十分重要的研究和资政工具书。(《中国民族报》9 月 15 日)

15—17 日，由中国社会科学院民族学与人类学研究所、鄂伦春自治旗人民政府等主办的 2017 首届鄂伦春地区民族文化产业发展论坛在内蒙古自治区呼伦贝尔市召开。与会的专家学者围绕“鄂伦春品牌文化建设”“鄂伦春非物质文化遗产保护与文化传承”等议题展开了热烈研讨。(《中国社会科学报》9 月 22 日)

16 日，《都兰吐蕃文化全国学术论坛论文集》首发仪式在青海省西宁市举行。该文集汇编工作历时 5 年，收录了 50 篇有关青海省都兰吐蕃文化的学术论文，是目前研究都兰吐蕃遗址和文化的最有权威性的学术文集。(《青海日报》9 月 19 日)

20 日，湖南省湘西土家族苗族自治州成立 60 周年庆祝大会在湘西州文化体育会展中心隆重举行，国家民委副主任、党组副书记刘慧率中央有关部门祝贺团参加庆祝活动。全国人大常委会、国务院向湘西土家族苗族自治州发来贺电。中央有关部门祝贺团团长刘慧，湖南省祝贺团团长、湖南省委书记杜家毫在庆祝大会上致辞。(《中国民族报》9 月 22 日)

10 月

12—22 日，由中国民族博物馆策划、制作的中国民族影像志——2017：凝视与再现摄影展，被纳入 2017 北京国际摄影周重要单元，在北京市中华世纪坛展出。该展览甄选出《风雪与岁月的雕琢：帕米尔肖像民族志》《藏地影像》《拉祜寨的女人》等 10 组作品参展。展出的 200 多幅图片以独特的视角、深刻的观察，记录了丰富的传统民族文化遗存和历史变迁，传递了深埋于影像之中的民族文化关怀。(《中国民族报》10 月 19 日)

近日，由宁夏博物馆馆长李进增主编的《西夏文物·宁夏编》面世。该书分为遗址卷、金属器卷、陶瓷器卷、石刻石器卷、木漆器卷、造像绘画卷、文献卷等，对宁夏的西夏遗址和文物进行了全面的收录和公布。《西夏文物》丛书，是我国首次对存世西夏遗址、文物进行全面调查、系统整理的一项重大学术性工程。(《中国民族报》10 月 13 日)

近日，青海省政府办公厅印发《青海省扶持人口较少民族发展规划（2016—2020 年）》。它所说的“人口较少民族”主要是指撒拉族和土族，“人口较少民族地区”涉及 2 个市、3 个州、11 个市县区。其总体目标是“十三五”期间，实现人口较少民族地区贫困人口全面脱贫，农牧民人均纯收入达到全省平均水平，经济社会发展基本达到当地中等以上水平，民族团结，社会稳定，率先实现小康。(《中国民族报》10 月 17 日)

近日，由中国中外关系史学会、黑河学院共同主办的“北方丝绸之路与东北亚民族”学术研讨会在黑龙江省黑河市举行。与会的国内外 120 余名专家学者讨论了北方丝绸之路的内涵和范围及其与传统丝绸之路的关系、北方丝绸之路与振兴东北的历史和现状等多个议题。(《中国民族报》10 月 19 日)

由中国社会科学院学部主席团主办的《2017 年中国社会科学论坛（史学）：第六届中国古文书学国际研讨会》在北京市举行。来自国内外的专家学者，从各自研究领域出发，探讨了古文书的整理规范与研究方法，研讨的内容不仅涉及甲骨文、敦煌吐鲁番文书、黑水城文书等中国古代社会不同历史时期形态各异的文书，也涉及韩国和日本文书。（《光明日报》10 月 23 日）

11 月

9—12 日，由中国人类学民族学研究会民族影视与影视人类学专业委员会和中国民族博物馆主办的“第二届中国民族志纪录片学术展”将在北京市开幕。该影展秉承遵循多元视角和文化对话原则，借助纪事影像语言，关注传统与现代的碰撞，呈现文化与生态的变迁，保护与传承民族文化遗产，推动影视人类学与博物馆人类学学科发展。（《西藏日报》11 月 7 日）

11—12 日，由中国人类学民族学研究会主办的中国人类学民族学 2017 年会在武汉市举行。国家民委主任、中国人类学民族学研究会会长巴特尔发来书面致辞。本次年会主题是“新时代中国人类学民族学学科建设”，年会下设 20 个专题会议，共收到学术论文 390 多篇。与会的 400 多位专家学者，围绕主题积极建言献策，进行了深入切磋交流，达成了一系列共识。（《中国民族报》11 月 14 日）

近日，西藏文物考古部门在西藏自治区昌都市江达县发现一处距今约 2000 年的石棺墓群。该发现证实在距今约 2000 年前后的历史时期，西藏东部的先民与川西高原多个区域已经有了充分的沟通与交流。（《光明日报》11 月 15 日）

18 日，云南省红河哈尼族彝族自治州成立 60 周年庆祝大会在蒙自市红河体育场隆重举行。全国人大常委会、国务院向红河哈尼族彝族自治州发来贺电，国家民委副主任陈改户率中央有关部门祝贺团参加庆祝活动并致辞。陈改户在致辞中指出，60 年来，在党中央、国务院的亲切关怀下，在云南省委、省政府的正确领导下，红河州历届州委、州政府团结带领全州各族干部艰苦创业、开拓进取、砥砺前行，走过了不平凡的发展历程，实现了一次又一次的历史性跨越，取得了举世瞩目的辉煌成就。（《中国民族报》11 月 21 日）

23—24 日，第二届中国少数民族地区精准扶贫论坛在北京市中央民族大学举行。论坛从理论、政策、实践三个角度探讨民族地区特别是深度贫困地区的脱贫攻坚问题，探求破解之策，并发布《中国少数民族地区扶贫进展报告（2017）》和《中国少数民族地区精准扶贫案例集》。（《中国民族报》11 月 24 日）

12 月

近日，四川省乐山市人民政府与科大讯飞股份有限公司签订战略合作协议，正式成立国内首家彝语智能语音研究院。该研究院将着力打造彝汉互译系列产品和服务，实现无障碍交流。（《中国民族报》12 月 8 日）

近日，经过近 4 年的考古发掘，考古人员基本摸清了吉林省长白山宝马城遗址的基本形制与建筑布局，基本确认该遗址为金代长白山神庙故址，这是我国中原地区之外首次发现国家“山祭”遗存。这对了解当时生活习俗与宗教信仰以及南北方文化的交流与互动，探索中华文化多样性、多民族统一国家的形成与发展，具有深远的历史意义。（《中国民族报》12 月 8 日）

近日，中国民族语言学会民族语文应用专业委员会首届学术研讨会在北京市召开。此次会议论文以问题为导向，研究重点突出，涵盖了民族语言文字“三化”（规范化、标准化、信息化）、民族文字文献及拼音方案等研究方向，并达成了多项学术共识。（《中国社会科学报》12月22日）

《富育光文集》《张璇如文集》首发式暨萨满文化和口传文学学术研讨会在吉林省长春市召开。与会的80余名专家学者围绕“加强文化自信，探讨新时代背景下萨满文化和口传文学的传承与发展”的主题，就相关理论、学术前沿和现实问题进行了深入研讨。（《中国民族报》12月26日）

近日，由教育部社会科学委员会政治学、社会学和民族学学部和中国社会科学网主办的“深入学习贯彻党的十九大精神与加快推进中国特色政治学、社会学和民族学发展”学术研讨会在北京市召开。与会的40余位国内专家学者围绕“党的十九大报告的丰富内涵和重大意义”、“加快推进中国特色政治学、社会学和民族学发展”等议题展开了深入研讨。（《中国民族报》12月29日）

2018年

1月

西藏自治区文物保护研究所副研究馆员夏格旺堆接受记者采访时确认，“普兰观音碑是西藏阿里地区迄今发现的年代最早的一座石碑，也是现存的首座吐蕃时期造像碑”。这证实了崇信佛教和督促弘法的举措已在此区域实施，并对探讨西藏西部阿里历史文化和佛教艺术具有重要的参考价值。（《中国民族报》1月9日）

11日，沈阳故宫博物院、辽宁师范大学出版社在北京市举行了《清朝前史》出版发布会暨研讨会。全书共5卷、257万字，精选珍贵历史图片200余幅，为近百年来规模最大的清朝前史研究专著，时间断限是从明万历十一年（1583）努尔哈赤起兵，到明崇祯十六年即清崇德八年（1643）皇太极病死，时长60年，代表了我国清朝前史研究的最新成果，填补了我国清朝前史领域的诸多空白，已引起史学界的高度关注与重视。（《中国民族报》1月19日）

14日，由中央民族大学文学与新闻传播学院主办、中央民族大学民族新闻传播研究中心承办的“陈宗振先生学术思想研讨会暨第五届裕固学研讨会”在北京市召开。陈宗振先生是当代最为重要的裕固学研究专家之一，他在西部裕固语的语音研究、词汇研究、语法研究、比较研究等方面开展的田野调查以及取得的丰硕成果，奠定了西部裕固语研究在世界突厥语研究中的奠基性作用，也为少数民族语言学研究树立了学人典范。2018年是陈先生90华诞之年，与会的专家学者高度评价了陈先生在西部裕固语研究方面的杰出成就与突出贡献，并围绕裕固族的历史渊源与历史重构等议题展开了热烈研讨。（《中国民族报》1月19日）

近日，由西藏自治区档案局（馆）编译、西藏自治区档案局（馆）编研室扎雅·洛桑普赤博士主编的国家大型清史工程项目《清代西藏地方档案文献选编》由藏学出版社以原件藏文影印、附汉译文的形式出版，时间自崇德八年起至宣统三年止，涵盖整个清代历史时期。全书共8册，精选档案1522件。本书档案均为首次向社会公布。（《西藏日报》1月15日）

近日，为适应新时期民族统计工作需要，更加科学、有效、规范地组织民族统计工作，国家民委正式印发《民族统计工作管理办法》。此次以部门规章的形式制定该“管理办法”，提升了法律效力，有利于深入贯彻落实中央关于深化统计管理体制改革的决策部署，有利于进一步推进民族统计工作法制化、规范化建设。(《中国民族报》1 月 19 日)

近日，由甘肃省肃南裕固族自治县裕固族文化研究室编写的《东部裕固语汉语词典》由甘肃民族出版社出版。该词典是有史以来第一本东部裕固语词典，共收录了 3530 多个词汇，涵盖了亲属称谓、风俗习惯等多方面内容。据悉，裕固语是共属一个语系、分属不同语族的两种语言，即东部裕固语、西部裕固语。而这部词典的出版，填补了东部裕固语词典的空白。(《中国民族报》1 月 26 日)

2 月

《村寨里的纸文明：中国少数民族剪纸艺术传统调查与研究》首卷发布会暨中国少数民族剪纸艺术传统调查成果研讨会在北京市举行。该书分 8 卷，共 100 多万字，近万幅图。全书以村社活态文化研究为主要方法，每个民族选取具有代表性的村社展开田野调查，汇总 29 个少数民族的田野调查文本编纂成书，呈现不同民族村庄活态文化视野下的剪纸传统。(《中国民族报》2 月 2 日)

近日，在西北大学文化遗产学院的年度科研成果汇报会上，有关专家透露，以王建新教授领衔的考古队，在西天山北巴克特里亚地区找到了大月氏文化遗存。他们通过系统调查，新发现了数百处古代游牧文化遗址，并发掘出迄今规模最大的康居贵族墓，基本搞清了古代康居分布的南部边境。为月氏的考古学探索提供了一个可靠的已知点和出发点，在学术史上具有突破性的意义。(《文汇报》2 月 5 日)

2018 年春节来临之际，习近平总书记来到凉山彝族自治州、阿坝藏族羌族自治州、成都市等地，深入村镇、企业、社区，考察脱贫攻坚和经济社会发展工作，在汶川考察灾后恢复重建发展情况，给各族干部群众送去党中央的亲切关怀。(《西藏日报》2 月 17 日)

国家民委印发《全国少数民族古籍保护工作“十三五”规划》，这是全国少数民族古籍保护工作的第一个五年规划。对“十三五”时期全国少数民族古籍保护工作作出了全面部署，提出了到 2020 年，全国少数民族古籍资源和保存状况基本摸清，基本完成《中国少数民族古籍总目提要》等一批具有重大影响的书籍出版工作等八方面的发展目标与推进少数民族古籍保护基础性工作等七大任务。(《中国民族报》2 月 27 日)

3 月

我国首部全面反映浙江温州城市民族工作的综合性著作《温州少数民族》，由宁波出版社出版。该书描写了温州畲、回两个世居少数民族迁温 500 多年来，各支系迁徙、繁衍的历史。(《中国民族报》3 月 2 日)

近日，为传承裕固族、东乡族、保安族的文化遗产，抢救与保护濒临失传的民族语言、传统技艺等，《东乡族百年实录》《裕固族百年实录》《保安族百年实录》3 部文史资料在甘肃省兰州市出版发行。这 3 部书的编纂以“亲历、亲见、亲闻”史料，梳理历史脉络、抢救征集为原则，从不同视角、观点和层面，真实记录和反映百年来甘肃3个独有少数民族政治经济、社会文化等方面的重大变迁。(《中国民族报》3月20日)

27日，在8卷本《西藏通史》获得中国出版政府奖之际，该书出版学术研讨会在北京市举行。这是国内首部完整、全面、系统介绍西藏地方历史的通史著作，集中体现了中国西藏历史研究的重大成就，具有重要的学术价值和社会意义。该书揭示了西藏地区与内地及中国西北、西南地区各民族之间交往交流交融的历史史实，同时还深入把握西藏地方历史的发展态势，有力证明了“西藏自古是中国不可分割的一部分”。(《中国民族报》3月30日)

4月

1日，云南省文山壮族苗族自治州在文山市举行建州60周年庆祝大会。全国人大常委会、国务院发来贺电。国家民委副主任、党组副书记刘慧率领中央有关部门祝贺团出席庆祝大会并致辞。刘慧说，60年前自治州的成立，开启了文山发展进步的新纪元，标志着壮、苗等少数民族翻身当家做主人。60年来特别是党的十八大以来，全州各族人民不忘初心、砥砺奋进，在“老山精神”和“西畴精神”的激励鼓舞下，决战脱贫攻坚，决胜全面小康，实现了历史性跨越。(《中国民族报》4月3日)

近日，由中国人口学会民族人口专业委员会主办的2018年中国民族人口学术研讨会在银川市召开。与会的40多位专家学者，围绕新疆人口的发展变动，少数民族人口的结构、教育、婚育以及迁徙、脱贫与幸福感等问题展开了热烈讨论。(《中国民族报》4月6日)

西藏自治区昌都市察雅县阿孜乡境内发现若干石刻造像，经考古专家鉴定为吐蕃时期阿觉查纳摩崖石刻造像遗存。该发现进一步扩大了西藏乃至青藏高原东部区域内吐蕃时期造像的分布空间，为推动和深入研究吐蕃佛教艺术、藏东地方历史等，提供了非常珍贵的第一手资料。(《西藏日报》4月7日)

15日，云南省楚雄彝族自治州在楚雄市举行庆祝大会，庆祝建州60周年。全国人大常委会、国务院发来贺电。国家民委副主任李昌平率中央有关部门祝贺团出席庆祝大会并致辞。李昌平说，60年前，楚雄彝族自治州成立，开启了楚雄发展进步的新纪元。60年来，在党中央、国务院的正确领导下，楚雄州历届州委、州政府团结带领全州各族人民砥砺前行，走过了不平凡的历程，实现了历史性的跨越，取得了开创性的成就。(《中国民族报》4月17日)

5月

近日，西北民族大学海外民族文献研究所披露，该所自2006起整理出版流失在海外的敦煌古藏文文献，目前完成英藏9册、法藏22册，这是英藏、法藏敦煌古藏文文献的首次完整出版。这将有利于研究公元8至11世纪吐蕃的历史文化及当时的民族文化交流史。(《中国民族报》5月1日)

近日，由广西骆越文化研究会、北京广西文化艺术促进会共同主办的国家哲学社科规划重点项目《骆越方国研究》首发式暨武鸣骆越文化开发研讨会在广西壮族自治区南宁市举行。该书论证了骆越文化发源于中国，我国壮侗语族民族的共同祖先骆越人是南海和古海上丝绸之路的开拓者，骆越方国在岭南创造了灿烂的文明。(《中国民族报》5月11日)

广西城市民族工作会议暨民族团结进步创建工作推进会在广西壮族自治区柳州市召开。会议总结了近年来广西城市民族工作和民族团结进步创建工作取得的成绩和经验，分析了当前存在的主要问题，部署了今后一个时期城市民族工作和民族团结进步创建工作的任务。(《中国民族报》5 月 25 日）

27—28 日，全国民族自治县全面建成小康社会经验交流现场会在浙江省景宁畲族自治县召开。全国政协副主席、中央统战部副部长、国家民委主任巴特尔出席会议并讲话。会议期间，浙江景宁、河北大厂、内蒙古鄂温克等 7 个自治县（旗）作了大会交流发言，与会代表进行了实地调研考察，并分组研讨进一步推进自治县打赢脱贫攻坚战、全面建成小康社会的思路和举措。(《中国民族报》5 月 29 日）

6 月

近日，青海省玉树藏族自治州称多县称文镇白龙村发现 143 个古岩画群，其中最早的岩画个体距今约有 2000 年历史，部分岩画图案可能是当地先民的信仰图腾或宗教符号，具有较高的历史文化研究价值。称多县位于长江源头地区通天河流域，是古代羌地先民聚居较为集中的区域之一。(《中国民族报》6 月 5 日）

9—15 日，“2018 年文化和自然遗产日暨第六届新疆非物质文化遗产展示周”主场活动在新疆维吾尔自治区南部的拜城县克孜尔石窟举行。系列活动之一的流失海外龟兹石窟壁画展同时举行，展出图片约 40 幅，这是流失海外的龟兹石窟壁画以图片形式在故里首次展出。(《中国民族报》6 月 19 日）

12 日，由中国民族语文翻译局研发的彝文智能翻译及交互式语音系统在四川省凉山彝族自治州发布。此次集中发布的翻译软件共计 11 种，包括彝汉/汉彝智能翻译系统、彝汉对话通、彝汉语音转写通等。这些软件的运用，将大大提高网页互译、实时对话、古籍整理等的效率和质量。(《中国民族报》6 月 15 日）

15—17 日，中国人类学民族学研究会人口较少民族研究专业委员会成立大会暨第一届学术研讨会在黑龙江省佳木斯市召开。人口较少民族研究专业委员会的建立，将致力于“三台一库三服务”，即建立人口较少民族历史文化与社会发展研究平台，人口较少民族相互交流、相互学习的交流平台，促进人口较少民族发展的政策平台；建立人口较少民族研究资料的数据库；为人口较少民族的历史文化与社会发展研究服务等。(《中国民族报》6 月 22 日）

7 月

近日，广西壮族自治区第十三届人民代表大会常务委员会第三次会议决定，批准龙胜各族自治县第十六届人民代表大会第三次会议修订的《龙胜各族自治县自治条例》；批准三江侗族自治县第十六届人民代表大会第三次会议修订的《三江侗族自治县自治条例》；表决通过《广西壮族自治区少数民族语言文字工作条例》。(《中国民族报》7 月 6 日）

近日，由中国民族语文翻译局研发的藏文（卫藏方言）智能语音翻译软件发布会在西藏自治区拉萨市举行。该智能语音翻译软件的研发应用，对于推进民族语文信息化现代化，促进各民族交往交流交融，传承保护优先民族文化意义重大。(《西藏日报》7 月 8 日）

中国民族学学会生态民族学专委会成立大会暨“生态文明建设的跨学科探讨”高端论坛在内蒙古师范大学举办。论坛期间，与会的100多位专家学者围绕“社会变迁与生态移民”“环境保护的地方性知识”“生态文明与环境保护”三个议题分别进行了交流和讨论。(《中国民族报》7月13日)

近日，聚焦“一带一路”与西藏经济社会发展研究的《“一带一路”倡议与西藏经济社会发展研究》一书完成出版，这是全国首部基于“一带一路”宏观背景研究西藏经济社会发展的学术著作。(《中国民族报》7月19日)

总计8000余万字、汇编成300卷的藏族英雄史诗《格萨尔王传》在四川省成都市展出，这是这部世界最长史诗迄今为止最完整的版本。本次展出的全套《格萨尔王传》经过了10年时间的搜集、整理和编排，它囊括了历史上的手抄本、伏藏本、木刻本、铅印本、内部资料本等近60年来正式出版的各种版本。(《中国民族报》7月20日)

由中国民族理论学会主办的“中国民族理论学会”2018年学术年会在青海民族大学召开。中国社科院学部委员、研究员郝时远作了题为《文化自信与民族区域自治》的主旨发言。在分组讨论中，与会的100余位专家学者围绕“马克思主义民族理论中国化研究”“中国特色社会主义思想解决民族问题实践研究”等4个主题展开了学术研讨。(《中国民族报》7月27日)

8月

7日，中国民族语文翻译局蒙古文智能语言翻译软件发布会在呼和浩特市举行。它集中发布了蒙古文智能语音翻译软件，包括蒙汉/汉蒙智能翻译软件（网络版）、蒙汉对话通（安卓版、苹果版和PC版）等共13种。这些翻译软件对提高蒙古语文办公自动化、网页互译、实时对话等的质量和效果将发挥重要作用。(《中国民族报》8月10日)

12日，内蒙古自治区鄂温克族自治旗成立60周年庆祝大会举行。60年来，鄂温克自治旗不断推动民族团结进步工作，繁荣发展民族文化事业，被国家民委命名为“全国民族团结进步创建活动示范旗”。(《中国民族报》8月14日)

14—16日，由中国少数民族经济研究会、青海省委统战部、青海省民宗委、中央民族大学主办的“改革开放40年与民族地区全面建成小康社会研讨会”在西宁市召开。与会的100位专家学者，围绕民族地区精准扶贫、产业布局、区域发展等论题进行了深入研讨。(《中国民族报》8月17日)

2018年西藏自治区阿里联合考古调查与发掘工作已开展一月有余，格布赛鲁遗址等5处考古点各项工作正在有序推进中。此次调查与发掘，是我国在西藏阿里集中开展的最大规模考古工作，有望填补青藏高原早期文明之路考古研究空白。(《西藏日报》8月15日)

22日，我国首部记述达斡尔族历史的通史著作、2018年度“国家出版基金”资助项目《中国达斡尔族通史》新书首发式在北京市举行。该书分为三册，共5编25章。全书从达斡尔族先民契丹人入手，溯本求源，揭示了达斡尔族与契丹人的渊源关系，并对达斡尔族历史文化的形成和社会发展的脉络进行了清晰翔实的描述。(《中国民族报》8月24日)

24日，汉文版五卷本《英雄格萨尔》新书分享会在第25届北京图书博览会中国作家馆举行。与会专家认为，该书的出版填补了中国史诗的空白，为海内外读者了解中国史诗、了解藏族文化，提供了重要的载体和途径。(《中国民族报》8月31日)

9月

由国家民委经济发展司与中南民族大学共同编撰的《中国人口较少民族发展报告（2015)》一书，由民族出版社出版发行。该书汇集了我国实行人口较少民族扶持政策以来，特别是“十二五”以来，有关扶持人口较少民族发展的研究成果和统计资料，较全面地反映了多年来我国人口较少民族发展所取得的成绩、经验和存在的困难问题。(《中国民族报》9月4日)

中国少数民族哲学及社会思想史学会2018年学术年会暨“新时代少数民族哲学创新与发展”研讨会在广西壮族自治区百色市召开。与会的百余名专家学者围绕主题，探讨了中国少数民族哲学研究的现状与新趋势、新时代少数民族哲学发展的机遇与挑战等议题。(《中国民族报》9月7日)

9日，中国与蒙古国联合考古队在蒙古国中部地区发现距今约2000年的疑似匈奴单于庭“龙城”遗址，即匈奴人的统治中心和重要礼制性场所遗址。该遗址的考古发现。对于进一步研究匈奴的政治结构、社会形态及宗教礼仪制度具有重要学术意义。(《中国民族报》9月18日)

12日，国家“十二五”少数民族语言文字出版规划（国书）项目《满汉大辞典（修订本)》新书发布会在辽宁省沈阳市举行。此次修订在继承前人研究成果的基础上，从满文文献研究的实际和特点出发，采用现代满文排版软件重新排版，增强了辞典的通用性；增改了千余条的满文词条，提高了辞典的科学性；编订了新的检索索引，使该书体例更加科学，使用更为便捷；内文使用了字典纸印刷。(《中国民族报》9月14日)

20日，宁夏回族自治区成立60周年庆祝大会在银川市隆重举行。中共中央、全国人大常委会、国务院、全国政协、中央军委发来贺电。中共中央政治局常委、全国政协主席、中央代表团团长汪洋出席庆祝大会并讲话。宁夏回族自治区60年的辉煌成就来自不易，经验弥足珍贵。实践证明，只有坚持中国共产党领导，坚持中国特色社会主义，坚持民族区域自治制度，坚持铸牢中华民族共同体意识，才能实现宁夏发展进步，才能实现各民族平等团结互助和谐与共同繁荣。(《中国民族报》9月21日)

20日，由中国藏学研究中心主办的首届全国青年藏学研讨会在北京市开幕。会议分设藏学基础研究、现实问题研究、语言文化研究、藏医药研究4个专题小组，与会的大陆与港台的70余位专家学者，分组进行了深入研讨。(《中国民族报》9月25日)

近日，西北民族大学海外民族文献研究所完成了1000卷英藏和法藏敦煌古藏文文献数字化入库工作，建立了中国首家数字化敦煌古藏文文献资源库。该文献资源库将古藏文文献按照政治、法律、社会、宗教、科技、医药、文学、艺术、民俗等分类编目，全面展示了敦煌古藏文文献在研究吐蕃经济、文化、艺术、社会制度等方面的重要学术价值。(《中国社会科学报》9月21日)

26 日，中国社会科学院民族学与人类学研究所在北京市举行庆祝建所 60 周年大会暨中国特色民族道路与新时代民族研究学术研讨会。全国政协副主席马飚致电表示祝贺，全国政协民族和宗教委员会主任王伟光发来贺词。中国社会科学院党组书记、院长谢伏瞻发来贺信。民族所成立于 1958 年，曾参与了中华人民共和国成立初期的民族识别、少数民族社会历史和语言调查等重大工作，主要负责组织编写完成了《民族问题五种丛书》，为奠定我国民族工作和民族研究的基础发挥了重要作用。(《中国民族报》9 月 28 日)

26 日，2018 年中西部十七省（区、市）人大民族工作座谈会在西藏自治区拉萨市隆重召开。会议的主要任务是：深入学习贯彻习近平新时代中国特色社会主义思想，特别是总书记关于民族工作的重要论述，深入交流探讨新时代人大民族工作的经验做法，进一步促进各民族交往交流交融，进一步铸牢中华民族共同体意识，进一步推动中西部民族地区繁荣发展，为实现中华民族伟大复兴中国梦贡献力量。(《西藏日报》9 月 27 日)

10 月

云南省迪庆藏族自治州香格里拉市咱乡纳格拉洞藏经修复项目历经 4 年已全面完成。该藏经被修复 2285 叶，已具备面向公众展出的条件。经专家认定，该藏经除一小部分为藏传佛教宁玛派僧人常用的法事用书和账目记录外，其余均为藏传佛教《甘珠尔》的内容，包括《大般若经》《妙法莲华经》等。(《中国民族报》10 月 9 日)

近日，由中国少数民族双语教学研究会、中央民族大学少数民族语言文学系主办的“第二十四次全国双语教育学术研讨会”在辽宁省大连市召开。与会的专家学者从不同角度阐明了双语教育对语言文化保护及传承的意义，并围绕促进双语教育发展、少数民族语言资源保护等主题作了充分交流。(《中国民族报》10 月 12 日)

13—14 日，由中国人类学民族学研究会主办的，以“回顾与展望：改革开放四十年的中国人类学与民族学”为主题的第九届中国人类学民族学学科负责人联席会议暨二十一世纪人类学讲坛（第五届）学术会议在北京市召开。与会的 80 余位专家学者从理论或实践的维度，探讨了人类学、民族学在中国的发展历史、现状及未来的展望，并介绍了人类学、民族学研究的新议题、新领域及新成果。(《中国民族报》10 月 19 日)

16 日，建设“中国人口较少民族文献全文数据库”座谈会暨第一期“鄂温克族、鄂伦春族、达斡尔族文献全文数据库”平台上线仪式在北京市举行。该数据库的成功上线，对于保障国家文化资源安全、促进少数民族文化建设、提高民族文献的利用率、建设书香社会具有重要意义。(《中国民族报》10 月 19 日)

由中国社会工作教育协会民族社会工作专业委员会主办的第三届全国民族社会工作学术研讨会在甘肃省兰州市举行。与会的专家学者围绕“新时代民族地区全面建设小康社会背景下的民族社会工作”主题展开了深入探讨。(《中国社会科学报》10 月 22 日)

11 月

11 日，由国家民委监督检查司等主办的“大理白族自治州民族团结进步示范区建设经验总结提升研讨会”在云南省大理市召开。与会的专家学者围绕新时代“铸牢中华民族共同体意识”“深化民族团结进步教育”“民族团结进步创建面临的机遇与挑战”等重要议题，深入开展跨学科、跨行业、跨领域的理论和实践探讨。(《中国民族报》11 月 13 日)

15 日，国务院新闻办发表《新疆的文化保护与发展》白皮书。白皮书包括前言、新疆各民族文化是中华文化的组成部分、各民族语言文字广泛使用、宗教文化受到尊重和保护、文化遗产保护和传承取得成就、文化事业和文化产业不断发展、对外文化交流日趋活跃等部分。(《中国民族报》11 月 16 日)

近日，藏文珍贵古籍文献《“菩日文献”精选本》出版发布会在西藏大学图书馆举行。“菩日文献”涉及内容广泛，大致可分为宗教文献和世俗文献两部分。宗教文献以《般若波罗密多二万颂》等显宗典籍为主，也有密宗仪轨和其他佛教典籍；世俗文献包括诗词赞文、人物传记等具有地方特色的文献。为研究西藏宗教和文化的起源、变化与发展提供了极其珍贵的第一手资料和原始的文献佐证。(《中国民族报》11 月 21 日)

24 日，青海省格萨尔研究所对外发布，中国首个《格萨尔》文化传承人数据库建成并面向公众开通。该数据库的建成将会极大地推动《格萨尔》文化在信息技术时代的保护工作，对进一步推动《格萨尔》史诗文化传承与发展，提高《格萨尔》文化传承人的影响，具有重要意义。(《中国社会科学报》11 月 30 日)

近日，湖北省人民政府办公厅印发《关于进一步支持民族乡村加快发展的意见》。从加大财政政策支持力度、加大对口支援帮扶力度、支持民族乡村基础设施和特色村镇建设、支持民族乡村特色产业和生态建设等 7 方面部署了相关工作。(《中国民族报》11 月 30 日报道)

12 月

近日，由中国民族语文翻译局发布的壮文智能语音翻译软件在广西壮族自治区南宁市正式亮相。该软件实现了从语音到语音的实时对话，对提高壮语文办公自动化、壮汉文字互译、实时语音翻译等方面有较大帮助。(《中国民族报》12 月 4 日)

近日，由国家民族事务委员会、文化和旅游部共同提出，全国图书馆标准化技术委员会归口，全国少数民族古籍整理研究室、民族文化宫（中国民族图书馆）主要起草的国家标准《中国少数民族文字古籍定级》，由国家市场监督管理总局、中国国家标准化管理委员会发布。该标准将于 2019 年 4 月实施。这是我国第一个关于少数民族文字古籍整理保护的国家级标准，它标志着我国少数民族文字古籍整理保护工作从此迈上规范化、法制化、科学化管理的新平台。(《中国民族报》12 月 7 日)

10 日，广西壮族自治区成立 60 周年庆祝大会在广西体育中心隆重举行。中共中央、全国人大常委会、国务院、全国政协、中央军委发来贺电。中共中央政治局常委、全国政协主席、中央代表团团长汪洋出席大会并讲话。汪洋指出，自治区 60 年的辉煌成就，是党中央坚强领导的结果，是广西各族干部群众拼搏奋斗的结果，是全国人民大力支持的结果。展现了民族区域自治制度的强大生命力。让我们更加紧密地团结在以习近平同志为核心的党中央周围，同心同德、群策群力、改革创新、锐意进取，为建设壮美广西、共圆复兴梦想不懈奋斗。(《中国民族报》12 月 13 日)

12 日，国务院新闻办发表《改革开放 40 年中国人权事业的发展进步》白皮书。该书从政治、经济、社会事业及宗教信仰等方面阐述了少数民族权益保障情况。少数民族参与国家事务管理的权利得到有效保障；民族地区经济与教育事业快速发展；少数民族使用和发展本民族语言文字的权利得到切实尊重和保障；民族地区文化遗产、文物古迹得到有效保护；少数民族宗教信仰自由获得充分保障。(《中国民族报》12 月 14 日)

（供稿人：林浩）

新书·学术论文索引

2017—2018 年新书书目

［说明：排列顺序为著作、文章名称，编著（译）者，出版单位，著作页码数或册数］

2017 年

一　综合

返本与开新：大连民族大学建校 30 周年学术文集（1984—2014）/李洲良主编，人民出版社 . 869

和政县史话/政协临夏回族自治州委员会编，甘肃文化出版社 . 244

纳雍县政区大典/编委会，德宏民族出版社 . 986

金木水火土：生态文明视角下的自然人文云南/谢沫华　高力青　起国庆主编，戴江　谢春波　周浩玲著，云南民族出版社 . 199

二　民族问题理论

全球化时代下的情感归属与族裔认同/杨赞著，线装书局 . 227

布赫文集：调查报告卷/布赫著，内蒙古人民出版社 . 576

布赫文集：文化工作卷/布赫著，内蒙古人民出版社 . 510

布赫文集：民族工作卷/布赫著，内蒙古人民出版社 . 546

布赫文集：经济工作卷/布赫著，内蒙古人民出版社 . 544

中国民族自治区民族、国家、文化认同调查研究/徐平　张阳阳著，中国大百科全书出版社 . 335

中国边疆安全研究三/徐黎丽主编，社会科学文献出版社 . 235

奥托・鲍威尔民族理论研究/王幸平著，中国社会科学出版社 . 310

边疆民族地区党建科学化的理论与实践/鲁彩荣编，云南人民出版社 . 244

边疆多民族地区和合共生文化与思想政治教育研究/周丽等著，云南民族出版社 . 212

当代关于民族主义的争论：批判性参与/［土］乌穆特・奥兹基瑞穆里著　于红译，中国社会科学出版社 . 222

当代中国民族关系利益形态研究/侯发兵著，民族出版社 . 245

当代中国民族主义思潮批判研究/王毅著，人民出版社 . 227

多样性族群的生存与发展/周建新　罗家珩主编，民族出版社 . 322

多民族国家：社会治理的理论与实践/王延中　王德强　张继焦主编，民族出版社 . 384

多民族国家民族事务治理现代化/马俊毅著，社会科学文献出版社 . 276

海南民族法律援助与少数民族权利保障之法理研究/马升著，海南出版社 . 262

吉林省民族问题研究报告/吉林省民族宗教研究中心编，吉林文史出版社 . 363

经典阐释与当代民族精神之意义生成/杨雅丽主编，巴蜀书社 . 371
教育券政策研究/李海生著，民族出版社 . 344
抗战时期国共两党民族主义思想研究/宋春华著，人民出版社 . 196
媒介化社会与少数民族发展/林晓华著，中国社会科学出版社 . 195
民族和谐与科学发展的关系研究/邹宇昆著，中国商务出版社 . 283
民族理论与政策要论/郎维伟等著，民族出版社 . 499
民族问题研究第五集/贾东海主编，甘肃民族出版社 . 236
民族主义：我们周围的认同与分歧/许利平主编，社会科学文献出版社 . 261
民族元素与文化认同的建构/贤根著，中国社会科学出版社 . 308
民族认同与国家认同的和谐关系建构研究/韦诗业著，中央编译出版社 . 246
民族法学理论与热点问题研究/王允武　李剑主编，法律出版社 . 379
民族法制文化研究第五辑 · 壮族法制文化研究/甘肃省民族法制文化研究所编，民族出版社 . 170
民族文化的复兴：在思想政治教育中融入中华传统文化/师娅著，电子科技大学出版社 . 199
马克思主义民族理论及其中国化研究/张会龙著，中国社会科学出版社 . 218
马克思主义基本问题和前沿问题研究/张建国　苏丽杰主编，云南人民出版社 . 286
全球视野中民族复兴思想研究/乔以明著，江苏人民出版社 . 202
社会心理学视域下的网络民族主义研究/朴建华　王群林著，江西人民出版社 . 227
时空镜像下的民族法制史/胡兴东主编，人民出版社 . 483
世界民族主义论/王联主编，北京大学出版社 . 336
少数民族地区马克思主义大众化基础问题研究/吴玉敏著，人民出版社 . 239
少数民族民事习惯的法治价值/施蔚然著，法律出版社 . 291
少数民族政治发展论/周玉琴著，中央民族大学出版社 . 227
台湾少数民族政策研究/陶道强　李颖著，厦门大学出版社 . 360
西部民族地区社会管理现状与对策研究/张为波　仁孜泽仁主编，西南交通大学出版社 . 335
西南民族地区基本公共服务均等化问题研究/朱沙著，西南财经大学出版社 . 177
西南民族地区新型城镇化：政策认知与“进城”意愿：基于广西、云南、贵州三省区网络民众与农村居民的调查研究/朱光喜　朱燕　彭冲著，经济科学出版社 . 284
新形势下舆论引导新格局：以甘肃省民族地区重大突发事件新闻报道快速反应机制研究/牛丽红　白艳丽著，民族出版社 . 193
新定位大团结：云南建设民族团结进步示范区纪实/杨福泉主编，云南人民出版社 . 358
新中国成立初期中国共产党民族工作研究/伍小涛著，民族出版社 . 487
云南民族关系的历史形成与现实发展研究/杨林兴著，云南人民出版社 . 385
中国共产党民族政策研究 1949—1956/丁小丽著，中共党史出版社 . 269
中国民族区域自治制度/艾其来主编，中国民主法制出版社 . 192
中国近现代少数民族教科书政策研究/崔珂琰著，知识产权出版社 . 295
中国少数民族地区社会治理创新研究：以云南为例/肖应明著，云南人民出版社 . 301
中国民法典民族性的型塑/哈斯巴根著，中国政法大学出版社 . 313
自由主义的民族主义/［以］耶尔 · 塔米尔著，上海社会科学出版社 . 233
藏彝走廊中的回藏和谐民族关系研究/马尚林　罗凉昭著，民族出版社 . 240

对口支援政策及其创新研究/任维德　任博　乌永胜　韩毓　李源著，内蒙古大学出版社.237

国家治理现代化视阈下民族地区农村基层治理研究/侯万锋等著，甘肃民族出版社.239

近代内蒙古社会变迁与法制改革研究/杨强著，中国民主法制出版社.394

绿水青山金山银山：党的十八大以来民族地区生态文明建设政策法规及其实践研究/王魏芳等著，武汉出版社.446

少数民族民间管理传统与政府社会管理的关系研究：以侗款为例/江明生著，科学出版社.214

血缘与归属：探寻新民族主义之旅/［加］叶礼庭著，成起宏译，中央编译出版社.348

边地大协奏：云南民族团结进步示范区建设巡礼/云南日报编，云南人民出版社.306

民族团结进步示范区建设/中共云南省委宣传部编，人民出版社　云南人民出版社.214

我国法律在少数民族地区实现途径研究/徐晓光　黄逢贵　张殿军著，民族出版社.300

从投票到暴力：民主化和民族主义冲突/［美］杰克·斯奈德（Jack Snyder）著，吴强译，中央编译出版社.448

世界民族主义论/王联主编，北京大学出版社.336

三　民族经济

共建与共享：浙江华侨华人与“一带一路”国际学术会议文集/李其荣主编，中国华侨出版社.306

民族经济研究2017第二卷第一辑/李曦辉编，企业管理出版社.236

文化产业发展研究/徐学书著，光明日报出版社.289

阿尔泰山游牧者：生态环境与本土知识/陈祥军著，社会科学文献出版社.311

边疆民族地区民生问题可持续发展专题研究：基于云南红河州的实证调查/孙立新　王仕铭著，中国社会科学出版社.230

参与式发展：外援与民族地区自主发展/郭献进　梁立新　彭兵著，中国社会科学出版社.272

茶马古道各民族商号及其互动关系/李旭著，社会科学文献出版社.264

多元目标体系导向的西北民族地区旅游产业发展模式研究：以甘肃甘南藏族自治州为例/把多勋等著，中国社会科学出版社.391

甘肃民族地区发展分析与预测/马虎成　朱智文　马东平主编，甘肃人民出版社.282

广西外向型经济发展与东亚侨资/陈丙先著，厦门大学出版社.304

广西生态文明建设的理论与实践研究/何林著，中国社会科学出版社.292

广西贫困地区农村产业化精准扶贫开发探索与研究/莫志欢　陈伟超主编，广西民族出版社.200

互联网经济下清水江流域生态脱贫的教育突围/石玉昌著，中央民族大学出版社.292

呼包鄂榆区域一体化发展研究/张秋亮著，中央民族大学出版社.235

环境审计深化甘孜州生态文明建设中的运行机制及治理效率研究/谢赞春著，四川大学出版社.179

精准视角下云南扶贫“挂包帮、转走访”创新研究/张榆琴　李学坤著，云南人民出版社.190

基于智慧旅游视角的旅游业创新发展及社会影响研究：以贵州省为例/廖军华　黄娟著，人民出版社.184

基于系统视角的民族村寨旅游发展研究/杨建春著，科学出版社.192
技术创新支持政策及其绩效：基于民族地区的研究/张秀萍著，经济管理出版社.192
教育、健康与经济增长：基于武陵山连片特困地区的分析/陈霞著，中国社会科学出版社.236
跨越式发展视阈下云南民族地区设计产业政策/王云强著，云南教育出版社.160
辽宁少数民族区域生态/李冬梅著，辽宁大学出版社.266
旅游扶贫新视野：以重庆武陵山片区为例/陶少华著，经济科学出版社.190
凉山彝族传统文化产业发展研究/王菊著，民族出版社.311
孟中印缅经济走廊建设的理论与实践/刘稚　卢光盛等著，社会科学文献出版社.271
民族旅游与文化中国/田敏　徐杰舜主编，黑龙江人民出版社.388
民族地区社会保障反贫困研究/王延中　龙玉其等著，经济管理出版社.243
民族地区经济增长中的环境压力与响应机制研究/成艾华著，科学出版社.179
民族地区中小企业融资信用担保体系建设研究/梁积江著，中国财政经济出版社.210
民族地区经济追赶中优势的叠加与冲突/李敦祥　王兴中　于世海著，经济管理出版社.239
民族地区乡村旅游可持续发展研究：遗贵州民族地区为主要案例的剖析/龚娜著，科学技术文献出版社.365
民族民间工艺与乡村文化经济/汪荣编，云南人民出版社.166
民族自治地区财政运行研究/张建忠　卢秋声著，经济管理出版社.227
民族地区主体功能区差别化土地利用问题研究：以广西为例/蒋满元著，中南大学出版社.320
明清以来岭南地区政区变迁及社会经济发展研究/郑维宽　廖建夏主编，民族出版社.338
民族地区水资源生态补偿法律机制研究/马少卿著，中国科学技术出版社.130
民族自治地方产业结构优化升级与绿色转型实证研究：基于恩施州产业结构现状/张新平　曹骞　吴祖梅著，人民出版社.278
民族社区的旅游形象识别与再造研究/黄文著，科学出版社.167
民族地区特色资源产业精准扶贫研究：以湖北恩施州为例/王孔敬著，科学出版社.197
民族地区高新技术产业效率研究：以民族地区国家级高新技术开发区为例/彭诚著，经济科学出版社.180
民族地区城镇化进程中的教育问题研究/曲木铁西　白华主编，民族出版社.308
涅槃重生：四川阿坝州“5·12”特大地震灾后重建纪实/王少毅编著，四川民族出版社.157
宁夏资源环境承载力研究/马海龙著，科学出版社.209
宁夏空间规划研究/马海龙著，科学出版社.226
年乃索麻村调查：藏族/李克强　侯超惠主编，中国经济出版社.276
内蒙古自治区农产品区域品牌竞争力提升研究/姚春玲著，经济管理出版社.150
内蒙古牧区城镇化发展研究/贾晓华著，中国经济出版社.246
贫困的复杂图景与反贫困的多元路径/刘小珉著，社会科学文献出版社.332
区域营销在民族地区运用研究探析：以西双版纳旅游区域为例/杨晓玲著，云南科技出版社.185
青藏铁路与藏族文化和谐发展/东·华尔丹　冯雪红著，科学出版社.320
青海省高寒牧区饲草生产技术手册/徐成　体德科加　王伟主编　卡着才让藏文翻译，青

海民族出版社 . 117

青海农牧区发展与治理研究/杨虎得　南德庆　张兴权主编，甘肃人民出版社 . 417

青海民族地区经济社会发展研究/王健等著，中国经济出版社 . 356

青海民族文化遗产与旅游发展研究/邸平伟主编，民族出版社 . 282

青海省经济发展田野考察报告/杨福等著，上海大学出版社 . 339

少数民族传统社区旅游适度开发研究/罗永常著，民主与建设出版社 . 211

少数民族特色村寨建设资本研究/李忠斌等著，湖北科学技术出版社 185

少数民族文化产品包装设计研究/李世杰著，吉林大学出版社 . 123

少数民族地区高职教育与区域经济发展研究/侯长林　罗静　李博等著，湘潭大学出版社 . 165

少数民族连片特困区域旅游精准扶贫机制研究：少数民族连片特困区域旅游精准扶贫机制研究/李佳著，经济科学出版社 . 216

少数民族传统节庆旅游发展研究：以凉山彝族火把节为例/马作珍莫张西林　蔡寅春著，四川大学出版社 . 173

“丝绸之路经济带”背景下中国与中亚国家区域经贸合作研究/朱瑞雪著，中国经济出版社 . 225

三江源区土地生态安全：评价优化调控/卓玛措著，青海人民出版社 . 213

三江源草地生态保护中牧户的福利变化及补偿研究/李惠梅著，社会科学文献出版社经济与管理分社 . 259

四川民族地区新型城镇化发展研究/卢庆芳著，北京理工大学出版社 . 191

生态旅游环境承载力与社区参与：三江源区生态旅游发展的理念与现实选择/卓玛措著，青海人民出版社 . 256

山村重塑：少数民族贫困山区参与式乡村社会发展研究/邵志忠著，民族出版社 . 348

推动文化产业成为西部民族地区支柱性产业研究/尹宏祯编著，西南财经大学出版社 . 153

文化人类学视野下的广西华侨农林场归侨研究/郑一省主编，民族出版社 . 362

文化产业发展研究/徐学书　刺明英著，四川民族出版社 . 289

外资扶贫对云南省民族地区的影响与可持续研究/张惠君著，中国社会科学出版社 . 284

我国民族地区经济发展研究/韦志均著，北京理工大学出版社有限责任公司 . 184

维西傈僳族民间草药种植技术/维西傈僳族自治县科学技术协会维西傈僳族自治县民族宗教事务局编，余海忠　李树荣译，德宏民族出版社 . 172

武陵山片区生态文明建设研究/尚道文著，湖南人民出版社 . 271

武陵山区民族文化智库建设研究/陈开敏著，中国原子能出版社 . 200

信息技术在云南少数民族地区农业的应用研究/杨路明　徐旻著，科学出版社 . 146

行政生态视阈下的地方政府与区域经济发展/何金玲著，经济管理出版社 . 175

西南民族地区旅游扶贫理论与实践/冯伟　林向从　武毛娟著，西南交通大学出版社 . 247

西南集中连片特困地区农村居民基本养老保险问题研究/田代强等著，中央民族大学出版社 . 404

西南民族地区旅游城市新型城镇化发展模式研究/黄炜著，中南大学出版社 . 246

西北民族地区新型城镇化发展研究/李长亮著，中国社会科学出版社 . 216

西南民族地区高速公路与特色旅游小城镇协同研究/曾鹏　曹冬勤著，经济科学出版社 . 408

西南民族地区新型城镇化：政策认知与“进城”意愿/朱光喜　朱燕　彭冲著，经济科学

出版社 . 284

西南生态脆弱民族地区农牧民增收问题与对策研究/沈茂英著，巴蜀书社 . 307

西部大开发与新疆多元民族文化关系研究/贺萍著，中国社会科学出版社 . 218

西南民族地区跨越发展经验学习及机制研究/李瑞红著，经济管理出版社 . 202

西南民族地区脆弱性贫困研究/郭佩霞　朱明熙著，西南财经大学出版社 . 215

新疆民族地区农村公共财政投入机制与效益评估研究/朱新武著，新疆大学出版社 . 182

西藏城乡一体化的发展：探索与思考/胡洁著，光明日报出版社 . 222

西藏、青海牧区社会经济文化调查与区域发展研究/张海云　张兴年编著，青海人民出版社 . 353

“一带一路”战略下物流产业拉动西藏区域经济可持续发展研究/刘妤著，厦门大学出版社 . 161

云南少数民族空间环境协调发展/李龙著，光明日报出版社 . 195

云南石板河径流区生态环境与民族文化/何大勇著，云南人民出版社 . 248

异地重生：少数民族水电工程移民社会文化适应研究/曹志杰　陈绍军著，社会科学文献出版社 . 275

阴山地域民族文化资源的利用与保护研究/薛文彦著，吉林大学出版社 . 292

云南民族地区“十二五”经济社会发展文献/省民委省统计局编，云南民族出版社 . 781

云南多民族刺绣产业调查与研究/赵晓红　罗梅　高阳著，经济科学出版社 . 229

云南“十二五”生态文明建设成果报告/西南林业大学云南省生态文明建设研究与发展促进会编，德宏民族出版社 . 176

主体功能区差别化土地利用政策研究：以广西北部湾经济区为例/汪晗　聂鑫编著，广西人民出版社 . 227

中国佤族农户经济行为研究/陶红梅著，科学出版社 . 210

中国西部民族地区体育公共服务研究/何颖著，四川大学出版社 . 253

中国区域合作中地方利益协调机制研究：兼析武陵山片区龙凤经济示范区的利益协调/冉艳辉　郑洲蓉著，中国社会科学出版社 . 178

中国民族旅游研究 2015 卷/吴忠军著，广西师范大学出版社 . 281

中国少数民族经济发展史/刘晓春编著，山西经济出版社 . 423

中国西部民族经济调查 2016/郑常德著，经济科学出版社 . 129

中国民族地区经济社会调查报告：2014 年调查问卷分析综合卷/王伟光总主编，中国社会科学出版社 . 324

中国民族地区经济发展研究/梁芷铭著，光明日报出版社 . 194

中国少数民族地区经济发展报告：民族地区经济地理重塑/郑长德主编，中国经济出版社 . 230

主体功能区政策下的宁夏限制开发区地域功能评价与区域发展模式研究/刘自强著，宁夏人民教育出版社 . 194

四　民族学与人类学

安多研究第 14 辑/祁晓萍主编，甘肃民族出版社 . 225

毕节民族研究四/毕节市民族和宗教事务委员会等著，贵州民族出版社 . 294

白马藏族文化研究与产业开发国际论坛论文集/孙宏开主编，四川民族出版社 . 220

白族学研究第三辑/李赞绪主编，云南民族出版社 . 389

都兰吐蕃文化全国学术论坛论文集/青海藏族研究会编，文物出版社. 426

大理民族文化研究论丛第六集/寸云激主编，民族出版社. 697

大理民族文化研究论丛第七集/寸云激主编，民族出版社. 284

大连民族大学学报教学改革论文选编/包和平主编《大连民族大学学报》编辑部编，辽宁民族出版社. 391

第四、五届中国与东南亚民族论坛论文集/周建新主编，民族出版社. 312

第六届中国与东南亚民族论坛论文集/周建新主编，民族出版社. 416

德都蒙古研究：首届全国德都蒙古历史文化学术研讨会论文集/中国社会科学院历史研究所内陆欧亚研究中心德都蒙古文化研究会合编，青海人民出版社. 313

东北民族研究第六辑/南文渊主编，辽宁民族出版社. 299

富育光文集/张学惠　王彦达主编，富育光著，吉林人民出版社. 2 册

广西文化产业发展报告 2016/广西壮族自治区民族文化艺术研究院编，广西科学技术出版社. 338

海林市朝鲜族志/金东哲著，民族出版社. 606

胡岩民族研究文集/胡岩著，中央民族大学出版社. 333

景颇族文化传承与创新发展暨景颇文创制 120 周年学术研讨会文集/夺石当　孔勒干主编，云南省民族学会景颇族研究委员会德宏州景颇族发展进步研究学会编，云南民族出版社. 732

口述与书写：满族说部传承研究/高荷红著，暨南大学出版社. 215

临夏文物：临夏回族自治州不可移动文物精粹/马珑主编，甘肃文化出版社. 251

来宾市民族文化遗产精选/广西来宾市政协文史资料和学习委员会编，广西人民出版社. 193

凉山民族研究 6/马尔子主编，民族出版社. 561

民族发展论坛第二辑/王延中主编，中国社会科学院民族学与人类学研究所　中国社会科学院国家治理研究智库民族发展研究部　中国民族研究团体联合会编，社会科学文献出版社. 236

民博论丛 2017/广西民族博物馆，广西人民出版社. 293

苗学与文化自觉研讨会论文集/文山学院　文山州苗学会　中国人类学民族学研究会苗学研究专业委员会编，云南民族出版社. 539

人类学世纪欢言/徐杰舜　龙晔生　李晓明主编，知识产权出版社. 552

畲族文化研究文集/刘建雄主编，民族出版社. 508

说瑶 30 年/李筱文著，广东人民出版社. 325

内蒙古民族区域自治 70 年：民族和谐发展研究/张银花等著，内蒙古人民出版社. 224

2017 年中国民族学学会高层论坛会议论文集：“一带一路”建设与区域、民族发展/中国民族学学会主办，兰州大学西北少数民族研究中心. 266

唐德尔格玛/乔志良主编，青海民族出版社. 179

文化多样性与民族发展博士后论坛（2016）论文集/何明　李玉红主编，云南大学出版社. 240

文化遗产研究第九集/徐新建主编，四川大学出版社. 156

文山苗学精选/王万荣主编，云南人民出版社. 372

西夏学刊第一辑/景永时著，宁夏人民出版社. 283

西南边疆民族研究第 22 辑/何明主编，云南民族大学出版社. 250

西南边疆民族研究第 23 辑/何明主编，云南民族大学出版社. 231

西南边疆民族研究第 24 辑/何明主编，云南民族大学出版社 . 279

西北民族论丛第十五集/周伟州主编，社会科学文献出版社 . 234

禹羌文化研究第一辑/《禹羌文化研究》编委会编，民族出版社 . 325

彝学与翻译研究论文集/王昌富　吉格阿加著，民族出版社 . 330

云南彝学研究第 12 辑/白兴发主编，云南民族出版社 . 350

藏羌彝走廊研究第一辑/陈井安主编，光明日报出版社 . 298

壮美内蒙古：庆祝内蒙古自治区成立七十周年/张宇主编，中国民族摄影艺术出版社 . 289

中国客家地方社会研究一闽西客家社会长汀/［法］劳格文（John Lagerwey）　谭伟伦主编，中国人民大学出版社 . 269

中国客家地方社会研究二闽西客家社会宁化/［法］劳格文（John Lagerwey）　谭伟伦主编，中国人民大学出版社 . 308

中国客家地方社会研究三江西客家与非客的社会/［法］劳格文（John Lagerwey）　谭伟伦主编，中国人民大学出版社 . 293

中国客家地方社会研究四粤东粤北社会/［法］劳格文（John Lagerwey）谭伟伦主编，中国人民大学出版社 . 293

中华大典民俗典风俗民俗分典/任继愈主编，北京日报出版社 . 2 册 . 2492

中国边疆学理论创新与发展报告 2016/赵寰宇主编，经济管理出版社 . 236

中国山地民族研究集刊 2016 年卷第 2 期/纳日毕力戈主编，社会科学文献出版社 . 267

中国少数民族非物质文化遗产发展报告生产性保护：非遗生产性保护示范基地的建设与发展/（彝）肖远平　（满）柴立主编，社会科学文献出版社皮书出版分社 . 364

中国白族学论丛四/大理白族自治州白族学会编，云南民族出版社 . 321

中国拉祜族研究文献题录/王久云　杨婷婷编著，华中科技大学出版社 . 304

中国布依族研究文献题录/王久云　杨婷婷编著，华中科技大学出版社 . 683

教育人类学视域下无文字民族文化传承的典型性问题及解决路径/杨宏丽著，东北师范大学出版社 . 206

科学发展视阈下民族地区文化软实力建设研究/张发钦　何月华　张秋莲著，广西人民出版社 . 312

少数民族非物质文化遗产传承人法律保护研究/田艳著，中央民族大学出版社 . 271

新型城镇化背景下的民俗传承研究/林继富主编，中国社会出版社 . 319

性别偏好与性别选择：少数民族出生人口性别比问题研究/张丽萍著，中国社会科学出版社 . 278

香格里拉研究文集/格桑顿珠主编，民族出版社 . 299

从民族村落到城市社区：石河子市六宫村回族的转型与调适调查研究/龙开义　刘贡南主编，民族出版社 . 381

甘宁地区回族社区：城市化进程中传统文化的损失及传承机制研究/姜克银著，社会科学文献出版社 . 202

国家在场与文化调适：湘西苗族文化的百年变迁研究/崔榕著，中国社会科学出版社 . 308

环塔里木多元文化现代转型研究/高汝东　孙丽莉　侯山编，新疆生产建设兵团出版社 . 192

凉山彝区农村社会问题研究/尚培霖　胡澜著，四川大学出版社 . 231

奇正相生：灾害人类学视角下西南少数民族应对自然灾害的常规对策与地方性知识/杨艳著，新华出版社 . 173

生态移民：来自青藏高原的民族志报告/冯雪红等著，科学出版社.207
望乡：被安置的移民和他们的文化心念/刘朝晖著，浙江大学出版社.202
西北穆斯林妇女社会参与研究：基于甘肃省回族、东乡族妇女的个案研究/马桂芬著，人民出版社.266
灾后羌族社会文化变迁研究：以邛崃南宝山安置区为例/彭陟焱等著，民族出版社.196
北京少数民族文化资源研究/苏发祥主编，九州出版社.330
白族大本曲通论/寿桃著，云南人民出版社.235
巴彦查干敖包/敖特根巴雅尔著，锡林郭勒盟非物质文化遗产保护中心编，民族出版社.171
八白宫：成吉思汗陵与祭祀/旺楚格编著，中州古籍出版社.207
布依族节日文化研究/白明政　樊敏主编，贵州民族出版社.178
传统、调适与现代：中国伊斯兰家庭文化研究/马少卿著，人民出版社.197
传统·自我·实践：转型期传统民俗文化的变迁研究/周锦章著，科学出版社.236
彩虹故乡/乔志良著，青海民族出版社.218
长弄：正在形成的盘古瑶村落/王晖著，广西师范大学出版社.241
册亨布依戏人类学研究/代安泽　余永燕主编，吴晓梅　吴秋林　张合胤著，中央民族大学出版社.308
册亨布依族转场舞人类学研究/彭娜娜　吴秋林　姚丹著，中央民族大学出版社.214
长白山民俗文化研究/栾英良著，吉林大学出版社.210
彩云下的民族乐园/木基元著，云南大学出版社.200
传习：云南少数民族文化的传承与创新/张汉东　冯丽荣著，云南人民出版社.159
草原游牧的生态文化研究/罗康隆　吴合显著，中国社会科学出版社.254
常州服饰与民俗/侍红梅　刘兴尧著，凤凰出版社.182
道真仡佬族民俗/政协道真仡佬族苗族自治县委员会编，中国书籍出版社.367
典藏择粹：民族文化宫博物馆馆藏文物研究第一辑/们发延主编，民族文化宫博物馆编，辽宁民族出版社.267
东莞客家民俗文化：清溪的个案/张振江　麦淑贤著，广东人民出版社.436
东干人的习俗、礼仪与信仰/［吉尔］A. A. 张著，丁宏译，中央民族大学出版社.176
多元角色及其思想实践的合理化：近代回族社会活动家丁国瑞研究/张琴著，阳光出版社.252
侗族生计的生态人类学研究/罗康隆　吴寒婵著，中国社会科学出版社.302
侗族审美文化/杨秀芝著，中国社会科学出版社.251
大理回族马帮/大理白族自治州回族学会编，云南民族出版社.205
独龙江文化史纲：俅人及其邻族的变迁研究上/张劲夫　罗波著，昌明文化公司.226
独龙江文化史纲：俅人及其邻族的变迁研究下/张劲夫　罗波著，昌明文化公司.439
地方性知识与民族志文本：格尔茨的艺术人类学思想研究/李清华著，上海三联书店.219
傣族饮食服饰文化学术研讨会论文集/刀承华主编，云南民族学会傣学研究委员会编，云南教育出版社.332
多情的马缨花：楚雄彝族节日掠影/李娜　何莉芳著，楚雄彝族自治州民族宗教事务委员会编，云南人民出版社.184
大美彝风/四川民族出版社.149
傣族民俗与文化拾遗/李加强编，德宏民族出版社.294

傣族饮食服饰文化学术研讨会论文集/刀承华主编，云南民族学会傣学研究委员会编，云南教育出版社．332

东北地区满族家族与家谱研究/周非非著，吉林大学出版社．285

东北满族民俗文化研究/周非非著，吉林大学出版社．122

妇女撑起半边天：妇女参与少数民族地区社会主义新农村建设研究/罗树杰等著，知识产权出版社．449

国家视阈下藏区农牧民行为研究/马德君著，青海人民出版社．209

广西毛南族文化创新研究/韦美日　李燕玲等著，民族出版社．327

广西铜鼓精华/覃溥主编　陆秋燕译　王梦祥摄影，文物出版社．522

广西客家民居研究/梁志敏著，广西人民出版社．317

贵州苗族代表性服饰/张晓　张寒梅　潘璐璐编著，知识产权出版社．175

贵州世居民族文献与文化研究 2015 卷/卢云辉主编，上海古籍出版社．246

贵州汉代文化研究/颜建华　颜全己著，贵州民族出版社．329

贵州台江苗族文化调查研究/何善蒙主编，九州出版社．182

古历谱研究：以历解易诠经/和文戬著，云南大学出版社．371

归程：藏彝走廊尔苏藏族的神话民族志/李星星著，民族出版社．367

花袖衫的传说/乔志良主编，青海民族出版社．258

互联网场域的语言安全与中华文化传播研究/刘大明著，中国广播影视出版社．158

海南省民俗概览/杨武编著，南方出版社．356

湖南白族传统文化小百科/李林谷　利民主编，岳麓书社．258

黄河首曲藏族传统文化与生态保护研究/杨勇著，甘肃民族出版社．264

黑龙江少数民族特有节日中的音乐展演与民俗文化传承/王锐　初征　董宸编著，中国轻工业出版社．205

哈黎妇女家庭地位变迁：基于海南省邢村的田野调查/童玉英著，中国社会科学出版社．261

交融与变迁：赫尔苏门满族村的民族志报告/苑鹏著，黑龙江人民出版社．129

教育人类学通论/滕星主编，商务印书馆．664

教育改革与文化转型：人类学随笔集/巴战龙著，甘肃文化出版社．150

家屋与嘉绒藏族社会结构/李锦著，社会科学文献出版社．277

节庆文化与民族和谐/刘从水著，云南人民出版社．190

祁家延西/乔志良主编，青海民族出版社．228

节庆仪式中国家意志与民族文化的互动：以西双版纳“红专”僾尼人村寨的“嘎汤帕”节为例/陶琳著，云南人民出版社．126

甲居民俗研究/刘亚玲著，四川民族出版社．164

金代民族服饰的区域性研究/李艳红著，中国纺织出版社．266

喀斯特环境与贵州民族墓葬文化/严奇岩著，科学出版社．289

考古学民族学教学与研究（第一辑）/刘再聪　胡小鹏主编，甘肃文化出版社．416

跨文化交流与社会文化重构：丽江旅游的人类学阐释/撒露莎著，中国社会科学出版社．305

跨界民族研究第三集/朴今海著，辽宁民族出版社．249

宽城满族民俗/宽城满族文化丛书编委会编，语文出版社．157

丽江茶马客栈研究/李云著，德宏民族出版社．210

连城客家民俗/杨永松编著，福建人民出版社.138
历史人类学视野下的土司信仰与土兵/黄家信主编，民族出版社.320
绿春县民族礼仪习俗选/绿春县文学艺术界联合会编，云南人民出版社.205
莽人的社会文化变迁：基于仪式的人类学研究/方明著，中国社会科学出版社.279
民族博物馆藏品信息指标体系研究/王龙著，四川大学出版社.224
民族审美经验的文化表征：基于审美人类学视域下广西少数民族审美经验的文化表征研究/雷文彪著，吉林大学出版社.258
民族文化传播研究/李丽芳著，人民出版社.227
民族元素与文化认同的建构：以时尚创意为例/张贤根著，中国社会科学出版社.308
民族的符号：土家织锦文化遗产研究/冉红芳著，中国社会科学出版社.315
民族走廊与地域社会：羌族社会·文化的人类学思考/张曦著，社会科学文献出版.230
民族学实用方法/孙振玉著，民族出版社.154
民族节庆活动策划与组织/崔佳山　罗伊玲　张欣主编，云南教育出版社.75
民族建筑元素与环境艺术研究/李倩著，吉林大学出版社.268
民俗记忆：民俗文化的演变与发展/国槐　刘欣著，光明日报出版社.322
民俗大观上/孙晓　杨在道主编，贵州人民出版社.104
民俗大观下/孙晓　杨在道主编，贵州人民出版社.104
摩梭非物质文化遗产研究/李锦主编　李达珠撰，四川民族出版社.175
满族文化常识研究/刘贺威　宣丽君　王舰编著，九州出版社.123
满族姓氏研究/尹郁山　李新宇编著，吉林文史出版社.406
蒙古族传统物质文化/敖其著，内蒙古大学出版社.182
蒙古勒津文化/李青松著，辽宁大学出版社.451
怒江流域多民族混居区民居更新模式研究/王芳著，中国建筑工业出版社.147
南方民族文化传承与创新实践研究：基于六省民族文化的实证调查/李安辉等著，民族出版社.364
盘江“风雅颂”：布依族非物质文化遗产研究/龙青松编著，云南科技出版社.351
盘州白族民俗风情/唐震主编，当代中国出版社.170
番禺民俗/刘晓春著，中山大学出版社.303
青藏高原的婚姻和土地：引入兄弟共妻制的分析上册/坚赞才旦　许韶明著，昌明文化有限公司.219
青藏高原的婚姻和土地：引入兄弟共妻制的分析下册/坚赞才旦　许韶明著，昌明文化有限公司.507
青藏高原东部的丧葬制度研究下册/叶远飘著，昌明文化有限公司.168
黔东南民族文化/罗永常　李金兰著，民主与建设出版社.192
人类学分支学科概论/张锦鹏主编，知识产权出版社.307
人类学讲堂第四辑/潘蛟主编，知识产权出版社.328
人类学讲堂第五辑/潘蛟主编，知识产权出版社.211
人类学讲堂第六辑/潘蛟主编，知识产权出版社.192
瑞应寺志/《瑞应寺志》编纂委员会编，辽宁民族出版社.256
认同与偏见：湘西土家族苗族族群关系的文化表达/李然著，中国社会科学出版社.435
日本学者西南少数民族研究述评/王晓梅著，贵州大学出版社.281
生活场景里的草根幽默维吾尔族恰克恰克研究：基于伊犁州察布查尔县海努克乡的调查研

究/热依汗古丽·依玛木著，民族出版社.421
上善若水：中国西南少数民族水文化生态人类学研究/黄龙光著，商务印书馆.268
社会管理视角下边疆民族地区民俗宗教生活变迁研究/李树燕著，云南大学出版社.261
生态文明视域下的满族传统文化解读/何晓芳主编，民族出版社.300
视觉人类学论坛第三辑/朱靖江主编，九州出版社.289
三江源生态移民的文化变迁与身份认同研究：以格尔木昆仑民族文化村为例/付海鸿著，中国社会科学出版社.283
说瑶三十年/李筱文著，广东人民出版社.325
洒落人间的彩霞：楚雄彝族服饰/俚若文艺著，楚雄彝族自治州民族宗教事务委员会编，云南人民出版社.200
土族婚丧习俗/乔志良主编，青海民族出版社.113
土家族传统生态知识及其现代传承研究/姜爱著，中国社会科学出版社.264
图形符号的视知觉信息研究/肖柏琳著，中国建材工业出版社.131
图文工布江达/罗勇　郭燕编著，四川民族出版社.170
台湾鬼仔古：从民俗看见台湾人的冥界想像/林美容著，月熊出版.335
文化人类学调查与研究方法/何星亮著，中国社会科学出版社.432
文化视野下民族传统体育的理论与实践探究/刘信著，四川大学出版社.185
文化传播与民族文化影响力/李岩　葛俐彬著，云南人民出版社.166
文明的足迹：楚雄彝族历法文化览胜/卡罗著，楚雄彝族自治州民族宗教事务委员会编，云南人民出版社.182
文化身份的建构与书写：藏族女性文学研究/徐琴著，中山大学出版社.213
文化消费视野下的西部民族节庆/王莹，云南大学出版社.286
乌江流域苗族传统节日文化的保护与开发研究/陈风波　陈风华　刘燕燕著，中央民族大学出版社.236
象征人类学视野下彝族丧礼文化研究：以威宁沙石村红彝支系为例/余舒著，知识产权出版社.222
寻找失落深山的脚印/刘满衡编著，民族出版社.775
新型城镇化进程中武陵山民族地区乡村文化传承与发展研究/刘安全著，经济科学出版社.218
西南少数民族体育嬗变的文化价值研究/叶茂盛著，吉林大学出版社.183
西南地区少数民族酒文化研究/林洁　王平春编著，电子科技大学出版社.171
西南少数民族体育的变迁与发展/吕金江著，光明日报出版社.127
西部民族非语言符号及图形艺术象征研究/万国英著，辽宁美术出版社.192
《西北民族研究》人类学民族学文存/郝苏民　满珂编，云南人民出版社.420
兴蒙蒙古族乡喀卓服饰/云南省通海蒙古民族文化研究传承保护中心编，云南人民出版社.122
新疆佛教石窟中的古代民族服饰研究/乌云著，中国建筑工业出版社.120
喜马拉雅藏族社会家庭与婚姻研究/［日］棚濑慈郎著，旦却加译，青海人民出版社.133
云南跨境民族身份认同研究/谷禾著，社会科学文献出版社.208
彝俗遗礼/普珍　李珍　张玫著，楚雄彝族自治州民族宗教事务委员会编，云南人民出版社.256
云南少数民族非物质文化遗产保护研究/石高峰主编，云南人民出版社.207

影视人类学田野纪实/王清华著，云南民族出版社.406
禹羌文化与国家起源/李殿元　戚怀亮著，民族出版社.216
沿河土家族婚俗及哭嫁歌研究/冉竞华著，广西师范大学出版社.313
原色记忆：朝鲜族一家人在东北/桂永梓著，民族出版社.501
裕固族文化资源的整理与外宣翻译/郭秀娟　秦银国编译，陕西师范大学出版总社.389
玉树地区藏族风俗志/周生文著，青海民族出版社.234
族群归属的自我认同与社会定义：关于保安族的一项专题研究/菅志翔著，社会科学文献出版社.456
藏袍结构的人文精神：藏族古曲袍服结构研究/刘瑞璞　陈果　王丽琄著，中国纺织出版社.212
藏族历代爱国志士/泽登孝　龚伟　邓晓茂编著，四川民族出版社.193
藏族服饰研究：藏族服饰结构研究/刘瑞璞　陈果　王丽琄著，东华大学出版社.441
藏族服饰研究：藏族服饰图记研究/刘瑞璞　陈果　王丽琄著，东华大学出版社.291
藏族服饰研究：藏族服饰结构研究图记/刘瑞璞　陈果　王丽琄著，东华大学出版社.291
中国西部民族文化通志：饮食卷/瞿明安　何明主编，云南人民出版社.393
中国西部民族文化通志：历史卷/瞿明安　何明主编，云南人民出版社.471
中国西部民族文化通志：哲学卷/瞿明安　何明主编，云南人民出版社.362
中国西部民族文化通志：政治卷/瞿明安　何明主编，云南人民出版社.512
中国西部民族文化通志：法律卷/瞿明安　何明主编，云南人民出版社.444
中国西部民族文化通志：生态卷/瞿明安　何明主编，云南人民出版社.564
中国西部民族文化通志：婚姻家庭卷/瞿明安　何明主编，云南人民出版社.399
中国创世神话形态研究/向柏松著，中国社会科学出版社.276
《中南民族大学学报》人类学民族学文存/何海涛　程苹　马旭编，云南人民出版社.412
中华文化视域下民族镜像的传播/宋泉桦著，西南交通大学出版社.157
中国历史文化名镇——乌拉街/尹郁山著，吉林人民出版社.327
中国民族服饰艺术图典：满族卷/秦华生主编，吴迪卷主编，曾慧著，山东文艺出版社.151
走进八坊：文化边界中的回族民俗文化/马东平著，民族出版社.298
走进中华民族大家庭：北京中华民族博物院课程学习绘本/北京中华民族博物院　北京中华民族园　北京教育科学研究院　基础教育教学研究中心编写，民主与建设出版社有限责任公司.86
壮族经典生活故事/覃其文　覃寿恒　韦运益编译，广西民族出版社.130
壮族传统家庭伦理及其现代演变研究/黄雁玲著，民族出版社.333
舟曲非物质文化遗产保护研究/闵文义著，上海人民出版社.309
川西南藏族图录集/袁晓文主编，李星星　袁晓文　刘俊波编著，民族出版社.363
地域社会深描：藏羌彝走廊研究新视角/张曦　黄成龙主编，社会科学文献出版社.350
古代西北地区民族与社会问题研究/黄兆宏著，中国社会科学出版.262
图说广东回族/马建钊　汪鲸保　延忠著，广东人民出版社.166
温州少数民族/钟炳文　郑颉峰　钟维兴编著，宁波出版社.392
人类学视域下的民族传统体育研究/李金容著，光明日报出版社.221
美国教育人类学研究的历史与现状：《人类学与教育》季刊文献分析/彭亚华著，民族出版社.267

世界民族学史 1800—2000/虎有泽　贾东海主编，中国社会科学出版社 . 334

五　民族历史

“动乱”、制度与社会变迁：明清以降桂林地区的族群问题研究/胡晓安著，民族出版社 . 385

《蒙古秘史》研究论文选编 1/孟松林主编，内蒙古文化出版社 . 510

13—19 世纪河湟多民族走廊历史文化研究/武沐　金燕红著，中国社会科学出版社 . 483

20 世纪中国东北文化史著作序跋辑要：民族史志卷/张萍　孙大川主编，吉林文史出版社 . 180

碑魂：民族团结誓词碑史料专辑/鲁国华编，云南人民出版社 . 209

藏羌彝走廊研究：第一辑/陈井安主编，光明日报出版社　四川民族出版社 . 298

藏族古代法典译释考/周润年　喜饶尼玛等译著，青海人民出版社 . 321

藏族牧区社会与《格萨尔》叙事传统：以青海果洛甘德县德尔文部落为个案/措吉（王金芳）著，西藏人民出版社 . 283

朝鲜民族历史文化研究/朴尚春著，吉林大学出版社 . 181

楚雄彝族史话/杨甫旺著，楚雄彝族自治州民族宗教事务委员会编，云南人民出版社 . 216

大理洱源县碑刻辑录/赵敏　王伟主编，云南大学出版社 . 205

当代东北地区少数民族新闻传播史研究/于凤静著，中国社会科学出版社 . 355

德宏简史/地方志编，德宏民族出版社 . 202

典籍翻译研究第八辑/王宏印主编，外语教学与研究出版社 . 472

东北亚走廊考古民族与文化八讲/王绵厚著，黑龙江人民出版社 . 251

东乡县史话/政协临夏回族自治州委员会编，甘肃文化出版社 . 209

多维视域下的东北少数民族典籍翻译研究/常芳著，民族出版社 . 245

俄罗斯科学院东方文献研究所藏黑水城文献 26 西夏文佛教部分/俄罗斯科学院编，上海古籍出版社 . 354

法国国家图书馆藏敦煌藏文文献 21/金雅声　郭恩主编，上海古籍出版社 . 330

法律起源与国家法的形成：以西南少数民族的神话等文本为例/陈永邺　洪宜婷著，社会科学文献出版社 . 338

奉使辽金行程录/赵永春辑注，商务印书馆 . 516

贵州蒙古族文化变迁/钱星著，贵州民族出版社 . 92

贵州清水江文书黎平文书第八册/李斌主编，贵州民族出版社 . 424

贵州清水江文书黎平文书第二册/李斌主编，贵州民族出版社 . 441

贵州清水江文书黎平文书第二十册/李斌主编，贵州民族出版社 . 426

贵州清水江文书黎平文书第二十二册/李斌主编，贵州民族出版社 . 382

贵州清水江文书黎平文书第二十一册/李斌主编，贵州民族出版社 . 397

贵州清水江文书黎平文书第九册/李斌主编，贵州民族出版社 . 442

贵州清水江文书黎平文书第六册/李斌主编，贵州民族出版社 . 482

贵州清水江文书黎平文书第七册/李斌主编，贵州民族出版社 . 433

贵州清水江文书黎平文书第三册/李斌主编，贵州民族出版社 . 360

贵州清水江文书黎平文书第十八册/李斌主编，贵州民族出版社 . 368

贵州清水江文书黎平文书第十册/李斌主编，贵州民族出版社 . 369

贵州清水江文书黎平文书第十二册/李斌主编，贵州民族出版社 . 366

贵州清水江文书黎平文书第十九册/李斌主编，贵州民族出版社.373
贵州清水江文书黎平文书第十六册/李斌主编，贵州民族出版社.368
贵州清水江文书黎平文书第十七册/李斌主编，贵州民族出版社.399
贵州清水江文书黎平文书第十三册/李斌主编，贵州民族出版社.394
贵州清水江文书黎平文书第十四册/李斌主编，贵州民族出版社.356
贵州清水江文书黎平文书第十五册/李斌主编，贵州民族出版社.353
贵州清水江文书黎平文书第十一册/李斌主编，贵州民族出版社.384
贵州清水江文书黎平文书第四册/李斌主编，贵州民族出版社.362
贵州清水江文书黎平文书第五册/李斌主编，贵州民族出版社.414
贵州清水江文书黎平文书第一册/李斌主编，贵州民族出版社.420
贵州世居少数民族文化史卷二/吴建民主编，贵州民族出版社.354
贵州世居少数民族文化史卷三/吴建民主编，贵州民族出版社.325
贵州世居少数民族文化史卷一/吴建民主编，贵州民族出版社.313
国际移民历史中的汉民族研究/石毅著，世界知识出版社.357
汉藏文献与西陲古族/杨铭著，民族出版社.238
红河州彝族文献目录提要/李芸　普梅笑编著，红河州彝学学会编，云南民族出版社.248
侯绍庄学术论文选/侯绍庄著，贵州人民出版社.317
华宁县彝文古籍译注/李军主编，云南民族出版社.736
近代甘宁青地区民族关系研究/朱卫著，社会科学文献出版社.334
历代正史“经营西域人物事迹”撰述资鉴/马晓娟著，社会科学文献出版社.198
历史上的“中国”与中国历史疆域研究/赵永春著，吉林大学出版社.422
临夏保安族史话/政协临夏回族自治州委员会编，甘肃文化出版社.216
蒙古历史一百名人/孛儿只斤·苏和等著，内蒙古人民出版社.543
蒙古史研究13辑/彭勇主编，中央民族大学出版社.513
苗学研究回顾与展望/纳日碧力戈　张晓主编，知识产权出版社.347
苗族史诗《亚鲁王》形象与母题研究/肖远平　杨兰　刘洋著，中国社会科学出版社.341
民族复兴的历史根基与文化底蕴/刘后滨著，中国人民大学出版社.110
民族史视野下的北魏墓志研究/刘连香著，文物出版社.490
民族振兴的追梦者/孙中山　马庆忠　李联海著，广东高等教育出版社.472
明清时期嘉绒藏族土司关系研究/邹立波著，中国社会科学出版社.375
纳西族与藏族历史关系研究/杨福泉著，民族出版社.489
南方民族考古第十三集/川大博物馆编著，科学出版社.340
南方民族史新说/吴永章著，民族出版社.219
内喀尔喀五部历史研究/白初一著，民族出版社.501
内蒙古文史资料集萃第八卷：农村牧区改革/内蒙古自治区政协文史资料委员会编，中国文史出版社.488
内蒙古文史资料集萃第二卷：工商史料/内蒙古自治区政协文史资料委员会编，中国文史出版社.479
内蒙古文史资料集萃第九卷：河套水利与黄河治理/内蒙古自治区政协文史资料委员会编，中国文史出版社.409
内蒙古文史资料集萃第六卷：绥远“九一九”起义/内蒙古自治区政协文史资料委员会编，中国文史出版社.374

内蒙古文史资料集萃第七卷：自治运动与自治区政府成立/内蒙古自治区政协文史资料委员会编，中国文史出版社.367
内蒙古文史资料集萃第三卷：军事史料/内蒙古自治区政协文史资料委员会编，中国文史出版社.403
内蒙古文史资料集萃第十卷：宗教史料/内蒙古自治区政协文史资料委员会编，中国文史出版社.532
内蒙古文史资料集萃第四卷：伪政权史料/内蒙古自治区政协文史资料委员会编，中国文史出版社.497
内蒙古文史资料集萃第五卷：抗战烽火/内蒙古自治区政协文史资料委员会编，中国文史出版社.465
内蒙古文史资料集萃第一卷：王公总管录/内蒙古自治区政协文史资料委员会编，中国文史出版社.655
黔西北彝族经籍研究/王明贵著，民族出版社.223
青龙满族史/杨贺春著，民族出版社.269
清代八旗汉军研究/孙静著，民族出版社.333
清代藏事诗研究/顾浙秦选注，中山大学出版社.516
清代承德满族鹰手/尹永荣著，民族出版社.106
清代广西民间信仰、族群与区域社会研究/滕兰花　胡小安主编，民族出版社.365
清代苗族妇女的婚姻与权利：以清水江文书为中心/吴才茂著，贵州民族出版社.222
清代至民国时期土默特地区社会变迁研究/乌仁其其格著，辽宁出版社.529
清宫史研究第十二辑/朱诚如　白文煜主编，辽宁民族出版社.721
畲族传说史与畲族文化/周沐照编著，江西人民出版社.342
石屏彝族文献家谱译注/普梅笑译著，红河州彝学学会编，云南民族出版社.486
土家族冲寿傩仪及戏剧剧本/庹修明编著，贵州民族出版社.198
文化身份的建构与书写：当代藏族女性文学研究/徐琴著，中山大学出版社.213
勿吉——靺鞨民族史论/梁玉多著，社会科学文献出版社.250
西部散存民族档案文献遗产集中保护问题研究/华林著，中国社会科学出版社.273
西藏民族文化传播的历史、理论与现实/袁爱中著，西藏人民出版社.293
西南少数民族经济古籍文献研究/陈海玉著，中国社会科学出版社.299
西南学林 2016/詹七一主编，云南民族出版社.2 册
写给孩子看的中国史：清——骑射定天下的民族/吕长青主编，江乐兴编写，北京工业大学出版社.166
写给孩子看的中国史：三国两晋南北朝——民族大融合的时期/吕长青主编，江乐兴编写，北京工业大学出版社.166
新时期中国少数民族史诗研究史论/冯文开著，中国社会科学出版社.238
瑶族梅山经校注/莫纪德　莫晓娴校注，广西壮族自治区少数民族古籍工作办公室　广西少数民族古籍保护研究中心主编，广西人民出版社.334
夜郎史籍译考/王子尧著，贵州民族出版社.632
彝族太阳历/黑惹木呷　阿勒尔虎编著，四川民族出版社.363
英国国家图书馆藏敦煌藏文文献 21/金雅声　郭恩主编，上海古籍出版社.377
玉树地区藏文文献遗产整理保护初探/夏吾李加　还格吉著，民族出版社.451
元史及民族与边疆研究辑刊：第 32 辑/刘迎胜主编，上海古籍出版社.252

元史及民族与边疆研究辑刊：第 33 辑/刘迎胜主编，上海古籍出版社 . 260
云南少数民族古籍珍本集成第四十八卷回族/谢沫华主编，云南人民出版社 . 335
云南少数民族古籍珍本集成第四十九卷回族/谢沫华主编，云南人民出版社 . 395
云南少数民族古籍珍本集成第四十六卷回族/谢沫华主编，云南人民出版社 . 373
云南少数民族古籍珍本集成第四十七卷回族/谢沫华主编，云南人民出版社 . 338
云南少数民族古籍珍本集成第四十四卷回族/谢沫华主编，云南人民出版社 . 314
云南少数民族古籍珍本集成第五十卷回族/谢沫华主编，云南人民出版社 . 300
云南文山壮族文献古籍典藏第八卷/金洪　王明富主编，文山壮族苗族自治州民族宗教事务委员会编，云南人民出版社 . 278
云南文山壮族文献古籍典藏第九卷/金洪　王明富主编，文山壮族苗族自治州民族宗教事务委员会编，云南人民出版社 . 279
云南文山壮族文献古籍典藏第七卷/金洪　王明富主编，文山壮族苗族自治州民族宗教事务委员会编，云南人民出版社 . 298
云南文山壮族文献古籍典藏第十卷/金洪　王明富主编，文山壮族苗族自治州民族宗教事务委员会编，云南人民出版社 . 228
扎坝藏族文史调查与研究辑要/焦虎三　仲昭铭编著，西南交通大学出版社 . 386
张璇如文集/张学惠　王彦达主编，张璇如著，吉林人民出版社 . 466
长河筑梦蒙古民族史话：蒙元卷/姜伯彦主编，内蒙古大学出版社 . 374
长河筑梦蒙古民族史话：民国卷/姜伯彦主编，内蒙古大学出版社 . 279
长河筑梦蒙古民族史话：明清卷/姜伯彦主编，内蒙古大学出版社 . 417
殖民与专制之间：日据时期蒙疆政权华语民族主义文学/妥佳宁著，文史哲出版社 . 352
中国《玛纳斯》学辞典/托汗 · 依萨克　阿地里 · 居玛吐尔地　叶尔扎提 · 阿地里编著，中央民族大学出版社 . 534
中国藏缅语民族文化起源神话研究/沈德康著，中国社会科学出版社 . 377
中国共产党青海历史大事记 2011—2016/中共青海省委党史研究室编，青海民族出版社 . 402
中国近代国家转型与民族关系之建构：民国民族关系史专题研究/彭武麟等著，中央民族大学出版社 . 362
中国历史上的伟大王朝——元朝/巴拉吉尼玛　孙辛宇　乌日尼乐编著，内蒙古文化出版社 . 250
中国苗族通史/伍新富著，贵州民族出版社 . 735
中国民族博物馆研究 2016/馆顾群主编，民族出版社 . 238
中国民族博物馆研究 2017/馆顾群主编，民族出版社 . 290
中国民族地理/潘玉君　伊继东　孙俊等著，科学出版社 . 549
中国民族地理通论/潘玉君　张谦舵　肖翔等著，科学出版社 . 195
中国少数民族法史通览第八卷：苗族 · 瑶族/张晋藩总主编，徐晓光　高其才卷主编，西人民出版社 . 435
中国少数民族法史通览第二卷：藏族/张晋藩总主编，南杰 · 隆英强著，陕西人民出版社 . 338
中国少数民族法史通览第九卷：仫佬族 · 毛南族 · 羌族 · 彝族/张晋藩总主编，李鸣　陈金全　潘志成卷主编，陕西人民出版社 . 311
中国少数民族法史通览第六卷：傣族 · 佤族 · 德昂族 · 布朗族 · 景颇族 · 阿昌族 · 拉祜

族·基诺族·哈尼族/张晋藩总主编，胡兴东卷主编，陕西人民出版社.405

中国少数民族法史通览第七卷：白族·纳西族·独龙族·傈僳族·怒族·普米族/张晋藩总主编，方慧卷主编，陕西人民出版社.402

中国少数民族法史通览第三卷：回族·维吾尔族/张晋藩总主编，马克林 张世海 李崇林著，陕西人民出版社.347

中国少数民族法史通览第十卷：侗族·海南黎族·土家族/张晋藩总主编，徐晓光 叶英萍 张世珊卷主编，陕西人民出版社.662

中国少数民族法史通览第四卷：满族·达斡尔族·鄂温克族·鄂伦春族·赫哲族/张晋藩总主编苏钦卷主编，杨明等著，陕西人民出版社.455

中国少数民族法史通览第五卷：壮族/张晋藩总主编，卢明威 汤伶俐著，陕西人民出版社.273

中国少数民族法史通览第一卷：蒙古族/张晋藩总主编，成崇德卷主编，那仁朝格图鲁哈达著，陕西人民出版社.332

中国少数民族古籍文献整理研究/朱崇先著，商务印书馆.348

中国水族研究文献题录/胡展耀主编，华中科技大学出版社.175

中国突厥语诸民族民间达斯坦概论/阿布都外力·克热木 阿地里·居玛吐尔地 毕桪等著，民族出版社.268

中国彝族谱牒选编：阿西惹尼谱/阿西依坡主编，云南民族出版社.642

中华民族历史背景下藏事论衡/车明怀著，中国社会科学出版社.651

中华民族起源/黄懿陆著，云南人民出版社.500

中华再造善本续编总目提要清代编少数民族文字古籍编唐宋编补遗/中华再造善本工程编纂出版委员会编著，国家图书馆出版社.1184

六 民族语言文字

李锦平学术论文选/李锦平著，中央民族大学出版社.298

民族语言与文化第五辑/薛刚主编，民族出版社.227

彝族语言文化论集/朱文旭著，云南民族出版社.2册

彝族语言与文化研究论文集/马鑫国著，四川民族出版社.263

刑事中诉讼的少数民族语言文字权研究：以内蒙古地区为例/塔娜著，中国政法大学出版社.312

侗族谚语格言选/潘永荣石锦宏编译贵州省少数民族语言文字办公室编，云南民族出版社.126

《先祖阔尔库特书》研究：转写、汉译、语法及索引/刘钊著，中央民族大学出版社.596

阿拉伯语言文化研究论集第一辑/马和斌著，宁夏人民出版社.247

察哈台维吾尔语研究导论/阿布都鲁甫·甫拉提著，民族出版社.470

侗台语送气音难题新探：壮语北部方言视角/韦名应著，民族出版社.342

独龙族日常生产生活用语手册/张灵杰主编，云南大学出版社.258

东部语言/文丽华主编，甘肃民族出版社.4册

东部裕固语汉语词典/安玉冰主编，肃南裕固族自治县裕固族文化研究室编，甘肃民族出版社.266

东巴文考论稿/和继全著，民族出版社.209

傣语马关话研究/徐雁著，云南民族出版社.162

古文字诠释中华民族起源/贾世泽编著，中国文史出版社 . 299

跟我学土语/乔志良　鲁文忠编，青海民族出版社 . 119

贵州干部民族语言学习 100 句/贵州省少数民族语言文字办公室编，贵州教育出版社 . 106

贵州少数民族基础语言双语读本彝族/贵州省教育厅编，贵州人民出版社 . 54

桂东壮语语音研究/韦名应著，民族出版社 . 321

广西语言研究第八集/韦树关著，世界图书出版社 . 353

郭尔罗斯蒙古族语言使用现状及其演变/哈斯额尔敦　格日乐图主编，内蒙古文化出版社 . 266

黑龙江省世居少数民族濒危语言研究/金莉娜主编，黑龙江朝鲜民族出版社 . 146

环江毛南族语言使用现状及其演变/张景霓等著，科学出版社 . 303

汉藏语系语言基数词研究/彭茹著，中国社会科学出版社 . 269

海峡两岸民族共同语对比研究/刁晏斌著，中国社会科学出版社 . 356

汉语国际传播研究 9/吴应辉主编，商务印书馆 . 160

哈萨克体态语“哈—俄—汉”详解词典/［哈］B. 莫玛诺娃　［哈］C. 别依赛巴耶娃　张定京编著，中央民族大学出版社 . 131

哈萨克语研究与翻译：2012 哈萨克语零起点班本科生论文与译作/张定京主编，中央民族大学出版社 . 348

记忆彩云南/和丽峰　普学旺主编，云南民族出版社 . 536

民族语言与文化/张琪著，德宏民族出版社 . 345

蒙汉双语教育研究：从理论到实践/苏德著，民族出版社 . 404

苗语四音格手册/张元奇　［美］裴明明（Carey Mclaughin）　［美］麦瑞祥（Robert McLaughlin）编著，云南民族出版社 . 168

拉祜语汉语翻译理论与实践/张雨江编著，云南民族出版社 . 282

傈僳族音节文字文献译注：祭天古歌/汉刚　李贵明译注，迪庆藏族自治州非物质文化遗产保护中心编，云南民族出版社 . 1104

凉州方言词汇研究/李贵生著，甘肃人民出版社 . 380

禄劝彝语文读本/禄劝彝族苗族自治县民族宗教事务局禄劝彝族苗族自治县教育局编，云南民族出版社 . 153

满通古斯民族语言研究：朝克学术思想评论/李肖含编，学苑出版社 . 422

蒙古语解读 HSK/包相和　道力格洋编著，民族出版社 . 315

南岛美里语描写语法/钟英成著，赵庆莲译，云南人民出版社 . 136

南方少数民族语言生态研究/冯广艺　李庆福等著，中国社会科学出版社 . 353

纳苏彝语语法研究/普忠良著，云南民族出版社 . 334

内蒙古人口较少民族居住区语言生态与语言传承研究/许晋著，中国社会科学出版社 . 317

内蒙古中小学少数民族双语教师普通话培训测试现状及对策研究/陈硒著，吉林大学出版社 . 116

南部土家语研究/向亮著，中央民族大学出版社 . 229

趣读彝语文/杨凤江　李惠兰著，楚雄彝族自治州民族宗教事务委员会编，云南人民出版社 . 227

全国民族语文翻译学术研讨会论文集/阿力木沙比提主编，中央民族大学出版社 . 339

青海民族地区双语教育教学现状调查/张海云　尤当周著，河南人民出版社 . 274

人口流动与语言适应：北京少数民族社区及家庭语言调查研究之三/丁石庆主编，民族出

版社 . 231

土族《格萨尔》语言研究/王国明著，民族出版社 . 213

泰国汉语教材研究/吴锋著，民族大学出版社 . 416

维吾尔语乌什话研究/木再帕尔著，中国社会科学出版社 . 159

新平彝文识字读本/迪莫・普桑编著，新平彝族傣族自治县民族研究所编，云南民族出版社 . 82

新疆少数民族牧区双语教育发展研究/成世勋著，知识产权出版社 . 236

锡伯族当代母语诗歌研究/孙诗尧著，暨南大学出版社 . 155

语言田野调查实录 12/王远新主编，中央民族大学出版社 . 529

湘西汉语方言音韵研究/邹晓玲著，中国社会科学出版社 . 274

湘西地区少数民族语言态度研究/瞿继勇著，民族出版社 . 297

语言田野调查实录 13/王远新主编，中央民族大学出版社 . 462

云南少数民族的数量认知及双语教育研究/刘炜著，云南大学出版社 . 204

云南规范彝文识字课本/自文清　李海燕编著，云南民族出版社 . 141

云南省通海县兴蒙蒙古族乡喀卓语/云南省通海蒙古民族文化研究传承保护中心　内蒙古锡林郭勒职业学院蒙古文化研究所著，云南人民出版社 . 240

云南濒危少数民族语言生态研究/寸红彬著，云南人民出版社 . 208

《云南省少数民族语言文字工作条例》释义/云南省民族宗教事务委员会编，云南民族出版社 . 181

湘西苗语、土家语与汉语接触研究/杨在彪著，吉林大学出版社 . 448

彝族有声语言基础理论及其数字化方法研究/苏连科等著，民族出版社 . 313

藏缅语族语言动量词研究/戴宗杰著，中国社会科学出版社 . 189

藏语语言学史稿/华侃等著，民族出版社 . 463

中国民成族的形/李济著，上海人民出版社 . 228

壮族双语教育研究第二辑/韦兰明主编，广西民族出版社 . 272

壮语文研究综述/蓝明生著，广西民族出版社 . 228

增订爨文丛刻/马学良主编，贵州省毕节市民族和宗教事务委员会修订，四川民族出版社 . 2020

中央民族大学馆藏少数民族文字古籍名录/中央民族大学中国少数民族语言与古籍研究所　北京市民族古籍整理出版规划小组办公室编，中央民族大学出版社 . 373

中国民族语言学报第一辑/《中国民族语言学报》编委会编，商务印书馆 . 206

中国彝文典籍译丛第九集/州政府编，四川民族出版社 . 327

蒙语第二册/何荣伟张丹卉主编，辽宁民族出版社 . 95

七　民族教育

新中国民族教育理论概论/孟立军著，中国社会科学出版社 . 325

中国民族院校办学理念的变迁研究/陆继锋著，民族出版社 . 365

传统文化在校园建设中的应用与研究/赵云营著，电子科技大学出版社 . 165

多元与和谐：民族院校人才培养模式的战略选择/王世忠著，华中师范大学出版社 . 420

大学生思政教育与中华民族传统文化/胡雁波　胡显峰　蒋怡主编，吉林大学出版社 . 402

大学生心理健康促进与民族团结手册/罗鸣春等，编著科学出版社 . 234

第一届高校新疆籍少数民族学生教育管理研讨会论文集/张强　袁本新　李敏主编，中山

大学出版社. 201
大象：中国民族团结南宁经验研究/徐杰舜　孙亚楠　刘少莹著，民族出版社. 358
广西民族教育发展研究/韦兰明著，广西师范大学出版社. 203
贵州民族文化传承的课堂民族志研究/孟立军著，中国社会科学出版社. 354
贵州省少数民族传统体育文化发展研究/赵晓红　鞠军著，西安交通大学出版社. 173
高校少数民族大学生应用型人才培养模式研究/吴开松等著，科学出版社. 187
高校国家认同教育研究/王瑞萍　赵国军　董捷著，中国社会科学. 383
核心与边缘：清代前中期民族文教政策研究/许可峰著，民族出版社. 305
和美社会/朱国伟主编，中央民族大学出版社. 223
教育人类学视野中的裕固族教育研究/巴战龙著，甘肃文化出版社. 216
论藏族社会的和谐稳定：以藏族和谐心理特质的研究为例/王庆著，社会科学文献出版社. 243
立德树人育新时期高职大学生：新疆高职院校德育创新实践研究/杨涵　刘巧芝编著，天津大学出版社. 131
民国中央政府少数民族教育政策研究/王景著，民族出版社. 246
民族传统体育与大学教学实践研究/孙俊江著，中国原子能出版社. 251
民族传统体育发展与教学实践/姚海霞　李慧君主编，中国原子能出版社. 316
民族教育理论与实践/钟海青著，广西人民出版社. 274
民族双语教育的理论与实践研究/王兆璟主编，民族出版社. 446
民族民间体育进校园/关槐秀主编，北京体育大学出版社. 259
民族大团结共筑中国梦：湖北省大学生民族教育读本/覃红　刘宏达主编，华中师范大学出版社. 161
内地高校少数民族大学生教育管理实践研究/葛琳琳著，辽宁大学出版社. 278
青海少数民族预科教育探索/姚鹏　闫福旭　张富贵等编著，青海人民出版社. 204
情趣化汉语教学模式/杨东等著，电子工业出版社. 196
认知认同践行：少数民族国家认同教育研究/方明等著，武汉出版社. 361
守好各民族美好精神家园：内蒙古文化建设 70 年/马永真　毅松主编，内蒙古人民出版社. 314
少数民族传统体育学科建设研究/张杰著，中国原子能出版社. 228
少数民族传统体育的多视野研究/王晓飞著，上海交通大学出版社. 185
少数民族地区高职教育与区域经济发展研究/侯长林　罗静　李博等著，湘潭大学出版社. 165
思想政治教育视阈下的少数民族干部人文关怀研究/雷随斌　陈清华著，人民出版社. 210
我国当代竞技篮球与民族传统文化的关联研究/尹立波著，吉林大学出版社. 201
学校教育在传承民族文化中的作用研究：以传承广西民族文化为例/何红梅著，华中科技大学出版社. 217
新民族图案设计教程/回连涛等著，人民美术出版社. 311
胸怀祖国相知相守/教育部民族教育司教育部民族教育发展中心组编，人民教育出版社. 246
西藏教育六十年/周润年　塔娜著，甘肃教育出版社. 383
西北少数民族地区课程政策实施研究：基于教育公平的视角/张善鑫著，中国社会科学出版社. 274

影视与民族教育/肖显惠　黄文贵　李新著，东北师范大学出版社 . 241
“圆梦百年的民族教育理论反思”学术论文集/张诗亚　张学敏主编，科学出版社 . 261
云南边境地区民族教育考察/李孝川著，人民出版社 . 333
云南民族教育现代化研究/杜俊军　朱立韬　叶少玲主编，云南科技出版社 . 301
彝族优秀传统文化与高校德育/文斌　胡峡主编，九州出版社 . 308
藏族教育新论/周润年著，中央民族大学出版社 . 327
中华颂：中国 56 个民族集锦/叶小林编著，当代世界出版社 . 255
中华民族一家亲同心共筑中国梦：2016 年云南省学校民族团结教育征文集萃/杨卫国　张国华主编，云南民族出版社 . 468
中国传统文化视角下的高校思想政治教育的解构与重塑/王兴伟　赵越　高歌著，吉林大学出版社 . 243
中国民族民间音乐艺术与课程教学/张媛著，九州出版社 . 147
中国特色民族教育理论体系研究/陈达云著，科学出版社 . 211
中国民族教育发展报告第 3 辑/张诗亚主编，科学出版社 . 330
中国共产党对广西壮族干部的培养：1921—1949/牙远波著，广西人民出版社 . 254
中国民族教育发展报告内蒙古卷/陈中永主编，社会科学文献出版社 . 471
中国少数民族教育探索/张俊豪　丁月牙　苏红著，民族出版社 . 188
中国民族教育政策法规汇编/杨定玉主编，知识产权出版社 . 591
中国民族院校校园文化建设研究/杨胜才等著，科学出版社 . 211
中国南方回族教育与经堂教育文史资料辑要/哈正利主编，中国南方回族古籍丛书编委会编，中国言实出版社 . 476
民族教育信息化概论/徐天伟　伊继东　梅英等著，科学出版社 . 191

八　民族宗教

2016 云南民族宗教工作调研报告集/杨之宏主编，云南省民族宗教事务委员会编，云南民族出版社 . 446
师宗壮族/张茂安主编，师宗县民族宗教侨务事务局　师宗县壮学发展研究会编，德宏民族出版社 . 314
萨满文化研究第五辑/薛刚主编，民族出版社 . 227
加强和创新宗教事务管理：以甘肃省伊斯兰教事务管理为例/谢金城著，宗教文化出版社 . 300
人性道统论/刘振著，宗教文化出版社 . 409
四川省党政干部民族宗教知识读本/编委会编，四川民族出版社 . 396
现代性视域下宗教对西北民族关系的影响/李晟赟著，中央民族大学出版社 . 250
云南边疆民族地区基督教地域适应研究/李守雷著，中国社会科学出版社 . 291
穿越时光的萨满：通往知识的五百年之旅/［加］杰里米·纳尔贝　［英］弗朗西斯·赫胥黎主编，苑杰译，社会科学文献出版 . 265
侗族巫蛊信仰与阶层婚研究/曹端波著，贵州大学出版社 . 458
魂兮归来：中国灵魂信仰考察/马昌仪著，中国社会科学出版社 . 369
敬畏与感恩：遵义仡佬人的信仰世界/袁礼辉著，中央民族大学出版社 . 223
人性道统论/刘振著，宗教文化出版社 . 409
萨满神歌语言认知问题研究/高长江著，吉林大学出版社 . 436

象征的由来：叶青村纳西族东巴教仪式研究/鲍江著，民族出版社.410

信仰之灵：楚雄彝族民间信仰/李友华著，楚雄彝族自治州民族宗教事务委员会编，云南人民出版社.209

西北地区信奉伊斯兰教民族婚俗舞蹈研究/马盛德著，中华书局.161

锡伯族民间信仰与社会田野调查一/奇车山　迪木拉提·奥迈尔著，民族出版社.205

锡伯族民间信仰与社会田野调查二/奇车山　迪木拉提·奥迈尔著，民族出版社.597

藏传佛教信仰与民俗/才让著，上海古籍出版社.478

宗教学：学科的构成/［美］瓦尔特·H. 凯普斯（Walter H. Capps）著，常宏等译，社会科学文献出版社.374

追寻文明交融的起点：成都平原天主教的家庭支持研究/廖翔慧著，民族出版社.352

东正教研究第一辑/石衡潭主编，民族出版社.317

贵州基督教史/谭厚锋　林建曾　伍娟著，中央民族大学出版社.295

撒拉族手抄本《古兰经》/民族出版社.872

新疆民族宗教研究书目/刘志主编，新疆生产建设兵团出版社.326

西夏文藏传《守护大千国土经》研究/安娅著，花木兰文化出版社.229

伊斯兰与中国西南边疆社会/姚继德　马健雄主编，云南大学出版社.279

九　民族文学艺术

传统与现代：20 世纪 80 年代土家族小说与土家文化/毛小芬著，武汉大学出版社.174

东南民族的艺术实践：审美感知与文化情境/冯莎主编，厦门大学出版社.195

达布逊戈壁今昔/林布加主编，辽宁民族出版社.338

多元共生精彩纷呈：少数民族文学研究与探索/杨玉梅著，作家出版社.323

多元文化交流视野下的新疆世居民族民间文学研究/吴新锋著，暨南大学出版社.263

傣泰民族民间故事研究/刘红著，云南人民出版社.344

傣族民间歌舞学术研讨会论文集/刀承华主编，云南民族学会傣学研究委员会编，云南教育出版社.421

德钦民间故事/斯那农布等搜集整理，德钦县文联　德钦县文物管理所编，民族出版社.289

贵州少数民族文学艺术研究/吴红梅主编，华中科技大学出版社.202

高黎贡山傈僳故事第一辑/保山市傈僳族研究会编译，德宏民族出版社.407

古溪州土家族民间传说故事/向津清主编，中央民族大学出版社.336

解码西藏文明：风雪高原的艺苑奇葩/尕藏才旦编著，甘肃民族出版社.222

康巴藏族民间故事研究/王远明等著，四川大学出版社.427

科尔沁蒙古族说唱文学研究/何红艳著，暨南大学出版.203

落入凡间的羊/唐新运著，作家出版社.287

罗作舞者普思成则/刘登品著，红河县彝族学会编，云南民族出版社.241

民间诗神：格萨尔艺人研究/杨恩洪著，中国社会科学出版社.336

民族茶艺学/周红杰　李亚莉主编，中国农业出版社.395

满族民间文学概要/阎丽杰著，中国社会科学出版社.356

蒙古勒汗的子孙们/乔志良主编，青海民族出版社.167

民族音乐学反思与建构论文集/杨曦帆　管建华主编，江苏凤凰教育出版社.504

民族器乐历史形态与艺术赏析/于秀慧　阚鹏　李亚楠编著，光明日报出版社.263

青海历代书画艺术家辞典/南文魁编，青海民族出版社.757
千灯互照：新世纪少数民族文学创作生态与批评话语/刘大先著，暨南大学出版社.288
黔东民歌集萃/杨昌建编，中国广播影视出版社.142
视觉传达设计中民族艺术元素的应用研究/辛丽亚著，东北师范大学出版社.166
洒落人间的彩霞：楚雄彝族服饰/文艺著，楚雄彝族自治州民族宗教事务委员会编，云南人民出版社.200
土家族民间艺术的现代传播/古春霞著，中国社会科学出版社.338
乌苏里船歌/孙玉民著，作家出版社.154
我国古代时期民族美术艺术研究/刘宏晖著，中国原子能出版社.162
文溪少数民族故事集第二卷/林成著，团结出版社.110
炫彩的天空：楚雄彝族民间文学/陈永春　陈九彬著，楚雄彝族自治州民族宗教事务委员会编，云南人民出版社.196
兴蒙蒙古族乡民间故事/云南省通海蒙古民族文化研究传承保护中心编，云南人民出版社.127
锡伯族当代母语诗歌研究/孙诗尧著，暨南大学出版社.155
彝族毕摩绘画研究/王四代　颜霁琪著，云南大学出版社.103
云南画派研究/颜霁琪　郝云华著，云南大学出版社.123
一个画家与一个民族/于志学著，线装书局.249
云南民族传统武舞文化研究/李莹　李雨衡著，北京希望电子出版社.222
云南陶艺研究/解梦伟　侯小锋　范例著，云南大学出版社.212
云南民族文化丛书：云南民族艺术研究卷/和少英总主编，王四代　张宗红　范例主编，云南大学出版社.302
仪式艺术与社会文化：苗族仪式艺术绺巾的调查研究/邹宇灵著，云南大学出版社.103
壮族经典儿歌童谣/于腾腾　刘敬柳编著，广西科学技术出版社.109
族性建构与新时期回族文学/林琳著，暨南大学出版社.191
中国民族音乐探索/杨通俊著，东北师范大学出版社.148
中国民族音乐与鉴赏研究/任华清著，新华出版社.198
中国民族器乐审美文化研究/周力著，东北师范大学出版社.188
中国少数民族艺术文丛/苏和平主编，光明日报出版社.147
壮族经典民间故事/刘敬柳　于腾腾编著，广西科学技术出版社.196
壮族古代名人故事/吴玉富编译，广西民族出版社.217
壮族经典寓言故事/王江苗编译，广西民族出版社.184
卓尼藏族创世史诗——舍巴/范学勇　杨世宏编著，民族出版社.185

十　世界民族

华侨华人文献学刊：第四辑/张禹东　庄国土主编，社会科学文献出版社.318
华侨华人文献学刊：第五辑/张禹东　庄国土主编，社会科学文献出版社.318
海外华人研究第一辑/钱江主编，暨南大学出版社.170
奥匈帝国民族治理研究/高晓川著，时事出版社.230
阿兰．邓迪斯民俗学研究/丁晓辉著，社会科学出版社.271
初期女性苏菲研究/［美］拉基亚·艾拉汝伊·科奈尔著，马仲荣译，中央民族大学出版社.224

当代世界民族冲突管理研究/王军　王云芳　马东亮著，民族出版社 . 261

国际移民与海外华人研究/李其荣主编，中国社会科学出版社 . 399

加拿大的族裔问题及其治理研究/周少青著，中国社会科学出版社 . 271

明代中国日本琉球三国关系与东亚国际秩序研究/陈武强　郭海东著，四川大学出版社 . 251

马来西亚伊斯兰复兴运动研究/曹庆锋著，宁夏人民出版社 . 234

马来西亚华人民俗研究论文集/安焕然等著，廖文辉主编，策略资讯研究中心 . 306

美国的正确与错误：民族主义视角/［英］阿纳托尔·利文（Anatol Lieven）著，孙晓坤译，中信出版集团股份有限公司 . 372

美国的公民意识教育与族群认同研究/王兆璟著，中国社会科学出版社 . 213

缅甸民族国家建设中的族际关系治理研究/钟贵峰著，中国社会科学出版社 . 334

梅干与武士刀：在传统文化中的古老智慧揭开大和民族创新独步的关键/［日］樋口清之（Kiyoyuki Higuchi）著，邬菲译，时报文化出版企业股份有限公司 . 259

民族政治学：印度的族裔问题及其治理研究/朱伦　刘泓主编，王树英著，中国社会科学出版社 . 285

民族政治学：英国的族裔问题及其治理研究/刘泓著，中国社会科学出版社 . 250

民族政治学：加拿大的族裔问题及其治理研究/周少青著，中国社会科学出版社 . 271

泰国民俗与文化/戚盛中编著，北京大学出版社 . 325

土耳其民族国家建设和库尔德问题的演进/李秉忠著，社会科学文献出版社当代世界出版分社 . 509

信仰体裁社会：从爱沙尼亚民俗学的角度分析/［爱沙尼亚］于鲁·瓦尔克（lo Valk）著，董晓萍译，中国大百科全书出版社 . 150

血缘与归属：探寻新民族主义之旅/［加］叶礼庭著，成起宏译，中央编译出版社 . 348

英国教育人类学《民族志与教育》期刊的分析与述评/周兰芳著，民族出版社 . 214

越南当代民族问题和民族政策研究/滕成达著，厦门大学出版社 . 228

再现世界历史：西欧民族国家的兴起/朱明编著，山东科学技术出版社 . 97

（供稿人：李振杰　乌云格日勒）

2018 年

一　综合

阿坝州旧志集成．金川卷小金卷/董常保编，四川大学出版社 . 420

阿坝州旧志集成．松潘卷/董常保编，四川大学出版社 . 677

阿坝州旧志集成．九寨沟卷，理县卷/董常保编，四川大学出版社 . 494

阿坝州旧志集成．综合卷/董常保编，四川大学出版社 . 439

阿坝州旧志集成．茂县卷/董常保编，四川大学出版社 . 439

阿坝州旧志集成．汶川卷/董常保编，四川大学出版社 . 389

边城民族志：一个湘渝黔边界的集镇调查/周大鸣　程瑜主编，中山大学出版社 . 299

大理白族自治州志：1978—2005（全五册）/大理白族自治州地方志编纂委员会编纂，云南人民出版社 . 2963

大理州年鉴 . 2018（第 29 卷）/大理白族自治州地方志编纂委员会编，云南民族出版

社.532

关岭布依族苗族自治县志：1999—2015/关岭布依族苗族自治县地方志编纂委员会编，方志出版社.833

贵州土家族百科全书/陈国安主编，贵州省土家学研究会编，贵州民族出版社.714

湖北省图书馆藏稀见方志丛刊（全一百册）（影印本）/湖北省图书馆编，国家图书馆出版社.57008

兰台珍档：阿坝州馆藏档案集萃/杨成立主编，阿坝州档案馆编，西南交通大学出版社.319

绿春彝族志/绿春县彝族研究学会　绿春县地方志办公室编，云南人民出版社.298

民族图书馆学研究．九/吴贵飙主编，辽宁民族出版社.489

宁夏统计年鉴.2018/宁夏回族自治区统计局　国家统计局宁夏调查总队编，中国统计出版社.684

怒江傈僳族自治州志：1996—2010（全2册）/怒江傈僳族自治州地方志编纂委员会办公室编纂，云南人民出版社.1707

石屏彝族志/石屏县彝族研究学会　石屏县地方志办公室编，云南人民出版社.393

书香草原：图书馆与文化传承/柴美丽　陈春燕主编，远方出版社.347

他乡即故乡：海原东乡族群体的民族志/杨文笔著，民族出版社.284

西藏自治区志，劳动和社会保障志/洛桑江村总编纂　西藏自治区地方志编纂委员会总编《西藏自治区志·劳动和社会保障志》编纂委员会编纂，方志出版社.615

改革开放以来少数民族地区公共图书馆发展研究：1978—2018/冯云著，中山大学出版社.395

西藏自治区志，政区建置志/西藏自治区地方志编纂委员会总编　《西藏自治区志·政区建置志》编纂委员会编撰，中国藏学出版社.674

新疆年鉴.2017（总第33部）/新疆维吾尔自治区地方志编纂委员会编辑，新疆年鉴社.556

新疆统计年鉴.2018/新疆维吾尔自治区统计局　国家统计局新疆调查总队编，中国统计出版社.646

兴仁县民族宗教志/《兴仁县民族宗教志》编纂委员会编，方志出版社.452

云南少数民族古籍珍本集成．第六十七卷．藏族（影印本）/云南省少数民族古籍整理出版规划办公室编，云南人民出版社.296

云南少数民族古籍珍本集成．第六十八卷．藏族（影印本）/云南省少数民族古籍整理出版规划办公室编，云南人民出版社.299

云南少数民族古籍珍本集成．第七十卷．布朗族（影印本）/云南省少数民族古籍整理出版规划办公室编，云南人民出版社.384

云南少数民族古籍珍本集成．第六十六卷．傣族（影印本）/云南省少数民族古籍整理出版规划办公室编，云南人民出版社.270

云南少数民族古籍珍本集成．第六十九卷．彝族（影印本）/云南省少数民族古籍整理出版规划办公室编，云南人民出版社.304

云南特有少数民族图文档案/黄凤平主编，云南省档案馆编，云南民族出版社.290

中国民族年鉴.2018（总第二十四期）/张谋主编，中国民族年鉴编辑部.934

中国民族统计年鉴.2017/国家民族事务委员会经济发展司　国家统计局国民经济综合统计司编，中国统计出版社.969

中国民族研究年鉴.2013—2014/中国社会科学院民族学与人类学研究所编，中国社会科学出版社.688

中国少数民族古籍总目提要．水族卷/国家民族事务委员会全国少数民族古籍整理研究室编，中国大百科全书出版社.528

二　民族理论

“西藏问题”国际纷争的背景、流变及视域/［卢森堡］阿尔伯特·艾廷格著，周健　曾文卉　何妙生译，五洲传播出版社.284

2015 年新疆维吾尔自治区 1% 人口抽样调查资料/新疆维吾尔自治区统计局编，中国统计出版社.504

2016 年国内民族理论与民族政策热点研究报告/青觉　严庆副主编，民族出版社.200

包容与凝聚：多民族国家和谐稳固的制度机制/王建娥著，中国社会科学出版社.429

边疆少数民族地区特色城镇体育旅游核心竞争力研究/杨勇著，云南人民出版社.174

藏区新型城镇化与社会治理创新协同发展研究/何建兴著，四川民族出版社.329

城镇化视域下滇越边境地区少数民族生产生活转型研究/侯莹　曹贵雄著，中国商务出版社.226

村规民约传承固有习惯法研究：以广西金秀瑶族为对象/高其才著，湘潭大学出版社.268

村际关系与地域社会的整合：基于三个黎族村落的调查/王振威著，中国社会科学出版社.189

当代黑龙江与新疆屯垦比较研究/阿拉腾奥其尔　褚宏霞著，社会科学文献出版社.345

中国近代思想脉络中的民族主义/郑大华著，社会科学文献出版社.338

当代西方政治哲学视阈下的民族建构/张寅著，中国政法大学出版社.210

当代中国边疆·民族地区典型百村调查．内蒙古卷．第三辑（全 2 册）/厉声主编，社会科学文献出版社.532

当代中国少数民族村社政治体系变迁：以西南少数民族村社作为研究对象/吴承富著，国防科技大学出版社.222

电视媒体对维吾尔族观众的影响力现状与提升路径研究/王斌著，中央民族大学出版社.280

分裂主义与国家认同研究：以新疆分裂主义为例/沈晓晨著，社会科学文献出版社.246

服务与治理：基于对民族乡镇基层政府的实证研究/王纪芒著，中央民族大学出版社.174

构筑中华民族共有精神家园的理论与实践研究/张琳　马俊毅主编，民族出版社.493

国际关系与“西藏问题”：藏学前沿热点问题透视/朱晓明　程早霞　杜永彬等著，哈尔滨工程大学出版社.197

海南黎族聚居区民主自治研究/王睿著，吉林人民出版社.190

互嵌式社会与民族团结：人类学的视角/张少春著，社会科学文献出版社.294

话语“互构”：民族新闻的跨文化之维/廖云路著，民族出版社.384

马克思恩格斯民族理论发展的历史研究/马玉欢著，人民日报出版社.240

民族地区公共财政制度研究/张建忠著，经济管理出版社.171

民族地区公共管理案例/乌兰　李沃源编著，中国经济出版社.304

民族地区马克思主义大众化路径研究：基于中共领导广西文化建设史的考察/黄家周著，中国社会科学出版社.316

民族地区农地保护的法律问题研究/宋才发　李凤梅主编，中央民族大学出版社.339

民族法制文化研究．第六辑：回族族法制文化研究/中华司法研究会民族法制文化研究专业委员会　甘肃省民族法制文化研究所编，民族出版社．150

民族关系和谐性监测预警及主动调控机制研究/张劲松　郑双怡著，中国社会科学出版社．470

民族理论研究．第一辑/龚永辉　陈建樾　刘泓主编，社会科学文献出版社．330

民族理论研究．第二辑/龚永辉　陈建樾　刘泓主编，社会科学文献出版社．285

民族区域自治制度在广西/凌经球等著，广西人民出版社．360

民族社会工作研究：基于民族文化的视角/李林凤著，民族出版社．226

民族团结进步示范州创建路径探索：以玉树藏族自治州实践为例/陈玮　张晓军等著，社会科学文献出版社．277

民族影像与国家形象塑造：中国少数民族题材纪录片研究（1979—）/王华著，复旦大学出版社．408

南方主要少数民族村规民约与纠纷解决/陈寒非著，湘潭大学出版社．303

农村公共服务多元供给体系与农民需求表达机制：基于西北民族地区的实证研究/刘书明著，中国财政经济出版社．280

人口较少民族聚居地区城乡一体化社会救助体系建设研究/刘苏荣著，中国社会科学出版社．216

少数民族地区生态自治立法研究/乔世明等编著，中央民族大学出版社．380

少数民族非物质文化遗产的法律保护研究/谭东丽著，吉林大学出版社．227

少数民族民事习惯司法运用研究/施蔚然著，云南大学出版社．187

少数民族优秀传统文化与社会主义核心价值观契合研究/陈金龙著，西南交通大学出版社．202

少数民族转型社区老年文化福利发展研究：以昆明沙朗白族社区为例/李艳华著，九州出版社．302

社会发展与少数民族干部培养问题研究：基于隆林各族自治县的人类学考察/吴爱华著，人民出版社．247

天涯海角的老规矩：海南少数民族传统习惯法研究/韩立收著，法律出版社．390

五十国民族政策研究/朱伦主编，中国社会科学出版社．835

西方现代国家建构研究：自由主义与民族主义的视角/扈红英著，光明日报出版社．246

西南民族地区土地制度变革与乡村社会重构研究：1949—1957/范连生著，知识产权出版社有限责任公司．447

西南少数民族地区农村人力资源开发研究/沈鸿著，科学出版社．194

新疆社会主义新农村文化建设研究/盛新娣　范聪卓著，人民日报出版社．211

养老的逻辑与实践：云南沧源一个佤族村寨的实证研究/陈明君著，云南人民出版社．206

云贵少数民族地区传统村落规划改造和功能提升：碗窑村传统村落保护与发展/陈继军等编著，中国建筑工业出版社．197

云南跨境婚姻移民：一项多元交织分析研究/陈雪著，社会科学文献出版社·社会学出版中心．277

中国改革开放全景录．宁夏卷/曲青山　黄书元主编，中共宁夏回族自治区委员会党史研究室编著，人民出版社．373

中国改革开放全景录．西藏卷/曲青山　黄书元主编，中共西藏自治区委员会党史研究室编著，人民出版社．292

中国改革开放全景录．新疆卷/曲青山　黄书元主编，《中国改革开放全景录·新疆卷》编委会编，人民出版社．417

中国民族发展报告．2018：民族团结进步创建/王延中　隋青主编，中国社会科学院民族学与人类学研究所国家民族事务委员会监督检查司编，社会科学文献出版社．255

中国民族关系十讲/崔明德著，人民出版社．342

中国民族区域自治的理论与实践研究：新疆维吾尔自治区的建立和发展分析/阿勒泰·赛肯著，人民出版社．187

中国全面小康发展报告：景宁样本/赖惠能主编，红旗出版社．372

中国少数民族地区保障性安居工程绩效评价问题研究/崔娟敏著，东北师范大学出版社．201

中国少数民族非物质文化遗产发展报告：2018 法律保护：少数民族非物质文化遗产保护的法治建设研究/肖远平　柴立主编，社会科学文献出版社．406

中国少数民族事业发展报告：2017/丁宏主编，知识产权出版社有限责任公司．165

中华民族多元一体格局（修订本）/费孝通主编，中央民族大学出版社．316

自发移民与社会治理：宁夏的实践和经验/杨永芳著，社会科学文献出版社．309

三　民族经济

“三月三”民族文化与三亚全域旅游论坛论文集/“三月三”民族文化与三亚全域旅游论坛组委会编，海南出版社．247

“一带一路”倡议与民族地区发展/李曦辉主编，经济管理出版社．533

“一带一路”倡议与西藏经济社会发展研究/图登克珠　徐宁编著，社会科学文献出版社．227

2017—2018 年新疆经济社会形势分析与预测/高建龙　苏成主编，社会科学文献出版社．383

多重维度视阈下藏族聚居区全面小康社会的实现路径/唐剑　张堙著，经济科学出版社．207

改革开放 40 年：新疆人民生活/国家统计局新疆调查总队编，中国统计出版社．282

甘宁青回族宗教文化旅游资源和谐开发研究/沙爱霞著，宁夏人民出版社．248

甘肃民族地区经济发展与就业/杨朝继著，科学出版社．199

甘肃民族地区精准扶贫研究/权丽华著，九州出版社．210

格萨尔文化资源在旅游业中的有形化利用研究/世藏吉著，经济管理出版社．192

根在草原：东乌珠穆沁旗定居牧民的生计选择与草原情结/张昆著，社会科学文献出版社·社会政法分社．266

公共资助就业培训项目在少数民族农村地区的实施效果研究/杨锦秀等著，人民出版社．318

贵州少数民族地区特色旅游产业精准扶贫路径研究/王超　吴倩　王志章著，科学出版社．177

海南黎族地区旅游业资本生态研究/罗君名著，海南出版社．374

回族经济史/杨思远主编，中国经济出版社．513

加快西北少数民族地区经济发展与环境友好型社会建设研究/陈兴鹏　张子龙　薛冰著，兰州大学出版社．340

精准扶贫精准脱贫百村调研．打安村卷：发展特色产业与黎族村脱贫之路/潘劲等著，社

会科学文献出版社.206

精准扶贫精准脱贫百村调研.顺安村卷："石山王国"村庄贫困治理的逻辑/廖永松　张宗帅　韦鹏著，社会科学文献出版社.262

精准扶贫精准脱贫百村调研.紫霞村卷："支部+"模式引领脱贫路/李群　刘涛著，社会科学文献出版社.222

龙窖山瑶族文化旅游开发与精准扶贫研究/苏祖勤　李庆福　方堃主编，湖北人民出版社.324

旅游开发中的西部民族社区妇女：参与与改变/赵振斌　褚玉杰等著，科学出版社.300

满族经济史/杨思远等著，社会科学文献出版社.616

苗族银饰文化产业调查研究/郑泓灏著，社会科学文献出版社·区域发展出版中心.233

民族村寨旅游开发条件评价与可持续发展研究/杨军辉著，西安交通大学出版社.172

民族地区共生发展的理论与实证研究/黄小勇著，经济管理出版社.227

民族地区精准扶贫难点问题研究/方堃著，科学出版社.146

民族地区旅游扶贫"什寒模式"研究/谢镕键主编，中国旅游出版社.141

民族地区转移支付、财力均等化和收支稳定效应研究/王华春著，中国经济出版社.228

民族经济学四十年/黄健英等编著，中国经济出版社.382

民族山区精准扶贫与片区发展问题调查研究：以湖北省为例/程蹊　陈全功著，科学出版社.194

民族社会经济史研究/张雪慧著，社会科学文献出版社·人文分社.429

民族自治地方经济社会发展水平评估与提升策略研究：以民族自治州为例/李波等编著，科学出版社.148

牧区生态移民的生活变迁研究/乌静著，中国政法大学出版社.204

内蒙古精准扶贫研究报告：2018/张志华主编，社会科学文献出版社.302

青海藏区农牧民素质与生活水平关系研究/费胜章著，青海民族出版社.231

青海藏区新型城镇化进程中传统文化保护与利用研究/马桂芳著，国家行政学院出版社.206

青海民族村寨传统文化利用与保护研究/何梅青著，青海人民出版社.326

三峡流域民族自治地区精准扶贫研究/谭志松主编，中国社会科学出版社.278

少数民族传统工艺遗产的活态流变及其动力：以四川民族地区为例/张建世著，民族出版社.233

少数民族牧区经济可持续发展研究/李铭著，延边大学出版社.133

透过"机会之窗"分析苗族经济困境与路径依赖/陈宗富著，中国社会科学出版社.172

西北民族地区经济增长的贫困变动效应/张平著，经济管理出版社.228

西部民族地区经济转型与发展研究：以宁夏回族自治区为例/徐广国著，科学出版社.168

西部民族地区贫困脆弱性的金融治理研究/张华泉著，西南财经大学出版社.144

西江模式：西江千户苗寨景区十年发展报告：2008—2018/李天翼主编，社会科学文献出版社·皮书出版分社.297

西南林区少数民族发展路径研究/龙耀等著，九州出版社.386

现代性与乡土性的博弈：民族社区旅游发展困境的理论透视/刘旺　柳红波　蒋敬著，科学出版社.312

新疆连片特困地区少数民族贫困农户自我发展能力提升研究/刘林著，经济科学出版社.181

彝族经济思想研究/王祥兵著，经济科学出版社 . 189

易地扶贫搬迁与搬迁人口市民化耦合研究：广西少数民族聚居地区的实践表述/何玲玲 吕翠丽著，经济科学出版社 . 251

云南少数民族传统村落保护与发展研究/石高峰主编，云南人民出版社 . 224

中国朝鲜族聚居边疆地区农村贫困问题研究/沈万根著，延边大学出版社 . 269

中国民族地区经济社会调查报告：澜沧拉祜族自治县卷/王伟光总主编，管彦波　艾菊红主编，中国社会科学出版社 . 339

中国民族地区经济社会调查报告．凤凰县卷/王伟光总主编，刘小珉卷主编，中国社会科学出版社 . 411

中国民族地区经济社会调查报告：红寺堡卷/王伟光总主编，马平卷主编，中国社会科学出版社 . 302

中国民族地区经济社会调查报告：五指山市卷/王伟光总主编，张继焦卷主编，中国社会科学出版社 . 330

中国民族地区经济社会调查报告：茂县卷/王伟光总主编，黄成龙　张曦卷主编，中国社会科学出版社 . 322

中国民族地区全面小康社会建设研究/王延中　丁赛等著，中国社会科学出版社 . 363

中国人口较少民族发展报告：2015/乐长虹　陈达云主编，国家民族事务委员会经济发展司编，民族出版社 . 530

中国少数民族地区城乡居民收入差距研究/峻峰著，中国经济出版社 . 366

中国少数民族地区扶贫进展报告：2017/张丽君等著，中国经济出版社 . 311

中国少数民族地区经济发展报告/赵显人主编，民族出版社 . 199

中国少数民族地区精准扶贫案例集/张丽君等著，中国经济出版社 . 183

中国西部民族经济调查：2017/郑长德　李强主编，经济科学出版社 . 313

中蒙俄经济走廊/谢文心　谢文璇等编著，中国经济出版社 . 259

中蒙俄经济走廊研究报告：2017/内蒙古自治区发展研究中心　国合丝路研究院编，社会科学文献出版社 . 373

走向繁荣：四川藏区经济社会发展若干问题研究/王建平著，经济科学出版社 . 187

四　民族学与人类学

“美”的解释与嬗变：奕车女性身体审美及其变迁/陈树峰著，社会科学文献出版社 . 251

“我们”的田野作业与反思/孙信茹　杨星星主编，云南大学出版社 . 262

“一带一路”建设与草原文化传播/崔燕著，辽宁人民出版社 . 214

16—18 世纪蒙古佛教史研究/明·额尔敦巴特尔著，内蒙古人民出版社 . 277

2017 云南民族宗教工作调研报告集/孙云霞主编，云南省民族宗教事务委员会编，云南民族出版社 . 321

20 世纪西方人类学主要著作指南/王铭铭主编，民主与建设出版社 . 631

阿西里西的故乡：板底彝族古村落/李雯主编，陆刚编著，贵州省民间文艺家协会编，贵州民族出版社 . 194

翱翔中的拉祜族乡：云南省临沧市临翔区南美拉祜族乡调查报告/李红军　梅英著，社会科学文献出版社·人文分社 . 198

白族文化研究 . 2017/赵润琴主编，大理白族自治州白族文化研究院编，云南民族出版社 . 555

白族孝文化研究/李丰春著，云南大学出版社. 208
百苗图八种（全2册）/乐怡整理，广西师范大学出版社. 754
北方少数民族家谱整理与研究：以蒙古族 满族 朝鲜族 回族 锡伯族为个案/王华北著，中央民族大学出版社. 273
本土化中的当代中国艺术人类学/施艳萍著，江苏人民出版社. 172
布依族摩经典籍. 嘱咐经/郭堂亮主编，伍凯锋等译注，贵州民族出版社. 200
苍衫彝鹰：2003—2018/李泛著，世界图书出版西安有限公司. 226
藏服的发展与制作/魏海英 李燕 王春霞主编，西南交通大学出版社. 80
藏羌彝文化走廊史话/王川主编，成都地图出版社. 273
藏羌彝走廊研究. 第二辑/陈井安主编，光明日报出版社 四川民族出版社. 277
藏族青少年民族认同发展研究/张雁军著，西藏藏文古籍出版社. 370
藏族文化通论（全3册）/吴引水 曲甘·完玛多杰著，青海民族出版社. 1031
茶马古道上的民族服饰/杨振生主编，云南人民出版社. 239
茶马古道与藏茶文化探源/窦存芳 陈书谦 张勇编著，中国农业出版社. 208
禅宗北宗敦煌文献录校与研究/韩传强著，江苏人民出版社. 420
朝鲜族研究. 2017/郑喜淑 朴光星主编，民族出版社. 413
朝鲜族研究论丛. 第九辑/高承龙 朴今海主编，辽宁民族出版社. 274
城子村傣族泼水节/金少萍著，云南美术出版社. 109
敕木山中的畲族红寨：大张坑村社会调查/方清云等著，华中科技大学出版社. 233
传承：认知与宗教人类学的探索/杨德睿著，商务印书馆. 353
从边境理解国家：哈尼阿卡人橡胶种植的人类学研究/张雨龙著，社会科学文献出版社. 382
从河西走廊看中国：中华民族共同体意识形成的区域经验/黄达远 王彦龙 蔺海鲲主编，社会科学文献出版社. 226
从命名谈广西田林盘瑶的人观建构与生命来源/陈玫妏著，民族出版社. 221
人类学丛林里的北回归线：云南特有族群及原生文明田野调查笔记/胡正刚著，中国青年出版社. 215
达里雅布依人社会文化研究/王小霞著，中国社会科学出版社. 201
大河十三寨/王辉伦著，团结出版社. 232
大理白族自治州民族文化资源普查报告/彭斌主编，中共大理州委宣传部 大理州文化体育局编，云南人民出版社. 291
傣族传统口功的医学人类学研究/段忠玉著，云南大学出版社. 179
稻神的四季歌/雷英章 陆有作著，中州古籍出版社. 133
灯下故人：一个德国人与海南岛的故事/陈江主编，海南省博物馆编，江苏人民出版社. 204
地方知识与自然阶序：华西的植物研究与人类学（1920—1937年）/李如东著，社会科学文献出版社. 213
地域社会的构成/朱炳祥著，中国社会科学出版社. 252
地域社会深描：藏羌彝走廊研究新视角/张曦 黄成龙主编，社会科学文献出版社. 350
地远歌长：大花苗的基督教音乐/陈蓓著，宗教文化出版社. 317
第二届黎族文化论坛文集/王建成主编，民族出版社. 591
第五次开始：600万年的人类历史如何预示我们的未来/［美］罗伯特·L. 凯利著，徐坚

译，中信出版集团股份有限公司 . 264
滇南彝族烟盒舞表演动态与道具研究/袁媛著，中央民族大学出版社 . 165
东巴的智慧：东巴智语与东巴文化遗产/陈登宇　米鸿宾著，岳麓书社 . 245
东巴叙事传统研究/杨杰宏著，暨南大学出版社 . 303
东南及中南地区少数民族服饰/少数民族服饰课题组编著，中国经济出版社 . 329
动荡的围龙屋：一个客家宗族的城市化遭遇与文化抗争/周建新著，广东人民出版社 . 351
多彩民族千姿百色/杨明福　丁丽华主编，百色市民族宗教事务委员会编，广西科学技术出版社 . 211
多样性与裕固学：基于人类学的探索/巴战龙著，知识产权出版社 . 198
多重情境下的西南民族研究：基于李绍明的民族学史考察/伍婷婷著，中国社会科学出版社 . 286
鄂伦春族审美文化研究/王丙珍著，中国社会科学出版社 . 289
鄂温克族社会历史文化/朝克　塔米尔著，社会科学文献出版社 . 233
鄂温克族狩猎故事研究/那敏著，社会科学文献出版社 . 192
恩施民间传统食谱/陈大政著，湖北科学技术出版社 . 281
发现传统：王清华民族学论文集/王清华著，中国社会科学出版社 . 516
风情傣族/蔡雯主编，梁旭著，云南人民出版社 . 152
风俗风情/王建中主编，山西人民出版社 . 293
凤凰涅槃：旅游语境中的浙西南畲族文化变迁/邱云美著，石油工业出版社 . 286
福建民族研究文集/福建省民族与宗教研究所编，民族出版社 . 394
耕读传家的布依古寨/蒋萌著，贵州人民出版社 . 154
共同体的生命之流：岷江上游羌村社区的灾难人类学研究/王海燕著，民族出版社 . 332
供奉与表达：傣族南传佛教艺术与“赕”的关系解析/田玉玲著，云南大学出版社 . 274
古代神话与早期民族/闫德亮著，社会科学文献出版社 . 439
古老的声音：中国非物质文化遗产达斡尔族民歌/何伶俐主编，内蒙古文化出版社 . 285
鼓语：中国萨满乐器图释/刘桂腾著，上海音乐出版社 . 657
故乡的记忆：尼汝藏族民俗文化/张国华著，德宏民族出版社 . 165
管理与工商人类学/田广　周涛　马建福著，宁夏人民出版社 . 440
广东连南瑶族长鼓舞/林薇佳　丁然主编，广东高等教育出版社 . 76
广西风物图志．第一辑：服饰/广西壮族自治区地方志编纂委员会办公室编，玉时阶著，社会科学文献出版社 . 296
广西瑶族民间舞蹈的叙事功能研究/万千著，暨南大学出版社 . 194
广西侗族村寨调查简报 . 1/孙华主编，巴蜀书社 . 378
贵州毕节彝族文化调查研究/何善蒙主编，九州出版社 . 141
贵州扁担山—白水河地区布依族聚落调查研究/周政旭　封基铖等著，中国建筑工业出版社 . 222
贵州黔东南侗族文化调查研究/何善蒙主编，九州出版社 . 196
贵州少数民族民俗文化研究/梁文清主编，华中科技大学出版社 . 220
贵州世居少数民族文化史．第四卷/吴建民主编，贵州省民族宗教事务委员会　贵州省科技教育领导小组办公室编，贵州民族出版社 . 424
郭家骥民族学人类学文选/郭家骥著，中国社会科学出版社 . 666
郭家骥民族学人类学文选．第二卷/郭家骥著，云南人民出版社 . 475

国际关系视野下科技革命与人的行为研究/杨静著，光明日报出版社 . 232

哈播哈尼族长街宴/郑宇 谭本玲 黄绍文著，云南美术出版社 . 101

哈佛燕京学社藏纳西东巴经书 . 第五卷/孙伯君 李德静主编，中国社会科学院民族学与人类学研究所 丽江市东巴文化研究院 哈佛燕京学社编，中国社会科学出版社 . 536

哈佛燕京学社藏纳西东巴经书 . 第六卷/孙伯君 李德静主编，中国社会科学院民族学与人类学研究所 丽江市东巴文化研究院 哈佛燕京学社编，中国社会科学出版社 . 541

哈尼族服饰艺术研究/袁爱莉著，云南人民出版社 . 176

哈尼族长街宴/白克仰主编，陈来三 黄永臻 莫独著，红河哈尼族彝族自治州民族宗教事务委员会 红河哈尼族彝族自治州民族研究所 红河哈尼族彝族自治州哈尼学会编，云南美术出版社 . 197

海南黎族艺术中太阳崇拜文化意象研究/王士立著，中国纺织出版社 . 151

河洛文化与汉民族散论/陈义初主编，河南人民出版社 . 603

河洛文化与客家文化/安国楼等著，河南人民出版社 . 260

河洛文化与客家文化述论/罗勇 邹春生著，河南人民出版社 . 294 页

河洛文化与客家优良传统/刘加洪著，河南人民出版社 . 294

贺州瑶族服饰/陆俞志著，广西师范大学出版社 . 197

赫哲族民俗文化传承/沈艳玲编著，团结出版社 . 262

花腰傣传统体育文化调查研究/张帆 余贞凯著，云南大学出版社 . 193

华热藏族服饰：国家级非物质文化遗产/门源县文化馆编，青海人民出版社 . 76

化茧成蝶：西江苗族妇女文化记忆/张晓著，商务印书馆 . 315

回鹘文佛教文献研究/杨富学著，上海古籍出版社 . 427

回族社会性别建构研究/王艳著，民族出版社 . 296

基诺族大鼓舞：通天神器的精神力量/李云川著，云南教育出版社 . 55

吉禄札/王明贵 王继超著，贵州大学出版社有限责任公司 . 224

讲述西藏 · 变迁的故事/王丕君主编，华文出版社 . 160

交融下的彷徨/李娟著，民族出版社 . 233

洁净与危险：对污染和禁忌观念的分析/［英］玛丽 · 道格拉斯著，黄剑波 柳博赟 卢忱译，商务印书馆 . 220

今旦选集/今旦著，吴一文 覃东平 吴竹灵选编，中国国际广播出版社 . 438

局卓布苏/王继超 王明贵著，贵州大学出版社有限责任公司 . 163

鲁补鲁旺/王继超 王明贵著，贵州大学出版社有限责任公司 . 194

开阳布依/政协开阳县科教文卫史委员会 开阳县民族宗教事务局编，中国文史出版社 . 272

砍牛经/郭得宏 王登富译注，贵州民族出版社 . 218

康巴文化研究/周介铭主编，人民出版社 . 248

康巴研究 . 第七辑/凌立 曾雪玫主编，光明日报出版社 . 423

科技进步视角下瑶族生活的历史变迁/毛汉领著，民族出版社 . 296

客家民系的形成及其源流/陈支平著，广东人民出版社 . 230

客家民系与客家文化研究/谢重光著，广东人民出版社 . 423

口头传统文类的界定：以云南元江哈尼族“哈巴”为个案/刘镜净著，中国社会科学出版社 . 211

跨文化民俗体裁学：新疆史诗故事群研究/董晓萍著，中国大百科全书出版社 . 581

拉祜族传统习俗/罗萍主编，云南省民族学会拉祜族研究委员会　澜沧拉祜族自治县民族宗教事务局民族研究所编，云南民族出版社.246
老家记忆：湘西北土家文化拾遗/刘能朴著，北岳文艺出版社.474
黎峒文化研究：以法律文化渊源为视角/刘国良著，法律出版社.213
黎族文化保护与开发：基于国际旅游岛建设的背景/李海娥　熊元斌著，南方出版社.253
傈僳印象/蔡雯主编，李教昌著，云南人民出版社.172
傈僳族历史文化研究/李贵明著，迪庆藏族自治州藏学研究院编，云南人民出版社.244
凉山夷家（第2版）/林耀华著，云南人民出版社.154
流动的乡土：媒介化社会与少数民族村寨生活/孙信茹　杨星星著，民族出版社.383
流域人类学导论/田阡著，人民出版社.340
六祖与四大家勃禄尼君长谱/王明贵　王继超著，贵州大学出版社有限责任公司.151
龙陵傈僳族服饰/龙陵县文化馆编，云南人民出版社.191
泸溪，盘瓠文化的发祥地/侯自佳著，四川民族出版社.148
鹿行九野：人类学家的田野故事/林红　刘怡然主编，商务印书馆.324
绿洲聚会：维吾尔巴扎与民俗生活/哈丽达·斯拉木著，中州古籍出版社.130
满学研究论集.（一）/刘小萌　王金茹主编，中国社会科学出版社.645
满学研究论集.（二）/刘小萌　王金茹主编，中国社会科学出版社.605
满族民间文化论文集/宋和平著，中国社会科学出版社.333
满族民俗文化的德育价值研究/宋姗姗著，中国商务出版社.229
芒市边民的摆/田汝康著，云南人民出版社.147
毛南族经书/广西壮族自治区少数民族古籍工作办公室　广西少数民族古籍保护研究中心主编，广西民族出版社.109
苗族服饰研究/范明三　杨文斌　蓝采如著，东华大学出版社.429
民俗事象与族群生活：人类学视野中羌族民间文化研究/李祥林著，中国社会科学出版社.385
民族传统生态文明与江河湖泊保护研究：中国西南民族研究学会2018年会议论文集/中国西南民族研究学会主编，知识产权出版社.402
民族服饰/祁春英著，湖北美术出版社.109
民族符号学论文集/宗争主编，中国社会科学出版社.372
民族口传文学的现代传播研究：以黔东南苗族侗族自治州为例/赵锐著，贵州民族出版社.185
民族美学.第5辑/彭修银主编，中国社会科学出版社.315
民族认同/［英］安东尼·D. 史密斯（Anthony D. Smith）著，王娟译，译林出版社.263
民族文化传承与创新专业教学资源库项目全案/刘正宏著，中国纺织出版社.162
贵州贫困地区山地民族的教育人类学研究/曹端波　崔海洋等著，知识产权出版社有限责任公司.168
多维视角下的“民族”/李红杰著，中央民族大学出版社.226
额尔古纳的齐河移民/政协齐河县文史资料委员会编，中国文史出版社.248
民族学概论/杨堃著，云南大学出版社.335
民族学人类学研究.2018/郑晓云主编，社会科学文献出版社.390
民族学如何进步/王延中　祁进玉主编，社会科学文献出版社.263
民族学与人类学方法论研究/［意］马力罗（Roberto Malighetti）著，吴孝刚译，知识产权

出版社 . 168
木柄瑶社会历史与文化研究/马志伟著，民族出版社 . 285
仫佬族文化的生态智慧/李大西著，民族出版社 . 281
仫佬族研究文集/吴国富著，民族出版社 . 354
穆斯林与激进主义/方金英著，时事出版社 . 420
那方山水那方人：客家源流新说/王东著，广东人民出版社 . 312
内蒙古族际通婚现状及其社会效应分析/何生海著，民族出版社 . 427
霓裳璀璨：文山民族传统服饰/岳超　杨青华主编，文山州文化馆编，云南人民出版社 . 268
鸟狗传奇：中国南方少数民族传统文化研究/刘付靖著，中山大学出版社 . 188
宁夏地名文化精粹 . 2017/宁夏回族自治区民政厅　宁夏地名学会　民政部地名研究所编，中国社会出版社 . 225
傩道圆真：道真第二届仡佬傩文化学术研讨会论文集/刘祯　杨润民主编，北京时代华文书局 . 510
帕米查哩/汤格・萨甲博汉译，李理记录整理，云南人民出版社 . 132
普米清音/蔡雯主编，胡文明著，云南人民出版社 . 162
羌族民居的现代转型设计研究/成斌著，中国建筑工业出版社 . 194
羌族释比法器风格研究/张犇著，科学出版社 . 295
亲属关系是什么，不是什么/［美］司马少林（马歇尔・萨林斯）著，陈波译，商务印书馆 . 108
青海循化藏族文化荟萃/仁青加编著，青海人民出版社 . 194
清水江边的船与人：贵州施洞苗族“独木龙舟节”研究/张晓著，济南出版社 . 230
人的图像：想象、表演与文化/［德］克里斯托夫・武尔夫著，陈红燕译，华东师范大学出版社 . 384
人类存在的意义：社会进化的源动力/［美］爱德华・威尔逊（Edward O. Wilson）著，钱静　魏薇译，浙江人民出版社 . 211
人类史的图像阅读与福建文化/张彬著，海峡文艺出版社 . 112
人类学高级论坛 . 2017 卷：道路与族群/骆桂花　徐杰舜主编，民族出版社 . 510
人类学关键词/叶舒宪　彭兆荣　纳日碧力戈著，陕西师范大学出版总社 . 223
人类学视野下的贵州梭戛长角苗研究/李劲松　李海军主编，民族出版社 . 363
人类学研究 . 第十一卷/庄孔韶主编，浙江大学出版社 . 273
人类学与认知挑战/［英］莫里斯・布洛克著，周雨霏译，商务印书馆 . 230
人在宇宙中的地位（3 版）/［德］马克斯・舍勒（Max Scheler）著，李伯杰译，贵州人民出版社 . 115
认同、文化与地方历史：人类学的理论探讨与经验研究/范可著，社会科学文献出版社 . 243
弱势与生存：关于同妻群体的虚拟社会人类学研究/唐魁玉等著，中国社会科学出版社 . 291
撒拉族传统婚礼/韩文良编著，青海民族出版社 . 157
撒拉族土族民间文化研究/李晓云等著，上海大学出版社 . 415
色彩荣耀：凉山彝族色彩象征分析/鲍冬丽著，中央民族大学出版社 . 157
山神“复活”/裴黎光著，青海人民出版社 . 205

善妙印记/洛松次仁等著，四川民族出版社.134

裳舞之南：云南哈尼族舞蹈与服饰文化研究/白靖毅　徐晓彤著，中央民族大学出版社.263

少数民族生育意愿新观察/周云　秦婷婷主编，社会科学文献出版社.267

社会记忆与社区建构：一个城市边缘藏族村落社区的人类学研究/彭毛卓玛著，甘肃民族出版社.231

社会认同、交往及心态若干重要问题研究/马进　乔娟　王瑞萍著，中国社会科学出版社.460

社会文化人类学初探（2版）（增订本）/和少英著，云南大学出版社.270

神话的除魅：资源经济嵌入民族杂居区的人类学研究/杨洪远著，中国财政经济出版社.204

神似祖先/郑也夫著，中国发展出版社.315

审美人类学研究：理论与个案/雷文彪主编，吉林大学出版社.309

石林月湖村密枝节/陈学礼著，云南美术出版社.108

时间与他者：人类学如何制作其对象/［德］约翰尼斯·费边著，马健雄　林珠云译，北京师范大学出版社.266

世界民族宗教热点问题年度追踪报告.2005—2014/熊坤新主编，民族出版社.439

市场中的民族与国家：论加德满都游客区的族性动力机制/李静玮著，中国社会科学出版社.227

逝者的庆典：云南民族丧葬/和少英著，马永红等译，云南大学出版社.139

书写民族：一种全球视角/［德］斯特凡·贝格尔主编，孟钟捷译，浙江大学出版社.398

数字化时代民族文化资源的保护与发展：西南少数民族文化数字创意产业发展研究/魏红著，知识产权出版社.287

双廊白族文化研究/刘纯洁著，大理族自治州白族文化研究院编，云南民族出版社.163

水摆夷风土记（第2版）/姚荷生著，云南人民出版社.330

死亡、战争与献祭/［美］布鲁斯·林肯（Bruce Lincoln）著，晏可佳译，上海人民出版社.435

死亡与右手（2版）/［法］罗伯特·赫尔兹（Robert Hertz）著，吴凤玲译，上海人民出版社.143

四川藏族村寨调查简报/孙华主编，巴蜀书社.246

四省藏区多维贫困及其治理对策研究/庄天慧等著，科学出版社.217

他者的表述/朱炳祥著，中国社会科学出版社.346

塔吉克族、乌孜别克族、塔塔尔族民间信仰与社会研究资料汇编/贺灵　拜斯尔·阿布力米提编，民族出版社.438

探秘玛域果洛格萨尔文化/角巴东主编著，青海民族出版社.244

探寻远去的记忆：生态文化视角下的黎族民俗与民间文学/王海　高泽强著，暨南大学出版社.180

塔吉克族舞蹈文化研究："动态切入法"运用与操作/罗雄岩著，中央民族大学出版社.192

腾冲少数民族文化艺术系列丛书．白族卷/蔡永万主编，何马玉涓编著，云南大学出版社.188

天方典礼择要解今译/（清）刘智著，王润生译，宁夏人民出版社.214

土家族主要古籍及其文化研究/杨怏著，武汉大学出版社.234

土族传统民间组织青苗会研究/钟静静著，民族出版社. 250

佤族祭词研究/叶黑龙著，社会科学文献出版社. 431

佤族家园：云南省临沧市沧源佤族自治县勐角乡翁丁村调查报告/杨宝康　李国明著，社会科学文献出版社·人文分社. 221

佤族历史文化研究/赵明生著，社会科学文献出版社. 363

网络与社会：互联网人类学研究前沿/姬广绪主编，社会科学文献出版社. 268

未开的脸与文明的脸/［日］中根千枝著，麻国庆　张辉黎译，商务印书馆. 323

文本与唱本：苗族古歌的文学人类学研究/龙仙艳著，社会科学文献出版社. 358

文化变迁中的西南民族价值传承/郑涌等著，科学出版社. 249

文化的演进/［意］路易吉·卢卡·卡瓦里·斯福尔扎（Luigi Luca Cavalli Sforza）著，石豆译，中国社会科学出版社. 245

文化的重要作用：价值观如何影响人类进步（2 版）/［美］塞缪尔·亨廷顿　［美］劳伦斯·哈里森主编，新华出版社. 538

文化亲昵/［美］迈克尔·赫兹菲尔德（Michael Herzfeld）著，纳日碧力戈等译，上海译文出版社有限公司. 268

文化人类学百科全书（全 2 册）/王建民　纳日碧力戈主编，文津出版社. 766

文化人类学与非物质文化遗产/麻国庆　朱伟著，生活·读书·新知三联书店. 249

文化视域中的马来班顿研究/谈笑著，上海交通大学出版社. 174

文化适应与社会变迁：墨江哈尼族腊米支系文化实证/赵德文　王宏婧　李学明著，黑江哈尼族自治县民族宗教事务局　墨江哈尼族自治县哈尼学会编，云南美术出版社. 114

文化与观念：西双版纳傣族女性研究/董印红著，学苑出版社. 268

文化与文本/叶舒宪主编，陕西师范大学出版总社. 242

文化转型人类学/赵旭东著，中国人民大学出版社. 390

文山苗族/王万荣主编，云南民族出版社. 340

文山瑶族文化/熊有章主编，文山壮族苗族自治州文化广电体育局编，云南民族出版社. 322

文学人类学探索（增订本）/叶舒宪著，陕西师范大学出版总社. 326

文学人类学新论：学科交叉的两大转向/唐启翠　叶舒宪编著，复旦大学出版社有限公司. 352

文学人类学研究. 2018 年第一辑/徐新建主编，社会科学文献出版社. 238

文学人类学研究. 2018 年第二辑/徐新建主编，社会科学文献出版社. 247

乌珠穆沁女性风俗研究/玉荣著，辽宁民族出版社. 346

五彩霓裳　织锦瑰宝：海南黎族传统服饰精品图录/陈玉林著，南方出版社. 160

武陵山区历史移民与民族关系研究/龚义龙　王希辉著，民族出版社. 332

西北民族论丛. 第十六辑/周伟洲主编，社会科学文献出版社. 430

西北民族论丛. 第十七辑/周伟洲主编，社会科学文献出版社. 401

西北民族论丛. 第十八辑/周伟洲主编，中国社会科学出版社. 428

西藏东部吐蕃佛教造像：芒康、察雅考古调查与研究报告/张建林等著，社会科学文献出版社. 290

西藏门隅地区的人文历史与现状/白玛朗杰主编，中国藏学出版社. 287

西藏人口分布变动及人口功能区规划研究/黄祖宏　高向东著，社会科学文献出版社. 180

西南边疆民族研究. 第 25 辑/何明主编，社会科学文献出版社·社会学出版中心. 251

西南边疆民族研究．第26辑/何明主编，社会科学文献出版社．244
西双版纳傣族习俗文化探源/岩香宰　西娜著，云南民族出版社．322
喜马拉雅西部早期佛教泥塑：10世纪末至13世纪初/［奥］克里斯汀·卢扎尼兹著，熊文彬　赵敏熙译，中国藏学出版社．381
乡村传播网络与共同体重建：少数民族乡村文化发展的传播社会学分析/谭华著，中国社会科学出版社．312
湘西地区苗族信仰类型初探/焦丽锋著，四川民族出版社．387
湘西土家族毛古斯舞艺术形态及其文化隐喻研究/郭芯源著，黑龙江美术出版社．124
新疆调查研究报告：2018/国家统计局新疆调查总队编，中国统计出版社．480
新时代中国民族地区发展调查研究/王延中等著，社会科学文献出版社．452
新彝学：第一辑/杨甫旺主编，云南人民出版社．274
新政治人类学与国家—社会关系/陶庆等著，社会科学文献出版社．380
姓与性：一部裕固族亲属制度的民族志/林红著，中国社会科学出版社．277
休闲民俗与文化传承/刘婷著，中国社会科学出版社．263
选择与适应：海南牙开村黎族习俗变迁研究/范军著，中国社会科学出版社．274
瑶学论丛．第一辑/李建盛主编，中国瑶族文化传承研究中心编，光明日报出版社．299
瑶学研究．第11辑/莫金山主编，广西民族出版社．351
彝族阿娄传统婚嫁礼仪/石明全　石良中　王高升编著，团结出版社．205
彝族火把节与火文化/邵平主编，云南民族出版社．232
艺术人类学：反思与实践/李世武著，中国社会科学出版社．361
艺术人类学的中国建构/中国艺术人类学学会　大连大学编，兰州大学出版社．572
银饰为媒：旅游情景中西江苗族的物化表述/闫玉著，民族出版社．387
应用人类学/田阡　潘英海主编，科学出版社．314
与海共生：海洋人的民族学/［日］秋道智弥著，周艳红译，上海译文出版社有限公司．308
裕固族口头文学研究/李建宗等著，民族出版社．520
粤台客家播衍与聚落发展/夏远鸣主编，暨南大学出版社．218
粤台客家文化研究综论/冷剑波主编，暨南大学出版社．266
云贵高原的“坝子社会”：道路、资源与仪式诠释/赵敏　廖迪生主编，云南大学出版社．154
云南“直过民族”聚居乡域发展研究：以耿马傣族佤族自治县四排山乡为例/字文君著，四川大学出版社．258
云南白族学论丛．五/赵济舟主编，大理白族自治州白族学会编，云南民族出版社．351
云南藏木碗考记/格桑白玛措姆著，云南民族出版社．206
云南藏族木碗文化/李志农　刘虹每著，云南美术出版社．111
云南的民族服饰文化/向翔著，云南教育出版社．144
云南迪庆人才状况调查/李志农　陆双梅　和奇等著，社会科学文献出版社．277
云南民族地区生态文明建设的经验与路径研究/潘文良等著，云南大学出版社．222
云南人口较少民族民间故事的生态文化研究/于敏著，人民出版社．213
云南彝学研究．2018/白兴发　黄宇东主编，云南省民族学会彝学专业委员会编，云南大学出版社．312
赠确数/刘云著，贵州大学出版社有限责任公司．154

张家川回族研究 1/虎有泽主编，民族出版社 . 270

政治人类学/廖林燕著，中国社会科学出版社 . 328

政治人类学评论 2018 · 1（总第 7 辑）/陶庆主编，社会科学文献出版社 . 367

政治人类学评论 2018 · 2（总第 8 辑）/陶庆主编，社会科学文献出版社 . 234

织金阿弓苗族丧葬习俗：苗汉对照/王洪兴编著，贵州省民族古籍整理办公室编，贵州大学出版社 . 362

纸舟：戏剧人类学指南/尤金尼奥 · 巴尔巴著，连幼平等译，中国戏剧出版社 . 218

中国《玛纳斯》学读本/阿地里 · 居玛吐尔地主编，中央民族大学出版社 . 708

中国边疆民族研究：第十一辑/达力扎布主编，中央民族大学出版社 . 244

中国东乡族概论/范景鹏著，民族出版社 . 315

中国贵州省施洞苗族围腰之研究/尤昱涵　何兆华著，贵州大学出版社 . 269

中国回族学第 6 卷/宁夏大学回族研究院编，社会科学文献出版社 . 174

中国教育人类学简史/陈学金著，人民教育出版社 . 339

中国节日志 · 仡佬族吃新节/雒树刚主编，苟朝忠卷主编，光明日报出版社 . 310

中国绿春哈尼族哈欧人文化实录/黄明生　卢保和著，云南人民出版社 . 258

中国蒙古族体质人类学研究/李咏兰　郑连斌著，科学出版社 . 339

中国苗族（全 3 册）/钟涛著，贵州民族出版社 . 941

中国民族风情与民族舞蹈研究/赵丽著，中国商务出版社 . 272

中国民族史的历史人类学研究/王文光著，社会科学文献出版社 . 270

中国民族文化大观 . 布依族篇/伍文义等著，暨南大学出版社 . 364

中国民族学 . 2017 年第二期（总第二十辑）/赵利生主编，甘肃民族出版社 . 204

中国民族学 . 2018 年第一期（总第二十一辑）/赵利生主编，甘肃民族出版社 . 205

中国南部少数民族民俗记录/［日］铃木正崇著，陈芳译，贵州大学出版社有限责任公司 . 194

中国少数民族：一位美国校长的摄影之旅/［美］西德尼 · A. 麦克菲（Sidney A. McPhee）著，李学萍　王荔荣译，湖南人民出版社 . 147

中国少数民族服饰文化研究/王苹著，内蒙古科学技术出版社 . 341

中国少数民族民俗文化传承研究：以毛南族、仫佬族为例/周波著，中国商业出版社 . 251

中国社会科学院民族学与人类学研究所建所 60 周年纪念文集：2008—2018（全 3 册）/中国社会科学院民族学与人类学研究所编，社会科学文献出版社 . 1697

中国石屏哈尼族窝尼人文化实录/王萍　李朝旺著，云南人民出版社 . 291

中国土家族梯玛歌研究（全 2 册）/瞿州莲　罗中主编，民族出版社 . 1407

中国文学人类学原创书系：文学与人类学/叶舒宪著，陕西师范大学出版总社 . 223

中国西南民族研究学会建会 30 周年精选学术文库：广西卷/袁晓文　陈国安总主编，覃彩銮　俸代瑜主编，民族出版社 . 442

中国彝学研究：第一辑/中国彝学研究中心编，民族出版社 . 459

中国彝族尼苏人生礼仪研究/杨六金著，吕俊梅译，云南人民出版社 . 200

中山四讲/勒姆阿薇编，贵州人民出版社 . 186

中国西南民族档案资源集成管理研究/杨毅著，中国社会科学出版社 . 267

中国少数民族家谱总目（全 2 册）/上海图书馆编，陈建华主编，上海古籍出版社 . 1190

中央民族大学民族博物馆藏珍稀手稿丛刊（1）：麽些族的生活（影印本）/吴泽霖著，中央民族大学民族博物馆编，学苑出版社 . 211

壮族麽经（全2册）/广西壮族自治区少数民族古籍工作办公室主编，广西民族出版社.1106
壮族三月三/韦苏文　刘芬芬著，漓江出版社.240
壮族师公道公经书/广西壮族自治区少数民族古籍工作办公室主编，广西民族出版社.463
重述神话中国：文学人类学的文化文本论与证据间性视角/叶舒宪主编，上海交通大学出版社.373
宗教人类学：人本主义的文化研究/吴雁著，宁夏人民出版社.193
宗教信仰与民族文化.第十辑/何星亮主编，社会科学文献出版社.276
宗教信仰与民族文化.第十一辑/何星亮主编，社会科学文献出版社.356
走进客家历史田野：地方社会与文化传统/杨彦杰著，广东人民出版社.304
走进龙冈：畲乡风情录/张敏才主编，江西人民出版社.161
走进艺术人类学/王永健著，北京时代华文书局.302
走近非遗：历史、祖先与苗族女性服饰变迁/聂羽彤著，社会科学文献出版社.191
族群边缘："畲"汉边界形成、发展与变迁的历史考察/李积庆著，海洋出版社.282
最后的鸟图腾部落/韦文扬著，作家出版社.210

五　民族历史

《四库全书》羌族历史文献辑要/安群英主编，民族出版社.465
柏朗嘉宾蒙古行纪·鲁布鲁克东行纪/［法］贝凯（DomJeanBecquet）［法］韩百诗（LouisHambis）等译注，耿昇　何高济译，中国藏学出版社.307
办苗纪略/（清）俞益谟编集，杨学娟　田富军点校，上海古籍出版社.293
北方民族考古.第6辑/魏坚主编，科学出版社.241
编年史/沙-马赫穆德·楚剌思著，魏良弢　万雪玉译，商务印书馆.322
布依族古籍文献研究文集/周国炎主编，贵州大学出版社.380
藏族百年实录（全4册）/全国政协文化文史和学习委员会　西藏自治区政协文史和学习委员会编，社会科学文献出版社.1887
藏族历史文化论稿/周润年著，青海人民出版社.440
茶话酉阳/酉阳土家族苗族自治县民族宗教事务委员会编，西南交通大学出版社.346
茶马古道时光记忆：景东清代民国掠影/普洱市博物馆　景东彝族自治县文学艺术界联合会　景东彝族自治地方志编纂委员会办公室编，德宏民族出版社.193
成吉思汗的继承者/［波斯］刺失德丁著，周良霄译注，上海古籍出版社.403
呈贡城内回族简史/马宏谋主编，昆明市呈贡区城内社区居委会第六居民组编，云南民族出版社.279
楚雄彝族文物概论/金永锋　欧丽　尹丽娟著，云南人民出版社.261
从长安到拉萨：唐蕃古道全程探行纪实（全2册）/王蓬著，太白文艺出版社.483
大唐西域记（全2册）（影印版）/（唐）释玄奘译，（唐）释辩机撰，中国书店.666
大唐西域记/王邦维释译，东方出版社.210
大唐西域记汇校/（唐）玄奘　（唐）辩机撰，范祥雍汇校，上海古籍出版社.642
傣族历史资料辑录.先秦—宋代/张春华编，云南人民出版社.460
东方黎族文化简史/符红莉主编，南方出版社.105
东夏国史料汇编/谭东广主编，吉林人民出版社.466
敦煌历代地名录/敦煌历代地名录编纂办公室编，甘肃文化出版社.348

敦煌图案集/欧阳琳 史苇湘 史敦宇编绘，敦煌文艺出版社.231

敦煌与丝绸之路文明/郑炳林编著，江苏人民出版社，2018.220

鄂温克族的起源/乌云达赉著，乌热尔图整理，内蒙古大学出版社.364

二十五史简明读本.12：元史/李国章 赵昌平主编，刘迎胜新撰，上海古籍出版社.340

凤凰于飞：家族文书与畲族历史研究/刘婷玉著，厦门大学出版社.389

佛国记/（晋释）法显著，吴玉贵释译，东方出版社.376 页

佛国记/（晋释）法显著，常会敏注译，三晋出版社.367 页

姑蔑文化考/林胜华 周国良著，浙江古籍出版社.356

汉化与胡化：汉唐时期河西的民族融合/高荣 贾小军 濮仲远著，中国社会科学出版社.380

和瑛西域著述考论/孙文杰著，学苑出版社.346

河北回族史/吴丕清著，民族出版社.614

河南回族——中原大地的优秀一员：文史资料选编（全3册）/原思明 艾少伟主编，民族出版社.1489

河套印迹/曹志高编著，中国言实出版社.265

华夏与四裔/翦伯赞著，中国文史出版社.325

黄金史纲/佚名著，留金锁校注，内蒙古人民出版社.133

回鹘文古籍概览/张铁山著，民族出版社.213

甲骨刻辞羌人暨相关族群研究/刘新民著，中国社会科学出版社.335

艽野尘梦/陈渠珍著，任乃强注，北方文艺出版社.171

解放战争中的达斡尔族/莫德尔图主编，莫力达瓦达斡尔族自治旗达斡尔学会编，内蒙古文化出版社.579

金代吏员研究/王雷著，社会科学文献出版社.331

金代学术文化区域性研究/王万志著，吉林大学出版社.203

金轮千辐/答理麻固什著，乔吉注，内蒙古人民出版社.308

金史纪事本末（全2册）/（清）李有棠撰 崔文印点校，中华书局.1016

金源春秋：女真社会文明的演进及其流变研究/李秀莲主编，黑龙江人民出版社.429

金源女真的英雄时代/李秀莲著，社会科学文献出版社.267

近代蒙古文献大系·概览卷（全8册）/李红权 朱宪总主编，中华书局.2296

近现代藏族文化名人传/华热·索南才让著，青海民族出版社.794

京族史话/何思源编著，社会科学文献出版社.138

镌刻在时空中的印迹：云南边境少数民族历史文化遗存/谭莉莉等著，云南大学出版社.193

客家通史/林开钦著，福建人民出版社.444

客家研究导论（外一种：客家源流考）/罗香林著，广东人民出版社.323

拉达克王国史：950—1842/［意］毕达克著，沈卫荣译，上海古籍出版社.228

喇嘛山风云：木里末代土司项培初扎巴的传奇人生/周国顺编著，四川大学出版社.316

黎族合亩制研究资料选编（全2册）/王献军选编，海南出版社.770

凉州会盟/《凉州会盟》摄制组编，甘肃教育出版社.103

辽史补注（全10册）/（元）脱脱等撰，陈述补注，中华书局.3774

辽史纪事本末（全2册）/（清）李有棠撰，中华书局.444

岭国形成史/马都尕吉译，西藏藏文古籍出版社.637

罗婺灵源/米切若张著，云南民族出版社.242
洛阳伽蓝记校笺/（北魏）杨衒之著，杨勇校笺，中华书局.272
洛阳伽蓝记校注/（北魏）杨衒之撰，范祥雍校注，上海古籍出版社.415
马可·波罗与元代中国：文本与礼俗/马晓林著，中西书局.238
满蒙探险记/［日］深谷松涛 ［日］古川狄风著，杨凤秋译，暨南大学出版社.194
满文文献研究论集.第1辑/乌云毕力格主编，商务印书馆.356
满族史论稿/孙静著，人民日报出版社.224
蒙古秘史/佚名著，特·官布扎布译，内蒙古人民出版社.278
蒙古源流（影印本）/（清）萨囊徹辰撰，中国书店.362
蒙古族源与元朝帝陵综合研究 第一辑/王巍 孟松林主编，科学出版社.473
蒙古族源与元朝帝陵综合研究 第二辑/王巍 孟松林主编，科学出版社.462
民国报刊视阈下的回族女性发展问题研究/刘莉著，光明日报出版社.221
民国华侨史料三编（全20册）（影印本）/国家图书馆编，国家图书馆出版社.11806
民俗学视野下的《蒙古秘史》研究/双金著，中国社会科学出版社.256
民族史研究.第十四辑/苍铭主编，民族出版社.489
明清黎情文献四种/（明）欧阳必进等撰辑，乔红霞点校，海南出版社.343
明清时期白族家族式作家群研究（全2册）/周锦国著，云南大学出版社.833
漠南军府：清代绥远城驻防研究/黄治国著，社会科学文献出版社.231
慕容鲜卑与五燕国史研究/高然著，北京大学出版社.406
南方民族考古：第十七辑/四川大学博物馆 四川大学考古学系 成都文物考古研究院编，科学出版社.329
南诏大理国对唐宋王朝的国家认同研究/雷信来著，民族出版社.259
南诏大理国观音图像学研究/王明达著，云南省民族学会白族研究委员会编，云南民族出版社.278
嫩科尔沁史/胡日查 长命著，内蒙古大学出版社.340
瀑乡印迹/镇宁自治县政协编著，吉林文史出版社.246
千年之路：探索解读哈尼族历史及迁徙文化/敏塔敏吉 刀小敏吉著，墨江哈尼族自治县民族宗教事务局 墨江哈尼族自治县哈尼学会编，云南美术出版社.142
前吐蕃青藏社会（全2册）/翟向东著，西藏人民出版社.1138
亲历与见证：民族团结誓词碑口述实录/王德强 袁智中 陈卫东编著，社会科学文献出版社.235
秦与北方民族历史文化论集/史党社著，科学出版社.202
秦直道与汉匈战争/宋超 孙家洲著，陕西师范大学出版总社.314
青海世居少数民族金石录/马小琴 马忠 桑杰加整理，青海人民出版社.464
清朝史的基本特征再探究：以对北美“新清史”观点的反思为中心/钟焓著，中央民族大学出版社.215
清代东番与西番研究论丛/刘正刚著，中国社会科学出版社.340
清代鄂西南山区的社会经济与环境变迁/陈新立著，中华书局.428
清代军机处职权的来源及其演变：以公文运转程序与政局变动为核心的考察/宋希斌著，中国社会科学出版社.282
清代苗疆立法史料选辑.第一册：清代有关苗疆法律条文/张双智主编，张双智 陈洪毅编著，陈虹君协助整理，北京联合出版公司.126

清代苗疆立法史料选辑．第二册：清《圣训》、《皇朝经世文编》选辑/张双智主编，张双智　陈洪毅编著，陈虹君协助整理，北京联合出版公司．338

清代苗疆立法史料选辑．第三册：苗疆善后事宜资料选辑/张双智主编，张双智　陈洪毅编著，陈虹君协助整理，北京联合出版公司．329

清代苗疆立法史料选辑第四册：清代苗防屯政史料/张双智主编，张双智　陈洪毅编著，陈虹君协助整理，北京联合出版公司．478

清代苗疆立法史料选辑第五册：清代苗疆习惯法/张双智主编，张双智　陈洪毅编著，陈虹君协助整理，北京联合出版公司．275

清代苗疆立法史料选辑第六册：清代苗疆风俗史料/张双智主编，张双智　陈洪毅编著，陈虹君协助整理，北京联合出版公司．187

清代韬略/张建民　闫富东著，崇文书局．230

清代卫所归并州县研究/毛亦可著，社会科学文献出版社．401

清代瑶族神像画/陈杉主编，四川大学出版社．199

清华元史．第四辑/刘迎胜　姚大力主编，商务印书馆．334

清巨族瓜尔佳氏/穆洪来著，敦煌文艺出版社．315

清末新政与边疆新政（全2册）/中国社会科学院近代史研究所政治史研究室　西北民族大学历史文化学院编，社会科学文献出版社．770

清史论丛．二〇一八年．第一辑（总第三十五辑）/李世愉主编，中国社会科学院历史研究所清史研究室编，社会科学文献出版社·人文分社．328

清史论丛．二〇一八年．第二辑（总第三十六辑）/李世愉主编，中国社会科学院历史研究所清史研究室编，社会科学文献出版社·人文分社．329

清史研究集．第九辑/中国人民大学清史研究所编，董建中本辑主编，中国大百科全书出版社．302

清中叶至民国嘉绒地方：社会、文化与族群/曾现江著，人民出版社．438

情向西藏：刘曼卿的康藏轺征/丁小文著，中国藏学出版社．413

琼中史/刘冬梅编著，社会科学文献出版社．208

全国首届藏文古籍文献整理与研究高层论坛论文集/郑堆主编，中国藏学出版社．370

融合之路：拓跋鲜卑迁徙与发展历程/王利民主编，大同市博物馆编，安徽美术出版社．191

撒拉族史料汇编/马成俊编，民族出版社．629

身份、国家与记忆：西南经验/温春来著，北京师范大学出版社．370

森林帝国/阎崇年著，三联书店．235

声教所及：对纪晓岚新疆行脚的民俗回访/陈泳超著，中西书局．191

盛乐文化历史研究/王凯著，内蒙古大学出版社．311

四川藏区史：经济卷/任新建　李明泉主编，李敬洵著，四川人民出版社．378

四川藏区史：政治卷/任新建　李明泉主编，李敬洵著，四川人民出版社．319

绥江民族宗教史料汇编/赵旭良主编，中共绥江县委统战部　绥江县民宗局编，云南民族出版社．168

索伦部的西征与戍边/阿力著，中央民族大学出版社．431

索伦长歌/苏伦高娃编著，内蒙古文化出版社．296

唐蕃古道路网结构及沿线文物遗存考古调查与研究/余小洪　席琳主编，中山大学出版社．250

图解草原帝国/［法］勒内·格鲁塞著，李思琪译，民主与建设出版社 . 436
吐蕃历史文献研究论集/巴桑旺堆著，上海古籍出版社 . 313
吐蕃统治河陇西域与汉藏文化交流研究：以敦煌、新疆出土汉藏文献为中心/陆离著，社会科学文献出版社 . 377
吐火罗人起源研究/徐文堪著，商务印书馆 . 422
伪蒙疆政权时期的“巴彦塔拉盟”：呼和浩特市档案局（馆）专题档案概况/朱璧主编，广西师范大学出版社 . 356
西北边疆民族史地论集/蔡家艺著，中国社会科学出版社 . 353
西部少数民族文献资源建设研究/郭向东　陈军　党燕妮著，科学出版社 . 205
西藏百万翻身农奴新旧对比口述史/周韶西主编，西藏人民出版社 . 420
西藏简明通史：松石宝串（全 2 册）（4 版）/恰白·次旦平措　诺章·吴坚　夏玉·平措次仁著，陈庆英等译，西藏藏文古籍出版社 . 1056
西域文史 . 第十二辑/朱玉麒主编，科学出版社 . 372
鲜卑起源、发展的考古学研究/吴松岩著，上海古籍出版社 . 167
鲜卑族源流/管芙蓉　吕向阳著，山西人民出版社 . 276
象雄文明研究/同美著，四川民族出版社 . 275
象征生活：典藏版/［瑞士］卡尔·古斯塔夫·荣格著，储昭华　王世鹏译，国际文化出版公司 . 249
新元史（10 册）/柯劭忞撰，张京华　黄曙辉总校，上海古籍出版社 . 5019
匈奴史稿（增补版）/陈序经著，北京联合出版公司 . 512
雅克萨之战/杨敏慧编著，黑龙江人民出版社 . 161
彝族毕摩口述史/杨甫旺　周红主编，云南民族出版社 . 238
彝族古籍文献考略 . 一/祁建华编著，云南民族出版社 . 348
彝族阿细源流：西周—清末/段树乔著，云南民族出版社 . 322
英国收藏敦煌古藏文文书选译/杨铭　索南才让　贡保扎西编著，民族出版社 . 285
游牧行国体制与王朝藩属互动研究/李大龙　李元晖著，内蒙古大学出版社 . 294
游牧者的抉择：面对汉帝国的北亚游牧部族/王明珂著，上海人民出版社 . 330
酉水河白氏族谱/白友文主编，酉水河白氏族谱编写组编，酉水河白氏宗亲联谊会 . 526
域外文献与蒙古史研究/魏曙光著，科学出版社 . 200
元代民族文字史料（全 13 册）（影印本）/元代史料丛刊编委会主编，黄山书社 . 5921
元史及民族与边疆研究集刊 . 第三十五辑/刘迎胜主编，上海古籍出版社 . 370
元史及民族与边疆研究集刊 . 第三十六辑/刘迎胜主编，上海古籍出版社 . 242
元史纪事本末/（明）陈邦瞻撰，王树民点校，中华书局 . 236
云南 15 种特有民族古代史料汇编（全 3 册）/古永继编，云南大学出版社 . 1791
云南民族史讲义（全二册）（2 版）/方国瑜著，林超民　秦树才整理，云南人民出版社云南大学出版社 . 1066
再认识与再评价：二战中的中国与亚洲民族独立运动/汪朝光主编，社会科学文献出版社 . 461
增编清朝官方史学之研究/乔治忠著，天津古籍出版社 . 543
中国达斡尔族通史（全 3 册）/孟志东主编，辽宁民族出版社 . 981
中国大通史 . 16：元（全 2 册）/曹大为等总主编，史卫民本卷主编，学苑出版社 . 808
中国敦煌历代服饰图案/常沙娜编著，清华大学出版社 . 235

中国共产党西藏历史大事记：1949—2014（全4册）/中共西藏自治区委员会党史研究室编著，西藏人民出版社.2068

中国苗族文物集萃/中国民族博物馆　黔东南州民族博物馆　湘西土家族苗族自治州博物馆编，民族出版社.195

中国民族史料汇编（全3册）/潘光旦编著，学苑出版社.1597

中国民族史学史纲要/史金波　关志国著，中国社会科学出版社.528

中国纳西族研究文献题录/冯涛编著，华中科技大学出版社.605

中国南方回族人物事略文史资料辑要/马亮生　起国庆主编，云南民族出版社.587

中国少数民族家谱通论/王鹤鸣　王洪治等著，上海古籍出版社.464

中国少数民族家谱总目（全2册）/陈建华主编，上海图书馆编，上海古籍出版社.1190

中国少数民族社会历史调查（全2册）/中央民族大学民族博物馆编，学苑出版社.642

中国西行文献丛书.第二辑（全25册）（影印本）/郑炳林　张兵　段小强主编，兰州大学敦煌学研究所　甘肃文化发展研究院编，甘肃文化出版社.11063

壮族简史/覃彩銮著，漓江出版社.404

中原移民简史/任崇岳著，河南人民出版社.205

族群如何记忆：六盘山泾河上游"陕回"族群的民族学研究/樊莹著，民族出版社.335

民族古籍研究.第四辑/张铁山主编，中国社会科学出版社.281

六　民族语言文字

藏语安多方言动词的自主非自主研究/多杰东智著，民族出版社.274

戴庆厦文集.第七卷/戴庆厦著，中国社会科学出版社.318

鄂温克语语音声学研究/乌日格喜乐图　呼和著，社会科学文献出版社.391

鄂温克族濒危语言文化抢救性研究上卷：鄂温克族狩猎故事研究/朝克主编，那敏著，社会科学文献出版社.192

鄂温克族濒危语言文化抢救性研究下卷：鄂温克族社会历史文化/朝克主编，朝克　塔米尔著，社会科学文献出版社.233

广东博罗畲语800句/范俊军　篮计香　雷金球编著，广东高等教育出版社.224

现代蒙古语喀喇沁土语音系研究：基于喀喇沁土语语音声学参数数据库/宝音著，北京语言大学出版社.198

贵州少数民族语言文字研究/韦煜主编，华中科技大学出版社.258

汉-哈-俄语言学术语词典/张定京主编，[哈]托力肯·哈力别克编，中央民族大学出版社.286

汉维语言对比翻译研究/阿尔帕提古丽著，中国社会科学出版社.351

河西走廊濒危藏语东纳话研究/邵明园著，中山大学出版社.450

呼和浩特蒙古语地名释读/乌力吉陶格陶编著，内蒙古人民出版社.196

克敬之满蒙汉语教学手稿/王庆丰编著，社会科学文献出版社.357

满汉成语对待（全3卷）/（清）刘顺编著，[日]竹越孝　陈晓校注，北京大学出版社.1263

满学研究论文提要辑萃：满语文部分/范艳君　刘立强主编，吉林文史出版社.232

蒙古语姓名地名民俗便览/李铁生　谢仲元　布仁巴雅尔编，内蒙古大学出版社.177

蒙古语语音声学研究/呼和著，社会科学文献出版社·人文分社.474

蒙古族文字/包红岗　乌仁塔娜　海霞著，哈斯巴更　布和　明哲摄影，内蒙古科学技术

出版社.316
苗族谚语格言精选：苗汉文对照/吴一文　吴德杰　今旦搜集整理译注，民族出版社.229
纳西东巴文献各类词性记录情况调查研究/黄思贤著，中国社会科学出版社.411
纳西东巴文字字素研究/郑飞洲著，民族出版社.250
内蒙古自治区蒙古文字改革始末/达·巴特尔　安其乐著，内蒙古大学出版社.194
《洛阳伽蓝记》词汇历时层次研究/牛太清著，广东高等教育出版社.408
契丹小字研究/清格尔泰　刘凤翥　陈乃雄　于宝林　邢复礼著，中国社会科学出版社.799
清代伯都讷满汉文档案选辑（全2册）/吴忠良　赵洪祥主编，中国社会科学出版社.1295
语言
清文接字·字法举一歌/（清）嵩洛峰编著，王硕满文校注　刘云　罗菲菲汉文校注，北京大學出版社.539
清文指要（全2卷）/［日］竹越孝　陳曉校注，北京大學出版社.491
神奇的纳西东巴文/蓝伟编著，云南民族出版社.840
生态翻译学视域下彝族文化的外宣翻译研究/张杏玲著，中国社会科学出版社.207
唐蕃古道青海段民族语言调查研究/陈涛著，青海人民出版社有限责任公司.197
天竺云韵：《云使》蒙古文译本研究/萨其仁贵著，上海古籍出版社.417
维汉空间范畴表达对比研究/薛玉萍著，世界图书出版广东有限公司.271
维西傈僳语志/迪庆藏族自治州非物质文化遗产保护中心主编，吴成虎　和根合　吴姗蕙编著，云南民族出版社.396
西藏的语言与社会/周炜著，社会科学文献出版社.478
西域历史语言研究集刊第十辑/沈卫荣主编，中国人民大学国学院西域历史语言研究所编，科学出版社.586
现代哈萨克语实用语法：语法形式篇（全2册）（修订本）/张定京著，中央民族大学出版社.1092
一百条·清语易言（全3卷）/（清）智信编著，［日］竹越孝　陈晓校注，北京大学出版社.920
语言田野调查实录/王远新主编，中央民族大学出版社.397
语言资源.第一辑/张世方主编，商务印书馆.347
中国境内图瓦语谚语及其语言学分析/巴图欧其尔·吾再著，民族出版社.201
中国民族古文字研究：中国民族古文字研究会第十次学术会议论文集/刘劲荣　李晓莉主编，云南民族大学民族文化学院　中国民族古文字研究会编，云南民族出版社.511
中国少数民族古籍珍品图典：民族古文字古籍整理研究100年通览（全4册）/张公瑾　黄建明主编，中国社会科学出版社.2129
中国少数民族文字古籍版本研究/艾合买提·买买提　吴贵飙主编，中国民族图书馆编，民族出版社.429

七　民族教育

“圆梦百年的民族教育理论反思”学术论文集/张诗亚　张学敏主编，科学出版社.261
大山里的开拓与守护：少数民族乡村教师口述史/魏曼华等编著，广西教育出版社.254
边疆民族地区县域内义务教育均衡发展研究：兼论跨境民族教育与文化互动/罗青　钱春富著，云南大学出版社.249

当代中国民族教育政策发展与实践研究/雷召海　李资源等著，人民出版社.426

对外汉语教学与四川藏区少数民族汉语教学的比较研究/雷莉等著，四川大学出版社.116

民族德育与民族文化/邱世兵著，中国社会科学出版社.220

民族地区藏汉学前双语教育模式有效实施研究/龙红芝著，中国社会科学出版社.272

民族地区教育信息化推进教育公平的机制与路径研究/陈烽　祖冰畴著，中国商务出版社.173

民族基础教育新课程改革适切性研究：以内蒙古通辽市蒙古族中小学为个案/杨志娟著，民族出版社.217

民族教育与武陵民族地区农村劳动力转移研究/谭志松著，中国社会科学出版社.309

民族使者：一个“布朗族王子”的生命叙事/李孝川　杨毅著，人民出版社.203

青海撒拉族地区教育发展研究/王振岭　马成良主编，青海人民出版社.265

琼南黎族儿童早期发展状况与教育促进的生态化研究/宋爱芬　盖笑松　史学武著，吉林大学出版社.194

社会性别视角下瑶族女童教育研究/雷湘竹著，科学出版社.265

现代化进程中的瑶族文化教育/玉时阶主编，民族出版社.399

新时代朝汉双语教育理论与实践探究/李大东等著，延边教育出版社.268

新中国民族教育理论概论/孟立军著，中国社会科学出版社.325

彝族教育现代化的发展与困境：凉山彝族的个案研究/阿呷热哈莫著，科学出版社.191

裕固族聚居区学校传承民族文化实践研究/安维武著，甘肃文化出版社.209

肇兴侗寨教育变迁/王丽娟著，科学出版社.201

八　世界民族

“一带一路”相关地区与国家侨情观察.2018/张振江　吉伟伟主编，暨南大学出版社.193

“一带一路”与海外华人研究/林晓峰　方勇主编，中国社会科学出版社.360

澳大利亚华人社区发展报告.2018/澳大利亚华人总工会主编，黑龙江人民出版社.398

澳大利亚亚洲移民政策与亚洲新移民问题研究：20世纪70年代以来/张秋生著，社会科学文献出版社.411

澳新军团中的华裔军人：1885—1919/［澳］康爱德（Alastair Kennedy）著，潘一宁　费晟译，广东人民出版社.197

悲剧遭遇：美国原住民史/［美］佩吉·史密斯著，郭旻天译，上海社会科学院出版社.555

传播与发展：多维视野下的海外华人与中国侨乡关系研究/郑一省主编，中国华侨出版社.533

从韩江到湄南河：管窥泰国潮人社会/杨锡铭著，暨南大学出版社.170

从话语视角透视俄罗斯民族性格/赵春晶著，中央民族大学出版社.227

从小处看日本：萨苏旅日十年手记/萨苏著，金城出版社.352

大屠杀：根源、历史与余波（第2版）/［美］戴维·M·克罗著，张旭译，上海人民出版社.792

当代印尼棉兰华人社会发展研究：基于华人社团与社团领袖的田野考察/杨宏云著，厦门大学出版社.321

德国的华人移民：历史进程中的群体变迁/刘悦著，浙江大学出版社.236

东北亚民族文化评论.第6辑/祁进玉主编，学苑出版社.378

东盟域内非法移民问题及治理/陈松涛著，社会科学文献出版社·人文分社.294
东南亚与华侨华人研究论文索引：2011—2015/吴文智编，厦门大学出版社.436
东亚华侨资本和近代朝鲜：广帮巨商同顺泰号研究/姜抮亚著，广东人民出版社.346
多元视角下的海外华侨华人社会发展/朱东芹　胡越云　孙达著，社会科学文献出版社·社会政法分社.277
多元文化视域下比较文学与海外华人文学/张海燕著，北京工业大学出版社.329
非洲萨赫勒地带民族问题研究/裴圣愚著，中央民族大学出版社.286
风景与认同：英国民族与阶级地理（第2版）/［美］温迪·J. 达比著，张箭飞　赵红英译，译林出版社.367
惯于争鸣的印度人：印度人的历史、文化与身份/［印］阿马蒂亚·森著，刘建译，中国人民大学出版社.332
法国人文化想象中的“他者”建构：基于里昂的一项民族志研究/张金岭著，社会科学文献出版社.320
非洲的人类开发：实践与文化人类学/［日］松园万亀雄　［日］绳田浩志　［日］石田慎一郎编著，金稀玉译，浙江工商大学出版社.240
风土/［日］和辻哲郎著，陈力卫译，商务印书馆.254
过河卒子：美国全球战略布局下的华人移民/蒋其蓁著，中国社会科学出版社.200
海外回族华人文学研究/杨建军等著，民族出版社.244
海外同胞安全研究：安全预警与风险应对/骆克任等著，社会科学文献出版社.322
海外粤籍华人社团发展报告：2018/张应龙主编，暨南大学出版社.352
黑水为证：旅俄华侨的历史记忆/宁艳红著，社会科学文献出版社.324
华侨华人研究报告.2018/贾益民　张禹东　庄国土主编，社会科学文献出版社.361
华侨华人研究二○一七（总第五辑）/《华侨华人研究》编辑委员会编，中国华侨出版社.294
华侨华人与中华民族精神/王福民　张世远　陈庆超等，社会科学文献出版社.298
华人社团与中华文化传播/张禹东　陈景熙等著，社会科学文献出版社.254
华侨华人文献学刊.第六辑/张禹东　庄国土主编，社会科学文献出版社.318
华裔美国文学“身份表演”书写研究/许双如著，暨南大学出版社.305
华裔文学及中国文学在西语国家的译介/王晨颖著，对外经济贸易大学出版社.258
见证侨史：华侨华人民间文献图文集/徐云编著，暨南大学出版社.321
菊与刀/［美］鲁思·本尼迪克特著，陈数译，台海出版社.230
凯尔特神话/［英］米兰达·阿尔德豪斯－格林著，刘漪译，民主与建设出版社.216
历史、文化与伦理建构：伦理学视阈下的美国华裔文学研究/于晓霞著，辽宁大学出版社有限责任公司.134
历史的抉择：“二战”后新加坡华侨争取公民权运动/奕志著，人民出版社.342
罗马帝国的梦魇：马塞里努斯笔下的东方战争与东方蛮族/刘衍钢著，上海人民出版社.253 民族历史
旅外徽州人与近代徽州社会变迁研究/张小坡著，中华书局.542
美国、加拿大、拉丁美洲的移民、文化和社会经济发展：一个全球的和新世界的视角/［美］何塞·C. 摩亚著，冯高峰　师嘉林译，宁夏人民出版社.290
美国的华人话语：美国华裔文学批评研究/潘雯著，南开大学出版社.287
美国华侨华人姓名、团体名称中英文对照表/［美］麦礼谦编，石坚平　陈婷整理，广东

人民出版社.263

美国人的性格/费孝通著，文化发展出版社.262

美国印第安人政策史论/王坚著，天津人民出版社.176

蒙古国纪行：从乌兰巴托到阿尔泰山/罗丰著，三联书店.402

缅甸的民族及其语言/戴庆厦等著，中国社会科学出版社.366

缅甸华侨华人史话/伍茗欣著，广东教育出版社.270

泰国华侨华人史话/叶曙明著，广东教育出版社.310

印尼华侨华人史话/叶曙明著，广东教育出版社.278

新加坡华侨华人史话/林干著，广东教育出版社.326

民间传说与日本人的心灵/［日］河合隼雄著，范作申译，生活·读书·新知三联书店.263

民俗学上所见之蒙古/［日］鸟居君子著，娜荷芽译，暨南大学出版社.280

那些南洋往事/蔡葩主编，南方出版社.267

南通老归侨口述史/南通市侨联编，中国华侨出版社.264

尼加拉：十九世纪巴厘剧场国家/［美］克利福德·格尔茨著，赵丙祥译，商务印书馆.234

欧洲移民发展报告.2018，难民危机与管理/毛国民主编，社会科学文献出版社·皮书出版分社.248

欧洲移民危机与全球化困境：症结、趋势与反思/吴前进主编，社会科学文献出版社.239

侨情综览.2016/暨南大学图书馆世界华侨华人文献馆　暨南大学图书馆彭磷基华侨华人文献信息中心编，广东人民出版社.672

全球化背景下的国际移民问题及其经济影响/王冀平　单海鹏著，中国社会科学出版社.343

泉州人在南洋/泉州华侨历史博物馆编，华文出版社.122

日本冲绳华裔中的阮氏族群/［日］山川静香著，厦门大学出版社.213

日本近世国学者的华夷论与自他认识/高伟著，社会科学文献出版社.310

日本长崎粤籍华侨史料选辑/罗晓红编，广东人民出版社.339

厦门大学海疆剪报资料选编第二辑，华人华侨问题专辑（影印本）（全15册）/萧德洪　蒋东明主编，厦门大学出版社.6189

神话与日本人的心灵/［日］河合隼雄著，王华译，三联书店.224

生活的交融：亚洲移民身份认同/［新加坡］Caroline Plüss Chan Kwok-bun主编，胡婧等译，华东师范大学出版社.280

说不尽的大槐树：祖先记忆、家园象征与族群历史/赵世瑜著，北京师范大学出版社.168

他者中的华人：中国近现代移民史/［美］孔飞力著，李明欢译，江苏人民出版社.463

唐人街：毛岛往事/［法］帕斯卡尔·修（Pascale Siew）著，苏玮东等译，广东人民出版社.215

同安境外宗乡社团概略/郭瑞明编著，鹭江出版社.339

文艺复兴时期英国的博学好古研究与民族史书写/朱晶进著，中国社会科学出版社.188

我看俄罗斯：一位女人类学者的亲历与思考/何群著，社会科学文献出版社.401

西婆罗洲华人公司史料辑录/周云水　林峰编著，暨南大学出版社.269

心归何方：媒体人眼中的加拿大华人社会/黄学昆著，中国华侨出版社.352

瑶族归侨社会研究：以广西十万山华侨林场为个案/郑一省著，民族出版社.303

印度独立运动/尚劝余等著，北京师范大学出版社 . 415

犹太流散中的表征与认同：徐新教授从教 40 年纪念文集/宋立宏主编，社会科学文献出版社 . 442

月亮的另一面：一位人类学家对日本的评论/［法］克洛德 · 列维 – 斯特劳斯著，于姗译，中国人民大学出版社 . 168

越南瑶族的今昔/［越］杜光聚　［越］阮琏著，黎巧萍　李娜译，民族出版社 . 211

中东欧国家华侨华人发展报告 . 2018/刘作奎等著，中国社会科学出版社 . 173

中俄跨境民族及其语言研究/张丽娜著，辽宁民族出版社 . 205

中国国际移民报告 . 2018/王辉耀　苗绿主编，全球化智库（CCG）西南财经大学发展研究院编，社会科学文献出版社 . 295

中国语言文化在海外华侨华人社会中的传播研究：基于对意大利华侨华人社会的考察/严晓鹏　郑婷等著，浙江工商大学出版社 . 161

中亚华人回民社区语言文化风俗研究/林涛　陈晓锦　张铁群著，世界图书出版广东有限公司 . 184

中越彝族仆拉历史文化调查/李娜　何莉芳　杨甫旺著，云南人民出版社 . 136

最早发现北美洲的中国移民（第 2 版）/［加］保罗 · 夏亚松著，暴永宁译，三联书店 . 306

九　少数民族文学艺术

“声”“势”齐奏　人神共舞：毛南族“肥套”仪式乐舞考察/陈玉玉著，中央民族大学出版社 . 214

“一带一路”沿线国家及地区的民族音乐文化交流/鄂福全著，中国商业出版社 . 280

巴雅尔火不思作品精选/巴雅尔编著，中央民族大学出版社 . 137

贝叶经：铁笔刻叶的现代传播/李云川著，云南教育出版社 . 57

达斡尔族小说研究（2 版）/李树新　林琳著，内蒙古大学出版社 . 575

达斡尔族散文研究（2 版）/赵延花著，内蒙古大学出版社 . 334

傣族象脚鼓舞：傣族男子的魅力人生/李云川著，云南教育出版社 . 57

傣族织锦：几何图案织出的图腾/李云川著，云南教育出版社 . 57

当代藏族女性汉语文学史论/胡沛萍著，中央民族大学出版社 . 277

广西多民族文学的共同发展/黄伟林著，中国社会科学出版社 . 307

广西少数民族民俗舞蹈文化/安静　姜钊著，中国纺织出版社 . 217

贵州苗族造型艺术的地域文化研究/李洁著，江西美术出版社 . 277

海南黎锦的故事/高泽强　吴小苑著，海南出版社 . 190

剑川非物质文化遗产代表性项目：白族泥塑与土陶艺术/杨来玉著，云南大学出版社 . 219

康巴藏族民间表演艺术的精神内涵与文化功能/袁联波著，中国戏剧出版社 . 272

黎族传统纺染织绣技艺保护实践：中国非物质文化遗产保护的成功范例/杨武　刘实葵　邓景华著，海南省文化广电出版体育厅编，南方出版社 . 385

傈僳族文学史/《傈僳族文学史》编写组编，民族出版社 . 565

蒙古族文学与文化论稿/唐吉思著，民族出版社 . 468

苗绣密码：战神的召唤/仲星明著，江苏凤凰美术出版社 . 167

苗族剪纸内容及构图解读/严薇著，文化发展出版社 . 139

民族图形文化传承与创意研究/王亚冰著，吉林美术出版社 . 121

民族文学新声/白庚胜著，作家出版社 . 375

民族艺术：解析云南少数民族艺术的保护与传承/杨秀玲著，九州出版社 . 217

羌族刺绣艺术研究/赵志红著，吉林人民出版社 . 221

容美土司家族文学交往史考论/李锋著，中国社会科学出版社 . 435

石屏烟盒舞与海菜腔/吴志刚　车春玲著，云南教育出版社 . 142

碎片与体系：蒙古文学学科史相关问题研究/满全著，远方出版社 . 338

塔尔寺艺术三绝/冶存荣著，青海人民出版社 . 198

挑织成花：湘鄂西土家织锦文化研究/叶洪光　李斌编著，武汉理工大学出版社 . 190

土家织锦图纹解读/彭英子　李开奇著，湖南电子音像出版社 . 109

文本 · 田野 · 文化：多重视阈下的藏族文学研究/丹珍草著，中国致公出版社 . 268

兴仁苗族古歌/贵州省民族古籍整理办公室　兴仁县文体广电旅游局　兴仁县民族和宗教事务局编，贵州民族出版社 . 712

一带一路视野下的民族民间音乐研究/郭倩著，电子科技大学出版社 . 215

一针一线：贵州苗族服饰手工艺（2 版）/［日］鸟丸知子著摄影　蒋玉秋译，中国纺织出版社 . 166

彝族“阿哩”情歌文学研究/施建光　龙倮贵著，中国商务出版社 . 382

银辉秘语：云南少数民族银器/王珺著，云南人民出版社 . 290

远古英雄亚鲁王/余未人著，贵州人民出版社 . 306

云南少数民族传统绘画/普学旺主编，云南美术出版社 . 409

云南彝族民间舞蹈保护与传承研究/刘宛灵编著，云南人民出版社 . 206

中国当代多民族文学共同体发展格局研究/蔡晓龄著，云南人民出版社 . 266

中国古代丝绸设计素材图系：少数民族卷/赵丰总主编，安薇竹编著，浙江大学出版社 . 164

中国满 - 通古斯语族诸民族动物报恩故事研究/陈曲著，四川大学出版社 . 305

中国少数民族民间舞蹈表演技巧探析/杜娟著，中国书籍出版社 . 285

中国少数民族艺术研究/苏和平主编，中央民族大学出版社 . 369

中国裕固族民间文学资料汇编/钟进文主编，民族出版社 . 566

祖灵声纹：羌族口头艺术的叙事、表演与文本/焦虎三　焦好雨著，西南交通大学出版社 . 550

（供稿人：周新亚）

2017—2018 年蒙古文学术论文索引

［说明：排列顺序为著作、文章名称，
编著（译）者，期刊名，期号］

2017 年

一　民族理论

20 世纪初蒙古国《钦定遵行法规》主要特点研究/陈满达，中国蒙古学 . 1

简论罕钦堪布嘉米扬嘎日布政教合一思想/哈斯高娃，内蒙古民族大学学报（社会科学蒙文版）. 2

理论创新论/海峰乌峰，内蒙古社会科学（蒙古文版）. 2

论成吉思汗治国理政理念/色·额尔德木图，蒙古学研究（蒙古文版）. 3

论生态利益补偿法律制度的基本原则内容/塔娜，内蒙古社会科学（蒙古文版）. 6

论十九大报告中的“边境安全”/徐黎丽，西部蒙古论坛 . 4

论乌兰夫的民族发展观/娜芹，内蒙古社会科学（蒙古文版）. 3

论乌兰夫识才用才思想/娜仁高娃　萨日娜，内蒙古社会科学（蒙古文版）. 5

论习近平关于基层刚见思想理论内涵与时间价值/吴秀华，内蒙古社会科学（蒙古文版）. 4

论习近平新时代中国特色社会主义思想/娜仁，赤峰学院学报（哲学社会科学蒙古文版）. 6

蒙古古代政治伦理原形态探讨/斯仁，中国蒙古学 . 6

民族地区推进马克思主义大众化的路径/苏布德，内蒙古师范大学学报（哲学社会科学蒙古文版）. 3

内蒙古社会公共管理问题/苏雅拉，内蒙古社会科学（蒙古文版）. 5

旗帜鲜明立场坚定争做维护社会稳定和长治久安的表率/加尔肯·阿不力孜，语言与翻译 . 3

乌兰夫民族发展观的科学内涵及其历史地位/娜芹，西北民族大学学报（哲学社会科学蒙古文版）. 6

习近平民族工作思想论/韩吉木斯，内蒙古社会科学（蒙古文版）. 4

二　民族经济

爱尔兰乳业发展对我区乳业发展的启示/娜仁高娃，西北民族大学学报（哲学社会科学蒙古文版）. 5

白城至阿尔山铁路的建成及其意义/萨其楞贵　谢咏梅，内蒙古社会科学（蒙古文版）. 2

本土文化知识对牧区环境保护中的作用/敖·查赫伦，中国蒙古学 . 2

畜牧业供给侧面临的问题及提升畜产品效益的思考/图雅　文明，内蒙古社会科学（蒙古文版）.4

从法律视角探析农牧民专业合作社/乌仁其木格，内蒙古社会科学（蒙古文版）.4

促进内蒙古农村牧区公共服务均等化的途径/李金玉，内蒙古社会科学（蒙古文版）.6

干旱风险下牧户生计脆弱性及其缓解机制/乌日根巴雅尔，赤峰学院学报（哲学社会科学蒙古文版）.3

关于不同理论视角下的藏北牧区操场边界/陈红，内蒙古社会科学（蒙古文版）.2

关于杭锦旗寺庙“章日克之地”及其经营管理/特日格勒夫胡日查，内蒙古师范大学学报（哲学社会科学蒙古文版）.2

关于蒙古国投资权益调整的几点问题/，内蒙古社会科学（蒙古文版）.2

关于全面禁牧以来牧民收入问题之调查研究/萨日娜　铁柱，内蒙古社会科学（蒙古文版）.2

合理开发与利用传统蒙古文化资源问题探讨/孟根图娅，中国蒙古学.2

兼论解除合同的异议制度/包朝鲁门　桌娜，内蒙古民族高等专科学校学报［蒙古学研究（蒙古文版）］.4

进城牧民的生存境况分析/张丽华，内蒙古社会科学（蒙古文版）.2

老爷庙口岸/魏渊博，西部蒙古论坛.4

论城市化与牧区民生/王桂兰，内蒙古社会科学（蒙古文版）.6

论科尔沁文化品牌打造与发展旅游业之间的关系/特木其其格　敖恩吉雅，中国蒙古学.6

论庙仓经济/巴根那特木勒，内蒙古民族高等专科学校学报［蒙古学研究（蒙古文版）］.1

论牧区金融服务体系创新/金桩，内蒙古社会科学（蒙古文版）.3

论内蒙古地区边疆贸易纠纷仲裁解决机制/其乐木格，内蒙古民族大学学报（社会科学蒙古文版）.4

论少数民族地区经济社会发展中存在的若干问题/鲍青山，赤峰学院学报（哲学社会科学蒙古文版）.6

论现代化经济体制/乌云毕力，赤峰学院学报（哲学社会科学蒙古文版）.6

论新常态下的内蒙古草原畜牧业的发展/巴嘎那，内蒙古社会科学（蒙古文版）.3

蒙古国畜牧业发展的基础和趋势/韩柱　韩成福，内蒙古社会科学（蒙古文版）.2

蒙古国矿山开采所引起的周边牧民引用水困难与现状/［蒙古］楚力顿苏荣，西北民族大学学报（哲学社会科学蒙古文版）.5

蒙古国牧民收入差距据的调查分析/达古拉乌日陶克套胡　［蒙古］楚力顿苏荣，西北民族大学学报（哲学社会科学蒙古文版）.5

蒙古国在“一带一路”战略中的地位与作用/阿拉坦格日乐　恩和，中国蒙古学.4

牧民合理利用操场方法研究/［蒙古］恩赫巴特尔　宝音巴特尔，内蒙古社会科学（蒙古文版）.4

牧区城镇化的若干问题探讨/佟宝全　哈斯巴根，内蒙古师范大学学报（哲学社会科学蒙古文版）.1

内蒙古城镇化速度影响因素分析/木兰，内蒙古社会科学（蒙古文版）.3

内蒙古地区边境贸易纠纷解决机制研究/其乐木格，中国蒙古学.5

内蒙古地区金融扶贫模式创新/萨如拉，内蒙古社会科学（蒙古文版）.5

内蒙古东部地区传统农耕及汉式农耕的融入/吉田顺一，中国蒙古学.1

内蒙古高等教育与区域经济发展关系实证研究/包永梅，内蒙古师范大学学报（哲学社会

科学蒙古文版）.3

内蒙古农牧民收入与消费中存在问题的分析及对策建议/图雅　花蕊　明月，中国蒙古学.4

内蒙古农牧区土地流转问题研究/何宝祥，内蒙古社会科学（蒙古文版）.1

内蒙古饮食产业化探析——以薯类产业为例/白钢，内蒙古民族大学学报（社会科学蒙古文版）.3

内蒙古在中俄蒙经济走廊建设中的地位/刘斯琴　高娃　白明，内蒙古社会科学（蒙古文版）.6

农村普惠金融发展特点及发展对策/格根塔娜，赤峰学院学报（哲学社会科学蒙古文版）.5

农牧民精准扶贫中存在的问题及对策研究/马冬梅，内蒙古社会科学（蒙古文版）.1

浅谈旅游业对蒙古族饮食文化的影响/参丹其木格，白钢内蒙古民族大学学报（社会科学蒙古文版）.4

浅谈牧民生活贫困之原因/扎拉嘎胡赛　西雅拉图，赤峰学院学报（哲学社会科学蒙古文版）.3

全面禁牧以来牧民支出变化调查研究/铁柱，内蒙古社会科学（蒙古文版）.5

试论牧区合作社发展/乌日罕，赤峰学院学报（哲学社会科学蒙古文版）.6

探讨“一带一路”背景下的内蒙古跨境金融服务体系构建/斯琴塔娜，内蒙古社会科学（蒙古文版）.1

物资供需失衡与蒙古帝国都城哈剌和林的衰落/张博，西部蒙古论坛.4

现代启蒙者发展民族经济思想研究/阿拉坦巴根，内蒙古民族高等专科学校学报［蒙古学研究（蒙古文版）］.1

现代启蒙者发展民族经济思想研究/阿拉坦巴根，蒙古学研究（蒙古文版）.1

影响内蒙古牧民生产行为因素的实证研究/苏日娜，内蒙古社会科学（蒙古文版）.1

三　民族学

“Nairagala”名称起源与变迁考/乌日斯嘎拉，西北民族大学学报（哲学社会科学蒙古文版）.4

“敖包”与“祭祀”文化考述/那仁毕力格　呼毕斯哈图，中国蒙古学.3

“口瑞”及蒙古人的语言信仰习俗与社会道德/悟哲德·胡日勒巴特尔　扎勒根巴雅尔，中国蒙古学.3

“宿命论”辨析/熙·巴达玛旺朝阁，中国蒙古学.6

《别力古台寰椎骨》及蒙古人的祭骨/奥特根苏布德，蒙古学研究（蒙古文版）.2

阿拉善蒙古族饮食文化中的羊胸叉上席仪式/策·萨茹娜，西北民族大学学报（哲学社会科学蒙古文版）.2

阿拉腾朝克苏木古老生产工具都古尔简论/苏日古嘎，内蒙古民族高等专科学校学报［蒙古学研究（蒙古文版）］.4

阿鲁科尔《[illegible]》游戏与其他地区的区别/安娜尔阿　荣塔娜，赤峰学院学报（哲学社会科学蒙古文版）.3

敖包祭祀的当代变迁及发展趋势/王其格，内蒙古社会科学（蒙古文版）.6

敖包祭祀中的女人禁忌/格日乐，赤峰学院学报（哲学社会科学蒙古文版）.4

敖汉及翁牛特与巴林的亲属称谓比较/吴孟根格日乐，中国蒙古学.1

包国义及其科尔沁村落民俗记/白晓梅，中国蒙古学.3

不断增强维护意识形态安全意识争做维护民族团结的引领者/铁来克·依不拉音，语言与翻译.3

从旅游开发视角谈九十九泉与蒙元历史文化/孟克巴雅尔，内蒙古师范大学学报（哲学社会科学蒙古文版）.1

从相关岩画中看搏克的足迹/乌兰图雅 朝克图，中国蒙古学.1

从游牧民族猛兽崇拜看英雄崇拜印迹/王海荣，中国蒙古学.5

促进我国各民族交往交流交融三题——学习十九大精神的体会/马大正，西部蒙古论坛.4

额托克传统婚礼的娶亲习俗/嘎毕热，内蒙古民族高等专科学校学报［蒙古学研究（蒙古文版）］.1

鄂托克传统婚礼的娶亲习俗/嘎毕热，蒙古学研究（蒙古文版）.1

共产国际的影响及当初蒙古社会状况/吉日嘎啦，赤峰学院学报（哲学社会科学蒙古文版）.6

古代蒙古人的外来姓氏/额尔敦巴特尔，西北民族大学学报（哲学社会科学蒙古文版）.2

古代蒙古人伊都干文化内涵探析/王海荣，蒙古学研究（蒙古文版）.3

古代蒙古族牙刷和牙粉/关双宝 斯钦敖日格乐，蒙古学研究（蒙古文版）.3

关于巴林土语中奶食品名称及其特点/牧兰 马银亮，赤峰学院学报（哲学社会科学蒙古文版）.5

关于传承和保护地方民俗资料的几点问题/乌日图那苏图，内蒙古社会科学（蒙古文版）.2

关于吉田顺一及其蒙古游牧研究（二）/宝音巴特尔 李杰，内蒙古师范大学学报（哲学社会科学蒙古文版）.1

关于库伦蒙古人的殡丧习俗——以察哈尔艾勒杨氏氏族为例/威威 呼日勒巴特尔，内蒙古民族大学学报（社会科学蒙古文版）.4

关于蒙古人姓氏/巴音巴特尔，内蒙古民族大学学报（社会科学蒙古文版）.1

关于在城镇化进程中的如何进行民族文化传承保护教育问题/何宝祥，内蒙古社会科学（蒙古文版）.1

哈萨尔研究的文化核心价值——贺内蒙古哈萨尔研究学会成立/铁柱，内蒙古师范大学学报（哲学社会科学蒙古文版）.2

吉田顺一教授及其蒙古游牧研究（一）/宝音巴特尔，蒙古学研究（蒙古文版）.2

坚决维护社会稳定开创新疆美好未来/迪木拉提·木沙，语言与翻译.2

简论《巴林民俗》/乌日汗，赤峰学院学报（哲学社会科学蒙古文版）.5

简论蒙古文中的生态主题/乌云，蒙古学研究（蒙古文版）.4

简论蒙古族口传文化传承与保护所面临的问题/玉荣，赤峰学院学报（哲学社会科学蒙古文版）.6

简论石器和蒙古人的石头文化/曹都比力格，赤峰学院学报（哲学社会科学蒙古文版）.4

简论文化遗产传承方式/乌兰巴特尔，语言与翻译.2

近代蒙古人的经商习俗/额斯日格仓，内蒙古民族高等专科学校学报［蒙古学研究（蒙古文版）］.4

禁忌习俗文化/勒乌苏荣贵，西部蒙古论坛.3

科尔沁白萨满的社会文化文化范围内治病习俗/包红岗，赤峰学院学报（哲学社会科学蒙古文版）.5

科尔沁村落婚礼习俗/包国义著，白晓梅译，蒙古学研究（蒙古文版）.2

科尔沁地区草根社会嘎达梅林的集体记忆及其特点/包宝海，内蒙古民族大学学报（社会科学蒙古文版）.4

科尔沁给物质文化遗产的传承与保护/特木其其格，内蒙古社会科学（蒙古文版）.4

科尔沁蒙古的家庭结构与亲属称谓/包国义著，白晓梅译，蒙古学研究（蒙古文版）.3

科尔沁蒙古人生活方式变迁背后的原文化心态——以房屋方位传统为核心/［英］悟哲德胡日勒巴特尔，西北民族大学学报（哲学社会科学蒙古文版）.1

论《ᠰᠢᠬᠠᠭ᠎ᠠ》（sihag-a）制度的法律性质/胡春香，中国蒙古学.2

论贺希格巴图伦理思想/布和巴特尔，内蒙古社会科学（蒙古文版）.5

论科尔沁马鞍制作技艺的生产性保护/赵志红，内蒙古社会科学（蒙古文版）.5

论蒙古象棋的智慧作用/额尔敦图雅，蒙古学研究（蒙古文版）.1

论蒙古靴子的象征意义/白晓梅，内蒙古社会科学（蒙古文版）.4

论蒙古族传统婚礼“從嫁”习俗/乌木花，蒙古语文.8

论蒙古族狩猎文化的特征/赛音朝克图，中国蒙古学.4

论蒙古族享用奶食品的传统/乌仁其其格，内蒙古社会科学（蒙古文版）.6

论全球化背景下的信息鸿沟与民族文化的关系/兵军，西北民族大学学报（哲学社会科学蒙古文版）.1

马神达木丁及相关的民间习俗/好比斯嘎拉图，中国蒙古学.2

蒙古包及其部件名称/巴·苏德纳木，蒙古语文.4

蒙古地名研究概况及其趋势/苏日娜，中国蒙古学.2

蒙古国敖包祭祀民俗与现代社会作用探析——以道日那图省白山祭祀为例/［蒙古］巴特尔虎敖其，内蒙古师范大学学报（哲学社会科学蒙古文版）.1

蒙古马的品种与蒙古族传统赛马技巧/巴布　宝音德其劳，中国蒙古学.1

蒙古马之品性与蒙古族传统精神——学习习近平总书记关于蒙古马精神的论述有感/乌力更，内蒙古社会科学（蒙古文版）.4

蒙古民间体育游戏特质/祝珊珊　刘巴图，中国蒙古学.3

蒙古民俗中鱼的象征蕴意及其缘由/萨其拉，西北民族大学学报（哲学社会科学蒙古文版）.1

蒙古袍的种类及加工法/乌日汉，中国蒙古学.2

蒙古人打蛇禁忌的文化内涵/萨其拉，中国蒙古学.4

蒙古人的生命观及生态观/王桂兰，中国蒙古学.2

蒙古人和英国人颜色词“khuh”与“blue”的文化内涵差异及渊源/涛歌，内蒙古社会科学（蒙古文版）.5

蒙古人双胞胎起名文化心理/韩春迎　佳琦，中国蒙古学.3

蒙古人有关火的禁忌/额布力图，中国蒙古学.2

蒙古象棋的智慧作用/额尔敦图雅，内蒙古民族高等专科学校学报［蒙古学研究（蒙古文版）］.1

蒙古游牧传统生态文化在现代化进程中的困境与保护策略研究/张丽华，内蒙古师范大学学报（哲学社会科学蒙古文版）.2

蒙古族“喻世三言”中蕴含的哲学思想/昭日格图，内蒙古社会科学（蒙古文版）.2

蒙古族搏克项目的发展变化/那存朝克图　牧兰，中国蒙古学.1

蒙古族传统问候礼仪探析/乌仁毕力格，内蒙古师范大学学报（哲学社会科学蒙古文

版）.4

蒙古族传统意识中的湖泊河流保护神的文化渊源/席哈斯巴特尔，西北民族大学学报（哲学社会科学蒙古文版）.2

蒙古族传统游牧生态文化的多维度呈现研究/张丽华，中国蒙古学.3

蒙古族传统游戏——阿木尔·巴雅斯胡楞/希·苏德宝，蒙古语文.3

蒙古族对《哽》《噎》《呛》的禁忌习俗/吉日木图，蒙古学研究（蒙古文版）.3

蒙古族服饰变迁之田野调查/萨日娜，中国蒙古学.2

蒙古族服饰的当代变迁田野考察之二/萨日娜，内蒙古社会科学（蒙古文版）.3

蒙古族关于蛇的习俗之探/萨其拉，蒙古学研究（蒙古文版）.3

蒙古族冠帽禁忌习俗研究/哈斯同力嘎　白智峰，内蒙古社会科学（蒙古文版）.3

蒙古族祭火传承中的火神/吴额布力图，内蒙古社会科学（蒙古文版）.4

蒙古族家庭伦理弱化的成因探讨/包玉兰，中国蒙古学.3

蒙古族敬献哈达习俗浅论/塔娜，中国蒙古学.6

蒙古族民俗文献研究新趋势/苏日娜，内蒙古社会科学（蒙古文版）.6

蒙古族皮衣及皮饰品特色/道日娜，中国蒙古学.2

蒙古族器具名称的文化内涵/席哈斯巴特尔，中国蒙古学.3

蒙古族日月亲属关系故事研究/席哈斯巴特尔，西部蒙古论坛.3

蒙古族肉食食用习俗研究/白刚，中国蒙古学.6

蒙古族萨满教翁谷达愉悦仪式的习俗与音乐——以科尔沁左翼中旗舍伯吐镇布顿毛都嘎查为例/包秀兰，蒙古学研究（蒙古文版）.3

蒙古族尚水习俗探析/丽艳，内蒙古社会科学（蒙古文版）.2

蒙古族射箭文化的社会功能/额布力图，中国蒙古学.3

蒙古族以野生动物名称命名的形式研究/包小子，西北民族大学学报（哲学社会科学蒙古文版）.6

蒙古族饮茶习俗/白钢，内蒙古社会科学（蒙古文版）.6

蒙古族招魂习俗/乌力吉木仁　阿民布和，内蒙古社会科学（蒙古文版）.6

蒙汉地区的关公信仰习俗/娜仁格日乐，中国蒙古学.1

蒙汉两个民族共同举办的祭祀仪式分析/那仁毕力格，内蒙古社会科学（蒙古文版）.4

蒙医传统正骨术中酒的作用/浩仁他本　通拉嘎，中国蒙古学.1

内蒙古城镇化发展探究/齐百顺，内蒙古社会科学（蒙古文版）.3

内蒙古游牧文化研究之新探索——评《检验梅棹忠夫的内蒙古调查》/乌日图那苏图，中国蒙古学.3

欧洲德语国家蒙古学研究（蒙古文版）现状/白图雅，中国蒙古学.6

浅论德都蒙古都其卡传统及教育功能—以甘肃省肃北蒙古族自治县德都蒙古为例/满都玛，西部蒙古论坛.1

浅谈巴林蒙古族祭祀仪式/高亚汉，内蒙古民族高等专科学校学报［蒙古学研究（蒙古文版）］.1

浅谈道路之名称/张山虎，蒙古学研究（蒙古文版）.2

浅谈黑龙江蒙古族婚礼习俗/宝玉，西北民族大学学报（哲学社会科学蒙古文版）.2

浅谈黑龙江省蒙古族自然祭祀习俗/宝玉，赤峰学院学报（哲学社会科学蒙古文版）.4

浅谈科右前旗哈比亚腾家族训犬习俗/王桂珍　娜仁格日乐，内蒙古民族高等专科学校学报［蒙古学研究（蒙古文版）］.1

清朝内扎萨克蒙古族人口变化研究/那音太　红梅，内蒙古社会科学（蒙古文版）.3
清代敖汉旗疆域及游牧图研究/叶茹罕，西北民族大学学报（哲学社会科学蒙古文版）.2
萨提亚心理学视角下的内蒙古现代社会变迁/宝花，西北民族大学学报（哲学社会科学蒙古文版）.5
社会学视角下的传统过年习俗的变迁/乌云嘎　额斯尔门德，赤峰学院学报（哲学社会科学蒙古文版）5
社会学视角下牧区黄静问题的本质与解法途径——基于内蒙古的相关社会调查/敖查赫轮，西北民族大学学报（哲学社会科学蒙古文版）.6
社会主义和性价值观的践行与草原文化的传承研究/毛布和，内蒙古师范大学学报（哲学社会科学蒙古文版）.2
社会自然生态文明意识的作用/才布西格，西北民族大学学报（哲学社会科学蒙古文版）.2
十三世纪蒙古人居住探析/苏日高，内蒙古民族高等专科学校学报［蒙古学研究（蒙古文版）］.1
十三世纪蒙古人居住探析/苏日高，蒙古学研究（蒙古文版）.1
试论建设中华各民族共有精神家园/纳日碧力戈　张梅胤，西部蒙古论坛.4
试论蒙古族婚姻习俗研究概况/照日格图　齐红日，赤峰学院学报（哲学社会科学蒙古文版）.4
数字“三”的象征意义/哈斯朝鲁　拉苏荣，西北民族大学学报（哲学社会科学蒙古文版）.2
松州吴姓考/格·特古斯，中国蒙古学.1
苏尼特与卫拉特宋词及其习俗对比研究/庆德玛，内蒙古社会科学（蒙古文版）.2
探讨日本围坐习俗的文化意识/关金花，西北民族大学学报（哲学社会科学蒙古文版）.1
探析嶋田義仁教授的文化人类学教学模式/包海岩，内蒙古民族高等专科学校学报［蒙古学研究（蒙古文版）］.4
探析蒙古族祝颂习俗的基本类型/玉荣，内蒙古社会科学（蒙古文版）.2
通辽市科尔沁区蒙古文化的传承与发展——以蒙古风情园为例/令玉，内蒙古民族大学学报（社会科学蒙古文版）.2
斡包节及达斡尔族传统文化的传承与发展/岳小玲，西北民族大学学报（哲学社会科学蒙古文版）.2
乌珠木沁的本命年习俗研究/旭仁其木格，内蒙古民族高等专科学校学报［蒙古学研究（蒙古文版）］.4
乌珠穆沁的本命年习俗研究/旭仁其木格，蒙古学研究（蒙古文版）.4
新常态下察哈尔文化产业化战略研究/吉日木图　李华，赤峰学院学报（哲学社会科学蒙古文版）.4
以蒙古族审美观引导旅游者问题的思考/额尔顿格日乐，中国蒙古学.6
游牧民族独特的生产工具“叉纳”与“叉日嘎”/斯日古楞，中国蒙古学.2
在伊拉曼哈达上竖起九个苏鲁锭的由来/那仁敖其尔，蒙古学研究（蒙古文版）.3
扎鲁特蒙古人的传统服饰及其变化/娜·格根萨日，中国蒙古学.2
扎鲁特蒙古族传统服装穿着习俗/那·格根萨日　斯日吉玛，蒙古学研究（蒙古文版）.2
扎鲁特蒙古族传统装饰品/亮月，内蒙古社会科学（蒙古文版）.5
植物名称与蒙古人信仰的关联/嘎啦桑　额尔敦其木格，中国蒙古学.6

中日韩三国端午习俗文化之比较/张丽娟，内蒙古师范大学学报（哲学社会科学蒙古文版）.3

宗教人类学研究领域下的吉雅其祭祀/乌力汗，内蒙古社会科学（蒙古文版）.5

四 民族宗教

《克尔梅克木刻“金光明经”研究》和叶尔达——伊犁河上游所藏托忒文文献研究/［蒙古］特布信特古斯，蒙古学研究（蒙古文版）.3

《锡赉高勒大战》与《霍岭大战》宗教信仰之研究/比其伦，中国蒙古学.4

北方民族萨满服饰与蛇/萨其拉，内蒙古社会科学（蒙古文版）.5

承德市普宁寺研究/彩虹，西部蒙古论坛.4

从“博格达喇嘛”到“十旗博格达”看齐托音的科尔沁化问题/悟哲德·乌仁其木格，中国蒙古学.3

当今科尔沁萨满教中“萨满病”作为人们拜师入徒的主要原因分析/悟哲德·乌仁其木格 佟小红，内蒙古社会科学（蒙古文版）.3

第十四世夏立宛活佛世袭来源及生平事迹考/述吐娜，西部蒙古论坛.4

二十一度母颜色之象征意义/［蒙古］德·苏米娅，中国蒙古学.2

佛教寺院文化的保护与开发问题探讨/双宝，中国蒙古学.4

佛教五名学在蒙古文化中的深透/乌力吉套格套，中国蒙古学.3

关于新疆伊犁堪布喇嘛授封史实/巴苏金高娃 胡尔查毕力格，西北民族大学学报（哲学社会科学蒙古文版）.1

黑龙江蒙古地区佛教寺庙述略/宝玉，赤峰学院学报（哲学社会科学蒙古文版）.5

贾拉森教授所译所教经文的学术价值/陶乌力吉仓，中国蒙古学.3

兼论蒙古民族宗教根源/包银全，赤峰学院学报（哲学社会科学蒙古文版）.6

简论蒙古族佛教/额尔敦陶克套，西北民族大学学报（哲学社会科学蒙古文版）.1

科尔沁蒙古人的佛教习惯语言和文化心态/［英］悟哲德·乌仁其木格，西北民族大学学报（哲学社会科学蒙古文版）.1

历史达赖喇嘛仓央嘉措的传说特点/斯琴，西部蒙古论坛.1

论蒙古萨满教翁古达娱悦仪式音乐与科尔沁音乐文化的交融/包秀兰，中国蒙古学.6

论天神之象独角兽/金刚，中国蒙古学.1

蒙古喇嘛服饰的象征意义/萨仁格日勒，西北民族大学学报（哲学社会科学蒙古文版）.2

蒙古萨满教民俗与满、汉动物崇拜民族比较——以东北民间祭祀与请神为例/宝龙，内蒙古师范大学学报（哲学社会科学蒙古文版）.2

蒙古族的树崇拜意识/阿拉坦格日乐，内蒙古社会科学（蒙古文版）.3

蒙译《伏藏经》中的仁增郭登伏藏之初探/乌红梅，内蒙古师范大学学报（哲学社会科学蒙古文版）.1

清代蒙古地区寺院里《[illegible]》的来源/海霞，中国蒙古学.5

清代蒙古喇嘛度牒研究/额尔敦巴特尔，中国蒙古学.5

萨满教研究概述/吉日木图，赤峰学院学报（哲学社会科学蒙古文版）.4

试论佛家再度传入之际的蒙古大汗政治宗教政策/朝克图，西北民族大学学报（哲学社会科学蒙古文版）.3

探析内蒙古宗教和谐和关系/吉仁尼格 斯日古楞，内蒙古师范大学学报（哲学社会科学蒙古文版）.3

新巴尔虎人的佛教信仰现状分析/乌云达来　宝音德乐格尔，中国蒙古学.4

信仰民俗的象征物——从尼勒河畔发现的托忒文石经/叶尔达，中国蒙古学.6

有关多远宗教和谐关系保障研究/斯日古楞，内蒙古社会科学（蒙古文版）.3

扎布察朗诺·策汪与佛教——兼谈策汪佛家《革新》思想/［蒙古］宝木达日，西北民族大学学报（哲学社会科学蒙古文版）.3

中国境内所藏《圣经》蒙古文翻译版本综述/德力格尔，中国蒙古学.5

五　民族历史

“内扎萨克四十九旗”行政区划分的演变/包秀艳，中国蒙古学.1

《阿拜格斯尔博格多可汗》中诗中弑净与镇降主题的文化涵义/哈顺图雅　孟金宝，西北民族大学学报（哲学社会科学蒙古文版）.4

《阿勒坦汗石碑》之探/全荣，内蒙古社会科学（蒙古文版）.5

《阿萨拉克齐史》所描绘的哈萨尔/巴·孟和格日乐，赤峰学院学报（哲学社会科学蒙古文版）.3

《黄金史刚》注文补正/阿拉坦苏和，中国蒙古学.1

《金光明经》两种蒙译的比较研究/山花，西北民族大学学报（哲学社会科学蒙古文版）.6

《蒙古秘史》的传承与多种版本考究/包·乌兰，蒙古语文.6

《蒙古秘史》的神话思维表现/王玉红，中国蒙古学.5

《蒙古秘史》研究之文本内部条件挖掘问题/扎·呼日乐巴特尔，中国蒙古学.2

《蒙古秘史》中的形象塑造与思想新超越/策·布和德力格尔，西北民族大学学报（哲学社会科学蒙古文版）.2

《蒙古源流》旁注补正——兼论编辑的责任感/阿拉坦苏和，内蒙古民族高等专科学校学报［蒙古学研究（蒙古文版）］.4

《蒙古源流》旁注补正——兼论编辑的责任感/阿拉坦苏和，蒙古学研究（蒙古文版）.4

《陶王训诫》产生的社会历史背景研究/特木尔宝力道，西北民族大学学报（哲学社会科学蒙古文版）.6

《陶王训诫》传统游牧经验浅探/乌仁其其格，中国蒙古学.6

《陶王训诫》的结构分类及其研究/特木尔宝力道，内蒙古社会科学（蒙古文版）.3

《卫拉特法典》产生的时间和地点之考/巴森巴图，内蒙古民族高等专科学校学报［蒙古学研究（蒙古文版）］.1

《元史》无察合台传考略/咸成海，西部蒙古论坛.4

《诸汗源流黄金史纲》中所描绘的哈撒尔/巴·孟和，西北民族大学学报（哲学社会科学蒙古文版）.2

阿尔寨石窟野葬图解读/纳·胡尔查毕力格，内蒙古社会科学（蒙古文版）.5

阿里不哥与忽必烈争夺汗位时期的玉龙答失和昔里吉/傲日格勒　乌日古木勒，内蒙古社会科学（蒙古文版）.3

阿旺丹德尔研究中的某些问题/王满都嘎，中国蒙古学.1

策丹达经济思想研究/王来喜，内蒙古师范大学学报（哲学社会科学蒙古文版）.2

成吉思汗祭祀中的萨满教影响/苏日娜，中国蒙古学.5

成吉思汗家庭伦理教化思想对于当代夫妻关系中的启示/陈乌日其其格，赤峰学院学报（哲学社会科学蒙古文版）.5

成吉思汗灭金战略/齐木德道尔吉，西北民族大学学报（哲学社会科学蒙古文版）.4

成吉思汗祖先世系及事迹文献考/娜日苏，中国蒙古学.2

从《蒙古秘史》恩仇故事看成吉思汗的性格/双金，内蒙古社会科学（蒙古文版）.6

从旅游视角考察九十九泉及契丹历史文化/孟克巴雅尔，中国蒙古学.2

从托王的《谋生训谕》看其贫困观/特格西毕力格，中国蒙古学.2

匪患动荡下的人与社会——解读1914年发生在扎鲁特左翼旗的盐车被劫案/乌云格日勒，西北民族大学学报（哲学社会科学蒙古文版）.5

分析《蒙古秘史》中记载的"兀鲁孙"词/吉日嘎拉，赤峰学院学报（哲学社会科学蒙古文版）.4

分析《清内阁蒙古堂档》中记载的有关策旺剌布坦之文/吉日嘎啦，内蒙古民族大学学报（社会科学蒙古文版）.1

古代蒙古法中的"希哈格"制度内容论述/胡春香，内蒙古社会科学（蒙古文版）.4

古代乃蛮部源流考/齐达拉图，内蒙古社会科学（蒙古文版）.3

固始汗部分后裔入居察哈尔的历史原因及其世袭源流/古·才人巴力，西部蒙古论坛.1

关于阿拉坦敖齐尔转写的《蒙古秘史》中所增减内容研究/樱桃，内蒙古师范大学学报（哲学社会科学蒙古文版）.2

关于贡桑诺尔布的一份公函/那音塔，语言与翻译.3

关于喀尔喀左翼旗札萨克的建立/额尔敦巴特尔，内蒙古社会科学（蒙古文版）.4

关于那珂通世及其"东洋史"观相关问题/赛音乌其拉图，内蒙古社会科学（蒙古文版）.5

关于清朝时期萨拉齐、托克托、清水河等厅管辖的蒙古族地区汉民管理/包满达，内蒙古社会科学（蒙古文版）.5

关于清代翁牛特右旗寺庙诸问题研究/南敦宝力尔胡日査，赤峰学院学报（哲学社会科学蒙古文版）.6

关于新发现的托忒文石经残叶/叶尔达，西北民族大学学报（哲学社会科学蒙古文版）.1

关于元末乃蛮氏关关神道碑的实地考察及研究/李航，西部蒙古论坛.4

国内《托王研究》开展概况/达布希拉图，内蒙古师范大学学报（哲学社会科学蒙古文版）.3

哈撒儿研究中的文献引用状况/青格乐图，西北民族大学学报（哲学社会科学蒙古文版）.1

简述《阿拉坦汗法典》刑事法制度的犯罪主体/包朝鲁门，中国蒙古学.4

简述蒙古帝国时期驿站及其当下启示/阿民布和　雪莲，赤峰学院学报（哲学社会科学蒙古文版）.5

简述清朝对漠南蒙古逝世王公的封爵与封赏/吉日嘎拉，赤峰学院学报（哲学社会科学蒙古文版）.5

简析清代漠南蒙古王公的《祭文》的内容/香莲，赤峰学院学报（哲学社会科学蒙古文版）.5

金巴道尔吉在其《水晶鉴》中所描绘的哈撒尔论科尔沁人饲养太格犬的习俗/博·照日格图　吴蒲英，内蒙古民族大学学报（社会科学蒙古文版）.2

九十九泉与突厥可汗/孟克巴雅尔，内蒙古社会科学（蒙古文版）.2

拉喜彭斯克《水晶珠》中记述的哈撒尔/巴·孟和，中国蒙古学.6

历史文献记载中的乌拉特部考/青松，内蒙古社会科学（蒙古文版）.5

论佛教五明论对《阿拉坦汗传》的影响/宫金荣，中国蒙古学.5

论忽必烈汗巩固统治措施及其意义/杜磊巴泽尔，赤峰学院学报（哲学社会科学蒙古文版）.3

论满都海彻辰的《政即夫》思想/李梅英，中国蒙古学.5

论清代蒙古社会中的家奴/灵灵　胡日查，赤峰学院学报（哲学社会科学蒙古文版）.6

论清代伊克昭盟蒙旗勒限缉捕制度/苏日塔拉图，中国蒙古学.3

论清末蒙古书吏的社会贡献/锡莉，西北民族大学学报（哲学社会科学蒙古文版）.6

论土模特官学内容的变迁/梅花，内蒙古师范大学学报（哲学社会科学蒙古文版）.4

论托王的勤俭节约思想/乌兰，中国蒙古学.2

论乌兰夫对内蒙古民族地区和谐发展做出的贡献/包图布新，内蒙古社会科学（蒙古文版）.3

论尹湛纳希对蒙古族出版业的贡献/关图雅　秋喜，中国蒙古学.5

逻辑思维视角下的《三言集》研究/钢特木尔，内蒙古师范大学学报（哲学社会科学蒙古文版）.3

满铁与“兴安省”铁路交通之统治/斯琴高娃　齐百顺，内蒙古民族高等专科学校学报［蒙古学研究（蒙古文版）］.1

蒙、汉《举世名言》比较研究/聚宝，中国蒙古学.5

蒙古国境内岩洞墓研究/［蒙古］胡日乐苏和，西北民族大学学报（哲学社会科学蒙古文版）.2

蒙古汗国中央政权的瓦解缘由/鲍金花　秀云，中国蒙古学.4

蒙古可汗祭祀中的英雄崇拜因素/王海荣，内蒙古社会科学（蒙古文版）.4

蒙古族历代发电中虐待、虐杀人畜发条新考/布仁巴图，西北民族大学学报（哲学社会科学蒙古文版）.4

民初乌兰察布、伊克昭两盟首届国会当选议员和参会议员及相关问题/哈斯，内蒙古社会科学（蒙古文版）.1

民国时期内蒙古盟旗行政区划的变化及分布/包秀艳，内蒙古社会科学（蒙古文版）.1

民国时期图模特军费支出初探/包银山，中国蒙古学.1

民国时期土默特旗教育事业/包银山，内蒙古社会科学（蒙古文版）.1

内蒙古人民革命党与内蒙古国民代表大会——以内蒙古国民代表大会预备会议为题/朝鲁孟，西北民族大学学报（哲学社会科学蒙古文版）.1

内蒙古自治运动中的博彦满都/阿拉坦敖其尔　乌日德力格尔，内蒙古民族大学学报（社会科学蒙古文版）.4

浅论《蒙古秘史》中部落之间和谐思想/陈娜仁其木格，赤峰学院学报（哲学社会科学蒙古文版）.6

清朝对喀尔喀蒙古实施经济援助的具体表现和作用/香莲，赤峰学院学报（哲学社会科学蒙古文版）3

清朝对蒙古社会的法制史研究/朝克图，中国蒙古学.6

清朝同治年间喀喇沁左旗土地分配纠纷与调解过程谈起/格日乐其其格，内蒙古社会科学（蒙古文版）.1

清朝政府设养息牧牧场之目的/白梅荣，赤峰学院学报（哲学社会科学蒙古文版）.5

清代挂名王公及公主格格子孙袭职制度/吉日嘎拉，中国蒙古学.1

清代喀喇沁左翼旗蒙古文档案中的乞求田概况/格日乐其其格，中国蒙古学.3

清代蒙古文辞书版心特征/包英，中国蒙古学.6

清末内蒙古历史教学的诞生及其发展中遇到的问题/哈达，中国蒙古学.6

萨囊彻辰《蒙古源流》中的哈撒儿/巴·孟和，蒙古学研究（蒙古文版）.3

试论汉代档案事业大发展的原因/胡金凤，内蒙古师范大学学报（哲学社会科学蒙古文版）.1

试论明成祖永乐皇帝征战蒙古的原因/朝鲁门，中国蒙古学.4

顺治皇帝给郑亲王第三女儿的一份文书之考/玉海，内蒙古社会科学（蒙古文版）.2

谈蒙古文《历书》的规范化问题/李温都苏　杨威，蒙古学研究（蒙古文版）.1

探索明清时代关外游牧民族和关内农耕民族之间开展经贸活动的历史意义/浩·巴岱，语言与翻译.3

探析有关1910年代扎鲁特左旗的几份蒙文档案/苏日嘎啦，赤峰学院学报（哲学社会科学蒙古文版）.6

陶格陶夫图日《陶王训诫》的法律文化价值/特木尔宝力道，中国蒙古学.3

托王的税册革新主张/王来喜，中国蒙古学.2

伪满时期日本从内蒙古掠得的“特殊权益”/何宝祥，中国蒙古学.2

伪满洲国针对兴安省的畜牧政策/张朝格图，中国蒙古学.2

乌兰夫解决“临时政府”问题始末/乌日娜，内蒙古民族大学学报（社会科学蒙古文版）.4

西汉与匈奴战争中的三位杰出将军/哈斯格日勒，内蒙古社会科学（蒙古文版）.4

相哥八喇鲁王元勋世德碑碑文翻译及注释/博尔只斤·苏格德日扎布，中国蒙古学.5

毅亲王色布腾巴勒珠尔生平考/特木尔巴根，中国蒙古学.5

雍正十年清政府迁移喀尔喀巴尔虎人未遂问题分析/包梅花，内蒙古师范大学学报（哲学社会科学蒙古文版）.1

右翼左旗沿革/巴依尔才次克，语言与翻译.1

御制清文鑒/达·巴特尔，中国蒙古学.6

元朝大名王禾忽相关问题考辨/傲日格勒　乌日古木拉，西北民族大学学报（哲学社会科学蒙古文版）.2

元朝法律中的的蒙古元素的传承/齐秀华，内蒙古社会科学（蒙古文版）.3

元朝宿卫的建立及其职能概述/樊永贞；钢土牧尔，西部蒙古论坛.4

元大都城的设计理念与规划特点/包巴雅尔，中国蒙古学.1

元代宫廷服饰制度匠户管理保障因素的研究/白秀梅，西部蒙古论坛.4

元代宦官来源考略/钮希强，西部蒙古论坛.4

再从《朝政大厦》、《朝廷大臣》两首歌探讨“谷如都”的历史轨迹/那顺吉日嘎啦，内蒙古师范大学学报（哲学社会科学蒙古文版）.2

再论《卫拉特法典》所规定“十岁以上者受罚小于十岁者不罚”之相关问题/王长青，西北民族大学学报（哲学社会科学蒙古文版）.3

再论清朝对蒙政策变化的原因问题/巴泽尔，内蒙古社会科学（蒙古文版）.3

再论清政府设置宁夏神木理事司员缘由/苏日塔拉图，内蒙古社会科学（蒙古文版）.2

六　民族语言文字

“bodong”一词文化含义/包小子，中国蒙古学.1

“扯克咧”（ceker－e）即“赫里格（helige）考——《蒙古秘史》一则熟语的词义和语义/央甲带·特古斯巴雅尔，西北民族大学学报（哲学社会科学蒙古文版）.4

“蒙古贞”一词现代用法疑点/斯琴高娃，中国蒙古学 . 6

《aldahu》词的多意形成过程/套格顿白乙拉，蒙古学研究（蒙古文版）. 1

《Bingtu（宾图）》一词之意义详解——科尔沁民歌名称解读/特木尔巴根，内蒙古民族大学学报（社会科学蒙古文版）. 1

《uitanghuar》和《uitanglinghua》之考/额尔敦塔娜，中国蒙古学 . 6

《yidehu》一词词义转换使用的认知简论/天峰，蒙古学研究（蒙古文版）. 3

《ᠠᠯᠳᠠᠬᠤ》词的多意形成过程/套格敦白乙拉，内蒙古民族高等专科学校学报［蒙古学研究（蒙古文版）］. 1

《白老翁香祭》手抄本收藏级版本研究/巴尔娜，西部蒙古论坛 . 1

《江格尔》韵律句法研究/陶乌力吉仓，蒙古语文 . 9

《论语》三种蒙译版版本的对比/凌云，中国蒙古学 . 3

《蒙古秘史》动词阴性附加成分在语句中和谐性研究/道日娜，蒙古语文 . 5

《蒙古秘史》记载的“赤那”一词及北方民族的狼图腾/香莲，蒙古语文 . 1

《蒙古秘史》熟语与晚期文献熟语的有关联系/扎 · 呼日乐巴特尔，内蒙古民族高等专科学校学报［蒙古学研究（蒙古文版）］. 4

《蒙古秘史》语言中表示性别差异专用词语的使用特征研究/阿古拉，西部蒙古论坛 . 3

《蒙古秘史》中的《者 · 帖里》一词释义/策吾克 · 别力克，蒙古学研究（蒙古文版）. 3

《蒙古秘史》中的 naran saga-yin kili-yer 一熟语研究/扎 · 呼日乐巴特尔，蒙古学研究（蒙古文版）. 2

《蒙古秘史》中的交通工具及其名称/阿丽玛，蒙古语文 . 11

《蒙古秘史》中的修辞格/书包，中国蒙古学 . 4

《蒙古文正字法词典》新规范单词使用情况调查研究（待续）/斯琴巴特尔　呼日勒巴特尔图　门吉日嘎拉，蒙古语文 . 7

《蒙古文正字法词典》新规范单词使用情况调查研究（待续）/斯琴巴特尔　呼日勒巴特尔图　门吉日嘎拉，蒙古语文 . 8

《蒙古文正字法词典》新规范单词使用情况调查研究（结束）/斯琴巴特尔　呼日勒巴特尔图　门吉日嘎拉，蒙古语文 . 9

《蒙古源流》的基础数词与名词搭配/宝音额木和，内蒙古民族大学学报（社会科学蒙古文版）. 1

《蒙文原档》中的蒙古文档案的语法特点/宝音，语言与翻译 . 3

《平定准噶尔勒铭格登山之北碑》托忒文碑文转录与解释/乌日鲁木加甫，语言与翻译 . 2

《钦定西域同文志》蒙古语专有名词书写特征/正月，西北民族大学学报（哲学社会科学蒙古文版）. 3

《青史演义》中出现的量词及其内容搭配研究/宝音额木和，内蒙古社会科学（蒙古文版）. 4

《清史演义》中出现的数词及其内容相配研究/宝音额木和，中国蒙古学 . 3

《因果报应》与蒙古熟语/巴勒哈斯巴丹，蒙古学研究（蒙古文版）. 3

《元史》怪词诠释/沙日代，中国蒙古学 . 5

《元史》及其蒙译版本/王乌兰，蒙古语文 . 4

13—14 世纪文献——蒙古文公牍文研究概况/咏梅青林，蒙古语文 . 7

1679 年噶尔丹汗从额尔齐斯写给康熙帝的一份托忒文文书/乌尼苏布道，语言与翻译 . 1

阿拉善沙盖文化与蒙古族智慧/乔旦德尔，蒙古语文 . 1

阿鲁科尔沁土语的汉语借词研究/乌仁图雅　白珍珠，赤峰学院学报（哲学社会科学蒙古文版）.4

巴丹吉林名称小考/伯苏金·高娃　胡尔查毕力格，蒙古语文.10

巴林左旗巴彦尔灯苏木蒙古人方言独特词/阿丽玛，内蒙古民族大学学报（社会科学蒙古文版）.2

巴林左旗蒙古语言使用状况调查/阿茹娜，中国蒙古学.2

辨析《蒙古语辞典》词义分解得失/德·萨日娜，蒙古语文.10

标准音孤立语音和单词测试辅助系统/山丹　孟和吉雅，内蒙古社会科学（蒙古文版）.6

布里亚特方言中的敬称形式/萨仁格日勒，内蒙古民族高等专科学校学报［蒙古学研究（蒙古文版）］.4

赤峰市区蒙古语言使用现状研究/阿茹娜，西北民族大学学报（哲学社会科学蒙古文版）.3

初探现代蒙古语五个词组成的动词短语组合规则/乌兰，西部蒙古论坛.2

从《三合便览》看满语名词构形词缀/晓春，语言与翻译.2

从科尔沁部落的起源及迁徙看其土语的形成/清河，中国蒙古学.1

从蒙古谚语探究蒙古人口语中的《说话文化》/胡格吉夫，蒙古学研究（蒙古文版）.2

从社会因素分析蒙古语言态度/鲍玲丽　额勒顺其其格，赤峰学院学报（哲学社会科学蒙古文版）.3

从语码混合视角探析东乡语并列副动词/包萨仁，中国蒙古学.5

从语义学发展脉络探究语言多异性特征/萨仁格日乐，内蒙古社会科学（蒙古文版）.5

达斡尔语和蒙古语附属形式的使用特征/银桃，赤峰学院学报（哲学社会科学蒙古文版）.5

东部裕固语传承的几点思考/王风雷　其其格　银杰，内蒙古师范大学学报（哲学社会科学蒙古文版）.4

对于言语工程《蒙古族人名电子发音词典》初探/希吉尔敖敏　巴达玛敖德斯尔，蒙古语文.11

俄罗斯联邦卡尔梅克自治共和国土尔扈特土语词汇的特点/秀花，蒙古语文.12

额鲁特土语辅音体系/秀花，中国蒙古学.6

额鲁特土语数范畴研究/秀花，内蒙古社会科学（蒙古文版）.5

鄂尔多斯方言概况/葛团莲　马银亮，赤峰学院学报（哲学社会科学蒙古文版）.4

鄂尔多斯方言中的亲属称谓变化/孟根格日乐，内蒙古社会科学（蒙古文版）.6

鄂尔多斯市蒙古族群众学习使用本民族语言文字情况调查/孟克其其格，蒙古语文.4

鄂温克语使用情况研究概况/达古鲁拉　格日勒图，蒙古语文.9

翻译对民族语言文化的影响/乌力更，蒙古语文.12

佛教文化与蒙古族女性梵藏语名字/乌·那仁巴图，蒙古语文.4

阜新蒙古族自治县蒙古语文工作新动态/马图雅，蒙古语文.7

嘎拉桑金巴蒙译《修身论生者养育滴》与察哈尔格布希蒙译之关系研究/朝鲁，西北民族大学学报（哲学社会科学蒙古文版）.1

构建“蒙古语熟语知识库”相关理论问题/海银花，西北民族大学学报（哲学社会科学蒙古文版）.1

关于“东部蒙古俗语集”某些问题/韩迎春，西北民族大学学报（哲学社会科学蒙古文版）.3

关于"萨满"一词的起源研究/哈斯巴特尔，蒙古语文.11
关于《华夷译语》词典里与《腾吉里》词有关的复合名词/红英达　青格勒图，赤峰学院学报（哲学社会科学蒙古文版）4
关于《蒙古秘史》两个句子/札·呼日勒巴特尔，内蒙古社会科学（蒙古文版）.2
关于《蒙古文正字法词典》（第一、二版）编纂过程说明/塔木苏荣，蒙古语文.7
关于《蒙古字韵》研究中存在的几个问题/白斯古楞，蒙古语文.8
关于巴音郭楞蒙古自治州蒙古语文建设工作/陶布力格，语言与翻译.1
关于动物名称的语义被转移使用的认知（待续）/天峰，蒙古语文.2
关于动物名称的语义被转移使用的认知/天峰，蒙古语文.3
关于国内外蒙古语谜语研究概况/苏布道，内蒙古师范大学学报（哲学社会科学蒙古文版）.4
关于哈撒尔兀鲁黑的几个问题/包赛吉拉夫，内蒙古社会科学（蒙古文版）.1
关于呼和浩特市餐饮企业的蒙古语名称/苏德　娜日苏　海其力木格，蒙古语文.8
关于喀喇沁方言中的亲属称谓词——以蒙古贞土语为例/庞丹丹，内蒙古民族大学学报（社会科学蒙古文版）.2
关于科尔沁方言的扎赉特亲属昵称/葛团连，内蒙古民族大学学报（社会科学蒙古文版）.1
关于蒙古国竞选宣传词语修辞特点/［蒙古］特娜日满达呼，西北民族大学学报（哲学社会科学蒙古文版）.6
关于蒙古书面语 aiei 和 aueü 复合元音的问题/嘎日迪，蒙古语文.10
关于蒙古语"r"开头词相关现象的分析/韩春迎，蒙古语文.6
关于蒙古语近义词的区别特征/金书包，语言与翻译.3
关于蒙古语形容重叠特征/贾·巴图格日勒，西北民族大学学报（哲学社会科学蒙古文版）.1
关于蒙古语言净化问题的教育社会学思考/明珠，内蒙古社会科学（蒙古文版）.5
关于蒙古语言文字在语言景观中的作用/包萨如拉，蒙古语文.12
关于蒙古语依存关系和语义角色对应关系/包晓荣，内蒙古社会科学（蒙古文版）.4
关于蒙古族家庭语言使用情况及语言规划/海拉，蒙古语文.4
关于日语和蒙古语近音词近义词的考察/赛音朝格图，蒙古语文.1
关于托忒文手抄文献《噶尔丹汗论法禅悟六度大乘经》/特吾尔·孟克乌兰，语言与翻译.2
关于翁牛特方言中的亲属称谓词/牧其尔，内蒙古民族大学学报（社会科学蒙古文版）.2
关于西土默特人使用蒙古语言文字历史的调查/德·萨日娜都仁，内蒙古社会科学（蒙古文版）.5
关于现代蒙古语及物与不及物动词区分方式的思考/赖欣欣，西北民族大学学报（哲学社会科学蒙古文版）.2
关于现代蒙古语名词后的 n 辅音研究/萨仁花，语言与翻译.2
关于学习和使用蒙古语文工作所面临的几个问题/佈仁毕力格，蒙古语文.12
关于语音声学语音学研究的几点意见/呼和，语言与翻译.1
关于中古蒙古语共同格 luγ-alüg-e 的条件及其演变过程/娜庆，蒙古语文.5
黑龙江省杜尔伯特蒙古族自治县蒙古语言文字学习使用情况调查/陈玉芝　秦桂芝，蒙古语文.6

回鹘式蒙古文“q”字的书写与读音的演变/鲍·包力高，蒙古语文.1

积极开展额尔敦陶克套研究实现母语和民族文化的持续发展/色·贺其业勒图，蒙古学研究（蒙古文版）.2

基于 PAS 的蒙古语标准音 C + V 结构中的辅音/曹日格，蒙古语文.8

基于蒙古文编码国际标准的蒙古文字体比较研究/斯日古楞，内蒙古社会科学（蒙古文版）.4

基于卫拉特方言考释《蒙古语词典》部分词语的词义/策巴图，中国蒙古学.3

基于依存语法的蒙古语宾述关系统计学研究/楠丁，中国蒙古学.3

基于语音声学参数库的东部裕固语的长元音研究/哈斯呼，内蒙古社会科学（蒙古文版）.1

简论八思巴文“ꡂ”字/达鲁特·伯·查干，蒙古语文.3

简论基于语料库的蒙古语短语结构复指关系/乌兰，蒙古学研究（蒙古文版）.2

简论蒙古语的构词方法/那达木德，内蒙古民族高等专科学校学报［蒙古学研究（蒙古文版）］.1

简论蒙古语规范化的重要性/红梅　正月，赤峰学院学报（哲学社会科学蒙古文版）.5

简论助词翻译中如何体现民族特点/王丽华　诺敏都仁，蒙古语文.12

简评《蒙古文正字法词典》中的拉丁文转写法/兀·呼日勒巴特尔，蒙古语文.4

简述蒙古文国际编码的研发与制定过程/贺希格都仁，蒙古语文.11

简述蒙古语领属附加成分“qini”/那达木德，语言与翻译.1

进一步加强蒙古语标准音的研究和推广工作/萨楚日勒图，蒙古语文.9

进一步完善蒙古语文工作法律制度化建设/乌恩其，蒙古语文.12

喀喇沁土语演变历程及现状/德力格日呼，中国蒙古学.6

科尔沁土语与汉语接触历史探究/文化，内蒙古社会科学（蒙古文版）.5

科尔沁左翼中旗蒙古族语言使用现状及语言态度——以白音木仁嘎查的调查为例/鲍玲丽，内蒙古民族高等专科学校学报［蒙古学研究（蒙古文版）］.4

跨文化视域下蒙汉语言的“马”族词隐喻对比研究/侯雯雯，西部蒙古论坛.4

论“barihu”一词多意结构及其认知依据/套顿白乙拉，蒙古语文.9

论《蒙古秘史》中“arici”一词/别力克·策吾克，蒙古语文.10

论布和同志蒙古语文工作思想/舍·贺其业勒图，内蒙古民族高等专科学校学报［蒙古学研究（蒙古文版）］.4

论布赫通知蒙古语文工作思想/舍·贺其业勒图，蒙古学研究（蒙古文版）.4

论德都蒙古谚语区域特征/巴玛才吉德，西部蒙古论坛.2

论鄂伦春语静词位附加成分/高娃，西北民族大学学报（哲学社会科学蒙古文版）.2

论方言学研究之意义/乌仁图雅，内蒙古社会科学（蒙古文版）.3

论科尔沁土语中的汉借词范围与特征/布和特木尔，内蒙古民族大学学报（社会科学蒙古文版）.2

论蒙古方言地图调查中注意的事项/苏日格其其格　额勒森其其格，赤峰学院学报（哲学社会科学蒙古文版）.6

论蒙古书面语复合元音/兀·呼日勒巴特尔，西北民族大学学报（哲学社会科学蒙古文版）.4

论蒙古语比拟修辞范式的形成原因/南地娜香琴，内蒙古社会科学（蒙古文版）.5

论蒙古语察哈尔方言及其历史地位/巴图巴雅尔，蒙古语文.8

论蒙古语熟语、谜语、“喻世三言”知识库研发框架设计/海银花，内蒙古社会科学（蒙古文版）.4

论蒙古语应用语言学关联的新术语的规范化/玉荣　丽玲，蒙古语文.2

论蒙古语语音研究中声学数据的有效利用/哈斯其木格，内蒙古民族高等专科学校学报［蒙古学研究（蒙古文版）］.4

论蒙古族传统文化资源开发与母语教育的关联性/孟根图娅，蒙古语文.11

论民族语言与族语意识的关系/苏雅拉，中国蒙古学.1

论内蒙古学者漠尔根图尔于1956年在新疆搜集的托忒文文献概况/欧其尔加甫·台文，西部蒙古论坛.2

论如何正确使用“darui”/额勒森其其格，内蒙古师范大学学报（哲学社会科学蒙古文版）.2

论述《[illegible] -[illegible]》的区别/斯琴夫，赤峰学院学报（哲学社会科学蒙古文版）.4

论肃北蒙古族自治县蒙古语言文字政策/乌力吉达来，西北民族大学学报（哲学社会科学蒙古文版）.1

论文学的民族性与母语创作的关系/博·照日格图吴蒲英，中国蒙古学.1

论锡伯语复数词缀/桂芳，西北民族大学学报（哲学社会科学蒙古文版）.2

论与蒙古语《tolgoi》相关的复合名词结构意义/巴音孟和，蒙古学研究（蒙古文版）.2

罗卜桑丹金《黄金史》中的蒙语格的使用研究/海霞，赤峰学院学报（哲学社会科学蒙古文版）.6

蒙、汉语拟声词的理据性及其翻译技巧/赵春明，中国蒙古学.6

蒙古古代“huree”研究/［蒙古］格日勒巴达拉胡，内蒙古社会科学（蒙古文版）.1

蒙古秘史中的 qandaqaiketusquluqanacolesaldqua 熟语研究/扎·呼日乐巴特尔，西北民族大学学报（哲学社会科学蒙古文版）.5

蒙古人使用母语的态度之科左中旗田野调查/鲍玲丽，中国蒙古学.2

蒙古人姓名研究简述/乌仁图雅，蒙古语文.7

蒙古人与英国人对色彩的文化心理差异及翻译中英注意的问题/德涛歌，中国蒙古学.3

蒙古文词法分析方法研究——基于西里尔蒙古文分析/呼日乐吐什普日布苏荣，蒙古语文.9

蒙古文雕版的起源/舍·敖特根巴雅尔，西北民族大学学报（哲学社会科学蒙古文版）.1

蒙古文教材语言研究（一）小学教材统计分析/那顺乌日图　丽丽，西北民族大学学报（哲学社会科学蒙古文版）.4

蒙古文文献编目工作村在的问题及应对措施/迎春，西北民族大学学报（哲学社会科学蒙古文版）.1

蒙古文正字法与可变词干/达鲁特·伯·查干，蒙古语文.7

蒙古文智能手机使用情况调查/山丹，蒙古语文.12

蒙古文字规范化及标准化与信息化关系研究/呼日乐吐什　乌日古嘎，中国蒙古学.4

蒙古学研究（蒙古文版）中如何正确运用《传说》一词之商榷/呼和，蒙古学研究（蒙古文版）.2

蒙古谚语折射出的蒙古族尊重知识尊重智慧的民族性格/牛雅琴，内蒙古社会科学（蒙古文版）.1

蒙古与词汇中的波斯语成分及蒙古语波斯语历史关系考/朝克图，西北民族大学学报（哲学社会科学蒙古文版）.4

蒙古语“arixi”一词探源/阿拉塔德·丹巴，蒙古语文.3

蒙古语《blagan（红）》一词结构复合名词语义研究/那达木德，内蒙古民族大学学报（社会科学蒙古文版）.1

蒙古语『qa－』词根词组研究/图门吉日嘎拉，西北民族大学学报（哲学社会科学蒙古文版）.2

蒙古语阿拉善——额济纳土语词汇研究概况/笋都尔，蒙古语文.5

蒙古语标准话词首音节短元音体系/呼和，语言与翻译.4

蒙古语部分藏语借词的词源探析/那德木德，蒙古语文.4

蒙古语词典中如何妥当处理汉语借词问题/额尔敦塔娜，内蒙古社会科学（蒙古文版）.3

蒙古语次会长的特殊词类——“假拟幼儿语”和一些拟声词的关系/特古斯巴雅尔，蒙古语文.5

蒙古语方位词的类推构词现象研究/图门吉日嘎拉，中国蒙古学.6

蒙古语辅音变化问题研究/德力格日呼，蒙古语文.12

蒙古语复数形式/阿拉腾苏布达，中国蒙古学.2

蒙古语和蒙古语语音识别系统/乌日其其格，中国蒙古学.6

蒙古语和日语副词对比研究/王晶，内蒙古社会科学（蒙古文版）.4

蒙古语和英语名词数范畴比较分析/达古拉，内蒙古社会科学（蒙古文版）.1

蒙古语简单句句法结构树库管理软件的实现/李永强　达胡白乙拉，内蒙古社会科学（蒙古文版）.2

蒙古语禁忌词所体现的灵魂观/格·海日罕，中国蒙古学.5

蒙古语领属格在察哈尔土语中使用情况的调查/呼布琴，蒙古语文.3

蒙古语媒介中的英源借此使用现状/包敏娜，中国蒙古学.3

蒙古语名词句法功能计量研究/乌尤坛　达胡白乙拉，内蒙古师范大学学报（哲学社会科学蒙古文版）.2

蒙古语清及浊辅音对基频的影响考察/那日苏，中国蒙古学.6

蒙古语属格“I：－i：”形式的形成与演变/金刚，内蒙古社会科学（蒙古文版）.1

蒙古语乌拉特土语某些特殊词汇/乌·那仁巴图，蒙古语文.5

蒙古语物质文化认知研究/王丽华　天峰，语言与翻译.1

蒙古语现代启蒙者关于民族语言文字的论述/阿拉坦巴根，内蒙古师范大学学报（哲学社会科学蒙古文版）.1

蒙古语言文字规范化标准化与信息化关系研究/呼日乐吐什　额尔敦朝鲁，内蒙古社会科学（蒙古文版）.4

蒙古语言学在20世纪前半叶的发展/曹道巴特尔，蒙古语文.2

蒙古语言学专业研究生对蒙古语词义的理解和掌握情况调查/宝格楚，蒙古语文.6

蒙古语颜色词的文化含义认知研究（待续）/天峰，蒙古语文.8

蒙古语颜色词的文化含义认知研究（待续）/天峰，蒙古语文.9

蒙古语谚语的词汇修辞法研究/萨日古拉莫·巴特尔，赤峰学院学报（哲学社会科学蒙古文版）6

蒙古语义素分析研究现状综述/林八鸽，中国蒙古学.6

蒙古语与日本语使役态对比分析/赛音乌其拉图，中国蒙古学.4

蒙古语与日语连接词对比研究/王晶，内蒙古师范大学学报（哲学社会科学蒙古文版）.4

蒙古语与英语谚语的个性差异/萨仁其木格，中国蒙古学.1

蒙古语语音合成相关规则问题/杜兰，中国蒙古学.5

蒙古语语音识别研究综述/乌日其其格，中国蒙古学.1

蒙古语韵律问题研究/呼和，内蒙古社会科学（蒙古文版）.6

蒙古语扎赉特土语研究概述/葛团连，蒙古语文.1

蒙古语中使用“tologai”一词的词组结构分类/巴音孟和，蒙古语文.5

蒙古语族东乡语音研究概况/呼斯乐图　巴图格日勒，内蒙古民族大学学报（社会科学蒙古文版）.3

蒙古语族复数形式简析/王晶　图门吉日嘎拉，赤峰学院学报（哲学社会科学蒙古文版）4

蒙古语族语言 q、k 的演变/姜根兄，西北民族大学学报（哲学社会科学蒙古文版）.5

蒙古族禁忌词语的产生及其神秘性/格·海日罕，西北民族大学学报（哲学社会科学蒙古文版）.6

蒙古族谜语中的酒和烟/胡格吉呼，内蒙古民族高等专科学校学报［蒙古学研究（蒙古文版）］.4

蒙古族祝词翻译及其翻译学研究/王丽华，赤峰学院学报（哲学社会科学蒙古文版）.6

蒙古族祝词在日常用语使用中存在的问题/乌亚汉　图门吉日嘎拉，赤峰学院学报（哲学社会科学蒙古文版）.6

蒙汉忌语翻译现状——以当代书本及文章为例/通拉嘎，语言与翻译.1

蒙汉谚语翻译初探/牛雅琴　呼格吉夫，内蒙古民族高等专科学校学报［蒙古学研究（蒙古文版）］.1

蒙汉语“白”一词的语义对比/阿茹娜，内蒙古社会科学（蒙古文版）.3

蒙译《孝经》中的副词《[illegible]》语法/达宝力高　额尔敦初古拉，中国蒙古学.5

莫尔格勒哈木尼堪鄂温克人的蒙古语语音特征/额尔敦陶格套　斯琴巴特尔，内蒙古社会科学（蒙古文版）.2

莫日格勒哈姆尼堪鄂温克人及其蒙古方言/额尔敦陶格套　斯琴巴特尔，中国蒙古学.1

内蒙古阿鲁科尔沁旗某些山水名称溯源/阿·胡图荣阿泽·吉木彦桑杰，蒙古语文.11

内蒙古社会科学（蒙古文版）院藏蒙古文《甘珠尔》手抄本及木刻本概述/托雅，蒙古语文.1

内蒙古自治区科左中旗蒙古族群众语言使用状况/鲍玲丽，蒙古语文.7

契丹小字史料中的：失（室）韦/吴英喆，西北民族大学学报（哲学社会科学蒙古文版）.4

前郭尔罗斯蒙古族语言能力考察/包梅荣，中国蒙古学.6

浅论房子助词程式特点/那日苏朝鲁吐，赤峰学院学报（哲学社会科学蒙古文版）.4

浅谈关于蒙古语中“石头”的现代用法/乌云娜布其，语言与翻译.4

浅谈哈木尼堪蒙古方言动词 -d 格/额尔敦陶格套，西北民族大学学报（哲学社会科学蒙古文版）.6

浅谈蒙古语词汇规范/格根塔娜，语言与翻译.2

浅谈蒙古语人体器官词/萨仁花，西北民族大学学报（哲学社会科学蒙古文版）.1

浅谈蒙古语新巴尔虎口语特征/孔春艳，蒙古语文.2

浅谈严复提出的“信、达、雅”翻译标准/吴桂兰，内蒙古民族大学学报（社会科学蒙古文版）.3

浅析“白”在蒙汉文中的使用特点比较/舒叶，蒙古语文.5

浅析青海省乌兰县蒙古族人名的时代特征/乌仁图雅，蒙古语文.8

清代喀喇沁蒙古社会中的《tosoga albatu》/齐英（布仁苏德），中国蒙古学．4

日本语与蒙古语的弱化音比较分析/哈申图雅，中国蒙古学．1

日语助词分类统计分析/赛音乌其拉图，内蒙古师范大学学报（哲学社会科学蒙古文版）．3

如何蒙古语解释辞典中的释义规整化问题/德·萨日娜，中国蒙古学．2

如何正确使用语言文字之谈/伦图，语言与翻译．4

锐意进取扎实工作不断开创民族工作和蒙古语文工作的新局面以优异成绩迎接内蒙古自治区成立70周年/特古斯，蒙古语文．3

赛春嘎1945年以前的翻译活动/［日］内田孝，西北民族大学学报（哲学社会科学蒙古文版）．5

社会语言学理论与实践的若干问题/孛儿只今·舍巴达玛敖德斯尔，西北民族大学学报（哲学社会科学蒙古文版）．4

世界文学格局中的蒙古语/苏尤格，中国蒙古学．3

试论17世纪至20世纪中叶喀喇沁土语/德力格日胡，西北民族大学学报（哲学社会科学蒙古文版）．1

试论蒙古民歌用词特点/雅茹，蒙古语文．11

试论蒙古语被动句型的汉译方法/娜仁高娃，蒙古语文．8

试论如何恢复应用古代蒙古语任命的后加成分/巴音巴特尔，内蒙古师范大学学报（哲学社会科学蒙古文版）．4

试用当代类型学的方法浅析蒙古语/哈森托娅，西北民族大学学报（哲学社会科学蒙古文版）．3

释读六世班禅额尔德尼印章中的篆体蒙古文/敖日格勒，蒙古语文．7

释解《dom经》之"龙身之药"/青格力，语言与翻译．1

斯瓦迪士200核心词在康家语和蒙古语中的对应情况/其布尔哈斯，内蒙古大学学报（蒙文版）．5

谈蒙古语文工作法治建设问题/达乌恩其，赤峰学院学报（哲学社会科学蒙古文版）．5

探讨如何规范新疆蒙古族人名/帕·巴特尔，语言与翻译．4

托忒文编码考释/斯日古楞，中国蒙古学．6

托忒文历史演变浅论/赛尔格，语言与翻译．4

托忒文演变研究概况及其资料问题/赛尔格，中国蒙古学．4

瓦津达喇文研究概况/苏优乐玛，中国蒙古学．2

维护传统蒙古文编码国家标准的权威性——答梁金宝博士的八条意见/确精扎布，西北民族大学学报（哲学社会科学蒙古文版）．4

卫拉特蒙古助词整理、研究综述/米热力汗·那登木才仁，西部蒙古论坛．1

文化交流的见证——科尔沁土语中的汉语借词/文化，中国蒙古学．6

西里尔蒙古文字母体系计量学分析/都岚　达胡白乙拉　黄伟，内蒙古社会科学（蒙古文版）．3

锡林郭勒盟蒙古语言文字工作综述/王爽格，蒙古语文．2

现代蒙古语补语词的研究现状及存在的问题分析/巴德玛　［日］松岗雄太，内蒙古师范大学学报（哲学社会科学蒙古文版）．3

新疆和硕特土语词首短元音的声学分析/朝鲁门，语言与翻译．3

新疆和硕特土语与青海乌图美仁土语中的边音辅音声学比较/澈力格尔　巴图格日乐　胡

斯乐土，赤峰学院学报（哲学社会科学蒙古文版）.5
新疆蒙古文小说言语特征/哈·乌兰巴托，中国蒙古学.1
新疆突厥诸语文学蒙译概况/欧其尔加甫·台文，语言与翻译.1
新疆图瓦语元音研究综述/季·朝鲁门，蒙古语文.10
新媒体环境下加强蒙古语言文字学习使用路径探析/王清艳，蒙古语文.1
新世纪蒙古谚语研究趋势/海鹰，中国蒙古学.4
兴安盟科左中旗蒙古族群众学习使用本民族语言文字情况调查/图雅　图力古尔，蒙古语文.6
研究德都蒙古方言特点及其社会使用价值/苏亚丽，语言与翻译.4
以动物比喻来略述蒙古谚语特点/包小，内蒙古社会科学（蒙古文版）.1
以内蒙古自治区成立70周年大庆为契机全面贯彻落实党的民族语文政策/萨楚日勒图，蒙古语文.1
英语与蒙古语亲属称谓对比研究/巴·孟克，内蒙古社会科学（蒙古文版）.3
英语与蒙古语日常用词对比分析/巴孟克，西北民族大学学报（哲学社会科学蒙古文版）.6
有关蒙古语量词的几个问题/宝音额木和，内蒙古师范大学学报（哲学社会科学蒙古文版）.1
与蒙古语领属格有关的复合词问题研究/巴图赛恒，内蒙古社会科学（蒙古文版）.5
语言服务的概念、种类及其发展新途径的探索/乐·套格顿白乙拉，蒙古语文.3
语言景观文化内涵探讨/包萨如拉，内蒙古社会科学（蒙古文版）.6
元代汉文诗歌中的蒙古语/赵延花，中国蒙古学.1
怎样保护民族语言文字及风俗文化/勒·乌苏荣贵，语言与翻译.2
振奋精神努力工作以蒙古语文工作优异成绩迎接内蒙古自治区成立70周年大庆/特古斯，蒙古语文.1
中世纪蒙古语句子总括成分研究/莫巴特尔，内蒙古师范大学学报（哲学社会科学蒙古文版）.4
总结过去展望未来为蒙古语言文字规范化、标准化、信息化而奋斗/萨楚日勒图，蒙古语文.2

七　民族文学艺术

"江格尔"中某些任务想象的历史人物投影问题探讨/格根塔娜，中国蒙古学.1
"文化大革命"时期蒙古文学叙事特点/华玉，内蒙古社会科学（蒙古文版）.1
《北京版格萨尔传》与青海蒙古方言之间的关联/古才仁巴力，中国蒙古学.3
《格斯尔传》的乌鸦形象探析/哈斯呼，内蒙古社会科学（蒙古文版）.2
《贵妇多拉嘎日与平民达木丁》和《三座山》及《黑暗政权》比较研究/萨仁高娃，中国蒙古学.2
《江格尔》研究之新视角/阿尔布克巴生，中国蒙古学.3
《江格尔》中描述的旗帜及其象征意义/呼和额日格，中国蒙古学.1
《梅·〈黄金史〉》中所描写的哈撒尔/巴·孟和，内蒙古师范大学学报（哲学社会科学蒙古文版）.3
《蒙古乌巴什·洪台吉故事》初版考/［俄罗斯］莫日根，中国蒙古学.6
《琶杰格斯尔》研究概述/马朝克图　秋喜，内蒙古民族大学学报（社会科学蒙古文版）.1

《骑黑骏马的圣主格斯尔汗》故事传承脉络/斯钦巴图，语言与翻译.3

《清史演义》胡仁乌力格尔的叙事时间表述形式/苏雅　斯琴托雅，赤峰学院学报（哲学社会科学蒙古文版）.3

《清史演义》胡仁乌力格尔的叙述特点/诺敏图雅　斯琴托雅，赤峰学院学报（哲学社会科学蒙古文版）.3

《神星传》传承及再创造中人物形象的解构与重构/乌日鲁格呼，中国蒙古学.6

《兀格》体裁作品的特点及其历史地位/敖道胡，西北民族大学学报（哲学社会科学蒙古文版）.5

《语言与翻译》杂志与《江格尔》研究/科木吉勒，西北民族大学学报（哲学社会科学蒙古文版）.2

12 部《卫拉特格斯尔》版本问题探析/阿如汉，内蒙古社会科学（蒙古文版）.4

1802—1945 年间在欧洲搜集记录出版卫拉特——卡尔梅克《江格尔》概述/旦布尔加甫，语言与翻译.4

阿尔泰乌梁海英雄史诗的整理与研究概况/文芳，语言与翻译.3

阿贵庙传说的分类/斯庆格日乐，蒙古学研究（蒙古文版）.2

敖特根巴雅尔胡尔奇整理的“阿拉迪忙哈史诗”特点/朝克图，中国蒙古学.1

巴林山水传说中的萨满教信仰/乌亚罕，蒙古学研究（蒙古文版）.3

北京朱印版蒙古文《甘珠尔》插图特征/乌日切夫，中国蒙古学.3

孛端察儿诞生传说文献之考/娜日苏　伊拉图，内蒙古社会科学（蒙古文版）.1

程式的内涵及其江格尔奇的运用/陶乌力吉仓，内蒙古社会科学（蒙古文版）.3

初探民国时期流传的蒙古民歌/额尔敦格日乐，内蒙古师范大学学报（哲学社会科学蒙古文版）.3

从民歌《都仍扎娜》看蒙古博克规则/拉·图雅　高·拉西道尔吉，中国蒙古学.1

从青海蒙古《格斯尔》中扳开莽古思的骸骨母题说起/郜银枝，中国蒙古学.1

达·纳楚格道尔吉经典化问题研究/铁军，中国蒙古学.4

达·纳楚格道尔吉诗歌《我的故乡》为其祖国祝颂/朝克图，中国蒙古学.4

达·纳楚格道尔吉小说《牧野佳人》中的亚马逊神化原型/［蒙古］巴·孟克巴雅尔，中国蒙古学.4

达·纳楚格道尔吉小说手稿《雀白》人物形象新探/德·巴图，中国蒙古学.4

达斡尔族《乌钦》研究综述/乌云高娃，中国蒙古学.2

大固什阿旺丹陪《丹珠尔》蒙译跋诗研究/树林，中国蒙古学.6

东和尔大喇嘛哈斯巴特尔历史事迹及其民歌形象/格日勒图，西部蒙古论坛.3

对特克斯《江格尔》说唱艺人及《江格尔》传承问题的思考/德塔亚，中国蒙古学.3

俄罗斯和西方搜集收藏卫拉特——卡尔梅克《格斯尔》史诗详论/旦布尔加甫，语言与翻译.2

鄂尔多斯民歌中的诗词含义研究/阿拉腾其其格，内蒙古师范大学学报（哲学社会科学蒙古文版）.1

鄂伦春民间故事的研究概况/斯琴格日乐，内蒙古民族大学学报（社会科学蒙古文版）.3

佛教对科尔沁山水传说的影响/呼和，内蒙古民族高等专科学校学报［蒙古学研究（蒙古文版）］.4

格斯尔性格组合论/乌亚汉，赤峰学院学报（哲学社会科学蒙古文版）3

贡嘎和特木尔胡尔奇流派的形成及媒介的推动作用/斯日古楞，中国蒙古学.6

关于《西部蒙古论坛》刊载的有关“江格尔》研究成果综述/科木吉勒，西部蒙古论坛.1

关于70部《江格尔》的《序诗》/阿如罕德·达亚，赤峰学院学报（哲学社会科学蒙古文版）.3

关于宝音和西格教授蒙古史诗母体研究/席·哈斯巴特尔，内蒙古师范大学学报（哲学社会科学蒙古文版）.4

关于北京版本《格斯尔》中体现的悲剧性/乌亚汉，西北民族大学学报（哲学社会科学蒙古文版）.2

关于哈士纶搜集的民歌《嘎拉登拜》/萨仁格日勒，中国蒙古学.3

关于捷克斯洛伐克出版的卡尔梅克《格斯尔》一章/德塔亚，西北民族大学学报（哲学社会科学蒙古文版）.4

关于民歌《达那巴拉》所体现的民俗风情/乌亚罕，内蒙古民族大学学报（社会科学蒙古文版）.1

关于纳贡毕力格的诗歌《健康之路》/格日勒，西北民族大学学报（哲学社会科学蒙古文版）.1

国家意识·民族意识和自我意识——达·纳楚格道尔吉创作心理研究/玉兰，中国蒙古学.4

国内胡仁乌力格尔研究综述/乌·额尔很白乙拉，中国蒙古学.4

哈斯宝、金圣叹的人生观比较——以“消遣方式”为例/珠娜，西北民族大学学报（哲学社会科学蒙古文版）.3

韩凤林传略/朝格满都拉，中国蒙古学.2

和顾特部落阿巴赖台吉的传说/阿尔布克巴生，西北民族大学学报（哲学社会科学蒙古文版）.5

胡尔齐被称为文化传播者的缘由/斯日古楞，内蒙古民族高等专科学校学报［蒙古学研究（蒙古文版）］.4

胡尔齐与胡尔齐的文化素质/苏尤格，西北民族大学学报（哲学社会科学蒙古文版）.4

胡仁乌力格尔《阿力玛斯之歌》与小说《阿力玛斯之歌》的艺术比较研究/萨日娜，内蒙古民族大学学报（社会科学蒙古文版）.2

胡仁乌力格尔《大西凉》中的程咬金/包青玉，蒙古学研究（蒙古文版）.2

胡仁乌力格尔《狄青征西》三个文本狄青形象比较/敖达巴拉，赤峰学院学报（哲学社会科学蒙古文版）5

胡仁乌力格尔对蒙古族传统伦理思想的影响/乌·额尔很白乙拉，内蒙古社会科学（蒙古文版）.4

胡仁乌力格尔同蒙古族当代文学河流共荣的历史轨迹/全福，西北民族大学学报（哲学社会科学蒙古文版）.2

胡仁乌力格尔主要母体、模式和程式研究/苏尤格，西北民族大学学报（哲学社会科学蒙古文版）.1

话说《江格尔》目录“章”的汉译之探/红歌尔，语言与翻译.3

加·朱乃《江格尔》真假问题研究/孟开，西北民族大学学报（哲学社会科学蒙古文版）.1

兼论蒙古族文学中的生态主题/乌云，内蒙古民族高等专科学校学报［蒙古学研究（蒙古文版）］.4

简论安代舞的形成与发展/宝音吉雅　聚宝，赤峰学院学报（哲学社会科学蒙古文版）6

简论胡仁乌力格尔的快速式叙事节奏/海全，内蒙古社会科学（蒙古文版）.1

简论蒙古民间文学的传播/海兰，内蒙古师范大学学报（哲学社会科学蒙古文版）.2

简述乌梁海史诗《塔里哈尔宝当》中的夫人形象/文芳，内蒙古民族大学学报（社会科学蒙古文版）.3

简述优秀胡尔奇松来/布仁图雅，西北民族大学学报（哲学社会科学蒙古文版）.1

简析《新时期蒙古文小说语言研究》的学术突破/娜弥雅，西北民族大学学报（哲学社会科学蒙古文版）.1

简析锡林郭勒蒙古文小说研究状况/哈·乌兰巴托，西北民族大学学报（哲学社会科学蒙古文版）.1

骏马形象的文化内涵——文化事业中的《江格尔》（二）/朝鲁门，内蒙古师范大学学报（哲学社会科学蒙古文版）.4

科尔沁悲伤民歌的搜集整理及研究概述/照日格图，中国蒙古学.5

科尔沁民歌反映的多元文化的研究/色音陶格特，内蒙古民族大学学报（社会科学蒙古文版）.3

科尔沁民歌中人名的文化学研究/陶秀珍，中国蒙古学.4

科尔沁史诗《阿斯尔查干海请》的外来文化痕迹/洪龙泉，内蒙古民族大学学报（社会科学蒙古文版）.1

科尔沁史诗《英雄道喜巴拉图》的描写特征/达古拉，内蒙古民族大学学报（社会科学蒙古文版）.1

科尔沁叙事民歌的概况/乌恩其巴·苏和，内蒙古民族大学学报（社会科学蒙古文版）.2

科尔沁英雄题材民歌中的胡仁乌力格尔影响/刘胜，内蒙古师范大学学报（哲学社会科学蒙古文版）.4

历史记忆中的《僧王之歌》（僧格林沁）文本研究/乌仁通拉嘎，内蒙古民族高等专科学校学报［蒙古学研究（蒙古文版）］.1

历史小说《固始汗》的固始汗形象初探/吉密斯，西部蒙古论坛.3

历史与江格尔关系问题/烛兰其其格，西北民族大学学报（哲学社会科学蒙古文版）.5

论《巴林格萨尔》地狱特征/文馨玛·乌尼乌兰，赤峰学院学报（哲学社会科学蒙古文版）3

论《一层楼》与《泣红亭》悲剧审美形态特征/吉亚嘎台，中国蒙古学.6

论敖特根巴雅尔胡尔奇的好来宝创作过程/巴亚斯古楞，内蒙古民族大学学报（社会科学蒙古文版）.3

论察哈尔格西洛桑楚臣文学批评特点/树林，西北民族大学学报（哲学社会科学蒙古文版）.1

论呼麦的综合艺术特征/勒·何日伦，中国蒙古学.1

论胡尔齐巴拉吉尼玛的讽刺艺术风格/布仁巴雅尔，内蒙古民族高等专科学校学报［蒙古学研究（蒙古文版）］.4

论胡仁乌力格尔中的骏马形象的描述/萨仁其木格，内蒙古民族大学学报（社会科学蒙古文版）.2

论喀喇沁蒙古族秧歌——以宁城县汐子镇他卜营子蒙古族秧歌为例/苏日嘎　额尔敦巴雅尔，西北民族大学学报（哲学社会科学蒙古文版）.5

论科尔沁地区风水传说/顾乌日乐　D·额尔德木图，内蒙古民族大学学报（社会科学蒙古文版）.4

论科尔沁民歌《韩特日玛》的艺术特色/玛瑙花，内蒙古民族大学学报（社会科学蒙古文版）. 3

论李双喜胡尔奇的说书特征/萨其日那，内蒙古民族大学学报（社会科学蒙古文版）. 3

论流传于西部蒙古关于阿尔泰乌梁海西贝子旗诺彦吉木彦扎布与新土尔扈特诸诺彦联姻的民间传说/温德雷 · 塞尔巴　米哈拉 · 史日东，蒙古学研究（蒙古文版）. 2

论满都呼先生对蒙古民间文学学科建设的贡献/呼日勒沙，中国蒙古学. 2

论蒙古文《丹珠尔》中对《二十一度母赞》的翻译点/格根塔娜，西北民族大学学报（哲学社会科学蒙古文版）. 6

论蒙古族歌、音乐、故事起源神话的悲剧性/呼日勒沙，西北民族大学学报（哲学社会科学蒙古文版）. 2

论蒙古族叙事民歌的悲剧性/胡日勒沙，西北民族大学学报（哲学社会科学蒙古文版）. 4

论民歌《达那巴拉》语言中的文化思维/乌日娜　包乌云高娃，内蒙古民族大学学报（社会科学蒙古文版）. 2

论青海蒙古民间口传《格斯尔》溯源、生成、发展、演变的地域特征/古 · 才仁巴力，西北民族大学学报（哲学社会科学蒙古文版）. 1

论神话的故事化/扎拉嘎夫，内蒙古民族高等专科学校学报［蒙古学研究（蒙古文版）］. 1

论神话的故事化/扎拉嘎夫，蒙古学研究（蒙古文版）. 1

论时代变迁中叙事民歌《嘎达梅林》的经典化/宝音陶克陶，内蒙古师范大学学报（哲学社会科学蒙古文版）. 3

论述“格斯尔可汗传”与蒙古谷深化中的星辰说/李华，西北民族大学学报（哲学社会科学蒙古文版）. 2

论说唱英雄史诗的有关习俗/仁钦道尔吉，西部蒙古论坛. 3

论卫拉特蒙古文学语言的独特表现形式/宝音达，西部蒙古论坛. 2

论文学创作中的蒙古族农民形象/博 · 照日格图，西北民族大学学报（哲学社会科学蒙古文版）. 2

论尹湛纳希对丰富蒙古族书面文学体裁的贡献/宫金荣　哈申高娃，内蒙古师范大学学报（哲学社会科学蒙古文版）. 3

马拉沁夫小说研究述评/额尔敦仓，内蒙古师范大学学报（哲学社会科学蒙古文版）. 4

莽古斯故事对东部地区胡仁乌力格尔的影响/包秀娟　白玉荣，内蒙古民族大学学报（社会科学蒙古文版）. 4

蒙、藏文《甘珠尔》及《丹珠尔》在内蒙古东部地区寺庙收藏情况考察/胡日查，中国蒙古学. 3

蒙藏《格斯尔》研究中应用翻译本的问题——以翻译北京版《格斯尔》文本为例/乌亚汉，西部蒙古论坛. 3

蒙藏土族《格萨尔》中蟒古思的灵魂比较考察/敖敦其木格，中国蒙古学. 1

蒙古地区《野鸡果子》传说考/额尔敦巴雅尔，中国蒙古学. 1

蒙古地区传播的射日神话研究/席 · 哈斯巴特尔，内蒙古社会科学（蒙古文版）. 6

蒙古高僧的《诗镜论》藏文注释及其研究/元成，中国蒙古学. 4

蒙古民间文学与书面文学界限的理论思考/巴图，西北民族大学学报（哲学社会科学蒙古文版）. 1

蒙古民间谚语的故事特色/布仁图雅，蒙古学研究（蒙古文版）. 3

蒙古民间摇篮曲中的动物崇拜遗迹/加 · 音花，语言与翻译. 4

蒙古神话中的本题意识/包宝柱，中国蒙古学.2

蒙古文《甘珠尔》翻译过程及其版本概况/色·斯琴毕力格，内蒙古师范大学学报（哲学社会科学蒙古文版）.4

蒙古原声音乐名词术语诸题论/巴音吉日嘎拉，内蒙古师范大学学报（哲学社会科学蒙古文版）.2

蒙古族《回敬酒》的传说与习俗/迎春，中国蒙古学.4

蒙古族安代舞的文化内涵探析/王五月，中国蒙古学.1

蒙古族当代唱片小说中村在的问题及理论分析/娜弥雅，西北民族大学学报（哲学社会科学蒙古文版）.4

蒙古族高僧文学理论发展观探析/树林，内蒙古社会科学（蒙古文版）.4

蒙古族古代文学教学内容的探讨/昭日格图，西北民族大学学报（哲学社会科学蒙古文版）.1

蒙古族古代文学研究中的神话学视角——以那木吉拉教授《北斗星经》为例/斯钦巴图，内蒙古民族高等专科学校学报［蒙古学研究（蒙古文版）］.1

蒙古族古代文学研究中的神话学视角——以那木吉拉教授《北斗星经》为例/斯钦巴图，蒙古学研究（蒙古文版）.1

蒙古族民间祝颂人的成长与传统文化土壤的关系/玉荣，中国蒙古学.4

蒙古族民俗传说搜集整理及研究概况/迎春，内蒙古民族大学学报（社会科学蒙古文版）.1

蒙古族题材电影的时代特色/乌兰，中国蒙古学.6

蒙古族英雄史诗之英雄崇拜文化对叙事民歌的影响/包桂兰，中国蒙古学.5

莫日根的故事中的狩猎文化/斯琴格日勒，内蒙古社会科学（蒙古文版）.2

那木吉乐舍旺关于尹湛纳西《一层楼》《泣红亭》之观点探析/玛·乌尼乌兰，西北民族大学学报（哲学社会科学蒙古文版）.6

内蒙古嘎达梅林集体记忆的形成及时代特征/包宝海，西北民族大学学报（哲学社会科学蒙古文版）.1

琶杰《格斯尔》与科尔沁莽古斯故事的艺术形象比较研究——以坐骑形象为例/乌日古木乐，西部蒙古论坛.1

浅论《青蛙儿子》故事奇异诞生母题/珠拉，内蒙古民族大学学报（社会科学蒙古文版）.3

浅论叙事民歌《陶克陶胡》/宝音吉雅，赤峰学院学报（哲学社会科学蒙古文版）.5

浅谈关于蒙古族现代主义创作方法/乌云斯楞，赤峰学院学报（哲学社会科学蒙古文版）.4

浅谈科尔沁民歌的种类及其代表性作品/何萨仁，内蒙古师范大学学报（哲学社会科学蒙古文版）.2

浅谈新疆民歌的发展和变化/乌兰巴特尔，西部蒙古论坛.2

浅析科尔沁民歌戏剧性/吴朝鲁，内蒙古师范大学学报（哲学社会科学蒙古文版）.3

青海蒙古民间文学的宗教意识之地域特征/古·才仁巴力，内蒙古民族大学学报（社会科学蒙古文版）.1

清代校勘刊行蒙古文《甘珠尔》诸问题考辨/胡日查，内蒙古师范大学学报（哲学社会科学蒙古文版）.4

清格尔泰先生与蒙古语言文学希的建设和发展/白音朝克图，西北民族大学学报（哲学社

会科学蒙古文版）.5

仁钦道尔吉教授对们古史诗研究的贡献/扎格尔，内蒙古师范大学学报（哲学社会科学蒙古文版）.1

萨满神偶传说《保牧乐》新探/特日格勒　秋喜，赤峰学院学报（哲学社会科学蒙古文版）.6

赛春嘎与日本诗人高村光太郎比较研究/纳潮洛蒙，中国蒙古学.5

社会变迁、文化习俗束缚与科尔沁民歌悲剧性/阿拉坦格日勒，西北民族大学学报（哲学社会科学蒙古文版）.2

社会主义现实主义创作方法在蒙古国文艺领域的定形时间考/阿力坦斯那嘎，中国蒙古学.5

生产与社会环境变革及科尔沁民歌的内涵形成/阿拉坦格日乐，中国蒙古学.5

史诗胡仁乌力格尔的套语和母题研究/包秀娟　白玉荣，赤峰学院学报（哲学社会科学蒙古文版）.3

试论《红楼梦》百廿回蒙译本“一字评”回目的翻译得失/胡格吉勒图，中国蒙古学.4

试论德索米娅是个艺术特点/赛音毕力格，中国蒙古学.5

试论胡尔奇的说书艺术/那日苏，蒙古学研究（蒙古文版）.2

试论胡仁乌力格尔和叙事民歌产生的时间与地点/齐占柱，内蒙古师范大学学报（哲学社会科学蒙古文版）.4

试论蒙古语电影译制的历史分期/格日乐其木格，西北民族大学学报（哲学社会科学蒙古文版）.3

手抄本《博学之宝谜语》研究/澳丹，中国蒙古学.6

受众期待视野及叙事民歌《嘎达梅林》经典化/宝音陶克涛　马国林，内蒙古民族大学学报（社会科学蒙古文版）.4

谈说书艺人巴拉吉尼玛对蒙古民间文学研究的贡献/乌日乐格夫，内蒙古民族大学学报（社会科学蒙古文版）.1

探讨《巴彦松庚祝词》的历史文化内幕/呼和，西北民族大学学报（哲学社会科学蒙古文版）.2

探析史诗《江格尔》中的主题/乌力吉仓，西北民族大学学报（哲学社会科学蒙古文版）.1

探析新疆卫拉特蒙古摇篮曲特点/加·音花，西部蒙古论坛.1

吐尔基山传说中的信仰遗迹/金秀梅，中国蒙古学.4

托忒蒙古文《西游记》收藏及研究概况/根锁，西北民族大学学报（哲学社会科学蒙古文版）.5

托忒文手抄本《格斯尔》研究概况/斯仁玛，语言与翻译.1

为何应要拼写成“[illegible]”/宝音和西格，西北民族大学学报（哲学社会科学蒙古文版）.1

卫拉特史诗英雄形象初探/包青玉，赤峰学院学报（哲学社会科学蒙古文版）.4

卫拉特异婚类民间故事中的信仰文化/萨仁托雅，中国蒙古学.4

文化变迁与科尔沁民歌的内涵/阿拉坦格日勒，内蒙古民族大学学报（社会科学蒙古文版）.3

文学创作中应注意的几个问题/呼和，西部蒙古论坛.3

乌斯夫宝音创作说唱的胡仁乌力格尔《火鹰》的用语简论/沙出日拉，蒙古学研究（蒙古文版）.2

乡土知识分子阿拉坦巴根与他在蒙古文学史上的地位/娜弥雅，内蒙古民族大学学报（社会科学蒙古文版）.4

新时期蒙古戏剧批评研究/其勒格尔斯楞，赤峰学院学报（哲学社会科学蒙古文版）.5

新世纪蒙古族电影中边缘化的男性/那荷雅　海日寒，中国蒙古学.5

学术探寻之贡献学者尊师之力作——评宝音贺希格教授《蒙古族民间文学研究》/扎格尔　乌仁图雅，内蒙古民族高等专科学校学报［蒙古学研究（蒙古文版）］.4

学术探寻之贡献学者尊师之力作——评宝音贺希格教授《蒙古族民间文学研究》/扎格尔　乌仁图雅，蒙古学研究（蒙古文版）.4

以马驹为主题的阿拉善民歌之探/额宝力格，语言与翻译.1

尹湛纳西哲学思想与社会思想史研究概略/包爱梅，内蒙古民族高等专科学校学报［蒙古学研究（蒙古文版）］.4

尹湛纳西作品中的象征性办法的运用研究/萨仁格日乐，赤峰学院学报（哲学社会科学蒙古文版）5

英雄史诗《格斯尔》的“腾格里”崇拜思想/斯日古楞，中国蒙古学.6

有关《格斯尔》之理解认识/吾特那生，语言与翻译.1

有关三国文艺在满族蒙古族中的传播流传情况/包金花，内蒙古社会科学（蒙古文版）.4

裕固族民间故事整理研究概况/其力格日，西北民族大学学报（哲学社会科学蒙古文版）.1

原型批评在蒙古族文学批评的实践研究/萨其拉，内蒙古民族高等专科学校学报［蒙古学研究（蒙古文版）］.1

再论神话的故事化/扎拉嘎夫，西部蒙古论坛.2

在和布克赛尔土尔扈特部落中流传的有关哈萨克族的传说研究/阿尔布克·巴生，西北民族大学学报（哲学社会科学蒙古文版）.2

周乃《江格尔》中的创世神话渊源考/烛兰其其格，中国蒙古学.5

珠岚舞的原生态文化内涵探讨/刘雪梅　代·兴安，中国蒙古学.5

专辑文学之综合性研究中存在的一些问题/［蒙古］普日布苏荣，西北民族大学学报（哲学社会科学蒙古文版）.6

八　民族教育

大学生行为规范教育中运用蒙古族尊敬兄长礼节的意义/浩斯巴雅尔，中国蒙古学.1

《共和国教科书新国文》（初学）与《蒙文教科书》的比较研究/敖特根白乙拉　塔娜，西北民族大学学报（哲学社会科学蒙古文版）.3

城镇化过程中农牧民子女教育问题及对策研究/额尔敦乌日图，内蒙古社会科学（蒙古文版）.5

论奥尔梅克学者曲日木对新疆卫拉特蒙古教育事业的贡献/巴·巴图巴雅尔，语言与翻译.1

论内蒙古民族学前教育的发展策略/王莲花　乌云巴图，内蒙古师范大学学报（哲学社会科学蒙古文版）.4

论现代蒙古族启蒙者群体教育活动/乌力吉套格套，中国蒙古学.3

论语言人类学课堂教学中如何讲授树木有关的谚语/马银亮　席哈斯巴特尔，内蒙古民族高等专科学校学报［蒙古学研究（蒙古文版）］.1

蒙古族传统家庭教育变迁研究/鲍晓艳，中国蒙古学.6

蒙古族传统教育资源开发与利用状况的调查/孟根图娅　敖敦格日乐，赤峰学院学报（哲学社会科学蒙古文版）.6

内蒙古双语教育中的民族传统文化传承问题简论/李·萨茹拉，内蒙古民族高等专科学校学报［蒙古学研究（蒙古文版）］.4

青海蒙古族近现代教育概况/呼和，内蒙古民族大学学报（社会科学蒙古文版）.2

试论培养大学生社会主义核心价值观的实施途径/胡日沁毕力格，赤峰学院学报（哲学社会科学蒙古文版）.6

完善蒙古国大学生合法权益刍议/［蒙古］苏和巴雅尔，西北民族大学学报（哲学社会科学蒙古文版）.3

学前教育阶段重视民族风俗文化教育的重要性/王莲花，内蒙古社会科学（蒙古文版）.2

英雄崇拜文化的传播及教育作用略谈/桂兰，内蒙古民族大学学报（社会科学蒙古文版）.1

在古代蒙古族家庭教育中母亲的训喻作用/乌仁塔娜，内蒙古社会科学（蒙古文版）.3

2018 年

一　民族问题理论

《阿拉坦汗法典》形式法律制度的特点论/包·朝鲁门，中国蒙古学.1

试论分封制与民族区域自治的历史渊源/包莲，内蒙古社会科学（蒙古文版）.1

论乌兰夫对民族区域自治法制建设的贡献/成帮，内蒙古社会科学（蒙古文版）.1

蒙古国刑法制度的传承与革新/敖·乌尼日琪琪格，内蒙古社会科学（蒙古文版）.1

论民族认同意识的形成与嬗变/那仁毕力格，内蒙古社会科学（蒙古文版）.2

论坚持以人民为中心的发展思想/阿如娜，内蒙古社会科学（蒙古文版）.3

贯彻习近平新发展理念加快推进农牧业高质量发展/图雅　韩成福　哈申，内蒙古社会科学（蒙古文版）.3

论坚定文化自信的重要性/卓拉，内蒙古社会科学（蒙古文版）.3

从宗教、民族、国家安全的角度论习近平的宗教工作思想/满都日娃，内蒙古社会科学（蒙古文版）.3

2017 年新“民法总则”适用问题解析/白迎春，内蒙古社会科学（蒙古文版）.3

我国少数民族文化权益保障探析/鲍晓艳　于翠英，内蒙古社会科学（蒙古文版）.3

正确认识中国特色社会主义新时代社会主要矛盾/何常林，内蒙古社会科学（蒙古文版）.4

认真学习宪法内容树立宪法信仰/贺希格，内蒙古社会科学（蒙古文版）.4

习近平新闻舆论思想新理念及其实践价值/乌兰，内蒙古社会科学（蒙古文版）.4

当代中国历史虚无主义的实质及危害探析/韩吉木斯，内蒙古社会科学（蒙古文版）.4

论宗教价值观与社会调适/斯日古楞/韩吉木斯，内蒙古社会科学（蒙古文版）.4

共产国际的影响及蒙古对宗教派别采取的措施/吉日嘎拉，内蒙古社会科学（蒙古文版）.4

论我国公共道德建设中存在的问题/思勤途，内蒙古社会科学（蒙古文版）.4

蒙古国城市化集体化私有化运动对个人现代化的影响/海鹰，内蒙古社会科学（蒙古文版）.4

论马克思主义的科学统一性/娜仁其木格　乌峰，内蒙古社会科学（蒙古文版）.5

《共产党宣言》及其当代价值/包银山　萨日娜，内蒙古社会科学（蒙古文版）.5

马列经典著作蒙译出版历程/葛根塔娜，内蒙古社会科学（蒙古文版）.5

中蒙行政诉讼判决类型的比较研究/特日格勒，内蒙古师范大学学报（哲学社会科学蒙古文版）.1

新民主主义社会论在内蒙古的实践之探析/白文丽，内蒙古师范大学学报（哲学社会科学蒙古文版）.1

我国民族自治地方自治法数量质量问题分析/阿拉坦苏和，内蒙古师范大学学报（哲学社会科学蒙古文版）.2

二　民族经济

蒙古国食品加工业现状及其发展趋势/韩柱　韩成福，中国蒙古学.1

六世班禅赴京朝见乾隆帝时的开支及当时西藏地区经济发展状况/莲花，中国蒙古学.2

蒙古国工业发展现状分析/胡格吉勒图，中国蒙古学.2

从托王的《谋生训谕》看其生产消费观/特格西毕力格，中国蒙古学.3

新中国成立初期内蒙古牧区支付牧主定息政策探析/仁钦，中国蒙古学.6

牧区马文化产业化路径研究/澈力木格，中国蒙古学.6

论内蒙古牧区“双全一制”/仁钦，内蒙古大学学报.2

蒙古国经济现状及前景/呼格吉勒图，内蒙古大学学报.2

内蒙古干旱灾情时空分布特征分析/佟宝全　毕其格　阿荣，内蒙古社会科学（蒙古文版）.1

改革开放初期乌兰毛肚公社畜牧业大包干制度论述/仁沁，内蒙古社会科学（蒙古文版）.1

市场经济发展视域下家庭伦理建设探析/包玉兰，内蒙古社会科学（蒙古文版）.2

试论内蒙古地区草牧场完全承包制/额尔敦，内蒙古社会科学（蒙古文版）.2

内蒙古地区城市商业银行互联网金融业务创新研究/赵璐　勿恩其其格，内蒙古社会科学（蒙古文版）.2

蒙古国牧民生产决策行为研究/苏日娜，内蒙古社会科学（蒙古文版）.2

内蒙古草原退化要因分析/阿拉腾嘎日嘎，内蒙古社会科学（蒙古文版）.2

气候变化对阿尔山市旅游业的影响/马冬梅　那顺，内蒙古社会科学（蒙古文版）.2

“一带一路”背景下内蒙古口岸 PPP 项目风险因素分析/包永梅　斯琴塔娜，内蒙古社会科学（蒙古文版）.3

促进牧区产业融合发展加快牧民收人增长/特格西毕力格，内蒙古社会科学（蒙古文版）.3

城镇化进程中的牧区嘎查变化探析/龙梅，内蒙古社会科学（蒙古文版）.3

草原畜牧业发展规律及其演变研究/恩和　阿拉坦格日乐，内蒙古社会科学（蒙古文版）.4

牧区“三权”分置改革探索与思考/文明　图雅，内蒙古社会科学（蒙古文版）.4

发展农村牧区“绿色金融”服务的对策/包玉珍，内蒙古社会科学（蒙古文版）.4

德国农村金融制度对我国民族地区农牧业经济发展的启示/萨日娜，内蒙古社会科学（蒙古文版）.4

内蒙古畜产品品牌建设研究/新华，内蒙古社会科学（蒙古文版）.5

内蒙古“中蒙俄经济走廊”建设的思路与路径/通拉嘎，内蒙古社会科学（蒙古文版）.6

流通网络组织开拓农村消费市场的创新路径/清华，内蒙古社会科学（蒙古文版）.6

牧户面对旱灾雪灾脆弱性评价研究/塔娜　文明，内蒙古社会科学（蒙古文版）.6

阿鲁科尔沁旗传统奶食品加工业发展研究/鲍青山，赤峰学院学报（哲学社会科学）.5

简论蒙古古代游牧经济与狩猎，采集式共存的经济模式/香莲，赤峰学院学报（哲学社会科学）.6

简述精准扶贫背景下贫困农村牧区人力资源开发/乌日根巴雅尔，赤峰学院学报（哲学社会科学）.6

分析蒙古国农牧业发展政策效果/韩柱，内蒙古师范大学学报（哲学社会科学蒙古文版）.2

骆驼经济文化相关词汇语文网络建设/布音其其格　哈斯，内蒙古师范大学学报（哲学社会科学蒙古文版）.2

论托王训民致富的理论与实践/王风雷，内蒙古师范大学学报（哲学社会科学蒙古文版）.3

"一带一路"战略下促进内蒙古农村牧区基础产业发展对策研究/新华，内蒙古师范大学学报（哲学社会科学蒙古文版）.3

牧民专业合作社经营现状及初步成效探析/白嘎利　格根图雅，内蒙古师范大学学报（哲学社会科学蒙古文版）.3

全面禁牧反弹原因探析/铁柱，内蒙古师范大学学报（哲学社会科学蒙古文版）.4

清代蒙旗罚畜若干问题——以卓索图盟为例/齐英　特日根，内蒙古师范大学学报（哲学社会科学蒙古文版）.4

论蒙古族畜牧业生产民俗形成的原因及发展趋势/张丽华，内蒙古师范大学学报（哲学社会科学蒙古文版）.4

论蒙古族畜牧业生产民俗的特点/王富强，内蒙古师范大学学报（哲学社会科学蒙古文版）.4

三　民族学

城市多民族社区文化建设探析/萨其拉，内蒙古社会科学（蒙古文版）.2

论鸟及卵与生殖崇拜/达额尔德木图，中国蒙古学.1

蒙古文化之母亲赞现象研究/玛玖，中国蒙古学.1

"风马祭文"的起源及其传承与变化/阿雅拉古，中国蒙古学.1

古代蒙古人的英雄崇拜及灵魂观/策朝鲁门，中国蒙古学.1

数词起名之么翁牛巩固文化内涵/宝音额木和　乌云巴图，中国蒙古学.2

匈牙利蒙古学的过去与现状/萨日娜，中国蒙古学.2

《灵堂忌猫》习俗传说及其象征意义/迎春，中国蒙古学.3

库伦蒙古人的龙王信仰及其文化内涵/萨仁托雅，中国蒙古学.3

蒙古服饰禁忌的原由/白晓梅，中国蒙古学.3

论传统蒙古文化中的生命观/海霞，中国蒙古学.3

古代蒙古人男儿三竞技的象征意义/都达古拉，中国蒙古学.3

蒙古搏克的传承及发展历程/额布日乐图，中国蒙古学.3

《蒙古秘史》中的器物名称研究/阿力玛，中国蒙古学.4

科尔沁文化的传承与现代文明建设关系论/特木其其格，中国蒙古学.4

古代蒙古人的游牧之不同原因/香莲，中国蒙古学.4

蒙古族生态法及其现实意义/包金花，中国蒙古学 .4

现代蒙古人的自我认知与想象/关图雅，中国蒙古学 .4

从“呼图克沁”看敖汉蒙古人的祭火习俗/孟和巴特，中国蒙古学 .5

蒙古人的火神形象及其祭祀仪式研究/萨仁格日勒，中国蒙古学 .5

古代蒙古“tonog abhu”之说及其起源探/王海荣，中国蒙古学 .5

蒙古族巫术治病习俗探讨/包红岗，中国蒙古学 .5

蒙古族传统禁忌习俗的文化内涵及其意义/萨其拉，中国蒙古学 .5

社会调查资料所反映的蒙古人幸福观/王桂兰，中国蒙古学 .5

蒙古人注重时令蔬菜的习俗/白刚，中国蒙古学 .6

蒙古族服饰现状调研/萨日娜，中国蒙古学 .6

男儿三艺传统及其现代意义/高娃　吉如河，中国蒙古学 .6

论喀喇沁蒙古传统婚葬习俗中的金龟——以宁城县为例/多兰　齐额尔敦巴雅尔，内蒙古大学学报 .1

互惠视角下的“娘奶”仪式探析——基于拉卜楞寺周边两个村庄的田野调查/付吉力根，内蒙古大学学报 .2

玛赞巴特尔族系与部族探究/阿·巴生，内蒙古社会科学（蒙古文版）.1

传承和发扬民族优秀传统文化的社会意义/乌仁毕力格，内蒙古社会科学（蒙古文版）.1

游牧民族的文化乡愁/包天花，内蒙古社会科学（蒙古文版）.1

蒙古语禁忌结构及其功能/格·海日罕，内蒙古社会科学（蒙古文版）.1

维吾尔族命名礼的教育功能/乌·萨其拉图，内蒙古社会科学（蒙古文版）.1

科尔沁婚礼为女婿着装之习俗/白晓梅，内蒙古社会科学（蒙古文版）.1

论蒙古族服饰文化的活态传承/乌日图宝音，内蒙古社会科学（蒙古文版）.2

蒙古族宗教民俗中的特色饮食文化探/娜日苏，内蒙古社会科学（蒙古文版）.2

城镇化语境中蒙古族青年文化变迁/乌木花，内蒙古社会科学（蒙古文版）.2

浅析国家级非物质文化遗传——蒙古族“阿日奔苏木婚礼”/塔拉　图门巴雅尔，内蒙古社会科学（蒙古文版）.2

蒙古人生活中关于“突兀里”认识的变迁/谢斯琴，内蒙古社会科学（蒙古文版）.2

论 13 世纪以前蒙药文化发展概况/胡格吉勒巴图　宝音图，内蒙古社会科学（蒙古文版）.3

蒙古族圆型文化与数字“9”的关系研究/关金花，内蒙古社会科学（蒙古文版）.4

科尔沁文化的保护与民族文化遗产的开发利用/特木其其格，内蒙古社会科学（蒙古文版）.4

1947—1966 年锡林郭勒盟牧区社会变迁研究/阿如娜，内蒙古社会科学（蒙古文版）.4

从历史文献看蒙古族的生态意识/秦福莹　照日格图，内蒙古社会科学（蒙古文版）.5

城镇化进程中蒙古族文化变迁及传承/额尔敦乌日图，内蒙古社会科学（蒙古文版）.5

内蒙古草原文化走出去的现状与发展路径/黄金，内蒙古社会科学（蒙古文版）.5

从谚语探析蒙古族的粮食观/莫日根高娃，内蒙古社会科学（蒙古文版）.5

从《蒙古秘史》的取首习俗探古代 tonog abhu 习俗之文化因素/王海荣，内蒙古社会科学（蒙古文版）.5

蒙古族以龙为十二生肖之首的习俗/L·Dangganjab，内蒙古社会科学（蒙古文版）.5

古代蒙古人库列延思维之由来/陈乌日其其格，内蒙古社会科学（蒙古文版）.5

新时代少数民族语种报刊建设研究/佟代泉，内蒙古社会科学（蒙古文版）.5

人才的社会学分析/胡其图，内蒙古社会科学（蒙古文版）.6

内蒙古农村牧区公共服务均等化调查与分析/李金玉，内蒙古社会科学（蒙古文版）.6

试论藏族村落嘛尼会习俗中的社会关系/付吉力根，内蒙古社会科学（蒙古文版）.6

蒙古马精神的文化内涵/扎格尔，内蒙古社会科学（蒙古文版）.6

新媒体时代的草原文化传播/澈力木格，内蒙古社会科学（蒙古文版）.6

论蒙古族非物质文化遗产的法律保护/倪乌吉斯古楞，内蒙古社会科学（蒙古文版）.6

浅论蒙古族传统弓箭起源与发展/都达古拉，赤峰学院学报（哲学社会科学）.1

奈曼蒙古族丧葬文化习俗研究/包银权，赤峰学院学报（哲学社会科学）.1

试论传统游戏“沙嘎”对学前儿童教育意义/吉日嘎拉，赤峰学院学报（哲学社会科学）.1

青海蒙古族人名及其低于特色/乌云图雅　宝音那木禾，赤峰学院学报（哲学社会科学）.1

从姓氏的角度看杭锦旗名称演变/萨仁都那拉，赤峰学院学报（哲学社会科学）.2

庆州白塔与庆陵、庆州初探/钱德海，赤峰学院学报（哲学社会科学）.2

简析祖鲁节/阿荣高娃　扎格尔，赤峰学院学报（哲学社会科学）.2

科尔沁文化研究发展述论/巴·苏和，内蒙古民族大学学报（社会科学蒙古文版）.2

满族屯嘎查的查干敖包祭祀文化研究——以兴安盟科右前旗满族屯嘎查为例/马丹丹，内蒙古民族大学学报（社会科学蒙古文版）.2

蒙古族传统祭火习俗探源/巴·孟和，内蒙古民族大学学报（社会科学蒙古文版）.3

科尔沁饮食文化探源/白钢，内蒙古民族大学学报（社会科学蒙古文版）.3

蒙古民俗研究新视角——以《蒙古民俗文化探源》为例/娜仁赞丹，内蒙古民族大学学报（社会科学蒙古文版）.3

田野调查的乐趣、艰辛、理论与方法——赏析小长谷有纪《人类学家在草原成长》一书/朝格图，内蒙古民族大学学报（社会科学蒙古文版）.3

蒙古族祭火习俗起源研究/额布力图　斯日古楞，内蒙古民族大学学报（社会科学蒙古文版）.4

蒙古族传统家庭教育与社会主义核心价值观/何常林，内蒙古民族大学学报（社会科学蒙古文版）.4

试论科尔沁非物质文化遗产价值/特木其其格　敖恩吉雅，内蒙古民族大学学报（社会科学蒙古文版）.4

科尔沁熟语中的文化蕴涵初探/格海日罕　哈斯吉茹嘎，内蒙古民族高等专科学校学报［蒙古学研究（蒙古文版）］.1

蒙古人的苦与乐人生观价值取向/葛拉登岱，内蒙古民族高等专科学校学报［蒙古学研究（蒙古文版）］.1

从姓氏的角度看杭锦旗名称演变/萨仁图娜拉，赤峰学院学报（哲学社会科学）.2

庆州白塔与庆陵、庆州城初探/钱德海，赤峰学院学报（哲学社会科学）.2

浅析古代蒙古族的信仰/阿拉坦高娃　哈申高娃，赤峰学院学报（哲学社会科学）.2

简析祖鲁节/阿荣高娃　扎格尔，赤峰学院学报（哲学社会科学）.2

浅论古代蒙古女人的地位及历史意义/萨茹拉　呼格吉乐，赤峰学院学报（哲学社会科学）.3

谈骆驼比赛/旭仁其木格　扎各尔，赤峰学院学报（哲学社会科学）.3

扎赉特旗蒙古族个人预言应用情况/赵敖木琴　王顶柱，赤峰学院学报（哲学社会科

学）.3

蒙古族传统文化资源开发现状分析/孟根图娅　格根塔娜，赤峰学院学报（哲学社会科学）.3

从罗桑丹毕坚赞所著《建敖包习俗》一文谈起/巴·孟和，赤峰学院学报（哲学社会科学）.5

蒙古语咒与詈的差异及关系/孙布尔　额尔敦毕力格，赤峰学院学报（哲学社会科学）.5

谈蒙古族传统祭敖包习俗/巴·孟和，赤峰学院学报（哲学社会科学）.6

试论东蒙萨满教的起源及其派系/宝玉，赤峰学院学报（哲学社会科学）.6

蒙古族招魂习俗/阿民布和，赤峰学院学报（哲学社会科学）.6

酒·酒器，文化：蒙古族酒文化考释/阿力玛，赤峰学院学报（哲学社会科学）.6

蒙古族传统肉食贮存技艺探析/金良　扎格尔，内蒙古师范大学学报（哲学社会科学蒙古文版）.1

敖其教授著作《蒙古族传统物质文化》的学术价值/内蒙古师范大学学报（哲学社会科学蒙古文版）.1

简析从“套布”到定居村落的形式——扎鲁特旗田野调查为例/雪莲　铁柱，内蒙古师范大学学报（哲学社会科学蒙古文版）.2

四　民族宗教

北元时期蒙古地区佛教寺庙雕刻技艺特征/塔娜，中国蒙古学.1

论佛教文化本质/乌云毕力格，中国蒙古学.1

清朝翁牛特右旗外派喇嘛人数及其教务开支状况/南敦宝力尔；胡日查，中国蒙古学.1

夏玛尔班智达根增嘉措《诗镜论释难》研究/那存，中国蒙古学.2

《阿希嘎大喇嘛传说》中的历史印记与文化意识/阿·呼和，中国蒙古学.3

云南王阿鲁之大藏经碑文考/全荣，中国蒙古学.4

米喜格道日吉旗归属加喇嘛丹毕坚赞管辖事件的几份档案资料研究/伊拉勒图，中国蒙古学.4

章嘉活佛若必多吉的蒙、藏佛教事迹/萨日娜，中国蒙古学.5

论蒙古佛教的形成与发展及相关问题/敖汉嘉木洋，中国蒙古学.5

论《罗·黄金史》所含佛教思想/刘春喜，中国蒙古学.6

乃济托音在科尔沁萨满教历史上起过的作用/孟金宝　哈顺图雅，内蒙古大学学报.1

清代蒙古社会苏木与喇嘛关系研究/齐英，内蒙古社会科学（蒙古文版）.1

新时代大学生宗教信仰分析/赵图雅　斯钦，内蒙古社会科学（蒙古文版）.1

呼和浩特市藏传教寺庙的历史变迁/宝乌兰图雅，内蒙古社会科学（蒙古文版）.2

再论固师罗桑丹金在蒙古文《丹珠尔》中的翻译作品/朝鲁，内蒙古社会科学（蒙古文版）.3

内蒙古农牧区宗教信仰问题/Jirannig，内蒙古社会科学（蒙古文版）.5

草原文化视域下的佛教乐舞查玛艺术/色仁道尔吉，内蒙古社会科学（蒙古文版）.5

论库伦旗旗藏传佛教寺庙的管理/敖日格　斯琴高娃，赤峰学院学报（哲学社会科学）.1

浅析古代蒙古族的信仰/阿拉坦高娃　哈斯高娃，赤峰学院学报（哲学社会科学）.2

试论清代科尔沁右翼前旗寺庙/王凤迎　胡日查，内蒙古民族大学学报（社会科学蒙古文版）.1

司格特传教士在内蒙古的传教历程探析/梅荣，内蒙古民族大学学报（社会科学蒙古文

版）.3

蒙古宫廷歌曲佛教内容探讨/乌红梅，内蒙古民族大学学报（社会科学蒙古文版）.3

清初对藏传佛教喇嘛管理/额尔敦巴特尔，内蒙古民族高等专科学校学报［蒙古学研究（蒙古文版）］.1

论清朝前郭尔罗斯旗寺庙/布仁才次克，内蒙古民族高等专科学校学报［蒙古学研究（蒙古文版）］.1

黑龙江蒙古族地区傩文化述略/宝玉，赤峰学院学报（哲学社会科学）.3

论内齐托音呼图克图一世在嫩科尔沁地区传播藏传佛教/敖日格乐，赤峰学院学报（哲学社会科学）.6

五　民族历史

只必贴木尔王永昌府考/刚巴图，中国蒙古学.1

成吉思汗对蒙古法典的贡献/［蒙古］乌尼尔其其格，中国蒙古学.1

以《蒙古秘史》考证分析中古时期蒙古语被动态/塔那，中国蒙古学.2

《蒙古秘史》所反映的古代蒙古人的生命观/包银全，中国蒙古学.2

康熙皇帝关于蒙古语的箴言/达·巴特尔，中国蒙古学.3

罗卜桑丹津《黄金史》文字形式笔画研究/海霞，中国蒙古学.3

清代内蒙古喀喇沁地区的闲散官员/齐英，中国蒙古学.3

20世纪国内《蒙古秘史》文献研究史述/王梅花，中国蒙古学.3

阿拉坦敖齐尔转写的《蒙古秘史》史料来源及其主要转写法初探/樱桃，中国蒙古学.3

清代蒙旗向寺庙捐献及买卖所属阿拉巴图考察/灵灵　胡日查，中国蒙古学.3

清代喀喇沁左旗地租研究/格日乐其其格，中国蒙古学.4

博克多汗政权选派的“察哈尔部总管”相关问题研究/苏日古嘎，中国蒙古学.4

成吉思汗婚姻家庭伦理思想的现实意义/包玉兰，中国蒙古学.4

《蒙古秘史》中的术赤身世探讨/领小，中国蒙古学.4

蒙古古代诉讼制度之现代价值开掘/胡春香，中国蒙古学.4

多尔吉济农与清朝关系史研究/胡日乐苏和　特木尔巴根，中国蒙古学.5

清末预备立宪活动对蒙古地区的影响/爱如娜，中国蒙古学.5

《昭乌达盟敖汉旗图》地名记录特点/其布尔，中国蒙古学.5

五世哲布尊丹巴与清朝皇帝官吏间的冲突问题考察/八宝，中国蒙古学.6

天主教清末传入内蒙古地区的原因再探/梅荣，中国蒙古学.6

成吉思汗八百室祭祀地点变迁之探讨/苏日娜，中国蒙古学.6

关于《蒙古秘史》性质问题（一）/索罕格日勒图　阿古拉，内蒙古大学学报.1

关于《蒙古秘史》性质问题（二）/索罕格日乐图　阿古拉，内蒙古大学学报.2

论《十善福白史册》逻辑思维特征/布仁白乙拉，内蒙古大学学报.2

那木吉勒旺楚克王及其功德牌/扎勒根巴雅尔，内蒙古大学学报.2

关于“希拉穆伦庙事件”/孟哈达，内蒙古大学学报.2

萨冈彻辰谋略与享年考述/额尔敦其其格，内蒙古社会科学（蒙古文版）.1

清代蒙古地区货币考/伊德日克　苏雅拉其其格，内蒙古社会科学（蒙古文版）.1

乌桓山地理方位考/孟克巴雅尔，内蒙古社会科学（蒙古文版）.2

杨桑王及其功德碑/扎勒根巴雅尔，内蒙古社会科学（蒙古文版）.2

铁木真与札木合“高乃依式”对话之本质——远虑和异想/吴宝山，内蒙古社会科学（蒙

古文版）.3

罗桑丹津（黄金史）中描述哈撒尔/巴·孟和，内蒙古社会科学（蒙古文版）.3

13—18 世纪西方人眼中的蒙古人/李晓标，内蒙古社会科学（蒙古文版）.3

卓里克亲王世袭及其土地开垦探析/包沙仁高娃，内蒙古社会科学（蒙古文版）.3

呼和浩特市塞上老街历史文化遗产价值研究/包国荣　托亚，内蒙古社会科学（蒙古文版）.3

兀良哈万户叛乱首领格鲁巴拉德考述/李·戈斯尔，内蒙古社会科学（蒙古文版）.4

乞颜与泰赤兀部落联盟相关问题考/傲日格勒　乌日古木拉，内蒙古社会科学（蒙古文版）.4

清代茂明安旗财政问题论述/屈罗木图，内蒙古社会科学（蒙古文版）.4

成吉思汗政治思想中的公平观/全荣，内蒙古社会科学（蒙古文版）.5

大蒙古国“忽里勒台”特点考/韩萨日古拉，内蒙古社会科学（蒙古文版）.5

忽秘烈彻辰汗治国思想之我见/齐秀华，内蒙古社会科学（蒙古文版）.5

兴源阁碑铭考/全荣，内蒙古社会科学（蒙古文版）.5

正蓝旗城镇历史变迁刍议/双宝　额尔敦乌日图，内蒙古社会科学（蒙古文版）.6

社会制度视角下《蒙古秘史》历史内容的构成/铎伦达汗，内蒙古社会科学（蒙古文版）.6

蔡巴贡嘎多吉《红史》中的蒙古史料/刘相措，内蒙古社会科学（蒙古文版）.6

迪鲁瓦活佛向国民政府呈请赈济外蒙古难民一事考辩/伊拉勒图，内蒙古社会科学（蒙古文版）.6

清代蒙古文公文档册研究/锡莉，内蒙古社会科学（蒙古文版）.6

清代鄂尔多斯地区的土地开垦原因探析/包满达，内蒙古社会科学（蒙古文版）.6

乾隆四十一年之前东归土尔扈特部出逃的法律适用变化问题研究/平平，内蒙古社会科学（蒙古文版）.6

20 世纪前叶嫩科尔沁历史文化相关资料考/阿拉腾嘎日嘎　阿荣　银小，内蒙古民族大学学报（社会科学蒙古文版）.3

阿拉坦敖其尔转写本《蒙古秘史》的价值/樱桃，内蒙古民族高等专科学校学报［蒙古学研究（蒙古文版）］.1

论清朝与二世哲布尊丹巴政治关系若干问题/八宝，赤峰学院学报（哲学社会科学）.5

论清朝与八世哲布尊丹巴呼图克图跪拜礼冲突/八宝，内蒙古师范大学学报（哲学社会科学蒙古文版）.2

清代蒙古搏克的历史研究/孟和宝力格，内蒙古师范大学学报（哲学社会科学蒙古文版）.2

《阿萨喇克其史》和《大黄史》材料关系再考/吉格增，内蒙古师范大学学报（哲学社会科学蒙古文版）.3

论图书馆持续服务/其其格，内蒙古民族大学学报（社会科学蒙古文版）.4

六　民族语言文字

中世纪蒙古语复合词研究/哈斯巴根那，中国蒙古学.1

蒙古语情态词集情态副词相关问题分析/包满亮　包双双，中国蒙古学.1

保安语的汉语借此和固有词的关系研究/哈斯格日勒，中国蒙古学.1

中世纪蒙古语《-[illegible] [illegible]》附加成分研究/苏日嘎啦图，中国蒙古学.1

《蒙古秘史》用语中的人称代词研究/银花，中国蒙古学.1
元朝八思巴文个人印章特点研究/艺如乐图，中国蒙古学.1
蒙古语与日本与语序比较研究/王晶，中国蒙古学.1
古代蒙古语与突厥语结构词附加成分比较研究/红梅，中国蒙古学.1
前郭尔罗斯县蒙古人语言使用情况存在问题的调查报告/包梅荣，中国蒙古学.2
蒙古语和英语“白”词的民俗语义比较研究/德涛歌，中国蒙古学.2
从《三合便览》序考察其版本信息/包英，中国蒙古学.2
《狼图腾》中熟语的蒙译研究/通力嘎，中国蒙古学.2
《蒙汉词典》中的蒙古语模拟复合词研究/那达木德，中国蒙古学.2
《满蒙汉文合璧教科书》的名词正字法研究/苏都汉，中国蒙古学.2
鄂尔多斯土语名词的特点/希吉日，中国蒙古学.2
《五体清文鉴》中的汉语借词类别与特点/郭玉琴，中国蒙古学.3
蒙古族谚语研究综述/美丽，中国蒙古学.3
从蒙古语和英语熟语对比看文化差异/乌云斯日古楞，中国蒙古学.3
梅力更葛根罗桑丹毕坚赞《世尊释迦牟尼赞》翻译研究/陶·乌力吉仓，中国蒙古学.3
语料库简论/文峰；达胡白乙拉，中国蒙古学.3
有关《和蒙辞典》的若干问题/阿荣高娃　斯琴巴特尔，中国蒙古学.4
文化背景下考察蒙古语与英语的独特之处/红英，中国蒙古学.4
蒙古语新闻语言研究概况/吉仁花，中国蒙古学.4
基于贝叶斯算法的蒙古语文本自动分类研究/都兰　金罡，中国蒙古学.4
基于依存语法的蒙古语间接宾述关系与状述关系的区分/白庆格勒图　吴晓梅，中国蒙古学.4
蒙古语基本词汇特点探析/金书包，中国蒙古学.5
自然崇拜与蒙古语借代修辞法的形成/嘎拉桑　义布格乐，中国蒙古学.5
蒙古语族语言的连词研究/金双龙，中国蒙古学.5
关于针对蒙授大学生开设蒙古语标准音课程的思考/阿如娜，中国蒙古学.5
论东乡语是否濒危问题/包萨仁，中国蒙古学.5
《蒙古秘史》与《华夷译语》及《蒙古译语》当中使用的“马”字研究/扎胡楞，中国蒙古学.5
蒙古语标准音VC、CV结构的辅音气流及气压比较研究/曹日古格，中国蒙古学.5
诺拉嘎尔扎布的《初学国文》考察/阿丽玛，中国蒙古学.5
蒙古语话题与主语的关系/宝音乌力吉，中国蒙古学.6
从语言学术语谈蒙古语名词术语制定中的选词问题/六月，中国蒙古学.6
前郭尔罗斯县蒙古语口语元音特点分析/开花，中国蒙古学.6
土族语单元音音位分析/韩国君，中国蒙古学.6
蒙古语话语标记在不同语体中的特征分析/包敏娜，中国蒙古学.6
现行蒙古文UNICODE编码应用中存在的问题与原因及对策研究/都仁，中国蒙古学.6
阿拉善文化名人阿·巴特尔及其作品研究/乔旦德尔，中国蒙古学.6
赛春嘎与东洋大学/白嘎力　乌云高娃（译），中国蒙古学.6
清代多种语言文字合璧碑铭及其研究概况/高娃　杨政　刘东晖，中国蒙古学.6
《箴言之宝论》研究/根泉，中国蒙古学.6
乌梁海土语复数附加成分研究/韩春迎，中国蒙古学.6

简论蒙古语语气词“lɑ”/乌兰，中国蒙古学.6

“西城同文志”中专有名词特征/正月，内蒙古大学学报.1

探究对蒙古语词重音研究的数据库的创建/玉荣，内蒙古大学学报.1

《史集》中的古代蒙古语词汇/额尔敦巴特尔，内蒙古大学学报.1

简析基于PAS的蒙古语标准音V+C结构中的辅音/曹日古格，内蒙古大学学报.1

现代蒙古语话题浅谈/齐百灵，内蒙古大学学报.1

论《蒙古秘史》中的“秃鲁黑”一词/兀胡日勒巴特尔，内蒙古大学学报.2

关于受汉语影响引起的保安语语法变化/哈申格日乐，内蒙古大学学报.2

东部裕固语境词的领属范畴/阿拉腾苏布达，内蒙古大学学报.2

《史集》中蒙古语生物外来语词汇/额尔敦巴特尔，内蒙古大学学报.2

古蒙古语古突厥语之构成名词的后缀/红梅　额尼日勒，内蒙古社会科学（蒙古文版）.1

生态语言学与中世纪蒙古语研究/塔娜，内蒙古社会科学（蒙古文版）.1

蒙古语送气不送气辅音对基频的影响考察/那日苏，内蒙古社会科学（蒙古文版）.1

蒙古语名词义素词典的建设/林八鸽，内蒙古社会科学（蒙古文版）.1

蒙古语典故初探/海鹰，内蒙古社会科学（蒙古文版）.1

保安语句型受汉语影响后发生的一些变化/哈申格日勒，内蒙古社会科学（蒙古文版）.1

前郭尔罗斯蒙古族群众汉语使用情况调研/包梅荣，内蒙古社会科学（蒙古文版）.1

なぃで和なくて之结构区别与蒙古语语法之比较/吴桂荣，内蒙古社会科学（蒙古文版）.1

语料库对高校日语教学的作用/呼斯乐，内蒙古社会科学（蒙古文版）.1

关涉《蒙古秘史》语言表达的几个问题/阿古拉　乌峰，内蒙古社会科学（蒙古文版）.2

古代蒙古文辞书的原书名记载之研究/包英，内蒙古社会科学（蒙古文版）.2

斯瓦迪士二百核心词在东部裕固语和蒙古语中的对应情况/其布尔哈斯，内蒙古社会科学（蒙古文版）.2

论蒙古语“hamvg”/那达木德，内蒙古社会科学（蒙古文版）.2

论儿童语言中福音的发音特征/苏日那，内蒙古社会科学（蒙古文版）.2

蒙古语青海和硕特土语藏族借词研究/乌仁图雅，内蒙古社会科学（蒙古文版）.2

再读《阿尔倫高娃》转写/额尔敦乌拉，内蒙古社会科学（蒙古文版）.3

浅谈卫拉特蒙古族谚语中蕴含的哲学思想/照日格图，内蒙古社会科学（蒙古文版）.3

青海柴达木出土的元代文字相关文物/青格力，内蒙古社会科学（蒙古文版）.3

语言类型学视角下的蒙古语与日语格助词简析/王晶，内蒙古社会科学（蒙古文版）.3

从达木蒙古称谓变化谈其社会文化变迁/陈红，内蒙古社会科学（蒙古文版）.3

多元层次与文化亲昵——民族文化表征的多样性解读/朝克赛，内蒙古社会科学（蒙古文版）.3

细述蒙古语名词术语的系统性/金书包，内蒙古社会科学（蒙古文版）.4

蒙古语族语言的助词研究/金双龙，内蒙古社会科学（蒙古文版）.4

达斡尔语元音音长实验分析/哈斯其木格，内蒙古社会科学（蒙古文版）.4

民和县鲍家村的土族语言使用情况及语言态度调查/建华　姜根兄，内蒙古社会科学（蒙古文版）.4

科尔沁方言汉语借词的双元音探析/海其力木格，内蒙古社会科学（蒙古文版）.4

从俄罗斯图瓦共和国图瓦语使用现状看语言转换问题/娜荷芽，内蒙古社会科学（蒙古文版）.4

蒙古族谚语中的和谐思想/萨茹拉，内蒙古社会科学（蒙古文版）.5
蒙古族医学思想的谚语传播/乌·额尔很白乙拉　娜布其，内蒙古社会科学（蒙古文版）.5
蒙古语音节问题/梅花　呼和，内蒙古社会科学（蒙古文版）.5
再论蒙古文正字法总则/正月，内蒙古社会科学（蒙古文版）.5
新巴尔虎左旗基础教育中的蒙古语文教学现状/德·萨日娜　阿力玛，内蒙古社会科学（蒙古文版）.5
论新闻语言的规范问题/六月，内蒙古社会科学（蒙古文版）.5
蒙英熟语共性对比研究/乌云斯日古楞　苏伦嘎，内蒙古社会科学（蒙古文版）.5
浅析英式英语与美式英语之间的差异/白小华，内蒙古社会科学（蒙古文版）.5
论语言与经济的关系/佈仁毕力格，内蒙古社会科学（蒙古文版）.6
同形词与多义词界定方法研究/额尔敦塔娜　牡丹，内蒙古社会科学（蒙古文版）.6
蒙古族语言文字应用对社会心理的影响/吉仁花，内蒙古社会科学（蒙古文版）.6
卡尔梅克语时位词研究/秀花，内蒙古社会科学（蒙古文版）.6
土族语塞音声学分析/韩国君，内蒙古社会科学（蒙古文版）.6
《蒙古语辞典》中的派生汉语借词/郭玉琴，内蒙古社会科学（蒙古文版）.6
城镇化进程中三少民族大学生语言态度调查研究/斯琴格日乐，内蒙古社会科学（蒙古文版）.6
论蒙古语中反映心理逆境倾向的某些字的含义/马·敖特根巴雅尔，赤峰学院学报（哲学社会科学）.1
论通辽地区蒙汉语言接触现象的研究意义/包小花，赤峰学院学报（哲学社会科学）.1
蒙古文《孝经》及其词语释义研究/乌英嘎　哈斯巴根，赤峰学院学报（哲学社会科学）.1
浅析《旧时之子》句子结构中的句法关系/银套　照日格图，赤峰学院学报（哲学社会科学）.1
城市蒙古族的语言态度代际差异调查/额尔顿托雅，赤峰学院学报（哲学社会科学）.2
论蒙古语原音［i］——基于扎赉特土语/那德木德，赤峰学院学报（哲学社会科学）.2
浅谈从蒙古国语言中选用一些词语/牧兰　马银良，赤峰学院学报（哲学社会科学）.2
论蒙古族詈语/格·海日罕，内蒙古民族大学学报（社会科学蒙古文版）.1
与成吉思汗“檄文”有关的熟语研究——《蒙古秘史》记载为例/于权　布仁巴图，内蒙古民族大学学报（社会科学蒙古文版）.1
简论《蒙古秘史》数词的语用情况/王玉红，内蒙古民族大学学报（社会科学蒙古文版）.1
蒙古语句韵律研究概况/杜兰　敖敏，内蒙古民族大学学报（社会科学蒙古文版）.1
《蒙古秘史》中“ta”的含义作用及翻译问题/参丹，内蒙古民族大学学报（社会科学蒙古文版）.2
蒙古语词“beleg”及蒙古族交换礼物习俗/查力干，内蒙古民族大学学报（社会科学蒙古文版）.2
关于东毛瑞嘎查蒙古族人名研究/格根昙娜　嘎拉桑，内蒙古民族大学学报（社会科学蒙古文版）.2
浅谈满语书面语亲属称谓特点——以《御制五体清文鉴》为例/乌仁萨那　格根哈斯，内蒙古民族大学学报（社会科学蒙古文版）.2

科尔沁藏蒙译本《禅真逸史》中的语言文化的传承/达来，内蒙古民族大学学报（社会科学蒙古文版）.3

浅析《现代蒙古语》课程考试改革/林八鸽，内蒙古民族大学学报（社会科学蒙古文版）.3

论蒙古语复合词和词组的区别/那达木德，内蒙古民族大学学报（社会科学蒙古文版）.4

巴林土语亲属称谓特征——以《中国蒙古语方言地图》调查资料为例/银桃，内蒙古民族大学学报（社会科学蒙古文版）.4

阿鲁科尔沁口语亲属称谓/套古斯，内蒙古民族大学学报（社会科学蒙古文版）.4

蒙古语文工作史志的编写构思/色贺其业勒图，内蒙古民族高等专科学校学报［蒙古学研究（蒙古文版）］.1

蒙英汉基本颜色词文化内涵的比较/乌日娜，内蒙古民族高等专科学校学报［蒙古学研究（蒙古文版）］.1

关于蒙古语与日本语动词构词法的比较分析/王晶，内蒙古民族高等专科学校学报［蒙古学研究（蒙古文版）］.1

城市蒙古族的语言态度代际差异调查/额尔敦图雅，赤峰学院学报（哲学社会科学）.2

论蒙古语元音［i］——基于扎赉特土语/那达木德，赤峰学院学报（哲学社会科学）.2

蒙古族学生英语元音［ae］的实证研究/都拉干 图雅，赤峰学院学报（哲学社会科学）.2

浅谈从蒙古国语言中选用一些词语/牧兰 马银亮，赤峰学院学报（哲学社会科学）.2

以《从合便览》看满语动词的式/晓春，赤峰学院学报（哲学社会科学）.3

《蒙古秘史》中记载的《秃勒》音译分析/香莲，赤峰学院学报（哲学社会科学）.5

论试蒙古古代社会祖先名称重复应用现象/吉日嘎拉，赤峰学院学报（哲学社会科学）.5

试论一带一路机遇下学校实施保护蒙古语言政策/智星，赤峰学院学报（哲学社会科学）.5

一带一路机遇下保护蒙古语言文字的国家政策探究/包玉兰，赤峰学院学报（哲学社会科学）.5

满语名词格的有关问题探索/佟金荣，赤峰学院学报（哲学社会科学）.5

喀喇沁蒙古族中母语使用情况管窥/鲍金花 金双龙，赤峰学院学报（哲学社会科学）.6

察哈尔土语词首短元音声学分析/铁梅，赤峰学院学报（哲学社会科学）.6

八思巴字蒙古语文献中的汉语借词书写特点/哈斯巴根，内蒙古师范大学学报（哲学社会科学蒙古文版）.1

浅谈“风马祭文”的结构/阿雅拉古，内蒙古师范大学学报（哲学社会科学蒙古文版）.1

从谚语“勇者一时之雄，智者万世之豪”探析蒙古人的英雄崇拜文化/桂兰，内蒙古师范大学学报（哲学社会科学蒙古文版）.1

八省区交换生蒙古语使用情况调查研究——以内蒙古师范大学为例/庞丹丹 马银亮，内蒙古师范大学学报（哲学社会科学蒙古文版）.1

论科尔沁高僧学者对《丹珠尔》蒙译做出的贡献/树林，内蒙古师范大学学报（哲学社会科学蒙古文版）.2

语言经济学视域下的内蒙古民航服务业务蒙古语使用情况/席红英，内蒙古师范大学学报（哲学社会科学蒙古文版）.2

蒙古文《孝经》及其词语研究/乌音嘎 哈斯巴根，内蒙古师范大学学报（哲学社会科学蒙古文版）.2

从认知语言学的角度研究蒙古语的量词/牧兰 马银亮，内蒙古师范大学学报（哲学社会

科学蒙古文版）.2

中古蒙古语与日语被动式对比研究/塔娜，内蒙古师范大学学报（哲学社会科学蒙古文版）.3

“蒙汉翻译”学科建设回眸与展望/额尔敦仓，内蒙古师范大学学报（哲学社会科学蒙古文版）.4

七　民族文学艺术

维护女性社会地位的民歌探讨/拉图雅　高拉希道尔吉，中国蒙古学.1

哈木尼堪鄂温克传统音乐之文化学阐释/乌仁托娅，中国蒙古学.1

试论鄂伦春族神话故事与萨满教关系/小花，中国蒙古学.1

《江格尔》中的宝木巴园及其周边邻国考/宝孟和，中国蒙古学.1

论胡仁乌力格尔中黑白将军想象的象征意义/兴安，中国蒙古学.1

论胡仁乌力格尔和科尔沁民歌的相互影响/照日格图，中国蒙古学.1

民间故事口传传统与书面传统的关联问题论/斯琴孟和，中国蒙古学.2

蒙古族民间故事中的智慧媳妇形象研究/哈斯同力嘎　秀英，中国蒙古学.2

达纳楚克尔道尔吉研究（一）/莫·白斯古楞，中国蒙古学.2

卡尔梅克民歌的搜集整理及研究概述/额尔登别力格，中国蒙古学.2

探析鄂尔多斯民歌《罕德尔玛》中罕德尔玛形象的审美效果/朝克图，中国蒙古学.2

科尔沁民歌《罕德尔玛》中罕德尔玛形象的审美效果/朝克图，中国蒙古学.2

蒙古国民歌最初版本考——基于 p. s. 帕拉斯《蒙古族史料集》的考察/阿尔布克·巴生，中国蒙古学.2

传承和传播民歌之深远意义/丽敏，中国蒙古学.2

胡仁乌力格尔《封神榜》的主题研究/李彩花，中国蒙古学.2

论渗透于科尔沁胡仁乌力格尔中的汉文化影响/包秀兰，中国蒙古学.2

文学评价体系及叙事民歌《嘎达梅林》的经典化/宝音陶克陶 乌达巴拉，中国蒙古学.3

达·纳楚克道尔吉研究（二）/莫·白斯古楞，中国蒙古学.3

赛春嘎与日本诗人比较研究——北原白秋与赛春嘎/潮洛蒙，中国蒙古学.3

满都麦作品研究概述/满都拉，中国蒙古学.3

科尔沁民歌《嘎达梅林》在大型音乐体裁中的创新发展/萨日胡，中国蒙古学.3

表演理论视野下的蒙古神话/扎拉嘎夫，中国蒙古学.3

与卫拉持《格斯尔》有关的一份托忒文信件考察/巴·巴图巴雅尔，中国蒙古学.3

俄联邦阿尔泰共和国《江格尔》传承及相关的问题/德·塔亚，中国蒙古学.3

巴尔虎古典英雄史诗特性及其在民间文学中的地位/彭苏克旺吉拉，中国蒙古学.3

色道尔吉汉译十五章《江格尔》版本中存在的问题/玉杰，中国蒙古学.3

苏克《格斯尔》与《玛尼巴达汗传》口传版本的关系/布音图，中国蒙古学.3

《阿拉坦格日勒图可汗的楚伦勇士》不同版本比较研究/包撒仁其木格，中国蒙古学.3

《达兰胡达拉奇故事》的构思艺术特性/乌恩都日夫，中国蒙古学.3

典故《那颜们的死在会盟上，狗儿的死在猎围中》研究/格·那木吉拉，中国蒙古学.4

新时期科尔沁小说的基本结构及特征考察/呼和巴拉，中国蒙古学.4

达·纳楚克道尔吉研究（三）/莫·白斯古楞，中国蒙古学.4

卫拉特民歌《altai hangaiin ard》文本研究/仁增，中国蒙古学.4

胡尔奇传授尊重他人习俗的教育意义/席哈斯巴特尔，中国蒙古学.4

纳·赛音朝克图作品汉文译介史论/包呼格吉勒图　金锁，中国蒙古学.4
论土族《巴拉根仓故事》的传承与演变/文花，中国蒙古学.4
色·额尔德尼创作心理及其作品中的阿尼玛形象研究/哈斯呼，中国蒙古学.4
新时期嘎达梅林叙事中的性别表述/包天花，中国蒙古学.5
运用历史记忆理论与方法考察科尔沁叙事民歌“僧王之歌”/乌仁通拉嘎，中国蒙古学.5
达.纳楚克道尔吉研究（四）/白斯古楞，中国蒙古学.5
科尔沁所藏蒙译本《禅真逸史》之胡仁乌力格尔文化底蕴/达来，中国蒙古学.5
蒙古文学史研究及资料建设问题/巴·苏和，中国蒙古学.5
关于蒙古民间文学比较研究方法问题/巴图，中国蒙古学.5
采韵拾璀、探本溯源/乌日斯嘎拉，中国蒙古学.5
试论丝绸之路比较文学的前景/乌日图那苏图，中国蒙古学.5
策·毕力格赛罕的蒙古文学发展观/乌亚汉，中国蒙古学.5
额尔敦陶克陶两首诗作的文本和内涵/央甲带·特古斯巴雅尔，中国蒙古学.6
再论皇太子之教导《阿澜豁阿传说》/巴图，中国蒙古学.6
“知识分子迷茫”运动对蒙古国文学的影响/勒·哈斯巴特尔，中国蒙古学.6
青海蒙古族长调民歌所反映的国家符号及其象征意义/玉梅，中国蒙古学.6
内蒙古胡仁乌力格尔代表性传承人相关问题思考/包金刚，中国蒙古学.6
论胡仁乌力格尔听众的作用/乌·额尔很白乙拉，中国蒙古学.6
论胡仁乌力格尔听众与胡尔齐互动问题/斯琴托雅，中国蒙古学.6
20世纪中期在内蒙古报刊所载胡仁乌力格尔及胡尔齐研究文章/好比斯嘎拉图，中国蒙古学.6
挖掘与研究文学作品中的乡土知识问题思考/敖·查赫轮，中国蒙古学.6
英雄史诗《汗青格勒》研究概况/王木，中国蒙古学.6
蒙古族日月蚀故事研究/席哈斯巴特尔，内蒙古大学学报.1
论胡仁乌力格尔听众作用及其历史与现状/斯琴图雅，内蒙古大学学报.1
论蒙古民间文艺权益保护问题/胡日勒沙，内蒙古大学学报.2
卡尔梅克《江格尔》汉译中所存在的问题——以色道尔吉为例/玉杰，内蒙古大学学报.2
搠思吉斡节尔《摩诃迦罗颂》再考/萨其仁贵，内蒙古大学学报.2
原型式意象——论新时期蒙古族汉语散文的审美取向/白叶茹，内蒙古大学学报.2
蒙古与突厥族源传说及狼图腾/双金，内蒙古社会科学（蒙古文版）.1
芬兰学者兰司铁《江格尔》相关研究/达·塔亚，内蒙古社会科学（蒙古文版）.1
英雄史诗叙事模式的承继与变革/明华，内蒙古社会科学（蒙古文版）.1
胡仁乌力格尔《封神演义》的蒙古族传统习俗/李彩花，内蒙古社会科学（蒙古文版）.1
论新时期蒙古族汉语散文的审美取向/白叶茹，内蒙古社会科学（蒙古文版）.1
试论乌力格尔艺术大师却吉嘎瓦对蒙古族文化艺术的贡献/朝格吐　赵玉华，内蒙古社会科学（蒙古文版）.1
从布里亚特民歌看社会民俗的传承/乌兰其其格，内蒙古社会科学（蒙古文版）.1
蒙古族神话版的本体辩证思维/包宝柱，内蒙古社会科学（蒙古文版）.2
古代蒙古语书面文学中的灵幻叙事/莎日娜，内蒙古社会科学（蒙古文版）.2
《达兰胡达拉奇故事》的独特表现手法探析/乌恩都日夫，内蒙古社会科学（蒙古文版）.2
库伦蒙古族民间文学中荞麦意像/都日娜，内蒙古社会科学（蒙古文版）.2
达斡尔族《无手少女》故事的传承与变迁/乌仁陶格斯，内蒙古社会科学（蒙古文版）.2

《三国演义》诗歌翻译研究（一）/阿荣，内蒙古社会科学（蒙古文版）.2

从《新译红楼梦》看哈斯宝翻译中的增写原则/齐风华，内蒙古社会科学（蒙古文版）.2

尹湛纳希长篇小说中的诗歌及其审美价值/吉雅嘎台，内蒙古社会科学（蒙古文版）.3

鄂尔多斯《笑出珍珠的人》故事来源初探/乌日汗，内蒙古社会科学（蒙古文版）.3

《江格尔》汗苏尔之部文本比较研究/陶·乌力吉仓，内蒙古社会科学（蒙古文版）.3

旦布尔加甫以卡尔梅克江格尔齐巴拉达尔·那生卡的名义出版的几部《江格尔》的若干问题/马小亮，内蒙古社会科学（蒙古文版）.3

从江格尔的地位探寻宝木巴领地的社会性质/玉杰，内蒙古社会科学（蒙古文版）.3

朱乃四章《江格尔》与《汗哈冉惠》关系研究/娜地米才仁，内蒙古社会科学（蒙古文版）.3

鄂尔多斯民歌的传播效果分析/姜淑萍，内蒙古社会科学（蒙古文版）.3

物质观念与蒙古族当代文学中的社会主义现实书写/包英格，内蒙古社会科学（蒙古文版）.4

蒙古族生态文学的发展基础/王苏佈敦其其格，内蒙古社会科学（蒙古文版）.4

实践与真理的民众哲学/仁增，内蒙古社会科学（蒙古文版）.4

东部裕固族《塞至哈志》故事的传承与演变/其力格日，内蒙古社会科学（蒙古文版）.4

浅析新中国成立前科尔沁短调民歌的时代特征/Saranhuu，内蒙古社会科学（蒙古文版）.4

蒙古族攻城传说探析/斯琴托雅，内蒙古社会科学（蒙古文版）.5

比较文学视野下的蒙古文学史研究/娜弥雅，内蒙古社会科学（蒙古文版）.5

论楚鲁的蒙古文小说批评/阿拉坦巴根，内蒙古社会科学（蒙古文版）.5

商品化时代、个人化写作与作家姿态/玉兰，内蒙古社会科学（蒙古文版）.5

新疆神话《娶狼媳妇的少年》与狼图腾/多曼·乌仁奇米克，内蒙古社会科学（蒙古文版）.5

土尔扈特民歌的民族文化特征/丽敏，内蒙古社会科学（蒙古文版）.5

从《蒙古秘史》探析蒙古族文学理论思维/王满特嘎，内蒙古社会科学（蒙古文版）.6

蒙古族民间故事中“吞吃其母”母题之探/巴图，内蒙古社会科学（蒙古文版）.6

蒙古族民间故事“孤儿”一词的文化内涵/萨仁托雅，内蒙古社会科学（蒙古文版）.6

真挚凝练镜锐意创新：郝苏民教授对蒙古学研究（蒙古文版）的贡献/敖其，内蒙古社会科学（蒙古文版）.6

当代蒙古族短篇小说的审美趋向/铁军，内蒙古社会科学（蒙古文版）.6

胡仁乌力格尔教学资源研究/席哈斯巴特尔，内蒙古社会科学（蒙古文版）.6

浅析蒙古族革命历史小说的形成/乌日汉，赤峰学院学报（哲学社会科学）.1

浅析关于蒙汉章回小说的结构/赵邦斌　吴塔娜，赤峰学院学报（哲学社会科学）.1

胡仁乌力格尔《苦喜传》的人物形象特点/那木嘎朝鲁蒙，赤峰学院学报（哲学社会科学）.2

中国蒙古族民间文学教学回顾与展望——中央民族大学为例/满都呼，内蒙古民族大学学报（社会科学蒙古文版）.1

卫拉特史诗与巴尔虎史诗情节比较研究/包银全，内蒙古民族大学学报（社会科学蒙古文版）.1

胡仁乌力格尔对胡尔奇的要求/兴安，内蒙古民族大学学报（社会科学蒙古文版）.1

试论胡仁乌力格尔的几种程式/乌日勒格夫，内蒙古民族大学学报（社会科学蒙古文版）.1

论林丹可汗金刚白城传说/达·额尔德木图，内蒙古民族大学学报（社会科学蒙古文版）.1

20世纪蒙古国诗歌创作的特点/ D·苏米娅，内蒙古民族大学学报（社会科学蒙古文版）.1

论科尔沁《格斯尔》传说类型/秋喜　特日格勒，内蒙古民族大学学报（社会科学蒙古文版）.2

蒙古民间故事类型探究/乌日汗，内蒙古民族大学学报（社会科学蒙古文版）.2

探研科尔沁叙事民歌的信仰/包晓梅，内蒙古民族大学学报（社会科学蒙古文版）.2

论民歌《韩特日玛》中美女形象的塑造/玛瑙花，内蒙古民族大学学报（社会科学蒙古文版）.2

剖析北京版《格斯尔》中人物格斯尔性格多面性/乌亚汉，内蒙古民族大学学报（社会科学蒙古文版）.2

俺达汗及《俺达汗传》研究概述/吉格增，内蒙古民族大学学报（社会科学蒙古文版）.2

关于《玛尔朗的故事》的人物形象/吴玉霞，内蒙古民族大学学报（社会科学蒙古文版）.2

科尔沁地名传说中所反映的生态保护观念/铁木尔胡伊格，内蒙古民族大学学报（社会科学蒙古文版）.3

叙事民歌产生传播的条件因素——以科尔沁民歌《海梅》为例/特木尔巴根，内蒙古民族大学学报（社会科学蒙古文版）.3

从科尔沁叙事民歌探讨科尔沁蒙古族的审美观点/白山，内蒙古民族大学学报（社会科学蒙古文版）.3

论科尔沁民歌的艺术美/何·萨仁，内蒙古民族大学学报（社会科学蒙古文版）.3

论陈岗龙教授对蒙古比较文学发展做出的贡献/宝音陶克陶，内蒙古民族大学学报（社会科学蒙古文版）.3

民间文学专家多兰教授的现当代文学研究范式及给我们的启发/哈·乌兰巴托，内蒙古民族大学学报（社会科学蒙古文版）.3

新近发现的《大青旗》及其与蒙古文学的关系/乌日斯嘎拉，内蒙古民族大学学报（社会科学蒙古文版）.4

新世纪科尔沁乡土文学研究概况/孙高娃，内蒙古民族大学学报（社会科学蒙古文版）.4

新世纪蒙古文小说表现出的游牧生活变迁/图雅，内蒙古民族大学学报（社会科学蒙古文版）.4

蟒古思故事与胡仁乌力格尔程式化情节比较/查苏　白玉荣，内蒙古民族大学学报（社会科学蒙古文版）.4

阿鲁科尔沁蒙古族传说初探/安格力玛，内蒙古民族大学学报（社会科学蒙古文版）.4

《成吉思汗黄金史》中的哈撒尔传说初探/苏龙高娃，内蒙古民族高等专科学校学报［蒙古学研究（蒙古文版）］.1

浅谈蒙古民间故事中的《语言歧义》现象/海鹰，内蒙古民族高等专科学校学报［蒙古学研究（蒙古文版）］.1

蒙古地区传播的骆驼失角故事类型研究/晓红，内蒙古民族高等专科学校学报［蒙古学研究（蒙古文版）］.1

简论鄂尔多斯民间故事《圆满结局》的结尾语句/伊日贵，内蒙古民族高等专科学校学报［蒙古学研究（蒙古文版）］.1

科尔沁民歌的讽刺特征/斯琴高娃，内蒙古民族高等专科学校学报［蒙古学研究（蒙古文版）］.1

新时期以来蒙古文散文研究综述/·巴·特日格乐 丁玉龙，赤峰学院学报（哲学社会科学）.2

论纳，赛西雅拉图教授的史诗研究/堂寺阁 宝音巴特尔，赤峰学院学报（哲学社会科学）.2

胡仁乌力格尔《苦喜传》的人物形象特点/阿日古娜 斯琴托雅，赤峰学院学报（哲学社会科学）.2

民间艺人巴拉吉尼玛及作品研究/满都呼，赤峰学院学报（哲学社会科学）.3

试析叙事民歌《嘎达梅林》的审美价值/包晓梅 额尔敦哈达，赤峰学院学报（哲学社会科学）.3

论普希金创作方法形成和发展的原因/莫·白斯古楞，内蒙古师范大学学报（哲学社会科学蒙古文版）.1

蒙古及北方民族口传叙事研究/双金，内蒙古师范大学学报（哲学社会科学蒙古文版）.2

“双哈尔山传说”民俗探究/白晓梅，内蒙古师范大学学报（哲学社会科学蒙古文版）.2

胡仁乌力格尔对《霍尔格斯尔》的影响/长江　额尔敦高娃，内蒙古师范大学学报（哲学社会科学蒙古文版）.2

民国时期蒙古族作家的文学批评雏形——以《蒙汉合璧五方元音·序》为中心/满全，内蒙古师范大学学报（哲学社会科学蒙古文版）.3

科尔沁地名传说中所反映的风水崇拜/铁木尔胡伊格，内蒙古师范大学学报（哲学社会科学蒙古文版）.3

20 世纪中国蒙古《格萨尔》文献版本学术史/王梅花，内蒙古师范大学学报（哲学社会科学蒙古文版）.3

试论生成语法空谱类/乌兰　达胡白乙拉，内蒙古师范大学学报（哲学社会科学蒙古文版）.3

蒙古文学研究的独特认识与方法——读《文学传统与文化交流——蒙古文学研究一拾璀》/达·巴图，内蒙古师范大学学报（哲学社会科学蒙古文版）.3

论陈岗龙教授比较文学研究的探索与思考/阿拉坦格日乐，内蒙古师范大学学报（哲学社会科学蒙古文版）.3

丈量文学的宽度与探索传统的深度——《文学传统与文化交流——蒙古文学研究一拾璀》/那荷雅，内蒙古师范大学学报（哲学社会科学蒙古文版）.3

论胡仁乌力格尔的历史渊源/包金刚，内蒙古师范大学学报（哲学社会科学蒙古文版）.4

《格斯尔》口传变异形态研究——以与格斯尔相关的哲里木地区传说为例/哈申高娃，内蒙古师范大学学报（哲学社会科学蒙古文版）.4

以广度与深度为特色，以高度与细度为彰显的力作：《文学传统与文化交流——蒙古文学研究一拾璀》/扎格尔，内蒙古师范大学学报（哲学社会科学蒙古文版）.4

论多兰教授《文学传统与文化交流——蒙古文学研究一拾璀》中的蒙古民俗研究论述的成就/敖其，内蒙古师范大学学报（哲学社会科学蒙古文版）.4

重视传统的重要性——多兰教授学术思想的文化策略/孟根其木格，内蒙古师范大学学报（哲学社会科学蒙古文版）.4

多兰比较文学方法论与实践/阚海英，内蒙古师范大学学报（哲学社会科学蒙古文版）.4

北方游牧民族的人马造型艺术分析/满达，中国蒙古学.2

蒙古族著名音乐家莫尔吉胡的采访及其口述研究/乌黎，中国蒙古学.4
马头琴演奏的长弓技巧/宏伟，中国蒙古学.5
蒙古族题材绘画美学思想研究的重要性/曙光，内蒙古社会科学（蒙古文版）.2
乌兰牧骑的成就及其素养/乌兰杰，内蒙古社会科学（蒙古文版）.6
乌兰牧骑对蒙古族传统音乐的继承和发展/哈斯巴特尔，内蒙古社会科学（蒙古文版）.6
乌兰牧骑实践及其精神的启示/萨日娜，内蒙古社会科学（蒙古文版）.6
蒙古族民歌《赛罕杭盖之鹿的文化内涵与传承》/玉梅，内蒙古社会科学（蒙古文版）.6
蒙古族音乐的传承与发展/阿尔斯楞，内蒙古社会科学（蒙古文版）.6
蒙古族古代佛教绘画对现代绘画的影响/塔娜，内蒙古社会科学（蒙古文版）.6
扎鲁特旗说书艺人的现状与未来/包金刚，内蒙古民族大学学报（社会科学蒙古文版）.1
蒙古人金属工艺史发展概述/巴图，中国蒙古学.4

八　民族教育

论官方学校教育对土模特旗的影响/梅花华玉，中国蒙古学.2
蒙古族传统家庭教育习俗/乌仁毕力格，中国蒙古学.2
元朝考举制度的形式与特点/包晓艳，中国蒙古学.2
论蒙古族传统家庭教育的现实意义/额尔敦吐　包海霞，中国蒙古学.3
论蒙古王公对民族教育的贡献/阿拉塔，中国蒙古学.6
论寓言在家庭教育中的作用/高娃，中国蒙古学.6
强化蒙古族母语教育问题略谈/孟根图娅，内蒙古社会科学（蒙古文版）.1
义务教育阶段学校格局调整与民族语言文化教育问题研究/哈达　哈斯额尔敦，内蒙古社会科学（蒙古文版）.1
关于提高地方高校核心竞争力的思考/浩斯巴雅尔，内蒙古社会科学（蒙古文版）.1
“一带一路”建设与蒙古族教育带来研究/海拉，内蒙古社会科学（蒙古文版）.4
苏尼特右族基础教育中蒙古语文教学成效调查/呼日乐吐什　佈仁毕力格　德·萨日娜，内蒙古社会科学（蒙古文版）.4
“超星学习通”在理论课教学中的应用/乌英嘎，内蒙古社会科学（蒙古文版）.4
素质教育视野下的传统美术教育改革/长青，内蒙古社会科学（蒙古文版）.4
蒙古语言文字与民族教育的关系/赛音乌其拉图，内蒙古社会科学（蒙古文版）.5
新时期教育发展面临的问题及其研究对策/额尔敦吐　洪文，内蒙古社会科学（蒙古文版）.5
“一带一路”背景下当代大学生创新创业教育研究/乌仁陶德，内蒙古社会科学（蒙古文版）.6
蒙古语授课民族教育中存在的问题及解决方法/楠棣，内蒙古社会科学（蒙古文版）.6
论《黄金史》中成吉思汗教育子女的箴言/潮乐蒙，内蒙古民族大学学报（社会科学蒙古文版）.2
论《金刚经》中的般若观/白雪梅，内蒙古民族大学学报（社会科学蒙古文版）.2
乌兰察布市察哈尔右翼前旗民族教育现状/朝鲁，内蒙古民族高等专科学校学报［蒙古学研究（蒙古文版）］.1
蒙古族教育中存在的问题及对策研究/阿拉塔　曹都毕力格，赤峰学院学报（哲学社会科学）.3
试探加强家庭伦理教化/包玉兰，赤峰学院学报（哲学社会科学）.3

论蒙汉双语法学实践教学与法律职业契合方式/苏楞，赤峰学院学报（哲学社会科学）. 3

少数民族大学生社会主义核心价值观教育的思考/包双成，内蒙古师范大学学报（哲学社会科学蒙古文版）. 1

谈发达国家教师教育改革的经验/王双喜，内蒙古师范大学学报（哲学社会科学蒙古文版）. 1

创新发展背景下民族高等院校的人才培养问题研究/塔娜，内蒙古师范大学学报（哲学社会科学蒙古文版）. 1

清朝民国时期蒙古文献教科书初探/额尔敦格日乐，内蒙古师范大学学报（哲学社会科学蒙古文版）. 4

九　民族媒体

文化传播视域下的民间文人的改造与传承——以琶杰胡尔其为例/海全，中国蒙古学 . 3

新中国蒙古文报纸的来源及其生态环境/舍 · 敖特根巴雅尔　乌兰，中国蒙古学 . 5

内蒙古电视台蒙古语节目的文化元素论说/萨日郎，内蒙古社会科学（蒙古文版）. 1

蒙古语新闻媒体融合模式特点分析/乌兰，内蒙古社会科学（蒙古文版）. 3

蒙古语广播电视受众简析/红莲，内蒙古社会科学（蒙古文版）. 3

通辽蒙古语新闻网特性分析/吴明艳，内蒙古社会科学（蒙古文版）. 6

基于神经网络的汉蒙机器翻译研究/胡其吐　白双成，内蒙古社会科学（蒙古文版）. 6

论蒙古语博客的作用/萨仁高娃，内蒙古民族大学学报（社会科学蒙古文版）. 4

新媒体事件中的他者化现象和民族文化认同——以罗某某侮辱成吉思汗挂象事件为例/哈顺通拉嘎，内蒙古民族大学学报（社会科学蒙古文版）. 4

论蒙古语博客面临的问题及发展策略/萨仁高娃 乌吉斯古楞，赤峰学院学报（哲学社会科学）. 6

内蒙古自治区成立 70 周年大庆媒体报道及其舆情可视化分析/乌仁图雅，内蒙古师范大学学报（哲学社会科学蒙古文版）. 1

十　民族文献

民族地区高校图书馆特色建设与地域文化传承——以内蒙古民族大学图书馆为例/胡达古拉，内蒙古民族大学学报（社会科学蒙古文版）. 4

做目录索引出版伊梨河流域民间托忒文文献所面临的问题/叶尔达，中国蒙古学 . 2

《钦定蒙古国则利》的文献来源及主要内容简述/陈满达胡，中国蒙古学 . 2

布里亚特高僧诺木图仁钦的木刻板《育民甘露》格言部分渊源考/朝鲁，中国蒙古学 . 4

有关 16 至 17 世纪蒙藏关系的一部重要文献/哈斯朝鲁，中国蒙古学 . 4

哲布尊丹巴一世蒙藏传记的文献学研究/康丽丽，中国蒙古学 . 4

《内蒙古自治区农村牧区社会经济典型调查材料汇编》及其价值/道日娜，中国蒙古学 . 4

《满蒙合璧教科书》初探/山丹，中国蒙古学 . 5

《贤愚经》第一章第一品研究/张双福，中国蒙古学 . 5

卫拉特历史档案在国外整理出版述评/巴巴图巴雅尔，内蒙古大学学报 . 1

关于清代喀喇沁中旗《阿木阿勒巴档册》/布仁苏德，内蒙古大学学报 . 1

《钦定外潘蒙古回部王公表传》勘误几则/［蒙古］诺日斯德，内蒙古大学学报 . 1

关于鳗鱼会话读本《一百条》文献版本及其译文/色斯钦巴图，内蒙古大学学报 . 2

《兴蒙周报》初探/敖特根白乙拉，内蒙古大学学报 . 2

历代官方蒙古文古籍出版/包那斯琴，内蒙古社会科学（蒙古文版）.3

卫拉特历史档案整理出版综述/巴·巴图巴雅，内蒙古社会科学（蒙古文版）.5

蒙古族藏文文论发展的特点/树林　赵峰琴，内蒙古社会科学（蒙古文版）.6

法式善《梧门诗话》性情论/图雅，内蒙古社会科学（蒙古文版）.6

试论高校图书馆特色资源建设/乌云达来，内蒙古社会科学（蒙古文版）.6

高校图书馆如何适应社会发展需要/王金妞，内蒙古社会科学（蒙古文版）.6

民族地区高校图书馆特色数据库建设研究/布仁图雅，内蒙古社会科学（蒙古文版）.6

《青旗报》社友之考/斯琴青和勒　青龙，内蒙古社会科学（蒙古文版）.6

佛教忏悔及其《金光明经》训诫/乌力吉套格套，内蒙古民族大学学报（社会科学蒙古文版）.1

关于“五传”研究的相关问题/浩比斯嘎拉图，内蒙古民族大学学报（社会科学蒙古文版）.3

《〈密印授记请问经〉研究》及其学术贡献/胡日查，内蒙古师范大学学报（哲学社会科学蒙古文版）.1

有关那鲁班亲呼图克图沙比纳尔的一些资料信息/亚男　包哈申，内蒙古师范大学学报（哲学社会科学蒙古文版）.1

（供稿人：乌云格日勒）